SAMMLUNG GUTTENTAG

212

Wasserverbandverordnung

Wasserverbandgesetz — Wasserverbandvorschriften

Kommentar

von

Dr. Paul Kaiser
Ministerialrat im Ministerium für Ernährung, Landwirtschaft und Forsten des Landes NW

Karl Linckelmann (†)
Rechtsanwalt in Münster (Westf.)

Erwin Schleberger
Leitender Regierungsdirektor — Leiter der Landesverwaltungsschule NW in Hilden

Unter Mitarbeit von
Erich Weiß
Amtsrat im Ministerium für Ernäherung, Landwirtschaft und Forsten des Landes NW

Gleichzeitig dritte Auflage des Kommentars zum Wasser- und Bodenverbandrecht begründet von Dr. Bochalli

Berlin 1967

WALTER DE GRUYTER & CO.

vormals G. J. Göschen'sche Verlagshandlung · J. Guttentag, Verlagsbuchhandlung
Georg Reimer · Karl J. Trübner · Veit & Comp.

Archiv-Nr. 29 12 671

Satz und Druck: Walter de Gruyter & Co., Berlin 30

VORWORT ZUR DRITTEN AUFLAGE

Die zweite Auflage des Kommentars ist inzwischen vergriffen. Seit ihrem Erscheinen im Jahr 1949 haben gemäß der durch das Grundgesetz geänderten Rechtslage manche Vorschriften der WVVO ihre Gültigkeit verloren. Neue Gesetze haben die ursprüngliche Bedeutung und die Anwendbarkeit einiger anderer Vorschriften beeinflußt. Rechtsprechung und Literatur haben in den vergangenen Jahren Inhalt und Umfang der Anwendbarkeit der WVVO unter Beachtung der neuen Rechtslage geklärt; die Verwaltungspraxis hat gleichzeitig erwiesen, daß sich diese Rechtsgrundlage für die sechszehntausend Wasser- und Bodenverbände in der Bundesrepublik nach wie vor bewährt. Diese Gesichtspunkte machten es notwendig, nunmehr die dritte Auflage herauszubringen.

Am Zustandekommen des jetzt vorliegenden Kommentars hat Rechtsanwalt Karl Linckelmann, der auch schon Mitverfasser der zweiten Auflage war, maßgebenden Anteil. Seine jetzigen Mitverfasser bedauern es sehr, daß es dem als Altmeister des deutschen Wasserverbandsrechts in der Fachwelt bekannten und geachteten Mitautor infolge seines Todes im November 1964 nicht mehr vergönnt war, den Abschluß der Arbeiten an der dritten Auflage zu erleben. Diesem ebenso tüchtigen wie bescheidenen Manne gebührt der Dank seiner Mitarbeiter.

An dieser Stelle muß auch Regierungspräsident a. D. Dr. Alfred Bochalli erwähnt werden, der mit Rechtsanwalt Karl Linckelmann die zweite Auflage des Kommentars bearbeitet hat. Sie beruhte entscheidend auf seiner Initiative und seinen Arbeiten, war doch die erste Auflage sein Werk. Dr. Bochalli hat die große Bedeutung eines einheitlichen Wasserverbandsrechts als einer der ersten erkannt, es maßgeblich beeinflußt und gefördert und ihm bis in unsere Tage sein von größter Fachkunde getragenes Interesse bewahrt.

Vorwort zur dritten Auflage

In das jetzt vorliegende Buch wurden die Sondergesetze und zugehörigen Verordnungen der großen Wasserverbände im nordrhein-westfälischen Raum im vollen Wortlaut abgedruckt, da sie zum Wasserverbandsrecht selbst gehören. Wenn darüber hinaus auch die zugehörigen Satzungen dieser Verbände in gleicher Weise übernommen wurden, so darum, weil ohne sie der Leser die Sondergesetze nicht so verstehen könnte, wie es insbesondere auch für die Anwendbarkeit in der Praxis erwünscht ist.

Der im WVG, in der WVVO und in anderen Vorschriften verwendete Kursivdruck bedeutet, daß diese Stellen nicht fortgelten.

Düsseldorf, November 1966

Dr. Paul Kaiser Erwin Schleberger

INHALTSVERZEICHNIS

ANHANG

ABKÜRZUNGSVERZEICHNIS

Kursivdruck im Text von WVVO und anderen gesetzlichen Vorschriften bedeutet, daß diese Stellen nicht fortgelten.

ABG	Allgemeines Berggesetz für die preußischen Staaten vom 24. Juni 1865 (GS S. 705)
ABlKR	Amtsblatt des Kontrollrats in Deutschland
AG	Ausführungsgesetz
Albers	Das Deichrecht im Amte Ritzebüttel, 1938
a. M.	anderer Meinung
AO	Reichsabgabenordnung
Art.	Artikel
Aufl.	Auflage
AV	Ausführungsvorschriften zur Ersten Verordnung über Wasser- und Bodenverbände
BAG	Bundesarbeitsgericht
BAnz.	Bundesanzeiger
Baumbach-Lauterbach	Zivilprozeßordnung, Kommentar, 26. Aufl., 1961
BayVfGH	Bayerischer Verfassungsgerichtshof
BayWG	Bayerisches Wassergesetz v. 26. Juli 1962 (GVBl. S. 143)
BB	Der Betriebsberater
BFH	Bundesfinanzhof
BGB	Bürgerliches Gesetzbuch
BGH	Bundesgerichtshof
BGHZ	Entscheidungen des Bundesgerichtshofs in Zivilsachen
Bochalli	Wassergenossenschafts- und Deichrecht nach dem Preußischen Wassergesetz, 2. Aufl., 1925
Bochalli — 3. Aufl. —	Das Wasser- und Bodenverbandrecht, systematische Darstellung, 3. Aufl., 1966
Boruttau-Klein	Grunderwerbsteuergesetz, 8. Aufl., 1965
BRRG	Beamtenrechtsrahmengesetz i. d. Fassung v. 22. Oktober 1965 (BGBl. I S. 1754)
BrWG	Bremisches Wassergesetz v. 13. März 1962 (GVBl. S. 59)
BStBl.	Bundessteuerblatt
Bühler	Steuerrecht Bd. II, 3. Aufl., 1958
Burghartz	Wasserhaushaltsgesetz und Wassergesetz für das Land Nordrhein-Westfalen, Kommentar, 1962
BVerfGE	Entscheidungen des Bundesverfassungsgerichts

BVerwG	Bundesverwaltungsgericht
BVerwGE	Entscheidungen des Bundesverwaltungsgerichts
BWG	Berliner Wassergesetz v. 23. Februar 1960 (GVBl. S. 133)
BWWG	Wassergesetz für Baden-Württemberg v. 25. Februar 1960 (GBl. S. 17)
DB	Der Betrieb
DGO	Deutsche Gemeindeordnung v. 30. Januar 1935 (RGBl. I S. 49)
DLZ	Deutsche Landeskultur-Zeitung
Dornheim	Das Recht der Wasser- und Bodenverbände
DÖV	Die Öffentliche Verwaltung
Drews-Wacke	Allgemeines Polizeirecht, 7. Aufl., 1961
DVBl.	Deutsches Verwaltungsblatt
EGBGB	Einführungsgesetz zum Bürgerlichen Gesetzbuch v. 18. August 1896 (RGBl. S. 604)
EinlALR	Einleitung zum Allgemeinen Landrecht für die preußischen Staaten
EnteigG	Gesetz über die Enteignung von Grundeigentum v. 11. Juni 1874 (GS. S. 221)
ErbbRVO	Verordnung über das Erbbaurecht v. 15. Januar 1919 (RGBl. S. 72)
ESVGH	Entscheidungs-Sammlung des Hessischen und des Baden-Württembergischen VGH
Eyermann-Fröhler	Verwaltungsgerichtsordnung, Kommentar, 1960
FlurbG	Flurbereinigungsgesetz v. 14. Juli 1953 (BGBl. I S. 591)
Forsthoff	Lehrbuch des Verwaltungsrechts, 8. Aufl., 1961
Gässler	Leitfaden zur Einführung in die Gesetzgebung zur Ordnung des Wasserhaushalts sowie zur Reinhaltung der Luft, 1958
GBO	Grundbuchordnung i. d. Fassung v. 5. August 1935 (RGBl. I S. 1073)
Germershausen-Seydel	Wegerecht und Wegeverwaltung in Preußen, 4. Aufl., 1932/33
GewStDV	Gewerbesteuer-Durchführungsverordnung
GewStG	Gewerbesteuergesetz
GG	Grundgesetz für die Bundesrepublik Deutschland
Gieseke-Wiedemann	Wasserhaushaltsgesetz, Kommentar, 1963
GkG	Gesetz über kommunale Gemeinschaftsarbeit v. 26. April 1961 (GV. NW. S. 190)
GO	Gemeindeordnung für das Land Nordrhein-Westfalen, Neubekanntmachung v. 28. Oktober 1952 (GV. NW. S. 283)
GrEStG	Grunderwerbsteuergesetz
GrStG	Grundsteuergesetz
Gruchot	Beiträge zur Erläuterung des deutschen Rechts
GS	preußische Gesetzsammlung
GV	Gesetz- und Verordnungsblatt

GVG	Gerichtsverfassungsgesetz v. 27. Januar 1877 i. d. Fassung v. 12. September 1950 (BGBl. I S. 513)
GWF	Das Gas- und Wasserfach
Hamann	Das Grundgesetz, Kommentar, 2. Aufl., 1961
HbgWG	Hamburgisches Wassergesetz v. 20. Juni 1960 (Hbg. GVBl. S. 335)
HdT	Haus der Technik e. V. Essen, Vortragsveröffentlichungen
h. M.	herrschende Meinung
Holtz-Kreutz-Schlegelberger	Das preußische Wassergesetz, Kommentar, 3. und 4. Aufl., 1927
HWG	Hessisches Wassergesetz v. 6. Juli 1960 (GVBl. S. 69)
i. V. m.	in Verbindung mit
JW	Juristische Wochenschrift
JZ	Juristenzeitung
v. Kamptz-Delius	Die Rechtsprechung des Reichs- und Kammergerichts auf den Gebieten des öffentlichen Rechts
KG bei Johow	Jahrbuch der Entscheidungen des Kammergerichts, Johow und Ring
Klinger	Verwaltungsgerichtsordnung, Kommentar
KO	Konkursordnung v. 10. Februar 1877 i. d. Fassung v. 20. Mai 1898 (RGBl. S. 369/612)
Kottenberg	Gemeindeordnung für Nordrhein-Westfalen, Kommentar, 6. Aufl., 1961
KStDV	Körperschaftsteuer-Durchführungsverordnung
KStG	Körperschaftsteuergesetz
KStZ	Kommunale Steuerzeitschrift
Landmann-Giers-Proksch	Allgemeines Verwaltungsrecht, 1957
LBesG	Besoldungsgesetz für das Land Nordrhein-Westfalen i. d. Fassung v. 19. August 1965 (GV. NW. S. 258)
LBG NW	Beamtengesetz für das Land Nordrhein-Westfalen v. 15. Juni 1954 i. d. Fassung v. 1. Juni 1962 (GV. NW. S. 271)
Leibholz-Rinck	Grundgesetz für die Bundesrepublik Deutschland, Kommentar, 1966
LKO	Landkreisordnung für das Land Nordrhein-Westfalen v. 21. Juli 1953 (GV. NW. S. 305)
L/M	Nachschlagewerk des Bundesgerichtshofs, herausgegeben von Lindemaier, Möhring u. a.
LWA	Entscheidungen des Preußischen Landeswasseramtes
LwRMBl.	Reichsministerialblatt der landwirtschaftlichen Verwaltung
v. Mangoldt-Klein	Das Bonner Grundgesetz, Kommentar, 2. Aufl., 1964
Mankowski	Haftung nach dem Wasserhaushaltsgesetz und Haftpflichtversicherung, 1964
Maunz	Deutsches Staatsrecht, 14. Aufl., 1965
Meyer-Thiel-Frohberg	Enteignung von Grundeigentum, Kommentar, 5. Aufl., 1959

MBl.	Ministerialblatt
MfELuF	Minister für Ernährung, Landwirtschaft und Forsten
MittDSt.	Mitteilungen des deutschen Städtetages
Nds.	Niedersachsen
NJW	Neue Juristische Wochenschrift
NW	Nordrhein-Westfalen
NWG	Niedersächsisches Wassergesetz v. 7. Juli 1960 (GVBl. S. 105)
NWWG	Wassergesetz für das Land Nordrhein-Westfalen v. 22. Mai 1962 (GV. NW. S. 235)
OBG	Gesetz über Aufbau und Befugnisse der Ordnungsbehörden v. 16. Oktober 1956 (GV. NW. S. 289)
OLG	Oberlandesgericht
OVG	Oberverwaltungsgericht
OVGE	Entscheidungen der Oberverwaltungsgerichte für das Land Nordrhein-Westfalen in Münster sowie für die Länder Niedersachsen und Schleswig-Holstein in Lüneburg
OWiG	Gesetz über Ordnungswidrigkeiten v. 25. März 1952 (BGBl. I S. 177)
Palandt	Bürgerliches Gesetzbuch, Kommentar, 25. Aufl., 1965
Pfundtner-Neubert	Das neue deutsche Reichsrecht
POG	Gesetz über die Organisation und die Zuständigkeit der Polizei im Lande Nordrhein-Westfalen v. 11. August 1953 (GV. NW. S. 330)
pr.	preußisch
PrGS. NW.	Sammlung des in Nordrhein-Westfalen geltenden preußischen Rechts 1806—1945 (Anlage 1 zum Gesetz v. 7. November 1961, GV. NW. S. 325)
PrKAG	Preußisches Kommunalabgabengesetz v. 14. Juli 1893 (GS. S. 152)
PrOVG	Entscheidungen des Preußischen Oberverwaltungsgerichts
PrPVG	Preußisches Polizeiverwaltungsgesetz v. 1. Juni 1931 (GS. S. 77)
PrVBl.	Preußisches Verwaltungsblatt
PrWG	Preußisches Wassergesetz v. 7. April 1913 (GS. S. 53)
RdErl.	Runderlaß
RdL	Recht der Landwirtschaft
RdW	Das Recht der Wasserwirtschaft, Veröffentlichungen des Instituts für das Recht der Wasserwirtschaft an der Universität Bonn
Rehder	Niedersächsisches Wassergeretz, Kommentar, 1961
RFM	Reichsfinanzminister
RG	Reichsgericht
RGZ	Entscheidungen des Reichsgerichts in Zivilsachen
RhPfWG	Landeswassergesetz Rheinland-Pfalz v. 1. August 1960 (GVBl. S. 153)

Riederer-Sieder	Bayerisches Wassergesetz, Kommentar, 1957
Rietdorf	Gesetz über Aufbau und Befugnisse der Ordnungsbehörden, Kommentar
RMfEuL	Reichsminister für Ernährung und Landwirtschaft
RStBl.	Reichssteuerblatt
RVBl.	Reichs- und Preußisches Verwaltungsblatt
RVerwG	Reichsverwaltungsgericht
RVG	Entscheidungen des Reichsverwaltungsgerichts
RVO	Reichsversicherungsordnung
SaMu.A	Satzungsmuster A, für landwirtschaftliche Wasser- und Bodenverbände. Anlage zu den Ersten Wasserverbandvorschriften v. 19. 1. 1938 (LwRMBl. S. 40)
SaMu.B	Satzungsmuster B, für Wasserbeschaffungsverbände. Anlage zu den Zweiten Wasserverbandvorschriften v. 18. 8. 1939 (LwRMBl. S. 877)
Schl.	Schleswig-Holstein
SchlHWG	Wassergesetz des Landes Schleswig-Holstein v. 25. Februar 1960 (GVOBl. S. 39)
Schriftt. u. Rspr.	Schrifttum und Rechtsprechung des Wasserrechts, Hefte 5, 6, 8, 10, 11 der Veröffentlichungen des Instituts für das Recht der Wasserwirtschaft an der Universität Bonn, ab 1962 Sonderheft der ZfW
Seehusen-Schwede Nebe †	Flurbereinigungsgesetz, Kommentar, 2. Aufl., 1966
Senger-Kurzmann	Kommentar zum Ordnungsbehördengesetz (Nordrhein-Westfalen)
Sieder-Zeitler	Wasserhaushaltsgesetz, Kommentar
StGB	Strafgesetzbuch für das Deutsche Reich
SWG	Saarländisches Wassergesetz v. 28. Juni 1960 (Amtsbl. S. 511)
Tönnesmann	Wasserverbandverordnung, Kommentar, 2. Aufl., 1941
Ule	Verwaltungsgerichtsbarkeit, Bd. I, 2. Halbbd. der „Verwaltungsgesetze des Bundes und der Länder"
Untersuchungen	Linckelmann, Untersuchungen zum Wasser- und Bodenverbandrecht, Kirschbaum-Verlag, Bielefeld, 1954
UStG	Umsatzsteuergesetz
VerwArch.	Verwaltungsarchiv (Beilage des DVBl.)
VerwRspr.	Verwaltungsrechtsprechung in Deutschland
VG	Verwaltungsgericht
VGH	Verwaltungsgerichtshof
VO	Verordnung
VStG	Vermögensteuergesetz
VwGO	Verwaltungsgerichtsordnung v. 21. Januar 1960 (BGBl. I S. 17)
VwVG	Verwaltungs-Vollstreckungsgesetz v. 27. April 1953 (BGBl. I S. 157)

WaWi.	Die Wasserwirtschaft
WHG	Gesetz zur Ordnung des Wasserhaushalts (Wasserhaushaltsgesetz) v. 27. Juli 1957 (BGBl. I S. 1110), geändert durch Gesetze v. 19. Februar 1959 (BGBl. I S. 37) und v. 6. August 1964 (BGBl. I S. 611)
Wittekind	Das Wasserrecht in Nordrhein-Westfalen in Bickel/von Bergen, Die Praxis der Gemeindeverwaltung, 1963
WuB	Wasser und Boden
Wolff	Verwaltungsrecht
WürttWG	Württembergisches Wassergesetz v. 1. Dezember 1900
Wüsthoff	Handbuch des deutschen Wasserrechts, neues Recht des Bundes und der Länder
Wüsthoff, Gutachten	Gutachten über die Rechtsstellung der Wasserverbandgesetzgebung in der Bundesrepublik, als Manuskript gedruckt
WVG	Wasserverbandgesetz v. 10. Februar 1937 (RGBl. I S. 188)
WVVO	Erste Verordnung über Wasser- und Bodenverbände (Erste Wasserverbandverordnung) v. 3. September 1937 (RGBl. I S. 933)
ZAgr.	Zeitschrift für Agrar- und Wasserrecht
Zeiss	Das Eigenbetriebsrecht der gemeindlichen Betriebe, 2. Aufl., 1956
ZfW	Zeitschrift für Wasserrecht
ZPO	Zivilprozeßordnung
ZVG	Gesetz über die Zwangsversteigerung und die Zwangsverwaltung v. 24. März 1897
ZweckVG	Zweckverbandgesetz v. 7. Juni 1939 (RGBl. I S. 979)

TEIL A

— Gesetzestexte —

Wasserverbandgesetz

Erste Wasserverbandverordnung

Zweite Wasserverbandverordnung

Dritte Wasserverbandverordnung

Gesetz über Wasser- und Bodenverbände (Wasserverbandgesetz)

Vom 10. Februar 1937 (RGBl. I S. 188)

Die Reichsregierung hat folgendes Gesetz beschlossen, das hiermit verkündet wird:

§ 1

Um die Wasser- und Bodenverhältnisse als eine Grundlage der Selbstversorgung des deutschen Volkes zu verbessern und um Wasser- und Abwasserschaden von ihm abzuwenden, wird der Reichsminister für Ernährung und Landwirtschaft ermächtigt, im Einvernehmen mit den beteiligten Reichsministern das Recht der Wasser- und Bodenverbände, insbesondere ihre Selbstverwaltung, ihre Ordnungs- und Polizeigewalt, die Aufsicht und Polizei über sie, das Spruchverfahren und die Umgestaltung bestehender und die Gründung neuer Verbände durch Verordnung nach den Grundsätzen des nationalsozialistischen Staates neu zu gestalten.

§ 2

Wasser- und Bodenverbände sind die auf Reichs- oder Landesrecht oder Herkommen beruhenden Körperschaften, die folgende Aufgaben haben:

1. Gewässer und ihre Ufer herzustellen, zu ändern, in ordnungsmäßigem Zustande zu halten, den Wasserabfluß zu regeln und Gewässer zu beseitigen,
2. Schiffahrt- und Flößereianlagen, Stauanlagen, Schleusen, Siele und dergleichen, Wasserkraftanlagen und Wassersammelbecken herzustellen, zu ändern, in ordnungsmäßigem Zustande zu halten, zu betreiben, auszunutzen und zu beseitigen,
3. Grundstücke zu entwässern, zu bewässern und vor Hochwasser und Sturmflut zu schützen,
4. Abwasser abzuführen, zu verwerten, zu reinigen und unschädlich zu machen,
5. Trink- und Brauchwasser zu beschaffen,
6. den Boden im landwirtschaftlichen Kulturzustande zu verbessern und zu erhalten und die Kulturflächen zu bewirtschaften und zu nutzen,
7. das Grundwasser zu bewirtschaften,

8. Land aus Wasserflächen zu gewinnen,
9. Beiträge zu wasserwirtschaftlichen, wasserbaulichen und bodenkulturlichen und zu Abwassermaßnahmen aufzubringen,
10. die vorstehenden Aufgaben zu fördern und zu überwachen,
11. *andere Aufgaben, wenn der Reichsminister für Ernährung und Landwirtschaft sie im Einvernehmen mit den beteiligten Reichsministern zuläßt.*

§ 3

Wenn die durch die Verordnung nach § 1 geänderten Gesetze oder anderen Vorschriften auch Vorschriften enthalten, die von dem Gesetze nicht berührt werden, kann der Reichsminister für Ernährung und Landwirtschaft im Einvernehmen mit den beteiligten Reichsministern diese durch Verordnung an den neuen Rechtszustand angleichen und in neuer Fassung und Ordnung bekanntgeben.

Erste Verordnung über Wasser- und Bodenverbände (Erste Wasserverbandverordnung)

Vom 3. September 1937 (RGBl. I S. 933)
geändert durch Verordnung v. 29. 4. 1941 (RGBl. I S. 224)

Inhaltsübersicht

Erster Teil

Das Recht des Wasser- und Bodenverbandes

V. Abschnitt

Verfassung

VI. Abschnitt

Haushalt

VII. Abschnitt

Beiträge der Mitglieder, der Nutznießer

XIII. Abschnitt

Die Umwandlung der privatrechtlichen Verbände

XIV. Abschnitt

Die Gründung des Wasser- und Bodenverbandes

XV. Abschnitt

Die Umgestaltung der Wasser- und Bodenverbände

XVI. Abschnitt

Die Auflösung des Wasser- und Bodenverbandes

Dritter Teil

Allgemeines

XVII. Abschnitt

Boden und Wasser sind Grundlage des Lebens. Das Wasser ist aber auch zerstörende Kraft. Das deutsche Volk will die Erträge seines Bodens vermehren und seinen Bestand auf seinem Boden sichern. Eins der Mittel dazu ist die Ordnung der Gewässer. *Reich,* Länder und Gemeinden sehen hierin eine ihrer Aufgaben, und neben ihnen suchen in den Wasser- und Bodenverbänden Landmann und Städter auf ihrem Boden Wasserschaden zu verhüten und Nutzen vom Wasser zu erzielen.

Das Recht der Wasser- und Bodenverbände ist in den Gesetzen der deutschen Länder nicht einheitlich geordnet. In Vollziehung des *Reichsgesetzes* über Wasser- und Bodenverbände vom 10. Februar 1937 soll diese Erste Verordnung die Einheit bringen. Sie ordnet das Leben fast aller bestehenden Wasser- und Bodenverbände nach den Grundsätzen des neuen Staates und erleichtert das Bilden neuer Verbände. Sie erhält die Selbstverwaltung der Verbände und ermöglicht eine straffe Führung, gleicht aber die Gegensätzlichkeit der wirtschaftlichen Interessen durch die Mitwirkung der Beteiligten aus. Die Aufsicht über die Verbände führt der Staat.

Auf Grund des Gesetzes über Wasser- und Bodenverbände vom 10. Februar 1937 (Reichsgesetzbl. I S. 188) wird im Einvernehmen mit dem *Reichswirtschaftsminister*, dem *Reichsminister des Innern*, dem *Reichsminister der Justiz*, dem *Reichsverkehrsminister*, dem *Reichsminister der Finanzen* und dem *Reichsforstmeister* folgendes verordnet:

ERSTER TEIL

Das Recht des Wasser- und Bodenverbandes

I. Abschnitt

Rechtsgestalt. Arten

§ 1

Rechtsgestalt. Arten

(1) Wasser- und Bodenverbände sind die öffentlich-rechtlichen Körperschaften, die Aufgaben nach § 2 haben und aus Mitgliedern nach § 3 bestehen, nämlich

1. die zur Zeit des Inkrafttretens dieser Verordnung bestehenden, auf Reichs- oder Landesrecht oder Herkommen beruhenden öffentlich-rechtlichen Wasserverbände, Flußverbände, Wassergenossenschaften, Wasserachten, Deichverbände, Deichbände, Deichachten, Deichkommünen, Köge, Sielverbände, Sielachten, Wasserlösungsverbände, Wasserlösungskommünen, Schleusenverbände, Abwasserverbände, Wiesenverbände, Bodenverbesserungsgenossenschaften, Ödlandgenossenschaften, Bodenkulturgenossenschaften und anderen derartigen Körperschaften (alte Verbände),
2. die auf Grund dieser Verordnung umgewandelten, vordem privatrechtlichen Verbände (§ 151),
3. die auf Grund dieser Verordnung gegründeten (neuen) Verbände (§ 169).

(2) Wenn zweifelhaft ist, ob eine Körperschaft zu den alten Wasser- und Bodenverbänden gehört, entscheidet der Fachminister.

(3) Ein nach Gemeinderecht bestehender Zweckverband gehört zu den alten Wasser- und Bodenverbänden nur, wenn der *Reichsminister für Ernährung und Landwirtschaft* und der *Reichsminister des Innern* es anordnen.

§ 2

Aufgaben

Aufgaben des Wasser- und Bodenverbandes können sein:

1. Gewässer und ihre Ufer herzustellen, zu ändern, in ordnungsmäßigem Zustande zu halten, den Wasserabfluß zu regeln und Gewässer zu beseitigen,

2. Schiffahrt- und Flößereianlagen, Stauanlagen, Schleusen, Siele u. dgl., Wasserkraftanlagen und Wassersammelbecken herzustellen, zu ändern, in ordnungsmäßigem Zustande zu halten, zu betreiben, auszunutzen und zu beseitigen,
3. Grundstücke zu entwässern, zu bewässern und vor Hochwasser und Sturmflut zu schützen,
4. Abwasser abzuführen, zu verwerten, zu reinigen und unschädlich zu machen,
5. Trink- und Brauchwasser zu beschaffen,
6. den Boden im landwirtschaftlichen Kulturzustande zu verbessern und zu erhalten und die Kulturflächen zu bewirtschaften und zu nutzen,
7. das Grundwasser zu bewirtschaften,
8. Land aus Wasserflächen zu gewinnen,
9. Raseneisenerz abzubauen, abbauen zu lassen und zu verwerten und die Grundstücke nach dem Abbau wiederherzustellen,
10. Beiträge zu wasserwirtschaftlichen und zu wasserbaulichen, zu Bodenverbesserungs- und zu Abwassermaßnahmen aufzubringen,
11. die vorstehenden Aufgaben zu fördern und zu überwachen,
12. *andere Aufgaben, wenn der Reichsminister für Ernährung und Landwirtschaft sie im Einvernehmen mit den anderen Fachministern zuläßt.*

§ 3

Mitglieder

Mitglieder des Wasser- und Bodenverbandes können sein:
1. jeweilige Eigentümer von Grundstücken, Bergwerken und Anlagen (dingliche Mitglieder),
2. Personen, denen der Verband die Pflicht, Gewässer oder Ufer zu unterhalten, abnimmt oder erleichtert, oder deren Vorgänger er sie abgenommen hat (Unterhalter),
3. öffentlich-rechtliche Körperschaften,
4. andere Personen, wenn die oberste Aufsichtsbehörde (§§ 112 u. ff.) sie zuläßt.

§ 4

Selbstverwaltung. Hoheitrechtliche Befugnisse

(1) Der Wasser- und Bodenverband dient dem öffentlichen Wohle und dem Nutzen seiner Mitglieder. Er verwaltet sich selbst unter eigener Verantwortung. Sein Wirken muß im Einklange mit den Gesetzen und den Zielen der Staatsführung stehen.

(2) Soweit der Wasser- und Bodenverband obrigkeitliche Aufgaben zu erfüllen hat, bestimmt der Fachminister, welche für Träger solcher Aufgaben geltenden allgemeinen Vorschriften auf den Verband anzuwenden sind.

(3) Der Wasser- und Bodenverband ist keine Gebietkörperschaft.

§ 5

Bezeichnung

Die Bezeichnung des Wasser- und Bodenverbandes ist in der Satzung anzugeben. Daß er ein Wasser- und Bodenverband im Sinne dieser Verordnung ist, soll ersichtlich sein.

§ 6

Sitz

Der Wasser- und Bodenverband muß seinen Sitz im *Deutschen Reiche* haben. Dieser ist in der Satzung anzugeben.

§ 7

Gründung unanfechtbar

Das Bestehen des Wasser- und Bodenverbandes kann nicht mit der Begründung angefochten werden, daß eine Voraussetzung des Erlasses der Satzung (§§ 145, 151, 169) nicht vorgelegen habe.

II. Abschnitt

Verordnung und Satzung

§ 8

Inhalt der Verordnung

Diese Verordnung regelt die inneren Rechtsverhältnisse des Wasser- und Bodenverbandes. Die rechtlichen Beziehungen des Verbandes nach außen bleiben unberührt, soweit nicht die Verordnung ausdrücklich anderes vorschreibt.

§ 9

Inhalt der Satzung

(1) Das Recht im Wasser- und Bodenverbande, das in dieser Verordnung nicht geregelt ist, ergibt sich aus seiner Satzung.

(2) Die Satzung muß die in dieser Verordnung vorgeschriebenen Angaben enthalten und die Form der Bekanntmachungen des Verbandes bestimmen. Sie darf von der Verordnung in den zugelassenen Fällen abweichen.

(3) Rechtsbeziehungen des Verbandes nach außen können in der Satzung nur, wenn die Verordnung es ausdrücklich zuläßt, geregelt werden.

§ 10

Ergänzung, Änderung der Satzung

(1) Die Aufsichtsbehörde kann die Satzung auf Antrag des Vorstandes oder nach dessen Anhörung ergänzen und ändern. In der Satzung kann vorgeschrieben werden, daß auch die Anhörung des Ausschusses und die Zustimmung des Fachministers erforderlich sind.

(2) Die Ergänzungen und Änderungen werden, wenn nicht anderes vorgeschrieben wird, am Ende des Tages wirksam, an dem die Mitteilung der Behörde dem Verbande zugeht.

(3) Die Aufsichtsbehörde macht die Ergänzungen und Änderungen wie Bekanntmachungen des Verbandes unverzüglich bekannt und kann sie außerdem in ihrem Nachrichtenblatte bekanntgeben. Der Verband trägt die Kosten.

III. Abschnitt

Mitgliedschaft

§ 11

Verzeichnis der Mitglieder

(1) Die Mitglieder sind in der Satzung oder in einem Verzeichnisse anzugeben, auf das in der Satzung hinzuweisen ist. In dem Verzeichnisse sind auch die Grundstücke, Bergwerke und Anlagen (§ 3 Nr. 1) und die Unterhaltlasten (§ 3 Nr. 2) aufzuführen.

(2) Der Wasser- und Bodenverband hält das Verzeichnis auf dem laufenden. Es ist nicht Bestandteil der Satzung.

§ 12

Streit um die Mitgliedschaft

Wenn jemand mit dem Wasser- und Bodenverbande streitet, ob oder in welchem Umpfange er Mitglied ist, entscheidet die Aufsichtsbehörde. Gegen die Entscheidung ist in zwei Wochen nach der Mitteilung die Beschwerde an die Spruchstelle für Wasser- und Bodenverbände (§§ 133 u. ff.) zulässig.

§ 13

Zuweisung neuer Mitglieder

(1) Die Aufsichtsbehörde kann dem Wasser- und Bodenverbande neue Mitglieder zuweisen, für die die Voraussetzungen der Mitgliedschaft

nach den §§ 153, 154, 155 zutreffen. Der Zuweisung steht die Erweiterung der Teilnahme eines Mitgliedes gleich.

(2) Wer nach dem § 95 wegen Vorteils Geldbeiträge an den Verband zu leisten hat, kann die Zuweisung zu ihm verlangen, es sei denn, daß der Beitrag die Höhe nicht erreicht, von der nach der Satzung die Mitgliedschaft abhängig ist.

(3) Der Zuweisung sind Entwürfe für die Änderung des Planes für das Unternehmen (§ 17), des Mitgliederverzeichnisses (§ 11) und der Satzung zugrunde zu legen, der Vorstand und die zuzuweisenden Personen sind zu hören, und über die Einwendungen ist in entsprechender Anwendung der §§ 163, 167 und 168 zu entscheiden.

(4) Mit der Änderung der Satzung wird die Zuweisung wirksam. An die Stelle der Satzungsänderung tritt die zuweisende Verfügung der Aufsichtsbehörde, wenn die Satzung nicht geändert zu werden braucht. § 10 gilt entsprechend.

(5) Das Verfahren nach den Absätzen 3 und 4 ist nur in einfachen Fällen zulässig. Im Zweifel bestimmt die obere Aufsichtsbehörde, ob der Fall einfach ist. Für die anderen Fälle gelten die Vorschriften des § 174.

§ 14

Entlassung von Mitgliedern

(1) Die Aufsichtsbehörde kann Mitglieder aus dem Wasser- und Bodenverbande entlassen. Der Entlassung steht die Einschränkung der Teilnahme eines Mitgliedes gleich.

(2) Die Aufsichtsbehörde kann Verpflichtungen des Verbandes und der zu entlassenden Mitglieder festsetzen, um unbillige Folgen der Entlassung zu verhüten.

(3) Für das Verfahren gelten die Vorschriften des § 13 Abs. 3 und 4 entsprechend.

§ 15

Einmannverband

Wenn die Anzahl der Mitglieder auf eine Person sinkt, gilt der Wasser- und Bodenverband als fortbestehend. Die oberste Aufsichtsbehörde kann besondere von dieser Verordnung abweichende Anordnungen geben. Diese sind durch Änderung der Satzung (§ 10) in Kraft zu setzen.

§ 16

Mitgliedschaft unanfechtbar

Die Mitgliedschaft, die auf einer staatlichen Verfügung beruht, kann nicht mit der Begründung angefochten werden, daß eine Voraussetzung für die Verfügung nicht vorgelegen habe.

IV. Abschnitt
Aufgabe und Unternehmen

§ 17
Begriffe. Angabe in der Satzung. Verzeichnis

(1) Die Aufgabe (§ 2) des Wasser- und Bodenverbandes ist in der Satzung anzugeben.

(2) Wenn als Mittel zur Durchführung der Aufgabe Bauten, Anlagen, Arbeiten an Grundstücken und Gewässern und ähnliche Maßnahmen unternommen werden (Unternehmen), sind auch diese anzugeben. Auf den Plan des Unternehmens ist hinzuweisen, wenn ein solcher vorhanden ist; er kann zum Bestandteil der Satzung erklärt werden.

(3) Die Aufsichtsbehörde kann anordnen, daß der Verband ein Verzeichnis der Anlagen und Gewässer führt, aus dem ihre Art und ihre Maße, Unterhaltung, Betrieb und Nutzung ersichtlich sind. Auf das Verzeichnis ist in der Satzung hinzuweisen; es kann zu ihrem Bestandteil erklärt werden.

§ 18
Änderung der Aufgabe

(1) Die Aufsichtsbehörde kann auf Antrag des Vorstandes oder nach dessen Anhörung die Aufgabe (§ 2) des Wasser- und Bodenverbandes ändern. Der Vorstand hört den Verbandausschuß. In der Satzung kann vorgeschrieben werden, daß auch die Zustimmung des Fachministers erforderlich ist.

(2) Die Aufsichtsbehörde verfügt die Änderung der Satzung, teilt die Verfügung dem Vorstande mit und gibt einen Auszug der Verfügung nach § 10 Abs. 3 bekannt.

§ 19
Beschwerde über Änderung der Aufgabe. Inkrafttreten

(1) Der Vorstand und die Mitglieder können sich gegen die Verfügung der Aufsichtsbehörde (§ 18) in zwei Wochen nach ihrer Bekanntgabe bei der oberen Aufsichtsbehörde beschweren.

(2) Wenn die Verfügung durch die Entscheidung der oberen Aufsichtsbehörde geändert wird, bedarf es einer weiteren Bekanntmachung nach § 10 Abs. 3.

§ 20
Aufsicht über das Unternehmen

(1) Der Wasser- und Bodenverband darf seine Aufgabe nicht ohne die Zustimmung der Aufsichtsbehörde zu den Plänen ausführen. Die oberste und die obere Aufsichtsbehörde können anordnen, daß die Zu-

stimmung ihnen vorbehalten bleibt. Die Anordnung ist nach § 10 in die Satzung zu nehmen.

(2) Wenn die Deckung der Kosten nicht rechtlich und tatsächlich gesichert ist, darf der Verband sein Unternehmen nur mit Zustimmung der Aufsichtsbehörde beginnen.

(3) Die Behörden, deren Geschäftbereich berührt wird, sind von den Plänen rechtzeitig vorher zu unterrichten.

§ 21

Änderung des Unternehmens, des Planes

(1) Der Vorstand kann das Unternehmen und den Plan des Wasser- und Bodenverbandes (§ 17) mit Genehmigung der Aufsichtsbehörde ergänzen und ändern, wenn die Aufgabe des Verbandes (§ 2) ungeändert bleibt. Die Aufsichtsbehörde kann die Ergänzung und die Änderung anordnen. Diese sind in den beteiligten Gemeinden nach der Satzung (§ 9) bekanntzumachen oder den beteiligten Mitgliedern mitzuteilen.

(2) Wenn die Ergänzung und die Änderung die Satzung berühren, gilt die Vorschrift des § 10.

§ 22

Benutzung der Grundstücke für das Unternehmen

(1) Der Wasser- und Bodenverband ist berechtigt, auf den zu ihm oder zu seinem Unterverbande (§ 113) gehörenden Grundstücken (§ 3 Nr. 1) sein Unternehmen (§ 17) durchzuführen. Auf Grund des Eigentumes am Grundstücke und eines vom Eigentümer hergeleiteten Rechtes kann nicht widersprochen werden.

(2) Der Verband darf die für das Unternehmen nötigen Stoffe (Steine, Erde, Rasen usw.) von den zu ihm oder zu seinem Unterverbande gehörenden land- und forstwirtschaftlich genutzten Grundstücken, Unland- und Gewässergrundstücken (§ 3 Nr. 1) nehmen, wenn nicht polizeiliche Vorschriften entgegenstehen.

(3) In der Satzung können weitere Beschränkungen des Grundeigentumes und der vom Eigentümer hergeleiteten Rechte zur Erleichterung der Aufgabe des Verbandes vorgeschrieben werden.

(4) Der Verband hat dafür zu sorgen, daß der Ertragzustand der Grundstücke möglichst wenig beeinträchtigt und, soweit es möglich ist, nach der Benutzung wieder hergestellt wird.

§ 23

Deichvorland

(1) Wenn der Wasser- und Bodenverband Grundstücke vor Hochwasser oder Sturmflut zu schützen hat (§ 2 Nr. 3), hat er die Befugnisse

und Pflichten der Absätze 1, 2 und 4 des § 22 auch an dem nicht zu ihm gehörenden Vorlande, wenn nicht polizeiliche Vorschriften entgegenstehen. Vorland sind die Grundstücke vor dem Deiche.

(2) Durch Polizeiverordnung der Aufsichtsbehörde des Verbandes oder des Oberverbandes (§ 113) können

1. die Ausdehnung des Vorlandes bestimmt, auch Gewässer für zum Vorlande gehörig erklärt werden,
2. zur Erleichterung der Aufgabe des Verbandes weitere Beschränkungen des Eigentumes am Vorlande und der vom Eigentümer hergeleiteten Rechte vorgeschrieben und dem Eigentümer und dem Besitzer weitere Pflichten auferlegt werden.

§ 24
Grundstücke mit öffentlichen Zwecken

Der Wasser- und Bodenverband darf Grundflächen, die öffentlichen Zwecken gewidmet sind, nur mit Zustimmung der zuständigen Verwaltungsbehörde benutzen.

§ 25
Einwendungen gegen die Benutzung

Über Einwendungen gegen die Benutzung der Grundstücke nach den §§ 22 und 23 wird im Aufsichtswege entschieden.

§ 26
Entschädigung für die Benutzung

(1) Das Mitglied und der Vorlandeigentümer können vom Verbande angemessene Entschädigung mit Geld verlangen für den Nachteil, der durch die Benutzung ihrer Grundstücke für das Unternehmen hervorgerufen wird; der aus dem Unternehmen erwachsende Vorteil ist anzurechnen. Dies gilt auch für die Fälle des § 22 Abs. 3 und des § 23 Abs. 2 Nr. 2.

(2) Die zur Zeit des Inkrafttretens dieser Verordnung bestehenden Vorschriften, welche den Entschädigungsanspruch beschränken oder ausschließen, bleiben aufrechterhalten. Sie fallen weg, wenn sie nicht in den fünf Jahren nach dem Inkrafttreten dieser Verordnung in die Satzung oder die Polizeiverordnung (§§ 22, 23) genommen werden.

§ 27
Entschädigungsverfahren

(1) Der Verbandsvorstand setzt durch schriftlichen Bescheid die Entschädigung fest, wenn keine Einigung zustande kommt.

(2) Gegen den Bescheid ist in *zwei Wochen* nach der Mitteilung *die Beschwerde* an die Aufsichtsbehörde zulässig *und gegen deren Bescheid in der gleichen Frist die weitere Beschwerde an die Spruchstelle für Wasser- und Bodenverbände.*

(3) Für die Rechte anderer Personen an der Entschädigung, die Hinterlegung und das Verteilungsverfahren gelten die Vorschriften des allgemeinen Enteignungsrechtes entsprechend. An die Stelle der Enteignungsbehörde tritt die Aufsichtsbehörde.

§ 28

Nutzrechte

(1) Wenn ein zum Wasser- und Bodenverbande gehörendes Grundstück (§ 3 Nr. 1) zu der Zeit, zu der es von dem Unternehmen (§ 17) betroffen wird, auf Grund eines vom Eigentümer hergeleiteten Rechtes genutzt wird, hat in Ermangelung einer vertraglichen Regelung der Nutzberechtigte gegen den Eigentümer Anspruch auf die diesem im Verbande zustehenden Nutzungen und ist er ihm gegenüber verpflichtet, die Beiträge an den Verband zu leisten.

(2) Im Falle des Absatzes 1 kann der Nutzberechtigte unbeschadet der ihm nach Gesetz, Satzung oder Vertrag zustehenden Rechte innerhalb eines Jahres

a) ein Pacht- oder Mietverhältnis unter Einhaltung einer Frist von drei Monaten zum Ende des Vertragjahres kündigen,

b) auf ein anderes Nutzrecht ohne Einhaltung einer Frist verzichten.

§ 29

Grunderwerb für das Unternehmen

Die Aufsichtsbehörde kann dem Wasser- und Bodenverbande den Erwerb des Eigentumes und anderer dinglichen und persönlichen Rechte an Grundstücken und die Befreiung eines Grundstückes von solchen Rechten aufgeben, wenn das Verbandunternehmen sonst nicht zweckmäßig durchgeführt werden kann oder die billige Rücksicht auf den Grundeigentümer oder den Berechtigten es erfordert.

§ 30

Enteignung für das Unternehmen

(1) Der Wasser- und Bodenverband kann das Grundeigentum, soweit es für das Verbandunternehmen (§ 17) erforderlich ist, gegen angemessene Entschädigung entziehen und beschränken (Enteignung). Als Grundeigentum gelten auch die anderen dinglichen Rechte an Grundstücken und andere Rechte, die zum Besitze oder zur Nutzung von Grundstücken berechtigen.

(2) Das Enteignungsrecht erstreckt sich nur auf die nach § 3 Nr. 1 zum Verbande oder zu seinem Unterverbande (§ 113) gehörenden Grundstücke. Für den Verband, der für Schutz durch Deiche zu sorgen hat, erstreckt es sich auch auf die nicht zu ihm gehörenden Grundstücke im Deichvorlande.

§ 31

Enteignung von Restgrundstücken

Der Wasser- und Bodenverband hat das Enteignungsrecht auch für das Reststück eines örtlich oder wirtschaftlich zusammenhängenden Grundbesitzes, wenn ein anderes Stück für das Verbandunternehmen in Anspruch genommen wird und infolgedessen das Reststück nicht mehr zweckmäßig benutzt werden kann.

§ 32

Zulassung der Enteignung

Der Wasser- und Bodenverband bedarf zu der Enteignung der Zustimmung der oberen Aufsichtsbehörde (bei zweistufiger Aufsicht der Aufsichtsbehörde, § 114).

§ 33

Verfahren der Enteignung

(1) Der Vorstand des Wasser- und Bodenverbandes stellt durch schriftlichen Bescheid an die Beteiligten fest, in welchem Umfange das Grundeigentum entzogen oder beschränkt wird, welche Sicherungen gegen die von dem Verbandunternehmen drohenden Gefahren und Nachteile getroffen werden und welche Entschädigung gegeben wird.

(2) Gegen den Bescheid ist in zwei Wochen nach der Mitteilung die Beschwerde an die obere Aufsichtsbehörde (bei zweistufiger Aufsicht an die Aufsichtsbehörde, § 114) zulässig. *Deren Bescheid ist hinsichtlich der Entziehung und der Beschränkung des Grundeigentumes und hinsichtlich der Sicherungen gegen Gefahren und Nachteile endgültig.*

(3) Wenn ein Beteiligter glaubt, daß die von der Aufsichtsbehörde festgestellte Entschädigung nicht angemessen ist, kann er in einem Monat nach der Mitteilung seinen Anspruch durch Klage nach dem allgemeinen Rechte der Enteignung geltend machen.

§ 34

Vollziehung der Enteignung

Sobald der Bescheid des Vorstandes oder der auf die Beschwerde ergehende Bescheid unanfechtbar wird, treten die darin angeordneten Rechtswirkungen ein. *Der endgültige Teil des Beschwerdebescheides wird wirksam, sobald er dem Eigentümer (oder dem Berechtigten, § 30 Abs. 1) zugeht.*

§ 35

Anwendung der Enteignungsgesetze

(1) Die Vorschriften des allgemeinen Enteignungsrechtes, die mit den Vorschriften dieser Verordnung nicht im Widerspruche stehen, gelten entsprechend, insbesondere die Vorschriften über die Entschädigung, die Sicherung gegen die von dem Enteignungsunternehmen drohenden Gefahren und Nachteile, die Rechte anderer Personen am Gegenstande der Enteignung, die Anhörung der Beteiligten, die Eintragungen im Grundbuche, die Vollziehung der Enteignung, die Hinterlegung, das Verteilungsverfahren und die Rechtsnachfolge im Enteignungsverfahren. An die Stelle der Enteignungsbehörde tritt der Vorstand des Wasser- und Bodenverbandes.

(2) Nicht anzuwenden sind insbesondere die Vorschriften über die Bekanntmachung und die Feststellung des Planes, über den Entschädigungsbeschluß, den Enteignungsbeschluß und über die Gebühren.

§ 36

Befugnisse der Verbände von Körperschaften

Wenn öffentlich-rechtliche Körperschaften, ohne jeweilig Eigentümer nach § 3 Nr. 1 zu sein, Mitglieder des Wasser- und Bodenverbandes sind (§ 3 Nr. 3), kann die oberste Aufsichtsbehörde das Gebiet bestimmen, in dem der Verband seine Aufgabe durchzuführen hat. Der Wasser- und Bodenverband ist berechtigt, das in diesem Gebiete liegende Grundeigentum, soweit es für sein Unternehmen (§ 17) erforderlich ist, nach den Vorschriften des allgemeinen Enteignungsrechtes zu entziehen oder zu beschränken und die Gewässer zur Erfüllung seiner Aufgaben nach den Vorschriften des allgemeinen Wasserrechtes zu ändern und zu benutzen.

§ 37

Erleichterter Grunderwerb

Die von den Fachministern bestimmte Behörde ist befugt, für den freiwilligen Erwerb von Eigentum und anderen Rechten an den zum Wasser- und Bodenverbande gehörenden Grundstücken (§ 3 Nr. 1) durch den Verband Verträge und Verhandlungen zu beurkunden, auch Auflassungen entgegenzunehmen. Die Niederschrift der Behörde hat die Kraft einer gerichtlichen oder notariellen Urkunde. Die Vorschriften des § 168 Satz 2 und der §§ 169 bis 180 des Reichsgesetzes über die Angelegenheiten der freiwilligen Gerichtsbarkeit vom 17. Mai 1898 (Reichsgesetzbl. S. 189) und vom 20. Mai 1898 (Reichsgesetzbl. S. 771) sind auf sie entsprechend anzuwenden.

§ 38
Bereinigung der Flureinteilung

Für den freiwilligen Erwerb von Eigentum und anderen Rechten an Grundstücken, die durch das Unternehmen des Wasser- und Bodenverbandes eine unwirtschaftliche Form erhalten, gelten die Vorschriften des § 37, wenn der Erwerb für eine zweckmäßige Flureinteilung nötig ist und die Niederschrift der Behörde als Flureinteilungssache des Wasser- und Bodenverbandes bezeichnet wird. Das gilt auch für Grundstücke, die, ohne von dem Unternehmen unmittelbar betroffen zu sein, zur zweckmäßigen Gestaltung der betroffenen Grundstücke zugezogen werden.

§ 39
Freiheit von Gebühren

(1) Aus Anlaß
a) des Grunderwerbes durch den Wasser- und Bodenverband zur Durchführung seiner Aufgabe,
b) des Grunderwerbes durch andere Personen zur Bereinigung der Flureinteilung,
c) der Durchführung des Verbandunternehmens

werden Gebühren der Gerichte und der Verwaltungsbehörden nicht erhoben; insbesondere Grundbuch- und Katasterauszüge und ähnliche Urkunden werden gebührenfrei erteilt.

(2) Die Befreiung ist ohne Nachprüfung zuzugestehen, wenn die Aufsichtsbehörde des Verbandes bescheinigt, daß
zu a) der Erwerb der Durchführung der Aufgabe,
zu b) der Erwerb der Bereinigung der Flureinteilung,
zu c) das Geschäft der Durchführung des Unternehmens des Wasser- und Bodenverbandes

dient.

§ 40
Freiheit von Steuern

(1) Der Erwerb von Grundstücken
a) durch den Wasser- und Bodenverband zur Durchführung seiner Aufgabe,
b) durch Personen, deren Grundstücke durch das Unternehmen des Verbandes eine unwirtschaftliche Form erhalten, zur besseren Formung ihrer Grundstücke,

ist von der Grunderwerbsteuer einschließlich der Zuschläge und der Wertzuwachssteuer befreit.

(2) Die Befreiung kann von der Steuerbehörde ohne Nachprüfung zugestanden werden, wenn die Aufsichtsbehörde des Verbandes bescheinigt, daß

zu a) der Erwerb der Durchführung der Aufgabe des Verbandes dient,

zu b) Grundstücke des Erwerbers, die durch das Unternehmen des Verbandes eine unwirtschaftliche Form erhalten, durch den Erwerb besser geformt werden.

§ 41
Polizeiverordnung

(1) Durch Polizeiverordnung kann das Unternehmen des Wasser- und Bodenverbandes geschützt, insbesondere die Benutzung seiner Anlagen und seiner Gewässer geregelt und ganz und teilweise untersagt werden.

(2) Soweit nicht die nach allgemeinem Polizeirechte berufene Behörde die Polizeiverordnung erläßt, ist die Aufsichtsbehörde des Verbandes oder die des Oberverbandes (§ 113) zuständig. Die Aufsichtsbehörde tritt an die Stelle der allgemein berufenen Behörde.

§ 42
Verbandschau

Die Schaubeauftragten des Wasser- und Bodenverbandes prüfen wenigstens einmal im Jahre seine Anlagen, Gewässer und in seine Obhut gegebene Grundstücke. Mit Zustimmung der oberen Aufsichtsbehörde kann in der Satzung bestimmt werden, daß die Schau ganz oder teilweise unterbleibt.

§ 43
Die Schaubeauftragten

(1) Der Vorsteher beruft die Schaubeauftragten und ruft sie ab. Zu den Schaubeauftragten gehört der Vorsteher oder ein Mitglied des Vorstandes. Schauführer ist der Vorsteher oder der von ihm bestimmte Schaubeauftragte.

(2) Wenn für mehrere Schaubezirke des Wasser- und Bodenverbandes verschiedene Beauftragte berufen werden, genügt die Teilnahme des Vorstehers (Vorstandmitgliedes) in einem der Bezirke.

§ 44
Teilnahme der Behörden an der Schau

Der Vorsteher lädt die Aufsichtsbehörde, die staatliche Fachbehörde und die Wasserpolizeibehörde rechtzeitig zur Schau ein.

§ 45

Aufzeichnung. Schaubuch. Abstellung der Mängel

Der Schauführer zeichnet den Verlauf und das Ergebnis der Prüfung schriftlich auf, gibt den Schaubeauftragten Gelegenheit zur Äußerung und übermittelt die Aufzeichnung an den Vorsteher. Dieser läßt die Mängel abstellen und unterrichtet die Aufsichtsbehörde. Er sammelt die Aufzeichnungen im Schaubuche und vermerkt in ihm die Abstellung der Mängel.

V. Abschnitt

Verfassung

§ 46

Allgemeines

(1) Der Wasser- und Bodenverband hat einen Vorstand (Vorsteher) und einen Ausschuß. In der Satzung kann bestimmt werden, daß der Verband an Stelle des Ausschusses die Verbandversammlung hat.

(2) Vorsteher, Vorstand, Ausschuß und Versammlung können neben diesen Bezeichnungen andere Bezeichnungen haben.

§ 47

Vorstand: Mitglieder, Stellvertretung

(1) Der Vorstand des Wasser- und Bodenverbandes kann aus einer Person, dem Vorsteher, oder aus mehreren Personen bestehen, von denen eine, der Vorsteher, den Vorsitz führt. Dies und die Stellvertretung im Vorstande sind in der Satzung zu regeln.

(2) In der Satzung kann der Personenkreis bestimmt werden, aus dem der Vorstand zu nehmen ist.

§ 48

Bildung des Vorstandes

(1) Die Aufsichtsbehörde beruft den Vorsteher und seine Stellvertreter für die in der Satzung vorgeschriebene Zeit gemäß einem Vorschlage des Verbandausschusses. Wenn die Aufsichtsbehörde dem Vorschlage nicht folgen will, entscheidet die obere Aufsichtsbehörde.

(2) Die obere Aufsichtsbehörde kann den Vorschlag zurückweisen. Der Ausschuß ist zu einem neuen Vorschlage befugt.

(3) Wenn der Vorschlag nicht rechtzeitig gemacht oder zurückgewiesen wird, kann die Aufsichtsbehörde den Vorsteher für die Zeit bis zur

ordentlichen Berufung bestellen und eine angemessene Entschädigung für ihn festsetzen; sie kann den so bestellten Vorsteher abrufen.

(4) Die übrigen Mitglieder des Vorstandes und ihre Stellvertreter beruft der Verbandausschuß. Sie bedürfen der Bestätigung der Aufsichtsbehörde.

(5) Die obere Aufsichtsbehörde kann bestimmen, daß der Vorstand in anderer Weise gebildet wird. Die Bestimmung ist in die Satzung zu nehmen.

§ 49

Geschäfte des Vorstehers, des Vorstandes. Vertreter

(1) Dem Vorsteher obliegen alle Geschäfte des Wasser- und Bodenverbandes, zu denen nicht der Vorstand oder andere Stellen durch das Gesetz oder die Satzung berufen sind. Er unterrichtet in angemessenen Zeitabständen die anderen Mitglieder des Vorstandes von seinen Geschäften und hört ihren Rat zu wichtigen Geschäften.

(2) Die Mitglieder des Vorstandes haben bei der Erfüllung ihrer Aufgaben die erforderliche Sorgfalt anzuwenden. Mitglieder, die ihre Obliegenheiten verletzen, haften dem Verbande für den Schaden; mehrere haften als Gesamtschuldner. Der Schadenersatzanspruch verjährt in fünf Jahren, nachdem er für den Verband erkennbar geworden ist; die Erkennbarkeit für die zum Schadenersatz verpflichteten Mitglieder des Vorstandes ist unerheblich.

(3) Der Vorsteher kann Beamte und Angestellte mit seiner Vertretung in bestimmten Angelegenheiten beauftragen. Die Befugnisse seines zum Verbandorgan bestellten Stellvertreters (§ 47) bleiben unberührt.

§ 50

Vertretung des Verbandes

Der Vorsteher vertritt den Wasser- und Bodenverband. In der Satzung kann für bestimmte Geschäfte vorgeschrieben werden, daß sie schriftlich vorgenommen und auch von einem anderen Vorstandmitgliede, Verbandmitgliede oder einem Geschäftführer unterschrieben werden müssen.

§ 51

Sitzungen des Vorstandes

Der Vorsteher beruft den Vorstand nach Bedarf, mindestens einmal im Jahre, zur Sitzung. Die Aufsichtsbehörde kann ihn berufen. Sie kann für sich oder die sie beratende staatliche Fachbehörde (§ 118) die Leitung ohne Stimmrecht beanspruchen.

§ 52
Beschließen im Vorstande

(1) Der aus mehreren Personen bestehende Vorstand bildet seinen Willen mit der Mehrheit aller seiner Stimmen. Bei Stimmgleichheit gibt der Vorsitzer den Ausschlag. Eine andere Regelung durch die Satzung ist zulässig.

(2) Jedes Mitglied hat eine Stimme.

(3) Die Beschlüsse sind aufzuzeichnen.

§ 53
Aufgaben des Ausschusses

(1) Der Ausschuß ist eine Vertretung der Verbandmitglieder im Wasser- und Bodenverbande.

(2) Er hat die ihm durch diese Verordnung gegebenen Aufgaben, insbesondere

1. über die Bildung und die Entlastung des Vorstandes zu beschließen (§§ 48, 77),
2. den Haushaltsplan festzusetzen (§ 73).

(3) Der Ausschuß berät den Vorstand zu allen wichtigen Geschäften. Hierzu können in der Satzung Abteilungen des Ausschusses zugelassen werden.

§ 54
Anzahl der Mitglieder des Ausschusses. Stellvertretung

(1) Die Anzahl der Mitglieder des Ausschusses ist in der Satzung anzugeben.

(2) Eine Stellvertretung findet im Ausschusse nicht statt. Eine andere Regelung durch die Satzung ist zulässig.

§ 55
Wahl des Ausschusses

(1) Die Mitglieder des Wasser- und Bodenverbandes wählen die Mitglieder des Ausschusses. Das Wahlverfahren ist in der Satzung zu bestimmen; die Wählbarkeit kann auf einen bestimmten Personenkreis beschränkt werden.

(2) Die obere Aufsichtsbehörde kann bestimmen, daß der Ausschuß in anderer Weise gebildet wird. Die Bestimmung ist in die Satzung zu nehmen.

§ 56
Stimmrecht bei der Ausschußwahl

(1) Jedes Mitglied, das Beiträge zu leisten hat, hat das Recht, bei der Ausschußwahl selbst oder durch einen Vertreter mitzustimmen. Das

Stimmverhältnis entspricht dem Beitragverhältnisse (§§ 81, 82). In der Satzung kann beitragfreien Mitgliedern Stimmrecht gewährt und die Wahl durch Vertreter beschränkt werden.

(2) Um das Eigentum streitende Personen sind stimmberechtigt. Sie und die gemeinschaftlichen Eigentümer können nur einheitlich stimmen; die an der Wahl teilnehmenden haben die Stimmen aller. In der Satzung kann vorgeschrieben werden, daß sich die Stimmen gemeinschaftlicher Eigentümer im Verhältnisse ihrer Anteile verteilen.

(3) Die Erklärung des Lehnbesitzers, des Fideikommißbesitzers und anderer in der Verfügung beschränkter Grundeigentümer bedarf nicht der für solchen Besitz vorgeschriebenen Zustimmung und Genehmigung. Entsprechendes gilt für die Erklärung einer Körperschaft, einer Anstalt und einer Stiftung.

(4) In einem Wasser- und Bodenverbande mit mehr als zwei Mitgliedern hat keines von ihnen mehr als zwei Fünftel aller Stimmen.

(5) An dem Stimmverhältnisse der zur Zeit des Inkrafttretens dieser Verordnung bestehenden Wasser- und Bodenverbände wird durch die Vorschriften der Absätze 1 und 2 nichts geändert.

(6) Mit Genehmigung der oberen Aufsichtsbehörde kann das Stimmverhältnis in der Satzung anders geregelt werden.

§ 57

Hilfe der Gemeinden bei der Ausschußwahl

Die Aufsichtsbehörde der Gemeinden und der Gemeindeverbände kann anordnen, daß diese dem Wasser- und Bodenverbande ihre Einrichtungen für die Ausschußwahl überlassen. Sie können den Ersatz ihrer Kosten fordern.

§ 58

Bestätigung des Ausschusses

(1) Der Vorsteher des Verbandes legt das Wahlergebnis mit allen Schriftstücken des Verfahrens der Aufsichtsbehörde vor.

(2) Diese bestätigt die Ausschußmitglieder für die in der Satzung vorgeschriebene Zeit, wenn das Wahlverfahren den Vorschriften dieser Verordnung und der Satzung entsprochen hat.

§ 59

Sitzungen des Ausschusses

Der Vorsteher beruft den Ausschuß nach Bedarf, mindestens einmal im Jahre, zur Sitzung. Die Aufsichtsbehörde kann ihn berufen.

§ 60

Vorsitzer im Ausschusse. Teilnahme des Vorstandes

(1) Der Vorsteher des Wasser- und Bodenverbandes ist Vorsitzer des Ausschusses ohne Stimmrecht. Die Aufsichtsbehörde kann die Leitung der Sitzung für sich oder die sie beratende staatliche Fachbehörde (§ 118) beanspruchen. Auch diese haben kein Stimmrecht.

(2) Die Mitglieder des Vorstandes sind befugt, in den Sitzungen des Ausschusses das Wort zu nehmen.

§ 61

Beschließen im Ausschusse

(1) Der Ausschuß bildet seinen Willen mit der Mehrheit aller seiner Stimmen. Jedes Mitglied hat eine Stimme. Eine andere Regelung durch die Satzung ist zulässig.

(2) Die Beschlüsse sind aufzuzeichnen und vom Vorsitzer und einem Mitgliede des Ausschusses zu unterzeichnen.

§ 62

Verbandversammlung

(1) Wenn der Wasser- und Bodenverband keinen Ausschuß hat (§ 46), obliegen dessen Aufgaben der Versammlung der Mitglieder des Verbandes.

(2) Die Vorschriften der §§ 59, 60 und 61 gelten für die Verbandversammlung entsprechend. Das Stimmrecht der Mitglieder richtet sich nach dem § 56.

§ 63

Anhörung der Mitglieder des Verbandes

In Verbänden, die einen Ausschuß haben, soll der Vorsteher die Mitglieder des Verbandes in angemessenen Zeitabständen zusammenrufen und über die Angelegenheiten des Verbandes unterrichten und anhören. In der Satzung kann die Anhörung ausgeschlossen werden.

VI. Abschnitt

Haushalt

§ 64

Wirtschaftliches, sparsames Haushalten

(1) Der Wasser- und Bodenverband ist zum wirtschaftlichen und sparsamen Haushalten bei der Erfüllung seiner Aufgaben verpflichtet.

(2) An Stelle des ersten Abschnittes des Gesetzes vom 24. März 1934

zur Erhaltung und Hebung der Kaufkraft (Beiträgegesetz, Reichsgesetzbl. I S. 235) gelten die folgenden Vorschriften.

§ 65

Haushaltsplan

(1) Für alle Einnahmen und Ausgaben des Wasser- und Bodenverbandes ist für jedes Rechnungsjahr vorher ein Haushaltsplan aufzustellen. In der Satzung ist zu bestimmen, wann das Rechnungsjahr beginnt.

(2) Die Ausgaben, die nicht aus den ordentlichen Einnahmen, insbesondere den Beiträgen der Mitglieder, sondern aus dem Vermögen, aus Darlehen oder aus nicht regelmäßig wiederkehrenden öffentlichen Beihilfen bestritten werden sollen, sind in einen besonderen (den außerordentlichen) Teil des Haushaltsplanes zu nehmen.

(3) Durch die Satzung können Abweichungen von den vorstehenden Vorschriften zugelassen werden.

§ 66

Vermögen

Der Wasser- und Bodenverband hat sein Vermögen aus Einnahmen des ordentlichen Haushaltsplanes zu unterhalten.

§ 67

Tilgung der Schulden

(1) Der Wasser- und Bodenverband tilgt seine für wiederkehrende Bedürfnisse aufgenommenen Schulden vor der Wiederkehr des Bedürfnisses.

(2) Für langfristige Darlehen, die nicht regelmäßig wiederkehrend zu tilgen sind, sammelt er die Mittel zur Tilgung planmäßig an.

(3) Er stellt für jedes langfristige Darlehn einen Tilgungsplan auf, in den mindestens die nach dem Schuldverhältnisse erforderlichen Beträge einzusetzen sind.

§ 68

Kassenkredit

(1) Der Wasser- und Bodenverband darf Kredit zur rechtzeitigen Leistung von Ausgaben des ordentlichen Haushaltsplanes (Kassenkredit) in der von der Aufsichtsbehörde nach § 122 Abs. 3 genehmigten Höhe aufnehmen. Kredit für Ausgaben des außerordentlichen Haushaltsplanes ist nicht Kassenkredit.

(2) Der Kassenkredit ist aus ordentlichen Einnahmen des laufenden Haushaltsplanes oder sonst spätestens nach neun Monaten zurückzuzahlen.

§ 69
Schuldübernahme

(1) Die obere Aufsichtsbehörde kann anordnen, daß der Wasser- und Bodenverband eine Schuld übernimmt, die eine öffentlich-rechtliche Körperschaft in der vorher ausgesprochenen Absicht auf sich genommen hat, das Unternehmen des Verbandes vor dessen Gründung zu beginnen. Wenn die Körperschaft *eine Gemeinschaft der Teilnehmer einer Grundstückumlegung ist (§ 17 der Reichsumlegungsordnung vom 16. Juni 1937 — Reichsgesetzbl. I S. 631)*, kann die obere Aufsichtsbehörde dem Verbande auch den Ersatz der übrigen Kosten aufgeben.

(2) Die Anordnung der Behörde tritt an die Stelle der sonst erforderlichen Erklärung des Verbandes.

§ 70
Einnahmen

Für die Verwendung der Einnahmen des Wasser- und Bodenverbandes können durch die Satzung Vorschriften gegeben werden.

§ 71
Beiträge

Wenn die anderen Einnahmen des Wasser- und Bodenverbandes zur Deckung seiner Ausgaben nicht ausreichen, erhebt der Verband Beiträge (§§ 78 u. ff.).

§ 72
Aufstellung des Haushaltsplanes

Der Vorstand stellt den Haushaltsplan des Wasser- und Bodenverbandes nud nach Bedarf Nachträge dazu auf.

§ 73
Festsetzung des Haushaltsplanes

(1) Der Ausschuß setzt den Haushaltsplan des Wasser- und Bodenverbandes und die Nachträge fest. Der festgesetzte Plan ist die Grundlage für die Verwaltung aller Einnahmen und Ausgaben.

(2) Der Vorsteher teilt den festgesetzten Plan der Aufsichtsbehörde mit.

§ 74
Nicht planmäßige Ausgaben

(1) Der Vorsteher bewirkt Ausgaben, die im Haushaltsplane nicht oder noch nicht festgesetzt sind, wenn der Wasser- und Bodenverband

dazu verpflichtet ist und ein Aufschub erheblichen Nachteil bringen würde. Der Vorsteher kann die erforderlichen Beiträge von den Mitgliedern des Verbandes einziehen.

(2) Wenn der Ausschuß mit der Sache noch nicht befaßt ist, beruft ihn der Vorsteher unverzüglich zur nachträglichen Festsetzung im Haushaltsplane.

(3) Entsprechendes gilt für Anordnungen, durch die Verbindlichkeiten des Verbandes entstehen können, ohne daß ausreichende Mittel im Haushaltsplane vorgesehen sind.

§ 75
Zwangsfestsetzung des Haushaltsplanes

(1) Wenn der Wasser- und Bodenverband die ihm obliegenden Ausgaben nicht oder nicht rechtzeitig im Haushaltsplane festsetzt, kann es die Aufsichtsbehörde in einem begründeten Bescheide tun. Die Behörde kann die erforderlichen Beiträge der Mitglieder festsetzen und ihre Hebung anordnen.

(2) *Der Verband kann sich gegen den Bescheid in zwei Wochen nach der Mitteilung bei der oberen Aufsichtsbehörde beschweren.* Der Ausschuß kann verlangen, daß *die Beschwerde* erhoben wird.

§ 76
Prüfung des Haushaltes

(1) Der Vorstand des Wasser- und Bodenverbandes stellt die Rechnung über alle Einnahmen und Ausgaben des Rechnungsjahres gemäß dem Haushaltsplane auf und gibt sie im ersten Viertel des folgenden Rechnungsjahres mit allen Unterlagen zum Prüfen an die Prüfstelle. Diese kann von der obersten Aufsichtsbehörde bestimmt werden. Die Aufsichtsbehörde kann den Verband wegen geringen Umfanges des Haushaltes von der Prüfung freistellen.

(2) Die Aufsichtsbehörde kann anordnen, daß der Verband seine Haushaltsführung durch eine von ihr zu bestimmende Stelle auf Zweckmäßigkeit und Wirtschaftlichkeit prüfen läßt.

§ 77
Entlastung

Der Vorsteher des Wasser- und Bodenverbandes legt die Haushaltsrechnung und die Bemerkungen der Prüfstelle dem Ausschusse vor. Dieser beschließt über die Entlastung des Vorstandes.

VII. Abschnitt

Beiträge der Mitglieder, der Nutznießer

§ 78

Beitragslast

(1) Die Mitglieder haben dem Wasser- und Bodenverbande Beiträge zu leisten, wenn es zur Erfüllung seiner Aufgaben und seiner Verbindlichkeiten und zu einer ordentlichen Haushaltsführung erforderlich ist.

(2) Das ausgeschiedene Mitglied bleibt zu den bis zum Ausscheiden festgesetzten Beiträgen verpflichtet. Es kann auch zu späteren Beiträgen wie ein Mitglied wegen der Aufwendungen herangezogen werden, die durch sein Ausscheiden vergeblich geworden sind und nicht vermieden werden können. Dem Ausscheiden entsprechend ist die Einschränkung der Teilnahme eines Mitgliedes zu behandeln.

§ 79

Gegenstand der Beiträge

Der Wasser- und Bodenverband fordert die Beiträge in Geld (Geldbeiträge) oder in Sachen, Werken, Diensten oder in anderen Leistungen (Sachbeiträge). In der Satzung können für Sachbeiträge Abweichungen vom Beitragverhältnis und seiner Ermittlung (§§ 81 bis 88) zugelassen, die Haftung für Säumnis geregelt und Sachbeiträge zum Unterhalten der Deiche beschränkt und ausgeschlossen werden.

§ 80

Rechtliche Eigenschaft der Beiträge

(1) Die Beitragpflichten der Mitglieder sind öffentliche Lasten (Abgaben).

(2) Die Beitraglast des Mitgliedes haftet auf den Grundstücken, Bergwerken und Anlagen, mit denen es als jeweiliger Eigentümer an dem Verbande teilnimmt (§ 3 Nr. 1). Die bis zum Ausscheiden des Mitgliedes und die später festgesetzten Beiträge (§ 78 Abs. 2) haften weiter auf Grundstück, Bergwerk und Anlage.

§ 81

Allgemeine Maßstäbe des Beitragverhältnisses

(1) Die Beitraglast verteilt sich auf die Mitglieder im Verhältnisse der Vorteile, die sie von der Aufgabe des Verbandes haben, und der Lasten, die der Verband auf sich nimmt, um ihren schädigenden Einwirkungen zu begegnen oder um ihnen Leistungen abzunehmen. Vorteile sind auch die Erleichterung einer Pflicht des Mitgliedes und die Möglich-

keit, die Maßnahmen des Verbandes zweckmäßig und wirtschaftlich auszunutzen.

(2) Die Beitraglast aus dem Verbessern, Erhalten, Bewirtschaften, Nutzen des Bodens (§ 2 Nr. 6) verteilt sich entsprechend den für die einzelnen Grundstücke tatsächlich entstehenden Kosten.

§ 82

Besondere Maßstäbe des Beitragverhältnisses

(1) An dem Beitragverhältnisse der zur Zeit des Inkrafttretens dieser Verordnung bestehenden Wasser- und Bodenverbände wird durch die Vorschriften des § 81 nichts geändert.

(2) Durch die Satzung kann nach Anhörung des Verbandausschusses

1. im Falle des Absatzes 1 das allgemeine Beitragverhältnis des § 81 eingeführt werden,
2. die Beitraglast aus dem Verbessern, Erhalten, Bewirtschaften, Nutzen des Bodens (§ 2 Nr. 6) im Verhältnisse der Flächeninhalte verteilt werden,
3. aus Gründen der Billigkeit einem Teile der Mitglieder Erleichterung im Beitragverhältnisse zugestanden werden,
4. mit Zustimmung der oberen Aufsichtsbehörde das Beitragverhältnis abweichend von den vorstehenden Regeln der §§ 81 und 82 geordnet werden.

§ 83

Ausfall von Beiträgen

Wenn ein Mitglied seinen Beitrag nicht oder nicht rechtzeitig leisten kann, sind die übrigen Mitglieder verpflichtet, für den Ausfall im Verhältnisse der von ihnen zu leistenden Beiträge einzutreten. In der Satzung kann ein anderes Verhältnis vorgeschrieben werden.

§ 84

Befreiung von Beiträgen

Soweit Eigentümer, die nur zum Gebrauchen ihres Grundstückes zur Durchleitung von Wasser, für eine Deichanlage oder für ein Schöpfwerk zum Wasser- und Bodenverbande zugezogen worden sind, keinen Vorteil haben und keinen Schaden verursachen, sind sie von allen Beitraglasten frei.

§ 85

Schutz der Gläubiger

Das Beitragverhältnis darf nicht geändert werden, wenn die Gläubiger des Wasser- und Bodenverbandes durch die Änderung benachteiligt werden und nicht zustimmen.

§ 86

Ermittlung des Beitragverhältnisses

In der Satzung ist zu bestimmen, wie das Beitragverhältnis der Mitglieder ermittelt wird. Eine annähernde Ermittlung genügt.

§ 87

Beitragbuch. *Rechtsmittel*

(1) Der Vorsteher des Wasser- und Bodenverbandes gibt den beitragpflichtigen Mitgliedern das ermittelte Beitragverhältnis (Beitragbuch) in der in der Satzung vorgeschriebenen Weise bekannt.

(2) *Gegen das Beitragbuch können die Mitglieder in zwei Wochen nach der Mitteilung oder, wenn ihnen eine Mitteilung nicht zugeht, nach der letzten öffentlichen Bekanntmachung bei dem Vorstande Einspruch erheben.*

(3) *Der Vorsteher gibt die Entscheidung des Vorstandes (Einspruchbescheid) nach den Vorschriften der Satzung den Mitgliedern bekannt, deren Beitragverhältnis durch die Entscheidung geändert und deren Einspruch zurückgewiesen wird.*

(4) *Gegen den Einspruchbescheid können sich die betroffenen Mitglieder in zwei Wochen (Abs. 2) bei der Spruchstelle für Wasser- und Bodenverbände beschweren.*

§ 88

Änderung des Beitragbuches

(1) Wenn sich die dem Beitragbuche zugrunde liegenden tatsächlichen oder rechtlichen Umstände erheblich ändern, oder wenn das Mitglied zwei Jahre lang gemäß einem Beitragbuche zu Beiträgen verpflichtet gewesen ist, das sich als unrichtig erweist, kann das Mitglied die Änderung des Beitragbuches verlangen. Im übrigen wird das Beitragbuch nach Bedarf geändert.

(2) Der Vorsteher kann die Änderung des Beitragbuches ablehnen, wenn er dem Mitgliede für eine oder mehrere nächste Beitraghebungen eine entsprechende Ermäßigung des Beitrages bewilligt. Er teilt die Bewilligung dem Verbandausschusse mit.

(3) Die Regeln des § 87 gelten entsprechend für die Änderung und ihre Ablehnung.

§ 89

Festsetzung, Hebung der Geldbeiträge

(1) Der Vorsteher setzt die Geldbeiträge der Mitglieder gemäß den Verpflichtungen des Wasser- und Bodenverbandes auf Grund des Beitragbuches fest (Hebeliste) und zieht sie ein (Hebung).

(2) Für die Festsetzung gelten die Regeln des § 87 entsprechend. *Rechtsmittel halten die Hebung nicht auf.*

(3) Soweit es für die Verwaltung des Verbandes erforderlich ist, kann der Vorstand Geldbeiträge vor der Ermittlung des Beitragverhältnisses (§§ 86, 87) festsetzen und einziehen. Diese Beiträge sind soweit wie möglich dem Beitragverhältnisse, im übrigen der Billigkeit entsprechend zu bemessen.

(4) Die Aufsichtsbehörde der Gemeinden und Gemeindeverbände kann anordnen, daß diese dem Verbande ihre Einrichtungen für das Einziehen überlassen. Sie können den Ersatz ihrer Kosten fordern.

(5) Die *nicht endgültigen (Abs. 2 Satz 2) und die* vorläufigen (Abs. 3) Beiträge sind so bald wie möglich auszugleichen.

§ 90

Hebung ohne Beitragbuch

Wenn die Festsetzung eines dauernden Beitragverhältnisses nicht zweckmäßig ist, kann in der Satzung die Hebung der Beiträge ohne Beitragbuch vorgeschrieben werden. Für die Festsetzung und die Änderung der Hebeliste und für die Hebung gelten die Vorschriften des § 89 Abs. 1 und der §§ 87 und 88 entsprechend; Abs. 2 des § 89 gilt nicht.

§ 91

Streit um Sachbeiträge

Wenn über den Inhalt der Sachbeitraglast Streit entsteht, setzt der Vorsteher den Inhalt fest. Im übrigen gelten die Vorschriften des § 87 entsprechend.

§ 92

Zuschläge bei Rückstand

Durch die Satzung können Zuschläge zu rückständigen Beiträgen vorgeschrieben werden.

§ 93

Zwangsvollstreckung

(1) Die auf Gesetz oder Satzung beruhenden Forderungen des Wasser- und Bodenverbandes können im Verwaltungswege vollstreckt werden.

(2) Der Vorsteher des Wasser- und Bodenverbandes ist die Vollstreckungsbehörde. Die Aufsichtsbehörde kann eine andere Vollstreckungsbehörde bestimmen; sie kann selbst als solche eintreten.

(3) Die Vollstreckungsbehörde kann sich der Mitwirkung eines Gerichtsvollziehers oder anderen Vollstreckungsbeamten nach Zustimmung des *Reichsministers der Justiz* bedienen.

(4) Die Aufsichtsbehörde der Gemeinden und Gemeindeverbände kann anordnen, daß diese dem Wasser- und Bodenverbande ihre Einrichtungen für das Vollstrecken überlassen. Sie können den Ersatz ihrer Kosten fordern.

§ 94

Zwangsvollstreckung gegen Nutzberechtigte

(1) Die Beitreibung kann auch gegen den Pächter und denjenigen anderen Nutzberechtigten der zum Verbande gehörenden Grundstücke, Bergwerke und Anlagen (§ 3 Nr. 1) gerichtet werden, der sein Recht vom Eigentümer herleitet, bei Nutzung eines Teiles nur wegen des hierauf entfallenden Beitragteiles. Zu den Nutzberechtigten gehört auch der Mieter einer Anlage oder einer gesonderten Arbeitstelle in einer Anlage.

(2) *Der Nutzberechtigte kann gegen das Beitragbuch und die Hebeliste die Rechtsmittel der §§ 87 und 89 noch anwenden. Die Rechtsmittelfrist beginnt mit der Aufforderung, den Beitrag zu leisten. Diese Rechtsmittel halten die Vollstreckung nicht auf.*

§ 95

Beiträge der Nutznießer

(1) Wer als Eigentümer eines Grundstückes, eines Bergwerkes oder einer Anlage, die nicht zum Wasser- und Bodenverbande gehört (§ 3 Nr. 1), von dem Verbandunternehmen Vorteil hat, kann mit Zustimmung der oberen Aufsichtsbehörde, bei zweistufiger Aufsicht (§ 114) der Aufsichtsbehörde, wie ein Mitglied zu Geldbeiträgen herangezogen werden; er darf aber nicht über das Maß seines Vorteiles belastet werden.

(2) Entsprechendes gilt für die Unterhalter von Gewässern (§ 3 Nr. 2) und für Wasser- und Bodenverbände (§ 3 Nr. 3), die Vorteil haben. Das *Reich* kann aber als Unterhalter nur mit Zustimmung der für die Unterhaltung zuständigen Behörde herangezogen werden.

(3) Vorteil ist auch die Erleichterung einer Pflicht; im übrigen ist die Regel des § 81 Satz 2 nicht anzuwenden.

(4) Die Vorschriften über die rechtliche Eigenschaft der Beiträge, das Beitragverhältnis und seine Ermittlung, die Hebung und die Zwangsvollstreckung (§§ 80, 81, 82, 85, 86, 87, 88, § 89 Abs. 1, 2, 4 und 5, §§ 90, 92 und 93) gelten entsprechend.

VIII. Abschnitt

Ordnungsgewalt. Polizei

§ 96

Ordnungsgewalt

(1) Die Mitglieder des Wasser- und Bodenverbandes, die Besitzer der zu ihm gehörenden Grundstücke, Bergwerke und Anlagen (§ 3 Nr. 1) und die Besitzer des Vorlandes der Deiche (§ 23) haben die auf Gesetz oder Satzung beruhenden Anordnungen des Vorstehers, insbesondere die Anordnungen zum Schutze des Verbandunternehmens (§ 17), zu befolgen. Für die die Geldbeiträge betreffenden Anordnungen gelten die Vorschriften der §§ 78 bis 94.

(2) In der Satzung kann bestimmt werden, daß auch andere Mitglieder des Vorstandes, Vorstandmitglieder eines Unterverbandes (§ 113) und Dienstkräfte des Verbandes und eines Unterverbandes zu der Anordnung befugt sind.

§ 97

Ordnungstrafen

Der Vorsteher des Wasser- und Bodenverbandes, andere Mitglieder des Vorstandes, Vorstandmitglieder eines Unterverbandes (§ 113) und Dienstkräfte des Verbandes und eines Unterverbandes können durch die Satzung ermächtigt werden, gegen die Mitglieder des Verbandes und die Besitzer der zu ihm gehörenden Grundstücke, Bergwerke und Anlagen (§ 3 Nr. 1) Ordnungstrafen bis zu dreihundert *Reichsmark* zu verhängen für Verstöße gegen die auf Gesetz oder Satzung beruhenden Vorschriften zum Schutze des Verbandunternehmens (§ 17) und gegen die Sachbeitragpflicht (§ 79).

§ 98

Rechtsmittel

(1) *In zwei Wochen* nach der Mitteilung ist gegen die Anordnungen nach den §§ 96 und 97 *die Beschwerde* an die Aufsichtsbehörde des Verbandes *und gegen deren Entscheidung die weitere Beschwerde an die obere Aufsichtsbehörde* zulässig.

(2) *Die Rechtsmittel haben aufschiebende Wirkung. Im Falle des § 96 kann aber die anordnende Stelle die sofortige Ausführung verlangen, wenn sie dies für das öffentliche Wohl oder die gemeinwirtschaftliche Ordnung für erforderlich hält.*

§ 99
Zwang

(1) Der Vorsteher des Wasser- und Bodenverbandes kann die Anordnung nach dem § 96 *durch einen Dritten auf Kosten des Pflichtigen oder durch Verhängung von Zwangsgeld oder durch unmittelbaren Zwang durchsetzen. Er kann die Zwangsmittel bei Geboten wiederholen, bis dem Gebote entsprochen ist, bei Verboten für jeden Fall des Übertretens verhängen.*

(2) *Er droht das Zwangsmittel vorher schriftlich an, und zwar die Kosten in vorläufig geschätzter, das Zwangsgeld in bestimmter, höchstens dreihundert Reichsmark betragender Höhe, und setzt für die Befolgung der Anordnung eine angemessene Frist. Bei Gefahr im Verzuge sind die Schriftform und die Frist nicht nötig und kann auch eine andere nach § 96 Abs. 2 berufene Person Zwang anwenden.*

§ 100
Rechtsmittel gegen Zwang

(1) *Die mit der Anordnung (§ 96) verbundene Androhung des Zwangsmittels kann nur zusammen mit der Anordnung angefochten werden.*

(2) *Gegen die von der Anordnung getrennte Androhung des Zwangsmittels sind die gleichen Rechtsbehelfe zulässig wie gegen die Anordnung, wenn diese bei der Androhung noch anfechtbar war; die Anordnung kann zusammen mit der Androhung angefochten werden. Die Regeln des § 98 gelten entsprechend.*

(3) *Wenn bei der Androhung des Zwangsmittels die Anordnung nicht mehr anfechtbar war, ist gegen die Androhung nur die Beschwerde an die Aufsichtsbehörde in zwei Wochen nach der Mitteilung zulässig. Die Beschwerde hat keine aufschiebende Wirkung; Zwangsgeld darf aber erst beigetrieben werden, wenn die Androhung nicht mehr anfechtbar ist.*

§ 101
Zwangsvollstreckung

Der Vorsteher des Wasser- und Bodenverbandes kann das Zwangsgeld, die vorläufig geschätzten und die entstandenen Kosten und die Ordnungstrafe (§§ 97 und 99) im Verwaltungswege beitreiben, das Zwangsgeld zur Durchsetzung eines Gebotes nur, wenn der Anordnung nicht entsprochen ist. § 93 gilt auch hier.

§ 102
Deichpolizei

Die Polizei zum Schutze der Anlagen des Wasser- und Bodenverbandes, die Grundstücke vor Hochwasser oder Sturmflut schützen (Deichpolizei), obliegt der Aufsichtsbehörde des Verbandes. Die Deichpolizei ist auf diese Anlagen (§ 2 Nr. 3, Deiche, Dämme usw.) und ihr Zubehör örtlich beschränkt.

§ 103

Erweiterte Deichpolizei

(1) Wenn der Aufsichtsbehörde eines Wasser- und Bodenverbandes nach § 102 die Deichpolizei obliegt, kann die obere Aufsichtsbehörde anordnen, daß ihr auch die Polizei zum Schutze der Gewässer des Verbandes ganz oder teilweise obliegt (erweiterte Deichpolizei). Die Erweiterung ist auf diese Gewässer und ihr Zubehör örtlich beschränkt.

(2) Die Anordnung ist in dem Nachrichtenblatte der Aufsichtsbehörde bekanntzumachen.

§ 104

Allgemeines Polizeirecht

(1) Für die Deichpolizei und die erweiterte Deichpolizei der Aufsichtsbehörde des Wasser- und Bodenverbandes gelten die allgemeinen Vorschriften des Polizeirechtes entsprechend. Hinsichtlich der polizeilichen Zwangsmittel und der Anfechtung polizeilicher Anordnungen hat die Aufsichtsbehörde die ihr oder der entsprechenden Behörde durch das allgemeine Polizeirecht gegebene Stellung.

(2) Als Polizeiaufsichtsbehörden und als Rechtsmittelbehörden gelten an Stelle der nach dem allgemeinen Polizeirechte berufenen Verwaltungsbehörden die obere und die oberste Aufsichtsbehörde des Verbandes. *Bei zweistufiger Aufsicht (§ 114) fällt das zweite Rechtsmittel weg.*

§ 105

Wahrnehmung der Deichpolizei

(1) Die Aufsichtsbehörde kann den Vorsteher und andere Vorstandmitglieder des Wasser- und Bodenverbandes, der Grundstücke vor Hochwasser oder Sturmflut zu schützen hat (§ 2 Nr. 3), Vorstandmitglieder seines Unterverbandes (§ 113) und Dienstkräfte des Verbandes und seines Unterverbandes mit der Wahrnehmung der deichpolizeilichen Aufgaben nach den §§ 102 und 103 oder mit einzelnen dieser Aufgaben betrauen.

(2) Die Betrauung ist in dem Nachrichtenblatte der Aufsichtsbehörde des Verbandes bekanntzumachen, und ein allgemeiner Hinweis ist in die Satzung zu nehmen.

(3) Polizeiliche Anordnungen der hiernach betrauten Personen gelten als polizeiliche Anordnungen der Aufsichtsbehörde des Verbandes und können wie diese angefochten und erzwungen werden.

§ 106
Wasserwehr

(1) Wenn eine Anlage eines Wasser- und Bodenverbandes, die Grundstücke vor Hochwasser oder Sturmflut schützt (§ 2 Nr. 3), gefährdet ist, haben alle Bewohner der bedrohten und nötigenfalls der benachbarten Gegend nach Anordnung der Polizeibehörde zu den Schutzarbeiten Hilfe zu leisten, die erforderlichen Arbeitgeräte und Beförderungsmittel zu stellen und die erforderlichen Baustoffe hinzugeben.

(2) Die Polizeibehörde kann die nötigen Maßregeln sofort zwangsweise durchsetzen.

(3) Der Verband leistet den zu Sachbeiträgen (§ 79) nicht verpflichteten Personen nach Billigkeit Ersatz für Schaden, den sie durch ihre Leistungen nach den Absätzen 1 und 2 erleiden, und der Vorsteher des Verbandes sorgt nach Billigkeit für Ausgleich unter den Beitragpflichtigen.

(4) Die Aufsichtsbehörde entscheidet über Beschwerden gegen Festsetzungen nach Abs. 3.

IX. Abschnitt
Dienstkräfte. Besoldung

§ 107
Vorgesetzte. Einstellung der Dienstkräfte

Der Vorsteher des Wasser- und Bodenverbandes ist Dienstvorgesetzter aller Beamten, Angestellten und Arbeiter des Verbandes. Er stellt sie ein und entläßt sie.

§ 108
Geschäftführer. Techniker. Kassenverwalter

(1) Die Einstellung des Geschäftführers, des (ersten) Technikers und des (ersten) Kassenverwalters des Wasser- und Bodenverbandes bedarf der Bestätigung der Aufsichtsbehörde.

(2) In der Satzung kann vorgeschrieben werden, daß der Verband einen Geschäftführer, einen genügend vorgebildeten Techniker und einen Kassenverwalter einstellt.

(3) Wenn der Verband die Vorschrift nicht befolgt oder wenn die Aufsichtsbehörde die Einstellung nicht bestätigt, kann die Behörde den Geschäftführer, den Techniker und den Kassenverwalter einstellen und ein angemessenes Entgelt für sie festsetzen.

§ 109

Besoldung

Die Vergütung des Vorstehers des Wasser- und Bodenverbandes und die Besoldung des Geschäftführers, des Technikers und des Kassenverwalters (§ 108) bedürfen der Genehmigung der Aufsichtsbehörde. Die Vorschriften des allgemeinen Beamten- und Angestelltenrechtes bleiben unberührt.

§ 110

Beamte

(1) Der Wasser- und Bodenverband darf *mittelbare Reichs*beamte haben, wenn es in der Satzung zugelassen ist. Der allgemeine Rechtstand der Beamten (Beamter auf Lebenszeit, auf Zeit, auf Widerruf, Ehrenbeamter) ist in der Satzung zu bestimmen.

(2) Die Aufsichtsbehörde beruft in diesen Fällen den Vorsteher des Verbandes zum Beamten, der Vorsteher die anderen Beamten. Entsprechendes gilt für die Vereidigung.

(3) Die Vorschriften des allgemeinen Beamtenrechtes bleiben unberührt.

X. Abschnitt

Aufsicht

§ 111

Inhalt der Aufsicht

(1) Der Staat beaufsichtigt den Wasser- und Bodenverband, um sicherzustellen, daß er im Einklang mit den Gesetzen, der Satzung und den Zielen der Staatsführung verwaltet wird.

(2) Die Aufsicht soll so geführt werden, daß der Wille der Verbandverwaltung zum Entschluß und zur Verantwortung gefördert wird.

§ 112

Ordentliche Aufsichtsbehörden

(1) Oberste Aufsichtsbehörde des Wasser- und Bodenverbandes ist der *Reichsminister für Ernährung und Landwirtschaft.* Er handelt im Einvernehmen mit den anderen Fachministern (§ 189).

(2) Obere Aufsichtsbehörde ist:

a) in *Preußen* und Bayern
der Regierungspräsident,

b) *in Sachsen*
der Kreishauptmann,

c) in Hamburg
die Baubehörde,
d) in den anderen Ländern und in Berlin
die oberste Landesbehörde,
e) im Saarlande
der Reichskommissar für das Saarland.

(3) Aufsichtsbehörde ist:
a) *in Preußen*
der Landrat oder der Oberbürgermeister,
b) in Berlin
der *Polizeipräsident,*
c) in Hamburg und Bremen
der *Landherr,*
d) in den anderen Ländern und im Saarlande
die den preußischen Behörden entsprechenden Stellen.

§ 113
Unterverbände

Wenn ein Wasser- und Bodenverband einen anderen Wasser- und Bodenverband zum Mitgliede hat, und wenn mehrere Wasser- und Bodenverbände Aufgaben für dieselben Grundflächen haben, kann die gemeinsame Aufsichts- oder nächsthöhere Aufsichtsbehörde den einen der Verbände zum Oberverbande bestimmen. Die zur Aufsicht, zur oberen und zur obersten Aufsicht über den Oberverband berufenen Behörden führen auch die Aufsicht über den Unterverband.

§ 114
Besondere Aufsichtsbehörden

(1) Die Fachminister können für einen Wasser- und Bodenverband eine andere Behörde zur Aufsichts-, zur oberen und zur obersten Aufsichtsbehörde bestimmen, als in den §§ 112 und 113 vorgeschrieben ist.

(2) Sie können auch bestimmen, daß die oberste Aufsichtsbehörde zugleich die obere Aufsichtsbehörde ist (zweistufige Aufsicht).

§ 115
Örtliche Zuständigkeit

(1) Die Behörde, in deren Bezirk der Wasser- und Bodenverband seinen Sitz hat, ist unabhängig von den Landesgrenzen für die Aufsicht zuständig.

(2) Die obere und die oberste Aufsichtsbehörde können aus besonderen Gründen eine andere Aufsichtsbehörde bestimmen.

§ 116

Satzung

Die nach den §§ 113, 114 und 115 getroffenen Bestimmungen sind in die Satzung des Wasser- und Bodenverbandes aufzunehmen und im Nachrichtenblatte der ordentlichen oberen Aufsichtsbehörde (§ 112) bekanntzugeben.

§ 117

Ausschaltung der Aufsichtsbehörde

Die obere und die oberste Aufsichtsbehörde können an Stelle der Aufsichtsbehörde handeln, wenn damit nicht ein Rechtsmittel wegfällt.

§ 118

Beratende Stellen

Die Aufsichtsbehörde wird in technischen Angelegenheiten von der staatlichen Fachbehörde und in landwirtschaftlichen Angelegenheiten von dem *Reichsnährstande* beraten. Die oberste Aufsichtsbehörde kann anordnen, daß an die Stelle der staatlichen Fachbehörde oder neben sie ein anderer Berater tritt.

§ 119

Überwachung der Unterverbände

(1) Wenn ein Oberverband (§ 113) seinen Unterverband zu überwachen hat (§ 2 Nr. 11), kann durch die Satzung des Unterverbandes vorgeschrieben werden, daß der Vorsteher des Oberverbandes neben der Aufsichtsbehörde die Befugnisse der §§ 111, 120, § 121 Abs. 1 und 2 Satz 1, §§ 125 und 126 hat.

(2) Der Unterverband kann gegen die von Aufsicht wegen getroffenen Maßnahmen und Anordnungen des Vorstehers des Oberverbandes die Aufsichtsbehörde des Unterverbandes anrufen. Die Anrufung hat aufschiebende Wirkung, soweit nicht der Vorsteher des Oberverbandes die sofortige Ausführung für das öffentliche Wohl oder die gemeinwirtschaftliche Ordnung verlangt. Der Vorsteher des Oberverbandes hat die Anordnungen der Aufsichtsbehörde zu befolgen.

§ 120

Teilnahme an Sitzungen

Die Aufsichtsbehörde und die sie beratenden technischen Stellen (§ 118) können an den Sitzungen der Organe des Wasser- und Bodenverbandes teilnehmen oder Beauftragte teilnehmen lassen. Sie können jederzeit das Wort ergreifen.

§ 121

Unterrichtung der Behörde. Aufsichtschau

(1) Die Aufsichtsbehörde kann sich jederzeit, auch durch Beauftragte, über alle Angelegenheiten des Wasser- und Bodenverbandes unterrichten, sie kann mündliche und schriftliche Berichte fordern, Akten und andere Unterlagen einfordern, an Ort und Stelle prüfen und besichtigen.

(2) Sie kann die Anlagen, Gewässer und Grundstücke des Verbandes (§ 42) selbst prüfen und eine Verbandschau anordnen. Sie kann durch Polizeiverordnung eine Schauordnung für ein vom Verbande unabhängiges Schauen erlassen (Aufsichtschau).

(3) Die die Aufsichtsbehörde beratenden technischen Stellen (§ 118) können jederzeit die Anlagen, Gewässer und Grundstücke prüfen.

§ 122

Genehmigung von Geschäften

(1) Der Wasser- und Bodenverband bedarf der Genehmigung der Aufsichtsbehörde

1. zur unentgeltlichen Veräußerung von Vermögengegenständen,
2. zur Veräußerung von Grundstücken und grundstückgleichen Rechten,
3. zur Veräußerung und zur wesentlichen Änderung von Sachen, die einen besonderen wissenschaftlichen, geschichtlichen oder Kunstwert haben,
4. zur Aufnahme von Darlehen (Anleihen, Schuldscheindarlehen, anderem Kredit),
5. zum Eintreten in Gesellschaften und andere Vereinigungen bürgerlichen Rechtes,
6. zu Verträgen mit einem Mitgliede des Vorstandes,
7. zur Gewährung von Darlehen und anderem Kredit an Mitglieder des Vorstandes und des Ausschusses und an Dienstkräfte des Verbandes,
8. zur Bestellung von Sicherheiten,
9. zur Übernahme von Bürgschaften und Verpflichtungen aus Gewährverträgen.

(2) Die Genehmigung ist auch zu Rechtsgeschäften erforderlich, die einem der im Abs. 1 angegebenen Geschäfte wirtschaftlich gleichkommen.

(3) Zur Aufnahme von Kassenkredit (§ 68) genügt eine mit einem Höchstbetrage zu gebende Ermächtigung der Aufsichtsbehörde. Die Ermächtigung erlischt mit dem Ablaufe des Rechnungsjahres (§ 65).

(4) Die oberste Aufsichtsbehörde kann für bestimmte Geschäfte Ausnahmen von den Vorschriften des Absatzes 1 zulassen. Diese sind in der Satzung anzugeben.

§ 123

Unwirksamkeit nicht genehmigter Geschäfte

Geschäfte des bürgerlichen Rechtsverkehres, die der Wasser- und Bodenverband ohne die nach diesem Gesetze erforderliche Genehmigung der Aufsichtsbehörde abgeschlossen hat, sind unwirksam.

§ 124

Aufhebung von Maßnahmen

Die Aufsichtsbehörde kann Entschließungen und Anordnungen der Organe des Wasser- und Bodenverbandes, die das Gesetz oder die Satzung verletzen oder den Zielen der Staatsführung zuwiderlaufen, aufheben und verlangen, daß Maßnahmen, die auf Grund solcher Entschließungen oder Anordnungen getroffen sind, rückgängig gemacht werden.

§ 125

Anordnung von Maßnahmen

Wenn die Organe des Wasser- und Bodenverbandes Entschließungen, Erklärungen, Anordnungen, Verfügungen unterlassen, die zur Erfüllung der Verbandaufgaben erforderlich sind, kann die Aufsichtsbehörde anordnen, daß sie in einer bestimmten Frist das Erforderliche tun. Die Behörde hat die geforderte Handlung im einzelnen zu bezeichnen.

§ 126

Durchführung der Aufsicht

Die Aufsichtsbehörde kann ihre Anordnungen an Stelle und auf Kosten des Wasser- und Bodenverbandes selbst durchführen oder von einem anderen durchführen lassen.

§ 127

Besetzung offener Stellen

Wenn offene Stellen im Vorstande oder im Ausschusse zur Verhütung von Nachteilen sofort besetzt werden müssen, kann die Aufsichtsbehörde es für die Zeit bis zur ordentlichen Besetzung tun und eine angemessene Entschädigung für die berufenen Personen festsetzen. Sie kann diese abrufen.

§ 128

Amtsenthebung

(1) Die Aufsichtsbehörde kann Mitglieder des Vorstandes und des Ausschusses, die ihre Pflicht verletzen oder für ihre Stellung ungeeignet sind, ihres Amtes entheben.

(2) Für Beamte auf Lebenszeit, auf Zeit und auf Widerruf gelten die beamtenrechtlichen Vorschriften.

§ 129

Untersagung der Geschäfte

Die Aufsichtsbehörde kann Mitgliedern des Vorstandes, die mit der Leistung eines Beitrages im Rückstande sind und eine Erinnerung der Aufsichtsbehörde nicht befolgen, die Vorstandgeschäfte für die Zeit bis zur Leistung untersagen.

§ 130

Staatsbeauftragter

(1) Wenn die Befugnisse der Aufsichtsbehörde nach den §§ 124 bis 128 nicht ausreichen, um einen geordneten Gang der Verwaltung des Wasser- und Bodenverbandes zu sichern, kann die obere Aufsichtsbehörde einen Beauftragten bestellen, der an Stelle aller oder einzelner Verbandorgane alle oder einzelne Geschäfte des Verbandes auf dessen Kosten führt. *In solchem Falle kann die obere Aufsichtsbehörde die Aufsicht abweichend vom Gesetze regeln.*

(2) Die Aufsichtsbehörde kann bestimmen, welche Entschädigung der Wasser- und Bodenverband dem Beauftragten zu leisten hat.

(3) Die obere Aufsichtsbehörde hat die ordentliche Verwaltung möglichst bald wieder herzustellen. Die Aufsichtsbehörde kann die Bestellung neuer Organe betreiben.

§ 131

Beschwerde gegen Aufsichtsanordnungen

(1) *Der Wasser- und Bodenverband kann sich gegen die Anordnungen der Behörde nach den §§ 124 bis 130 in zwei Wochen nach der Mitteilung beschweren. Die Beschwerde über die Amtsenthebung und die Untersagung der Geschäfte steht auch der betroffenen Person zu. Über die Beschwerde entscheidet die nächsthöhere Aufsichtsbehörde.*

(2) *Einer Anordnung nach Abs. 1 steht eine Entscheidung der Aufsichtsbehörde des Unterverbandes nach § 119 Abs. 2 über Maßnahmen und Anordnungen des Vorstehers des Oberverbandes gleich.*

(3) *Die Beschwerde hat aufschiebende Wirkung. Die Behörde kann aber die sofortige Ausführung verlangen, wenn sie dies für das öffentliche Wohl oder die gemeinwirtschaftliche Ordnung für erforderlich hält.*

§ 132

Ansprüche gegen die Mitglieder des Vorstandes. Verträge

Die Aufsichtsbehörde kann an Stelle des Wasser- und Bodenverbandes dessen Ansprüche gegen Mitglieder des Vorstandes geltend machen. Der Verband trägt die Kosten der Rechtsverfolgung.

XI. Abschnitt

Spruchbehörden

§ 133

Spruchstelle

(1) *Über die in den §§ 12, 27, § 87 Abs. 4, § 88 Abs. 3, § 89 Abs. 2, §§ 90, 91, 94 und 95 angegebenen Beschwerden entscheiden als „Spruchstellen für Wasser- und Bodenverbände" die bei den oberen Umlegungsbehörden eingerichteten Spruchstellen (§§ 94, 95 der Reichsumlegungsordnung vom 16. Juni 1937 — Reichsgesetzbl. I S. 641).*

(2) *Die ordentlichen Gerichte und Verwaltungsgerichte können nicht angerufen werden.*

§ 134

Örtliche Zuständigkeit

Die Spruchstelle ist örtlich zuständig für die Angelegenheiten der Wasser- und Bodenverbände, die ihren Sitz im Bezirke der Spruchstelle haben.

§ 135

Mitglieder

(1) *Die obere Umlegungsbehörde hat als Spruchstelle für Wasser- und Bodenverbände außer den im § 95 der Reichsumlegungsordnung angegebenen Mitgliedern einen höheren unmittelbaren technischen Staatsbeamten und seine Stellvertreter als beamtete Mitglieder.*

(2) *In Sachen eines Verbandes, an dem ein Bergwerk erheblich beteiligt ist, tritt außerdem ein höherer unmittelbarer staatlicher Bergbeamter als beamtetes Mitglied hinzu. Dies Mitglied und seine Stellvertreter werden auf Vorschlag des Reichswirtschaftsministers bestellt.*

§ 136

Zusammensetzung zur Sache

(1) *Der Vorsitzende der Spruchstelle bestimmt die Beschwerdefälle, an denen ein Bergwerk nach § 135 beteiligt ist. Die Spruchstelle kann eine andere Bestimmung treffen.*

(2) *Die Bestimmung ist unanfechtbar. Aus einer Verletzung der Vorschriften können Rechte nicht hergeleitet werden.*

(3) *Die Spruchstelle ist beschlußfähig, wenn außer den im § 99 Abs. 3 der Reichsumlegungsordnung angegebenen Mitgliedern der technische Beamte und in den Fällen des vorstehenden Absatzes 1 außerdem der Bergbeamte mitwirkt.*

§ 137

Weitere Beschwerde

Gegen die Entscheidungen der Spruchstelle für Wasser- und Bodenverbände können die Beteiligten in zwei Wochen die weitere Beschwerde erheben, wenn die Spruchstelle in der Entscheidung sie wegen grundsätzlicher Bedeutung der Angelegenheit zuläßt oder wenn der Streitgegenstand mehr als fünfhundert Reichsmark wert ist.

§ 138

Oberste Spruchstelle

Über die weitere Beschwerde entscheidet als oberste Spruchstelle für Wasser- und Bodenverbände die bei der obersten Umlegungsbehörde eingerichtete Spruchstelle (§§ 96, 97 der Reichsumlegungsordnung vom 16. Juni 1937 — Reichsgesetzbl. I S. 641).

§ 139

Mitglieder

Für die Mitgliedschaft in der obersten Spruchstelle für Wasser- und Bodenverbände gelten außer dem § 97 der Reichsumlegungsordnung die Vorschriften der §§ 135 und 136 entsprechend. An die Stelle eines der nach der Reichsumlegungsordnung zu bestellenden Mitglieder tritt ein im Recht der Wasser- und Bodenverbände erfahrenes Mitglied. Der technische Beamte und der Bergbeamte werden nebenamtlich bestellt (§ 97 Abs. 2 Satz 2 der Reichsumlegungsordnung).

§ 140

Verfahrenkosten

Der Wasser- und Bodenverband trägt die Kosten des Verfahrens der Spruchstelle und der obersten Spruchstelle für Wasser- und Bodenverbände. Diese können sie ganz oder teilweise einem Beteiligten auferlegen, soweit sie durch dessen unbegründete oder zurückgezogene Anträge oder Einwendungen veranlaßt sind.

§ 141

Anwendung der Umlegungsordnung

Im übrigen gelten für die Spruchstellen und die oberste Spruchstelle die für die obere und die oberste Umlegungsbehörde als Spruchstellen, für ihr Verfahren und für die Verfahrenkosten gegebenen Vorschriften der Reichsumlegungsordnung vom 16. Juni 1937 (Reichsgesetzbl. I S. 629).

§ 142

Besondere Spruchstellen

(1) *Abweichende Vorschriften für Wasser- und Bodenverbände, deren Aufgaben nicht überwiegend landwirtschaftlich sind, bleiben vorbehalten.*

(2) Die Fachminister können bestimmen, daß für einen Wasser- und Bodenverband eine besondere Spruchstelle eingesetzt wird. Der Verband hat den gesamten für die besondere Spruchstelle entstehenden Sach- und Geldaufwand zu tragen. Die vom Gesetze abweichenden Teile der Anordnung sind in die Satzung aufzunehmen.

ZWEITER TEIL

Verfahren zur Umgestaltung, Gründung, Auflösung von Wasser- und Bodenverbänden

XII. Abschnitt

Die Neugestaltung der alten Wasser- und Bodenverbände

§ 143

Organe im Übergang

Die Organe der zur Zeit des Inkrafttretens dieser Verordnung (§ 192) bestehenden Wasser- und Bodenverbände (alten Verbände, § 1) bleiben bis zu ihrer neuen Bildung nach den §§ 144 und 150 bestehen. Sie haben die in diesem Gesetze den entsprechenden Organen zugewiesenen Aufgaben.

§ 144

Vorübergehende Regelung

Die Aufsichtsbehörde kann alle Anordnungen mit sofortiger Wirkung treffen, die erforderlich sind, um die Angelegenheiten des alten Wasser- und Bodenverbandes bis zu seiner Anpassung an das neue Recht in Ordnung zu halten. Sie kann insbesondere Organe einrichten und aufheben, bestellen und entlassen.

§ 145

Erlaß der Satzung

Die Aufsichtsbehörde erläßt für jeden alten Wasser- und Bodenverband eine neue Satzung. Diese bedarf der vorherigen Prüfung der oberen Aufsichtsbehörde, wenn nicht eine höhere Behörde, als im § 112 Abs. 3 vorgeschrieben ist, die Aufsicht führt (§ 114). Soweit ein Vorstand besteht (§§ 143, 144), ist er vorher zu hören.

§ 146

Inhalt der Satzung. Verordnung

(1) In die neue Satzung ist dasjenige in dem Wasser- und Bodenverbande nach früherem Gesetze, Gewohnheitrecht und Herkommen

und nach früherer Satzung geltende Recht (einschließlich der Polizei nach § 105 Abs. 2) aufzunehmen, das mit dieser Verordnung über Wasser- und Bodenverbände vereinbar ist.

(2) Die Aufsichtsbehörde kann in der Satzung Angelegenheiten, die nicht oder mit dieser Verordnung nicht vereinbar geregelt sind, nach dieser Verordnung regeln. Sie bedarf der Zustimmung der oberen Aufsichtsbehörde zu einer Regelung, die in dieser Verordnung einer höheren Behörde vorbehalten ist.

§ 147

Mitgliedschaft

(1) Die Aufsichtsbehörde kann das Mitgliederverzeichnis (§ 11) festsetzen. Die Vorschriften des § 145 gelten entsprechend.

(2) Das Verzeichnis hat vom Tage nach der Mitteilung an den Vorsteher ab rechtliche Wirkung.

§ 148

Plan des Unternehmens

(1) Die Aufsichtsbehörde kann den Plan des Unternehmens und das Verzeichnis der Anlagen und Gewässer (§ 17) festsetzen.

(2) Die Vorschriften der §§ 145, 146 und § 147 Abs. 2 gelten entsprechend.

§ 149

Verkündung der Satzung

(1) Die Aufsichtsbehörde verkündet die neue Satzung.

(2) Für die Form der Verkündung ist die in der Satzung für Bekanntmachungen des Wasser- und Bodenverbandes gegebene Vorschrift (§ 9) maßgeblich. Die Aufsichtsbehörde kann die Satzung außerdem in ihrem Nachrichtenblatte bekanntgeben. Der Verband trägt die Kosten.

(3) Die Satzung wird, wenn nicht anders vorgeschrieben wird, mit dem Tage nach der Verkündung wirksam. Die frühere Satzung tritt außer Kraft.

§ 150

Neue Organe. Abwicklung von Übergangsmaßnahmen

Die Aufsichtsbehörde sorgt für die Berufung der Organe des Wasser- und Bodenverbandes nach dieser Verordnung und verfügt die Abwicklung ihrer nach § 144 gegebenen Anordnungen.

XIII. Abschnitt

Die Umwandlung der privatrechtlichen Verbände

§ 151

(1) Der Fachminister kann anordnen, daß eine zur Zeit des Inkrafttretens dieser Verordnung bestehende privatrechtliche Körperschaft in einen Wasser- und Bodenverband umgewandelt wird.

(2) Die Aufsichtsbehörde (§ 112) erläßt die Satzung. Die Vorschriften der §§ 145 bis 150 sind entsprechend anzuwenden. Mit dem Inkrafttreten der Satzung ist die Körperschaft umgewandelt.

XIV. Abschnitt

Die Gründung des Wasser- und Bodenverbandes

§ 152

Gründungsbehörden

(1) Die nach § 112 zur Aufsicht und die zür oberen Aufsicht berufenen Behörden können neue Wasser- und Bodenverbände nach den folgenden Vorschriften gründen (Gründungsbehörde).

(2) Wenn der Verband sich auf die Bezirke mehrerer Gründungsbehörden erstreckt, bestimmt die gemeinsame nächsthöhere Behörde (§ 112) die Gründungsbehörde.

§ 153

Dingliche Mitglieder

(1) Zu dem Wasser- und Bodenverbande können die jeweiligen Eigentümer derjenigen Grundstücke, Bergwerke und Anlagen (§ 3 Nr. 1) vereinigt werden,

a) für die Vorteil aus der Durchführung der Verbandaufgabe (§ 2) in Aussicht steht,

b) wegen deren schädigender Einwirkungen der Verband gegründet wird,

c) für die Beiträge zu wasserwirtschaftlichen, zu wasserbaulichen, zu Bodenverbesserungs- oder zu Abwassermaßnahmen zu leisten sind (§ 2 Nr. 10).

(2) Vorteile sind auch die Erleichterung einer Pflicht und die Möglichkeit, die Maßnahmen des Verbandes zweckmäßig und wirtschaftlich auszunutzen.

(3) Wegen schädigender Einwirkungen dürfen Personen nur mit Zustimmung des Fachministers zum Verbande gezogen werden. Dies gilt nicht für Einwirkungen durch Abwasser.

§ 154

Nicht dingliche Mitglieder

Unabhängig vom Eigentum kann als Mitglied zum Wasser- und Bodenverbande gezogen werden,

a) wem die Unterhaltung eines Gewässers oder eines Ufers obliegt, wegen deren der Verband gegründet wird (§ 3 Nr. 2),

b) eine Gemeinde und ein Gemeindeverband (§ 3 Nr. 3), wenn der *Reichsminister des Innern* oder die von ihm bestimmte Behörde zustimmt,

c) eine andere öffentlich-rechtliche Körperschaft (§ 3 Nr. 3), wenn sie von der Verbandaufgabe berührt wird oder wenn ihre Aufsichtsbehörde die Mitgliedschaft für zweckmäßig erklärt,

d) wer von der obersten Aufsichtsbehörde zugelassen wird (§ 3 Nr. 4).

§ 155

Mitglieder, die nur Anlagen dulden

Der jeweilige Eigentümer kann zum Wasser- und Bodenverbande gezogen werden, wenn sein Grundstück zur Durchleitung von Wasser oder für eine Deichanlage oder für ein Schöpfwerk gebraucht werden muß.

§ 156

Urkundliche Grundlagen

(1) Der Gründung des Wasser- und Bodenverbandes sind Entwürfe des Planes für das Unternehmen (§ 17), des Mitgliederverzeichnisses (§ 11) und der Satzung (§ 9) zugrunde zu legen.

(2) Die oberste Aufsichtsbehörde kann zulassen, daß der Gründung nur der Entwurf der Satzung und ein Verzeichnis der wichtigeren Mitglieder zugrunde gelegt wird, wenn in der Satzung das Unternehmen und die Voraussetzungen der Mitgliedschaft für die spätere Aufstellung des Planes und des Mitgliederverzeichnisses deutlich genug beschrieben werden.

§ 157

Plan

(1) Der Plan des Wasser- und Bodenverbandes enthält die erforderlichen Zeichnungen, Erläuterungen, Kostenanschläge und Untersuchungen über die Nützlichkeit des Unternehmens.

(2) Die staatlichen Fachbehörden prüfen den Plan. Für einen Wasser- und Bodenverband, dessen Aufgaben überwiegend in der Landwirtschaft liegen, wirkt der *Reichsnährstand* in landwirtschaftlicher Hinsicht gutachtlich mit.

§ 158

Planarbeiten auf Grundstücken

(1) Die Gründungsbehörde kann anordnen, daß die Besitzer von Grundstücken Arbeiten zur Aufstellung des Planes, bei erheblichem Schaden gegen Entschädigung zu dulden haben.

(2) Die Anordnung ist mindestens drei Tage vor den Arbeiten unter Angabe von Zeit und Ort in allen betroffenen Gemeinden dem Bürgermeister mitzuteilen. Dieser benachrichtigt die Grundbesitzer einzeln oder in ortsüblicher Weise.

(3) Über die Entschädigung entscheidet auf Antrag die Gründungsbehörde. *Der Rechtsweg ist ausgeschlossen.*

§ 159

Mitgliederverzeichnis

(1) Im Mitgliederverzeichnisse (§ 156 Abs. 1) sind die einzelnen Grundstücke, Bergwerke und Anlagen jedes Mitgliedes aufzuführen, mit denen es am Wasser- und Bodenverbande beteiligt sein soll, und dazu Wertzahlen nach den folgenden Vorschriften anzugeben, so daß das Verzeichnis die Berechnung der Mehrheit nach dem § 165 ermöglicht.

(2) Wenn nur Grundstückeigentümer Mitglieder werden sollen, ist als Wertzahl der Flächeninhalt zu nehmen.

(3) Wenn Eigentümer von Bergwerken und Anlagen, Unterhalter eines Gewässers oder eines Ufers (§ 3 Nr. 2), öffentlich-rechtliche Körperschaften (§ 3 Nr. 3) und andere von der obersten Aufsichtsbehörde zugelassene Personen (§ 3 Nr. 4) Mitglieder werden sollen, ist für jedes Mitglied der von der Durchführung der Verbandaufgabe (§ 2) zu erwartende Vorteil in Verhältniszahlen anzugeben. Dabei gilt für die Grundeigentümer unter sich als Vorteilverhältnis das Verhältnis der Flächeninhalte nach Abs. 2.

(4) Aus besonderen Gründen kann an Stelle des Flächeninhaltes (Abs. 2, Abs. 3 Satz 2) der geschätzte Vorteil als Verhältnisgrundlage genommen werden.

(5) Die oberste Aufsichtsbehörde kann zulassen, daß Wertzahlen nicht angegeben werden.

§ 160

Satzung

Wenn nicht die nach § 112 zur oberen Aufsicht berufene Behörde Gründungsbehörde ist, bedarf die Satzung ihrer Prüfung.

§ 161

Bekanntmachung, Ladung

(1) Die Gründungsbehörde legt den Plan oder einen Auszug aus ihm, der alle zum Verstehen nötigen Teile enthält, das Mitgliederverzeichnis und die Satzung zu jedermanns Einblick offen und gibt das Gründungsvorhaben und Zeit und Ort der Offenlegung bekannt.

(2) Sie lädt die Mitglieder nach dem Mitgliederverzeichnisse (§ 156 Abs. 1 und 2) zu gemeinschaftlicher Verhandlung. Wenn ihre Anzahl für eine Versammlung zu groß ist, setzt sie für mehrere örtliche Bezirke des Wasser- oder Bodenverbandes mehrere Verhandlungen an. In der Ladung ist auszusprechen, daß als dem Gründungsvorhaben zustimmend gilt, wer bis zum Abschlusse der Verhandlung keine Erklärung abgibt.

(3) Bekanntzumachen und zu laden ist mindestens zwei Wochen vor der Verhandlung in dem Nachrichtenblatte der unteren staatlichen Verwaltungsbehörde (Kreisblatt) und der Städte oder in ortsüblicher Weise in allen Gemeinden, auf die sich die Aufgabe des Wasser- und Bodenverbandes erstreckt. Den einzelnen Mitgliedern, die aus den öffentlichen Büchern leicht ermittelt werden können, soll eine Abschrift der Bekanntmachung und der Ladung zugesandt werden.

§ 162

Anhörung

(1) Die Gründungsbehörde oder ihr Beauftragter unterrichtet in dem Verhandlungstermine die Mitglieder über das Gründungsvorhaben und über Plan und Satzung, hört sie an und erörtert Einwendungen mit ihnen.

(2) Die Mitglieder können sich vertreten lassen.

(3) Die Gründungsbehörde (der Beauftragte) kann von den Zustimmenden und den Widersprechenden getrennt Vertrauensmänner wählen lassen. Sie bestimmt die Art der Wahl und die Anzahl der Vertrauensmänner. Jedes erschienene Mitglied hat eine Stimme; gemeinschaftliche Eigentümer und um das Eigentum streitende Personen haben eine gemeinsame Stimme.

(4) Die Gründungsbehörde (der Beauftragte) kann weitere Besprechungen halten. Zu ihnen sind die Vertrauensmänner zu laden. Die Mitglieder sind befugt, an ihnen teilzunehmen.

§ 163

Erklärungen der Mitglieder

(1) Die Gründungsbehörde (der Beauftragte, § 162 Abs. 1) stellt in einer Verhandlungschrift Zustimmung und Einwendung eines jeden zur

Verhandlung erschienenen Mitgliedes zu dem Gründungsvorhaben fest. Die Anträge auf Änderung von Plan, Mitgliederverzeichnis und Satzung sind aufzuzeichnen. Einwendungen können auch außerhalb und nach der Verhandlung zurückgenommen werden.

(2) Um das Eigentum streitende Personen sind verhandlungsberechtigt. Sie und die gemeinschaftlichen Eigentümer eines Grundstückes, eines Bergwerkes und einer Anlage (§ 3 Nr. 1) können nur einheitliche Erklärungen abgeben. Die Erklärungen sind für die sich nicht erklärenden Teilhaber verbindlich. Wenn sie verschiedene Erklärungen abgeben, sind sie bei der Feststellung der Mehrheit nach § 165 Abs. 2 nicht zu berücksichtigen.

(3) Für den gebundenen Besitz und die Körperschaften, Anstalten und Stiftungen gilt der § 56 Abs. 3.

(4) Im übrigen gilt als zustimmend, wer in der Verhandlung bis zum Abschlusse keine Erklärung abgibt.

§ 164

Ordnung in den Versammlungen

Die Gründungsbehörde (der Beauftragte, § 162 Abs. 1) kann zur Ordnung der Versammlungen unmittelbaren Zwang anwenden und Ordnungstrafen bis zu hundert *Reichsmark* verhängen. Die Anordnungen sind in die Verhandlungschrift zu nehmen. *Über Beschwerden entscheidet die nach § 112 nächsthöhere Behörde.*

§ 165

Feststellung des Verhandlungsergebnisses. Mehrheit

(1) Die Gründungsbehörde prüft das Ergebnis der Verhandlung und kann die Entwürfe des Planes, des Mitgliederverzeichnisses und der Satzung ändern, wenn dadurch der Verhandlung nicht die Grundlage entzogen wird.

(2) Wenn ein Mitgliederverzeichnis mit Wertzahlen aufgestellt ist (§ 159), stellt die Gründungsbehörde fest, ob sich die Mehrheit für oder gegen die Gründung des Wasser- und Bodenverbandes auf den Grundlagen des Absatzes 1 ausgesprochen hat. Sie gibt, wenn das Ergebnis nicht bereits in der Verhandlung mitgeteilt worden ist, die Feststellung den Vertrauensmännern oder den Bürgermeistern der beteiligten Gemeinden bekannt.

§ 166

Verhandlungsergebnis nicht entscheidend

Für die Gründung des Wasser- und Bodenverbandes ist das Verhandlungsergebnis nicht entscheidend. Der Verband kann selbst gegen den

Widerspruch aller Mitglieder gegründet werden. Wenn aber die Mehrheit (§ 165 Abs. 2) widersprochen hat, bedarf die Gründung der Genehmigung des Fachministers.

§ 167

Entscheidung über Einwendungen

Wenn die Gründungsbehörde den Wasser- und Bodenverband gründen will, entscheidet sie über die Einwendungen der Mitglieder in einem begründeten Bescheide. Die Entscheidung oder ein Auszug aus ihr ist den Einwendenden zuzustellen. Mit dem Auszug ist die Nachricht zu verbinden, wo die Entscheidung eingesehen werden kann.

§ 168

Beschwerde

Gegen die Entscheidung der Gründungsbehörde über die Einwendungen steht den Einwendenden in zwei Wochen die Beschwerde an die nach § 112 nächsthöhere Behörde zu. Diese entscheidet über die Beschwerde in entsprechender Anwendung des § 167.

§ 169

Erlaß der Satzung

(1) Die Gründungsbehörde gründet den Wasser- und Bodenverband durch den Erlaß der Satzung. Diese tritt mit dem Tage des Erlasses in Kraft.

(2) Die Gründungsbehörde gibt die Satzung bekannt. Für die Form der Bekanntmachung ist die in der Satzung für Bekanntmachungen des Wasser- und Bodenverbandes gegebene Vorschrift (§ 9) maßgeblich. Die Behörde kann die Satzung außerdem in ihrem Nachrichtenblatte bekanntgeben. Der Verband trägt die Kosten.

§ 170

Erlaß der Satzung bei Einwendungen

(1) Wenn gegen die Gründung des Wasser- und Bodenverbandes Einwendungen erhoben sind, darf die Satzung erst nach der endgültigen Entscheidung über die Einwendungen erlassen werden.

(2) Die Satzung darf unter entsprechendem Vorbehalte frühestens mit der ersten Entscheidung über die Einwendungen erlassen werden, wenn die Mehrheit (§ 165 Abs. 2) sich für die Gründung ausgesprochen hat und die Einwendungen nach der Gründung berücksichtigt werden können.

(3) Im Falle des Absatzes 2 sorgt die Aufsichtsbehörde für die nötigen einstweiligen und demnächst für die durch die endgültige Entscheidung nötig gewordenen endgültigen Änderungen.

§ 171

Berufung der Organe

(1) Nach der Gründung sorgt die Aufsichtsbehörde für die erste Berufung der Organe des Wasser- und Bodenverbandes. Sie versieht die dazu nötigen Geschäfte des Vorstandes und des Vorstehers des Verbandes an deren Stelle.

(2) Sie kann in freier Entschließung den ersten Vorstand bestellen. Dieser sorgt für die Berufung der Organe nach Gesetz und Satzung.

§ 172

Freiheit von Gebühren

(1) Für die in dem Verfahren zur Gründung des Wasser- und Bodenverbandes vorkommenden Verhandlungen und Geschäfte werden Gebühren der Gerichte und der Verwaltungsbehörden nicht erhoben; insbesondere Grundbuch- und Katasterauszüge und ähnliche Urkunden werden gebührenfrei erteilt.

(2) Die Befreiung ist ohne Nachprüfung zuzugestehen, wenn die Gründungsbehörde bescheinigt, daß die Verhandlung oder das Geschäft für die Gründung des Verbandes erforderlich ist.

§ 173

Kosten der Gründung

(1) Die Gründungsbehörde kann die baren Auslagen, die im Gründungsverfahren durch zurückgewiesene und zurückgenommene Einwendungen entstehen, dem Einwendenden auferlegen.

(2) Sie kann dem Wasser- und Bodenverbande die für die zweckdienlichen Arbeiten an Plan, Mitgliederverzeichnis und Satzung bewirkten baren Auslagen auferlegen, wenn sie dies vor dem Abschlusse der Verhandlungen (§ 162) ankündigt.

XV. Abschnitt

Die Umgestaltung der Wasser- und Bodenverbände

§ 174

Ausdehnung des Verbandes

(1) Außer den einfachen Fällen der Zuweisung neuer Mitglieder nach § 13 kann die Aufsichtsbehörde dem Wasser- und Bodenverbande zu

seiner Ausdehnung neue Mitglieder zuweisen, für die die Voraussetzungen der Mitgliedschaft nach den §§ 153, 154 und 155 zutreffen. Der Zuweisung steht die Erweiterung der Teilnahme eines Mitgliedes gleich.

(2) Für das Verfahren gelten die für die Gründung eines Wasser- und Bodenverbandes gegebenen Vorschriften (§§ 156 bis 173) entsprechend. An die Stelle der schon zum Verbande gehörenden Mitglieder tritt aber der Vorstand. Die Mehrheit (§§ 159, 165) ist nur für die zuzuweisenden Personen zu berechnen. Die Aufsichtsbehörde braucht die Organe nicht zu berufen (§ 171).

§ 175

Neuverteilung, Vereinigung der Aufgaben

(1) Die obere Aufsichtsbehörde (bei zweistufiger Aufsicht die Aufsichtsbehörde, § 114) kann Aufgaben von Wasser- und Bodenverbänden auf die bestehenden und auf neue Verbände anders verteilen oder in einem Verbande vereinigen. Sie kann dabei Mitglieder zuweisen (§ 13 Abs. 1, § 174 Abs. 1) und entlassen (§ 14 Abs. 1) und Verbände auflösen und gründen. Wenn für die Änderung der Satzung die Zustimmung des Fachministers erforderlich ist (§ 10 Abs. 1), ist sie auch hier notwendig.

(2) Die Behörde verfügt die Auseinandersetzung und kann insbesondere Verpflichtungen der Verbände und der zu entlassenden Mitglieder festsetzen (§ 14 Abs. 2).

(3) Für das Verfahren gelten die für die Gründung eines Wasser- und Bodenverbandes gegebenen Vorschriften (§ 152 Abs. 2, §§ 156 bis 173) entsprechend. An die Stelle der schon zu einem Verbande gehörenden und in einem Verbande bleibenden Mitglieder tritt aber der Vorstand. Die Mehrheit (§§ 159, 165) ist nur für die zuzuweisenden Personen zu berechnen, die zu keinem der Verbände gehören; in einfachen Fällen kann die Berechnung unterbleiben. Die Aufsichtsbehörde braucht die Organe nicht zu berufen (§ 171).

(4) Die Behörde (Abs. 1) kann die Anwendung von Vorschriften über die Auflösung (§§ 177 bis 183) ausschließen.

(5) Die Behörde macht ihre Verfügung nach den Absätzen 1 und 2 oder einen Auszug aus ihr in ihrem Nachrichtenblatte bekannt. Mit einem Auszug ist bekanntzugeben, wo die Verfügung eingesehen werden kann.

(6) Die Verfügung begründet und ändert und hebt Wasser- und Bodenverbände und Rechte und Pflichten der Beteiligten auf. Die Rechtsänderungen treten zu dem Zeitpunkte ein, den die Behörde festsetzt. Dieser Zeitpunkt soll nach der Bekanntmachung der Satzungen und der Satzungsänderungen liegen.

(7) Nach dem Abschlusse des Verfahrens sind das Grundbuch, das Wasserbuch und die anderen öffentlichen Bücher auf Ersuchen der Behörde (Abs. 1) zu berichtigen.

§ 176

Neuverteilung, Vereinigung der Aufgaben alter Verbände

(1) Die obere Aufsichtsbehörde (bei zweistufiger Aufsicht die Aufsichtsbehörde, § 114) kann in einem Verfahren zur Neuverteilung oder Vereinigung der Aufgaben von Wasser- und Bodenverbänden zugleich die neue Satzung nach § 146 für einen alten Verband (§ 1 Nr. 1) erlassen. Die Vorstände sind nur, soweit sie bestehen, zu hören. Die Beschwerde (§ 168) ist ausgeschlossen.

(2) Die oberste Aufsichtsbehörde kann zulassen, daß die Neuverteilung und die Vereinigung der Aufgaben alter Verbände im Verfahren nach den §§ 145 bis 149 vorgenommen wird. Die Vorschriften der Absätze 4 bis 7 des § 175 sind anzuwenden.

XVI. Abschnitt

Die Auflösung des Wasser- und Bodenverbandes

§ 177

Voraussetzung

Die Aufsichtsbehörde kann nach Anhörung des Ausschusses mit Genehmigung der obersten Aufsichtsbehörde den Wasser- und Bodenverband auflösen, wenn sein Fortbestehen nicht erforderlich ist.

§ 178

Verkündung. Inkrafttreten

Die Aufsichtsbehörde verkündet die Auflösung des Wasser- und Bodenverbandes und fordert die Gläubiger öffentlich zur Anmeldung ihrer Ansprüche auf. Die Regeln des § 149 gelten entsprechend.

§ 179

Abwicklung

(1) Der Wasser- und Bodenverband wickelt nach der Auflösung seine Geschäfte ab. Er gilt bis zum Ende der Abwicklung als fortbestehend, soweit der Zweck der Abwicklung es erfordert.

(2) Die Aufsichtsbehörde kann unter Abrufung des Vorstandes einen oder mehrere Liquidatoren mit der rechtlichen Stellung des Vorstandes bestellen.

§ 180

Aufforderung der Gläubiger

Der Vorsteher des Wasser- und Bodenverbandes (Liquidator) teilt die Auflösung den bekannten Gläubigern besonders mit und fordert sie zur Anmeldung ihrer Ansprüche auf.

§ 181

Geschäfte der Abwicklung

(1) Der Vorstand (Liquidator) beendigt die laufenden Geschäfte, zieht die Forderungen ein, setzt das übrige Vermögen in Geld um, befriedigt die Gläubiger und verteilt den Überschuß unter die Anfallberechtigten. Zur Beendigung schwebender Geschäfte kann der Vorstand auch neue Geschäfte eingehen.

(2) Die Aufsichtsbehörde bestimmt die Anfallberechtigten, wenn nichts anderes vorgeschrieben ist.

(3) Die Forderungen brauchen nicht eingezogen, das Vermögen nicht in Geld umgesetzt zu werden, soweit es zur Befriedigung der Gläubiger oder zur Verteilung des Überschusses nicht erforderlich ist.

§ 182

Übergabe an die Anfallberechtigten

(1) Das Vermögen darf den Anfallberechtigten nicht vor dem Ablaufe eines Jahres nach der Auflösung (§ 178) übergeben werden.

(2) Solange eine Verbindlichkeit streitig ist oder nicht berichtigt werden kann, darf das Vermögen ihnen nur, wenn dem Gläubiger Sicherheit geleistet ist, übergeben werden.

§ 183

Hinterlegung

Meldet sich ein bekannter Gläubiger nicht, so ist das Geschuldete, wenn die Berechtigung zur Hinterlegung besteht, für den Gläubiger zu hinterlegen.

Dritter Teil

Allgemeines

XVII. Abschnitt

§ 184

Erbbaurecht. Erbpacht

Die den Grundeigentümer treffenden Vorschriften dieser Verordnung treffen auch den Erbbauberechtigten und den Erbpächter.

§ 185

Polizeirecht

Für den Erlaß von Polizeiverordnungen auf Grund dieser Verordnung gelten *bis zum Inkrafttreten eines Reichspolizeirechtes* die landesrechtlichen Vorschriften.

§ 186

Gemeinderechtliche Abgaben

(1) *Bis zum Inkrafttreten eines Reichskommunalabgabengesetzes* gelten für die Befugnis der Gemeinden und Gemeindeverbände, ihre Beiträge zu einem Wasser- und Bodenverbande durch Erhebung von gemeindlichen Abgaben abzubürden, die landesrechtlichen Vorschriften. Die Gemeinden und Gemeindeverbände dürfen jedoch für die Benutzung von Anlagen eines Wasser- und Bodenverbandes oder von gemeindlichen Anlagen, die im Zusammenhang mit Anlagen des Verbandes stehen, gemeindliche Abgaben von den Verbandmitgliedern insoweit nicht erheben, als diese selbst hierfür an den Verband Beiträge zu leisten haben.

(2) *Die Fachminister können die nötigen Ergänzungen der Landesgesetze anordnen, um den Gemeinden und Gemeindeverbänden die Abbürdung der Beitraglast zu ermöglichen.*

§ 187

Rechtsbehelfe

(1) In allen schriftlich oder durch Bekanntmachung mitgeteilten Entscheidungen, gegen die diese Verordnung einen Rechtsbehelf gibt (*Einspruch in den §§ 87, 88, 89, 90, 91, 94, 95,* Beschwerde in den §§ *12,* 13, 14, 19, 27, 33, *75, 87, 88, 89, 90, 91, 94, 95, 98, 100, 131, 137,* 168,

174, 175, Klage im § 33) sind die Frist und die über den Rechtsbehelf entscheidende Stelle anzugeben. Die Angabe kann nachgeholt werden. Wenn diese Vorschrift nicht befolgt wird, ist der Rechtsbehelf an eine Frist nicht gebunden.

(2) Die Frist wird auch durch Anbringen bei der Stelle gewahrt, die entschieden hat.

§ 188

Übergang für Verfahren

(1) Verfahren, die zur Zeit des Inkrafttretens dieser Verordnung bei Organen des Wasser- und Bodenverbandes oder bei anderen zu ihm gehörenden Stellen (Berufungsausschuß) anhängig sind, werden nach dieser Verordnung fortgeführt.

(2) Die bei anderen Stellen anhängigen Verfahren werden nach dem früheren Verfahrenrechte fortgeführt, soweit die obere oder die oberste Aufsichtsbehörde nicht den Übergang auf die nach dieser Verordnung zuständige Stelle anordnet.

(3) Die obere und die oberste Aufsichtsbehörde können die Verfahren regeln.

§ 189

Fachminister

Fachminister im Sinne dieser Verordnung sind die in der Angelegenheit zuständigen *Reichsminister*. Sie können ihre Aufgaben auf andere Behörden übertragen.

§ 190

Ausführung der Verordnung

Der *Reichsminister für Ernährung und Landwirtschaft* erläßt unter Mitwirkung der anderen Fachminister die zur Ausführung dieser Verordnung nötigen Vorschriften.

§ 191

Früheres Recht

(1) Mit dem Inkrafttreten dieser Verordnung treten die entgegenstehenden Vorschriften des Reiches, die Vorschriften der Länder, das Gewohnheitrecht und das Herkommen außer Kraft. Wo in Vorschriften auf das außer Kraft gesetzte Recht verwiesen ist, tritt das neue Recht an seine Stelle.

(2) Folgende preußischen Gesetze bleiben unberührt:

1. Das Gesetz, betreffend Bildung einer Genossenschaft zur Regelung der Vorflut und zur Abwasserreinigung im Emschergebiete, vom 14. Juli 1904 (Preuß. Gesetzsamml. S. 175),

2. das Ruhrtalsperrengesetz vom 5. Juni 1913 (Preuß. Gesetzsamml. S. 317),
3. das Ruhrreinhaltungsgesetz vom 5. Juni 1913 (Preuß. Gesetzsamml. S. 305),
4. das Lippegesetz vom 19. Januar 1926 (Preuß. Gesetzsamml. S. 13),
5. das Entwässerungsgesetz für das linksniederrheinische Industriegebiet vom 29. April 1913 (Preuß. Gesetzsamml. S. 251).

§ 192

Inkrafttreten der Verordnung

(1) Diese Verordnung tritt am 1. Januar 1938 in Kraft. *Der Reichsminister für Ernährung und Landwirtschaft kann sie für bestimmte Gebiete früher in Kraft setzen.*

(2) Für neuzugründende Wasser- und Bodenverbände tritt sie einen Monat nach ihrer Verkündung in Kraft.

Zweite Verordnung über Wasser- und Bodenverbände

(Zweite Wasserverbandverordnung)

Vom 15. Dezember 1942 (RGBl. I S. 729)

Auf Grund des Gesetzes über Wasser- und Bodenverbände vom 10. Februar 1937 (Reichsgesetzbl. I S. 188) und des Erlasses über den Generalinspektor für Wasser und Energie vom 29. Juli 1941 (Reichsgesetzbl. I S. 467) wird im Einvernehmen mit dem Reichsminister für Ernährung und Landwirtschaft folgendes verordnet:

Die im § 26 Abs. 2 der Ersten Verordnung über Wasser- und Bodenverbände vom 3. September 1937 (Reichsgesetzbl. I S. 933) vorgeschriebene Frist wird verlängert. Demgemäß lautet dieser Absatz:

„(2) Die zur Zeit des Inkrafttretens dieser Verordnung bestehenden Vorschriften, welche den Entschädigungsanspruch beschränken oder ausschließen, bleiben aufrechterhalten. Sie fallen am 31. Dezember 1947 weg, wenn sie nicht vorher in die Satzung oder die Polizeiverordnung (§§ 22, 23) genommen werden.“

Dritte Verordnung über Wasser- und Bodenverbände

(Dritte Wasserverbandverordnung)

Vom 20. April 1943 (RGBl. I S. 268)

Auf Grund des Gesetzes über Wasser- und Bodenverbände vom 10. Februar 1937 (Reichsgesetzbl. I S. 188) und des Erlasses des Führers und Reichskanzlers über den Generalinspektor für Wasser und Energie vom 29. Juli 1941 (Reichsgesetzbl. I S. 467) verordne ich im Einvernehmen mit dem Reichsminister des Innern, dem Reichswirtschaftsminister und dem Reichsminister für Ernährung und Landwirtschaft folgendes:

Die Aufsicht über den Ruhrtalsperrenverein und über den Ruhrverband (§ 33 Abs. 1 des preußischen Ruhrtalsperrengesetzes vom 5. Juni 1913 und § 32 Abs. 1 des preußischen Ruhrreinhaltungsgesetzes vom 5. Juni 1933, Preuß. Gesetzsamml. S. 317 und 305) führt in erster Stufe der Oberpräsident der Provinz Westfalen.

TEIL B

— Kommentierung —

Vorbemerkung

WVG

WVVO

Vorbemerkung

1. Fortgeltung

Die WVVO gilt nach Art. 125 Abs. 1 GG weiter (wegen des Fortgeltens des WVG s. Anm. 1 zu § 1 WVG). Das ist heute einhellige Auffassung. Allerdings sind manche Vorschriften gegenstandslos geworden oder wegen ihres Inhalts als nationalsozialistisches Gedankengut unwirksam. Schon mit Urteil vom 25. 8. 1955 hat das BVerwG die Fortgeltung bejaht (BVerwGE 3, 6). Das BVerwG vertritt die Auffassung, daß die durch den Wegfall der nationalsozialistischen Bestandteile entstehenden Lücken unschwer durch die Handhabung der Verwaltung und durch die Rechtsprechung ausgefüllt werden können (vgl. neben dem oben zitierten Urteil auch BVerwGE 7 S. 17, 30 und 39). Schrifttum hierzu:

Bochalli-Linckelmann, 2. Auflage, Vorbemerkung
Fischerhoff, WaWi. 1950/51, 17
Klüber, DÖV 1952, 12
Kniesch, NJW 1956, 939 (mit einer Übersicht über die Rechtsprechung des BVerwG)
Larenz, DVBl. 1952, 357; 1953, 293; 1954, 455
Linckelmann, DVBl. 1954, 148 und 794; WuB 1954, 2 und 29; „Untersuchungen" 1. und 2. Abschnitt
Wiedemann, WuB 1952, 305.

Die Frage, ob und welche Vorschriften gegenstandslos, unwirksam oder in abgeänderter Form anwendbar sind, ist in den Kommentierungen des WVG und der WVVO bei der Erläuterung der einzelnen Paragraphen behandelt.

Streitig ist, ob das Wasserverbandsrecht Bundesrecht oder Landesrecht geworden ist. Das BVerwG vertritt in ständiger Rechtsprechung (BVerwGE 3, 1; 7, 18; 10, 238) die Auffassung, daß die WVVO als Bundesrecht weitergilt. Es geht dabei davon aus, daß alle in Betracht kommenden Aufgaben, für die ein Wasser- und Bodenverband gegründet werden kann, Materien betreffen, für die nach Art. 74 GG eine konkurrierende Gesetzgebungskompetenz des Bundes bestehe, die auch das dazugehörige Organisationsrecht, insbesondere die Gründung von Wasser- und Bodenverbänden, umfasse. Dem stehe nicht entgegen, daß der Bund zur Regelung des Wasserhaushalts nur eine Rahmenkompetenz nach Art. 75 Nr. 4 GG besitze, denn Art. 75 GG sei nicht schlechthin lex specialis im Verhältnis zu Art. 74 GG.

Das BVerfG hat diese Frage bisher nicht in der Hauptsache entschieden. In seinem Urteil vom 29. 7. 1959 über das Erftverbandsgesetz (BVerfGE 10, 89) hat es jedoch bemerkt, daß es zweifelhaft sein könne, ob man trotz Art. 75 Nr. 4 GG mit dieser Argumentation des BVerwG eine umfassende Gesetzgebungskompetenz des Bundes für das gesamte Wasserverbandsrecht begründen könne. Ohne diese Frage weiter zu untersuchen, stellt das BVerfG sodann fest, daß, selbst wenn man eine so weitgehende konkurrierende Gesetzgebungskompetenz des Bundes annehme, ein Land nicht gehindert sei, ein wasserverbandliches Sondergesetz wie das über den Großen Erftverband zu erlassen. Es sei nicht ersichtlich, daß die WVVO die Form der Verbandsgründung auch in allen Sonderfällen ausschließlich bestimmen sollte. Die Kompetenz zu derartigen gesetzlichen Sonderregelungen stehe aber heute grundsätzlich den Ländern zu, zumal eine entgegengesetzte Auffassung dazu führen würde, daß Verbandsgründungen nur durch die Exekutive der Länder, nicht aber durch Landesgesetz erfolgen könnten, was mit heutigen staatsrechtlichen Grundsätzen unvereinbar sei (vgl. BVerfGE 8, 155, 169).

Die Entscheidung dieser Frage hängt somit weitgehend davon ab, welchem Sachbereich das Wasserverbandsrecht zugerechnet wird. Von den Ländern wird die Auffassung vertreten, daß der Bund allenfalls Kompetenzen nach Art. 75 Nr. 4 GG habe, also lediglich Rahmenvorschriften erlassen könne. Demgegenüber wird die Zuständigkeit des Bundes aus Art. 74 GG begründet, wonach der Bund die konkurrierende Zuständigkeit u. a. auf dem Gebiet der Förderung der land- und forstwirtschaftlichen Erzeugung sowie des Küstenschutzes und des Bodenrechts hat.

Schließlich ließe sich noch die Auffassung vertreten, die Zuständigkeit liege beim Bund, soweit ein Verband Aufgaben des Küstenschutzes oder der Bodenverbesserung zum Gegenstand habe (Art. 74 Nr. 17 und 18 GG); dagegen liege sie beim Land, soweit das Wasserrecht angesprochen sei. Im letzteren Fall habe der Bund lediglich eine Rahmenkompetenz nach Art. 75 Nr. 4 GG. Folgte man dieser Auffassung, so entstünde eine erhebliche Rechtsunsicherheit. In jedem einzelnen Fall müßte geprüft werden, ob ein Wasser- und Bodenverband dem Landesrecht oder dem Bundesrecht unterliegt. Darüber hinaus könnte sogar beim selben Verband die Zuständigkeit zwischen Bund und Land geteilt sein.

Bund und Länder haben sich bisher über diese Frage nicht geeinigt. Man ist lediglich übereingekommen, das Wasserverbandsrecht vom Bund als „streitiges Bundesrecht" in die Sammlung des bereinigten Bundesrechts aufzunehmen mit dem Bemerken, daß nach Ansicht der Länderkommission zur Gesetzesbereinigung das Wasserverbandsrecht zum Landesrecht gehöre. Es ist zu erwarten, daß die Länder, soweit sie eine Gesetzesbereinigung durchführen, das Wasserverbandsrecht als „streitiges Landesrecht" in ihre Sammlungen des bereinigten Landesrechts aufnehmen mit dem Hinweis, daß der Bund das Wasserverbandsrecht als Bundesrecht betrachte.

Schrifttum zu dieser Frage:

Dornheim, S. 22ff.
Fischerhoff, WaWi. 1950/51, 17
Gieseke, DÖV 1956, 645 und 682; 1957, 277
Larenz, DVBl. 1952, 357; 1953, 283
Linckelmann, DVBl. 1954, 148 und 794; WuB 1954, 2 und 29; „Untersuchungen", S. 12
Niehuß, WaWi. 1950/51, 391
Riederer-Sieder, Kommentar zum Bayer. Wassergesetz, Vorbemerkung 14 zu Art. 110ff.
Sieder-Zeitler, Anm. 1 zu § 13
Wiedemann, WuB 1952, 305
Witzel, DÖV 1957, 198
Wüsthoff, Gutachten über die Rechtsstellung der Wasserverbandsgesetzgebung in der Bundesrepublik Deutschland.

Der Kommentar geht im folgenden davon aus, daß die WVVO Bundesrecht geworden ist.

Die in Teil C abgedruckten Ausführungsvorschriften (Seite 467: 1. AV, Seite 498: 2. AV, Seite 514: 3. AV, Seite 518: 4. AV) und die sonstigen Runderlasse der früheren Reichsminister und Preußischen Minister (z. T. in der Kommentierung der WVVO zitiert) gelten insoweit weiter, wie die Länder sie nicht geändert oder aufgehoben haben und sie nicht dem geltenden Recht widersprechen. Da die Ausführung der WVVO allein bei den Ländern liegt, könnte der Bund derartige Vorschriften, da sie ihrer rechtlichen Einstufung nach als Erlasse lediglich Anordnungen und Hinweise der Verwaltung zur Ausführung der WVVO darstellen, weder ändern noch aufheben (Art. 83, 84 GG).

2. Die Bedeutung der WVVO

Die WVVO enthält eine umfassende Regelung des Wasserverbandsrechts. Über sie hinaus oder abweichend von ihr können Wasser- und Bodenverbände nur durch Sondergesetz gegründet werden. Rechtsgrundlage aller übrigen Verbände ist die WVVO. Im Rahmen ihrer

Bestimmungen kann jeder Verband in seiner Satzung weitere Regelungen treffen.

Die WVVO enthält im wesentlichen Organisations- und Verfahrensrecht. In einigen Bestimmungen trifft sie jedoch auch materiell-rechtliche Regelungen, wie z. B. im Enteignungs- und Entschädigungsrecht, im Haushaltswesen, bei der Deichpolizei und im Recht der Dienstkräfte der Verbände.

3. Die Bedeutung der Wasser- und Bodenverbände

In der Bundesrepublik gibt es heute rund 16000 Wasser- und Bodenverbände. Sie umfassen etwa 34% der landwirtschaftlich genutzten Fläche der Bundesrepublik. Dabei sind die sondergesetzlichen Verbände nicht eingerechnet (Textor, Die Wasser- und Bodenverbände in der Bundesrepublik, WuB 1961, 79). Die meisten Wasser- und Bodenverbände haben landwirtschaftliche oder überwiegend landwirtschaftliche Bedeutung. Die Zahl der Verbände mit anderen Aufgaben, so insbesondere Wasserbeschaffung und Abwasserreinigung, nimmt ständig zu.

Wegen der geschichtlichen Entwicklung des Wasserverbandswesens vgl. Linckelmann, Überblick über die Wasser- und Bodenverbände, WuB 1950, 139. Über die Rechtsentwicklung in den einzelnen deutschen Ländern vgl. Bochalli, S. 3 und 97ff., sowie Wormit in RVBl. 60, 272. Zur Entwicklung vom 19. Jahrhundert bis zum Erlaß des Wasserverbandgesetzes vom 10. 2. 1937 s. Dornheim, S. 12ff.

In der DDR sind die Wasser- und Bodenverbände durch die Verordnung über die Wasserwirtschaft vom 28. 8. 1952 mit Wirkung vom 31. 12. 1953 aufgelöst worden. Nach § 7 dieser Verordnung haben die volkseigenen Wasserwirtschaftsbetriebe die Aufgaben der Wasser- und Bodenverbände übernommen. Es wurden zentral geleitete Wasserwirtschaftsbetriebe zunächst für 15 Einzugsgebiete sowie eine große Zahl Wasserwirtschaftsbetriebe der örtlichen Wasserwirtschaft gebildet (vgl. Schulze-Warnecke in Wasserwirtschaft — Wassertechnik, 1955, 43).

4. Die Selbstverwaltung der Wasser- und Bodenverbände

In § 4 Abs. 1 WVVO ist der Grundsatz der Selbstverwaltung der Wasser- und Bodenverbände niedergelegt. Die Aufsichtsbehörden sollen ihre Aufsichtsbefugnisse zurückhaltend und mit dem durch das öffentliche Interesse gebotenen Maß ausüben (vgl. Tönnesmann, Anm. 5 zu § 48). Das Selbstverwaltungsrecht der Wasser- und Bodenverbände ist nicht durch Art. 28 GG geschützt. Dort ist lediglich das Selbstverwaltungsrecht der Gemeinden garantiert. Die Wasser- und Bodenverbände nehmen staatliche Aufgaben im Rahmen der öffentlichen Verwaltung wahr (BVerwGE 7, 23 und 24). Eine Selbstverwaltungsgarantie ähnlich der der Gemeinden kommt daher auch der Sache nach für sie nicht in Frage.

Aus der Aufgabenstellung der Verbände folgt, daß der Staat auch eine weitergehende Aufsicht über sie hat, als das bei Gemeinden der Fall ist. Parallelen zu gemeinderechtlichen Regelungen können nur mit größter Vorsicht und Zurückhaltung gezogen werden.

Die Wasser- und Bodenverbände haben als Körperschaften des öffentlichen Rechts zunächst dem öffentlichen Wohl zu dienen. Gleichzeitig sollen sie den privatwirtschaftlichen Nutzen ihrer Mitglieder fördern.

5. Unterscheidung der Wasser- und Bodenverbände nach ihrer Entstehung

Nach ihrer Entstehung sind die Wasser- und Bodenverbände in 4 Gruppen zu teilen:

a) Die bei Inkrafttreten der WVVO bestehenden, auf Reichs- oder Landesrecht oder auf Herkommen beruhenden öffentlich-rechtlichen Wasser- und Bodenverbände (alte Verbände);
b) die aufgrund der WVVO umgewandelten privatrechtlichen Verbände;
c) die aufgrund der WVVO gegründeten neuen Verbände.

Für alle diese Verbände gilt einheitlich die WVVO. Das gilt auch ohne Rücksicht auf die besondere Aufgabenstellung des einzelnen Verbandes.

d) Für die in Anm. 3 zu § 191 aufgeführten Verbände, die auf besonderen Gesetzen beruhen, ist die WVVO anzuwenden, soweit diese Gesetze das bestimmen oder die subsidiäre Anwendung der WVVO gestatten.

Gesetz über Wasser- und Bodenverbände (Wasserverbandgesetz)

Vom 10. Februar 1937 (RGBl. I S. 188)

§ 1

Um die Wasser- und Bodenverhältnisse als eine Grundlage der Selbstversorgung des deutschen Volkes zu verbessern und um Wasser- und Abwasserschaden von ihm abzuwenden, wird der Reichsminister für Ernährung und Landwirtschaft ermächtigt, im Einvernehmen mit den beteiligten Reichsministern das Recht der Wasser- und Bodenverbände, insbesondere ihre Selbstverwaltung, ihre Ordnungs- und Polizeigewalt, die Aufsicht und Polizei über sie, das Spruchverfahren und die Umgestaltung bestehender und die Gründung neuer Verbände durch Verordnung nach den Grundsätzen des nationalsozialistischen Staates neu zu gestalten[1].

1. Nichtfortgelten der Vorschrift

Die Fortgeltung der im Wasserverbandgesetz enthaltenen Ermächtigung bestimmt sich nach Art. 129 Abs. 3 GG in Verbindung mit Art. 80 GG. Nach Art. 129 Abs. 3 GG sind vor Inkrafttreten des Grundgesetzes ausgesprochene Ermächtigungen erloschen, soweit sie zur Änderung oder Ergänzung von Ermächtigungsnormen durch Verordnung oder zum Erlaß von Rechtsvorschriften anstelle von Gesetzen ermächtigen.

Die ersten beiden Alternativen des Art. 129 Abs. 3 GG beziehen sich danach darauf, daß Änderungen von formellen Gesetzen durch Rechtsverordnungen unzulässig sind, insoweit in vorkonstitutionellen Gesetzen enthaltene Ermächtigungen also entfallen (BVerfGE 2, 327, 330). Diese beiden Alternativen sind für die Frage der Fortgeltung der Ermächtigung des WVG ohne Bedeutung.

Die dritte Alternative des Art. 129 Abs. 3 GG bezieht sich auf die sogenannten gesetzesvertretenden Verordnungen. Was damit gemeint ist, wieweit insbesondere vorkonstitutionelle Ermächtigungen, sollen sie fortgelten, Art. 80 GG entsprechen müssen, ist umstritten. So wird die Auffassung vertreten, alle vorkonstitutionellen Ermächtigungen, die über den Rahmen des Art. 80 GG hinausgehen, seien nach Art. 129 Abs. 3 GG erloschen (Maunz, S. 212; BVerwGE 6, 119). Demgegenüber vertritt das BVerfG die Auffassung, der Fortbestand einer alten Ermächtigung hänge nicht davon ab, ob sie sich im Rahmen des Art. 80 GG halte (BVerfGE 2, 327). Das BVerfG stellt allein darauf ab, ob eine Ermächtigungsnorm das Gewaltenteilungsprinzip schütze. Das allein sei durch Art. 129 Abs. 3 GG bezweckt. Dieser Auffassung ist zu folgen. Danach fallen unter Art. 129 Abs. 3 GG solche Ermächtigungen, die über das ermächtigende Gesetz hinausgehen. Die Vorauflage und das BVerwG (Vorbemerkung z. Kommentar, 2. Auflage S. 21 und BVerwG, Urteil v. 25. 8. 55 — IV C 03/55 —) gehen davon aus, daß die Ermächtigung des WVG unter Art. 129 Abs. 3 GG falle, also erloschen sei. Zwar geht die Ermächtigung des WVG nicht so weit, daß sie zum Erlaß von Verordnungen über den Rahmen des Gesetzes hinaus legitimiert. Allerdings ist die eigentliche Regelung der gesamten Rechtsmaterie des Wasserverbandsrechts in der WVVO enthalten. Es muß daher in der Tat zweifelhaft sein, ob die Ermächtigung des WVG noch fortgilt. Geht man vom Schutzgedanken des Art. 129 Abs. 3 GG aus, worauf das BVerfG abstellt (BVerfGE 3, 329), so muß man zu dem Schluß kommen, daß die Ermächtigung des WVG erloschen ist, da andernfalls die Exekutive allein, d. h. also der zuständige Bundesminister, die WVVO ohne Beteiligung des Bundestages ändern, ergänzen oder aufheben könnte (vgl. Leibholz-Rinck, Anm. 3 zu Art. 129). Deswegen muß eine Änderung oder Ergänzung der WVVO heute durch die gesetzgebenden Körperschaften des Bundes vorgenommen werden.

§ 2

Wasser- und Bodenverbände sind die auf Reichs- oder Landesrecht oder Herkommen beruhenden Körperschaften, die folgende Aufgaben[1] haben:

1. **Gewässer und ihre Ufer herzustellen, zu ändern, in ordnungsmäßigem Zustande zu halten, den Wasserabfluß zu regeln und Gewässer zu beseitigen,**
2. **Schiffahrt- und Flößereianlagen, Stauanlagen, Schleusen, Siele und dergleichen, Wasserkraftanlagen und Wassersammelbecken herzustellen, zu ändern, in ordnungsmäßigem Zustande zu halten, zu betreiben, auszunutzen und zu beseitigen,**
3. **Grundstücke zu entwässern, zu bewässern und vor Hochwasser und Sturmflut zu schützen,**
4. **Abwasser abzuführen, zu verwerten, zu reinigen und unschädlich zu machen,**
5. **Trink- und Brauchwasser zu beschaffen,**
6. **den Boden im landwirtschaftlichen Kulturzustande zu verbessern und zu erhalten und die Kulturflächen zu bewirtschaften und zu nutzen,**

7. **das Grundwasser zu bewirtschaften,**
8. **Land aus Wasserflächen zu gewinnen,**
9. **Beiträge zu wasserwirtschaftlichen, wasserbaulichen und bodenkulturlichen und zu Abwassermaßnahmen aufzubringen,**
10. **die vorstehenden Aufgaben zu fördern und zu überwachen,**
11. *andere Aufgaben, wenn der Reichsminister für Ernährung und Landwirtschaft sie im Einvernehmen mit den beteiligten Reichsministern zuläßt*[2].

1. Aufgaben der Wasser- und Bodenverbände

Siehe hierzu die Anmerkungen zu § 2 WVVO.

2. Nichtfortgelten der Vorschrift

Nach Nr. 11 waren die zuständigen Reichsbehörden ermächtigt, Wasser- und Bodenverbände für andere als die in Nr. 1 bis 10 aufgeführten Aufgaben zuzulassen. Aus den in Anm. 1 zu § 1 WVG angeführten Gründen gilt auch diese Ermächtigung nicht mehr fort, da sie einer vorkonstitutionellen Ermächtigung zum Erlaß gesetzesvertretender Verordnungen gleichkommt (Art. 129 Abs. 3 GG).

§ 3

Wenn die durch die Verordnung nach § 1 geänderten Gesetze oder anderen Vorschriften auch Vorschriften enthalten, die von dem Gesetze nicht berührt werden, kann der Reichsminister für Ernährung und Landwirtschaft im Einvernehmen mit den beteiligten Reichsministern diese durch Verordnung an den neuen Rechtszustand angleichen und in neuer Fassung und Ordnung bekanntgeben[1].

1. Nichtfortgelten der Vorschrift

Vgl. Anm. 1 zu § 1 und Anm. 2 zu § 2 WVG.

Erste Verordnung über Wasser- und Bodenverbände (Erste Wasserverbandverordnung)

Vom 3. September 1937 (RGBl. I S. 933)
geändert durch Verordnung v. 29. 4. 1941 (RGBl. I S. 224)

Erster Teil

Das Recht des Wasser- und Bodenverbandes

I. Abschnitt

Rechtsgestalt. Arten

Vorbemerkung

Die WVVO bezieht sich auf die in § 1 aufgeführten drei Gruppen von Verbänden, welche eine oder mehrere der in § 2 unter Nr. 1—11 bezeichneten Aufgaben haben können. Die Aufgaben sind gegenüber dem früheren Landesrecht im Interesse der Förderung der Wasserwirtschaft und der Bodenkultur wesentlich erweitert worden, insbesondere durch Zulassung der neuen Aufgaben in § 2 Nr. 7—11.

Mitglieder des Wasser- und Bodenverbandes können dingliche Mitglieder, Unterhalter, öffentlich-rechtliche Körperschaften und andere, von der obersten Aufsichtsbehörde zugelassene Personen sein (§ 3).

Wasser- und Bodenverbände sind öffentlich-rechtliche Körperschaften, die eine oder mehrere der in § 2 bezeichneten Aufgaben haben, aus Personen der in § 3 genannten Art bestehen und neben dem Privatinteresse ihrer Mitglieder auch dem öffentlichen Wohle dienen (§ 4 Satz 1). Die Wasser- und Bodenverbände verwalten sich selbst, d. h. durch eigene Organe (§ 4); als öffentlich-rechtliche Körperschaften unterstehen sie der staatlichen Aufsicht (§§ 111 ff.).

§ 1

Rechtsgestalt. Arten

(1) Wasser- und Bodenverbände[1] sind die öffentlich-rechtlichen Körperschaften, die Aufgaben nach § 2 haben und aus Mitgliedern nach § 3 bestehen, nämlich

1. die zur Zeit des Inkrafttretens dieser Verordnung bestehenden, auf Reichs- oder Landesrecht oder Herkommen beruhenden öffentlich-rechtlichen Wasserverbände, Flußverbände, Wassergenossenschaf-

ten, Wasserachten, Deichverbände, Deichbände, Deichachten, Deichkommünen, Köge, Sielverbände, Sielachten, Wasserlösungsverbände, Wasserlösungskommünen, Schleusenverbände, Abwasserverbände, Wiesenverbände, Bodenverbesserungsgenossenschaften, Ödlandgenossenschaften, Bodenkulturgenossenschaften und anderen derartigen Körperschaften (alte Verbände)[2],

2. die auf Grund dieser Verordnung umgewandelten, vordem privatrechtlichen Verbände (§ 151)[3],

3. die auf Grund dieser Verordnung gegründeten (neuen) Verbände (§ 169).

(2) Wenn zweifelhaft ist, ob eine Körperschaft zu den alten Wasser- und Bodenverbänden gehört, entscheidet der Fachminister[4].

(3) Ein nach Gemeinderecht bestehender Zweckverband gehört zu den alten Wasser- und Bodenverbänden nur, wenn der *Reichsminister für Ernährung und Landwirtschaft* **und der** *Reichsminister des Innern*[5] **es anordnen[6, 7].**

1. Allgemeines

§ 1 stellt klar, daß die WVVO sich auf die bereits bestehenden (alten), auf die nach der WVVO umgewandelten, vordem privatrechtlichen, und auf die neu gegründeten Verbände erstreckt. Es gibt Verbände nach der WVVO, die nur Wasseraufgaben haben (z. B. Vorflutbeschaffung, Entwässerung, Bewässerung, Abwasserreinigung, Wasserbeschaffung); es gibt, wenn auch nur selten, Verbände nach der WVVO, die nur Aufgaben am Boden haben (z. B. nur Umbruch, Kultivierung, vgl. Anm. 8 zu § 2). Die große Mehrzahl der Verbände mit landwirtschaftlichen Aufgaben hat jedoch sowohl Aufgaben am Wasser als auch Aufgaben am Boden; nur sie entsprechen voll dem Namen Wasser- und Bodenverbände. Die Rechtsnatur aller drei Gruppen ist dieselbe.

2. Bezeichnungen

Abs. 1 Nr. 1 enthält eine Aufzählung der für die bestehenden (alten) Verbände üblichen Bezeichnungen.

Unter Flußverbänden versteht das Gesetz die in den einzelnen Ländern meist durch Sondergesetze, z. B. für die Flußgebiete der Wupper, Lenne, Ruhr, Emscher, Lippe, Niers, Schwarze Elster, Mulde gebildeten Verbände (s. § 191 Abs. 2). Durch Reichsgesetze sind nur wenige Flußverbände, die sich über mehrere Länder erstrecken, wie der Aller-Ohre-Verband (Gesetz vom 13. Januar 1934, RGBl. I S. 29) und der Weißelsterverband (VO vom 23. Juli 1934, RGBl. II S. 416) gebildet worden. Von den durch Sondergesetze gebildeten Verbänden unterstehen der WVVO nur diejenigen, deren Sondergesetze aufgehoben worden sind.

Bei den übrigen Verbänden (s. § 191 Abs. 2) kommt nur eine subsidiäre Anwendung der Bestimmungen der WVVO in Betracht (s. Anm. 3 zu § 191).

Wasserachten, Deichachten, Deichkommünen, Köge, Sielverbände usw. sind die auf dem Gebiete des Deichrechts herkömmlichen Verbandsbezeichnungen (Bochalli, S. 98ff.).

Wiesenverbände sind die aufgrund der Wiesenordnung für den Kreis Siegen vom 28. Oktober 1846 (GS. S. 485) zu Bewässerungszwecken gebildeten Verbände. Die Siegener Wiesenordnung war im PrWG (§ 387) aufrechterhalten, ist aber durch die WVVO (§ 191 Abs. 1) außer Kraft gesetzt worden, soweit sie Verbandsrecht enthält. Bei der Umgestaltung der Wiesenverbände ist das nach der Wiesenordnung geltende Recht in die neue Satzung aufzunehmen, soweit es mit der WVVO vereinbar ist (§ 146 Abs. 1).

3. Privatrechtliche Körperschaften

Die Wassergenossenschaften des früheren Rechts waren ebenso wie die Deich- und Sielverbände öffentlich-rechtliche Körperschaften; jedoch bestanden einige Ausnahmen.

Die in Preußen vor dem Inkrafttreten des Privatflußgesetzes vom 28. Februar 1843 (GS. S. 41) gegründeten Wassergenossenschaften galten nicht als öffentliche Genossenschaften (PrVBl. 30, 119).

Nach dem Württembergischen Wassergesetz vom 1. Dezember 1900 (Art. 75, 80) waren die Wassergenossenschaften Rechtspersönlichkeiten des Privatrechts, die allerdings der Staatsaufsicht im öffentlichen Interesse unterlagen.

In den Ländern, in denen die Wassergenossenschaften Körperschaften des öffentlichen Rechts waren, hatten sich daneben auch privatrechtliche Vereinigungen für wasser- und bodenwirtschaftliche Zwecke — Vereine, Erwerbs- und Wirtschaftsgenossenschaften, Aktiengesellschaften, Gesellschaften mit beschränkter Haftung — gebildet, die privatwirtschaftliche Ziele verfolgten. Sie sind keine Wasser- und Bodenverbände. Alle privatrechtlichen Verbände können aber nach § 1 Abs. 1 Nr. 2, § 3 Nr. 4, § 151 auf Anordnung der obersten Aufsichtsbehörde in öffentlich-rechtliche Wasser- und Bodenverbände umgewandelt werden, vorausgesetzt, daß sie die in § 2 bezeichneten Aufgaben haben, daß sie gemäß § 4 neben dem Nutzen ihrer Mitglieder zugleich dem öffentlichen Wohle dienen und daß ihre Mitglieder den in § 3 gestellten Anforderungen entsprechen.

4. Klarstellung bei Zweifeln über den Rechtscharakter

Durch die Entscheidung des Fachministers (s. Anm. 1 zu § 189, Anm. 1 zu § 112), die in Form eines Erlasses ergehen kann, wird festgestellt, ob eine Körperschaft zu den Verbänden im Sinne der WVVO gehört. Die Entscheidung ist ein feststellender Verwaltungsakt (vgl. Vorbemerkung zu den §§ 133ff.).

5. Reichsminister

Anstelle des Reichsministers für Ernährung und Landwirtschaft heute die zuständigen Landesminister und Senatoren (vgl. § 112); anstelle des Reichsministers des Innern heute die Landesinnenminister oder die Senatoren des Innern.

6. Regelung bei Zweckverbänden

Die Anordnung kann gegen den Willen des Zweckverbandes nur aus Gründen des öffentlichen Wohles getroffen werden. Da derartige Zweckverbände als öffentlich-rechtliche Körperschaften neben dem Interesse ihrer Mitglieder auch regelmäßig dem öffentlichen Wohl dienen, dürften solche Gründe fast nie vorliegen. Die Anordnung wird daher praktisch nur bei Zustimmung des Zweckverbandes zulässig sein.

Bereits mit der Anordnung, nicht erst mit der folgenden Neugestaltung der Satzung, wird der Zweckverband in einen Wasser- und Bodenverband umgewandelt. Haben Zweckverbände neben wasserwirtschaftlichen auch noch andere Aufgaben zu erfüllen, so kommt die ministerielle Anordnung nicht in Betracht (vgl. Tönnesmann im RVBl. 58, 391).

Die Bestimmung des § 1 Abs. 3 bezieht sich nicht auf Zweckverbände, die erst nach dem 1. Januar 1938 gegründet worden sind, sondern nur auf solche, die beim Inkrafttreten der WVVO bereits bestanden haben. Zweckverbände, die aufgrund des für das Reich erlassenen ZweckVG oder aufgrund von später ergangenen Ländergesetzen gegründet sind, fallen daher nicht hierunter.

7. Andere Organisationsformen

a) Allgemeines

Die Frage, ob der Wasser- und Bodenverband die ausschließliche öffentlich-rechtliche Organisationsform zur Erfüllung der in § 2 angeführten Aufgaben darstellt, taucht gelegentlich auf, wenn kommunale Gebietskörperschaften (kreisfreie Städte, Landkreise, Ämter und amtsfreie Gemeinden) sich zur Erledigung von Aufgaben im Sinne von § 2 zusammenschließen oder an einem Zusammenschluß mit anderen Rechtspersonen beteiligen wollen. Die in ihrem Recht auf Selbstverwaltung grundgesetzlich (Art. 28 GG) wie auch durch die Landesverfassungen durch institutionelle Garantie geschützten Gemeinden und Gemeindeverbände haben dabei auch im Auge, unnötige Einbußen an ihrer Selbstverwaltung zu vermeiden, zumindest Entscheidungskompetenzen möglichst nicht mit Rechtspersonen zu teilen, die nicht zu den Gemeinden und Gemeindeverbänden gehören. Sie prüfen daher insbesondere die Möglichkeit von Zusammenschlüssen nach den Zweckverbandsgesetzen, da die Form des Eigenbetriebs für solche Zusammenschlüsse schon darum entfällt, weil nach zutreffender h. M. Inhaber eines Eigenbetriebs nicht mehrere Gemeinden sein können, sondern nur eine Gemeinde (Zeiss, S. 37). Auch setzt der Eigenbetrieb voraus, daß es sich um wirtschaftliche Unternehmen der Kommunen handelt (Kottenberg, Anm. III zu § 69).

b) Nicht geeignete Organisationsformen

Die kommunale Arbeitsgemeinschaft sowie die öffentlich-rechtliche Vereinbarung nach den Zweckverbandsgesetzen schaffen keine Institutionen mit eigener Rechtspersönlichkeit, wie sie erforderlich sind, um die Aufgaben nach § 2 zu erfüllen. Sie scheiden daher aus.

c) Zweckverbände

Zweckverbände besitzen als öffentlich-rechtliche Körperschaften eigene Rechtspersönlichkeit. Sie sind Gemeindeverbände und können nach dem ZweckVG nach wie vor gebildet werden, in Ländern, die das ZweckVG aufgehoben und durch Landesgesetz ersetzt haben, nach diesem Gesetz (z. B. in NW nach dem GkG; in Bayern: Gesetz über die kommunale Zusammenarbeit v. 12. Juli 1966, Bay. GV S. 218).

d) Abgrenzung der Eignung von WVVO und ZweckVG als Rechtsgrundlage

Die WVVO unterbindet zur Erfüllung der in ihr normierten Aufgaben der Wasser- und Bodenverbände die Bildung von Zweckverbänden ebensowenig wie die Möglichkeit der Länder, neue sondergesetzliche Wasserverbände durch Landesgesetz zu schaffen (vgl. z. B. Gesetz des Landes NW über die Gründung des Großen Erftverbandes vom 3. 6. 1958 — GV NW S. 253 —, s. hierzu Anm. 3 zu § 191). Zur Frage, ob und inwieweit die Bildung von Zweckverbänden in Betracht kommt, führen Pfundtner-Neubert in ihrem Kommentar „Das neue deutsche Reichsrecht“ aus:

„Wenn auch die Wasserverbandverordnung nicht verbietet, die in § 2 genannten Aufgaben auch durch Gründung eines Zweckverbandes zu erfüllen, so besteht doch bei den Reichszentralstellen Einigkeit darüber, daß für diese Aufgaben der Wasser- und Bodenverband die gegebene Rechtsform ist. Nur bei Wasserleitungsbauten städtischer Gemeinden soll der Zweckverband vorgezogen werden. Für ländliche Gemeinden soll dagegen auch hierbei die Form des Wasser- und Bodenverbandes genommen werden mit Ausnahme der Fälle, in denen nicht nur die Wasserbeschaffung, sondern auch die Verteilung an die Letztabnehmer Aufgabe des Verbandes ist.“

Diese Auffassung trifft auch heute noch zu, und zwar in verstärktem Maße. Danach wird bei Zusammenschlüssen auf dem Gebiet der Wasserversorgung, die eine Verteilung bis zum Letztabnehmer einschließt, die Rechtsform des Zweckverbandes richtig sein, wenn nicht eine Form der Kapitalgesellschaft gewählt wird. Dies entspricht der Besonderheit, daß bei der einzelnen Gemeinde solche Unternehmen als wirtschaftliche im Sinne des Kommunalrechts gelten, daß sie in Form von Eigenbetrieben oder von privatwirtschaftlichen Kapitalgesellschaften geführt werden können und auf der Entgeltlichkeit ihrer Leistungen sowie Absicht der Gewinnerzielung aufbauen (vgl. Kottenberg, Erl. I zu § 69). Demgegenüber liegen dem Wasser- und Bodenverband insbesondere diejenigen Aufgaben zugrunde, die nicht Gegenstand der wirtschaftlichen Unternehmen der Gemeinde sind, sondern, solange ein Wasser- und Bodenverband nicht besteht, über ihren Gebühren- und Beitragshaushalt oder teils aus allgemeinen Deckungsmitteln finanziert werden, z. B. Unterhaltung der Gewässer, Abwasserreinigung und -beseitigung, Entwässerung von Grundstücken, Hochwasserschutz, Wasserbeschaffung ohne Verteilung an die Verbraucher u. dgl. Vor allem ist der Wasser- und Bodenverband nach der WVVO durch seine Verfassung und die Art seiner Verwaltung einschließlich seiner Haushaltsführung sowie durch die der einzelnen Verbandssatzung eingeräumte Gestaltungsfreiheit funktionell dieser Besonderheit der Aufgaben angepaßt.

Das ist beim Zweckverband in diesem Maße nicht der Fall. So sieht das Zweckverbandsrecht grundsätzlich nur die Mitgliedschaft von Gebietskörperschaften vor. Nur ausnahmsweise und unter Erfüllung bestimmter Voraussetzungen können andere natürliche Personen und juristische Personen des Privatrechts als Mitglieder zugelassen werden. Damit entfällt die bei der gemeinschaftlichen Erfüllung wasserwirtschaftlicher und bodenkultureller Aufgaben durch einen Verband unbedingt wünschenswerte Hinzuziehung aller Beteiligten als Mitglieder, wie sie die WVVO vorsieht, die daher hier die umfassendere Form der Selbstverwaltung darstellt.

Hinzukommt, daß der Zweckverband ein Kommunalverband ist, auf den die für Gemeindeverbände geltenden Vorschriften Anwendung finden, soweit sich aus diesen selbst oder aus den zwecksverbandsrechtlichen Bestimmungen nichts anderes ergibt. Eine solche kommunalverfassungsrechtliche Grundlage eignet sich aber kaum für einen Verband, der wasserwirtschaftliche und bodenkulturelle Maßnahmen zur Erfüllung von Aufgaben nach § 2 zum wirtschaftlichen Vorteil (BVerwGE 3, 1) der einzelnen Mitglieder bzw. dazu durchführt, um ihnen obliegende Leistungen, z. B. nach den Landeswassergesetzen, abzunehmen oder ihren schädigenden Einwirkungen zu begegnen. Hierfür hat der

Gesetzgeber dem Wasser- und Bodenverband in § 22 die Berechtigung eingeräumt, die Grundstücke seiner dinglichen Mitglieder zur Durchführung seines Unternehmens zu benutzen (s. im einzelnen die Anmerkungen zu § 22). Ein Zweckverband besitzt dieses wichtige Recht nicht.

Aber auch organisatorische und rechtstechnische Einzelheiten unterstreichen für die angezogenen Aufgaben die mangelnde Eignung des Zweckverbandes, so die Vorschriften über die Beschlußfähigkeit der Verbandsversammlung und darüber, daß die Mitglieder in der Verbandssatzung bestimmt sein müssen. Letztere Vorschrift wird der Mitgliederfluktuation nicht gerecht, wie sie zumindest schon bei den mittleren, erst recht bei den größeren und großen Verbänden, denen Aufgaben im Sinne der WVVO gestellt sind, in der Natur der Sache liegen.

Diese Beurteilung gilt nicht, wenn eine Wasserversorgung bis zu den Endabnehmern betrieben werden soll, also vornehmlich die Versorgung der Bevölkerung einzelner oder mehrerer Gebietskörperschaften mit Trinkwasser bis zum Zapfhahn. Hier ist der Zweckverband vorzuziehen, der im Gegensatz zum Wasser- und Bodenverband die Möglichkeit hat, Gebühren und Beiträge nach dem Kommunalabgabenrecht auch von Nichtmitgliedern zu erheben sowie den Anschluß- und Benutzungszwang nach den gemeinderechtlichen Vorschriften anzuwenden. Wenn dagegen nicht die Wasserverteilung und -lieferung bis zu den Endabnehmern, sondern lediglich die Beschaffung des Wassers (§ 2 Nr. 5) und seine Abgabe an den Endverteiler gemeinschaftlich durchgeführt werden sollen, ist wieder der auf der WVVO beruhende Verband einem Zweckverband vorzuziehen.

Dieser Standpunkt dürfte dem Willen des Gesetzgebers entsprechen, wie sich aus materiellem Inhalt sowie Formvorschriften des Zweckverbandsrechts einerseits und der WVVO und ihrer engen Verknüpfung mit WHG und Landeswassergesetzen andererseits ergibt. Hierbei sei u. a. auf die Bestimmungen verschiedener Landeswassergesetze über die Gründung von Verbänden zur Erfüllung der Unterhaltungspflicht an oberirdischen Gewässern hingewiesen, wobei es sich ausschließlich um Verbände nach der WVVO handelt. Auch die h. M. vertritt seit dem Erlaß der WVVO den hier eingenommenen Standpunkt (vgl. Tönnesmann, Anm. 2 zu § 154; Dornheim, S. 27; Schneider, Wasser- und Bodenverband oder Zweckverband?, in WuB 1963, 220 mit ausführlichen Literaturangaben; Kaiser, Organisationsformen für die Erledigung von Abwasseraufgaben durch die Gemeinden, in „Berichte der Abwassertechnischen Vereinigung E.V.", 1962, 66; anderer Ansicht: Wüsthoff in „Kommunalwirtschaft" 1955, 98).

§ 2
Aufgaben

Aufgaben[1] des Wasser- und Bodenverbandes[2] können sein:

1. **Gewässer und ihre Ufer herzustellen, zu ändern, in ordnungsmäßigem Zustande zu halten, den Wasserabfluß zu regeln und Gewässer zu beseitigen[3],**
2. **Schiffahrt- und Flößereianlagen, Stauanlagen, Schleusen, Siele u. dgl., Wasserkraftanlagen und Wassersammelbecken herzustellen, zu ändern, in ordnungsmäßigem Zustande zu halten, zu betreiben, auszunutzen und zu beseitigen[4],**
3. **Grundstücke zu entwässern, zu bewässern und vor Hochwasser und Sturmflut zu schützen[5],**
4. **Abwasser abzuführen, zu verwerten, zu reinigen und unschädlich zu machen[6],**
5. **Trink- und Brauchwasser zu beschaffen[7],**
6. **den Boden im landwirtschaftlichen Kulturzustande zu verbessern und zu erhalten und die Kulturflächen zu bewirtschaften und zu nutzen[8],**
7. **das Grundwasser zu bewirtschaften[9],**
8. **Land aus Wasserflächen zu gewinnen[10],**
9. **Raseneisenerz abzubauen, abbauen zu lassen und zu verwerten und die Grundstücke nach dem Abbau wiederherzustellen[11],**
10. **Beiträge zu wasserwirtschaftlichen und zu wasserbaulichen, zu Bodenverbesserungs- und zu Abwassermaßnahmen aufzubringen[12],**
11. **die vorstehenden Aufgaben zu fördern und zu überwachen[13],**
12. *andere Aufgaben, wenn der Reichsminister für Ernährung und Landwirtschaft sie im Einvernehmen mit den anderen Fachministern zuläßt*[14].

1. Aufgabe (Allgemeines)

Die Aufzählung der Verbandsaufgaben in Nr. 1 bis 11 ist erschöpfend. Da nach Nr. 11 auch die Förderung eines der in Nr. 1 bis 10 genannten Zwecke Aufgabe eines Verbandes sein kann, ist eine für eine Gemeinschaft von Interessenten in Frage kommende wasser- oder bodenwirtschaftliche Aufgabe kaum denkbar, die nicht von einem Wasser- und Bodenverband übernommen werden könnte. Eine besondere Zulassung anderer Aufgaben (vgl. Nr. 12) dürfte sich daher erübrigen; wegen des Nichtfortgeltens dieser Bestimmung s. Anm. 14.

Ein Verband kann — und wird sogar in der Regel — mehrere der in § 2 vorgesehenen Aufgaben haben.

Die Aufgabe wird durch bestimmte Bau- oder Unterhaltungsmaßnahmen erfüllt, die als Verbandsunternehmen bezeichnet werden (über die Unterscheidung zwischen Aufgabe und Unternehmen vgl. Anm. 2 § 17).

Die Aufgabe verschafft dem Verband das Recht, das Verbandsunternehmen gegenüber seinen Mitgliedern durchzuführen. Ebenso ist er aufgrund des Verbandsrechts auch öffentlich-rechtlich seinen Mitgliedern gegenüber zur Erfüllung seiner Aufgaben verpflichtet. Diese Verpflichtung ist aber durch Plan und Erläuterungsbericht über das Verbandsunternehmen begrenzt (vgl. §§ 17, 156). Der Verband muß also und darf sogar nur die im Plan vorgesehenen Maßnahmen durchführen, und zwar auch nur in dem nach Lage der Verhältnisse angemessenen Zeitraum (Beispiele dafür: Ausbau der Vorfluter sowie Erstellung der Reinigungsanlagen innerhalb eines großen Verbandes nach Schwerpunktprogramm — vgl. dazu Dornheim, S. 52). Den Verband zur Erfüllung seiner Aufgaben anzuhalten, ist in erster Linie Sache der Aufsichtsbehörde, an die sich die Mitglieder wenden können. Im Rahmen der heutigen Verwaltungsgerichtsbarkeit wird aber — vom früheren Recht abweichend — auch die Verpflichtungsklage eines Mitgliedes gegenüber dem Verband zulässig sein. Die Aufsichtsbehörde und das Verwaltungsgericht haben dabei sowohl das Interesse des Mitgliedes als auch das öffentliche Wohl wahrzunehmen (vgl. § 4 Abs. 1 Satz 1); hierbei ist die Leistungskraft des Verbandes zu berücksichtigen.

Der Verband braucht aber nicht immer zur Durchführung aller seiner Aufgaben verpflichtet zu sein, sondern ist manchmal nur dazu berechtigt. Dies kommt besonders bei Bodenverbesserungen und Dränungen vor, wenn diese nur auf Wunsch von Mitgliedern durchgeführt werden sollen. Es ist zweckmäßig, das in der Satzung zum Ausdruck zu bringen. Dies geschieht allerdings oft nicht, sondern ergibt sich erst aus dem Zusammenhang der Satzung mit Plan und Erläuterungsbericht.

Unabhängig von dieser verbandsrechtlichen Verpflichtung kann der Verband auch nach dem allgemeinen Wasserrecht gegenüber der allgemeinen Wasserbehörde — die nicht immer mit der Aufsichtsbehörde identisch ist — zur Erfüllung einer bestimmten Aufgabe verpflichtet sein. Dies gilt vornehmlich für die Unterhaltung von Gewässern, die alle Landeswassergesetze (mit Ausnahme des HbgWG) als öffentlich-rechtliche Verpflichtung festgesetzt haben. Diese ist in mehreren Ländern den neu zu gründenden oder durch Gesetz gebildeten Wasser- und Bodenverbänden auferlegt worden.

2. Allgemeines über Wasser- und Bodenverbände als öffentlich-rechtliche Körperschaften

Unter die WVVO fallen nur solche Körperschaften — juristische Personen — des öffentlichen Rechts, die eine oder mehrere der im § 2 bezeichneten Aufgaben auf dem Gebiet der Wasserwirtschaft und der Bodenkultur zu erfüllen haben. Als juristische Person kann der Verband als solcher selbständig Träger von Rechten und Verbindlichkeiten sein, Eigentum und andere dingliche Rechte an Grundstücken erwerben, vor Gericht klagen und verklagt werden; er ist mithin rechts- und prozeßfähig. Der Verband erlangt Rechtsfähigkeit mit dem Erlaß der Satzung und verliert sie nur durch Auflösung. Die Geschäftsfähigkeit des Verbandes tritt erst nach Berufung des Vorstandes ein (Anm. 2 zu § 171). Wegen Haftung des Verbandes vgl. Anm. 3 zu § 8.

3. Gewässerausbau und -unterhaltung

a) Gewässer

Da die WVVO eine Begriffsbestimmung der Gewässer nicht enthält, waren dafür schon beim Inkrafttreten der WVVO die damaligen Landesgesetze maßgebend; heute sind es das WHG und die neuen Landeswassergesetze. Nach § 1 Nr. 1 WHG wird unter oberirdischen Gewässern „das ständig oder zeitweilig in Betten fließende oder stehende oder aus Quellen wild abfließende Wasser" verstanden. Zu diesen Gewässern gehören daher Wasserläufe, Gräben, Seen, Teiche, Weiher und ähnliche Wasseransammlungen. Zum Gewässer gehören nicht nur das Wasser selbst, sondern auch das Bett und das Ufer. Das Gewässer umfaßt also die gesamte, bei bordvoller Wasserführung überströmte Eintiefung der Erdoberfläche (Gieseke-Wiedemann, Anm. 3 zu § 28). Kleinere Gewässer von wasserwirtschaftlich untergeordneter Bedeutung (wie z. B. Gräben) können, auch wenn sie seitens der Länder von den Bestimmungen des WHG und der Landeswassergesetze ausgenommen worden sind (§ 1 Abs. 2 WHG), Gegenstand der Aufgabe eines Wasserverbandes sein.

b) Herstellen eines Gewässers

Das „Herstellen" eines Gewässers ist Ausbau im Sinne von § 31 Abs. 1 WHG. Derartige Maßnahmen gehören in den Plan des Verbandes (Anm. 2 zu § 156 und Anm. 3 zu § 17). Wegen der Frage der Planfeststellung im Ausbauverfahren s. Anm. 2 zu § 8.

c) Umfang der Unterhaltung

Der Umfang der Unterhaltung richtet sich, da die WVVO Bestimmungen darüber nicht enthält, nach dem WHG. Nach § 28 Abs. 1 WHG umfaßt die Unterhaltung „die Erhaltung eines ordnungsmäßigen Zustandes für den Wasserabfluß und an schiffbaren Gewässern auch die Erhaltung der Schiffbarkeit". Soweit die Länder zusätzliche Bestimmungen wegen der Unterhaltung aufgrund des § 28 Abs. 1 Satz 2 WHG erlassen haben, sind auch diese zu beachten. Die Verpflichtung der dinglichen Mitglieder des Verbandes (§ 3 Nr. 1) wegen Duldung und evtl. Mitwirkung bei den Unterhaltungsarbeiten richtet sich nach §§ 22, 79, da diese Spezialvorschriften im Verhältnis zu den Bestimmungen der Landeswassergesetze über die Verpflichtungen den Vorrang vor § 30

WHG und den darauf beruhenden Bestimmungen der Landeswassergesetze haben (Anm. 2 zu § 22).

d) Teilung der Unterhaltungslast

Eine Teilung der Unterhaltungslast ist nicht ausgeschlossen, z. B. so, daß die gewöhnliche Unterhaltung (Erhaltung) eines Gewässers einem Unterverbande, die außergewöhnliche Unterhaltung (die Wiederherstellung eines erheblich beschädigten Gewässers) dagegen einem Oberverbande zugewiesen ist (vgl. Anm. 2 zu § 113).

e) Regelung des Wasserabflusses

Eine Regelung des Wasserabflusses kann durch Beseitigung von Hindernissen des Hochwasserabflusses, z. B. von Bäumen, Sträuchern und durch Errichtung von Dämmen erfolgen.

f) Unterhaltung nach WHG und Landeswassergesetzen

Zu fragen ist, ob für die Aufgabe, „Gewässer in ordnungsmäßigem Zustande zu halten", überhaupt noch ein Wasser- und Bodenverband gegründet werden kann, wenn die Unterhaltungslast (-pflicht) durch ein Landeswassergesetz in Verbindung mit dem WHG in anderer Weise geregelt worden ist.

Die Länder haben die Pflicht, Gewässer zu unterhalten, abweichend voneinander und unterschiedlich nach Gewässerordnungen geregelt. Sind hierfür keine Wasser- und Bodenverbände, sondern das Land oder öffentlich-rechtliche Körperschaften vorgesehen (z. B. der Landkreis, die kreisfreie Stadt, die Gemeinde), so bleibt für die Gründung von Wasser- und Bodenverbänden zum Zwecke der Gewässerunterhaltung nur noch in beschränktem Umfange Raum. Der Zusammenschluß der in § 3 Nr. 1, 2 und 4 genannten Personen zu einem Wasser- und Bodenverband scheidet insoweit aus. Offen bleibt die Gründung eines Wasser- und Bodenverbandes mit Mitgliedern nach § 3 Nr. 3 (also z. B. mit mehreren Gemeinden, kreisfreien Städten, Landkreisen), wobei die Fälle ausscheiden, in denen überhaupt nur ein solcher Träger vorhanden ist (Anm. 2 zu § 153). So kann z. B. die Unterhaltung eines Gewässers erster Ordnung nicht Aufgabe eines Wasser- und Bodenverbandes werden, wenn das Landeswassergesetz das Land selbst zum Unterhaltungspflichtigen bestimmt hat und der Verband nur die Unterhaltung der Gewässer erster Ordnung zur Aufgabe erhalten soll, da die Gründung eines Verbandes mit nur einem Mitglied nicht möglich ist (Anm. 2 zu § 153).

Wem die Landeswassergesetze die Last (Pflicht), die natürlichen fließenden Gewässer zu unterhalten, auferlegt haben, verdeutlicht die folgende Übersicht.

Übersicht
über die Unterhaltung der natürlichen fließenden Gewässer
in den einzelnen Bundesländern
(die Bundeswasserstraßen unterhält der Bund, Art. 89 GG)

Land	Gewässer I. Ordnung	Gewässer II. Ordnung	Gewässer III. Ordnung	Bemerkungen
Baden-Württemb. Träger der Unterhaltungslast	Land	Gemeinden	—	Mit Abweichungen bei Privatgewässern und Bodensee; Besorgung der Unterhaltungsarbeiten durch Land, Gemeinden; Erfüllung der Unterhaltungspflicht mehrerer durch Einigung, durch Wasser- und Bodenverbände, durch einen für alle, durch Fachbehörde, durch Dritte
Bayern Unterhaltungslast	Freistaat	Bezirke, soweit nicht Wasser- und Bodenverbände oder Zweckverbände	Gemeinden, soweit nicht Wasser- und Bodenverbände; Beteiligte	Durchführung der Unterhaltung: I. u. II. Ordnung Staatsbauverwaltung, III. Ordnung wie Unterhaltungslast
Berlin Unterhaltungslast	Land	Land oder Wasser- und Bodenverbände	—	—
Bremen Unterhaltungslast	Eigentümer; Land; bisher öff.-rechtl. Verpflichtete	Stadtgemeinden oder Wasser- und Bodenverbände	—	—
Hamburg Unterhaltungslast	Freie und Hansestadt Hamburg	Wasser- und Bodenverbände; Eigen-	—	Erfüllung der Unterhaltungspflicht: Eigentümer, wenn nicht

Land	Gewässer I. Ordnung	Gewässer II. Ordnung	Gewässer III. Ordnung	Bemerkungen
		tümer, Anlieger, Vorteilhabende, Erschwerer		Wasser- und Bodenverbände
Hessen Unterhaltungslast	Land	Anliegergemeinden; Wasser- und Bodenverbände; Zweckverbände	Anliegergemeinden; Wasser- und Bodenverbände; Zweckverbände	Ausführung der Unterhaltungsarbeiten an Gewässern II. Ordnung: z. T. Land
Niedersachsen Unterhaltung obliegt	Eigentümern	Wasser- und Bodenverbänden oder Land oder kreisfreier Stadt	Eigentümern oder Anliegern oder Wasser- und Bodenverbänden oder Gemeinden	—
Nordrhein-Westfalen Unterhaltungspflichtige	Staat	Vorteilhabende u. Erschwerer, Gewässereigentümer u. Anlieger, Eigentümer im Einzugsgebiet	Vorteilhabende u. Erschwerer, Gewässereigentümer u. Anlieger, Eigentümer im Einzugsgebiet	Erfüllung der Unterhaltungspflicht: Wasser- und Bodenverbände, Landkreise, kreisfreie Städte, Gemeinden
Rheinland-Pfalz Unterhaltungslast	Land	Landkreise, kreisfreie Städte (Zusammenschluß zu Wasser- und Bodenverbänden; Zweckverbänden)	Gemeinden (Zusammenschluß zu Wasser- und Bodenverbänden; Zweckverbänden)	—

Land	Gewässer I. Ordnung	II. Ordnung	III. Ordnung	Bemerkungen
Saarland Unterhaltungspflichtige	—	Land	Eigentümer, Anlieger, Vorteilhabende, Erschwerer, Eigentümer im Einzugsgebiet	Erfüllung der Unterhaltungspflicht: Wasser- und Bodenverbände bei natürlichen fließenden Gewässern III. Ordnung
Schleswig-Holstein Unterhaltungslast	Land	Eigentümer, Anlieger, Vorteilhabende, Erschwerer, Eigentümer im Einzugsgebiet	Eigentümer, Anlieger, Vorteilhabende, Erschwerer, Eigentümer im Einzugsgebiet	Erfüllung der Unterhaltungspflicht: Wasser- und Bodenverbände oder Anliegergemeinden bei natürlichen Gewässern II. und III. Ordnung

4. Schiffahrts-, Flößerei-, Stauanlagen und dgl.

Soweit solche Anlagen an Bundeswasserstraßen hergestellt werden, benötigt der Verband außer der Erteilung der nach allgemeinem Wasserrecht jeweils notwendigen Befugnis (Erlaubnis, Bewilligung, Genehmigung, Planfeststellung) und der etwa sonst noch nötigen öffentlichrechtlichen Befugnisse (z. B. Baugenehmigung) die Gestattung der Bundeswasserstraßenverwaltung (Art. 89 GG in Verbindung mit dem Gesetz über die vermögensrechtlichen Verhältnisse der Bundeswasserstraßen vom 21. Mai 1951, BGBl. I S. 352).

Der Ausdruck Flößerei umfaßt sowohl die Flößerei mit verbundenen Hölzern, in Bayern Floßfahrt genannt (Art. 27 BayWG), als auch die sogenannte wilde Flößerei, in Bayern als Trift bezeichnet (Art. 28 BayWG).

Der Umstand, daß eine Wasserbauanlage eine nur vorübergehende Bestandsdauer hat, schließt die Bildung eines Wasserverbandes nicht aus (ZAgr. 26, 264).

Die Schleusen und die dem Durchlassen des Wassers durch die Deiche dienenden Siele der Deich- und Sielverbände im Nordseeküstengebiet, die in erster Linie dem Schutz vor der Flut dienen, gehören an sich zu den Stauanlagen, sind aber zur Vermeidung von Zweifeln besonders aufgeführt. Das Ausnutzen einer Stauanlage bedeutet meistens das Verwerten der Wasserkraft.

5. Ent- und Bewässerung, Hochwasserschutz

Die Entwässerung kann durch Gräben, Dräns, Schöpfwerke erfolgen, die Bewässerung durch Gräben (Zuleiter), Beregnungsanlagen usw.; Ent- und Bewässerungsverbände können auch zur bloßen Unterhaltung bereits vorher hergestellter Ent- und Bewässerungsanlagen gebildet werden. Der Schutz der Grundstücke gegen Hochwasser und Sturmflut kann durch Beseitigung von Hindernissen des Hochwasserabflusses, durch Zurückhaltung von Wasser in den Niederschlagsgebieten oder durch Eindeichung von Grundstücken erfolgen.

6. Abwasserreinigung und -verwertung

Zu den Verbänden, die Aufgaben nach Nr. 4 erfüllen, gehören sowohl die Reinhaltungsverbände (oft als Abwasserverbände bezeichnet) als auch die Abwasserverwertungsverbände.

a) Reinhaltungsverbände (Abwasserverbände)

Bevölkerungszunahme und Industrialisierung haben der Erfüllung der Reinhaltungsaufgabe besonderes Gewicht gegeben. Mitglieder der meist größeren Abwasserverbände sind in der Hauptsache Gemeinden und Industrie- und Bergwerksbetriebe. Diese Verbände sind zum Teil durch Sondergesetze gebildet worden; ein Teil der ursprünglich durch Sondergesetze gebildeten Abwasserverbände lebt heute jedoch nach der WVVO (Näheres über die sondergesetzlichen Verbände vgl. Anm. 3 zu § 191). Für die Abwasserverbände kommen z. T. besondere Satzungsvorschriften in Frage. Wegen der Beitragsregelung und der Veranlagungsregeln vgl. die Anmerkungen zu §§ 81, 82.

Die Mitgliedschaft in Abwasserverbänden hat nicht ohne weiteres zur Folge, daß das Mitglied von seiner eigenen Reinhaltungsverpflichtung für die von ihm abgeführten Abwässer entbunden wird. Die Wasserbehörde ist daher nicht gehindert, gegen ein Verbandsmitglied mit einer Ordnungsverfügung vorzugehen (OVG Münster, ZfW 1962, 123, in einem Urteil zum Ruhrreinhaltungsgesetz vom 5. Juni 1913, GS. S. 305). Die Grundsätze dieser Entscheidung gelten auch für Abwasserverbände, die auf der WVVO beruhen.

Die Einleiter von Abwässern können auch von Verbänden mit anderen Aufgaben (insbesondere der Unterhaltung von Gewässern) wegen schädigender Einwirkungen (z. B. Erschwerung der Unterhaltung) als Mitglieder herangezogen werden (vgl. Anm. 5 zu §§ 81, 82).

b) Abwasserverwertungsverbände

Die Bildung solcher Verbände im Interesse der Bodenkultur und der Förderung der landwirtschaftlichen Erzeugung sowie gleichzeitig im

Interesse der Abwasserreinigung war in Preußen zunächst durch ein Zusatzgesetz vom 14. März 1924 (GS S. 132) zum PrWG ermöglicht worden. Nach 1933 wurde die Bildung solcher Verbände besonders gefördert. Durch RdErlaß vom 5. Februar 1935 (Hinweis im LwMBl. S. 463) hatte der Reichs- und Preußische Minister für Ernährung und Landwirtschaft die Landesregierungen ersucht, darauf hinzuwirken, daß die zur Entscheidung zuständigen Behörden die Errichtung oder wesentliche Änderung einer städtischen Kläranlage und das Einleiten von städtischem Abwasser in Gewässer nur dann zulassen, wenn die landwirtschaftliche Verwertung des Abwassers nicht angebracht ist. Infolge der weitgehend veränderten Verhältnisse, insbesondere der veränderten strukturellen Lage der landwirtschaftlichen Betriebe, wird diesem Erlaß heute keine Geltung mehr zukommen. Wo aber die Bildung von Verwertungsverbänden unter den heutigen Verhältnissen angebracht und von einer großen Mehrheit der Beteiligten gewünscht wird, sollte man auch heute ihre Bildung fördern.

Der Verband kann die Aufgabe, das Abwasser zu verwerten, oft nur dann erfüllen, wenn er anordnen kann, daß bestimmte Früchte angebaut, andere nicht angebaut werden. Aus § 2 Nr. 6, wonach der Verband die Befugnis haben kann, die Grundstücke seiner Mitglieder selbst zu bewirtschaften und zu nutzen, d. h. eine Bewirtschaftung durch die Mitglieder auszuschließen, ergibt sich, daß dem Verband durch die Satzung auch die geringere Befugnis gegeben werden kann, den Mitgliedern die Eigenbewirtschaftung der Grundstücke in bestimmter Art vorzuschreiben. Ein Anbauzwang kann daher auch in landwirtschaftlichen Abwasserverwertungsverbänden grundsätzlich vorgesehen werden. Der Beschluß über die Einfügung des Anbauzwanges in die Satzung wird jedoch nach Inkrafttreten des GG nur aus zwingenden Gründen und nur mit Zustimmung der Mehrheit gefaßt werden können, da sonst ein Verstoß gegen das GG (Art. 2, 12) in Frage kommen könnte (vgl. unten Anm. 8). Wenn die Satzung die Nutzung der zum Verband gehörenden Grundstücke bestimmt, so trifft der Vorsteher die im einzelnen erforderlichen Anordnungen, die er mit den Zwangsmitteln der §§ 96ff. durchsetzen kann. Er hat aber die landwirtschaftliche Dienststelle (§ 118) vor jeder Anordnung zu unterrichten (RdErl. vom 29. Dezember 1938, LwRMBl. S. 1276). Im RdErl. vom 8. Juli 1942 (LwRMBl. S. 785, DLZ 1942, 134) sind „Richtlinien für die landwirtschaftliche Abwasserverwertung“ herausgegeben worden.

Das Verhältnis zwischen Abwasserlieferer und Verband kann entweder durch die Satzung (der Abwasserlieferer ist dann als solcher Mitglied des Verbandes) oder durch einen Vertrag (er ist dann als solcher Nichtmitglied) geregelt werden.

7. Wasserbeschaffung

Unter Nr. 5 fallen insbesondere die Wasserbeschaffungsverbände. Es handelt sich hauptsächlich um die Wasserbeschaffung zu häuslichen und gewerblichen Zwecken. Ein Satzungsmuster für die Wasserbeschaffungsverbände ist durch die 2. AV bekanntgegeben worden (s. Teil C). Wegen der Versorgung mit Wasser bis zum Zapfhahn vgl. Anm. 7 zu § 1.

8. Bodenverbesserung

Im Gegensatz zu den früheren Landeswassergesetzen, die im Rahmen ihrer Vorschriften (z. B. §§ 206ff. PrWG) über das Wasserverbandswesen nur die Rechtsverhältnisse des Wassers regelten, umfaßt die WVVO auch die Rechtsverhältnisse der Bodenverbände (Bodenverbesserungs-, Bodenkultur-, Ödlandgenossenschaften). Früher hatten diese Verbände nur in Preußen, Bayern und Baden eine gesetzliche Regelung erfahren (s. unten). Wie nach diesen Gesetzen kann nach der WVVO mit wassertechnischen Maßnahmen, wie Beschaffung der Vorflut und Ent- und Bewässerung, die Durchführung der sogenannten landwirtschaftlichen Folgeeinrichtungen (Rodung, Umbruch, Pflügen, Eggen, Düngung, Neuansaat, Aufhöhung, Aufspülung von Grundstücken) verbunden werden. Es kann ein Verband auch ausschließlich die Aufgabe der Bodenverbesserung haben (reine Bodenverbände, sehr selten, s. Anm. 1 zu § 1). Unter Bodenverbesserungen fallen auch alle Ödlandkultivierungen ohne Rücksicht darauf, ob das kultivierte Land als Grünland oder Acker genutzt werden soll, nicht dagegen Betriebsumstellungen auf bereits kultivierten Flächen (LwRMBl. 1939, S. 500). Auch die Urbarmachung von Hochmoor durch Verfehnung, wie sie an der Nordseeküste seit Jahrhunderten üblich ist, fällt hierunter. Zu diesem Zweck konnten schon nach dem PrWG (§ 206 Nr. 5) Wassergenossenschaften mit Beitrittszwang gebildet werden.

Das pr. Gesetz vom 5. Mai 1920, das bad. Gesetz vom 8. August 1924 über die Bildung von Bodenverbesserungsgenossenschaften und das bayer. Ödlandgesetz vom 6. März 1923 sind nach § 191 Abs. 1 außer Kraft getreten. Unberührt geblieben sind aber die Wald- und Forstkulturgesetze, insbesondere die Gesetze über Waldgenossenschaften, über Hauberggenossenschaften und Jahnschaften in den Kreisen Altenkirchen, Siegen und Olpe, über die Realgemeinden in Niedersachsen.

Wegen der besonderen Beitragsregelung bei Bodenverbesserungen s. Anm. 5a zu §§ 81, 82.

Die Aufforstung von Ödland, das zu einem Verband gehört, ist eine Bodenverbesserung und fällt daher unter Nr. 6. Das gleiche gilt, soweit forstliche (landespflegerische) Maßnahmen, z. B. Windschutzstreifen, Hecken, Knicks durchgeführt werden, die keinen forstlichen Selbstzweck haben, sondern landwirtschaftlich genutzte Grundstücke gegen Verwehungen schützen sollen. Das dafür benötigte Land kann der Verband aufgrund des § 22, gegebenenfalls auch des § 30, in Anspruch nehmen. Während § 22 bei kleineren Maßnahmen wie Hecken oder Knicks, soweit diese nicht überhaupt dem einzelnen überlassen werden, ausreichen wird, wird sich bei größeren Maßnahmen, z. B. breiteren Windschutzstreifen, der Erwerb der erforderlichen Landstreifen durch den Verband im Wege des vereinfachten Flurbereinigungsverfahrens (§ 86 FlurbG) empfehlen, um eine möglichst gleichmäßige Heranziehung aller geschützten Grundeigentümer zu erreichen. Da die Windschutzstreifen gleichzeitig gemeinschaftliche Anlagen im Sinne des § 39 FlurbG darstellen, werden Grund und Boden durch die Teilnehmer der Flurbereinigung nach § 47 FlurbG aufgebracht. Die Verbände können bei den Windschutzstreifen auch ihre Bewirtschaftung und Nutzung unter Anrechnung der Reinerträge auf die Beiträge übernehmen.

Die Aufgabe, die Kulturflächen zu bewirtschaften und zu nutzen, ist auch in der Zeit zwischen 1938 und 1945 kaum von Bedeutung gewesen. Sie kann heute von einem Verband nur aus ganz besonderen Gründen und unter der Voraussetzung übernommen werden, daß sämtliche Beteiligte diesem Beschluß zustimmen. Ihre Einführung gegen den Wunsch der Beteiligten dürfte als Verstoß gegen das GG (insbesondere Art. 14) rechtswidrig sein (vgl. hierzu auch Anm. 6 zu § 2: Anbauzwang bei der Abwasserverwertung; wegen der unmittelbaren Bedeutung des Anbauzwanges für die sachgemäße Verwertung der Abwässer wird man für die Einführung des Anbauzwanges die einfache Mehrheit der Beteiligten als genügende Voraussetzung ansehen dürfen).

Nicht unter Nr. 6 fallen Maßnahmen, die ausschließlich auf die Pflanzenpflege oder den Pflanzenschutz als solche gerichtet sind, ohne daß sie auch auf den Boden selbst einwirken sollen. Deswegen gehören z. B. Maßnahmen gegen den Befall von Pflanzen durch Insekten sowie gegen ihre Schädigung durch Witterungseinflüsse nicht zu den Aufgaben des Verbandes, wenn sie nicht durch Einwirkung auf den Boden getroffen werden.

9. Grundwasserbewirtschaftung

Verbände zur Bewirtschaftung des Grundwassers sind wegen der großen Bedeutung, die das Grundwasser für die Wasserwirtschaft hat, nach dem Vorbild des preußischen Lippegesetzes vom 19. Januar 1926 (GS S. 13) zugelassen worden. Die Zulässigkeit solcher Verbände steht in vollem Einklang mit dem WHG, das grundsätzlich das Grundwasser den oberirdischen Gewässern gleichstellt. In Betracht kommen z. B. die Verteilung des Grundwassers auf verschiedene Abnehmergebiete, das

Aufstauen des Grundwassers sowie seine Anreicherung durch bestimmte Maßnahmen.

10. Landgewinnung

Hierunter fallen Neuschaffung von Land durch Trockenlegung von Wattenmeer, Flußrändern und Seen sowie die Ausfüllung niedrigliegender Flächen, vor allem in Deichgebieten, Baggergebieten usw.

11. Raseneisenerz

Diese Aufgabe entspricht dem § 3 des Gesetzes über den Abbau von Raseneisenerz vom 22. Juni 1937 (RGBl. I S. 650). Wenn möglich, sollen die Einnahmen aus der Raseneisenerzgewinnung nicht nur zur Wiederherstellung des alten Zustandes, sondern auch zu einer darüber hinausgehenden Verbesserung des Landes im Wege der Verbandsbildung verwendet werden (LwRMBl. 1938, S. 599).

12. Beitragsverbände

Die WVVO gestattet die Gründung von Beitragsverbänden nur in den unter Nr. 10 aufgeführten Fällen. Diese Beitragsverbände haben hauptsächlich den Zweck, größeren Trägern die Erhebung von Vorteilsbeiträgen der Anlieger und sonstiger Nutznießer zu erleichtern. Sie haben kein Unternehmen im Sinne des § 17 Abs. 2. Da sich in Beitragsverbänden ein Eigenleben kaum entwickeln kann, ist die Zweckmäßigkeit ihrer Gründung fragwürdig.

13. Förderungs- und Überwachungsverbände

Die unter Nr. 1 bis 10 aufgeführten Aufgaben können z. B. durch verschiedene Maßnahmen, wie Herstellung, Änderung oder Unterhaltung von Wegen in Meliorationsgebieten, oder durch finanzielle Unterstützung gefördert werden. Es können zu diesem Zweck Verbände lediglich mit der Aufgabe gegründet werden, solche Förderungsmaßnahmen durchzuführen. Deshalb ist z. B. der früher als eingetragener Verein (ursprünglich Verband deutscher Landeskulturgenossenschaften) gegründete Reichsverband der Wasser- und Bodenverbände in einen Wasser- und Bodenverband umgewandelt worden. Nach seiner (im LwRMBl. 1939, S. 1089 abgedruckten) Satzung hatte er u. a. die Aufgabe, seine Mitglieder zu beraten, den Behörden und anderen Stellen Anregungen zu geben, den Austausch von Erfahrungen zu vermitteln und die Revision des Kassen- und Rechnungswesens der Wasser- und Bodenverbände vorzunehmen (vgl. Anm. 2 zu § 76).

Die Entwicklung von Zusammenschlüssen der Wasser- und Bodenverbände in den Ländern der Bundesrepublik ist gegenwärtig noch nicht abgeschlossen. In einigen Ländern, z. B. in Niedersachsen und in Schleswig-Holstein, sind solche Landesverbände bereits gegründet.

Zur Anstellung gemeinsamer Unterhaltungsarbeiter und eines gemeinsamen Rechners (Gesamtrechners, vgl. auch Anm. 4 zu § 108) können sich Wasser- und Bodenverbände, insbesondere die mittleren und kleineren z. B. eines Kreises, zu Förderungsverbänden in Form eines Wasser- und Bodenverbandes zusammentun (vgl. auch Linckelmann, DLZ 1939, 313: „Gemeinschaftliche Dienstkräfte"). Eine Überwachung der Aufgaben kann durch den Oberverband erfolgen, um die einheitliche Unterhaltung der Anlagen der in ihm zusammengeschlossenen Unterverbände sicherzustellen (vgl. §§ 113, 119).

14. Nichtfortgelten der Vorschrift

Aus denselben wie in Anm. 1 zu § 1 WVG und Anm. 2 zu § 2 WVG genannten Gründen gilt Nr. 12 nicht mehr fort.

§ 3
Mitglieder

Mitglieder des Wasser- und Bodenverbandes können sein[1]:

1. **jeweilige Eigentümer von Grundstücken[2], Bergwerken[3] und Anlagen[4] (dingliche Mitglieder),**
2. **Personen, denen der Verband die Pflicht, Gewässer oder Ufer zu unterhalten, abnimmt oder erleichtert, oder deren Vorgänger er sie abgenommen hat (Unterhalter)[5],**
3. **öffentlich-rechtliche Körperschaften[6],**
4. **andere Personen, wenn die oberste Aufsichtsbehörde (§§ 112 u. ff.) sie zuläßt[7].**

1. Allgemeines (Realmitgliedschaft)

Mitglieder von Wasser- und Bodenverbänden können nicht nur natürliche Personen, sondern auch juristische Personen öffentlichen Rechtes (z. B. Bund, Länder, Gemeinden, Wasser- und Bodenverbände) sein. Für die natürlichen Personen, die Verbandsmitglieder sind, hält die WVVO an dem Grundsatze der Realmitgliedschaft fest: Privatpersonen können grundsätzlich (Ausnahmen siehe unten Anm. 6) nur als jeweilige Eigentümer oder als jeweilige Gewässerunterhalter (Nr. 2) Verbandsmitglieder sein. Die Mitgliedschaft ist mithin, wie bisher, verdinglicht, d. h. durch das Eigentum an einem der beteiligten Grundstücke, Bergwerke oder Anlagen, oder durch die Unterhaltungslast bedingt, außer in den Fällen von Nr. 3 und 4. Der jeweilige Eigentümer oder Unterhalter ist Verbandsmitglied. Bei einem Wechsel im Eigentum oder in der Unterhaltung tritt der Rechtsnachfolger ohne weiteres an Stelle des früheren Eigentümers oder Unterhalters in den Verband ein (1. AV Nr. 9). Auch im Zwangsversteigerungsverfahren wird der Ersteher des Grundstücks ohne weiteres Verbandsmitglied (OVG im PrVBl. 20, 38); siehe auch Anm. 1 zu § 80. Die Zugehörigkeit eines Grundstücks zum Verband ist im Grundbuch nicht zu vermerken. Näheres über die dingliche Haftung vgl. § 80 Abs. 2 und Anmerkungen dazu.

2. Jeweilige Eigentümer von Grundstücken

Nur der jeweilige Eigentümer von Grundstücken, Bergwerken und Anlagen kann Mitglied sein, nicht der Mieter, Pächter, Nießbraucher oder ein anderer Nutzberechtigter. Dem Eigentümer stehen der Erbbauberechtigte und der Erbpächter gleich (§ 184). Sie haften, wie der Eigentümer, dem Verbande gegenüber wegen der Beiträge, es sei denn, daß nicht der Erbbauberechtigte oder der Erbpächter, sondern der Grundeigentümer Mitglied ist (s. Anm. 1 zu § 184). Die Zwangsvollstreckung wegen rückständiger Beiträge ist auch gegen Nutzberechtigte zulässig (§ 94).

3. Bergwerke

Unter Eigentümer eines Bergwerks ist zunächst der Eigentümer der Bergwerksanlagen über oder unter Tage zu verstehen. Wird ein Bergwerksbetrieb stillgelegt und werden die Bergwerksanlagen im Sinne des ABG aufgegeben oder wird ihre besondere Zwecksetzung beseitigt, so hören sie auf, Bergwerksanlagen zu sein. Da sie, wie z. B. Schächte und Stollen, jedoch faktisch teilweise fortbestehen, können sie durchaus als Anlagen im Sinne der letzten Alternative der Nr. 1 des § 3 angesehen werden.

Unter Eigentümer eines Bergwerks ist weiterhin die natürliche oder juristische Person zu verstehen, der das Bergwerkseigentum im Sinne des ABG zusteht. Das Bergwerkseigentum ist ein eigentümergleiches Recht, das die Befugnis umfaßt, das zu fördernde Mineral zu gewinnen und alle dazu erforderlichen Maßnahmen zu treffen (§ 54 ABG). Es ist vom Bestand der Bergwerksanlagen unabhängig; es kann nur mit Zustimmung des Oberbergamtes aufgehoben werden (§§ 161, 158 ABG). Die Zustimmung darf nur erteilt werden, wenn das öffentliche Interesse nicht entgegensteht. Daraus folgt, daß der Inhaber des Bergwerkseigentums auch dann noch Mitglied eines Wasser- und Bodenverbandes sein kann, wenn der Bergwerksbetrieb als solcher aufgegeben worden ist.

Die Eigentümer von Bergwerken sind als Mitglieder (Beteiligte, Genossen) außer in der WVVO genannt in § 6 Abs. 1 Nr. 1 des Gesetzes über die Emschergenossenschaft, § 2 Nr. 1 des Lineg-Gesetzes, § 6 Nr. 5

des Lippeverbandsgesetzes und § 6 Abs. 1 Nr. 1 des Gesetzes über den Großen Erftverband (alle abgedruckt in Teil D).

Wo das Bergrecht dem Grundeigentümer zusteht, wie z. B. beim Kalibergbau im Land Niedersachsen, kann auch der Grundeigentümer Verbandsmitglied sein.

4. Anlagen

Es kommen hauptsächlich gewerbliche Anlagen, z. B. Fabriken, aber auch sonstige Anlagen in Betracht. Daß nicht nur gewerbliche Anlagen hierunter fallen, ist daraus zu schließen, daß die WVVO, die weitgehend die Bestimmungen und Begriffe des PrWG übernommen hat, den in § 210 PrWG enthaltenen Begriff „gewerbliche Anlagen" nicht angewandt, sondern nur den Begriff „Anlagen" unter Streichung des Wortes „gewerbliche" eingesetzt hat. Außerdem hatten schon vor dem Erlaß der WVVO einige wasserverbandsrechtliche Sondergesetze (dazu § 191 Abs. 2 und Anmerkungen), so das Ruhrreinhaltungsgesetz in § 4 Nr. 1, das Lippegesetz in § 6 und das Entwässerungsgesetz für das linksniederrheinische Industriegebiet in § 2 neben den Eigentümern von gewerblichen Anlagen ausdrücklich auch die Eigentümer von sonstigen Anlagen als Mitglieder aufgeführt (vgl. auch § 6 des Gesetzes über die Bildung der Emschergenossenschaft). Daher hat das OVG Münster in seinem Urteil vom 22. 4. 62 (ZfW 1963, 308) auch Kasernen als sonstige Anlagen im Sinne des § 4 Nr. 1 des Ruhrreinhaltungsgesetzes angesehen. Zum Teil sind in den Sondergesetzen auch andere Anlagen ausdrücklich aufgeführt, so Eisenbahnen, Schiffahrtskanäle, Wasser- und Elektrizitätswerke, Straßen, Badeanstalten, Schlachthöfe (vgl. Dornheim: Die Beitragspflicht als öffentliche Last auf Anlagen des Mitgliedes eines Wasser- und Bodenverbandes, ZfW 1963, 129). Die vorgenannten Anlagen sind auch im Sinne der WVVO als Anlagen zu betrachten.

Die Mitgliedschaft ist an das Eigentum der Anlagen, nicht an das der Grundstücke, auf denen die Anlagen sich befinden, geknüpft worden, weil ihre Bezeichnung — auch bei einer Änderung der Anlage — sich nicht ändert, während die katastermäßige Bezeichnung der Grundstücke, auf denen die Anlage errichtet ist, bei jeder Veränderung ihres Bestandes wegen der Beitragshaftung in der Satzung oder im Mitgliederverzeichnis ständig fortgeschrieben werden müßte. Neben der Anlage haftet aber auch das Grundstück, dessen wesentlicher Bestandteil sie ist. Wird die Anlage jedoch beseitigt, kann das Mitglied die Entlassung auch des Grundstücks aus dem Verband (§ 14) verlangen, da das Grundstück nicht als solches herangezogen war (vgl. dazu die für das frühere Recht ergangene Entscheidung PrOVG 50, 323, wonach in einem solchen Fall das Mitglied den Erlaß der Genossenschaftsbeiträge verlangen kann).

Da die Mitgliedschaft bei Anlagen zwar in der Regel, aber nicht unbedingt mit dem Eigentum an dem Grundstück, auf dem sie errichtet worden sind, verbunden ist, sind auch Betriebe, die auf einem gepachteten Grundstück betrieben werden, Anlagen im Sinne der WVVO. Dies ist für eine auf fremdem Grund und Boden betriebene Färberei durch rechtskräftiges Urteil des Landgerichts Mönchengladbach vom 7. 9. 1961 (1. O. 202/61, nicht veröffentlicht, aber in dem genannten Aufsatz von Dornheim erwähnt) anerkannt worden. Das gleiche muß auch für abgegrenzte Betriebsteile gelten, z. B. auf fremdem Grund errichtete Ölpumpen, Ölsammelbehälter und Rohrleitungen. Die nicht mit dem Grund und Boden als wesentliche Bestandteile verbundenen Gegenstände haben den Rechtscharakter von beweglichen Sachen (vgl. § 95 BGB und Palandt Anm. 1). Über ihre dingliche Haftung vgl. Anm. 2 zu § 80.

5. Unterhalter

Gemeint sind die durch das allgemeine Wasserrecht begründeten und aufrechterhaltenen Unterhaltungspflichten. Unterhaltungspflichtige Eigentümer von Grundstücken und Anlagen (einschließlich Bergwerken) fallen bereits unter § 3 Nr. 1.

Außer unterhaltungspflichtigen Gemeinden und Gemeindeverbänden kommen hauptsächlich Benutzer von Gewässern, z. B. Triebwerksbesitzer, in Frage, die aufgrund einer öffentlich-rechtlichen Verpflichtung eine Gewässerstrecke zu unterhalten haben. Mitglied ist, wem die Unterhaltung obliegt oder obliegen würde, wenn der Verband sie nicht übernähme (ebenso Tönnesmann, Anm. 5 zu § 3). Wegen ihrer Zuziehung als Mitglied zum Verband vgl. § 154 Buchst. a. Besondere Regelungen in den Landeswassergesetzen sind zu beachten; vgl. im übrigen Anm. 1 und 3 c, f zu § 2.

6. Ausnahmen von der Realmitgliedschaft

Die Fälle der Nummern 3 und 4 stellen Ausnahmen vom Grundsatz der Realmitgliedschaft dar (vgl. oben Anm. 1). Nach § 3 Nr. 3, § 154 Buchst. b kann ein Wasser- und Bodenverband auch ausschließlich aus Gemeinden, Gemeindeverbänden und Wasser- und Bodenverbänden bestehen, ohne daß Grundstückseigentümer als solche beteiligt sind. Die Gemeinden und Gemeindeverbände können ihre Beiträge als Gemeindeabgaben umlegen (vgl. § 186). Eine dingliche Haftung (§ 80 Abs. 2) besteht bei ihnen nicht; ihr Vermögen und ihre Steuerkraft sind genügende Kreditgrundlagen. Im Mitgliederverzeichnis ist bei den öffentlichrechtlichen Körperschaften erkennbar zu machen, inwieweit sie als solche und inwieweit sie als jeweilige Eigentümer von Grundstücken und Anlagen herangezogen worden sind.

7. Ausnahmsweise Zulassung zur Mitgliedschaft

Nach § 3 Nr. 4 können privatrechtliche Körperschaften, z. B. Erwerbs- und Wirtschaftsgenossenschaften, und auch Privatpersonen, die nicht Eigentümer von Grundstücken usw. oder Unterhalter sind, mit Zustimmung der obersten Aufsichtsbehörde Verbandsmitglieder werden.

Eine derartige ausnahmsweise Zulassung ist nach den heutigen Grundsätzen, die keine unbegrenzte Ermächtigung von Behörden mehr kennen, nur mit Zustimmung der betreffenden Person zulässig (ebenso Dornheim, Anm. 30).

§ 4

Selbstverwaltung. Hoheitrechtliche Befugnisse

(1) Der Wasser- und Bodenverband dient dem öffentlichen Wohle und dem Nutzen seiner Mitglieder[1]. Er verwaltet sich selbst unter eigener Verantwortung[2]. Sein Wirken muß im Einklange mit den Gesetzen und den Zielen der Staatsführung stehen[3].

(2) Soweit der Wasser- und Bodenverband obrigkeitliche Aufgaben zu erfüllen hat, bestimmt der Fachminister, welche für Träger solcher Aufgaben geltenden allgemeinen Vorschriften auf den Verband anzuwenden sind[4].

(3) Der Wasser- und Bodenverband ist keine Gebietkörperschaft[5].

1. Zweck der Wasser- und Bodenverbände

Satz 1 bringt den auch bisher allgemein für die Wassergenossenschaften geltenden Grundsatz zum Ausdruck, daß das Unternehmen nicht ausschließlich Privatinteressen dienen, sondern der Allgemeinheit zugute kommen und für den Nutzen einer Mehrheit von Personen von Bedeutung sein muß, wie z. B. die durch eine Entwässerung oder Bodenverbesserung ermöglichte Ertragssteigerung der Landwirtschaft. Dieser Grundsatz kommt auch in § 81 Abs. 1 Satz 1 zum Ausdruck (vgl. ZAgr. 27, 137). Auch schädigend einwirkende Mitglieder, z. B. Einleiter von Abwässern, haben Nutzen von einem Verband, der Abwässer abführt, reinigt oder verwertet (§ 2 Nr. 4), und zwar schon deshalb, weil Schadensersatzansprüche gegen sie dadurch ausgeschlossen oder vermindert werden. Dasselbe gilt in einem Wasserbeschaffungsverband für diejenigen, die durch Entzug von Grundwasser schädigend einwirken. Da es nach § 153 Abs. 1 Buchst. b möglich ist, wegen schädigender Einwirkungen Personen zu einem Verband hinzuzuziehen, können diese auch deshalb nicht unter Berufung auf § 4 die angebliche Unzulässigkeit einer solchen Zuziehung geltend machen.

Ein Wasser- und Bodenverband ist somit eine öffentlich-rechtliche Körperschaft, die dem öffentlichen Wohl und zugleich dem Nutzen ihrer

Mitglieder dient; seine Verbandsgewalt ist öffentliche Gewalt; seine Verwaltungsmaßnahmen sind in der Regel anfechtbare Verwaltungsakte (BVerwGE 7, 17).

2. Selbstverwaltung der Verbände

Auch die teilweise autoritär geformte WVVO hat mit diesem Satz die Selbstverwaltung ausdrücklich bejaht, bei der Durchführung im einzelnen aber wieder eingeschränkt, indem sie bestimmte Lenkungs- und Eingriffsbefugnisse der Aufsichtsbehörde und eine starke Stellung des Vorstehers gegenüber den Beschlußorganen des Verbandes vorgesehen hat.

Bei Körperschaften, die — wie die zum Teil seit Jahrhunderten bestehenden Wasserverbände — auf Mitgliedern aufgebaut sind (anders bei Anstalten und Stiftungen des öffentlichen Rechts), kommt der echte Selbstverwaltungsgedanke wesentlich darin zum Ausdruck, daß das Schwergewicht der Selbstbestimmung bei den Mitgliedern oder ihrer Vertretung liegt. Wenn diesem Gedanken der Wortlaut der gelegentlich autoritär geformten WVVO nicht entspricht, so sind doch die meisten in Frage kommenden Bestimmungen Kannvorschriften (vgl. auch die Vorbemerkung zu Teil B). Sie können ohne Veränderung ihres Wortlautes dadurch entschärft werden, daß das Handeln der Behörden und des Vorstehers an bestimmte Voraussetzungen geknüpft wird. In der Verwaltungspraxis aller Länder besteht grundsätzlich Übereinstimmung darüber, daß typisch autoritäre Bestimmungen der WVVO nur im Sinne einer echten Selbstverwaltung im heutigen Sinne angewandt werden dürfen, wie dies bei der Kommentierung der in Betracht kommenden einzelnen Vorschriften näher ausgeführt ist.

Die Eigenart der Wasser- und Bodenverbände erfordert es, daß alle Mitglieder an der Erfüllung der Verbandsaufgaben mitwirken und den Vorstand des Verbandes bei seiner Tätigkeit unterstützen. Daraus läßt sich der Grundsatz der Verbandstreue der Mitglieder zu ihrem Verband ableiten, wie er neuerdings auch in einer Entscheidung des OVG Münster vom 7. 10. 1966 — 1 K 1131/62 — als besonderes Merkmal des Verhältnisses zwischen Mitglied und Verband herausgestellt worden ist. Danach entbindet selbst ein Streit zwischen Verband und Mitglied dieses nicht von der Verbandstreue. Daraus kann sich für ein auf bestimmten Gebieten besonders geschultes Mitglied die Pflicht ergeben, den auf diesen Gebieten ungeschulten Verbandsvorsteher in Verbandsangelegenheiten durch seinen Rat zu unterstützen, statt diese Überlegenheit auszunutzen, um den Vorsteher ins Unrecht zu setzen und ihn dadurch bei der Verbandsführung in erhebliche Schwierigkeiten zu bringen.

Die Anerkennung der echten Selbstverwaltung der Verbände hat insbesondere die Bedeutung, daß die beschließenden oder willensbildenden Organe (Ausschuß oder Verbandsversammlung) den ihnen sowohl nach den alten Landesgesetzen als auch nach heutiger Auffassung zustehenden und für die Verwaltung der Verbände bestimmenden Charakter wiedergewonnen haben (so auch im Ergebnis der RdErl. d. MfELuF NW vom 1. 10. 1957, MBl. NW S. 2174). Dies hat z. B. zur Folge, daß, auch wenn die noch nach dem Wortlaut der WVVO geformte Satzung nur eine Beratung „in wichtigen Fällen“ vorsieht (vgl. § 53 Abs. 3), der Vorstand und eventuell auch die Aufsichtsbehörde Beschlüsse des willensbildenden Organes mindestens über alle Rechtsetzungen (z. B. Satzungsänderung) herbeizuführen haben. Der Vorstand hat diese Beschlüsse auszuführen und die Aufsichtsbehörde hat sie, wenn keine rechtlichen Hindernisse bestehen, in der Regel zu genehmigen und darf nur aus Gründen des öffentlichen Wohles anders entscheiden (vgl. auch Vorbemerkung zu Teil B).

Eine weitere Folge ist, daß die Bestimmung des § 9 Abs. 2 Satz 2 (die Satzung darf von der WVVO in den zugelassenen Fällen abweichen) in allen den Fällen nicht mehr andere satzungsmäßige Regelungen verhindern kann, in denen die Zulässigkeit von Abweichungen ersichtlich lediglich aus autoritären Gründen nicht ausgesprochen ist. Daraus ergibt sich als zulässig, bei Neugründung oder — sehr erwünschten — Satzungsänderungen die Befugnisse des willensbildenden Organes durch die Satzung über das ihm nach dem Wortlaut der WVVO zustehende Maß hinaus zu erweitern (vgl. dazu Anmerkungen zu § 53).

Infolge der vorstehend geschilderten, grundsätzlich übereinstimmenden Verwaltungspraxis hat der in der Wissenschaft bestehende Meinungsstreit über den Umfang der Selbstverwaltung für die Auslegung der WVVO kaum praktische Bedeutung. Es genügt daher hier ein kurzer Hinweis:

Die herrschende Meinung (insbesondere Werner Weber, Selbstverwaltung und Staatsverwaltung in der Wasserwirtschaft, in RdW Heft 1 S. 34; Witzel in WuB 1958 S. 53; BVerwGE 7, 30) geht davon aus, daß den Wasser- und Bodenverbänden durch das Grundgesetz eine institutionelle Garantie ihrer Selbstverwaltung im Gegensatz zu den Gemeinden (Art. 28 Abs. 2 GG) nicht gegeben worden sei. Der Staat könne daher nach seinem freien Belieben über den Umfang der Selbstverwaltung der Wasserverbände verfügen. Linckelmann hat dagegen ausgeführt, daß die Mitglieder von echten Selbstverwaltungskörperschaften, zu denen die Wasserverbände zu rechnen seien, in ihrer Würde und Freiheit durch zu weitgehende Beschränkungen ihrer Selbstverwaltung in grundgesetzwidriger Weise beeinträchtigt würden (vgl. „Zum staatsrechtlichen Lehrbegriff der mittelbaren Staatsverwaltung. Gehören insbesondere Wasserverbände und berufsständische Körperschaften zur mittelbaren Staatsverwaltung?", DÖV 1959, 561 und 813 und die darin genannten Veröffentlichungen).

Die Bedeutung des Meinungsstreites beschränkt sich im wesentlichen auf die Frage, ob der Staat als Gesetzgeber z. B. auch bei Sondergesetzen (vgl. Anm. 3 zu § 191) hinsichtlich des Umfanges der Selbstverwaltung ganz freie Hand habe oder ähnlich wie bei den Gemeinden an eine „Kerngestalt" der Wasserverbände (vgl. Linckelmann, Erwägungen zum Erftverband und zur Kerngestalt der Wasserverbände, Kirschbaum-Verlag 1957) gebunden sei. Die Anwendung der herrschenden Meinung nicht nur auf Gesetze, die seit dem Erlaß des Grundgesetzes in Kraft getreten sind, sondern auch auf die aus nationalsozialistischer Zeit stammende WVVO, würde allerdings zur Fortgeltung auch autoritärer Bestimmungen führen. Diese Folgerung steht aber nicht nur mit einem großen Teil des Schrifttums (so Fischerhoff, Die WVVO, gewandelt durch das Grundgesetz, WaWi. 1951, 17; Wiedemann, Inwieweit widerspricht die WVVO dem Grundgesetz?, WuB 1952, 305), sondern auch mit der Rechtsprechung oberster Verwaltungsgerichte im Widerspruch. Nach dem Urteil des OVG Lüneburg vom 3. 6. 1955 (OVGE 9, 474) muß von Fall zu Fall geprüft werden, ob die eine oder andere Bestimmung rein autoritären Grundsätzen entspricht, ohne dem Gemeinwohl förderlich zu sein. Ebenso hat das Bundesverwaltungsgericht die „vom Führergrundsatz ausgehenden Vorschriften" als kraftlos geworden angesehen (Urteil des BVerwG vom 25. 8. 1955, BVerwGE 3, 1). In einer anderen Entscheidung vom gleichen Tage hat das Bundesverwaltungsgericht herausgestellt, daß auch bei Einverständnis des Verbandsmitglieds die Aufsichtsbehörde nicht anstelle des an sich zuständigen Verbandsvorstandes (in diesem Fall für die Entscheidung gemäß § 27 Abs. 1) handeln darf; Zuständigkeit und Eigenverantwortung der Selbstverwaltung eines Wasserverbandes dürften nicht eingeengt werden (BVerwGE 3, 11).

3. Einklang mit den Gesetzen

Es ist selbstverständlich, daß das Wirken des Wasser- und Bodenverbandes nicht gegen geltende Gesetze verstoßen darf. Er muß daher über das eigentliche Wasserverbandsrecht hinaus ebenso wie jede andere juristische Person das jeweils in Betracht kommende sonstige Recht beachten. Hier kommen angesichts der Aufgabenstellung der Wasser- und Bodenverbände am häufigsten das WHG (vgl. z. B. § 13 WHG) und die Wassergesetze der Länder zum Zuge (s. hierzu im einzelnen Anm. 2, 3 zu § 8). Zu dem allgemeinen Recht, mit dem das

Wirken des Verbandes im Einklang stehen muß, gehören auch das GG und die Verfassungen der Länder. Hierin sind die Grundsätze verankert, die für die heutige demokratische Staatsführung und damit auch für die von ihr anzustrebenden Ziele bestimmend sind. Daß Vorschriften der WVVO wie die des § 4 Abs. 1 Satz 3 nur in diesem heute gültigen Sinne auszulegen und nur nach demokratischen und rechtsstaatlichen Grundsätzen anzuwenden sind, hat das Bundesverwaltungsgericht zum Abschluß der Erörterungen im Schrifttum über die Fortgeltung der WVVO eindeutig festgestellt (BVerwGE 3, 1).

Wegen der Staatsaufsicht und ihrer grundsätzlichen Beschränkung auf Rechtsaufsicht s. § 111 und Anmerkungen.

4. Obrigkeitliche Aufgaben

Da Aufgaben im Sinne der WVVO das sachliche Ziel des Verbandes sind (§ 2), können die zu ihrer Durchführung gegebenen hoheitsrechtlichen Befugnisse (Erhebung von Abgaben, Zwang, Ordnungsgewalt) den obrigkeitlichen Aufgaben im Sinne des Absatzes 2 nicht gleichgesetzt werden. Als solche obrigkeitliche Aufgaben können vielmehr nur diejenigen Aufgaben angesehen werden, die nicht nur gegenüber den Mitgliedern gelten. Solche obliegen nach Wasserverbandsrecht den Wasser- und Bodenverbänden nur in sehr beschränktem Maße (vgl. §§ 96, 99, 101, 105). Soweit die Verbandsorgane ordnungsbehördliche Maßnahmen treffen, nehmen sie als Beauftragte des Staates staatliche Verwaltungsaufgaben wahr (vgl. Niermann in ZAgr. 24, 192).

Allgemeine Bestimmungen, die für Träger hoheitsrechtlicher Befugnisse gegeben sind, gelten auch für Wasser- und Bodenverbände (z. B. Amtshaftungsklage, § 839 BGB, Art. 34 GG). Wegen der Zulassung von Beamten bei Verbänden s. § 110.

5. Keine Gebietskörperschaft

Durch § 4 Abs. 3 soll zum Ausdruck gebracht werden, daß der Wasser- und Bodenverband nicht wie die Gemeinde zu den Gebietskörperschaften gehört und deshalb auch den für sie geltenden Rechtsgrundsätzen nicht unterliegt. Als Verbandsgebiet werden häufig in den Erläuterungsberichten zum Plan die zum Verband „gehörenden Grundstücke“ (vgl. § 22) bezeichnet. Diese Bezeichnung hat jedoch nur den Charakter einer tatsächlichen Feststellung, also — eben von § 22 abgesehen — keine rechtliche Bedeutung mit Ausnahme des Falles des § 36 (vgl. Anm. 3 zu § 36). Auch ein Verbandsgebiet im tatsächlichen Sinne haben nicht alle Verbände, so nicht diejenigen, die aus öffentlich-rechtlichen Körperschaften bestehen oder die in § 2 Nr. 10 und 11 bezeichneten Aufgaben zu erfüllen haben.

§ 5
Bezeichnung

Die Bezeichnung des Wasser- und Bodenverbandes ist in der Satzung anzugeben[1]. Daß er ein Wasser- und Bodenverband im Sinne dieser Verordnung ist, soll ersichtlich sein[2].

1. Bezeichnung des Verbandes

Die Bezeichnung kann beliebig gewählt werden, doch wird es sich empfehlen, in der Satzung anzugeben, ob es sich um einen Wasser- und Bodenverband, um einen Wasserverband (Deichverband) oder um einen Bodenverband (Anm. 1 zu § 1) handelt, je nachdem es sich um einen Verband mit wasser- und bodenwirtschaftlichen Aufgaben oder um einen Verband mit nur wasserwirtschaftlichen oder um einen Verband mit nur bodenwirtschaftlichen Aufgaben handelt.

In dem RdErl. vom 4. Juni 1940 (LwRMBl. S. 541) wird empfohlen, die Bezeichnungen nicht zu lang, sondern durch Anwendung eines Orts- oder Bach- oder Flurnamens nur so lang zu bilden, wie es nötig ist, um den Verband genügend zu bestimmen und Verwechslungen mit anderen Verbänden auszuschließen. Am zweckmäßigsten sind Bezeichnungen, die kurz die Hauptaufgabe des Verbandes kennzeichnen, wie z. B. Deichverband, Sielverband, Entwässerungs-, Bewässerungs-, Drän-, Talsperren-, Abwasserverwertungsverband, Wasserbeschaffungsverband.

2. Hinweis auf die WVVO

Die Satzung soll — möglichst in den ersten Vorschriften — zum Ausdruck bringen, daß der Verband ein solcher im Sinne der WVVO ist (vgl. SaMu. A § 1).

§ 6
Sitz

Der Wasser- und Bodenverband muß seinen Sitz im *Deutschen Reiche* haben. Dieser ist in der Satzung anzugeben[1].

1. Angabe des Sitzes

Durch den Sitz wird der allgemeine Gerichtsstand des Verbandes bestimmt (§ 17 ZPO). Liegt das Verbandsgebiet in mehreren Verwaltungsbezirken oder Ländern, so ist örtlich zuständig die Aufsichtsbehörde, in deren Bezirk der Verband seinen Sitz hat (§ 115). Die Satzung muß einen bestimmten Ort als Sitz angeben; eine Satzungsbestimmung „Der Verband hat seinen Sitz am Wohnorte des jeweiligen Vorstehers“ ist unstatthaft.

§ 7

Gründung unanfechtbar

Das Bestehen des Wasser- und Bodenverbandes kann nicht mit der Begründung angefochten werden, daß eine Voraussetzung des Erlasses der Satzung (§§ 145, 151, 169) nicht vorgelegen habe[1].

1. Nichtfortgelten der Vorschrift

Nach dem Urteil des BVerwG vom 9. 5. 1958 (BVerwGE 7, 30) gilt die Bestimmung nicht mehr fort.

Dies liegt nicht etwa an ihrer Herkunft aus der nationalsozialistischen Zeit. Denn schon § 208 PrWG als der Vorgänger dieser Bestimmung lautete:

> „Ist die Satzung genehmigt oder erlassen, so kann nicht mehr geltend gemacht werden, daß eine Voraussetzung für ihre Genehmigung oder ihren Erlaß nicht vorgelegen habe."

Hierbei war an Mängel aller Art, besonders auch an Verfahrensmängel gedacht; die Beteiligten waren darauf angewiesen, ihre Bemängelungen vor Abschluß des Gründungsverfahrens vorzubringen.

Der Grund für die Entscheidung des BVerwG ist vielmehr der heute herrschende Rechtsstaatsgedanke. Er verlangt, wie das BVerwG ausführt, daß „der Bürger, der sich durch das Verhalten des mit öffentlicher Gewalt auftretenden Gebildes in seinen Rechten beeinträchtigt glaubt, bei seiner Abwehr auch auf Vorgänge zurückgreifen kann, die sich bei der Schaffung des Gebildes abgespielt haben". Hinzukommt, daß die Gründung selbst als Rechtsetzung nicht verwaltungsgerichtlich anfechtbar ist, sondern nur gelegentlich eines anderen Streites und in einigen Ländern im Wege der abstrakten Normenkontrolle angegriffen werden kann (s. Anm. 4 zu § 152, Anm. 2 zu § 163, Anm. 3 zu § 169, Vorbemerkung vor § 133).

Diese Rechtslage zwingt die Aufsichtsbehörden zu besonders strenger Beachtung der Vorschriften, insbesondere auch der verfahrensrechtlichen über die Gründung und die Umgestaltung von Verbänden.

II. Abschnitt

Verordnung und Satzung

Vorbemerkung

Schon nach bisherigem Recht ergab sich das Recht der Verbände aus Gesetz und Satzung (zum Teil statt der letzteren auch aus dem Herkommen). Die früheren Landesgesetze beschränkten sich jedoch meist auf bestimmte Hauptvorschriften und überließen ihre Ausfüllung in höherem Maße der Satzung, als dies die WVVO tut (vgl. auch Anm. 2 zu § 9).

Die Initiative für die Abfassung und Änderung der Satzung lag überwiegend bei den Beteiligten (meist bei der Mitgliederversammlung), wenn auch jede Satzung und jede Satzungsänderung der Genehmigung der Aufsichtsbehörde bedurfte. Nach dem Wortlaut der WVVO liegt dagegen das Schwergewicht der Satzungsgestaltung bei der Aufsichtsbehörde. Diese auf der damaligen staatsrechtlichen Konzeption beruhende Regelung ist jedoch in der praktischen Handhabung dahin abgewandelt worden, daß die Beschlüsse über den Satzungsinhalt im Gründungsverfahren von der Versammlung der vorgesehenen Verbandsmitglieder (vgl. §§ 161ff.) und bei Änderungen der Satzung des bestehenden Verbandes von dessen willensbildenden oder beschließenden Organen (Ausschuß oder Verbandsversammlung) zu fassen und in aller Regel, soweit sie nicht gegen geltende Bestimmungen der WVVO verstoßen, von der Aufsichtsbehörde in Kraft zu setzen sind (Näheres in den Anmerkungen zu §§ 10, 152ff.; vgl. auch Vorbemerkung zu Teil B und Anm. 2, 3 zu § 4).

Wegen der Unterscheidung zwischen zwingenden und nachgiebigen Vorschriften der WVVO vgl. Anm. 4 zu § 9.

Der Erlaß der Satzung ist ein Rechtsetzungsakt. Sie ist für das Leben des Verbandes maßgebend (so schon für das frühere Recht PrOVG 79, 213; RVerwG in ZAgr. 28, 125). Die Satzungsbestimmungen haben daher den Charakter von öffentlich-rechtlichen Rechtsnormen (so nach dem früheren Recht OVG im PrVBl. 32, 168 und LWA 1, 186; für das heutige Recht BVerwGE 7, 30). Die Rechtsbeziehungen zwischen dem Verbande und seinen Mitgliedern sind daher öffentlich-rechtlicher Natur (ZAgr. 26, 366).

Die den Wasserverbänden eingeräumte Selbstverwaltung läßt es auch nach der heutigen Rechtsordnung zu, daß sie sich ihre Satzung nicht selbst geben, sondern vom Staat erhalten. Es entspricht durchaus heutigem Rechtsdenken, wenn einer mit beschränkter Selbstverwaltung ausgestatteten Körperschaft ihre Satzung vom Staat verliehen wird (BVerwGE 7, 30).

§ 8

Inhalt der Verordnung

Diese Verordnung regelt die inneren Rechtsverhältnisse des Wasser- und Bodenverbandes[1]. Die rechtlichen Beziehungen des Verbandes nach außen[2] bleiben unberührt, soweit nicht die Verordnung ausdrücklich anderes vorschreibt[3].

1. Gegenstand der Verordnung

Die Verordnung und die auf ihr beruhende Satzung des Verbandes betreffen grundsätzlich nur die Rechtsverhältnisse zwischen dem Verband und seinen Mitgliedern sowie dem Verband und seinen Aufsichtsbehörden. Ausnahmsweise betreffen sie darüber hinaus folgendes:

a) die Besitzer (Nichteigentümer, z. B. Pächter) der zum Verband gehörenden Grundstücke, und zwar
   die Erstreckung der Duldungspflicht des § 22 auf sie,
   das Rechtsverhältnis zwischen ihnen und den Eigentümern (Mitgliedern) nach § 28,
   ihre bürgenähnliche Zahlungspflicht nach § 94,
   ihre Unterstellung unter die Ordnungsgewalt nach §§ 96ff.;
b) das Deichvorland nach § 23 und §§ 96ff.;
c) die mögliche Heranziehung von nicht zum Verband gehörenden Nutznießern nach § 95;
d) alle Bewohner der bedrohten und benachbarten Gegend zugunsten eines Deichverbandes im Falle der Wasserwehr (§ 106).

2. Rechtliche Beziehungen nach außen

Der Verband untersteht dem allgemeinen Wasserrecht wie jede andere Person. Das allgemeine Wasserrecht beruht gegenwärtig auf dem WHG und den zu seiner Ausfüllung und Ergänzung erlassenen neuen Landeswassergesetzen.

Im Verhältnis zwischen dem Verband und seinen Mitgliedern gehen jedoch die Vorschriften der WVVO den Vorschriften der Landeswassergesetze vor. So haben z. B. die Verpflichtungen der Mitglieder nach § 22 den Vorrang vor den Bestimmungen der Landeswassergesetze über die Verpflichtung der Anlieger und Hinterlieger gegenüber den zur Unterhaltung von Gewässern Verpflichteten (so schon für das frühere preußische Recht: Urteil des Preußischen Gerichtshofes zur Entscheidung von Kompetenzkonflikten vom 13. 1. 1941, ZAgr. 26, 366).

Dagegen bedarf der Verband — was früher umstritten war — auch bei Durchführung seiner satzungsmäßigen Aufgabe wie jede andere Person einer wasserrechtlichen Erlaubnis oder Bewilligung, wenn er ein Gewässer über die nach dem allgemeinen Wasserrecht erlaubnisfreie Benutzung hinaus benutzen will (vgl. Gässler, S. 13), s. § 13 WHG; er lautet:

> Wasser- und Bodenverbände und gemeindliche Zweckverbände bedürfen auch dann einer Erlaubnis oder einer Bewilligung, wenn sie ein Gewässer im Rahmen ihrer satzungsmäßigen Aufgaben über die nach diesem Gesetz erlaubnisfreie Benutzung hinaus benutzen wollen. Dies gilt nicht, soweit ein altes Recht oder eine alte Befugnis besteht

oder soweit beim Inkrafttreten dieses Gesetzes für Einzelvorhaben durch besondere gesetzliche Vorschrift Abweichendes bestimmt ist.

Auch soweit die Aufsichtsbehörde des Verbandes zugleich die für die Erteilung der Erlaubnis zuständige Behörde ist, kann man in Fällen, in denen die Landeswassergesetze für die Erteilung der Erlaubnis kein förmliches Verfahren (so die Regel) vorgeschrieben haben, im Gegensatz zu Witzel (Anm. 1 zu § 13 WHG) nicht davon ausgehen, daß die Erlaubnis mit dem Erlaß der Satzung erteilt ist (so auch Sieder-Zeitler, Anm. 2 a zu § 13 WHG). Für NW bestimmt § 133 Abs. 1 NWWG für erlaubnis- oder genehmigungspflichtige Unternehmen des Verbandes, die Gegenstand einer Plangenehmigung durch die Aufsichtsbehörde sind, daß die Plangenehmigungsbehörde über Erlaubnis oder Genehmigung entscheidet und es des in § 15 Abs. 3 NWWG vorgesehenen förmlichen Erlaubnisverfahrens nicht bedarf. § 133 Abs. 2 NWWG stellt bestimmte große Verbände von Erlaubnis und Bewilligung frei; statt dessen ist unter den gesetzlich bestimmten Voraussetzungen ein Planfeststellungsverfahren durchzuführen.

Zum Ausbau eines Gewässers muß der Verband grundsätzlich wie jeder andere Ausbauunternehmer die vorherige Durchführung eines Planfeststellungsverfahrens beantragen (§ 31 WHG). Ausbauten sind danach „die über die Unterhaltung hinausgehenden Maßnahmen zur Herstellung, Beseitigung oder wesentlichen Umgestaltung eines Gewässers oder seiner Ufer". „Deich- und Dammbauten, die den Hochwasserabfluß beeinflussen, stehen dem Ausbau gleich." Danach fallen also unwesentliche Umgestaltungen nicht unter Ausbauten. Rehder nennt als Beispiel dafür „die bloße Befestigung des Ufers" (Anm. 1 zu § 98 NWG). Burghartz (Anm. 1 zu § 31 WHG) sieht eine Umgestaltung auch dann als unwesentlich an, wenn sie z. B. in Bergsenkungsgebieten ausschließlich der Aufrechterhaltung einer ordnungsmäßigen Unterhaltung dient.

Eine wichtige Erleichterung kann sich für Wasser- und Bodenverbände aus der Bestimmung des § 31 Abs. 1 Satz 3 WHG ergeben:

> „Ein Ausbau kann ohne vorherige Durchführung eines Planfeststellungsverfahrens genehmigt werden, wenn mit Einwendungen nicht zu rechnen ist."

Dieses kann bei Verbänden zutreffen, soweit Einwendungen weder betroffener Mitglieder noch sonstiger Betroffener gegen den Ausbau zu erwarten sind. Aus der Zugehörigkeit zum Verband und der damit für die dinglichen Mitglieder nach § 22 verbundenen Duldungspflicht allein kann nicht geschlossen werden, daß mit Einwendungen gegen den Ausbau „nicht zu rechnen ist". Schon bei Maßnahmen des Verbandes nach § 22 kann sich das betroffene dingliche Mitglied mit Widerspruch und

Verwaltungsklage zur Wehr setzen (s. Anm. 1 zu § 25). Daher muß das Mitglied auch im Falle eines Ausbaues sich gegen gleiche und andere Eingriffe wehren können. Das Verfahren bestimmt sich hierfür nach § 31 WHG in Verbindung mit den entsprechenden Vorschriften der Landeswassergesetze.

3. Die Haftung der Verbände

Einige Haftungsfälle hat die WVVO ausdrücklich geregelt. So haften Vorstandsmitglieder dem Verband nach § 49 Abs. 2 Satz 2 für Schäden, die wegen Verletzung ihrer Sorgfaltspflichten dem Verband entstehen (s. Anm. 2 zu § 49). Diese Ansprüche kann nach § 132 auch die Aufsichtsbehörde selbst gegen die Vorstandsmitglieder geltend machen (vgl. Anm. 1 und 2 zu § 132). Auch können nach § 26 Mitglieder und Vorlandeigentümer Entschädigung vom Verband verlangen für Schäden, die durch die Benutzung ihrer Grundstücke für das Unternehmen eingetreten sind (s. Anm. 2 zu § 26).

Nicht geregelt sind dagegen in der WVVO Haftungsfälle, die aus dem Verhalten des Verbandes gegenüber Mitgliedern oder Nichtmitgliedern allgemein entstehen können. Darüber hinaus ergeben sich Schwierigkeiten in der Beurteilung der Frage, ob Verbände auch nach § 22 WHG haften.

a) Haftung des Verbandes gegenüber Mitgliedern

Der Verband und seine Organe werden grundsätzlich in Ausübung hoheitlicher Gewalt gegenüber den Mitgliedern tätig. Der Verband haftet daher bei Schäden, die durch das Handeln oder durch pflichtwidriges Unterlassen des Vorstandes den Mitgliedern entstehen, nach § 839 BGB i. V. m. Art. 34 GG (Amtshaftung). Das gilt auch dann, wenn — wie es die Regel ist — die Verbandsorgane nicht Beamte im staatsrechtlichen Sinne sind, also keine Ernennungsurkunde zum Beamten erhalten haben. Entscheidend ist hier allein, ob das Organ in Ausübung eines ihm anvertrauten öffentlichen Amtes, also hoheitlich, gegenüber dem Mitglied tätig geworden ist. Dritte im Sinne des § 839 BGB sind auch die Mitglieder des Verbandes. Den Mitgliedern stehen gleich die Besitzer der zum Verband gehörenden Grundstücke (insbesondere Pächter).

Das gilt auch für die den Verbänden obliegende Unterhaltung von Gewässern. Allgemein wird die Vornahme von Unterhaltungsarbeiten durch öffentlich-rechtliche Körperschaften nicht als Ausübung öffentlicher Gewalt, sondern als Teil ihrer fiskalischen Betätigung angesehen (vgl. Palandt, Anm. 8 c zu § 823; Holtz-Kreutz-Schlegelberger, Anm. 2 zu § 133 PrWG; Rehder, Anm. 2 zu § 80; Burghartz, Anm. 1 zu § 46). Da bei den Verbänden die Unterhaltungspflicht nicht nur dem Staat gegenüber besteht, sondern ebenso gegenüber den Mitgliedern, gehören die Vornahme und die Unterlassung von Unterhaltungsarbeiten zur Ausübung hoheitlicher Gewalt gegenüber den Mitgliedern. Die Amtspflichten des Vorstehers ergeben sich insoweit aus dem Plan des Verbandes (Anm. 3 zu § 17) und den allgemeinen Regeln über die Durchführung wasserwirtschaftlicher Maßnahmen (vgl. Anm. 1 bis 3 zu § 17; Anm. 1 zu § 2).

Zwar hat der BGH (BGHZ 35, 209) die Auffassung vertreten, daß der Anspruch eines Mitgliedes gegen den Verband wegen Verletzung der Pflicht zur Unterhaltung einer Stauklappe auf §§ 823, 31, 89 BGB zu stützen sei. Ob der Anspruch auf § 839 BGB gestützt werden müsse, hat er dagegen nicht geprüft. Dieser Entscheidung kann aber auch ein überzeugendes Argument gegen die Anwendung von § 839 BGB i. V. m. Art. 34 GG nicht entnommen werden. Vielmehr war Kernfrage der Entscheidung, ob der Ersatzanspruch unter §§ 22, 26 WVVO falle. Das hat der BGH zutreffend verneint. Das OLG Düsseldorf geht in einer Entscheidung vom 7. 3. 1957 (WuB 1958, 71) zwar von der öffentlich-rechtlichen Beziehung zwischen Verband und Mitglied aus, sieht dann allerdings den Ersatzanspruch nach §§ 31, 89 BGB als begründet an. Auch wird die Anwendbarkeit des § 839 BGB nicht geprüft. Die Frage, ob der Ersatzanspruch ein Amtshaftungsanspruch ist oder nicht, ist keineswegs nur theoretischer Natur. Der Amtshaftungsanspruch nach § 839 BGB i. V. m. Art. 34 GG ist nach Voraussetzungen und Ersatzumfang verschieden von den anderen Ansprüchen nach §§ 823ff. BGB. Er ist ausgeschlossen, wenn der Geschädigte eine anderweitige Ersatzmöglichkeit hat (§ 839 Abs. 1 Satz 2 BGB), desgleichen, wenn er es unterläßt, oder unterlassen hat, den Schaden durch Gebrauch eines Rechtsmittels (also Widerspruch, formlose Beschwerde usw.) abzuwenden (§ 839 Abs. 3 BGB). Auch kann nach § 839 BGB nie Ersatz in Natur verlangt werden (§ 249 BGB), sondern ausschließlich Ersatz in Geld.

b) Haftung des Verbandes gegenüber Nichtmitgliedern

Für schuldhaftes Verhalten seiner Organe oder anderer Bediensteter des Verbandes gegenüber Nichtmitgliedern haftet der Verband nach den Vorschriften des BGB, und zwar bei Handeln seiner Organe nach §§ 823, 31, 89 BGB, bei anderen angestellten Personen nach § 831 BGB mit der Möglichkeit, den Entlastungsbeweis zu führen.

Hat der Verband auch gegenüber Nichtmitgliedern hoheitliche Befugnisse, wie z. B. nach §§ 96ff. WVVO, so würde eine Verletzung der dem Verband diesen Personen gegenüber obliegenden Pflichten ebenfalls zu einem Amtshaftungsanspruch gegen den Verband führen, wenn die übrigen (oben unter Anm. 1 aufgeführten) Voraussetzungen vorliegen.

c) Haftung von Verbänden nach § 22 WHG

Gegen Abwässerverbände können, auch soweit schädigende Maßnahmen oder Unterlassungen eines Verbandes unter die Ausübung hoheitlicher Gewalt fallen, Ansprüche auf Schadensersatz nach § 22 WHG geltend gemacht werden (Haftung für Änderung der Beschaffenheit des Wassers). Dieser von einem Verschulden der Verbandsorgane unabhängigen Gefährdungshaftung geht § 839 BGB i. V. m. Art. 34 GG nicht vor. Beide Ansprüche können nebeneinander geltend gemacht werden (vgl. Witzel, WuB 1962, 206). Die Mitglieder der Abwasserverbände, die Abwässer in die Anlagen der Verbände einleiten, werden von ihrer eigenen Haftung nach § 22 WHG zwar grundsätzlich nicht befreit (OVG Münster, ZfW 1962, 123, für den Ruhrverband; dazu Anm. von Dornheim; LG Köln, Urteil v. 26. 5. 1961, Schriftt. u. Rspr. 1963, 75 Nr. 49). Eine Haftung der Abwasserverbände kommt jedoch trotzdem stets dann in Betracht, wenn die von ihnen betriebenen Anlagen unzulänglich sind oder nicht ordnungsgemäß betrieben werden (vgl. zur Haftung nach § 22 WHG: Abt, RdW Heft 12, 100; Mankowski, S. 14ff. mit weiteren Literaturangaben; Quirll, WuB 1966, 288). Eine Entschädigungspflicht des Verbandes kann ebenfalls nach § 11 oder § 10 Abs. 2 WHG in Betracht kommen. Vgl. im übrigen Gieseke-Wiedemann, Anm. 1—17 zu § 22 WHG.

d) Keine Haftung des Verbandes

Rechtshandlungen, die außerhalb der Zweckbestimmung der Verbände von ihren Organen getätigt werden, gelten überhaupt nicht als Rechtshandlungen des Verbandes. Denn „Rechtsgeschäfte, die eine juristische Person des öffentlichen Rechtes durch ihre Organe außerhalb des durch Gesetz oder Satzung bestimmten Wirkungskreises der juristischen Person vornimmt, sind rechtsunwirksam“ (so BGH vom 28. 2. 1956, DÖV 56, 310). Sie können nur innerhalb des durch ihre Zwecke und Aufgaben sachlich und räumlich beschränkten Lebenskreises handeln. Außerhalb ihres Funktionsbereiches liegende Handlungen entbehren schlechthin der Rechtswirksamkeit. Für diese Beurteilung ist allein die objektiv gegebene Rechtslage maßgebend (so aus den Gründen des BGH). Anderer Meinung Tönnesmann (Anm. 4 zu § 50).

e) Rechtsweg für die Ersatzansprüche

Für die Ersatzansprüche gegen den Verband sind stets die ordentlichen Gerichte zuständig. Soweit die Ansprüche aus § 823, § 831 BGB oder aus § 22 WHG herzuleiten sind, folgt das bereits daraus, daß es sich hier um zivilrechtliche Ansprüche handelt. Für die Amtshaftungsansprüche nach § 839 BGB i. V. m. Art. 34 GG bestimmt das § 40 Abs. 2 VwGO.

§ 9
Inhalt der Satzung

(1) Das Recht im Wasser- und Bodenverbande, das in dieser Verordnung nicht geregelt ist, ergibt sich aus seiner Satzung[1].

(2) Die Satzung muß die in dieser Verordnung vorgeschriebenen Angaben enthalten[2] und die Form der Bekanntmachungen des Verbandes[3] bestimmen. Sie darf von der Verordnung in den zugelassenen Fällen abweichen[4, 5].

(3) Rechtsbeziehungen des Verbandes nach außen können in der Satzung nur, wenn die Verordnung es ausdrücklich zuläßt, geregelt werden[6].

1. Bedeutung der Satzung

Über das Verhältnis zwischen WVVO und Satzung vgl. die Vorbemerkungen vor § 8 und vor § 143 sowie Anm. 4 zu § 156. Die Satzung ist Rechtsnorm, ihr Erlaß, ebenso ihre Änderung und Ersetzung sind Rechtsetzungsakte (BVerwGE 7, 30), also keine Verwaltungsakte, die als solche nach der VwGO angefochten werden könnten (Näheres über die Anfechtungsmöglichkeiten s. Anm. 1 zu § 7, Anm. 4 zu § 152).

2. Zwingender Satzungsinhalt

Das frühere Recht zählte die einzelnen Punkte auf, über die die Satzung Bestimmungen enthalten mußte; es enthielt bestimmte Mindestforderungen für den Inhalt der Satzung. Die WVVO enthält eine solche Aufzählung nicht, sondern bestimmt in ihren einzelnen Vorschriften, was in der Satzung anzugeben ist, ohne damit den Inhalt der Satzung zu erschöpfen. Zu beachten sind hier insbesondere die §§ 5, 6, 9, 11, 17, 46ff., 65, 82ff., 96, 116, 122 Abs. 4, 142 Abs. 2 und bei der Neugestaltung der wenigen noch vorhandenen alten Verbände §§ 146ff. Auch aus der Rechtsprechung ergibt sich in einzelnen Fällen die Notwendigkeit, Bestimmungen in die Satzung zu nehmen, die früher im allgemeinen Gegenstand der sonstigen urkundlichen Grundlagen des Verbandes waren. So ist die Umgrenzung des Verbandsgebietes, soll eine solche vorgenommen werden, nach der heutigen Rechtsprechung Sache der Satzung, nicht des Planes (BVerwGE 18, 318). Zu einer zweiten Art von Bestimmungen gehören solche, die nur dann in die Satzung aufzunehmen sind, wenn für den Verband eine entsprechende — nicht zwingende — Regelung getroffen wird, z. B. § 110, oder aber wenn Abweichungen vorgenommen werden, s. unten Anm. 4. Schließlich müssen als dritte Art noch die Vorschriften der WVVO erwähnt werden, die nicht zum Inhalt der Satzung gehören und ohne Aufnahme in diese gelten, aber wegen der Notwendigkeit ihrer ständigen Beachtung bei der laufenden Arbeit des Verbandes aus Gründen der Zweckmäßigkeit und der Erleichterung der Geschäfte in der Satzung wiedergegeben werden sollten, so z. B. § 122 Abs. 1 bis 3. Danach ergibt sich für den Satzungsinhalt folgendes:

Aufnahme in die Satzung zwingend	Aufnahme in die Satzung zwingend, falls die Regelung getroffen werden soll	Aufnahme in die Satzung zweckmäßig
Name: § 5 Rechtsgestalt: § 5 Sitz: § 6 Bekanntmachungen: § 9 Mitglieder oder Hinweis auf Mitgl.-Verzeichnis: § 11 Aufgabe: § 17 ggf. Unternehmen: § 17 ggf. Plan: § 17 ggf. Hinweis auf Verzeichnis: § 17 ggf. Verbandsgebiet: § 36; § 156 Bestimmung der Verbandsorgane: §§ 46, 62 Bestimmungen über den Vorstand: §§ 47ff. Bestimmungen betr. Ausschuß oder Verbandsversammlung: §§ 53ff. Rechnungsjahr: § 65 Beitragswesen: §§ 82ff. ggf. Unterverbände: § 113 Aufsichtsbehörden: §§ 112, 114, 115, 116 ggf. Widerspruchsausschuß: § 142 Abs. 2 ggf. Bestimmungen bei Neugestaltung der restl. alten Verbände: §§ 146ff.	abweichende Regelung bei Satzungsänderung: § 10 Abweichungen bei Einmannverband: § 15 Zustimmung des Fachministers bei Änderung der Aufgabe: § 18 Abweichung b. Zustimmung z. Planausführung: § 20 Änderung v. Unternehmen u. Plan: § 21 weitere Beschränkungen d. Grundeigentums: § 22 keine Schau: § 42 abweichende Regelungen betr. Vorstand, Vorsteher: §§ 47ff. abweichende Regelungen betr. Ausschuß oder Verbandsversammlung: §§ 53ff. Abweichungen betr. Haushaltswesen: § 65 Vorschriften für Einnahmen: § 70 Abweichende Regelungen im Beitragswesen: §§ 79ff. Zuschläge bei Zahlungsverzug: § 92 Regelung für den Fall der Heranziehung von Nutznießern: § 95 Abweichung betr. Ordnungsgewalt: § 96 Ermächtigung z. Verhängung v. Ordnungsstrafen: § 97	Regelung betr. Sitzungen des Vorstands: § 51 Regelung betr. Sitzungen v. Ausschuß oder Verbandsversammlung: §§ 59, 62 Bestimmung der Prüfstelle: § 76 Abs. 1 Satz 1 Bestimmung über Entlastung: § 77 Beitragslast ausgeschiedener Mitglieder: § 78 rechtl. Eigenschaft der Beiträge: § 80 allg. Maßstäbe des Beitragsverhältnisses: § 81 Bindung des Vorstehers an Verbandsbeschlüsse bei Einstellung und Entlassung v. Personal: § 107 Angabe der beratenden Stellen: § 118 Bestimmung über Einladung von Behörden und Übersendung der Unterlagen: §§ 120, 121 Genehmigung von Geschäften: § 122 Abs. 1—3 Verbandsorgan und verlangte Mehrheit für Abstimmung über Auflösung §§ 177ff.

Aufnahme in die Satzung zwingend	Aufnahme in die Satzung zwingend, falls die Regelung getroffen werden soll	Aufnahme in die Satzung zweckmäßig
	Wahrnehmung der Deichaufsicht: § 105 Vorschrift über die Einstellung von Personal: § 108 Zulassung von Beamten: § 110 Regelung der Überwachung v. Unterverbänden: § 119 Abweichung bei Genehmigung v. Geschäften: § 122 Abs. 4	

Die Reihenfolge der Aufstellung ist der Paragraphenfolge der WVVO angepaßt. Die Einteilung der Satzung ist dagegen auf die Besonderheiten des Einzelfalles abzustellen und nach den Gesichtspunkten der Übersichtlichkeit und Zweckmäßigkeit vorzunehmen. Dabei wird sich der Satzungsinhalt insbesondere bei kleinen Verbänden mit einer enggegrenzten Aufgabenstellung auf möglichst wenige Vorschriften beschränken, während größere und komplizierter aufgebaute Verbände mit vielfältigeren Aufgaben und vielfach widerstreitenden Interessen verschiedener Mitgliedergruppen eingehendere Satzungsbestimmungen benötigen (vgl. Satzungsmuster in Teil C).

3. Form der Bekanntmachungen des Verbandes

In der WVVO sind drei Arten von Bekanntmachungen zu unterscheiden, die durch die folgende Übersicht verdeutlicht werden.

a) Bekanntmachung behördlicher Maßnahmen	b) Bekanntmachung — Verkündung — von Rechtsetzungsakten der Aufsichtsbehörden	c) Bekanntmachungen — Bekanntgaben — des Verbandes
§ 13 Abs. 5 Satz 3	§ 10 Abs. 3	§ 21 Abs. 1 Satz 3 (soweit Satzung nicht berührt)
§ 103 Abs. 2	§ 13 Abs. 4	
§ 105 Abs. 2, 1. Halbsatz	§ 14 Abs. 3	§ 87 Abs. 1
§ 161	§ 15 Satz 3	§ 88 Abs. 3
§ 174 Abs. 2 Satz 1	§ 18 Abs. 2	§ 89 Abs. 2 Satz 1
§ 175 Abs. 3 Satz 1	§ 19 Abs. 2	§ 89 Abs. 3 Satz 1

a) Bekanntmachung behördlicher Maßnahmen	b) Bekanntmachung — Verkündung — von Rechtsetzungsakten der Aufsichtsbehörden	c) Bekanntmachungen — Bekanntgaben — des Verbandes
§ 175 Abs. 5	§ 20 Abs. 1 Satz 3	§ 90 Satz 2
§ 176 Abs. 2 Satz 2	§ 21 Abs. 2	§ 91 Satz 2
	§ 36 Satz 1	§ 95 Abs. 4
	§ 116	
	§ 149	
	§ 151 Abs. 2 Satz 2	
	§ 169 Abs. 2	
	§ 174 Abs. 2 Satz 1	
	§ 175 Abs. 3 Satz 1	
	§ 178	

Die unter Buchst. a aufgeführte Bekanntmachung behördlicher Maßnahmen richtet sich nach den dafür gegebenen Vorschriften (vgl. Anm. 1, 2, 6, 7 zu § 161). Diese enthalten im Gegensatz zu den §§ 10, 149, 169 (Verkündung von Rechtsetzungsakten) keine Verweisung auf die gemäß § 9 in der Satzung getroffene Bestimmung über die Form der Bekanntmachungen des Verbandes. Die Bekanntmachung nach Buchst. a scheidet daher für eine Regelung nach § 9 Abs. 2 Satz 2 von vornherein aus.

Zu den Bekanntmachungen des Verbandes im Sinne von § 9 gehört auch nicht die Bekanntmachung von Rechtsetzungsakten, die stets der Verkündung bedürfen (BVerwGE 21, 352) und die den Aufsichtsbehörden vorbehalten ist. Dies gilt auch dann, wenn für solche Bekanntmachungen in Vorschriften der WVVO auf die nach § 9 in der Verbandssatzung gewählte Form verwiesen ist (z. B. § 10 Abs. 3 Satz 1). Diese Form kann aber für die behördliche Bekanntmachung von Rechtsetzungsakten angewendet werden, wenn sie den heutigen Rechtsanforderungen entspricht, was jedoch oft nicht der Fall ist (vgl. Anmerkungen zu §§ 10 und 169).

In § 9 sind nur die Bekanntmachungen gemeint, die der Verband aufgrund von Vorschriften der WVVO (z. B. §§ 21 Abs. 1 Satz 3, 87 Abs. 1, 88 Abs. 3, 89 Abs. 2, 90 Satz 2, 91 Satz 2, 95 Abs. 4) sowie aufgrund seiner Satzungsbestimmungen an alle Mitglieder oder an einen größeren Personenkreis zu richten hat.

Die Form dieser Bekanntmachungen — Bekanntgaben — wird in der Satzung bestimmt, wobei es genügt, daß den Bedürfnissen des Verbandes nach seiner Art und Größe sowie nach den örtlichen Gegebenheiten Rechnung getragen wird. Dabei brauchen nicht so strenge Anforderungen gestellt zu werden, wie es bei der Verkündung von Rechtsetzungsakten der Fall ist (s. Anm. 5 zu § 10, Anm. 3, 4 zu § 169). So können als Bekanntmachungsform, z. B. bei kleineren Verbänden, Aushang am schwarzen Brett, Ausrufen oder persönliche mündliche Mitteilung, im übrigen die Veröffentlichung in Tageszeitungen sowie schriftliche Benachrichtigung jedes einzelnen Beteiligten in Betracht kommen. In der Satzung kann natürlich auch für diese Bekanntmachungen dieselbe Form gewählt werden, wie sie nach der Rechtsprechung für die Verkündung von Rechtsetzungsakten vorgeschrieben ist (vgl. Anm. 4, 5 zu § 10). Ebenso ist nichts dagegen einzuwenden, daß die Satzung entsprechend der rechtlichen Verschiedenartigkeit der Bekanntmachungen unterschiedliche Bestimmungen enthält, etwa für die Bekanntmachungen des Verbandes für seine Mitglieder die persönliche schriftliche Benachrichtigung, für Satzungsänderungen — je nach der Verbandsgröße — die Bekanntmachung im amtlichen Mitteilungsblatt des Landkreises oder des Regierungspräsidenten. Bei Rechtsetzungsakten wird die Behörde dadurch nicht ihrer Pflicht enthoben, zu prüfen, ob den Erfordernissen der Bekanntmachung von Rechtsetzungsakten entsprochen wird. Ist dies nicht der Fall, muß sie über die in der Satzung vorgesehene Form hinausgehen.

4. Zulässige Abweichungen

Zu unterscheiden sind zwingende und nachgiebige Bestimmungen der WVVO. Nach dem Wortlaut enthalten nur die Bestimmungen nachgiebiges Recht, bei denen eine Abweichung ausdrücklich in der WVVO zugelassen ist (solche Zulassung ist in manchen Fällen an die Zustimmung der oberen Aufsichtsbehörde geknüpft, so in §§ 48 Abs. 5, 56 Abs. 6, 81 Abs. 2 Nr. 4). In den Fällen, in denen die Nichtzulassung einer Abweichung offensichtlich ihren Grund lediglich in autoritären Gesichtspunkten hat (vgl. Anm. 2 zu § 4), kann eine solche Bestimmung insoweit nicht mehr als zwingend angesehen werden (so z. B. im Fall des § 53, vgl. Anm. 2 zu § 53).

Ergänzungen, d. h. also Satzungsbestimmungen, die nicht von den Vorschriften der WVVO abweichen, sondern ihnen gegenüber einen Zusatz darstellen, sind zulässig, soweit sie nicht gegen zwingende Vorschriften des Wasserverbandsrechtes verstoßen. Die Zulässigkeit solcher ergänzenden Vorschriften wird in § 9 Abs. 1 vorausgesetzt: „Das Recht im Wasser- und Bodenverbande, das in dieser Verordnung nicht geregelt ist, ergibt sich aus seiner Satzung." Das Hamburger Oberverwaltungsgericht (rechtskräftiges Urteil vom 7. 8. 1957, Wüsthoff R 537) hat die Zulässigkeit von Ergänzungen ausdrücklich bejaht (vgl. Anm. 3 b zu § 82).

5. Satzungsmuster

Die in Teil C abgedruckten Satzungsmuster sind für landwirtschaftliche Wasser- und Bodenverbände (SaMu. A) durch die Ersten Ausführungsvorschriften zur WVVO (Erste Wasserverbandvorschriften) vom 19. Januar 1938 (LwRMBl. S. 40), für Wasserbeschaffungsverbände (SaMu. B) durch die Zweiten Ausführungsvorschriften zur WVVO (Zweite Wasserverbandvorschriften) vom 18. August 1939 (LwRMBl. S. 877) bekanntgegeben. Diese Satzungsmuster sollen nur als Anhalt für die Aufstellung der Satzung dienen und bewirken, daß gleichartige Verbände, soweit möglich, dieselbe Fassung für ihre Satzungen erhalten; die Satzungsmuster können daher ergänzt oder geändert werden.

Die Satzungsmuster A und B entsprechen der heutigen Rechtslage und Verwaltungsübung zum großen Teil nicht mehr. In Teil C ist daher ein Vorschlag für eine der heutigen Lage entsprechende Satzung gemacht worden.

Für die aufgrund des NWG durch dieses gebildeten Unterhaltungsverbände hat der Nds. MfELuF ein besonderes Satzungsmuster herausgegeben (Nds. MBl. 1962, 80).

6. Satzungsbestimmungen über Rechtsbeziehungen nach außen

Abs. 3 ist eine — wohl selbstverständliche — Folge des § 8. Es kommt also nur eine nähere Regelung der in Anm. 1 zu § 8 aufgeführten Ausnahmefälle, die eine Reihe von Nichtmitgliedern betreffen können, in Betracht.

§ 10

Ergänzung, Änderung der Satzung

(1) Die Aufsichtsbehörde kann die Satzung auf Antrag des Vorstandes oder nach dessen Anhörung ergänzen und ändern[1]. In der Satzung kann vorgeschrieben werden, daß auch die Anhörung des Ausschusses und die Zustimmung des Fachministers erforderlich sind[2,3].

(2) Die Ergänzungen und Änderungen werden, wenn nichts anderes vorgeschrieben wird, am Ende des Tages wirksam, an dem die Mitteilung der Behörde dem Verbande zugeht[4].

(3) Die Aufsichtsbehörde macht die Ergänzungen und Änderungen wie Bekanntmachungen des Verbandes unverzüglich bekannt[5] und kann sie außerdem in ihrem Nachrichtenblatte bekanntgeben[6]. Der Verband trägt die Kosten.

1. Befugnis der Aufsichtsbehörde

§ 10 gilt nur noch abgewandelt fort (vgl. Vorbemerkung zu Teil B; Anm. 2 zu § 4 und Anm. 2 zu § 53). Wie dort näher begründet worden ist, setzt grundsätzlich eine Änderung der Satzung eine Beschlußfassung des willensbildenden oder beschließenden Organes des Verbandes (Ausschuß oder Verbandsversammlung) voraus. An diese Beschlüsse hat sich der Vorstand zu halten, sie also insbesondere der Aufsichtsbehörde gegenüber zu vertreten. Die Aufsichtsbehörde hat zu prüfen, ob die beschlossene Änderung mit der WVVO vereinbar ist. Wenn dies der Fall ist, hat sie in der Regel die Änderung vorzunehmen. Will die Aufsichtsbehörde ohne Antrag des Vorstandes die Satzung ändern, muß sie zumindest vorher den Vorstand anhören. Diese Anhörung wird durch die bloße Anwesenheit des Vorstandes bei der Beschlußfassung des Ausschusses (Verbandsversammlung) über die Satzungsänderung nicht ersetzt (BVerwGE 18, 324). Falls es im öffentlichen Interesse notwendig ist (so auch RdErl. d. MfELuF NW vom 1. 10. 1957, MBl. NW S. 2174; vgl. Vorbemerkung zu Teil B), ist die Aufsichtsbehörde jedoch befugt, auch Änderungen der Satzung entgegen dem Beschluß des beschließenden Organes vorzunehmen. Solche Notwendigkeit kann aus wasserwirtschaftlichen Gründen gegeben sein, aber z. B. auch bei Verbänden, in denen Schädiger und Geschädigte miteinander verbunden sind, um aus Gründen der Gerechtigkeit ein vom Beitragsverhältnis abweichendes Stimmverhältnis zu erreichen (vgl. § 56 Abs. 6).

In zahlreichen Satzungen neugebildeter Verbände ist mit Rücksicht auf diese Rechtslage die Bestimmung aufgenommen worden, daß der Ausschuß (die Verbandsversammlung) über die Ergänzung und Änderung der Satzung zu beschließen habe, und daß diese Beschlüsse der „Genehmigung" der Aufsichtsbehörde bedürfen. In fast allen Satzungen der seit längerer Zeit bestehenden Verbände findet sich jedoch noch die Fassung, die dem Wortlaut der WVVO entspricht. Damit bei den Beteiligten nicht unrichtige Auffassungen über die wirkliche Rechtslage entstehen oder bestehen bleiben, ist klarzustellen, daß die Änderung der Satzung, die ebenso wie das Erlassen oder Ersetzen einer Satzung ein Rechtsetzungsakt ist (BVerwGE 7, 30), rechtswirksam nur von der Aufsichtsbehörde vorgenommen werden kann. Die Befugnis der Aufsichtsbehörde, aus Gründen des öffentlichen Interesses auch entgegen den Beschlüssen des Verbandes seine Satzung zu ändern, bleibt als zwingende Regelung auch dann bestehen, wenn in der Satzung nur von „Genehmigung" der Beschlüsse gesprochen wird. Wird dem Antrag eines Verbandes auf Änderung einer Satzung von der Aufsichtsbehörde nicht entsprochen, so ist dieser Bescheid der Aufsichtsbehörde nicht anfechtbar; er ist nicht Verwaltungsakt, weil die Aufsichtsbehörde hier im Rahmen ihrer Rechtsetzungsbefugnis tätig wird. Aus demselben Grunde würde eine Änderung der Satzung durch die Aufsichtsbehörde entgegen den Vorstellungen des Verbandes nicht anfechtbar sein. Selbstverständlich bleibt es dem Verband unbenommen, sich im Wege der formlosen Beschwerde an die der Aufsichtsbehörde übergeordnete Behörde zu wenden.

2. Mitwirken des Verbandes und des Fachministers

Bei der in Anm. 1 geschilderten Rechtslage ist statt einer Satzungsvorschrift, daß die Anhörung des Ausschusses erforderlich sei, vorzusehen, daß der Ausschuß (Verbandsversammlung) über Satzungsänderungen beschließt.

Das Erfordernis der Zustimmung des Fachministers ist bei einer Anzahl großer Verbände, insbesondere bei Abwasserverbänden, vorgesehen worden.

3. Anfechtungsmöglichkeit

Wegen der — in der Regel nur mittelbaren — Anfechtungsmöglichkeiten s. Anm. 4 zu § 152. Unabhängig von diesen Anfechtungsmöglichkeiten ist bei Änderung der Aufgabe durch die Verfügung der Aufsichtsbehörde eine Beschwerde bei der oberen Aufsichtsbehörde sowohl seitens des Vorstandes als auch seitens der Mitglieder vorgesehen (s. Anm. 1 zu § 19).

4. Wirksamwerden der Satzungsänderung

Die Änderung der Satzung ist ebenso wie ihr Erlaß ein Akt der Rechtsetzung, so daß Verkündung erforderlich ist (vgl. unten Anm. 5). Dennoch dürften entgegen dem Urteil des VG Köln vom 16. 5. 1963 — E 795/63 — gegen Abs. 2 keine Bedenken bestehen. Das BVerwG hat in seinem Urteil vom 19. 10. 1966 — IV C 222.65 — ausgeführt, daß eine neue Satzung schon mit ihrer Unterzeichnung durch die Gründungsbehörde in Kraft tritt, also zu einem noch früheren Zeitpunkt als dem in § 10 Abs. 2 bestimmten. Vgl. im übrigen Anm. 2 bis 4 zu § 169.

5. Form der Bekanntmachung

Es handelt sich bei den Bekanntmachungen nach § 10 ausschließlich um die Bekanntmachung von Rechtsetzungsakten, die den heute von der Rechtsprechung gestellten Anforderungen an die Verkündung solcher Akte genügen muß (s. Anm. 3 zu § 9; Anm. 4 zu § 169).

6. Unterzeichnung

Wegen Unterzeichnung der Satzungsänderungen s. Anm. 1 zu § 169.

III. Abschnitt

Mitgliedschaft

Vorbemerkung

Die Bestimmungen des III. Abschnitts weichen von denen der früheren Landesgesetze, in denen das Wasserverbandsrecht vor dem Inkrafttreten der WVVO geregelt war (§ 191 Abs. 1), insbesondere dadurch ab, daß der Eintritt neuer und das Ausscheiden bisheriger Mitglieder nicht mehr von dem Willen des Beteiligten, sondern von der Entschließung der Aufsichtsbehörde abhängig gemacht worden sind; sie kann dem Verbande auf Antrag oder nach Anhörung neue Mitglieder zuweisen (§ 13) und Mitglieder aus dem Verbande entlassen (§ 14). Eine weitere Neuerung ist die Zulassung des Einmannverbandes (§ 15).

§ 11

Verzeichnis der Mitglieder

(1) Die Mitglieder sind in der Satzung oder in einem Verzeichnisse anzugeben[1], auf das in der Satzung hinzuweisen ist. In dem Verzeichnisse sind auch die Grundstücke, Bergwerke und Anlagen (§ 3 Nr. 1) und die Unterhaltlasten (§ 3 Nr. 2) aufzuführen.

(2) Der Wasser- und Bodenverband hält das Verzeichnis auf dem laufenden. Es ist nicht Bestandteil der Satzung[2, 3].

1. Angabe in der Satzung

In der Satzung werden die Mitglieder nur bei solchen Verbänden angegeben, die aus wenigen großen Körperschaften (§ 3 Nr. 3) bestehen oder nur wenige sonstige Mitglieder haben, ohne daß ein häufiger Mitgliederwechsel, der eine Satzungsänderung bedingt, zu erwarten ist. Im allgemeinen dient als Mitgliederverzeichnis das bei der Verbandsgründung benutzte Verzeichnis (§ 156 Abs. 1).

2. Mitgliederverzeichnis

Das Mitgliederverzeichnis ist grundsätzlich nicht ein Bestandteil der Satzung, sondern eine besondere Anlage zu ihr. Eine Änderung des ständiger Berichtigung (Fortschreibung), z. B. beim Wechsel des Eigentümers oder des Unterhalters, bedürftigen Verzeichnisses ist daher keine Satzungsänderung. Es kann grundsätzlich formlos geändert werden. Sind aber die Mitglieder in der Satzung aufgeführt, so kann eine Berichtigung nur in der für eine Satzungsänderung vorgeschriebenen Form (§§ 10, 13, 14) erfolgen. In dem Verzeichnisse sind Namen, Stand und Wohnort des Teilnehmers sowie in der Regel auch die kataster- und grundbuchmäßige Bezeichnung und Wertzahlen oder der Flächeninhalt der beteiligten Grundstücke oder Verhältniszahlen anzugeben (vgl. § 159). Der Entwurf eines Vordrucks für das Mitgliederverzeichnis ist im LwRMBl. 1940 S. 542 veröffentlicht. Plan und Verzeichnis sind die wichtigsten Beweisstücke dafür, welche Grundstücke, Bergwerke und Anlagen zu dem Verbande gehören und ob deren Eigentümer beitragspflichtig oder beitragsfrei (§ 84) zugezogen worden sind. Gegenbeweis ist zulässig. Das Mitgliederverzeichnis bildet auch die Grundlage für die Aufstellung des Beitragsbuches (§ 87) und der Hebeliste (§ 89). Es wird von der Aufsichtsbehörde aufbewahrt, je eine Abschrift erhalten das Wasserwirtschaftsamt und der Verbandsvorsteher (SaMu.A § 2), dem die Fortschreibung des Verzeichnisses, z. B. bei jedem Eigentumswechsel, obliegt. (s. 1. AV Nr. 9).

3. Mitgliederverzeichnis als Beitragsbuch

Es ist nicht verboten (wenn auch für den Regelfall nicht empfehlenswert), das Mitgliederverzeichnis auch als Beitragsbuch zu verwenden, wenn der Verband nur aus dinglichen Mitgliedern besteht und der Flächenmaßstab gilt (a. M. Tönnesmann Anm. 2 zu § 11); es müssen dann im Beitragsbuch auch die beitragsfrei zugezogenen Grundstücke vermerkt werden.

§ 12

Streit um die Mitgliedschaft

Wenn jemand mit dem Wasser- und Bodenverbande streitet, ob oder in welchem Umfange er Mitglied ist, entscheidet die Aufsichtsbehörde. Gegen die Entscheidung ist in zwei Wochen nach der Mitteilung die Beschwerde an die Spruchstelle für Wasser- und Bodenverbände (§§ 133 u. ff.) zulässig[1, 2].

1. Nichtfortgelten der Vorschrift

§ 12 gilt nicht mehr fort. Er könnte jetzt doch nur eine besondere Art des Vorverfahrens darstellen. Alles, was an Verfahrensbesonderheiten in § 190 VwGO nicht ausdrücklich aufrechterhalten ist, ist seit dem Inkrafttreten der VwGO weggefallen (§ 195 Abs. 2 VwGO). In § 190 VwGO ist die WVVO nicht mitaufgezählt (BVerwG, Urteil vom 19. 10. 1966 — IV C 222.65 —).

Des weiteren erkennt dieses Urteil an, daß es sich bei der Mitgliedschaft zu einem Wasserverband um ein Rechtsverhältnis im Sinne von § 43 Abs. 1 VwGO handelt und Feststellungsklagen aufgrund dieser Vorschrift kein Vorverfahren (§§ 68ff. VwGO) erfordern. Auch könne das Mitglied bei ihm zuzubilligendem berechtigten Interesse auf Feststellung nach § 43 Abs. 1 VwGO nicht darauf verwiesen werden, statt dessen den Beitragsbescheid anzufechten und Zwischen- (= Inzident)feststellung (§ 280 ZPO i. V. m. § 173 VwGO) zu beantragen.

Ebensowenig kann nach diesem Urteil das Mitglied auf die abstrakte Normenkontrolle — in Ländern, in denen sie gegeben ist — verwiesen werden, obwohl auf diese Weise der Erlaß der Satzung angegriffen und bei Erfolg der Mitgliedschaft der Boden entzogen werden könnte. Denn das Mitglied kann nicht gehindert werden, statt dessen nur die weniger weittragende Klage zur Feststellung seiner Nichtmitgliedschaft zu erheben und dabei die Rechtmäßigkeit des Satzungserlasses als entscheidende Vorfrage aufzuwerfen.

2. Streit um die Mitgliedschaft

Für das Verfahren nach § 43 Abs. 1 VwGO (s. Anm. 1) kommen in erster Linie Meinungsverschiedenheiten über die Auslegung der vorhandenen Unterlagen über die Mitgliedschaft (Satzung, Plan, Mitgliederverzeichnis) in Betracht. Die Frage, ob ein Mitglied nach § 14 zu entlassen ist, sollte schon zur Zeit der Geltung des § 12 nicht nach diesem, sondern nach § 14 entschieden werden (so RVG in ZAgr. 29, 11) und ist heute entsprechend auch nicht nach § 43 Abs. 1 VwGO zu entscheiden. Hat bei einer Zuweisung nach § 13 das Verwaltungsgericht rechtskräftig entschieden, so wird einem Verfahren nach § 43 Abs. 1 VwGO der Einwand der rechtskräftig entschiedenen Sache entgegenstehen. Die vom Gesetzgeber vorgeschriebenen Beschränkungen bei einem Verfahren zur Feststellung der Mitgliedschaft (§§ 7 und 16) sind weggefallen (vgl. die Anmerkungen zu den genannten Paragraphen).

Die Klage auf Feststellung des Bestehens oder Nichtbestehens eines Rechtsverhältnisses aufgrund des § 43 Abs. 1 VwGO wird nicht dadurch ausgeschlossen, daß das Rechtsverhältnis auf einer Rechtsetzung beruht, z. B. auf dem Erlaß einer Satzung nach § 169 oder dem Erlaß eines wasserverbandlichen Sondergesetzes (BVerfGE 10, 105). Die Klage nach § 43 Abs. 1 VwGO ist jedoch nur zulässig, wenn über die Mitgliedschaft nicht bereits aufgrund einer Gestaltungs- (insbesondere Anfechtungs-) oder Leistungsklage zu entscheiden ist (§ 43 Abs. 2 VwGO).

§ 13

Zuweisung neuer Mitglieder

(1) Die Aufsichtsbehörde kann dem Wasser- und Bodenverbande neue Mitglieder zuweisen, für die die Voraussetzungen der Mitgliedschaft nach den §§ 153, 154, 155 zutreffen[1,2]. Der Zuweisung steht die Erweiterung der Teilnahme eines Mitgliedes gleich[3,4].

(2) Wer nach dem § 95 wegen Vorteils Geldbeiträge an den Verband zu leisten hat, kann die Zuweisung zu ihm verlangen, es sei denn, daß der Beitrag die Höhe nicht erreicht, von der nach der Satzung die Mitgliedschaft abhängig ist[5].

(3) Der Zuweisung sind Entwürfe für die Änderung des Planes für das Unternehmen (§ 17), des Mitgliederverzeichnisses (§ 11) und der Satzung zugrunde zu legen, der Vorstand und die zuzuweisenden Personen sind zu hören, und über die Einwendungen ist in entsprechender Anwendung der §§ 163, 167 und 168 zu entscheiden.

(4) Mit der Änderung der Satzung wird die Zuweisung wirksam. An die Stelle der Satzungsänderung tritt die zuweisende Verfügung der Aufsichtsbehörde, wenn die Satzung nicht geändert zu werden braucht. § 10 gilt entsprechend.

(5) Das Verfahren nach den Absätzen 3 und 4 ist nur in einfachen Fällen zulässig. Im Zweifel bestimmt die obere Aufsichtsbehörde, ob der Fall einfach ist. Für die anderen Fälle gelten die Vorschriften des § 174[6, 7].

1. Zuweisung von Mitgliedern

Der Eintritt neuer und das Ausscheiden bisheriger Mitglieder war nach dem früheren Landesrecht (vgl. § 232 PrWG) von dem Einverständnis zwischen Verband und Mitglied abhängig und bedurfte nur der Genehmigung der Aufsichtsbehörde. Nach der WVVO setzt sowohl das Eintreten als auch das Ausscheiden eine Verfügung der Aufsichtsbehörde voraus, so daß nicht mehr von Eintritt und Ausscheiden sondern von „Zuweisung" und „Entlassung" gesprochen wird. Die Festsetzung allgemeiner Merkmale für die Mitgliedschaft mit der Bestimmung, daß deren Vorhandensein oder ihr Wegfall automatisch den Erwerb oder den Verlust der Mitgliedschaft zur Folge habe, ist nicht zulässig. So ist es nicht möglich, in der Satzung z. B. zu bestimmen, daß alle Eigentümer von Grundstücken mit einer bestimmten Höhenlage oder in einem bestimmten Einzugsgebiet oder alle Anlageninhaber mit einer bestimmten Mindestwasserförderung bei Erfüllung dieser Merkmale automatisch Mitglied werden und bei Wegfall automatisch ausscheiden (vgl. Tönnesmann, Anm. 1 zu § 11). Solche Regelungen finden sich nur bei einigen durch Sondergesetze gebildeten und noch heute nach ihnen lebenden Verbänden (vgl. § 191 Abs. 2 und Anm. 3 dazu). In Niedersachsen ist eine ähnliche Regelung getroffen worden, indem durch Landesgesetz große Unterhaltungsverbände für gesetzlich bestimmte Niederschlagsgebiete gebildet worden sind (§§ 83ff. NWG; Anm. 3 zu § 191).

Diejenigen, die z. B. durch Erbgang, Kauf oder Zwangsversteigerung Eigentümer eines Grundstückes oder einer Anlage werden, die zum Verband gehören, werden dadurch ohne weiteres Mitglied des Verbandes an Stelle des bisherigen. Denn bei diesen sogenannten dinglichen Mitgliedern (vgl. § 3 Nr. 1) ist der jeweilige Eigentümer Mitglied; für die jeweiligen Unterhalter (§ 3 Nr. 2) gilt das gleiche. Die Zugehörigkeit der Grundstücke wird im Grundbuch nicht vermerkt.

2. Voraussetzungen der Zuweisung

Zugewiesen werden kann, wer nach den Gründungsvorschriften (§§ 153 bis 155) Mitglied des Verbandes werden kann. Die für die Zuweisung hauptsächlich in Frage kommenden Personen sind die, die einen Vorteil zu erwarten haben oder schädigend einwirken. Für öffentlich-rechtliche Körperschaften gelten die Bestimmungen des § 154 Buchst. b und c (s. die Anmerkungen zu den §§ 153 bis 155). Soweit die (neueren) Landeswassergesetze von der Ermächtigung des § 29 Abs. 1 Satz 2 WHG Gebrauch gemacht haben, auch „andere Eigentümer von Grundstücken im Einzugsgebiet" zur Unterhaltung von Gewässern heranzuziehen, sind dafür die besonderen Regelungen dieser Landeswassergesetze maßgebend (§§ 48ff. NWWG, §§ 41ff. SchlHWG und §§ 83ff. NWG).

Die Zuweisung liegt im pflichtmäßigen Ermessen der Aufsichtsbehörde. Wenn die Voraussetzungen der §§ 153 bis 155 gegeben sind und der Vorstand des Verbandes die Zuweisung beantragt, ist die Aufsichtsbehörde daher nicht nur befugt, sondern auch verpflichtet, die Zuweisung durchzuführen. Ohne diese Verpflichtung würde eine gleichmäßige Behandlung der Beteiligten nicht erreicht, so daß es einen Verstoß gegen das Gleichheitsgebot (Art. 3 GG) darstellen würde, wenn die Aufsichtsbehörde bei Vorliegen der Voraussetzungen von der Zuweisung absehen würde. Würde im Widerspruch damit die Aufsichtsbehörde einen Zuweisungsantrag des Verbandes ablehnen, so könnte der Verband diese Ablehnung im Verwaltungsstreitverfahren anfechten.

Der Zuweisung von Mitgliedern auch gegen deren Willen steht Art. 9 GG (über die Vereinigungsfreiheit) nicht entgegen, da er sich nur auf privatrechtliche, nicht auf öffentlich-rechtliche Vereinigungen bezieht (BVerfGE 10, 89).

3. Teilnahmeerweiterung

Die der Zuweisung gleichgestellte Erweiterung der Teilnahme eines Mitglieds bezieht sich z. B. auf den Fall, daß ein dingliches Mitglied mit einem Teil seiner Grundstücke usw. dem Verbande noch nicht angehört und zugezogen wird.

4. Verpflichtungen der Zugewiesenen

Die neu zugewiesenen und die mit weiteren Grundstücken (Abs. 1 Satz 2) hinzugezogenen Mitglieder haften gemäß § 80 Abs. 2 persönlich für alle seit der Zuweisung gehobenen Beiträge, auch soweit diese zur Deckung für die vor ihrer Zuweisung vom Verband eingegangenen Verbindlichkeiten dienen. Darüber hinaus haften die zum Verband gehörenden Grundstücke und Anlagen auch für die vorher erhobenen, aber noch nicht gezahlten Beiträge (Näheres Anm. 2 zu § 80).

Für den Fall, daß für den Anschluß des neu zugewiesenen Mitgliedes besondere Einrichtungen (z. B. ein Anschlußgraben) erforderlich sind, schrieb das PrWG in § 233 Abs. 2 vor, daß die neuen Mitglieder die Aufwendungen dafür zu tragen haben. Wenn die WVVO diese Frage auch nicht geregelt hat, so ist es doch zulässig, in der Satzung einen entsprechenden Zusatz zu der Beitragsregelung vorzusehen, der nach dem Vorbild des PrWG wie folgt gefaßt werden könnte:

„Ein neu zugewiesenes Mitglied hat die besonderen Kosten der zum Anschluß an die Verbandsanlagen und zu ihrer Mitbenutzung erforderlichen Einrichtungen zu tragen."

Falls die alten Mitglieder früher erhebliche Aufwendungen für die Baumaßnahmen gemacht haben, die in den laufenden Beiträgen nicht mehr zum Ausdruck kommen, würde ein Sonderbeitrag zum Ausgleich berechtigt sein. Wegen der rechtlichen Zulässigkeit eines solchen vgl. Anm. 5 zu § 82.

5. Anspruch auf Zuweisung

Außenstehende haben grundsätzlich keinen Rechtsanspruch darauf, dem Verbande zugewiesen zu werden. Allerdings kann nach Anm. 2 ihre Zuweisung im Rahmen der pflichtmäßigen Ermessensausübung der Aufsichtsbehörde liegen. Auf jeden Fall aber haben Außenstehende einen Rechtsanspruch auf die Zuweisung, wenn der Verband sie gemäß § 95 wegen Vorteiles zu Beiträgen herangezogen hat (s. Anm. 3 zu § 95). Erst durch die Zuweisung erwerben sie auch die Mitgliedsrechte, insbesondere das Stimmrecht. Dies gilt nur dann nicht, wenn der Geldbeitrag unter dem satzungsmäßigen Mindestbeitrag bleibt (wie dies hauptsächlich bei Abwasserverbänden geregelt ist).

6. Verfahren

Das in den Absätzen 3 und 4 vorgeschriebene Verfahren ist gemäß Abs. 5 nur für „einfache Fälle" gedacht. Für schwierigere Fälle der Zuweisung ist in § 174 (Ausdehnung des Verbandes) ein der Gründung ähnliches Verfahren vorgesehen. Die WVVO sagt nicht ausdrücklich, wann ein einfaches oder wann ein schwieriges Verfahren vorliegt. Als schwierige Fälle sind, wie sich aus der gesetzlichen Regelung ergibt, diejenigen anzusehen, die der Neugründung eines Verbandes nahekommen (sog.

Anschlußgründungen), also die Ausdehnung des Verbandes auf eine größere Zahl von Mitgliedern, bei der eine Abstimmung nach § 165 am Platze ist, um ihren Willen zu ermitteln (so mit Recht Tönnesmann, Anm. 1 zu § 174). Ins Gewicht fällt auch, ob der Plan wesentlich geändert oder ergänzt werden muß. Ein einfacher Fall ist demgegenüber die Zuweisung eines oder einiger weniger Mitglieder, ohne daß eine wesentliche Änderung oder Ergänzung des Planes notwendig ist. Ein solcher Fall kann auch vorliegen, wenn die heranzuziehende Fläche als solche verhältnismäßig umfangreich ist.

Während in schwierigen Fällen die Vorschriften über das Gründungsverfahren anzuwenden sind, ist demgegenüber in den einfachen Fällen des § 13 das Verfahren wesentlich vereinfacht: Entwürfe der Änderungen von Plänen, Mitgliederverzeichnis und Satzung sind zwar, soweit erforderlich, auch von der Aufsichtsbehörde aufzustellen, jedoch bedarf es auch bei der Zuweisung mehrerer Mitglieder keiner Wertzahlen (vgl. §§ 159 und 165). Die Mitwirkung der staatlichen Fachbehörde ist nicht vorgeschrieben. Für die Art der Bekanntgabe von Plannachträgen, Mitgliederverzeichnis und Satzungsänderung sind keine Vorschriften gegeben, insbesondere gelten die §§ 161 bis 164 nicht. Die Bekanntgabe und Anhörung können daher formlos in der von der Aufsichtsbehörde für zweckmäßig gehaltenen Art und Weise vorgenommen werden. Immerhin wird in der Regel gleichzeitige Verhandlung mit dem Vorstand und den zuzuweisenden Personen sich empfehlen. Die Einwendungen der zuzuweisenden Personen und evtl. auch des Vorstandes müssen auf jeden Fall schriftlich aufgezeichnet werden, um ein ordnungsmäßiges Rechtsbehelfsverfahren zu ermöglichen.

7. Rechtsschutz

Ob außer der vom Gesetzgeber allein vorgesehenen Erhebung von Einwendungen gegen die beabsichtigte Zuweisung entsprechend den §§ 163, 167, 168 und der Entscheidung über sie durch die Aufsichtsbehörden auch die Klage vor dem Verwaltungsgericht gegeben ist, ist fraglich. Dies erklärt sich aus der Ungewißheit, ob die Zuweisung nach § 13 als Verwaltungsakt oder als Rechtsetzung anzusehen ist. Die Gründung eines Verbandes durch Erlaß der Satzung (§§ 152ff., insbesondere 169) und die dadurch erfolgte Zuweisung von Personen werden allgemein als Rechtsetzung betrachtet (vgl. Anm. 1 zu § 9). Das OVG Lüneburg hat daher in seinem Urteil vom 4. 5. 1957 (WuB 1958, 332) auch die Entscheidungen der Aufsichtsbehörden gemäß §§ 167, 168 als unselbständige Bestandteile eines Rechtsetzungsverfahrens und nicht als anfechtbare Verwaltungsakte angesehen. Die gleiche Auffassung hat es auch für das Ausdehnungsverfahren (§ 174) und die in diesem verfügten Zuweisungen ausgesprochen. Das hat zur Folge, daß eine unmittelbare verwaltungsgerichtliche Anfechtung der Gründung bzw. Ausdehnung und der dadurch verfügten Zuweisungen unzulässig ist, soweit nicht die Normenkontrollklage gegeben ist (vgl. Anm. 4 zu § 152). Zulässig ist jedoch die Anfechtung der Entscheidung im verwaltungsgerichtlichen Verfahren (vgl. Anm. 1 und 2 zu § 12). Zulässig ist außerdem, daß in einem Beitragsstreit oder einem anderen Verfahren im Zuge einer Gestaltungs- oder Leistungsklage inzidenter darüber entschieden wird, ob die Zuweisung verfahrensmäßig und sachlich begründet war oder nicht.

Die Frage, ob die Zuweisung nach § 13 ebenso zu behandeln ist wie bei der Gründung und Ausdehnung, hat das OVG in dem genannten Urteil ausdrücklich dahingestellt gelassen. Die Verwaltungspraxis in den Ländern ist in dieser Frage verschieden.

Für die Beantwortung der Frage muß folgendes maßgebend sein: Da es sich im Fall des § 13 abweichend von § 174 um eine oder um einige wenige zuzuweisende Personen handelt, betrifft § 13 nur einen Einzelfall oder mehrere zusammengefaßte Einzelfälle (Allgemeinverfügung). Die Regelung eines Einzelfalles aber stellt grundsätzlich einen Verwaltungsakt dar. Dies muß auch dann gelten, wenn die Zuweisung, wie dies nach § 13 Abs. 4 möglich ist (in der Praxis jedoch selten), durch Satzungsänderung erfolgt, jedenfalls insoweit, wie die Satzungsänderung nur diesen Einzelfall oder die zusammengefaßten Einzelfälle betrifft. Denn dann handelt es sich materiell auch bei dieser satzungsändernden Verfügung nur um die Regelung eines oder mehrerer Einzelfälle. Auch eine notwendige Planänderung betrifft nur diese. Derartige, einen oder mehrere Einzelfälle betreffende Anordnungen als Rechtsetzung zu betrachten, würde eine übermäßige Ausweitung des Begriffes Rechtsetzung bedeuten. Die Satzungsänderung selbst ist stets Rechtsetzung, wenn auch hier lediglich im formellen Sinne.

Dieser Sachlage entspricht es daher, die Zuweisung nach § 13 als anfechtbaren Verwaltungsakt anzusehen. Dies gilt jedoch nur für die zuweisende Verfügung selbst (auch wenn sie in Form einer Satzungsänderung erfolgt), aber nicht für die innerhalb des Verfahrens auf Einwendungen ergangenen Entscheidungen der Aufsichtsbehörden (§ 13 Abs. 3 letzter Halbsatz), die ebenso wie im Gründungs- und Ausdehnungssungsverfahrens unselbständige Bestandteile des Zuweisungsverfahrens darstellen. Über die erhobenen Einwendungen hat die Aufsichtsbehörde entsprechend § 167 in einem schriftlich begründeten und den Beteiligten mit Rechtsbehelfsbelehrung (§ 187) bekanntzugebenden Bescheid zu entscheiden. Die auf Beschwerde ergehende Entscheidung der oberen Aufsichtsbehörde ist nicht anfechtbar. Jedoch steht dem Zugewiesenen gegen die Zuweisung selbst nach der VwGO binnen einem Monat der

Widerspruch und, falls nötig, die Klage vor dem Verwaltungsgericht zu (Näheres in der Vorbemerkung Buchst. c zu §§ 133ff.).

Wollte man dagegen die Zuweisung als nicht anfechtbare Rechtsetzung ansehen, so würden dem Zugewiesenen die für den Fall der Gründung und Ausdehnung geschilderten Möglichkeiten zustehen, um zu einer gerichtlichen Entscheidung zu kommen (s. Anm. 1 und 2 zu § 12, Anm. 4 zu § 152).

Lehnt die Aufsichtsbehörde einen von dem Verband gestellten Antrag auf Zuweisung ab, so steht dem Verband dagegen der Widerspruch und bei ablehnendem Bescheid die Verpflichtungsklage gegen die Aufsichtsbehörde zu.

§ 14
Entlassung von Mitgliedern

(1) Die Aufsichtsbehörde kann Mitglieder aus dem Wasser- und Bodenverbande entlassen[1]. Der Entlassung steht die Einschränkung der Teilnahme eines Mitgliedes gleich[2].

(2) Die Aufsichtsbehörde kann Verpflichtungen des Verbandes und der zu entlassenden Mitglieder festsetzen, um unbillige Folgen der Entlassung zu verhüten[3].

(3) Für das Verfahren gelten die Vorschriften des § 13 Abs. 3 und 4 entsprechend[4, 5].

1. Allgemeines

Gegen das Fortgelten der Bestimmung bestehen keine Bedenken (OVGE 9, 474).

Ein Rechtsanspruch auf Entlassung steht dem Mitglied nach der WVVO nicht zu. Die Entlassung steht jedoch im pflichtmäßigen Ermessen der Aufsichtsbehörde. Richtlinien darüber bestehen nicht. Insbesondere ist der Wegfall der Hinzuziehungsgründe der §§ 153 bis 155 nicht ohne weiteres ein Entlassungsgrund. So ist das Mitglied, das durch eigene Maßnahmen den Vorteil, den es von dem Verbandsunternehmen hat, beseitigt, nicht wegen Wegfall des Vorteiles zu entlassen. Das Mitglied hat aber einen Anspruch darauf, daß die Aufsichtsbehörde pflichtgemäß verfährt und kann Ermessensfehler der Aufsichtsbehörde im Wege der Verwaltungsklage geltend machen (OVGE 9, 474). Wenn ein Mitglied, das wegen Vorteils herangezogen ist, ohne eigenes Verschulden dauernd keinen Vorteil oder dauernd Nachteil hat, so könnte es Ermessensmißbrauch der Aufsichtsbehörde sein, wenn einem Entlassungsantrag nicht stattgegeben wird (BVerwGE 3, 1). Wegen des heute strenger als früher zu begrenzenden Vorteils vgl. Anm. 1 und 2 zu §§ 81/

82. Ebenso wie bei der Gründung und Zuweisung wird hier unter Vorteil der Reinvorteil zu verstehen sein (s. Anm. 3 zu § 153 und Anm. 1 und 2 zu §§ 81, 82).

Über die Entlassung von Mitgliedern eines Wasser- und Bodenverbandes bei Nichtdurchführung des Unternehmens oder Ausbleiben des Vorteils auf einem Teil der Verbandsfläche ist in dem RdErl. des RMfEuL vom 7. Januar 1941 (LwRMBl. S. 40), der als unverbindliche Richtlinie auch noch heute Bedeutung hat, folgendes ausgeführt:

„Wenn in einem Wasser- und Bodenverbande auf einem Teil der zu ihm gehörenden Grundstücke wegen neu eintretender Umstände das geplante Unternehmen nicht durchgeführt oder der erwartete Nutzen nicht erzielt werden kann, ist es nicht ausgeschlossen, daß die Verbandsmitglieder, die die Eigentümer dieser Grundstücke sind, mit Beitragsverpflichtungen unbillig belastet werden. Das ist z. B. der Fall, wenn die Beitragslast der Mitglieder im Verhältnisse des Flächeninhaltes der Grundstücke verteilt ist. In derartigen Fällen kann die Frage der Entlassung der betroffenen Verbandsmitglieder auftreten. Dann ist folgendes zu beachten:

Wenn auch die Entlassung der betroffenen Mitglieder als eine billige Maßnahme diesen gegenüber erscheinen mag, so kann sie doch gegenüber den anderen Mitgliedern, die die Beitragslast der entlassenen zu übernehmen hätten, und gegenüber den Gläubigern des Verbandes, deren Forderungen an Sicherheit einbüßen könnten (§§ 78, 80 und 83 WVVO), als unbillig erscheinen. Die Entlassung darf daher nur nach sorgfältiger Prüfung aller Folgen verfügt werden. Es genügt nicht, in dem Entlassungsverfahren gemäß den §§ 14 Abs. 3 und 13 Abs. 3 nur den Vorstand und die zu entlassenden Mitglieder zu hören, sondern es ist bei einer Schuldenlast des Verbandes zur Verhütung unbilliger Folgen auf Seiten der Gläubiger auch erforderlich, die gefährdeten Verbandsgläubiger zu befragen. Außerdem müssen, wenn die Anhörung des Vorstandes nicht ausreichend erscheint, noch andere Vertreter der im Verband bleibenden Mitglieder gehört werden. Nach der Anhörung ist zu prüfen, ob ein Ausgleich aller Interessen gefunden werden kann, wobei die Beschränkung der Beitragslast der zu entlassenden Mitglieder auf einen Teil dieser Last nach § 14 Abs. 2 in Frage kommt, oder ob eine Sanierung des Verbandes mit staatlicher Hilfe nötig und möglich ist. Es kann zweckmäßig sein, die Mitglieder erst zu entlassen, nachdem der Verband seine Schulden ganz oder in dem erforderlichen Umfange getilgt hat.“

In Sanierungsfällen entbindet das Gutachten der landwirtschaftlichen Dienststelle (§ 118), das lediglich als Grundlage für den Sanierungsplan dient, den Verband nicht von der Erfüllung seiner Darlehnsverpflichtungen, auch wenn diese höher sind, als sie nach dem Gutachten als erwünscht bezeichnet werden (LwRMBl. 1940 S. 329, 1941 S. 40).

Die Entlassung kann auch dann versagt werden, wenn der Bestand des Verbandes durch die Entlassung gefährdet würde (ZAgr. 27, 351).

Soweit die Mitgliedschaft auf Heranziehung der „anderen Eigentümer von Grundstücken im Einzugsgebiet" (§ 29 WHG i. V. m. den in Frage kommenden neueren Landeswassergesetzen, vgl. Anm. 2 zu § 13) beruht, kommt eine Entlassung nicht in Frage, solange sich das Einzugsgebiet nicht ändert. In Unterhaltungsverbänden, die die „anderen Eigentümer" herangezogen haben, kommt aber auch eine Entlassung der Eigentümer, die wegen Vorteils oder Schädigung Mitglieder sind, auch bei Wegfall des Vorteils oder der schädigenden Einwirkung nicht in Frage, soweit sie zur Gruppe der „anderen Eigentümer" gehören. Dies trifft nicht zu, wenn an Stelle der „anderen Eigentümer" die Gemeinden Mitglieder werden (vgl. § 53 NWWG und § 84 NWG).

Ein automatisches Ausscheiden von Mitgliedern kommt nicht in Betracht (vgl. Anm. 1 zu § 13).

2. Einschränkung der Teilnahme

Einschränkung der Teilnahme ist z. B. die Entlassung einiger Grundstücke eines Mitgliedes, das mit anderen Grundstücken beteiligt bleibt. Verringerung der Beitragslast (z. B. nach § 88) ist keine Einschränkung der Teilnahme.

3. Festsetzung von Verpflichtungen

Eine Festsetzung von Verpflichtungen des Verbandes gegenüber dem zu entlassenden Mitglied, des Verbandes und des Mitgliedes gegenüber einem Gläubiger oder des zu entlassenden Mitglieds gegenüber dem Verband wird nur ausnahmsweise in Frage kommen. Es werden hauptsächlich Verpflichtungen der zu entlassenden Mitglieder, die über § 78 Abs. 2 hinausgehen oder durch die darin eröffnete Möglichkeit nicht gedeckt werden, in Betracht kommen. Denn der Verband kann von dem nach § 14 entlassenen Mitglied unbefristet Beiträge nach § 78 Abs. 2 Satz 2 wegen der Aufwendungen erheben, die durch sein Ausscheiden vergeblich geworden sind und die nicht vermieden werden können. Aufgrund dieser Bestimmung hat der Verband das Recht, von dem Mitglied nach seiner Entlassung laufende Beiträge als Ausgleich für die den Verband weiterhin belastenden Aufwendungen zu verlangen. Soweit unbillige Folgen der Entlassung durch diese gesetzliche Regelung nach § 78 Abs. 2 Satz 2 bereits verhütet werden, hat die Aufsichtsbehörde nicht nach § 14 Abs. 2 das Recht, durch Auferlegung einer Zahlungsverpflichtung diese Folgen zu verhüten (OVG Münster, Urteil vom 16. 6. 1966 — VII A

35/65 —, DB 1966, 1644). So würden z. B. beim Ausscheiden einer juristischen Person, deren Auflösung bevorsteht, die Möglichkeiten des Verbandes nach § 78 Abs. 2, das ausgeschiedene Mitglied zu weiteren — jährlichen — Beiträgen heranzuziehen, unter Umständen nicht ausreichen. In diesem Fall gibt § 14 Abs. 2 der Aufsichtsbehörde die Möglichkeit, das zu entlassende Mitglied durch einmalige Festsetzung mit dem erforderlichen Gesamtbetrag zu belasten.

4. Entlassungsverfahren

Entgegen dem Verfahren bei der Zuweisung von Mitgliedern, wo zwischen einfachen und schwierigen Fällen zu unterscheiden ist (s. Anm. 6 zu § 13), gibt es bei der Entlassung von Mitgliedern nur ein einfaches Verfahren. Dafür gilt das gleiche wie für das einfache Verfahren bei der Zuweisung (Anm. 6 zu § 13).

5. Rechtsschutz

Hier gilt grundsätzlich das gleiche wie in Anm. 7 zu § 13.

Wird ein Antrag auf Entlassung abgelehnt, so kann danach der Antragsteller Widerspruch erheben und, falls der Widerspruch durch Widerspruchsbescheid zurückgewiesen worden ist, beim Verwaltungsgericht klagen. Wird ein Mitglied entlassen, so können hierdurch sowohl der Verband als auch die übrigen Mitglieder in ihren Rechten verletzt werden (§ 42 Abs. 2 VwGO). Denn der Verband hat Anspruch darauf, daß ihm alle Personen, die nach den §§ 153 bis 155 zugewiesen werden können, angehören. Ein entsprechender Anspruch muß aber auch den übrigen Mitgliedern zugebilligt werden, da ihre Beitragsverpflichtungen von der Entlassung berührt werden können. Diese Mitglieder wie auch der Verband können daher ihrerseits Widerspruch erheben und bei Zurückweisung auf Aufhebung der Entlassungsverfügung klagen.

§ 15

Einmannverband

Wenn die Anzahl der Mitglieder auf eine Person sinkt, gilt der Wasser- und Bodenverband als fortbestehend[1]. Die oberste Aufsichtsbehörde kann besondere von dieser Verordnung abweichende Anordnungen geben. Diese sind durch Änderung der Satzung (§ 10) in Kraft zu setzen[2].

1. Fortbestehen als Einmannverband

Entsprechend dem PrWG, wonach die Bildung von Wassergenossenschaften mit nur zwei Mitgliedern zulässig war, können auch Wasser- und Bodenverbände mit nur zwei Mitgliedern gegründet werden (vgl. Anm. 2 zu § 153). Nach der Gründung kann die Mitgliederzahl nach § 15 sogar auf ein Mitglied herabsinken, ohne daß der Verband aufgelöst zu werden braucht. Sein Fortbestehen kann z. B. im Interesse der Verbandsgläubiger zweckmäßig sein. An der Trennung und rechtlichen Selbständigkeit des Verbandsvermögens und des Vermögens der einzelnen Verbandsmitglieder ist auch im Verhältnis zu den persönlichen Gläubigern des Mitgliedes beim Einmannverbande festzuhalten.

2. Satzungsändernde Anordnungen

Solche Anordnungen dürfen den zwingenden Vorschriften der WVVO nicht widersprechen (s. Anm. 4 zu § 9). Sie werden nur durch Satzungsänderung, also durch Rechtsetzungsakt (s. Anm. 1 zu § 9), wirksam, die gemäß § 10 vorzunehmen ist.

§ 16

Mitgliedschaft unanfechtbar

Die Mitgliedschaft, die auf einer staatlichen Verfügung beruht, kann nicht mit der Begründung angefochten werden, daß eine Voraussetzung für die Verfügung nicht vorgelegen habe[1].

1. Nichtfortgelten der Vorschrift

Die Bestimmung gilt aus denselben Gründen nicht mehr fort, aus denen das Bundesverwaltungsgericht die Fortgeltung des § 7 verneint hat (vgl. Anm. 1 zu § 7; BVerwG, Urteil vom 19. 10. 1966 — IV C 222.65 —).

IV. Abschnitt

Aufgabe und Unternehmen

Vorbemerkung

Im IV. Abschnitt der WVVO sind im wesentlichen die Vorschriften enthalten, die dem Wirken des Wasser- und Bodenverbandes nach außen zur Erfüllung des Zweckes, für den er gegründet wurde, zugrunde liegen. Welche Aufgaben er haben kann, ist in § 2 WVVO bestimmt. Ihre Änderung ist nicht vom Willen der Beteiligten allein abhängig und muß von der Aufsichtsbehörde vorgenommen werden (§ 18). Demgegenüber ist die Änderung des Unternehmens (§ 17 Abs. 2), das die Aufgabe durch Angabe der örtlichen Maßnahmen zu ihrer Durchführung konkretisiert (Dornheim, S. 50), Sache des Verbandsvorstandes, der hierzu der Genehmigung der Aufsichtsbehörde bedarf (§ 21). Über den Unterschied zwischen

Aufgabe und Unternehmen s. Amn. 2 zu § 17. Der Plan (§ 17 Abs. 2) ist die insbesondere durch Karten, Zeichnungen, Kostenanschläge, Untersuchungen über die Nützlichkeit des Unternehmens und schriftliche Erläuterungen verdeutlichte urkundliche Grundlage für die örtlichen und technischen Maßnahmen des Verbandes zur Ausführung des Unternehmens. Er kann, muß aber nicht Bestandteil der Satzung sein; ob dies der Fall ist oder nicht, ist auch entscheidend dafür, wie und von wem er geändert werden kann (s. Anm. 1 zu § 21).

Die Benutzung der zum Verband gehörenden Grundstücke für die Ausführung des Unternehmens ist im wesentlichen in Übereinstimmung mit dem vor dem Inkrafttreten der WVVO gültigen Landesrecht geregelt (§§ 22 bis 24). Der Nutzungsberechtigte eines zum Verband gehörenden Grundstücks, das von dem Unternehmen betroffen wird, hat die dem früheren Recht fremde Möglichkeit, das Nutzrecht zu kündigen oder darauf zu verzichten (§ 28).

Bei der Enteignung von Grundstücken zugunsten des Verbandes (§§ 30ff.) sind die heutige Rechtsprechung zum Eigentumsbegriff, zur Enteignung und zum enteignungsgleichen Eingriff gemäß den Wandlungen aufgrund des Art. 14 GG zu beachten. Die Vorschriften über die Verbandsschau (§§ 42ff.) entsprechen im wesentlichen dem früheren Recht und bieten keine Besonderheiten.

§ 17

Begriffe. Angabe in der Satzung. Verzeichnis

(1) Die Aufgabe (§ 2) des Wasser- und Bodenverbandes ist in der Satzung anzugeben[1].

(2) Wenn als Mittel zur Durchführung der Aufgabe Bauten, Anlagen, Arbeiten an Grundstücken und Gewässern und ähnliche Maßnahmen unternommen werden (Unternehmen), sind auch diese anzugeben[2]. Auf den Plan des Unternehmens ist hinzuweisen, wenn ein solcher vorhanden ist; er kann zum Bestandteil der Satzung erklärt werden[3].

(3) Die Aufsichtsbehörde kann anordnen, daß der Verband ein Verzeichnis der Anlagen und Gewässer führt, aus dem ihre Art und ihre Maße, Unterhaltung, Betrieb und Nutzung ersichtlich sind. Auf das Verzeichnis ist in der Satzung hinzuweisen; es kann zu ihrem Bestandteil erklärt werden[4].

1. Angabe der Aufgabe in der Satzung

Über den Rechtscharakter der Satzung s. Anm. 1 zu § 9, wegen der Aufgaben s. Anm. 1 zu § 2 und Vorbemerkung zum IV. Abschnitt. Welche Aufgaben ein Wasser- und Bodenverband haben kann, ist in § 2 abschließend bestimmt. Aus dem dort aufgeführten umfangreichen Katalog wasser- und bodenwirtschaftlicher Aufgaben hat ein Verband erfahrungsgemäß stets nur einzelne, zu deren Erfüllung er ins Leben gerufen wurde. Sie müssen in der Satzung angegeben werden und sind als ihr Kernstück anzusehen. Denn an Art und Umfang dieser Aufgaben und den Erfordernissen für ihre Erfüllung orientieren sich der Aufbau des Verbandes und daher die Fassung seiner Satzung. Es ist daher großes Gewicht darauf zu legen, daß die Aufgaben des Verbandes in seiner Satzung vollständig, treffend und richtig angegeben werden. Die Angabe soll sich den in § 2 für die Verbandsaufgaben gewählten Bezeichnungen anpassen. Andere Aufgaben darf der Verband nicht übernehmen. Soweit der Verband ein Verbandsgebiet hat, was nicht zwingend und teils nicht möglich ist (Anm. 5 zu § 4, Anm. 3 zu § 36), gelten nach dem Urteil des OVG Münster WuB 1962, 363, Maßnahmen, die der Verband außerhalb seines Verbandsgebiets durchführt, nicht als Durchführung satzungsmäßiger Aufgaben des Verbandes (s. im übrigen Anm. 1 zu § 95).

Zur Änderung der Aufgabe s. § 18.

2. Angabe des Unternehmens in der Satzung

Die WVVO unterscheidet zwischen Aufgaben und Unternehmen. Aufgaben des Verbandes sind eine oder mehrere der in § 2 aufgeführten wasser- und bodenwirtschaftlichen Tätigkeiten. Unternehmen ist eine bestimmte Art des Bauens und Arbeitens an örtlich bestimmten Grundstücken, Gewässern und Anlagen, insbesondere das Errichten, Erhalten und Betreiben bestimmter Anlagen, das Ausbauen und Unterhalten bestimmter Gewässer (1. AV Nr. 11). Reine Beitrags-, Förderungs- und Überwachungsverbände (§ 2 Nr. 10 und 11) haben kein Unternehmen. Bei den anderen Verbänden (§ 2 Nr. 1 bis 9) umfaßt das Unternehmen die als Mittel zur Durchführung der Aufgabe geplanten örtlichen technischen Maßnahmen, wie z. B. Bau und Unterhaltung von Deichen, Herstellung und Unterhaltung von Gräben und Dräns, Bau, Betrieb, Unterhaltung und Erneuerung von Pumpwerken, Staueinrichtungen, Beregnungsanlagen, Kläranlagen. Aufgabe und Unternehmen werden verschieden behandelt, wie z. B. in den §§ 18, 20, 21 (vgl. obige Vorbemerkung).

3. Plan

Der Plan ist die technische Unterlage des Unternehmens. Er entfällt also, wenn der Verband kein Unternehmen hat. Im Plan müssen die Bauten, Anlagen, Arbeiten an Grundstücken und Gewässern und ähnlichen Maßnahmen enthalten sein, die das Unternehmen (s. Anm. 2) darstellen und deren Ausführung dem Verbande obliegt, um seine Aufgaben zu erfüllen. Der Plan braucht keine baureifen Ausführungszeichnungen zu enthalten, muß aber andererseits vollständig sein und die Maßnahmen des Unternehmens verdeutlichen (s. im einzelnen Anm. 2 und 3 zu § 157).

Die Umgrenzung des Verbandsgebietes ist nicht Sache des Planes, sondern der Satzung (BVerwGE 18, 318).

Der Plan ist in der Regel nicht Bestandteil der Satzung, muß dann aber in ihr durch einen entsprechenden Hinweis erwähnt werden. Ein solcher Plan, der nicht zum Bestandteil der Satzung erklärt und auf den in dieser lediglich hingewiesen wurde, gehört nicht zur Rechtsnorm, sondern ist Verwaltungsakt, so daß das Verlangen, ihn zu ändern, ebenfalls auf einen Verwaltungsakt gerichtet ist (BVerwGE 18, 318). Es ist meist zweckmäßig, den Plan nicht zum Bestandteil der Satzung zu erklären, um ihn beweglicher zu halten und sicherzustellen, daß seine Änderungen nicht dem schwerfälligen Weg der Satzungsänderung unterworfen sind (§§ 21, 10). Über die Aufbewahrung des Planes s. Anm. 1 zu § 157. Der Plan ist als die technische Unterlage des Unternehmens des Verbandes eine wichtige Grundlage für dessen Befugnisse nach § 22.

4. Anlagen- und Gewässerverzeichnis

Das Verzeichnis der Anlagen und Gewässer gemäß Abs. 3 (Lagerbuch) muß der Verband nur führen, wenn die Aufsichtsbehörde dies anordnet. Das kann vornehmlich bei alten Verbänden, die keinen Plan haben, angebracht sein. Aber auch bei den Verbänden, die einen Plan haben, ist die Führung des Lagerbuchs zweckmäßig, denn aus ihm ergeben sich die ausgeführten Teile des Unternehmens und damit immer der letzte Stand der Arbeiten (1. AV Nr. 24, 85), vorausgesetzt, daß das Lagerbuch stets auf dem laufenden gehalten wird. Das wird am besten durch eine Vorschrift in der Satzung oder eine Bestimmung der aufgrund der Satzung erlassenen Geschäftsanweisung, sonst durch Beschluß des dafür nach der Satzung zuständigen Organs sichergestellt. Aus dem Inhalt der Satzung, des Planes und des Lagerbuches ergibt sich, was im Einzelfall als Verbandsanlage anzusehen ist. Nicht dazu gehören solche Anlagen, die von einzelnen Mitgliedern in ihrem Interesse ausgeführt und unterhalten werden (PrOVG 11, 250). Zu den Verbandsanlagen können dagegen auch solche gehören, die nicht im Eigentum des Verbandes stehen oder von ihm nicht angelegt sind (PrOVG 38, 270; 47, 303) oder außerhalb des Verbandsgebietes liegen (RVBl. 49, 232; ZAgr. 9, 220). Im Zweifel kommt es darauf an, ob die Anlage zur Erfüllung der Aufgabe des Verbandes erforderlich ist, seinen Zwecken dient und vom Verband nach seinen Weisungen oder auf seine Rechnung betrieben wird. Als Verbandsanlage wird auch eine vom Verband derart umgestaltete Anlage anzusehen sein, daß sie in ihrem gegenwärtigen Zustand im wesentlichen den Bedürfnissen des Verbandes zu dienen bestimmt ist und ihre frühere Aufgabe dagegen zurücktritt (Holtz-Kreutz-Schlegelberger, Anm. 2 zu § 222 PrWG). Zu den Deichanlagen gehören auch die Schleusen und die Sicherungsanlagen als wesentliche Teile der Deiche.

Wenn der Verband ein Lagerbuch führt, ist auf dieses in der Satzung hinzuweisen. Es ist beim Lagerbuch noch unzweckmäßiger als beim Plan, es zum Bestandteil der Satzung zu erklären, da dann jede Änderung und Ergänzung durch die notwendigen laufenden Eintragungen dem umständlichen Verfahren der Satzungsänderung unterworfen wären.

§ 18

Änderung der Aufgabe

(1) Die Aufsichtsbehörde kann auf Antrag des Vorstandes oder nach dessen Anhörung die Aufgabe (§ 2) des Wasser- und Bodenverbandes ändern[1]. Der Vorstand hört den Verbandausschuß[2]. In der Satzung kann vorgeschrieben werden, daß auch die Zustimmung des Fachministers[3] erforderlich ist.

(2) Die Aufsichtsbehörde verfügt die Änderung der Satzung, teilt die Verfügung dem Vorstande mit und gibt einen Auszug der Verfügung nach § 10 Abs. 3 bekannt[4].

1. Änderung der Aufgabe

Über den Begriff der Aufgabe s. Anm. 1 zu § 2, Anm. 1 und 2 zu § 17.

Die Änderung der Aufgabe, die nur durch Satzungsänderung vorgenommen werden kann, liegt in der Hand der Aufsichtsbehörde. Soweit der Vorstand nicht selbst den Antrag auf Änderung der Aufgabe stellt, muß die Aufsichtsbehörde ihn hören. Dies gilt auch insoweit, wie die Aufsichtsbehörde von einem gestellten Antrag abweichen will, etwa durch eine inhaltliche Abweichung von dem Vorschlag, insbesondere durch eine über den Antrag hinausgehende Erweiterung der Aufgaben oder durch eine den Antrag einschränkende Fassung.

2. Anhörung des Verbandsausschusses

Die Anhörung des Verbandsausschusses durch den Vorstand ist zwingend vorgeschrieben und gilt ohne Rücksicht darauf, ob der Vorstand einen Antrag auf Änderung der Aufgabe gestellt hat oder nicht. Hat der Verband statt des Ausschusses die Verbandsversammlung als Organ (§ 62), so ist diese anzuhören.

3. Fachminister

Vgl. Anm. 1 zu § 189.

4. Verfahren

Die Aufgabe muß in der Satzung angegeben sein (s. Anm. 1 zu § 17) und kann nur im Wege der Satzungsänderung, also durch einen Rechtsetzungsakt geändert werden (s. Anm. 1 zu § 10), denn das Erlassen, Ändern oder Ersetzen einer Satzung ist ein Rechtsetzungsakt (BVerwGE 7, 30ff.). Die Aufsichtsbehörde muß die Änderungsverfügung dem Vorstand mitteilen und nach § 10 Abs. 3 bekanntmachen, und zwar im vollen Wortlaut, da eine nur auszugsweise Bekanntmachung von Rechtsetzungsakten den heutigen Anforderungen nicht genügt. Aus der Änderungsverfügung müssen vor allem die erlassende Stelle mit Ortsangabe und Datum, der Verband mit seinem Sitz, die von der Änderung betroffene Satzung mit den entsprechenden Vorschriften, das Datum des Inkrafttretens und der Inhalt der Änderungen sowie die der Änderung zugrunde liegenden Vorschriften der WVVO klar hervorgehen. Vgl. wegen der Satzungsänderung die Anmerkungen zu § 10, wegen des Verfahrens im übrigen Anm. 1 und 2 zu § 19.

§ 19

Beschwerde über Änderung der Aufgabe. Inkrafttreten

(1) Der Vorstand und die Mitglieder können sich gegen die Verfügung der Aufsichtsbehörde (§ 18) in zwei Wochen nach ihrer Bekanntgabe bei der oberen Aufsichtsbehörde beschweren[1].

(2) Wenn die Verfügung durch die Entscheidung der oberen Aufsichtsbehörde geändert wird, bedarf es einer weiteren Bekanntmachung nach § 10 Abs. 3[2].

1. Rechtsbehelf

Bei Erlaß der WVVO wurde noch nicht zwischen Akten der Rechtsetzung, Verwaltungsakten und schlichtem Verwaltungshandeln in der Form und mit den Folgen für Verfahren und Anfechtungsmöglichkeiten so unterschieden, wie dies heute der Fall ist. Vor allem die heutige Zuordnung vieler gesetzlich normierter Akte der Verwaltung zur Rechtsetzung und entsprechend die Einstufung mancher zugehöriger Verfahrensvorgänge als unselbständige Bestandteile eines Rechtsetzungsverfahrens, wie z. B. Einwendung und Beschwerde im Gründungsverfahren (s. Anm. 2 zu § 167, Anm. 2 und 5 zu § 168; Anm. 2 zu § 163), verlangen eine differenzierte Betrachtungsweise für Vorschriften wie § 19. Ebenso wie in den Fällen der §§ 167, 168 ist unter bestimmten Voraussetzungen die Beschwerde nach § 19 als unselbständiger Bestandteil des auf die Satzungsänderung (§ 18 Abs. 2) gerichteten Rechtsetzungsverfahrens (Anm. 3 zu § 18) bestehen geblieben; sie ist insoweit kein Rechtsbehelf im Sinne der VwGO, sondern ein noch unter der alten Bezeichnung bestehender Mitwirkungsvorgang innerhalb des Rechtsetzungsverfahrens. Sie ist jedoch nur solange zulässig, wie die Rechtsetzung noch nicht vollzogen, sondern das auf sie gerichtete Verfahren noch im Gange ist. Denn gegen einen vollzogenen Rechtsetzungsakt gibt es weder einen Rechtsbehelf im Sinne der VwGO, noch ist in diesem Fall eine Mitwirkung im Sinne des § 19 begrifflich denkbar. Die Gültigkeit von Rechtsvorschriften, also auch einer Satzung und einer Satzungsänderung, kann nur gerichtlich nachgeprüft werden, soweit ein entsprechendes abstraktes Normenkontrollverfahren gesetzlich vorgesehen ist (Anm. 4 zu § 152; Eyermann-Fröhler, Vorbem. und Anm. 4 bis 22 zu § 47). Die Möglichkeit, daß die Beschwerde nach § 19 gegen die Verfügung der Aufsichtsbehörde als unselbständiger Bestandteil des auf die Satzungsänderung gerichteten Rechtsetzungsverfahrens gelten kann, besteht dann, wenn die Aufsichtsbehörde die Änderungsverfügung gemäß § 18 Abs. 2 zunächst nur dem Vorstand mitteilt und die für das Wirksamwerden erforderliche Bekanntmachung nach § 10 Abs. 3 erst für einen späteren Zeitpunkt vorsieht. In dieser Zwischenzeit muß das Rechtsetzungsverfahren als noch im Gange befindlich angesehen werden, so daß eine Beteiligung am Verfahren im Sinne des Abs. 1 möglich ist. Insoweit ist zwischen der Beschwerde nach § 19 gegenüber der Änderung der Satzung und der Einwendung nach § 167 gegenüber dem Erlaß einer Satzung eine gewisse Parallelität festzustellen.

Wenn bei Satzungsänderungen eine derartige Beteiligung der einzelnen Verbandsmitglieder über die Beteiligung der Verbandsorgane hinaus nur im Falle des § 19 und nicht auch bei den anderen Satzungsänderungen gemäß § 10 vorgesehen ist, so handelt es sich um eine bewußte Hervorhebung derjenigen Satzungsänderungen, die eine Änderung der Aufgaben zum Inhalt haben. Diese Hervorhebung hat der Verordnungsgeber gewollt, weil die Aufgaben des Wasser- und Bodenverbandes als das Kernstück seiner Satzung anzusehen sind (s. Anm. 1 zu § 17) und ihre Änderung in besonderem Maße geeignet ist, gegenüber jedem einzelnen Verbandsmitglied einschneidend zu wirken.

2. Entscheidung der oberen Aufsichtsbehörde

Ähnlich wie im Fall des § 168 ist auch hier die obere Aufsichtsbehörde an dem Rechtsetzungsverfahren beteiligt. Die durch sie vorgenommene Änderung ist für die bekanntzumachende Satzungsänderung bestimmend (s. im übrigen Anm. 1). Eine „weitere", d. h. zweite Bekanntmachung nach bereits erfolgter Bekanntmachung der Satzungsänderung kommt danach nicht mehr in Betracht, sondern nur noch eine Bekanntmachung nach Abschluß des in § 19 normierten Verfahrensteiles.

§ 20
Aufsicht über das Unternehmen

(1) Der Wasser- und Bodenverband darf seine Aufgabe nicht ohne die Zustimmung der Aufsichtsbehörde zu den Plänen ausführen[1]. Die oberste und die obere Aufsichtsbehörde können anordnen, daß die Zustimmung ihnen vorbehalten bleibt. Die Anordnung ist nach § 10 in die Satzung zu nehmen[2].

(2) Wenn die Deckung der Kosten nicht rechtlich und tatsächlich gesichert ist, darf der Verband sein Unternehmen nur mit Zustimmung der Aufsichtsbehörde beginnen[3].

(3) Die Behörden, deren Geschäftbereich berührt wird, sind von den Plänen rechtzeitig vorher zu unterrichten[4].

1. Ausführung der Aufgabe (Unternehmen)

Über die Begriffe Aufgabe und Unternehmen s. Vorbem. zum IV. Abschnitt und Anm. 1 und 2 zu § 17. Die Ausführung der Aufgabe im Sinne des § 20 besteht in der Herstellung von Bauten und Anlagen sowie der Durchführung von Arbeiten an Grundstücken und Gewässern und in ähnlichen Maßnahmen, also in dem Unternehmen (§ 17 Abs. 2) des Verbandes, wie sich auch aus der zum Verordnungstext gehörenden Überschrift des § 20 ergibt. Die diesen Arbeiten zugrunde liegenden Pläne werden zur Unterscheidung von dem zu den urkundlichen Grundlagen der Verbandsgründung gehörenden Plan (§§ 156, 157) als „Einzelpläne" bezeichnet (in den Sondergesetzen einiger großer Wasserwirtschaftsverbände in Nordrhein-Westfalen teils als Baupläne oder Sonderentwürfe). Unbeschadet des Umstandes, daß die mit der Aufsichtsbehörde fast immer identische Gründungsbehörde durch die Verbandsgründung (aufgrund der urkundlichen Grundlagen und damit auch des Planes) nach § 157 diesen Plan bereits sanktioniert hat, bedürfen die Einzelpläne vor ihrer Ausführung der ausdrücklichen Zustimmung der Aufsichtsbehörde. Das hat seinen Grund darin, daß der Plan nach § 157, der als urkundliche Grundlage für die beabsichtigte Gründung des Verbandes dessen satzungsmäßige Aufgaben umreißt und verdeutlicht und eine Unterlage zur Berechnung verschiedener für die Verbandsbildung wichtiger Faktoren ist, als für die Zukunft der Verbandsarbeit konzipiertes Programm im allgemeinen keine bauausführungsreifen Planunterlagen mit allen notwendigen planerischen, technischen und rechnerischen Einzelheiten enthält. Zudem kann der Zeitpunkt der Ausführung der einzelnen Bauten und sonstigen Projekte des Verbandes für andere, nicht vom Verband zu vertretende Belange von Bedeutung sein. Daher hat der Verordnungsgeber der tatsächlichen Ausführung von

Einzelplänen das Erfordernis der aufsichtsbehördlichen Zustimmung nach § 20 vorgeschaltet.

Bei der Vergabe von Bauaufträgen ist die „Verdingungsordnung für Bauleistungen (VOB)“ zu berücksichtigen. Welcher Erlaubnisse, Bewilligungen, Genehmigungen und Planfeststellungen der Verband bedarf, richtet sich nach dem WHG und den Landeswassergesetzen sowie den sonstigen einschlägigen Vorschriften (z. B. des Baurechts), vgl. hierzu Anm. 2 zu § 8.

2. Vorbehalt höherer Zustimmung

Die Verlagerung der Zustimmung auf die oberste Aufsichtsbehörde kommt praktisch nur bei Verbänden in Betracht, die der Aufsicht des Regierungspräsidenten unterstehen; auf die obere Aufsichtsbehörde bei den einer Aufsichtsbehörde gemäß § 112 Abs. 3 unterstehenden Verbänden. Von diesen Möglichkeiten wird nur in den seltensten, besonders schwierigen Fällen mit möglicherweise weitreichenden Auswirkungen der Verbandsmaßnahmen oder bei besonders großen Verbänden Gebrauch gemacht. Diese Zurückhaltung ist richtig, um die Verbandsaufsicht zu stärken und nicht ihr Gefühl der Eigenverantwortung einzuschränken; zudem ist die Aufsichtsbehörde ohnehin der überstellten Behörde gegenüber weisungsgebunden.

3. Deckung der Kosten

Ein Vorhaben muß grundsätzlich durchfinanziert sein, bevor es zur Ausführung gelangt. Zu dem Finanzierungsplan können insbesondere Eigenmittel, Fremdmittel (Darlehen u. dergl.), Beihilfen und Beihilfezusagen aufgrund von Bindungsermächtigungen auf öffentliche Finanzierungshilfen gehören. Die Summe aller solcher Geldmittel muß die nach dem Einzelplan erforderlichen Kosten decken. Wenn stattdessen eine Finanzierungslücke bleibt, kann es nur in Ausnahmefällen verantwortet werden, daß trotzdem mit der Ausführung eines Einzelplanes begonnen wird, z. B. dann, wenn ein Aufschub unvertretbare Nachteile mit sich bringen würde und die Baumaßnahme des Verbandes auch ohne den noch nicht durchfinanzierten Teil funktionsfähig und geeignet ist, solchen Nachteilen zu steuern. Unabdingbare Voraussetzung ist in jedem solchen Falle die vorherige Zustimmung der Aufsichtsbehörde.

4. Unterrichtung anderer Behörden

Über Beginn und Beendigung der Arbeiten unterrichtet der Verband die je nach der Art des Vorhabens in Betracht kommenden Fachbehörden, (§ 118), insbesondere das Wasserwirtschaftsamt (SaMu. A § 5 Abs. 2).

In Betracht kommen außer dem Wasserwirtschaftsamt (s. Anm. 1) insbesondere landwirtschaftliche Dienststellen, Forstverwaltung, Fischereiverwaltung, Wasser- und Schiffahrtsverwaltung, Bauaufsichtsbehörden, Naturschutzbehörden, Straßenbauverwaltung, Planungsbehörden, Flurbereinigungsbehörden, Gesundheitsverwaltung, Gewerbeaufsichtsbehörden und Bergbehörden.

§ 21

Änderung des Unternehmens, des Planes

(1) Der Vorstand kann das Unternehmen und den Plan des Wasser- und Bodenverbandes (§ 17) mit Genehmigung der Aufsichtsbehörde ergänzen und ändern[1], wenn die Aufgabe des Verbandes (§ 2) ungeändert bleibt[2]. Die Aufsichtsbehörde kann die Ergänzung und die Änderung anordnen[3]. Diese sind in den beteiligten Gemeinden nach der Satzung (§ 9) bekanntzumachen oder den beteiligten Mitgliedern mitzuteilen[4].

(2) Wenn die Ergänzung und die Änderung die Satzung berühren, gilt die Vorschrift des § 10[5].

1. Änderung von Unternehmen und Plan

Im Gegensatz zur Änderung der Aufgabe, zu der nach Anhörung des Vorstandes nur die Aufsichtsbehörde befugt ist (Anm. 1 zu § 18), liegt die Änderung des Unternehmens und des Planes (Anm. 2 und 3 zu § 17) in der Hand des Vorstandes. Er bedarf jedoch der Genehmigung der Aufsichtsbehörde, die sich zu ihrer fachlichen Beratung und Unterstützung der staatlichen Fachbehörden (Anm. 1 zu § 118) bedient. Geringfügige Abweichungen, wie sie sich üblicherweise bei der Bauausführung ergeben, bedürfen keiner Änderung nach § 21 und gehören in die Einzelpläne (Baupläne, Sonderentwürfe, vgl. Anm. 1 zu § 20), die vor ihrer Ausführung der Zustimmung der Aufsichtsbehörde und in den in der Satzung bestimmten Fällen der Zustimmung der obersten oder der oberen Aufsichtsbehörde bedürfen (§ 20 Abs. 1).

Über den Unterschied des Rechtscharakters eines Planes, der zum Bestandteil der Satzung erklärt wurde, zu dem eines Planes, bei dem dies nicht der Fall ist, s. Anmerkungen 3 zu § 17 und 1 zu § 157. Da der zum Bestandteil der Satzung erklärte Plan Rechtsnorm ist, gelten für seine Änderung die gleichen Regeln wie für Satzungsänderungen (s. im übrigen Anm. 5). Dagegen ergeht die Änderung eines nicht zum Bestandteil der Satzung erklärten Planes eines Wasser- und Bodenverbandes nicht als Rechtsetzung, sondern als Verwaltungsakt (BVerwGE 18, 318). Gegen diese als Verwaltungsakte ergehenden Planänderungen stehen jedem Beschwerten im Rahmen seines berechtigten Interesses die Rechtsbehelfe der VwGO zur Verfügung, was bei den als Rechtsetzungen ergehenden Änderungen der zum Bestandteil der Satzung erklärten Pläne nicht der Fall ist. Für sie gelten bezüglich der rechtlichen Möglichkeit einer Anfechtung die gleichen Regeln wie im Falle der Satzung selbst, d. h. es gibt nur das abstrakte Normenkontrollverfahren, soweit dieses gemäß § 47 VwGO gesetzlich vorgesehen ist (s. im übrigen Anm. 1 zu § 19).

Entsprechendes wie für die Änderung des Planes gilt für die Änderung der Bestimmungen über das Unternehmen mit dem Unterschied, daß diese den Rechtscharakter der Satzung als Rechtsnorm nur insoweit teilen, wie sie in dieser enthalten sind, da für die Bestimmungen über das Unternehmen eine Regelung wie die in § 17 Abs. 2 letzter Halbsatz für den Plan getroffene nicht gegeben ist.

2. Ändernde Wirkung auf die Aufgabe des Verbandes

Ist mit der Änderung des Unternehmens und des Planes eine Änderung der Aufgabe des Verbandes (§ 2; s. Anmerkungen 1 zu § 17, 1 bis 3 zu § 18; § 19) verbunden, so entfällt die nach § 21 Abs. 1 dem Vorstand eingeräumte Möglichkeit; dies gilt auch dann, wenn der Plan nicht zum Bestandteil der Satzung erklärt wurde, und hinsichtlich des Unternehmens auch insoweit, wie Satzungsbestimmungen über das Unternehmen an sich nicht geändert werden. Entscheidend ist vielmehr, daß mit den Änderungen von Plan und Unternehmen eine Änderung der Aufgabe verbunden ist, die wegen ihrer grundlegenden Wichtigkeit für den Verband, seine Satzung und Organisation allein den staatlichen Behörden vorbehalten ist (s. Anmerkungen zu §§ 18, 19). Soweit dabei die Aufgabe selbst zu ändern ist, gelten die Regeln der §§ 18, 19; im übrigen gilt § 10 (s. unten Anm. 5).

3. Anordnung der Aufsichtsbehörde

Die Aufsichtsbehörde kann danach auch gegen den Willen des Verbandes bewirken, daß Unternehmen und Plan durch den Vorstand geändert werden. Eine solche Anordnung stellt einen Verwaltungsakt dar. Die Anordnung ist an den Vorstand zu Händen des Vorstehers oder Vertreters im Amt zu richten. Der Vorstand kann sich gegen die Anordnung mit den Rechtsbehelfen nach der VwGO wehren. Im Interesse des Ansehens der wasserverbandlichen Selbstverwaltung (s. Anm. 2 zu § 4) und ihrer Förderung durch die Aufsichtsbehörde (s. Anm. 3 zu § 111) wird die Aufsichtsbehörde von ihrer Befugnis nur dann Gebrauch machen, wenn zwingende Fälle vorliegen und die Möglichkeiten gütlicher Einwirkung auf den Verband und seine Organe erschöpft sind. Folgt der Vorstand der unanfechtbaren Anordnung der Aufsichtsbehörde nicht, so hat diese die Möglichkeiten nach §§ 125ff. WVVO. Davon kann die Aufsichtsbehörde jedoch nur Gebrauch machen, soweit für die Änderung die Zuständigkeit des Vorstandes nach § 21 Abs. 1 und nicht ihre eigene Zuständigkeit gegeben ist (s. Anm. 1 und 2). Im letzteren Falle, also bei Änderungen der Satzung einschließlich des zum Bestandteil der Satzung erklärten Planes, ist nicht ein Organ des Verbandes, sondern die Aufsichtsbehörde selbst für den entsprechenden Rechtsetzungsakt zuständig; sie muß jedoch den Vorstand vorher anhören (Anm. 1 zu § 10, Anm. 1 zu § 18). Äußert sich der Vorstand trotz ordnungsmäßiger Anhörung nicht, kann die Aufsichtsbehörde, da sie ihrer Anhörungspflicht genügt hat, die Änderung erlassen.

4. Bekanntmachung

Soweit es sich bei den Änderungen nicht um solche der Satzung einschließlich des zu ihrem Bestandteil erklärten Planes handelt, genügt die Mitteilung an die Mitglieder des Verbandes. Die in der Verordnung enthaltene Beschränkung der Mitteilung nur an die „beteiligten" Mitglieder reicht nach heutiger Rechtsauffassung nicht mehr aus. Zudem ist davon auszugehen, daß bei Änderungen des Unternehmens und des Planes alle Verbandsmitglieder beteiligt sind und nicht nur diejenigen, die planerisch und technisch unmittelbar betroffen sind. Denn solche Änderungen beeinflussen die Arbeiten des Verbandes sowie seinen Haushalt, meist auch die Beitragsveranlagung, und gehen somit alle Mitglieder des Verbandes an.

Stellen die Änderungen Satzungsänderungen dar, gelten für deren Bekanntmachung die entsprechenden Vorschriften (s. Anm. 3 zu § 18, Anm. 4 und 5 zu § 10).

5. Berührung der Satzung durch die Änderung

Soweit die Änderungen und Ergänzungen des Unternehmens und des Planes die Satzung berühren, d. h. ihre Änderung bedingen, gelten für diese die für Änderungen der Satzung gegebenen Vorschriften (§§ 10, 18).

§ 22

Benutzung der Grundstücke für das Unternehmen

(1) Der Wasser- und Bodenverband ist berechtigt, auf den zu ihm oder zu seinem Unterverbande (§ 113) gehörenden Grundstücken (§ 3 Nr. 1) sein Unternehmen (§ 17) durchzuführen. Auf Grund des Eigentumes am Grundstücke und eines vom Eigentümer hergeleiteten Rechtes[1] kann nicht widersprochen werden[2].

(2) Der Verband darf die für das Unternehmen nötigen Stoffe (Steine, Erde, Rasen usw.) von den zu ihm oder zu seinem Unterverbande gehörenden land- und forstwirtschaftlich genutzten Grundstücken, Unland- und Gewässergrundstücken (§ 3 Nr. 1) nehmen, wenn nicht polizeiliche Vorschriften entgegenstehen[3].

(3) In der Satzung können weitere Beschränkungen des Grundeigentumes und der vom Eigentümer hergeleiteten Rechte zur Erleichterung der Aufgabe des Verbandes vorgeschrieben werden[4].

(4) Der Verband hat dafür zu sorgen, daß der Ertragzustand der Grundstücke möglichst wenig beeinträchtigt und, soweit es möglich ist, nach der Benutzung wieder hergestellt wird[5].

1. Vom Eigentümer hergeleitete Rechte

Hier kommen insbesondere in Betracht Dienstbarkeiten, Erbbaurecht, Erbpacht, Nießbrauch, Pacht, Miete.

2. Duldungspflicht

a) Allgemeines

Wasserrechtliche Gemeinschaften, insbesondere Deichverbände, hatten seit altersher das Recht zur Durchführung ihrer Maßnahmen auf den Grundstücken ihrer Mitglieder. Die Bestimmungen der früheren Wassergesetze, so z. B. § 222 PrWG, wie auch der gegenwärtig geltende § 22 WVVO stellen nur positive gesetzliche Formulierungen dieses alten Grundsatzes dar (so auch BVerwGE 15, 1). Daß die beteiligten Grundeigentümer die Errichtung des Deiches, den Ausbau des Vorfluters und der Gräben usw. dulden mußten, war dem alten Recht selbstverständlich. Das Eigentum an Grundstücken, das z. B. durch Deiche geschützt werden muß, trägt auch heute noch die Pflicht, die dafür notwendigen Maßnahmen zu dulden, als Inhalt in sich (Art. 14 Abs. 2 GG). Gegen die Fortgeltung des § 22 bestehen daher keine Bedenken (wie schon aus dem Urteil BVerwGE 3, 11 hervorgeht). Es handelt sich hier grundsätzlich nicht um Enteignung im Sinne des Art. 14 Abs. 3 GG oder um enteignungsgleiche Eingriffe — wie dies nach Erlaß des Grundgesetzes manchmal angenommen wurde —, sondern nur um die Auswirkung der vorgesehenen Schranken des Eigentums am verbandsgebundenen Grundstück gemäß Art. 14 Abs. 2 GG (BVerwGE 15, 1).

Die Frage, in welchen Fällen die Benutzung dieser Grundstücke durch den Verband für seine Maßnahmen ohne Entschädigung oder nur gegen Entschädigungsleistung zulässig ist, sowie die weitere Frage, in welchen Ausnahmefällen eine vollständige Aushöhlung des Eigentums und damit eine entschädigungspflichtige Enteignung oder ein enteignungsgleicher Eingriff anzunehmen sind, wird unter Buchst. b behandelt.

Gegenüber § 30 WHG („besondere Pflichten im Interesse der Unterhaltung“) stellt § 22 WVVO eine vorrangige Spezialvorschrift für die Wasserverbände dar. Dies entspricht auch dem für das frühere Recht ergangenen Urteil des Pr. Gerichtshofes zur Entscheidung der Kompetenzkonflikte vom 13. 1. 1941 (ZAgr. 26, 366). § 22 wird auch durch § 8 Abs. 3 und 4 WHG nicht berührt (Gieseke-Wiedemann, Anm. 2 zu § 13); über den Vorrang des § 22 gegenüber dem WHG vgl. im übrigen Sieder-Zeitler, Anm. 2b zu § 13 WHG.

b) Abgrenzung von Sozialbindung, Enteignung und enteignungsgleichem Eingriff

Die strenge Scheidung zwischen Sozialbindung als Inhaltsbestimmung des Eigentums auf der einen Seite und Enteignung oder enteignungsgleichem Eingriff auf der anderen Seite beruht auf Artikel 14 GG. Auch die — vor dem GG erlassene — WVVO kennt zwar, wie aus §§ 30ff. hervorgeht, den Begriff der Enteignung, nicht aber den erst durch die Rechtsprechung aufgrund des Art. 14 GG entwickelten Begriff des enteignungsgleichen Eingriffs. Enteignung ist der rechtmäßige hoheitliche Eingriff in das Eigentum oder ein sonstiges vermögenswertes Recht, der den Betroffenen im Vergleich zu anderen ungleich trifft und ihn zu einem besonderen, anderen nicht zugemuteten Opfer für die Allgemeinheit zwingt (BGHZ 6, 270; 13, 265 und 316; 27, 15). Der rechtswidrige hoheitliche Eingriff legt dem Betroffenen ein einem anderen nicht zugemutetes Sonderopfer für die Allgemeinheit auf (BGHZ 32, 208 und 211); er wird deshalb als enteignungsgleicher Eingriff bezeichnet und bewertet. Kennzeichen beider ist stets das dem Betroffenen auferlegte Sonderopfer (BGHZ 45, 150). Zur Frage der Entschädigung bei rechtmäßiger Enteignung und bei rechtswidrigem enteignungsgleichem Eingriff s. Anm. 4 zu § 33.

Auch bei der Benutzung von Grundstücken aufgrund des § 22 kann ein enteignungsgleicher Eingriff vorliegen, wenn die Benutzung tatsächlich zu einer „Aushöhlung des Eigentums“ (BVerwGE 15, 1) führt. Diese tritt ein, wenn dem formal weiterbestehenden Eigentum die wesentlichen, sich aus ihm ergebenden Nutzungsbefugnisse genommen werden. Aus Art. 14 Abs. 3 Satz 4 GG ergibt sich in diesem Fall die verfahrensrechtliche Abweichung, daß über die Höhe der Entschädigung im Streitfall nicht das Verwaltungsgericht, sondern das ordentliche Gericht entscheidet.

Als Merkmal für die Unterscheidung zwischen Sozialbindung und Enteignung oder enteignungsgleichem Eingriff hat das BVerwG auf die Schwere und Tragweite des Eingriffs abgestellt (BVerwGE 15, 1), während der BGH das Vorliegen eines Sonderopfers als maßgebend ansieht

(s. vorstehenden Abs.). Dieser Unterschied in der Rechtsprechung der beiden obersten Gerichte dürfte für § 22 nicht ins Gewicht fallen, da in seinem Bereich die schwerwiegenderen Eingriffe gleichzeitig als Sonderopfer anzusehen sein werden. Außerdem verwertet auch der BGH materielle, d. h. von der Schwere des Eingriffs abhängige Gesichtspunkte (vgl. dazu Schack, Die Enteignungstheorie des Bundesverwaltungsgerichts, NJW 1963, 750).

Für die Abgrenzung kommt nach der genannten Entscheidung des BVerwG, die die Erhöhung und Erweiterung eines Deiches betrifft, „in erster Linie der objektive und absolute Gesichtspunkt der durch den Eingriff herbeigeführten Minderung des wirtschaftlichen Wertes der betroffenen Sache" in Frage. Damit ist der dauernde wirtschaftliche Wert gemeint. Vorübergehende Nachteile während der Baumaßnahmen werden hiernach nur bei ganz ungewöhnlich schwerwiegenden Benutzungen als enteignungsgleich angesehen werden können. Das Urteil hebt ferner die Ortsbezogenheit eines Grundstücks hervor. Grundstücke, die nach ihrer Lage (z. B. Ufergrundstücke) derartigen Beanspruchungen schon von vornherein ausgesetzt seien, erscheinen mit der Möglichkeit solcher Beanspruchungen als von Natur aus belastet, was sich in der Regel auch schon in ihrem Verkehrswert ausdrücke. Ihre Eigentümer würden also durch die Verwirklichung der im Kern schon vorhandenen Belastung ihrer Grundstücke nicht zusätzlich beschwert. Schließlich könnten auch subjektive und relative Merkmale beachtlich sein. Dazu gehöre der Umstand, daß andere Eigentümer den gleichen Maßnahmen unterworfen seien und zwar nicht nur, wenn die Maßnahmen die Allgemeinheit (hier also alle Verbandsmitglieder) treffe, sondern auch schon dann, wenn andere Eigentümer in ähnlicher Lage gleichermaßen betroffen werden (gerade dies kommt bei den Wasser- und Bodenverbänden häufig vor). Auch in diesem Fall werde die Schwere der Beanspruchung erleichtert. Das BVerwG ist daher in dem entschiedenen Fall zum Ergebnis gelangt, daß die Grundstücksinanspruchnahmen sowohl für die Ersteinrichtung als auch für die Erhöhung und Erweiterung des Deiches sich noch im Rahmen der Sozialbindung des Eigentums halten und auch nach heutiger Rechtsauffassung weder eine Enteignung noch einen enteignungsgleichen Eingriff darstellen.

c) Duldungspflichtiger

Zur Duldung sind die jeweiligen Eigentümer der zu dem Verband oder seinen Unterverbänden (§ 113) gehörenden Grundstücke, also seine dinglichen Mitglieder und die seiner Unterverbände verpflichtet. Die Verpflichtung erstreckt sich auch auf die Nutzberechtigten dieser Grundstücke, z. B. Pächter (Anm. 3 zu § 28). Auf Grundstücke, die nicht zum Verband gehören, ihm also nicht zugewiesen worden sind (gemäß §§ 153,

13, 174, 175), bezieht sich die Duldungspflicht auch dann nicht, wenn sie Mitgliedern des Verbandes gehören.

Wenn eine Gemeinde als solche, d. h. nicht als jeweilige Eigentümerin eines Grundstücks, sondern als öffentlich-rechtliche Körperschaft (§ 3 Nr. 3, § 154 Buchst. b) dem Verband angehört, lastet bereits deswegen auf den in ihrem Gebiet liegenden Grundstücken nicht die Duldungspflicht nach § 22. Die Verpflichtung solcher Grundstückseigentümer richtet sich daher nach den allgemeinen Bestimmungen der Landeswassergesetze, die für die Anlieger und Hinterlieger an Gewässern (§ 30 WHG) erlassen worden sind. Diese rechtliche Folgerung ist zu bedenken, wenn man vor der Frage steht, ob der Verband die jeweiligen Grundstückseigentümer oder statt dieser nur die Gemeinden als Mitglieder heranziehen soll. Für den Fall der Mitgliedschaft von öffentlich-rechtlichen Körperschaften gibt § 36 lediglich eine formale Erleichterung der Enteignung.

Auf Anlagen (vgl. Anm. 4 zu § 3) bezieht sich die Duldungspflicht nach § 22 nur dann, wenn sie wesentliche Bestandteile eines zu dem Verband gehörenden Grundstücks sind. Bei Gebäuden und anderen fest mit dem Grund und Boden verbundenen Einrichtungen ist dies die Regel (vgl. §§ 93ff. BGB).

d) Inhalt der Duldungspflicht

Geduldet werden müssen alle zur Durchführung des Unternehmens erforderlichen Maßnahmen des Verbandes, mit denen er die Grundstücke „gewollt angreift und in Anspruch nimmt" (RVerwG vom 19. Febr. 1943, ZAgr. 28, 248). Dazu gehören u. a. Bau und Unterhaltung von Deichen; Anlage und Unterhaltung von Gräben, Wegen, Kulturstauen, Brücken; Erweiterung und Unterhaltung oberirdischer Gewässer; Befahren der Ufer, Schutz- und Arbeitsstreifen mit Räumgeräten; Aufnahme des Schnittgutes und des Aushubes (wegen seiner Abräumung und Einplanierung vgl. unten Anm. 4; Anm. 1 zu § 79); Entnahme von Stoffen nach Abs. 2.

Bei maschineller Räumung empfiehlt es sich, den Umfang des Benutzungsrechtes (z. B. nach Metern ab Uferböschung) in der Satzung näher festzulegen. Auch in anderen Fällen kann die Festlegung konkreter Benutzungsrechte in der Satzung zweckmäßig sein (wenn auch nicht notwendig; wegen der notwendigen satzungsmäßigen Festlegungen „weiterer Beschränkungen" vgl. Anm. 4).

Bei allen seinen Benutzungen hat der Verband entsprechend dem allgemeinen Gebot der Verhältnismäßigkeit nach Abs. 4 möglichst schonend zu verfahren und den Ertragszustand nach der Benutzung soweit möglich wiederherzustellen.

Die Mitglieder haben sich ferner aller Maßnahmen zu enthalten, die die Ausführung und Unterhaltung der Anlagen und ihre Schau hindern oder sonst das Unternehmen (§ 17 Abs. 2) und die ihm gewidmeten Anlagen in ihrer planmäßigen Wirkung beeinträchtigen könnten. Aus diesem Grunde ist bereits für das frühere preußische Recht die Verpflichtung zur Wegnahme eines die Unterhaltung hindernden Zaunes anerkannt worden (PrVBl. 31, 751). Nach einer ebenfalls für das frühere Recht ergangenen Entscheidung (PrOVG 63, 365) kann bei zu meliorierendem Moorland ein Abtorfen dann verboten werden, wenn die Entwässerung der Grundstücke anderer Mitglieder dadurch beeinträchtigt wird. Diese Grundsätze dürften auch für das heutige Recht gelten (vgl. Anm. 1 zu § 96). Die allgemeine Verpflichtung, die Ausführung und Unterhaltung nicht zu hindern und nicht zu beeinträchtigen, wird in der Rechtsprechung aus der Duldungspflicht der dinglichen Eigentümer hergeleitet, ergibt sich aber auch aus der allgemeinen Treupflicht der Mitglieder gegenüber ihrem Verbande, die nach den allgemeinen Grundsätzen des Verbandsrechts, früher Genossenschaftsrechts, begründet ist. Sie gilt danach nicht nur für die dinglichen Mitglieder, sondern für alle Mitglieder des Verbandes.

Die duldungspflichtigen dinglichen Mitglieder können die Wiederherstellung des Ertragszustandes ihrer Grundstücke verlangen, wenn ihnen durch die Benutzung seitens des Verbandes zur Durchführung seines Unternehmens Nachteile entstehen, die das Maß der den übrigen Mitgliedern entstehenden gleichartigen Nachteile übersteigen (OVG Lüneburg, Urteil vom 15. 7. 1965, RdL 1966, 82). Für Schadensersatzansprüche, die ein Mitglied eines Wasser- und Bodenverbandes gegen diesen wegen unerlaubter Handlung, z. B. wegen Verletzung der Pflicht des Verbandes zur Unterhaltung einer Stauklappe erhebt, ist gemäß § 13 GVG der ordentliche Rechtsweg gegeben (Abweichung von RGZ 167, 312). Ein solcher Anspruch wegen schuldhafter Verletzung einer dem Verband obliegenden Pflicht kann auf §§ 823, 31, 89 BGB gestützt werden. Hier kommen weder die Vorschriften über Enteignung zum Zuge, da eine solche durch Unterlassen nicht anerkannt werden kann, noch fällt ein solcher Anspruch in den Bereich der §§ 22, 26 WVVO, die für ihre Anwendbarkeit ein aktives Handeln des Verbandes durch Maßnahmen zur Durchführung seines Unternehmens im Sinne des § 17 voraussetzen; Nichttätigwerden bzw. Unterlassung gehören nicht dazu (BGHZ 35, 209). Auch ein schuldhaftes rechtswidriges Tun des Verbandes, z. B. die nachteilige Einwirkung auf ein Grundstück eines Mitgliedes infolge fehlerhafter Durchführung des Verbandsunternehmens, ist keine Benutzung im Sinne von § 22 und verpflichtet den Verband nach den gleichen Rechtsgrundsätzen wie im vorstehenden Fall dem geschädigten Verbandsmitglied oder auch dem Nutzungsberechtigten gegenüber zum Schadensersatz, für dessen Geltendmachung der ordentliche Rechtsweg gegeben ist. Hat der Geschädigte ihm zumutbare schadenverhütende oder -mindernde Maßnahmen unterlassen, so ist dies bei der Schadensberechnung zu seinen Ungunsten zu berücksichtigen (OLG Düsseldorf, Urteil v. 7. 3. 1957 — 1 U 173/53 —, Schriftt. u. Rspr. 1958/1959, 83 Nr. 61).

3. Entnahme von Stoffen

Nur die Eigentümer und Nutzungsberechtigten von land- und forstwirtschaftlich genutzten Grundstücken, Unland und Gewässergrundstücken müssen die Entnahme von Stoffen gemäß Abs. 2 dulden.

Im übrigen vgl. Anm. 2d.

4. Weitere Beschränkungen des Grundeigentums

Während die Benutzungsrechte des Verbandes nach Abs. 1 und 2 nicht in der Satzung aufgeführt werden müssen (aber zweckmäßigerweise aufgeführt werden, vgl. Anm. 2d), sind die darüber hinausgehenden weiteren Beschränkungen in der Satzung aufzuführen; die Angabe im Erläuterungsbericht zum Plan des Verbandes genügt nicht. Sind sie in der Satzung enthalten, so sind sie dem Rechtsnachfolger des belasteten Verbandsmitgliedes gegenüber auch dann rechtswirksam, wenn sie im Grundbuch nicht eingetragen sind, weil die Satzungsbestimmungen öffentlich-rechtlichen Charakter haben (vgl. Vorbemerkung zum II. Abschnitt). Die Beschränkungen und Verpflichtungen „müssen durch objektive Voraussetzungen bestimmt sein und alle in der gleichen Lage befindlichen Mitglieder gleichmäßig belasten“ (LWA 4, 165; Holtz-Kreutz-Schlegelberger, Anm. 5 zu § 214). Das Gebot der Gleichbehandlung der in gleicher Lage befindlichen Mitglieder ergibt sich heute aus Art. 3 GG.

Als weitere Beschränkungen im Sinne von Abs. 3 kommen in Frage: Wegenutzungsrechte; Weideverbote; Verbote, Zäune an den Gewässern oder in der Nähe der Verbandsanlagen zu errichten (vgl. auch § 41), Ufer und Deiche z. B. durch Befahren, Bepflanzen mit Hecken und Bäumen oder durch Errichten von Anlagen zu benutzen. Solche Beschränkungen müssen nach der WVVO nicht nur zur Durchführung des Unternehmens erforderlich sein, sondern nach den allgemeinen Grundsätzen des Verwaltungsrechts auch in einem rechten Verhältnis dazu stehen. Torfentnahmeverbote sind nach Nr. 26 der 1. AV „zulässig, wenn das Abtorfen mit der Aufgabe des Verbandes, den Boden in einem bestimmten landwirtschaftlichen Kulturzustand zu erhalten (§ 2 Nr. 6 WVVO), nicht zu vereinen ist“. Aufgrund des allgemeinen Benutzungsrechtes könnte der

Verband nur eingreifen, wenn durch das Abtorfen die Entwässerung der Grundstücke anderer Mitglieder beeinträchtigt würde (vgl. Anm. 2d). Ist durch Entwässerung seitens des Verbandes die Nutzung bisherigen Unlandes oder minderwertigen Landes ermöglicht worden, so dürfen, falls diese Nutzung planwidrig ausgeübt wird, dadurch entstehende Schäden nicht zu erhöhten Beitragsverpflichtungen der übrigen Mitglieder führen. Daher ist folgende in einzelne Satzungen übernommene Beschränkung zulässig: Werden Grundstücke nach dem Plan des Verbandes nur soweit entwässert, daß sie als Grünland benutzt werden können, so haben die Eigentümer bei anderweitiger Benutzung keine Ansprüche gegen den Verband.

Zu den weiteren Beschränkungen sind auch Verpflichtungen der Eigentümer und Besitzer zu einem Tun zu rechnen, soweit dieses mit einer Duldungspflicht unmittelbar zusammenhängt, insbesondere dann, wenn die Beschränkungen anders nicht verwirklicht werden können. So sieht § 7 des SaMu. A die Verpflichtung vor, die an einem Gewässer liegenden und als Weide benutzten Grundstücke einzuzäunen, eine Bestimmung, die in die Satzungen fast aller landwirtschaftlichen Wasser- und Bodenverbände aufgenommen worden ist. Mit dieser Verpflichtung kann zur Ermöglichung der maschinellen Räumung auch die weitere Verpflichtung der Eigentümer und Besitzer verbunden werden, die Zäune, soweit erforderlich, auf ihre Kosten zu beseitigen und wieder aufzustellen oder stattdessen von vornherein in genügender — in der Satzung festgelegter — Entfernung von der Böschungsoberkante zu errichten. Auch diese Verpflichtung ist rechtlich zulässig, da sie die zwangsläufige Voraussetzung der beschlossenen maschinellen Räumung ist. Eine bestimmte Bewirtschaftung von Uferstreifen in erforderlicher Breite im Interesse der Unterhaltung (vgl. § 30 Abs. 2 WHG) sowie zur Erhaltung der biologischen Wirksamkeit des Gewässers kann ebenfalls vorgeschrieben werden.

Den Mitgliedern von Abwasserverbänden kann die Pflicht auferlegt werden, ihre Abwässer so weit vorzubehandeln, wie der Verband das aus Gründen der Sicherheit und Wirksamkeit seiner Reinigungsanlagen verlangt. Auch können diese Mitglieder verpflichtet werden, vor der Durchführung von Maßnahmen, die die Verbandsanlagen und ihre Wirksamkeit zu beeinflussen vermögen, die Zustimmung des Verbandes einzuholen.

Die Verpflichtung zum Wegräumen und Einebnen des Aushubes war bei Wasserläufen dritter Ordnung in § 145 PrWG vorgeschrieben. Das WHG und die auf ihm beruhenden Landeswassergesetze enthalten eine solche Verpflichtung nicht. In den 1. AV sowie in § 39 Abs. 2 SaMu. A ist diese Verpflichtung als Sachbeitrag vorgesehen. Dies hat grundsätzlich zur Folge, daß diese Leistungen auf die Gesamtbeiträge des Mitgliedes anzurechnen sind (vgl. § 79). Da jedoch Abweichungen vom Beitragsverhältnis gem. § 79 Satz 2 durch die Satzung zugelassen werden können und bei den landwirtschaftlichen Verbänden, deren Satzung das SaMu. A zugrunde liegt, zugelassen worden sind, wird die Erfüllung dieser Verpflichtung (dieses Sachbeitrages), jedenfalls solange sie keinen ungewöhnlichen Umfang annimmt, ohne Anrechnung auf die Gesamtbeiträge gefordert werden können.

5. Erhaltung des Ertragszustandes der Grundstücke

Der Verband hat bei der Durchführung seiner Arbeiten stets dafür zu sorgen, daß den Forderungen des Absatzes 4 genügt wird. Auch die Behörden werden bei den erforderlichen Plangenehmigungen, Planfeststellungen, Bewilligungen oder Erlaubnissen (s. Anm. 2 zu § 8) sowie im Rahmen ihrer Aufsicht (s. §§ 20, 111) diese Vorschrift berücksichtigen und auf ihre Befolgung achten (vgl. RdErl. über den Schutz der Muttererde v. 16. 11. 1939, LwRMBl. 1939, 1175).

§ 23

Deichvorland

(1) Wenn der Wasser- und Bodenverband Grundstücke vor Hochwasser oder Sturmflut zu schützen hat (§ 2 Nr. 3), hat er die Befugnisse und Pflichten der Absätze 1, 2 und 4 des § 22 auch an dem nicht zu ihm gehörenden Vorlande, wenn nicht polizeiliche Vorschriften entgegenstehen. Vorland sind die Grundstücke vor dem Deiche[1].

(2) Durch Polizeiverordnung der Aufsichtsbehörde des Verbandes oder des Oberverbandes (§ 113) können

1. die Ausdehnung des Vorlandes bestimmt, auch Gewässer für zum Vorlande gehörig erklärt werden,

2. zur Erleichterung der Aufgabe des Verbandes weitere Beschränkungen des Eigentumes am Vorlande und der vom Eigentümer hergeleiteten Rechte vorgeschrieben und dem Eigentümer und dem Besitzer weitere Pflichten auferlegt werden[2, 3].

1. Ausnahmeregelung für Deichvorland

§ 23 enthält für das Deichvorland, d. h. das vom Deiche nicht geschützte Land zwischen dem Deiche und dem Gewässer, eine Ausnahme von dem Grundsatz, daß der Verband die nicht zu ihm gehörenden Grundstücke keinen Einschränkungen unterwerfen kann (Anm. 1 zu § 22). Entsprechend den Vorschriften des früheren Wasserrechts (vgl. z. B. § 312 PrWG) kann die Aufsichtsbehörde durch Deichpolizeiverordnung die sich aus § 23 Abs. 2 ergebenden Bestimmungen erlassen;

in der Satzung können sie nicht getroffen werden. Auch diese Beschränkungen geben nur seit altersher bestehende Regeln des alten strengen Deichrechtes wieder und stellen daher eine auch nach heutigem Recht zulässige Sozialbindung dar (vgl. Anm. 2 zu § 22).

2. Weitergehende Maßnahmen

Die nach Abs. 2 Nr. 2 zulässigen weiteren Beschränkungen der Rechte am Vorlande und die gleichfalls zugelassene Auferlegung weiterer Pflichten, z. B. durch Untersagung der Benutzung der Deiche und des Vorlandes durch Betreten, Befahren, Beweiden, Bepflanzen, sowie zur Deichunterhaltung, sollen eine Schwächung der Widerstandskraft der Deiche verhindern. Die Anordnung ergeht im Wege der Polizeiverordnung — heute teils ordnungsbehördlichen Verordnung — (vgl. Anm. 2 zu § 41; § 185) und begründet eine Verpflichtung zur Entschädigung desjenigen, der in der Ausübung eines dinglichen oder persönlichen Rechtes an dem vom Verband in Anspruch genommenen Grundstück beeinträchtigt wird. Die Entschädigung richtet sich für Verbandsmitglieder und Vorlandeigentümer nach § 26, für Dritte nach den allgemeinen Vorschriften über Entschädigungen bei polizeilichen — ordnungsbehördlichen — Eingriffen. Jedoch bleiben die bisherigen Vorschriften über Ausschluß oder Beschränkung des Entschädigungsanspruchs bestehen (§ 26 Abs. 2).

3. Zwangsmittel

Dem Verband stehen gegenüber den Vorlandbesitzern die Zwangsmittel des § 97 zu.

§ 24

Grundstücke mit öffentlichen Zwecken

Der Wasser- und Bodenverband darf Grundflächen, die öffentlichen Zwecken gewidmet sind, nur mit Zustimmung der zuständigen Verwaltungsbehörde benutzen[1].

1. Sonderregelung bei Grundflächen mit öffentlichem Zweck

Es handelt sich insbesondere um Grundflächen, die Zwecken des Bundes, der Länder, der Gemeinden, der Gemeindeverbände oder anderer öffentlich-rechtlichen Körperschaften gewidmet sind, wie z. B. öffentliche Wege, Eisenbahnanlagen, Wasserstraßen, Grundstücke mit Fernmeldeleitungen der Bundespost (1. AV Nr. 25). Grundstücke, die dem Eisenbahnbetrieb gewidmet sind, konnten schon bisher nur mit Zustimmung des Verkehrsministers benutzt oder zum Verband hinzugezogen werden (PrOVG 78, 343). Ist die Zuziehung erfolgt, so sind auch die im Eigentum des Bundes oder des Landes stehenden Grundstücke von den Beitragslasten nicht frei (PrOVG 44, 304, v. Kamptz-Delius, Erg-Bd. 3, 365), es sei denn, daß die Voraussetzungen des § 84 vorliegen. Wird die Zustimmung nicht erteilt, so wird der Vorsteher dies der Aufsichtsbehörde unverzüglich anzeigen müssen, die das Nötige zu veranlassen hat. Die Vorschrift des § 24 ist erfüllt, wenn die Verwaltungsbehörde im Gründungsverfahren zugestimmt hat (1. AV Nr. 25).

Auf Grundflächen der öffentlichen Hand, die nicht öffentlichen Zwecken gewidmet sind, bezieht sich § 24 nicht.

§ 25

Einwendungen gegen die Benutzung

Über Einwendungen gegen die Benutzung der Grundstücke nach den §§ 22 und 23 wird im Aufsichtswege entschieden[1].

1. Nichtfortgelten der Vorschrift

§ 25 ist durch § 77 VwGO aufgehoben worden. Der Betroffene, der Einwendungen gegen die Benutzung geltend machen will, kann Widerspruch erheben, über den der Vorstand entscheidet. Gegen die Entscheidung des Vorstandes steht dem Betroffenen die Klage bei dem Verwaltungsgericht zu (BVerwGE 18, 323; Vorbemerkung zu §§ 133ff.).

Die Erhebung des Widerspruchs hat aufschiebende Wirkung. Jedoch kann der Vorstand die sofortige Vollziehung im öffentlichen Interesse oder im überwiegenden Interesse eines Beteiligten anordnen (§ 80 Abs. 2 Nr. 4 und Abs. 3 VwGO).

§ 26

Entschädigung für die Benutzung

(1) Das Mitglied und der Vorlandeigentümer können vom Verbande angemessene Entschädigung mit Geld verlangen für den Nachteil, der durch die Benutzung ihrer Grundstücke für das Unternehmen hervorgerufen wird; der aus dem Unternehmen erwachsende Vorteil ist anzurechnen. Dies gilt auch für die Fälle des § 22 Abs. 3 und des § 23 Abs. 2 Nr. 2[1].

(2) Die zur Zeit des Inkrafttretens dieser Verordnung bestehenden Vorschriften, welche den Entschädigungsanspruch beschränken oder ausschließen, bleiben aufrechterhalten. Sie fallen weg, wenn sie nicht in den fünf Jahren nach dem Inkrafttreten dieser Verordnung in die Satzung oder die Polizeiverordnung (§§ 22, 23) genommen werden[2].

1. Anspruch auf Entschädigung für Grundstücksbenutzung

Wegen des Charakters der Duldungspflicht der dinglichen Mitglieder als Sozialbindung sowie wegen der Grenze zwischen ihr und der Enteignung und dem enteignungsgleichen Eingriff wird auf die Anmerkung 2 zu § 22 verwiesen. Eine Sozialbindung liegt nicht, wie manchmal angenommen wird, nur dann vor, wenn keine Entschädigung gezahlt wird, sondern kann auch dann vorliegen, wenn dem Pflichtigen die Verwirklichung der Sozialbindung nur gegen Entschädigung zuzumuten ist. Gerade bei den engeren Gemeinschaften wie den Wasser- und Bodenverbänden trifft das zu (so für Wasser- und Bodenverbände BVerwGE 3, 12). Auch im Falle des Urteils des BVerwG (BVerwGE 15, 1), der in Anm. 1 und 2 zu § 22 näher behandelt ist, geht es im Endergebnis um die Zahlung einer Entschädigung. Allgemein wird die gleiche Auffassung von Hamann (Anm. 5e zu Art. 14) und für das Wasserrecht von Gieseke vertreten („Sozialbindungen des Eigentums im Wasserrecht", Festschrift für Heinr. Lehmann, S. 309). Gieseke betont mit Recht, daß die Enteignungsentschädigung und die Ausgleichszahlung im Rahmen der Sozialbindung (z. B. die Zahlungen nach § 26) auch begrifflich unterschieden werden sollten. Auf jeden Fall folgt daraus, daß die Bestimmungen über die Enteignungsentschädigung auf diese Ausgleichszahlungen nicht anzuwenden sind. Die Bestimmung des § 26, daß der aus dem Unternehmen erwachsende Vorteil anzurechnen ist (Vorteilsausgleich), ist daher jedenfalls gültig, also ohne Rücksicht darauf, ob er bei der Enteignungsentschädigung zu berücksichtigen sein würde. Da die §§ 22 und 26 WVVO gegenüber § 30 WHG und den entsprechenden Bestimmungen der Landeswassergesetze vorrangige Spezialvorschriften darstellen (vgl. Anm. 2a zu § 22), gilt innerhalb von Wasser- und Bodenverbänden für den Ausgleich der Nachteile infolge von Benutzungen aufgrund des § 22 nicht die Vorschrift des § 30 Abs. 3 WHG, wonach der durch Unterhaltungsmaßnahmen Geschädigte Anspruch auf Schadensersatz hat (Gieseke-Wiedemann, Anm. 8 zu § 30).

Die Vorteile, die die Wasser- und Bodenverbände ihren Mitgliedern schaffen, sind in der Regel erheblich. Schon die Verbandsgründung geht ja davon aus, daß Vorteile in Aussicht stehen (s. § 153 Abs. 1 Buchst. a, Abs. 2). Diese Vorteile sind durchweg erheblich größer als die für die betroffenen Grundstücke bei der Durchführung des Unternehmens entstehenden Nachteile. Infolgedessen stehen in der Regel den Mitgliedern keine Ansprüche auf Entschädigung wegen dieser Nachteile zu.

Dies gilt besonders für alle vorübergehenden Benutzungen, soweit sie nicht ungewöhnliche Nachteile mit sich bringen. Das gleiche wird auch für geringfügige dauernde Nachteile gelten. Wenn bei den Wasser- und Bodenverbänden nicht immer alle Mitglieder gleichmäßig betroffen werden, sondern oft nur diejenigen, deren Grundstücke unmittelbar an den Gewässern des Verbandes liegen, so sind diese Grundstücke meist durch ihre Ortsbezogenheit mit der Möglichkeit solcher Beanspruchungen von vornherein belastet. Insoweit werden die vom BVerwG (vgl. Anm. 1b zu § 22) aufgestellten Grundsätze für die Abgrenzung zwischen Sozialbindung und Enteignung sinngemäß auch für die Frage von Bedeutung sein, ob eine Entschädigung zu zahlen ist, gegebenenfalls in welcher Höhe. Erhebliche dauernde Nachteile, besonders wenn sie nur einzelne Eigentümer treffen, sind zu entschädigen, wobei für die Höhe der Entschädigung jedoch ebenfalls die Vorteile der Betroffenen, die sie durch das Unternehmen erfahren, zu berücksichtigen sind.

Satzungsbestimmungen, in denen näher festgelegt wird, in welchen Fällen die Benutzung entschädigungslos zu dulden ist und in welchen Fällen eine Entschädigung gezahlt wird, sind zulässig, wenn sie sich im Rahmen des § 26 halten. Sie sind auch zweckmäßig, da das Handeln des Vorstandes (§ 27 Abs. 1) durch die Mitwirkung der Gründungsversammlung oder des Ausschusses bei der Abfassung der Satzung oder der Satzungsänderung erleichtert wird, und da auch den Mitgliedern durch solche Vorschriften die Rechtslage von vornherein verdeutlicht wird. Die in einzelnen Satzungen aufgenommene Bestimmung, daß für außergewöhnliche Nachteile, die nicht durch Vorteile ausgeglichen werden, Entschädigung zu zahlen ist, erscheint allerdings als zu unbestimmt.

Dem Verbandsmitglied steht keine Entschädigung dafür zu, daß es seine eigenen Anlagen nicht mehr in der bisherigen Weise, sondern nur noch im Rahmen des Verbandsplanes ausnutzen darf (ZAgr. 17, 143).

Pächtern und anderen Nutzberechtigten, z. B. Nießbrauchern, Mietern (Anm. 3 zu § 28) stehen keine Entschädigungsansprüche gegen den Verband zu. Sie müssen sich an den Eigentümer halten, der auch Schäden, die einem Nutzberechtigten entstehen, geltend machen kann.

Nur die Entschädigungsansprüche solcher Verbandsmitglieder, die Nachteile durch die Benutzung ihrer zum Verband gehörenden Grundstücke erfahren haben, unterliegen den Bestimmungen der §§ 26 und 27. Dabei steht die gerichtliche Entscheidung den Verwaltungsgerichten zu, soweit die Benutzung sich im Rahmen des § 22 hält und nicht etwa den Charakter eines enteignungsgleichen Eingriffs oder einer unerlaubten Handlung annimmt (vgl. Anm. 2 b und d zu § 22, Anm. 2 zu § 27). Hinsichtlich seiner nicht zum Verbande gehörenden Grundstücke hat das Verbandsmitglied dieselben Ansprüche gegen den Verband wie jedes Nichtmitglied. Der Verband ist auch zum Ersatz des Schadens in vollem Umfange verpflichtet, der durch einen im Interesse seines Unternehmens geschehenen polizeilichen Eingriff entstanden ist (Urteil des RG vom 30. 11. 1929, ZAgr. 14, 271).

2. Ausschluß oder Beschränkung des Entschädigungsanspruchs

Aus Abs. 2 folgt, daß der Entschädigungsanspruch des § 26 Abs. 1 für neue Wasser- und Bodenverbände durch die Satzung nicht mehr beschränkt oder ausgeschlossen werden kann. § 26 Abs. 2 bezieht sich nur auf die zur Zeit des Inkrafttretens der WVVO bereits bestehenden Verbände. Für diese ist auch das am 1. Januar 1938 in Geltung gewesene Gewohnheitsrecht über die unentgeltliche Bereitstellung der Deicherde bestehen geblieben, wenn es in die Deichverbandssatzung aufgenommen ist (Albers, S. 44ff., Niermann in ZAgr. 24, 286). Vorschriften, die den Entschädigungsanspruch erweitern, indem sie den Mitgliedern und Vorlandeigentümern volle Entschädigung gewähren, sind auch für die am 1. Januar 1938 bestehenden Verbände weggefallen.

Die Fassung des Absatzes 2 Satz 2 beruht auf der II. WVVO, abgedruckt in Teil A.

§ 27

Entschädigungsverfahren

(1) Der Verbandsvorstand setzt durch schriftlichen Bescheid die Entschädigung fest, wenn keine Einigung zustande kommt[1].

(2) Gegen den Bescheid ist in *zwei Wochen* **nach der Mitteilung** *die Beschwerde* **an die Aufsichtsbehörde zulässig** *und gegen deren Bescheid in der gleichen Frist die weitere Beschwerde an die Spruchstelle für Wasser- und Bodenverbände*[2].

(3) Für die Rechte anderer Personen an der Entschädigung[3], die Hinterlegung und das Verteilungsverfahren gelten die Vorschriften des allgemeinen Enteignungsrechtes entsprechend[4]. An die Stelle der Enteignungsbehörde tritt die Aufsichtsbehörde.

1. Entschädigungsbescheid

Der Vorstand hat das Interesse der Grundstückseigentümer wahrzunehmen und daher auch zu prüfen, ob er die Entschädigung, wozu auch die nach bürgerlichem Recht an andere Personen zu gewährende gehört, zu hinterlegen hat, und bei Zweifeln den Rat der Aufsichtsbehörde einzuholen. Hinterlegungsstelle ist das Amtsgericht, das auf Antrag des Eigentümers oder Gläubigers das Verteilungsverfahren in sinngemäßer Anwendung der Ausführungsgesetze der Länder zum ZVG einzuleiten hat.

Der Vorstandsbeschluß ist den Empfängern vom Verbandsvorsteher schriftlich mitzuteilen, wegen der Fristen für die zulässigen Rechtsbehelfe (s. Anm. 2) am besten mit Postzustellungsurkunde. Einer Unterschrift aller Vorstandsmitglieder bedarf es weder unter der Urschrift des Bescheides noch unter den Ausfertigungen; es genügt die Unterschrift des Vorstehers. Der Nachweis für den Erlaß des Vorstandsbeschlusses ist, soweit erforderlich, durch Vorlage des Beschlußbuches zu führen (LwRMBl. 1939, 236).

Auch bei einem etwaigen Einverständnis des entschädigungsberechtigten Verbandsmitgliedes kann die Aufsichtsbehörde nicht anstelle des Verbandsvorstandes die Entschädigung für Benutzung der Grundstücke des Mitgliedes zu Verbandszwecken festsetzen; zuständig hierfür ist allein der Vorstand (BVerwGE 3, 11).

2. Nichtfortgelten der Vorschrift

§ 27 Abs. 2 ist durch die VwGO weitgehend außer Kraft gesetzt (vgl. Vorbemerkung vor § 133 und Anm. 2 zu § 98). Danach steht dem betroffenen Mitglied nunmehr innerhalb eines Monats, nachdem ihm der Bescheid bekanntgegeben worden ist, der Widerspruch zu (§ 70 VwGO). Über diesen entscheidet die Aufischtsbehörde (§ 73 Abs. 1 Nr. 3 VwGO, vgl. Anm. 2 zu § 98). Hilft sie ihm nicht ab, so kann der Betroffene den Bescheid in der Form, die er durch die Entscheidung über den Widerspruch erhalten hat (§ 79 Abs. 1 Nr. 1 VwGO), durch Klage vor dem Verwaltungsgericht anfechten. Denn zur Entscheidung über Ansprüche der Mitglieder gegen den Verband wegen Inanspruchnahme von Grundstücken sind, da es sich dabei nicht um Entschädigungsansprüche wegen Enteignung handelt, die Verwaltungsgerichte zuständig (OVGE 18, 381).

3. Entschädigung anderer Personen

Gemeint sind insbesondere die Nutzberechtigten, die nach § 28 Abs. 1 Entschädigungsansprüche nur gegen den Eigentümer, nicht gegen den Verband haben. Es können aber auch Grundstücksgläubiger in Betracht kommen (s. oben Anm. 1).

4. Allgemeine Enteignungsgesetze

Vgl. § 35.

§ 28

Nutzrechte[1]

(1) Wenn ein zum Wasser- und Bodenverbande gehörendes Grundstück (§ 3 Nr. 1) zu der Zeit, zu der es von dem Unternehmen (§ 17) betroffen wird, auf Grund eines vom Eigentümer hergeleiteten Rechtes genutzt wird, hat in Ermangelung einer vertraglichen Regelung der Nutzberechtigte gegen den Eigentümer Anspruch auf die diesem im Verbande zustehenden Nutzungen und ist er ihm gegenüber verpflichtet, die Beiträge an den Verband zu leisten[2].

(2) Im Falle des Absatzes 1 kann der Nutzberechtigte[3] unbeschadet der ihm nach Gesetz, Satzung oder Vertrag zustehenden Rechte innerhalb eines Jahres

a) ein Pacht- oder Mietverhältnis unter Einhaltung einer Frist von drei Monaten zum Ende des Vertragjahres kündigen,

b) auf ein anderes Nutzrecht ohne Einhaltung einer Frist verzichten[4].

1. Allgemeines

§ 28 regelt nur das Innenverhältnis zwischen dem Eigentümer (Mitglied des Verbandes) und dem Pächter oder sonstigen Nutzberechtigten. Die Regelung der WVVO geht davon aus, daß im allgemeinen der Nutzberechtigte von den Maßnahmen des Verbandes Vorteil hat, insbesondere infolgedessen Mehrerträge erzielen kann, und daß es daher angemessen ist, daß er die auf den Eigentümer entfallenden Beiträge an den Verband leistet. Trotzdem bleibt die Beitragsverpflichtung des Verbandsmitgliedes gegenüber dem Verband bestehen; der Verband hat auch in diesem Falle die Hebung der Beiträge gem. § 89 gegenüber dem Mitglied durchzuführen. er kann jedoch, wenn das Mitglied nicht zahlt und eine zwangsweise Beitreibung erforderlich wird, diese unmittelbar gegen den Nutzberechtigten nach näherer Bestimmung des § 94 richten. Es bleibt dem Verband unbenommen, den Nutzberechtigten auch schon von der Hebung zu unterrichten und ihn dadurch zur Zahlung des Beitrages zu veranlassen. Einen formellen Anspruch gegen den Nutzberechtigten hat der Verband aber nur, wenn er die Hebung zunächst gegen das Mitglied gerichtet hat.

Zu den Beiträgen, zu denen der Nutzberechtigte verpflichtet ist, gehören auch die Sachbeiträge (vgl. zu §§ 79 und 96).

Wegen der Zulässigkeit eines Widerspruchs seitens des Nutzberechtigten vgl. Anm. 1 und 2 zu § 94.

Die in § 28 vorgesehene Regelung gilt nur, soweit die Beteiligten hierüber vertraglich keine andere Bestimmung getroffen haben. Hiermit kann nur eine vertragliche Regelung ausdrücklich für den Fall des Betroffenwerdens durch das Verbandsunternehmen gemeint sein, nicht eine allgemeine Regelung über die öffentlichen Lasten.

2. Betroffene Grundstücke

Von dem Unternehmen, d. h. also von den Maßnahmen des Verbandes, müssen die genutzten Grundstücke betroffen werden. Es kommt also auf die tatsächliche Berührung der Grundstücke durch die Maßnahmen des Verbandes oder ihre Auswirkungen an (ebenso Tönnesmann, Anm. 1 zu § 28; die in der vorigen Auflage vertretene Auffassung, daß schon die Heranziehung der Grundstücke zu dem Verband bei der Gründung oder bei der Zuweisung als Betroffenwerden anzusehen sei, wird nicht aufrechterhalten).

Das Betroffenwerden kann nicht nur infolge der ersten Bauausführung, sondern auch durch spätere Maßnahmen z. B. auf Grund einer Änderung oder Ergänzung des Planes eintreten. Daher gilt § 28 auch für vor Inkrafttreten der WVVO gegründete Verbände.

3. Nutzberechtigte

Als Nutzberechtigte kommen z. B. Pächter, Mieter, Nießbraucher, Altsitzer, Allmendenutzer, Erbpächter, Erbbauberechtigte, Markgenossen in Betracht (s. auch Anm. 1 zu § 94).

4. Vorzeitige Kündigung

Um in Fällen, in denen sich die Heranziehung der genutzten Grundstücke für die Nutzberechtigten ungünstig auswirkt, z. B. bei einer Verwendung für Verbandsanlagen gemäß § 22, einen Ausweg zu ermöglichen, sieht § 28 Abs. 2 die Befugnis zu einer vorzeitigen Kündigung und bei anderen Nutzrechten als Pacht- oder Mietverhältnissen, z. B. bei einem Altenteilsrecht, einen fristlosen Verzicht vor.

Die — im Einzelfall möglicherweise nicht befriedigende — Regelung des Absatzes 2 wird durch die Befugnis des für Landwirtschaftssachen zuständigen Gerichtes ergänzt, den Vertrag zu ändern, wenn durch wesentliche Änderung derjenigen Verhältnisse, die für die Festsetzung des Vertragsinhaltes maßgebend waren, ein grobes Mißverhältnis zwischen den Verpflichtungen der Vertragsparteien entstanden ist (§ 7 des Landpachtgesetzes vom 25. Juni 1952 — BGBl. I S. 343—), oder eine Kündigung für unwirksam erklären (§ 8 desselben Gesetzes).

§ 29

Grunderwerb für das Unternehmen

Die Aufsichtsbehörde kann dem Wasser- und Bodenverbande den Erwerb des Eigentumes[1] und anderer dinglichen und persönlichen Rechte an Grundstücken und die Befreiung eines Grundstückes von solchen Rechten[2] aufgeben, wenn das Verbandunternehmen sonst nicht zweckmäßig durchgeführt werden kann oder die billige Rücksicht auf den Grundeigentümer oder den Berechtigten es erfordert[3].

1. Erwerb des Eigentums

Das Eigentum am Grundstück unterliegt nach Art. 14 Abs. 2 GG der Sozialbindung, teils auch als Gemeinschaftsbindung bezeichnet (vgl. hierzu Hamann, Anm. B 5 zu Art. 14). Maßnahmen, die sich im Rahmen dieser Bindung halten, kann der Wasserverband aufgrund der WVVO und seiner Satzung durchführen, ohne sich zuvor das Eigentum oder ein das Eigentum beschränkendes Recht (z. B. beschränkte persönliche

Dienstbarkeit, §§ 1090ff. BGB) verschaffen zu müssen. Solche Maßnahmen sind nicht grundsätzlich entschädigungsfrei (Hamann, Anm. B 5 zu Art. 14). Soweit Entschädigung zu leisten ist, sind Art und Umfang gemäß §§ 22ff. WVVO festzusetzen. Bei der Prüfung der Frage, ob die Grenzen der Sozialbindung des Eigentums noch innegehalten oder schon überschritten werden, sind nicht alle möglicherweise betroffenen Grundstücke gleich zu beurteilen. Hier spielen die Ortsgebundenheit und die Situationsbedingtheit des in Anspruch zu nehmenden Grundstücks für die Beurteilung der Schwere des Eingriffs eine erhebliche Rolle. Die Benutzung von Grundstücken, die nach ihrer Lage solchen Eingriffen in besonderem Maße ausgesetzt sind (z. B. Ufergrundstücke, Deichgrundstücke), wiegt leichter als die gleichartige Benutzung anderer Grundstücke, deren Eigentümer nach Art und Lage ihrer Grundstücke mit derartigen Inanspruchnahmen nicht zu rechnen brauchen. Bei Grundstücken, die mit der Möglichkeit derartiger Beanspruchungen von vornherein belastet sind, drückt sich dies in der Regel auch in ihrem Verkehrswert aus (BVerwGE 15, 1). Hieraus ergibt sich zugleich, daß die eine Benutzung des Grundstücks erleichternden Voraussetzungen aufgrund besonderer Ortsgebundenheit und Situationsbedingtheit nicht gegeben sind, wenn sie vom Verband durch seine Maßnahmen erst herbeigeführt werden (Kaiser in GWF 1963, 1024, Abschnitt IV). Soweit der Verband seine Maßnahmen durchführen kann, ohne die Grenzen der Sozialbindung zu benutzender Grundstücke zu überschreiten, kann die Aufsichtsbehörde den Verband nicht zum Erwerb der Grundstücke zwingen. Sie wird dies auch nicht versuchen, da ein solches Vorgehen dem Sinn der grundgesetzlichen Eigentumsgarantie zuwiderlaufen und im Fall der Weigerung des Eigentümers zum Scheitern verurteilt sein würde. Zur Abgrenzung von Sozialbindung des Eigentums, Enteignung und enteignungsgleichem Eingriff vgl. im übrigen Anm. 1 und 2b zu § 22.

Es gibt jedoch zahlreiche Fälle von Verbandsmaßnahmen, die nach ihrer Art den Grunderwerb voraussetzen und gemäß den geltenden Vorschriften und der Rechtsprechung die Enteignung von Grundeigentum rechtfertigen würden. Hier kann und muß im gegebenen Falle im Interesse der Durchführung des Verbandsunternehmens die Aufsichtsbehörde von ihrem Recht nach § 29 Gebrauch machen. Der Verband hat alles zu tun, um den Erwerb auf vertraglichem Wege zu tätigen, denn die Enteignung ist erst das letzte in Betracht kommende Mittel (s. Anm. 1 zu § 30, Anm. 1 zu § 32).

2. Andere Rechte

Vielfach, z. B. bei Bau, Betrieb und Unterhaltung von Leitungen über oder in Grundstücken bedarf es nicht des Erwerbs des Eigentums, sondern nur der Bestellung dinglicher Rechte (z. B. Dienstbarkeiten), gelegentlich auch nur persönlicher Rechte (z. B. Pacht, Miete). Verband und Aufsichtsbehörde müssen davon ausgehen, daß immer der dem rechtlichen Erfordernis entsprechende geringste Eingriff zulässig ist. So lehnt die Rechtsprechung heute grundsätzlich bei Grundstücken der öffentlichen Hand die Bestellung von Dienstbarkeiten zur Sicherung von Leitungsrechten im Wege der Enteignung ab, wenn diese nur dazu nötig wären, dem Unternehmer die erste Rangstelle im Grundbuch und die Freistellung von Folgekosten bei baulichen Änderungen am belasteten Grundstück mit der Folge der Änderung auch der belastenden Anlage zu sichern. Hier verweist die Rechtsprechung den Unternehmer auf die vom Grundeigentümer angebotene Regelung im Vertragswege (BVerwGE 13, 75). Umgekehrt reichen eine solche Lösung und selbst die Bestellung dinglicher Rechte nicht aus, wenn die nach Art des Unternehmens notwendige Inanspruchnahme des Grundstücks so weit geht, daß dem Eigentümer nur noch eine Art Bucheigentum bliebe, also nur noch eine formale Inhaberschaft des Eigentums ohne die Möglichkeit der Ausübung der dem Eigentum wesensgemäßen Rechte (Kaiser in GWF 1963, 1024ff.). Hier wäre das Eigentum in seiner rechtlichen Substanz angegriffen, und der Verband hätte einen notfalls im Wege der Enteignung zu realisierenden Anspruch auf den Erwerb des Eigentums. Diesen kann und wird die Aufsichtsbehörde dem Verband in solchen Fällen aufgeben. Umgekehrt kann auch der Eigentümer verlangen, daß nicht nur ein dingliches Recht bestellt wird und er wegen des notwendigerweise umfassenden Charakters dieses Rechtes zum bloßen Bucheigentümer wird.

3. Anordnung des Erwerbs

Bei der im letzten Halbsatz des § 29 geforderten Voraussetzung, daß das Verbandsunternehmen ohne den Erwerb des Eigentums oder der aufgeführten Rechte (s. Anm. 2) nicht zweckmäßig durchgeführt werden kann, ist vor allem an folgendes gedacht: Der Verband muß für die Herstellung von Verbandsanlagen ein bestimmtes Grundstück in Anspruch nehmen, weil er sein Unternehmen sonst nicht oder nur mit einem unvertretbar geringeren Wirkungsgrad oder aber nur mit einem unverhältnismäßig höheren Aufwand würde durchführen können. Er scheut jedoch die für den Erwerb des Eigentums oder genügend sicherer Rechte notwendigen Aufwendungen und will sich mit einer formlosen Gestattung zufrieden geben; oder aber: Der Verband ist zu dem Erwerb bereit, verzichtet aber gegenüber dem ablehnenden Eigentümer darauf, sich durchzusetzen; schließlich: Der Verband will sich kraft eigenen Wunsches oder auf Druck des Eigentümers mit einem dem Vorhaben nicht entsprechenden, zu schwachen Recht zufrieden geben (obligatorisches Recht, wenn ein dingliches vonnöten wäre; dingliches Recht, wo der Erwerb des Eigentums erforderlich wäre). In solchen Fällen wird die Aufsichtsbehörde auf den Verband einwirken, sich die nach der Art und dem Umfang des Vorhabens erforderliche Rechtsstellung zu verschaffen, und notfalls von ihrer Befugnis nach § 29 Gebrauch machen. Hierbei darf aber umgekehrt nicht weitergegangen werden, als die Umstände es erfordern, also z. B. nicht der Grunderwerb angeordnet werden, wenn ein dingliches Recht genügt, nicht die Bestellung eines dinglichen Rechtes verlangt werden, wenn die vertragliche Einräumung eines obligatorischen Rechtes genügt (zu diesen Abwägungen s. Anm. 1 und 2). In diese Erwägungen ist auch die Bestellung von Zwangsrechten nach den Landeswassergesetzen einzubeziehen, die in entsprechenden Fällen vorzuziehen ist, vor allem auch anstelle sonst notwendiger Enteignungsmaßnahmen einem widerstrebenden Eigentümer gegenüber.

Ähnliche Überlegungen, nur mit umgekehrtem Vorzeichen, sind anzustellen, wenn der Erwerb von Grundeigentum oder Rechten durch den Verband in Betracht kommt, weil die billige Rücksicht auf den Grundeigentümer oder den Berechtigten es erfordert. Solche Fälle können z. B. eintreten, wenn durch Maßnahmen des Verbandes zur Durchführung seines Unternehmens Einzelgrundstücke den Zusammenhang mit Nachbargrundstücken desselben Eigentümers verlieren und nicht mehr genutzt werden können, oder aber, wenn infolge der Inanspruchnahme nur eines Teils eines Grundstücks durch den Verband das Restgrundstück nach seiner bisherigen Bestimmung nicht mehr zweckmäßig benutzt werden kann. Für Enteignungsverfahren sind derartige Fälle in den Enteignungsgesetzen geregelt, z. B. im § 9 pr. EnteigG. § 29 WVVO hat jedoch auch den Fall im Auge, daß eine Enteignung nicht vorliegt, die entsprechenden Einwirkungen der Aufsichtsbehörde den Verband aber zum Erwerb eines Restgrundstückes veranlassen, den der Grundeigentümer sonst nur im Rahmen eines Enteignungsverfahrens oder eines Entschädigungsverfahrens nach den Landeswassergesetzen (z. B. § 84 BWG, § 89 HWG, § 45 NWG, § 95 NWWG) erzwingen könnte. Entsprechendes gilt, wenn beispielsweise der Verband mit einem dinglichen Recht auskommen würde, nach Lage der Sache auch vom Grundeigentümer nicht zur Eigentumsübernahme gezwungen werden könnte, dieser jedoch an dem Eigentum am belasteten Grundstück aus verständlichen Gründen kein Interesse mehr hat. Hier liegen zwar keine zwingenden rechtlichen Gründe wie etwa der umfassende Umfang der Beschränkungen (s. Anm. 2) für den Eigentumserwerb vor, aber es kann die nach der WVVO genügende billige Rücksicht auf den Grundeigentümer eine Entscheidung der Aufsichtsbehörde zu seinen Gunsten verlangen. Der Verordnungsgeber wollte damit sicherstellen, daß gerade in den wichtigen Grundstücksfragen die für die Allgemeinheit wie die Gesamtheit der Verbandsmitglieder vorteilhaften Verbandsmaßnahmen einem einzelnen Grundeigentümer oder einem einzelnen Inhaber der im ersten Halbsatz genannten Rechte nicht Nachteile zufügen, die als unbillig gelten müssen.

§ 29 hat nur die Fälle im Auge, daß der Verband nicht von sich aus Eigentum am Grund und Boden übernehmen oder Rechte zu seiner Nutzung sich einräumen lassen oder auch aufgeben will, obwohl es für ihn oder aus billiger Rücksicht auf den Grundeigentümer oder Berechtigten geboten ist. Die Aufsichtsbehörde wird in diesen Fällen ihren Einfluß geltend machen, um den Verband zu den erforderlichen Schritten zu veranlassen. Nötigenfalls kann sie ihre Anordnung nach § 29 mit Hilfe der ihr nach §§ 124ff. zustehenden Zwangsmittel durchsetzen und die Bereitstellung erforderlicher Geldmittel des Verbandes gemäß § 75 bewirken.

§ 30
Enteignung für das Unternehmen

(1) Der Wasser- und Bodenverband kann das Grundeigentum, soweit es für das Verbandunternehmen (§ 17) erforderlich ist[1], gegen angemessene Entschädigung entziehen und beschränken (Enteignung)[2]. Als Grundeigentum gelten auch die anderen dinglichen Rechte an Grundstücken und andere Rechte, die zum Besitze oder zur Nutzung von Grundstücken berechtigen[3].

(2) Das Enteignungsrecht erstreckt sich nur auf die nach § 3 Nr. 1 zum Verbande oder zu seinem Unterverbande (§ 113) gehörenden Grundstücke. Für den Verband, der für Schutz durch Deiche zu sorgen hat, erstreckt es sich auch auf die nicht zu ihm gehörenden Grundstücke im Deichvorlande[4].

1. Voraussetzung der Enteignung

Zur Abgrenzung von Sozialbindung des Eigentums, Enteignung und enteignungsgleichem Eingriff s. Anm. 1, 2b zu § 22 und Anm. 1 zu § 29.

Die Bestimmung geht davon aus, daß der Grundeigentümer es ablehnt, dem Verband die von diesem für erforderlich gehaltene und begehrte Rechtsstellung einzuräumen. Nach der Rechtsprechung brauchen aber Verbandsplan, Auffassung des Verbandes über das Erfordernis der Enteignung und der Verbandsbeschluß zu ihrer Durchführung nicht bestimmend dafür sein zu, ob eine Enteignung als Rechtens anzuerkennen ist und demgemäß überhaupt die nach § 32 zunächst erforderliche Zustimmung in Betracht kommt. Erste Voraussetzung ist, daß die Durchführung des Verbandsunternehmens die Inanspruchnahme gerade des vom

Verband vorgesehenen Grundstücks erfordert, also keine dem Verband zuzumutende Ausweichsmöglichkeit besteht. Gerade diese Frage spielt in der Praxis eine oft entscheidende Rolle. Bei dem Gewicht einer Enteignung als dem letzten in Betracht kommenden Mittel zur Realisierung des Vorhabens wird außer dem Verband selbst vor allem die nach § 32 zuständige Behörde unter Beteiligung der sie beratenden Fachstellen auch an Ort und Stelle eingehend prüfen, wie diese Frage zu beantworten ist. Zumutbare Erschwernisse muß der Verband notfalls in Kauf nahmen, nicht aber den Verzicht auf die Herstellung der erforderlichen Verbandsanlage mit einem ausreichenden Wirkungsgrad oder aber die Belastung mit einem höheren Aufwand, der zu dem Vorhaben in keinem vertretbaren Verhältnis mehr steht.

Ist danach erwiesen, daß für die Durchführung des Unternehmens nur das vorgesehene Grundstück ernsthaft in Betracht kommt, muß der den Grundeigentümer am geringsten beeinträchtigende, für den Verband aber noch ausreichende Eingriff gewählt werden (s. Anm. 1 bis 3 zu § 29). Lehnt der Eigentümer die im Einzelfall an sich noch ausreichende vertragliche Einräumung eines persönlichen Rechts, die etwa erforderliche Bestellung eines dinglichen Rechts (meist beschränkte persönliche Dienstbarkeit, §§ 1090ff. BGB) oder die häufig unumgänglich notwendige Übertragung des Eigentums endgültig ab, und entfällt auch die Bestellung eines Zwangsrechtes nach den Landeswassergesetzen (s. Anm. 3 zu § 29), so bleibt nur die Regelung im Wege der Enteignung. Dafür gewährt § 30 allen Wasser- und Bodenverbänden ein Enteignungsrecht, das in einem vereinfachten Verfahren (§§ 33ff.) durchgeführt werden kann. Der Verband bedarf also für die Einzelfälle, die innerhalb der von § 30 Abs. 2 gezogenen Grenzen liegen, keiner besonderen Verleihung des Enteignungsrechtes nach den Enteignungsgesetzen der Länder, da er dieses Recht schon besitzt. Eine dennoch vergenommene Verleihung dieses Rechtes wäre zwar rechtlich unschädlich, aber als überflüssige behördliche Maßnahme ein unnötiger Verwaltungsaufwand. Die sonst mit solchen Verleihungen verbundenen eingehenden Prüfungen der Behörde, ob alle tatsächlichen und rechtlichen Voraussetzungen für die Gewährung des Enteignungsrechtes erfüllt sind und demgemäß keine Bedenken gegen die Durchführung des Enteignungsverfahrens bestehen, fallen bei dem Enteignungsrecht nach § 30 nicht weg. Sie sind von der gemäß § 32 zuständigen Behörde anzustellen, bevor diese die erforderliche Zustimmung erteilt (s. Anm. 1 zu § 32).

2. Enteignung gegen angemessene Entschädigung

Über die Voraussetzungen einer Entziehung oder Beschränkung von Grundeigentum im Sinne dieser Bestimmungen der WVVO s. vorstehende

Anm. 1 sowie Anm. 1 zu § 32. Die Entschädigung dafür muß nach der WVVO „angemessen“ sein, während die sog. klassischen Enteignungsgesetze, z. B. das pr. EnteigG vorschreiben, daß „vollständige“ Entschädigung zu leisten ist. Vor dem Inkrafttreten des Grundgesetzes und auch noch gewisse Zeit danach, bis die Rechtsgrundsätze vor allem des Art. 14 GG sich in Verwaltung und Rechtsprechung voll auswirkten, wurden dieser unterschiedlichen Formulierung vielfach auch materielle Wirkungen für die Bemessung der Entschädigung zugeschrieben (vgl. Tönnesmann, Anm. 1 zu § 30). Heute spielt es für die Höhe des Rechtsanspruches auf Entschädigung und ihre tatsächliche Bemessung durch Enteignungsbehörden und Gerichte keine Rolle mehr, ob die die Entschädigung anordnende gesetzliche Enteignungsvorschrift von vollständiger oder angemessener Entschädigung oder auch nur von Entschädigung spricht. Denn alle Enteignungsentschädigungen müssen dem gleichen, in Art. 14 Abs. 3 GG normierten Erfordernis entsprechen, daß sie unter gerechter Abwägung der Interessen der Allgemeinheit und der Beteiligten zu bestimmen sind. Eine nach diesem Prinzip und den dazu von der höchstrichterlichen Rechtsprechung (BVerfGE 4, 219; BGHZ 37, 269) entwickelten Grundsätzen bemessene Entschädigung ist sowohl angemessen wie auch vollständig (Meyer-Thiel-Frohberg, Anm. 5 zu § 1; Hamann, Anm. 11 u. 12 zu Art. 14). Siehe im übrigen zur Frage der angemessenen Entschädigung Anm. 4 zu § 33.

3. Gegenstand der Enteignung

Im Gegensatz zur Enteignung nach den allgemeinen Enteignungsgesetzen, der nur Grundstücke und grundstücksgleiche — dingliche — Rechte unterliegen (vgl. §§ 1, 6 pr. EnteigG), erstreckt sich die Enteignung nach § 30 auch auf solche persönlichen Rechte, die zum Besitz oder zur Nutzung von Grundstücken berechtigen, z. B. Pacht und Miete. Die Enteignungsbefugnis des Wasser- und Bodenverbandes ist also umfassend, soweit es um die Entziehung oder Beschränkung des Grundeigentums und der am Grundstück möglichen dinglichen und sonstigen Rechte geht, die zu seinem Besitz oder zu seiner Nutzung berechtigen (Dienstbarkeiten, Erbpacht, Erbbaurecht, Nießbrauch, Allmendnutzung, Pacht, Miete). Nicht hierzu gehören die besonders erteilten wasserrechtlichen Benutzungsrechte und -befugnisse, auch wenn sie mit dem Grundstück des Rechtsinhabers verbunden sind, weil sie auch zur Benutzung des Gewässers berechtigen, diese Benutzungsbefugnis aber dem Grundeigentum nicht immanent ist. Für die Entziehung oder Beschränkung solcher Benutzungsbefugnisse gelten daher die Spezialvorschriften der Wassergesetze (Tönnesmann, Anm. 3 zu § 30).

4. Begrenzung des Enteignungsrechtes

Das vereinfachte Enteignungsverfahren nach §§ 30ff. findet nur auf Verbands- und Vorlandgrundstücke Anwendung. Andere Grundstücke können — von dem in § 31 geregelten Falle abgesehen — nur nach den Vorschriften des allgemeinen Enteignungsrechts (Anm. 4 zu § 35) enteignet werden. Dasselbe gilt, wenn öffentlich-rechtliche Körperschaften als solche Verbandsmitglieder sind (§ 36); gegen Nichtmitglieder kann der Verband auch nur nach den allgemeinen Enteignungsgesetzen vorgehen (LwRMBl. 1939 S. 455).

§ 31

Enteignung von Restgrundstücken

Der Wasser- und Bodenverband hat das Enteignungsrecht auch für das Reststück eines örtlich oder wirtschaftlich zusammenhängenden Grundbesitzes, wenn ein anderes Stück für das Verbandunternehmen in Anspruch genommen wird und infolgedessen das Reststück nicht mehr zweckmäßig benutzt werden kann[1], [2].

1. Enteignung unwirtschaftlich gewordener Restgrundstücke

Die in § 31 getroffene Regelung, daß der Verband ein für sein Unternehmen (§ 17) nicht erforderliches (vgl. § 30) Restgrundstück, das infolge der Inanspruchnahme eines anderen Stückes nicht mehr zweckmäßig zu nutzen ist, enteignen kann, begegnet rechtsstaatlichen Bedenken. Die Bestimmung geht davon aus, daß eine Eigentumsübertragung im Vertragswege vom Eigentümer des Restgrundstückes, obwohl es nicht mehr zweckmäßig benutzt werden kann, abgelehnt wird. In derartigen Fällen sieht das allgemeine Enteignungsrecht (z. B. § 9 pr. EnteigG) vor, daß der Eigentümer des Restgrundstückes vom Unternehmer verlangen kann, das Ganze oder zumindest die in ihrer Benutzbarkeit geminderten Teile des Restgrundstücks gegen Entschädigung zu übernehmen. Auch im Wasserrecht der Länder hat dieser dem Schutz des Betroffenen dienende Rechtsgedanke im Entschädigungsrecht seinen Niederschlag gefunden (s. z. B. § 84 BWG, § 89 HWG, § 45 NWG, § 95 NWWG; Anm. 3 zu § 29). Die umgekehrte Regelung in § 31 ging von dem Gedanken aus, daß der Wasser- und Bodenverband ein so weitgehendes Recht zur Grundstücksbenutzung und -enteignung habe, daß er daher auch für die Wiederherstellung einer zweckmäßigen Flureinteilung sorgen solle; das reiche für die Berechtigung zur Enteignung an sich nicht benötigter Restgrundstücke aus (Tönnesmann, Anm. 2 zu § 31). Da § 31 jedoch voraussetzt, daß das Restgrundstück für das Verbandsunternehmen nicht erforderlich ist, weil andernfalls die Enteignungsberechtigung gemäß § 30 gegeben wäre, fehlt es an der nach Art. 14 GG vorausgesetzten Erfordernis für den Entzug des Eigentums. Dies gilt auch dann, wenn der Verband u. a. Aufgaben der Bodenbewirtschaftung (§ 2 Nr. 6) hat. Auch in diesem Falle würden Restgrundstücke im Sinne des § 31 nur solche sein, die nicht unter § 30 fallen, weil sie trotz der bodenwirtschaftlichen Aufgaben des Verbandes im gegebenen Einzelfall nicht zum Verbandsunternehmen gehören, folglich vom Verband gar nicht benötigt werden. Der Erwerb solcher Restgrundstücke wird auch nicht etwa durch die Ermächtigung des § 31 zur Verbandsaufgabe, die sich allein nach § 2 i. V. m. der entsprechenden Angabe in der Satzung (§ 17 Abs. 1) richtet. Die Enteignungsbefugnis ist demgegenüber eine bloße Rechtsfolge.

2. Flurbereinigung

Anstatt der gemäß Anm. 1 unzulässigen Enteignung kann eine Flurbereinigung in Betracht kommen, z. B. wenn ländlicher Grundbesitz in größerem Umfange durch die Maßnahmen zur Durchführung des Verbandsunternehmens zersplittert wird und eine bessere Bewirtschaftung der Grundstücke mehrerer Eigentümer oder sonst eine Förderung der allgemeinen Landeskultur durch Zusammenlegung, wirtschaftliche Gestaltung und andere landeskulturelle Maßnahmen erreicht werden kann (§ 1 FlurbG). Zuständig ist die Flurbereinigungsbehörde, die das Verfahren nach dem FlurbG i. V. m. den von den Ländern erlassenen Vorschriften durchführt. Die Flurbereinigungsbehörde kann im Rahmen des Verfahrens auch Wasser- und Bodenverbände gründen, womit sie zugleich Aufsichtsbehörde dieser von ihr gegründeten Verbände wird (s. Anm. 2 zu § 152).

§ 32

Zulassung der Enteignung

Der Wasser- und Bodenverband bedarf zu der Enteignung der Zustimmung[1] der oberen Aufsichtsbehörde (bei zweistufiger Aufsicht der Aufsichtsbehörde, § 114)[2].

1. Zustimmung zu der Enteignung

a) Zwingendes Erfordernis

Aus der Stellung des Paragraphen in der WVVO und seinem Sinn ergibt sich, daß die Zustimmung nicht erst bei der Vollziehung der Enteignung (§ 34), sondern schon vor dem Beginn des Enteignungsverfahrens (§§ 33, 35) dem Wasser- und Bodenverband vorliegen muß. Die Behörde (bei zweistufiger Aufsicht die Aufsichtsbehörde, im übrigen die obere Aufsichtsbehörde) hat mit aller der Bedeutung einer solchen

Enteignung entsprechenden Sorgfalt zu prüfen, ob und inwieweit die Enteignung erforderlich ist (Anm. 1 zu § 30). Nach dem Ergebnis ihrer Prüfung wird sie über die Erteilung der Zustimmung befinden. Diese Zustimmung ist zwar schwächer als die nach den allgemeinen Enteignungsgesetzen erforderliche „Verleihung des Enteignungsrechtes" (Meyer—Thiel—Frohberg, Anm. 4 zu § 2) oder entsprechend die nach Spezialgesetzen notwendige „Feststellung der Zulässigkeit der Enteignung" (z. B. § 45 Abs. 6 NWWG), da es sich hier um Fälle handelt, in denen der Unternehmer im Gegensatz zum Wasser- und Bodenverband (§ 30) das Enteignungsrecht noch nicht besitzt. Sie hat jedoch mit dieser Verleihung der Enteignungsberechtigung gemeinsam, daß sie dem Unternehmer den Anspruch auf Einleitung und Durchführung des Enteignungsverfahrens einräumt und die für dieses Verfahren zuständige Behörde in die Lage versetzt, das Verfahren zu beginnen und durchzuführen. Ein solches Verfahren, das etwa ohne Vorliegen der Zustimmung nach § 32 eingeleitet wird und später eingestellt werden muß, weil die Zustimmung versagt wird, kann für den Grundeigentümer erhebliche materielle Nachteile mit sich bringen, z. B. durch den Wegfall einer sicheren und vorteilhaften Verkaufs- oder Tauschmöglichkeit, bei landwirtschaftlich genutzten Grundstücken auch durch Verzicht auf ihre Bestellung. Auch aus diesem Grunde kann die Einleitung des Enteignungsverfahrens schon vor Erteilung der Zustimmung nicht in Betracht kommen. Die in der vorigen Auflage vertretene Ansicht, daß die Zustimmung auch noch nach dem Erlaß des Enteignungsbescheides (§ 33) erteilt werden könne, wird aufgegeben.

b) Wirkung der Zustimmung

Diese vorherige Zustimmung, die keine allgemeine Zulassung aller bereits vorgesehenen und der etwaigen künftigen Enteignungsvorhaben des Verbandes darstellt, gilt immer nur für den konkreten Einzelfall, für den der Verband die Zustimmung zur Enteignung beantragt, und ist ein Verwaltungsakt. Für den Verband ergibt sich daraus die Möglichkeit, bei Versagung der beantragten Zustimmung, bei einer gegenüber dem Antrag eingeschränkten Erteilung oder bei Untätigkeit der Behörde von den Rechtsbehelfen der VwGO Gebrauch zu machen, um den Antrag durchzusetzen. Die Zustimmung betrifft jedoch nicht den Grundeigentümer, der durch sie in seinen Rechten noch nicht verletzt ist. Er kann daher die Rechtsbehelfe der VwGO nicht in Anspruch nehmen, um etwa zu erreichen, daß die Zustimmung zurückgenommen oder eingeschränkt wird. Das gilt auch für den Fall, daß die Enteignung gegen ein verbandsfremdes Grundstück gerichtet ist, für das die Voraussetzungen des § 30 nicht zutreffen (s. Anm. 4 zu § 30), so daß die allgemeinen Enteignungsvorschriften anzuwenden sind und erst das

Enteignungsrecht verliehen werden muß. Auch die Verleihung eines solchen Enteignungsrechtes, die das Einverständnis der erteilenden Behörde mit der Einleitung und Durchführung des Enteignungsverfahrens einschließt, betrifft nach herrschender Auffassung nicht den Grundeigentümer, stellt sich ihm gegenüber nicht als belastender Verwaltungsakt dar und berührt nicht seine Rechte (Meyer—Thiel—Frohberg, Anm. 5 zu § 2). Dies gilt jedoch nur insoweit, wie die Zulassung der Enteignung (= Verleihung des Enteignungsrechts) nicht schon konkrete Maßnahmen enthält, die den Grundeigentümer belasten, wie etwa die Feststellung des Planes oder die Einschränkung der Bebaubarkeit des Grundstücks. Solche Maßnahmen enthält die Zustimmung nach § 32 nicht, da sie lediglich dem Verband als Unternehmer einen Anspruch auf die Durchführung des Enteignungsverfahrens gegenüber der zuständigen Stelle (s. Anm. 1 zu § 33 und Anm. 4 zu § 35) einräumt und dieser Stelle die Befugnis gibt, das Verfahren einzuleiten und durchzuführen. Gerade dieses Verfahren ist es aber, das in seiner besonderen Ausgestaltung in Verbindung mit den Rechtsbehelfen nach der VwGO dem Betroffenen alle in Betracht kommenden Möglichkeiten zur Wahrung seiner Belange bietet.

c) Antragsvoraussetzungen

Entsprechend der Bedeutung der behördlichen Zustimmung muß der auf sie gerichtete Antrag des Verbandes alle Unterlagen und Angaben enthalten, die es der Behörde ermöglichen, zu prüfen, ob und inwieweit die Enteignung erforderlich ist (Anm. 1 zu § 30). Hierfür können die in den Ländern geltenden Richtlinien für Kabinettsvorlagen wegen Zulassung der Enteignung nach den allgemeinen Enteignungsgesetzen als Hinweise dienen, soweit sich nicht ein Unterschied daraus ergibt, daß die Wasser- und Bodenverbände das Enteignungsrecht als solches schon besitzen. Immerhin hängt es von der Zustimmung nach § 32 nicht weniger als von einer Verleihung des Enteignungsrechtes nach allgemeinem Enteignungsrecht ab, ob ein Enteignungsverfahren überhaupt durchgeführt und eine Enteignung vorgenommen werden kann. Der im Einvernehmen mit allen Mitgliedern der Landesregierung ergangene Runderlaß des Innenministers des Landes Nordrhein-Westfalen vom 20. 8. 1960 — SMBl. NW 214/MBl. NW 1960 S. 2346 — zum pr. Enteignungsgesetz von 1874 spricht von „Richtlinien für die Prüfung der Zulassung einer Enteignung“ und ist auch auf Fälle anzuwenden, in denen nicht das Kabinett das Enteignungsrecht verleiht, sondern aufgrund besonderer Vorschriften wie § 45 NWWG der Fachminister die Zulässigkeit der Enteignung feststellt. Im gleichen Sinne sind diese Richtlinien für die Zulassung der Enteignung (Überschrift zu § 32) nach der WVVO anwendbar. Aus diesen Richtlinien des Innenministers des

Landes Nordrhein-Westfalen kann für die Zulassung der Enteignung nach § 32 auszugsweise folgendes entnommen werden:

Eine Enteignung kommt nur in Betracht, wenn ein Grundstück für Zwecke des Verbandes notwendig ist und auf andere Weise nicht beschafft werden kann. Um diese Grundsätze zu sichern, sind der Bearbeitung von Anträgen auf Zulassung der Enteignung nach § 32 WVVO nachstehende Richtlinien zugrunde zu legen.

A. Zulässigkeit der Enteignung

a) Es ist nachzuweisen, daß die Enteignung der Erfüllung der Verbandsaufgaben dient.

b) Die Enteignung muß zur Durchführung des Unternehmens des Verbandes erforderlich sein.

Zu diesen Voraussetzungen sind eingehende Nachweise zu erbringen. Auch ist mitzuteilen, ob und inwieweit das Vorhaben sich mit anderen Interessen, die ebenfalls dem öffentlichen Wohl dienen, überschneidet, und welche Gründe trotzdem für die Durchführung des Vorhabens des Verbandes sprechen. Insbesondere ist auch darzulegen, ob die Verhandlungen mit dem Grundeigentümer über eine vertragliche Regelung gescheitert sind, obwohl ihm eine angemessene, dem wirklichen Wert des begehrten Grundstücks oder Rechtes entsprechende Entschädigung angeboten wurde.

Ferner dürfen dem geplanten Unternehmen außer dem Erwerb der erforderlichen Grundflächen oder Rechte keine sonstigen Hindernisse entgegenstehen. Bei genehmigungspflichtigen Anlagen, für die die Zustimmung nach § 32 beantragt wird, kann diese erst erteilt werden, wenn feststeht, daß grundsätzliche Hindernisse einer Genehmigung (im weitesten Sinne, also z. B. nach den Wassergesetzen auch Erlaubnisse, Bewilligungen, Planfeststellungen) nicht entgegenstehen. Des weiteren kann die Zustimmung erst erteilt werden, wenn die finanzielle Durchführbarkeit des Unternehmens in absehbarer Zeit sichergestellt erscheint.

B. Zusammenstellung der Angaben für die Zulässigkeit der Enteignung

a) Bezeichnung und eingehende Beschreibung des Unternehmens, für welches die Enteignung zugelassen werden soll.

b) Bei genehmigungspflichtigen Anlagen ist die Genehmigung (Erlaubnis, Bewilligung, Planfeststellung usw.) vorzulegen, oder es ist nachzuweisen, daß keine grundsätzlichen Hindernisse für eine noch zu erteilende Genehmigung bestehen.

c) Es ist anzugeben, ob die finanzielle Durchführbarkeit des Unternehmens gesichert ist.

d) Die erforderlichen Beschlüsse der zuständigen Verbandsorgane sind vorzulegen.

e) Darlegung der Gründe, daß die Enteignung der Erfüllung der Verbandsaufgaben dient.
f) Es ist anzugeben, weshalb gerade diese Grundstücke oder Rechte für die Durchführung des Unternehmens benötigt werden, insbesondere auch, ob nicht geeignete Grundflächen des Verbandes vorhanden sind.
g) Kollidiert das Unternehmen mit anderen Interessen des öffentlichen Wohls, ist darzutun, weshalb ihm der Vorrang zu geben ist.
h) Beschreibung des jetzigen Zustandes und der Nutzungsart der betroffenen Grundflächen. Angaben über die Auswirkungen auf den Betrieb des Enteigneten sowie über sonstige besondere Verhältnisse, die für die Enteignung von Bedeutung sein können.
i) Hinweis, ob obligatorische Rechte genügen, ob eine Beschränkung des Eigentums oder ob die Entziehung erforderlich ist.
k) Gründe, warum eine vertragliche Regelung von dem Grundeigentümer abgelehnt worden ist.
l) Falls Kaufverhandlungen an der Tauschlandfrage gescheitert sind, Angabe der Gründe, warum dem Eigentümer kein akzeptables Angebot gemacht werden konnte.
m) Es ist darzulegen, welcher Preis dem Eigentümer angeboten wurde. Die Angemessenheit des Angebots ist zu begründen, notfalls unter Beifügung der gutachtlichen Äußerung geeigneter Sachverständiger oder zuständiger amtlicher Stellen.

Wenn der Verband sich außerstande sieht, zu einer der Fragen die notwendigen Angaben zu machen, sind die Gründe hierfür darzulegen.

d) Leitungsvorhaben

Bei größeren Leitungsvorhaben (z. B. Abwassersammlern, Wasserversorgungsleitungen) kann die Anwendung der oben dargestellten Grundsätze bisweilen zu unerwünschten Ergebnissen führen. So könnte z. B. eine an sich noch variable Leitungstrasse durch vorweggenommene Teileinigungen praktisch festgelegt und die Behörde deswegen gezwungen sein, für die verbleibenden Grundstücke die Enteignung zuzulassen. Abweichend von den oben genannten Grundsätzen kann es daher in diesen Fällen dem öffentlichen Interesse mehr entsprechen, für das gesamte Leitungsvorhaben vor Verhandlungen zwischen Unternehmer und Betroffenen die generelle Zulässigkeit der Enteignung festzustellen und damit der Behörde den nötigen Einfluß auf die Trassierung zu sichern.

2. Zuständigkeit

Wer obere Aufsichtsbehörde ist, ergibt sich aus § 112, die zweistufige Aufsicht aus § 114.

Die WVVO weicht hier von der Zuständigkeitsregelung in den allgemeinen Enteignungsgesetzen (z. B. pr. EnteigG und Gesetz über ein vereinfachtes Enteignungsverfahren vom 26. 7. 1922 — GS S. 211 —) ab. Nach diesen Gesetzen ist das Landeskabinett oder der Fachminister zuständig. Das entspricht der großen Bedeutung, die der Zulassung der Enteignung stets beigelegt wurde. Zwar legt § 32 die Entscheidung über die Zulassung der Enteignung schon in die Hand der oberen Aufsichtsbehörde — schaltet also die Aufsichtsbehörde aus —, doch wird die zuständige Behörde bei auftretenden Zweifeln der obersten Aufsichtsbehörde berichten, um ihre Weisung zu erbitten. Um welche Zweifel es sich handeln kann, ergibt sich aus den Ausführungen in Anm. 1.

Die oben geschilderte Regelung, daß für die Zulassung der Enteignung die obersten Organe oder Behörden der Landesverwaltung zuständig sind, findet sich auch in § 36 für die Gebietsbestimmung mit der Folge der Enteignungsberechtigung gegenüber den nicht verbandszugehörigen Grundstücken.

§ 33

Verfahren der Enteignung

(1) Der Vorstand des Wasser- und Bodenverbandes stellt durch schriftlichen Bescheid[1] an die Beteiligten fest, in welchem Umfange das Grundeigentum entzogen oder beschränkt wird[2], welche Sicherungen gegen die von dem Verbandunternehmen drohenden Gefahren und Nachteile getroffen werden[3] und welche Entschädigung gegeben wird[4].

(2) Gegen den Bescheid ist in zwei Wochen nach der Mitteilung die Beschwerde an die obere Aufsichtsbehörde (bei zweistufiger Aufsicht an die Aufsichtsbehörde, § 114) zulässig[5]. *Deren Bescheid ist hinsichtlich der Entziehung und der Beschränkung des Grundeigentumes und hinsichtlich der Sicherungen gegen Gefahren und Nachteile endgültig[6].*

(3) Wenn ein Beteiligter glaubt, daß die von der Aufsichtsbehörde festgestellte Entschädigung nicht angemessen ist, kann er in einem Monat nach der Mitteilung seinen Anspruch durch Klage nach dem allgemeinen Rechte der Enteignung geltend machen[7].

1. Anwendbarkeit des Enteignungsverfahrens nach der WVVO

Das Enteignungsverfahren nach der WVVO ist gegenüber demjenigen nach den früheren allgemeinen Enteignungsgesetzen vereinfacht (Anm. 1 zu § 30). Ist die Zustimmung zur Enteignung gemäß § 32 erteilt (Anm. 1 zu § 32), bedarf es nicht mehr des nach diesen Gesetzen vorgeschriebenen mehrstufigen Verfahrens mit Feststellung des Planes, Entschägungsfeststellungsbeschluß und Enteignungsbeschluß, desgleichen nicht der Anwendung der zugehörigen Vorschriften über die Bekanntmachung und über die Gebühren (§ 35 Abs. 2). Vielmehr werden die verschiedenen enteignungsrechtlichen Verfahrensteile in dem aus Abs. 1 ersichtlichen einheitlichen schriftlichen Bescheid zusammengefaßt, der ihre tatsächlichen und rechtlichen Elemente insoweit enthält, wie dies bei dem speziellen Verfahren nach der WVVO erforderlich ist (s. Anm. 2 bis 4). In dieser Konzentrationswirkung des § 33 ist jedoch keine grundlegende verfahrensrechtliche Neuregelung zu erblicken, weil nur eine Entwicklung weitergeführt wird, die bereits von den neueren allgemeinen Enteignungsgesetzen eingeschlagen wurde, so vom Pr. Gesetz über ein vereinfachtes Enteignungsverfahren vom 26. 7. 1922 — Pr. GS S. 211 —, das schon zuläßt, den Entschädigungsfeststellungsbeschluß mit dem Enteignungsbeschluß und in geeigneten Fällen darüber hinaus beide mit dem Planfeststellungsbeschluß zu verbinden (§ 4 a. a. O.).

Die wesentliche Abweichung des Verfahrens nach der WVVO von der üblichen Regelung besteht darin, daß nicht die nach den allgemeinen Enteignungsgesetzen zuständige Enteignungsbehörde, sondern der Verbandsvorstand, also ein Organ des Enteignungsunternehmers selbst, den Bescheid nach Abs. 1 erteilt. Diese Vorschrift ist in der Zeit seit Inkrafttreten des GG oft als mit rechtsstaatlichen Grundsätzen unvereinbar angesehen worden, so daß viele Wasser- und Bodenverbände notwendig gewordene Enteignungsverfahren nach den allgemeinen Enteignungsgesetzen durchgeführt haben. Die Bedenken sind jedoch nicht gerechtfertigt, da die Vorschrift als geltendes Recht anwendbar geblieben ist. Einmal hat der Verordnungsgeber hier die Zuständigkeit selbst festgelegt und in die Hand des Vorstandes gegeben, nicht also dem Wasser- und Bodenverband übertragen. Er hat damit die Möglichkeit zu unterschiedlichen Kompetenzregelungen in den verschiedenen Verbandssatzungen ausgeschlossen, da die Zuständigkeitsbestimmung in Abs. 1 zwingendes Recht ist. Gleichzeitig hat er dem Vorstand die nötige Unabhängigkeit bei seiner Entscheidung verliehen und seine Eigenverantwortlichkeit herausgestellt, die nicht unbedingt gewährleistet wären, wenn mögliche Satzungsbestimmungen z. B. eine Abhängigkeit des für den Bescheid zuständigen Verbandsorgans von den unmittelbar interessierten Verbandsmitgliedern zur Folge haben könnten. Dieser behördenähnlichen Verselbständigung, die die WVVO dem Vorstand für seine Funktionen im Enteignungsverfahren nach §§ 33ff. beigemessen hat, entsprechen die in Abs. 2 Satz 1 und Abs. 3 getroffenen Regelungen, nach denen nicht nur der von der Enteignung betroffene Grundeigentümer, sondern auch der Wasser- und Bodenverband als Enteignungsunternehmer Beschwerde erheben und klagen kann (Tönnesmann, Anm. 3 u. 4 zu § 33).

Fraglich könnte sein, ob infolge dieser Zuständigkeit des Vorstandes eine Interessenkollision mit seinen sonstigen ihm nach der WVVO und der Satzung zustehenden Funktionen zu befürchten ist. Art und Ausmaß des denkbaren Ineinandergreifens der Interessen, die mit verschiedenen Funktionen des gleichen Organs verbunden sind, sind bei dem gesetzlich legitimierten Organ einer Selbstverwaltungskörperschaft nicht größer und wirksamer als bei einer Behörde, die zugunsten ihres Trägers (Forsthoff, § 22 b 2; Landmann—Giers—Proksch, S. 67) ein Enteignungsverfahren durchführt (z. B. der Regierungspräsident für das Land). Schließlich werden die in Art. 14 GG normierten Grundsätze der Enteignung wie auch andere grundgesetzliche Bestimmungen nicht verletzt und der Rechtsschutz des Betroffenen nicht dadurch aufgehoben, eingeschränkt oder erschwert, daß die Entscheidungskompetenz nach § 33 Abs. 1 dem Vorstand anstelle der sonst zuständigen allgemeinen Enteignungsbehörde übertragen ist.

Der Bescheid muß schriftlich ergehen, alle für die Beteiligten wichtigen Angaben enthalten, mit der Belehrung über die Rechtsbehelfe (s. unten Anm. 5 bis 7) versehen sein (§ 187) und sollte stets zugestellt werden (ebenso Tönnesmann, Anm. 2 zu § 33), was insbesondere wegen der Gewißheit über die Fristen bei der Einlegung von Rechtsbehelfen wie auch wegen des genauen Zeitpunktes des Eigentumsüberganges wichtig ist (Abs. 2 Satz 1, Abs. 3, § 34).

2. Umfang der Entziehung oder Beschränkung

Der Umfang der Entziehung oder Beschränkung des Grundeigentums betrifft die in Anspruch genommene Fläche sowohl nach ihrer Größe wie auch nach ihrer Lage und Gestaltung. Hier darf über die Bedürfnisse des Verbandes unter möglichster Wahrung der Belange des Betroffenen nicht hinausgegangen werden (s. Anm. 1 zu § 30). Die Fläche muß durch die nötigen Pläne sowie kataster- und grundbuchmäßigen Unterlagen und Beschreibungen eindeutig festgelegt sein. Hierbei handelt es sich um Voraussetzungen, die beim allgemeinen Enteignungsverfahren sonst im Planfeststellungsbeschluß erfüllt werden. Diese Voraussetzungen ebenso wie die anderen Teile des Bescheides (s. Anm. 3 und 4) verlangen, daß der Vorstand zuvor die Beteiligten, insbesondere den betroffenen Grundeigentümer und die etwaigen Realberechtigten über das Vorhaben eingehend unterrichtet, sie hört und die Sache mit ihnen erörtert (§ 35 Abs. 1). Erst nach Abschluß dieses Anhörungsverfahrens, zu dem es auch infolge der Ablehnung von Verhandlungen durch die Betroffenen kommen kann, darf der Bescheid ergehen. Die Vorschriften des allgemeinen Enteignungsrechtes (im Geltungsbereich des pr. EnteigG dessen §§ 19ff., 25ff.) gelten, soweit sie mit der WVVO nicht in Widerspruch stehen, entsprechend (§ 35 Abs. 1) mit der Maßgabe, daß die Vorschriften über die Bekanntmachung, die Feststellung des Planes, den Entschädigungsbeschluß, den Enteignungsbeschluß und die Gebühren nicht anzuwenden sind (§ 35 Abs. 2). Der Vorstand muß also auf andere Weise bewirken, daß allen Betroffenen die erforderlichen Mitteilungen zugehen, z. B. mittels eingeschriebenen Briefes, am besten durch förmliche Postzustellung.

Es ist rechtlich unschädlich, wenn der Vorstand darüber hinaus seine Mitteilung in der für Bekanntmachungen des Verbandes vorgeschriebenen Form bekanntgibt, zumal dies der Forderung entspricht, den Betroffenen die Kenntnisnahme möglichst zu erleichtern. Des weiteren muß es dem Vorstand überlassen bleiben, um die Möglichkeit der Kenntnisnahme durch alle Beteiligten sicherzustellen, sich auch der Presse und der amtlichen Mitteilungsblätter von Behörden zu bedienen, wenn bei größeren Vorhaben der Kreis der Beteiligten nicht sicher zu ermitteln ist. Entsprechendes wie für die Mitteilung des Vorhabens an die Beteiligten gilt für die Ladungen zur Unterrichtung über die Sache, die Anhörung und die Erörterung. Bei Überlegungen, über die unmittelbare Benachrichtigung der dem Vorstand bekannten Beteiligten hinauszugehen, ist zu bedenken, daß das hier besprochene Verfahren nur für die zum Verband und zu seinem Unterverband gehörenden Grundstücke gilt (§ 30 Abs. 2 Satz 1), über die der Vorstand die nötige Kenntnis besitzt oder sich leicht verschaffen kann. Für eine weitergehende Bekanntgabe über die Einzelmitteilungen an die bekannten Beteiligten hinaus durch Presse und amtliche Mitteilungsblätter kommen nur wenige besonders gelagerte Fälle in Frage, zu denen auch die des § 30 Abs. 2 Satz 2 zählen können, da es sich dabei um verbandsfremde Grundstücke handelt.

3. Sicherungen gegen Gefahren und Nachteile

Auch hier handelt es sich um Bestandteile des Bescheides, die beim allgemeinen Enteignungsverfahren im Planfeststellungsbeschluß (vgl. § 21 Abs. 1 Nr. 2, § 14 pr. EnteigG) dem Unternehmer auferlegt werden können, z. B. Einrichtung von Anlagen an Wegen, Überfahrten, Triften und Einfriedigungen sowie von Bewässerungs- und Vorflutanlagen, soweit dies für benachbarte Grundstücke oder im öffentlichen Interesse zur Sicherung gegen Gefahren und Nachteile notwendig ist. Auch die Unterhaltung solcher Anlagen kann ganz oder teilweise auferlegt werden. Im einzelnen gelten die allgemeinen enteignungsrechtlichen Vorschriften (§ 35 Abs. 1). Das Wort „Verbandunternehmen" in § 33 Abs. 1 ist im Sinne von „Enteignungsunternehmen" zu verstehen (Tönnesmann, Anm. 1 zu § 33).

4. Entschädigung

Mit Ausnahme der Vorschriften über den Entschädigungsbeschluß (§ 35 Abs. 2) sind auch hier die der WVVO nicht widersprechenden Vorschriften des allgemeinen Enteignungsrechtes entsprechend anzuwenden (im Anwendungsbereich des Pr. EnteigG dessen §§ 7—13). Dabei spielt der Unterschied in der Ausdrucksweise der Vorschriften, die in der WVVO von angemessener und in den allgemeinen Enteignungsgesetzen von vollständiger Entschädigung sprechen, keine Rolle mehr (s. Anm. 2 zu § 30). Da das Grundeigentum bei der Entziehung lastenfrei auf den Enteignungsunternehmer übergeht (Anm. 2 zu § 34), sind bei der Entschädigung die Ansprüche der Nutzungs-, Gebrauchs- und Servitutberechtigten, Pächter und Mieter, die ihnen durch die Enteignung erwachsen, zu berücksichtigen. Werden statt des Eigentums nur andere dingliche Rechte oder sonstige Rechte, die zum Besitze oder zur Nutzung von Grundstücken berechtigen (Anm. 3 zu § 30), enteignet, oder werden im Wege der Enteignung Beschränkungen des Grundstücks bewirkt, so gelten die gleichen enteignungsrechtlichen Entschädigungsgrundsätze (Meyer—Thiel—Frohberg, Anm. 2 zu § 12).

Die Bemessung der Entschädigung richtet sich nach Art. 14 Abs. 3 Satz 2 GG, der vorschreibt, daß die Entschädigung unter gerechter Abwägung der Interessen der Allgemeinheit und der Beteiligten zu bestimmen ist. Sie ist, da die WVVO nichts Abweichendes vorschreibt, in Geld zu leisten. Für ihre Höhe ist bestimmend, daß sie als einen Ausgleich für das dem Betroffenen durch die Enteignung auferlegte Sonderopfer und die dadurch verletzte Gleichheit gewähren soll (BGHZ 6, 20). Daher ist der Substanzverlust voll auszugleichen (BGHZ 11, 160), wozu aber nicht der seit der Entziehung laufend entgangene Gewinn gehört. Auch wenn im Einzelfall, z. B. beim Bau von Talsperren, Kläranlagen, bei der Verlegung von Gewässern oder sonstigen Ausbaumaßnahmen an oberirdischen Gewässern, Fabrikgrundstücke und andere Gewerbebetriebe enteignet werden müssen, ist als Enteignungsentschädigung nicht auch der etwa seit der Entziehung laufend entgangene Gewinn zu ersetzen, sondern, da nur in die Substanz dieses Vermögenswertes eingegriffen worden ist, lediglich dessen objektiver Substanzwert zu ersetzen (BGH Urteil v. 8. 3. 1965 — III ZR 209/63 —).

In einer neueren Entscheidung führt der BGH aus, daß es bei der Bemessung der Enteignungsentschädigung auf die Möglichkeit einer Grundstücksersatzbeschaffung nicht ankomme. Durch die Entschädigung solle der Enteignete einen Ausgleich für das Opfer erhalten, das er der Allgemeinheit bringe. Wenn die Rechtsprechung dies dahin ausdrücke, der Enteignete solle in die Lage versetzt werden, sich einen gleichartigen Gegenstand wieder zu beschaffen, so sei dies nur bildhaft gemeint und besage nichts anderes, als daß ihm durch die Entschädigung das volle Äquivalent für das Genommene gegeben werden müsse. Sei die Beschaffung eines gleichartigen und gleichwertigen Ersatzgrundstücks nicht möglich, dann biete die heutige Wirtschaftslage genügend Möglichkeiten, die an die Stelle des enteigneten Grundstücks tretende Entschädigung in anderer Weise werterhaltend und nutzbringend anzulegen (BGH Urteil v. 29. 11. 1965, MittDSt. 1966, 56). Die Entschädigungssumme ist nach den Regeln des allgemeinen Enteignungsrechtes vom Tage der Enteignung an mit 4% zu verzinsen (Meyer—Thiel—Frohberg, Anm. 2—4 zu § 36).

Bei bloßen Grundstücksbeschränkungen, z. B. durch beschränkte persönliche Dienstbarkeiten zugunsten von Rohrleitungen (Leitungsservitute), wird heute von der Rechtsprechung über die früher nur in Höhe einer Anerkennungsgebühr gewährte Entschädigung für die Belastung und über die übliche Nutzungsentschädigung hinaus eine Minderung des Verkehrswertes des Grundstücks anerkannt (etwa zwischen 5 und 30%), die zu entschädigen ist (vgl. Matzker, Die Entschädigung für Enteignungen, Landw. Wochenblatt, Münster/Westf., 1966, Folge 24, S. 7).

Kosten für Rechtsberatung und Privatgutachten zur zweckentsprechenden Rechtsverteidigung oder Rechtsberatung sind als Folgeschäden der Enteignung zu werten und daher zu erstatten, soweit sie notwendig waren, sachgemäß erforderlich waren und sich in einem angemessenen Rahmen halten (BGH, Urteil vom 6. 12. 1965, NJW 1966, 496).

Die maßgebende Zeit für die Wertermittlung des enteigneten Objektes und die Bemessung der Höhe der Entschädigung ist grundsätzlich der Zeitpunkt der Zustellung des Bescheides (s. Anm. 1, letzter Abs.). Werterhöhungen, aber auch Wertminderungen, die das Grundstück oder das entzogene Recht erst durch das Enteignungsunternehmen erfährt, bleiben außer Ansatz. Danach ist der volle objektive Wert des enteigneten Objektes zu ersetzen, womit zwar nicht der höchste denkbare Wert, wohl aber ein voller Ersatz des Substanzverlustes gemeint ist, bei dem unsichere Hoffnungen auf etwaige Wertsteigerungen auszuscheiden haben, der individuelle Wert infolge echter Werterhöhung durch Verknüpfung gerade dieses Grundstücks mit gerade diesem Eigentümer jedoch zu berücksichtigen ist. Gelegentlich, vor allem bei gewerblich genutzten Grundstücken, kann die Bewertung aufgrund des nachhaltigen jährlichen Reinertrages unter Anwendung eines der Betriebsart, der Lage und den Zeitverhältnissen entsprechenden Kapitalisierungsfaktors angebracht sein. Im allgemeinen ist der Verkehrswert heute der bessere und am meisten angewandte Maßstab. Entschädigungspflichtig ist bei rechtmäßiger Enteignung stets der Begünstigte, hier also der Wasser- und Bodenverband (BGHZ 11, 248). Demgegenüber ist bei rechtswidrigem enteignungsgleichem Eingriff (vgl. Anm. 2 b zu § 22) stets die öffentliche Hand als Träger der Behörde, die den rechtswidrigen Eingriff vorgenommen hat, ersatzpflichtig (BGHZ 40, 49). Dies kann der Verband sein, falls sein Vorstand durch einen solchen Eingriff die Ersatzansprüche verursacht hat.

5. Beschwerde

Soweit die Beschwerde nicht den die Höhe der Entschädigung betreffenden Teil des Bescheides betrifft, ist sie weggefallen (§ 195 Abs. 2 VwGO) und gemäß § 77 VwGO durch §§ 68ff. VwGO ersetzt worden.

Richtet sich die Beschwerde gegen die in dem Bescheid festgesetzte Höhe der Entschädigung, ist sie als unverbindliches, dem nach Art. 14 Abs. 3 Satz 4 GG vorgeschriebenen ordentlichen Rechtsweg vorgeschaltetes Verwaltungsverfahren bestehen geblieben (BVerfGE 4, 387; 8, 240). Somit verbleibt es für diese Beschwerde auch bei der Frist von zwei Wochen. Eine Fortsetzung dieses unverbindlichen Verwaltungsverfahrens nach Ablehnung der Beschwerde sieht die WVVO nicht vor, so daß es mit der Beschwerdeentscheidung der oberen Aufsichtsbehörde (bei zweistufiger Aufsicht der Aufsichtsbehörde, § 114) sein Bewenden hat. Der Betroffene ist also, wenn er den Bescheid wegen der darin festgesetzten Höhe der Entschädigung angreifen will, frei darin, ob er nur gemäß Abs. 3 vor dem ordentlichen Gericht klagen oder neben der Klage auch den unverbindlichen Beschwerdeweg beschreiten will, oder ob er sich mit einer Nachprüfung im Wege dieser Beschwerde begnügt. Er muß sich dabei darüber klar sein, daß nur die Entscheidung des ordentlichen Gerichts den angefochtenen Bescheid hinsichtlich der Höhe der Entschädigung mit rechtlicher Wirkung abzuändern vermag. Dennoch kann in bestimmten Fällen diese unverbindliche Beschwerdemöglichkeit sinnvoll sein, weil sie die in Enteignungsangelegenheiten erfahrene zuständige Behörde zu einer Sachnachprüfung veranlaßt, so daß eine zur Vermeidung der Fristversäumnis rechtzeitig eingelegte Klage nach Abs. 3 zurückgezogen werden kann, wenn der Vorstand seinen Bescheid der Beschwerdeentscheidung anpaßt.

6. Nichtfortgelten der Vorschrift

Abs. 2 Satz 2 ist gegenstandslos geworden (Art. 19 Abs. 4 Satz 1 GG). An seine Stelle sind die Vorschriften der VwGO getreten. Dies ist bei der Rechtsmittelbelehrung (§ 58 VwGO) in dem Bescheid (s. oben Anm. 1) zu berücksichtigen.

7. Ordentlicher Rechtsweg

Die Vorschrift entspricht dem in Art. 14 Abs. 3 Satz 4 GG festgelegten Grundsatz. Nur die im Bescheid nach Abs. 1 festgestellte Höhe der

Entschädigung kann durch Klage vor dem ordentlichen Gericht angefochten werden. Für ihre Erhebung gilt die vorgeschriebene Frist von einem Monat seit Zugang der Mitteilung des Bescheides (s. oben Anm. 1, letzter Abs.), die durch neuere Gesetze nicht geändert wurde. Sie ist auch nicht unangemessen kurz, so daß die Möglichkeit, den ordentlichen Rechtsweg zu beschreiten, nicht praktisch ausgehöhlt wird; gegen sie sind somit keine Bedenken zu erheben (BVerfGE 8, 240; 4, 387).

§ 34

Vollziehung der Enteignung

Sobald der Bescheid des Vorstandes oder der auf die Beschwerde ergehende Bescheid unanfechtbar wird[1], treten die darin angeordneten Rechtswirkungen ein[2]. *Der endgültige Teil des Beschwerdebescheides wird wirksam, sobald er dem Eigentümer (oder dem Berechtigten, § 30 Abs. 1) zugeht[3].*

1. Unanfechtbarkeit des Bescheides

Der Bescheid des Vorstandes, der die in § 33 Abs. 1 erwähnten Bestandteile in Form einer einheitlichen Entscheidung zusammenfaßt (s. Anm. 1 zu § 33), wird erst bestandskräftig, wenn er sowohl hinsichtlich seiner nach der VwGO anfechtbaren Teile (Anm. 5 zu § 33) als auch hinsichtlich der gegen ihn möglichen Beschreitung des ordentlichen Rechtsweges (Anm. 7 zu § 33) unanfechtbar geworden ist. Der Teil der Vorschrift, der den Eintritt der Rechtswirkungen (Satz 1, zweiter Halbsatz) an die Unanfechtbarkeit des auf die Beschwerde (§ 33 Abs. 2) ergehenden Bescheides knüpft, hat keine rechtliche Bedeutung mehr (s. Anm. 5 zu § 33).

2. Eintritt der Rechtswirkungen

Gemäß § 35 Abs. 1 gelten auch für die Vollziehung der Enteignung die mit der WVVO nicht in Widerspruch stehenden Vorschriften des allgemeinen Enteignungsrechtes entsprechend. Im Anwendungsbereich des preußischen Enteignungsrechtes ist somit insbesondere § 5 des Gesetzes über ein vereinfachtes Enteignungsverfahren vom 26. 7. 1922 (GS S. 211) zu beachten, wonach das Eigentum des enteigneten Grundstücks auf den Unternehmer erst nach Zahlung oder Hinterlegung der Entschädigungssumme übergeht. Diese Vorschrift gilt auch für die nach § 30 der Enteignung unterliegenden Grundstücke und Rechte, da die im pr. EnteigG vom 11. 6. 1874 enthaltene Regelung, die auf der Mehrstufigkeit des Verfahrens aufbaut, zu der von der WVVO getroffenen im Widerspruch steht, während das Gesetz von 1922 im Prinzip die gleiche Bündelung der Verfahrensteile wie die WVVO ermöglicht (s. Anm. 1 zu § 33).

Danach gehen mit dem Eintritt der Rechtswirkungen des Bescheides, soweit in ihm nichts anderes bestimmt ist, das Eigentum oder die sonstigen enteigneten Rechte lastenfrei auf den Verband über (s. Anm. 4 zu § 33). Infolge dieses originären Erwerbs von Eigentum oder von sonstigen Rechten wird das Grundbuch, soweit Eintragungen betroffen sind, unrichtig und muß von Amts wegen berichtigt werden. Hierzu hat der Vorstand das Nötige zu veranlassen.

3. Nichtfortgelten der Vorschrift

§ 34 Satz 2 ist als von dem weggefallenen § 33 Abs. 2 Satz 2 (s. Anm. 6 zu § 33) abhängige Vorschrift gegenstandslos geworden.

§ 35

Anwendung der Enteignungsgesetze

(1) Die Vorschriften des allgemeinen Enteignungsrechtes[1], die mit den Vorschriften dieser Verordnung nicht im Widerspruche stehen, gelten entsprechend, insbesondere die Vorschriften über die Entschädigung, die Sicherung gegen die von dem Enteignungsunternehmen drohenden Gefahren und Nachteile, die Rechte anderer Personen am Gegenstande der Enteignung, die Anhörung der Beteiligten, die Eintragungen im Grundbuche, die Vollziehung der Enteignung, die Hinterlegung, das Verteilungsverfahren und die Rechtsnachfolge im Enteignungsverfahren[2]. An die Stelle der Enteignungsbehörde tritt der Vorstand des Wasser- und Bodenverbandes[3].

(2) Nicht anzuwenden sind insbesondere die Vorschriften über die Bekanntmachung und die Feststellung des Planes, über den Entschädigungsbeschluß, den Enteignungsbeschluß und über die Gebühren[4].

1. Allgemeines Enteignungsrecht

Die Vorschriften der allgemeinen Enteignungsgesetze sind die Vorschriften der Enteignungsgesetze der Länder (Tönnesmann, Anm. 1 a zu § 35), im Geltungsbereich der preußischen Enteignungsgesetze also das Gesetz über die Enteignung von Grundeigentum vom 11. Juni 1874 (Pr. GS S. 221) und das Gesetz über ein vereinfachtes Enteignungsverfahren vom 26. Juli 1922 (Pr. GS. S. 211).

Die konkurrierende Gesetzgebung des Bundes erstreckt sich gemäß Art. 74 Nr. 14 GG auf das Recht der Enteignung, soweit sie auf den Sachgebieten der Art. 73 und 74 in Betracht kommt (vgl. Hamann, Anm. 25 zu Art. 74 Nr. 14 GG; v. Mangoldt-Klein, Anm. XXVIII zu Art. 74 GG). Der Bund hat jedoch bisher kein Gesetz erlassen, in dem er das allgemeine Enteignungsrecht im Sinne des § 35 Abs. 1 WVVO geregelt hätte, so daß insoweit die allgemeinen Enteignungsgesetze der Länder entsprechend anzuwenden sind, soweit sie mit den Vorschriften der WVVO nicht im Widerspruch stehen.

2. Anwendung von allgemeinen Enteignungsvorschriften

Die Aufzählung in Abs. 1 Satz 1 ist nur beispielhaft, enthält aber die Hinweise auf die wichtigsten Vorschriften, die entsprechend anzuwenden sind (vgl. Anm. 2, 3 zu § 30, Anm. 1 zu § 32, Anm. 1 bis 4 zu § 33, Anm. 2 zu § 34).

3. Zuständigkeit des Vorstandes

Siehe Anm. 1 zu § 33.

4. Nicht anwendbare Vorschriften des allgemeinen Enteignungsrechtes

Siehe Anm. 2 bis 4 zu § 33.

Der Vorstand der meisten der rd. 16000 meist kleineren Wasser- und Bodenverbände in der Bundesrepublik (s. Nr. 3 der Vorbemerkung zu Teil B) dürfte überfordert sein, wenn er ein den Vorschriften der WVVO und damit auch den entsprechend anzuwendenden Vorschriften der geltenden allgemeinen Enteignungsgesetze genügendes Enteignungsverfahren durchführen soll. Wahrscheinlich erklärt sich auch daraus, daß in den meisten Ländern Enteignungsverfahren von Wasser- und Bodenverbänden nach dem allgemeinen Enteignungsrecht von der Enteignungsbehörde durchgeführt werden. Die Frage, ob dies in Anbetracht der von der WVVO eingeräumten Möglichkeit zulässig ist, muß bejaht werden. Der Verband kann von dem vereinfachten Verfahren nach der WVVO Gebrauch machen, ist jedoch dazu nicht gezwungen. Enteignungsverfahren sind Antragsverfahren. Auch die vereinfachten Verfahren, z. B. nach dem pr. Gesetz vom 26. 7. 1922 (s. oben Anm. 1), werden anstelle der eingehenderen nur auf Antrag angewendet. Diesem Rechtsgedanken entsprechend kann das noch weiter vereinfachte Verfahren nach der WVVO nur in Betracht kommen, wenn der Enteignungsunternehmer, also der Verband, dies beantragt. Sein zuständiges Beschlußorgan muß also eine entsprechende Entschließung fassen und der Verband den Antrag gemäß § 32 stellen. Sodann muß der Vorstand als Verfahrensbehörde gemäß § 33 ersucht werden, das Verfahren nach der WVVO durchzuführen. Sollte der Vorstand zugleich zuständiges Beschlußorgan sein, hat er, um dem Vorwurf der Interessenkollision zu begegnen, eine entsprechende Entschließung des Ausschusses (oder der Verbandsversammlung) herbeizuführen. Dies gilt besonders dann, wenn es sich um einen Einmannvorstand (§ 47 Abs. 1) handelt.

In diesen Fällen wie auch bei allen kleineren Verbänden ohne entsprechendes Fachpersonal mit ausreichenden Kenntnissen auf dem Gebiet des Enteignungsrechtes muß es begrüßt werden, wenn Enteignungen nach den allgemeinen Enteignungsgesetzen von der in diesen Dingen erfahrenen Enteignungsbehörde durchgeführt werden. Dies gilt besonders dann, wenn nicht nur die in § 30 Abs. 2 genannten Grundstücke betroffen sind, sondern auch verbandsfremde Grundstücke. Auf diese Weise soll vermieden werden, daß nebeneinander zwei verschiedene Verfahren (s. insbesondere § 35 Abs. 2) von verschiedenen Stellen durchgeführt werden, nämlich das Verfahren gegen die Eigentümer von Grundstücken gemäß § 30 Abs. 2 vom Verbandsvorstand und das Verfahren gegen die Eigentümer der anderen Grundstücke von der Enteignungsbehörde nach den allgemeinen Enteignungsgesetzen. Auch aus Gründen der Rechtssicherheit und wegen der möglicherweise nachteiligen wirtschaftlichen Folgen für den Enteigneten wie für den Verband infolge fehlerhafter Anwendung der Enteignungsvorschriften und der sonstigen Vorschriften des privaten und des öffentlichen Rechts sind Anträge an die Enteignungsbehörde, das Enteignungsverfahren nach den allgemeinen Enteignungsgesetzen durchzuführen, verständlich und positiv zu beurteilen, selbst wenn nur Grundstücke im Sinne von § 30 Abs. 2 betroffen sind. Einer besonderen Zulassung der Enteignung nach den allgemeinen Enteignungsgesetzen bedarf der Verband in diesen Fällen jedoch nicht, da er hinsichtlich solcher Grundstücke gemäß § 30 Abs. 1 das Recht zur Enteignung bereits besitzt, das zu seiner Wirksamkeit nur noch der Zustimmung nach § 32 bedarf (s. Anm. 1 zu § 32). Insoweit ist die Sonderregelung der §§ 30, 32 WVVO an die Stelle der Vorschriften der allgemeinen Enteignungsgesetze über die Zulassung der Enteignung (Verleihung des Enteignungsrechtes) getreten und damit den Wasser- und Bodenverbänden ebenso wie einigen sondergesetzlichen Wasserwirtschaftsverbänden im Lande Nordrhein-Westfalen das Recht zur Enteignung in den bestimmten Fällen allgemein zuerkannt.

§ 36

Befugnisse der Verbände von Körperschaften

Wenn öffentlich-rechtliche Körperschaften, ohne jeweilige Eigentümer nach § 3 Nr. 1 zu sein, Mitglieder des Wasser- und Bodenverbandes sind (§ 3 Nr. 3)[1], kann die oberste Aufsichtsbehörde[2] das Gebiet bestimmen, in dem der Verband seine Aufgabe durchzuführen hat[3]. Der Wasser- und Bodenverband ist berechtigt, das in diesem Gebiete liegende Grundeigentum, soweit es für sein Unternehmen (§ 17) erforderlich ist, nach den Vorschriften des allgemeinen Enteignungsrechtes zu entziehen oder zu

beschränken[4] und die Gewässer zur Erfüllung seiner Aufgaben nach den Vorschriften des allgemeinen Wasserrechtes zu ändern und zu benutzen[5].

1. Öffentlich-rechtliche Körperschaften als nicht dingliche Mitglieder

Als öffentlich-rechtliche Körperschaften im Sinne von § 36 kommen alle juristischen Personen in Betracht, die diesen Status besitzen, also z. B. Wasser- und Bodenverbände oder sondergesetzliche Wasserverbände, die Mitglieder des Wasser- und Bodenverbandes sind, um dessen Gebietsbestimmung nach § 36 es geht. In erster Linie gemeint und von erheblicher praktischer Bedeutung sind jedoch die Fälle, in denen Gemeinden sowie Gemeindeverbände (hier vor allem Landkreise und Zweckverbände) nicht mit ihren Grundstücken oder Anlagen gemäß § 3 Nr. 1 dingliche Verbandsmitglieder sind, sondern Mitglieder ohne diese dingliche Bindung (§ 3 Nr. 3). Dabei spielt es keine Rolle, ob neben solchen Mitgliedern gemäß § 3 Nr. 3 auch dingliche Mitglieder dem Verband angehören oder ob die öffentlich-rechtlichen Körperschaften selbst nicht nur durch ihre allgemeine Mitgliedschaft nach § 3 Nr. 3, sondern auch mit ihnen gehörenden Grundstücken oder Anlagen als dingliche Mitglieder dem Wasser- und Bodenverband angehören (Tönnesmann, Anm. 1 a zu § 36).

2. Zuständigkeit

Für die Bestimmung des Verbandsgebietes nach § 36 ist nur die oberste Aufsichtsbehörde (s. Anm. 1 zu § 112) zuständig. Eine Delegationsmöglichkeit ist nicht vorgesehen. Diese Regelung entspricht der großen Bedeutung der Gebietsbestimmung in enteignungsrechtlicher Hinsicht. Da das dem Wasser- und Bodenverband in § 30 eingeräumte allgemeine Recht zur Enteignung sich auf die in § 30 Abs. 2 bestimmten Grundstücke beschränkt (Anm. 4 zu § 30), bedarf der Verband im übrigen der Zulassung der Enteignung (Verleihung des Enteignungsrechts) nach den allgemeinen Enteignungsgesetzen, wie jeder Unternehmer, der das Recht zur Enteignung nicht aufgrund von Spezialvorschriften bereits besitzt (vgl. Anm. 2 zu § 32). § 36 macht hiervon eine Ausnahme, die von besonderer Bedeutung ist, weil von der Enteignungsberechtigung des Verbandes auch alle nicht unter § 30 Abs. 2 fallenden Grundstücke innerhalb des bestimmten Gebietes erfaßt werden. Die Gebietsbestimmung schließt diese Wirkung ein und enthebt den Verband der Notwendigkeit, für nicht unter § 30 Abs. 2 fallende Grundstücke, die in diesem Gebiet liegen, die Verleihung des Rechts zur Enteignung nach den allgemeinen Enteignungsgesetzen nachzusuchen. Diese weitreichende Wirkung der Gebietsbestimmung ist der Grund dafür, daß nicht wie nach § 32 für die in § 30 Abs. 2 bezeichneten Grundstücke die obere, sondern allein die oberste Aufsichtsbehörde zuständig ist (s. Anm. 2 zu § 32). In diesen Fällen kommt die Zustimmung nach § 32, die nur für das Verfahren nach § 33 erforderlich ist, nicht in Betracht.

3. Bestimmung des Verbandsgebietes

Die Bestimmung des Verbandsgebietes ist nicht zwingend, da Wasser- und Bodenverbände keine Gebietskörperschaften sind (§ 4 Abs. 3). Es ist von der WVVO nicht vorgeschrieben, oft auch nicht nötig und manchmal nicht einmal möglich (z. B. in den Fällen des § 2 Nr. 10 und 11), das Verbandsgebiet zu bestimmen. Wird die Bestimmung nach § 36 vorgenommen, kommt als Gebiet nicht nur dasjenige der öffentlich-rechtlichen Körperschaften im Sinne von § 36 in Betracht, sondern dasjenige, „in dem der Verband seine Aufgabe durchzuführen hat", also das gesamte Verbandsgebiet. Hierzu gehören auch die Grundstücke, Bergwerke und Anlagen, mit denen dingliche Mitglieder gemäß § 3 Nr. 1 zum Verband gehören. Die genaue Umgrenzung eines solchen Verbandsgebietes ist nicht immer dadurch vorgezeichnet, daß Gebietskörperschaften mit ihrem gesamten festumgrenzten Hoheitsgebiet und dingliche Mitglieder nur mit ihren vermessenen und katastermäßig festliegenden Grundstücksparzellen Mitglieder sind. Oft hat der Verband seine Aufgabe nur auf Teilen des Gebietes von Gemeinden und Gemeindeverbänden sowie der nicht unterteilten Grundstücksflächen dinglicher Mitglieder durchzuführen. Auch eine Zugehörigkeit von Bergwerken und Anlagen als solche zeichnet nicht automatisch eine feste Grundstücksbegrenzung vor. In diesen Fällen ist das zu bestimmende Verbandsgebiet nach bestem Wissen und Gewissen anhand der urkundlichen Grundlagen des Verbandes (§§ 156ff.) und notfalls aufgrund besonderer Untersuchungen zu fixieren. Dabei sind statt einer Beschränkung auf ein vielleicht nicht ausreichendes Minimum eine pessimistische Einschätzung der künftigen Gefahren und eine dementsprechend ausgeweitete Grenzziehung für das Verbandsgebiet zulässig (VG Düsseldorf, Urteil v. 21. 1. 1965, in ZfW 1965, 49).

Die WVVO enthält keine Vorschriften darüber, wie die Gebietsbestimmung von der obersten Aufsichtsbehörde vorzunehmen ist. Nach der neueren Rechtsprechung muß davon ausgegangen werden, daß diese generelle Gebietsbestimmung ihren Niederschlag in der Satzung des Verbandes finden muß, denn die Umgrenzung des Verbandsgebietes ist Sache der Satzung, nicht des Planes (BVerwGE 18, 318). Demgemäß ist die von der obersten Aufsichtsbehörde vorzunehmende Bestimmung nur durch einen Akt der Rechtsetzung möglich, der sich bei Verbandsgründungen in einer entsprechenden Satzungsvorschrift niederschlägt und der bei bestehenden Verbänden auf eine entsprechende Satzungsänderung gerichtet ist, so daß die Regeln des § 10 zu beachten sind. Dabei sind die Grenzen des Verbandsgebietes wörtlich so zu beschreiben, daß sie zweifelsfrei und für jedes Verbandsmitglied eindeutig erkennbar genau festliegen, wie dies z. B. in § 5 des Gesetzes über die Gründung des Großen Erftverbandes vom 3. 6. 1958 (GV. NW. S. 253) geschehen und von der Rechtsprechung als ausreichend anerkannt worden ist (BVerwGE 18, 318). Sollte sich die Umgrenzung des Verbandsgebietes wirklich einmal in Worten nicht klar ausdrücken lassen, bliebe immer noch der Ausweg, der Satzung oder der Satzungsänderung als mitzuverkündenden Bestandteil eine Landkarte anzufügen, in der die Grenzen eingezeichnet sind, und in der Satzung oder der Satzungsänderung auf diese Landkarte zu verweisen (BVerwGE 18, 318). Die Landkarte muß so beschaffen sein, daß die Gebietsgrenzen mit genügender Genauigkeit auszumachen sind, also den entsprechenden Maßstab haben und mit einer erklärenden Legende versehen sein. Im allgemeinen wird eine Kombination beider Möglichkeiten am ehesten zum Ziel führen, z. B. dann, wenn Grenzen von Gebietskörperschaften sowie festliegende Parzellengrenzen mit der Grenze des Verbandsgebietes zusammenfallen, was in der Satzung leicht mit Hilfe von Worten und Zahlen auszudrücken ist; katastermäßig nicht fixierte Teile der Grenzlinie des Verbandsgebietes können dann kartographisch erfaßt werden.

Es kann keinem Zweifel unterliegen, daß bei Verbänden mit großem Verbandsgebiet (wie z. B. beim Niersverband mit rd. 1500 qkm) die Forderungen der höchstrichterlichen Rechtsprechung zu erheblichen Schwierigkeiten und einem außergewöhnlichen Aufwand führen. Das BVerwG hat jedoch in seinem Urteil vom 28. 11. 1963 (BVerwGE 17, 192) eine Landschaftsschutzverordnung wegen Verstoßes gegen das Gebot der Rechtssicherheit für ungültig erklärt, weil diese Verordnung sich bei der Abgrenzung ihres räumlichen Geltungsbereichs auf die Eintragungen in einer lediglich bei der Naturschutzbehörde hinterlegten Karte bezogen hat, anstatt das dem Veränderungsverbot unterworfene Gebiet im verkündeten Text der Verordnung zu bestimmen.

Diese Auffassung hat das BVerwG mit seinem Urteil vom 26. 5. 1964 (BVerwGE 19, 7) für bestimmte Fälle eingeschränkt. Danach ist § 3 des Hamburgischen Gesetzes über die Verkündung von Rechtsverordnungen vom 28. März 1955 (Hamb. GVBl. S. 130) als mit dem Grundgesetz vereinbar anerkannt worden. Nach dieser Vorschrift kann die Verkündung im GVBl. von Plänen, Karten oder Zeichnungen, die Inhalt oder Teil einer Rechtsverordnung bilden, dadurch ersetzt werden, daß das maßgebliche Stück beim Staatsarchiv zu kostenfreier Einsicht durch jedermann niedergelegt und hierauf in der Rechtsverordnung hingewiesen wird (Ersatzverkündung). Das BVerwG ist bei seiner Entscheidung insbesondere davon ausgegangen, daß eine solche Ersatzverkündung hier in Gesetzesform vom Gesetzgeber selbst zugelassen worden sei, die Niederlegung der maßgeblichen Karte bei einer unabhängigen, aus dem Behördenaufbau ausgegliederten und am Rechtsetzungsverfahren unbeteiligten Stelle vorgenommen wurde und diese Stelle in einem Stadtstaat wie Hamburg für die Behörden wie die interessierten Bürger auf kürzerem Wege und leichter zu erreichen sei als die Naturschutzbehörden ländlicher Gebiete.

Nach diesen Voraussetzungen für die Gültigkeit einer solchen Ersatzverkündung entfällt in Ländern, die keine dem § 3 des Hamburgischen Gesetzes über die Verkündung von Rechtsverordnungen vergleichbare Gesetzesvorschrift haben, die vom BVerwG gewährte Erleichterung der Verkündung. Sofern diese Voraussetzung gegeben ist oder geschaffen wird, wäre auf die nötige Unabhängigkeit der Stelle für die Niederlegung der Karte und auf die leichte Erreichbarkeit zu achten. Bei ausgedehnten Verbandsgebieten würde es daher nicht ausreichen, die Gebietskarte des Verbandes an nur einer Stelle zu jedermanns Einsicht niederzulegen, vielmehr müßten so viele Stellen bestimmt werden, daß jedermann eine solche Stelle auf genügend kurzem Wege leicht erreichen kann. Die gesetzliche Ermächtigung zur Ersatzverkündung müßte diese Möglichkeiten vorsehen.

Es ist nicht zweifelsfrei, ob die in BVerwGE 19, 7 im Zusammenhang mit der Verkündung einer Landschaftsschutzverordnung herausgearbeiteten Grundsätze auch für die Bestimmung des Verbandsgebietes von Wasser- und Bodenverbänden in gleicher Weise anzuwenden sind, da die Ausgangspunkte ebenso wie der Kreis der Betroffenen nicht ohne weiteres vergleichbar sind. Es wird daher bis auf weiteres bei der Bestimmung des Verbandsgebietes gemäß den in BVerwGE 18, 318 festgelegten Grundsätzen zu verfahren sein.

Es spielt keine Rolle, wenn ein und dasselbe Gebiet zu mehreren Wasser- und Bodenverbänden gehört. Eine sich daraus ergebende Doppelmitgliedschaft ist unbedenklich, wenn die Wasser- und Bodenverbände verschiedene Aufgaben zu erfüllen haben (VG Düsseldorf, Urteil v. 21. 1. 1965, ZfW 1965, 49).

4. Entziehung und Beschränkung des Grundeigentums

Die Anwendung des § 36 erspart dem Verband für die nicht unter § 30 Abs. 2 fallenden Grundstücke nur den Erwerb des Rechts zur Enteignung nach den allgemeinen Enteignungsgesetzen, nicht die nach diesen Gesetzen von der darin bestimmten Enteignungsbehörde durchzuführenden Verfahren. Die Erleichterungen der §§ 30 bis 35 gelten insoweit also hier nicht. Somit ist diese Enteignung nur gegen die in den allgemeinen Enteignungsgesetzen als enteignungsfähig aufgeführten Grundstücke und dinglichen Rechte, nicht auch gegen die in § 30 Abs. 1 darüber hinaus bezeichneten anderen Rechte (s. Anm. 3 zu § 30) zulässig. Die Anwendbarkeit des nach allgemeinem Enteignungsrecht vereinfachten Verfahrens (Gesetz über ein vereinfachtes Enteignungsverfahren von 1922) ergibt sich nicht schon aus § 36, sondern muß bei der nach dem Vereinfachungsgesetz zuständigen Stelle besonders beantragt und von dieser angeordnet werden.

5. Änderung und Benutzung der Gewässer

Zum Begriff der Gewässer s. § 2 WHG und die ergänzenden Vorschriften in den Wassergesetzen der Länder. Mit der Erteilung der Berechtigung an die Wasser- und Bodenverbände, die Gewässer zu ändern und zu benutzen, wollte der Verordnungsgeber den Verbänden die Berechtigung zum Ausbau von Wasserläufen allgemein verleihen (Tönnesmann, Anm. 1 zu § 36), denn nach früherem Recht besaßen die Verbände nicht die Ausbauberechtigung bei allen Wasserläufen, z. B. nach § 155 PrWG nicht an Wasserläufen erster Ordnung. Heute spielt die Vorschrift insoweit keine Rolle mehr, als die Beschränkung der Ausbauberechtigung nach den früheren Gesetzen weggefallen ist. Zudem sind nach § 36 die Änderung und die Benutzung der Gewässer an die Vorschriften des allgemeinen Wasserrechts gebunden. Für die Benutzung der Gewässer durch Wasser- und Bodenverbände gilt daher § 13 WHG, in Nordrhein-Westfalen auch § 133 NWWG, für Unterhaltung und Ausbau, die keine Benutzungen sind (§ 3 Abs. 3 WHG), die entsprechenden Vorschriften des WHG und der Landeswassergesetze. Aus § 36 folgt somit, was sich aus den heutigen Wassergesetzen ohnehin ergibt, daß nämlich die Verbände zur Erfüllung ihrer Aufgaben die Gewässer nur nach den Vorschriften des allgemeinen Wasserrechts ausbauen, in anderer Weise ändern und benutzen dürfen (vgl. auch Anm. 2 zu § 8).

§ 37

Erleichterter Grunderwerb

Die von den Fachministern[1] bestimmte Behörde ist befugt, für den freiwilligen Erwerb von Eigentum und anderen Rechten an den zum Wasser- und Bodenverbande gehörenden Grundstücken (§ 3 Nr. 1)[2] durch den Verband Verträge und Verhandlungen zu beurkunden, auch Auflassungen entgegenzunehmen. Die Niederschrift der Behörde hat die Kraft einer gerichtlichen oder notariellen Urkunde[3]. Die Vorschriften des § 168 Satz 2 und der §§ 169 bis 180 des Reichsgesetzes über die Angelegenheiten

der freiwilligen Gerichtsbarkeit vom 17. Mai 1898 (Reichsgesetzbl. S.189) und vom 20. Mai 1898 (Reichsgesetzbl. S. 771) sind auf sie entsprechend anzuwenden.

1. Fachminister

Siehe Anm. 1 zu § 189.

2. Betroffene Grundstücke

Die Erleichterung bei der Anwendung der Formvorschriften, die beim Übergang von Eigentum und anderen Rechten an Grundstücken zu beachten sind, gilt nur für verbandszugehörige Grundstücke im Sinne von § 3 Nr. 1. Für alle anderen Grundstücke sind die allgemeinen Formvorschriften zu beachten und gelten die daselbst bestimmten Zuständigkeiten (vgl. insbesondere §§ 313, 925 BGB).

3. Urkundliche Bedeutung

Der behördliche Akt tritt an die Stelle der in den allgemeinen Gesetzen vorgeschriebenen gerichtlichen oder notariellen Beurkundung. Diese Regelung ist durch das Gesetz über Maßnahmen auf dem Gebiete des Notarrechts vom 16. Februar 1961 (BGBl. I S. 77), das in Art. 7 die Möglichkeiten der Beurkundung durch andere Stellen als Gerichte und Behörden eingeschränkt hat, nicht angetastet worden. Die Urkundsbehörde hat von dem beurkundeten Geschäft dem Finanzamt Kenntnis zu geben.

§ 38

Bereinigung der Flureinteilung

Für den freiwilligen Erwerb von Eigentum und anderen Rechten an Grundstücken, die durch das Unternehmen des Wasser- und Bodenverbandes eine unwirtschaftliche Form erhalten[1], gelten die Vorschriften des § 37, wenn der Erwerb für eine zweckmäßige Flureinteilung nötig ist und die Niederschrift der Behörde als Flureinteilungssache des Wasser- und Bodenverbandes bezeichnet wird[2]. Das gilt auch für Grundstücke, die, ohne von dem Unternehmen unmittelbar betroffen zu sein, zur zweckmäßigen Gestaltung der betroffenen Grundstücke zugezogen werden[3].

1. Betroffene Grundstücke

Die Vorschrift gilt nicht nur für die zum Verband gehörenden, sondern für alle Grundstücke. Voraussetzung ist, daß die unwirtschaftliche Form der Grundstücke auf das Verbandsunternehmen zurückzuführen ist, der Rechtserwerb auf freiwilliger Basis im Vertragswege geschieht und für eine zweckmäßige Flureinteilung nötig ist und die behördliche Niederschrift (§ 37 Satz 2) als Flureinteilungssache bezeichnet wird. Unter diesen Voraussetzungen ist § 37 für die bezeichneten Rechtsgeschäfte zwischen allen in Betracht kommenden Vertragspartnern, also auch am Verband unbeteiligten Dritten, anwendbar.

2. Erleichterte Form der Beurkundung

Siehe Anm. 3 zu § 37. Durch die von der Vorschrift eingeräumte Möglichkeit soll es den Betroffenen wie den Behörden erleichtert werden, auch außerhalb eines Flurbereinigungsverfahrens zu erreichen, daß der zerschnittene Grundbesitz wieder zweckmäßig geformt und wirtschaftlich gestaltet wird.

3. Zuziehung von Grundstücken

Siehe Anm. 1 zu § 31.

§ 39
Freiheit von Gebühren

(1) Aus Anlaß

a) des Grunderwerbes[1] durch den Wasser- und Bodenverband[2] zur Durchführung seiner Aufgabe[3],

b) des Grunderwerbes[4] durch andere Personen[5] zur Bereinigung der Flureinteilung[6],

c) der Durchführung des Verbandunternehmens[7]

werden Gebühren[8] der Gerichte und der Verwaltungsbehörden nicht erhoben; insbesondere Grundbuch- und Katasterauszüge und ähnliche Urkunden werden gebührenfrei erteilt.

(2) Die Befreiung ist ohne Nachprüfung zuzugestehen, wenn die Aufsichtsbehörde des Verbandes bescheinigt[9], daß

zu a) der Erwerb der Durchführung der Aufgabe,

zu b) der Erwerb der Bereinigung der Flureinteilung,

zu c) das Geschäft der Durchführung des Unternehmens des Wasser- und Bodenverbandes dient.

1. Grunderwerb

Die Gebührenfreiheit erstreckt sich auf alle Arten des Grunderwerbs und des Erwerbes beschränkter dinglicher Rechte (Vertrag, Enteignung).

2. Begünstigter

Neben den Wasser- und Bodenverbänden, die ausschließlich nach der WVVO leben, genießen Gebührenfreiheit die noch nicht neu gestalteten alten Wasser- und Bodenverbände (s. Vorbemerkung zu den §§ 143ff.)

und die auf Sondergesetzen beruhenden Verbände des nordrhein-westfälischen Industriegebietes (s. Anm. 3 zu § 191).

3. Durchführung der Aufgabe

Nur zur Durchführung seiner Aufgabe ist der Wasser- und Bodenverband frei von Gebühren. Es muß sich also um das Unternehmen des Verbandes handeln, das in der Satzung anzugeben ist (§ 17 Abs. 2). Ist ein Plan des Verbandes vorhanden, dann ist die Gebührenbefreiung auf die Grundstücke beschränkt, die der Verband nach dem Plan erwerben muß, um seine Aufgabe durchzuführen. Hat der Verband keinen Plan, so muß die Beschreibung des Unternehmens in der Satzung ergeben, ob der Verband des Grunderwerbs bedarf, um seine Aufgabe durchzuführen.

4. Grunderwerb

Siehe Anm. 1.

5. Andere Begünstigte

Die Bereinigung der Flureinteilung durch andere Personen muß hier der Anlaß des Grunderwerbs sein, um die Freiheit von Gebühren zu beanspruchen. Dient die Bereinigung der Flureinteilung der Durchführung der Verbandsaufgabe, so ist § 39 Abs. 1 Buchst. a anzuwenden. Ohne diese Voraussetzung steht dem Wasser- und Bodenverband für die Flurbereinigung keine Gebührenfreiheit zu. Begünstigt kann jede Person sein, die aufgrund der WVVO Grundstücke zum Zwecke der Bereinigung der Flureinteilung erwirbt. Zu denken ist an den Erwerber des Grundstückes, das gemäß § 31 als Restgrundstück vom Verband enteignet und anschließend im Interesse der Flureinteilung wieder veräußert wird. Hauptanwendungsfall wird der des § 38 sein.

6. Bereinigung der Flureinteilung

Siehe Anm. 1 zu § 38.

7. Durchführung des Verbandsunternehmens

Will der Verband andere als Geschäfte des Grunderwerbs (Buchst. a) tätigen, die gebührenpflichtig sind, so ist nach Buchst. c die Durchführung des Verbandsunternehmens Anlaß zur Gebührenfreiheit. Durchführung des Verbandsunternehmens (Buchst. c) und Durchführung der Aufgabe (Buchst. a) bedeuten hier keinen Unterschied (s. Anm. 3).

8. Gebühren

Gebühren sind die pauschalierten Kosten der Gerichte und der Verwaltungsbehörden. Nicht einbezogen in die Pauschalierung sind in der

Regel die baren Auslagen, das sind die Kosten, die aus den allgemeinen Verwaltungskosten leicht ausgesondert werden können, wie beispielsweise Reisekosten, Vermessungskosten, Telefonkosten usw. Diese baren Auslagen fallen nicht unter § 39, es sei denn, eine Landesgebührenordnung verzichte auf die Erstattung barer Auslagen.

9. Bescheinigung der Aufsichtsbehörde

Die Bescheinigung ist an keine besondere Form gebunden, sie kann also z. B. auf einen Plan, auf einen Grundbuch- oder Katasterauszug gesetzt werden. Sie bedarf in jedem Fall der Unterschrift, und es ist zweckmäßig, das Dienstsiegel beizudrücken.

§ 40

Freiheit von Steuern

(1) Der Erwerb von Grundstücken

a) durch den Wasser- und Bodenverband zur Durchführung seiner Aufgabe[1],

b) durch Personen, deren Grundstücke durch das Unternehmen des Verbandes eine unwirtschaftliche Form erhalten, zur besseren Formung ihrer Grundstücke[2],

ist von der Grunderwerbsteuer einschließlich der Zuschläge und der Wertzuwachssteuer befreit[3].

(2) Die Befreiung kann von der Steuerbehörde ohne Nachprüfung zugestanden werden[4], wenn die Aufsichtsbehörde des Verbandes bescheinigt[5], daß

zu a) der Erwerb der Durchführung der Aufgabe des Verbandes dient[6],

zu b) Grundstücke des Erwerbers, die durch das Unternehmen des Verbandes eine unwirtschaftliche Form erhalten, durch den Erwerb besser geformt werden.

1. Grunderwerb zur Durchführung der Aufgabe des Verbandes

Zur Durchführung der Verbandsaufgabe s. Anm. 1 und 2 zu § 17.

In steuerrechtlicher Hinsicht wird von den Finanzbehörden der Erwerb von Grundstücken als Grunderwerb zur Durchführung der Verbandsaufgabe im Sinne von § 40 nur anerkannt, wenn das Grundstück der Durchführung der Aufgabe unmittelbar dient, so z. B. Flächen, auf denen eine Talsperre, eine Kläranlage, ein Pumpwerk, eine Schleuse oder ein Deich errichtet oder der Ausbau eines Gewässers vorgenommen werden soll. Grundstücke, die nicht durch derartige oder andere technische Maßnahmen des Verbandes zwecks Durchführung seiner Aufgabe in Anspruch genommen, sondern z. B. als Tauschgrundstücke erworben werden (Zwischenerwerb), um mit ihrer Hilfe das Eigentum an den für die Baumaßnahmen benötigten Flächen freihändig zu erlangen, gelten bei den Finanzbehörden nicht als Grundstücke im Sinne der Befreiungsvorschrift (BFH, Urteil v. 2. 4. 1952, BStBl. III S. 133). Der spätere Erwerb des zur Durchführung der Verbandsaufgabe unmittelbar benötigten Grundstücks gegen Hergabe des zuvor erworbenen Tauschgrundstücks erfüllt sodann die Voraussetzungen des § 40 (s. Anm. 2). § 40 gilt ebenso wie § 39 (s. Anm. 2 zu § 39) auch für die auf Sondergesetz beruhenden Wasserverbände (Anm. 3 zu § 191).

2. Grunderwerb durch eine andere Person

Auch hier ist die Unmittelbarkeit der Wirkung des Verbandsunternehmens (vgl. Anm. 1) für die unwirtschaftliche Formung des eigenen Grundstücks einer anderen Person Voraussetzung für die Steuerbefreiung. Als andere Personen im Sinne der Vorschrift kommen sowohl Mitglieder als auch Nichtmitglieder in Frage (vgl. Anm. 5 zu § 39). Der Grunderwerb muß unmittelbar der besseren Formung des Grundbesitzes der betroffenen Person dienen. Ein Erwerb von Tauschgrundstücken, die diesen Zweck nicht erfüllen, sondern dazu dienen sollen, einen späteren Grunderwerb mit der Wirkung der besseren Formung des geschädigten Grundbesitzes zu ermöglichen, reicht also nicht aus. Erst dieses zweite Geschäft erfüllt dann die Voraussetzungen des § 40 und bietet die Befreiungsmöglichkeit, denn es wird hier in steuerrechtlich gleicher Weise ein Grundstücksumsatz getätigt, wie wenn das zur besseren Formung erworbene Grundstück statt mittels des Tauschgrundstücks in Geld bezahlt würde (Boruttau-Klein, Anm. 68 zu § 1, Anm. 9 zu § 11). Der von der zuständigen Behörde als zweckdienlich anerkannte freiwillige Austausch von Grundstücken zu ihrer besseren Formung ist bereits nach § 4 Abs. 1 Nr. 3 Buchst. b GrEStG grunderwerbsteuerfrei. Auch hier ist die Unmittelbarkeit des Zweckes der besseren Grundstücksformung Voraussetzung. Dieser angestrebte Erfolg muß der Hauptzweck des Tausches sein, wenn die Befreiungsvorschrift anwendbar sein soll, wobei es allerdings ausreicht, wenn dieser Zweck von der anderen Tauschpartei nur als Nebenzweck verfolgt wurde. Voraussetzung, aber auch genügend, ist weiter, daß zumindest die Grundstücke des einen Teils infolge des Austausches tatsächlich besser geformt werden und dementsprechend besser genutzt werden können. Unter diesen Voraussetzungen wird auch ein Ringtausch, an dem mehr als zwei Parteien beteiligt sind, als grunderwerbsteuerfrei anerkannt (s. im einzelnen Boruttau-Klein, Anm. 72 bis 102, insbes. 75 bis 81 zu § 4 GrEStG).

3. Steuerbefreiung

a) Grunderwerbsteuer

Die grunderwerbsteuerpflichtigen Erwerbsvorgänge bei Grundstücken im Sinne des bürgerlichen Rechts (§ 2 Abs. 1 GrEStG) sowie bei Erbbaurechten, Erbpachtrechten und Gebäuden auf fremdem Boden, die den Grundstücken gleichstehen (§ 2 Abs. 2 GrEStG), sind unter den in Anm. 1 und 2 erwähnten Voraussetzungen von der Grunderwerbsteuer einschließlich der Zuschläge (§ 20 GrEStG) befreit. Die Vorschrift ist zwingend, ihre Anwendung also nicht in das Ermessen der Steuerbehörde gestellt. Sie entscheidet lediglich darüber, ob die für die Steuerbefreiung in § 40 WVVO enthaltenen Voraussetzungen gegeben sind (s. Anm. 4). Sie kann eine hierzu für erforderlich erachtete Nachprüfung vornehmen, sich aber auch mit der Bescheinigung der Aufsichtsbehörde des Verbandes begnügen (s. Anm. 4 und 5).

Wasser- und Bodenverbände im Sinne von § 2 WVVO sind gemäß § 40 Abs. 1 Buchst. a WVVO auch dann von der Grunderwerbsteuer für den Erwerb eines Grundstücks befreit, wenn dieses der Durchführung einer Aufgabe des Verbandes dienen soll, die bei anderen Trägern von den Steuerbehörden üblicherweise als werbende Tätigkeit gewertet wird, z. B. Betrieb eines Wasserwerkes (BFH, Urteil v. 23. 5. 1962, BStBl. III S. 350). Eine solche Befreiung ist nicht gegeben, auch nicht aufgrund der VO des RFM über den Erlaß von Grunderwerbsteuer auf dem Gebiet der Wasserwirtschaft vom 22. 8. 1922 (RStBl. S. 347), wenn der Grunderwerb von einer Gemeinde getätigt wird, selbst dann nicht, wenn auf dem Grundstück ein Wasserreservoir zur Sicherstellung der Trinkwasserversorgung der Bevölkerung erstellt werden soll (BFH, Urteil v. 30. 9. 1959, BStBl. III S. 483).

b) Wertzuwachssteuer

Die durch Reichsgesetz vom 14. Februar 1911 (RGBl. S. 33) eingeführte Wertzuwachssteuer ist durch die Steuervereinfachungsverordnung vom 14. 9. 1944 (RGBl. I S. 202) außer Hebung gesetzt worden. Dafür erhöhte sich die Grunderwerbsteuer um einen Zuschlag von 2%, der den kreisfreien Städten und Landkreisen zugute kam. Die Erhebung dieses Zuschlags von 2% ist durch das Urteil des BFH vom 20. 3. 1957 (BStBl. III S. 216) für ungesetzlich erklärt worden (Bühler, S. 321, 322). Soweit die Länder durch landesrechtliche Neuregelung die Erhebung von Zuschlägen (zwischen 2 bis 4 v. H.) eingeführt haben (s. Boruttau-Klein, Anm. 9 zu § 20 GrEStG), teilt der Zuschlag das Schicksal der Grunderwerbsteuer. Greift die Befreiung von der Grunderwerbsteuer Platz, so kann auch der Zuschlag nicht erhoben werden, wie sich aus § 40 Abs. 1, aber auch bereits aus dem Grunderwerbsteuerrecht ergibt (Boruttau-Klein, Anm. 3 zu § 20 GrEStG).

c) Sonstige Steuern

Die WVVO enthält keine Vorschriften über die Befreiung des Wasser- und Bodenverbandes von anderen als den in § 40 genannten Steuern. Die Frage der Befreiung von sonstigen Steuern beantwortet sich daher nach den jeweils in Betracht kommenden Steuergesetzen, deren Befreiungsvorschriften bei fast allen Wasser- und Bodenverbänden dazu führen, daß sie Steuern nicht oder doch nur in besonderen Einzelfällen zu zahlen haben. Besonders wichtig sind hier die Grundsteuer, Körperschaftssteuer, Gewerbesteuer, Umsatzsteuer und Vermögenssteuer.

aa) Grundsteuer

Nach § 4 Nr. 9 GrStG sind die im Interesse der Ordnung und Verbesserung der Wasser- und Bodenverhältnisse unterhaltenen Einrichtungen der öffentlich-rechtlichen Wasser- und Bodenverbände und die im öffentlichen Interesse staatlich unter Schau gestellten Privatdeiche von der Grundsteuer befreit. Gleiches gilt für die dem öffentlichen Verkehr dienenden Straßen, Wege, Plätze, Brücken, künstlichen Gewässer, Häfen und Schienenwege, sowie für die fließenden Gewässer (Ströme, Flüsse, Bäche), die deren Abfluß regelnden Sammelbecken und die im Eigentum des Bundes, eines Landes, einer Gemeinde oder eines Gemeindeverbandes stehenden Seen und Teiche. Für die Anwendung der Vorschrift auf die Sammelbecken s. LwRMBl. 1940, S. 434. Die Befreiungsvorschrift wird von den Finanzbehörden eng ausgelegt und nur auf die den genannten Zwecken unmittelbar dienenden Einrichtungen angewendet. So ist das Baubüro eines Wasser- und Bodenverbandes, das der Errichtung einer Kläranlage des Verbandes dient, für die Dauer dieser Verwendung nicht von der Grundsteuer befreit, selbst wenn die Kläranlage nach ihrer Fertigstellung grundsteuerfrei ist (BFH, Urteil v. 1. 2. 1963, BStBl. III S. 190).

Für Wasserbeschaffungsverbände vgl. Kasper, Zur Grundsteuerfreiheit der Wasserbeschaffungsverbände, BB 1963, 304.

bb) Körperschaftssteuer

Der vollen, d. h. unbeschränkten Steuerpflicht aufgrund des § 1 KStG unterliegen nur die Betriebe gewerblicher Art eines öffentlich-rechtlichen Wasser- und Bodenverbandes, nicht der Verband insgesamt (im Gegensatz z. B. zu den Kapitalgesellschaften, Genossenschaften und juristischen Personen des privaten Rechts). Danach sind durchweg die landwirtschaftlichen Wasser- und Bodenverbände körperschaftssteuerfrei, da sie keinen Betrieb gewerblicher Art haben. Entsprechendes gilt auch für Deichverbände (§ 2 Nr. 3 WVVO) sowie für Abwasserverbände (§ 2 Nr. 4 WVVO). Dies ist in der Praxis der Finanzämter anerkannt. Auch wenn im Rahmen der Abwasserreinigung größere Mengen Klärschlamm anfallen, die der Verband gemäß seiner Aufgabe im öffentlichen Interesse schadlos beseitigen muß und zu diesem Zweck gegen Entgelt beispielsweise an die Landwirtschaft abgibt, handelt es sich nicht um einen Betrieb gewerblicher Art, entsteht also keine Steuerpflicht nach dem KStG. Gleiches gilt, wenn beim Klären der Abwässer und beim Ausfaulen des Schlammes sich brennbare Gase (z. B. Methangas) entwickeln, die zur unschädlichen Beseitigung in Energie für den Eigenbedarf oder den Fremdbedarf umgewandelt oder für gasgetriebene Motoren an Dritte abgegeben werden, wobei für die Belieferung Dritter ein Entgelt verlangt wird. In diesen Fällen reicht der bloße Umstand, daß bei dem als Hoheitsbetrieb (s. § 4 KStDV) durchgeführten einheitlichen Abwasserreinigungsprozeß teilweise Klärrückstände anfallen, die bei günstigen Umständen, also keineswegs immer, an Dritte gegen Entgelt abgegeben werden können, nicht aus, um die Voraussetzungen eines Betriebes gewerblicher Art im Sinne des KStG zu erfüllen. Hier handelt es sich nicht um eine nachhaltige wirtschaftliche Tätigkeit zur Erzielung von Einnahmen oder anderen wirtschaftlichen Vorteilen. Die Tätigkeit des Verbandes ist vielmehr als eine einheitliche hoheitliche im Sinne des Körperschaftssteuerrechts ganz auf die dem Verband nach den Wassergesetzen, der Verbandssatzung und den behördlichen Auflagen und Bedingungen obliegende Aufgabe der Reinigung des Abwassers und schadlosen Beseitigung der zwangsläufig anfallenden Rückstände ausgerichtet. Soweit die Abgabe solcher Rückstände an Dritte möglich ist und ein Entgelt mit sich bringt, deckt dieses keinesfalls auch nur zu einem nennenswerten Prozentsatz die Kosten des Verbandes für den einheitlichen Vorgang, in dessen Verlauf derartige Rückstände anfallen, im allgemeinen nicht einmal die Kosten des in Betracht kommenden Teilvorgangs. Diese gesamten Kosten müssen vielmehr, soweit nicht staatliche Beihilfen gewährt werden, von den Verbandsmitgliedern durch Mitgliedsbeiträge aufgebracht werden, die gemäß § 80 WVVO öffentliche Abgaben sind. Die Höhe dieser öffentlichen Abgaben verringert sich lediglich um den prozentual unwesentlichen Betrag, den die erforderliche schadlose Beseitigung von Rückständen im Verlauf des Klärprozesses durch eine möglicherweise entgeltliche Abgabe an Dritte erbringt.

Umstritten ist demgegenüber die Steuerfreiheit der Verbände, die auch Wasserversorgung betreiben. Die bloße Wasserbeschaffung ist nicht körperschaftssteuerpflichtig. Sie liegt z. B. vor, wenn ein Verband eine Trinkwassertalsperre baut und betreibt und diese Maßnahmen über Mitgliedsbeiträge finanziert, jedoch selbst keine Wasserversorgung (Wasserabgabe) aus der Talsperre vornimmt, diese vielmehr beispielsweise seinen zu einem Zweckverband zusammengeschlossenen Mitgliedsgemeinden überläßt. Bei diesen entsteht sodann die Körperschaftssteuerpflicht für die Wasserversorgung. Betreibt der Wasserverband jedoch auch zugleich die Abgabe von Wasser (Wasserversorgung), wird heute von den Finanzbehörden davon ausgegangen, daß der Verband seine hoheitliche Aufgabe gemäß § 2 Nr. 5 WVVO überschreite und insoweit einen Betrieb gewerblicher Art im Sinne des KStG unterhalte, mit dem er körperschaftssteuerpflichtig sei. Hier wird eine Gleichstellung mit den körperschaftssteuerpflichtigen kommunalen Zweckverbänden oder Eigenbetrieben, die der Wasserversorgung dienen, vorgenommen. Diese rechtliche Gleichstellung unter steuerlichen Gesichtspunkten ist sehr bedenklich (vgl. näher unten cc). Trotz der Angriffe in der Literatur ist es jedoch bisher zu keiner Änderung der Einstellung der Steuerbehörden gekommen. Insbesondere wird auch nicht anerkannt, Hoheitsbetriebe (z. B. Abwassersammlung, -reinigung und -beseitigung) und Betriebe gewerblicher Art (Versorgungsbetriebe, wie Wasserversorgung) steuerlich zusammenzufassen, selbst wenn sie z. B. von einem Wasserverband zusammen betrieben werden (BFH, Urteil vom 10. 7. 1962, BStBl. III S. 448).

cc) Gewerbesteuer

Unternehmen von Körperschaften des öffentlichen Rechts sind nach § 2 Abs. 1 GewStDV nur gewerbesteuerpflichtig, wenn sie als stehende Gewerbebetriebe anzusehen sind. Stehender Gewerbebetrieb ist gemäß § 1 Abs. 2 GewStDV jeder Gewerbebetrieb, der kein Reisegewerbebetrieb im Sinne des § 35 a Abs. 2 GewStG ist. Unter Gewerbebetrieb versteht das GewStG ein gewerbliches Unternehmen im Sinne des Einkommensteuergesetzes.

Wie sich schon aus der Anmerkung bb ergibt, liegen die Voraussetzungen für die Annahme eines solchen Gewerbebetriebes bei den landwirtschaftlichen Wasser- und Bodenverbänden, Deichverbänden, Wasserbeschaffungsverbänden und Abwasserverbänden nicht vor. Sie sind daher gewerbesteuerfrei, auch soweit sich im Rahmen ihres Betriebes, der steuerrechtlich zu den hoheitlichen gehört, eine nur nebensächliche Abgabe von anfallenden Stoffen wie z. B. ausgefaultem Schlamm und brennbarem Gas gegen Entgelt an Mitglieder und an Dritte ermöglichen läßt.

Umstritten ist auch hier lediglich die Gewerbesteuerfreiheit der Wasserversorgungsverbände wie im Fall der Körperschaftssteuer. Die Steuerbehörden gehen grundsätzlich davon aus, daß von der öffentlichen Hand betriebene Versorgungsbetriebe im steuerrechtlich anerkannten Sinn (Wasser, Elektrizität, Gas usw.), auch wenn sie keinen Gewinn erzielen und mit Zwangs- und Monopolrechten ausgestattet sind, der Gewerbesteuerpflicht unterliegen (Bühler, S. 191). Diese Auslegung des GewStG zu Lasten der Wasserversorgungsverbände, die nach der WVVO leben, ist nicht bedenkenfrei. Zum Begriff des Gewerbebetriebs im Sinne des

GewStG gehört nach h. M. die Gewinnerzielungsabsicht, die jedoch nach der WVVO ausgeschlossen ist. Soweit das GewStG ausnahmsweise auch eine nicht auf die Erzielung von Gewinn ausgerichtete Tätigkeit als Gewerbebetrieb wertet, ist dies wie im Fall der juristischen Personen des privaten Rechts im Gesetz ausdrücklich bestimmt (§ 2 Abs. 1 u. 2 GewStG). Da solche gesetzlich normierten Ausnahmen nicht extensiver Auslegung zugänglich sind, ist für die juristischen Personen des öffentlichen Rechts davon auszugehen, daß ihre Tätigkeit nur dann als Gewerbebetrieb zu werten ist, wenn sie unter § 2 Abs. 1 GewStG zu subsumieren, d. h. mit der Gewinnerzielungsabsicht verbunden ist (BFH, Urteil v. 23. 6. 1953, BStBl. III S. 226). Daraus ist zwingend zu folgern, daß die nach der WVVO von jeder Gewinnerzielungsabsicht freien Wasserversorgungsverbände — soweit nicht staatliche Finanzierungshilfen geleistet werden — über die Mitgliederbeiträge, also über öffentliche Abgaben, finanziert werden, kein gewerbliches Unternehmen im Sinne des Einkommensteuergesetzes und damit keinen Gewerbebetrieb im Sinne des GewStG betreiben.

Die Gewerbesteuerfreiheit wird heute von den Finanzämtern in bestimmten Fällen anerkannt, z. B. bei solchen Wasserversorgungsverbänden, die ganz oder überwiegend landwirtschaftliche oder forstwirtschaftliche Betriebe mit Wasser versorgen und deshalb als land- oder forstwirtschaftliche Betriebseinrichtungen anzusehen sind, sowie bei solchen, deren fehlende Absicht, Gewinn zu erzielen, erwiesen ist, wobei die Absicht, eine Erneuerungsrücklage zu bilden, nicht als Gewinnerzielungsabsicht gewertet wird (BFH, Urteil v. 27. 5. 1964, BStBl. III S. 485).

dd) Umsatzsteuer

Nach dem UStG sind umsatzsteuerpflichtig die Lieferungen und sonstigen Leistungen, die ein Unternehmer im Inland gegen Entgelt im Rahmen seines Unternehmens ausführt, sowie der Eigenverbrauch. Die Ausübung öffentlicher Gewalt ist nach § 2 Abs. 3 UStG keine gewerbliche oder berufliche Tätigkeit, so daß die dabei getätigten Umsätze keine zu versteuernden Umsätze im Sinne des § 1 UStG sind. Zu den Trägern öffentlicher Gewalt gehören außer Bund, Ländern, Gemeinden und Gemeindeverbänden einschließlich Zweckverbänden auch andere öffentlich-rechtliche Körperschaften, also auch die auf der WVVO beruhenden Wasser- und Bodenverbände sowie die öffentlich-rechtlichen sondergesetzlichen Wasserverbände (Bühler, S. 288). Die Verbände sind mit den Umsätzen, die in Ausübung öffentlicher Gewalt getätigt werden, umsatzsteuerfrei. Die Abgrenzung ist schwierig und kann nicht allgemein vorgenommen werden. Der Reichs- und Preußische Minister für Ernährung und Landwirtschaft hat daher im Einvernehmen mit dem Reichsminister der Finanzen in seinem Erlaß vom 11. 8. 1937 (LwRMBl. S. 659) hierzu folgendes mitgeteilt:

„Wasser- und Bodenverbände, die nach den Gesetzen öffentlich-rechtliche Körperschaften sind, unterliegen mit ihren Leistungen nach § 2 Abs. 3 des Umsatzsteuergesetzes vom 16. Oktober 1934 (RGBl. I S. 942) insoweit nicht der Umsatzsteuer, als ihre Tätigkeit unmittelbar der Erfüllung der ihnen durch Gesetz und Satzung zugewiesenen öffentlich-rechtlichen Aufgaben dient. Eine öffentlich-rechtliche Tätigkeit ist insbesondere anzunehmen, wenn es sich um Leistungen handelt, zu deren Annahme der Leistungsempfänger aufgrund von Gesetz und Satzung des Verbandes verpflichtet ist (§ 3 Abs. 1 der Durchführungsbestimmungen zum Umsatzsteuergesetz vom 17. Oktober 1934, RGBl. I S. 947).

Die Verbände sind daher mit den Leistungen, die der erstmaligen Ausführung eines Verbandsunternehmens oder seiner Unterhaltung (z. B. der Herstellung und Änderung von Ufern, der Entwässerung von Grundstücken) dienen, nicht umsatzsteuerpflichtig. Dies gilt auch, soweit für diese Leistungen Beiträge erhoben werden.

Grundstücksübertragungen sind nach § 4 Nr. 9 des Umsatzsteuergesetzes allgemein steuerfrei. Wenn die Verbände Grundstücke veräußern, ist auch die Übertragung des Inventars und des Zubehörs steuerfrei."

In der Praxis werden daher aufgrund dieses Erlasses alle landwirtschaftlichen Wasser- und Bodenverbände als umsatzsteuerfrei anerkannt. Umstritten ist die Frage, ob ein Verband, der die Bewirtschaftung und Nutzung von Grundstücken — § 2 Nr. 6 — übernommen hat, auch bezüglich des Verkaufs der Ernte umsatzsteuerfrei ist. Ein Verband, der für den Wasservorrat in einem Fluß zu sorgen hat und die dabei anfallende Wasserkraft verpachtet, ist mit der Verpachtung umsatzsteuerpflichtig, weil diese Leistung der Ausübung öffentlicher Gewalt nur mittelbar dient (RFH, Urteil v. 29. 5. 1942, ZAgr. 27, 366). Bei Anstalten zur Abwasserreinigung fällt der Verkauf von Klärschlamm, Phenol usw. nicht in den Rahmen der Ausübung öffentlicher Gewalt und ist daher umsatzsteuerpflichtig (ZAgr. 26, 326).

Ausdrücklich umsatzsteuerbefreit ist allgemein die Lieferung von Wasser (§ 4 Nr. 5 UStG). Nach dem Entwurf des Gesetzes über die Mehrwertsteuer, das an die Stelle des UStG treten soll, wird die Steuerbefreiung für die Lieferung von Wasser nicht aufrechterhalten. Die Tätigkeit der Kreisbauämter, soweit sie als Berater der Wasser- und Bodenverbände (Anm. 1 zu § 118) oder auch der Gemeinden tätig werden, hat der Reichsfinanzminister (LwRMBl. 1939 S. 1150) als eine Ausübung öffentlicher Gewalt anerkannt, die der Umsatzsteuer nicht unterliegt (vgl. ZAgr. 26, 238).

ee) Vermögenssteuer

Von der Vermögenssteuer sind die Verbände als öffentlich-rechtliche Körperschaften gemäß § 1 VStG befreit, und zwar nicht nur mit ihren Vermögensteilen, die der Durchführung der Verbandsaufgabe unmittelbar dienen, sondern auch mit ihrem sonstigen Vermögen.

4. Steuerbehörde

Zuständig für die Entscheidung über die Gewährung der Steuerbefreiung sind die Finanzämter. Gleiches gilt auch für andere Steuerbefreiungen, z. B. von der Grundsteuer. Anderen Behörden, auch den für die Ausstellung von Bescheinigungen über das Vorliegen der Voraussetzungen für die Steuerbefreiung zuständigen Verwaltungsbehörden (wie im Fall des § 40 Abs. 2), steht keine Entscheidungsbefugnis zu. Diese Bestätigung der Verwaltungsbehörde ist keine selbständige steuerrechtliche Verfügung. Dasselbe gilt, wenn umgekehrt die Verwaltungsbehörde ihre Bestätigung für ungültig erklärt. Auch in diesem Fall trifft das Finanzamt die Entscheidung darüber, ob eine bereits gewährte Steuerbefreiung widerrufen wird (BFH, Urteil vom 6. 8. 1965, BStBl. III S. 621).

5. Bescheinigung der Aufsichtsbehörde

Aufsichtsbehörde s. § 112 Abs. 3 (Anm. 6 bis 8 zu § 112). Die Finanzämter verlangen, daß die Bescheinigungen nicht nur beglaubigt, sondern von dem Beamten der Aufsichtsbehörde unterschriftlich vollzogen werden.

6. Durchführung der Aufgabe des Verbandes

Siehe Anm. 1 u. 2 zu § 17, Anm. 1 zu § 20.

§ 41

Polizeiverordnung

(1) Durch Polizeiverordnung[1], [2] kann das Unternehmen des Wasser- und Bodenverbandes geschützt, insbesondere die Benutzung seiner Anlagen und seiner Gewässer geregelt und ganz und teilweise untersagt[3] werden.

(2) Soweit nicht die nach allgemeinem Polizeirechte berufene Behörde[4] die Polizeiverordnung erläßt, ist die Aufsichtsbehörde des Verbandes oder die des Oberverbandes (§ 113) zuständig[5]. Die Aufsichtsbehörde tritt an die Stelle der allgemein berufenen Behörde.

1. Geltung des Landesrechts

Nach § 185 sind die landesrechtlichen Vorschriften anzuwenden.

2. Allgemeinverbindliche Anordnungen

Nach allgemeinem bundesrechtlich geltenden Polizeirecht sind die zu erlassenden Polizeiverordnungen allgemeinverbindliche Anordnungen, so wie sie in § 58 PrPVG geregelt sind (vgl. dazu Drews-Wacke, S. 425). Das ist deswegen anzunehmen, weil die Polizei durch Sondergesetz zum Erlaß ermächtigt worden ist.

Diese Unterscheidung von den übrigen Verordnungen ist von erheblicher Bedeutung, weil danach Voraussetzungen und Verfahren zum Erlaß der Polizeiverordnungen zu bestimmen sind.

Zunächst ist festzuhalten, daß die Verordnung nur im Rahmen der WVVO und der Satzung des Verbandes ergehen darf. Im Gegensatz zur Satzung hat die Verordnung die Gewährleistung der öffentlichen Sicherheit und Ordnung im Verband und im Verhältnis zu Dritten zum Gegenstand. Es kann daher auch nicht eine offene Frage in der Verbandstätigkeit wahlweise in der Satzung oder in der Verordnung geregelt werden. Gehört sie zur Bestimmung der Verbandsaufgabe, muß sie in die Satzung aufgenommen werden. So bestimmt § 22 Abs. 3, daß weitere Beschränkungen zur Erleichterung der Aufgaben des Verbandes in der Satzung vorgeschrieben werden können. Dem widerspricht es nicht, daß Beschränkungen am Vorland nach § 23 Abs. 2 durch Polizeiverordnung — ordnungsbehördliche Verordnung — der Aufsichtsbehörde festgelegt werden, da sie nicht verbandszugehörige Grundstücke oder Verbandsmitglieder betreffen. Nach § 58 Buchst. b PrPVG bestimmt sich der Erlaß der allgemeinverbindlichen Anordnungen grundsätzlich nach der für die Verordnungen geltenden Regelung (eine den Inhalt kennzeichnende Überschrift, Ermächtigungsvorschrift, Bestimmtheit, Bekanntmachung im Amtsblatt der Bezirksregierung usw.).

Eigenartig ist die in Nordrhein-Westfalen geltende Regelung des § 41 Buchst. b OBG. Danach bedarf die allgemeinverbindliche Anordnung nicht einer Prüfung durch den Regierungspräsidenten, wie sie nach § 39 OBG allgemein für die ordnungsbehördlichen Verordnungen vorgeschrieben ist. Außerdem fehlt dort die Bestimmung der Bekanntmachung. Man hat gefolgert, daß die Bekanntmachung entsprechend den für Satzungen geltenden Vorschriften des Gemeinderechts zu erfolgen habe (Drews-Wacke, S. 428; Senger-Kurzmann, S. 230ff.; Rietdorf, S. 231ff.).

Die allgemeinverbindlichen Anordnungen können für den Fall der Zuwiderhandlung Geldbußen androhen. Das Verfahren zum Erlaß der Geldbußen bestimmt sich nach dem OWiG.

3. Anordnungen der Deichpolizei

Auf dem Gebiet der Deichpolizei richtet sich die Zuständigkeit allein nach §§ 102, 103. In § 103 Abs. 1 u. 2 und § 105 Abs. 3 sind die zu treffenden Polizeimaßnahmen als Anordnungen bezeichnet. Das bestätigt die in Anm. 2 vertretene Auffassung.

4. Zuständige Behörde

Die nach allgemeinem Polizeirecht berufene Behörde bestimmt sich nach Landesrecht (vgl. § 185).

5. Tätigwerden der Aufsichtsbehörde

Die Zuständigkeit der Aufsichtsbehörde ist nur subsidiär festgelegt, also für den Fall, daß die zunächst zuständige Behörde noch keine Verordnung erlassen hat. Zuständige Aufsichtsbehörde: §§ 112, 114, 115; § 43 FlurbG.

§ 42

Verbandschau[1]

Die Schaubeauftragten[2] des Wasser- und Bodenverbandes prüfen wenigstens einmal im Jahre seine Anlagen, Gewässer und in seine Obhut gegebenen Grundstücke. Mit Zustimmung der oberen Aufsichtsbehörde kann in der Satzung bestimmt werden, daß die Schau ganz oder teilweise unterbleibt[3].

1. Verbandsschau

Die Verbandsschau ist eine Selbstverwaltungsangelegenheit des Verbandes. Es kann daher eine allgemeine Anordnung nach § 96 für die Schau, also eine Schauordnung erlassen werden. Sie muß sich im Rahmen der §§ 42 bis 45 halten.

Die Schauen sind regelmäßig, meist im Frühjahr und im Herbst, vorzunehmen. Sie sollen einen Überblick darüber geben, ob die Verbandsanlagen, Gewässer und Grundstücke in einem ordnungsmäßigen Zustand sind und satzungsgemäß unterhalten werden. Das Ergebnis der Schau ist in einer Niederschrift festzuhalten und dem Vorsteher zu übermitteln. Insbesondere müssen die festgestellten Mängel genau aufgeführt werden, damit der Vorsteher entscheiden kann, ob und welche Maßnahmen zu ergreifen sind, ob er etwa Ordnungsstrafen nach § 97 verhängen soll.

Unabhängig von der Verbandsschau sind die Aufsichtsschauen (§ 121), die staatliche Angelegenheiten sind und von den Aufsichtsbehörden durchgeführt werden. Sie können dazu auch eigene Schauordnungen in Form von Polizeiverordnungen (ordnungsbehördlichen Verordnungen) erlassen (vgl. Anm. 3 zu § 121). Außerdem sind in den Landeswassergesetzen Gewässerschauen vorgesehen (vgl. z. B. § 96 NWG, § 83 NWWG). Polizeiliche Befugnisse haben die Schaubeauftragten nicht. Vielmehr haben die Schauämter oder die Wasserpolizeibehörden festzustellen, ob polizeiliche Bedenken gegen den Zustand der Verbandsanlagen bestehen.

2. Schaubeauftragte

Schaubeauftragte werden vom Vorsteher bestellt. Es kann sich dabei um Dritte, aber auch um Mitglieder des Verbandes handeln. Auch der Vorsteher selbst ist Schaubeauftragter (Anm. 1 zu § 43).

3. Unterbleiben der Schau

Wo eine regelmäßige Aufsichtsschau oder Schauen durch Schauämter stattfinden, kann sich eine Verbandsschau erübrigen (1. AV Nr. 31).

§ 43

Die Schaubeauftragten

(1) Der Vorsteher beruft[1] die Schaubeauftragten und ruft sie ab. Zu den Schaubeauftragten gehört der Vorsteher oder ein Mitglied des Vorstandes. Schauführer ist der Vorsteher oder der von ihm bestimmte Schaubeauftragte.

(2) Wenn für mehrere Schaubezirke des Wasser- und Bodenverbandes verschiedene Beauftragte berufen werden, genügt die Teilnahme des Vorstehers (Vorstandmitgliedes) in einem der Bezirke.

1. Berufung durch den Vorsteher

Die Berufung ist eine Selbstverwaltungsangelegenheit des Verbandes. Die Verbandsmitglieder, die berufen werden, sind verpflichtet, die Berufung anzunehmen. Die Schaubeauftragten sind nicht Organe des Verbandes. Das ergibt sich aus der Funktion der Verbandsschau (Anm. 1 zu § 42). Der Vorsteher selbst ist bereits kraft seines Amtes Schaubeauftragter.

Der Vorsteher kann die Schaubeauftragten zwar völlig selbständig berufen. Er muß jedoch die anderen Vorstandsmitglieder nach § 49 Abs. 1 Satz 2 beteiligen.

§ 44

Teilnahme der Behörden an der Schau

Der Vorsteher lädt die Aufsichtsbehörde[1], die staatliche Fachbehörde[2] und die Wasserpolizeibehörde rechtzeitig[3] zur Schau ein[4].

1. Aufsichtsbehörde

Vergleiche Anm. 1 zu § 112.

2. Staatliche Fachbehörde

Das wird in der Regel das Wasserwirtschaftsamt, kann aber auch das Gewerbeaufsichtsamt oder das Gesundheitsamt sein. Bei Deichschauen an Strömen und Kanälen muß ein Vertreter der Wasser- und Schiffahrtsverwaltung geladen werden, bei Bundeswasserstraßen also das Wasser- und Schiffahrtsamt. Bei landwirtschaftlichen Verbänden ist ein Vertreter der Landwirtschaft zu laden (Anm. 2 zu § 118; RdErl. vom 3. 4. 1940, LwRMBl. S. 353).

3. Rechtzeitige Ladung

Die Ladung muß in der in der Satzung vorgeschriebenen Form vorgenommen werden (§ 9 Abs. 2). Die Ladungsfrist beträgt regelmäßig vier Wochen. Mit der Ladung kann die Aufforderung an die Mitglieder verbunden werden, die Anlagen zu räumen.

4. Teilnahme der Behörden

Die in § 44 genannten Behörden müssen zur Schau geladen werden. Geschieht das nicht, ist die Schau nicht ordnungsgemäß durchgeführt. Berechtigt, an der Schau teilzunehmen, sind die Mitglieder des Verbandes. Wird ihnen die Teilnahme verwehrt und anschließend aufgrund der Schau eine Maßnahme gegen sie getroffen, so kann eine Verletzung des Grundsatzes des rechtlichen Gehörs vorliegen.

§ 45

Aufzeichnung[1]. Schaubuch. Abstellung der Mängel

Der Schauführer zeichnet den Verlauf und das Ergebnis der Prüfung schriftlich auf, gibt den Schaubeauftragten Gelegenheit zur Äußerung und übermittelt die Aufzeichnung an den Vorsteher. Dieser läßt die Mängel abstellen und unterrichtet die Aufsichtsbehörde. Er sammelt die Aufzeichnungen im Schaubuche[2] und vermerkt in ihm die Abstellung der Mängel[3, 4].

1. Die Aufzeichnung

Sie ist eine Niederschrift über die Schau (Anm. 1 zu § 42). Sie muß wenigstens enthalten die Teilnehmer, den Zustand der Verbandsanlagen, Grundstücke und Gewässer und die festgestellten Mängel.

Die Niederschrift wird vom Schauführer erstellt, also oft vom Vorsteher (§ 43 Abs. 1 Satz 3). Vor der Fertigung muß er jedoch die anderen Schaubeauftragten hören.

Eine Ausfertigung der Aufzeichnung ist der Aufsichtsbehörde zu übermitteln, weitere Ausfertigungen sollten den beteiligten Behörden übersandt werden.

2. Schaubuch

Das Schaubuch ist eine chronologische Sammlung der Aufzeichnungen mit Vermerken über die Abstellung von Mängeln. Es ist von erheblichem Beweiswert bei notwendigen Maßnahmen gegen einzelne Verbandsmitglieder. Es ist also auch die Grundlage für Anordnungen des Vorstehers nach §§ 96ff.

3. Unterrichtung der Aufsichtsbehörde

Die Aufsichtsbehörde muß nicht nur anhand der Aufzeichnung und der Teilnahme an der Schau unterrichtet werden, sondern insbesondere auch über den weiteren Verlauf in der Abstellung der aufgetretenen Mängel.

4. Abstellung der Mängel

Auch die Beseitigung des Aushubs nach Räumung gehört zu den Pflichten der Mitglieder, und zwar zu den Sachbeiträgen (§ 79, vgl. SaMu. A § 39).

V. Abschnitt

Verfassung

Vorbemerkung

Verbandsorgane sind der Vorstand und entweder die Versammlung der Mitglieder (Verbandsversammlung) oder an ihrer Stelle die Vertretung der Mitglieder (Ausschuß). Auf die 1. AV Nr. 32 wird verwiesen.

Der Vorstand ist entweder Einmannvorstand (Vorsteher) oder ein mehrgliedriger Vorstand (einschließlich des Vorstehers). Der mehrgliedrige Vorstand, in dem die möglicherweise verschiedenen Interessen innerhalb des Verbandes vertreten sind, wird dem Ausgleich dieser Interessen eher gerecht. Die Berufung (Wahl) des Vorstandes ist in § 48 geregelt.

Die Verbandsversammlung ist das gegebene Organ für die Verbände mit geringerer Mitgliederzahl, der Ausschuß für die Verbände mit größerer Mitgliederzahl. Wenn der Verband den Ausschuß hat, sollen die Mitglieder über die Angelegenheiten des Verbandes unterrichtet und angehört werden.

Ob Einmannvorstand oder mehrgliedriger Vorstand, ob Verbandsversammlung oder Ausschuß als Organe genommen werden, wird durch die Satzung des Verbandes bestimmt. Wenn die WVVO nach ihrem Wortlaut den Einmannvorstand dem mehrgliedrigen Vorstand und den Ausschuß der Verbandsversammlung vorzieht, so haben diese Vorzüge heute ihre Bedeutung verloren. Durch die Satzung kann das eine oder das andere bestimmt werden.

Organisationsschema: s. Vorbemerkung vor § 111.

§ 46

Allgemeines

(1) Der Wasser- und Bodenverband hat einen Vorstand (Vorsteher) und einen Ausschuß. In der Satzung kann bestimmt werden, daß der Verband an Stelle des Ausschusses die Verbandversammlung hat[1].

(2) Vorsteher, Vorstand, Ausschuß und Versammlung können neben diesen Bezeichnungen andere Bezeichnungen haben[2].

1. Organe

Wegen der notwendigen Organe des Verbandes vgl. die Vorbemerkung vor § 46.

Die Verbandsversammlung ist für Verbände mit größerer Mitgliederzahl weniger zweckmäßig. Für Verbände mit kleinerer Mitgliederzahl ist sie dagegen nach heutiger Auffassung dem Ausschuß vorzuziehen. Die in der 1. AV Nr. 33 vorgesehene Beschränkung auf Verbände bis zu 50 Mitglieder (Überschreitung nur mit Zustimmung der oberen Aufsichtsbehörde) ist nicht mehr als fortgeltend anzusehen. Auch Verbandsversammlungen mit größerer Mitgliederzahl haben sich bewährt.

Wegen der sogenannten konzentrierten Mitgliederversammlung (z. B. zum Teil auf Gruppen konzentrierten) vgl. Anm. 3 zu § 55. Sie ist auch bei größerer Mitgliederzahl möglich.

Über die Beamteneigenschaft des Vorstehers und der Vorstandsmitglieder vgl. §§ 107 bis 110.

2. Abweichende Bezeichnungen

Besondere Bezeichnungen sind in den Deichverbänden üblich (Deichhauptmann, Deichgräf, Deichrichter, Deichgeschworene, Deichschöppen, Deichschulzen, Heimräte, Deichamt, Deichinspektoren usw.). Gegen diese Bezeichnungen bestehen keine Bedenken.

§ 47

Vorstand: Mitglieder, Stellvertretung

(1) Der Vorstand des Wasser- und Bodenverbandes kann aus einer Person, dem Vorsteher, oder aus mehreren Personen bestehen, von denen

eine, der Vorsteher, den Vorsitz führt[1]. Dies und die Stellvertretung im Vorstande sind in der Satzung zu regeln[2].

(2) In der Satzung kann der Personenkreis bestimmt werden, aus dem der Vorstand zu nehmen ist[3].

1. Gliederung des Vorstandes

Zulässig ist sowohl der Einmannvorstand wie der mehrgliedrige Vorstand. Der Einmannvorstand genügt insbesondere für kleine Verbände, wenn die Interessen der Verbandsmitglieder einheitlich und Männer vorhanden sind, die das Vertrauen aller genießen (1. AV Nr. 34). Dagegen empfiehlt sich der mehrgliedrige Vorstand, wenn in dem Verbande die geschäftlichen Interessen verschieden sind und eine einzige Person einen gerechten Ausgleich dieser Interessen nicht herbeiführen kann (vgl. Vorbemerkung zum V. Abschnitt).

Die Entscheidung, ob die Satzung einen mehrgliedrigen oder einen Einmannvorstand vorsehen soll, ist grundsätzlich dem Willen des Verbandes oder schon vorher der Gründungsversammlung zu überlassen. Es ist jedoch nach Möglichkeit darauf hinzuwirken, daß der mehrgliedrige Vorstand vorgezogen wird (vgl. RdErl. des MfELuF NW vom 1. 10. 1957, MBl. NW. S. 2174).

Die Leitung im Vorstand liegt beim Vorsteher. Er ist im Zweifel für alle Verbandsgeschäfte zuständig (§ 49). In der Satzung kann aber bestimmt werden, daß dem Vorsteher nur die ihm durch die zwingenden Vorschriften der WVVO und die Satzung ausdrücklich zugewiesenen Geschäfte obliegen und alle übrigen dem Gesamtvorstand. Der Vorsteher allein vertritt jedoch den Verband außer in den Fällen des § 50 Satz 2; er führt die laufende Verwaltung und ist Vollstreckungsbehörde (§ 93).

2. Satzungsbestimmung über den Vorstand

Satz 2 ist zwingendes Recht. Die Satzung muß Bestimmungen über die Gliederung sowie über die Befugnisse des Vorstandes — wo ein solcher bestellt wird — und des Vorstehers enthalten. Falls nichts Gegenteiliges bestimmt ist, können auch Nichtmitglieder, z. B. auch der Verbandstechniker, zu Vorstandsmitgliedern bestellt werden. Auch ihre Bestellung zum Vorsteher oder stellvertretenden Vorsteher ist nicht ausgeschlossen (vgl. jedoch Anm. 1 zu § 60). Die Reihenfolge, in der die Stellvertreter eintreten (1., 2. usw. Stellvertreter), ist zu bestimmen (SaMu. A § 11 Abs. 1). Der Stellvertreter ist ohne weiteres zum Handeln befugt und verpflichtet, wenn der Vorsteher aus irgendeinem Grunde verhindert ist. Im übrigen gilt für die Zusammensetzung des Vorstandes dasselbe wie für die des Ausschusses (s. Anm. 2 zu § 55).

3. Personenkreis und Stellung der Vorstandsmitglieder

Wegen des Personenkreises s. Anm. 2.

Die Vorstandsmitglieder sind ehrenhalber tätig. Der Vorsteher erhält Ersatz seiner baren Auslagen, oft in Form einer jährlichen Entschädigung. Diese ist von der Genehmigung der Aufsichtsbehörde abhängig (§ 109 und Anm. 1 dazu).

§ 48

Bildung des Vorstandes[1]

(1) Die Aufsichtsbehörde beruft den Vorsteher und seine Stellvertreter für die in der Satzung vorgeschriebene Zeit[2] gemäß einem Vorschlage des Verbandausschusses[3]. Wenn die Aufsichtsbehörde dem Vorschlage nicht folgen will, entscheidet die obere Aufsichtsbehörde[4].

(2) Die obere Aufsichtsbehörde kann den Vorschlag zurückweisen. Der Ausschuß ist zu einem neuen Vorschlage befugt[5].

(3) Wenn der Vorschlag nicht rechtzeitig[6] gemacht oder zurückgewiesen wird, kann die Aufsichtsbehörde den Vorsteher für die Zeit bis zur ordentlichen Berufung bestellen und eine angemessene Entschädigung für ihn festsetzen; sie kann den so bestellten Vorsteher abrufen[7].

(4) Die übrigen Mitglieder des Vorstandes und ihre Stellvertreter beruft der Verbandausschuß. Sie bedürfen der Bestätigung der Aufsichtsbehörde[8].

(5) Die obere Aufsichtsbehörde kann bestimmen, daß der Vorstand in anderer Weise gebildet wird. Die Bestimmung ist in die Satzung zu nehmen[9].

1. Bildung des Vorstandes

Vergleiche Vorbemerkung vor § 46.

Eine Verpflichtung zur Übernahme des Vorstandsamtes kann dem Verbandsmitglied in der Satzung nicht auferlegt werden. Eine dem Gemeinderecht entsprechende Bestimmung, wonach die Berufung nur beim Vorliegen eines wichtigen Grundes abgelehnt werden kann, besteht gleichfalls nicht. Wird der geordnete Gang der Verwaltung durch die Ablehnung der Berufung gefährdet, so kann die Aufsichtsbehörde nach § 127 einen vorläufigen Vertreter bestellen. Die Entschädigung kann nach § 126 erzwungen werden. Hat ein Vorstandsmitglied sein Amt einmal angetreten, so kann es nur aus wichtigen Gründen niedergelegt werden.

In SaMu. A § 12 Abs. 3 ist eine Verpflichtung der Vorstandsmitglieder seitens der Aufsichtsbehörde durch Handschlag an Eidesstatt vorgesehen. Die WVVO enthält jedoch keine entsprechende Vorschrift. Eine derartige Verpflichtung an Eides Statt kommt daher nicht in Betracht.

Wegen Unfallversicherung der Vorstandsmitglieder vgl. Anm. 5 zu § 107.

2. Amtszeit

In der Satzung kann eine beliebige Amtszeit festgesetzt werden, z. B. 5 Jahre, und als Ende der Amtszeit z. B. der 31. Dezember (SaMu. A § 13, s. auch Anm. 2 zu § 50 und Anm. 2 zu § 58).

3. Doppelmitgliedschaft in Ausschuß und Vorstand

In den 1. AV Nr. 36 zu SaMu. A § 12 heißt es: „Im allgemeinen ist darauf hinzuwirken, daß Ausschußmitglieder nicht zugleich im Vorstande sind. Das ergibt sich schon aus der Vorschrift, daß der Ausschuß über die Entlastung des Vorstandes zu beschließen hat (§ 21 SaMu.). Manchmal sind aber wegen der besonderen Umstände des Falles Ausnahmen am Platze, wenn die Ausschußmitglieder, die nicht zum Vorstande gehören, zahlreich genug sind. Zu wünschen ist ferner, daß der Vorstand aus Verbandsmitgliedern besteht. Auch dies kann aber nicht immer gefordert werden; es kann sogar nicht unzweckmäßig sein, wenn ein besonders geeigneter außenstehender Mann vorgeschlagen wird."

4. Zusammenwirken von Ausschuß und Aufsichtsbehörde

Der Wortlaut des § 48 Abs. 1 bis 4 scheint den heutigen demokratischen Grundsätzen, die für eine echte Selbstverwaltungskörperschaft gelten, nicht mehr voll zu entsprechen. Da er jedoch eine Handhabung im demokratischen Sinne gestattet, wird er — und daher auch die diesem Wortlaut entsprechenden in die Satzungen übernommenen Bestimmungen — sowohl von den Verwaltungsgerichten als auch von den diese Frage behandelnden Ministerialerlassen übereinstimmend als fortgeltend angesehen, und zwar mit der Maßgabe der demokratischen Handhabung. Es empfiehlt sich jedoch nicht, in neu abzufassende oder neu geformte Satzungen — also bei Neugründung oder Satzungsänderung — die Bestimmungen des § 48 Abs. 1 bis 4 entsprechend SaMu. A § 12 wörtlich zu übernehmen, sondern nach Abs. 5 die Bildung des Vorstandes durch Wahl vorzusehen (Näheres unten Anm. 9). Es ist anzustreben, daß die heute noch nach dem Wortlaut der WVVO abgefaßten Satzungen den heutigen Grundsätzen gemäß neu geformt werden.

Zunächst sei die Regelung nach dem Wortlaut der WVVO aufgezeigt.

Danach geht der Vorstand aus einem Zusammenwirken zwischen Ausschuß oder Verbandsversammlung und der Aufsichtsbehörde hervor. Die Aufsichtsbehörde kann nicht etwa nach Belieben andere Personen in den Vorstand berufen, sondern nur die Entscheidung der oberen Aufsichtsbehörde herbeiführen, wenn sie zwecks Sicherung der öffentlichen

Belange dem Vorschlage des Ausschusses nicht folgen zu dürfen glaubt. Der Vorschlag des Ausschusses ist hiernach zwar für die Aufsichtsbehörde nicht verbindlich, hat aber, falls sie nicht zustimmt, zunächst die Rechtswirkung, daß nicht sie, sondern die obere Aufsichtsbehörde zur Entscheidung berufen wird. Wenn diese den Vorschlag zurückweist, hat sie dem Ausschuß eine Frist für einen zweiten Vorschlag zu setzen (ohne Fristsetzung kann die Rechtzeitigkeit nicht festgestellt werden; Tönnesmann, Anm. 2 zu § 48, hält ohne Begründung Fristsetzung nur für zulässig, nicht für notwendig). Wenn die Aufsichtsbehörde auch dem zweiten Vorschlag nicht zustimmt oder der Ausschuß binnen der Frist keinen neuen Vorschlag macht, kann sie den Vorsteher „für die Zeit bis zur ordentlichen Berufung" (also nicht für die ordentliche, in SaMu. A § 13 regelmäßig auf 5 Jahre festgesetzte Amtszeit), d. h. also nur einen außerordentlichen, vorläufigen Vorsteher bestellen. Die Aufsichtsbehörde hat die ordentliche Berufung, sobald sie durchführbar ist, herbeizuführen; sie kann daher etwaige neue Vorschläge des Ausschusses nicht ohne weiteres mit der Begründung ablehnen, daß bereits ein Vorsteher bestellt sei. Zu dieser sich aus dem Wortlaut ergebenden Regelung bemerkt der RdErl. d. MfELuF NW vom 1. 10. 1957 (MBl. NW. S. 2174) unter IIe:

„Die in § 48 Abs. 1 WVVO geregelte Berufung des vom Ausschuß oder von der Verbandsversammlung vorgeschlagenen Vorstehers und seines Stellvertreters hat ebenso wie die Bestätigung der vom Ausschuß oder von der Verbandsversammlung berufenen sonstigen Vorstandsmitglieder (§ 48 Abs. 4) immer zu erfolgen, wenn nach Gesetz und Satzung keine Hinderungsgründe bestehen und keine durchschlagenden Bedenken gegen die Eignung des (der) Vorgeschlagenen bzw. Gewählten bestehen." In Übereinstimmung damit hat sich das BVerwG dahin ausgesprochen:

„Die Regelung, daß der Verbandsausschuß den Verbandsvorsteher vorschlägt und die Aufsichtsbehörde ihn in das Amt beruft, besteht fort. Die Aufsichtsbehörde darf indes von einer Berufung des Vorgeschlagenen nur bei triftigen Gründen absehen; ihre Entscheidung unterliegt der Nachprüfung im Verwaltungsstreitverfahren. In der Vorschrift des § 48 WVVO liegt kein Verstoß gegen die den Wasserverbänden zugestandene Selbstverwaltung, die im Grundgesetz der Bundesrepublik Deutschland nur den Gemeinden und Gemeindeverbänden gewährleistet ist. Die Vorschrift ist aber nunmehr mit rechtsstaatlichem Geist zu erfüllen. Das führt, wie bereits mehrmals betont worden ist, dazu, daß die Aufsichtsbehörde in aller Regel, nämlich wenn weder nach Gesetz noch nach der Satzung Hinderungsgründe entgegenstehen und gegen die Eignung der Vorgeschlagenen nichts einzuwenden ist, die Vorgeschlagenen zu berufen hat, so daß diese Berufung in das Amt praktisch der Bestätigung eines in das Amt Gewählten gleichkommt" (BVerwGE 7, 17).

Hiernach dürfte die heute durchweg übliche Handhabung, daß die Mitglieder des Ausschusses oder der Verbandsversammlung den Vorstand wählen, daß die Wahl der Aufsichtsbehörde angezeigt und von ihr bestätigt wird, dieser Auslegung der Vorschriften entsprechen (bei dieser Handhabung ist der Unterschied zwischen der Wahl des Vorstehers und der der übrigen Vorstandsmitglieder weggefallen).

Über die Bestellung des ersten — nur vorläufigen — Vorstandes nach der Verbandsgründung vgl. § 171.

5. Zweiter Vorschlag des Ausschusses

Siehe Anm. 4.

6. Vorschlagsfrist

D. h. innerhalb der von der Aufsichtsbehörde gestellten Frist.

7. Vorläufiger Vorsteher

Siehe Anm. 4.

8. Bestätigung

Daß die Aufsichtsbehörde in aller Regel die Bestätigung zu geben hat, ergibt sich aus Anm. 4.

9. Abweichende Bildung des Vorstandes

Nach Abs. 5 können in der Satzung Abweichungen von der in den Absätzen 1 bis 4 für die Bestellung des Vorstandes getroffenen Regelung zugelassen werden. Aufgrund dieser Bestimmung kann auf die Mitwirkung der Aufsichtsbehörden bei der Vorstandswahl als solcher verzichtet werden. Dies dürfte den heutigen Grundsätzen am ehesten entsprechen. Es kann in der Satzung die Wahl der Vorstandsmitglieder durch den Ausschuß oder die Verbandsversammlung vorgesehen und im einzelnen geregelt werden. Zu empfehlen ist, in diesem Fall vorzusehen, daß das Wahlergebnis unverzüglich der Aufsichtsbehörde mitzuteilen ist. Diese Regelung ist in der Praxis verschiedener Länder bereits in den Satzungen einer größeren Anzahl neugegründeter oder neugeformter Verbände getroffen worden.

Wenn in Abs. 5 die obere Aufsichtsbehörde — noch dazu in Form einer keinesfalls mehr in Betracht kommenden einseitigen „Bestimmungsbefugnis" — eingeschaltet ist, so dürfte diese Einschaltung in autoritären Gesichtspunkten der früheren Zeit ihren Grund haben. Ob diese Einschaltung daher überhaupt noch als fortgeltend anzusehen ist, kann fraglich sein. Auf jeden Fall wird man aber statt „Bestimmung" Zustimmung einzusetzen haben und die obere Aufsichtsbehörde für verpflichtet halten müssen, in aller Regel ihre Zustimmung zu — vielleicht sogar von ihr oder der Aufsichtsbehörde anzuregenden — Wünschen des Verbandes oder der Gründungsversammlung zu geben (dasselbe gilt für § 55 Abs. 2).

Bei einem besonders schwierig zu verwaltenden Verband (z. B. wegen stark widerstreitender Interessen) kann es im Einzelfall angezeigt sein, daß eine Bestätigung wenigstens des Vorstehers durch die Aufsichtsbehörde in der Satzung ausdrücklich vorgesehen wird.

Denkbar und zulässig sind auch andere Formen als die Wahl. In Frage kommen z. B. das Entsendungsrecht von dem Verband angehörenden öffentlich-rechtlichen Körperschaften und sonstigen Gruppen, denen nach der Satzung Vorstandssitze zustehen, oder auch die Regelung, daß der jeweilige Bürgermeister (Gemeindedirektor) einer Mitgliedsgemeinde dem Vorstand angehört oder sogar Vorsteher des Verbandes ist. Im allgemeinen wird jedoch die Wahl vorzuziehen sein. Nicht zu empfehlen ist es, einen Vertreter der Aufsichtsbehörde als Vorstandsmitglied vorzusehen.

§ 49

Geschäfte des Vorstehers, des Vorstandes. Vertreter

(1) Dem Vorsteher obliegen alle Geschäfte des Wasser- und Bodenverbandes, zu denen nicht der Vorstand oder andere Stellen durch das Gesetz oder die Satzung berufen sind[1]. Er unterrichtet in angemessenen Zeitabständen die anderen Mitglieder des Vorstandes von seinen Geschäften und hört ihren Rat zu wichtigen Geschäften.

(2) Die Mitglieder des Vorstandes haben bei der Erfüllung ihrer Aufgaben die erforderliche Sorgfalt anzuwenden. Mitglieder, die ihre Obliegenheiten verletzen, haften dem Verbande für den Schaden; mehrere haften als Gesamtschuldner. Der Schadenersatzanspruch verjährt in fünf Jahren, nachdem er für den Verband erkennbar geworden ist; die Erkennbarkeit für die zum Schadenersatz verpflichteten Mitglieder des Vorstandes ist unerheblich[2].

(3) Der Vorsteher kann Beamte und Angestellte mit seiner Vertretung in bestimmten Angelegenheiten beauftragen. Die Befugnisse seines zum Verbandorgan bestellten Stellvertreters (§ 47) bleiben unberührt[3].

1. Geschäfte von Vorstand und Vorsteher

§ 49 regelt in erster Linie, welche Geschäfte dem Vorsteher und welche dem Gesamtvorstand obliegen, betrifft aber außerdem die Verteilung der Geschäfte zwischen Vorstand und Ausschuß (oder Verbandsversammlung). Da es jedoch nach heutiger Auffassung als zulässig anzusehen ist, dem Ausschuß (Verbandsversammlung) durch die Satzung umfangreichere Aufgaben zuzuweisen, als sie in § 53 vorgesehen sind (vgl. Anm. 2

zu § 53), wird durch solche Erweiterung gleichzeitig die Zuständigkeit des Vorstandes (Vorstehers) eingeschränkt.

Beim Einmannvorstand (Vorsteher) obliegen alle Geschäfte, die nicht zu den Aufgaben des Ausschusses (oder der Verbandsversammlung) gehören, dem Vorsteher. Beim — mehrgliedrigen — Gesamtvorstand spricht die gesetzliche Vermutung für die Zuständigkeit des Vorstehers. Danach obliegen dem Gesamtvorstand nur die ihm in der WVVO zwingend zugewiesenen und die in der Satzung aufgeführten Geschäfte. Diese Regelung kann aber umgekehrt werden, d. h. es können dem Gesamtvorstand durch die Satzung alle Geschäfte übertragen werden, die nicht dem Ausschuß (der Verbandsversammlung) obliegen oder zu denen nicht der Vorsteher durch die WVVO zwingend berufen ist.

Folgende Aufgaben sind dem Gesamtvorstand in der WVVO zwingend zugewiesen:

1.	Mitwirkung bei der Änderung der Satzung	§ 10 Abs. 1
2.	Mitwirkung bei der Zuweisung neuer Mitglieder	§ 13 Abs. 3
3.	Mitwirkung bei der Entlassung von Mitgliedern	§ 14 Abs. 3
4.	Mitwirkung bei der Änderung der Verbandsaufgabe	§§ 18, 19
5.	Änderung des Unternehmens und des Planes	§ 21
6.	Festsetzung der Entschädigung für die Benutzung der Grundstücke	§ 27
7.	Enteignungsverfahren	§§ 33, 35
8.	Aufstellung des Haushaltsplanes	§ 72
9.	Aufstellung der Haushaltsrechnung	§ 76
10.	Entscheidung über den Widerspruch gegen das Beitragsverhältnis	(§ 87 Abs. 2, jetzt VwGO), §§ 88 Abs. 3, 90, 94, 95
11.	Entscheidung über den Widerspruch gegen die Hebung	§§ 89 Abs. 2, 90, 94, 95
12.	Hebung vor Ermittlung des Beitragsverhältnisses	§ 89 Abs. 3
13.	Mitwirkung bei der Neugestaltung der alten Verbände	§§ 145, 147, 148
14.	Mitwirkung bei der Umwandlung der privatrechtlichen Verbände	§ 152 Abs. 2
15.	Berufung der Organe nach Gründung	§ 171 Abs. 2
16.	Mitwirkung bei der Ausdehnung eines Verbandes	§ 174 Abs. 2
17.	Mitwirkung bei der Neuverteilung und Vereinigung der Aufgaben	§§ 175, 176
18.	Abwicklung im aufgelösten Verband	§ 181 Abs. 1

(Zu Nr. 10 bis 12 s. auch Anm. 2 zu § 142).

2. Haftung der Vorstandsmitglieder

Absatz 2 bezieht sich nur auf die Haftung der Vorstandsmitglieder gegenüber dem Verband. Wegen der Haftung des Verbandes gegenüber Dritten wie auch gegenüber den Verbandsmitgliedern s. Anm. 3 zu § 8; dort wird auch die Haftung des Verbandes bei Tätigkeit der Vorstandsmitglieder in Ausübung eines öffentlichen Amtes behandelt.

Haftung bei Verletzung der „erforderlichen Sorgfalt" bedeutet Haftung für Vorsatz und Fahrlässigkeit. Bei Ausübung eines öffentlichen Amtes beschränkt sich die Haftung gegenüber dem Verband gemäß Art. 34 Satz 2 GG auf grobe Fahrlässigkeit.

Die „Erkennbarkeit" des Schadens wird der „Kenntnis" von dem Schaden und von der Person des schädigenden Vorstandsmitgliedes gleichzustellen sein (wie in § 852 BGB geregelt).

Wegen der Haftung für Rechtshandlungen, die außerhalb der Zweckbestimmung der Verbände von ihren Organen getätigt wurden, s. Anm. 3d zu § 8. Wegen der Geltendmachung von Ansprüchen des Verbandes gegen Vorstandsmitglieder s. § 132; wegen der Zwangsbefugnisse der Vorstandsmitglieder s. §§ 96ff. Bei Fehlbeträgen im Sinne des Erstattungsgesetzes vom 18. April 1937 (RGBl. I S. 461) ist das Erstattungsverfahren einzuleiten.

3. Vertretung des Vorstehers durch Beamte und Angestellte

Die „Beauftragung" ist im Sinne von „Bevollmächtigung" zu verstehen (so mit Recht Tönnesmann, Anm. 5 zu § 49). Die Bestimmung hat nur die Selbstverständlichkeit zum Inhalt, daß der Vorsteher Dienstkräfte des Verbandes bevollmächtigen kann. Da die Vollmacht auf „bestimmte Angelegenheiten" beschränkt ist, ist eine Generalvollmacht für alle Angelegenheiten auch an einen Geschäftsführer unzulässig, andererseits aber nicht nur eine Vollmacht für ein einzelnes bestimmtes Geschäft, sondern auch für eine bestimmte Art von Geschäften oder sich in einem bestimmten Rahmen haltende Geschäfte zulässig.

Der Stellvertreter vertritt den Vorsteher bei dessen Verhinderung, z. B. bei Abwesenheit oder Erkrankung oder persönlicher Beteiligung an einem Rechtsgeschäft, z. B. als Grundstückseigentümer. Der Vorsteher kann mit sich selbst kein Rechtsgeschäft abschließen (§ 181 BGB), z. B. sich nicht selbst eine Vergütung bewilligen.

§ 50

Vertretung des Verbandes

Der Vorsteher vertritt[1] den Wasser- und Bodenverband[2]. In der Satzung kann für bestimmte Geschäfte vorgeschrieben werden, daß sie schriftlich

vorgenommen und auch von einem anderen Vorstandmitgliede, Verbandmitgliede oder einem Geschäftführer unterschrieben werden müssen[3], [4].

1. Vertretung des Verbandes

Der Vorsteher ist der gesetzliche Vertreter des Verbandes. Er schließt also für den Verband die Geschäfte, er vertritt ihn in Rechtsstreitigkeiten. Auch Urkunden kann er allein für den Verband rechtsgültig unterzeichnen. Das gilt auch in den Fällen, in denen nach § 49 der Vorstand oder der Ausschuß zuständig ist. § 49 betrifft die Geschäftsführungsbefugnis, regelt also alle Verhältnisse des Vorstehers, des Vorstandes oder des Ausschusses im Innenverhältnis zum Verband. Sie lassen die Vertretungsbefugnis, also das Recht des Vorstehers, für den Verband nach außen aufzutreten, unberührt. Die Vertretungsbefugnis des Vorstehers ist nur dann beschränkt, wenn die Beschränkung nach § 50 Satz 2 in der Satzung vorgenommen worden ist.

Im Fall der Verhinderung des Vorstehers liegt die Vertretung bei dem nach der Satzung bestellten Stellvertreter (§ 47 Abs. 1 Satz 2 und § 48 Abs. 1). Der Stellvertreter ist ein Abwesenheitsvertreter, d. h. er hat die Vertretungsbefugnis nur, wenn der Vorsteher verhindert ist. Sind mehrere Stellvertreter bestellt, so ist die Reihenfolge der Vertretung festzulegen.

Macht der Vorsteher selbst Rechte gegen den Verband geltend, so liegt die Vertretungsbefugnis für den Verband bei seinem Stellvertreter. Ist ein solcher nicht bestellt, so muß der Verband einen anderen Vertreter benennen.

2. Ende der Vertretungsmacht

Sie endet mit Ablauf der in der Satzung vorgeschriebenen Zeit. Ist in der Satzung bestimmt, daß die ausscheidenden Mitglieder bis zum Eintritt der neuen Mitglieder im Amt bleiben, so besteht sie bis zum Amtsantritt des neuen Vorstehers weiter. Sie endet aber auch dann, wenn die Aufsichtsbehörde Maßnahmen nach §§ 128 bis 130 trifft.

3. Beschränkungen der Vertretungsmacht

Es entspricht der Regel in der Vertretung von Selbstverwaltungskörperschaften, daß stets zwei Personen die Körperschaft vertreten, und es zur Gültigkeit von Erklärungen der Schriftform bedarf. Es ist also zu empfehlen, eine solche Beschränkung der Vertretungsmacht in die Satzung aufzunehmen. Bei einfachen Geschäften der laufenden Verwaltung, für die, evtl. bis zu bestimmten Höchstwertgrenzen, die Befugnis auch dem Geschäftsführer übertragen werden kann, sollte man es jedoch aus Gründen der Geschäftserleichterung bei der gesetzlichen

Regelung belassen. Was ein einfaches Geschäft der laufenden Verwaltung ist, bestimmt sich nach der Größe des Verbandes und kann durch Satzung oder Vorstandsbeschluß im einzelnen festgelegt werden.

Bei großen Verbänden kann es sich empfehlen, daß man weiteren Personen als nur dem Vorsteher und seinem Stellvertreter Vertretungsbefugnisse in der Satzung einräumt. Abgesehen von den einfachen Geschäften der laufenden Verwaltung sollte man jedoch an der Zweier-Vertretungsbefugnis festhalten. Andere Beschränkungen der Vertretungsmacht, die nicht nach Satz 2 in die Satzung aufgenommen worden sind, haben nach außen keinerlei Wirkung. Sie machen den Vorsteher wohl im Innenverhältnis gegenüber dem Verband regreßpflichtig.

4. Vertretungsmacht bei alten Verbänden

Auch bei Verbänden alten Rechtes richtet sich die Vertretungsmacht ausschließlich nach § 50. Sind abweichende Bestimmungen getroffen, so sind sie im Rahmen von § 50 Satz 2 wirksam.

§ 51

Sitzungen des Vorstandes

Der Vorsteher beruft den Vorstand nach Bedarf, mindestens einmal im Jahre, zur Sitzung[1]. Die Aufsichtsbehörde kann ihn berufen. Sie kann für sich oder die sie beratende staatliche Fachbehörde (§ 118) die Leitung ohne Stimmrecht beanspruchen[2].

1. Ladung zur Sitzung

Die Vorstandsmitglieder sind — ebenso die Ausschußmitglieder — unter Mitteilung der Tagesordnung mit angemessener (mindestens einwöchiger) Frist — in dringlichen Fällen bedarf es keiner Frist (vgl. SaMu. A § 16) — zu den Sitzungen zu laden. Wer am Erscheinen verhindert ist, hat dies dem Vorsteher unverzüglich anzuzeigen, der den Stellvertreter zu laden hat. Bei kleineren Vorständen empfiehlt es sich, die Stellvertreter zu ihrer laufenden Unterrichtung zu den Sitzungen mit einzuladen; mitstimmen können sie aber nur bei Abwesenheit des Vertretenen. Ferner sind die Aufsichtsbehörde und die sie beratenden Stellen (§ 118) einzuladen (§ 120).

2. Befugnis der Aufsichtsbehörde

Eine Berufung durch die Aufsichtsbehörde ist nur „im äußersten Falle“ (so RdErl. des MfELuF NW vom 1. 10. 57, MBl. NW. S. 2174) und nur nach vorheriger befristeter Androhung zulässig. Die Befugnis der Aufsichtsbehörde, die Leitung zu beanspruchen, gilt nicht mehr fort (so Wüsthoff, Gutachten, S. 43; Wiedemann, WuB 1952, 311; Linckelmann, WuB 1954, 33). Der genannte RdErl. hält die Befugnis dann noch für gegeben, wenn sich die Aufsichtsbehörde zur Einberufung genötigt sah.

§ 52

Beschließen im Vorstande

(1) Der aus mehreren Personen bestehende Vorstand bildet seinen Willen mit der Mehrheit aller seiner Stimmen. Bei Stimmgleichheit gibt der Vorsitzer den Ausschlag[1]. Eine andere Regelung durch die Satzung ist zulässig.

(2) Jedes Mitglied hat eine Stimme[2].

(3) Die Beschlüsse sind aufzuzeichnen[3, 4].

1. Abstimmung

Über den mehrgliedrigen Vorstand s. Vorbemerkung vor § 46 und Anm. 1 zu § 47.

Die Mehrheit wird durch Abstimmung festgestellt. Jedes Mitglied hat eine Stimme. Nach SaMu. A § 17 Abs. 1 ist nicht die Mehrheit aller Stimmen, sondern die Mehrheit der Stimmen der anwesenden Mitglieder maßgebend.

Den Ausschlag bei Stimmengleichheit gibt der Vorsitzer, also auch wenn ein anderer als der Vorsteher oder sein Stellvertreter den Vorsitz führt. Von dieser Regelung kann durch die Satzung allerdings abgewichen werden, was häufig durch folgende Bestimmung geschieht: „Bei Stimmengleichheit gilt ein Antrag als abgelehnt."

2. Vertretene Stimmen

Im SaMu. A § 17 ist die Beschlußfähigkeit des Vorstandes von der Anwesenheit einer bestimmten Mindestzahl von Vorstandsmitgliedern, von mindestens zwei Dritteln, abhängig gemacht und bestimmt worden, daß der Vorstand ohne Rücksicht auf die Zahl der Erschienenen beschlußfähig ist, wenn er zum zweiten Male wegen desselben Gegenstandes rechtzeitig — unter Hinweis auf diese Rechtsfolge — geladen ist (vgl. auch 1. AV Nr. 43). Die Satzung könnte diese Regelung auch schon bei der ersten Ladung zulassen. Auf schriftlichem Wege erzielte Beschlüsse sind nach dem SaMu. A nur gültig, wenn sie einstimmig von allen Vorstandsmitgliedern gefaßt sind (SaMu. A § 17 Abs. 4); eine andere Regelung (z. B. Gültigkeit schon bei Zweidrittelmehrheit) wäre zulässig.

3. Aufzeichnung der Beschlüsse

Die Beschlüsse werden durch Eintragung in das Beschlußbuch und Unterzeichnung durch den Vorsitzer und ein weiteres Vorstandsmitglied aufgezeichnet (SaMu. A § 17 Abs. 5).

Die durch Widerspruch anfechtbaren Beschlüsse des mehrgliedrigen Vorstandes (so z. B. im Entschädigungsverfahren, § 27) und die Widerspruchsbescheide bei der Beitragsfestsetzung (vgl. Anm. 3 zu § 87) sind den Empfängern von dem Verbandsvorsteher mitzuteilen. Einer Mitunterzeichnung durch alle Vorstandsmitglieder oder durch ein zweites Vorstandsmitglied bedarf es nicht. Der Nachweis über die Fassung des Beschlusses ist auf Verlangen durch Vorlage des Beschlußbuches zu führen.

4. Bindende Wirkung der Beschlüsse

Die einzelnen Verbandsmitglieder werden durch die Beschlüsse der Verbandsorgane gebunden, dem durch sie ausgedrückten Gesamtwillen des Verbandes nachzukommen (RVBl. 64, 77).

§ 53

Aufgaben des Ausschusses

(1) Der Ausschuß ist eine Vertretung der Verbandmitglieder im Wasser- und Bodenverbande[1].

(2) Er hat die ihm durch diese Verordnung gegebenen Aufgaben[2], insbesondere

1. über die Bildung und die Entlastung des Vorstandes zu beschließen (§§ 48, 77),

2. den Haushaltsplan festzusetzen (§ 73).

(3) Der Ausschuß berät den Vorstand zu allen wichtigen Geschäften. Hierzu können in der Satzung Abteilungen des Ausschusses zugelassen werden[3].

1. Ausschuß als Organ

Der Ausschuß als Verbandsorgan entstammt dem preußischen Wasserrecht (§§ 212 Abs. 4, 299 Abs. 3 PrWG). Die Bildung des Ausschusses an Stelle der Verbandsversammlung kam aber früher nur bei größeren Wassergenossenschaften und Deichverbänden mit sehr vielen Mitgliedern vor, deren Vereinigung zu gemeinsamer Beschlußfassung schwer durchführbar war.

Zu der Frage, ob in der Satzung der Ausschuß oder die Verbandsversammlung (bzw. die „konzentrierte Mitgliederversammlung“, vgl. Anm. 4 zu § 55) als Verbandsorgan gewählt werden soll, vgl. Vorbemerkung vor § 46 und Anm. 1 zu § 46. Die Aufsichtsbehörde soll den Wünschen des Verbandes oder vor seiner Gründung der Gründungsversammlung in dieser Beziehung in aller Regel Rechnung tragen. In den meisten Fällen wird eine vorhergehende Aufklärung der Beteiligten durch die Aufsichtsbehörde über die verschiedenen Möglichkeiten am Platze sein.

2. Aufgaben des Ausschusses

Nach dem Wortlaut der WVVO ist der Ausschuß — und ebenso die Verbandsversammlung nach § 62 Abs. 1 — auf die ihm durch die Verordnung gegebenen Aufgaben beschränkt. Diese konnten bisher, da eine anderweitige Regelung durch die Satzung nicht zugelassen war (§ 9 Abs. 2 Satz 2), weder vermehrt noch vermindert werden (so auch 1. AV Nr. 39). Danach hatte der Ausschuß nur folgende Aufgaben:

1. Er entscheidet in den Fällen der §§ 48 Abs. 4, 53 Abs. 2, 73, 75 Abs. 2, 77.
2. Er schlägt vor in den Fällen des § 48 Abs. 1 und 2.
3. Er wird gehört in den Fällen der §§ 10 Abs. 1, 18 Abs. 1, 82 Abs. 2, 177.
4. Er berät den Vorstand im Falle des § 53 Abs. 3.

Er war also im wesentlichen auf die Festsetzung des Haushaltsplanes sowie die Mitwirkung bei der Wahl des Vorstandes und auf den Beschluß über die Entlastung des Vorstandes beschränkt. Sogar bei Änderung der Satzung und des Planes hatte er keine Beschlußbefugnis, nur bei Änderung der Aufgabe ein Anhörungsrecht. Bei sonstigen Änderungen hatte er solche Rechte nur, wenn die Satzung dies ausdrücklich vorsah, was kaum üblich war (§ 18 Abs. 1 Satz 2 und § 10 Abs. 1 Satz 2). Zwar „berät“ der Ausschuß nach § 53 Abs. 3 den Vorstand in allen wichtigen Geschäften, zu denen Satzungsänderungen immer zu rechnen sind. Der Vorstand ist nach dem Wortlaut aber nicht verpflichtet, diesem Rat zu folgen.

Da die Vertretung der Mitglieder, d. h. der Ausschuß (Verbandsversammlung), das oberste Organ einer sich selbst verwaltenden, auf Mitgliedern aufgebauten öffentlich-rechtlichen Körperschaft darstellt, können heute die Absätze 2 und 3 und die entsprechenden Bestimmungen der Satzung nur noch eingeschränkt angewandt werden. So muß der Vorstand mindestens bei allen Rechtsetzungen wie bei Änderungen der Satzung, bei Änderungen des Planes und des Unternehmens, auch bei Aufstellung allgemeiner Richtlinien, z. B. Veranlagungsregeln, Beschlüsse des Ausschusses herbeiführen und sich an sie gebunden halten. Auch die Aufsichtsbehörden müssen bei Änderung von Satzung und Plan auf dahingehende Beschlüsse des Ausschusses hinwirken, bevor sie die Änderung vornehmen oder eine Genehmigung aussprechen.

Aus den gleichen Gründen ist es ferner als zulässig anzusehen, daß dem Ausschuß (Verbandsversammlung) entweder bei Neugründung oder im Wege der Satzungsänderung weitere Aufgaben als die in der WVVO aufgeführten durch die Satzung zugewiesen werden. Dazu gehören ebenfalls die genannten Rechtsetzungen sowie die Festlegung allgemeiner Richtlinien, wie Veranlagungsregeln (insbesondere bei Abwasserverbänden). Darüber hinaus könnte aber auch die Beschlußfassung über einzelne besonders wichtige Maßnahmen, z. B. die Wahl eines Geschäftsführers dem Ausschusse vorbehalten werden (s. Anm. 6 zu § 107).

Die vorstehende Auffassung entspricht im wesentlichen der herrschenden Meinung im Schrifttum und der praktischen Verwaltungsübung, besonders in den Ländern, die in größerem Umfange seit dem Erlaß des Grundgesetzes neue Verbände gegründet haben.

3. Beratungsausschüsse

Hauptbeispiele für Einrichtungen des Ausschusses zur Beratung des Vorstandes sind der Bauausschuß, der Personalausschuß, der Finanzausschuß und der Veranlagungsausschuß. Es ist allerdings nicht zulässig, solchen Beratungsausschüssen für ihren Bereich ein über ihre Beratungsfunktion hinausgehendes, beschließendes, also den Vorstand oder gar den Ausschuß als Organ bindendes Recht durch die Satzung zu gewähren.

Auch ohne ausdrückliche Satzungsbestimmung könnte der Vorstand einen freien, nur beratenden Unterausschuß für einen bestimmten Aufgabenbereich bilden, zu dem auch außenstehende Sachverständige herangezogen werden könnten.

§ 54

Anzahl der Mitglieder des Ausschusses. Stellvertretung

(1) Die Anzahl der Mitglieder des Ausschusses ist in der Satzung anzugeben[1].

(2) Eine Stellvertretung findet im Ausschusse nicht statt. Eine andere Regelung durch die Satzung ist zulässig[2].

1. Mitgliederzahl des Ausschusses

Während der mehrgliedrige Vorstand wegen seiner Arbeitsfähigkeit auf eine geringere Zahl von Mitgliedern beschränkt werden sollte, tritt beim Ausschuß, dem seltener zusammentretenden „Parlament des Verbandes", dieser Gesichtspunkt hinter dem Interesse, daß in einem größeren Verbande alle verschiedenen Gruppen und Gebietsteile vertreten sein sollten, zurück.

2. Stellvertretung im Ausschuß

Eine Stellvertretung wird in der Satzung insbesondere für den Fall zuzulassen sein, daß öffentlich-rechtliche Körperschaften, z. B. Gemeinden, am Verbande beteiligt sind. Der Bürgermeister, der Ausschußmitglied ist, muß bei Verhinderung in der Lage sein, einen Vertreter zu entsenden. Wenn der Ausschuß aus nur wenigen Mitgliedern besteht, kann es gleichfalls zweckmäßig sein, einen oder mehrere Stellvertreter zuzulassen.

Bei Behinderung im Einzelfall kann das Ausschußmitglied sich nicht durch einen von ihm selbst Bevollmächtigten vertreten lassen (anders als das Verbandsmitglied bei der Wahl des Ausschusses, s. Anm. 1 zu § 56). Zulässig erscheint es aber, in der Satzung eine solche — zweckmäßig schriftliche — Bevollmächtigung für den Einzelfall dann vorzusehen, wenn Stellvertreter nicht bestellt worden sind.

§ 55
Wahl des Ausschusses

(1) Die Mitglieder des Wasser- und Bodenverbandes wählen die Mitglieder des Ausschusses. Das Wahlverfahren ist in der Satzung zu bestimmen[1]; die Wählbarkeit kann auf einen bestimmten Personenkreis beschränkt werden[2].

(2) Die obere Aufsichtsbehörde kann bestimmen, daß der Ausschuß in anderer Weise gebildet wird. Die Bestimmung ist in die Satzung zu nehmen[3, 4].

1. Wahlverfahren

Ein für die größte Zahl der Verbände geeignetes Wahlverfahren ist im SaMu. A § 18 empfohlen worden.

Danach werden die Verbandsmitglieder zur Ausschußwahl durch Bekanntmachung mit mindestens einwöchiger Frist in der durch die Satzung bestimmten Form geladen. Die Aufsichtsbehörde, das Wasserwirtschaftsamt und die landwirtschaftliche Dienststelle (Anm. 2 zu § 118) sind einzuladen. Der Verbandsvorsteher oder sein Beauftragter leitet die Wahl. Die Wahl durch Zuruf genügt, wenn nicht widersprochen wird; sonst muß sie durch Stimmzettel oder durch mündliche Erklärung jedes einzelnen Mitgliedes erfolgen.

Bei größeren Verbänden können die Wahlen dorfweise oder in wasserwirtschaftlich abgegrenzten Bezirken (z. B. Einzugsgebieten von Nebenwasserläufen) abgehalten werden. Hierbei können entweder in allen Bezirken alle Ausschußmitglieder gewählt werden oder — was im allgemeinen vorzuziehen ist — in jedem Bezirk nur die auf jeden entfallende Zahl von Ausschußmitgliedern. Bei Verbänden, in denen verschiedene Interessengruppen vorhanden sind, z. B. Landwirtschaft, Industrie, Gemeinden, ist meist die Aufteilung der Ausschußmitglieder auf die verschiedenen Gruppen zweckmäßig und daher die Wahl in gesonderten Versammlungen der Gruppen vorzusehen. Jede Art von Wahlverfahren ist zulässig, wenn es nur gewährleistet, daß sich aus der Wahl eine angemessene Vertretung aller Verbandsmitglieder, also aller verschiedenen Interessen im Verbande, entsprechend dem Beitragsverhältnis ergibt (so 1. AV Nr. 48). Wegen notwendiger Abweichungen vom Beitragsverhältnis vgl. Anm. 5 zu § 56.

Über die Wahl ist eine Niederschrift anzufertigen, die nach SaMu.A § 18 Abs. 9 vom Vorsteher und einem Teilnehmer zu unterzeichnen ist.

2. Wählbarkeit

Üblich ist es, zu Ausschußmitgliedern Verbandsmitglieder zu wählen. Es ist auch zulässig, dies in der Satzung zum Ausdruck zu bringen. Ist die Wählbarkeit aber in der Satzung nicht auf einen bestimmten Personenkreis beschränkt, so sind auch Personen wählbar, die nicht Mitglieder des Verbandes sind, so z. B. Pächter, Söhne, Altenteiler, Verwalter, auch außenstehende Sachverständige. Diese sich schon aus dem Wortlaut der WVVO ergebende Folgerung ist in SaMu. A § 18 Abs. 1 mit den Worten vorgesehen: „Wählbar ist jeder geschäftsfähige Deutsche". Es kann im allgemeinen nur empfohlen werden, von einer Beschränkung des Personenkreises abzusehen.

3. Anderweitige Bildung des Ausschusses

Eine anderweitige Bildung des Ausschusses ist z. B. die Festsetzung von Entsendungsrechten bestimmter Mitglieder anstelle der Wahl (etwa wenn der Verband ganz oder überwiegend aus öffentlich-rechtlichen Körperschaften besteht). Das gleiche gilt für den Fall, daß einige besonders wichtige Verbandsmitglieder, z. B. solche mit großem Grundeigentum oder größere Unternehmungen mit erheblicher Beitragspflicht, dem Ausschuß auf jeden Fall angehören sollen, während die übrigen Mitglieder mit geringerer Beitragspflicht Vertreter wählen.

Zulässig ist daher auch die Bildung der sogenannten konzentrierten Mitgliederversammlung in Form eines besonders gestalteten Ausschusses. Hierunter wird die Regelung verstanden, wonach zwischen unmittelbar stimmberechtigten Mitgliedern, deren Beitrag einen bestimmten Mindestbetrag (Stimmeinheit) erreicht, und nur mittelbar stimmberechtigten Mitgliedern unterschieden wird. Die letzteren können zu Gruppen zusammengefaßt werden; diese zu Gruppen vereinigten Mitglieder können nicht selbst stimmberechtigt in der Versammlung auftreten, sondern nur ihre Vertreter, die soviel Stimmen führen, wie in den zusammengelegten Beiträgen volle Stimmeinheiten enthalten sind. Diese Regelung kann auf die überschießenden Teilbeträge der Mitglieder, deren Beitrag ihre Stimmeinheit(en) überschreitet, erweitert werden. Die konzentrierte Mitgliederversammlung ist zunächst bei einigen sondergesetzlich geregelten Verbänden (s. § 191 Abs. 2) eingeführt worden und hat sich bei ihnen gut bewährt. Sie ist inzwischen von einigen Verbänden, die nach der WVVO leben, übernommen worden (vgl. Linckelmann, Untersuchungen, 65; Dornheim, S. 39, Fußnote 45).

Allerdings ist es nicht möglich, die konzentrierte Mitgliederversammlung rechtlich als Verbandsversammlung zu begründen, da diese die unmittelbare Teilnahme aller beitragspflichtigen Mitglieder voraussetzt. Die nach § 55 Abs. 2 mögliche abweichende Gestaltung des Ausschusses läßt aber ihre Bildung als besonders gestalteter Ausschuß zu. Wenn daher auch zu empfehlen ist, sie in der Satzung als Ausschuß zu bezeichnen, so wird andererseits die in einigen Fällen unter Anknüpfung an die Übung der sondergesetzlichen Verbände gewählte Bezeichnung als Mitglieder- oder Verbandsversammlung als unschädlich betrachtet werden können.

Zur Durchführung ist erforderlich, daß kraft Satzung die Verbandsmitglieder, deren Beitrag die Stimmeinheit erreicht oder überschreitet, dem Ausschuß als Mitglieder (persönliche Ausschußmitglieder) angehören. Die übrigen Mitglieder — sowie die persönlichen Ausschußmitglieder mit ihren die volle Stimmeinheit(en) überschreitenden Beitragsteilen — werden dagegen nach näherer Bestimmung der Satzung zu Gruppen zusammengeschlossen, die einen Vertreter in den Ausschuß wählen, der so viele Stimmen hat, wie in den zusammengelegten Beiträgen volle Stimmeinheiten enthalten sind. Jedes Mitglied kann sich nur an einer Gruppe beteiligen. Zu der besonderen Gestaltung dieses Ausschusses gehört es, daß nicht jedes Ausschußmitglied eine Stimme hat (§ 61 Abs. 1 Satz 2), sondern daß sich — wie in der Verbandsversammlung — das Stimmverhältnis nach dem Beitragsverhältnis richtet (zulässig nach § 55 Abs. 2, aber auch nach § 61 Abs. 1 Satz 3). Üblich geworden ist für die Berücksichtigung der überschießenden Beitragsteile folgende Fassung:

> „Mit den Jahresbeiträgen oder Teilen von Jahresbeiträgen, die zu einer Stimmeinheit nicht ausreichen, können sich die Mitglieder zu Gruppen zusammenschließen, die so viele Stimmen führen, wie in den zusammengelegten Beiträgen volle Stimmeinheiten enthalten sind. Jedes Mitglied kann sich nur an einer Gruppe beteiligen."

(So z. B. § 17 Abs. 2 der Satzung des Niersverbandes.)

Zur Stimmverteilung vgl. im übrigen Anm. 2 zu § 61.

4. Nachprüfung der Wahl

Die Wahl kann in entsprechender Anwendung der Vorschriften des Gemeinderechts gerichtlich nachgeprüft werden. Das Verwaltungsgericht prüft die Rechtmäßigkeit des Wahlverfahrens (VG Köln, Urteil v. 16. 5. 1963, Schriftt. u. Rspr. 1963, 77 Nr. 54).

§ 56

Stimmrecht bei der Ausschußwahl

(1) Jedes Mitglied, das Beiträge zu leisten hat, hat das Recht, bei der Ausschußwahl selbst oder durch einen Vertreter mitzustimmen. Das Stimmverhältnis entspricht dem Beitragverhältnisse (§§ 81, 82). In der Satzung kann beitragfreien Mitgliedern Stimmrecht gewährt und die Wahl durch Vertreter beschränkt werden[1].

(2) Um das Eigentum streitende Personen sind stimmberechtigt. Sie und die gemeinschaftlichen Eigentümer können nur einheitlich stimmen; die an der Wahl teilnehmenden haben die Stimmen aller. In der Satzung kann vorgeschrieben werden, daß sich die Stimmen gemeinschaftlicher Eigentümer im Verhältnisse ihrer Anteile verteilen[2].

(3) Die Erklärung des Lehnbesitzers, des Fideikommißbesitzers und anderer in der Verfügung beschränkter Grundeigentümer bedarf nicht der für solchen Besitz vorgeschriebenen Zustimmung und Genehmigung. Entsprechendes gilt für die Erklärung einer Körperschaft, einer Anstalt und einer Stiftung[3].

(4) In einem Wasser- und Bodenverbande mit mehr als zwei Mitgliedern hat keines von ihnen mehr als zwei Fünftel aller Stimmen[4].

(5) An dem Stimmverhältnisse der zur Zeit des Inkrafttretens dieser Verordnung bestehenden Wasser- und Bodenverbände wird durch die Vorschriften der Absätze 1 und 2 nichts geändert.

(6) Mit Genehmigung der oberen Aufsichtsbehörde kann das Stimmverhältnis in der Satzung anders geregelt werden[5].

1. Stimmberechtigung

Das Stimmrecht bei der Ausschußwahl steht gesetzlich jedem beitragspflichtigen Verbandsmitgliede entsprechend, d. h. annähernd gleich dem Beitragsverhältnis zu. Die Anzahl der Stimmen eines Mitgliedes richtet sich daher am einfachsten nach der Größe seiner Wertzahlen (Anm. 1 zu § 82, Anm. 1 zu § 87). Solange das Beitragsbuch nicht aufgestellt ist, ist das Stimmverhältnis dem Verhältnisse der Flächeninhalte der zum Verband gehörenden Grundstücke gleich (SaMu. A § 18 Abs. 4). Über beitragsfreie Mitglieder s. § 84.

Jeder Stimmberechtigte kann sein Stimmrecht durch einen Bevollmächtigten ausüben lassen. Nach SaMu. A Nr. 18 Abs. 3 kann der Vorsteher schriftliche Vollmacht fordern. Für Geschäftsunfähige oder Geschäftsbeschränkte stimmt der gesetzliche Vertreter, für juristische Personen ihr verfassungsmäßiger Vertreter (s. auch 1. AV Nr. 46—48).

2. Miteigentümer

Grundsätzlich können Miteigentümer, z. B. Miterben, ihr Stimmrecht nur gemeinschaftlich ausüben; können sie sich nicht einigen, so werden ihre Stimmen nicht gezählt. In der Satzung kann aber anteilmäßige Verteilung der Stimmen der Miteigentümer zugelassen werden (vgl. Anm. 7 zu § 163).

3. Gebundener Besitz

Vergleiche Anm. 8 zu § 163.

4. Stimmenbegrenzung

Durch diese Bestimmung soll verhindert werden, daß ein Mitglied mehr als die Hälfte aller vorhandenen Stimmen in sich vereinigt und daß dadurch z. B. ein Großgrundbesitzer die kleineren Bauern majorisiert; zulässig ist es aber, daß ein Mitglied mehr als $^2/_5$ der im Abstimmungstermine vertretenen Stimmen hat (s. Abs. 6).

5. Anderweitige Regelung des Stimmverhältnisses

Eine Abweichung des Stimmverhältnisses vom Beitragsverhältnis kann besonders in Verbänden am Platze sein, in denen Schädiger, z. B. Abwassereinleiter oder Entzieher von Grundwasser, mit Geschädigten oder Gefährdeten verbunden sind. In solchen Verbänden würde es eine Ungerechtigkeit darstellen, wenn die an der Erfüllung der Verbandsaufgabe ebenfalls stark interessierten Geschädigten oder Gefährdeten, obwohl sie vielleicht nur geringe oder gar keine Beiträge zu leisten haben, nicht auch ein ihrer Schädigung oder Gefährdung etwa entsprechendes Stimmgewicht erhalten würden. Die Stimmverhältnisse brauchen nicht unbedingt an dem Verhältnisse der aufzubringenden Beiträge orientiert zu werden (BVerfGE 10, 107).

Wenn durch Beteiligung öffentlich-rechtlicher Körperschaften oder auf andere Weise in derartigen Verbänden kein befriedigender Ausgleich der entgegengesetzten Interessen erzielt werden kann, so kann die Bestellung einer Abteilung des Ausschusses, die ausschließlich aus Sachverständigen besteht und deren Beschlüsse für den Vorstand durch die Satzung verbindlich gemacht werden können, zweckmäßig sein (vgl. Anm. 3 zu § 53).

§ 57

Hilfe der Gemeinden bei der Ausschußwahl

Die Aufsichtsbehörde der Gemeinden und der Gemeindeverbände kann anordnen, daß diese dem Wasser- und Bodenverbande ihre Einrichtungen für die Ausschußwahl überlassen[1]. Sie können den Ersatz ihrer Kosten fordern.

1. Hilfe bei der Wahl

Unter diese Einrichtungen fallen z. B. Sitzungssaal, Schreibmaschine und auch Dienstkräfte. Unabhängig von dieser Bestimmung sind freiwillige Bereitstellungen der Gemeinden sowohl unentgeltlich als auch entgeltlich möglich.

§ 58

Bestätigung des Ausschusses

(1) Der Vorsteher des Verbandes legt das Wahlergebnis mit allen Schriftstücken des Verfahrens der Aufsichtsbehörde vor[1].

(2) Diese bestätigt die Ausschußmitglieder für die in der Satzung vorgeschriebene Zeit, wenn das Wahlverfahren den Vorschriften dieser Verordnung und der Satzung entsprochen hat[2].

1. Nachprüfung des Wahlverfahrens

Die Aufsichtsbehörde hat nur die Ordnungsmäßigkeit des Wahlverfahrens zu prüfen, darf aber nicht sachlich in die Wahl eingreifen (vgl. Linckelmann, DLZ 1937, 358; wegen gerichtlicher Nachprüfung s. Anm. 4 zu § 55).

2. Bestätigung der Ausschußmitglieder

Die Aufsichtsbehörde ist an die Wahl gebunden, wenn das Wahlverfahren nicht an formellen Mängeln leidet (1. AV Nr. 49). Nach SaMu. A § 20 Abs. 3 bleiben die ausscheidenden Mitglieder des Ausschusses bis zum Eintritt der neuen Mitglieder im Amte. Über die Besetzung offener Stellen im Ausschuß s. Anm. 1 zu § 127. Das Amt des Ausschusses endet zweckmäßig im selben Monat und am selben Tage wie das Amt des Vorstandes nach SaMu. A. § 13. Aber der Ausschuß wird in der Regel ein Jahr früher zu wählen sein als der Vorstand, damit der neue Ausschuß den neuen Vorstand wählen kann (1. AV Nr. 50).

In einigen Satzungen neugegründeter Verbände hat man sich mit der Verpflichtung des Vorstehers begnügt, das Wahlergebnis lediglich der Aufsichtsbehörde mitzuteilen; von einer Aufnahme des Absatzes 2 in die Satzung hat man abgesehen. Einer Aufnahme der Bestimmung in die Satzung bedarf es aber nur hinsichtlich der Amtszeit (Abs. 2, 1. Halbsatz), während sich die Notwendigkeit der Bestätigung der Ausschußmitglieder durch die Aufsichtsbehörde zwingend aus Abs. 2 ergibt.

§ 59

Sitzungen des Ausschusses

Der Vorsteher beruft den Ausschuß nach Bedarf, mindestens einmal im Jahre, zur Sitzung[1]. Die Aufsichtsbehörde kann ihn berufen[2].

1. Einberufung zur Sitzung

Ein Selbstversammlungsrecht steht dem Ausschuß nicht zu. Die Verbandsmitglieder und auch die Ausschußmitglieder können die Einberufung des Ausschusses nicht verlangen, sondern nur beim Vorsteher anregen. Es kann aber in der Satzung bestimmt werden, daß auf schriftlichen Antrag eines bestimmten Teiles der Ausschußmitglieder (z. B. 25%) der Vorsteher den Ausschuß einzuberufen hat. Der Vorsteher muß — unter Mitteilung der Tagesordnung — kraft zwingenden Rechts den Ausschuß mindestens einmal im Jahr einberufen. Für die Ladung gilt dasselbe wie für die Ladung des Vorstandes (s. Anm. 1 zu § 51).

2. Einberufung durch die Aufsichtsbehörde

Die Einberufung durch die Aufsichtsbehörde wird nur im äußersten Fall und nur nach vorheriger befristeter Androhung zulässig sein (vgl. Anm. 2 zu § 51).

§ 60

Vorsitzer im Ausschusse. Teilnahme des Vorstandes

(1) Der Vorsteher des Wasser- und Bodenverbandes ist Vorsitzer des Ausschusses ohne Stimmrecht[1]. Die Aufsichtsbehörde kann die Leitung der Sitzung für sich oder die sie beratende staatliche Fachbehörde (§ 118) beanspruchen[2]. Auch diese haben kein Stimmrecht.

(2) Die Mitglieder des Vorstandes sind befugt, in den Sitzungen des Ausschusses das Wort zu nehmen.

1. Vorsitz im Ausschuß

Nach der WVVO ist es zwar rechtlich nicht ausgeschlossen, daß eine Person dem Vorstande und zugleich dem Ausschuß angehört. Es ist aber darauf hinzuwirken, daß Ausschußmitglieder nicht zugleich im Vorstand sind. Diese Trennung ist schon deshalb am Platz, weil der Ausschuß über die Entlastung des Vorstandes zu beschließen hat (§ 53 Abs. 2 Nr. 1; vgl. 1. AV Nr. 36). Das SaMu. sieht daher auch in § 18 Abs. 1 vor, daß Vorstandsmitglieder nicht gewählt werden können.

Diese Bestimmung, die hier nur als Alternative gedacht ist, sollte in alle Satzungen übernommen werden. Wünschenswert ist sogar die weitere Bestimmung, daß Ausschußmitglieder, die in den Vorstand gewählt werden, damit aus dem Ausschuß ausscheiden (die Wahl von Ausschußmitgliedern in den Vorstand darf keinesfalls ausgeschlossen werden, da eine solche Entwicklung in vielen Fällen wünschenswert ist).

Wenn der Vorsteher ausnahmsweise auch Mitglied des Ausschusses ist, hat er Stimmrecht. Gerade auch diese Folgerung spricht für eine Trennung der Mitgliedschaft im Vorstande von der im Ausschuß.

2. Leitung der Sitzung durch die Aufsichtsbehörde

Die Befugnis der Aufsichtsbehörde, die Leitung der Sitzung zu beanspruchen, ist nicht mehr anwendbar (vgl. Anm. 2 zu § 51).

§ 61

Beschließen im Ausschusse

(1) Der Ausschuß bildet seinen Willen mit der Mehrheit aller seiner Stimmen[1]. Jedes Mitglied hat eine Stimme. Eine andere Regelung durch die Satzung ist zulässig[2].

(2) Die Beschlüsse sind aufzuzeichnen und vom Vorsitzer und einem Mitgliede des Ausschusses zu unterzeichnen[3].

1. Beschlüsse, Beschlußfähigkeit

Der Ausschuß (und ebenso die Verbandsversammlung) bildet nach dem Satzungsmuster seinen Willen mit der Mehrheit der Stimmen der anwesenden Mitglieder durch Beschluß (Abs. 2). Stimmengleichheit bedeutet Ablehnung (SaMu. A § 23).

Nach SaMu. A § 23 Abs. 2 ist der Ausschuß beschlußfähig, wenn mindestens zwei Drittel der Mitglieder anwesend und alle rechtzeitig (s. Anm. 1 zu § 51) geladen sind oder wenn bei der Ladung mitgeteilt ist, daß ohne Rücksicht auf die Zahl der Erschienenen beschlossen werden wird, oder schließlich auch ohne rechtzeitige Ladung, wenn alle Ausschußmitglieder anwesend sind und zustimmen.

2. Andere Regelung des Stimmverhältnisses

Vielfach wird für das Stimmverhältnis im Ausschuß (oder in der Verbandsversammlung anstelle eines Ausschusses, s. § 62) in der Satzung eine andere Regelung getroffen, als sie in § 61 Abs. 1 Satz 2 vorgesehen ist. Dadurch kann eine gerechte Verteilung des Stimmgewichtes auf die verschiedenen Mitglieder und Mitgliedsgruppen erzielt werden, so daß es nicht nötig ist, erforderlichen unterschiedlichen Stimmgewichten durch eine unterschiedliche Zahl an Ausschlußmitgliedern zu entsprechen. Dies ist vor allem in den Fällen von Interesse, in denen beitragsfreie Mitglieder, z. B. Gebietskörperschaften, nur jeweils einen Vertreter in das Organ entsenden, der aber mehr als nur eine Stimme auf sich vereinigen soll. Insbesondere bei Verbänden, die die Reinigung von Abwasser zu ihrer Aufgabe haben, kann auf diese Weise den betroffenen Unterliegern an dem belasteten Gewässer ein Stimmgewicht gewährt werden, das ihrem berechtigten Interesse und nicht nur ihrem Beitrag entspricht, wobei allerdings vor allzu großen Abweichungen von der Relation zwischen Beiträgen und Stimmanteilen gewarnt werden muß. Siehe im übrigen Anm. 1, 4 und 5 zu § 56.

3. Bindende Wirkung der Beschlüsse

Siehe Anm. 4 zu § 52.

§ 62

Verbandversammlung

(1) Wenn der Wasser- und Bodenverband keinen Ausschuß hat (§ 46)[1], obliegen dessen Aufgaben der Versammlung der Mitglieder des Verbandes[2].

(2) Die Vorschriften der §§ 59, 60 und 61 gelten für die Verbandversammlung entsprechend[3]. Das Stimmrecht der Mitglieder richtet sich nach dem § 56[4].

1. Verbandsversammlung statt Ausschuß

Vergleiche Vorbemerkung vor § 46 und Anm. 1 zu § 46.

2. Verbandsversammlung als Organ

Die Verbandsversammlung als Verbandsorgan hat dieselben Aufgaben wie der Ausschuß (s. Anm. 2 zu § 53). Die Beschlußfähigkeit ist im SaMu. A § 23 Abs. 5 etwas anders geregelt als beim Ausschuß. Der Vorsteher hat in der Verbandsversammlung — abweichend von der Regelung über den Ausschuß (§ 60 Abs. 1 Satz 1) — Stimmrecht, wenn er Verbandsmitglied ist (unzutreffend 1. AV Nr. 52, wonach der Vorsteher immer Stimmrecht hat).

3. Beschließen in der Verbandsversammlung

Die Verbandsversammlung kann — im Gegensatz zur Wahlversammlung der Mitglieder (§ 56) und der Anhörungsversammlung (Anm. 1 zu § 63) — nicht dorfweise getrennt abgehalten werden, da Beschlüsse nur einheitlich gefaßt werden können. Zur Stimmverteilung in der Verbandsversammlung vgl. Anm. 2 zu § 61.

4. Konzentrierte Mitgliederversammlung

Wegen der Bildung der sogenannten konzentrierten Mitgliederversammlung s. Anm. 3 zu § 55.

§ 63

Anhörung der Mitglieder des Verbandes

In Verbänden, die einen Ausschuß haben, soll der Vorsteher die Mitglieder des Verbandes in angemessenen Zeitabständen zusammenrufen und über die Angelegenheiten des Verbandes unterrichten und anhören[1]. In der Satzung kann die Anhörung ausgeschlossen werden[2].

1. Unterrichtung und Anhörung der Mitglieder

Die Unterrichtung und Anhörung der Mitglieder dient dazu, sie über die Beschlüsse und Maßnahmen der Verbandsorgane zu unterrichten und ihre Anregungen und Wünsche entgegenzunehmen. Die Anhörungsversammlung ist zwar kein Verbandsorgan und kann daher keine verbindlichen Beschlüsse fassen (vgl. 1. AV Nr. 41). Sie ist aber ein wichtiges Mittel, um das Interesse der Mitglieder wach zu halten. Das SaMu. A § 14 Abs. 4 sieht für den Regelfall die Anhörung mindestens einmal im Jahre oder doch wenigstens alle 3 Jahre vor.

Ein Selbstversammlungsrecht der Mitglieder besteht nicht. Es erscheint jedoch zulässig, in der Satzung eine Bestimmung vorzusehen, daß der Vorsteher auf schriftlichen Antrag eines bestimmten Teiles der Mitglieder die Mitglieder zur Anhörung zusammenzurufen hat.

Da die Anhörungsversammlung kein Verbandsorgan ist, kann sie in größeren Verbänden auch bezirksweise abgehalten werden. Der Vorsteher kann mit der Durchführung auch andere Vorstandsmitglieder beauftragen. Bei großen Verbänden, wie z. B. den niedersächsischen Unterhaltungsverbänden, ist überhaupt nur die bezirksweise Anhörung durchführbar. In der Satzung eines solchen Verbandes ist vorgesehen, daß die Anhörung durch das bezirklich zuständige Vorstandsmitglied erfolgt und daß die Versammlung ihre Wünsche und Vorschläge in Form von Beschlüssen zusammenfassen kann, die dem Gesamtvorstande vorgelegt werden.

Zweckmäßig ist es, mit den in bestimmten Zeitabständen notwendig werdenden Versammlungen zur Neuwahl des Ausschusses Anhörungen der Mitglieder zu verbinden.

2. Regelung in der Satzung

Bei der Bedeutung der Anhörung für das Wachhalten des Interesses der Mitglieder sollte heute von dem Ausschluß der Anhörung in aller

Regel abgesehen werden. Der RdErl. d. MfELuF NW vom 1. 10. 1957 (MBl. NW. S. 2174) verbietet schlechthin den Aufsichtsbehörden, den Ausschluß der Anhörung in der Satzung zuzulassen.

VI. Abschnitt

Haushalt

Vorbemerkung

Die §§ 65 bis 77 sind an die Stelle des ersten Abschnittes des Gesetzes vom 24. März 1934 (Beiträgegesetz, RGBl. I S. 235) getreten (§ 64 Abs. 2). Dadurch sollte die Belastung der Bevölkerung durch Beiträge zu Verbänden aller Art gemildert werden.

Das Haushaltswesen der Wasser- und Bodenverbände (einschließlich der Wasserbeschaffungsverbände) richtet sich nach den §§ 64 bis 77. Ergänzend gilt die Satzung des jeweiligen Verbandes. Im übrigen sind die Nummern 56 bis 61 der 1. AV zu beachten. Die Runderlasse vom 18. 5. 1942 (LwRMBl. S. 575) über die Bildung von Unterhaltungsfonds und vom 10. 3. 1943 (LwRMBl. S. 231) zur einheitlichen Handhabung wichtiger Fragen der Haushalts- und Rechnungsführung können, soweit sie in einzelnen Ländern nicht mehr in Kraft sind (vgl. Vorbemerkung zu Teil B unter 1) immer noch als Hinweise dienen. Ebenso sind die Satzungsmuster zur WVVO, soweit sie das Haushalts-, Kassen- und Rechnungswesen betreffen, nur als Hinweise und Hilfen für die Gestaltung der einzelnen Verbandssatzungen zu werten. Das gilt auch für den Runderlaß vom 19. 1. 1938 (LwRMBl. S. 107) über die Verwendung von Vordruckmustern für die Haushalts-, Kassen- und Rechnungsführung der Verbände.

Es ist oft die Frage aufgetreten, ob die entsprechenden Bestimmungen der Gemeindeverfassungsgesetze und der für das gemeindliche Haushalts-, Kassen- und Rechnungswesen geltenden Vorschriften auch auf die Wasser- und Bodenverbände angewandt werden können. Das ist nicht möglich. Zunächst ist die Eigenart der einzelnen Verbände so unterschiedlich, daß sie nicht mit den Gebietskörperschaften gleichgestellt werden können. Daher ist auch in § 65 Abs. 3 vorgesehen, daß die Satzungen Abweichungen von den Vorschriften der WVVO über den Haushaltsplan festlegen können, um dadurch der unterschiedlichen Struktur der Verbände Rechnung zu tragen, die sich teils schon aus der Unterschiedlichkeit der Aufgaben ergibt (vgl. den Katalog in § 2). Ferner sind im Gegensatz zu den Gemeinden die Beiträge die Hauptfinanzquelle im ordentlichen Haushalt der Verbände. Die haushaltsmäßigen

Dispositionsmöglichkeiten, die die Gemeinden mit den ordentlichen Einnahmen aus allgemeinen Deckungsmitteln haben, sind den Wasser- und Bodenverbänden nicht gegeben. Art und Umfang der Einnahmen und Ausgaben der Wasser- und Bodenverbände liegen fest. Zur Übernahme solcher kommunaler Vorschriften in die Satzung oder in Verbandsbeschlüsse s. Anm. 5 zu § 65.

§ 64

Wirtschaftliches, sparsames Haushalten

(1) Der Wasser- und Bodenverband ist zum wirtschaftlichen und sparsamen Haushalten[1] bei der Erfüllung seiner Aufgaben verpflichtet.

(2) An Stelle des ersten Abschnittes des Gesetzes vom 24. März 1934 zur Erhaltung und Hebung der Kaufkraft (Beiträgegesetz[2], Reichsgesetzbl. I S. 235) gelten die folgenden Vorschriften.

1. Sparsames Haushalten

Die Verbände sollen mit den geringsten Mitteln den größtmöglichen Erfolg erzielen, sich auf die Durchführung dringend wichtiger Maßnahmen beschränken und dabei die günstigsten Möglichkeiten der Finanzierung und des Einsatzes ihrer Mittel wählen.

2. Beiträgegesetz

Siehe Vorbemerkung vor diesem Paragraphen.

§ 65

Haushaltsplan

(1) Für alle Einnahmen und Ausgaben des Wasser- und Bodenverbandes ist für jedes Rechnungsjahr vorher ein Haushaltsplan[1] aufzustellen. In der Satzung ist zu bestimmen, wann das Rechnungsjahr[2] beginnt.

(2) Die Ausgaben, die nicht aus den ordentlichen Einnahmen, insbesondere den Beiträgen[3] der Mitglieder, sondern aus dem Vermögen, aus Darlehen oder aus nicht regelmäßig wiederkehrenden öffentlichen Beihilfen bestritten werden sollen, sind in einen besonderen (den außerordentlichen) Teil[4] des Haushaltsplanes zu nehmen.

(3) Durch die Satzung können Abweichungen[5] von den vorstehenden Vorschriften zugelassen werden.

1. Haushaltsplan

Der Haushaltsplan enthält die Zusammenstellung aller für ein Rechnungsjahr veranschlagten Einnahmen und Ausgaben des Verbandes. Er ist für die Wirtschaftsführung im Rechnungsjahr maßgebend. Außerdem sind dem Haushaltsplan ein Nachweis der Rücklagen, die Vermögensübersicht und der Stellenplan als Anlage beizufügen. Für den Haushaltsplan des Wasser- und Bodenverbandes gilt ebenso wie im gesamten öffentlichen Haushaltsrecht das Erfordernis der Wahrheit und Klarheit.

Alle Einnahmen und Ausgaben sind daher möglichst wirklichkeitsnah zu veranschlagen, klar zu gliedern und richtig einzuordnen. Zur Frage der Anwendung kommunaler haushaltsrechtlicher Vorschriften s. unten Anm. 5. Gehen die Einnahmen über die Schätzungen hinaus, oder bleiben sie dahinter zurück, so ist der Haushaltsplan durch einen Nachtragshaushaltsplan anzupassen. Das gleiche gilt für eine von den Schätzungen abweichende Entwicklung der Ausgaben.

2. Rechnungsjahr

Nach der Umstellung des Haushaltsjahres auf das Kalenderjahr in Bund, Ländern und Gemeinden sollte auch das Rechnungsjahr der Verbände mit dem Kalenderjahr übereinstimmen.

3. Beiträge

Die Höhe der Beiträge muß für das Jahr so bemessen sein, daß sie unter Berücksichtigung der regelmäßig wiederkehrenden Beihilfen und der erfahrungsgemäß eintretenden Ausfälle bei der Beitragserhebung zur Deckung aller im ordentlichen Haushaltsplan veranschlagten Ausgaben ausreichen. Geschieht das nicht, so kann das die Behörden, die einmalige oder objektgebundene Beihilfen vergeben, veranlassen, diese völlig zu versagen oder erheblich zu kürzen.

4. Ordentlicher und außerordentlicher Haushaltsplan

Der Haushaltsplan untergliedert sich in einen ordentlichen und einen außerordentlichen Teil. Im ordentlichen Teil sind die ordentlichen Einnahmen zu veranschlagen, d. h. die Beiträge der Mitglieder, regelmäßig wiederkehrende (also nicht einmalige oder objektgebundene) öffentliche Beihilfen, Miet- oder Pachtzinsen, desgleichen die ordentlichen Ausgaben, das sind insbesondere die Unterhaltungs- und Betriebskosten der Anlagen. Im außerordentlichen Teil sind die außerordentlichen Einnahmen auszuweisen, d. h. z. B. Erträge durch Veräußerungen von Vermögensgegenständen, einmalige öffentliche Beihilfen, Beträge aus Darlehen; desgleichen die außerordentlichen Ausgaben, dazu gehören insbesondere die Ausgaben für den Bau der Anlagen und ihre Einrichtung, ebenso etwa die Kosten für den Kauf eines Kraftwagens. Die Ausgaben dürfen nicht vorher um Einnahmen gekürzt werden. Einnahmen und Ausgaben müssen vielmehr getrennt voneinander und vollständig angegeben werden. Auch ist es unzulässig, außerhalb des Haushaltsplanes in getrennten Nachweisungen weitere Einnahmen und Ausgaben auszuweisen.

Rückständige Beiträge aus dem letzten Rechnungsjahr sind bei den Einnahmen nicht zu veranschlagen, wohl dagegen Ausgabereste, d. h. rückständig gebliebene Leistungen, etwa noch nicht vorgenommene Unterhaltungsarbeiten. Wegen der Bildung von Rücklagen sollte man sich an die Bestimmungen der Rücklageverordnung vom 5. 5. 1936 (RGBl. I S. 435) halten.

5. Abweichungen

Wie in der Vorbemerkung vor § 64 bereits ausgeführt, soll durch die Abweichungen in der Satzung der Verschiedenartigkeit der einzelnen Verbände Rechnung getragen werden. Entgegen der Vorauflage muß es als nicht zulässig angesehen werden, einen Verband durch die Satzung überhaupt von der Verpflichtung zur Aufstellung eines Haushaltsplanes zu entbinden. Dagegen wird eine besondere Bestimmung in der Satzung, wonach der Haushaltsplan für eine längere Zeit als für ein Jahr aufgestellt wird, als zulässig angesehen werden können. Auch bestehen keine Bedenken, die knappen Vorschriften der WVVO über das Haushaltswesen in einer den speziellen Zwecken des Verbandes entsprechenden Art und Weise durch Satzungsbestimmungen und Beschlüsse des zuständigen Verbandsorgans zu ergänzen, wobei geeignete Vorschriften über das gemeindliche Haushalts-, Kassen- und Rechnungswesen als Muster und Hinweise dienen können. Es ist dagegen nicht zulässig, derartige Vorschriften in einer Satzungsbestimmung lediglich für entsprechend anwendbar zu erklären.

§ 66

Vermögen

Der Wasser- und Bodenverband hat sein Vermögen[1] aus Einnahmen des ordentlichen Haushaltsplanes zu unterhalten[2].

1. Vermögen

In diesem Zusammenhang sind damit die unbeweglichen Vermögensgegenstände, wie Verwaltungsgebäude, Grundstücke, Talsperren und andere Stauanlagen, Deiche, Kläranlagen, Pumpwerke usw. und die beweglichen Vermögensgegenstände wie Maschinen der verschiedensten Art gemeint.

2. Unterhaltung

Unterhaltung bedeutet, daß das Vermögen in seinem gegenwärtigen Bestand durch entsprechende Maßnahmen erhalten wird. Die dafür erforderlichen Ausgaben dürfen nicht aus Mitteln des außerordentlichen Haushaltsplanes bestritten werden. Sie sind vielmehr ausschließlich aus den ordentlichen Einnahmen zu decken.

§ 67

Tilgung der Schulden

(1) Der Wasser- und Bodenverband tilgt seine für wiederkehrende Bedürfnisse aufgenommenen Schulden vor der Wiederkehr des Bedürfnisses[1].

(2) Für langfristige Darlehen, die nicht regelmäßig wiederkehrend zu tilgen sind, sammelt er die Mittel zur Tilgung planmäßig an[2].

(3) Er stellt für jedes langfristige Darlehn einen Tilgungsplan[3] auf, in den mindestens die nach dem Schuldverhältnisse erforderlichen Beträge einzusetzen sind.

1. Tilgung vor Wiederkehr des Bedürfnisses

Werden Darlehen für Zwecke aufgenommen, die sich voraussichtlich wiederholen, so muß das einzelne Darlehen getilgt sein, bevor das neue aufgenommen wird. Ist das nicht der Fall, so muß die Aufsichtsbehörde die nach § 122 Abs. 1 Nr. 4 erforderliche Genehmigung versagen.

2. Planmäßige Ansammlung der Tilgungsmittel

Anders als bei den Darlehen, die durch regelmäßig wiederkehrende Leistungen — meist durch Jahres- oder Halbjahresbeträge zuzüglich ersparter Zinsen — amortisiert werden, müssen bei langfristigen Darlehen, die nach Ablauf der Frist auf einmal fällig werden, die Tilgungsmittel planmäßig in einer Tilgungsrücklage angesammelt werden. Es bestehen im allgemeinen keine Bedenken, daß der Verband diese Mittel mit Genehmigung der Aufsichtsbehörde im Wege der inneren Verschuldung in Anspruch nimmt; sie müssen jedoch bei Fälligkeit sicher zur Verfügung stehen.

3. Tilgungsplan

Der Tilgungsplan legt fest, welche Beträge in welchen Abständen und zu welchem Zeitpunkt zur Abdeckung der Schulden geleistet werden. Er gibt damit eine Übersicht darüber, bis zu welchem Zeitpunkt die Schuld planmäßig getilgt sein wird, und läßt außerdem erkennen, wieweit zum jeweiligen Zeitpunkt getilgt ist. Da die Rückzahlungsbedingungen im Darlehensvertrag festgelegt sind, muß der Satz der einzelnen

Tilgungsleistungen mindestens den Einzelleistungen des Darlehnsvertrages entsprechen. Wie eine Änderung der Darlehnsbedingungen, bedarf auch jede Änderung des Tilgungsplanes der Genehmigung der Aufsichtsbehörde nach § 122 Abs. 1 Nr. 4.

§ 68

Kassenkredit

(1) Der Wasser- und Bodenverband darf Kredit zur rechtzeitigen Leistung von Ausgaben des ordentlichen Haushaltsplanes (Kassenkredit)[1] in der von der Aufsichtsbehörde nach § 122 Abs. 3 genehmigten Höhe[2] aufnehmen. Kredit für Ausgaben des außerordentlichen Haushaltsplanes ist nicht Kassenkredit.

(2) Der Kassenkredit ist aus ordentlichen Einnahmen des laufenden Haushaltsplanes oder sonst spätestens nach neun Monaten zurückzuzahlen.

1. Kassenkredit

Der Kassenkredit hat die Aufgabe, Zahlungsschwierigkeiten der Kasse zu überbrücken, die dadurch entstehen, daß veranschlagte Einnahmen später eingehen, aber gesetzlich oder vertraglich vorgeschriebene Ausgaben vorher schon geleistet werden müssen. Zu solchen Zahlungsschwierigkeiten kann es ohne Aufnahme eines Kassenkredits etwa bei der notwendigen Zahlung der Löhne und Gehälter kommen. Der Kassenkredit ist dem Kontokorrentkredit des privaten Zahlungsverkehrs vergleichbar.

Da der Kassenkredit nur zur Bestreitung ordentlicher Ausgaben dient, kann er auch nur aus ordentlichen Einnahmen zurückgezahlt werden. Das muß innerhalb des laufenden Haushaltsjahres aus den ordentlichen Einnahmen, oder bei Inanspruchnahme von Einnahmen des folgenden Jahres innerhalb von neun Monaten geschehen.

2. Höhe des Kassenkredits

Bis zu der Höhe des von der Aufsichtsbehörde insgesamt genehmigten Kassenkredites kann der Verband die einzelnen Kassenkredite ohne besondere Genehmigung aufnehmen. Es darf nur nicht der Gesamtbetrag der genehmigten Kassenkredite überschritten werden. Geschieht das trotzdem, so ist das Kreditgeschäft unwirksam.

§ 69

Schuldübernahme

(1) Die obere Aufsichtsbehörde[1] kann anordnen, daß der Wasser- und Bodenverband eine Schuld übernimmt[2], die eine öffentlich-rechtliche

Körperschaft[3] in der vorher ausgesprochenen Absicht auf sich genommen hat, das Unternehmen des Verbandes vor dessen Gründung zu beginnen. Wenn die Körperschaft *eine Gemeinschaft der Teilnehmer einer Grundstückumlegung ist (§ 17 der Reichsumlegungsordnung vom 16. Juni 1937 — Reichsgesetzbl. I S. 631)*[4]**, kann die obere Aufsichtsbehörde dem Verbande auch den Ersatz der übrigen Kosten[5] aufgeben.**

(2) Die Anordnung der Behörde tritt an die Stelle der sonst erforderlichen Erklärung des Verbandes[6].

1. Obere Aufsichtsbehörde

Vgl. § 112 Abs. 2.

2. Anordnung der Schuldübernahme

Entgegen der Regelung in den §§ 414 und 415 BGB wird durch die hoheitliche Anordnung der Schuldübernahme durch die Aufsichtsbehörde die Übernahme der Schuld auf den Wasser- und Bodenverband bewirkt, ohne daß es einer Genehmigung des Gläubigers oder eines Vertrags zwischen der öffentlich-rechtlichen Körperschaft und dem Wasser- und Bodenverband bedarf (vgl. Anm. 7 zu § 156). Sie ist dem Wasser- und Bodenverband durch schriftliche Verfügung der oberen Aufsichtsbehörde mitzuteilen. Die Schuldübernahme wird jedoch erst wirksam, wenn die Anordnung dem Gläubiger übermittelt wird.

3. Öffentlich-rechtliche Körperschaft

In Frage kommen hier in erster Linie Gemeinden und Gemeindeverbände. Werden andere öffentlich-rechtliche Körperschaften tätig — außer der in dieser Bestimmung selbst genannten Teilnehmergemeinschaft nach dem Flurbereinigungsgesetz —, so kann nur durch das für diese Körperschaft geltende besondere Gesetz festgestellt werden, ob ihr tatsächlich die Rechtsnatur einer öffentlich-rechtlichen Körperschaft zukommt.

In jedem Fall muß die Körperschaft die Absicht des vorzeitigen Baubeginns vor der Übernahme der Schuld der Aufsichtsbehörde gegenüber erklärt haben. Ist das nicht der Fall, so kann die Aufsichtsbehörde auch nicht die Schuldübernahme anordnen.

4. Teilnehmergemeinschaft

Es gelten nicht mehr die Bestimmungen der Reichsumlegungsordnung, sondern § 16 FlurbG. Danach ist die Teilnehmergemeinschaft eine Körperschaft des öffentlichen Rechts.

5. Ersatz der übrigen Kosten

Die Teilnehmergemeinschaft ist gegenüber den übrigen öffentlich-rechtlichen Körperschaften privilegiert. Sie wird durch die Anordnung der Aufsichtsbehörde nicht nur von ihrer Schuld befreit, sondern kann bei entsprechender Anordnung vom Verband auch den Ersatz aller anderen, ihr bis dahin durch den vorzeitigen Baubeginn entstandenen Kosten verlangen. Diese Anordnung der Aufsichtsbehörde kann nicht ohne die gleichzeitige Anordnung der Schuldübernahme getroffen werden. Die Absicht des vorzeitigen Baubeginns muß die Teilnehmergemeinschaft jedoch lediglich hinsichtlich der Schuldübernahme, nicht dagegen wegen des Ersatzes der übrigen Kosten der Aufsichtsbehörde gegenüber erklärt haben.

6. Bedeutung der Anordnung der Behörde

Vergleiche dazu Anm. 2 am Schluß.

§ 70
Einnahmen

Für die Verwendung der Einnahmen[1] des Wasser- und Bodenverbandes können durch die Satzung Vorschriften[2] gegeben werden.

1. Einnahmen

Einnahmen sind hier nicht zu verstehen als die Gesamtheit der Einnahmen im Haushaltsplan, sondern, wie der Zusammenhang mit § 71 zeigt, als Einnahmen, ausgenommen die Beiträge der Mitglieder.

2. Vorschriften in der Satzung

Wie die Beiträge sind auch die übrigen Einnahmen zur Deckung der Ausgaben des Verbandes zu verwenden. Regelmäßig wiederkehrende Einnahmen, z. B. aus Vermietung oder Verpachtung, aus Renten oder öffentlichen Beihilfen, sind vor den Beiträgen zur Deckung der Ausgaben einzusetzen. Vgl. auch SaMu. A § 26 und 1. AV Nr. 59.

§ 71
Beiträge

Wenn die anderen Einnahmen[1] des Wasser- und Bodenverbandes zur Deckung seiner Ausgaben nicht ausreichen, erhebt der Verband Beiträge[2] (§§ 78 u. ff.).

1. Andere Einnahmen

Andere Einnahmen des Verbandes (§ 70) sind vor den Beiträgen zur Deckung der Ausgaben zu verwenden. Es gilt hier der gleiche Grundsatz wie auch sonst im öffentlichen Haushaltsrecht, daß die Abgabenschuldner, hier also die Verbandsmitglieder, erst belastet werden dürfen, wenn die Körperschaft aus ihrem Vermögen oder sonstigen, regelmäßig wiederkehrenden Einnahmen ihre Aufgaben nicht erfüllen kann.

2. Beiträge

Vgl. Anm. zu §§ 78, 79, 80.

Der Verband kann auch dann noch Beiträge anfordern, wenn er es unterlassen hat, die jährlichen Abschlüsse nach § 76 Abs. 1 zu erstellen und die jährlich festzusetzenden Beiträge auszuschreiben und einzuziehen (PrOVG 19, 292).

§ 72

Aufstellung des Haushaltsplanes

Der Vorstand stellt den Haushaltsplan[1] des Wasser- und Bodenverbandes und nach Bedarf Nachträge[2] dazu auf[3].

1. Haushaltsplan

Vergleiche dazu Anm. 1 und 4 zu § 65.

2. Nachträge

Ein Nachtragshaushaltsplan ist dann erforderlich, wenn es sich erweist, daß der Haushaltsplan mit den veranschlagten Einnahmen und Ausgaben im Laufe des Rechnungsjahres erheblich von der tatsächlichen Entwicklung der Einnahmen und Ausgaben abweicht. Bei geringfügigen Überschreitungen erübrigt sich ein Nachtragshaushalt. Sie können vom Vorstand ohne Änderung des Haushaltes beschlossen werden. Vgl. im übrigen Anm. 1 zu § 65.

3. Aufstellung des Haushaltsplanes

Aufstellen bedeutet Herstellen des Entwurfes. Die Aufstellung hat also noch keinerlei Rechtswirkung. Erst durch die Beschlußfassung im Ausschuß (Verbandsversammlung), die Festsetzung, wird er rechtlich wirksam. Wegen der Bedeutung des Haushaltsplanes muß der Vorstand den Entwurf so rechtzeitig aufstellen und dem Ausschuß (Verbandsversammlung) vorlegen, daß dort eine eingehende Beratung aller Haushaltspositionen vor der Beschlußfassung noch möglich ist.

§ 73

Festsetzung des Haushaltsplanes

(1) Der Ausschuß setzt den Haushaltsplan des Wasser- und Bodenverbandes und die Nachträge fest[1]. Der festgesetzte Plan ist die Grundlage[2] für die Verwaltung aller Einnahmen und Ausgaben.

(2) Der Vorsteher teilt den festgesetzten Plan der Aufsichtsbehörde mit[3].

1. Festsetzung des Haushaltsplanes

Mit der Festsetzung wird der Haushaltsplan rechtswirksam. Anders als bei den Gemeinden ist er auch nicht in einzelnen Teilen genehmigungspflichtig. Wenn der Verband den Haushaltsplan nicht oder nicht rechtzeitig oder im Widerspruch zu gesetzlichen Vorschriften oder zur Verbandssatzung aufstellt, kann die Aufsichtsbehörde nach § 75 oder nach § 125 gegen den Verband vorgehen.

Obwohl der Haushaltsplan insgesamt nicht genehmigungspflichtig ist, kann sich bei Ausführung des Haushaltsplanes eine Genehmigungspflicht im Einzelfall ergeben, wie etwa im Falle des § 122 Abs. 1 Nr. 4, wenn zur Deckung der Ausgaben im außerordentlichen Haushaltsplan Darlehen aufgenommen werden sollen.

2. Haushaltsplan als Grundlage der Verwaltung

Die Festsetzung des Haushaltsplanes ist keine Gesetzgebungstätigkeit des Verbandes. Es handelt sich vielmehr um eine rein verwaltungsinterne Planung. Daher kann der Haushaltsplan weder von den Mitgliedern noch von Dritten angefochten werden. Auch können die Verbandsmitglieder oder Dritte wegen entsprechender Ausweisungen im Haushaltsplan keine Ansprüche gegen den Verband erheben. Verbindlichkeiten des Verbandes werden durch den Haushaltsplan weder begründet noch aufgehoben.

Der Haushaltsplan ermächtigt nach Beschlußfassung die Verbandsorgane zu bestimmten Ausgaben im Rahmen des Planes und zur Hebung der Beiträge. Aufgrund dieser Planung können also die Verbandsorgane gegenüber den Mitgliedern oder Dritten tätig werden.

Auch wenn etwa im Stellenplan eine bestimmte Position höher ausgewiesen ist als die tatsächlichen Bezüge des Stelleninhabers aufweisen, kann er daraus weder einen Anspruch auf Beförderung noch einen Anspruch auf bessere Besoldung herleiten. Ist er Beamter und bekleidet er ein Jahr ununterbrochen die im Stellenplan höher bewertete Position, so erhält er in den Ländern mit einer entsprechenden Regelung (s. z. B. § 21 LBesG NW) die höheren Bezüge. Hat er umgekehrt eine höhere Besoldung, als der Stellenplan sie zuläßt, so behält er Stellung und

Besoldung in der bisherigen Höhe; Nachfolger dürfen allerdings nur entsprechend dem Stellenplan angestellt werden.

3. Mitteilung an die Aufsichtsbehörde

Wie schon aus Anm. 1 ersichtlich, ist diese Mitteilung nicht Voraussetzung für die Rechtswirksamkeit des Haushaltsplanes, da die Festsetzung keiner Mitwirkung der Aufsichtsbehörde bedarf.

§ 74
Nicht planmäßige Ausgaben

(1) Der Vorsteher bewirkt Ausgaben, die im Haushaltsplane nicht oder noch nicht festgesetzt sind[1], wenn der Wasser- und Bodenverband dazu verpflichtet ist und ein Aufschub erheblichen Nachteil bringen würde[2]. Der Vorsteher kann die erforderlichen Beiträge von den Mitgliedern des Verbandes einziehen[3].

(2) Wenn der Ausschuß mit der Sache noch nicht befaßt ist, beruft ihn der Vorsteher unverzüglich zur nachträglichen Festsetzung im Haushaltsplane[4].

(3) Entsprechendes gilt für Anordnungen, durch die Verbindlichkeiten des Verbandes[5] entstehen können, ohne daß ausreichende Mittel[6] im Haushaltsplane vorgesehen sind.

1. Nicht planmäßige Ausgaben

Das sind solche Ausgaben, die im Haushaltsplan überhaupt nicht vorgesehen sind. Deswegen spricht man besser mit der Terminologie des allgemeinen Haushaltsrechts von außerplanmäßigen Ausgaben.

2. Bewirken nicht planmäßiger Ausgaben

Der Vorsteher darf nicht planmäßige Ausgaben leisten, wenn der Verband dazu verpflichtet ist und ein Aufschub erheblichen Nachteil bringen würde. Der Vorsteher darf hier also ausnahmsweise unter Abweichung vom Haushaltsplan handeln.

Werden Ausgaben getätigt, ohne daß die Voraussetzungen des Absatzes 1 Satz 1 vorliegen, so sind sie nach außen rechtswirksam. Ein solches Verhalten wird jedoch Schadensersatzansprüche des Verbandes gegen den Vorsteher begründen (vgl. Anm. 2 zu § 49).

3. Einziehen der erforderlichen Beiträge

Wird durch nicht planmäßige Ausgaben eine Erhöhung der Beiträge erforderlich, so kann sie der Vorsteher zwar einziehen, nicht aber die vorher erforderliche Neufestsetzung der Beiträge ohne weiteres vornehmen. Dies kann vielmehr nur aufgrund eines Nachtragshaushaltsplanes nach den Regeln der §§ 78ff. i. V. m. den Bestimmungen der Satzung geschehen. Das bedeutet, daß der Vorsteher bei Leistung nicht planmäßiger Ausgaben sehr zurückhaltend verfahren muß, wenn diese Ausgaben nicht gedeckt sind. Eine Deckung kann vorhanden sein, wenn an anderer Stelle Einsparungen vorliegen und diese Einsparungen zu den nun erforderlichen Mehrausgaben verwendet werden können.

4. Nachträgliche Festsetzung

Die Leistung nicht planmäßiger Ausgaben durch den Vorsteher bedarf der unverzüglichen Sanktion durch einen entsprechenden Beschluß des Ausschusses. Entgegen der in Anm. 2 der Vorauflage vertretenen Ansicht, die aufgegeben wird, gilt auch hier § 72, so daß der Nachtrag vom Vorstand aufzustellen ist.

5. Verbindlichkeiten des Verbandes

Viele Anordnungen des Vorstehers haben überhaupt keine Verbindlichkeiten des Verbandes zur Folge. Andererseits können außer den Anordnungen, die unmittelbar Ausgaben bewirken, manche Anordnungen, bei denen dies zwar nicht der Fall ist, zu Verbindlichkeiten des Verbandes führen, die seine Haushaltswirtschaft unter Umständen erheblich belasten. Auch solche Anordnungen können nur unter den Voraussetzungen des Absatzes 1 erlassen werden. Entsprechend der Regelung in den Gemeindeverfassungsgesetzen wird der Vorsteher solche Anordnungen nur treffen, wenn ein unabweisbares Bedürfnis besteht. Im übrigen gelten für das Verfahren die Bestimmungen der Absätze 1 und 2 (vgl. insbesondere Anm. 3 und 4).

6. Nicht ausreichende Mittel im Haushaltsplan

Entgegen Abs. 1, in dem von nicht planmäßigen Ausgaben, d. h. also solchen, die im Haushaltsplan überhaupt nicht vorgesehen sind, die Rede ist, bezieht sich Abs. 3 auf die Fälle, in denen eine Haushaltsposition für die fraglichen Ausgaben zwar ausgewiesen ist, die Höhe der ausgewiesenen Beträge jedoch nicht ausreicht. Es handelt sich hier also um die Fälle überplanmäßiger Ausgaben.

§ 75

Zwangsfestsetzung des Haushaltsplanes[1, 2]

(1) Wenn der Wasser- und Bodenverband die ihm obliegenden Ausgaben[3] nicht oder nicht rechtzeitig[4] im Haushaltsplane festsetzt, kann es die Aufsichtsbehörde in einem begründeten Bescheide[5] tun. Die Behörde kann die erforderlichen Beiträge der Mitglieder festsetzen und ihre Hebung anordnen[6].

(2) *Der Verband kann sich gegen den Bescheid in zwei Wochen nach der Mitteilung bei der oberen Aufsichtsbehörde beschweren.* **Der Ausschuß kann verlangen, daß** *die Beschwerde*[7] **erhoben wird.**

1. Fortgelten der Vorschrift

Die Zwangsfestsetzung des Haushaltes, die sogenannte Zwangsetatisierung, ist einer der schärfsten Eingriffe in die Selbstverwaltung des Verbandes. Abgesehen von der Bestellung eines Staatsbeauftragten nach § 130 wird dadurch die Entscheidung über die Durchführung der Aufgaben des Verbandes weitestgehend der freien Entschließung der Verbandsorgane entzogen. Trotzdem besteht kein Anlaß, die Gültigkeit dieser Vorschrift in Zweifel zu ziehen. Die Verpflichtung der Aufsichtsbehörde zu einem verbandsfreundlichen Verhalten besagt in diesem Zusammenhang jedoch, daß nur dann eine Zwangsetatisierung in Frage kommen kann, wenn schwächere Aufsichtsmittel nicht zum Erfolg führen. Jedenfalls müßte vor einer Zwangsetatisierung die Aufsichtsbehörde den Verband durch schriftlichen Bescheid gemäß § 125 auffordern, die erforderlichen Ausgaben im Haushaltsplan festzusetzen. Erst wenn der Verband das ablehnt oder bereits vorher zu erkennen gibt, daß er einer solchen Verfügung nicht nachkommen werde, kann die Aufsichtsbehörde die erforderlichen Ausgaben durch ihren Bescheid im Haushaltsplan festsetzen. Die Zwangsetatisierung durch die Aufsichtsbehörde ist mit der Verwaltungsklage anfechtbar, da es sich um eine Aufsichtsmaßnahme handelt (s. unten Anm. 7).

2. Zwangsvollstreckung gegen den Verband

Im Fall der Zwangsvollstreckung wegen Geldforderungen gegen den Verband sind die landesgesetzlichen Bestimmungen über die Zwangsvollstreckung gegen Körperschaften des öffentlichen Rechtes anzuwenden. Danach bedarf es zur Einleitung der Vollstreckung einer Zulassungsverfügung der Aufsichtsbehörde. In dieser Verfügung sind die Vermögensgegenstände, in die vollstreckt werden darf, genau zu bezeichnen und der Vollstreckungszeitpunkt anzugeben. Die Aufsichtsbehörde darf die Vollstreckung nicht zulassen, wenn dadurch die Erfüllung der dem Verband obliegenden Aufgaben gefährdet werden würde.

3. Dem Verband obliegende Ausgaben

Es muß sich um Ausgaben handeln, zu denen der Verband gesetzlich oder vertraglich verpflichtet ist. Ist es nur eine Leistung, die im allgemeinen öffentlichen Interesse oder im Verbandsinteresse geboten ist, so ist eine Zwangsetatisierung nicht möglich, da es an einer rechtlichen Verpflichtung des Verbandes fehlt, diese Ausgabe zu leisten. Die gesetzliche Verpflichtung kann sowohl zivilrechtlicher als auch öffentlichrechtlicher Natur sein. Bei der vertraglichen Verpflichtung könnte man z. B. daran denken, daß der Verband seine Schulden aus Darlehen nicht tilgt. Da die Darlehen oft von öffentlich-rechtlichen Kreditinstituten gewährt werden, bedeutet die Möglichkeit nach § 75 für sie eine erhebliche Erleichterung, um die Erfüllung ihrer Ansprüche zu erreichen.

Handelt es sich um streitige Verpflichtungen, so ist für eine Aufsichtsverfügung kein Raum. In diesen Fällen muß zunächst eine gerichtliche Entscheidung vorliegen, ehe die Aufsichtsbehörde tätig werden kann. Desgleichen kann die Aufsichtsbehörde nicht nach § 75 eingreifen, wenn der Verband eine wünschenswerte oder erforderliche Verbesserung der Verbandsanlagen nicht vornimmt, es sei denn, daß diese Verbesserung in der Satzung oder im Plane festgelegt ist (PrOVG 47, 300).

4. Nicht rechtzeitige Festsetzung

Nicht rechtzeitig ist die Festsetzung dann, wenn abzusehen ist, daß der Verband die ihm obliegenden Ausgaben zwar grundsätzlich im Haushaltsplan ausweisen will, das aber erst nach Fälligkeit einer vertraglichen Verpflichtung oder nach Ablauf einer gesetzlich für die Leistung zugestandenen Frist tun will. Der Verband muß also mit seiner Leistung im Verzug sein.

5. Festsetzungsbescheid

Die Befugnis der Aufsichtsbehörde zur Zwangsetatisierung bestimmter Ausgaben hat als notwendige Folge ihr Recht, auch die entsprechenden Beiträge zu zwangsetatisieren, denn nach § 73 Abs. 1 Satz 2 gehören außer den Ausgaben auch alle Einnahmen in den Haushaltsplan. Es muß aber nicht notwendig die Zwangsetatisierung bestimmter Ausgaben mit der Zwangsetatisierung weiterer Einnahmen verbunden sein, da die Ausgaben schon durch die vom Verband selbst festgesetzten Einnahmen gedeckt sein können.

Der Festsetzungsbescheid der Aufsichtsbehörde kann für sich ergehen. Wird der Festsetzungsbescheid unanfechtbar, so sind damit die in ihm ausgewiesenen Beträge Bestandteil des Haushaltsplanes geworden.

Der Bescheid kann aber auch mit der behördlichen Festsetzung der erforderlichen Mitgliedsbeiträge und Anordnung ihrer Hebung verbunden werden.

Der Bescheid der Aufsichtsbehörde ist zu begründen. Fehlt die Begründung, so ist deswegen der Bescheid nicht unwirksam. Im Falle der Anfechtung müßte er aber wegen dieses Mangels als rechtswidrig aufgehoben werden. Ein Nachschieben der Begründung nach Anfechtung des Bescheides ist unzulässig. Wollte man es zulassen, so läge es in der Hand der Aufsichtsbehörde, die für einen so scharfen Eingriff wie eine Zwangsetatisierung entscheidenden Gründe erst nachträglich festzulegen.

6. Festsetzung und Hebung der erforderlichen Beiträge

Die Behörde kann — anstelle des Vorstehers, § 89 Abs. 1 — nach Abs. 1 Satz 2 die Mitgliedsbeiträge festsetzen und ihre Hebung anordnen. Die Einziehung (Hebung, s. § 89 Abs. 1) selbst ist der Aufsichtsbehörde nicht übertragen.

7. Nichtfortgelten der Vorschrift

Die Vorschrift ist durch die Bestimmungen der VwGO überholt (§ 77 Abs. 1 VwGO); vgl. im übrigen Vorbemerkung vor § 133. Einem Verlangen des Ausschusses (Verbandsversammlung), von den Rechtsbehelfen nach der VwGO Gebrauch zu machen, muß der für die Vertretung des Verbandes nach außen zuständige Vorsteher (s. Anm. 1 zu § 50) folgen.

§ 76

Prüfung des Haushaltes

(1) Der Vorstand des Wasser- und Bodenverbandes stellt die Rechnung[1] über alle Einnahmen und Ausgaben des Rechnungsjahres gemäß dem Haushaltsplane auf und gibt sie im ersten Viertel des folgenden Rechnungsjahres mit allen Unterlagen zum Prüfen an die Prüfstelle[2]. Diese kann von der obersten Aufsichtsbehörde bestimmt werden. Die Aufsichtsbehörde kann den Verband wegen geringen Umfanges des Haushaltes von der Prüfung freistellen[3].

(2) Die Aufsichtsbehörde kann anordnen, daß der Verband seine Haushaltsführung durch eine von ihr zu bestimmende Stelle auf Zweckmäßigkeit und Wirtschaftlichkeit prüfen läßt[4], [5].

1. Die Haushaltsrechnung

Der Vorstand hat nach Schluß des Rechnungsjahres die Haushaltsrechnung zu erstellen. Sie gibt einen klaren Überblick über die tatsächlichen Einnahmen und Ausgaben im abgelaufenen Rechnungsjahr im Gegensatz zum Haushaltsplan, in dem jeweils für das folgende Haushaltsjahr die vorgesehenen Einnahmen und Ausgaben veranschlagt werden.

2. Die Prüfung

Es handelt sich hier um die zwingend vorgeschriebene, regelmäßige Eigenprüfung der Jahresrechnung des Verbandes. Sie sollte möglichst ortsnah durchgeführt werden. Zweckmäßig sollte daher in der Satzung oder durch Beschluß der zuständigen Verbandsorgane das Rechnungsprüfungsamt einer beteiligten Gemeinde oder eines Gemeindeverbandes für die jährliche Prüfung nach § 76 vorgesehen werden. Einer besonderen Bestimmung durch die oberste Aufsichtsbehörde nach § 76 Abs. 1 Satz 2 bedarf es nicht. Sie kann jedoch die Prüfstelle bestimmen und wird dies tun, wenn der Verband wegen interner Schwierigkeiten dies beantragt oder es ihm selbst nicht gelingt, eine genügende Regelung zu treffen. Ist die Tätigkeit eines Verbandes derjenigen von wirtschaftlich ausgerichteten Eigenbetrieben der Gemeinden ähnlich, so empfiehlt es sich, einen Wirtschaftsprüfer mit der jährlichen Prüfung zu beauftragen. Das wird beispielsweise bei den größeren Wasserbeschaffungsverbänden in Betracht kommen.

In der Rechnungsprüfung wird festgestellt, ob der Haushaltsplan befolgt ist, ob die einzelnen Einnahmen und Ausgaben begründet und belegt sind, ob dabei die WVVO und die Satzung beachtet worden sind und ob die Haushaltsführung sparsam war. Die Prüfstelle hat den Prüfbericht dem Vorstand zuzuleiten; entweder der Vorstand oder die Prüfstelle übersendet den Prüfbericht auch der Aufsichtsbehörde.

Wegen verbandseigener Vorschriften über das Prüfungswesen s. Vorbemerkung vor § 64.

3. Freistellung von der Prüfung

Kleinere Verbände können von der Aufsichtsbehörde von der Prüfung freigestellt werden. Das bedeutet allerdings nicht, daß die Aufsichtsbehörde sich um die Rechnungsführung des Verbandes nicht zu kümmern braucht. Sie muß vielmehr gerade in diesen Fällen von ihrem eigenen Prüfungsrecht Gebrauch machen (vgl. 1. AV Nr. 56 und unten Anm. 4).

4. Prüfung durch die Aufsichtsbehörde

Neben der Prüfung nach Abs. 1 hat die Aufsichtsbehörde stets die Möglichkeit, die Haushaltsführung selbst zu überprüfen. Sie wird sich dazu ihrer eigenen Prüfstelle, also etwa des Rechnungsprüfungsamtes oder des Gemeindeprüfungsamtes, bedienen. Ohne eine formelle Prüfung durchzuführen, kann sie nach § 121 auch jede Form der Stichprobenkontrolle wählen.

Neben der Eigenprüfung nach § 76 Abs. 1 und der Aufsichtsprüfung nach § 76 Abs. 2 kann die Prüfung des Verbandes auch noch durch andere Prüfungsorgane vorgenommen werden, die die bestimmungsmäßige Verwendung von Landes- oder Bundesbeihilfen zu überwachen haben. Das sind die Gemeindeprüfungsämter der Bezirksregierungen, der Landesrechnungshof und der Bundesrechnungshof.

5. Prüfung der Zweckmäßigkeit und Wirtschaftlichkeit

Grundsätzlich ist die Prüfung nur eine Rechnungsprüfung. Bei besonderer Anordnung der Aufsichtsbehörde kann sich die Aufsichtsprüfung des § 76 Abs. 2 aber auch auf die Zweckmäßigkeit und Wirtschaftlichkeit der Haushaltsführung erstrecken.

§ 77
Entlastung

Der Vorsteher des Wasser- und Bodenverbandes legt die Haushaltsrechnung und die Bemerkungen der Prüfstelle dem Ausschusse vor[1]. Dieser beschließt über die Entlastung[2] des Vorstandes.

1. Vorlage der Haushaltsrechnung und der Bemerkungen der Prüfstelle

Bevor die Bemerkungen der Prüfstelle in einem Prüfungsbericht zusammengefaßt werden, findet üblicherweise eine Schlußbesprechung der Prüfer mit dem Vorstand statt. Diese Schlußbesprechung ist wertvoll, weil sie über die Bemerkungen des Prüfungsberichtes hinaus weiteren Aufschluß über die Haushaltsführung des Verbandes gibt. Die Bemerkungen des Prüfungsberichtes sind vom Verband zu beachten; Mängel in der Haushalts- und Rechnungsführung sind zu beseitigen. Die Aufsichtsbehörde hat darauf hinzuwirken, daß Bemerkungen aus den Prüfungsberichten berücksichtigt und Mängel abgestellt werden; sie wird darauf auch bei ihren eigenen oder den von ihr veranlaßten Prüfungen achten.

2. Entlastungsbeschluß

Der Entlastungsbeschluß bedeutet, daß der Ausschuß aufgrund der vorliegenden Rechnung keine Einwendungen gegen die Geschäftsführung hat. Das schließt nicht aus, daß der Ausschuß später aufgrund damals nicht bekannter Tatsachen noch einschreitet.

VII. Abschnitt

Beiträge der Mitglieder, der Nutznießer

Vorbemerkung

Die Grundsätze der WVVO über die Beiträge, die die Mitglieder an den Verband zur Deckung seiner Aufwendungen zu leisten haben, entsprechen im wesentlichen denen des früheren Rechts. Es besteht keine unmittelbare Haftung der Verbandsmitglieder für Schulden des Verbandes. Die Gläubiger können sich nur an das Verbandsvermögen halten, können aber, falls es nicht ausreicht, den Vorsteher um Einziehung der erforderlichen Beiträge ersuchen (§ 78).

Die Beiträge bestehen in Geld und evtl. Naturalleistungen (§ 79). Sie sind öffentliche Lasten, haften dinglich auf den zum Verband gehörenden Grundstücken (§ 80) und können im Verwaltungswege beigetrieben werden (§ 93). Für die Verteilung der Beiträge auf die Mitglieder gilt grundsätzlich der Maßstab des Vorteils oder der des Umfanges der Schädigungen (§ 81 Abs. 1). Abweichende Regelungen durch die Satzungen sind zugelassen (§ 82). Wegen der Ermächtigung der Länder durch § 29 WHG, darüber hinaus zur Deckung von Unterhaltungskosten von Gewässern auch die Heranziehung anderer Eigentümer im Einzugsgebiet zuzulassen, vgl. Anm. 5 bis 7 zu § 153.

Der Vorsteher setzt das nach der Satzung ermittelte Beitragsverhältnis fest. Dagegen kann das Mitglied Widerspruch erheben, über den der Vorstand entscheidet. Nach erfolglosem Widerspruch kann die Festsetzung vor den Verwaltungsgerichten angefochten werden (vgl. Vorbemerkung vor § 133). Nach rechtskräftiger Feststellung des Beitragsverhältnisses und unter seiner Berücksichtigung werden die auf die Mitglieder nach dem jeweiligen Geldbedarf entfallenden Beiträge gehoben (§ 89 Abs. 1) und eventuell das Einziehungsverfahren durchgeführt (§ 93). Die Beitreibung kann auch gegen Pächter und andere Nutzberechtigte gerichtet werden (§ 94). Nutznießer des Verbandsunternehmens, die nicht Mitglieder sind, können nach dem Maße ihres Vorteils zu Geldbeiträgen herangezogen werden (§ 95).

§ 78
Beitragslast

(1) Die Mitglieder haben dem Wasser- und Bodenverbande Beiträge zu leisten, wenn es zur Erfüllung seiner Aufgaben und seiner Verbindlichkeiten und zu einer ordentlichen Haushaltsführung erforderlich ist[1], [2].

(2) Das ausgeschiedene Mitglied bleibt zu den bis zum Ausscheiden festgesetzten Beiträgen verpflichtet. Es kann auch zu späteren Beiträgen wie ein Mitglied wegen der Aufwendungen herangezogen werden, die durch sein Ausscheiden vergeblich geworden sind und nicht vermieden werden können. Dem Ausscheiden entsprechend ist die Einschränkung der Teilnahme eines Mitgliedes zu behandeln[3], [4].

1. Beitragspflicht gegenüber dem Verband

Die Verbandsgläubiger können sich nur an das Verbandsvermögen halten; eine unmittelbare und solidarische Haftung der Verbandsmitglieder für die Verbandsschulden besteht nicht. Die Verbandsgläubiger haben mithin auch kein direktes Zugriffsrecht gegen die einzelnen Mitglieder. Reicht das Verbandsvermögen nicht aus, so müssen sie den Vorsteher um Einleitung eines Umlageverfahrens ersuchen. Nur der Vorsteher ist zur Umlegung der Beiträge auf die einzelnen Verbandsmitglieder berechtigt (§ 89 Abs. 1). Die Aufsichtsbehörde hat aber den Verband zur Erfüllung seiner Verpflichtungen anzuhalten (ZAgr. 27, 20). Kommt der Vorsteher dem Ersuchen um Einziehung der zur Deckung der Verbandsschulden erforderlichen Beiträge nicht nach, so können die die Gläubiger die Zwangsfestsetzung bei der Aufsichtsbehörde gemäß § 75 beantragen. Liegen die Voraussetzungen hierfür nicht vor, handelt es sich z. B. um streitige Forderungen der Bauunternehmer, so bleibt den Verbandsgläubigern nur übrig, den ordentlichen Rechtsweg zu beschreiten und die Zwangsvollstreckung aus dem darin ergehenden Urteil gegen den Verband zu betreiben (OVG im PrVBl. 20, 38, v. Kamptz, ErgBd. 1, 363, s. auch Anm. 2 zu § 75). Bei Zahlungsunfähigkeit einzelner Verbandsmitglieder können ihre dem Verband angehörenden Grundstücke zwangsweise versteigert werden (vgl. Anm. 2 zu § 80); aus dem Erlös sind die auf sie entfallenden Beiträge zu bestreiten. Wegen Haftung der Mitglieder für Ausfälle vgl. Anm. 1 zu § 83.

2. Unbeschränkte Haftung der Mitglieder

Die Mitglieder haften dem Verband für dessen Beitragsforderungen unbeschränkt, mit ihrem ganzen Vermögen. Hierauf beruht die große Kreditfähigkeit der Verbände. Die unbeschränkte Haftung kann durch die Satzung nicht abgeändert werden. Eine von der landwirtschaftlichen Dienststelle (§ 118) festgesetzte tragbare Höchstbelastung stellt rechtlich keine Beschränkung der Haftung dar.

3. Ausgeschiedene Mitglieder

Es sind das persönliche Ausscheiden beim Wechsel des jeweiligen Eigentümers (Anm. 1 zu § 3 und Anm. 1 zu § 13) und die Entlassung des Mitgliedes (einschließlich seines Grundstückes usw. gem. § 14) zu unterscheiden. Die Verpflichtung des ausgeschiedenen Mitgliedes nach Abs. 2 Satz 1 bezieht sich auf beide Fälle, im zweiten Fall also sowohl auf das Mitglied persönlich wie auf das dinglich haftende Grundstück oder die Anlage.

Alle Ausgeschiedenen bleiben zur Leistung von Beiträgen weiterhin verpflichtet, die bis zu ihrem Ausscheiden festgesetzt sind oder wegen Aufwendungen erhoben werden, die durch ihr Ausscheiden vergeblich geworden sind und nicht vermieden werden können. Die Heranziehung des nach § 14 entlassenen Mitglieds zu späteren Beiträgen nach § 78

Abs. 2 Satz 2 geht der Festsetzung von Verpflichtungen des Ausgeschiedenen nach § 14 Abs. 2 vor (OVG Münster, Urteil vom 16. 6. 1966, DB 1966, 1644; s. im einzelnen Anm. 3 zu § 14).

Als festgesetzt sind die Beiträge anzusehen, die der Vorsteher nach § 89 in die Hebeliste aufgenommen und dem Mitglied bekanntgegeben hat (ZAgr. 28, 127). Rechtskräftig brauchen die Beiträge noch nicht geworden zu sein.

Wegen Einschränkung der Teilnahme vgl. Anm. 2 zu § 14.

4. Neu zugewiesene Mitglieder

Die Beiträge der neu zugewiesenen Mitglieder sind grundsätzlich nach dem gleichen satzungsmäßigen Beitragsverhältnis festzusetzen wie die Beiträge der alten Mitglieder. Zulässig ist es jedoch, gem. § 82 Abs. 2 Nr. 4 eine Sonderbestimmung in die Satzung aufzunehmen, wonach sie aus besonderen Gründen zu Zusatzbeiträgen herangezogen werden können. Solche besonderen Gründe sind u. a. gegeben, wenn wegen der Zuweisung solcher Mitglieder dem Verband besondere Kosten entstehen oder ein Ausgleich der Lasten gerechtfertigt ist (z. B. weil die bisher allein auf Kosten der alten Mitglieder errichteten Anlagen des Verbandes sich auch auf sie vorteilhaft auswirken, ohne daß dieser Vorteil durch die normalen Beiträge voll ausgeglichen wird). Es empfiehlt sich, von dieser Möglichkeit nur in krassen Fällen Gebrauch zu machen.

§ 79

Gegenstand der Beiträge

Der Wasser- und Bodenverband fordert die Beiträge in Geld (Geldbeiträge) oder in Sachen, Werken, Diensten oder in anderen Leistungen (Sachbeiträge)[1], [2]. In der Satzung können für Sachbeiträge Abweichungen vom Beitragverhältnis und seiner Ermittlung (§§ 81 bis 88) zugelassen[3], die Haftung für Säumnis geregelt und Sachbeiträge zum Unterhalten der Deiche beschränkt und ausgeschlossen werden[4].

1. Arten der Sachbeiträge

Nach früherem Recht konnten den Verbandsmitgliedern Verpflichtungen zu Naturalleistungen, insbesondere zur Leistung von Hand- und Spanndiensten nur durch die Satzung auferlegt werden (vgl. § 214 Abs. 1 Nr. 5 PrWG). Jetzt können schon kraft Gesetzes neben Geldbeiträgen Sachbeiträge gefordert werden. Aber auch heute ist dringend die Aufnahme einer Bestimmung darüber in die Satzung zu empfehlen; das geschieht auch in aller Regel (vgl. SaMu. A § 39).

Unter Sachbeiträge fallen z. B. Verpflichtungen zur Grabenräumung, zum Wegräumen des Aushubes, zur Deichunterhaltung, zu Baufuhren, zur Unterhaltung von Brücken und Durchlässen und dergleichen. Heute gehört hierzu auch die Gestellung von Kraftfahrzeugen einschließlich Traktoren (vgl. BGHZ 28, 310).

2. Zulässigkeit von Sachbeiträgen

Die Anforderung von Sachbeiträgen ist zwar durch den Mangel an Arbeitskräften, insbesondere in der Landwirtschaft, heute erschwert. Sie ist aber bei den Verbänden mit landwirtschaftlichen Aufgaben, deren Mitglieder allein oder überwiegend Eigentümer landwirtschaftlicher Betriebe sind, nach wie vor zulässig; sie hält sich insoweit im Rahmen „einer herkömmlichen allgemeinen, für alle gleichen öffentlichen Dienstleistungspflicht" (Art. 12 Abs. 2 Satz 1 GG). Das Urteil des BVerwG vom 9. 11. 1955 (BVerwGE 2, 313) hat bei Landgemeinden die Anforderung von Hand- und Spanndiensten aufgrund des Kommunalrechts (z. B. § 68 PrKAG) als mit dem Grundgesetz vereinbar bezeichnet, soweit sie herkömmlich sei; dies könne bejaht werden, „sofern und solange in der Gemeinde Erwerbspersonen in ihrer Mehrheit in der Landwirtschaft tätig sind". Da bei den Verbänden mit landwirtschaftlichen Aufgaben Hand- und Spanndienste nicht nur von alters her üblich sind, sondern auch deren Mitglieder ganz oder überwiegend aus den Eigentümern landwirtschaftlicher Betriebe bestehen, ist bei ihnen die Zulässigkeit der Hand- und Spanndienste auch weiterhin zu bejahen.

Bei Verbänden, die nicht überwiegend aus landwirtschaftlichen Erwerbspersonen oder aus Landgemeinden bestehen, deren Erwerbspersonen überwiegend Landwirte sind, ist dagegen die Erhebung von Sachbeiträgen unzulässig.

Die Sachleistungspflicht der Verbandsmitglieder kann ähnlich wie ihre Duldungspflicht auf Grund des § 22 über die Verpflichtungen der Eigentümer und Anlieger an Gewässern hinausgehen, wie sie in den Landeswassergesetzen vorgesehen sind (vgl. dazu Anm. 2 zu § 22).

3. Verteilung der Sachbeiträge

Die Verteilung der Sachbeiträge richtet sich grundsätzlich nach dem in der Satzung bestimmten Beitragsverhältnis. Sie sollen also nach den gleichen Grundsätzen verteilt werden wie die Geldbeiträge.

Aufgrund des § 79 Satz 2 können nach SaMu. A § 39 Abs. 2 Verpflichtungen der Mitglieder zum Wegräumen des auf ihre Grundstücke gebrachten Aushubes, dessen Aufbringen die dinglichen Mitglieder gemäß § 22 dulden müssen, sowie Verpflichtungen der Gewässeranlieger zu bestimmten Unterhaltungsarbeiten vorgesehen werden. Auch kann nach Abs. 3 der Vorstand ermächtigt werden, Abweichungen und Ergänzungen anzuordnen; solche Bestimmungen sind in die Satzungen der meisten landwirtschaftlichen Verbände aufgenommen worden.

Schon in der 1. AV Nr. 76 wird mit Recht darauf hingewiesen, daß vor Neueinführung der Pflicht zum Wegräumen des Aushubes geprüft werden müsse, ob sie eine ungerechte Belastung darstelle. Ebenso wird in Nr. 77 bemerkt, daß die Räumung der Bäche und Gräben durch die anliegenden Mitglieder in der Regel keine gerechte Verteilung der Beitragslast sei. Heute ist eine noch strengere Prüfung geboten, ob eine Abweichung vom satzungsmäßigen Beitragsverhältnis mit Art. 3 GG (Gebot der Gleichbehandlung) sowie Art. 12 Abs. 2 GG (vgl. oben Anm. 2) vereinbar ist. Man wird sagen dürfen, daß Abweichungen insoweit zulässig bleiben, als die Sozialbindung der Mitglieder des Verbandes eine verschieden große ist. So ist z. B. die Sozialbindung der Anlieger an bestehenden und auch nach dem Ausbau durch den Verband bestehenbleibenden Gewässern eine größere als bei den übrigen Mitgliedern (vgl. hierzu das in Anm. 2b zu § 22 besprochene Urteil BVerwGE 15, 1). Darüber hinaus, also auch ohne örtliche Bezogenheit, darf als allgemeiner Grundsatz im Wasser- und Wasserverbandsrecht festgestellt werden, daß geringfügige Ungleichheiten hingenommen werden müssen. Dies ergibt sich aus der Natur der Sache, nämlich des zu gegenseitiger Rücksichtnahme aller Beteiligten aufeinander zwingenden Wassers. Im PrWG kam dieser Grundsatz z. B. in § 41 Abs. 2 zum Ausdruck, wonach bei Benutzung von Wasserläufen „geringfügige Nachteile nicht in Betracht" kamen. Demselben Grundsatz entsprechen die aufgrund des § 8 Abs. 4 WHG erlassenen Bestimmungen der Landeswassergesetze, die gegen eine beantragte Bewilligung Einwendungen wegen bestimmter Nachteile zulassen, dabei aber „geringfügige Nachteile" ausschließen (vgl. Gieseke-Wiedemann, Anm. 13 zu § 8). Innerhalb der engeren Gemeinschaft der Wasser- und Bodenverbände muß diesem Grundsatz noch größere Bedeutung zugesprochen werden als im allgemeinen Wasserrecht, in dem sich die Beteiligten unverbunden gegenüberstehen. Abgesehen von den sich häufig nicht gleich auswirkenden Beschränkungen, die sich aus § 22 WVVO ergeben, ist hier die Bestimmung des § 86 hervorzuheben. Danach genügt die „annähernde" Ermittlung des Beitragsverhältnisses, ähnlich wie im Kommunalabgabenrecht, das für die Veranlagung zu Gebühren und Beiträgen der Gemeinden die Anwendung eines geeigneten Wahrscheinlichkeitsmaßstabes als Rechtens anerkennt.

Die in § 79 Satz 2 zugelassene Abweichung vom Beitragsverhältnis ist daher ebenfalls als Ausdruck dieses allgemeinen Grundsatzes zu verstehen und wird — in maßvollem Umfang — durch ihn gerechtfertigt. Auch das Urteil des OVG Lüneburg vom 20. 1. 1960 — III OVG A 71/58 — hat festgestellt: „Verursacht eine nach § 79 den Mitgliedern auferlegte

Sachbeitragslast (Verpflichtung zum Entfernen von Schilf und Gras auf der Anliegerstrecke eines Wasserzuges) verschieden hohe Belastungen für die Mitglieder, so liegt darin noch kein Verstoß gegen den Gleichheitsgrundsatz“ (unveröffentlicht, in der Revisionsinstanz durch Vergleich erledigt; Hinweis entnommen aus Schriftt. u. Rspr. 1962, 64 Nr. 58).

Erst eine über den maßvollen Umfang hinausgehende gröbliche Abweichung vom Beitragsverhältnis ist wegen Verstoßes gegen das Gleichheitsgebot des Art. 3 GG unzulässig und stellt einen enteignungsgleichen, zur Entschädigung verpflichtenden Tatbestand dar (vgl. BGH, Urteil vom 10. 11. 1958, BGHZ 28, 310).

Satz 2 des § 79 über die Zulassung von Abweichungen vom Beitragsverhältnis bei Sachbeiträgen und ebenso SaMu. A § 39 Abs. 2 und 3 sowie die entsprechenden Bestimmungen der Satzungen gelten daher heute nur mit dieser Begrenzung fort.

Wenn die Verteilung der Sachbeiträge auf alle Mitglieder nach den vorstehenden Grundsätzen praktisch undurchführbar ist, so ist es jedoch als zulässig zu betrachten, nur bestimmte Mitglieder zu Sachbeiträgen unter Anrechnung auf ihre Geldbeiträge oder auch gegen angemessene Bezahlung heranzuziehen. Solche Bezahlung kann in der Satzung vorgesehen werden (Pr. Gerichtshof zur Entscheidung der Kompetenzkonflikte, Urteil vom 12. 1. 1941, ZAgr. 26, 366), dürfte aber auch ohne ausdrückliche Satzungsbestimmung aufgrund eines Beschlusses des zuständigen Organs zulässig sein; sie stellt in beiden Fällen eine öffentlich-rechtliche Verpflichtung des Verbandes dar (vgl. Kleffmann, DLZ 1942, 17). Wenn die Sachleistungspflicht für die betroffenen Mitglieder eine besondere Belastung darstellt, die durch den einfachen Ersatz ihrer Unkosten nicht ausgeglichen wird, ist, um das Gebot der Gleichbehandlung zu erfüllen, ein Anrechnungsbetrag oder ein Entgelt festzusetzen, wodurch diese größere Belastung berücksichtigt wird.

Wegen der Festsetzung der Sachbeiträge vgl. § 91, wegen ihrer Vollstreckung §§ 96ff.

Unabhängig hiervon kann der Verband mit bestimmten Mitgliedern über die Ausführung von Arbeiten gegen Entgelt oder auch gegen Anrechnung auf ihre Geldbeiträge private Vereinbarungen abschließen; solche Arbeitsleistungen stellen keine Sachbeiträge dar, die erzwungen werden können, vielmehr muß jedes beteiligte Mitglied zustimmen (vgl. 1. AV Nr. 75).

4. Keine Anwendung von Preisvorschriften

Preisvorschriften aufgrund des Preisgesetzes vom 10. April 1948 (GS der Verwaltung des Vereinigten Wirtschaftsgebietes S. 14) sind nicht mehr anzuwenden auf die Beiträge von Wasser- und Bodenverbänden sowie auf die Beträge, mit denen Gemeinden als Mitglieder solcher Verbände die von ihnen zu leistenden Verbandsbeiträge auf die Gemeindeangehörigen umlegen (nach § 1 Nr. 2 der Verordnung Pr. Nr. 3/60 des Bundesministers für Wirtschaft über die Aufhebung von Preisvorschriften in der Wasserwirtschaft vom 28. Nov. 1960, BAnz. Nr. 235 S. 1).

§ 80

Rechtliche Eigenschaft der Beiträge

(1) Die Beitragpflichten der Mitglieder sind öffentliche Lasten (Abgaben)[1].

(2) Die Beitraglast des Mitgliedes haftet auf den Grundstücken, Bergwerken und Anlagen, mit denen es als jeweiliger Eigentümer an dem Verbande teilnimmt (§ 3 Nr. 1)[2], [3], [4]. Die bis zum Ausscheiden des Mitgliedes und die später festgesetzten Beiträge (§ 78 Abs. 2) haften weiter auf Grundstück, Bergwerk und Anlage[5].

1. Öffentliche Lasten

Von der Eintragung in das Grundbuch sind die Verbandslasten ausgeschlossen (§ 54 GBO; Palandt, Anm. 4f der Einl. vor § 854).

Die Verbandslasten (Beitragsforderungen) können weder abgetreten noch gepfändet werden.

Bei Verbänden, zu deren satzungsmäßigen Aufgaben auch die Durchführung von Folgeeinrichtungen gehört (Anm. 8 zu § 2), sind die Beitragspflichten der Mitglieder (vgl. § 81 Abs. 2) gleichfalls öffentliche Lasten, und zwar ohne Rücksicht darauf, ob sie in einzelnen Teilbeträgen oder in einer Summe erhoben werden.

Bei der Einkommensteuer und der Körperschaftssteuer können die Mitglieder die Verbandsbeiträge als Betriebsausgaben von ihrem Einkommen absetzen.

Wegen Festsetzung der Geldbeiträge s. § 89, wegen ihrer Vollstreckung § 93 und wegen der Rechtsbehelfe Vorbemerkung vor § 133.

2. Dingliche Haftung von Grundstück, Bergwerk und Anlage; Zwangsversteigerung und Konkurs

Die Verbandslasten (hauptsächlich Beitragsforderungen) haften dinglich auf den zum Verband gehörenden Grundstücken, Bergwerken und Anlagen, und zwar bei letzteren auch dann, wenn die Anlage, die regelmäßig wesentlicher Bestandteil eines Grundstückes ist, ausnahmsweise den Rechtscharakter einer beweglichen Sache hat (Anm. 4 zu § 3).

Bei einem Eigentumswechsel gehen die Verbandslasten auf den Erwerber über, auch wenn er sie nicht kennt und wenn er von der Umschreibung des Grundstücks nicht benachrichtigt ist (RVBl. 50, 482). Persönlich bleibt gemäß § 78 Abs. 2 Satz 1 auch der Voreigentümer haftbar.

Den übrigen öffentlichen Grundstückslasten, gleichviel ob sie auf Bundesrecht oder auf Landesrecht beruhen, stehen die Verbandslasten seit der Reichsverordnung vom 4. April 1938 (RGBl. I S. 364) gleich.

Bei der Zwangsversteigerung eines zu dem Verbande gehörenden Grundstücks gewähren die Verbandslasten als öffentliche Lasten ein Recht auf Befriedigung aus dem Grundstücke vor den übrigen Grundstücksschulden, und zwar wegen der laufenden und der aus den letzten zwei Jahren rückständigen Beiträge (§ 10 Abs. 1 Nr. 3 ZVG; Art. 1 Abs. 2, Art. 2 Nr. 3 AG ZVG). Da die Verbandslast (Beitragsforderung) nicht im Grundbuch eingetragen ist, muß sie gem. § 45 ZVG rechtzeitig angemeldet werden, um beim geringsten Gebot berücksichtigt zu werden.

Im Falle des Konkurses eines Verbandsmitgliedes steht dem Verbande ein Absonderungsrecht an den zum Verband gehörenden Grundstücken (§ 47 KO) wegen aller rückständigen Beiträge (§ 49 Abs. 1 Nr. 2 KO) und ein Vorzugsrecht wegen der rückständigen Beiträge aus dem letzten Jahre vor der Konkurseröffnung zu (§ 61 KO). Das Absonderungsrecht setzt sich kraft Gesetzes im Versteigerungserlös fort.

Die Beitragsforderung des Verbandes gegenüber den dinglichen Mitgliedern (§ 3 Nr. 1) hat den Charakter eines dinglichen Verwertungsrechtes auf öffentlich-rechtlicher Grundlage (vgl. Palandt, Anm. 4f der Einleitung vor § 854). Mangels näherer Vorschriften über derartige Verwertungsrechte sind die privatrechtlichen Vorschriften über die dinglichen Rechte an Grundstücken entsprechend anwendbar, soweit sich nicht aus ihrer öffentlich-rechtlichen Grundlage etwas anderes ergibt (so Riewald, JW 1932, 449; RGZ 146, 370; Tönnesmann, Anm. 2 zu § 80; Dornheim, Die Beitragspflicht, ZfW 1963, 133). Dies bedeutet z. B., daß hinsichtlich der Befriedigung aus den Miet- und Pachtzinsforderungen des Mitgliedes die Beitragsforderung des Verbandes grundsätzlich ebenso behandelt wird, wie auf dem Grundstück oder dem Bergwerk eingetragene private dingliche Rechte, insbesondere wie die Hypothek (§ 1123 BGB).

Ebenso stellt ein an einer beweglichen Anlage bestehendes Verwertungsrecht (vgl. Anm. 4 zu § 3) sich als ein — besitzloses — gesetzliches Pfandrecht auf öffentlich-rechtlicher Grundlage dar; denn das private Pfandrecht ist die Rechtsform des dinglichen Verwertungsrechts an beweglichen Sachen. Die das vertragliche Pfandrecht betreffenden Vorschriften sind gemäß § 1257 BGB auf die kraft Gesetzes entstandenen Pfandrechte entsprechend anzuwenden; nach RGZ 67, 215 gehören zu ihnen auch die gesetzlichen Pfandrechte aufgrund des öffentlichen Rechtes. Dies hat auch das rechtskräftige Urteil des Landgerichtes

Mönchengladbach vom 7. 9. 1961 (Schriftt. u. Rspr. 1961, 66 Nr. 54) anerkannt. In seinem Aufsatz über die Beitragspflicht hat Dornheim (ZfW 1963, 129) einige bei den beweglichen Anlagen auftauchende Einzelfragen, wie die Auswirkung einer Sicherungsübereignung, des vorbehaltenen Eigentums, eines Anwartschaftsrechts usw. näher erörtert.

3. Verjährung und Verwirkung

Über die Verjährung rückständiger Beiträge enthält die WVVO keine Bestimmungen. Unanwendbar sind die Verjährungsvorschriften des BGB, die nur für privatrechtliche Ansprüche gelten. Niermann (ZAgr. 24, 192) und Tönnemann (Anm. 1b zu § 80) nehmen daher an, daß Verbandsbeiträge überhaupt nicht verjähren. Die Richtigkeit dieser Folgerung ist wegen der grundsätzlichen allgemeinen Gültigkeit des Verjährungsgedankens mindestens für alle vermögensrechtlichen Ansprüche zu bezweifeln. Eine analoge Anwendung der Vorschriften der Reichsabgabenordnung, soweit sie nicht auf einzelne bestimmte Steuern abgestellt sind, ist anzunehmen. Danach verjähren die Beitragsforderungen in fünf Jahren nach dem Ablauf des Jahres, in dem sie gehoben worden sind (§§ 144, 145 Abs. 1 AO). Durch Zahlungsaufschub, Stundung und schriftliche Zahlungsaufforderung wird die Verjährung unterbrochen; sie läuft vom Ende des Jahres weiter, in dem die Unterbrechung stattfand. Der Anspruch des Mitgliedes auf Rückerstattung von zu Unrecht gezahlten Beiträgen erlischt am Ende des Jahres, das auf das Jahr folgt, in dem die Ereignisse, die den Rückerstattungsanspruch begründen, eingetreten sind (§§ 151 bis 153 AO).

Beitragsforderungen können — unabhängig von der Verjährung — auch verwirkt werden, wenn seit der Möglichkeit der Geltendmachung längere Zeit verstrichen ist und besondere Umstände hinzutreten, aufgrund derer die verspätete Geltendmachung als Verstoß gegen Treu und Glauben empfunden wird (§ 242 BGB; Palandt, Anm. 9 zu § 242). Die Frist für die Verwirkung kann also verschieden sein.

4. Privatrechtliche Verpflichtungen

Der Verkäufer des Grundstückes haftet nicht für seine Freiheit von Verbandsbeiträgen (§ 436 BGB). Dem Verband gegenüber ist der Erwerber erst von der Eintragung im Grundbuch an haftbar (der Ersteher in der Zwangsversteigerung schon mit dem Zuschlage). Im Verhältnis zwischen Verkäufer und Käufer ist dagegen mangels einer anderweitigen Abrede der Erwerber verpflichtet, die Beiträge von der Übergabe des Grundstücks an zu tragen.

Wegen der rechtlichen Verpflichtungen des Pächters bzw. Nutznießers gegenüber dem Eigentümer bezüglich der Beitragserstattung s. § 28 Abs. 1.

5. Beiträge ausgeschiedener Mitglieder

Siehe Anm. 3 zu § 78.

§ 81

Allgemeine Maßstäbe des Beitragverhältnisses

(1) Die Beitraglast[1] verteilt sich auf die Mitglieder im Verhältnisse der Vorteile[2], die sie von der Aufgabe des Verbandes haben[3], und der Lasten, die der Verband auf sich nimmt, um ihren schädigenden Einwirkungen zu begegnen oder um ihnen Leistungen abzunehmen[4]. Vorteile sind auch die Erleichterung einer Pflicht des Mitgliedes und die Möglichkeit, die Maßnahmen des Verbandes zweckmäßig und wirtschaftlich auszunutzen.

(2) Die Beitraglast aus dem Verbessern, Erhalten, Bewirtschaften, Nutzen des Bodens (§ 2 Nr. 6) verteilt sich entsprechend den für die einzelnen Grundstücke tatsächlich entstehenden Kosten[5].

Die Anmerkungen 1 bis 5 zu § 81

sind mit den Anmerkungen 1 bis 5 unter § 82 zusammengefaßt, siehe:

1. **Beitragsmaßstäbe**
   Anm. 1 unter § 82,
2. **Maßstab des Vorteils**
   Anm. 2 unter § 82,
3. **Konkretisierung des Vorteilsmaßstabes**
   Anm. 3 unter § 82,
4. **Maßstab des Umfanges der schädigenden Einwirkungen**
   Anm. 4 unter § 82,
5. **Berücksichtigung der Kosten einzelner Verbandsunternehmen (Beitragsabteilungen)**
   Anm. 5 unter § 82.

§ 82

Besondere Maßstäbe des Beitragverhältnisses

(1) An dem Beitragverhältnisse der zur Zeit des Inkrafttretens dieser Verordnung bestehenden Wasser- und Bodenverbände wird durch die Vorschriften des § 81 nichts geändert.

(2) Durch die Satzung kann nach Anhörung des Verbandausschusses

1. im Falle des Absatzes 1 das allgemeine Beitragverhältnis des § 81 eingeführt werden[1], [2], [3], [4],

2. die Beitraglast aus dem Verbessern, Erhalten, Bewirtschaften, Nutzen des Bodens (§ 2 Nr. 6) im Verhältnisse der Flächeninhalte verteilt werden[5],

3. aus Gründen der Billigkeit einem Teile der Mitglieder Erleichterung im Beitragverhältnisse zugestanden werden[6],

4. mit Zustimmung der oberen Aufsichtsbehörde das Beitragverhältnis abweichend von den vorstehenden Regeln der §§ 81 und 82 geordnet werden[7].

1. Beitragsmaßstäbe

Der von dem Gesetzgeber an die Spitze gestellte Hauptmaßstab ist der Maßstab des Vorteils. Er wird den verschiedenen Aufgaben der Verbände entsprechend in verschiedener Weise konkretisiert bzw. verwirklicht (vgl. Anm. 2 und 3). Neben dem Vorteil und neben dem nur bei den seltenen Beitragsverbänden (§ 2 Nr. 10) vorkommenden Umfang der Abnahme eigener Leistungen ist in der WVVO der Umfang der schädigenden Einwirkungen vorgesehen (vgl. Anm. 3). Bei Bodenverbesserungen soll entweder das Verhältnis der für die einzelnen Grundstücke tatsächlich entstehenden Kosten (§ 81 Abs. 2) oder das Verhältnis der Flächeninhalte (§ 82 Abs. 2 Nr. 2) maßgebend sein (vgl. Anm. 4). Ein weiterer gesetzlich in der WVVO vorgesehener Beitragsmaßstab (versehentlich im Text der WVVO als Beitragsverhältnis bezeichnet, so Tönnesmann, Anm. 1 zu § 82) ist die Beitragsregelung der am 1. Januar 1938 bestehenden Verbände (§ 82 Abs. 1). Diese Beitragsregelung bleibt also bestehen, auch wenn sie von den Regeln des § 81 abweicht und geht diesen vor (RVG in ZAgr. 28, 211), kann aber geändert werden (§ 82 Abs. 2 Nr. 1 und 4). Es kommt — insbesondere bei Abwasserverbänden und Unterhaltungsverbänden — vor, daß die Mitglieder sowohl Vorteil von den Maßnahmen des Verbandes haben als auch schädigend einwirken (z. B. durch Verunreinigung von Gewässern oder durch Erschwerung der Unterhaltung). Diese zweifache rechtliche Begründung braucht aber nicht zu einer zweifachen Ermittlung des Beitragsverhältnisses zu führen, da der Vorteil des einzelnen Mitgliedes entweder dem Umfang seiner Schädigung entspricht oder die schädigende Einwirkung darüber hinausgeht. Es genügt im allgemeinen also die Ermittlung des Beitragsverhältnisses aufgrund der schädigenden Einwirkungen.

Da es in der Regel praktisch undurchführbar ist, den Vorteil oder den Umfang der schädigenden Einwirkung eines jeden Mitgliedes genau zu ermitteln, ist es üblich, die Vorteile und den Umfang der Schädigungen nach bestimmten pauschalen Gesichtspunkten festzustellen (z. B. Einteilung der Grundstücke in Vorteilsklassen, der Abwässer in Verunreinigungsgrade). Erst dadurch werden diese Beitragsmaßstäbe konkretisiert. Eine derartige pauschale Ermittlung ist zulässig, da gemäß § 86 die „annähernde“ Ermittlung genügt. Dasselbe entspricht auch dem in Anm. 3 zu § 79 dargelegten, sich aus der Natur der Sache im Wasserrecht und Wasserverbandsrecht ergebenden Grundsatz über die Vernachlässigung geringfügiger Unterschiede.

Eine Einzelfestsetzung des Beitragsverhältnisses kommt praktisch nur bei Verbänden meist größeren Umfanges vor, die aus wenigen Mitgliedern, z. B. Landkreisen und großen Gemeinden, bestehen. Hier ist es bei gleichbleibenden Verhältnissen durchführbar, die einzelnen Anteile nach dem Vorteil oder der schädigenden Einwirkung oder nach beiden Gesichtspunkten in festen Hundertsätzen für jedes Mitglied in der Satzung auszudrücken.

Nach dem festgesetzten Beitragsverhältnis richtet sich im allgemeinen auch das Stimmverhältnis der Mitglieder (s. Anm. 1 zu § 56).

2. Maßstab des Vorteils

Vorteil im Sinne des § 81 ist der sogenannte Rohvorteil, bei dessen Berechnung zwar die sonstigen Werbungskosten, aber nicht die Beiträge, die ja erst festgestellt werden sollen, abgesetzt werden (anders bei der Gründung des Verbandes, vgl. Anm. 3 zu § 153). Zugrunde zu legen ist im übrigen nicht allein der Flächenvorteil (Mehrertrag abzüglich der auf die Fläche verwandten Werbungskosten, so Tönnesmann, Anm. 2 zu § 81), sondern — wenigstens in beschränktem Umfange — auch der betriebswirtschaftliche Vorteil (Berücksichtigung des betriebswirtschaftlich möglicherweise verschiedenen Reinertrages: z. B. hat die eine Gruppe von Betrieben sehr viel, die andere bisher sehr wenig Grünland, so daß für die letztere der betriebswirtschaftliche Vorteil ungleich größer ist). Wenn die Feststellung der tragbaren Höchstbelastung und des Vorteils im Sinne des § 81 auch zweierlei ist, so ist es doch undurchführbar, bei Bemessung der tragbaren Höchstbelastung (gegebenenfalls nicht nur der Durchschnittsbelastung, sondern auch der Spitzenbelastung, d. h. Belastung der höchst belasteten Klasse) andere Gesichtspunkte als bei der Bemessung des Vorteils zugrunde zu legen (a. M. Tönnesmann, Anm. 2 zu § 81).

Als Vorteil gilt der unmittelbare Vorteil, ferner die Erleichterung einer Pflicht des Mitgliedes, z. B. der Pflicht zur Unterhaltung eines Gewässers, und schließlich auch der mittelbare Vorteil, die Möglichkeit, das Unternehmen zweckmäßig und wirtschaftlich auszunutzen, z. B. durch landwirtschaftliche Bodenbearbeitung (Anm. 10 zu § 2), Anlegung von Stichgräben, Dränung, Herrichtung von Kunstwiesen bei Ent- und Bewässerungsverbänden, die Möglichkeit, bisher ungepflegten Bauernwald in Acker oder Wiese umzuwandeln (ZAgr. 18, 221). Die Verwandlung unkultivierten Moorlandes zu landwirtschaftlich nutzbarem Kulturland bringt stets Vorteil (BVerwGE 10, 238). Ob ein Mitglied die Verbandsanlagen seinem Grundstück tatsächlich zugute kommen läßt oder dies z. B. wegen finanzieller Leistungsunfähigkeit unterläßt, ist grundsätzlich unerheblich. Das Verbandsmitglied kann in diesem Fall auch nicht nachträglich die Richtigkeit des Beitragsbuches nach § 88 mit Erfolg anfechten (Hintze in ZAgr. 26, 195). Andererseits genügt eine nur gedachte, nur theoretische, technische Möglichkeit zur Ausnutzung der Verbandsanlagen nicht, um das Vorliegen eines Vorteils zu bejahen (so BVerwG in seiner Entscheidung vom 25. 8. 1955, BVerwGE 3, 1 in gewisser Abweichung von älterer Rechtsprechung). Von dem Mitglied darf nichts Unzumutbares, insbesondere keine völlige Umstellung des Betriebes (z. B. von der Landwirtschaft zur Gärtnerei) verlangt werden; dabei ist allerdings andererseits nicht bloß auf die Belange des einzelnen Grundstückseigentümers abzustellen, sondern diese sind gegen die Belange der Allgemeinheit abzuwägen.

Als Vorteil kann auch die Befreiung von einer bestehenden Verpflichtung zur Unterhaltung oder zur Reinhaltung, nicht aber von einer künftigen Verpflichtung zum Ausbau eines Gewässers angerechnet werden (LWA 4, 172; ZAgr. 7, 227). Bei Ent- und Bewässerungsverbänden ist der Wegfall der Unterhaltungslast als Vorteil nur dann zu berücksichtigen, wenn die Übernahme der Gewässerunterhaltung ganz überwiegend den wesentlichen Gegenstand des Unternehmens bildet (ZAgr. 17, 210; RVBl. 53, 91). Da nicht der Reinvorteil, sondern der Rohvorteil zu berücksichtigen ist, ist es unerheblich, ob der durch die ordnungsmäßige Unterhaltung eines Gewässers entstehende Vorteil die zu übernehmenden Verbandslasten erreicht oder nicht (ZAgr. 6, 230; 10, 123; 11, 138; 12, 308; 14, 253; 15, 137).

3. Konkretisierung des Vorteilsmaßstabes

a) Regelformen der Konkretisierung

Sind die Unterschiede der Vorteile verhältnismäßig gering, wie dies oft bei Deichverbänden und Entwässerungsverbänden der Fall ist, so empfiehlt es sich, den Flächeninhalt der Grundstücke (ha oder ar) als Maßstab zu nehmen. Sind neben landwirtschaftlichen Eigentümern auch die Eigentümer industrieller oder gewerblicher Grundstücke oder Anlagen beteiligt, so ist es meist unangemessen, ihren Beitrag ebenfalls nach der Fläche festzusetzen, da sie im Hinblick auf den höheren Wert ihres Eigentums auch einen höheren Vorteil haben; man hat in diesen Fällen vielfach bei ihnen den Einheitswert (s. aber Anm. 3b) zugrunde gelegt in der Weise, daß eine bestimmte Geldsumme, z. B. 3000—5000 DM, einem ha gleichgesetzt wird.

Der Flächenmaßstab, der in vielen Deichverbänden der Nordseeküste und anderen größeren Verbänden von alters her üblich ist („Morgen Morgens Broder"), ist auch für die Verwaltung der Verbände infolge seiner Einfachheit der brauchbarste und hat außerdem den großen Vorzug, daß er Streitigkeiten über die Beitragshöhe so gut wie ganz ausschließt. Aus diesem Grunde befindet sich der Flächenmaßstab heute im Vordringen und wird vielfach von den Beteiligten gewünscht. Wenn auch bei etwa gleichwertigen Vorteilen der Mitglieder der Flächenmaßstab als eine bloße Konkretisierung des Vorteilsmaßstabes angesehen werden kann, bedarf seine Neueinführung doch der Satzungsänderung (vgl. Anm. 1 zu § 10), der ein Beschluß des dafür zuständigen Verbandsorganes (Verbandsversammlung oder Ausschuß) vorausgehen muß (§ 82 Abs. 2, 1. Halbsatz). Der Zustimmung der oberen Aufsichtsbehörde, wie sie in § 82 Abs. 2 Nr. 4 vorgesehen ist, bedarf es nur dann, wenn größere Unterschiede der Vorteile der Mitglieder vorliegen, so daß es zweifelhaft ist, ob der Flächenmaßstab noch als Konkretisierung des Vorteilsmaßstabes aufgefaßt werden kann. Stimmt die obere Aufsichtsbehörde in einem solchen Falle der Einführung des Flächenmaßstabes zu, so empfiehlt es sich, in der Satzung nur diesen Maßstab aufzuführen und den allgemeinen Grundsatz des Vorteils (SaMu. A § 31 Abs. 1) zu streichen. Seit Inkrafttreten des Grundgesetzes ist allerdings zu bedenken, daß beim Vorliegen allzu großer Unterschiede der Vorteile der Mitglieder durch den Flächenmaßstab das Gebot der Gleichbehandlung der Mitglieder (Art. 3 GG) dadurch verletzt sein könnte, daß diese großen Unterschiede nicht berücksichtigt worden sind (vgl. unten Anm. 3b).

Durch das NWG ist kraft Gesetzes bei den durch Gesetz für die Unterhaltung der Gewässer zweiter Ordnung gebildeten großen Unterhaltungsverbänden der Flächenmaßstab eingeführt worden.

Wegen des Flächenmaßstabes als Maßstab für vorläufige Beiträge vgl. § 89 Abs. 3 und SaMu. A § 31 Abs. 2.

b) Andere Formen der Konkretisierung

Bei Entwässerungsverbänden, bei denen die tiefer liegenden Grundstücke von dem Ausbau der Vorfluter einen erheblich größeren Vorteil als die höher liegenden haben, wird die Beitragslast der tiefer liegenden höher festgesetzt als bei den höher liegenden Grundstücken (z. B. auf das Zwei- oder Dreifache; sogenannte Vorteilsklassen, vgl. SaMu. A § 32). Das Festhalten an solchen entsprechend der Ertragssteigerung durch den Ausbau festgesetzten Vorteilsklassen wird nach Abzahlung der für den Ausbau aufgenommenen Darlehen manchmal dann als ungerecht empfunden, wenn die Eigentümer niedriger liegender aber schlechterer Böden für nunmehr reine Kosten der Unterhaltung, deren Wert für alle Grundstücke ziemlich gleich ist, erheblich höhere Beiträge aufzubringen haben als die Eigentümer höher liegender und vielleicht erheblich besserer Böden (hierzu Linckelmann: Zur Beitragsregelung in den landwirtschaftlichen Wasser- und Bodenverbänden, WuB 1960, 7). In solchen Fällen kann der Übergang zum Flächenmaßstab durch Satzungsänderung angebracht sein.

Bei Dränverbänden wird vielfach statt des Flächenmaßstabes die Länge der auf die einzelnen Grundstücke entfallenden Saugerstrecken (ohne oder einschließlich Sammler) zugrunde gelegt; dies ist aber nur dann ein gerechter Maßstab, wenn die Kosten des (offenen) Hauptvorfluters des Dränverbandes nur gering sind (so zutreffend 1. AV Nr. 62; dazu auch der genannte Aufsatz von Linckelmann).

Bei Verbänden zur Beschaffung von Trink- und Brauchwasser kommt die Menge des verbrauchten Wassers möglichst nach Messung, gegebenenfalls nach der Anzahl der in den Betrieben vorhandenen Personen und evtl. auch des Viehbestandes, bei Verbänden zur Herstellung von Stauanlagen der Umfang der Kraftentnahme in Frage.

Der Einheitswert kann zur Konkretisierung des Vorteilsmaßstabes nur dann benutzt werden, wenn er wenigstens annähernd dem tatsächlichen Vorteil entspricht. Das wird bei wasserwirtschaftlichen Verbänden selten der Fall sein, noch seltener als bei einer Gemeinde. Die für das Kommunalrecht ergangene Entscheidung des OVG Lüneburg vom 2. 6. 1960 (OVGE 15, 471) hat zur Bemessung der einmaligen Gebühr für den Anschluß an eine gemeindliche Abwasseranlage den Einheitswert für zulässig gehalten, für den laufenden Beitrag dagegen nicht (in Fortführung der Rechtsprechung des PrOVG). Bei den Wasser- und Bodenverbänden pflegen jedoch einmalige Anschlußgebühren — wenn sie auch rechtlich nicht ausgeschlossen sind — nicht vorzukommen. Das OVG Münster hat in seinem Urteil vom 15. 5. 1963 (KStZ 1963, 227; NJW 1964, 219; DÖV 1964, 136) entschieden, daß der Einheitswert von Grundstücken kein geeigneter Maßstab für kommunale Entwässerungsgebühren sei, da er nicht die Erfordernisse des sogenannten Wirklichkeitsmaßstabes und nicht einmal die des zulässigen Wahrscheinlichkeitsmaßstabes erfülle. Ein Wahrscheinlichkeitsmaßstab müsse so beschaffen sein, daß er mit dem Gleichheitsgrundsatz des Art. 3 GG zu vereinbaren sei.

Gegen diese Grundsätze darf auch bei der Festsetzung der Beitragsmaßstäbe des Wasser- und Bodenverbandes nicht verstoßen werden. Dem aus §§ 81, 82 erkennbaren Sinn der WVVO entsprechend sollen die Beitragsmaßstäbe der Verbände soweit wie möglich und verwaltungsökonomisch vertretbar dem Wirklichkeitsmaßstab entsprechen (z. B. Menge und Art der einer Kläranlage tatsächlich zugeführten Abwässer), andernfalls ihm möglichst nahekommen (z. B. statt des genannten Maßstabes der Frischwasserverbrauch mit Abzügen für nicht der Kläranlage zugeführte Mengen und gestaffelten Beiwerten für die Art der Abwässer). § 82 Abs. 4 ermächtigt die Behörde nicht, willkürlich zu verfahren, denn auch solche Normsetzungen müssen sich im Rahmen der Grundrechte, insbesondere des Art. 3 GG, halten. Gewisse Ungleichheiten sind allerdings hinzunehmen, denn selbst der Vorteilsmaßstab bietet keine Gewähr für einen völligen Ausgleich aller Vor- und Nachteile (BVerwGE 18, 324).

Das OVG Hamburg (Urteil v. 7. 3. 1957, Wüsthoff R 537) hat in einem Wasserverband, dessen Aufgabe die Unterhaltung eines Schiffahrtskanals einschließlich Schleusen war, die Erhebung von Gebühren für die Benutzung der Schleusen neben den allgemeinen Beiträgen der Anlieger des Kanals (nach Metern der Anliegergrundstücke) für eine zulässige Ergänzung des Wasserverbandsrechts gehalten (vgl. hierzu Anm. 4 zu § 9). Die Schleusengebühren dürften in diesem Fall auch eine Form der Konkretisierung des Vorteilsmaßstabes darstellen.

Soweit aufgrund des § 29 WHG die Wassergesetze der Länder — wie z. B. das NWWG in §§ 48ff. — zwingende Vorschriften für die Verteilung der Unterhaltungslast und die entsprechende Verteilung der Beitragslast enthalten, gehen solche Vorschriften den Bestimmungen der WVVO vor. Gegebenenfalls sind die Satzung und die Veranlagungsrichtlinien des Verbandes diesen Regelungen anzupassen. Der Verband darf bei der Erhebung von Beiträgen nicht von dem in der WVVO, dem Landeswassergesetz oder seiner Satzung bestimmten Beitragsmaßstab abweichen. Er darf z. B. nicht, wenn allein der Flächenmaßstab gilt, die Kosten der Reparatur einzelner Verbandsanlagen ausschließlich auf die Mitglieder umlegen, die von diesen Anlagen Vorteil haben (Bad. Wttbg. VGH, Urteil vom 10. 10. 1962, DVBl. 1965, 48; Schriftt. u. Rspr. 1964, 69 Nr. 53).

4. Maßstab des Umfanges der schädigenden Einwirkungen

Infrage kommt sowohl eine Schädigung anderer, sowohl Mitglieder wie Nichtmitglieder, als auch eine Schädigung des Unternehmens des Verbandes selbst, z. B. Erschwerung der Unterhaltung.

Geschichtlich führt der Begriff der schädigenden Einwirkung auf die Verunreinigung durch Abwasser zurück (§ 238 Abs. 1 Nr. 3, § 245 Abs. 1 Nr. 5 und Abs. 4 PrWG). Die Erweiterung dieser Bestimmung auf andere Fälle der schädigenden Einwirkung, z. B. Entzug von Grundwasser, die durch Bergwerke herbeigeführte Bodensenkung, die Erschwerung der Unterhaltung durch schnellere Wasserzuführung, entspricht der sachlichen Weiterentwicklung unserer Wirtschaftsverhältnisse und der Zunahme unserer Bevölkerung, so daß Bedenken gegen diese Erweiterung nicht begründet sind. Die schädliche Einwirkung kann nicht nur auf Gewässer, sondern auch auf den Boden gerichtet und selbst dann zu berücksichtigen sein, wenn sie nicht durch Wasser geschieht, zumal auch reine Bodenverbände ohne wasserwirtschaftliche Regelung zulässig sind. Wenn Tönnesmann (Anm. 4 zu § 153) auch die Störung des Pflanzenwachstums durch Rauch oder Gas hierher rechnet, wobei er offenbar Verbände zur Verbesserung oder zur Erhaltung des Bodens (§ 2 Nr. 6) im Auge hat, so kann dies nur mit der am Schluß von Anm. 8 zu § 2 aufgeführten Einschränkung gelten.

Soweit die Schädiger, wie es die Regel ist, zur Beseitigung der Schäden oder zum Schadensersatz verpflichtet sein würden, haben sie von den Maßnahmen des Verbandes auch Vorteile, die aber regelmäßig von dem Umfang der Schädigung überdeckt werden.

Ebenso wie es beim Vorteilsmaßstab grundsätzlich nicht darauf ankommt, daß der Beteiligte von dem ihm verschafften Vorteil, z. B. der besseren Entwässerung, subjektiv Gebrauch macht, sondern der objektive Vorteil (die bessere Entwässerung) maßgebend ist, so kommt es auch bei der schädigenden Einwirkung nicht darauf an, ob den Schädiger ein Verschulden dafür trifft, oder ob er sonst dafür zivilrechtlich haftbar ist, sondern nur darauf, daß objektiv eine Schädigung vorliegt (ebenso Tönnesmann, Anm. 4 zu § 153).

Die Beitragslast der Schädiger verteilt sich auf sie gemäß § 81 Abs. 1 nach den Lasten, die der Verband auf sich nimmt, um den schädigenden Einwirkungen zu begegnen. Der Grad der Schädlichkeit ist demnach nicht nach dem Umfang der Schäden Dritter zu bemessen, sondern nach den Aufwendungen, die der Verband machen muß, um die Schäden zu verhüten, zu beseitigen oder wenigstens soweit wie möglich zu verringern. Da es sich um Feststellung des Beitragsverhältnisses der Schädiger untereinander handelt, kommt es auf einen Vergleich der Aufwendungen des Verbandes wegen der Einwirkungen der Schädiger, z. B. ihrer verschiedenen Abwässer, an. Bei den Abwässern sind ihre Menge und ihr Schädlichkeitsgrad maßgebend. Bei den Abwasserverbänden sind ins einzelne gehende Bewertungsregeln über die Schädlichkeitsgrade der verschiedenen Abwässer als Grundlage der Veranlagungsrichtlinien solcher Verbände ausgearbeitet worden (vgl. Wagner, Die Bewertung von Abwassereinleitungen, Gesundheitsingenieur 1950, 73; Meinck, Über die Einwohnergleichwerte industrieller Abwässer, Gesundheitsingenieur 1955, 225). Daß auch hier eine annähernde Ermittlung der Schädlichkeitsgrade genügt, ergibt sich aus § 86. Formell werden solche Veranlagungsrichtlinien durch das nach der Satzung zuständige Organ festgesetzt. Die so festgesetzten Richtlinien stellen nach der Satzung die verbandsinterne Grundlage der Hebeliste und der einzelnen Beitragsbescheide (Heranziehungsbescheide, s. Anm. 2 zu § 89) dar. Die Richtlinien als solche können verwaltungsgerichtlich nicht angefochten werden. Anfechtbar sind vielmehr nur das Beitragsbuch (Anm. 3 a zu § 87), soweit nicht auf seine Führung nach § 90 verzichtet wird, die Hebeliste (Anm. 2 zu § 89) und die einzelnen Beitragsbescheide (Anm. 2 und 3 zu § 89). Von dem die Rechtmäßigkeit der Beitragsbescheide beurteilenden Verwaltungsgericht ist dann auch zu prüfen, ob die Veranlagungsrichtlinien der WVVO und der Satzung entsprechen.

Die „Hinzuziehung von Abwassereinleitern zu landwirtschaftlichen Vorflutverbänden“ hat Linckelmann in einem gleichnamigen Aufsatze (WuB 1958, 64) behandelt. Er schlägt darin vor: Festsetzung des Beitragsanteils der Abwassereinleiter durch das zuständige Wasserwirtschaftsamt nach den durch die Einleitung entstehenden Mehrkosten der Unterhaltung. Eine besondere Satzungsbestimmung ist dafür erforderlich, da die landwirtschaftlichen Vorflutverbände regelmäßig nur den Vorteilsmaßstab in ihrer Satzung vorgesehen haben (anders die gesetzlich gegründeten Unterhaltungsverbände in Nds).

Wegen der Festsetzung der Beitragslast für Stauberechtigte innerhalb landwirtschaftlicher Wasser- und Bodenverbände gilt ähnliches (Näheres Linckelmann, Zur Beitragsregelung in den Wasser- und Bodenverbänden, WuB 1960, 7).

5. Berücksichtigung der verschiedenen Kosten einzelner Verbandsunternehmen (Beitragsabteilungen)

Grundsätzlich werden die Kosten sämtlicher Unternehmen des Verbandes auf sämtliche Mitglieder nach dem satzungsmäßigen Beitragsmaßstab verteilt.

Davon werden jedoch Ausnahmen gemacht:

a) Eine solche Ausnahme bezieht sich auf die Bodenverbesserungen (Anm. 8 zu § 2), die besonders in Entwässerungs- und Bewässerungsverbänden sowie Deichverbänden oft als zusätzliche Aufgabe vorgesehen werden (Verbände ausschließlich mit der Aufgabe der Bodenverbesserung sind rechtlich ebenfalls zulässig, aber sehr selten).

Für die Bodenverbesserung sieht die WVVO in erster Linie (§ 81 Abs. 2) den Maßstab der für die einzelnen Grundstücke tatsächlich entstehenden Kosten vor. In zweiter Linie kann durch Bestimmung der Satzung gem. § 82 Abs. 2 Nr. 2 der Flächenmaßstab vorgeschrieben werden. Weichen die Kosten der Bodenverbesserungen je Fläche nicht erheblich voneinander ab, so dürfte es auch bei dem Maßstab der tatsächlich entstehenden Kosten zulässig sein, die Kosten nach Fläche zu verteilen, so daß sich dann praktisch kein Unterschied zwischen den beiden Maßstäben ergibt. Auch bei Anwendung des Flächenmaßstabes ist die Fläche der tatsächlich verbesserten Grundstücke gemeint. Wenn nicht alle zu dem Verband gehörenden Grundstücke verbessert werden, müssen also bei jedem Maßstab die Kosten der Bodenverbesserungen aus den Gesamtkosten ausgesondert werden. Die Verwaltungskosten des Verbandes werden dann den Kosten der Bodenverbesserungen in dem Verhältnis zugeschlagen, in dem diese zu allen übrigen Kosten des Verbandes stehen. Bei Verbesserung sämtlicher zu dem Verband gehörenden Flächen erübrigt sich jedenfalls dann die Aussonderung der dafür entstehenden Kosten, wenn für alle Aufgaben des Verbandes der Flächenmaßstab vorgeschrieben ist.

Wegen Dränungen vgl. Anm. 5 zu § 2.

Sollen die Dränungen in der Beitragsregelung wie Bodenverbesserungen behandelt werden, so empfiehlt es sich, dies ausdrücklich in der Satzung zu bestimmen. Wird ein besonderer Beitragsmaßstab für die Dränungen (z. B. Fläche, Saugerstrecke, vgl. SaMu. A § 31 Abs. 1) vorgesehen, so ist, wenn nicht sämtliche zu dem Verband gehörenden Grundstücke gedränt werden sollen, auch hier eine Aussonderung der Kosten für die gedränten Grundstücke erforderlich.

b) Eine Aussonderung der Kosten bestimmter Verbandsunternehmen aus den Gesamtaufwendungen des Verbandes, d. h. die Bildung besonderer Beitragsabteilungen, kommt auch in anderen Fällen vor. Eines der Hauptbeispiele sind große Entwässerungsverbände, in denen verschiedene Entwässerungsgebiete mit verschiedenen Arten der Entwässerung (natürlich oder mit Schöpfwerk) oder mit getrennten Schöpfwerken und daher erheblich verschiedenen Kosten zusammengefaßt sind. In solchen Fällen kann es dem Vorteilsgrundsatz entsprechen, die Kosten des gemeinsamen Hauptvorfluters auf alle Gebiete gleichmäßig umzulegen, die Kosten der verschiedenen Entwässerung, insbesondere der getrennten Schöpfwerke, aber nur auf die Mitglieder der in Frage kommenden Entwässerungsgebiete umzulegen (in den großen Unterhaltungsverbänden Niedersachsens ist mindestens wegen der Unterhaltung der Gewässer zweiter Ordnung die Bildung solcher besonderer Beitragsabteilungen ausgeschlossen).

Eine besondere Beitragsabteilung (Bewässerungsabteilung) wird zweckmäßigerweise z. B. auch dann gebildet, wenn bei einem Entwässerungsverband nur ein Teil der Fläche auch bewässert wird. Beitragsabteilungen sind überhaupt in allen Fällen zweckmäßig, in denen verschiedene Verbandsunternehmen sachlich nur einen Teil der Mitglieder betreffen und sehr verschieden hohe Kosten dadurch entstehen, so daß eine gemeinsame Kostenlast als unbillig empfunden würde.

Da die Bildung von Beitragsabteilungen eine Abweichung von dem Grundsatz darstellt, daß sämtliche Kosten des Verbandes auf sämtliche

Mitglieder des Verbandes verteilt werden, bedarf sie gem. § 82 Abs. 2 Nr. 4 der Zustimmung der oberen Aufsichtsbehörde (so auch 1. AV Nr. 63). Wegen Haftung für Ausfälle einer Beitragsabteilung vgl. Anm. 1 zu § 83.

Die Bildung einer Beitragsabteilung hat das Urteil des BVerwG vom 25. 3. 1960 (BVerwGE 10, 238) als einen auf der Grundlage der Satzung ergehenden Verwaltungsakt und nicht als Rechtsetzungsakt angesehen. Das war in dem damals vorliegenden Fall des § 82 Abs. 2 Nr. 2 deshalb zutreffend, weil nach der Satzung mindestens sinngemäß (wie unter Buchst. a dargelegt) diese Aussonderung der Bodenverbesserungskosten möglich und der Vorstand demgemäß legitimiert war, einen solchen Beschluß zu fassen. Beitragsabteilungen aber, die entgegen § 82 Abs. 2 nicht in der Satzung vorgesehen sind, können durch Beschluß des zuständigen Verbandsorgans erst gebildet werden, nachdem eine entsprechende Satzungsänderung die notwendige Grundlage dafür geschaffen hat.

Beitragsabteilungen mit verschiedenen Kostenbeträgen von sachlich oder örtlich verschiedenen Unternehmen und Beitragsklassen mit verschiedenen Vorteilen der gemeinsam zu tragenden Unternehmen sind scharf voneinander zu unterscheiden (vgl. Anm. 2 zu § 86).

6. Billigkeitserleichterung

Die Wasser- und Bodenverbände sind auf Leistung und Gegenleistung aufgebaut; ihre dem öffentlichen Wohl dienenden Aufgaben sind zugleich wirtschaftlicher Natur. Aus Billigkeitsgründen Ausnahmen von den satzungsmäßigen Beiträgen zu machen, kommt noch weniger in Frage als bei Steuern, denn eine Erleichterung einzelner Mitglieder hat die entsprechende Mehrbelastung der übrigen Mitglieder zur unmittelbaren Folge. Die Einführung einer Satzungsbestimmung über Erleichterungen aus Billigkeitsgründen kann daher nicht empfohlen werden. Grundsätzlich abzulehnen ist eine für die Dauer gedachte Erleichterung, wie sie nach dem Wortlaut der Nr. 3 vorgesehen ist. Eine ausnahmsweise Erleichterung lediglich bezüglich eines Jahresbeitrages oder Teiles davon wird dagegen auch ohne ausdrückliche Aufnahme in die Satzung zulässig sein, denn die allgemein für Steuern gegebene Vorschrift des § 131 Abs. 1 Satz 1 AO:

> „Im Einzelfall können Steuern ganz oder zum Teil erlassen, erstattet oder angerechnet werden, wenn ihre Einziehung nach Lage des einzelnen Falles unbillig wäre"

wird auch auf Beiträge für Wasser- und Bodenverbände in besonderen Ausnahmefällen entsprechend anwendbar sein.

7. Zustimmung der oberen Aufsichtsbehörde

Die Zustimmung der oberen Aufsichtsbehörde ist nicht in den Fällen erforderlich, in denen bestimmte Beitragsmaßstäbe (z. B. Fläche, Länge der Saugerstrecken, Menge und Beschaffenheit des Wassers oder Abwassers) nur Konkretisierungen der Maßstäbe des Vorteils oder des Umfanges der Schädigung darstellen. Nur soweit die vorgesehenen Beitragsmaßstäbe nicht mehr als solche Konkretisierung aufgefaßt werden können, ist die Zustimmung der oberen Aufsichtsbehörde Voraussetzung.

Trotz der — nach dem Wortlaut unbeschränkten — Ermessensfreiheit der Aufsichtsbehörde hat das OVG Hamburg in seinem Urteil vom 14. 10. 1948 (VerwRspr. 1, 222; Wüsthoff R 513) gegen die Fortgeltung dieser Bestimmung offenbar keine Bedenken. Solche sind zunächst solange nicht begründet, als das mit Zustimmung der oberen Aufsichtsbehörde geordnete Beitragsverhältnis noch eine — wenn auch freiere — Beziehung zum Grundsatz des Vorteils oder des Umfanges der Schädigung hat. Aber auch wenn keine solche Beziehung mehr besteht, wird die Beitragsregelung nicht allein deshalb wegen Verstoßes gegen Art. 3 GG sowie gegen den Rechtsgedanken des Art. 80 GG anfechtbar sein, denn der Vorteilsmaßstab ist kein Grundprinzip der WVVO. Er muß daher bei Änderungen des Beitragsmaßstabes nicht gewahrt bleiben; der vom Vorteilsmaßstab abweichende Beitragsmaßstab muß sich aber im Rahmen der Grundrechte, insbesondere des Gleichheitssatzes, halten (BVerwGE 18, 324; vgl. im übrigen oben Anm. 3 b).

Wegen der Sonderbeiträge neu zugewiesener Mitglieder s. Anm. 4 zu § 13.

§ 83

Ausfall von Beiträgen

Wenn ein Mitglied seinen Beitrag nicht oder nicht rechtzeitig leisten kann, sind die übrigen Mitglieder verpflichtet, für den Ausfall im Verhältnisse der von ihnen zu leistenden Beiträge einzutreten[1]. In der Satzung kann ein anderes Verhältnis vorgeschrieben werden.

1. Ausfallhaftung

§ 83 regelt die Ausfallhaftung. Alle Verbandsmitglieder haften als Gesamtschuldner für die Ausfälle (vgl. Anm. 1 zu § 78). Die Ausfallhaftung aller Mitglieder ergibt sich schon aus § 78. Auch bei Bildung von Beitragsabteilungen (vgl. Anm. 5 zu §§ 81, 82) haften zwar zunächst die Mitglieder der Abteilung, für einen trotzdem noch verbleibenden Ausfall aber auch hier alle Mitglieder des Verbandes.

Eine solche Kollektivhaftung für Beitragsausfälle entspricht einem wasserverbandsrechtlichen Grundsatz und verletzt keine Grundrechte (BVerfGE 10, 115).

§ 84
Befreiung von Beiträgen

Soweit Eigentümer, die nur zum Gebrauchen ihres Grundstückes zur Durchleitung von Wasser, für eine Deichanlage oder für ein Schöpfwerk zum Wasser- und Bodenverbande zugezogen worden sind, keinen Vorteil haben und keinen Schaden verursachen, sind sie von allen Beitraglasten frei[1, 2].

1. Nur duldende Mitglieder

§ 84 ist eine Sondervorschrift für sogenannte nur duldende Mitglieder im Sinne von § 155. Wegen des Bedenkens, Grundstückseigentümer, die weder Vorteile vom Verband haben, noch ihm Lasten verursachen, als Mitglieder zum Verband zu ziehen, s. Anm. 1 und 2 zu § 155.

§ 84 enthält keinen allgemeinen Rechtsgrundsatz, daß alle Mitglieder beitragsfrei sind, wenn sie aus eigenem Entschluß keinen Vorteil aus der Verbandsanlage mehr ziehen und ihr auch keinen Schaden zufügen. Daher verbietet sich eine entsprechende Anwendung von § 84. Wird an den Verband ein Antrag auf Beitragsbefreiung gerichtet, so kann dieser weder in einen Antrag auf Satzungsänderung (§ 82 Abs. 2 Nr. 3) noch in einen Antrag auf Änderung des Beitragsbuches (§ 88 Abs. 1) umgedeutet werden (BVerwGE 20, 63).

2. Beitragsfreie Mitglieder

Die Zuziehung als Mitglied beruht auf § 155. Die danach zugezogenen Mitglieder haben einen gesetzlichen Anspruch auf Freistellung. Wenn für solche Mitglieder, die zur Durchleitung von Wasser z. B. zum Zwecke der Ent- und Bewässerung, für eine Deichanlage oder für ein Schöpfwerk nach § 155 beitragsfrei zum Verband gezogen worden sind, nachträglich Vorteile entstehen, so können sie nach den §§ 81ff. zu Beiträgen herangezogen werden. Über das Stimmrecht der beitragsfreien Mitglieder bei der Ausschußwahl s. § 56 Abs. 1 Satz 3. Erleiden sie Nachteile von der Heranziehung, so haben sie einen Entschädigungsanspruch nach § 26.

§ 85
Schutz der Gläubiger

Das Beitragverhältnis darf nicht geändert werden, wenn die Gläubiger des Wasser- und Bodenverbandes durch die Änderung benachteiligt werden und nicht zustimmen[1].

1. Gläubigerschutz

Die Bestimmung dient der Kreditwürdigkeit der Verbände.

Allerdings ist ein Fall, daß durch eine Änderung des Beitragsverhältnisses in der Satzung die Gläubiger benachteiligt werden, schwer vorstellbar. Die Grundsätze der Beitragsregelung (§§ 81, 82) gelten auch für eine Änderung. Bei einer Änderung kann es sich daher im allgemeinen nur um verhältnismäßig geringfügige Verschiebungen innerhalb des Kreises der haftpflichtig bleibenden Mitglieder handeln, die nur in Ausnahmefällen zu einer Benachteiligung der Gläubiger führen können. Nur in solchen Ausnahmefällen wird das beschließende Organ des Verbandes oder die Aufsichtsbehörde genötigt sein, die Änderung von der Zustimmung der Gläubiger abhängig zu machen.

§ 86

Ermittlung des Beitragverhältnisses

In der Satzung ist zu bestimmen, wie das Beitragverhältnis der Mitglieder ermittelt wird[1]. Eine annähernde Ermittlung genügt[2, 3].

1. Beitragsgrundsätze in der Satzung

Die Satzung muß Vorschriften über die Ermittlung des Beitragsverhältnisses der Mitglieder enthalten, falls dieses nicht bereits in der Satzung selbst festgelegt ist, z. B. in Hundertsätzen (Anm. 1 zu § 87). Die Satzung muß für die Ermittlung aber nur bestimmen, wie, d. h. auf welchem Wege das Beitragsverhältnis ermittelt werden soll. Es braucht dies aber, da nach Satz 2 eine annähernde Ermittlung genügt, in der Satzung nur in den Grundzügen bestimmt zu sein. Da anstelle des meist zu wählenden Vorteilsmaßstabes (§ 81) noch andere Maßstäbe möglich sind (§ 82), ist den Mindestanforderungen an die Satzung genügt, wenn in ihr der — allerdings etwas blasse — Vorteilsmaßstab niedergelegt und das Nähere den Beschlüssen der Verbandsversammlung überlassen ist. Eine solche Regelung kommt zudem neuzeitlichem Denken entgegen, das bemüht ist, die Selbstverwaltung der Verbände zu stärken (BVerwG, Urteil vom 19. 10. 1966 — IV C 222. 65 —).

Die näheren Einzelheiten werden im Beitragsbuch (§ 87), bei größeren Verbänden, die kein Beitragsbuch führen (§ 90), vielfach in den sogenannten Veranlagungsrichtlinien festgesetzt (vgl. Anm. 4 zu §§ 81, 82).

2. Vorgehen bei der Ermittlung des Beitragsverhältnisses

Im SaMu. A ist eine Einschätzung der Grundstücke des Verbandsgebietes nach Beitragsklassen (vgl. Kleffmann, DLZ 1937, 411) nach dem Verhältnis des den einzelnen Mitgliedern aus den gemeinsamen

Anlagen erwachsenden Vorteils durch zwei oder mehr vom Vorstand zu bestimmende, dem Verband nicht angehörende Sachverständige vorgesehen (s. 1. AV Nr. 64). Diese setzen unter der Leitung des Vorstehers und im Beisein des Verbandstechnikers die Anzahl der Klassen, ihr Vorteilsverhältnis und die Zugehörigkeit der einzelnen Grundstücke zu den Klassen fest. Bei Meinungsverschiedenheiten der an der Ermittlung des Beitragsverhältnisses Beteiligten untereinander entscheidet der Vorsteher oder, wenn es sich um dessen Grundstücke handelt, sein Stellvertreter (SaMu. A § 32). Gegen diese Entscheidungsbefugnis werden im Urteil des OVG Lüneburg vom 11. 12. 1953 (WuB 1958, 299, mit abweichender Anmerkung von Wiedemann) Bedenken erhoben. Demgegenüber ist festzustellen, daß der Vorsteher in seiner Entscheidung nicht völlig frei ist, sondern sich entweder nur der Meinung eines der Sachverständigen anschließen oder eine mittlere Entscheidung zwischen den beiden Sachverständigen treffen kann.

In Sonderfällen kann auch in der Satzung das Wasserwirtschaftsamt mit der Ermittlung des Beitragsverhältnisses beauftragt werden (vgl. Anm. 4 zu §§ 81, 82).

3. Beitragsverhältnis : Stimmverhältnis

Siehe Anm. 5 zu § 56, Anm. 2 zu § 61.

§ 87

Beitragbuch. *Rechtsmittel*

(1) Der Vorsteher des Wasser- und Bodenverbandes gibt den beitragpflichtigen Mitgliedern das ermittelte Beitragverhältnis (Beitragbuch)[1] in der in der Satzung vorgeschriebenen Weise bekannt[2].

(2) *Gegen das Beitragbuch können die Mitglieder in zwei Wochen nach der Mitteilung oder, wenn ihnen eine Mitteilung nicht zugeht, nach der letzten öffentlichen Bekanntmachung bei dem Vorstande Einspruch erheben.*

(3) *Der Vorsteher gibt die Entscheidung des Vorstandes (Einspruchbescheid) nach den Vorschriften der Satzung den Mitgliedern bekannt, deren Beitragverhältnis durch die Entscheidung geändert und deren Einspruch zurückgewiesen wird.*

(4) *Gegen den Einspruchbescheid können sich die betroffenen Mitglieder in zwei Wochen (Abs. 2) bei der Spruchstelle für Wasser- und Bodenverbände beschweren*[3, 4].

1. Beitragsbuch

Im Beitragsbuch wird das dauernde nach § 86 zu ermittelnde Beitragsverhältnis aufgezeichnet, aufgrund dessen die Beiträge der einzelnen Mitglieder nach § 89 gehoben werden. In den Fällen, in denen ein dauerndes Beitragsverhältnis nicht ermittelt werden kann (z. B. wenn die sich dauernd verändernden Wasser- oder Abwassermengen maßgebend sind) oder nicht zweckmäßig ist, kann durch die Satzung die Hebung ohne Beitragsbuch vorgeschrieben werden (s. Anm. 1 zu § 90). Ebenso erübrigt sich das Beitragsbuch, wenn das Beitragsverhältnis der Mitglieder durch unmittelbare Aufführung ihrer Wertzahlen (oder Prozentsätze) in die Satzung aufgenommen wird (vgl. Anm. 1 zu den §§ 81, 82).

Was in das Beitragsbuch aufzunehmen ist, ist beispielhaft in der 1. AV Nr. 65 wiedergegeben. Das Beitragsbuch soll auch eine Beschreibung der Vorteilsklassen, ihre Anzahl und ihre Wertverhältnisse enthalten (SaMu. A § 33 Abs. 1 Satz 2; vgl. dazu auch Anm. 1 zu § 88).

Das Beitragsbuch hat nicht den Charakter der Rechtsnorm (OVG Lüneburg, Urteil vom 2. 5. 1958, RdL 1958, 277), sondern des Verwaltungsaktes und ist daher unmittelbar anfechtbar (BVerwGE 10, 242).

2. Art der Bekanntgabe des Beitragsbuches

Die VwGO enthält keine Vorschrift über die Art der Bekanntgabe. Die Bestimmung der WVVO, daß die Art der Bekanntmachung durch die Satzung vorgeschrieben werden muß (§ 9 Abs. 2), ist daher unberührt geblieben (ebenso Erlaß des Innenministers NW über das Vorverfahren und die Verwaltungsgerichtsordnung vom 21. 12. 1960, MBl. NW. 1961 S. 71). Wegen der möglichen Arten der Bekanntmachung vgl. Anm. 3 zu § 9.

Die SaMu. A und B enthalten in § 46 eine allgemeine Bestimmung über die Art der Bekanntmachung und in § 33 eine besondere Bestimmung über die Bekanntgabe des Beitragsbuches. Danach ist folgende Regelung vorgesehen: Das Beitragsbuch wird im Amtsraum des Verbandes (evtl. Wohnung des Vorstehers) ausgelegt. Die Auslegungsfrist, die in der WVVO nicht bestimmt ist und auch in der Satzung nicht bestimmt zu werden pflegt (aber bestimmt werden könnte), muß der Vorsteher festsetzen und bekanntgeben. Mit dem letzten Tage der (bekanntgegebenen) Auslegungsfrist beginnt die Frist für Einlegung des Widerspruchs (der letzte Satz der 1. AV Nr. 66 über die Mindestzeit der Auslegungsfrist gilt nicht). Den beteiligten Behörden und sonst in SaMu. § 33 genannten Personen ist die Auslegung besonders mitzuteilen.

Die Auslegung ist auch erforderlich, wenn das Mitgliederverzeichnis zugleich als Beitragsbuch gelten soll (Anm. 3 zu § 11).

Bei der Bekanntgabe ist auf den Rechtsbehelf des Widerspruchs, die für seine Erhebung geltende Einmonatsfrist und auf die Stelle (mit genauer Anschrift), bei der er anzubringen ist, hinzuweisen (§ 58 Abs. 1 VwGO; Vorbemerkung c vor § 133).

3. Nichtfortgelten der Vorschrift

Die Absätze 2 bis 4 sind aufgrund der VwGO gegenstandslos. Die Rechtsbehelfe richten sich nunmehr nach den Vorschriften der VwGO.

a) Widerspruch gegen das Beitragsbuch

Nach § 70 VwGO ist der Widerspruch (statt bisher Einspruch) binnen einem Monat nach der Mitteilung an die Mitglieder bzw. bei öffentlicher Bekanntmachung nach dem letzten Tage der (bekanntgemachten) Auslegungsfrist bei dem Vorsteher zu erheben. Der Widerspruch muß schriftlich oder zur Niederschrift eingelegt werden (mündlicher Widerspruch genügt also nicht mehr). Wegen der Folgen unterbliebener oder unrichtiger Belehrung über den Widerspruch vgl. Vorbemerkung c vor § 133.

Der Widerspruch kann z. B. damit begründet werden, daß ein Vorteil gar nicht oder nur in geringerem Umfange vorhanden ist oder nur mit ganz unverhältnismäßigen Aufwendungen zu erzielen ist (vgl. Anm. 2 und 3 zu §§ 81, 82).

Zu dem Fall, daß das Mitglied seine Mitgliedschaft bestreitet, vgl. unten Anm. 4.

b) Widerspruchsbescheid

Über den Widerspruch entscheidet, da es sich um eine Selbstverwaltungsangelegenheit handelt, gemäß § 73 Abs. 1 Nr. 3 VwGO die Selbstverwaltungsbehörde, also der Verband (vgl. hierzu Vorbemerkung c vor § 133; Anm. 2 zu § 142).

Wenn der Vorstand das Beitragsverhältnis des Widersprechenden für diesen günstiger gestalten will, als es nach dem Beitragsbuch der Fall ist, so ist zu prüfen, ob die dadurch zwangsläufig eintretende Erhöhung der Gesamtbeiträge aller übrigen Mitglieder derart ins Gewicht fällt, daß sie dadurch „beschwert" werden. In diesem Fall müßten gemäß § 71 VwGO alle übrigen Mitglieder vor Erlaß des Widerspruchsbescheides vom Vorstand gehört werden. Unzweifelhaft tritt zwar durch eine Erleichterung des Beitragsverhältnisses auch nur eines einzigen Mitgliedes eine Mehrbelastung aller übrigen Mitglieder ein (vgl. RVG 2, 270; ZAgr. 27, 261). Wenn jedoch nur das Beitragsverhältnis eines oder einiger weniger Mitglieder erleichtert werden soll, das Beitragsverhältnis aller übrigen möglicherweise sehr zahlreichen Mitglieder (oft hunderte, manchmal tausende) aber bestehen bleiben soll, so dürfte diese Erleichterung derart geringfügig sein, daß von einer „Beschwer" im Sinne des § 71 VwGO nicht gesprochen werden kann. Geringfügige Nachteile hinzunehmen, gehört zum genossenschaftlichen Prinzip der Wasserverbände, das zu einer gegenseitigen Rücksichtnahme zwingt. Anders kann die Frage bei einem Verbande mit nur wenigen Mitgliedern zu beurteilen sein. Während im letzteren Fall der Vorstand, falls die Beschwer zu bejahen ist, die übrigen Mitglieder anhören muß, ist im ersteren Fall eine Anhörung nicht erforderlich.

Der Widerspruchsbescheid ist zu begründen, mit einer Belehrung über den Rechtsbehelf zu versehen und dem Widersprechenden sowie den übrigen zu hörenden Mitgliedern zuzustellen (§ 73 Abs. 3 VwGO). Die zu hörenden Mitglieder können gegen den Widerspruchsbescheid als durch ihn „erstmalig Beschwerte" ebenfalls Anfechtungsklage erheben, ohne vorher Widerspruch erhoben zu haben (§ 68 Abs. 1 Nr. 2 VwGO).

Wegen der Form der Zustellung s. Vorbemerkung c vor § 133.

c) Anfechtungsklage

Gegen das Beitragsbuch kann nach Zustellung des Widerspruchsbescheides innerhalb eines Monats Klage erhoben werden. Gegenstand der Klage ist die Festsetzung im Beitragsbuch in der Form, die sie durch den Widerspruchsbescheid erlangt hat (§ 79 Abs. 1 Nr. 1 VwGO).

Nicht nur der Widersprechende, sondern auch alle, die durch den Widerspruchsbescheid erstmalig beschwert sind, können Klage erheben. In diesem Fall ist Streitgegenstand der Widerspruchsbescheid (§ 79 Abs. 1 Nr. 2 VwGO).

Ist über einen erhobenen Widerspruch ohne zureichenden Grund in angemessener Frist sachlich nicht entschieden worden, so braucht der Widersprechende den Widerspruchsbescheid nicht abzuwarten, sondern kann gemäß § 75 VwGO nach Ablauf von drei Monaten seit der Einlegung des Widerspruchs gegen die Festsetzung des Beitragsbuches Klage erheben (vgl. Vorbemerkung c vor § 133).

d) Aufschiebende Wirkung von Widerspruch und Anfechtungsklage

Während Widerspruch und Anfechtungsklage im allgemeinen aufschiebende Wirkung haben, ist dies bei öffentlichen Abgaben, zu denen die Beiträge der Verbände gehören, grundsätzlich nicht der Fall. Die aufschiebende Wirkung entfällt jedoch erst bei der Anforderung (§ 80 Abs. 2 Nr. 1 VwGO), d. h. der Hebung der Beiträge nach § 89 Abs. 1. Die Aufstellung des Beitragsbuches dient lediglich der Aufzeichnung des nach § 86 zu ermittelnden dauernden Beitragsverhältnisses (s. Anm. 1 oben) und stellt noch keine Anforderung öffentlicher Abgaben im Sinne von § 80 Abs. 2 Nr. 1 VwGO dar (so auch Bochalli, Die Wasserverbandverordnung nach der neueren Rechtsprechung und Gesetzgebung, DVBl. 1963, 341; Bochalli — 3. Aufl. —, S. 29; VG Köln, Urteil v. 1. 7. 1966 — 4 K 796/65 —). Die Festsetzung der Hebeliste aufgrund des Beitragsbuches (§ 89 Abs. 1) setzt also voraus, daß das Beitragsbuch unanfechtbar geworden ist. Will der Verband nicht abwarten, bis das Beitragsbuch unanfechtbar ist, kann er nach § 80 Abs. 2 Nr. 4 VwGO die sofortige Vollziehung besonders anordnen und danach die Hebeliste aufgrund des Beitragsbuches auch dann festsetzen, wenn es wegen anhängiger Rechtsbehelfsverfahren noch nicht unanfechtbar geworden sein sollte.

4. Bestreiten der Mitgliedschaft

Macht ein Mitglied in einem Beitragsstreit geltend, es sei überhaupt nicht Mitglied geworden oder zu Unrecht herangezogen: Siehe Anmerkungen 1 und 2 zu § 12.

§ 88

Änderung des Beitragbuches

(1) Wenn sich die dem Beitragbuche zugrunde liegenden tatsächlichen oder rechtlichen Umstände erheblich ändern[1], oder wenn das Mitglied zwei Jahre lang gemäß einem Beitragbuche zu Beiträgen verpflichtet gewesen ist, das sich als unrichtig erweist, kann das Mitglied die Änderung des Beitragbuches verlangen[2]. Im übrigen wird das Beitragbuch nach Bedarf geändert[3].

(2) Der Vorsteher kann die Änderung des Beitragbuches ablehnen, wenn er dem Mitgliede für eine oder mehrere nächste Beitraghebungen eine entsprechende Ermäßigung des Beitrages bewilligt. Er teilt die Bewilligung dem Verbandausschusse mit[4].

(3) Die Regeln des § 87 gelten entsprechend für die Änderung und ihre Ablehnung.

1. Erhebliche Änderung der tatsächlichen und rechtlichen Verhältnisse

Durch eintretende Änderungen der tatsächlichen oder rechtlichen Verhältnisse (z. B. Änderung des Verbandsunternehmens) kann der vorher einem Mitglied zugekommene Vorteil ganz oder teilweise wegfallen. Änderungen, die das Mitglied willkürlich herbeigeführt hat, ohne dazu gezwungen zu sein, sind (so auch Tönnesmann, Anm. 1 zu § 88; Hintze, ZAgr. 26, 193) grundsätzlich nicht zu berücksichtigen. Nach Tönnesmann soll z. B. die zur Ausbeutung wertvoller Bodenbestandteile bewirkte Vertiefung eines Grundstückes bis zum Grundwasserspiegel oder darunter keinen Anspruch auf Befreiung von Entwässerungsbeiträgen wegen Wegfalles des Vorteiles der Entwässerung jedenfalls dann nicht begründen, wenn die anderen Mitglieder dadurch mehr belastet werden. Aus der heute gebotenen strengeren Beurteilung des Vorteils (vgl. Anm. 2 zu den §§ 81, 82) wird jedoch zu folgern sein, daß in derartigen Fällen abzuwägen ist zwischen dem Nachteil, den der Einzelne, der die Nutzung seines Grundstückes aus freien Stücken geändert hat, durch Fortbestand seiner Beitragspflicht erleidet, und den die übrigen Mitglieder (möglicherweise auch die Gläubiger) treffenden Nachteilen. Bei einem großen Verband mit zahlreichen Mitgliedern würde eine Erleichterung des betreffenden Mitgliedes nicht ins Gewicht fallen, so daß sie ohne Schaden gewährt werden kann (kommt eine Entlassung des Mitgliedes in Frage, ist nach § 14 vorzugehen). Bei einem kleineren Verband ist dagegen möglicherweise eine andere Beurteilung am Platze (vgl. Anm. 1 zu § 14). Kann das Mitglied eines Wasser- und Bodenverbandes nur deshalb nicht nachweisen, daß sich die dem Beitragsbuch zugrunde liegenden tatsächlichen Umstände erheblich geändert haben, weil der Verband es satzungswidrig versäumt hat, in das Beitragsbuch auch eine Beschreibung der Vorteilsklassen einzutragen, so hat das Mitglied gleichwohl Anspruch auf Änderung des Beitragsbuches nach § 88 Abs. 1 Satz 1. Durch das Fehlen einer Beschreibung der Vorteilsklassen sind aber das Beitragsbuch und eine darauf beruhende Veranlagung zu Beiträgen (§ 89 Abs. 1) nicht ungültig geworden (OVG Münster, Urteil vom 27. 6. 1962, III A 1032/55, rechtskräftig, unveröffentlicht — Schriftt. u. Rspr. 1962, 64 Nr. 59).

2. Erwiesene Unrichtigkeit des Beitragsbuches während zweier Jahre

Es genügt nicht schon die Behauptung der Unrichtigkeit, sondern sie muß erwiesen sein (Tönnesmann, Anm. 2 zu § 88). Ist z. B. der dem Beitragsbuch zugrunde gelegte Vorteil von vornherein zu Unrecht angenommen oder zu hoch angesetzt worden, so ist der Anspruch auf Änderung des unanfechtbar gewordenen Beitragsbuches (s. Anm. 3 zu § 87) erst nach zwei Jahren, in denen das Mitglied zu Beiträgen verpflichtet gewesen ist, begründet (anders im Fall der Anm. 1).

Bei der dinglichen Mitgliedschaft kann das Mitglied Änderung des Beitragsverhältnisses auch dann verlangen, wenn nicht das Mitglied selbst, sondern ein Rechtsvorgänger im Eigentum beitragspflichtig gewesen ist. Für die Berechnung der zweijährigen Frist ist die Mitgliedzeit des Rechtsvorgängers entsprechend anzurechnen (ZAgr. 26, 178).

Der Vorstand kann aus Anlaß eines Änderungsantrages auch eine Gesamtänderung des Beitragsbuches durch Neuermittlung seitens Sachverständiger veranlassen (vgl. Anm. 3). Das Verwaltungsgericht kann dagegen nur über die ihm vorgelegten streitigen Fälle entscheiden, z. B. die betreffenden Mitglieder in eine andere Vorteilsklasse versetzen. Tritt dadurch eine Beschwer anderer Mitglieder ein (vgl. Anm. 3 zu § 87), müßten diese Mitglieder vor der Entscheidung beigeladen werden. Hält das Verwaltungsgericht eine Gesamtänderung, z. B. eine andere Klasseneinteilung, für angezeigt, so kann es nur dem Vorstand anheimgeben, eine solche Neueinschätzung zu veranlassen und abzuwarten, ob dadurch die erhobenen Klagen gegenstandslos werden.

3. Änderung nach Bedarf

Es kommen sowohl Einzeländerungen wie Gesamtänderungen, letztere wohl nur aufgrund einer Neuermittlung des Beitragsverhältnisses durch Sachverständige, in Frage. Bei einer Gesamtänderung muß stets eine Neuauslegung des gesamten Beitragsbuches gemäß § 87 Abs. 1 erfolgen. Bei einer oder mehreren Einzeländerungen gilt das gleiche in allen Fällen, in denen die übrigen bisher nicht an der Änderung teilnehmenden Mitglieder materiell beschwert werden (vgl. Anm. 3 zu § 87).

Wird ein Mitglied höher als bisher belastet, z. B. in eine höher belastete Klasse versetzt, erübrigt sich die Neuauslegung. Bei der Beschlußfassung über jede Änderung des Beitragsverhältnisses ist die Mitwirkung des Vorstandes zu empfehlen, bei einer Gesamtänderung die Mitwirkung des beschließenden Organes des Verbandes auch dann, wenn sie nicht durch die Satzung ausdrücklich vorgeschrieben ist.

Lehnt der Vorsteher einen Antrag auf Änderung des Beitragsbuches ab, so genügt der Bescheid an den Antragsteller; er hat gegen den Bescheid die Rechtsbehelfe nach der VwGO (vgl. Anm. 3 zu § 87).

4. Beitragsermäßigung

Durch die in Abs. 2 zugelassene Möglichkeit der Beitragsermäßigung, die der Vorsteher nach pflichtmäßiger Schätzung bewilligen kann, sollen eine allzu häufige Änderung des Beitragsbuches und die dadurch bedingte Aufwendung von Arbeit und Kosten verhindert werden. Der Vorsteher wird auch an dieser Entscheidung zweckmäßigerweise den Vorstand beteiligen. Wenn der Ausschuß die ihm vom Vorsteher mitgeteilte Entscheidung nicht billigt, wird die Entscheidung des Vorstehers dadurch zwar nicht berührt, er wird aber von einer weiteren Ermäßigung absehen und baldigst die Änderung des Beitragsbuches veranlassen.

§ 89

Festsetzung, Hebung der Geldbeiträge

(1) Der Vorsteher setzt die Geldbeiträge der Mitglieder gemäß den Verpflichtungen des Wasser- und Bodenverbandes auf Grund des Beitragbuches fest (Hebeliste) und zieht sie ein (Hebung)[1].

(2) Für die Festsetzung gelten die Regeln des § 87 entsprechend. *Rechtsmittel halten die Hebung nicht auf*[2], [3].

(3) Soweit es für die Verwaltung des Verbandes erforderlich ist, kann der Vorstand Geldbeiträge vor der Ermittlung des Beitragverhältnisses (§§ 86, 87) festsetzen und einziehen. Diese Beiträge sind soweit wie möglich dem Beitragverhältnisse, im übrigen der Billigkeit entsprechend zu bemessen[4].

(4) Die Aufsichtsbehörde der Gemeinden und Gemeindeverbände kann anordnen, daß diese dem Verbande ihre Einrichtungen für das Einziehen überlassen. Sie können den Ersatz ihrer Kosten fordern.

(5) Die *nicht endgültigen (Abs. 2 Satz 2) und die* **vorläufigen (Abs. 3) Beiträge sind so bald wie möglich auszugleichen**[5]**.**

1. Hebeliste, Hebung

Nach dem im Beitragsbuch angegebenen Beitragsverhältnis wird die vom Verband aufzubringende Geldsumme auf die einzelnen Verbandsmitglieder verteilt. Die hiernach auf jedes einzelne Mitglied entfallenden Beiträge werden unter Angabe der Zahlstelle und der Zahlfrist in der Hebeliste festgesetzt. Das Beitragsbuch enthält also nur Verhältniswerte, während die Hebeliste den von jedem Verbandsmitglied zu leistenden Beitrag angibt. Das Beitragsbuch bildet die dauernde Grundlage für alle späteren Hebungen (1. AV Nr. 65).

Die Hebung erfolgt grundsätzlich aufgrund des Haushaltsplanes, der gemäß § 73 Abs. 1 Satz 2 die Grundlage für die Verwaltung aller Einnahmen und Ausgaben ist. Ist jedoch der Verband zu Ausgaben rechtlich verpflichtet, die noch nicht im Haushaltsplan festgesetzt sind, so kann, wenn ein Aufschub erheblichen Nachteil bringen würde, der Vorsteher auch schon vor Festsetzung des Haushaltsplanes die erforderlichen Beiträge einziehen. Er muß jedoch unverzüglich die nachträgliche Festsetzung durch das zuständige Organ des Verbandes veranlassen (§ 74).

2. Festsetzung der Hebeliste, Hebung und Widerspruch

Die Hebeliste wird in der Regel erst festgesetzt (Ausnahmen: vorläufige Beiträge nach Abs. 3, s. Anm. 4), nachdem das Verfahren nach § 87 durchgeführt worden und das Beitragsbuch unanfechtbar geworden ist (s. Anm. 3d zu § 87). Sodann versieht der Vorsteher die Hebeliste mit seinem Festsetzungsvermerk (einschl. Datum) und gibt sie gemäß den Regeln des § 87 Abs. 1 den beitragspflichtigen Mitgliedern bekannt (§ 89 Abs. 2; vgl. Anm. 2 zu § 87). Die Festsetzung der Hebeliste ist ebenso wie die voraufgehende Aufstellung des Beitragsbuches und die nachfolgende Hebung des Beitrags durch Heranziehungsbescheid (BVerwGE 10, 242) ein selbständiger anfechtbarer Verwaltungsakt. Die Hebeliste enthält die Beiträge aller Mitglieder sowie die Positionen, aus denen sich der jeweilige Gesamtbeitrag zusammensetzt. Dieses Zahlenwerk gibt jedem einzelnen Mitglied Aufschluß darüber, ob es im Verhältnis zu den anderen Mitgliedern gerecht und rechnerisch richtig veranlagt wird. Die Hebung der Beiträge (Erlaß der Heranziehungsbescheide) setzt also voraus, daß die Hebeliste unanfechtbar geworden ist (Bochalli, Die Wasserverbandverordnung nach der neueren Rechtsprechung und Gesetzgebung, DVBl. 1963, 341; Bochalli — 3. Aufl. —, S. 29; VG Köln, Urteil v. 1. 7. 1966 — 4 K 796/65 —). Für die aufschiebende Wirkung von Rechtsbehelfen gegen die Hebeliste sowie die Möglichkeit, ihre sofortige Vollziehung anzuordnen, gilt das zum Beitragsbuch Gesagte entsprechend (s. Anm. 3d zu § 87).

Die Hebung der Beiträge geschieht sodann durch den Erlaß eines entsprechenden Heranziehungsbescheides — möglicherweise unter Verwendung des das Mitglied betreffenden Hebelistenauszugs — an jedes einzelne Mitglied. Dieser Bescheid erfüllt die Voraussetzungen des § 80 Abs. 2 Nr. 1 VwGO, so daß Rechtsbehelfe keine aufschiebende Wirkung haben. Das Mitglied muß also den angeforderten Beitrag zahlen, selbst wenn es Rechtsbehelfe eingelegt hat und eine Entscheidung noch aussteht; zahlt es nicht, kann die Geldforderung des Verbandes nach § 93 im Verwaltungsvollstreckungsverfahren zwangsweise beigetrieben werden (wegen etwaiger Säumniszuschläge s. § 92). Der Verband kann aber nach § 80 Abs. 4 VwGO die Vollziehung, notfalls gegen Sicherheitsleistung, aussetzen (vgl. zur Aussetzung der Vollziehung Eyermann-Fröhler, Anm. III zu § 80).

Wegen der Durchführung der Hebung (Einziehungsverfahren) können die Verbände Vereinbarungen mit den Gemeinden und Gemeindeverbänden treffen; nach Abs. 4 kann auf Antrag des Verbandes die Aufsichtsbehörde der Gemeinden (Gemeindeverbände) diese Hilfeleistung anordnen (vgl. dazu auch § 57).

Widersprüche, die sich gegen das dauernde Beitragsverhältnis richten und daher in dem Verfahren nach § 87 geltend zu machen waren (vgl. ZAgr. 27, 14), können in den Verfahren nach § 89 nicht berücksichtigt werden. Dies gilt z. B. von der Beanstandung der Einschätzung in eine bestimmte Vorteilsklasse. In den Verfahren nach § 89 kann auch nicht der Einwand erhoben werden, daß die Ansätze des Haushaltsplanes tatsächlich unrichtig oder zu hoch seien. Widersprüche gegen die Hebeliste wie auch gegen den Heranziehungsbescheid können auch nicht damit begründet werden, daß die von den Mitgliedern geforderten Beiträge in ihrer Gesamtheit zur Erfüllung der Verbindlichkeiten des Verbandes nicht erforderlich seien. Das einzelne Mitglied kann nur die Aufsichtsbehörde anrufen, wenn es der Ansicht ist, daß eine von den zuständigen Organen beschlossene Umlage etwa nicht erforderlich sei (PrOVG 83, 327; RVG 2, 276; ZAgr. 28, 25). Gründe für Widersprüche gegen die Hebeliste sind u. a. falsche Berechnung und sonstige Irrtümer.

3. Verfahren bei Widerspruch und Klage

Es sind im allgemeinen die gleichen Vorschriften maßgebend, wie sie in Anm. 3 zu § 87 dargestellt sind. Über den Widerspruch entscheidet der

Verband. Der Widerspruch hat bei Beitragsbuch und Hebeliste grundsätzlich aufschiebende Wirkung, beim Heranziehungsbescheid (Hebung) nicht (Näheres Anm. 2 oben u. Anm. 3d zu § 87).

Da auch durch eine niedrigere Festsetzung des Hebesatzes aufgrund eines Widerspruches die für die anderen Mitglieder festgesetzten Hebesätze nicht betroffen werden (vgl. 1. AV Nr. 70), so erübrigt sich abweichend von der Regelung beim Beitragsbuch die Anhörung der anderen Mitglieder und im verwaltungsgerichtlichen Verfahren auch ihre Beiladung. Auch braucht der Widerspruchsbescheid des Vorstandes nicht öffentlich bekanntgemacht zu werden.

4. Vorläufige Beiträge

Von der ihm nach Abs. 3 zustehenden Befugnis zur vorläufigen Festsetzung und Einziehung von Geldbeiträgen wird der Vorstand häufig Gebrauch machen müssen, um schon vor der Aufstellung des Beitragsbuches oder vor seiner Unanfechtbarkeit mit der Ausführung des Unternehmens beginnen zu können (vgl. §§ 69, 170). Nach SaMu. A § 31 Abs. 2 wird bei den landwirtschaftlichen Verbänden empfohlen, die vorläufigen Beiträge auf die dinglichen Mitglieder im Verhältnis der Flächeninhalte der zum Verband gehörenden Grundstücke zu verteilen. Es wäre aber auch eine andere, freiere satzungsmäßige Festlegung denkbar, z. B. Verteilung der vorläufigen Beiträge möglichst nach dem Beitragsverhältnis, im übrigen nach Billigkeit.

Das BVerwG (Urteil vom 9. 5. 1958, BVerwGE 7, 39) hat die Fortgeltung dieser Befugnis des Vorstehers anerkannt, hat jedoch auch gegen die Hebung vorläufiger Beiträge Widerspruch und Klage für gegeben erklärt (die WVVO hatte ein Rechtsmittel nicht vorgesehen). Dies hat zur Folge, daß sowohl die Hebung der vorläufigen Beiträge wie die der endgültigen Beiträge bzw. Ausgleichsbeträge (vgl. Anm. 5) als auch das ihnen zugrunde liegende Beitragsbuch und die Hebeliste angefochten werden können. Manches Mitglied, das gegen die Hebung der vorläufigen Beiträge angehen will, wird, wenn es auf diese dreifache Anfechtungsmöglichkeit hingewiesen wird, einen Widerspruch gegen die Hebung der vorläufigen Beiträge vielleicht unterlassen.

Vorläufige Beiträge sind solche Beiträge, die vor Aufstellung des Beitragsbuches gehoben werden. Wenn § 89 Abs. 3 von „Ermittlung“ des Beitragsverhältnisses spricht, so ist dies mißverständlich; daraus, daß dabei nicht nur § 86 sondern auch § 87 herangezogen wird, ist ersichtlich, daß hier die Aufstellung des Beitragsbuches gemeint ist.

Die nach Eintritt der Unanfechtbarkeit des Beitragsbuches gehobenen Beiträge sind dagegen stets endgültige Beiträge. Daß größere, vielleicht über Jahre sich hinziehende Baumaßnahmen noch nicht endgültig abgerechnet werden können, ändert nichts daran, daß die aufgrund des unanfechtbar gewordenen Beitragsverhältnisses gehobenen Beiträge — auch bei unrichtiger Bezeichnung — endgültige Beiträge darstellen (vgl. die oben erwähnte Entscheidung des BVerwG).

5. Ausgleich vorläufiger und nicht endgültiger Beiträge

Die vorläufigen und nicht endgültigen, d. h. die vor Unanfechtbarkeit der Hebung eingezogenen Beiträge sind baldmöglichst auszugleichen. Der Ausgleich besteht in einer Gegenüberstellung der vorläufigen und der endgültigen Beiträge einerseits, und zwar sowohl insgesamt, wie für jedes in Frage kommende Mitglied, am besten nach Jahren getrennt, und in einer entsprechenden Nachzahlung der Mitglieder, die zu wenig, und Rückzahlung (bzw. Verrechnung) an die, die zu viel gezahlt haben.

Die Ausgleichsbeträge (einschließlich der gegebenenfalls zurückzuzahlenden Beträge) müssen getrennt von der Hebung der laufenden Beiträge (wenn auch gegebenenfalls im gleichen Schreiben) den Mitgliedern mitgeteilt werden, um diesen einen besonderen Widerspruch zu ermöglichen.

Der Ausgleich wird mit den derzeitigen Mitgliedern durchgeführt, also auch dann, wenn während des Zeitraumes der vorläufigen Beitragshebung ein Eigentumswechsel stattgefunden hat; eventuell notwendige Erstattungen müssen zwischen dem derzeitigen Mitglied und dem früheren Eigentümer vorgenommen werden.

Die Verfügung des Vorstehers über den Ausgleich ist wie jeder andere Verwaltungsakt mit Widerspruch und eventueller Klage anfechtbar (Anm. 3 zu § 87 gilt auch hier; vgl. auch Anm. 3 oben). Dabei kann das Verwaltungsgericht dem Vorstand nicht die Festsetzung des Ausgleichsbetrages überlassen, sondern muß selbst im Tenor des Urteils evtl. den Leistungsbefehl wegen des mehr zu zahlenden bzw. zurückzuerstattenden Betrages erteilen (so mit Recht die noch für das Spruchstellenverfahren gemachten, aber auch für das heutige verwaltungsgerichtliche Verfahren zutreffenden Ausführungen von Schwede, ZAgr. 28, 145).

§ 90

Hebung ohne Beitragbuch

Wenn die Festsetzung eines dauernden Beitragverhältnisses nicht zweckmäßig ist, kann in der Satzung die Hebung der Beiträge ohne Beitragbuch vorgeschrieben werden[1]. Für die Festsetzung und die Änderung der Hebeliste und für die Hebung gelten die Vorschriften des § 89 Abs. 1 und der §§ 87 und 88 entsprechend; Abs. 2 des § 89 gilt nicht.

1. Beitragshebung ohne Beitragsbuch

Unter § 90 fallen besonders Wasserbeschaffungsverbände und Abwasserreinigungsverbände; bei ihnen ist wegen der dauernden Veränderung der Wassermengen bzw. Abwassermengen, die naturgemäß von entscheidender Bedeutung für die Höhe der Beiträge sind, die Festsetzung eines dauernden Beitragsverhältnisses ausgeschlossen. Hier kann daher ein Beitragsbuch nicht aufgestellt werden, sondern die Hebung muß ohne ein solches erfolgen. Die Hebeliste kann infolgedessen hier nicht nur wegen falscher Berechnung oder sonstiger Irrtümer (vgl. Anm. 2 zu § 89), sondern auch aus anderen Gründen angefochten werden, z. B., weil die von dem zuständigen Organ des Verbandes beschlossenen, der Hebung zugrunde liegenden Veranlagungsrichtlinien nicht dem in der Satzung vorgesehenen Beitragsmaßstab entsprechen (vgl. zu Veranlagungsrichtlinien Anm. 4 zu den §§ 81, 82).

Die Bestimmung des Schlußhalbsatzes des § 90 „Abs. 2 des § 89 gilt nicht" ist nicht verständlich. Würde auch der erste Satz des Absatzes 2 nicht gelten, so würde es an einer Bestimmung über die Festsetzung der Hebeliste und über ihre Bekanntgabe fehlen. Gemeint ist offenbar nur der Satz 2 des Absatzes 2: „Rechtsmittel halten die Hebung nicht auf" (so auch Tönnesmann, Anm. zu § 90). Offenbar sollten die Rechtsbehelfe hier aufschiebende Wirkung haben, weil die Hebung ohne Festsetzung eines dauernden Beitragsverhältnisses vorgenommen wird. Da jetzt für die Frage der aufschiebenden Wirkung ausschließlich § 80 VwGO maßgebend ist, folgt, daß auch für die Hebung von Beiträgen ohne Beitragsbuch der allgemeine Grundsatz für öffentliche Abgaben gilt (§ 80 Abs. 2 Nr. 1 VwGO), so daß Widerspruch und Klage bei Festsetzung und Änderung der Hebeliste grundsätzlich aufschiebende Wirkung haben, bei der Hebung (Erlaß der Heranziehungsbescheide) dagegen nicht; vgl. im übrigen Anm. 2 zu § 89 und Anm. 3 d zu § 87.

§ 91

Streit um Sachbeiträge

Wenn über den Inhalt der Sachbeitraglast Streit entsteht, setzt der Vorsteher den Inhalt fest[1]. Im übrigen gelten die Vorschriften des § 87 entsprechend[2].

1. Aufforderung zur Leistung von Sachbeiträgen

Der Vorsteher kann dem in Frage kommenden Mitglied vor der eigentlichen Hebung (Aufforderung) mitteilen, er beabsichtige eine bestimmte Sachleistung zu fordern, und kann dann, wenn das Mitglied sich dagegen wehrt, erst die eigentliche Aufforderung zu der Sachleistung ergehen lassen. Die WVVO meint aber offenbar ein solches Verfahren nicht, sondern hat bereits die eigentliche Aufforderung zur Sachleistung im Auge, ausgehend von dem damaligen Rechtszustand, daß Rechtsbehelfe gegen Verwaltungsakte nur dann gegeben waren, wenn sie vorgesehen waren. Bei einer solchen Aufforderung muß er nach den heutigen Grundsätzen sogleich klar zum Ausdruck bringen, welche Sachleistung er fordert, muß also den Inhalt der Sachbeitragslast festsetzen. Natürlich bleibt es ihm unbenommen, vorher dem Mitglied die beabsichtigte Aufforderung mitzuteilen; eine verbandsrechtliche Bedeutung hat dies aber nicht.

Gegen die (eigentliche) Aufforderung zur Sachleistung sind Widerspruch und Klage gegeben (vgl. § 87). Die Fortgeltung der Vorschrift ist vom OVG Lüneburg in seinem Urteil vom 29. 1. 1959 (OVGE 14, 415) bejaht worden.

Da auch Sachbeiträge ebenso wie Geldbeiträge zu den öffentlichen Abgaben gehören, haben auch bei Sachleistungen Widerspruch und Klage nach § 80 Abs. 2 Nr. 1 VwGO grundsätzlich keine aufschiebende Wirkung. Der Vorsteher kann sie jedoch anordnen (vgl. Anm. 2 zu § 89).

2. Zwang

Der Vorsteher kann, nachdem er festgestellt hat, daß das Mitglied die ihm obliegende Sachleistung nicht erfüllt hat, Ordnungsstrafe und Zwangsmittel, insbesondere auch die Durchführung auf seine Kosten androhen (§§ 96, 97). Er kann aber auch diese Androhung mit der Aufforderung zu der Sachleistung verbinden (OVGE 14, 415). In dem Widerspruchs- und Klageverfahren wird dann gleichzeitig über die Berechtigung der Aufforderung und der Androhung entschieden.

§ 92

Zuschläge bei Rückstand

Durch die Satzung können Zuschläge zu rückständigen Beiträgen vorgeschrieben werden[1, 2].

1. Säumniszuschlag

Rückständige Beiträge sind Beiträge, die bei Fälligkeit noch nicht gezahlt sind. Eine Beitragsforderung ist erst fällig, nachdem der festgesetzte Zahlungstermin dem Verbandsmitglied bekanntgegeben und eingetreten ist (PrOVG 19, 300 und 83, 315).

Es empfiehlt sich, die Satzungen der bestehenden Verbände dahin zu ergänzen, daß durch den Vorstand angemessene Zuschläge zu rückständigen Beiträgen festgesetzt werden können (vgl. SaMu. A § 37). Festgesetzt werden können entweder Hundertsätze der rückständigen Beiträge, für das Jahr gerechnet, unter Berücksichtigung der Anzahl der rückständigen Tage, oder auch, wenn man diese Anrechnung vermeiden will, ohne Rücksicht auf die Zeitdauer festgesetzte Pauschalzuschläge. Auch für rückständige Beiträge besteht die dingliche Haftung nach § 80 Abs. 2.

2. Verjährung

Wegen der Verjährung rückständiger Beiträge s. Anm. 3 zu § 80.

§ 93

Zwangsvollstreckung

(1) Die auf Gesetz oder Satzung beruhenden Forderungen des Wasser- und Bodenverbandes können im Verwaltungswege vollstreckt werden[1, 2].

(2) Der Vorsteher des Wasser- und Bodenverbandes ist die Vollstreckungsbehörde. Die Aufsichtsbehörde kann eine andere Vollstreckungsbehörde bestimmen; sie kann selbst als solche eintreten[3].

(3) Die Vollstreckungsbehörde kann sich der Mitwirkung eines Gerichtsvollziehers oder anderen Vollstreckungsbeamten nach Zustimmung des *Reichsministers der Justiz* bedienen[4].

(4) Die Aufsichtsbehörde der Gemeinden und Gemeindeverbände kann anordnen, daß diese dem Wasser- und Bodenverbande ihre Einrichtungen für das Vollstrecken überlassen. Sie können den Ersatz ihrer Kosten fordern.

1. Gegenstand der Vollstreckung

§ 93 bezieht sich auf die Vollstreckung von Geldforderungen des Verbandes, nicht nur der Beitragsforderungen, soweit sie auf Gesetz, d. h. auf der WVVO, oder der Satzung beruhen, z. B. Säumniszuschläge, Ordnungsstrafen, Kosten der Ersatzvornahme. Sachbeiträge (§ 79) können vom Vorsteher gemäß §§ 96ff. erzwungen werden.

2. Verfahren

Die Vollstreckung im Verwaltungszwangsverfahren ist, soweit sie sich nicht aus dem fortgeltenden § 93 ergibt, näher durch Gesetze der Länder geregelt. So in NW: Verwaltungsvollstreckungsgesetz vom 23. Juli 1957 (GV. NW. S. 260); Hessen: Verwaltungsvollstreckungsgesetz vom 4. Juli 1966 (GVBl. I S. 151).

Soweit in den früher zu Preußen gehörenden Ländern noch kein Verwaltungsvollstreckungsgesetz erlassen ist, ist noch die Pr. Verordnung betr. das Verwaltungszwangsverfahren wegen Beitreibung von Geldbeträgen vom 15. November 1899 (GS. S. 545) maßgebend.

Die Regelungen der Landesgesetze stimmen weitgehend überein. Die Zwangsvollstreckung in das bewegliche Vermögen erfolgt durch Pfändung, in das unbewegliche durch Eintragung einer Sicherungshypothek oder durch Zwangsversteigerung oder Zwangsverwaltung. Als vollstreckbarer Titel genügt die vollstreckbare Hebeliste oder der Auszug aus ihr.

3. Vollstreckungsbehörde

Meist tritt nur bei Verbänden mit hauptamtlichen Dienstkräften der Vorsteher als Vollstreckungsbehörde auf. Bei den übrigen Verbänden empfiehlt sich das Eintreten der Aufsichtsbehörde. Der Vorsteher hat dann bei ihr die Vollstreckung zu beantragen (letzter Satz von SaMu. A § 38). Aufgrund der Vereinbarung mit der Gemeinde oder einer Anordnung der kommunalen Aufsichtsbehörde wäre auch die Einfügung in der Satzung zulässig: „Vollstreckungsbehörde ist der Bürgermeister (Gemeindedirektor) von X-dorf (Sitz des Verbandes) oder der Landrat (Oberkreisdirektor)".

Der Vorsteher ist auch zur Stellung des Antrages auf Eintragung rückständiger Beiträge und auf Eintragung einer Sicherungshypothek in das Grundbuch sowie auf Einleitung der Zwangsvollstreckung in das unbewegliche Vermögen legitimiert (KG bei Johow 15, 30; v. Kamptz-Delius 2, 867; PrVBl. 17, 394).

4. Amtshilfe

An die Stelle des Reichsministers der Justiz sind die Justizminister der Länder getreten. Von der Mitwirkung eines Gerichtsvollziehers wird in der Praxis sehr selten Gebrauch gemacht.

§ 94

Zwangsvollstreckung gegen Nutzberechtigte

(1) Die Beitreibung kann auch gegen den Pächter und denjenigen anderen Nutzberechtigten der zum Verbande gehörenden Grundstücke, Bergwerke und Anlagen (§ 3 Nr. 1) gerichtet werden, der sein Recht vom Eigentümer herleitet, bei Nutzung eines Teiles nur wegen des hierauf entfallenden Beitragteiles[1]. Zu den Nutzberechtigten gehört auch der Mieter einer Anlage oder einer gesonderten Arbeitstelle in einer Anlage.

(2) *Der Nutzberechtigte kann gegen das Beitragbuch und die Hebeliste die Rechtsmittel der §§ 87 und 89 noch anwenden. Die Rechtsmittelfrist beginnt mit der Aufforderung, den Beitrag zu leisten. Diese Rechtsmittel halten die Vollstreckung nicht auf*[2].

1. Inanspruchnahme des Nutzberechtigten

Die nach Abs. 1 zugelassene Inanspruchnahme des Nutzberechtigten entspricht der dinglichen Natur der Verbandslasten. Die Rechtslage des Verbandes soll durch Verpachtung eines Grundstücks usw. nicht verschlechtert werden. Ob der Nutzberechtigte einen Ersatzanspruch gegen den Eigentümer hat, richtet sich nach dem zwischen ihnen geschlossenen Vertrage (PrOVG in ZAgr. 12, 54, im RVBl. 51, 657). Grundsätzlich ist der Nutzberechtigte dem Eigentümer gegenüber verpflichtet, die Beiträge an den Verband zu leisten (§ 28 Abs. 1). Zu den Nutzberechtigten gehört auch der Nießbraucher der zum Verbandsgebiet gehörenden Grundstücke. Die Beitreibung kann daher auch gegen ihn gerichtet werden, und es muß ihm überlassen bleiben, gegen den Grundstückseigentümer auf Rückerstattung zu klagen (Bochalli — 3. Aufl. — S. 31; RGZ 2, 329; Gruchot 36, 1060).

Auch zur Leistung von Sachbeiträgen sind die Nutzberechtigten verpflichtet. Denn auch die Sachbeiträge gehören zu den Beiträgen des Verbandes (§ 79). Damit steht in Einklang, daß nach § 28 der Nutzberechtigte, der die sachlichen Nutzungen zieht, dem Eigentümer gegenüber auch zur Leistung der Beiträge verpflichtet ist. Die Durchsetzung der Sachbeiträge gegen die Nutzberechtigten ist ebenso wie die Durchsetzung gegen die Eigentümer in § 96 geregelt, wo unter den Verpflichteten nicht nur die Eigentümer, sondern auch die Besitzer der Grundstücke aufgeführt sind.

2. Nichtfortgelten der Vorschrift

Es gelten jetzt die Vorschriften der VwGO (vgl. Anm. 3 zu § 87 und Vorbemerkung c vor § 133).

§ 95

Beiträge der Nutznießer

(1) Wer als Eigentümer eines Grundstückes, eines Bergwerkes oder einer Anlage, die nicht zum Wasser- und Bodenverbande gehört (§ 3 Nr. 1), von dem Verbandunternehmen Vorteil hat, kann mit Zustimmung der oberen Aufsichtsbehörde, bei zweistufiger Aufsicht (§ 114) der Aufsichtsbehörde, wie ein Mitglied zu Geldbeiträgen herangezogen werden; er darf aber nicht über das Maß seines Vorteiles belastet werden[1].

(2) Entsprechendes gilt für die Unterhalter von Gewässern (§ 3 Nr. 2) und für Wasser- und Bodenverbände (§ 3 Nr. 3), die Vorteil haben. Das *Reich* kann aber als Unterhalter nur mit Zustimmung der für die Unterhaltung zuständigen Behörde herangezogen werden.

(3) Vorteil ist auch die Erleichterung einer Pflicht; im übrigen ist die Regel des § 81 Satz 2 nicht anzuwenden[2].

(4) Die Vorschriften über die rechtliche Eigenschaft der Beiträge, das Beitragverhältnis und seine Ermittlung, die Hebung und die Zwangsvollstreckung (§§ 80, 81, 82, 85, 86, 87, 88, § 89 Abs. 1, 2, 4 und 5, §§ 90, 92 und 93) gelten entsprechend[3, 4].

1. Nutznießer

§ 95 entspricht dem § 242 PrWG. Um die Verbandsgründung nicht unnötig zu erschweren, können solche Grundstücke usw., bei denen der Eintritt eines Vorteils zweifelhaft ist, weil die Wirkungen der Anlagen sich noch nicht übersehen lassen, zunächst aus dem Plan herausgelassen werden. Es kann späterer Prüfung vorbehalten werden, ob sich nach Ausführung des Unternehmens Vorteile herausstellen. Bis zur Höhe des Vorteils kann nach § 95 die Heranziehung zu Beiträgen erfolgen, damit eine ungerechtfertigte Bereicherung von nicht dem Verbande angehörenden Nutznießern der Verbandsanlagen verhindert wird. Damit erübrigt es sich auch, dem Verband ein Recht zur Untersagung der Mitbenutzung der Verbandsanlagen zu gewähren, wie es den Verbänden gegenüber Nutznießern ihrer Anlagen nach dem PrWG (§ 236) zustand.

Das in § 95 den Verbänden gegebene Recht zur Heranziehung von Nutznießern zu Beiträgen steht auch den vor dem Inkrafttreten der WVVO gebildeten Verbänden zu, da nach § 1 Abs. 1 Nr. 1 für diese alten Verbände dieselben Bestimmungen gelten wie für die nach dem Inkrafttreten der Verordnung gegründeten Verbände. Die Heranziehung zu Beiträgen nach § 95 kann aber erst erfolgen, wenn das Unternehmen ausgeführt ist und es sich herausgestellt hat, daß die heranzuziehenden Grundstücke usw. infolge des Unternehmens tatsächlich Vorteile haben.

Nichtmitglieder, die von dem Verbandsunternehmen Vorteil haben, sind demnach in der Regel Eigentümer von Grundstücken und Anlagen, die außerhalb der bisher zu dem Verband gehörenden Grundstücke (vgl. § 22) liegen, also außerhalb des Gebietes, das als Verbandsgebiet üblicherweise bezeichnet wird. Dieses Verbandsgebiet kann u. U. verändert werden, ohne daß deshalb die Aufgabe und die Satzung des Verbandes geändert werden müßten, z. B. durch Zuweisung neuer Mitglieder. In einem Sonderfall hat das OVG Münster in seinem Urteil vom 19. 6. 1962 (OVGE 17, 301) festgestellt: „Zu Nutznießerbeiträgen nach § 95 kann nur herangezogen werden, wer Vorteile von solchen Leistungen des Verbandes hat, die der Durchführung der satzungsmäßigen Aufgaben des Verbandes dienen, nicht aber von Maßnahmen, die der Verband außerhalb seines Gebietes durchführt.“ In diesem Fall war ein bestimmtes Niederschlagsgebiet ausdrücklich in der Satzung als Verbandsgebiet vorgesehen, und außerdem handelte es sich nur um eine „vorläufige“

Satzung, die aufgrund des § 144 (also nicht aufgrund der §§ 145, 146) erlassen war. Sie beruhte auf einem aufgehobenen, aber noch für die Auslegung der Satzung herangezogenen Sondergesetz. Dieses enthielt die Bestimmung, Aufgabe des Verbandes sei die Reinigung der im Niederschlagsgebiet (Verbandsgebiet) anfallenden Abwässer. Daß dieser Verband auch außerhalb des Verbandsgebietes anfallende Abwässer reinigte, hat das OVG als eine Überschreitung seiner satzungsmäßigen Befugnisse angesehen und zwar, obwohl der Verband die Reinigung als solche innerhalb des Verbandsgebietes ausführte und mit der Zuführung der Abwässer nichts zu tun hatte. Diesem Tatbestand dürfte die Formulierung des obigen Leitsatzes nicht voll entsprechen. Abgesehen davon dürfte mit dem Urteil in diesem Sonderfall die Frage, ob die Bestimmung des Verbandsgebietes nicht nur das Unternehmen und vielleicht § 36 betrifft, sondern auch die Aufgabe schlechthin (vgl. § 17), noch nicht als endgültig entschieden gelten. Auch das OVG selbst hat ausdrücklich die Geltung seiner Entscheidung auf diese „vorläufige" Satzung beschränkt. Immerhin ist besonders für Abwasserreinigungsverbände, bei denen die ausdrückliche Festlegung eines bestimmten Niederschlagsgebietes in der Satzung häufiger vorkommt, zu prüfen, ob sich diese satzungsmäßige Festlegung empfiehlt. Vgl. im übrigen Anm. 3 zu § 36.

Handelt es sich bei den Bevorteilten um solche Nichtmitglieder des Verbandes, die von den im Rahmen seiner Aufgaben durchgeführten Arbeiten des Verbandes nicht in ihrer Eigenschaft als Eigentümer von Grundstücken, Bergwerken oder Anlagen, sondern dadurch Vorteil hatten, daß ihnen der Verband mit seinen Arbeiten die Erfüllung einer ihnen obliegenden öffentlich-rechtlichen Verbindlichkeit abgenommen hat, so ist § 95 nicht anwendbar. In diesen Fällen kann der Verband aber den Anspruch auf Erstattung seiner Aufwendungen nach den Grundsätzen der öffentlich-rechtlichen Geschäftsführung ohne Auftrag vor den Verwaltungsgerichten geltend machen. Wichtigste Voraussetzung dafür ist, daß der fordernde Verband als Träger öffentlicher Gewalt tätig geworden ist. Das ist der Fall, wenn der Verband im Rahmen der ihm nach seiner Satzung gemäß § 2 WVVO obliegenden Aufgaben gehandelt hat (OVGE 18, 384).

2. Vorteil

Wegen des Begriffs des Vorteils s. Anm. 2 zu § 81. Vorteil im Sinne des § 95 ist aber nicht der Roh-, sondern der Reinvorteil (Anm. 3 zu § 153; a. M. Tönnesmann, Anm. 3 zu § 95). Es würde einen Verstoß gegen Art. 3 GG darstellen, gegenüber einem außenstehenden Nutzberechtigten, der Nichtmitglied ist, strengere Grundsätze anzuwenden als gegenüber einem Außenstehenden, der — nur bei Vorliegen des Reinvorteils — nach § 153 Abs. 1 Buchst. a als Mitglied zugewiesen werden soll. Da die Anwendbarkeit des § 81 Abs. 1 Satz 2 ausdrücklich ausgeschlossen ist, kann auch die Möglichkeit, die Maßnahmen des Verbandes auszunutzen, nicht als Vorteil gewertet werden. Doch ist bei Erleichterung einer Pflicht, z. B. zur Unterhaltung oder Reinhaltung eines Gewässers, die Heranziehung des Unterhalters durch den Verband nach § 95 am Platze, solange die gebotene Zuweisung noch aussteht. Liegt eine Verpflichtung einer Person zur Schadensbeseitigung nicht vor, so kann sie wegen schädigender Einwirkungen zu Beiträgen nicht herangezogen werden (abweichend von der Zuweisung als Mitglied nach § 153 Abs. 1 Buchst. b, vgl. Anm. 4 zu § 153).

3. Heranziehung

Die Heranziehung erfolgt nach dem in der Satzung für die Mitglieder vorgeschriebenen Maßstab des Beitragsverhältnisses (§§ 81, 82), jedoch dürfen die Herangezogenen nicht über das Maß ihres Vorteils, und zwar ihres Reinvorteils (Anm. 2), belastet werden. Der Verbandsvorsteher holt die Zustimmung der oberen Aufsichtsbehörde durch die Hand der Aufsichtsbehörde ein und gibt den Herangezogenen das ermittelte Beitragsverhältnis (Beitragsbuch) in der in der Satzung vorgeschriebenen Weise bekannt, zweckmäßig durch Vorlage eines Nachtrages zum Beitragsbuch. Dagegen können sie Widerspruch erheben. Für das weitere Verfahren gelten die Vorschriften der §§ 87 bis 89. Rückständige Beiträge — auch mit Zuschlägen (§ 92) — kann der Verbandsvorsteher als Vollstreckungsbehörde auch von den Herangezogenen im Verwaltungswege einziehen (§ 93), aber nicht vorläufige Beiträge. § 89 Abs. 3 ist nicht als anwendbar bezeichnet, ebenso nicht § 94, der sich nur auf die Nutzberechtigten der zu dem Verband gehörenden Grundstücke und Anlagen bezieht.

Der Herangezogene hat einen Rechtsanspruch auf Zuweisung zum Verband, wenn sein Beitrag die Höhe des satzungsmäßigen Mindestbeitrages erreicht, von der die Mitgliedschaft abhängt (s. Anm. 5 zu § 13).

4. Rechtsbehelfe

Es gelten jetzt die Vorschriften der VwGO (vgl. im übrigen Anm. 3 b zu § 87 und Vorbemerkung c vor § 133).

VIII. Abschnitt

Ordnungsgewalt. Polizei

Vorbemerkung

Im VIII. Abschnitt werden die Ordnungsbefugnisse der Verbände und ihre Zwangsmittelmöglichkeiten behandelt. Er behandelt auch die Sonderregelung bei der Deichpolizei und die Wasserwehr.

Die Vorschriften sind durch die neuere Gesetzgebung zum Teil überholt. So sind die Rechtsbehelfe allein der Verwaltungsgerichtsordnung zu entnehmen (§ 195 Abs. 2 VwGO). Die Anwendung der Zwangsmittel bestimmt sich nach den Verwaltungsvollstreckungsgesetzen der Länder. Das folgt daraus, daß die Ausführung der WVVO durch die Länder nicht zur Bundesauftragsverwaltung nach Art. 85 GG, sondern zur landeseigenen Verwaltung nach Art. 83 GG gehört (Eyermann-Fröhler, Anm. 1 und 9 zu § 172; Haueisen, NJW 1956, 1459; vgl. auch Anm. 3 zu § 93). Das bedeutet, daß es eine weitere Beschwerde nicht mehr gibt und in jedem Fall gegen eine Anordnung der Rechtsweg zu den Verwaltungsgerichten eröffnet ist.

Grundsätzliche Bedenken gegen die Geltung der §§ 96ff. bestehen nicht. Der Wasser- und Bodenverband übt öffentliche Gewalt aus (BVerwGE 7, 23 und 10, 242). Zur Erfüllung der Verbandsaufgaben können Anordnungen erlassen werden, die sich auch gegen Nichtmitglieder richten können, wenn diese die Durchführung der Verbandsaufgabe zu vereiteln drohen (BVerwGE 7, 17).

§ 96

Ordnungsgewalt

(1) Die Mitglieder des Wasser- und Bodenverbandes, die Besitzer der zu ihm gehörenden Grundstücke, Bergwerke und Anlagen (§ 3 Nr. 1) und die Besitzer des Vorlandes der Deiche (§ 23) haben die auf Gesetz oder Satzung beruhenden Anordnungen[1] des Vorstehers[2], insbesondere die Anordnungen zum Schutze des Verbandunternehmens (§ 17), zu befolgen[3, 4]. Für die die Geldbeiträge betreffenden Anordnungen gelten die Vorschriften der §§ 78 bis 94.

(2) In der Satzung kann bestimmt werden, daß auch andere Mitglieder des Vorstandes, Vorstandmitglieder eines Unterverbandes (§ 113) und Dienstkräfte des Verbandes und eines Unterverbandes zu der Anordnung befugt sind.

1. Anordnungen

Es handelt sich um Einzelanordnungen im Sinne des § 58 Buchst. a PrPVG. Dem Verband wird aber auch die Möglichkeit zuzugestehen sein, Einzelanordnungen außer auf Gesetz — womit insbesondere die WVVO gemeint ist — oder Satzung auch auf die nach § 41 ergangenen allgemeinverbindlichen Anordnungen zu stützen. Mit der Beschränkung in § 96 Abs. 1 Satz 1 sollte lediglich gesagt sein, daß die Ordnungsgewalt durch die für den Verband maßgeblichen Rechtsnormen begrenzt ist.

Ob der Verband nach § 96 auch allgemeinverbindliche Anordnungen erlassen darf, erscheint zweifelhaft. Die Grundlage für derartige Anordnungen bietet § 41, der eine von § 96 abweichende Zuständigkeitsregelung enthält. Gegenüber § 41 soll § 96 die Ermächtigung zu Einzelmaßnahmen geben.

Inhalt solcher Anordnungen kann z. B. sein, einen defekten Weidezaun instand zu setzen, um dem Weidevieh den Zugang zu einer Verbandsanlage zu verwehren; Mieten, Erdaufschüttungen, Mülldeponieen, Ablagerungen von Abfall und sonstigem Gut sowie Lagerungen von Material verschiedener Art an bestimmten Stellen zu unterlassen, zu beseitigen oder um ein bestimmtes Maß zurückzuverlegen, um vom Verband betreute Gewässer oder sonstige Anlagen zu schützen; Verbot an den Pächter eines im Verbandsgebiet liegenden Grundstücks, einem vom Verband betreuten Wasserzug Abwasser zuzuführen (BVerwGE 7, 17).

Bei Einzelanordnungen nach § 96 bedarf es keiner Prüfung, ob im Einzelfall eine konkrete Gefahr für die öffentliche Sicherheit oder Ordnung besteht. Ebenso hat der Betroffene nicht das Recht des Mittelaustauschs (vgl. § 58 Buchst. a PrPVG).

2. Befugnis des Vorstehers

Nach dem Wortlaut der Vorschrift hat es den Anschein, als ob die Anordnungen allein Anordnungen des Vorstehers seien. In Wirklichkeit handelt es sich jedoch um Anordnungen des Verbandes, als dessen zuständiges Organ der Vorsteher handelt. Der Verband übt öffentliche Gewalt im Sinne des GG aus, indem er durch seine Organe handelt, deren Verfügungen Verwaltungsakte im Sinne der VwGO sind (BVerwGE 7, 17).

Die Anordnungen dürfen allein vom Vorsteher getroffen werden, es sei denn, die Satzung enthielte eine Sonderregelung gemäß § 96 Abs. 2, wonach außer dem Vorsteher auch eine oder mehrere der darin bezeichneten anderen Personen zu derartigen Anordnungen befugt sind. Eine solche Regelung muß den außer dem Vorsteher befugten Personenkreis genau umgrenzen. Die Anordnungsermächtigung in der Satzung braucht jedoch nicht namentlich erteilt zu werden (Tönnesmann, Anm. 4 zu § 96).

3. Gehorsamspflicht der Mitglieder

Die Gehorsamspflicht besteht gegenüber allen Anordnungen, soweit sie durch Gesetz, Satzung oder Polizeiverordnung gedeckt sind. Sie besteht auch für Nichtverbandsmitglieder, soweit die Vorschriften in Gesetz, Satzung oder Verordnung über den Kreis der Mitglieder hinausgreifen, um die Verbandsaufgaben auch gegenüber solchen Personen durchzusetzen, die durch ihr Verhalten die Erfüllung der Verbandsaufgaben beeinflussen und zugleich zum Verbandsgebiet in gewissen nahen Beziehungen stehen (BVerwGE 7, 17).

4. Rechtsbehelfsbelehrung bei Anordnungen

Alle Anordnungen sind mit einer Rechtsbehelfsbelehrung zu versehen. Unterbleibt sie, beginnt die Rechtsbehelfsfrist nicht zu laufen; die Anordnung kann dann noch innerhalb eines Jahres seit Bekanntgabe oder Zustellung angefochten werden. Das gleiche gilt, wenn die Rechtsbehelfsbelehrung unrichtig oder unvollständig erteilt war (s. im übrigen Vorbemerkung vor § 96, Anm. 1 und 2 zu § 98).

§ 97

Ordnungstrafen[1]

Der Vorsteher des Wasser- und Bodenverbandes, andere Mitglieder des Vorstandes, Vorstandmitglieder eines Unterverbandes (§ 113) und Dienstkräfte des Verbandes und eines Unterverbandes können durch die Satzung ermächtigt werden, gegen die Mitglieder des Verbandes und die Besitzer der zu ihm gehörenden Grundstücke, Bergwerke und Anlagen (§ 3 Nr. 1)[2] Ordnungstrafen bis zu dreihundert *Reichsmark*[3] zu verhängen für Verstöße gegen die auf Gesetz oder Satzung beruhenden Vorschriften[4] zum Schutze des Verbandunternehmens (§ 17) und gegen die Sachbeitragpflicht (§ 79).

1. Rechtsnatur der Ordnungsstrafe

Die Ordnungsstrafe ist weder eine Kriminalstrafe noch ist sie eine Geldbuße im Sinne des Gesetzes über Ordnungswidrigkeiten. Sie ist eine dem „Zwangsgeld" bei Polizeiverordnungen rechtsgleiche Einrichtung. Beim Zwangsgeld des § 33 Abs. 1 PrPVG ist anerkannt, daß es sich dort um eine Verwaltungsstrafe, eine Ordnungsstrafe, und nicht um eine Kriminalstrafe handelt (OVG Berlin in NJW 53, 198ff.; Drews-Wacke S. 400). Verfassungsrechtliche Bedenken gegen die Verhängung der Ordnungsstrafe durch die Verbandsorgane können daher nicht geltend gemacht werden. Die Festsetzung von Ordnungsstrafen ist nicht Ausübung der rechtsprechenden Gewalt, verstößt somit nicht gegen Art. 92 GG (OVG Lüneburg, Urteil v. 20. 1. 1960 — III A 71/58 —). Andererseits handelt es sich aber auch nicht um Bußgelder im Sinne des Gesetzes über Ordnungswidrigkeiten. Dazu müßten die Sanktionsmaßnahmen ausdrücklich als solche bezeichnet sein. Im Wege der Auslegung die Ordnungsstrafe zu einem Bußgeld werden zu lassen, ist unzulässig (vgl. auch § 76 OWiG).

Zur Frage der Abgrenzung zwischen polizeilichem Zwangsgeld, Zwangsstrafe und Bußgeld vgl. auch das Urteil des BVerwG vom 14. 1. 1965 (DVBl. 1965, 768). Dort ist auch im einzelnen die Entwicklung der Rechtsprechung zum polizeilichen Zwangsgeld aufgezeigt.

Da es sich um eine Verwaltungsmaßnahme handelt, sind dagegen auch die Rechtsbehelfe der Verwaltungsgerichtsordnung, also Widerspruch und Klage, gegeben.

2. Grenze der Ordnungsstrafgewalt

Vorlandbesitzer unterliegen nur der Ordnungsgewalt nach § 96, nicht dagegen der Ordnungsstrafgewalt, die sich auf die Mitglieder und die Besitzer der zum Verband gehörenden Grundstücke beschränkt.

3. Höhe der Ordnungsstrafe

Im Satzungsmuster ist eine Ordnungsstrafe von höchstens 10.— DM vorgesehen. Diese Grenze kann jedoch auch höher in der Satzung festgesetzt werden, je nach Größe und Bedeutung des Verbandes und der Finanzkraft seiner Mitglieder.

4. Vorschriften

Das kann die WVVO selbst sein, aber auch die Satzung, nicht dagegen eine Anordnung nach § 96, da unter „Vorschriften" nur Rechtsnormen zu verstehen sind. Die Polizeiverordnungen nach § 41 können allerdings auch nicht Vorschriften sein, die den Erlaß von Ordnungsstrafen stützen. Vielmehr ist die Ahndung für Verstöße gegen sie nur nach den allgemeinen Regeln des Polizeirechts möglich, also durch Bußgeld, wenn es ausdrücklich in der Verordnung für Verstöße angedroht ist, durch Zwangsgeld oder andere Beugemittel zur Erzielung eines künftigen Wohlverhaltens.

§ 98[1]

Rechtsmittel

(1) *In zwei Wochen* **nach der Mitteilung ist gegen die Anordnungen nach den §§ 96 und 97** *die Beschwerde* **an die Aufsichtsbehörde des Verbandes**[2] *und gegen deren Entscheidung die weitere Beschwerde an die obere Aufsichtsbehörde* **zulässig.**

(2) *Die Rechtsmittel haben aufschiebende Wirkung. Im Falle des § 96 kann aber die anordnende Stelle die sofortige Ausführung verlangen, wenn sie dies für das öffentliche Wohl oder die gemeinwirtschaftliche Ordnung für erforderlich hält.*

1. Nichtfortgelten der Vorschrift

Die Vorschrift ist durch die Rechtsbehelfsbestimmungen der Verwaltungsgerichtsordnung weitgehend außer Kraft gesetzt. Nach § 77 VwGO sind alle Vorschriften über das Einspruchs- oder Beschwerdeverfahren durch die Bestimmungen der Verwaltungsgerichtsordnung über das Widerspruchsverfahren (§§ 68ff. VwGO) ersetzt.

Mit dem Widerspruch kann die Recht- und Zweckmäßigkeit der angefochtenen Maßnahme gerügt werden.

a) Anfechtung der Widerspruchsentscheidung

Der Verband kann den Widerspruchsbescheid, mit dem seine Maßnahmen aufgehoben werden, selbst nicht anfechten. Die Kontrolle im Widerspruchsverfahren ist eine Selbstkontrolle der Verwaltung, die insoweit als eine Einheit anzusehen ist. Daher ist eine Anfechtung ausgeschlossen. Die entgegenstehende Auffassung der früheren Auflage wird aufgegeben.

b) Aufschiebende Wirkung

Der Widerspruch gegen die Maßnahmen nach §§ 96 und 97 hat in jedem Fall aufschiebende Wirkung (§ 80 Abs. 1 VwGO). Das gilt auch für § 97, der in § 98 Abs. 2 Satz 2 nicht bezogen ist. Die aufschiebende Wirkung des Widerspruchs gegen Ordnungsstrafen entfällt auch nicht etwa deshalb, weil man die Ordnungsstrafen zu den öffentlichen Abgaben und Kosten rechnen könnte (§ 80 Abs. 2 Nr. 1 VwGO). Diese zum Teil auch zum Zwangsgeld vertretene Auffassung ist unzutreffend. Zu den Abgaben im Sinne des § 80 Abs. 2 Nr. 1 VwGO zählen nur Steuern, Gebühren, Beiträge, Zölle und Monopole.

c) Ausschluß der aufschiebenden Wirkung

Die aufschiebende Wirkung kann unter den Voraussetzungen des § 80 Abs. 2 Nr. 4 VwGO durch Anordnung der sofortigen Vollziehung aufgehoben werden. Dazu ist erforderlich, daß dies im öffentlichen Interesse oder im überwiegenden Interesse eines Beteiligten liegt.

2. Zuständigkeit zur Entscheidung über Widersprüche

Nach § 98 entscheidet über Widersprüche gegen Maßnahmen nach §§ 96 und 97 die Aufsichtsbehörde des Verbandes. Sowohl im Fall des § 96 als auch im § 97 handelt es sich zwar um Selbstverwaltungsangelegenheiten des Verbandes, bei denen nach § 73 Abs. 1 Nr. 3—1. Halbsatz — VwGO die Selbstverwaltungsbehörde über einen gegen ihre Maßnahmen eingelegten Rechtsbehelf selbst entscheidet. Eine andere als die Selbstverwaltungsbehörde entscheidet über den Widerspruch jedoch dann, wenn das durch Gesetz bestimmt ist.

Streitig ist, ob § 98 WVVO eine solche abweichende Bestimmung im Sinne des § 73 Abs. 1 Nr. 3 — 2. Halbsatz — VwGO ist. Eine Auffassung geht dahin, daß eine abweichende Regelung auch durch Rechtsvorschriften vorgenommen sein kann, die z. Zt. des Inkrafttretens der Verwaltungsgerichtsordnung schon bestanden (Ule, Anm. II 3 zu § 68; Klinger, Anm. D zu § 68). Dagegen vertreten Eyermann-Fröhler (Anm. Ib, bb zu § 73) die Auffassung, daß es sich bei § 73 Abs. 1 Nr. 3 VwGO nur um neuere Gesetze handeln könne (vgl. auch Bochalli, Die Wasserverbandverordnung nach der neueren Rechtsprechung und Gesetzgebung, DVBl. 1963, 341).

Es besteht kein überzeugender Grund zu der Annahme, daß in § 73 Abs. 1 Nr. 3 VwGO nur abweichende Regelungen gemeint seien, die erst nach Inkrafttreten der VwGO ergangen sind. Die Formulierung „anderes bestimmt wird" kann nicht so verstanden werden, daß damit nur künftige Regelungen gemeint seien. „Bestimmt wird" ist schon grammatisch eine gegenwartsbezogene Regelung und keine bloß auf die Zukunft ausgerichtete (vgl. VG Arnsberg, Urteil v. 11. 6. 1964 — 1 K 121/64 —).

Daraus folgt, daß in jedem Fall die Aufsichtsbehörde des Verbandes Widerspruchsbehörde ist (vgl. RdErl. d. Innenministers NW v. 21. 12. 1960 — MBl. N. 1961 S. 71; RdErl. d. MfELuF NW v. 18. 1. 1962 — MBl. NW. S. 254).

§ 99

Zwang[1]

(1) **Der Vorsteher des Wasser- und Bodenverbandes kann die Anordnung nach dem § 96** *durch einen Dritten auf Kosten des Pflichtigen oder durch Verhängung von Zwangsgeld oder durch unmittelbaren Zwang durchsetzen. Er kann die Zwangsmittel bei Geboten wiederholen, bis dem Gebote entsprochen ist, bei Verboten für jeden Fall des Übertretens verhängen.*

(2) *Er droht das Zwangsmittel vorher schriftlich an, und zwar die Kosten in vorläufig geschätzter, das Zwangsgeld in bestimmter, höchstens dreihundert Reichsmark betragender Höhe, und setzt für die Befolgung der Anordnung eine angemessene Frist. Bei Gefahr im Verzuge sind die Schriftform und die Frist nicht nötig und kann auch eine andere nach § 96 Abs. 2 berufene Person Zwang anwenden.*

1. Nichtfortgelten der Vorschrift

Die Vorschrift ist durch die entsprechenden Vorschriften der Verwaltungsvollstreckungsgesetze der Länder weitgehend außer Kraft gesetzt (s. Vorbemerkung vor § 96). Der Einfachheit halber wird im folgenden auf die Bestimmungen des Verwaltungsvollstreckungsgesetzes des Bundes vom 27. 4. 1953 (BGBl. I S. 157) verwiesen. Diesen Bestimmungen entsprechen die Vorschriften der Verwaltungsvollstreckungsgesetze der Länder.

Die Tatsache, daß nunmehr die Landesverwaltungsvollstreckungsgesetze anzuwenden sind, läßt die grundsätzliche Befugnis des Vorstehers zur Anwendung der Zwangsmittel unberührt (BVerwGE 7, 17).

a) Die verschiedenen Zwangsmittel

Obschon in Abs. 1 nur zwei Zwangsmittel, nämlich Ersatzvornahme und unmittelbarer Zwang genannt sind, ist in Abs. 2 auch vom dritten Zwangsmittel, dem Zwangsgeld, die Rede. Man wird daher auch für das VwVG davon auszugehen haben, daß alle drei Zwangsmittel, nämlich
Ersatzvornahme,
Zwangsgeld,
unmittelbarer Zwang,
angewendet werden können.

b) Rechtsnatur der Zwangsmittel

Die Zwangsmittel sind Beugemittel, keine Strafen; auch nicht das Zwangsgeld (anders noch die vorige Auflage, Anm. 3). Sie haben ausschließlich den Zweck, ein künftiges Wohlverhalten des Pflichtigen herbeizuführen. Daher können sie auch mehrmals angewendet werden, wobei die Androhung „weiterer Zwangsgelder" bestimmt genug ist, wenn Androhung und Festsetzung eines Zwangsgeldes in einem fest angegebenen DM-Betrag vorangegangen waren (BVerwGE 7, 17). Doch empfiehlt es sich, auch bei weiteren Zwangsgeldern den DM-Betrag erneut anzugeben. Außerdem kann von einem Zwangsmittel zum anderen übergegangen werden (vgl. § 13 Abs. 6 VwVG).

Ein Zwangsmittel darf wegen seiner Eigenschaft als Beugemittel nicht mehr vollzogen werden, sobald sein Zweck, das Wohlverhalten des Pflichtigen, erreicht ist (§ 15 Abs. 3 VwVG). Das bedeutet, daß auch das Zwangsgeld nach seiner Festsetzung nicht mehr beigetrieben werden kann, wenn der Pflichtige der Anordnung gefolgt ist. Die entgegenstehende Meinung der Vorauflage wird insoweit aufgegeben.

c) Verfahren bei Anwendung der Zwangsmittel

Die Zwangsmittel müssen in drei Stufen angewendet werden:
Androhung,
Festsetzung,
Vollziehung.

Dabei kann die Androhung mit der Anordnung verbunden werden (§§ 13 Abs. 1, 14, 15 Abs. 1 VwVG). Von dieser Stufenfolge kann nur abgesehen werden, wenn der sofortige Vollzug zur Abwendung einer drohenden Gefahr oder zur Verhinderung strafbarer Handlungen notwendig war. In diesem Fall braucht nicht einmal eine schriftliche Anordnung dem Vollzug voranzugehen (§ 6 Abs. 2 VwVG).

§ 100

Rechtsmittel gegen Zwang[1]

(1) *Die mit der Anordnung (§ 96) verbundene Androhung des Zwangsmittels kann nur zusammen mit der Anordnung angefochten werden.*

(2) *Gegen die von der Anordnung getrennte Androhung des Zwangsmittels sind die gleichen Rechtsbehelfe zulässig wie gegen die Anordnung, wenn diese bei der Androhung noch anfechtbar war; die Anordnung kann zusammen mit der Androhung angefochten werden. Die Regeln des § 98 gelten entsprechend.*

(3) *Wenn bei der Androhung des Zwangsmittels die Anordnung nicht mehr anfechtbar war, ist gegen die Androhung nur die Beschwerde an die Aufsichtsbehörde in zwei Wochen nach der Mitteilung zulässig. Die Beschwerde hat keine aufschiebende Wirkung; Zwangsgeld darf aber erst beigetrieben werden, wenn die Androhung nicht mehr anfechtbar ist.*

1. Nichtfortgelten der Vorschrift

Wie die Zwangsmittel sich nunmehr ausschließlich nach den Verwaltungsvollstreckungsgesetzen der Länder bestimmen (vgl. Anm. 1 zu § 99), so sind auch für die Rechtsbehelfe gegen Zwangsmittel nun die entsprechenden Vorschriften der Verwaltungsvollstreckungsgesetze der Länder anzuwenden. Das entspricht beim Bund § 18 VwVG.

a) Stufen der Vollstreckung

Alle drei Stufen der Vollstreckung, nämlich Androhung, Festsetzung und Vollzug des Zwangsmittels sind selbständig neben der durchzusetzenden Anordnung mit Widerspruch und Klage anfechtbar, weil sie selbständige Verwaltungsakte darstellen. Da sie auf der Anordnung als der Grundverfügung aufbauen, setzen sie natürlich die Unanfechtbarkeit der Anordnung oder die Anordnung der sofortigen Vollziehung nach § 80 Abs. 2 Nr. 4 VwGO voraus (vgl. Anm. 1b zu § 98).

b) Anfechtung bei gleichzeitiger Anordnung und Androhung

Nach § 18 Ab. 1 Satz 2 VwVG erfaßt die Anfechtung der Androhung zugleich die Anordnung, wenn beide zusammen erlassen worden sind, also beide verbunden waren. Die Anfechtung hat dann zwei voneinander unabhängige selbständige Angriffsrichtungen, einmal die Anfechtung der Anordnung als der Grundverfügung, zum anderen die Anfechtung der Androhung als der ersten Stufe der Vollstreckung. Der Widerspruch kann daher auch bei jeder dieser Angriffsrichtungen unterschiedlichen Erfolg haben.

c) Anfechtung bei getrennter Anordnung und Androhung

Nach § 18 Abs. 1 Satz 3 VwVG kann sich der Widerspruch gegen die Androhung nicht mehr gleichzeitig gegen die Anordnung als Grundverfügung wenden, wenn Anordnung und Androhung getrennt ergangen sind und die Anordnung unanfechtbar ist. Wie die Praxis zeigt, wollen Betroffene mit der Anfechtung der Androhung oder auch der Festsetzung oder Vollziehung immer noch Gesichtspunkte vortragen, die sich gegen die Anordnung als solche richten, obwohl diese schon unanfechtbar ist. Das ist unzulässig. Solche Gesichtspunkte können nicht mehr berücksichtigt werden. Selbst dann, wenn die Anordnung materielle Fehler enthält, die zur Rechtswidrigkeit führen, braucht die Behörde einen entsprechenden Vortrag des Betroffenen nicht mehr zu berücksichtigen. Darin liegt gerade der Sinn der Unanfechtbarkeit. Daher können nur solche Gesichtspunkte berücksichtigt werden, die sich auf das Zwangsmittel selbst beziehen, also etwa Verstoß gegen den Grundsatz der Verhältnismäßigkeit bei Anwendung gerade dieses Zwangsmittels, nicht ordnungsmäßige Androhung, Höhe des Zwangsgeldes usw.

d) Aufschiebende Wirkung der Rechtsbehelfe gegen Zwangsmittel

Grundsätzlich haben auch diese Rechtsmittel aufschiebende Wirkung, da ein Ausnahmefall des § 80 Abs. 2 Nr. 1—3 VwGO nicht vorliegt. Wie schon zu § 98 Anm. 1b ausgeführt, kann das Zwangsgeld, also auch seine Androhung, Festsetzung, Vollziehung, nicht unter die Anforderung öffentlicher Abgaben und Kosten (§ 80 Abs. 2 Nr. 1 VwGO) gerechnet werden. Allerdings ist darauf zu achten, ob ein Land im Ausführungsgesetz zur Verwaltungsgerichtsordnung allgemein angeordnet hat, daß Rechtsbehelfe gegen Maßnahmen der Verwaltungsvollstreckung keine aufschiebende Wirkung haben, wozu es nach § 187 Abs. 3 VwGO ermächtigt ist. Von dieser Ermächtigung hat beispielsweise das Land NW in § 8 seines Ausführungsgesetzes vom 26. März 1960 (GV. NW. S. 47, berichtigt S. 68) Gebrauch gemacht und die aufschiebende Wirkung von Rechtsbehelfen gegen Maßnahmen der Verwaltungsvollstreckung allgemein ausgeschlossen.

§ 101

Zwangsvollstreckung

Der Vorsteher[1] des Wasser- und Bodenverbandes kann das Zwangsgeld, die vorläufig geschätzten und die entstandenen Kosten und die Ordnungstrafe (§§ 97 und 99) im Verwaltungswege beitreiben[2, 3], das Zwangsgeld zur Durchsetzung eines Gebotes nur, wenn der Anordnung nicht entsprochen ist[4]. § 93 gilt auch hier[5].

1. Zuständigkeit zur Vollstreckung

Das Vollstreckungsrecht steht dem Verband zu, der durch den Vorsteher als zuständiges Organ handelt. Vgl. im übrigen Anm. 2 zu § 96.

2. Vollstreckungsbehörde

Der Verband selbst ist Vollstreckungsbehörde im Sinne des VwVG. Er kann dabei auch die Amts- und Vollzugshilfe der Gemeindekassen in Anspruch nehmen. Allerdings bedarf es dazu einer Anordnung der Aufsichtsbehörde nach § 93 Abs. 4, da Art. 35 GG nur die einfache Amtshilfe deckt, dagegen keine ausreichende Rechtsgrundlage darstellt für die sogenannte gesteigerte Amtshilfe (Forsthoff, S. 91, 92).

3. Begünstigte Kasse

Alle eingezogenen Beträge fließen in die Verbandskasse.

4. Beitreibung des Zwangsgeldes

Die Beitreibung des Zwangsgeldes ist nicht mehr zulässig, sobald der Betroffene der Anordnung gefolgt ist (Anm. 1b zu § 99). Das bedeutet, daß das festgesetzte Zwangsgeld nicht mehr beigetrieben werden darf, auch wenn der Betroffene erst nach Festsetzung der Anordnung gefolgt ist.

5. Allgemeine Bestimmungen

Vergleiche im übrigen Anm. 1 und 2 zu § 93.

§ 102

Deichpolizei

Die Polizei zum Schutze der Anlagen des Wasser- und Bodenverbandes, die Grundstücke vor Hochwasser oder Sturmflut schützen (Deichpolizei), obliegt der Aufsichtsbehörde des Verbandes[1]. Die Deichpolizei ist auf diese Anlagen (§ 2 Nr. 3, Deiche, Dämme usw.) und ihr Zubehör[2] örtlich beschränkt[3, 4].

1. Zuständigkeit der Deichpolizei (Deichaufsicht)

Nach § 104 gelten die Vorschriften des allgemeinen Polizeirechts für die Deichpolizei. Das bezieht sich jedoch nicht auf die Organisation und die Abgrenzung der Zuständigkeit der Deichpolizei.

Der Deichpolizei obliegen alle Maßnahmen, die zum Schutze der Verbandsgrundstücke vor Hochwasser oder Sturmflut durch Verbandsanlagen (Deiche, Dämme, Schleusen, Gräben, soweit sie dem Schutze der Deiche dienen) erforderlich sind. Dazu gehört der Erlaß von Einzelanordnungen, aber auch der von allgemeinverbindlichen Anordnungen, also von Polizeiverordnungen. § 41 Abs. 1 gilt auch hier, dagegen nicht § 41 Abs. 2 (vgl. Anm. 3 zu § 41).

Mithin können Anordnungen erlassen werden, die eine Beschränkung der Benutzung der Deiche oder der Deichböschungen, z. B. durch Betreten, Befahren, Beweiden (wegen Strafbarkeit vgl. ZAgr. 22, 165), Bepflanzen, vorsehen. Auch für die „provisorische" Schließung einer Deichschleuse ist nicht der Wasserverband, der sie unterhält, sondern die Deichpolizeibehörde (§§ 102, 112 WVVO) zuständig. Eine vom Verband vollzogene Schließung ist auf Antrag des Betroffenen gemäß § 80 Abs. 5 VwGO aufzuheben (OVG Lüneburg, Beschl. v. 4. 6. 1963 — III B 12/36 —, Schriftt. u. Rspr. 1965, S. 68 Nr. 60).

Die allgemeinverbindlichen Anordnungen, die zu diesen Zwecken ergehen, sind Polizeiverordnungen im Sinne des § 366a StGB, füllen also diesen Blankettstraftatbestand aus. Damit erhalten diese Anordnungen zugleich ihre Sanktion, so daß in ihnen außerdem nicht noch eine Geldbuße wegen Übertretung der Vorschriften angedroht werden darf (§ 4 OWiG).

Wegen der Möglichkeit der Übertragung der Befugnisse der Deichpolizei von der Aufsichtsbehörde auf Verbandsorgane vgl. Anm. 1 zu § 105.

2. Zubehör der Anlagen

Was Zubehör bedeutet, ist einmal aus seiner Abgrenzung zu den Bestandteilen der Anlagen zu ersehen, zum anderen aus der Abgrenzung zu sonstigen Einrichtungen und Gegenständen, die sich zwar auf dem Deich oder an ihm befinden, aber in keinem inneren Zusammenhang zum Schutzzweck des Deiches stehen. Bestandteile sind unmittelbar Teile der Schutzanlagen, die mit ihnen fest verbunden sind und nicht getrennt werden können, ohne daß der Deich, Damm, Entlastungsgraben oder die Schleuse ihre Schutzfunktionen verlieren oder darin erheblich beeinträchtigt werden (vgl. auch § 93 BGB). Zubehörstücke stehen dagegen nur in einer losen Verbindung zu den Anlagen, dienen aber ebenfalls dem Schutzzweck. Werden sie beeinträchtigt oder beseitigt, so ist damit die Schutzfunktion der Anlagen noch nicht zerstört; es bedarf jedoch der Zubehörstücke, um auf Dauer die Anlagen in ihrer Schutzfunktion zu unterstützen.

3. Abgrenzung zur Wasserpolizei (Wasseraufsicht)

Die Deichpolizei beschränkt sich auf den Schutz der Hochwasserschutzanlagen. Der Schutz der Gewässer innerhalb des Verbandsgebietes obliegt der Wasserpolizei. Ausnahme: § 103 (erweiterte Deichpolizei). Gehören die Hochwasserschutzanlagen nicht zu einem Wasser- und Bodenverband, so sind die in den Landeswassergesetzen bestimmten Behörden zuständig (s. z. B. § 79 NWWG).

4. Abgrenzung zur Wegepolizei (Wegeaufsicht)

Wege, die über der Deichkrone verlaufen, sind in der Regel nicht öffentliche Wege im Sinne des Wegerechts, also keine Sachen im Gemeingebrauch. Die Wegepolizei hat über sie keine Befugnisse. Handelt es sich im Ausnahmefall einmal um dem öffentlichen Verkehr gewidmete Wege, so wird dem Deichpflichtigen in aller Regel die Wegebaupflicht obliegen (Germershausen-Seydel, S. 21, 310, 398). Ist das nicht der Fall, fallen also Wegebaupflichtiger und Deichpflichtiger auseinander, so umfaßt die Deichpolizei nicht die Befugnis zu Anordnungen hinsichtlich dieser Wege. Sie unterliegen dann der allgemeinen Wegepolizei, die ihre Anordnungen aber nur im Benehmen mit der Deichpolizei treffen kann (PrOVG 18, 227; 46, 286), da diese Wege Bestandteile der Deiche sind. Greifen solche Anordnungen in den Bestand des Deiches ein, so ist die Zustimmung der Deichpolizei erforderlich.

§ 103

Erweiterte Deichpolizei

(1) Wenn der Aufsichtsbehörde eines Wasser- und Bodenverbandes nach § 102 die Deichpolizei obliegt, kann die obere Aufsichtsbehörde anordnen, daß ihr auch die Polizei zum Schutze der Gewässer des Verbandes ganz oder teilweise obliegt (erweiterte Deichpolizei)[1]. Die Erweiterung ist auf diese Gewässer und ihr Zubehör örtlich beschränkt[2].

(2) Die Anordnung[3] ist in dem Nachrichtenblatte der Aufsichtsbehörde bekanntzumachen.

1. Zuständigkeit der erweiterten Deichpolizei (Deichaufsicht)

Im Interesse der Einheitlichkeit der polizeilichen Befugnisse an den Anlagen und Gewässern des Verbandes gibt § 103 die Möglichkeit, diese Zuständigkeiten in der Hand der Deichpolizei zu vereinigen. Macht die obere Aufsichtsbehörde von dieser Möglichkeit Gebrauch, so geht die gesamte Wasserpolizei an den Gewässern des Verbandes auf die Deichpolizei über. Die Wasserpolizei (Wasseraufsicht) dabei noch einmal aufzuspalten in eine Wasserpolizei (Wasseraufsicht) zum Schutz der Gewässer und eine zur Regelung des Gemeingebrauchs an den Gewässern usw., wie Tönnesmann (Anm. 4 zu § 103) es tun will, widerspricht dem Sinn der hier eröffneten Möglichkeit. Diese Auffassung stößt auch auf erhebliche praktische Schwierigkeiten wegen der unklaren Abgrenzung der Zuständigkeiten.

Die Anordnung der oberen Aufsichtsbehörde ist davon unabhängig, ob bereits in der Satzung des Verbandes die Überwachung der Gewässer zu einer dem Deichverbande gegenüber obliegenden Pflicht gemacht ist, kann also auch dann ergehen, wenn die Satzung darüber keine Bestimmung enthält. Bei § 103 handelt es sich um eine Maßnahme der staatlichen Organisationsgewalt, die nicht auf der Satzung des Verbandes beruht. Die in der vorigen Auflage vertretene abweichende Meinung wird aufgegeben.

Alle von der Deichpolizei vorgenommenen Maßnahmen, auch die der erweiterten Deichpolizei, sind durch das deichpolizeiliche Interesse begrenzt (PrOVG 78, 336).

2. Örtliche Beschränkung der Deichpolizei (Deichaufsicht)

Die Vorschrift spricht zwar nur von einer örtlichen Beschränkung auf die Gewässer und ihr Zubehör, die wohl selbstverständlich ist. Sachlich ist die erweiterte Deichpolizei aber im Rahmen dieser örtlichen Zuständigkeit auch beschränkt auf die Befugnisse der Deichpolizei nach § 102 und die der allgemeinen Wasserpolizei, vgl. letzten Absatz der Anm. 1 oben.

3. Anordnung der oberen Aufsichtsbehörde

Die Anordnung ist ein Akt der staatlichen Organisationsgewalt. Er ist daher weder von der allgemeinen Wasserpolizeibehörde (Wasseraufsichtsbehörde), der ein Teil ihrer Zuständigkeit entzogen wird, anfechtbar, noch von der Deichpolizeibehörde, der eine Zuständigkeit übertragen wird. Im übrigen könnten diese Behörden die Maßnahme der oberen Aufsichtsbehörde aber auch nicht anfechten wegen der gedanklichen Einheitlichkeit aller behördlichen Maßnahmen. Sie steht einem Vorgehen der Unterbehörde gegen die Aufsichtsbehörde oder obere Aufsichtsbehörde entgegen.

Die Anordnung ist insbesondere aber auch nicht anfechtbar für die betroffenen Bürger, die nunmehr nicht mehr der Zuständigkeit der allgemeinen Wasserpolizei (Wasseraufsicht) unterstehen, sondern der Deichpolizei. Auch das ist ausgeschlossen, da es sich um eine innerdienstliche Organisationsmaßnahme handelt. Im übrigen ist darin auch keine Beschwer der Betroffenen zu sehen (vgl. BVerwGE 21, 352; Anm. 2 zu § 114).

§ 104

Allgemeines Polizeirecht

(1) Für die Deichpolizei und die erweiterte Deichpolizei der Aufsichtsbehörde des Wasser- und Bodenverbandes gelten die allgemeinen Vorschriften des Polizeirechtes entsprechend[1]. Hinsichtlich der polizeilichen Zwangsmittel und der Anfechtung polizeilicher Anordnungen hat die Aufsichtsbehörde die ihr oder der entsprechenden Behörde durch das allgemeine Polizeirecht gegebene Stellung[2].

(2) Als Polizeiaufsichtsbehörden und als Rechtsmittelbehörden gelten an Stelle der nach dem allgemeinen Polizeirechte berufenen Verwaltungsbehörden die obere und die oberste Aufsichtsbehörde des Verbandes. *Bei zweistufiger Aufsicht (§ 114) fällt das zweite Rechtsmittel weg*[3].

1. Anwendung der Vorschriften des allgemeinen Polizeirechts

Bei der Anwendung der Vorschriften des allgemeinen Polizeirechts ist zu beachten, daß die Sonderregelungen, die in der WVVO und in den aufgrund dieser ergangenen Satzungen oder Polizeiverordnungen getroffen sind, vorgehen. Erst danach ist subsidiär auf die Vorschriften des allgemeinen Polizeirechts zurückzugreifen. Da es kein Bundespolizeirecht gibt, sind das die Vorschriften der Polizeigesetze der Länder. Wegen allgemeiner, auch über die Ländergrenzen hinaus gültiger Grundsätze des allgemeinen Polizeirechts ist auf die Vorschriften des Preuß. Polizeiverwaltungsgesetzes vom 1. 7. 1931 (PrGS S. 77) und die dazu vorliegenden Kommentierungen zu verweisen.

2. Aufsichtsbehörden

Inhalt und Umfang der Befugnisse der Aufsichtsbehörden bestimmen sich nach den §§ 112ff., im übrigen nach den Landespolizeigesetzen. Wer Aufsichtsbehörde ist, ist in den einzelnen Ländern verschieden. Vgl. dazu § 112.

3. Nichtfortgelten der Vorschrift

Das Verfahren bei der Einlegung von Rechtsbehelfen bestimmt sich ausschließlich nach der Verwaltungsgerichtsordnung (s. Vorbemerkung c vor § 133). Insoweit ist Abs. 2 Satz 2 überholt.

§ 105

Wahrnehmung der Deichpolizei

(1) Die Aufsichtsbehörde kann den Vorsteher und andere Vorstandmitglieder des Wasser- und Bodenverbandes, der Grundstücke vor Hochwasser oder Sturmflut zu schützen hat (§ 2 Nr. 3), Vorstandmitglieder seines Unterverbandes (§ 113) und Dienstkräfte des Verbandes und seines Unterverbandes mit der Wahrnehmung der deichpolizeilichen Aufgaben nach den §§ 102 und 103 oder mit einzelnen dieser Aufgaben betrauen[1].

(2) Die Betrauung ist in dem Nachrichtenblatte der Aufsichtsbehörde des Verbandes bekanntzumachen, und ein allgemeiner Hinweis ist in die Satzung zu nehmen[2].

(3) Polizeiliche Anordnungen der hiernach betrauten Personen gelten als polizeiliche Anordnungen der Aufsichtsbehörde des Verbandes und können wie diese angefochten und erzwungen werden[3].

1. Übertragung von deichpolizeilichen (deichaufsichtlichen) Aufgaben

§ 105 enthält eine Ermächtigung für die Aufsichtsbehörde als Deichpolizei nach §§ 102, 103, die Wahrnehmung von deichpolizeilichen Aufgaben zu übertragen. Diese Konstruktion ist deswegen interessant, weil nicht die Zuständigkeit als solche übertragen werden kann. Diese liegt nach dem Gesetz ausschließlich bei der Deichpolizei, also der Aufsichtsbehörde. Lediglich die Wahrnehmung von Aufgaben der Deichpolizei kann übertragen werden. Das bedeutet zunächst, daß die Zuständigkeit zum Erlaß von Polizeiverordnungen nach §§ 102, 41 Abs. 1 nicht übertragen werden kann. Wahrnehmung von Aufgaben kann nur Durchführung von Einzelmaßnahmen sein. Auch im Bereich der Einzelanordnungen der betrauten Personen ist zu beachten, daß der Auftrag, gleichgültig, ob er sich auf einzelne Aufgaben oder auf alle erstreckt, für eine bestimmte Zeit oder auf Dauer erteilt ist, jederzeit zurückgenommen werden kann, wenn die Deichpolizei dies für erforderlich erachtet. Der Auftrag kann sich selbstverständlich auch nur auf den Bereich erstrecken, der zur Zuständigkeit der Deichpolizei oder der erweiterten Deichpolizei gehört, nicht also etwa auf die Wegepolizei (Anm. 4 zu § 102).

Ob es zweckmäßig ist, auch die Wahrnehmung der Aufgaben der erweiterten Deichpolizei zu übertragen, kann nicht allgemein beantwortet werden. Man wird von dem Grundsatz ausgehen müssen, daß Zuständigkeiten und auch die Wahrnehmung von Zuständigkeiten möglichst nicht zu sehr aufgesplittert werden sollten (vgl. dazu auch Parisius, RVBl. 59, 909).

2. Bekanntmachung der Betrauung

Die Betrauung wird erst mit der Bekanntmachung wirksam. Demgegenüber hat der Hinweis in der Satzung nur nachrichtliche Bedeutung.

3. Rechtsnatur der Anordnungen der betrauten Personen

Da die Anordnungen der betrauten Personen als solche der Aufsichtsbehörde gelten, stehen diesen Personen auch dieselben Zwangsmittel wie der Aufsichtsbehörde als Deichpolizei zu.

Für die Anfechtung bedeutet das, daß die Maßnahmen der betrauten Personen der Aufsichtsbehörde unmittelbar zuzurechnen sind, so als ob die Aufsichtsbehörde sie getroffen hätte. Über Widersprüche gegen ihre Maßnahmen entscheidet also nicht etwa die Aufsichtsbehörde (Deichpolizei), sondern die obere Aufsichtsbehörde. Die Maßnahmen der betrauten Personen sind solche der Behörde „Deichpolizei“. Daher muß, wenn die betrauten Personen aufgrund ihres Auftrages tätig werden, dieses in der Verfügung (im Kopf der Verfügung und in ihrem Text als Hinweis auf die Ermächtigung) zum Ausdruck kommen. Es handelt sich bei der Betrauung um einen Fall der Organleihe, ohne daß allerdings dem Beliehenen dadurch Behördeneigenschaft gegeben würde, wie das etwa beim Oberkreisdirektor als unterer staatlicher Verwaltungsbehörde nach der LKO NW der Fall ist. Der Beliehene wird insoweit als Teil der Behörde „Deichpolizei" tätig.

§ 106

Wasserwehr[1]

(1) Wenn eine Anlage eines Wasser- und Bodenverbandes, die Grundstücke vor Hochwasser oder Sturmflut schützt (§ 2 Nr. 3), gefährdet ist, haben alle Bewohner der bedrohten und nötigenfalls der benachbarten Gegend nach Anordnung der Polizeibehörde[2] zu den Schutzarbeiten Hilfe zu leisten[3], die erforderlichen Arbeitgeräte und Beförderungsmittel zu stellen und die erforderlichen Baustoffe hinzugeben.

(2) Die Polizeibehörde kann die nötigen Maßregeln sofort zwangsweise durchsetzen[4].

(3) Der Verband leistet den zu Sachbeiträgen (§ 79) nicht verpflichteten Personen nach Billigkeit Ersatz für Schaden[5], den sie durch ihre Leistungen nach den Absätzen 1 und 2 erleiden, und der Vorsteher des Verbandes sorgt nach Billigkeit für Ausgleich unter den Beitragpflichtigen.

(4) Die Aufsichtsbehörde entscheidet über Beschwerden gegen Festsetzungen nach Abs. 3[6].

1. Grundsätzliches

Die in § 106 geregelte Pflicht zur Nothilfe bei Deichgefährdung beherrscht das deutsche Deichrecht schon seit mehr als 700 Jahren; sie findet sich bereits im Sachsenspiegel (vgl. Bochalli, S. 98, 119; Albers S. 24, 37). Die Nothilfe ist ein Sonderfall des polizeilichen oder ordnungsbehördlichen Notstandes, wie er z. B. in § 21 PrPVG geregelt ist. Die Inanspruchnahme der Bewohner durch die Deichpolizei (Deichaufsicht) setzt daher voraus, daß die Deichpolizei mit eigenen Mitteln nicht in der Lage ist, den Notstand zu beheben. Bei länger andauernden Notmaßnahmen bedeutet das ferner, daß die Deichpolizei die Inanspruchnahme der Bewohner aufzuheben hat, sobald sie durch mögliche Verstärkungen ihrer eigenen personellen und sächlichen Mittel in den Stand gesetzt wird, der Notlage selbst zu begegnen. Die Inanspruchnahme findet auch dort ihre Grenze, wo der Inanspruchgenommene selbst in Lebensgefahr geraten oder an der Erfüllung anderer überwiegender Verpflichtungen gehindert würde. Wer seiner Nothilfepflicht nicht nachkommt, kann nach § 330c StGB wegen unterlassener Hilfeleistung mit Gefängnis bis zu einem Jahr oder mit Geldstrafe bestraft werden, wenn die Hilfeleistung erforderlich und ihm den Umständen nach zuzumuten war. Das Vergehen wird von Amts wegen verfolgt.

§ 106 ist Sondervorschrift gegenüber den entsprechenden Vorschriften der Landeswassergesetze (z. B. § 121 NWG; § 83 SWG; § 78 HWG) und geht diesen vor, soweit es sich um Hochwasserschutzanlagen eines Wasser- und Bodenverbandes handelt.

2. Polizeibehörde

Die Polizeibehörde ist auch hier die Deichpolizei (Deichaufsicht), also die Aufsichtsbehörde des Verbandes (Tönnesmann, Anm. 1 und 3 zu § 106).

Die Notzuständigkeit der allgemeinen Polizeibehörden nach den Landespolizeigesetzen bleibt davon unberührt. Nach diesen Bestimmungen können die örtlichen Polizeibehörden zur Beseitigung einer bereits eingetretenen Störung der öffentlichen Sicherheit sowie zur Abwehr einer unmittelbar bevorstehenden Gefahr in eigener Zuständigkeit die notwendigen unaufschiebbaren Maßnahmen treffen, müssen dann aber unverzüglich die an sich zuständigen Behörden von den Maßnahmen unterrichten (vgl. z. B. § 15 POG NW).

3. Umfang der Nothilfepflicht

Die Pflicht des § 106 bezieht sich nur auf die Hochwasserschutzanlagen des Verbandes. Werden andere Hochwasserschutzmaßnahmen in Notfällen erforderlich, etwa Schutz von Häusern, Bergung von Sachgütern oder gefährdeten Personen, so sind dadurch erforderliche behördliche Notmaßnahmen nicht durch § 106 gedeckt. Die örtlichen Ordnungs- oder Polizeibehörden müssen dann auf die allgemeine Vorschrift bei Bekämpfung eines polizeilichen Notstandes, so wie sie in § 21 PrPVG geregelt ist, zurückgreifen.

Die Nothilfepflicht beschränkt sich andererseits nicht auf die Verbandsmitglieder, sondern erstreckt sich auf alle Bewohner der bedrohten Gegend und der benachbarten Orte und Gehöfte.

Die Pflicht zur Hilfeleistung umfaßt die persönliche Arbeitsleistung, aber auch die Zurverfügungstellung sächlicher Mittel, also von Arbeitsgeräten, Fahrzeugen und dergleichen.

4. Sofortige Durchführung der Maßnahmen

Hier handelt es sich um den Fall des § 80 Abs. 2 Nr. 2 VwGO, also um unaufschiebbare Maßnahmen des Polizeivollzugs. Das bedeutet zunächst, daß bestimmte Formen für die Anordnungen nicht eingehalten zu werden brauchen. Sie können z. B. also auch mündlich ergehen. Aber selbst darauf kann notfalls verzichtet werden, wenn die sofortige Anwendung von Zwangsmitteln erforderlich ist (vgl. § 6 Abs. 2 VwVG). Damit hat die Deichpolizei alle für den Notfall erforderlichen Vollmachten.

5. Entschädigung

Abs. 3 regelt zwei verschiedene Tatbestände: zunächst den Ausgleich unter den beitragspflichtigen Mitgliedern des Verbandes für die Leistungen, die sie bei den Notmaßnahmen erbracht haben, sodann die Entschädigung für die übrigen herangezogenen Bewohner.

Die Leistungen, die die Beitragspflichtigen erbringen, beruhen auf ihrer Sachbeitragspflicht nach § 79. Um die Belastung zu verteilen, bedarf es dann eines späteren Ausgleichs des Verbandes unter den Pflichtigen. Die Ausgleichsmaßnahmen sind Verwaltungsakte, die nach den allgemeinen Vorschriften der Verwaltungsgerichtsordnung mit Widerspruch und Klage anfechtbar sind.

Die Entschädigung der übrigen Bewohner für Schäden, die sie infolge ihrer Inanspruchnahme erlitten haben, ist Ausfluß des allgemeinen Aufopferungsgedankens. Es handelt sich insoweit um einen Sonderfall des allgemeinen Aufopferungsanspruchs, wie er in §§ 74, 75 EinlALR gesetzlich fixiert ist und bundesrechtlich als allgemeiner Rechtsgrundsatz gilt (Urteil des BGH vom 6. 5. 1957 in NJW 57, 1595; BGH in L/M, § 75 EinlALR Nr. 27). Wenn in Abs. 3 gesagt wird, die Entschädigung werde nach Billigkeit gewährt, so heißt das nicht, daß der Geschädigte keinen Anspruch auf die Entschädigung hätte. Der Verband ist vielmehr zur Entschädigung verpflichtet. Die Entschädigung ist kein Schadensersatz. Es kann also kein Ersatz in Natur verlangt werden, so wie er in § 249 BGB allgemein für Schadensersatzansprüche vorgesehen ist. Nach allgemeinen Entschädigungsregeln kann im übrigen nur eine „billige" Entschädigung verlangt werden (in diesem Sinne ist „nach Billigkeit" zu verstehen). Danach ist ein Ersatz mittelbarer Schäden ausgeschlossen. Ein Ersatz für die Arbeitsleistung der Betroffenen kann daher nicht verlangt werden, wohl evtl. für Lohnausfall. Desgleichen können die Betroffenen bei Körperverletzungen, die sie infolge des Einsatzes davontragen, kein Schmerzensgeld beanspruchen. Die Gewährung eines Schmerzensgeldes setzt in jedem Fall eine schuldhaft rechtswidrige Handlung der Deichpolizei oder eines Verbandsorgans voraus, die zu dem Schaden geführt hat. Das wäre also nur bei Amtspflichtverletzungen nach § 839 BGB i. V. m. Art. 34 GG der Fall.

Die Entschädigung kann im übrigen nur beanspruchen, wer zur Hilfeleistung herangezogen ist. Wer freiwillig aus eigener Initiative Hilfe leistet, hat den Entschädigungsanspruch nicht, da er nicht infolge eines behördlichen Tätigwerdens etwas für die Allgemeinheit aufopfern mußte.

In beiden Fällen, also bei Inanspruchnahme nach § 106 und bei freiwilliger Hilfeleistung, tritt automatisch eine Versicherung gegen mögliche Körperschäden nach § 537 RVO ein.

6. Verfahren bei der Entschädigung

Die Maßnahmen des Verbandes zum Ausgleich unter den Beitragspflichtigen sind Verwaltungsakte. Streitigkeiten sind daher nach erfolglosem Widerspruch, über den die Aufsichtsbehörde entscheidet (s. § 73 Abs. 1 Nr. 3 VwGO u. Anm. 2 zu § 98), im Wege der Anfechtungs- oder Verpflichtungsklage vor den Verwaltungsgerichten auszutragen (§§ 40 Abs. 1, 68 Abs. 1 und 2 VwGO).

Entsteht Streit über eine Entschädigung für andere herangezogene Bewohner, so sind dafür die ordentlichen Gerichte zuständig (§ 40 Abs. 2 VwGO), und zwar ist ausschließlich das Landgericht zuständig. In diesen Fällen ist die Beschwerde nach § 106 Abs. 4 WVVO als unverbindliches, dem nach § 40 Abs. 2 VwGO vorgeschriebenen ordentlichen Rechtsweg vorgeschaltetes Verwaltungsverfahren bestehen geblieben (Aufopferungsansprüche sind hier nicht anders zu behandeln wie Enteignungsansprüche, s. zu letzteren Art. 14 Abs. 3 Satz 4 GG und BVerfGE 4, 387).

IX. Abschnitt

Dienstkräfte. Besoldung

Vorbemerkung

Nach preußischem Recht waren die Vorstandsmitglieder der Wassergenossenschaften und Deichverbände ohne besondere Bestimmung in der Satzung mittelbare Reichsbeamte (RG bei Gruchot 30, 390; PrVBl. 8, 182; Holtz-Kreutz-Schlegelberger, Anm. 4 zu § 212; Bochalli, S. 23). Nach der WVVO bedarf es einer besonderen Bestimmung in der Satzung, wenn der Verband Beamte ernennen will. Allerdings darf er eine solche Bestimmung nicht willkürlich aufnehmen. Es dürfen vielmehr nur solche Stellen zu Beamtenstellen gemacht werden, bei denen es zur Wahrnehmung obrigkeitlicher Aufgaben oder aus Gründen der Sicherheit des Verbandes nötig ist, so wie dies auch bei den staatlichen oder kommunalen Beamten Voraussetzung ist. Das wird regelmäßig nur bei leitenden Beamten und solchen, die Aufsichtsbefugnisse ausüben, zutreffen. Da bei bestehenden Verbänden die Aufnahme einer solchen Bestimmung eine Änderung der Satzung ist, kann nur die Aufsichtsbehörde auf Antrag des Vorstandes die Aufnahme vornehmen (§§ 110, 10). Die Aufsichtsbehörde wird sich nur bei größeren Wasser- und Bodenverbänden zu solchen Änderungen entschließen.

Das Beamtenrecht gehört lediglich zur Rahmengesetzgebung des Bundes (Art. 75 Nr. 1 GG). Zwar bestimmen sich die Rechtsverhältnisse der Verbände nach der WVVO, also nach Bundesrecht. Die Verbände sind jedoch öffentlich-rechtliche Körperschaften des jeweiligen Landes, in dem sie tätig sind. Daher bestimmen sich auch die beamtenrechtlichen Verhältnisse der Beamten der Verbände nach dem jeweiligen Landesbeamtengesetz. Obschon die Landesbeamtengesetze im wesentlichen übereinstimmen, ist das wegen der Formstrenge des Beamtenrechts von Bedeutung, im übrigen aber auch deswegen, weil gewisse Abweichungen durchaus bestehen, z. B. in den Besoldungsgesetzen.

§ 107

Vorgesetzte. Einstellung der Dienstkräfte

Der Vorsteher des Wasser- und Bodenverbandes ist Dienstvorgesetzter[1] aller Beamten[2], Angestellten[3] und Arbeiter des Verbandes[4, 5]. Er stellt sie ein[6] und entläßt sie[7].

1. Dienstvorgesetzter

Dienstvorgesetzter ist, wer nicht nur unmittelbar dem Beamten Weisungen für die Erfüllung seiner Aufgaben erteilen kann, sondern wer darüber hinaus auch beamtenrechtliche Entscheidungen, wie Entscheidungen im Disziplinarverfahren, treffen kann (vgl. § 3 Abs. 2 LBG NW). So hat auch der Vorsteher die Befugnis, den Beamten des Verbandes die Genehmigung zur Ausübung von Nebentätigkeiten zu erteilen (LwRMBl. 1937 S. 862).

Der Begriff Dienstvorgesetzter ist nur im Verhältnis zu den Beamten verwendbar, obschon er in dieser Bestimmung auch in bezug auf Angestellte und Arbeiter gebraucht wird. Die Befugnisse des Vorstehers gegenüber Angestellten und Arbeitern bestimmen sich allein nach den im Einzelfall geschlossenen Arbeitsverträgen und den Tarifordnungen. Bei den Angestellten ist das der Bundesangestelltentarifvertrag (BAT), bei den Arbeitern der Manteltarifvertrag (MTL).

Die Vorschrift ist zwingendes Recht. Es kann in der Satzung nicht gesagt werden, daß ein anderer als der Vorsteher Dienstvorgesetzter sei.

2. Beamte

Beamter ist, wer unter Aushändigung einer Ernennungsurkunde in das Beamtenverhältnis berufen worden ist. Voraussetzung dafür, daß der Verband rechtswirksam Beamte berufen kann, ist, daß er nach seiner Satzung dazu ermächtigt ist. Die entsprechende Bestimmung in der Satzung bedarf nach § 121 BRRG der Genehmigung der gesetzlich dazu ermächtigten Stelle. Das ist nach den Landesbeamtengesetzen die jeweils zuständige oberste Behörde, z. B. in NW die oberste Aufsichtsbehörde (d. h. der MfELuF als oberste Aufsichtsbehörde der Wasser- und Bodenverbände) im Einvernehmen mit dem Innenminister (§ 232 LBG NW).

Der die Dienstherrenfähigkeit regelnde § 121 BRRG lautet:

„Das Recht, Beamte zu haben, besitzen außer dem Bund

1. die Länder, die Gemeinden und die Gemeindeverbände,
2. sonstige Körperschaften, Anstalten und Stiftungen des öffentlichen Rechts, die dieses Recht im Zeitpunkt des Inkrafttretens dieses Gesetzes besitzen oder denen es nach diesem Zeitpunkt durch Gesetz, Rechtsverordnung oder Satzung verliehen wird; derartige Satzungen bedürfen der Genehmigung durch eine gesetzlich hierzu ermächtigte Stelle."

Die oben beispielsweise erwähnte ausfüllende Vorschrift des LBG NW (§ 232, Genehmigung von Satzungen der Körperschaften) lautet:

„Satzungen von Körperschaften, Anstalten und Stiftungen des öffentlichen Rechts, die nach § 121 des Beamtenrechtsrahmengesetzes das Recht begründen, Beamte zu haben, bedürfen der Genehmigung. Die Genehmigung erteilt die oberste Aufsichtsbehörde im Einvernehmen mit dem Innenminister."

Erst mit der so genehmigten Bestimmung in der Satzung erlangt der Verband die erforderliche Dienstherreneigenschaft (vgl. Vorbemerkung zu §§ 107ff.).

Welche Vorbildung, Ausbildung und dergl. ein Bewerber als Voraussetzungen für die Anstellung als Beamter aufweisen muß, bestimmt sich nach den beamtenrechtlichen Vorschriften der Länder (vgl. z. B. § 6 LBG NW).

3. Angestellte

Angestellte dürfen nicht die nach den Besoldungsgesetzen und den Besoldungsordnungen für Beamte festgelegten Amtsbezeichnungen führen. Es darf nicht nach außen der Anschein erweckt werden, als ob ein Angestellter Beamter sei. Eine Berufsbezeichnung, die nicht zu Verwechslungen mit Beamten führen kann, ist dagegen zulässig.

4. Personalvertretung

Die Beamten, Angestellten und Arbeiter des Verbandes müssen nach den Landespersonalvertretungsgesetzen eine Personalvertretung haben, den Personalrat. Der Personalrat wird von den Bediensteten alle drei Jahre gewählt. Besteht der Personalrat aus mehr als einer Person, so sind die Gruppen der Beamten, Angestellten und Arbeiter entsprechend ihrer Stärke im Personalrat vertreten. Der Personalrat hat bei Personalentscheidungen Mitwirkungs- und Mitbestimmungsrechte. Darüber hinaus muß er in sozialen Angelegenheiten beteiligt werden.

5. Unfallschutz der Bediensteten

Der Unfallschutz der Beamten ist aufgrund der Landesbeamtengesetze sichergestellt. Die Angestellten und Arbeiter sind bei den Berufsgenossenschaften versichert.

6. Einstellung der Bediensteten

Nach der Bestimmung stellt der Vorsteher die Bediensteten selbständig ein. Es ist jedoch üblich, daß die Satzung darüber eine besondere Regelung trifft, welche Bediensteten der Vorsteher selbstständig und welche er erst nach entsprechender Beschlußfassung durch die Verbandsorgane einstellen darf. Wieweit der Vorsteher selbständig sein soll, wird sich zum einen nach der Größe des Verbandes, zum andern nach der Art der Stellung bestimmen. Führungskräfte und Kräfte von einer bestimmten Besoldungsgruppe, Vergütungsgruppe oder gegebenenfalls bei kleineren Verbänden von einer bestimmten Tarifklasse an, wird der Vorsteher nicht selbständig einstellen können. Stellt der Vorsteher unter Verstoß gegen ihm auferlegte Beschränkungen Dienstkräfte ein, so sind sie wirksam berufen; der Vorsteher macht sich jedoch unter Umständen ersatzpflichtig.

7. Entlassung von Dienstkräften

Für die Entlassung gilt grundsätzlich das gleiche wie für die Einstellung. Die Entlassung der Beamten richtet sich nach den jeweiligen Bestimmungen der Landesbeamtengesetze, der Angestellten und Arbeiter nach den Arbeitsverträgen und Tarifverträgen.

§ 108

Geschäftführer. Techniker. Kassenverwalter

(1) Die Einstellung des Geschäftführers, des (ersten) Technikers und des (ersten) Kassenverwalters des Wasser- und Bodenverbandes bedarf der Bestätigung der Aufsichtsbehörde[1].

(2) In der Satzung kann vorgeschrieben werden[2], daß der Verband einen Geschäftführer, einen genügend vorgebildeten Techniker und einen Kassenverwalter[3] einstellt[4].

(3) Wenn der Verband die Vorschrift nicht befolgt[5] oder wenn die Aufsichtsbehörde die Einstellung nicht bestätigt, kann die Behörde den

Geschäftführer, den Techniker und den Kassenverwalter einstellen und ein angemessenes Entgelt für sie festsetzen.

1. Bestätigung durch die Aufsichtsbehörde

Der Verband hat Personalhoheit. Er kann als öffentlich-rechtliche Körperschaft grundsätzlich einstellen, wen er will. Bei Beamten setzt das allerdings eine entsprechende Vorschrift in der Satzung voraus (vgl. Vorbemerkung vor § 107 und Anm. 2 zu § 107). Im übrigen muß die Einstellung dem Stellenplan des Verbandes entsprechen, der dem Haushaltsplan als Anlage beigefügt ist. Die Bestätigung einer Einstellung durch die Aufsichtsbehörde steht mit dem Selbstverwaltungsrecht nicht in Einklang. Es ist daher davon auszugehen, daß diese Bestimmung nicht mehr gilt.

Fraglich wird es sein, wieviele Beamte, Angestellte und Arbeiter ein Verband zweckmäßigerweise haben sollte, und wie diese Dienstkräfte eingestuft werden sollen. Dazu gibt es keine spezielle Bestimmung. Es empfiehlt sich, z. B. anhand des von der Kommunalen Gemeinschaftsstelle für Verwaltungsvereinfachung (in Köln-Marienburg) erstellten Gutachtens über „Stellenplan - Stellenbewertung" bei den Gemeinden vergleichbare Positionen zu ermitteln und entsprechend die Personalausstattung des Verbandes vorzunehmen.

Im übrigen wird es sich empfehlen, abgestellt auf die verschiedenen Größenordnungen der Verbände und ihre Eigenart, auf lange Sicht eine dem Gutachten der Kommunalen Gemeinschaftsstelle entsprechende Regelung für die Verbände zu finden, um ihnen einen sicheren Anhalt für Fragen der Personalausstattung an die Hand zu geben.

2. Besondere Vorschriften der Satzung

Die Satzung kann auch bestimmen, daß der Geschäftsführer, der Techniker oder der Kassenverwalter für mehrere Verbände tätig sein soll. Oft wird es auch so sein, daß die Geschäfte des Technikers nebenamtlich etwa vom Kreisbaumeister oder einem anderen technischen Beamten oder Angestellten des Kreises oder einer staatlichen Behörde geführt werden. Ist das der Fall, so dürfen sie, wenn sie zugleich Angehörige der Aufsichtsbehörde sind, als Dienstkräfte der Aufsichtsbehörde nicht gegenüber dem Verband tätig werden.

3. Kassenverwalter

Für mehrere Verbände — so etwa für alle Verbände in einem Kreis — kann eine gemeinsame Gesamtrechnerstelle eingerichtet werden (Linckelmann in DLZ 1940, 113). Der Gesamtrechner soll die Kassen- und Rechnungsführung der Verbände und die Einziehung der Beiträge übernehmen.

4. Andere Dienstkräfte

§ 108 bezieht sich nur auf den Geschäftsführer, den Techniker und den Kassenverwalter. Selbstverständlich kann der Verband darüber hinaus auch andere Angestellte und Arbeiter haben, wie z. B. Büropersonal, Deichaufseher, Schleusen- und Sielwärter, Personal zur Entkrautung der Gewässer, Klärmeister.

5. Nichtbefolgen der Satzung

Stellt der Verband entgegen der Satzung keinen Geschäftsführer, Techniker oder Kassenverwalter ein, so kann die Aufsichtsbehörde nach den §§ 125ff. vorgehen. Es ist jedoch als unzulässig anzusehen, wenn sie — wie in der Vorschrift vorgesehen — sofort entsprechende Dienstkräfte einstellen würde.

§ 109

Besoldung

Die Vergütung[1] des Vorstehers des Wasser- und Bodenverbandes und die Besoldung des Geschäftführers, des Technikers und des Kassenverwalters (§ 108) bedürfen der Genehmigung der Aufsichtsbehörde[2]. Die Vorschriften des allgemeinen Beamten- und Angestelltenrechtes bleiben unberührt[3].

1. Vergütung des Vorstehers

Vorstands- und Ausschußmitglieder sind ehrenamtlich tätig und erhalten Ersatz ihrer baren Auslagen. Der Vorsteher wird eine jährliche Entschädigung erhalten (vgl. Erl. vom 16. Juli 1943, DLZ 1943, 108; SaMu. A § 11 Abs. 2).

2. Genehmigung der Besoldung

Die Besoldung der Dienstkräfte ergibt sich aus den Landesbesoldungsgesetzen, soweit es sich um Beamte handelt, bei Angestellten und Arbeitern aus den Arbeits- und Tarifverträgen (vgl. Anm. 1 zu § 107). Insoweit bedarf also die Tätigkeit des Verbandes nicht der Kontrolle durch die Aufsichtsbehörde. Was allerdings die von der Regel abweichende Einstufung einzelner Dienstkräfte angeht, so wird in diesen Fällen die Tätigkeit der Aufsichtsbehörde durchaus notwendig sein, ähnlich wie die kommunale Aufsichtsbehörde tätig werden muß, wenn von der Regeleinstufung der Kommunalbeamten abgewichen werden soll. So sind hier z. B. die Angleichungsvorschriften der Länder zu beachten, z. B. in NW §§ 29, 30 LBesG NW, soweit es sich bei den betreffenden Beamten um mit Landesbeamten vergleichbare Beamte des Verbandes handelt.

3. Vorschriften des allgemeinen Beamtenrechtes

Wie schon unter Anm. 2 ausgeführt, bestimmen sich die Besoldung der Beamten nach den Vorschriften der Landesbeamtengesetze, -besoldungsgesetze und -besoldungsordnungen, die Vergütung der Angestellten und die Entlohnung der Arbeiter nach den Arbeits- und Tarifverträgen.

§ 110

Beamte

(1) Der Wasser- und Bodenverband darf ***mittelbare Reichs*****beamte**[1] **haben, wenn es in der Satzung zugelassen ist**[2]**. Der allgemeine Rechtstand der Beamten (Beamter auf Lebenszeit, auf Zeit**[3]**, auf Widerruf, Ehrenbeamter) ist in der Satzung zu bestimmen**[4]**.**

(2) Die Aufsichtsbehörde beruft in diesen Fällen den Vorsteher des Verbandes zum Beamten, der Vorsteher die anderen Beamten[5]**. Entsprechendes gilt für die Vereidigung.**

(3) Die Vorschriften des allgemeinen Beamtenrechtes bleiben unberührt[6]**.**

1. Mittelbare Reichsbeamte

Die Rechtsverhältnisse der Beamten des Verbandes bestimmen sich nach den jeweiligen Landesbeamtengesetzen (vgl. Vorbemerkung vor § 107).

2. Bestimmung in der Satzung

Die Bestimmung in der Satzung kann nicht nur bei Verbandsgründungen (s. § 169), sondern auch bei bestehenden Verbänden nur die Aufsichtsbehörde selbst vornehmen, da die Aufnahme einer solchen Bestimmung in eine geltende Satzung eine Änderung im Sinne von § 10 ist. Sie wird nur dann in Betracht kommen, wenn die Neueinrichtung einer Beamtenstelle zur Wahrnehmung hoheitlicher Aufgaben oder aus Gründen der Sicherheit des Verbandes erforderlich ist. Siehe im übrigen Anm. 2 zu § 107.

3. Beamte auf Zeit

Beamte auf Zeit werden nur in den Spitzenstellungen großer Verbände in Betracht kommen. Im übrigen wird man davon ausgehen müssen, daß die Beamten auf Lebenszeit angestellt werden.

4. Rechtsstellung der Beamten

Die Satzung muß festlegen, ob der Beamte auf Lebenszeit, auf Zeit oder als Ehrenbeamter zu berufen ist. Entgegen der Bestimmung ist es wenig praktisch und sinnvoll, in der Satzung Beamtenstellen auf Widerruf vorzusehen.

5. Berufung der Beamten

Wie unter Anm. 2 zu § 107 ausgeführt, wird die Berufung erst durch Aushändigung der Ernennungsurkunde wirksam. Fehlt eine solche Urkunde, ist sie unvollständig oder unrichtig, so ist ein Beamtenverhältnis nicht begründet worden. In diesen Fällen kann für die Vergangenheit im Wege der Umdeutung ein Angestelltenverhältnis angenommen werden.

Bei Dienstantritt müssen die Beamten den Eid nach dem jeweiligen Landesbeamtengesetz leisten. Über die Vereidigung ist eine Niederschrift aufzunehmen.

Fraglich ist, ob der Vorsteher durch die Aufsichtsbehörde berufen werden kann. Soll der Vorsteher Beamter des Verbandes werden, muß er von einem Verbandsorgan berufen werden. Entgegen dem Wortlaut der Bestimmung wird man daher davon auszugehen haben, daß der Verbandsausschuß den Vorsteher zum Beamten beruft.

6. Geltung des allgemeinen Beamtenrechts

Wie schon in Anm. 2 und 3 zu § 109, in der Vorbemerkung vor § 107 und in Anm. 2 zu § 107 ausgeführt, sind die beamtenrechtlichen Vorschriften maßgebend, die in dem jeweiligen Land gelten, soweit die WVVO keine besonderen Vorschriften enthält, oder die Satzung aufgrund ausdrücklicher Ermächtigung eine abweichende Regelung getroffen hat.

X. Abschnitt

Aufsicht

Vorbemerkung

a) Aufsicht und Selbstverwaltung

Die Vorschriften der WVVO über die Aufsicht sind zwar zu einem Teil gegenstandslos geworden, in ihrem Kern jedoch gültig. Sie sind auch unter den gegenüber der Situation zum Zeitpunkt des Inkrafttretens der WVVO eingetretenen entscheidenden Änderungen unserer verfassungsrechtlichen Grundsätze durchaus praktikabel. Der Leitgedanke ist § 111 Abs. 2 i. V. m. § 4 Abs. 1 zu entnehmen, wonach die Aufsicht so geführt werden soll, daß der Wille des Verbandes zum Entschluß und zur Verantwortung, d. h. zur vollinhaltlichen Wahrnehmung seiner Aufgaben und Möglichkeiten im Rahmen der verbandlichen Selbstverwaltung gefördert wird.

Soweit die Rechtsstellung der Wasser- und Bodenverbände als Selbstverwaltungskörperschaften trotz ihrer Unterschiedlichkeit zu den Gebietskörperschaften (s. Anm. 2 und 5 zu § 4) heute in entsprechender

Anwendung der Vorschriften des Gemeinderechts bestimmt werden kann, wird im folgenden zu diesem Zweck auf die Vorschriften der Gemeindeordnung NW verwiesen. Das gilt insbesondere für die Aufsichtsmaßnahmen im einzelnen und die Anfechtbarkeit von Aufsichtsmaßnahmen.

b) Organisationsschema

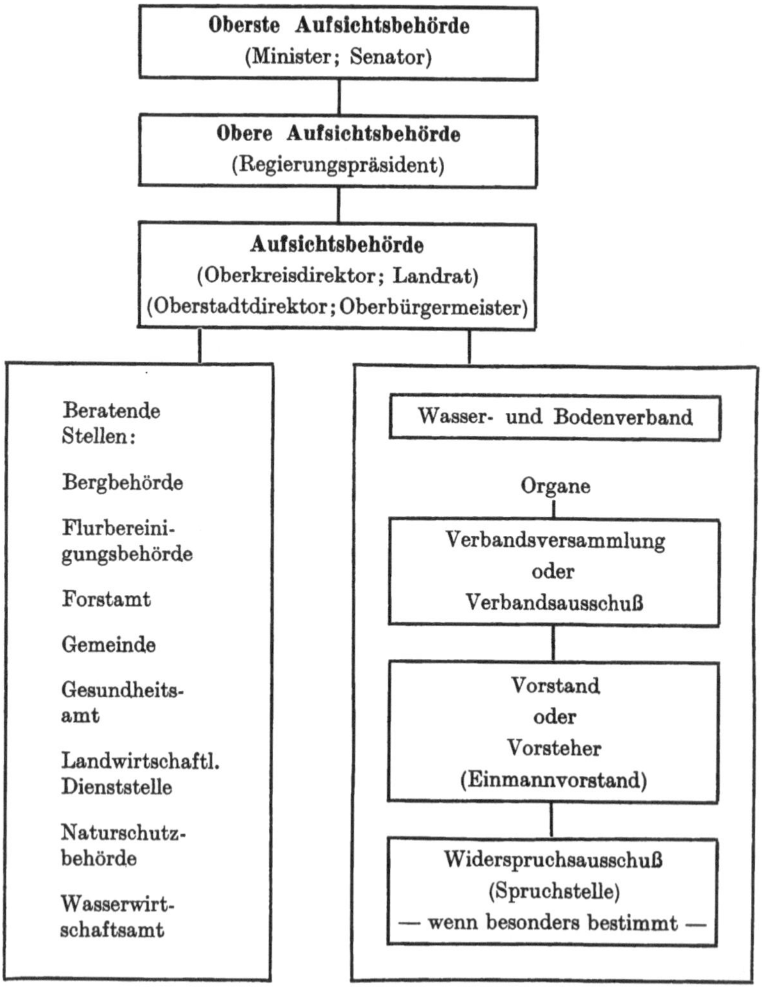

Häufigste Abweichung vom Schema:
Mittelinstanz (§ 112 Abs. 2) als Aufsichtsbehörde,
dann regelmäßig Minister (§ 112 Abs. 1) als oberste zugleich obere Aufsichtsbehörde (§ 114).

§ 111

Inhalt der Aufsicht

(1) Der Staat beaufsichtigt[1] den Wasser- und Bodenverband, um sicherzustellen, daß er im Einklang mit den Gesetzen, der Satzung und den Zielen der Staatsführung[2] verwaltet wird.

(2) Die Aufsicht soll so geführt werden, daß der Wille der Verbandverwaltung zum Entschluß und zur Verantwortung gefördert wird[3].

1. Inhalt der Aufsicht

Die Aufsicht umfaßt eine überwachende, vorbeugende und beratende Tätigkeit. Sie beschränkt sich grundsätzlich darauf, zu überprüfen und sicherzustellen, daß der Verband in Übereinstimmung mit den Gesetzen und der Satzung verwaltet wird. Dazu gehört auch die Kontrolle darüber, ob die Verbandsanlagen bestimmungsgemäß erstellt, betrieben und unterhalten sowie das Vermögen und die Einnahmen bestimmungsgemäß verwendet werden. Die Aufsicht ist also grundsätzlich eine allgemeine Aufsicht (Rechtsaufsicht); sie umfaßt nicht die Fachaufsicht, d. h. die Aufsichtsbehörde kann nicht Fragen der Zweckmäßigkeit der Verwaltungsführung aufgreifen. Anderer Ansicht: Bochalli — 3. Aufl. — S. 35, wonach die Staatsaufsicht keine bloße Rechtsaufsicht ist, sondern in alle Verbandsgeschäfte, auch wenn sie nur privatrechtlichen Inhalt haben, eingreifen kann.

2. Ziele der Staatsführung

Aus dem in Anm. 1 Ausgeführten ergibt sich, daß die Aufsicht insoweit kein Überprüfungsrecht hat. Hätte sie dieses, so wären Fragen der Verbandspolitik und der allgemeinen Zweckmäßigkeit Gegenstand der Aufsicht. Das ist jedoch gerade ausgeschlossen. Mitwirkungsrechte der Aufsichtsbehörde, etwa bei Genehmigungsfragen, sind in den Bestimmungen der WVVO besonders aufgeführt.

3. Förderung der Eigenverantwortlichkeit

Die Aufsicht muß in jedem Fall die Eigenverantwortlichkeit des Verbandes fördern. Maßnahmen des Verbandes sollen daher grundsätzlich nur dann von der Aufsichtsbehörde gerügt werden, wenn sie grobe Rechtsverstöße enthalten. Die Aufsichtsbehörde hat nicht die Aufgabe, sich um alle Einzelheiten der Verbandsverwaltung zu kümmern. Sie soll im Rahmen des gesetzlich Vertretbaren den Verband in seinen Maßnahmen stützen und fördern.

§ 112
Ordentliche Aufsichtsbehörden[1]

(1) Oberste Aufsichtsbehörde des Wasser- und Bodenverbandes ist der *Reichsminister für Ernährung und Landwirtschaft*[2]. **Er handelt im Einvernehmen mit den anderen Fachministern (§ 189)[3].**

(2) Obere Aufsichtsbehörde ist[4]:

a) in *Preußen* **und Bayern**
der Regierungspräsident,

b) *in Sachsen*
der Kreishauptmann,

c) in Hamburg
die Baubehörde,

d) in den anderen Ländern und in Berlin
die oberste Landesbehörde,

e) im Saarlande
der Reichskommissar für das Saarland.

(3) Aufsichtsbehörde ist[5]:

a) *in Preußen*
der Landrat oder der Oberbürgermeister,

b) in Berlin
der Polizeipräsident,

c) in Hamburg und Bremen
der Landherr,

d) in den anderen Ländern und im Saarlande
die den preußischen Behörden entsprechenden Stellen.

1. Übersicht über die Aufsichtsbehörden

Land	A Oberste Aufsichts-behörde	B Obere Aufsichts-behörde	C Aufsichtsbehörde
Baden-Württemberg	Innenministerium	Regierungspräsidium	Landratsamt, Oberbürgermeister
Bayern	Staatsministerium des Innern	Regierungspräsident	Landrat, Magistrat der kreisfreien Stadt
Berlin	Senator für Bau- u. Wohnungswesen	Senator für Bau- u. Wohnungswesen	Senator für Bau- u. Wohnungswesen

Land	A Oberste Aufsichts-behörde	B Obere Aufsichts-behörde	C Aufsichtsbehörde
Bremen	Senator für Inneres	Senator für Inneres	In der Stadtgemeinde Bremen: Senator für Inneres; in der Stadtgemeinde Bremerhaven: Magistrat der Stadt Bremerhaven
Freie und Hansestadt Hamburg	Baubehörde	Baubehörde	Baubehörde
Hessen	Minister für Landwirtschaft und Forsten	Regierungspräsident	Landrat, Magistrat der kreisfreien Stadt
Niedersachsen	Minister für Ernährung, Landwirtschaft u. Forsten	Regierungspräsident, Präsident des Verwaltungsbezirks	Landkreis, kreisfreie Stadt
Nordrhein-Westfalen	Minister für Ernährung, Landwirtschaft u. Forsten	Regierungspräsident	Oberkreisdirektor als untere staatliche Verwaltungsbehörde, kreisfreie Stadt
Rheinland-Pfalz	Ministerium für Landwirtschaft, Weinbau u. Forsten	Bezirksregierung	Landratsamt, Verwaltung der kreisfreien Stadt
Saarland	Minister für öffentliche Arbeiten und Wohnungsbau	Minister für öffentliche Arbeiten und Wohnungsbau	Landrat, Oberbürgermeister
Schleswig-Holstein	Minister für Ernährung, Landwirtschaft u. Forsten	Landesamt für Wasserwirtschaft	Kreis, kreisfreie Stadt

2. Oberste Aufsichtsbehörde

Die oberste Aufsicht liegt heute bei der für die Wasserwirtschaft zuständigen obersten Landesbehörde eines jeden Landes der Bundesrepublik. Das sind die in Anm. 1 unter Spalte A aufgeführten Behörden.

3. Fachminister

Vergleiche Anm. 1 zu § 189.

4. Obere Aufsichtsbehörde

Da die zuständige oberste Landesbehörde oberste Aufsichtsbehörde ist (vgl. oben Anm. 2), ist obere Aufsichtsbehörde heute die der obersten Landesbehörde unmittelbar nachgeordnete Behörde, also der Regierungspräsident oder die ihm entsprechende Behörde. Fehlt eine solche, so fallen oberste und obere Aufsicht zusammen. Vgl. im übrigen die in Anm. 1 unter Spalte B aufgeführten Behörden.

5. Aufsichtsbehörde

Siehe Anm. 1 Spalte C.

§ 113

Unterverbände[1]

Wenn ein Wasser- und Bodenverband einen anderen Wasser- und Bodenverband zum Mitgliede hat, und wenn mehrere Wasser- und Bodenverbände Aufgaben für dieselben Grundflächen haben, kann die gemeinsame Aufsichts- oder nächsthöhere Aufsichtsbehörde den einen der Verbände zum Oberverbande bestimmen[2]. Die zur Aufsicht, zur oberen und zur obersten Aufsicht über den Oberverband berufenen Behörden führen auch die Aufsicht über den Unterverband[3].

1. Unterverbände

Die Tatsache, daß ein Verband selbst Mitglied eines anderen Verbandes ist, macht ihn noch nicht zum Unterverband dieses Verbandes. Vielmehr wird er das erst, wenn dieser Verband zum Oberverband bestimmt wird.

Schon nach preußischem Deichrecht konnten mehrere Verbände, die an der Anlage oder Unterhaltung derselben Deiche, Ent- oder Bewässerungsanlagen interessiert waren, zu einem Deichverband vereinigt werden. Die Einzelverbände blieben dann als Unterverbände eines Hauptverbandes bestehen. Mitglieder waren die Unterdeichverbände (§ 298 PrWG). Das hat die WVVO übernommen. Eine solche Regelung wird besonders für Deichverbände und die Entwässerungsverbände größerer Gebiete in Betracht kommen.

2. Bestimmung zum Oberverband

Die Bestimmung eines der beteiligten Verbände zum Oberverband ist kein anfechtbarer Verwaltungsakt, sondern eine Maßnahme der Organisationsgewalt, die hier gesetzlich der gemeinsamen Aufsichtsbehörde für den Einzelfall vorbehalten ist. Die Bestimmung muß nach § 116 in die

Satzungen der beteiligten Verbände aufgenommen werden. Diese Aufnahmen in die Satzungen sind Satzungsänderungen, die als Rechtsetzung der Verkündung bedürfen (BVerwGE 21, 352; Anm. 5 zu § 10).

Der Oberverband hat dann die das Gesamtgebiet betreffenden Aufgaben zu erfüllen, während die Unterverbände die Aufgaben innerhalb ihres Teilgebietes zu erledigen haben. Der Oberverband kann auch die Aufgabe der Überwachung seiner Unterverbände haben (vgl. § 119). In den Satzungen beider Verbände müssen die dem Oberverband zustehenden Befugnisse sowie die Verteilung der Arbeiten zwischen Oberverband und Unterverbänden genau umschrieben sein (vgl. § 116).

3. Aufsicht über den Unterverband

Aufsichtsbehörde des Unterverbandes ist nicht die Behörde, deren Aufsicht er unterstand, bevor der Oberverband bestimmt wurde; Aufsichtsbehörde, obere und oberste Aufsichtsbehörde des Oberverbandes übernehmen jetzt auch die Aufsicht, obere und oberste Aufsicht über den Unterverband. Ist also Aufsichtsbehörde des Oberverbandes der Regierungspräsident, Aufsichtsbehörde des Unterverbandes vor der Bestimmung nach § 113 der Oberkreisdirektor oder der Landrat, so ist jetzt nach der Bestimmung der Regierungspräsident auch Aufsichtsbehörde des Unterverbandes. Die damit eintretende Einheitlichkeit der Aufsichtsbehörden über Oberverband und Unterverbände kann nach § 114 wieder geändert werden. Dies kommt vor allem in Betracht, wenn die einheitliche Regelung der Aufsicht nicht zweckmäßig ist, z. B. weil der Oberverband wegen seiner Ausdehnung und Bedeutung der Aufsicht des Regierungspräsidenten untersteht, seine Unterverbände nach Art und Umfang jedoch nicht unter dessen Aufsicht, sondern unter diejenige des Oberkreisdirektors (Landrats) gehören (so auch Tönnesmann, Anm. 5 zu § 113).

§ 114

Besondere Aufsichtsbehörden

(1) Die Fachminister[1] können für einen Wasser- und Bodenverband eine andere Behörde zur Aufsichts-, zur oberen und zur obersten Aufsichtsbehörde bestimmen[2], als in den §§ 112 und 113 vorgeschrieben ist[3].

(2) Sie können auch bestimmen, daß die oberste Aufsichtsbehörde zugleich die obere Aufsichtsbehörde ist (zweistufige Aufsicht)[4].

1. Fachminister

Vgl. Anm. 1 zu § 189.

2. Bestimmung der Aufsichtsbehörde

Die Bestimmung einer anderen Behörde als der zunächst zuständigen zur Aufsichts-, oberen oder obersten Aufsichtsbehörde ist weder ein Akt der Rechtsetzung noch ein Verwaltungsakt. Es bedarf daher für diese Bestimmung auch nicht des Erlasses einer Verordnung. Vielmehr kann der Fachminister diese Regelung durch einfachen Erlaß treffen. Anders wäre es nur dann, wenn gesetzlich normiert wäre, daß eine solche anderweitige Bestimmung durch einen Akt der Rechtsetzung vorgenommen werden müsse. Das ist jedoch nicht der Fall (vgl. insoweit VerfGH NW in OVGE 14, 375 und 381 bis 383, wo sogar kommunale Eingliederungsmaßnahmen ihrem Wesen nach ausdrücklich als materielle Verwaltungsmaßnahmen bezeichnet werden).

Die anderweitige Bestimmung ist eine Maßnahme der Organisationsgewalt. Danach kann die oberste Dienstbehörde, hier also der Fachminister, Befugnisse auf nachgeordnete Behörden übertragen oder auch solchen Behörden zustehende Befugnisse anderen Behörden zuweisen. Das gilt stets, soweit das Gesetz das zuläßt oder ausdrücklich vorsieht und andererseits nicht bestimmt, daß die Übertragung durch einen formellen Akt der Rechtsetzung vorzunehmen ist.

Diese Voraussetzungen treffen auch im Fall des § 114 zu. Daraus folgt, daß die anderweitige Bestimmung weder durch Widerspruch noch durch verwaltungsgerichtliche Klage anfechtbar ist.

Die hier vertretene Rechtsauffassung ist nicht unbestritten. Die höchstrichterliche Rechtsprechung hat jedoch inzwischen wiederholt bestätigt, daß es sich nicht um Akte der Rechtsetzung, sondern um den Ausfluß der Organisationsgewalt handelt, die der übergeordneten Behörde zusteht, wenn diese bestimmte Kompetenzen einer Behörde auf eine andere Behörde überträgt (vgl. BVerwG, Urteil vom 16. 7. 1965, BVerwGE 21, 352; BVerwG, Urteil vom 5. 10. 1965, DVBl. 1966, 536; BVerwG, Urteil vom 19. 10. 1966 — IV C — 222. 65 —).

3. Abweichende Regelung der Aufsicht

Wenn z. B. ein Verband besonders groß ist oder besondere Schwierigkeiten bei der Erfüllung seiner Aufgaben hat, kann in solchen wie auch in weiteren Ausnahmefällen der Fachminister die nächsthöhere Behörde zur Aufsichtsbehörde bestimmen. Wenn es aufgrund besonderer Umstände angebracht ist, eine völlig andere Behörde, beispielsweise eine Flurbereinigungsbehörde zu bestimmen, ist auch dies zulässig.

Soweit abweichende Regelungen der Aufsicht nicht auf besonderer gesetzlicher Vorschrift beruhen, können sie nur nach der WVVO getroffen werden, nicht etwa nach den Vorschriften der Landeswassergesetze über die Bestimmung einer Wasserbehörde zur allein zuständigen anstelle mehrerer anderer Behörden (z. B. § 117 NWG, § 100 NWWG).

4. Zweistufige Aufsicht

Hier ist an große Verbände gedacht, die nicht der unteren Verwaltungsbehörde unterstellt werden sollten. Im Regelfall wird hier die obere Aufsichtsbehörde zur Aufsichtsbehörde bestimmt werden; die Aufgaben der obersten und der oberen Aufsicht sind dann bei der obersten Aufsichtsbehörde vereinigt. Das ist beispielsweise beim Aggerverband in Gummersbach, Bilgenentwässerungsverband in Düsseldorf, Niersverband in Viersen, Wasserverband Siegerland in Hüttental-Weidenau und beim Wupperverband in Wuppertal der Fall.

§ 115

Örtliche Zuständigkeit

(1) Die Behörde, in deren Bezirk der Wasser- und Bodenverband seinen Sitz hat, ist unabhängig von den Landesgrenzen für die Aufsicht zuständig[1].

(2) Die obere und die oberste Aufsichtsbehörde können aus besonderen Gründen eine andere Aufsichtsbehörde bestimmen[2].

1. Örtliche Zuständigkeit

Die Behörde am Sitz des Wasser- und Bodenverbandes führt nach dieser Bestimmung die Aufsicht über das gesamte Verbandsgebiet, auch wenn ein Teil des Verbandsgebietes in einem anderen Land liegt. Diese Bestimmung ist mit Rücksicht auf die bundesstaatliche Struktur der Bundesrepublik nur bedingt anwendbar. Da die Länder eigene Hoheitsrechte haben und Aufsichtsbehörden nach der Wasserverbandverordnung ausschließlich die jeweiligen Landesbehörden sind, kann sich deren Aufsichtsbefugnis nicht ohne weiteres auf den Hoheitsbereich benachbarter Länder erstrecken. Dazu bedarf es vielmehr eines Verwaltungsabkommens oder Staatsvertrages zwischen den beteiligten Ländern (vgl. Anm. 6 zu § 152).

2. Abweichende Bestimmung der Aufsicht

Die Vorschrift bezieht sich auf Abs. 1 und ist deshalb ebenfalls nur bedingt anwendbar, wenn eine andere als die in Abs. 1 bezeichnete Behörde mit der Wirkung bestimmt werden soll, daß ihre Zuständigkeit über die Landesgrenze hinausgreift. In diesen Fällen ist somit der Abschluß eines entsprechenden Verwaltungsabkommens oder Staatsvertrages erforderlich.

§ 115 Abs. 2 scheint in manchen Fällen mit § 114 Abs. 1 zu konkurrieren, z. B. wenn eine höhere Behörde als die nach § 112 i. V. m. § 115 Abs. 1 zur Aufsicht berufenen zur Aufsichtsbehörde bestimmt werden soll und diese beiden Behörden an verschiedenen Orten ihren Sitz haben. In einem solchen Fall — Bestimmung einer höheren Behörde — gilt § 114; § 115 Abs. 2 hat demgegenüber die Fälle im Auge, in denen es nicht darum geht, die Aufsicht auf eine höhere Ebene zu verlagern, sondern nur die örtlich bedingte Zuständigkeit, also z. B. von dem Oberstadtdirektor, in dessen Stadt der Verband seinen Sitz hat, auf einen anderen Oberstadtdirektor. Gleiches gilt auch, wenn der Verband über einen Gemeindebezirk hinaus Teile eines Landkreises umfaßt und zur Aufsichtsbehörde statt des nach Abs. 1 zuständigen Oberkreisdirektors ein Oberstadtdirektor bestimmt werden soll, selbst wenn dieser und der Oberkreisdirektor in derselben Stadt ihren Sitz haben, denn auch hier geht es um Fragen der örtlichen Zuständigkeit im Sinne des Absatzes 1.

Zur Rechtsnatur einer solchen Bestimmung s. Anm. 2 zu § 114.

§ 116

Satzung

Die nach den §§ 113, 114 und 115 getroffenen Bestimmungen sind in die Satzung des Wasser- und Bodenverbandes aufzunehmen[1] und im Nachrichtenblatte der ordentlichen oberen Aufsichtsbehörde (§ 112) bekanntzugeben[2].

1. Aufnahme in die Satzung des Verbandes

Es handelt sich hier um eine Änderung der Satzung, die von der Aufsichtsbehörde vorzunehmen ist. Vgl. im übrigen § 10 Abs. 1 und Anm. 2 bis 6 zu § 10.

2. Bekanntgabe der Bestimmung

Da die Bestimmung in die Satzung aufgenommen werden muß, ist die Änderung zusätzlich zu der nach dem Wortlaut der Vorschrift vorgeschriebenen Bekanntmachung so zu verkünden wie die Satzung selbst. Vgl. im übrigen Anm. 5 zu § 10.

§ 117

Ausschaltung der Aufsichtsbehörde[1]

Die obere und die oberste Aufsichtsbehörde können an Stelle der Aufsichtsbehörde handeln, wenn damit nicht ein Rechtsmittel wegfällt[2].

1. Nichtfortgelten der Vorschrift

Die Bestimmung ist der in § 145 GVG ähnlich, wonach die vorgesetzten Beamten der Staatsanwaltschaft jede Angelegenheit der ihnen nachgeordneten Beamten selbst übernehmen können. Im Gegensatz zur Regelung bei der Staatsanwaltschaft ist die Bestimmung des § 117 nicht mehr als gültig anzusehen. Sie ist mit dem allgemeinen Erfordernis der Rechtssicherheit im Rechtsstaat nicht mehr vereinbar. Der betroffene Verband, seine Aufsichtsbehörde wie auch die etwa interessierte Allgemeinheit müssen wissen, welche Behörde als Aufsichtsbehörde unmittelbar tätig werden kann. Das wiederum muß sich unmittelbar aus dem Gesetz ergeben. Abweichungen setzen eine besondere Bestimmung der Aufsichtsbehörde voraus (wie etwa in § 114; vgl. zu dieser Frage aber BVerwGE 3, 11, wo von der Fortgeltung der Vorschrift ausgegangen wird).

2. Andere Möglichkeiten der übergeordneten Behörden

Die jeweils übergeordnete Behörde kann der unterstellten Behörde jederzeit Weisungen erteilen, die befolgt werden müssen.

In besonderen Fällen kann eine Verlagerung der Aufsicht nach § 114 Abs. 1 in Betracht kommen. Genügt es, eine Aufsichtsbehörde durch eine andere auf gleicher behördlicher Ebene zu ersetzen, kann nach § 115 Abs. 2 verfahren werden (s. Anm. 2 zu § 115).

§ 118

Beratende Stellen

Die Aufsichtsbehörde wird in technischen Angelegenheiten von der staatlichen Fachbehörde[1] und in landwirtschaftlichen Angelegenheiten von dem *Reichsnährstande*[2] beraten[3]. Die oberste Aufsichtsbehörde kann anordnen, daß an die Stelle der staatlichen Fachbehörde oder neben sie ein anderer Berater[4] tritt.

1. Staatliche Fachbehörde

Staatliche Fachbehörden in technischen Angelegenheiten sind die Wasserwirtschaftsämter und andere kulturbautechnische Staatsbehörden, die Staatshochbauämter, die Wasser- und Schiffahrtsämter, die Gewerbeaufsichtsämter, in Fragen des Gesundheitswesens — z. B. in Trink- und Abwasserfragen — die Gesundheitsämter (vgl. auch 1. AV Nr. 85). Die Fachbehörden sind zur Beratung verpflichtet. Soweit sie nicht ohnehin der Weisung der Aufsichtsbehörde unterliegen, fällt ihre Tätigkeit unter die Amtshilfe.

Verträge über die Vergabe von Arbeiten, zu denen staatliche Zuschüsse gegeben werden, müssen nach besonderer Anordnung der Aufsichtsbehörde dem Wasserwirtschaftsamt zur Stellungnahme zugeleitet werden; Beginn und Ende der Arbeiten sind ihm anzuzeigen. Das Wasserwirtschaftsamt nimmt in diesen Fällen die Anlagen ab; es nimmt die technische Abschlußprüfung vor (vgl. 1. AV Nr. 21).

Daneben kommen auch noch andere beratende Stellen in Frage, wie z. B. Landesämter für Gewässerkunde, Flußwasseruntersuchungsämter, staatliche Forstämter, Geologische Landesämter.

2. Landwirtschaftliche Fachbehörde

Es ist jetzt die berufsständische Organisation der Landwirtschaft zuständig, d. h. in der Regel die Landwirtschaftskammer oder die von ihr in den Kreisen eingerichteten Außenstellen. Die landwirtschaftliche Fachbehörde wird in diesem Kommentar als „landwirtschaftliche Dienststelle" bezeichnet. Sie hat die Aufsichtsbehörde insbesondere auch bei der Gründung von Verbänden zu beraten (§ 157 Abs. 2 Satz 2).

3. Beratung der Aufsichtsbehörde

Die Beratung ist zunächst nur eine Hilfstätigkeit für die Aufsichtsbehörde. Das hindert jedoch nicht, daß die Beratungsstellen mit dem Verbandsvorsteher unmittelbare Verbindung halten.

Die Beratung durch die technischen Fachbehörden und die landwirtschaftlichen Dienststellen besteht also zum einen in einer Hilfstätigkeit gegenüber der Aufsichtsbehörde, zum anderen in einer Beratung des Verbandes selbst.

4. Andere Berater

Insbesondere bei technischen Fragen auf Spezialgebieten, die etwa das Wasserwirtschaftsamt nicht selbst beantworten kann, wird die oberste Aufsichtsbehörde andere Berater bestimmen.

§ 119
Überwachung der Unterverbände

(1) Wenn ein Oberverband (§ 113) seinen Unterverband zu überwachen hat (§ 2 Nr. 11), kann durch die Satzung des Unterverbandes vorgeschrieben werden, daß der Vorsteher des Oberverbandes neben der Aufsichtsbehörde die Befugnisse der §§ 111, 120, § 121 Abs. 1 und 2 Satz 1, §§ 125 und 126 hat[1].

(2) Der Unterverband kann gegen die von Aufsicht wegen getroffenen Maßnahmen und Anordnungen des Vorstehers des Oberverbandes die Aufsichtsbehörde des Unterverbandes anrufen[2]. Die Anrufung hat aufschiebende Wirkung, soweit nicht der Vorsteher des Oberverbandes die

sofortige Ausführung für das öffentliche Wohl oder die gemeinwirtschaftliche Ordnung verlangt[3]. Der Vorsteher des Oberverbandes hat die Anordnungen der Aufsichtsbehörde zu befolgen.

1. Vorsteher des Oberverbandes als Aufsichtsbehörde

Wenn ein Oberverband Überwachungsbefugnisse nach § 2 Nr. 11 über einen Unterverband hat, so können dem Vorsteher des Oberverbandes kraft Bestimmung in der Satzung des Unterverbandes in begrenztem Umfange die Befugnisse einer Aufsichtsbehörde des Unterverbandes vermittelt werden. Es handelt sich hier um einen Fall der Organleihe, d. h. ein anderer als die zuständige Behörde nimmt kraft Gesetzes Hoheitsbefugnisse wahr. Es ist jedoch zu beachten, daß der Vorsteher die Befugnisse der Aufsichtsbehörde nur hat, soweit sie in Abs. 1 besonders genannt sind. Alle übrigen Befugnisse bleiben bei der Aufsichtsbehörde des Unterverbandes (vgl. § 113). Besonders hervorzuheben ist dabei, daß trotz dieser Organleihe die Aufsichtsbehörde alle Aufsichtsbefugnisse behält.

2. Schutz gegen Maßnahmen des Vorstehers des Oberverbandes

Handelt der Vorsteher als Aufsichtsbehörde nach Abs. 1, so sind seine Maßnahmen Aufsichtsmaßnahmen, die wie jede andere Aufsichtsmaßnahme zu behandeln sind. Soweit diese Maßnahmen keine Verwaltungsakte sind, die Rechtsschutzmöglichkeiten nach der VwGO also nicht durchgreifen, sind dem Unterverband zu seinem Schutz die in Abs. 2 erwähnten Möglichkeiten eingeräumt.

Stellen die Maßnahmen des Vorstehers des Oberverbandes jedoch Verwaltungsakte dar, so ist innerhalb eines Monats nach Bekanntgabe oder Zustellung der Widerspruch gegeben. Über ihn entscheidet in Abweichung von dem Wortlaut des Absatzes 2 Satz 1 die obere Aufsichtsbehörde des Unterverbandes (§ 73 Abs. 1 Nr. 1 VwGO), es sei denn, daß die obere Aufsichtsbehörde eine oberste Landesbehörde ist (§ 73 Abs. 1 Nr. 2 VwGO). Nach erfolglosem Widerspruch kann in diesen Fällen der Unterverband Klage gegen den Verwaltungsakt des Vorstehers vor dem Verwaltungsgericht erheben (vgl. im übrigen Vorbemerkung c vor § 133).

3. Aufschiebende Wirkung

Die in Abs. 2 Satz 2 getroffene Regelung gilt insoweit, wie die Maßnahmen des Vorstehers des Oberverbandes keine Verwaltungsakte sind (s. oben Anm. 2). Stellen die Maßnahmen dagegen Verwaltungsakte dar, gilt § 80 VwGO.

§ 120

Teilnahme an Sitzungen

Die Aufsichtsbehörde und die sie beratenden technischen Stellen (§ 118) können an den Sitzungen der Organe des Wasser- und Bodenverbandes teilnehmen oder Beauftragte teilnehmen lassen[1]. Sie können jederzeit das Wort ergreifen[2].

1. Teilnahme an Sitzungen

Die Teilnahme an Sitzungen ist Ausfluß des allgemeinen Unterrichtungsrechts der Aufsichtsbehörde, wie es in § 121 geregelt ist. Die Teilnahme setzt voraus, daß die Aufsichtsbehörde zu jeder Sitzung geladen wird. Dazu ist der Verband verpflichtet. Ob, wie in der 2. Auflage erläutert, die Aufsichtsbehörde allgemein das Recht hat, von sich aus eine Sitzung anzuberaumen, muß bezweifelt werden. Das geht über die allgemeine Aufsicht hinaus. Ein solches Recht hat die Aufsichtsbehörde nur dann, wenn es besonders bestimmt ist. Aber selbst in diesen Fällen (vgl. §§ 51, 59, 60) wird man heute ein Recht der Aufsichtsbehörde nur im Ausnahmefall annehmen können (Anm. 2 zu § 51; Anm. 2 zu § 59; Anm. 2 zu § 60). Die Aufsichtsbehörde kann daher auch nicht selbst die Leitung der Sitzung übernehmen.

2. Stellungnahme des Vertreters der Aufsichtsbehörde

Die Stellungnahme sollte sich grundsätzlich auf die Fragen beschränken, die sich im Rahmen der Rechtsaufsicht halten (§ 111). Der Vertreter der Aufsichtsbehörde sollte also beispielsweise auf rechtliche Bedenken gegen beabsichtigte Maßnahmen hinweisen. Wenn Vertreter des Verbandes den weitergehenden Rat der Aufsichtsbehörde erbitten, sollte diese auch zu anderen Fragen Stellung nehmen. Insbesondere bei kleineren Verbänden wird das oft erwünscht und notwendig sein.

§ 121

Unterrichtung der Behörde.

Aufsichtschau

(1) Die Aufsichtsbehörde kann sich jederzeit, auch durch Beauftragte, über alle Angelegenheiten des Wasser- und Bodenverbandes unterrichten[1], sie kann mündliche und schriftliche Berichte fordern, Akten und andere Unterlagen einfordern, an Ort und Stelle prüfen[2] und besichtigen.

(2) Sie kann die Anlagen, Gewässer und Grundstücke des Verbandes (§ 42) selbst prüfen und eine Verbandschau anordnen. Sie kann durch Polizeiverordnung eine Schauordnung für ein vom Verbande unabhängiges Schauen erlassen (Aufsichtschau)[3].

(3) Die die Aufsichtsbehörde beratenden technischen Stellen (§ 118) können jederzeit die Anlagen, Gewässer und Grundstücke prüfen.

1. Unterrichtung der Aufsichtsbehörde

Die Regelung entspricht dem Unterrichtungsrecht, wie es allgemein bei Selbstverwaltungskörperschaften für die Aufsichtsbehörden vorgesehen ist. Die Unterrichtung kann auf verschiedenste Art erfolgen, durch mündliche Auskünfte, telefonische Nachfragen, schriftliche Berichte, Aktenvorlage, Ortsbesichtigung und dgl. Das Unterrichtungsrecht hat seine Grenze lediglich am Willkürverbot, d. h. die Aufsichtsbehörde muß einen sachlichen Grund für die Unterrichtung haben.

2. Prüfen durch Aufsichtsbehörden

Damit sind keine formellen Prüfungen gemeint. Prüfen ist hier vielmehr als eine besondere Art der Unterrichtung zu verstehen.

3. Aufsichtsschau

Die Schautermine liegen allgemein bereits durch die Schauordnung des Verbandes nach § 42 fest (vgl. auch § 96). Darüber hinaus kann die Aufsichtsbehörde im Einzelfall eine Verbandsschau anordnen. Schließlich kann sie eine eigene Schauordnung in Form einer Polizeiverordnung (ordnungsbehördlichen Verordnung) erlassen. Dazu wird nur dann Anlaß bestehen, wenn die Verbandsschau für eine ordnungsmäßige Unterhaltung der Verbandsanlagen nicht ausreicht. In diesem Fall führt die Aufsichtsbehörde die Schau selbst. Die Aufsichtsschau kann neben der Verbandsschau, aber auch an Stelle der Verbandsschau durchgeführt werden (vgl. 1. AV Nr. 31). An den regelmäßigen Schauen hat außer dem Wasserwirtschaftsamt auch ein Vertreter der Landwirtschaft teilzunehmen (LwRMBl. 1940, 353; 1941, 925).

Wegen der Wasserschau nach den Landeswassergesetzen vgl. Anm. 1 zu § 42.

§ 122

Genehmigung von Geschäften

(1) Der Wasser- und Bodenverband bedarf der Genehmigung der Aufsichtsbehörde[1]

1. zur unentgeltlichen Veräußerung von Vermögengegenständen[2],

2. zur Veräußerung von Grundstücken und grundstückgleichen Rechten[3],

3. zur Veräußerung und zur wesentlichen Änderung von Sachen, die einen besonderen wissenschaftlichen, geschichtlichen oder Kunstwert haben[4],

4. zur Aufnahme von Darlehen (Anleihen, Schuldscheindarlehen, anderem Kredit)[5],
5. zum Eintreten in Gesellschaften und andere Vereinigungen bürgerlichen Rechtes[6],
6. zu Verträgen mit einem Mitgliede des Vorstandes[7],
7. zur Gewährung von Darlehen und anderem Kredit an Mitglieder des Vorstandes und des Ausschusses und an Dienstkräfte des Verbandes[8],
8. zur Bestellung von Sicherheiten[9],
9. zur Übernahme von Bürgschaften und Verpflichtungen aus Gewährverträgen[10].

(2) Die Genehmigung ist auch zu Rechtsgeschäften erforderlich, die einem der im Abs. 1 angegebenen Geschäfte wirtschaftlich gleichkommen[11].

(3) Zur Aufnahme von Kassenkredit (§ 68) genügt eine mit einem Höchstbetrage zu gebende Ermächtigung der Aufsichtsbehörde. Die Ermächtigung erlischt mit dem Ablaufe des Rechnungsjahres (§ 65)[12].

(4) Die oberste Aufsichtsbehörde kann für bestimmte Geschäfte Ausnahmen von den Vorschriften des Absatzes 1 zulassen[13]. Diese sind in der Satzung anzugeben.

1. Genehmigung der Aufsichtsbehörde

Die Genehmigungsvorbehalte sind in Anlehnung an die entsprechenden Vorschriften der DGO in die WVVO aufgenommen worden. Werden Geschäfte ohne diese Genehmigung abgeschlossen, so sind sie nach § 123 rechtsunwirksam. Da die Genehmigung in der Regel nachträglich eingeholt wird, sind sie jedoch erst dann endgültig rechtsunwirksam, wenn die Genehmigung versagt wird. Vorher sind sie schwebend unwirksam. Eine Ausnahme gilt nur für die Fälle des § 122 Abs. 4, wenn eine Ausnahme vom Genehmigungsvorbehalt von der Aufsichtsbehörde allgemein zugelassen ist.

Um die Einhaltung der Satzungsvorschriften über die Mitwirkung des Gesamtvorstandes oder anderer Stellen bei Rechtsgeschäften des Verbandsvorstehers zu gewährleisten, haben die Aufsichtsbehörden vor der Genehmigung in den Fällen des § 122 die Beachtung der Satzung zu prüfen und gegebenenfalls das danach Erforderliche zu veranlassen.

Der Geschäftspartner, der im guten Glauben an die Genehmigungsfreiheit des Geschäfts mit dem Verband abgeschlossen hat, wird nicht geschützt. Das entspricht einem allgemeinen Rechtsgedanken, wie er auch in den Vorschriften des bürgerlichen Rechts bei genehmigungsbedürftigen Geschäften niedergelegt ist. Der Schutz des Verbandsvermögens im öffentlichen Interesse, der der Zweck dieser Bestimmung ist, geht dem Vertrauensschutz des Geschäftspartners in jedem Falle vor.

2. Unentgeltliche Veräußerung von Vermögensgegenständen

Damit sind alle Schenkungen des Verbandes erfaßt, aber auch solche Geschäfte, bei denen ein völlig unzureichender Gegenwert an den Verband geleistet wird, die also einer Schenkung gleichkommen. Vermögensgegenstände sind alle Sachen im Rechtssinne (vgl. §§ 91ff. BGB), Grundstücke und Forderungen.

3. Veräußerung von Grundstücken

Nur die Übertragung von Grundstücken und grundstücksgleichen Rechten ist genehmigungspflichtig, nicht dagegen die Übertragung von dinglichen Rechten an Grundstücken, die nicht grundstücksgleiche Rechte sind. Grundstücksgleiche Rechte sind z. B. das Erbbaurecht (§ 184) und das Bergwerkseigentum (§§ 50ff. ABG).

4. Wissenschaftlich wertvolle Sachen

Diese Bestimmung wird für die Verbände von geringem praktischen Wert sein. Sollte ein solches Geschäft trotzdem einmal anstehen, so wird bei der Erteilung der Genehmigung darauf abzustellen sein, daß eine solche Sache im allgemeinen nicht ins Ausland gelangen soll.

5. Darlehensaufnahme

Darunter ist jede Art von Kredit zu verstehen, gleichgültig, ob es sich um langfristige oder kurzfristige Kredite handelt, ob die Gesamtschuldensumme des Verbandes dadurch vermehrt wird oder nicht, ob es sich um die Umwandlung eines genehmigungsfreien Geschäfts in einen Kredit handelt. Genehmigungspflichtig ist auch jede Änderung der Darlehensbedingungen, wie z. B. die Veränderung der Zins- oder Tilgungsbeträge. Bei der Genehmigung wird die Aufsichtsbehörde zu beachten haben, wie die Finanzkraft des Verbandes beschaffen ist, ob der Verband die Schuldenlast tragen kann, zu welchem Zweck das Darlehen aufgenommen ist, ob die Darlehnsbedingungen vertretbar und annehmbar sind, ob mit der Darlehnsaufnahme Maßnahmen durchgeführt werden, die gewisse Einnahmen für den Verband nach sich ziehen. Gegebenenfalls kann die Aufsichtsbehörde auch ratenweise entsprechend dem Fortschritt der Arbeiten die Genehmigung erteilen.

6. Eintritt in Gesellschaften

Dazu gehören nicht nur die Gesellschaften des Handelsrechts, sondern auch die bürgerlich-rechtliche Gesellschaft (§§ 705ff. BGB) sowie der rechtsfähige oder nichtrechtsfähige Verein.

7. Verträge mit einem Vorstandsmitglied

Diese Bestimmung ist insbesondere wegen der Interessenkollision notwendig. Das Erfordernis der Genehmigung bei der Zahlung von Entschädigungen an den Vorsteher ergibt sich aus § 109.

8. Kreditgewährung

Auch hier steht die Besorgnis der Interessenkollision im Vordergrund. Darüber hinaus soll das Vermögen des Verbandes geschützt werden, z. B. gegen die Gewährung zu hoher und zu günstiger Darlehen. Schon der Verband selbst, insbesondere aber die Genehmigungsbehörden sollten hier auf eine Gleichbehandlung der Dienstkräfte des Verbandes mit denen anderer öffentlich-rechtlicher Körperschaften hinwirken.

9. Sicherheiten

Zu den Sicherheiten zählen die Verpfändung beweglicher Sachen, die Bestellung von Grundpfandrechten, wie Hypotheken, und Sicherungsübereignungen.

10. Gewährverträge

Gewährvertrag ist ein Vertrag, in dem man verspricht, für einen bestimmten Erfolg einzustehen, insbesondere die Gefahr für ein künftiges Ereignis zu übernehmen.

11. Wirtschaftlich gleichstehende Rechtsgeschäfte

Ob ein Rechtsgeschäft den oben in Nr. 1 bis 9 aufgeführten Geschäften wirtschaftlich gleichkommt und deswegen der Genehmigung der Aufsichtsbehörde bedarf, ist nicht abstrakt zu entscheiden, sondern nach der konkreten Erscheinungsform dieses Geschäftes und seinem Zusammenhang mit der übrigen wirtschaftlichen Betätigung des Verbandes. Darunter kann auch eine Schuldübernahme fallen (BGH, Urteil v. 25. 11. 1959 in MDR 1960, 127). Auch die sog. Leasing-Verträge kommen den genehmigungspflichtigen Rechtsgeschäften wirtschaftlich gleich. Darunter versteht man solche Verträge, in denen eine öffentlich-rechtliche Körperschaft einem privaten Unternehmer die Erstellung von öffentlichen Anlagen, wie Turnhallen, Schwimmbädern, Schulen, Stauanlagen u. ä. überträgt, der private Unternehmer das Objekt in eigener Planung und Verantwortung ausführt und es nach Fertigstellung der Körperschaft gegen Zahlung eines monatlichen Entgelts zur Nutzung überläßt mit der Maßgabe, daß es allmählich in das Eigentum der Körperschaft übergeht. Zu den Leasing-Verträgen vgl. RdErl. IM NW v. 31. 1. 1966 — MBl. NW. S. 528 —.

12. Aufnahme von Kassenkredit

Die Genehmigung der Aufsichtsbehörde besteht hier in einer allgemeinen Ermächtigung, bis zu einem gewissen Höchstbetrag Kassenkredite aufzunehmen. Die Einzelkredite brauchen also nicht besonders genehmigt zu werden.

Zum Begriff Kassenkredit vgl. Anm. 1 zu § 68.

13. Ausnahmen vom Genehmigungsvorbehalt

Die Vorschrift entspricht den Bedürfnissen der großen Verbände. Die Ausnahmen können sich auf bestimmte einzelne Geschäfte, auf regelmäßig wiederkehrende Geschäfte oder eine bestimmte Gruppe von Geschäften beziehen.

§ 123

Unwirksamkeit nicht genehmigter Geschäfte[1]

Geschäfte des bürgerlichen Rechtsverkehres, die der Wasser- und Bodenverband ohne die nach diesem Gesetze[2] erforderliche Genehmigung der Aufsichtsbehörde abgeschlossen hat, sind unwirksam[3].

1. Anfechtbarkeit der Entscheidung der Aufsichtsbehörde

Verweigert die Aufsichtsbehörde ihre Genehmigung, so stellt sich die Frage, ob der betroffene Verband diese Entscheidung anfechten und die Erteilung der Genehmigung einklagen kann.

Nachdem früher eine solche Anfechtbarkeit grundsätzlich verneint wurde, sind heute Literatur und Rechtsprechung der Auffassung, daß in gewissen Fällen ein Klagerecht anzuerkennen ist (vgl. Salzwedel, Arch. f. Komm. Wissenschaften 1962, 203; Berkenhoff, Das Kommunalverfassungsrecht in Nordrhein-Westfalen, 1960, 199; OVG Münster vom 8. 1. 1964, OVGE 19, 192). Danach ist darauf abzustellen, ob der Genehmigungsvorbehalt im allgemeinen öffentlichen Interesse oder allein im Interesse des Verbandes vorgesehen ist. Ist die Genehmigung im allgemeinen öffentlichen Interesse vorbehalten, so handelt es sich um ein sogenanntes Kondominium, d. h. die Rechte sind zwischen Staat und Verband geteilt; die Verweigerung der Genehmigung ist daher nicht anfechtbar. Ist dagegen die Genehmigung im Interesse des Verbandes vorgesehen, so ist die Anfechtbarkeit zu bejahen. Die Genehmigung ist durch Verpflichtungsklage einzuklagen.

2. Nach diesem Gesetz

D. h. nach der WVVO.

3. Unwirksamkeit der Geschäfte

Zur Unwirksamkeit und schwebenden Unwirksamkeit vgl. Anm. 1 zu § 122.

§ 124

Aufhebung von Maßnahmen

Die Aufsichtsbehörde[1] kann Entschließungen und Anordnungen[2] der Organe des Wasser- und Bodenverbandes, die das Gesetz oder die Satzung verletzen[3] oder den Zielen der Staatsführung zuwiderlaufen[4], aufheben[5] und verlangen, daß Maßnahmen, die auf Grund solcher Entschließungen oder Anordnungen getroffen sind, rückgängig gemacht werden[6].

1. Aufsichtsbehörde

Wer Aufsichtsbehörde ist, bestimmt sich nach § 112, im Ausnahmefall nach der gemäß §§ 114, 115 getroffenen Regelung.

Zum Inhalt der Aufsicht vgl. Vorbemerkung vor § 111 und Anm. 1 bis 3 zu § 111.

2. Entschließungen und Anordnungen

Dazu gehören nicht nur die Verwaltungsakte, die vom Wasser- und Bodenverband erlassen werden, sondern auch die Beschlüsse oder Entschließungen, die etwa zur Festlegung der weiteren Arbeit des Verbandes getroffen werden.

3. Verstoß gegen Gesetz oder Satzung

Die Maßnahmen des Verbandes müssen rechtswidrig sein, soll die Aufsichtsbehörde einschreiten können. Rechtswidrig sind Maßnahmen dann, wenn sie gegen die Verfassung, Gesetze oder Verordnungen oder gegen die Satzung des Verbandes verstoßen. Ein Verstoß gegen Erlasse und Richtlinien oder Verfügungen der Aufsichtsbehörde begründet für sich noch keine Rechtswidrigkeit. Die Rechtswidrigkeit kann ohne Verstoß gegen die oben genannten Normen aber auch dann vorliegen, wenn die Maßnahmen ermessensfehlerhaft sind oder gegen Grundsätze des allgemeinen Verwaltungsrechts, wie etwa den Grundsatz der Verhältnismäßigkeit, verstoßen.

4. Ziele der Staatsführung

Allgemeine Zweckmäßigkeitsgesichtspunkte, Ziele der Aufsichtsbehörde, landes- oder bundespolitische Gesichtspunkte ermächtigen die Aufsichtsbehörden entgegen dem Wortlaut der Bestimmung nicht mehr zum Einschreiten, wenn der Verband ihnen zuwiderhandelt. Das ergibt sich daraus, daß wegen der Selbstverwaltung des Verbandes Eingriffe nur zulässig sind, wenn rechtswidrig gehandelt wird.

5. Aufhebung

Die Aufsichtsbehörde kann die Maßnahmen des Verbandes durch ihre Verfügung an den Verband beseitigen, sobald sie davon Kenntnis erlangt.

Das bedeutet einen sehr weitgehenden Eingriff in die Tätigkeit des Verbandes.

Die Gemeindeordnungen der Länder sehen in solchen Fällen daher vor, daß die Verfügung der Aufsichtsbehörde zunächst nur darauf gerichtet werden kann, die beanstandete Maßnahme nochmals zu überprüfen. Erst wenn die Gebietskörperschaft trotz erneuter Beratung bei ihrer alten Auffassung verbleibt, kann die Aufsichtsbehörde die Maßnahme aufheben (vgl. § 108 Abs. 1 GO NW). Der Grundsatz, daß auch Maßnahmen der Aufsichtsbehörde nur den geringstmöglichen, wenn auch notwendigen Eingriff in die Selbstverwaltung darstellen dürfen, zwingt zu dem Schluß, daß auch die Aufsichtsbehörde des Verbandes rechtswidrige Maßnahmen des Verbandes nicht unmittelbar aufheben darf, sondern zuvor ihre Überprüfung fordern muß und sodann erst zur Aufhebung schreiten kann.

6. Verfügung der Aufsichtsbehörde

Die Verfügungen der Aufsichtsbehörde müssen schriftlich ergehen, die beanstandete Maßnahme genau bezeichnen und mit einer Begründung versehen sein. Wegen der Anfechtung der Aufsichtsmaßnahme vgl. Anm. 1 zu § 131 und Anm. 2 bis 5 zu § 187. Die Aufsichtsverfügungen müssen mit einer Rechtsbehelfsbelehrung versehen werden.

§ 125

Anordnung von Maßnahmen

Wenn die Organe des Wasser- und Bodenverbandes Entschließungen, Erklärungen, Anordnungen, Verfügungen unterlassen[1], die zur Erfüllung der Verbandaufgaben erforderlich sind, kann die Aufsichtsbehörde anordnen, daß sie in einer bestimmten Frist das Erforderliche tun. Die Behörde hat die geforderte Handlung im einzelnen zu bezeichnen[2].

1. Unterlassene Erfüllung von Aufgaben

Die Rechtswidrigkeit des Verhaltens eines Verbandes kann auch darin bestehen, daß er Aufgaben nicht wahrnimmt, zu deren Erfüllung er aufgrund des in der Satzung niedergelegten Verbandszwecks oder anderer gesetzlicher Bestimmungen verpflichtet ist. Auch hier kann die Aufsichtsbehörde nicht schon dann tätig werden, wenn sie der Meinung ist, daß der Verband bestimmte Maßnahmen ergreifen müßte, sondern nur dann, wenn die Nichtvornahme der Maßnahmen rechtswidrig ist.

2. Bezeichnung der geforderten Handlung

Vgl. dazu Anm. 6 zu § 124.

§ 126

Durchführung der Aufsicht

Die Aufsichtsbehörde kann ihre Anordnungen an Stelle und auf Kosten[1] des Wasser- und Bodenverbandes selbst durchführen oder von einem anderen durchführen lassen[2].

1. Anforderung der Kosten

Die Kosten der Aufsichtsmaßnahme erhebt die Aufsichtsbehörde durch eine besondere Verfügung an den Verband, den Leistungsbescheid. Dieser Bescheid ist selbständig anfechtbar. Allerdings kann der betroffene Verband sich hier nicht mehr gegen die Durchführung der Ersatzvornahme selbst, sondern nur noch in Fragen der Kostenhöhe und dergleichen zur Wehr setzen.

2. Ersatzvornahme

§ 126 ist im Zusammenhang mit § 125 zu sehen. Er enthält die Bestimmung, wie die Verfügungen der Aufsichtsbehörde nach § 125 vollstreckt werden. Das kann einmal dadurch geschehen, daß die Aufsichtsbehörde die verlangte Maßnahme an Stelle und auf Kosten des Verbandes durchführt oder einen Dritten damit beauftragt. Es handelt sich hier um das Recht der Ersatzvornahme. Zur Ersatzvornahme darf die Aufsichtsbehörde nur dann schreiten, wenn sie dies vorher angedroht und eine Frist zur Durchführung der verlangten Maßnahme gesetzt hat.

Auch diese Verfügungen der Aufsichtsbehörde müssen schriftlich ergehen und mit einer Rechtsbehelfsbelehrung versehen sein.

Über weitergehende Befugnisse der Aufsichtsbehörde vgl. §§ 128, 130.

§ 127

Besetzung offener Stellen

Wenn offene Stellen im Vorstande[1] oder im Ausschusse zur Verhütung von Nachteilen sofort besetzt werden müssen, kann die Aufsichtsbehörde es für die Zeit bis zur ordentlichen Besetzung[2] tun und eine angemessene Entschädigung für die berufenen Personen festsetzen. Sie kann diese abrufen.

1. Offene Stellen im Vorstand

Für den Sonderfall der nicht rechtzeitigen Vorlage des Vorschlags durch den Verbandsausschuß oder der Zurückweisung des Vorschlages vgl. § 48 Abs. 3.

2. Vorläufige Besetzung offener Stellen

Zur Sicherstellung der Verbandsarbeit kann die Aufsichtsbehörde bis zur ordentlichen Besetzung einer Stelle eine Person vorübergehend mit der Wahrnehmung der Aufgaben betrauen. Sie setzt gleichzeitig die durch den Verband für diese Person zu zahlende Entschädigung fest. Die Befugnis des durch die Aufsichtsbehörde Berufenen endet, sobald die Stelle ordentlich besetzt ist, oder sonst bei Abberufung der Person durch die Aufsichtsbehörde.

§ 128

Amtsenthebung[1]

(1) Die Aufsichtsbehörde kann Mitglieder des Vorstandes und des Ausschusses, die ihre Pflicht verletzen oder für ihre Stellung ungeeignet sind, ihres Amtes entheben[2, 3].

(2) Für Beamte auf Lebenszeit, auf Zeit und auf Widerruf gelten die beamtenrechtlichen Vorschriften[4].

1. Amtsenthebung

Es erscheint fraglich, ob die Vorschrift mit der Personalhoheit des Verbandes im Rahmen seiner Selbstverwaltung noch vereinbar ist. Die Amtsenthebung der wichtigsten Dienstkräfte des Verbandes stellt jedenfalls einen Eingriff in die Verbandsarbeit dar, der über die Rechte der Aufsichtsbehörde im Rahmen ihrer allgemeinen Aufsicht hinausgeht. Aus Pflichtverstößen von Mitgliedern des Vorstandes oder des Ausschusses die Konsequenzen zu ziehen, ist der Verband zunächst selbst berufen, desgleichen wenn er die Personen für ungeeignet hält, ihr Amt weiter auszuüben.

Mit der Selbstverwaltung des Verbandes und der ihm zustehenden Personalhoheit ist es nur vereinbar, ein Recht der Aufsichtsbehörde zur Amtsenthebung anzunehmen, wenn Mitglieder des Vorstandes oder des Ausschusses rechtswidrige Maßnahmen im Verband oder nach außen treffen. Eine allgemeine Pflichtverletzung, die, ohne eine rechtswidrige Maßnahme zu beinhalten, nach beamtenrechtlichen Grundsätzen bereits Disziplinarmaßnahmen auslösen könnte, reicht für eine Amtsenthebung durch die Aufsichtsbehörde nicht aus. Nur dann, wenn die Pflichtverletzung gleichzeitig ein rechtswidriges Handeln des Vorstands- oder Ausschußmitglieds umfaßt, kann die Aufsichtsbehörde tätig werden. Daraus folgt, daß der Aufsichtsbehörde erst recht dann kein Recht zur Amtsenthebung zustehen kann, wenn sie lediglich ein Vorstands- oder Ausschußmitglied für ungeeignet hält.

Die Amtsenthebung eines Vorstandsmitgliedes durch Abwahl vor Ablauf der Wahlzeit ist nicht zulässig.

2. Verfügung der Amtsenthebung

Die Amtsenthebung bedeutet einen so starken Eingriff in die Stellung des Betroffenen und des Verbandes, daß sie nicht ohne vorherige Anhörung beider vorgenommen werden darf. Geschieht das nicht, so liegt eine Verletzung des Grundsatzes des rechtlichen Gehörs (Art. 103 Abs. 1 GG) vor, der nach herrschender Auffassung heute auch im Verwaltungsverfahren gilt (vgl. dazu schon PrOVG 101, 258). Die Verfügung muß schriftlich ergehen, ist mit Gründen und mit Rechtsbehelfsbelehrung zu versehen.

3. Vorläufige Neubesetzung

Ist eine Amtsenthebung vorgenommen worden, so kann die Aufsichtsbehörde unter den Voraussetzungen des § 127 die Stelle vorläufig neu besetzen.

4. Amtsenthebung von Beamten

Die Maßnahmen gegen Beamte bestimmen sich nach den Vorschriften der Landesbeamtengesetze.

§ 129

Untersagung der Geschäfte

Die Aufsichtsbehörde kann Mitgliedern des Vorstandes, die mit der Leistung eines Beitrages im Rückstande[1] sind und eine Erinnerung der Aufsichtsbehörde nicht befolgen, die Vorstandgeschäfte für die Zeit bis zur Leistung untersagen[2].

1. Rückständige Beiträge

Wegen des Begriffs vgl. Anm. 1 zu § 92.

2. Untersagung der Geschäfte

Die Aufsichtsbehörde kann hier nicht das Mitglied des Vorstandes seines Amtes entheben, sie hat lediglich das geringere Recht, die Führung der Geschäfte zu untersagen.

Die gesetzliche Regelung beruht darauf, daß solche Vorstandsmitglieder die säumigen Verbandsmitglieder nicht mit dem nötigen und überzeugenden Nachdruck zur Erfüllung ihrer Pflichten anhalten können. Die Aufsichtsbehörde muß die Untersagung schriftlich anordnen und darin auch die Frist bis zur Leistung des Beitrags vorschreiben.

Das Vorstandsmitglied bleibt hier im Gegensatz zu den Fällen des § 128 zwar im Amte, kann es aber nicht ausüben. Die Geschäfte werden durch den Stellvertreter geführt.

§ 130

Staatsbeauftragter

(1) Wenn die Befugnisse der Aufsichtsbehörde nach den §§ 124 bis 128 nicht ausreichen, um einen geordneten Gang der Verwaltung des Wasser-

und Bodenverbandes zu sichern, kann die obere Aufsichtsbehörde einen Beauftragten bestellen[1], der an Stelle aller oder einzelner Verbandorgane alle oder einzelne Geschäfte des Verbandes auf dessen Kosten führt. *In solchem Falle kann die obere Aufsichtsbehörde die Aufsicht abweichend vom Gesetze regeln*[2].

(2) Die Aufsichtsbehörde kann bestimmen, welche Entschädigung der Wasser- und Bodenverband dem Beauftragten zu leisten hat.

(3) Die obere Aufsichtsbehörde hat die ordentliche Verwaltung möglichst bald wieder herzustellen[3]. Die Aufsichtsbehörde kann die Bestellung neuer Organe betreiben.

1. Bestellung eines Beauftragten

Aus der Formulierung des § 130 ergibt sich bereits, daß die Bestellung eines Staatsbeauftragten das stärkste und am weitesten in die Selbstverwaltung eingreifende Mittel der Staatsaufsicht ist. Die Gemeindeordnungen der deutschen Länder enthalten eine ähnliche Regelung. Auch dort gilt die Bestellung eines Staatsbeauftragten als das schärfste Aufsichtsmittel. Der Beauftragte nach § 130 darf nur bestellt werden, wenn anders eine geordnete Verwaltung des Verbandes nicht mehr gesichert wäre und schwere Erschütterungen in der Verbandstätigkeit zu befürchten wären. Reichen also die Mittel der §§ 124 bis 128 aus, so wäre die Bestellung eines Staatsbeauftragten rechtswidrig.

Die Bestellung des Beauftragten wird durch schriftliche Verfügung der oberen Aufsichtsbehörde vorgenommen, in der seine Aufgaben genau zu bezeichnen und der Zeitraum der Beauftragung festzustellen sind. Die Verfügung ist mit Gründen und mit Rechtsbehelfsbelehrung zu versehen.

Der Beauftragte ist an die gesetzlichen Bestimmungen und an die Satzung des Verbandes gebunden. Er ist zwar vom Staat bestellt, in seiner Eigenschaft als Beauftragter aber Organ des Verbandes.

2. Nichtfortgelten der Vorschrift

Diese Ermächtigung für die obere Aufsichtsbehörde gilt nach Art. 129 Abs. 3 GG nicht mehr fort.

3. Wiederherstellung der ordentlichen Verwaltung

Die obere Aufsichtsbehörde muß den Beauftragten abberufen, sobald der Grund für seine Bestellung weggefallen ist. Davon unabhängig hat sie darauf hinzuwirken, daß die Verhältnisse im Verband wieder geordnet werden und der Beauftragte abberufen werden kann.

§ 131

Beschwerde gegen Aufsichtsanordnungen[1]

(1) *Der Wasser- und Bodenverband kann sich gegen die Anordnungen der Behörde nach den §§ 124 bis 130 in zwei Wochen nach der Mitteilung beschweren. Die Beschwerde über die Amtsenthebung und die Untersagung der Geschäfte steht auch der betroffenen Person zu. Über die Beschwerde entscheidet die nächsthöhere Aufsichtsbehörde.*

(2) *Einer Anordnung nach Abs. 1 steht eine Entscheidung der Aufsichtsbehörde des Unterverbandes nach § 119 Abs. 2 über Maßnahmen und Anordnungen des Vorstehers des Oberverbandes gleich.*

(3) *Die Beschwerde hat aufschiebende Wirkung. Die Behörde kann aber die sofortige Ausführung verlangen, wenn sie dies für das öffentliche Wohl oder die gemeinwirtschaftliche Ordnung für erforderlich hält.*

1. Nichtfortgelten der Vorschrift

Diese Vorschrift ist durch die Bestimmungen der Verwaltungsgerichtsordnung überholt. Gegen Aufsichtsmaßnahmen steht nun der Verwaltungsrechtsweg offen.

a) Rechtsbehelfe gege Aufsichtsmaßnahmen

Es ist fraglich, ob entsprechend der Regelung einiger Gemeindeordnungen (vgl. § 112 GO NW) eine unmittelbare Klagemöglichkeit gegen Aufsichtsmaßnahmen eröffnet ist, ohne daß vorher ein Widerspruchsverfahren durchgeführt werden muß, oder ob vor Klageerhebung das Vorverfahren gem. § 68 VwGO erfolglos durchgeführt sein muß. Die Entscheidung dieser Frage hängt davon ab, welcher Rechtscharakter den Aufsichtsmaßnahmen zukommt. Nach einer Auffassung sind Aufsichtsmaßnahmen nicht Verwaltungsakte, sondern Maßnahmen eigener Art mit der Folge, daß sie ohne Vorverfahren unmittelbar vor den Verwaltungsgerichten angefochten werden können. Nach einer anderen Auffassung sind auch Aufsichtsmaßnahmen Verwaltungsakte, so daß es bei ihrer Anfechtung vor den Verwaltungsgerichten zunächst eines erfolglosen Vorverfahrens bedarf, wenn nicht, wie in § 112 GO NW, das Vorverfahren für entbehrlich erklärt ist. Es besteht kein überzeugender Grund, Aufsichtsmaßnahmen nicht als Verwaltungsakte zu betrachten. Sind sie das aber, so bedarf es vor ihrer Anfechtung bei den Verwaltungsgerichten der erfolglosen Durchführung eines Vorverfahrens.

Das bedeutet für § 131, daß zunächst innerhalb eines Monats nach Bekanntgabe (§ 70 VwGO) der Aufsichtsmaßnahme Widerspruch eingelegt werden muß. Erst wenn dieser Widerspruch abschlägig beschieden ist, kann Anfechtungsklage erhoben werden (s. jedoch § 75 VwGO).

b) Der durch Aufsichtsmaßnahmen Betroffene

Wer die Aufsichtsmaßnahme anfechten will, muß durch sie beschwert sein. Das ist unproblematisch beim Verband, wenn die Aufsichtsmaßnahme sich unmittelbar gegen diesen richtet. Handelt es sich um eine Amtsenthebung nach § 128 oder eine Untersagung der Geschäfte nach § 129, so richtet sich diese Aufsichtsmaßnahme zunächst gegen die betroffene Person, die daher auch widerspruchs- und klageberechtigt ist. Daneben kann aber auch der Verband selbst die Maßnahme anfechten, ohne daß ihm die Anordnung der Aufsichtsbehörde bekanntgegeben oder zugestellt sein müßte, weil die Maßnahmen nach §§ 128, 129 auch in die Selbstverwaltung des Verbandes eingreifen.

c) Widerspruchsbehörde

Nach § 73 VwGO entscheidet die nächsthöhere Behörde über den Widerspruch, wenn es sich nicht um Selbstverwaltungsangelegenheiten handelt oder nicht der Sonderfall des Abs. 1 Nr. 2 vorliegt. Aufsichtsmaßnahmen sind keine Selbstverwaltungsangelegenheiten, daher entscheidet grundsätzlich die nächsthöhere Aufsichtsbehörde über den Widerspruch. Ist die Aufsichtsmaßnahme von der oberen Aufsichtsbehörde getroffen, so entscheidet diese nach § 73 Abs. 1 Nr. 2 VwGO.

d) Aufschiebende Wirkung von Widerspruch und Klage

Widerspruch und Anfechtungsklage haben nach § 80 Abs. 1 VwGO grundsätzlich aufschiebende Wirkung. Die aufschiebende Wirkung entfällt nach § 80 Abs. 2 Nr. 4 VwGO, wenn die sofortige Vollziehung im öffentlichen Interesse oder im überwiegenden Interesse eines Beteiligten angeordnet wird. Die Anordnung muß schriftlich geschehen und begründet werden (§ 80 Abs. 3 VwGO).

§ 132

Ansprüche gegen die Mitglieder des Vorstandes. Verträge[1]

Die Aufsichtsbehörde kann an Stelle des Wasser- und Bodenverbandes dessen Ansprüche gegen Mitglieder des Vorstandes geltend machen[2]. Der Verband trägt die Kosten der Rechtsverfolgung[3].

1. Ansprüche

Die WVVO spricht nur in § 132 von Ansprüchen. Nicht aufgeführt, weil in anderen Gesetzen geregelt, sind Ansprüche, die aus Vertrag oder Gesetz gegen den Verband geltend gemacht werden können. Es sind folgende Ansprüche zu unterscheiden:

a) Ansprüche aus Vertrag

Bei Verträgen des Verbandes mit Dritten bestimmen sich die Ansprüche ausschließlich nach den Vorschriften des BGB. In Ausnahmefällen, etwa bei einem Vertrag zwischen zwei Verbänden wegen sich überschneidender Verbandsaufgaben, handelt es sich um öffentlich-rechtliche Verträge, auf die die Regeln des allgemeinen Verwaltungsrechts anzuwenden und für die im Streitfall die Verwaltungsgerichte zuständig sind. Öffentlich-rechtliche Verträge können nach der Rechtsprechung im wesentlichen nur gelöst werden, wenn es aus überwiegenden Gründen des Gemeinwohls geboten oder die Geschäftsgrundlage entfallen ist.

b) Ansprüche aus Gesetz

aa) bei hoheitlicher Tätigkeit von Bediensteten

Hier können bei schuldhafter Verletzung der Dritten gegenüber obliegenden Amtspflichten Amtshaftungsansprüche gegen den Verband in Betracht kommen (§ 839 BGB i. V. m. Art. 34 GG; s. Anm. 3 zu § 8; vgl. im übrigen Palandt, Anm. 2c zu § 839).

Bei rechtmäßiger oder schuldlos rechtswidriger Beeinträchtigung Dritter durch den Verband, durch die Dritten ein Sonderopfer abverlangt wird (BGHZ 13, 88), kommen nach dem Rechtsgedanken der §§ 74, 75 EinlALR Aufopferungsansprüche in Betracht.

bb) bei fiskalischer Tätigkeit von Bediensteten

Hier kann der Geschädigte sich unmittelbar an die Bediensteten selbst halten (§§ 823, 839 BGB) — im Gegensatz zu den Fällen unter aa — oder er kann sich gegebenenfalls bei Schädigung durch Organe des Verbandes (also etwa den Vorsteher) nach §§ 823, 31, 89 BGB oder bei Schädigung durch andere Dienstkräfte nach §§ 823, 831 BGB unmittelbar gegen den Verband wenden. Vgl. Anm. 3 zu § 8.

cc) Fall des § 22 WHG

Auch der Verband haftet nach § 22 WHG, wenn die Voraussetzungen dieser Bestimmung erfüllt sind. § 22 WHG ist ein Fall der sogenannten Gefährdungshaftung (also Haftung, ohne daß Verschulden vorliegt). Wieweit diese Haftung geht, dazu vgl. Anm. 3c zu § 8, im übrigen die Kommentare zum WHG, z. B. Gieseke-Wiedemann, Anm. 4 zu § 22.

2. Geltendmachen der Ansprüche gegen den Vorstand

Hier handelt es sich um Ansprüche, die unmittelbar aus Rechtsgeschäften zwischen Verband und Vorstandsmitgliedern herrühren, aber auch um Regreßansprüche, also solche, die der Verband geltend macht, wenn er wegen der Schädigung eines Dritten durch ein Vorstandsmitglied vom Dritten in Anspruch genommen worden ist. Im ersten Fall kann es sich z. B. um Streitigkeiten zwischen Verband und Vorstandsmitglied aus der Wahrnehmung seines Amtes im Verband, aber auch um zivilrechtliche Verpflichtungen des Mitglieds gegenüber dem Verband handeln. Im zweiten Fall ist, wenn das Vorstandsmitglied Ehrenbeamter ist (§ 110 Abs. 2), darauf zu achten, daß nach allen Beamtengesetzen ein Regreß nur bei Vorsatz oder grober Fahrlässigkeit des Beamten möglich ist (vgl. Art. 34 Satz 2 GG). Ist das Vorstandsmitglied nicht Ehrenbeamter des Verbandes, so sind die arbeitsrechtlichen Grundsätze zur Haftungsbegrenzung oder zum Haftungsausschluß im Regreß gegen den Arbeitnehmer etwa bei gefahrengeneigter Arbeit zu beachten; vgl. dazu die Rechtsprechung des BAG.

Der Grund der Bestimmung ist darin zu sehen, daß dem Vorstand nicht zugemutet werden soll, Ansprüche des Verbandes gegen ein Vorstandsmitglied geltend zu machen. Obschon das möglich ist, kann daher die Aufsichtsbehörde an seiner Stelle die Ansprüche erheben.

3. Kosten der Rechtsverfolgung

Daß der Verband die Kosten der Rechtsverfolgung tragen muß, ist selbstverständlich. Dies folgt daraus, daß die Aufsichtsbehörde anstelle des Verbandes handelt. Das gilt auch dann, wenn das Streitverfahren von der Aufsichtsbehörde verloren wird.

XI. Abschnitt

Spruchbehörden

Vorbemerkung

a) Nichtfortgelten der Vorschriften

Die §§ 133 bis 141 gelten nicht fort.

Zunächst ist festzustellen, daß § 133 Abs. 2 nicht mehr gilt, da er den Rechtsweg ausschließt. Das steht mit Art. 19 Abs. 4 GG im Widerspruch, wonach der Rechtsweg gegen alle Maßnahmen einer Behörde gegeben ist.

In allen Fällen eines Streites über Beitragsfragen (§§ 87 Abs. 4, 88 Abs. 3, 89 Abs. 2, 90, 91, 94 und 95) kann nach Durchführung des Vorverfahrens das Verwaltungsgericht angerufen werden. Im Vorverfahren kann über den Widerspruch gemäß § 73 VwGO anstelle der Selbstverwaltungskörperschaft ein Ausschuß oder eine andere Stelle entscheiden, soweit dies gesetzlich vorgesehen ist. Bei Streit um Mitgliedschaft s. Anm. 1 u. 2 zu § 12.

b) Stellung der Spruchstellen

Fraglich ist danach, welche Stellung nunmehr die Spruchstellen nach §§ 133 bis 141 haben.

Die Angelegenheiten, über die die Spruchstellen nach § 133 Abs. 1 zu entscheiden hatten, sind (mit Ausnahme von § 12) Selbstverwaltungsangelegenheiten des Verbandes. Nach § 73 Abs. 1 Nr. 3 VwGO hat daher der Verband selbst den Widerspruchsbescheid als Voraussetzung der verwaltungsgerichtlichen Klage zu erlassen, soweit nicht abweichende Vorschriften eine andere Regelung treffen. Daß eine solche abweichende Regelung zulässig ist, ergibt sich schon aus § 73 Abs. 2 VwGO, wonach abweichende Vorschriften über die Tätigkeit von Ausschüssen oder Beiräten im Vorverfahren unberührt bleiben (vgl. BVerwG, Beschluß v. 2. 7. 1963, DVBl. 1964, 159 mit weiteren Nachweisen; Eyermann-Fröhler, Anm. 1b, cc zu § 73).

Danach ergibt sich, daß auch heute noch Spruchstellen im Vorverfahren über die eingegangenen Widersprüche entscheiden könnten. Eine solche abweichende Regelung nach § 73 Abs. 2 VwGO trifft jedoch die WVVO nicht. § 133 kommt für die Entscheidungen nach § 12 schon darum nicht mehr in Betracht, weil § 12 nicht fortgilt. In § 27 Abs. 2 handelt es sich um eine zivilrechtliche Frage der Entschädigung, über die ebenfalls eine Spruchstelle zu entscheiden nicht berufen ist (Art. 14 Abs. 3 Satz 4 GG). In §§ 87 Abs. 4, 88 Abs. 3, 89 Abs. 2, 90, 91, 94 und 95 ist die Entscheidung der Spruchstelle erst vorgesehen über die Beschwerde gegen den Bescheid des Vorstandes über den Einspruch (§ 87 Abs. 3, heute Widerspruch). Eine solche Regelung ist nach der VwGO, die abweichende Bestimmungen nur für das Vorverfahren zuläßt, nicht mehr Rechtens. Daraus folgt, daß es keine Spruchstellen mehr gibt.

Die besonderen Spruchstellen nach § 142 sind nicht berührt worden (s. Anm. 1 zu § 142).

c) Widerspruchsverfahren nach der Verwaltungsgerichtsordnung

Bevor die Verwaltungsakte des Wasser- und Bodenverbandes durch Anfechtungsklage angefochten oder durch Verpflichtungsklage erzwungen werden können, muß nach § 68 VwGO ein Vorverfahren durchgeführt werden. Wird die Klage ohne Vorverfahren erhoben, so ist sie unzulässig. Das Vorverfahren ist Prozeßvoraussetzung. Es kann auch nicht im Einvernehmen beider Parteien von der Durchführung des Vorverfahrens abgesehen werden.

aa) Form und Inhalt des Widerspruchs

Das Vorverfahren ist ein Verwaltungsverfahren, in dem die Verwaltung Rechtmäßigkeit und Zweckmäßigkeit des Verwaltungsaktes überprüft. Es wird eingeleitet mit der Erhebung des Widerspruchs. Damit der Betroffene weiß, welche Entscheidung gegen ihn getroffen worden ist, muß der Entscheidungssatz im Verwaltungsakt klar und vom übrigen Inhalt der Entscheidung, insbesondere also von den Gründen, abgesetzt sein. Der Widerspruch kann nur schriftlich erhoben werden. Es genügt nicht eine telefonische Einlegung oder eine mündliche Erklärung bei der

Behörde. Nach ständiger Rechtsprechung reicht es jedoch aus, wenn der Widerspruch telegraphisch oder durch Fernschreiber erhoben wird. Wenn § 70 VwGO der schriftlichen Einlegung des Widerspruchs die Erklärung zur Niederschrift gegenüberstellt, so ist das in Wirklichkeit kein Unterschied. Auch die Erhebung des Widerspruchs zur Niederschrift bei der Behörde setzt voraus, daß die Erklärung des Widerspruchsführers aufgenommen und von ihm unterzeichnet wird. Selbst wenn nur die Unterzeichnung fehlt, so ist der Widerspruch nicht wirksam erhoben (vgl. OVG Berlin, NJW 1965, 1151).

bb) Widerspruchsfrist

Der Widerspruch muß innerhalb eines Monats nach Bekanntgabe an den Beschwerten oder nach Zustellung erhoben werden. Geht der Widerspruch später ein, so ist er unzulässig. Allein unter den Voraussetzungen der §§ 58 und 60 Abs. 1 bis 4 VwGO kann gegen die Versäumung der Widerspruchsfrist Wiedereinsetzung in den vorigen Stand gewährt werden (§ 70 Abs. 2 VwGO). Dazu ist Voraussetzung, daß der Beschwerte ohne Verschulden verhindert war, die Widerspruchsfrist einzuhalten. Es ist daher wichtig, daß jede Entscheidung mit einer Rechtsbehelfsbelehrung versehen wird (§ 58 VwGO). Fehlt sie, so wird der Verwaltungsakt erst nach Ablauf eines Jahres unanfechtbar, kann also vorher auch nicht vollzogen werden.

cc) Zustellung

Jede Entscheidung oder Anordnung einer sonstigen Maßnahme ist dem Betroffenen zuzustellen oder in anderer Weise bekanntzumachen (Übergeben gegen Empfangsbescheinigung usw.). Das läßt auch § 57 VwGO ausdrücklich zu.

Streitig ist, nach welchem Gesetz zuzustellen ist, ob nach dem Verwaltungszustellungsgesetz des Bundes vom 3. 7. 1952 (BGBl. I S. 379) oder nach den Verwaltungszustellungsgesetzen der Länder. Die Entscheidungen des Verbandes, der Aufsichtsbehörde usw. sind nach den Verwaltungszustellungsgesetzen der Länder zuzustellen. Das folgt daraus, daß die Ausführung der WVVO zur landeseigenen Verwaltung nach Art. 84 GG, nicht dagegen zur Bundesauftragsverwaltung gehört.

Die Zustellung des Widerspruchsbescheides soll nach einer Auffassung nach den Zustellungsgesetzen der Länder, nach einer anderen nach dem des Bundes vorgenommen werden. Richtig ist die Auffassung, daß die Widerspruchsbescheide nach Bundesrecht zuzustellen sind, also nach dem oben zitierten Verwaltungszustellungsgesetz des Bundes. Auch das Vorverfahren, das mit dem Widerspruch eingeleitet wird, gehört schon zum gerichtlichen Verfahren im Sinne des Art. 74 Nr. 1 GG (Eyermann-Fröhler, Anm. 23 zu § 56 VwGO).

dd) Verschiedene Widerspruchsverfahren

Im Widerspruchsverfahren sind vier verschiedene Fallgruppen zu zu unterscheiden:

1. Widersprüche in Selbstverwaltungsangelegenheiten des Verbandes gegen Maßnahmen eines Verbandsorgans, insbesondere in Beitragsangelegenheiten nach §§ 87ff.
   Hier ist nach § 73 Abs. 1 Nr. 3 VwGO das entscheidende Verbandsorgan selbst auch Widerspruchsbehörde. Abweichungen gemäß § 73 Abs. 1 Nr. 3 zweiter Halbsatz VwGO:
   § 98 WVVO (s. Anm. 1 d zu § 98);
   § 10 Hess. Gesetz zur Ausführung der Verwaltungsgerichtsordnung v. 6. 2. 1962 (GVBl. S. 13);
   § 8 Baden-Württemb. Gesetz zur Ausführung der Verwaltungsgerichtsordnung v. 22. 3. 1960 (GBl. S. 94).
   In allen diesen Fällen entscheidet die Aufsichtsbehörde als Widerspruchsbehörde.
2. Widersprüche in Selbstverwaltungsangelegenheiten des Verbandes, bei denen Spruchstellen (Widerspruchsausschüsse) gebildet sind (Anm. 2 und 3 zu § 142).
   Hier entscheiden nach § 73 Abs. 2 VwGO die Spruchstellen (Widerspruchsausschüsse) über den Widerspruch.
   Eine abweichende Regelung hat Rheinland-Pfalz getroffen, wonach der Kreisrechtsausschuß als Widerspruchsbehörde entscheidet (vgl. § 7 Landesgesetz zur Ausführung der Verwaltungsgerichtsordnung v. 26. 7. 1960, GVBl. S. 145).
3. Maßnahmen des Verbandes gegen Mitglieder oder Dritte, die nicht Selbstverwaltungsmaßnahmen sind.
   Hier entscheidet über Widersprüche gegen solche Maßnahmen die Aufsichtsbehörde des Verbandes (§ 73 Abs. 1 Nr. 1 VwGO). Sind die Voraussetzungen des § 73 Abs. 1 Nr. 2 VwGO gegeben, so entscheidet der Verband.
4. Bei Aufsichtsmaßnahmen gegen den Verband entscheidet über Widersprüche gegen die Maßnahmen der Aufsichtsbehörde nach § 73 Abs. 1 Nr. 1 VwGO stets die nächsthöhere Aufsichtsbehörde, es sei denn, sie sei eine oberste Landesbehörde (§ 73 Abs. 1 Nr. 2 VwGO). Vgl. im übrigen Anm. 1c zu § 131.

In allen diesen Fällen ist vom Erlaß eines Widerspruchsbescheides streng zu scheiden die Abhilfe (§ 72 VwGO). Sie wird stets von der Behörde vorgenommen, die die angefochtene Maßnahme getroffen hat. Hilft sie dem Widerspruch ab, so ist das kein Widerspruchsbescheid, sondern lediglich eine Änderung oder Rücknahme der angefochtenen Maßnahme selbst.

ee) Untätigkeitsklage

Entscheidet der Verband nicht in angemessener Frist über den Widerspruch, legt er ihn nicht in angemessener Frist vor, entscheidet die Spruchstelle (Widerspruchsausschuß) oder die Aufsichtsbehörde nicht in angemessener Frist über ihn, so kann der Beschwerte, ohne den Abschluß des Vorverfahrens abzuwarten, nach § 75 VwGO unmittelbar Klage vor dem Verwaltungsgericht erheben. Das ist die sogenannte Untätigkeitsklage, die außer in den genannten Fällen auch dann zulässig ist, wenn ein Antrag auf Vornahme eines Verwaltungsaktes durch den Wasser- und Bodenverband in angemessener Frist nicht beschieden ist.

ff) Anordnung der sofortigen Vollziehung

Die Anordnung der sofortigen Vollziehung nach § 80 Abs. 2 Nr. 4 VwGO kann, obwohl es sich auch hier um eine Entscheidung des Wasser- und Bodenverbandes handelt, nicht mit Widerspruch und Klage angefochten werden. Die Anordnung der sofortigen Vollziehung ist eine unselbständige Entscheidung, die in bezug auf die Grundverfügung, d. h. also die Entscheidung zur Sache selbst, getroffen wird. In § 80 Abs. 4 und 5 VwGO ist daher auch bestimmt, daß ohne Einhaltung einer Frist, aber nach Erhebung des Widerspruchs der Beschwerte gegen die Anordnung der sofortigen Vollziehung entweder bei der Widerspruchsbehörde Antrag auf Aussetzung oder beim Verwaltungsgericht Antrag auf Wiederherstellung der aufschiebenden Wirkung des Widerspruchs stellen kann. Wird dem Antrag durch das Verwaltungsgericht nicht stattgegeben, so kann der Beschwerte diese Entscheidung durch das Oberverwaltungsgericht bzw. den Verwaltungsgerichtshof nachprüfen lassen. Wird ihm stattgegeben, so ist die Entscheidung unanfechtbar (§ 80 Abs. 6 Satz 2 VwGO).

gg) Beschwer eines Dritten

Von Einfluß auf das Vorverfahren ist es, wenn die Entscheidung des Verbandes gleichzeitig einen Dritten beschwert, gegen den sie nicht gerichtet, dem sie auch nicht zugestellt oder auf andere Weise bekanntgegeben worden ist. Er kann ohne Einhaltung der Widerspruchsfrist innerhalb eines Jahres nach Erlaß des Verwaltungsaktes noch Widerspruch erheben. Wird erst durch den Widerspruchsbescheid ein Dritter erstmalig beschwert, so kann dieser unmittelbar Klage erheben, ohne daß es eines weiteren Vorverfahrens bedarf (§ 68 Abs. 1 Nr. 2 VwGO).

hh) Vollstreckung von Maßnahmen

Solange nicht die Widerspruchsfrist abgelaufen ist, ohne daß der Beschwerte Widerspruch erhoben hat, oder nach Erlaß des Widerspruchsbescheids die Klagefrist nicht verstrichen ist, ohne daß Klage erhoben worden ist, kann die Entscheidung des Verbandes nicht vollstreckt werden.

d) Schiedsgerichtsvereinbarungen

Unabhängig von der gesetzlichen Regelung kann eine öffentlich-rechtliche Schiedsgerichtsvereinbarung zwischen dem Verband und dritten Personen getroffen werden, die allerdings zu ihrer Gültigkeit der Beachtung der besonderen Vorschriften der §§ 1025ff. ZPO bedarf. Schiedsgerichte, wie sie nach den preußischen Sondergesetzen über die Gründung großer Wasserverbände (s. Anm. 3 zu § 191) früher bei Streitigkeiten zwischen dem Verband und seinen Mitgliedern möglich waren, sind beseitigt.

§ 133

Spruchstelle[1]

(1) *Über die in den §§ 12, 27, § 87 Abs. 4, § 88 Abs. 3, § 89 Abs. 2, §§ 90, 91, 94 und 95 angegebenen Beschwerden entscheiden als „Spruchstellen für Wasser- und Bodenverbände" die bei den oberen Umlegungsbehörden eingerichteten Spruchstellen (§§ 94, 95 der Reichsumlegungsordnung vom 16. Juni 1937 — Reichsgesetzbl. I S. 641).*

(2) *Die ordentlichen Gerichte und Verwaltungsgerichte können nicht angerufen werden.*

1. Nichtfortgelten der Vorschrift

Siehe Buchstaben a und b der Vorbemerkung vor § 133.

§ 134

Örtliche Zuständigkeit[1]

Die Spruchstelle ist örtlich zuständig für die Angelegenheiten der Wasser- und Bodenverbände, die ihren Sitz im Bezirke der Spruchstelle haben.

1. Nichtfortgelten der Vorschrift

Siehe Buchstaben a und b der Vorbemerkung vor § 133.

§ 135

Mitglieder[1]

(1) *Die obere Umlegungsbehörde hat als Spruchstelle für Wasser- und Bodenverbände außer den im § 95 der Reichsumlegungsordnung angegebenen Mitgliedern einen höheren unmittelbaren technischen Staatsbeamten und seine Stellvertreter als beamtete Mitglieder.*

(2) *In Sachen eines Verbandes, an dem ein Bergwerk erheblich beteiligt ist, tritt außerdem ein höherer unmittelbarer staatlicher Bergbeamter als beamtetes Mitglied hinzu. Dies Mitglied und seine Stellvertreter werden auf Vorschlag des Reichswirtschaftsministers bestellt.*

1. Nichtfortgelten der Vorschrift

Siehe Buchstaben a und b der Vorbemerkung vor § 133.

§ 136

Zusammensetzung zur Sache[1]

(1) *Der Vorsitzende der Spruchstelle bestimmt die Beschwerdefälle, an denen ein Bergwerk nach § 135 beteiligt ist. Die Spruchstelle kann eine andere Bestimmung treffen.*

(2) *Die Bestimmung ist unanfechtbar. Aus einer Verletzung der Vorschriften können Rechte nicht hergeleitet werden.*

(3) *Die Spruchstelle ist beschlußfähig, wenn außer den im § 99 Abs. 3 der Reichsumlegungsordnung angegebenen Mitgliedern der technische Beamte und in den Fällen des vorstehenden Absatzes 1 außerdem der Bergbeamte mitwirkt.*

1. Nichtfortgelten der Vorschrift

Siehe Buchstaben a und b der Vorbemerkung vor § 133.

§ 137

Weitere Beschwerde[1]

Gegen die Entscheidungen der Spruchstelle für Wasser- und Bodenverbände können die Beteiligten in zwei Wochen die weitere Beschwerde erheben, wenn die Spruchstelle in der Entscheidung sie wegen grundsätzlicher Bedeutung der Angelegenheit zuläßt oder wenn der Streitgegenstand mehr als fünfhundert Reichsmark wert ist.

1. Nichtfortgelten der Vorschrift

Siehe Buchstaben a und b der Vorbemerkung vor § 133.

§ 138

Oberste Spruchstelle[1]

Über die weitere Beschwerde entscheidet als oberste Spruchstelle für Wasser- und Bodenverbände die bei der obersten Umlegungsbehörde eingerichtete Spruchstelle (§§ 96, 97 der Reichsumlegungsordnung vom 16. Juni 1937 — Reichsgesetzbl. I S. 641).

1. Nichtfortgelten der Vorschrift

Siehe Buchstaben a und b der Vorbemerkung vor § 133.

§ 139

Mitglieder[1]

Für die Mitgliedschaft in der obersten Spruchstelle für Wasser- und Bodenverbände gelten außer dem § 97 der Reichsumlegungsordnung die Vorschriften der §§ 135 und 136 entsprechend. An die Stelle eines der nach der Reichsumlegungsordnung zu bestellenden Mitglieder tritt ein im Recht der Wasser- und Bodenverbände erfahrenes Mitglied. Der technische Beamte und der Bergbeamte werden nebenamtlich bestellt (§ 97 Abs. 2 Satz 2 der Reichsumlegungsordnung).

1. Nichtfortgelten der Vorschrift

Siehe Buchstaben a und b der Vorbemerkung vor § 133.

§ 140

Verfahrenkosten[1]

Der Wasser- und Bodenverband trägt die Kosten des Verfahrens der Spruchstelle und der obersten Spruchstelle für Wasser- und Bodenverbände. Diese können sie ganz oder teilweise einem Beteiligten auferlegen, soweit sie durch dessen unbegründete oder zurückgezogene Anträge oder Einwendungen veranlaßt sind.

1. Nichtfortgelten der Vorschrift

Siehe Buchstaben a und b der Vorbemerkung vor § 133.

§ 141

Anwendung der Umlegungsordnung[1]

Im übrigen gelten für die Spruchstellen und die oberste Spruchstelle die für die obere und die oberste Umlegungsbehörde als Spruchstellen, für ihr Verfahren und für die Verfahrenkosten gegebenen Vorschriften der Reichsumlegungsordnung vom 16. Juni 1937 (Reichsgesetzbl. I S. 629).

1. Nichtfortgelten der Vorschrift

Siehe Buchstaben a und b der Vorbemerkung vor § 133.

§ 142

Besondere Spruchstellen

(1) *Abweichende Vorschriften für Wasser- und Bodenverbände, deren Aufgaben nicht überwiegend landwirtschaftlich sind, bleiben vorbehalten*[1].

(2) Die Fachminister können bestimmen, daß für einen Wasser- und Bodenverband eine besondere Spruchstelle eingesetzt wird[2, 3]. Der Verband hat den gesamten für die besondere Spruchstelle entstehenden Sach- und Geldaufwand zu tragen[4]. Die vom Gesetze abweichenden Teile der Anordnung sind in die Satzung aufzunehmen.

1. Nichtfortgelten der Vorschrift

Für Wasser- und Bodenverbände, die nicht überwiegend landwirtschaftlich bestimmt sind, also beispielsweise industrielle Abwasserverbände, sieht § 142 Abs. 1 allgemeine, von den §§ 133ff. abweichende Bestimmungen vor. Absatz 1 gilt nicht fort, da er im Widerspruch zu § 195 Abs. 2 VwGO steht.

2. Durch Fachminister bestimmte besondere Spruchstellen

Nach § 142 Abs. 2 können die Fachminister (s. Anm. 1 zu § 189) bestimmen, daß für einen Verband eine besondere Spruchstelle (Widerspruchsausschuß) errichtet wird. Solche Bestimmungen sind für die in § 191 Abs. 2 nicht aufgeführten sondergesetzlichen Verbände in mehreren Fällen getroffen worden. Nach dem Urteil des OVG Münster vom 15. 12. 1954 (Schriftt. u. Rspr. Heft 5, 113) werden Bedenken gegen die Verfassungsmäßigkeit des § 142 Abs. 2 erhoben. Diese Bestimmung falle unter Art. 129 Abs. 3 GG, da hier eine Ermächtigung zum Erlaß von Rechtsvorschriften anstelle von Gesetzen ausgesprochen werde. § 142 Abs. 2 sei daher ungültig. Dieser rechtlichen Überlegung tritt der RdErl. d. MfELuF NW vom 18. 1. 1962 (MBl. NW. S. 254) entgegen. Der Erlaß geht von einem Fortbestehen der besonderen Spruchstellen nach § 142 Abs. 2 aus.

Nach dem Urteil des OVG können die besonderen Spruchstellen im Sinne des § 142 Abs. 2 nicht aufrechterhalten werden. Allerdings besteht die Möglichkeit, in den Satzungen der Verbände Widerspruchsausschüsse vorzusehen, die die bisherigen Aufgaben der besonderen Spruchstellen übernehmen (OVGE 18, 381; BVerwG, Urteil v. 2. 7. 1963, DVBl. 1964, 159, MDR 1963, 870; vgl. auch VG Düsseldorf v. 21. 1. 1965 in ZfW 1965, 49).

3. Sondergesetzliche Spruchstellen

Es kann in besonderen Gesetzen über die Errichtung von Verbänden ein besonderer Spruchausschuß oder eine besondere Spruchstelle gebildet sein. Das ist der Fall, soweit es sich um die in § 191 Abs. 2 aufgeführten sondergesetzlichen Verbände handelt. Darüber hinaus ist ein besonderer Spruchausschuß auch in den §§ 39ff. des Gesetzes über die Gründung des Großen Erftverbandes vom 3. 6. 1958 (GV. NW. S. 253) eingerichtet. Auch dieser Spruchausschuß hat nicht den Rechtscharakter eines Gerichts oder eines Schiedsgerichtes; seine Widerspruchsbescheide sind vielmehr solche im Vorverfahren nach §§ 68ff. VwGO (VG Düsseldorf, Urteil vom 21. 1. 1965, ZfW 1965, 49).

4. Kosten der besonderen Spruchstelle

Auch bei den besonderen Spruchstellen trägt der Verband die Kosten.

Zweiter Teil

Verfahren zur Umgestaltung, Gründung, Auflösung von Wasser- und Bodenverbänden

XII. Abschnitt

Die Neugestaltung der alten Wasser- und Bodenverbände

Vorbemerkung

Der XII. Abschnitt behandelt die Ordnung der Rechtsverhältnisse der alten Wasser- und Bodenverbände in der Übergangszeit, d. h. für die Zeit seit dem Inkrafttreten der WVVO (1. Januar 1938, § 192 Abs. 1) bis zum Wirksamwerden der neuen Satzung nach der WVVO (§ 149 Abs. 2). Die Fälle, in denen alte Verbände noch nicht auf diese Weise neugestaltet wurden, sind nicht mehr sehr zahlreich. Dennoch gibt es noch einige Verbände dieser Art (vgl. die Aufzählung in § 1 Abs. 1 Nr. 1). Grundsätzlich gilt auch für sie vom Zeitpunkt des Inkrafttretens der WVVO an das neue Recht. Soweit aber die alten Satzungen den zwingenden Vorschriften der WVVO nicht widersprechen, sind sie für die alten Verbände bis zur Verkündung der neuen Satzung (§§ 145, 149) bestehen geblieben (Tönnesmann, Vorbemerkung zu § 143; Linckelmann in DLZ 1937, 356, 361; RVG, ZAgr. 28, 211). Die früheren Sondergesetze zur Gründung von Wasserverbänden, die nicht zu den in § 191 Abs. 2 aufgeführten gehören und somit auf das neue Recht umzustellen waren, enthielten aber auch Vorschriften, die von der WVVO nicht berührt wurden, weil sie kein inneres Verbandsrecht, sondern allgemeines Wasserrecht enthielten oder die Einwirkungen von außerhalb des Verbandes stehenden Personen auf das Verbandsunternehmen oder den Schutz außerhalb stehender Personen gegenüber dem Verbandsunternehmen regelten (ZAgr. 28, 246; Anm. 3 zu § 191).

Während der Übergangszeit sind auch die bisherigen Organe der alten Verbände bestehen geblieben, aber mit dem sich aus der WVVO ergebenden neuen Aufgabenkreis (§ 143). Die Aufsichtsbehörde ist ermächtigt, alle zur Anpassung an das neue Recht erforderlichen Anordnungen mit sofortiger Wirkung zu treffen (§ 144) und deren Abwicklung zu verfügen (§ 150). Es handelt sich aber nur um vorläufige Anordnungen der Aufsichtsbehörde, die diesen Übergangszustand baldigst zu beseitigen hat.

§ 143
Organe im Übergang

Die Organe der zur Zeit des Inkrafttretens dieser Verordnung (§ 192) bestehenden Wasser- und Bodenverbände (alten Verbände, § 1) bleiben bis zu ihrer neuen Bildung nach den §§ 144 und 150 bestehen[1]. Sie haben die in diesem Gesetze[2] den entsprechenden Organen zugewiesenen Aufgaben[3].

1. Fortbestand der Organe

Siehe Vorbemerkung vor § 142.

Unter die nach § 143 bestehen gebliebenen Organe fallen sowohl die Einrichtungen als solche (Vorstand, Ausschuß, Mitgliederversammlung) als auch die bestellten Personen. Diese bleiben über ihre Amtszeit hinaus bis zur Neubildung der Organe nach den §§ 144 und 150 im Amt. Scheidet ein Mitglied eines der Organe aus persönlichen Gründen (z. B. Alter, Krankheit) aus, ist bis zur Anpassung des Verbandes an das neue Recht gemäß § 144 Ersatz zu bestellen (s. Anm. 2 zu § 144). Die Organe haben vom 1. Januar 1938 ab nicht mehr die Aufgaben, die sich aus den alten Satzungen ergeben, sondern die ihnen in der WVVO zugewiesenen Aufgaben und Befugnisse. Ohne Rücksicht auf die alten Bezeichnungen der Organe hat die Aufsichtsbehörde erforderlichenfalls gemäß § 144 festzustellen, welchem dieser Organe nach seiner satzungsmäßigen Stellung die Funktion des Vorstandes (Vorstehers) und welchem die des Ausschusses (§ 46 Abs. 1) oder der Verbandsversammlung (§ 62 Abs. 1) zukommen. Hat der alte Verband neben der Mitgliederversammlung als Organ auch einen als Organ tätigen Ausschuß, der nicht lediglich ein Vorstand mit anderer Bezeichnung ist, so kann nur eines der beiden Organe bestehen bleiben, entweder die Mitgliederversammlung als Verbandsversammlung (§ 62) oder der Ausschuß. Denn die WVVO kennt nicht beide Organe nebeneinander, so daß die Aufgaben nicht auf sie aufgeteilt werden können. Die Aufsichtsbehörde muß hier nach § 144 notfalls Klarheit schaffen. Wenn z. B. in alten Deichverbänden neben dem Deichhauptmann das „Deichamt" das einzige Organ darstellt und sowohl Aufgaben des heutigen Ausschusses wie des heutigen Vorstandes hat, so verbleiben ihm nunmehr — falls nicht nach § 144 eine andere Regelung getroffen wird — nur die Aufgaben des heutigen Ausschusses, während die des Vorstandes beim Deichhauptmann (Einmannvorstand, s. § 47 Abs. 1) liegen.

Wegen der „Berufungsausschüsse" oder „Beschwerdeausschüsse" (heute: Widerspruchsausschüsse) für die Entscheidung über Beitragsstreitigkeiten s. Anm. 2 und 3 zu § 142. Die großen Entwässerungs- und Abwasserverbände, bei denen derartige Ausschüsse gebildet waren, sind inzwischen gemäß §§ 143 ff. WVVO neugestaltet, soweit sie nicht unter § 191 Abs. 2 WVVO fallen. Diese Ausschüsse entscheiden heute über die Widersprüche der Verbandsmitglieder gegen Beitragsbescheide der Verbände und damit als Verbandsorgane oder deren Teile über Selbstverwaltungsangelegenheiten gemäß § 73 Abs. 1 Nr. 3, Abs. 2 VwGO.

2. In diesem „Gesetz“

Gemeint ist „in dieser Verordnung“. Das Wort „Gesetz“ ist durch ein Versehen aus dem früheren Entwurf eines Gesetzes in § 143 aufgenommen worden (Tönnesmann, Anm. 5 zu § 143).

3. Aufgaben

Die Aufgaben der Organe richten sich nicht mehr nach den Bestimmungen der alten Satzung, sondern ausschließlich nach der WVVO. Vgl. im übrigen Anm. 1.

§ 144
Vorübergehende Regelung

Die Aufsichtsbehörde kann alle Anordnungen mit sofortiger Wirkung treffen, die erforderlich sind, um die Angelegenheiten des alten Wasser- und Bodenverbandes bis zu seiner Anpassung an das neue Recht in Ordnung zu halten[1]. Sie kann insbesondere Organe einrichten und aufheben, bestellen und entlassen[2].

1. Anordnungen der Aufsichtsbehörde

Die Aufsichtsbehörde darf ihre Befugnis nur mit größter Zurückhaltung und Vorsicht ausüben. Dabei ist sie daran gebunden, die noch geltenden Bestimmungen der alten Satzung (s. Vorbem. Abs. 1 zum XII. Abschnitt) entsprechend anzuwenden und die Vorschriften der WVVO zu beachten (anderer Ansicht Tönnesmann, Anm. 1 zu § 144). Diese regelt nur die inneren Rechtsverhältnisse des Verbandes und nicht seine Beziehungen nach außen (§ 8). Daher ist die Ermächtigung der Aufsichtsbehörde nach § 144 darauf beschränkt, das innere Leben des Verbandes in Ordnung zu halten. In die Rechtsbeziehungen des Verbandes nach außen, z. B. zu seinen Vertragspartnern, kann die Aufsichtsbehörde nicht aufgrund ihrer Befugnis nach § 144 eingreifen. Sie darf auch Regelungen, die das innere Verbandsleben betreffen, insoweit nicht ändern, wie diese von der WVVO ausdrücklich aufrechterhalten werden, z. B. das alte Stimmverhältnis (§ 56 Abs. 5) und das alte Beitragsverhältnis (§ 82 Abs. 1).

Die Überschrift des Paragraphen gehört zum Text der Verordnung. Schon daraus ergibt sich, daß die Maßnahmen der Aufsichtsbehörde nur vorübergehender Art sein können und sobald wie möglich durch Beschlüsse der nach der WVVO satzungsmäßigen Verbandsorgane zu ersetzen sind, spätestens gemäß der in § 150 getroffenen Regelung. Selbstverständlich kann der Verband durch Beschlüsse seiner Organe gleichlautende Regelungen treffen und damit die von der Aufsichtsbehörde veranlaßten aufrechterhalten. Die Aufhebung der Anordnungen nach § 144 ist alleinige Sache der Aufsichtsbehörde.

2. Organe

Die Vorschrift in Satz 2 des § 144 stellt nur eine Hervorhebung dar und enthält keine rechtlichen Abweichungen gegenüber der in Satz 1 getroffenen Regelung. So hat die Aufsichtsbehörde insbesondere die Wahl der Mitglieder des Ausschusses (§ 55), wo ein solcher noch nicht besteht, zu veranlassen, wenn nicht — wie bei vielen Verbänden — die Verbandsversammlung dessen Aufgaben übernehmen soll (§ 46 Abs. 1, § 62). Diese hat dann aber nicht mehr bloß die Stellung der Mitgliederversammlung nach § 63, sondern die Pflichten und Befugnisse, die § 62 der Verbandsversammlung als Organ anstelle des Ausschusses überträgt. Ist dagegen der Ausschuß eingerichtet worden und sind die Ausschußmitglieder ordnungsgemäß berufen, so ist die alte Mitgliederversammlung als Verbandsorgan aufzuheben, da der Verband nur eins von beiden Organen haben kann (§ 62). Das alte Stimm- und Beitragsverhältnis ist in jedem der Fälle unverändert bestehen geblieben (§§ 56 Abs. 5, 82 Abs. 1).

§ 145

Erlaß der Satzung

Die Aufsichtsbehörde erläßt für jeden alten Wasser- und Bodenverband eine neue Satzung[1]. Diese bedarf der vorherigen Prüfung der oberen Aufsichtsbehörde, wenn nicht eine höhere Behörde, als im § 112 Abs. 3 vorgeschrieben ist, die Aufsicht führt (§ 114)[2]. Soweit ein Vorstand besteht (§§ 143, 144), ist er vorher zu hören[3].

1. Erlaß einer neuen Satzung

Zum Begriff „alte Wasser- und Bodenverbände“ s. § 143 Satz 1, § 1 Abs. 1 Nr. 1, Vorbemerkung vor § 142.

Aus der Formulierung der Vorschrift (für jeden . . .) ergibt sich, daß alle alten Verbände neugestaltet werden müssen, es sei denn, daß ihre

Aufgabe vor der Neugestaltung fortgefallen und der Verband aufzulösen ist.

Wegen der Satzungsmuster s. Anm. 5 zu § 9. In den Fällen, in denen der bisherige Name des Verbandes geändert wird, ist zur Klarstellung nach außen die Übereinstimmung des alten mit dem neu bezeichneten Verband durch einen Hinweis in § 1 der Satzung zum Ausdruck zu bringen. Demgemäß ist in § 1 der Satzung ein Zusatz etwa des Inhalts anzubringen (vgl. LwRMBl. 1939 S. 441): „Der . . . . . verband ist der ehemalige . . . . . ." (früherer Name des Verbandes).

Gegen den Erlaß der Satzung als Akt der Rechtsetzung gibt es keinen Rechtsbehelf (s. im übrigen Anm. 4 zu § 156; Anm. 1 zu § 160; Anm. 2 bis 4 zu § 169). Sie wird, wenn nichts anderes vorgeschrieben wird, mit dem Tage nach ihrer Verkündung wirksam (§ 149 Abs. 3). Gleichzeitig tritt die frühere Satzung außer Kraft. Gelegentlich kann es angebracht sein, gleichzeitig mit der Neugestaltung eines alten Verbandes die Neuverteilung und Vereinigung von Aufgaben im Sinne von § 175 vorzunehmen. Diese Möglichkeit sieht § 176 vor (zur Frage der behördlichen Zuständigkeit in solchen Fällen s. Anm. 1 und 6 zu § 176). Eine Satzungsänderung oder -ergänzung kann bei einem „alten" Verband erst vorgenommen werden, wenn eine Satzung nach §§ 145, 146, 149 erlassen worden ist (OVG Münster, Urteil v. 15. 12. 1954, Schriftt. u. Rspr. 1945/55, 109 Nr. 85).

Die Neugestaltung der alten Verbände durch den Erlaß der neuen Satzungen sollte am 1. Januar 1942 abgeschlossen sein (LwRMBl. 1939 S. 10). Infolge des Krieges und der Änderungen und Entwicklungen in der Nachkriegszeit sind auch heute noch nicht alle alten Verbände neugestaltet.

2. Vorherige Prüfung der Satzung

Vgl. Anm. 1 bis 3 zu § 160.

3. Anhörung des Vorstandes

Zur ordnungsmäßigen Anhörung des Vorstandes ist Vorlage des Entwurfs der Satzung erforderlich. Sache des Vorstandes ist es, den Ausschuß (gegebenenfalls die Verbandsversammlung, § 62) zu unterrichten, damit er in der Lage ist, zu der wichtigen Frage des Erlasses der Satzung Stellung zu nehmen und den Vorstand zu beraten (§ 53 Abs. 3). Durch spätere Änderungen darf der Anhörung nicht „die Grundlage entzogen" werden (sinngemäße Anwendung von § 165 Abs. 1). Würden notwendige spätere Änderungen dies bewirken, ist der Vorstand aufgrund des geänderten Entwurfs erneut zu hören, bevor die Satzung erlassen wird.

§ 146

Inhalt der Satzung. Verordnung

(1) In die neue Satzung ist dasjenige in dem Wasser- und Bodenverbande nach früherem Gesetze, Gewohnheitrecht und Herkommen und nach früherer Satzung geltende Recht (einschließlich der Polizei nach § 105 Abs. 2) aufzunehmen, das mit dieser Verordnung über Wasser- und Bodenverbände vereinbar ist[1].

(2) Die Aufsichtsbehörde kann in der Satzung Angelegenheiten, die nicht oder mit dieser Verordnung nicht vereinbar geregelt sind, nach dieser Verordnung regeln[2]. Sie bedarf der Zustimmung der oberen Aufsichtsbehörde zu einer Regelung, die in dieser Verordnung einer höheren Behörde vorbehalten ist[3].

1. Aufnahme des früheren Rechts in die Satzung

Soweit das frühere Recht mit der WVVO nicht vereinbar ist, darf es nicht in die neue Satzung aufgenommen werden. Soweit es mit der WVVO zwar vereinbar, aber bereits in ihr enthalten ist und ohne Aufnahme in die Satzung Anwendung findet, braucht es nicht aufgenommen zu werden, es sei denn, daß die WVVO die Aufnahme derartiger Bestimmungen vorschreibt. Im übrigen ist das frühere Recht, das mit der WVVO vereinbar, aber nicht in ihr enthalten ist, aufzunehmen (wegen Nichtaufnahme durch Satzungsänderung s. Anm. 2). Vereinbar mit der WVVO ist das frühere Recht auch insoweit, wie es zur Ergänzung der landesrechtlichen Wassergesetze oder in Abweichung von ihnen zugelassen war. Hierbei wie auch im übrigen sind die Änderungen zu berücksichtigen, die durch die staatsrechtliche Umgestaltung und durch die neuen Gesetze insbesondere auf dem Gebiet des Wasserrechts nach dem zweiten Weltkrieg eingetreten sind (z. B. die Vorschriften des NWG und des NWWG über Unterhaltungsverbände). Die Aufsichtsbehörde hat die Rechtslage selbständig zu klären und für eine baldige Neuordnung der noch nicht neugestalteten Verbände zu sorgen.

2. Neuregelungen und Änderungen

Alle Satzungsvorschriften der alten Verbände, die mit dieser Verordnung nicht vereinbar sind, müssen beseitigt, dem geltenden Rechtszustand angepaßt oder erforderlichenfalls durch neue ersetzt werden. Mit der Anpassung der alten Satzung an das neue Recht kann keine Änderung von Satzungsvorschriften nach § 10 verbunden werden, da solche Änderungen den Erlaß der neuen Satzung voraussetzen (s. Anm. 1 zu § 145).

3. Zustimmung

„Höhere Behörde" bedeutet: Höher als die Aufsichtsbehörde. Die Aufsichtsbehörde bedarf also der Zustimmung der oberen Aufsichtsbehörde zu den Regelungen, für die die WVVO die Zustimmung der oberen oder der obersten Aufsichtsbehörde oder die ministerielle Zustimmung verlangt.

§ 147
Mitgliedschaft

(1) Die Aufsichtsbehörde kann das Mitgliederverzeichnis (§ 11) festsetzen. Die Vorschriften des § 145 gelten entsprechend[1].

(2) Das Verzeichnis hat vom Tage nach der Mitteilung an den Vorsteher ab rechtliche Wirkung[2].

1. Festsetzung des Mitgliederverzeichnisses

Es steht im freien Ermessen der Aufsichtsbehörde, ob sie von der in Abs. 1 erteilten Befugnis Gebrauch macht. Notwendig ist die Festsetzung nicht. Wird sie jedoch vorgenommen, muß das festzusetzende Mitgliederverzeichnis den Erfordernissen des § 11 entsprechen. Die Festsetzung entfällt selbstverständlich, wenn die Mitglieder in der Satzung angegeben werden (§ 11 Abs. 1 Satz 1), da ein etwa nebenher geführtes Verzeichnis nicht die rechtliche Bedeutung des Mitgliederverzeichnisses nach § 11 hat. Dies gilt jedoch nicht, wenn in der Satzung nicht die Mitglieder als solche, sondern nur die Voraussetzungen für die Mitgliedschaft durch Aufzählung entsprechender Gruppen und Arten von Grundstücken, Bergwerken, Anlagen, Unterhaltern und sonstigen Personen (§ 3) genannt sind, wie dies bei Verbänden mit nicht lediglich geringen Mitgliederzahlen häufig der Fall ist. In diesen Fällen sind die einzelnen Mitglieder in dem Verzeichnis gemäß § 11, auf das in der Satzung hinzuweisen ist, anzugeben, so daß seine Festsetzung nach § 147 möglich ist. Die Festsetzung kann zweckmäßig sein, um klare Verhältnisse zu schaffen.

2. Rechtliche Wirkung

Die Festsetzung des Mitgliederverzeichnisses hat unmittelbare Rechtswirkung, beweist somit die Mitgliedschaft der im Verzeichnis aufgeführten Personen (1. AV Nr. 8). Es gewinnt durch die Festsetzung die Bedeutung einer urkundlichen Grundlage des Verbandes. Sollen jedoch über die Aufführung der bisherigen Mitglieder in dem Verzeichnis hinaus dem Verband Mitglieder zugewiesen werden, die bisher nicht Mitglieder waren, können diese rechtlich nicht schlechter gestellt werden als Personen, die zu einem neu zu gründenden Wasser- und Bodenverband oder zu einem bereits bestehenden und nach der WVVO lebenden Verband gezogen werden sollen (§§ 153ff., 174f., 13). Die Aufsichtsbehörde hat daher in solchen Fällen ein entsprechendes Verfahren durchzuführen, das mit dem Neugestaltungsverfahren verbunden werden kann.

Ein etwaiger Fehler der Aufsichtsbehörde bei der Festsetzung des Mitgliederverzeichnisses ist von ihr von Amts wegen zu berichtigen, wobei es keines Antrages des fälschlich aufgeführten oder nicht aufgeführten Mitgliedes bedarf. Fortgeführt wird nur eine Abschrift des Verzeichnisses, da das nach § 147 festgesetzte Mitgliederverzeichnis als Urkunde von der Behörde aufbewahrt und nicht fortgeführt wird (s. Anm. 2 zu § 11).

Die bloße Mitteilung an den Vorsteher (§ 147 Abs. 2) kann nach heutiger Rechtsauffassung nicht mehr als ausreichend angesehen werden. Da der Festsetzung die rechtliche Bedeutung eines Verwaltungsaktes zukommt, ist seine Bekanntgabe an alle Beteiligten, d. h. den Verband zu Händen des Vorstehers und die im Verzeichnis aufgeführten Mitglieder, erforderlich. Bei kleineren Verbänden genügen entsprechende Einzelmitteilungen, sonst kommt die Bekanntmachung nach den Bestimmungen der Satzung über Bekanntmachungen des Verbandes in Betracht. Wegen der Belehrung über den Rechtsbehelf s. § 58 VwGO.

§ 148

Plan des Unternehmens

(1) Die Aufsichtsbehörde kann den Plan des Unternehmens und das Verzeichnis der Anlagen und Gewässer (§ 17) festsetzen[1].

(2) Die Vorschriften der §§ 145, 146 und § 147 Abs. 2 gelten entsprechend[2].

1. Festsetzung urkundlicher Grundlagen

Die Aufsichtsbehörde wird von der ihr nach § 148 zustehenden Möglichkeit, die aufgeführten urkundlichen Grundlagen des Verbandes festzusetzen, nach pflichtmäßigem Ermessen dann Gebrauch machen, wenn die alten Urkunden unklar oder ungenau sind. Auch hierbei ist die Mitwirkung des Vorstandes gemäß § 145 Satz 3 erforderlich. Die in § 148 bezeichneten Urkunden müssen dem bisherigen Rechte entsprechen, sie können von der Aufsichtsbehörde auch ergänzt (§ 146), aber nicht geändert werden; hierfür ist sie nach § 21 Abs. 1 nicht zuständig.

2. Rechtsnatur des Planes

Wegen der Rechtsnatur des Planes und wegen der Frage der Anfechtbarkeit vgl. Anm. 3 zu § 17, Anm. 1 zu § 21 und Anm. 1 zu § 157.

§ 149

Verkündung der Satzung

(1) Die Aufsichtsbehörde verkündet die neue Satzung.

(2) Für die Form der Verkündung ist die in der Satzung für Bekanntmachungen des Wasser- und Bodenverbandes gegebene Vorschrift (§ 9) maßgeblich. Die Aufsichtsbehörde kann die Satzung außerdem in ihrem Nachrichtenblatte bekanntgeben. Der Verband trägt die Kosten[1].

(3) Die Satzung wird, wenn nicht anders vorgeschrieben wird, mit dem Tage nach der Verkündung wirksam[2]. Die frühere Satzung tritt außer Kraft[3].

1. Verkündung der neuen Satzung

Siehe Anm. 2 bis 4 zu § 169.

2. Inkrafttreten

Die Aufsichtsbehörde kann einen späteren Tag als den nach der Verkündung für das Inkrafttreten der Satzung vorschreiben, nicht jedoch einen früheren Tag; s. im übrigen Anm. 2 bis 4 zu § 169.

3. Außerkrafttreten der früheren Satzung

Die frühere Satzung tritt mit dem Zeitpunkt außer Kraft, mit dem die neue Satzung in Kraft tritt, so daß dem Verband zu keiner Zeit die rechtliche Grundlage fehlt.

§ 150

Neue Organe. Abwicklung von Übergangsmaßnahmen

Die Aufsichtsbehörde sorgt für die Berufung der Organe des Wasser- und Bodenverbandes nach dieser Verordnung und verfügt die Abwicklung ihrer nach § 144 gegebenen Anordnungen[1].

1. Abschluß der Neugestaltung

Mit dem Abschluß der von der Aufsichtsbehörde nach § 150 zu bewirkenden Maßnahmen ist die Neugestaltung eines alten Wasser- und Bodenverbandes beendet. Durch die der Aufsichtsbehörde obliegende Sorge für die Berufung der neuen Organe des Verbandes gemäß den Vorschriften der neuen Satzung (in § 150 steht „Verordnung“; gemeint ist die in rechtlicher Übereinstimmung mit der Verordnung erlassene Satzung) soll dieser Abschluß gesichert und beschleunigt werden. Für die Berufung der Organe sorgen bedeutet, daß die Aufsichtsbehörde alle vertretbaren Möglichkeiten ausschöpft, um zu erreichen, daß die

Bestellung der neuen Organe sich im Rahmen des Verbandslebens und seiner Selbstverwaltung vollzieht, denn Zuständigkeit und Eigenverantwortung der Selbstverwaltung eines Wasser- und Bodenverbandes dürfen nicht eingeengt werden (BVerwGE 3, 11). Soweit dies gelingt, wird die Aufsichtsbehörde sich auf die ihr nach heutiger Rechtsauffassung zukommenden Funktionen bei der Bestellung von Verbandsorganen (§§ 46ff.) beschränken.

Wegen der Abwicklung der nach § 144 gegebenen Anordnungen s. Anm. 1 zu § 144.

XIII. Abschnitt

Die Umwandlung der privatrechtlichen Verbände

§ 151

(1) Der Fachminister kann anordnen, daß eine zur Zeit des Inkrafttretens dieser Verordnung bestehende privatrechtliche Körperschaft in einen Wasser- und Bodenverband umgewandelt wird[1, 2].

(2) Die Aufsichtsbehörde (§ 112) erläßt die Satzung. Die Vorschriften der §§ 145 bis 150 sind entsprechend anzuwenden. Mit dem Inkrafttreten der Satzung[3] ist die Körperschaft umgewandelt[4].

1. Allgemeines

Bedenken gegen die Fortgeltung, etwa wegen der Ermessensfreiheit des Fachministers, bestehen nicht. Sachlich ist die Ermächtigung zunächst dadurch begrenzt, daß die privatrechtliche Körperschaft eine der in § 2 bezeichneten Aufgaben zu erfüllen hat und aus dinglichen Mitgliedern, öffentlich-rechtlichen Körperschaften oder Unterhaltungspflichtigen besteht. Im übrigen gilt die allgemeine Begrenzung, die für das Handeln der Aufsichtsbehörden maßgebend ist, auch für den Fachminister. Die Anordnung gegen den Willen der privatrechtlichen Körperschaft wird daher nur aus Gründen des öffentlichen Wohles in Betracht kommen (vgl. Nr. 4 der Vorbemerkung zu Teil B).

Es handelt sich keineswegs um eine nur für eine bestimmte Frist nach dem Inkrafttreten der WVVO geltende Übergangsbestimmung. Sie ist zeitlich nur insofern beschränkt, als sie nur für schon bei dem Inkrafttreten der WVVO bestehende Körperschaften gilt, die also noch nicht als Wasser- und Bodenverband gegründet werden konnten.

2. Privatrechtliche Körperschaften

Unter den Begriff „Körperschaften" fallen alle Arten von privatrechtlichen juristischen Personen, die mitgliederabhängig sind, so z. B. eingetragene Genossenschaften, die privatrechtlichen Wassergenossenschaften aufgrund des württembergischen Wassergesetzes vom 1. Dezember 1900 sowie Gesellschaften mit beschränkter Haftung und Vereine. Nicht dazu gehören dagegen privatrechtliche Stiftungen, ebenso nicht die aus älterer Zeit stammenden Gemeinschaften zur gesamten Hand (z. B. Allmenden), da sie keine juristischen Personen sind (ebenso Tönnesmann, Anm. 4 c zu § 151).

3. Umwandlung

Die Umwandlung selbst erfolgt nicht durch die Anordnung (wie bei der Anordnung über Zweckverbände nach § 1 Abs. 3), sondern erst durch das Inkrafttreten der von der Aufsichtsbehörde gemäß Abs. 2 zu erlassenden Satzung. Durch die Umwandlung geht die bisherige privatrechtliche Körperschaft unmittelbar in die Rechtsform des Wasser- und Bodenverbandes über. Die Rechtsperson bleibt dieselbe (anders bei dem Gesetz über die Umwandlung von Kapitalgesellschaften und bergrechtlichen Gewerkschaften vom 12. 1. 1956 — BGBl. I S. 844 —, in welchem nur die Übertragung des Vermögens einer Gesellschaft unter Ausschluß der Abwicklung auf eine andere schon bestehende oder neugegründete ermöglicht wird). Im Falle des § 151 entsteht der neue Wasserverband unmittelbar durch den Umwandlungsakt (Tönnesmann bezeichnet daher in der Vorbemerkung zum Zweiten Teil diese Umwandlung als „Umgießung"). Die Umwandlung ist nicht anfechtbar, da sie durch einen Rechtsetzungsakt, nämlich durch Erlaß der Satzung, vorgenommen wird (BVerwGE 7, 30; Anm. 1 zu § 9).

4. Verfahren

Die entsprechende Anwendung der §§ 145 bis 150 bedeutet insbesondere, daß grundsätzlich das nach dem früheren privatrechtlichen Gesetz und der Satzung (Gesellschaftsvertrag) geltende Recht in die Satzung des Wasserverbandes aufgenommen werden soll, soweit das mit der WVVO vereinbar ist. Über die nicht mit ihr zu vereinbarenden Angelegenheiten wird die Aufsichtsbehörde Beschlüsse des bisher für Satzungsänderungen zuständigen Organes herbeiführen und sodann in aller Regel ihrerseits genehmigen. Das gleiche gilt für Änderungen der Satzung, die darüber hinaus von den Beteiligten oder der Aufsichtsbehörde für zweckmäßig gehalten werden.

Da die Satzung mit dem Tage nach ihrer Verkündung wirksam wird (§ 149 Abs. 3), ist mit diesem Tage die Umwandlung vollzogen.

XIV. Abschnitt

Die Gründung des Wasser- und Bodenverbandes

Vorbemerkung

Das Verfahren zur Gründung von Wasser- und Bodenverbänden wird von Amts wegen eingeleitet und durchgeführt. Gründungsbehörde ist grundsätzlich entweder die Aufsichtsbehörde oder die obere Aufsichtsbehörde (§ 152 Abs. 1; s. auch § 43 FlurbG).

Die WVVO sieht in erster Linie dingliche Mitglieder des Wasser- und Bodenverbandes vor (Realprinzip; Anm. 1 zu § 3; § 153). Sie läßt jedoch auch die Zuziehung nicht dinglicher Mitglieder (§ 154) und unter Umständen solcher Mitglieder zu, die nur Anlagen dulden müssen (§ 155) und deshalb von allen Beitragslasten frei sind (§ 84). Zur Frage, ob andere Organisationsformen statt des Wasser- und Bodenverbandes für die Erledigung der gleichen Aufgaben in Betracht kommen können, z. B. der Zweckverband, wenn Gemeinden und Gemeindeverbände als Mitglieder vorgesehen sind, vgl. Anm. 6 zu § 1. Für die Vereinigung der an oberirdischen Gewässern Unterhaltungspflichtigen zu Wasser- und Bodenverbänden (Unterhaltungsverbänden) sind auch diejenigen Landeswassergesetze zu beachten, die solche Regelungen vorsehen. Aber auch diese Unterhaltungsverbände werden — Ausnahme: Niedersachsen, vgl. Anm. 3 zu § 191 — nach den Vorschriften der WVVO gegründet oder ausgedehnt (vgl. Wittekind, S. 64ff.).

Statt solcher Verbandsgründungen, die wegen ihrer Vorteile für die Beteiligten (für die Mitglieder schon wegen ihrer Beteiligung im Gründungsverfahren — §§ 161ff. — und ihrer entscheidenden Stellung in den Verbandsorganen) sowie der besonderen Eignung und Anpassungsfähigkeit der WVVO als Rechtsgrundlage für die verschiedensten in der Praxis vorkommenden Fälle die Regel darstellen, können die Länder auch Wasserverbände durch Sondergesetze ins Leben rufen. Hierdurch kann außergewöhnlichen Umständen Rechnung getragen werden, wie es z. B. mit dem nordrhein-westfälischen Gesetz über die Gründung des Großen Erftverbandes vom 3. 6. 1958 (GV. NW. S. 253) geschehen ist (s. im übrigen Anm. 3 zu § 191).

§ 152

Gründungsbehörden

(1) Die nach § 112 zur Aufsicht und die zur oberen Aufsicht berufenen Behörden[1, 2] können[3] neue Wasser- und Bodenverbände nach den folgenden Vorschriften gründen[4] (Gründungsbehörde).

(2) Wenn der Verband sich auf die Bezirke[5] mehrerer Gründungsbehörden erstreckt[6], bestimmt die gemeinsame nächsthöhere Behörde (§ 112) die Gründungsbehörde[7].

1. Gründungsbehörden

Als Gründungsbehörden kommen zunächst alle Behörden in Betracht, die nach § 112 Abs. 3 i. V. m. den Bestimmungen der Länder (s. Anm. 1 zu § 112) ordentliche Aufsichtsbehörden sind. Demgemäß wird im allgemeinen zu verfahren sein, wenn sich der zu gründende Verband nach seinen urkundlichen Grundlagen (§ 156) nicht über das Gebiet der ordentlichen Aufsichtsbehörde hinaus erstreckt und nicht Umstände von außergewöhnlicher Bedeutung oder besonderer Schwierigkeit (vgl. Tönnesmann, Anm. 3 zu § 114) vorliegen. Um dies und vor allem die Frage zu klären, ob nicht ein größerer und entsprechend leistungsstärkerer Verband, der die Gebietsgrenzen der ordentlichen Aufsichtsbehörde überschreitet, vorzuziehen wäre, tut die Behörde gut daran, sich mit der oberen Aufsichtsbehörde rechtzeitig in Verbindung zu setzen. Eine solche Fühlungnahme dient auch der Klärung der Finanzierung des Verbandsunternehmens (§ 17), vor allem dann, wenn nach den jeweils in den Ländern geltenden Beihilfegrundsätzen Staatsbeihilfen für die Durchführung der Aufgaben des Verbandes in Betracht kommen können. Schließlich kann ein solches Vorgehen auch dann förderlich sein, wenn Gemeinden oder Gemeindeverbände als nicht dingliche Mitglieder zum Verband gezogen werden sollen und der nach § 154 Buchst. b erforderliche Antrag auf Zustimmung entweder von der oberen Aufsichtsbehörde zu bescheiden oder mit ihrer Stellungnahme weiterzureichen ist. Es würde unwirtschaftlich sein und nicht im Interesse der Beteiligten liegen, wenn vermeidbar gewesene Schwierigkeiten erst dann ausgeräumt werden oder gar die Verbandsgründung in Frage stellen, wenn nach § 160 die Satzung vorgelegt wird.

Auch die zur oberen Aufsicht bestimmten Behörden können Gründungsbehörde sein. Der Kreis dieser Behörden ist nicht auf die gemäß § 112 Abs. 2 berufenen Behörden beschränkt, wie sich aus der von den Worten „nach § 112" in § 152 Abs. 1 unabhängigen Formulierung „. . . und die zur oberen Aufsicht berufenen Behörden . . . " ergibt. „Berufen" und „Bestimmen" sind insoweit identische Begriffe (vgl. auch § 152 Abs. 2). Somit können oberste Aufsichtsbehörden, die nach § 114 Abs. 2 zugleich zur oberen Aufsichtsbehörde bestimmt sind (zweistufige Aufsicht), auch dann Gründungsbehörde sein, wenn sie den in § 112 Abs. 2 genannten und nach den Bestimmungen der Länder entsprechenden heutigen ordentlichen oberen Aufsichtsbehörden übergeordnet sind, etwa die zuständigen Minister (vgl. unten Anm. 6; Anm. 1 zu §§ 112 u. 114; Tönnesmann, Anm. 7 zu § 152).

2. Flurbereinigungsbehörde

a) Gründung eines Verbandes

Unberührt bleibt § 43 FlurbG, wonach die Flurbereinigungsbehörde zur Ausführung und Unterhaltung von Anlagen im Sinne der WVVO, die im Flurbereinigungsverfahren ausgeführt werden sollen, einen Wasser- und Bodenverband nach den Vorschriften der WVVO gründen kann. Nach §§ 37—39 FlurbG sollen im Zusammenhang mit der Neugestaltung des Flurbereinigungsgebietes u. a. Wege, Gräben, Gewässer und andere zur gemeinschaftlichen Benutzung oder einem gemeinschaftlichen Interesse dienende Anlagen geschaffen, geändert, verlegt oder eingezogen sowie Bodenverbesserungen vorgenommen werden. Die Flurbereinigungsbehörde hat dabei den Erfordernissen u. a. der Wasserwirtschaft einschließlich der Wasserversorgung und der Abwasserbeseitigung, der Fischerei, der Energieversorgung und des öffentlichen Verkehrs Rechnung zu tragen. Hier kann sich die Gründung eines Wasser- und Bodenverbandes als geeigneter Träger der unter die WVVO fallenden Aufgaben anbieten (vgl. Seehusen/Schwede/Nebe, Anm. 1 und 2 zu § 43 FlurbG). Bis zur Erreichung dieses Zieles tritt grundsätzlich die Teilnehmergemeinschaft als Träger auf.

Die Flurbereinigungsbehörden haben bei der Verbandsgründung in enger Fühlungnahme mit den nach § 112 zuständigen ordentlichen Aufsichtsbehörden vorzugehen und ihnen auch die vollzogene Verbandsgründung mitzuteilen (vgl. RdErl. d. RMfEuL v. 29. 9. 1938, LwRMBl. S. 995). Hängt das Gebiet von bereits bestehenden Wasser- und Bodenverbänden mit dem Flurbereinigungsgebiet räumlich zusammen und beeinflußt dieses oder wird von ihm beeinflußt, so sind diese Wasser- und Bodenverbände Beteiligte am Flurbereinigungsverfahren (§ 10 Nr. 2 c FlurbG).

b) Aufsicht über den Verband

Mit der Gründung des Wasser- und Bodenverbandes wird die Flurbereinigungsbehörde Aufsichtsbehörde, die obere Flurbereinigungsbehörde obere Aufsichtsbehörde des Verbandes, u. z. für die Dauer des Flurbereinigungsverfahrens (§ 43 Satz 2 FlurbG). Nach Abschluß des Flurbereinigungsverfahrens (§ 149 FlurbG) gehen Aufsicht und obere Aufsicht auf die nach § 112 WVVO zuständigen Behörden über, während die oberste Aufsicht, da das FlurbG hierüber nichts bestimmt, sich von vornherein nach den Vorschriften der WVVO richtet.

c) Zuständigkeit bei anderen Verfahren

Die Zuständigkeit der Flurbereinigungsbehörde umfaßt nach dem FlurbG nur die Gründung von Wasser- und Bodenverbänden sowie die der Aufsichtsbehörde obliegenden Aufgaben bei diesen Verbänden; eine solche Ausnahmevorschrift ist extensiver Auslegung nicht zugänglich. Daher sind die nach der WVVO vorgesehenen allgemeinen Aufsichtsbehörden zuständig, wenn statt der Gründung eines Wasser- und Bodenverbandes nach § 43 FlurbG bei einem schon bestehenden und nicht von der Flurbereinigungsbehörde beaufsichtigten Verband die Aufgaben erweitert (§ 18), das Unternehmen und der Plan ergänzt und geändert (§ 21) oder eine Ausdehnung (§ 174) vorgenommen werden soll. Allerdings kann nach § 114 Abs. 1 WVVO die Flurbereinigungsbehörde für die Dauer des Flurbereinigungsverfahrens zur Aufsichtsbehörde bestimmt werden (Anm. 3 zu § 114; so auch Seehusen/Schwede/Nebe, Anm. 4 zu § 43 FlurbG). Insoweit wäre sie sodann auch in den Fällen der §§ 18, 21 und 174 WVVO — anstelle der in § 112 vorgesehenen Aufsichtsbehörde — zuständig (so auch Czychowski, Flurbereinigung und Gewässerunterhaltung, RdL 1966, 313).

3. Ermessen der Gründungsbehörde

Nach den Verfahrensvorschriften der WVVO ist die Verbandsgründung zwar formalrechtlich von der Zustimmung der vorgesehenen Mitglieder nicht abhängig, wie auch die Satzung von der Gründungsbehörde erlassen und damit der Gründungsakt allein von ihr vollzogen wird (§ 169). Doch sind die vorgesehenen Mitglieder in das Gründungsverfahren unmittelbar eingeschaltet, und die eingehenden Bestimmungen hierzu lassen bereits erkennen, daß auf ihre Meinung erhebliches Gewicht zu legen ist. So sollte möglichst die Zustimmung der Mehrheit erreicht werden und in der Regel Voraussetzung einer Verbandsgründung sein (vgl. Anm. 1 und 3 zu § 166). Aufgrund der gegenüber der Zeit des Erlasses der WVVO stark gewandelten heutigen Auffassungen — vgl. Vorbemerkung zu Teil B — hat dies in verstärktem Maße zu gelten. Zur ausnahmsweisen Verbandsgründung entgegen der Stellungnahme der Mehrheit der vorgesehenen Mitglieder ist nach § 166 die ministerielle Genehmigung erforderlich (solche Gründungen entgegen dem Mehrheitswillen waren schon nach früherem Recht möglich, vgl. §§ 207 Abs. 2 Nr. 3, 245 PrWG). Die Zwangseingliederung in öffentlich-rechtliche Verbände verstößt nicht gegen das Grundgesetz, ist aber nur im Rahmen der verfassungsmäßigen Ordnung des Artikels 2 Abs. 1 GG zulässig (BVerfGE 10, 89).

Das Verfahren wird von Amts wegen eingeleitet und durchgeführt.

4. Gründung

Der Erlaß der Satzung, wodurch der Verband nach § 169 gegründet wird, ist kein Verwaltungsakt, sondern gehört zur Rechtsetzung, so daß eine Anfechtung im Verwaltungsrechtswege nicht möglich ist (s. Anm. 2 und 3 zu § 169). In Weiterentwicklung der Differenzierung von Verwaltungsakt und Rechtsetzung durch Wissenschaft und Rechtsprechung werden auch die Entscheidungen über Einwendungen im Gründungsverfahren (§ 167) als unselbständige Teile eines Rechtsetzungsverfahrens und nicht mehr als Verwaltungsakte angesehen, so daß auch hier die Rechtsbehelfe nach der VwGO entfallen (Anm. 2 zu § 167). Dem mit seinen Einwendungen nicht gehörten Mitglied bleibt es jedoch unbenommen, nach der Verbandsgründung seine Mitgliedschaft zum Verband anzufechten (Anm. zu § 12), seine Entlassung nach § 14 zu verlangen oder gegen seine Veranlagung zu Verbandsbeiträgen Widerspruch zu erheben. In diesen Verfahren kommen die Vorschriften der VwGO zum Zuge, so daß der Betroffene eine verwaltungsgerichtliche Prüfung seines Begehrens erwirken kann. Eine unmittelbare verfassungs- oder verwaltungsgerichtliche Nachprüfung der Satzung und ihres Erlasses auf ihre Rechtmäßigkeit im Wege der abstrakten Normenkontrolle kann der Betroffene nur in den Ländern erwirken, die dies verfassungsrechtlich zugelassen oder die von der Möglichkeit des § 47 VwGO Gebrauch gemacht haben (vgl. im einzelnen Dornheim, S. 34; Eyermann-Fröhler, Vorbem. u. Anm. II zu § 47; BVerwGE 7, 30).

5. Bezirke

Hier handelt es sich um die nach dem Gesichtspunkt der örtlichen — im Gegensatz zur sachlichen — Zuständigkeitsabgrenzung festgelegten allgemeinen Dienstbereiche der Gründungsbehörden (Regierungspräsident: Regierungsbezirk; Landrat bzw. Oberkreisdirektor: Landkreis; Oberbürgermeister bzw. Oberstadtdirektor: Stadtgebiet). Wenn die Flurbereinigungsbehörde einen Wasser- und Bodenverband nach § 43 FlurbG gründet (Anm. 2), kommt § 152 Abs. 2 nicht zum Zuge, da die Flurbereinigungsbehörde für das gesamte Flurbereinigungsgebiet zuständig ist. Erstreckt sich dieses über die Bezirke mehrerer Flurbereinigungsbehörden, so wird die zuständige Flurbereinigungsbehörde durch die obere Flurbereinigungsbehörde bestimmt (s. im übrigen § 3 FlurbG).

6. Erstreckung des Verbandes

Wenn die Verbandsgrenze festgelegt wird (Anm. 3 zu § 36), so erstreckt sich der Verband auf das Gebiet, das innerhalb dieser Grenze liegt. Eine solche Grenze wird, soweit sie nicht mit den Grenzen von Gebietskörperschaften übereinstimmt, parzellenscharf festgelegt werden müssen. Auch ist für eine den Vorschriften über die Bekanntmachung und ihrer heutigen Auslegung durch die Rechtsprechung genügende Bekanntmachung zu sorgen. Die Gültigkeit einer Regelung, die hinsichtlich der vorgenommenen Abgrenzung des räumlichen Geltungsbereichs auf Unterlagen verweist, die lediglich an bekanntgemachter Stelle hinterlegt und dort einzusehen sind, kann wegen Verstoßes gegen das Gebot der Rechtssicherheit ungültig sein (BVerwGE 17, 192 und 19, 7).

Einer solchen Festlegung der Verbandsgrenzen und damit des Verbandsgebietes bedarf es jedoch nicht, da der Verband keine Gebietskörperschaft ist (§ 4 Abs. 3). Der Verband erstreckt sich dann so weit, wie die Grundstücke, Anlagen und Bergwerke, deren Eigentümer als Mitglieder vorgesehen sind (§ 3 Nr. 1), und die Gewässer und Ufer im Sinne von § 3 Nr. 2 sowie im Sinne der Vorschriften von Landeswassergesetzen über die Unterhaltungsverbände reichen. Entsprechendes gilt für die Gebiete öffentlich-rechtlicher Körperschaften, die mit diesen Gebieten zum Verband gehören, ohne daß ein Verbandsgebiet durch entsprechende Bestimmung genau festgelegt wird.

Soll sich die Verbandsgründung über die Landesgrenzen hinaus erstrecken, so bedarf es — je nach der Regelung in den Verfassungen der beteiligten Bundesländer — eines Verwaltungsabkommens oder eines Staatsvertrages zwischen diesen Ländern. Ferner ist in den beteiligten Ländern zu bestimmen, welche Behörde den Verband gründen und welche Behörde die Aufsicht führen soll (vgl. hierzu Gieseke, Die Zuständigkeit der Länder zur Gründung von Wasser- und Bodenverbänden durch Sondergesetze, DÖV 1956, 645/682). Die abweichende Auffassung in der zweiten Auflage des Kommentars (Anm. 5 zu § 152) wird aufgegeben.

7. Nächsthöhere Behörde bestimmt die Gründungsbehörde

Wer die jeweils gemeinsame nächsthöhere Behörde ist, bestimmt sich nach § 112 WVVO mit den entsprechenden landesrechtlichen Vorschriften. Wegen der Gründungsbehörden siehe oben Anm. 1. Wegen der Rechtsnatur einer solchen Bestimmung vgl. Anm. 2 zu § 114.

§ 153

Dingliche Mitglieder

(1) Zu dem Wasser- und Bodenverbande können die jeweiligen Eigentümer derjenigen Grundstücke, Bergwerke und Anlagen[1] (§ 3 Nr. 1) vereinigt[2] werden,

a) für die Vorteil aus der Durchführung der Verbandaufgabe (§ 2) in Aussicht steht[3],

b) wegen deren schädigender Einwirkungen[4] der Verband gegründet wird,

c) für die Beiträge zu wasserwirtschaftlichen, zu wasserbaulichen, zu Bodenverbesserungs- oder zu Abwassermaßnahmen zu leisten sind (§ 2 Nr. 10)[5].

(2) Vorteile sind auch die Erleichterung einer Pflicht und die Möglichkeit, die Maßnahmen des Verbandes zweckmäßig und wirtschaftlich auszunutzen[6].

(3) Wegen schädigender Einwirkungen dürfen Personen nur mit Zustimmung des Fachministers zum Verbande gezogen werden[7]. Dies gilt nicht für Einwirkungen durch Abwasser[8].

1. Jeweilige Eigentümer von Grundstücken, Bergwerken und Anlagen

Wegen der Realmitgliedschaft der jeweiligen Eigentümer von Grundstücken, Bergwerken und Anlagen s. Anm. 1 zu § 3. Die WVVO stellt den Erbbauberechtigten und den Erbpächter dem jeweiligen Eigentümer von Grundstücken gleich (§ 184). Bei den Grundstücken kommt es nicht darauf an, daß die grundbuchlich erfaßte Gesamtfläche oder das mit einer Nummer versehene gesamte Flurstück dem Verband eingegliedert wird, wenn dies auch im allgemeinen der Fall und schon aus Gründen der Flächenabgrenzung zweckmäßig sein dürfte. Auch Teile von Grundstücken und einzelnen Flurstücken, die in jemandes Eigentum stehen, sind gemeint, soweit nur die übrigen Voraussetzungen des § 153 die Zuziehung zum Verband gestatten. Zur näheren Bestimmung solcher Flächen s. § 159.

2. Vereinigung zu einem Verbande

Mit „Vereinigung" ist ausschließlich die von Amts wegen erfolgende Verbandsgründung gemeint (s. Anm. 1—4 zu § 152 und Vorbemerkung vor § 152). Die Gründung mit nur einem einzigen Mitglied ist nach der WVVO nicht möglich und nicht zulässig. Die Gründung eines Verbandes mit nur zwei Mitgliedern ist dagegen bereits zulässig. Sie kann in besonderen Fällen durchaus angebracht sein, wenn die nicht gebietskörperschaftliche, öffentlich-rechtliche Grundlage des Verbandes es ihm wegen seiner Möglichkeiten nach der WVVO erleichtert, die anstehenden Aufgaben zu bewältigen, aber auch, um hierbei die den Wasser- und Bodenverbänden gewährten staatlichen Förderungsmaßnahmen zu erlangen.

Wegen der Haftung für die rückständigen Beiträge des einen Mitgliedes durch das andere ist § 83 zu beachten. Sinkt die Zahl der Mitglieder auf eins, so kann der Verband dennoch bestehen bleiben (§ 15, Einmannverband).

Die in §§ 153 bis 155 für die Mitgliedschaft normierten Voraussetzungen gelten nicht nur für die Verbandsgründung, sondern auch für die Zuweisung neuer Mitglieder zu einem bestehenden Verband (§ 13 Abs. 1) und für die Ausdehnung des Verbandes (§ 174).

3. Vorteil

Über den Begriff des Vorteils vgl. Anm. 2 zu §§ 81, 82; BVerwGE 3, 1 und 7, 17; Schriftt. u. Rspr. 1945/1955, 114 Nr. 105 und Nr. 107; 1962, 65 Nr. 65; Linckelmann, Zur Beitragsregelung in den landwirtschaftlichen Wasser- und Bodenverbänden, WuB 1960, 7; Dornheim, S. 28f.

Vorteil im Sinne von § 153 Abs. 1 Buchstabe a ist nur der Reinvorteil (Nettovorteil), d. h. der nach Abzug der Verbandslasten verbleibende Nutzen, der dem Verbandsmitglied aus der Durchführung des Unternehmens erwächst (ZAgr. 26, 223). Auch die Erleichterung einer Pflicht des Mitgliedes ist ein Vorteil, desgleichen seine Möglichkeit, die Maßnahmen des Verbandes zweckmäßig und wirtschaftlich auszunutzen (§ 81 Abs. 1 Satz 2). Bei der heute gebotenen strengeren Auslegung kann jedoch laut BVerwGE 3, 1 entgegen der Rechtsprechung des früheren PrOVG eine lediglich gedachte technische Möglichkeit nicht genügen. Es muß vielmehr Berücksichtigung der im Einzelfall vorliegenden wirtschaftlichen Verhältnisse gefordert werden, wobei sich ein Vorteil nicht erst unter unzumutbaren Bedingungen, insbesondere etwa erst nach einer völligen Umstellung des Betriebs ergeben darf. Allerdings ist andererseits nicht bloß auf die Belange des einzelnen Grundstückseigentümers abzustellen; diese sind vielmehr gegen die Belange der Allgemeinheit — nicht zu verwechseln mit den Belangen der Stadtgemeinde — abzuwägen.

Wegen der gelegentlich auftauchenden Bedenken, daß nach diesen Gesichtspunkten an sich gegebene Vorteile durch zusätzliche öffentliche Abgaben für das gleiche Unternehmen an eine Gebietskörperschaft aufgezehrt oder gar in Nachteile verwandelt werden, vgl. Anm. 3 zu § 186. Um das Gründungsverfahren nicht durch besonders umstrittene, zweifelhafte Fälle zu verzögern, kann auf diese bei der Gründung vorerst verzichtet werden. Sie sind nach Klarstellung der Voraussetzungen für die Zuziehung dann über § 13 oder § 174 zu erfassen, nachdem der Verband gegründet ist. Wegen der nicht in allen Fällen unproblematischen zwischenzeitlichen Heranziehung als Nutznießer zu Verbandsbeiträgen vgl. Anm. 1 zu § 95.

Ein Vorteil im Sinne des § 153 ist nicht dadurch ausgeschlossen, daß nicht für jedes Mitglied bestimmte vom Verband zu erstellende Anlagen sofort errichtet werden. Das ist vielfach schon nach der Art des Unternehmens, das der Verband durchzuführen hat, nicht möglich. Es genügt daher, daß der Vorteil in Aussicht steht, was sich aus den Gründungsunterlagen ergeben muß. Dabei sind allerdings die aus der Entscheidung des BVerwG vom 25. 8. 1955 (BVerwGE 3, 1) ersichtlichen Grundsätze zu beachten.

Bei der Ermittlung des Vorteils sind von der Belastung die Beihilfen, Zinsverbilligungen u. dergl. abzuziehen, die der Verband zu erwarten hat. Dies gilt z. B. auch für die Landeszuschüsse, die die Länder aufgrund ihrer Landeswassergesetze (z. B. § 52 NWWG) den Unterhaltungsverbänden gewähren. Solche Unterhaltungsverbände können nach heutigem Recht im Gegensatz zur früheren Auffassung (vgl. Anm. 2 zu § 153 in der vorherigen Auflage des Kommentars) auch durch den Zusammenschluß der Grundeigentümer ganzer Niederschlagsgebiete gegründet werden, soweit die Länder von der Ermächtigung des § 29 Abs. 1 Satz 2 WHG Gebrauch gemacht haben. Das ist in Niedersachsen (§ 83 NWG), Nordrhein-Westfalen (§§ 48, 49, 51 NWWG), Rheinland-Pfalz (§§ 56, 61 RhPfWG), im Saarland (§§ 47, 48, 51 SWG) und in Schleswig-Holstein (§§ 40, 41, 42 SchlHWG) der Fall, während Baden-Württemberg, Bayern, Berlin, Bremen, Hamburg und Hessen es bei der bisherigen Regelung aufgrund des Vorteils- und Schadensprinzips der WVVO (s. Anm. 2 zu §§ 81, 82) belassen haben. Für diese letzteren ist bei der Gründung von Unterhaltungsverbänden besonders sorgfältig zu prüfen, wie weit etwaige Oberlieger, die durch verstärkte Entwässerung ihrer landwirtschaftlich genutzten Grundstücke Unterlieger schädigen, als Schädiger zum Verband gezogen werden können. Nach allgemeinem Wasserrecht kann nicht schon jeder geringfügigen Veränderung des Wasserablaufs entgegengetreten, jeder geringfügige Nachteil als auszugleichender Schaden aufgefaßt werden. Dieser Grundsatz muß gerade auch bei der landwirtschaftlichen Bodenentwässerung gelten. Die Entscheidung der Gründungsbehörde, ob eine erheblichere Schädigung vorliegt, die als „schädigende Einwirkung" zu werten ist, unterliegt der Nachprüfung des Fachministers, von dessen Zustimmung gemäß Abs. 3 die Zuziehung abhängig ist (vgl. unten Anm. 7).

Eine solche Schädigung muß durch richtige wasserbauliche Planungen und entsprechende Durchführung vermieden werden. Hierzu gehört u. a. die Befolgung des — nicht immer beachteten — Grundsatzes: „Melioration von unten hinauf statt von oben herab". Wo dennoch schädigende Einwirkungen im Sinne des Abs. 3 gegeben sind, ist die Heranziehung der schädigenden Oberlieger mit Zustimmung des Fachministers auch in den Ländern möglich, die nach den vorstehenden Ausführungen von der Ermächtigung des § 29 Abs. 1 Satz 2 WHG keinen Gebrauch gemacht haben. Bei den übrigen Ländern, die in ihren Wassergesetzen ausdrücklich bestimmt haben, daß die Eigentümer von Grundstücken im seitlichen

Einzugsgebiet des zu unterhaltenden Gewässers bezw. ganze Niederschlagsgebiete zugezogen werden können, spielt die Frage der Erheblichkeit der Einwirkung keine Rolle. Hier ist aufgrund der Spezialbestimmungen der Wassergesetze dieser Länder die Zuziehung zum Unterhaltungsverband auch dann gegeben, wenn das Vorteils- und Schadensprinzip der WVVO nach den strengen Anforderungen des BVerwG (BVerwGE 3, 1) eine Zuziehung zum Verband nicht mehr ermöglicht hätte. Daß in dieser Unterschiedlichkeit eine gewisse Problematik liegt, ist nicht zu verkennen, mag jedoch u. a. auch in dem Spielraum seine Erklärung finden, den das Wasserrecht — im weitesten Sinne — zur Berücksichtigung landschaftlicher Verschiedenheiten nach wie vor gewährt. Dem entspricht, daß die grundlegende Vorschrift in § 29 Abs. 1 WHG eine Kannbestimmung ist.

4. Schädigende Einwirkungen

Vgl. Anm. 4 zu §§ 81, 82. Schädigende Einwirkungen im Sinne von § 153 Abs. 1 Buchst. b können u. a. von Grundstücken und Grundstücksteilen, Bergwerken und einzelnen Bergwerksbetrieben, Industriewerken und sonstigen gewerblichen Einrichtungen, Wohnsiedlungen, Kanalisationsanlagen, Fäkalabfuhren, Müll- und Abraumkippen, landwirtschaftlichen Betrieben und Anlagen der verschiedensten Art ausgehen. Als schädigende Einwirkungen können insbesondere alle in § 3 Abs. 1 und 2 WHG aufgeführten Benutzungen in Betracht kommen (Gieseke-Wiedemann, II u. III zu § 3). Als mögliche Schädigungen sind hervorzuheben solche durch Abwässer, Abraum und sonstige Abfallstoffe, und zwar nicht nur an Gewässern, sondern auch am Boden und am Pflanzenwuchs; die Veränderung des Grundwasserspiegels und der Wasserführung oder des Wasserstandes oberirdischer Gewässer; die Veränderung der Temperatur von Gewässern oder ihrer sonstigen Beschaffenheit; Bodensenkungen infolge bergbaulicher und sonstiger Maßnahmen mit folgendem tieferen Eintauchen des Bodens und der auf ihm vorhandenen Anlagen und Einrichtungen in das Grundwasser sowie der Veränderung der Abflußverhältnisse oberirdischer Gewässer.

Es kommt bei der Schädigung im Sinne des § 153 Abs. 1 Buchst. b nicht darauf an, ob sie rechtswidrig ist oder nicht, ob der Schädiger schuldhaft handelt, ob er zivilrechtlich schadensersatzpflichtig ist, sondern nur, daß faktisch eine Schädigung vorliegt. Handelt es sich um solche schädigende Einwirkungen, die nicht zugleich eine der anderen Voraussetzungen des § 153 für eine Zuziehung als Mitglied erfüllen (Abs. 1 Buchst. a und c, Abs. 2, Abs. 3 Satz 2), darf der Schädiger nur mit Zustimmung des Fachministers zum Verband gezogen werden (Abs. 3). Jedoch sind Fälle, in denen schädigende Einwirkungen zwar Anlaß zur

Verbandsgründung sind, ihre Verhinderung, Beseitigung oder Verringerung jedoch nicht Gegenstand des Verbandsunternehmens sind, kaum denkbar. In diesen Fällen liegt zugleich ein Vorteil gemäß Abs. 1 Buchst. a, Abs. 2 vor, so daß es der Zustimmung des Fachministers nicht bedarf (Tönnesmann, Anm. 4 zu § 153). Zweifel könnten dann bestehen, wenn das vorgesehene Mitglied aufgrund eines kommunalen Ortsstatuts über den Anschluß- und Benutzungszwang für eine gemeindliche Kanalisation dieser pflicht- und ordnungsgemäß seine Abwässer zuführt und erst die Gebietskörperschaft mittels des gemeindeeigenen Sammlers die früher in den Vorfluter eingeleiteten Abwässer nunmehr der Verbandskläranlage zuführt. Da das WHG eine mittelbare Einleitung nicht mehr kennt (Abt, Das haftungsrechtliche Problem der mittelbaren Einleitung, RdW Heft 12, 101; Kaiser, Haftung für Änderung der Beschaffenheit des Wassers gemäß § 22 WHG, HdT Heft 15, 24; Quirll, WuB 1966, 288), die „Einleitung" in die Kanalisation somit keine Einleitung in ein Gewässer darstellt und der Kausalzusammenhang zwischen der Abgabe der Abwässer an die Kanalisation und der Schädigung unterbrochen ist, dürfte zunächst festzustellen sein, daß die unmittelbare schädigende Einwirkung von der Gemeinde ausgeht. Es versteht sich von selbst, daß insoweit die Gemeinde sowohl gemäß Abs. 1 Buchst. b i. V. m. Abs. 3 Satz 2 als auch nach Abs. 1 Buchst. a zum Verband als Mitglied gezogen werden kann. Sie kann sodann ihre Verbandsbeiträge nach den kommunalabgabenrechtlichen Vorschriften auf die an ihre Kanalisation angeschlossenen Abwassererzeuger umlegen (s. Anm. 3 u. 4 zu § 186).

Aber auch für den Abwassererzeuger selbst dürften die Voraussetzungen der „schädigenden Einwirkung" im Sinne des § 153 Abs. 1 Buchst. b als gegeben anzusehen sein, da dieser wasserverbandsrechtliche Begriff im weitesten Sinne einer faktischen Wirkung und nicht im Rechtssinne aufzufassen ist. Auch beschränkt sich diese Einwirkung, wie schon ausgeführt, nicht auf Einwirkungen auf die Gewässer, wie es bei dem Einbringen, Einleiten und Einwirken im Sinne des WHG der Fall ist. Das Postulat der Unmittelbarkeit der Einleitung in § 22 WHG gilt daher nicht für den anders zu verstehenden Begriff der schädigenden Einwirkung im Sinne der WVVO. Die allgemeine Fassung der Bestimmung ohne weitere Konkretisierung der schädigenden Einwirkung — im Gegensatz zum WHG — läßt erkennen, daß jede Einwirkung, derentwegen ein Verband mit Aufgaben nach § 2 gegründet wird, eine solche im Sinne des § 153 Abs. 1 Buchst. b ist, soweit nur diese Einwirkung schädigend ist, sei es unmittelbar oder auch mittelbar.

Jedoch dürften für diese Abwassererzeuger auch die Voraussetzungen der Absätze 1 Buchst. a und 2 regelmäßig gegeben sein, wenn man richtigerweise davon ausgeht, daß es für die Gemeinde ein Vorteil ist, wenn die Reinigung und Beseitigung ihrer Abwässer vom Verband betrieben werden. Da die Gemeindelasten für Abwasserreinigung und -beseitigung über den Beitrags- und Gebührenhaushalt aufzubringen sind, kommt der Vorteil durch das Verbandsunternehmen den Verpflichteten zugute. Außerdem sind in diesen Fällen die Voraussetzungen des Absatzes 1 Buchst. c erfüllt, da ohne Zuziehung des Abwassererzeugers die Gemeinde für sein Grundstück, sein Bergwerk oder seine Anlage die Beiträge zur Abwassermaßnahme des Verbandes zu leisten hätte. Der Hinweis auf § 2 Nr. 10 dürfte dem nicht widersprechen, denn § 153 Abs. 1 Buchst. c sagt nichts darüber, daß es sich nur um Beiträge handelt, die von einem Wasser- und Bodenverband aufzubringen sind und nicht auch um solche einer Gebietskörperschaft, zumal beide Arten von Beiträgen die gleiche rechtliche Eigenschaft als öffentliche Abgabe haben. Auch sagt die Bestimmung nicht, wem die Beiträge zu leisten sind, sondern nur, zu welchen Maßnahmen sie aufgebracht werden müssen.

Über das Verbot der Doppelveranlagung in solchen Fällen s. Anm. 3 zu § 186.

5. Beitragsleistung für wasserwirtschaftliche Maßnahmen

Siehe oben Anm. 4; Anm. 12 zu § 2.

6. Verschiedene Vorteile

Siehe oben Anm. 3; Anm. 2 zu §§ 81, 82.

7. Zustimmung des Fachministers

Siehe oben Anm. 4; Fachminister: Anm. 1 zu § 189.

8. Abwasser

Siehe Anm. 6 zu § 2. Abwasser besteht aus einem mehr oder weniger großen Anteil natürlichen Wassers und den darin enthaltenen gelösten und ungelösten Fremdstoffen, die aus dem an sich natürlichen Wasser ein Abwasser machen. Es ist daher begrifflich ausgeschlossen, nur diese letzteren Stoffe, die im allgemeinen die Schädigungen verursachen, als Abwasser im Sinne der Vorschriften anzusehen. Das war auch schon nach den früheren Wassergesetzen der Länder so. Abwasser gilt also als Ganzes, d. h. einschließlich der in ihm enthaltenen Anteile an natürlichem Wasser wie an gelösten und ungelösten Fremdstoffen (Gieseke-Wiedemann, Anm. 4 zu § 22; Kaiser in HdT Heft 15, 24).

§ 154

Nicht dingliche Mitglieder

Unabhängig vom Eigentum kann als Mitglied zum Wasser- und Bodenverbande gezogen[1] werden,

a) wem die Unterhaltung eines Gewässers oder eines Ufers obliegt[2], wegen deren der Verband gegründet wird (§ 3 Nr. 2),

b) eine Gemeinde und ein Gemeindeverband (§ 3 Nr. 3), wenn der *Reichsminister des Innern* **oder die von ihm bestimmte Behörde zustimmt[3],**

c) eine andere öffentlich-rechtliche Körperschaft (§ 3 Nr. 3), wenn sie von der Verbandaufgabe berührt wird oder wenn ihre Aufsichtsbehörde die Mitgliedschaft für zweckmäßig erklärt[4],

d) wer von der obersten Aufsichtsbehörde zugelassen wird (§ 3 Nr. 4).

1. Zuziehung

Hier ist der gleiche Vorgang gemeint, der in § 153 Abs. 1 mit „vereinigt werden" beschrieben ist. Mit der Ausdrucksweise sollte klargestellt werden, daß die Mitgliedschaft zum Verband nicht allein durch eine entsprechende Zustimmung, eine „Beitrittserklärung" der als Mitglied vorgesehenen natürlichen oder juristischen Person bewirkt werden kann, da es hierzu des konstitutiven Gründungsaktes der zuständigen Gründungsbehörde bedarf (vgl. Anm. 1 bis 4 zu § 152). Einzelne neue Mitglieder werden durch die Aufsichtsbehörde gemäß § 13 zugewiesen, sofern nicht das Verfahren nach § 174 durchgeführt wird.

2. Unterhaltung

Als Unterhaltungspflichtiger im Sinne des § 154 Buchst. a kommt nur derjenige in Betracht, dem als dem öffentlich-rechtlich Verpflichteten die Unterhaltungslast obliegt. Privatrechtliche Verpflichtungen, z. B. aufgrund von Verträgen und sonstigen Abmachungen mit dem öffentlich-rechtlich Verpflichteten, genügen nicht. Diese öffentlich-rechtliche Verpflichtung ist unabdingbar und kann als solche nur inwoseit mit befreiender öffentlich-rechtlicher Wirkung übertragen werden, als die gesetzlichen Vorschriften es gestatten.

Zu den Unterhaltungspflichtigen im Sinne des § 154 Buchst. a gehören nicht nur die in den Wassergesetzen der Länder allgemein bestimmten, sondern auch solche Verpflichtete, denen anstelle des nach den allgemeinen Regeln Unterhaltungspflichtigen aufgrund wasserrechtlicher Verleihungen, Zwangsrechte, sonstiger besonderer Titel oder gewerberechtlicher Genehmigungen die Unterhaltungspflicht auferlegt ist. Dies gilt jedoch nur insoweit, als die Gesetze die Aufrechterhaltung solcher besonderer Unterhaltungspflichten anerkennen (§ 29 Abs. 1 WHG; Art. 53 Abs. 2 BayWG; § 49 BWG; § 92 BrWG; § 47 Abs. 5 HWG; § 91 NWG; § 60 NWWG; § 43 SchlHWG; § 59 SWG). Es kommen dafür nur besondere öffentlich-rechtliche Titel in Frage. Die abweichenden, lediglich auf Gesetz beruhenden Unterhaltungspflichten sind dagegen erloschen (Gieseke-Wiedemann, Anm. 6 zu § 29; Feldt in Wüsthoff, Anm. 7 zu § 47 HWG; Burghartz, Anm. 1, 2 zu § 60 NWWG). Danach sind im früheren preußischen Rechtsbereich die nicht auf einem besonderen öffentlich-rechtlichen Titel beruhenden, sondern gemäß § 115 Abs. 3 PrWG kraft Gesetzes entstandenen besonderen Unterhaltungspflichten des Ausbauunternehmers weggefallen.

§ 154 Buchst. a legt der Möglichkeit einer Zuziehung zum Verband die Unterhaltung „eines Gewässers oder eines Ufers" zugrunde. Es ist ohne weiteres möglich, daß aufgrund eines der oben erwähnten besonderen Titel die Unterhaltungspflicht nur für ein Ufer auferlegt ist, was als Rechtsgrund für die Zuziehung zum Verband auch dann ausreicht, wenn für das Gewässer im übrigen ein anderer unterhaltungspflichtig ist. Das Ufer ist als Teil des Gewässers anzusehen, ebenso wie das Bett nach der zutreffenden h. M. Teil des Gewässers ist (vgl. Gieseke-Wiedemann, Anm. 6 zu § 1, Anm. 3 zu § 28; Burghartz, Anm. 2a zu § 1 WHG). Wenn nichts besonderes gesagt ist, gehört zur Unterhaltung eines Gewässers die Unterhaltung des Gewässerbettes einschließlich seiner die Ufer bildenden seitlichen Teile auch dann, wenn die Verpflichtung auf einem besonderen Titel beruht, der nur vom Gewässer oder nach der früheren Ausdrucksweise beispielsweise vom Wasserlauf spricht. Die gesonderte Aufführung der Wörter — nicht Begriffe — „Gewässer" und „Ufer" in § 154 Buchst. a wie auch in § 28 Abs. 1 Satz 2 WHG (vgl. hierzu Gieseke-Wiedemann, Anm. 3 u. 7) bedeutet also nicht, daß der Verpflichtete in diesem Falle die Ufer von der Unterhaltung ausschließen könnte. Soweit es sich um die nach den allgemeinen Regeln begründete Unterhaltungspflicht handelt, kann diese Frage nicht auftauchen, da sämtliche Landeswassergesetze die Unterhaltungspflicht auch ausdrücklich auf die Ufer erstreckt haben. Diese Feststellung des genauen Umfanges der Verpflichtungen, die der Verband übernimmt, ist für die Ermittlung des Anteils, mit dem das neue Mitglied an dem Verband beteiligt wird (§ 159), wichtig und spielt u. a. eine Rolle für das spätere Stimmverhältnis in den Organen des Verbandes sowie für die Beitragsveranlagung (§§ 81 ff.).

3. Gemeinde, Gemeindeverband

Eine Gemeinde oder ein Gemeindeverband darf nur mit Zustimmung des Innenministers des betreffenden Landes oder der von ihm ermächtigten Behörde zum Verband als Mitglied gezogen werden. Die Gründungsbehörde hat diese Zustimmung durch die Hand der Aufsichtsbehörde einzuholen. Sie wird zuvor mit den beteiligten Gebietskörperschaften eingehend verhandeln und sich möglichst ihres Einverständnisses versichern, in dem Bericht an den Innenminister oder die von ihm ermächtigte Behörde die besonderen Gründe für die Zuziehung eingehend darlegen und dabei auch auf die finanziellen Fragen eingehen. Der Zustimmung bedarf es nicht, wenn eine Gebietskörperschaft als dingliches Mitglied im Sinne des § 153 zum Verband gezogen werden soll.

Wenn Gebietskörperschaften zusammengeschlossen werden sollen, kommt statt eines Wasser- und Bodenverbandes auch die Bildung eines Zweckverbandes in Betracht, s. hierzu Anm. 7 zu § 1.

Reichsminister des Innern: s. Anm. 5 zu § 1.

4. Andere öffentlich-rechtliche Körperschaften

Hierunter fallen z. B. andere Wasser- und Bodenverbände, sondergesetzliche Wasserverbände, Zweckverbände, Teilnehmergemeinschaften nach dem FlurbG (vgl. Anm. 6 zu § 3). Wenn eine solche öffentlich-rechtliche Körperschaft von der Verbandsaufgabe berührt wird, bestehen keine grundsätzlichen Bedenken gegen ihre Zuziehung nach Buchst. c. Meist wird in diesen Fällen eine der Voraussetzungen für die Zuziehung nach §§ 153, 154 Buchst. a gegeben sein, was jedoch nicht ausschließt, daß auch ohnedies die Mitgliedschaft nur gemäß Buchst. c begründet wird. Das ergibt sich aus der besonderen Aufgabenstellung solcher Körperschaften, die, ohne Gebietskörperschaften zu sein (was nur für die Gemeinden und Gemeindeverbände gilt), doch wie diese den öffentlichrechtlichen Status besitzen und wichtige Aufgaben im öffentlichen Interesse zu erfüllen haben. Eine ordnungsmäßige und vollständige Wahrnehmung der von ihnen zu vertretenden Belange kann daher ebenso wie in den Fällen unter Buchst. b auch ohne ein Vorliegen der Voraussetzungen nach §§ 153, 154 Buchst. a und 155 bedingen, dem Verband als Mitglied anzugehören. Allein die Zweckmäßigkeitserklärung ihrer Aufsichtsbehörde kann nicht mehr als ausreichende Grundlage für eine Zuziehung zum Verband angesehen werden. Das würde gegen die Prinzipien der Selbstverwaltung verstoßen, die auch den nicht gebietskörperschaftlichen öffentlich-rechtlichen Körperschaften zu gewährleisten ist (vgl. Anm. 2 zu § 4). Eine entsprechende zustimmende Erklärung der Körperschaft selbst muß also hinzukommen, was entsprechend auch für die ganz allgemein gehaltene Möglichkeit nach Buchst. d gilt. In diesem Fall, der die Zuziehung auch jeder natürlichen oder nicht öffentlich-rechtlichen juristischen Person vorsieht, wird von den Behörden zu prüfen sein, ob die Zuziehung überhaupt der ratio legis der WVVO entspricht. Ist das nicht der Fall, müssen etwaige andere Erwägungen zurücktreten, da eine Zuziehung dem Sinn der WVVO und des Wasserverbandswesens schlechthin zuwiderlaufen würde.

§ 155

Mitglieder, die nur Anlagen dulden[1]

Der jeweilige Eigentümer kann zum Wasser- und Bodenverbande gezogen werden[2], wenn sein Grundstück[3] zur Durchleitung von Wasser oder für eine Deichanlage oder für ein Schöpfwerk gebraucht werden muß.

1. Frage des Fortgeltens

§ 155 ist in seiner wörtlichen Fassung nicht mehr anwendbar. Er bildet eine Ausnahme von § 153, und in Verbindung mit § 84 von dem Grundsatz, daß der jeweilige Eigentümer zum Verband nur gezogen werden kann, wenn ihm Vorteil aus dem Unternehmen in Aussicht steht (§ 153 Abs. 1, 2). Damit sollte dem Verband die Einleitung und Durchführung des förmlichen Enteignungsverfahrens nach allgemeinem Recht gemäß den Enteignungsgesetzen der Länder erspart und die Anwendung des vereinfachten verbandsrechtlichen Enteignungsverfahrens gemäß §§ 30 ff., welches sich nur auf die zum Verband oder zu seinem Unterverband gehörenden Grundstücke erstreckt (§ 30 Abs. 2), ermöglicht werden.

2. Erfordernis eines Vorteils

Es ist möglich, daß Eigentümer im Sinne von § 155 Vorteil von der Durchführung der Verbandsaufgabe haben, so daß sie nach § 153 als Mitglieder zum Verband gezogen werden können, oder aber, daß die anderen gültigen Bestimmungen der §§ 153 und 154 eine Zuziehung ermöglichen. Ist das jedoch nicht der Fall, entfällt nach der Rechtsprechung des Bundesverwaltungsgerichts zum wasserverbandsrechtlichen Begriff des Vorteils (Anm. 3 zu § 153) die Möglichkeit, den Eigentümer, der keinen Vorteil hat, zum Verband zu ziehen. Dies kann nicht anders beurteilt werden, wenn der Eigentümer wegen der Inanspruchnahme seiner Grundstücke sogar Nachteile in Kauf zu nehmen hat, mögen sie auch materiell im Enteignungsverfahren durch eine entsprechende Entschädigung ausgeglichen werden.

Wegen der engen Verflechtungen, die sich in den Fällen des § 155 zwischen Verband und Eigentümer ergeben, wird man die Möglichkeit einer Mitgliedschaft jedoch nicht generell ausschließen können. An einer Mitgliedschaft kann auf beiden Seiten ein durchaus berechtigtes Interesse bestehen, zumal dann, wenn zugunsten des Verbandes statt einer Entziehung von Grundeigentum nur dessen Beschränkung durch eine beschränkte persönliche Dienstbarkeit in Betracht kommt, so daß der Eigentümer sein Grundeigentum behält. Ist daher der Grundeigentümer mit seiner Zuziehung zum Verband einverstanden, bestehen keine Bedenken gegen die Anwendung des § 155, auch wenn die Voraussetzungen des Vorteils im Sinne der WVVO nicht gegeben sind. In diesem Fall ist das Mitglied frei von allen Beitragslasten (Anm. 1 zu § 84).

Zum Begriff „gezogen werden“ s. Anm. 1 zu § 154.

3. Grundstück

Zum Begriff „Grundstück“ s. Anm. 1 zu § 153.

§ 156

Urkundliche Grundlagen[1]

(1) Der Gründung des Wasser- und Bodenverbandes sind Entwürfe des Planes für das Unternehmen (§ 17)[2], des Mitgliederverzeichnisses (§ 11)[3] und der Satzung (§ 9)[4] zugrunde zu legen.

(2) Die oberste Aufsichtsbehörde kann zulassen[5], daß der Gründung nur der Entwurf der Satzung und ein Verzeichnis der wichtigeren Mitglieder zugrunde gelegt wird, wenn in der Satzung das Unternehmen und die Voraussetzungen der Mitgliedschaft für die spätere Aufstellung des Planes und des Mitgliederverzeichnisses deutlich genug beschrieben werden[6, 7].

1. Urkundliche Grundlagen

Die urkundlichen Grundlagen müssen, soweit sie erforderlich sind, vor der Gründung des Verbandes aufgestellt werden. Zu der Aufstellung ist jeder befugt, doch kann die Gründungsbehörde ungeeignete urkundliche Grundlagen zurückweisen. Sie wird sich zu dieser Prüfung in der Regel ihrer Fachdienststellen, in der Kreisinstanz also der Kreiskulturbauämter oder entsprechenden Ämter, auf der Bezirksebene der Wasserwirtschaftsämter, bedienen (vgl. § 157 Abs. 2), vielfach aber auch bereits für die Aufstellung selbst. Die Urkunden müssen den Bedürfnissen des Falles Rechnung tragen und den Erfordernissen insbesondere des Wasserverbandsrechts entsprechen. Wo die WVVO für bestimmte Regelungen die Zustimmung der oberen oder der obersten Aufsichtsbehörde vorschreibt (vgl. § 3 Nr. 4, § 20 Abs. 2, § 42 Satz 2, § 55 Abs. 2, § 56 Abs. 6, § 82 Abs. 2 Nr. 4, § 122 Abs. 4, § 153 Abs. 3, § 154 Buchst. b, c und d, § 159 Abs. 5), wird die Gründungsbehörde die notwendigen Schritte rechtzeitig vor der Einleitung des Gründungsverfahrens tun.

Es ist in der WVVO nicht bestimmt, daß die urkundlichen Grundlagen unterschrieben werden müssen, wie Tönnesmann dies für den Plan und das Mitgliederverzeichnis fordert (Tönnesmann, Anm. 1 zu § 156). Doch ist es üblich und auch empfehlenswert, daß der Plan von dem für die Aufstellung Verantwortlichen mit Datum versehen und unterschrieben wird, was auch der Sicherheit beim Hinweis in der Satzung (§ 17 Abs. 2) und bei sonstigen späteren Bezugnahmen auf den Plan dient. Für den Entwurf der Satzung entfällt eine unterschriftliche Vollziehung schon im

Hinblick auf § 169. Für die Praxis entscheidend ist, daß bei der Bezeichnung der urkundlichen Grundlagen wie auch ihrer Unterzeichnung so verfahren wird, daß sie in ihrer Eigenschaft als Entwurfsunterlagen für das Gründungsverfahren (§§ 156, 161) einerseits und als endgültige urkundliche Grundlagen des nach Abschluß des Verfahrens gebildeten Verbandes andererseits von keinem Beteiligten verwechselt werden können. Das ist auch unter dem Gesichtspunkt von Bedeutung, daß die Entwurfsunterlagen für das Gründungsverfahren noch jederzeit von der Gründungsbehörde unter den Voraussetzungen des § 165 Abs. 1 geändert werden können. Sämtliche urkundlichen Grundlagen verlieren ihren Rechtscharakter als „Urkunden" nicht dadurch, daß sie nicht unterschrieben sind. „Gleich bleibt, in welchen üblichen oder vereinbarten Schrift- oder Druckzeichen die Urkunde abgefaßt, worauf sie geschrieben oder gedruckt, ob sie unterschrieben ist, welche Bedeutung sie hat und welchem Zweck sie dienen soll" (Baumbach-Lauterbach, Vorbemerkung 1 zu § 415).

2. Plan

Der Plan (das Projekt) muß es den künftigen Mitgliedern, den Behörden und den sonstigen Beteiligten ermöglichen, sich ein Urteil über die Grundzüge des Unternehmens (§ 17 Abs. 2), insbesondere über die geplanten Anlagen, über Art und Umfang der vorgesehenen Arbeiten, über die Höhe der Kosten und die Nützlichkeit des Unternehmens zu bilden (vgl. auch Anm. 3 zu § 17, Anm. 1 zu § 157). Eines Planes bedarf es insoweit nicht, wie der Verband kein Unternehmen i. S. des § 17 Abs. 1 haben wird, also Bauten, Anlagen, Arbeiten an Grundstücken und Gewässern und ähnliche Maßnahmen nicht als Mittel zur Durchführung der Verbandsaufgabe in Betracht kommen, so z. B. bei reinen Beitragsverbänden (§ 2 Nr. 10).

Die Umgrenzung des Verbandsgebietes ist nicht Sache des Planes, sondern der Satzung (BVerwGE 18, 318; s. im übrigen Anm. 3 zu § 36).

3. Mitgliederverzeichnis

Das Mitgliederverzeichnis nach § 156 ist das Verzeichnis der jeweiligen Eigentümer mit ihren Grundstücken, Bergwerken und Anlagen, der Unterhaltungspflichtigen von Gewässern und Ufern, der öffentlich-rechtlichen Körperschaften und anderen von der obersten Aufsichtsbehörde zugelassenen Personen, die Mitglieder des zu gründenden Verbandes werden sollen (§ 159 Abs. 1 u. 3). Es ist nicht identisch mit dem Mitgliederverzeichnis nach § 11, da es als urkundliche Grundlage für einen zu gründenden Verband ein Verzeichnis von Nichtmitgliedern ist, die erst Verbandsmitglieder werden sollen, funktionell über die Wertverhältniszahlen und damit die Stimmzahlen der vorgesehenen Mitglieder im Gründungsverfahren (s. Anm. 4 zu § 159) Aufschluß zu geben hat und nicht durch die Angabe der vorgesehenen Mitglieder in der Satzung ersetzt werden kann. Das Verzeichnis nach § 11 ist dagegen ein solches der Mitglieder eines bestehenden Verbandes und grundsätzlich nicht entscheidend für das Stimmverhältnis in Verbandsversammlung oder Ausschuß, es sei denn, daß es im Einzelfall auch als Beitragsbuch geeignet ist und verwendet wird (§§ 56 Abs. 1 Satz 2, 62 Abs. 2 Satz 2, 87 Abs. 1; Anm. 3 zu § 11). Es ist nur erforderlich, wenn die Mitglieder nicht in der Satzung angegeben sind (§ 11 Abs. 1). Das Verzeichnis nach §§ 156, 159 kann aber nach der Gründung zum Mitgliederverzeichnis nach § 11 deklariert und als solches dauernd beibehalten werden (Tönnesmann, Anm. 1 zu § 159; s. Anm. 3 zu § 11).

Für die Wirksamkeit der Gründung eines Wasser- und Bodenverbandes ist es unerheblich, daß das Mitgliederverzeichnis bei Grundstücken, die in allgemeiner Gütergemeinschaft lebenden Eheleuten gehören und gemeinschaftlich verwaltet werden, nur den Ehemann aufführt (BVerwG, Beschluß v. 3. 2. 1965, WuB 1965, 319; Schriftt. u. Rspr. 1965, 67 Nr. 57).

4. Satzung

Die Satzung ist in Verbindung mit der WVVO die maßgebende Rechtsgrundlage für die Entstehung des Verbandes als öffentlich-rechtliche Körperschaft im Sinne der WVVO und für das spätere Verbandsleben. Soweit die Rechtsverhältnisse des Verbandes nicht in der WVVO geregelt sind, bestimmen sie sich nach der Satzung, die den zwingenden Vorschriften der WVVO und anderer Gesetze nicht widersprechen darf. Sie regelt nur inneres Verbandsrecht, soweit die gesetzlichen Vorschriften nicht ausdrücklich Ausnahmen zulassen. Sie muß eine Reihe von Bestimmungen enthalten, um den Anforderungen der WVVO an eine rechtmäßige Satzung zu entsprechen (vgl. Dornheim, S. 30, Anm. 31). Ihr Erlaß ist ein Akt der Rechtsetzung (BVerwGE 7, 30; s. im übrigen Anmerkungen zu §§ 8, 9, 169).

Gegenstand der Regelung durch die Satzung ist es auch, wenn das Verbandsgebiet umgrenzt werden soll (s. oben Anm. 2).

5. Zulassung der Vereinfachung

Oberste Aufsichtsbehörde: Anm. 1 zu § 112. Es genügt für die Zulassung ein Erlaß der obersten Aufsichtsbehörde.

6. Vereinfachtes Gründungsverfahren

Von der nach Abs. 2 zulässigen Ermächtigung zur Verbandsgründung ohne Planunterlagen wird die oberste Aufsichtsbehörde (§ 112 Abs. 1) nur in Ausnahmefällen Gebrauch machen. Das kann z. B. der Fall sein, wenn die Wirtschaftlichkeit des Unternehmens zweifelsfrei gesichert erscheint und es sich darum handelt, schwerwiegende Mißstände für das Gemeinwohl mit größtmöglicher Beschleunigung zu beheben, etwa bedrohliche Verschmutzungen von Gewässern oder sonstige untragbar gewordene hygienische Mißstände, denen durch die Gründung des Verbandes mit entsprechenden Aufgaben (z. B. nach § 2 Nr. 4 oder 5) entgegengetreten werden soll.

Erforderlich ist in jedem Falle ein vollständiger Entwurf der Satzung. In dieser muß das Unternehmen (§ 17 Abs. 2 Satz 1) so deutlich beschrieben werden, daß damit eine sichere und eindeutige Grundlage für die spätere Aufstellung des Planes, die nach der Gründung des Verbandes nachgeholt werden muß, gegeben ist.

Soweit die vorgesehenen Mitglieder nicht in der Satzung angegeben werden (s. oben Anm. 3), sieht § 156 Abs. 2 aus Gründen der weiteren Vereinfachung vor, daß als Verzeichnis der vorgesehenen Mitglieder der Gründung nur ein Verzeichnis der wichtigeren vorgesehenen Mitglieder zugrunde gelegt wird. Dies allerdings nur, wenn in dem Satzungsentwurf die Voraussetzungen der Mitgliedschaft für die spätere — d. h. nach Gründung des Verbandes erfolgende — Aufstellung des vollständigen Mitgliederverzeichnisses deutlich genug beschrieben werden.

Diese Vereinfachung ist nicht mehr mit dem heutigen Recht vereinbar. Es kann für die Mitglieder nicht zweierlei Recht gelten, auch nicht für die vom Gründungsvorhaben Betroffenen, die vorerst lediglich als präsumtive Mitglieder rechtlich noch keine Verbandsmitglieder sind, da der Verband noch nicht besteht, deren Belange aber im Gründungsverfahren berührt werden. Auch die für das Vorhaben „weniger wichtigen“ Personen müssen, wenn sie überhaupt mit der Gründung des Verbandes ebenso wie die „wichtigeren Personen“ Mitglieder werden sollen, im Gründungsverfahren anhand der urkundlichen Grundlagen auch die gleiche Stellung haben. Das wäre nicht der Fall, wenn sie im Verzeichnis nicht erwähnt werden und demgemäß von ihrer Beteiligung entweder nichts erfahren oder wegen der unterschiedlichen Regelung eine falsche Vorstellung haben. Wer mit der Gründung des Verbandes dessen Mitglied werden soll, muß daher in gleicher Weise wie die anderen vorgesehenen Mitglieder entweder in dem Entwurf der Satzung oder im Verzeichnis angegeben werden. Dem steht nicht entgegen, Personen, auf deren Mitgliedschaft ohne Beeinträchtigung des Vorhabens zunächst verzichtet werden kann, in den urkundlichen Grundlagen und demgemäß im gesamten Gründungsverfahren wegzulassen. Der Verband wird dann ohne die Mitgliedschaft dieser Personen gegründet. Sollen sie später als Mitglieder zum bestehenden Verband zugezogen werden, bedarf es je nach den gegebenen Umständen der Zuziehung nach § 13 oder der Ausdehnung des Verbandes nach § 174.

Wenn von vornherein ein Verband mit einem fest umgrenzten Verbandsgebiet gegründet werden soll, kann auch im vereinfachten Gründungsverfahren auf entsprechende parzellenscharfe Pläne nicht verzichtet werden, es sei denn, daß die Verbandsgrenzen in der Satzung genau angegeben werden, was z. B. dann möglich ist, wenn nur Gebietskörperschaften mit ihrem gesamten Gebiet als Mitglieder angegeben sind (s. Anm. 6 zu § 152).

In dem vereinfachten Gründungsverfahren ohne Planunterlagen sind in dem nach Abs. 2 aufzustellenden Verzeichnis bei den dinglichen Mitgliedern auch die Grundstücke, Bergwerke und Anlagen aufzuführen, mit denen sie zum Verband gezogen werden sollen. Soweit das nicht geschieht, sind diese Grundstücke, Bergwerke und Anlagen zumindest auf einem Lageplan kenntlich zu machen, vor allem auch dann, wenn die vorgesehenen Mitglieder nicht im Verzeichnis sondern in der Satzung aufgeführt sind, in der aus Gründen der Übersichtlichkeit eine Angabe der Grundstücke, Bergwerke und Anlagen unterbleibt. Diese Kenntlichmachung der Grundstücke, Bergwerke und Anlagen der dinglichen Mitglieder ist erforderlich, weil die Mitgliedschaft nach der WVVO grundsätzlich verdinglicht ist (Anm. 1 zu § 3; Anm. 1 zu § 153) und Art und Ausmaß der Beteiligung dieser Mitglieder ersichtlich sein müssen (§ 153).

Wenn die oberste Aufsichtsbehörde — gegebenenfalls im Einvernehmen mit den anderen Fachministern (Anm. 1 zu § 189; Anm. 3 zu § 154) — das vereinfachte Gründungsverfahren gemäß Abs. 2 zugelassen hat, muß nach der Verbandsgründung die Aufsichtsbehörde veranlassen und überwachen, daß die nach Abs. 1 noch fehlenden Unterlagen durch den Verband, der seine Aufgabe nicht ohne die Zustimmung der Aufsichtsbehörde zu den Plänen ausführen darf (§ 20), vollständig beschafft werden.

7. Sonstige Beschleunigung

Zur Beschleunigung der Bauausführung kann eine Gemeinde oder ein Landkreis als vorläufiger Träger das Unternehmen vor der Gründung des Verbandes beginnen. Die Gebietskörperschaft wird das jedoch nicht ohne entsprechende vorherige Abstimmung mit der Gründungsbehörde des Verbandes (§ 152) tun, die, wenn sie nicht die obere Aufsichtsbehörde ist, sich auch mit dieser als der nach § 69 Abs. 1 zuständigen Behörde in Verbindung setzen wird. Das ist auch zweckmäßig, weil fast immer die Frage der Gewährung von Beihilfen an den künftigen Verband eine Rolle spielt. Gemeinde oder Landkreis tut auch gut daran, sich zu vergewissern, daß nicht die Mehrheit der künftigen Verbandsmitglieder die Übernahme der Schuld ablehnt, da es zweifelhaft erscheint, ob die obere Aufsichtsbehörde in einem solchen Fall die Schuldübernahme durch den Verband rechtswirksam anordnen kann (vgl. Wiedemann in WuB 1952, 311; Linckelmann in WuB 1954, 43; Dornheim, S. 63; im übrigen Anm. 2 und 3 zu § 69). Für die Erstattung der Kosten s. §§ 69 Abs. 1, 173 Abs. 2.

§ 157
Plan

(1) Der Plan[1] des Wasser- und Bodenverbandes enthält die erforderlichen[2] Zeichnungen, Erläuterungen, Kostenanschläge und Untersuchungen über die Nützlichkeit des Unternehmens[3].

(2) Die staatlichen Fachbehörden prüfen[4] den Plan. Für einen Wasser- und Bodenverband, dessen Aufgaben überwiegend in der Landwirtschaft liegen, wirkt der *Reichsnährstand* in landwirtschaftlicher Hinsicht gutachtlich mit[5].

1. Plan, Rechtscharakter

Der gesamte Plan und damit seine einzelnen Teile sind Urkunden (Anm. 1 zu § 156). Er stellt keine Rechtsnorm dar, wie dies bei der Satzung (s. Vorbemerkung vor § 8) der Fall ist. Der Plan ist Gegenstand eines Verwaltungsaktes, soweit er nicht zum Bestandteil der Satzung erklärt ist, und damit im Verwaltungsrechtsweg (§§ 40ff. VwGO) gemäß §§ 68ff. VwGO anfechtbar (BVerwGE 18, 318). Nur die Gründungsbehörde kann unter den Voraussetzungen des § 165 Abs. 1 die dem Gründungsverfahren zugrunde liegenden Entwürfe des Planes ändern. Ist aus dem Entwurf des Plans für das Unternehmen (§ 156 Abs. 1) als urkundlicher Grundlage für das Gründungsverfahren durch die vollzogene Gründung des Verbandes (§ 169 Abs. 1) der endgültige Plan des existenten Wasser- und Bodenverbandes geworden (§ 17 Abs. 2), ist eine Änderung des Planes nur noch nach den Regeln des § 21 (s. Anm. 1 zu § 21) möglich. Wegen der dokumentarischen Bedeutung der Originalfassung des Planes wird für solche Änderungen sowohl aus Gründen der Rechtssicherheit (z. B. im Fall eines späteren Rechtsstreites) wie auch der Zweckmäßigkeit nur eine Abschrift oder Zweitausfertigung des Planes zu verwenden sein. Die Originalfassung wird am besten bei der Aufsichtsbehörde, weitere Ausfertigungen oder Abschriften werden vom Verband und dem Wasserwirtschaftsamt, gelegentlich auch von weiteren beteiligten Behörden aufbewahrt, was in der Satzung zu bestimmen ist.

2. Erforderliche Unterlagen

Welche Planunterlagen erforderlich sind, bestimmen nach pflichtmäßigem Ermessen zunächst die Gründungsbehörde, sodann die den

Plan prüfenden Stellen (§ 157 Abs. 2) und gegebenenfalls die zur oberen Aufsicht berufene Behörde (§ 160), die bei der ihr obliegenden Prüfung der Satzung den Plan nicht nur zu berücksichtigen hat, wenn er nach § 17 Abs. 2 zum Bestandteil der Satzung erklärt ist, sondern auch, wenn das nicht der Fall ist. Einmal ist die Bedeutung des Plans im letzteren Fall als urkundliche Grundlage für die Verbandsgründung nicht geringer, zum anderen kann die obere Aufsichtsbehörde eine Satzung nicht gutheißen und damit den Weg für ihren Erlaß, der die Gründung des Verbandes bewirkt, freigeben, wenn wesentliche Grundlagen für die Gründung, wie der Plan, erhebliche Mängel aufweisen sollten.

Die Ermessensentscheidung darüber, welche Zeichnungen, Erläuterungen, Kostenanschläge und Untersuchungen über die Nützlichkeit des Unternehmens nach Art und Umfang erforderlich sind, kann nach § 114 VwGO auf eine fehlerhafte Ermessensausübung durch das Verwaltungsgericht nachgeprüft werden. Die Anfechtungsklage ist jedoch nur zulässig, wenn der Kläger geltend macht, durch den Verwaltungsakt (s. Anm. 3 zu § 17) in seinen Rechten verletzt zu sein. Dieser Fall kann bei einer urkundlichen Grundlage von der Bedeutung des Plans leicht eintreten, ist er doch „die Darstellung durch Schrift und Zeichnung, nach der das Unternehmen durchgeführt werden soll oder durchgeführt worden ist; er ist meist die technische Grundlage des Unternehmens. Zum Plan gehört auch die Darstellung, nach der eine Anlage des Verbandes, z. B. eine Talsperre, betrieben werden soll" (Tönnesmann, Anm. 1 zu § 17). So kann ein Mitglied des geplanten Verbandes durch unzureichende Darstellungen in den Planunterlagen, aber auch durch Fortlassen von Unterlagen oder Teilen von ihnen, in seiner rechtlichen und wirtschaftlichen Position im Gründungsverfahren wie auch gegenüber dem gegründeten Verband beeinträchtigt werden. Voraussetzung für ein Vorgehen nach § 114 VwGO ist jedoch immer, daß überhaupt eine Ermessensentscheidung der Behörde vorliegt (s. hierzu Eyermann-Fröhler, Anm. 7ff. zu § 114 VwGO).

3. Bestandteile des Plans

Der Plan muß außer den erforderlichen Zeichnungen (Lagepläne, Katasterkarten, Profile usw.) und Nivellements einen Erläuterungsbericht, den Kostenanschlag und die Untersuchung über die Nützlichkeit des Unternehmens enthalten. Diese Untersuchung muß, soweit nicht von der Bestimmung des § 159 Abs. 5 Gebrauch gemacht wird, gleichzeitig die Begründung der Verhältniszahlen für den zu erwartenden Vorteil enthalten. Die Beschaffung weiterer Unterlagen (Katasterauszüge usw.) können die Prüfungsstellen (Abs. 2) verlangen.

a) Zeichnungen

Die Zeichnungen müssen erkennen lassen, welche Grundstücke in den Verband einzugliedern und welche Anlagen zu errichten, zu übernehmen, zu betreiben und zu beseitigen sind, gegebenenfalls auch, welche sonstigen Flächen ohne Eingliederung in den Verband benötigt werden, z. B. für die Durchführung von Wasser- oder Abwasserleitungen. Alle Maßnahmen, die das Unternehmen (§ 17 Abs. 2) des Verbandes darstellen und sich nach den Regeln der Technik zur zeichnerischen Wiedergabe eignen, sind zeichnerisch zu erfassen. Hierzu gehören aber nicht die Ausführungszeichnungen für Bauten, Anlagen, Maßnahmen an Grundstücken und an Gewässern; diese erfordern Untersuchungen und sonstige Vorarbeiten mit entsprechenden Kosten in einem Ausmaß und in einer Weise, daß sie der Natur der Sache nach dem gegründeten Verband zu überlassen sind. Dadurch erleiden die urkundlichen Grundlagen keine wesentliche Beeinträchtigung ihrer Funktionen für die Verbandsgründung und das voraufgehende Verfahren. Diese Einzelheiten sind eine Angelegenheit der später aufzustellenden und von dem zuständigen Verbandsorgan zu beschließenden sog. Einzelpläne.

b) Erläuterungsbericht

Im Erläuterungsbericht muß angegeben werden, welche der Voraussetzungen der §§ 153ff. für die Zuziehung der einzelnen Grundstücke, Bergwerke und Anlagen zum Verband erfüllt sind, insbesondere welche Vorteile ihnen daraus erwachsen (zum Begriff des Vorteils s. Anm. 3 zu § 153). Die Anlagen und sonstigen Maßnahmen des Verbandes sind nach Art, Umfang und Lage zu erläutern, ihre Notwendigkeit ist darzutun.

c) Kostenanschlag

Der Kostenanschlag weist den Finanzbedarf für das gesamte Unternehmen anhand der Kosten der einzelnen Anlagen und sonstigen Maßnahmen aus. Bei längerer Dauer der Durchführung des Unternehmens ist es erforderlich, die Positionen nach ihrem vorgesehenen zeitlichen Anfall zu gliedern. Das ist auch für die Berechnung der erforderlichen Mitgliedsbeiträge, der Nützlichkeit des Unternehmens und des Vorteils der einzelnen Mitglieder von Bedeutung, zumal dann, wenn sich, z. B. bei größeren Abwasserverbänden, die erforderlichen Baumaßnahmen erst im Verlauf vieler Jahre verwirklichen lassen. Der Kostenanschlag ist so sorgfältig und wirklichkeitsecht aufzustellen, daß Überschreitungen möglichst vermieden werden, es sei denn, daß es sich um nicht einkalkulierte spätere Preissteigerungen, z. B. durch Erhöhungen des Baukostenindexes, handelt. Der Kostenanschlag gibt der Gründungsbehörde sowie den sonstigen beteiligten Behörden und Stellen wie auch den künftigen Mitgliedern ein genaues Bild über das Volumen des gesamten Unternehmens, das der zu gründende Verband durchzuführen hat. Er ist zugleich die Ausgangsbasis für die Untersuchungen über die Nützlichkeit des Unternehmens.

d) Untersuchung über die Nützlichkeit des Unternehmens

In der Untersuchung über die Nützlichkeit des Unternehmens wird dem Finanzbedarf aufgrund des Kostenanschlags der Nutzen gegenübergestellt, den die Mitglieder von der Durchführung des Unternehmens zu erwarten haben. Dieser ist rechnerisch so zu erfassen, daß sich aus der Gegenüberstellung der wirtschaftliche Nutzen zugunsten der künftigen Mitglieder ergibt. Daher sind von den Aufwendungen des Verbandes die Beihilfen abzuziehen, die nach den in den Ländern jeweils geltenden Beihilferichtlinien sicher zu erwarten sind, sowie die Einnahmen in Abzug zu bringen, die der Verband aus dem Betrieb seiner Anlagen, z. B. aus dem Verkauf von anfallendem Methangas bei der Abwässerklärung, erzielen wird. Soweit nicht auf Wertzahlen gemäß § 159 Abs. 5 verzichtet wird, müssen die Untersuchung und erwähnte Berechnung gleichzeitig die Begründung für die Festsetzung der Verhältniszahlen nach dem Vorteil der Mitglieder gemäß § 159 enthalten. Es darf daher nicht vergessen werden, bei den Lasten auch den Verwaltungsaufwand zu berücksichtigen, ohne den der Verband sein Unternehmen nicht würde durchführen können.

e) Generalpläne

Allgemeiner gehaltene Pläne, sog. Generalpläne, deren spätere Ergänzung und Ausfüllung je nach dem Fortschritt bei der Ausführung der Verbandsanlagen vorgenommen werden, können unter Umständen genügen. Die Voraussetzungen der Gründung des Verbandes müssen für das Gründungsverfahren jedoch hinreichend dargelegt sein. Ein unvollständiger Plan, der Art und Umfang der Beteiligung der künftigen Mitglieder im Ungewissen läßt, kann nicht die Grundlage für die Verbandsbildung sein (ZAgr. 14, 257f.). Die zuständige Behörde wird daher auch gerade bei einem Generalplan sorgfältig prüfen, welche Unterlagen erforderlich sind, um zu vermeiden, daß der Gründung und damit dem Gründungsverfahren in Gestalt eines solchen Planes eine urkundliche Grundlage gegeben wird, die fehlerhaft ist (vgl. oben Anm. 2). Die in § 156 Abs. 2 vorgesehene Vereinfachung (Anm. 5, 6, 7 zu § 156) bleibt unberührt.

4. Prüfung des Planes

Staatliche Fachbehörden, s. Anm. 1 bis 3 zu § 118.

Der Einleitung des Gründungsverfahrens muß eine genaue technische Prüfung des Plans durch die staatlichen Fachbehörden vorausgehen. Die Zuständigkeit für diese technische Prüfung regelt sich nach den Bestimmungen der Länder und ihrer jeweiligen Behördenorganisation. Meist liegt diese Prüfung in der Hand der Wasserwirtschaftsämter oder der Kreiskulturbauämter. Die Prüfung ist auf den geprüften Unterlagen in geeigneter Weise, z. B. durch einen entsprechenden Prüfstempel der prüfenden Stelle, mit Datum und Unterschrift zu bescheinigen. Diese Prüfung ist nicht zu verwechseln mit derjenigen, die von der Behörde oder der von ihr beauftragten Stelle dann vorgenommen wird, wenn der gegründete Verband seine Anlagen ausführen will und hierzu nach dem WHG i. V. m. dem jeweiligen Landeswassergesetz einer Bewilligung, Erlaubnis, Genehmigung oder Planfeststellung (vgl. § 133 Abs. 2 NWWG) bedarf. Die Bauleitung für die Ausführung der Anlagen wird vor allem bei kleineren Verbänden auf deren Antrag und auf ihre Kosten vielfach von staatlichen und kommunalen wasserwirtschaftlichen Dienststellen übernommen.

5. Gutachtliche Mitwirkung

Wegen Ersatzes des Reichsnährstandes durch heutige berufsständische landwirtschaftliche Organisationen vgl. Anm. 2 zu § 118. Die Mitwirkung des früheren Reichsnährstandes bei der Aufstellung von Meliorationsentwürfen war durch die RdErl. des RuPrMfEuL vom 17. 7. 1934 (LwMBl. S. 595), 10. 8. 1937 (LwRMBl. S. 671), 15. 9. 1937 (LwRMBl. S. 727), 24. 4. 1939 (LwRMBl. S. 497) geregelt. Die gutachtliche Stellungnahme muß insbesondere darlegen, welchen Reinvorteil (vgl. Anm. 2 und 3 zu §§ 81, 82; Anm. 3 zu § 153) die künftigen Mitglieder vom Verbandsunternehmen zu erwarten haben. In diesem Zusammenhang wird das Gutachten sich auch zu der Frage äußern, welche Beitragsbelastung den Mitgliedern zugemutet werden kann, damit ihnen ein wirtschaftlich realer Reinvorteil verbleibt. Diese Untersuchung ist zugleich von entscheidender Bedeutung dafür, welche Beihilfen demgemäß von der öffentlichen Hand gewährt werden müssen.

§ 158

Planarbeiten auf Grundstücken

(1) Die Gründungsbehörde kann anordnen[1], daß die Besitzer[2] von Grundstücken Arbeiten zur Aufstellung des Planes[3], bei erheblichem Schaden gegen Entschädigung[4] zu dulden haben.

(2) Die Anordnung ist mindestens drei Tage vor den Arbeiten unter Angabe von Zeit und Ort in allen betroffenen Gemeinden dem Bürgermeister mitzuteilen. Dieser benachrichtigt die Grundbesitzer einzeln oder in ortsüblicher Weise[5].

(3) Über die Entschädigung entscheidet auf Antrag die Gründungsbehörde[6]. *Der Rechtsweg ist ausgeschlossen*[7].

1. Anordnung der Duldung der Arbeiten

Ähnliche Regelungen zur Durchführung vorbereitender Arbeiten finden sich auch in den Landeswassergesetzen (z. B. §§ 58 und 72 NWWG) sowie in § 5 EnteigG (vgl. Meyer—Thiel—Frohberg, Anm. zu § 5 und wegen der Abgrenzung zur Enteignung Einleitung A vor dem Kommentar).

Nur die Gründungsbehörde kann die Anordnung erteilen, die einen Verwaltungsakt darstellt und somit nach den Vorschriften der VwGO angefochten werden kann. Die Anordnung hat eine entsprechende Rechtsbehelfsbelehrung zu enthalten. Die aufschiebende Wirkung von Widerspruch und Anfechtungsklage kann gemäß § 80 Abs. 2 Nr. 4 VwGO ausgeschlossen werden.

2. Besitzer von Grundstücken

Hier ist der gleiche Ausdruck gewählt wie in § 5 EnteigG (s. oben Anm. 1). Die Duldungspflicht trifft jedoch nicht nur den Besitzer, sondern auch den Eigentümer, falls Eigentum und Besitz nicht in derselben Hand sind, z. B. bei Pachtland (s. auch Dornheim, S. 28/29). Dementsprechend können sowohl der Eigentümer als auch der Nutzberechtigte bei erheblichem Schaden anspruchsberechtigt sein, je nachdem, wer durch die Arbeiten Schaden im Sinne der Bestimmung erleidet.

3. Vorarbeiten

Zur Vorbereitung der Gründung, insbesondere zur Aufstellung des Planes, sind häufig umfangreichere technische Vorarbeiten, wie z. B. Ermittlungen über die wasserwirtschaftlichen Verhältnisse, Nivellements, Vermessung von Flächen und Bodenuntersuchungen, erforderlich. Sie obliegen demjenigen, der den Plan aufstellt, gegebenenfalls also der staatlichen Behörde, z. B. dem Wasserwirtschaftsamt, oder der Gebietskörperschaft, z. B. dem Kreiskulturbauamt. Eigentümer und Besitzer müssen diese Vorarbeiten dulden, sofern die übrigen Voraussetzungen des § 158 erfüllt sind. Vorher dürfen die Arbeiten nicht begonnen werden. Hiergegen können sich die betroffenen Eigentümer und Besitzer nach den Bestimmungen des BGB vor dem ordentlichen Gericht zur Wehr setzen. Der auf solche Weise rechtswidrig handelnde Unternehmer der Vorarbeiten macht sich u. U. nach den Regeln des bürgerlichen Rechts schadensersatzpflichtig.

4. Entschädigung

Der bei der Vornahme der Vorarbeiten entstehende Schaden ist dem Grundbesitzer bzw. -eigentümer sofort nach der Abschätzung, nicht erst nach Beendigung der Vorarbeiten zu ersetzen. Über die Frage, ob und in welcher Höhe eine Entschädigung zu zahlen ist, entscheidet die Gründungsbehörde. Der Entschädigungsberechtigte kann seine Entschädigungsansprüche, soweit ihnen von der Gründungsbehörde nicht entsprochen wird, im ordentlichen Rechtsweg verfolgen.

Es handelt sich bei dieser Entschädigung um einen Ausgleich von Vermögensschäden, die durch gesetzlich vorgesehene rechtmäßige Maßnahmen verursacht werden, nicht um Schadensersatz im Sinne von §§ 823ff. BGB. Diese Maßnahmen an den Grundstücken stellen keine Enteignung dar. Nehmen sie diesen Rechtscharakter an, indem z. B. bestimmte Vorarbeiten eine ständige Beschränkung des Grundeigentums (vgl. Meyer—Thiel—Frohberg, Anm. 6 zu § 1) bedingen, ist § 158 insoweit unanwendbar. Er vermag die enteignungsrechtlichen Vorschriften, insbesondere das Enteignungsverfahren (Anm. 1 zu § 30, Anm. 1 und 4 zu § 33) nicht zu ersetzen, ist nach seiner Stellung in der WVVO und seiner Fassung für enteignende Eingriffe aber auch nicht gedacht und nicht geeignet. Die Entschädigung muß in ihrer Höhe einen wirklichen Wertausgleich für den Berechtigten erbringen. „Eine bloß nominelle Entschädigung ist abzulehnen, ebenso das Auswerfen einer möglichst niedrigen Entschädigung, weil mit den Arbeiten ein gemeinnütziger Zweck verfolgt wird" (Meyer—Thiel—Frohberg, Vorbemerkung 3 vor § 7; BGHZ 19, 139ff.). Dieser für die Enteignungsentschädigung entwickelte Grundsatz gilt auch für die Entschädigung nach § 158.

Die Gründungsbehörde kann dem Verband die durch die Vorarbeiten einschließlich der Entschädigungszahlungen entstandenen Kosten auferlegen, wenn sie dies vor dem Abschluß der Verhandlungen ankündigt (§ 173 Abs. 2). Für die Durchführung der Vorarbeiten können im allgemeinen staatliche Beihilfen gewährt werden, wofür die entsprechenden Beihilferichtlinien der Länder maßgebend sind.

5. Mitteilung der Anordnung

Die Anordnung muß gegebenenfalls dem Besitzer und dem Eigentümer des Grundstücks bekanntgegeben werden (s. oben Anm. 2). Da die Anordnung einen Verwaltungsakt darstellt (s. oben Anm. 1), kann binnen eines Monats nach Bekanntgabe Widerspruch eingelegt werden (§ 70 VwGO). Die Bekanntgabe an die Betroffenen erfolgt zweckmäßig durch Zustellung (vgl. § 56 VwGO). Zwar betrifft § 56 VwGO nur das verwaltungsgerichtliche und das Vorverfahren. Soll aber die Monatsfrist in Lauf gesetzt werden, so muß die Rechtsbehelfsbelehrung gemäß § 58 Abs. 1 schriftlich erfolgen. Da eine Frist in Lauf gesetzt werden soll, ist Zustellung nach § 56 VwGO erforderlich (Eyermann—Fröhler, Anm. 4 zu § 70, Anm. 12 zu § 58, Anm. 23 zu § 56). Eine Benachrichtigung „in ortsüblicher Weise" (§ 158 Abs. 2 Satz 2) reicht danach nicht mehr aus. Diese Vorschrift ist durch die VwGO als überholt anzusehen. Für den Beginn der Frist ist somit nicht die Bekanntgabe an den Bürgermeister (Gemeindedirektor, Stadtdirektor, Oberstadtdirektor) entscheidend, sondern die von diesen zu bewirkende Bekanntgabe an die betroffenen Besitzer und Eigentümer der in Anspruch zu nehmenden Grundstücke. Die Form der Mitteilung an den kommunalen Hauptverwaltungsbeamten ebenso wie die Sicherstellung, daß die Mitteilung diesen Adressaten rechtzeitig erreicht, ist daher Sache der Gründungsbehörde. Die in Abs. 2 Satz 1 bestimmte Mindestfrist von nur drei Tagen reicht nach den vorstehenden Bemerkungen somit nicht mehr aus.

6. Gründungsbehörde
Siehe Anm. 1 zu § 152.

7. Nichtfortgelten der Vorschrift
Die Bestimmung, daß der Rechtsweg ausgeschlossen ist (Abs. 3 Satz 2), verstößt gegen das geltende Recht und ist ungültig (Art. 19 Abs. 4 GG).

§ 159
Mitgliederverzeichnis

(1) Im Mitgliederverzeichnisse (§ 156 Abs. 1) sind die einzelnen Grundstücke, Bergwerke und Anlagen jedes Mitgliedes aufzuführen, mit denen es am Wasser- und Bodenverbande beteiligt sein soll, und dazu Wertzahlen nach den folgenden Vorschriften anzugeben, so daß das Verzeichnis die Berechnung der Mehrheit nach dem § 165 ermöglicht[1, 2].

(2) Wenn nur Grundstückeigentümer Mitglieder werden sollen, ist als Wertzahl der Flächeninhalt zu nehmen[3].

(3) Wenn Eigentümer von Bergwerken und Anlagen, Unterhalter eines Gewässers oder eines Ufers (§ 3 Nr. 2), öffentlich-rechtliche Körperschaften (§ 3 Nr. 3) und andere von der obersten Aufsichtsbehörde zugelassene Personen (§ 3 Nr. 4) Mitglieder werden sollen, ist für jedes Mitglied der von der Durchführung der Verbandaufgabe (§ 2) zu erwartende Vorteil in Verhältniszahlen anzugeben[4]. Dabei gilt für die Grundeigentümer unter sich als Vorteilverhältnis das Verhältnis der Flächeninhalte nach Abs. 2.

(4) Aus besonderen Gründen kann an Stelle des Flächeninhaltes (Abs. 2, Abs. 3 Satz 2) der geschätzte Vorteil als Verhältnisgrundlage genommen werden[5].

(5) Die oberste Aufsichtsbehörde kann zulassen, daß Wertzahlen nicht angegeben werden[6].

1. Inhalt des Mitgliederverzeichnisses
Über den Inhalt des Mitgliederverzeichnisses s. Anm. 2 zu § 11.

2. Wertzahlen

Die als Wertzahlen bezeichneten Verhältniszahlen sollen die vorgesehenen Mitglieder zur Berechnung des Stimmverhältnisses und Feststellung der Mehrheit im Gründungsverfahren in ein Wertverhältnis zueinander bringen und grundsätzlich die Größe des ihnen aus dem Unternehmen erwachsenden Vorteils (vgl. Anm. 2 und 3 zu §§ 81, 82) bezeichnen, und zwar kommt es hier auf den Rohvorteil an. Für die Prüfung einer Beschwerde nach § 168, durch die der Vorteil im einzelnen Fall bemängelt wird, und für das Beitragsverhältnis sind die Wertzahlen ohne rechtliche Bedeutung. Um Verwechslungen mit den Wertzahlen des (dauernden) Beitragsbuches (§ 87) zu vermeiden, wird empfohlen, nur die letzteren als Wertzahlen, die Zahlen des § 159 aber als Stimmzahlen zu bezeichnen. Wenn der Beitragsmaßstab des Verbandes mit den Bestimmungen des § 159 über die Wertzahlen übereinstimmt, so kann das Mitgliederverzeichnis zugleich als Beitragsbuch verwendet werden.

3. Flächeninhalt als Wertzahl

Die Schätzung des Vorteils erübrigt sich, wenn der Verband nur aus Grundeigentümern gebildet werden soll; diese stimmen nur im Verhältnis des Flächeninhaltes der Grundstücke ab (vgl. Abs. 3 Satz 2). Erwünscht ist, den Stimmzahlen die Zahl der Quadratmeter zugrunde zu legen; es muß aber auch die Zahl der Are genügen (nach Ermessen der Gründungsbehörde). Die frühere Berechnung der Mehrheit sowohl nach der Fläche als auch nach dem Grundsteuerreinertrag (vgl. § 238 Abs. 2 PrWG) hat sich nicht bewährt.

4. Vorteilsverhältnis als Grundlage der Stimmzahlen

Wenn nicht nur Mitglieder in ihrer Eigenschaft als Grundeigentümer, sondern auch als Eigentümer von Bergwerken und Anlagen, Unterhalter von Gewässern und Ufern, öffentlich-rechtliche Körperschaften und nach § 3 Nr. 4 zugelassene Personen vorgesehen sind, reicht der Flächenmaßstab nicht aus, um ein gerechtes Stimmverhältnis für alle vorgesehenen Mitglieder zu errechnen. In diesen Fällen ist dem Stimmverhältnis das Vorteilsverhältnis zugrunde zu legen. Der Vorteil wird für die in ihrer Eigenschaft als Grundeigentümer zuzuziehenden Mitglieder insgesamt, für die anderen Mitglieder einzeln ermittelt. Die dem Vorteil der Grundeigentümer insgesamt entsprechende Wertzahl (gleich Stimmzahl) ist unter diesen einzelnen Grundeigentümern im Verhältnis ihrer am Verband teilnehmenden Flächen aufzuteilen. Jeder einzelne Grundeigentümer nimmt mit der so für ihn ermittelten Stimmzahl am Gründungsverfahren teil.

Da es sich bei den Wertzahlen nach § 159 in Wirklichkeit um Wertverhältniszahlen oder besser Stimmzahlen handelt, sind sie auch für solche vorgesehenen Mitglieder zu errechnen, deren schädigende Einwirkungen (§ 153 Abs. 1 Buchst. b) Gegenstand des Verbandsunternehmens sind, indem der Berechnung der Wert der Aufwendungen zugrunde gelegt wird, die der Verband diesen Mitgliedern abnimmt.

Zur Verdeutlichung mag das bei Tönnesmann (Anm. 2 d zu § 159) aufgeführte Beispiel, das hier entsprechend ergänzt wird, dienen:

Mitglieder des geplanten Verbandes sollen werden

die Grundeigentümer A, B und C, deren Grundstücke von der Hochwassergefahr befreit werden sollen,

der Grund- und Fabrikeigentümer D, dessen Grundstücke ebenfalls von der Hochwassergefahr befreit und dessen Fabrikabwässer zur Reinhaltung des Vorfluters, in den sie gelangen, gereinigt werden sollen,

der Fabrikant E, dessen Fabrikabwässer wie bei D gereinigt werden sollen.

Für die Gesamtsumme der Stimmzahlen wird die Zahl 100 angenommen. An dieser Summe haben die vorgesehenen Mitglieder nach dem errechneten Wertverhältnis ihrer Beteiligung am Verband (§ 159 Abs. 1) folgende Anteile:

A, B und C sowie D in ihrer Eigenschaft als Grundeigentümer für die Befreiung ihrer Grundstücke von der Hochwassergefahr zusammen $^{40}/_{100}$,

D in seiner Eigenschaft als Fabrikeigentümer für die Abwasserreinigung $^{25}/_{100}$,

E für die Abwasserreinigung $^{35}/_{100}$.

Die $^{40}/_{100}$ der Grundeigentümer sind auf sie nach dem Verhältnis der Flächeninhalte (§ 159 Abs. 3 Satz 2) zu verteilen. Es sind beteiligt

A mit 14 Hektar, B mit 6 Hektar, C mit 11 Hektar und D mit 9 Hektar.

Von den $^{40}/_{100}$ entfallen also auf A $^{14}/_{100}$, auf B $^{6}/_{100}$, auf C $^{11}/_{100}$ und auf D $^{9}/_{100}$.

Die Stimmzahlen aller vorgesehenen Mitglieder sind somit:

A = 14, B = 6, C = 11, D = 34, E = 35.

5. Vorteil statt Fläche als Verhältnisgrundlage

Abs. 4 bildet eine Ausnahme von Abs. 2 und Abs. 3 Satz 2. Danach ist auch für das Wert- und Stimmverhältnis der Grundstückseigentümer untereinander nicht das Verhältnis der Flächeninhalte, sondern das der Vorteile als Verhältnisgrundlage zu nehmen. Die Gründungsbehörde wird sich in allen Fällen dazu entschließen, in denen die Flächeninhalte der Grundstücke keinen geeigneten und gerechten Maßstab für die Berechnung des Wert- und Stimmverhältnisses bilden, z. B. bei der Gründung von Wasserbeschaffungsverbänden (§ 2 Nr. 5), aber auch bei Verbänden zur Entwässerung und zum Hochwasserschutz (§ 2 Nr. 3), wenn das Wertverhältnis der Grundstücke untereinander zu verschieden ist.

6. Verzicht auf Wertzahlen

Nach heutiger Rechtsauffassung wird die Gründungsbehörde alles tun, um die Zustimmung der Mehrheit für die Verbandsgründung zu erreichen (vgl. Anm. 3 zu § 152). Dazu kann sie auf die Ermittlung des Stimmverhältnisses und damit der Wertzahlen nicht verzichten. Wenn man sich vor Augen führt, daß es sich in Wirklichkeit um reine Stimmzahlen handelt, die das Beteiligungsverhältnis am Verband widerspiegeln, ist auch kaum ein Fall denkbar, in dem ein solches Verzeichnis nicht aufgestellt werden könnte. Ein Verzicht wird daher nur noch in seltenen Ausnahmefällen und auch nur dann in Frage kommen, wenn die vorgesehenen Mitglieder dem nicht widersprechen, und ein rechtlicher Nachteil für die Verbandsgründung nicht zu befürchten ist.

§ 160

Satzung[1]

Wenn nicht die nach § 112 zur oberen Aufsicht berufene Behörde[2] Gründungsbehörde ist, bedarf die Satzung ihrer Prüfung[3].

1. Satzung

Zum Rechtscharakter der Satzung s. Vorbemerkung vor § 8, Anm. 1 zu § 9, Anm. 4 zu § 156.

Der Entwurf der Satzung ist zugleich mit den anderen urkundlichen Grundlagen (§ 156) aufzustellen und hat nicht nur alle in der WVVO vorgeschriebenen Angaben zu enthalten (§ 9 Abs. 2 Satz 1), sondern darüber hinaus auch die weiteren, für das Leben des Verbandes nötigen Vorschriften, d. h. mit den erforderlichen zulässigen Abweichungen (§ 9 Abs. 2 Satz 2) und Ergänzungen (Tönnesmann, Anm. 1 zu § 160). Über die Satzungsmuster s. Anm. 5 zu § 9 und den Abdruck in Teil C. Bei erheblichen Abweichungen vom Satzungsmuster haben die Gründungsbehörden, die der oberen Aufsichtsbehörde unterstehen (§§ 152 Abs. 1, 112 Abs. 3) diese zu beteiligen (LwRMBl. 1941 S. 59). Der Entwurf der Satzung ist zugleich mit dem Plan (vgl. Anm. 2 zu § 157) zur Prüfung vorzulegen. Die Satzung wird erst bei ihrem Erlaß von der Gründungsbehörde unterschrieben (§ 169).

2. Obere Aufsichtsbehörde

Siehe Vorbemerkung vor § 152 und Anm. 1 und 2 zu § 152; Anm. 1 zu § 112.

3. Prüfung

Bei der Prüfung hat die zur oberen Aufsicht berufene Behörde insbesondere auch darauf zu achten, daß keine Vorschriften der WVVO angewendet werden, die wegen Verstoßes gegen das GG bereits von der Rechtsprechung als ungültig erklärt wurden, oder die sie auch ohne Vorliegen einer solchen Entscheidung als grundgesetzwidrig oder sonst gegenstandslos erkennen kann. Auch der Verwaltungsbeamte ist verpflichtet, eine Gesetzesnorm vor ihrer Anwendung auf ihre Verfassungsmäßigkeit hin zu überprüfen (BVerfGE 12, 180, dazu Menger in VerwArch. 1961, 305).

Gleichzeitig ist festzustellen, welche Bestimmungen der Satzung und welche Abweichungen von der WVVO der Zustimmung der oberen Aufsichtsbehörde und welche der Zustimmung der obersten Aufsichtsbehörde bedürfen. Sollten solche Zustimmungen erforderlich sein, empfehlen sich rechtzeitige Fühlungnahmen, damit vermieden wird, daß die Zustimmung zu einer bereits offengelegten Satzung (§ 161) auf Schwierigkeiten stößt oder nicht erteilt wird.

§ 161

Bekanntmachung, Ladung

(1) Die Gründungsbehörde legt den Plan oder einen Auszug aus ihm, der alle zum Verstehen nötigen Teile enthält, das Mitgliederverzeichnis und die Satzung zu jedermanns Einblick offen und gibt das Gründungsvorhaben und Zeit und Ort der Offenlegung bekannt[1].

(2) Sie lädt die Mitglieder nach dem Mitgliederverzeichnisse (§ 156 Abs. 1 und 2) zu gemeinschaftlicher Verhandlung[2]. Wenn ihre Anzahl für eine Versammlung zu groß ist, setzt sie für mehrere örtliche Bezirke des Wasser- oder Bodenverbandes mehrere Verhandlungen an[3]. In der Ladung ist auszusprechen, daß als dem Gründungsvorhaben zustimmend gilt, wer bis zum Abschlusse der Verhandlung keine Erklärung abgibt[4].

(3) Bekanntzumachen und zu laden ist mindestens zwei Wochen vor der Verhandlung in dem Nachrichtenblatte der unteren staatlichen Verwaltungsbehörde (Kreisblatt) und der Städte[5] oder in ortsüblicher Weise in allen Gemeinden, auf die sich die Aufgabe des Wasser- und Bodenverbandes erstreckt[6]. Den einzelnen Mitgliedern, die aus den öffentlichen Büchern leicht ermittelt werden können, soll eine Abschrift der Bekanntmachung und der Ladung zugesandt werden[7].

1. Offenlegung und Bekanntmachung

„Bekanntgeben“ und „Bekanntmachen“ sind in § 161 identische Begriffe, im Gegensatz zum Kommunalrecht, wo im allgemeinen die „Bekanntgabe“ gegenüber der „Bekanntmachung“ eine schwächere, zwanglose Form inhaltlicher Wiedergabe von Beschlüssen oder Beschlußentwürfen darstellt (Kottenberg, Neuere Rechtsprechung zum Bekanntmachungsrecht der Gemeinden und Gemeindeverbände, Kommunalpolitische Blätter, 1964, 139). Die Übereinstimmung ergibt sich in § 161 bereits aus der Art der Regelung der „Bekanntgabe“ nach Abs. 1 durch die Bestimmungen über die „Bekanntmachung“ nach Abs. 3.

Es ist somit den Formen (Abs. 3; Anm. 5, 6) und sonstigen Anforderungen (Abs. 1) einer ordnungsmäßigen öffentlichen Bekanntmachung zu genügen. Eine solche Bekanntmachung muß dem Postulat entsprechen, von dem Vorhaben und allen zum Verstehen nötigen Teilen der Unterlagen die Allgemeinheit in gehöriger Weise in Kenntnis zu setzen (vgl. Forsthoff, S. 131), so daß jeder möglicherweise Beteiligte in allen Teilen des Gebietes, auf das sich der Verband erstrecken soll, die Möglichkeit hat, sich ausreichend zu informieren.

Die Rechtsprechung hat in den letzten Jahren zum Bekanntmachungsrecht Grundsätze entwickelt, die immer strengere Anforderungen im Interesse der tatsächlichen Möglichkeiten einer Kenntnisnahme durch die Bevölkerung erkennen lassen. Gegenstand dieser Kenntnisnahme sind neben dem Gründungsvorhaben als solchem primär die offenzulegenden Unterlagen, nämlich der Plan oder ein Auszug aus ihm, der alle zum Verstehen nötigen Teile enthält, das Mitgliederverzeichnis und der Entwurf der Satzung (Abs. 1). Es ist darauf zu achten, daß keine der Geheimhaltung unterliegenden Pläne oder Teile von ihnen offengelegt werden. Im übrigen ist es zweckmäßig, die Unterlagen möglichst vollständig offenzulegen, um dem Erfordernis der ausreichenden Unterrichtung der Öffentlichkeit mit Sicherheit zu entsprechen. Das Mitgliederverzeichnis ist vollständig offenzulegen. Ein Verzeichnis, das nur die „wichtigeren Mitglieder“ aufweist, ist unzureichend (s. Anm. 6 zu § 156). Berechnungen, die zur Ermittlung der Zahlenwerte des Planes durchgeführt wurden, brauchen grundsätzlich nicht offengelegt, müssen aber auf Verlangen Beteiligter diesen bekanntgegeben werden (Tönnesmann, Anm. 1 zu § 161).

Da die Unterlagen „zu jedermanns Einblick“ offenzulegen sind, und dabei den erwähnten Forderungen nach ausreichenden Möglichkeiten einer gehörigen Unterrichtung jedes gegebenenfalls Beteiligten entsprochen werden muß, ist bei der Festlegung von Zeit (Zeitraum, Dienststunden) und Ort (Gebäude, Zimmer) der Offenlegung hierauf Bedacht zu nehmen. Zeit und Ort stehen insoweit in einer Beziehung zueinander, als eine kürzere Zeit der Offenlegung an mehreren Orten in ihrem Informationseffekt der zeitlich längeren Offenlegung an nur einem Ort entsprechen kann. Zu berücksichtigen sind hierbei jedoch die Ausdehnung des Verbandsgebietes und die Möglichkeiten der betroffenen Bevölkerungsteile, den Ort der Offenlegung unter zumutbaren Umständen zu erreichen. Nähere Vorschriften enthält die WVVO weder hinsichtlich des Ortes noch der Zeit der Offenlegung. Mit „Ort" ist nicht „Ortschaft" sondern die Stelle gemeint, an der die Unterlagen offengelegt werden, so daß danach auch mehrere Orte der Offenlegung in derselben, beispielsweise sehr weiträumigen Gemeinde, oder in derselben Großstadt mit einer sehr hohen Bevölkerungszahl denkbar sind. Im allgemeinen wird man unter Berücksichtigung der heutigen Rechtsprechung — wie aber auch bereits im Interesse aller Beteiligten und der Anerkennung wasserverbandsrechtlicher Maßnahmen durch die Bevölkerung — davon auszugehen haben, daß die Unterlagen in allen Gemeinden offenzulegen sind, die von dem Gründungsvorhaben berührt werden. Es ist meistens zweckmäßig, die Unterlagen an geeigneter Stelle in dem Verwaltungsgebäude der jeweils betroffenen Amts-, Gemeinde- oder Stadtverwaltung offenzulegen, wo den Beteiligten etwa gewünschte Aufklärungen über die urkundlichen Grundlagen und das Gründungsverfahren gegeben werden können. Eine Offenlegung lediglich in der Gemeinde, in der sich der Sitz der Verwaltung eines Landkreises befindet, dürfte nur dann unbedenklich sein, wenn das Gründungsvorhaben keine anderen Gemeinden berührt, oder wenn es nur Gemeinden, und zwar nur solche dieses Landkreises, als Mitglieder vorsieht.

Als Zeit der Offenlegung sind im allgemeinen vier Wochen angebracht. Entscheidend sind jedoch stets die näheren Umstände des Einzelfalles, nach denen sich die Zeit der Offenlegung zu richten hat, damit den oben erläuterten Forderungen auf Unterrichtung der Allgemeinheit Genüge geschieht und Verfahrensmängel wegen Verletzung des heutigen Bekanntmachungsrechts vermieden werden (vgl. Anm. 3 zu § 9).

2. Ladung zu gemeinschaftlicher Verhandlung

Wegen der Form der Ladung s. § 161.

In der Ladung ist der zu gemeinschaftlicher Verhandlung geladene Personenkreis klar erkennbar anzusprechen. Das sind die nach dem Mitgliederverzeichnis (§ 156 Abs. 1) vorgesehenen künftigen Mitglieder. Eine Beschränkung der Ladung allein auf die „wichtigeren Mitglieder" (§ 156 Abs. 2) ist nach heutiger Rechtsauffassung unzureichend (s. oben Anm. 1; Anm. 6 zu § 156). In der Ladung sind das Gründungsvorhaben (vgl. § 161 Abs. 2 Satz 3) allgemein, die einzelnen Verhandlungsgegenstände, der Zweck (gemeinschaftliche Verhandlung nach § 161 Abs. 2),

Zeit und Ort der Verhandlung sowie die Behörde anzugeben, vor der die Verhandlung stattfinden wird. Auch ist auf die Offenlegung der urkundlichen Grundlagen nach Abs. 1 besonders hinzuweisen, soweit sich dies nicht dadurch erübrigt, daß die Bekanntmachung der Offenlegung zusammen mit der Ladung erfolgt. Zwingend ist das jedoch nicht, so daß es denkbar ist, zunächst nur die Offenlegung und ihre Bekanntmachung vorzunehmen, etwa im Interesse einer besonders langen Offenlegungszeit. In diesem Fall empfiehlt sich ein Hinweis in der Bekanntmachung, daß zu gemeinschaftlicher Verhandlung mit den vorgesehenen Mitgliedern laut Mitgliederverzeichnis demnächst geladen werden wird. Auch bei einer solchen Ladung darf die Mindestfrist nach Abs. 3 (s. unten Anm. 6) nicht unterschritten werden. Die Offenlegung muß solange andauern, daß den Adressaten der Ladung bis zum Verhandlungstermin genügend Zeit bleibt, um die Unterlagen einzusehen, jedenfalls nicht weniger, als wenn Offenlegung und Ladung zur Verhandlung gleichzeitig bekanntgemacht werden. Eine längere Offenlegungszeit kann besonders am Platze sein, wenn das Gründungsvorhaben umfangreich ist und die offenzulegenden Unterlagen kompliziert und für die meisten Beteiligten schwer zu verstehen sind. Wenn die Zahl der Einsichtnehmenden möglicherweise sehr groß ist, jedoch die Zahl der Stellen, an denen offengelegt wird, eng begrenzt bleiben soll, kann eine entsprechend lange Offenlegungszeit den nötigen Ausgleich bieten. Wenn jedoch so früh nicht geladen werden soll, weil sonst ein zu großer zeitlicher Zwischenraum zwischen Ladung und Verhandlung entstehen würde, kann die Ladung nach Abs. 3 später durchgeführt werden, wobei die obigen Gesichtspunkte zu berücksichtigen sind.

3. Anberaumung mehrerer Verhandlungen

Für jede einzelne solcher Verhandlungen sind die Vorschriften des § 161 in gleicher Weise zu erfüllen, als ob nur eine Verhandlung angesetzt würde. Hierbei ist besonders auf die Wahrung zwingender Fristen und darauf zu achten, daß sich bei der zwangsläufig verschiedenen Terminierung keine Ungleichheiten in Ladung und Bekanntmachung einschleichen, die als Verletzung des Gleichheitsgrundsatzes ausgelegt werden könnten.

Statt „Wasser- oder Bodenverbandes" muß es „Wasser- und Bodenverbandes" heißen.

4. Schweigen gilt als Zustimmung

Die Warnung, die dem Gesetzestext entsprechen muß, knüpft die Ausschlußwirkung schon an ein Schweigen (vgl. auch § 163 Abs. 4). Der Ausspruch in der Ladung ist zwingend und lautet am besten: „Als dem

Gründungsverfahren zustimmend gilt, wer bis zum Abschlusse der Verhandlung keine Erklärung abgibt (§ 161 Abs. 2 Satz 3 WVVO).“ Nach Tönnesmann (Anm. 5 zu § 161) muß zum Ausdruck kommen, daß die Erklärung in der Verhandlung abzugeben ist, wie sich aus der Formulierung des § 163 Abs. 4 WVVO ergibt. Jedoch ist es nach heutiger Rechtsauffassung nicht mehr zu vertreten, eine schon vor der Verhandlung der Gründungsbehörde vorliegende Einwendung unter Hinweis auf § 163 Abs. 4 WVVO als nicht fristgerecht erhoben zu bezeichnen und deshalb ohne weiteres zurückzuweisen. Derartige Erklärungen sind daher nicht anders zu behandeln als solche, die in der Verhandlung abgegeben werden (vgl. im übrigen Anm. 9 zu § 163).

5. Nachrichtenblatt der Städte

Der Ausdruck „Städte“ kann nach der übrigen Fassung der Vorschrift nicht richtig sein. Gemeint sind offensichtlich die kreisfreien Städte, denn nur für diese gilt das Nachrichtenblatt der Landkreise nicht. Die anderen, also kreisangehörigen Städte, werden dagegen vom Nachrichtenblatt der Landkreise in gleicher Weise wie die übrigen kreisangehörigen Gemeinden erfaßt. Es konnte aber nicht der Wille des Gesetzgebers und kann nicht der Sinn der WVVO sein, für die kreisangehörigen Städte, und zwar nur für diese, eine doppelte Bekanntmachung vorzuschreiben.

6. Bekanntmachungs- und Ladungsfrist, zu erfassendes Gebiet

Wegen Inhalt und Form sowie wegen des zu erfassenden Gebiets s. oben Anm. 1.

Die in Abs. 3 für die Bekanntmachung und die Ladung im Nachrichtenblatt oder in ortsüblicher Weise vorgeschriebene Frist von zwei Wochen ist eine Mindestfrist; sie kann daher nicht abgekürzt werden. Ist die Mindestfrist unterschritten worden, so sind die Bekanntmachung oder die Ladung (s. oben Anm. 1) oder auch beide nicht ordnungsgemäß vorgenommen und müssen wiederholt werden, weil sonst das Verfahren mit einem Formfehler behaftet sein würde. Die Frist beginnt mit dem auf die Bekanntmachung folgenden Tage (§ 187 Abs. 1 BGB). Die Mindestfrist endet sodann mit dem Ablauf des vierzehnten Tages. Fällt der erste Tag nach der Bekanntmachung oder der letzte Tag der Frist auf einen Sonntag, einen in dem Bekanntmachungsgebiet staatlich anerkannten allgemeinen Feiertag oder einen Sonnabend, so tritt an die Stelle eines solchen Tages der nächstfolgende Wochentag (§ 193 BGB in der Fassung des Gesetzes vom 10. 8. 1965, BGBl. I S. 753).

7. Besondere Mitteilung

Die Vorschrift des Absatzes 3 Satz 2 ist nur eine Sollvorschrift. Ihre Verletzung macht daher das Verfahren nicht rechtswidrig. Die Gründungsbehörde ist jedoch gehalten, auch diese Vorschrift der WVVO zu befolgen und hat dabei besonders darauf zu achten, daß allen zu ermittelnden künftigen Mitgliedern die Nachricht zukommt, und nicht nur einem Teil von ihnen. Daß ihnen die Nachricht rechtzeitig vor dem Termin zur gemeinschaftlichen Verhandlung zugehen muß, ergibt sich aus dem Begriff „Ladung". Die in Abs. 3 Satz 1 vorgeschriebene Mindestfrist gilt jedoch für diese besonderen Benachrichtigungen nicht.

§ 162
Anhörung

(1) Die Gründungsbehörde oder ihr Beauftragter[1] unterrichtet in dem Verhandlungstermine die Mitglieder über das Gründungsvorhaben und über Plan und Satzung, hört sie an und erörtert Einwendungen mit ihnen[2].

(2) Die Mitglieder können sich vertreten lassen[3].

(3) Die Gründungsbehörde (der Beauftragte) kann von den Zustimmenden und den Widersprechenden getrennt Vertrauensmänner wählen lassen[4]. Sie bestimmt die Art der Wahl und die Anzahl der Vertrauensmänner[5]. Jedes erschienene Mitglied hat eine Stimme; gemeinschaftliche Eigentümer und um das Eigentum streitende Personen haben eine gemeinsame Stimme[6].

(4) Die Gründungsbehörde (der Beauftragte) kann weitere Besprechungen halten. Zu ihnen sind die Vertrauensmänner zu laden. Die Mitglieder sind befugt, an ihnen teilzunehmen[7].

1. Beauftragter der Gründungsbehörde

Siehe Anm. 1 und 2 zu § 152.

Die Gründungsbehörde, z. B. der Regierungspräsident, braucht das Verfahren nach § 162 nicht selbst durchzuführen, sondern kann einen Beauftragten damit betrauen, etwa den Oberkreisdirektor oder Landrat oder den Leiter des Wasserwirtschaftsamtes. Die Gründungsbehörde kann jedoch den Beauftragten nicht für das ganze Gründungsverfahren bestellen, sondern nur für das Anhörungsverfahren nach den §§ 162 bis 164 (Tönnesmann, Anm. 1 b zu § 152). Der Beauftragte handelt unter seiner eigenen Namens-, Dienst- und Behördenbezeichnung, indem er gleichzeitig das Auftragsverhältnis angibt. Wenn die Gründungsbehörde von der Bestellung eines solchen Beauftragten absieht und das Anhörungsverfahren selbst durchführt, geschieht dies fast nie durch den Behördenleiter persönlich. So läßt in solchen Fällen z. B. der Regierungspräsident das Verfahren durchweg von seinem zuständigen Dezernenten durchführen. Dieser handelt im Rahmen seines allgemeinen dienstlichen Aufgabenkreises, und zwar unter der Behördenbezeichnung

„Der Regierungspräsident", tritt somit nicht als „Beauftragter" im Sinne von § 162, sondern als „Gründungsbehörde" selbst auf, wie auch häufig in den Fällen der §§ 158, 161, 165 und 167, die den Beauftragten im Sinne der §§ 162 bis 164 nicht kennen (vgl. Anm. 1 zu § 169).

2. Unterrichtung, Anhörung, Erörterung von Einwendungen

Über das Anhörungsprinzip s. Anm. 3 zu § 152. Unterrichtung und Anhörung sind an keine Form gebunden. Jedoch muß die Unterrichtung sachgerecht sein und alle wesentlichen Punkte umfassen. Die Anhörung muß allen vorgesehenen Verbandsmitgliedern Gelegenheit geben, sich ausreichend zu äußern. Die Verletzung des rechtlichen Gehörs ist ein Verfahrensmangel. Zwar beschränkt sich die verfassungsmäßige Garantie des rechtlichen Gehörs auf das Gerichtsverfahren (Art. 103 Abs. 1 GG). Aber die Rechtsstaatlichkeit verlangt die unbedingte Sicherstellung des rechtlichen Gehörs auch in den rechtlich geordneten Verfahren der Verwaltungsbehörden (Forsthoff, S. 217f.; Eyermann-Fröhler, Anm. 13 zu § 108; BVerwG, Urteil v. 1. 10. 1963, JR 1965, 270), und zwar hier, da ausdrücklich vorgeschrieben, in Form einer mündlichen Anhörung, die gegen den Willen des Anzuhörenden nicht durch eine schriftliche Anhörung ersetzt werden kann.

Zu den Verhandlungen sind die Vertreter der nach den Erlassen der Länder zu beteiligenden Behörden hinzuzuziehen, je nach der Art des zu gründenden Verbandes im allgemeinen vornehmlich der Vorstand des Wasserwirtschaftsamtes — der selbstverständlich einen anderen Beamten seiner Behörde entsenden kann —, der Vertreter der für die Land- und Forstwirtschaft sowie die Fischerei zuständigen Behörde und gegebenenfalls der Landwirtschaftskammer, weiter die Vertreter der Naturschutzbehörde, der Wasser- und Schiffahrtsverwaltung, der Straßenbaulastträger, der Amtsarzt, oft auch — insbesondere bei der Gründung von Verbänden mit der Aufgabe der Abwasserreinigung — die Industrie- und Handelskammer. In jedem Fall sind die Vertreter der durch das Gründungsvorhaben berührten Gebietskörperschaften einzuladen, d. h. also auch ohne Rücksicht auf ihre etwa vorgesehene Mitgliedschaft. Vielfach wird auch für die Klärung fachlicher Spezialfragen ein Sachverständiger hinzuzuziehen sein. Ist die Abgabe eines Gutachtens erforderlich, so müssen in ihm die Verbandslasten, falls sie Gegenstand des Gutachtens sind, zahlenmäßig angegeben werden. Es genügt nicht, wenn im Gutachten nur „erhebliche" Vorteile festgestellt werden. Ob den vorgesehenen Mitgliedern Vorteile erwachsen, ist für ihre Grundstücke und Anlagen, mit denen sie am Verband teilnehmen, genau und gesondert, gegebenenfalls nach vorheriger Ortsbesichtigung festzustellen (ZAgr. 15, 137; Anm. 3 zu § 153). Kann das Gutachten nicht sogleich mündlich erstattet werden, so ist es schriftlich auszuarbeiten und in einem neuen Termin zu erörtern.

Über die Einwendungen und ihre rechtliche Bedeutung s. Anm. 2 zu § 163.

3. Vertretung der Mitglieder

Für den Nachweis der Vertretungsmacht ist eine Form nicht vorgeschrieben. Der Verhandlungsleiter kann aber den Nachweis fordern, insbesondere durch Vorlage einer schriftlichen, unter Umständen auch beglaubigten Vollmacht. Die Beglaubigung ist nach § 172 gebührenfrei.

4. Vertrauensmänner

Falls weitere Erörterungen in Betracht kommen, tut die Gründungsbehörde gut daran, Vertrauensmänner wählen zu lassen. Verweigern es die vorgesehenen Mitglieder, Vertrauensmänner zu wählen, so ergeben sich daraus keine rechtlichen Folgen. Die Gründungsbehörde ist andererseits nicht gezwungen, eine solche Wahl durchzuführen, selbst wenn sie von den künftigen Verbandsmitgliedern beantragt wird. Im Fall einer solchen Ablehnung, die die Gründungsbehörde jedoch nur beim Vorliegen gewichtiger Gründe aussprechen wird, können sich die Mitglieder durch die Bestellung eines oder mehrerer Vertreter nach Abs. 2 helfen (oben Anm. 3), wobei sie die Bestimmung des Umfanges der Vertretungsmacht in Händen haben.

Die Vertrauensmänner haben keine Vertretungsmacht, benötigen daher für die Erfüllung der ihnen von der WVVO zugedachten Aufgabe keine Vollmacht. Diese Aufgabe besteht insbesondere darin, den Kontakt zwischen den Zustimmenden und Widersprechenden mit der Gründungsbehörde zu erleichtern und die weiteren Besprechungen zur Entlastung der Mitglieder wie auch der Gründungsbehörde wahrzunehmen. Rechtsverbindliche Erklärungen können sie nicht abgeben, z. B. auch nicht über die Einschränkung oder Rücknahme von Einwendungen. Hierzu können sie aber von den Mitgliedern gemäß Abs. 2 (s. oben Anm. 3) bevollmächtigt werden.

5. Wahl und Anzahl der Vertrauensmänner

Entscheidend für die Wahl ist, daß nach Abs. 3 jedes erschienene Mitglied, wozu auch die gemäß Abs. 2 vertretenen Mitglieder gehören, ohne Rücksicht auf das Vorteilsverhältnis (§ 159 Abs. 3) eine Stimme hat. Die Bestimmung der Art der Wahl durch die Gründungsbehörde beschränkt sich also im wesentlichen darauf, daß über gültige Anträge in der Reihenfolge ihrer Abgabe abgestimmt wird und ob mündlich z. B. durch Handaufheben oder schriftlich durch Abgabe von Stimmzetteln abgestimmt wird, wobei darauf zu achten ist, daß Zustimmende und Widersprechende getrennt zu wählen haben (Abs. 2 Satz 1).

Die Bestimmung der Anzahl liegt im Ermessen der Gründungsbehörde. Sie wird sich im allgemeinen von dem Gedanken leiten lassen, die Zahl der Vertrauensmänner im Verhältnis zur Gesamtzahl der vorgesehenen Mitglieder klein zu halten, andererseits die nach der Art ihrer Beteiligung am Verbandsvorhaben verschiedenen Mitgliedergruppen angemessen und gerecht zu berücksichtigen, was auch bereits für das Zahlenverhältnis zwischen den Vertrauensmännern der Zustimmenden und denen der Widersprechenden zu gelten hat.

6. Stimmverteilung bei der Wahl

Vgl. oben Anm. 5; Anm. 3 zu § 163.

7. Weitere Besprechungen

Weitere Besprechungen sind erforderlich, wenn nicht zurückgenommene Einwendungen noch ausgeräumt werden sollen. Hierzu braucht die Gründungsbehörde nur die Vertrauensmänner zu laden. Es ist ihr überlassen, auch die Mitglieder zu laden oder wenigstens zu unterrichten, damit sie teilnehmen können. Dies empfiehlt sich vor allem dann, wenn die Vertrauensmänner von den Mitgliedern nicht zur Abgabe rechtsverbindlicher Erklärungen ermächtigt wurden, nach dem Stand der Verhandlungen aber mit der Zurücknahme von Einwendungen im Besprechungstermin gerechnet werden kann. Auch bleibt es den Vertrauensmännern unbenommen, die Mitglieder über den Besprechungstermin zu unterrichten und ihnen eine Teilnahme nahezulegen. Solche weiteren Besprechungen gelten nicht ohne weiteres als eine Fortsetzung des Verhandlungstermins (vgl. Anm. 5 zu § 163; Tönnesmann, Anm. 2 zu § 163).

§ 163

Erklärungen der Mitglieder

(1) Die Gründungsbehörde (der Beauftragte, § 162 Abs. 1) stellt in einer Verhandlungschrift[1] Zustimmung und Einwendung[2] eines jeden zur Verhandlung erschienenen Mitgliedes[3] zu dem Gründungsvorhaben[4] fest. Die Anträge auf Änderung von Plan, Mitgliederverzeichnis und Satzung[5] sind aufzuzeichnen. Einwendungen können auch außerhalb und nach der Verhandlung zurückgenommen werden[6].

(2) Um das Eigentum streitende Personen sind verhandlungsberechtigt. Sie und die gemeinschaftlichen Eigentümer eines Grundstückes, eines Bergwerkes und einer Anlage (§ 3 Nr. 1) können nur einheitliche Erklärungen abgeben. Die Erklärungen sind für die sich nicht erklärenden

Teilhaber verbindlich. Wenn sie verschiedene Erklärungen abgeben, sind sie bei der Feststellung der Mehrheit nach § 165 Abs. 2 nicht zu berücksichtigen[7].

(3) Für den gebundenen Besitz und die Körperschaften, Anstalten und Stiftungen gilt der § 56 Abs. 3[8].

(4) Im übrigen gilt als zustimmend, wer in der Verhandlung bis zum Abschlusse keine Erklärung abgibt[9].

1. Verhandlungsschrift

Die WVVO enthält für die Form der Verhandlungsschrift keine Vorschriften. Sie braucht von den Beteiligten nicht unterschrieben zu werden und ist nach den geltenden allgemeinen Verwaltungsgrundsätzen zu fertigen. Hierzu gehört, daß sie vom Verhandlungsleiter und, sofern ein Protokollführer bestellt wurde, auch von diesem unterzeichnet wird. Bei der inhaltlichen Gestaltung der Verhandlungsschrift, deren wesentliche Bestandteile sich aus § 163 ergeben, ist darauf Bedacht zu nehmen, daß sie nicht nur eine wichtige Unterlage für die weitere Durchführung der Verbandsgründung ist (vgl. insbesondere §§ 165—167, 171, 173), sondern auch noch in späteren Verfahren und vor allem bei Streit um die Mitgliedschaft (Anm. zu § 12) von ausschlaggebender Bedeutung sein kann. Unter Berücksichtigung dieser Umstände wird die Verhandlungsschrift nach § 163 zumindest folgende Angaben enthalten müssen: Angabe von Ort und Datum der Verhandlung, Bezeichnung der teilnehmenden Behörden und Namhaftmachung ihrer Vertreter, Name und Anschrift eines jeden zur Verhandlung erschienenen vorgesehenen Mitgliedes, Gang der Verhandlung, die Erklärungen der Erschienenen, insbesondere Zustimmungen und Einwendungen, Anträge auf Änderung von Plan, Mitgliederverzeichnis und Satzung, Zurücknahme von zunächst — häufig nur „vorsorglich" — erhobenen Einwendungen, die Äußerungen etwa bestellter Sachverständiger und Erklärungen gemäß § 163 Abs. 2 und 3. Auch die wichtigen Angaben im Sinne von § 161 über die ordnungsmäßige Offenlegung, Bekanntmachung und Ladung und von § 162 über die Unterrichtung, Anhörung und Erörterung, Vertretung von Mitgliedern, Wahl von Vertrauensmännern und die Festlegung der Stimme vor allem bei um das Eigentum streitenden Personen, muß die Niederschrift enthalten. Schließlich werden in der Niederschrift noch die für das Gründungsvorhaben und -verfahren relevanten Erklärungen der anwesenden Behördenvertreter und der nicht eingeladenen und nicht als Mitglieder vorgesehenen Personen erfaßt, deren Interessen und Rechte jedoch berührt werden können (vgl. Anm. 1 und 2 zu § 155). Die Verhandlungsschrift muß (z. B. im Hinblick auf § 165) das Ergebnis der Verhandlung eindeutig erkennen lassen, was voraussetzt, daß die

Verhandlungsschrift in ihren einzelnen Punkten zwar kurz sein kann, aber vollständig sein muß.

Die Erklärungen der jeweiligen Eigentümer von Grundstücken, Bergwerken und Anlagen (§ 153 Abs. 1) sind für jeden, der als Rechtsnachfolger während des Verfahrens eintritt, bindend (PrOVG 30, 301; v. Kamptz 3, 596).

Falls aus Gründen der Vereinfachung die erschienenen und die nicht erschienenen vorgesehenen Mitglieder statt durch namentliche Aufführung durch Zeichen im Mitgliederverzeichnis kenntlich gemacht werden (Tönnesmann, Anm. 1 zu § 163), so ist dies in der Verhandlungsschrift ausreichend zu verdeutlichen. Da Verhandlungsschrift und Anwesenheitsliste unter Umständen auch für Dritte klar verständlich sein müssen, in Streitfällen u. a. auch für die Gerichte, ist es auch in diesen Fällen der Vereinfachung besser, einen Abdruck des Mitgliederverzeichnisses als Anwesenheitsliste zu verwenden und mit der Verhandlungsschrift zu verbinden.

2. Zustimmung und Einwendung

Die Erklärung der Zustimmung ist an keine Form gebunden und kann mündlich, schriftlich oder durch Schweigen erfolgen (vgl. im übrigen Anm. 4 zu § 161; unten Anm. 9).

Die Einwendungen der vorgesehenen Mitglieder können z. B. damit begründet werden, daß der Verband eine nicht unter § 2 fallende Aufgabe habe, daß das Unternehmen für den Einwendenden zu teuer sei oder keinen Vorteil (s. Anm. 3 zu § 153) in Aussicht stelle, daß die Voraussetzungen der Mitgliedschaft bei dem Einwendenden nicht gegeben seien, die urkundlichen Grundlagen für die Verbandsgründung nicht den zwingenden rechtlichen Vorschriften entsprächen, zwingende Formvorschriften über das Gründungsverfahren verletzt seien. Auch Anträge nach § 163 Abs. 1 Satz 2 sind Einwendungen. Einwendungen sind somit alle Erklärungen, die sich gegen die Gründung überhaupt, gegen einen einzelnen Umstand des Vorhabens oder gegen das Gründungsverfahren richten (Tönnesmann, Anm. 2 zu § 162). Damit können auch mangelnde Zweckmäßigkeit oder Wirtschaftlichkeit sowie Bedenken gegen die technische Durchführbarkeit des ganzen Unternehmens oder einzelner Anlagen Gegenstand von Einwendungen sein.

Über diese Einwendungen ist im Verfahren nach §§ 167, 168 zu entscheiden. Dabei handelt es sich nicht um ein förmliches Rechtsmittelverfahren, sondern um einen unselbständigen Teil des auf den Erlaß der Satzung gerichteten Gründungsverfahrens. Die Einwendungen der vorgesehenen Mitglieder stellen somit eine besondere Form der Mitwirkung an einem Rechtsetzungsverfahren dar, das dem Erlaß der Satzung als einer Rechtsnorm voraufzugehen hat (BVerwGE 7, 30; BVerfGE 10, 89; OVGE 18, 359; Hess. VGH, Urteil v. 10. 1. 1964 — OS IV 58/61 —).

Gegenvorstellungen, auch wenn sie als „Einwendungen“ bezeichnet sind, die von Personen erhoben werden, die durch §§ 161—163 zur Erhebung von Einwendungen nicht legitimiert sind, gelten nicht als Einwendungen im Sinne des Gründungsverfahrens. Ein Vergleich mit verschiedenen auf anderen Rechtsgebieten vorkommenden Planfeststellungen, die mit hoheitlicher Autorität vorgenommene verbindliche Regelungen von Einzelfällen enthalten und Verwaltungsakte oder eine Vielzahl von Verwaltungsakten darstellen (z. B. im Enteignungsrecht, Flurbereinigungsrecht), gegen die sich jeder Betroffene innerhalb der Fristen der VwGO zur Wehr setzen kann, ist nicht möglich. Denn für dieses Gründungsverfahren als den unselbständigen Teil eines Rechtsetzungsvorganges gelten insoweit allein die entsprechenden Sondervorschriften der WVVO, die eine Beteiligung nur der in den §§ 161ff. aufgeführten Personen vorsehen. Dies entspricht u. a. den nach den kommunalen Verfassungsgesetzen vorgesehenen Verfahren für den Erlaß von Satzungen der Gemeinden und Gemeindeverbände, an denen mitzuwirken auch nur die durch die gesetzlichen Vorschriften legitimierten Personen berechtigt sind. Dennoch wird die Gründungsbehörde solche Gegenvorstellungen nicht einfach beiseite schieben, sondern als formlose Sachnachprüfungs- oder Aufsichtsbeschwerden behandeln. Sie wird sie folglich prüfen, berechtigte Anliegen und richtige Anregungen im Rahmen des Möglichen berücksichtigen, tunlichst in jedem Falle einen formlosen Bescheid erteilen (gegen den es keine Rechtsbehelfe und auch nicht die Beschwerde nach § 168 gibt) und sie in besonderen Einzelfällen gegebenenfalls an ihre Aufsichtsbehörde abgeben.

3. Zur Verhandlung erschienene Mitglieder

Die vorgesehenen Mitglieder können sich vertreten lassen (s. Anm. 3 zu § 162). Die schriftlichen Zustimmungen und Einwendungen solcher Mitglieder, die zum Verhandlungstermin nicht erschienen sind und sich in ihm auch nicht vertreten lassen, braucht die Gründungsbehörde zwar nicht in der Verhandlung selbst festzustellen. Sie muß dies jedoch bereits in der Verhandlung tun, wenn sie das Ergebnis ihrer Feststellung der Mehrheit schon in dem Termin mitteilen will (§ 165 Abs. 2), andernfalls nachher bei der Feststellung des Verhandlungsergebnisses und der Mehrheitsverhältnisse. Schon wegen der notwendigen Entscheidung über aufrechterhaltene Einwendungen (§ 167) sowie der Besonderheiten beim Erlaß der Satzung nach § 170 kann die Feststellung von entscheidender Bedeutung sein. Dabei ist zu berücksichtigen, daß die Ausschlußwirkung des § 163 Abs. 4 nach heutiger Rechtsauffassung nicht mehr als Rechtens anerkannt werden kann, so daß auch die vor der Verhandlung erhobenen Einwendungen (vgl. Anm. 4 zu § 161) von Mitgliedern, die zur Verhandlung nicht erscheinen, aufrechterhalten bleiben (s. im übrigen unten Anm. 9).

4. Gründungsvorhaben

Während § 162 Abs. 1 zwischen Gründungsvorhaben und Plan sowie Satzung unterscheidet, spricht § 163 Abs. 1 im Zusammenhang mit der Feststellung von Zustimmung und Einwendung nur vom Gründungsvorhaben. Das soll jedoch nicht bedeuten, daß hier nicht auch Einwendungen gegen den Plan oder die Satzung gemeint und von der Gründungsbehörde zu erfassen seien. Der Ausdruck „Gründungsvorhaben" ist hier als Oberbegriff verwandt, so daß alle Einwendungen auch nur gegen einzelne Teile, Umstände oder urkundliche Grundlagen des Verfahrens und des mit ihm angestrebten Vorhabens im Sinne des § 163 Abs. 1 beachtlich sind (vgl. im übrigen oben Anm. 2).

5. Änderungsanträge

Über die verfahrensrechtliche Behandlung solcher Anträge s. oben Anm. 2. Vielfach wird den vorgesehenen Mitgliedern erst durch die Unterrichtung im Verhandlungstermin und die sich anschließende Erörterung (§ 162) genügend klar, um was es geht und wie sich das Gründungsvorhaben sowie die Durchführung des Unternehmens des Verbandes für sie auswirken werden. Sie müssen ihre Änderungsanträge dennoch spätestens bis zum Abschluß der Verhandlung stellen (§ 163 Abs. 4; vgl. hierzu unten Anm. 9). Es genügt also nicht, solche Anträge noch in etwaigen weiteren Besprechungen gemäß § 162 Abs. 4 zu stellen, denn diese Besprechungen sind keine Fortsetzung des Verhandlungstermins (Anm. 7 zu § 162). Anders ist es, wenn die Gründungsbehörde den Verhandlungstermin nicht abschließt, sondern zur Fortsetzung vertagt und weitere Termine anberaumt, mögen diese auch fälschlicherweise als „weitere Besprechung" bezeichnet werden. Hierzu sind aber alle Beteiligten, nicht nur die Vertrauensmänner zu laden (Tönnesmann, Anm. 2 zu § 163). In diesem Fall können Änderungsanträge wie auch sonstige Einwendungen noch bis zum endgültigen Abschluß der Verhandlung am letzten Verhandlungstag rechtswirksam angebracht werden. Wird die Verhandlung dagegen nicht in weiteren Terminen fortgesetzt, und vermag ein vorgesehenes Mitglied die ihm vorschwebenden Änderungsanträge erst nach späterer Beratung, z. B. durch einen Sachverständigen, zu formulieren, kann es sich so helfen, daß es noch rechtzeitig vor dem Abschluß der Verhandlung entsprechende Einwendungen (vgl. oben Anm. 2) erhebt und später ihre Zurücknahme unter der Bedingung erklärt, daß die von ihm präzisierten Änderungen vorgenommen werden. Meist wird aber das Mitglied die Änderungsanträge selbst schon im Termin in allgemeiner Form stellen können und sich ihre spätere Präzisierung vorbehalten, wogegen nichts einzuwenden sein dürfte, sofern die spätere Präzisierung keine Erweiterung des ursprünglichen Antrags enthält. Unbeschadet dessen wird aber die Gründungsbehörde Änderungsanträge und andere Einwendungen, die zwar förmlich ungültig, aber sachlich als begründet anzuerkennen sind und nach dem Stand des Gründungsverfahrens noch berücksichtigt werden können, auch tatsächlich berücksichtigen (vgl. Tönnesmann, Anm. 2 zu § 163).

6. Zurücknahme der Einwendungen

Die Zurücknahme einer Einwendung kann nicht widerrufen werden (LWA 4, 164; ZAgr. 5, 336); sie liegt nicht vor, wenn die Zustimmung unter Vorbehalt erklärt wird. Eine ordnungsgemäß erteilte Zustimmung kann weder zurückgenommen noch wegen Irrtums angefochten werden (ZAgr. 5, 336; JW 1930, 1257). Die Erklärung der Zurücknahme ist an keine Form gebunden. Sie kann mündlich oder schriftlich bis zum Abschluß der Verhandlung oder auch noch danach geschehen.

7. Gemeinschaftliche Eigentümer

Durch Abs. 2 soll im Interesse der Beschleunigung des Verfahrens die Gründungsbehörde von der Verpflichtung der Prüfung der Rechtsnatur des Gemeinschaftsverhältnisses befreit werden. Stimmen die gemeinschaftlichen Eigentümer oder die um das Eigentum streitenden Personen nicht einheitlich ab, so werden ihre Stimmen nicht gezählt bzw. die auf sie entfallenden Wertzahlen (§ 159; Anm. 2 zu § 56; Anm. 3 zu § 165) nicht mitgerechnet, also im Mitgliederverzeichnis gestrichen.

8. Gebundener Besitz, Körperschaften, Anstalten, Stiftungen

Nach Abs. 3 bedarf auch der Vertreter geschäftsunfähiger oder in der Geschäftsfähigkeit beschränkter Personen zum Beitritt, der sich nicht als eine Verfügung über ein Grundstück darstellt, nicht der Genehmigung des Vormundschaftsgerichts, der Ehegatte nicht der Zustimmung des anderen aufgrund des ehelichen Güterrechts, der Wald- oder Weingutsbesitzer nicht der Genehmigung der Aufsichtsbehörde. Für den Beitritt von Körperschaften des öffentlichen Rechts ist die Genehmigung der Aufsichtsbehörde nicht erforderlich.

9. Ausschlußregelung

Aus Abs. 4 ergeben sich zwei Ausschlußwirkungen: Die Einwendung (oben Anm. 2, 5) muß, um rechtswirksam zu sein, in der Verhandlung abgegeben und außerdem bis zu deren Abschluß erklärt werden. Die Bestimmung, daß nur in der Verhandlung abgegebene Erklärungen rechtswirksam sind, ist insoweit nicht mehr als Rechtens anzusehen, als solche Erklärungen (Einwendungen, Änderungsanträge) schon vor der Verhandlung abgegeben werden können (vgl. Anm. 4 zu § 161). Die bewußte Schlechterstellung des einzelnen Betroffenen bei der Wahrnehmung seiner berechtigten Interessen gegenüber dem Vorhaben (Tönnesmann, Anm. 2 zu § 163) und im Vergleich zu denjenigen Mitgliedern, deren Belange in den Gründungsunterlagen so gut berücksichtigt sind, daß ihre Zustimmung selbstverständlich ist, würde eine Verletzung des Gleichheitsgrundsatzes bedeuten. Demgegenüber bestehen gegen die Bestimmung über den Fristablauf für die Abgabe von Erklärungen bis zum Abschluß der Verhandlung keine Bedenken. Es ist allen Rechtsbehelfen in Verwaltungsverfahren und der Einlegung von Einwendungen, Einsprüchen u. dergl. in Rechtsetzungsverfahren, z. B. auch auf dem Gebiet der kommunalen Selbstverwaltung, gemeinsam, daß eine Ausschlußfrist bestimmt ist, die jedem Beteiligten bekannt ist und eine der Voraussetzungen dafür bildet, daß das Rechtsetzungsverfahren ordnungsgemäß fortgesetzt werden kann. Wird diese Frist im Einzelfall versäumt, so wird der Betroffene seine Belange auch noch nach der Gründung des Verbandes in einem Streit um die Mitgliedschaft, in einem Verfahren gelegentlich seiner Heranziehung zu Beiträgen oder in einem sonstigen Verfahren nach der VwGO geltend machen und ihre Berücksichtigung erreichen können.

§ 164

Ordnung in den Versammlungen

Die Gründungsbehörde (der Beauftragte, § 162 Abs. 1) kann zur Ordnung der Versammlungen unmittelbaren Zwang anwenden[1] und Ordnungstrafen bis zu hundert ***Reichsmark*** **verhängen[2]. Die Anordnungen sind in die Verhandlungschrift zu nehmen.** *Über Beschwerden entscheidet die nach § 112 nächsthöhere Behörde[3].*

1. Anwendung unmittelbaren Zwanges

Der Verhandlungsleiter hat die Ordnungsgewalt in den Sitzungen. Er kann jeden, der die Verhandlungen stört, aus dem Sitzungssaal verweisen. Der unmittelbare Zwang wird entsprechend den Vorschriften des Verwaltungsvollstreckungsgesetzes angewandt. In der Regel werden die

Voraussetzungen des § 6 Abs. 2 VwVG vorliegen, das heißt, der Versammlungsleiter kann, ohne daß eine schriftliche Verfügung ergehen muß, unmittelbaren Zwang gegen den Störer zur Aufrechterhaltung der Ordnung anwenden, wenn dies zur Abwendung einer drohenden Gefahr oder zur Verhinderung strafbarer Handlungen nötig ist.

2. Ordnungsstrafen

Zur Rechtsnatur der Ordnungsstrafen vgl. Anm. 1 zu § 97.

Die Begrenzung der Ordnungsstrafe auf hundert D-Mark bezieht sich auf die einzelne Strafe; sie kann in derselben Versammlung gegen dieselbe Person wiederholt verhängt werden (PrOVG 73, 388).

3. Nichtfortgelten der Vorschrift

Die Vorschrift gilt nicht fort (§ 195 Abs. 2 VwGO). Anzuwenden ist nunmehr § 73 Abs. 1 Nr. 1 und 2 VwGO.

§ 165

Feststellung des Verhandlungsergebnisses. Mehrheit

(1) Die Gründungsbehörde[1] prüft das Ergebnis der Verhandlung und kann die Entwürfe des Planes, des Mitgliederverzeichnisses und der Satzung ändern, wenn dadurch der Verhandlung nicht die Grundlage entzogen wird[2].

(2) Wenn ein Mitgliederverzeichnis mit Wertzahlen aufgestellt ist (§ 159), stellt die Gründungsbehörde fest, ob sich die Mehrheit für oder gegen die Gründung des Wasser- und Bodenverbandes auf den Grundlagen des Absatzes 1 ausgesprochen hat[3]. Sie gibt, wenn das Ergebnis nicht bereits in der Verhandlung mitgeteilt worden ist[4], die Feststellung den Vertrauensmännern oder den Bürgermeistern der beteiligten Gemeinden bekannt[5].

1. Gründungsbehörde

Mit dem Abschluß der Verhandlung (§§ 162 bis 164) ist die Tätigkeit eines etwa bestellten Beauftragten der Gründungsbehörde (Anm. 1 zu § 162) beendet (Tönnesmann, Anm. 1 zu § 152, Anm. 1 zu § 165). Es ergibt sich aus dem Wesen seines Auftrags, daß er unverzüglich die Verhandlungsschrift sowie die anderen Unterlagen der Gründungsbehörde vorzulegen hat, damit diese in die Prüfung des Ergebnisses eintreten und ihre weiteren Verfahrensmaßnahmen treffen kann.

2. Änderung der urkundlichen Grundlagen

Die Möglichkeit der Gründungsbehörde, die urkundlichen Grundlagen durch Vornahme von Änderungen dem Ergebnis der Verhandlung mit den Beteiligten anzupassen, liegt sowohl im Interesse des Gründungsvorhabens als auch der vorgesehenen Mitglieder, deren Einwendungen und Änderungsanträgen (Anm. 2 und 5 zu § 163) dadurch Rechnung getragen wird. Jedoch darf die Gründungsbehörde in dieser Weise nur verfahren, wenn dadurch der Verhandlung nicht die Grundlage entzogen wird. Wäre letzteres der Fall, ist das Gründungsverfahren einzustellen und ein neues Gründungsverfahren einzuleiten, z. B., wenn durch die beabsichtigten Änderungen der bisherige Kreis der vorgesehenen Mitglieder vergrößert oder deren Teilnahme am Verband über das ursprünglich vorgesehene Maß hinaus erweitert würde, ohne daß dies aus den offengelegten Unterlagen erkennbar war. Werden nur bereits vorgesehene Mitglieder betroffen, die sich einverstanden erklären, kann das Verfahren fortgesetzt werden, immer unter der weiteren Voraussetzung, daß es sich nicht um wesentliche Änderungen, z. B. der Verbandsaufgaben, handelt, die für das Gründungsvorhaben von grundsätzlicher Bedeutung sind und deren vorherige Bekanntmachung gemäß § 161 (s. Anm. 1 zu § 161) gefordert werden muß. Da der Verordnungsgeber keine genaue Abgrenzung vorgenommen hat, empfiehlt es sich, in Zweifelsfällen ein neues Gründungsverfahren durchzuführen.

Will die Gründungsbehörde Änderungen der urkundlichen Grundlagen vornehmen und das Verfahren fortsetzen, wird sie, auch wenn dies in der WVVO nicht ausdrücklich vorgeschrieben ist, außer allen betroffenen Mitgliedern die Vertrauensmänner (§ 162 Abs. 3), die beteiligten Behörden, die beratenden Stellen und Gutachter und tunlichst — vor allem bei Änderungen der Satzung — die zur oberen Aufsicht berufene Behörde unterrichten und befragen (Anm. 3 zu § 160; Tönnesmann, Anm. 2 zu § 165).

3. Feststellung der Mehrheit

Wenn aufgrund von Änderungen der urkundlichen Grundlagen im Falle der Fortsetzung des Verfahrens eine Einwendung zurückgenommen wird (§ 163 Abs. 1 Satz 3) und der Einwendende nunmehr der Verbandsgründung zustimmt, so kann diese Erklärung bei der Feststellung des Verhandlungsergebnisses (Abs. 2) ohne weiteres berücksichtigt werden. Wenn auch die Verbandsgründung von der Zustimmung der Mehrheit nicht abhängt (§ 166), so ist doch die Feststellung erforderlich, ob die Mehrheit sich für oder gegen die Gründung ausgesprochen hat (vgl. Anm. 1 zu § 166). Die Mehrheit ergibt sich aus einer Gegenüberstellung der zusammengezählten Wertzahlen (§ 159) aller Zustimmenden mit denen aller Einwendenden. Bei Wertzahlengleichheit der beiden Gruppen liegt keine Mehrheit für oder gegen die Gründung vor. Sie reicht im Falle des § 166 Satz 3 nicht aus, die dort für die Gründung bestimmte Genehmigung des Fachministers notwendig zu machen, da hierfür die Mehrheit widersprochen haben muß. Das gleiche Ergebnis reicht allerdings nach § 170 aus, die Verschiebung des Erlasses der Satzung gemäß Abs. 1 zu bewirken, da der frühzeitigere Erlaß gemäß Abs. 2 voraussetzt, daß sich die Mehrheit für die Gründung ausgesprochen hat.

4. Mitteilung des Ergebnisses in der Verhandlung

Die Mitteilung des Ergebnisses bereits in der Verhandlung, die nur in eindeutigen Fällen sowie im allgemeinen nur bei der Gründung kleinerer Verbände in Betracht kommt und noch von dem etwa bestellten Beauftragten der Gründungsbehörde vorgenommen werden kann (vgl. Anm. 1), ersetzt nicht die Feststellung durch die Gründungsbehörde gemäß Abs. 2 Satz 1. Diese für den weiteren Verlauf des Verfahrens auch formell wichtige amtliche Feststellung (vgl. oben Anm. 3) kann nur, wie sich schon aus dem Verordnungstext ergibt, von der Gründungsbehörde selbst getroffen werden. Sie ist auch für die weiteren verfahrensrechtlichen Maßnahmen zuständig und verantwortlich. Ersetzt wird durch die Mitteilung des Ergebnisses bereits in der Verhandlung lediglich die in Abs. 2 Satz 2 zweiter Halbsatz vorgesehene nachträgliche Bekanntgabe der Feststellung des Ergebnisses.

5. Bekanntgabe der Feststellung der Mehrheit

Ist das Ergebnis nicht bereits in der Verhandlung mitgeteilt worden, muß die Gründungsbehörde es den Vertrauensmännern oder den Bürgermeistern (Oberbürgermeistern, Oberstadtdirektoren, Stadtdirektoren, Gemeindedirektoren, Amtsdirektoren) der beteiligten Gemeinden bekanntgeben. Diesen bliebe es danach überlassen, die Mitglieder zu unterrichten (Tönnesmann, Anm. 6 zu § 165). Eine solche Handhabung kann heute nicht mehr als Rechtens angesehen werden, da die Mehrheitsverhältnisse von entscheidender Bedeutung für das weitere Vorgehen der Gründungsbehörde und verschiedene ihr obliegende Pflichten sind (§§ 166 Satz 3, 170 Abs. 2), an deren Erfüllung die Mitglieder ein berechtigtes Interesse haben. Da sie dieses Interesse nur wahren können, wenn sie über das Ergebnis unterrichtet werden, müssen sie neben den in der WVVO genannten Beteiligten von der Gründungsbehörde unterrichtet werden, es sei denn, diese habe sich vergewissert, daß die Unterrichtung durch die Vertrauensmänner oder die beteiligten Gemeinden ordnungsgemäß erfolgt ist.

Wenn kein Mitgliederverzeichnis mit Wertzahlen aufgestellt ist (§ 159 Abs. 5), so bedarf es weder einer Feststellung der Mehrheit noch einer Genehmigung des Fachministers (§ 166 Satz 3). Damit entfällt auch die in Abs. 2 vorgesehene Mitteilung des Ergebnisses. Trotzdem wird die Gründungsbehörde sich über das Ergebnis der Verhandlung ein klares Bild verschaffen, wie schon aufgrund des Abs. 1 zu fordern ist. Dabei wird sie auch Ablehnung und Zustimmung vergleichend gegenüberstellen, um sich über ihr weiteres Vorgehen schlüssig zu werden (vgl. Anm. 3 zu § 152, Anm. 6 zu § 159).

§ 166
Verhandlungsergebnis nicht entscheidend

Für die Gründung des Wasser- und Bodenverbandes ist das Verhandlungsergebnis nicht entscheidend[1]. Der Verband kann selbst gegen den Widerspruch[2] aller Mitglieder gegründet werden[3]. Wenn aber die Mehrheit (§ 165 Abs. 2) widersprochen hat, bedarf die Gründung der Genehmigung des Fachministers[4].

1. Verhandlungsergebnis nicht entscheidend

Die Gründung des Verbandes ist von der Zustimmung der Mehrheit nicht abhängig. Alle Verbände, welche die in § 2 bezeichneten Aufgaben haben, können mit Beitrittszwang nicht nur gegen die Mehrheit sondern gegen alle vorgesehenen Mitglieder gebildet werden (vgl. Anm. 3 zu § 152). Auch bereits nach dem früheren Landesrecht, das durch die WVVO abgelöst wurde, bestanden solche Möglichkeiten, z. B. nach § 245 PrWG, das in diesem Fall von „Zwangsgenossenschaften" sprach, diese jedoch nur für einige wenige und als besonders wichtig erachtete Aufgaben aus dem Gesamtkatalog der Verbandsaufgaben nach § 206 PrWG zuließ. Die Bildung solcher Zwangsgenossenschaften sollte schon damals „so erfolgen, daß zunächst der Versuch gemacht wird, die Zustimmung aller Beteiligten oder wenigstens der Mehrheit zu finden, und daß erst, wenn dies mißlingt, mit der zwangsweisen Bildung vorgegangen wird" (Holtz—Kreutz—Schlegelberger, Vorbemerkung zu § 245 PrWG). Heute wird die Gründungsbehörde sich bemühen, die Zustimmung aller vorgesehenen Mitglieder oder wenigstens der Mehrheit herbeizuführen. Die Abstimmung ist zwar rechtlich nicht entscheidend, sie ist aber von großer tatsächlicher Bedeutung für die Entschließung der Gründungsbehörde, weiter für die nach Satz 3 erforderliche fachministerielle Genehmigung sowie für Art und Zeitpunkt des Erlasses der Satzung gemäß § 170 Abs. 2 (vgl. Anm. 3 zu § 165).

2. Widerspruch

Der Widerspruch ist nicht ein solcher im Sinne der VwGO, sondern identisch mit der Einwendung nach §§ 162, 163 (vgl. Anm. 2 zu § 163).

3. Gründung gegen den Widerspruch aller Mitglieder

Es handelt sich in einem solchen Fall um einen Zwangsverband (vgl. oben Anm. 1), zu dessen Bildung sich die Behörde jedoch nur unter zwingenden und schwerwiegenden Umständen entschließen wird, etwa zum Schutz von Grundstücken vor Hochwasser oder zur Reinhaltung von Gewässern, wenn den Mißständen auf andere Weise nicht wirksam begegnet werden kann und die vorgesehenen Mitglieder nicht aus sachlich anerkennenswerten Gründen widersprechen. Im übrigen wird die Gründungsbehörde schon bei einem Widerspruch der Mehrheit und erst recht der Gesamtheit in der Regel von der Gründung absehen und das Verfahren einstellen oder einige Zeit ruhen lassen, da gegen den Willen der Beteiligten ein Verband in der Praxis kaum oder doch nur unter ständiger Anwendung von Aufsichtsmitteln funktionieren würde. Die Behörde wird in solchen Fällen gut daran tun, die Gründung des Verbandes auf einer anderen Basis anzustreben oder nach anderen Lösungen zu suchen. Eine gedeihliche Wirkung des Verbandes im Interesse der Durchführung seines Unternehmens ist im allgemeinen auch für die Zukunft nur dann zu erwarten, wenn das Vorhaben dem Wunsche der Mehrheit der Beteiligten entspricht.

4. Gründung bei Widerspruch der Mehrheit

Will die Gründungsbehörde den Verband gründen, obwohl sich nach ihrer Feststellung gemäß § 165 Abs. 2 Satz 1 die Mehrheit dagegen ausgesprochen hat, bedarf sie vor Erlaß der Satzung der Genehmigung des Fachministers (Anm. 1 zu § 189), nicht schon zum Weiterbetreiben des Verfahrens, wie Tönnesmann (Anm. 3 zu § 166) annimmt, da der Verordnungsgeber die Genehmigung erst für die Gründung voraussetzt, die durch Erlaß der Satzung erfolgt (§ 169).

§ 167

Entscheidung über Einwendungen

Wenn die Gründungsbehörde den Wasser- und Bodenverband gründen will[1], entscheidet sie über die Einwendungen[2] der Mitglieder[3] in einem begründeten Bescheide[4]. Die Entscheidung oder ein Auszug aus ihr ist den Einwendenden zuzustellen[5]. Mit dem Auszug ist die Nachricht zu verbinden, wo die Entscheidung eingesehen werden kann[6].

1. Entschluß zur Verbandsgründung

Die Gründungsbehörde kann sich auch dahin entscheiden, den Verband nicht zu gründen und das Verfahren einzustellen (Anm. 1 und 3 zu § 166), so daß eine Entscheidung über die Einwendungen entfällt.

Will sie das Verfahren nur einstweilen ruhen lassen, muß sie nach seiner Wiederaufnahme über die Einwendungen entscheiden.

2. Einwendungen

Über rechtliche Bedeutung und Inhalt der Einwendungen s. Anm. 2 zu § 163. Die Gründungsbehörde wird zunächst versuchen, durch Entwurfsänderung berechtigten Einwendungen zu entsprechen und die Einwendenden zur Zurücknahme ihrer Einwendungen zu veranlassen. Im anderen Falle muß eine Entscheidung darüber ergehen, ob und inwieweit Einwendungen begründet sind oder aber zurückgewiesen werden. Diese Entscheidung ist kein Verwaltungsakt und stellt auch keinen Widerspruchsbescheid im Sinne des § 73 VwGO dar (Hess. VGH, Urteil v. 10. 1. 1964 — OS IV 58/61 —; Schriftt. u. Rspr. 1964, 71 Nr. 58), sondern ist ein unselbständiger Teil des auf den Erlaß der Satzung gerichteten Rechtsetzungsverfahrens. Demgemäß gibt es gegen diese Entscheidung der Gründungsbehörde auch nicht die Rechtsbehelfe nach der VwGO, sondern nur die Beschwerde nach § 168. Die Generalklausel im Verwaltungsrechtsverfahren hat also hieran nichts geändert, da sie auf das Rechtsetzungsverfahren und seine unselbständigen Teile wie Einwendung, Entscheidung, Beschwerde und Beschwerdeentscheidung nach den §§ 163ff. WVVO nicht anwendbar ist.

Hat ein Einwendender mit seinem Vorbringen Erfolg, so muß das Gründungsverfahren unter Umständen und vor allem dann wiederholt werden, wenn zwingende Formvorschriften verletzt sind. In anderen Fällen wird eine Änderung der urkundlichen Grundlagen genügen, die nicht immer zu einer Wiederholung des Verfahrens zwingt (vgl. Anm. 5 zu § 163, Anm. 2 zu § 165). Die Gründungsbehörde wird jedoch im allgemeinen den von ihr als begründet erachteten Einwendungen nicht erst durch eine Entscheidung nach § 167, sondern bereits durch Maßnahmen nach § 165 Abs. 1 oder durch Einstellung des Verfahrens entsprechen, so daß Entscheidungen nach § 167 nur insoweit getroffen werden, als die Zurückweisung von Einwendungen in Betracht kommt. Anders kann dies vor allem dann sein, wenn die Gründungsbehörde zunächst das Ergebnis des Einwendungs- und Beschwerdeverfahrens (§ 168) abwarten will, um einen Gesamtüberblick über notwendige Änderungen und Verfahrensmaßnahmen zu gewinnen, bevor sie an den urkundlichen Grundlagen etwas ändert. Entsprechendes gilt, wenn sie eine Einwendung zum Teil anerkennen, zum Teil zurückweisen will. Hier bleibt der Einwendende noch beschwert und kann das Beschwerdeverfahren nach § 168 in Gang setzen, dessen Ergebnis die Gründungsbehörde besser abwartet, um eine gegebenenfalls mehrfache Änderung der urkundlichen Grundlagen zu vermeiden.

3. Entscheidung nur über Einwendungen der Mitglieder

Gemeint sind wie in allen diesen Bestimmungen über das Gründungsverfahren die nach den urkundlichen Grundlagen (§ 156) vorgesehenen Mitglieder des erst noch zu gründenden Verbandes. Nur über die Einwendungen solcher Personen ist nach § 167 zu entscheiden. Als Einwendungen bezeichnete Gegenvorstellungen Dritter, die nicht zu diesem Personenkreis gehören, unterliegen nicht den Bestimmungen über das Gründungsverfahren und sind je nach Art und Inhalt von der zuständigen Behörde gesondert zu behandeln (vgl. im übrigen Anm. 2 zu § 163). Selbst wenn dies in dem Bescheid nach § 167 geschehen sollte, so wäre doch diesem Teil eine selbständige rechtliche Bedeutung außerhalb des Verfahrens gemäß §§ 165ff. beizumessen.

4. Begründeter Bescheid

Über die rechtliche Bedeutung des Bescheides s. Anm. 2. Da die VwGO keine Anwendung findet, gelten für den Bescheid die besonderen Vorschriften der WVVO. Für die Rechtsbehelfsbelehrung sind die §§ 168, 187 zu beachten.

Der Bescheid muß alle zum Verstehen nötigen Angaben enthalten. Insbesondere muß aus ihm hervorgehen, auf welche Beteiligten oder welche Grundstücke usw. er sich bezieht. Diese sind in der Regel nach Gemarkung, Flur und Parzellennummern zu bezeichnen. Veräußert ein Beteiligter, der Einwendungen erhoben hat, vor der Entscheidung sein Grundstück, mit dem er zum Verband gezogen werden soll, so ist der Erwerber zum Verfahren heranzuziehen und der Bescheid gegen ihn zu richten und ihm zuzustellen (PrVBl. 45, 447; ZAgr. 4, 221).

Der Bescheid muß so eingehend begründet sein, daß er als Grundlage für die Entscheidung in der zweiten Rechtsstufe (§ 168) dienen kann. Eine Verweisung auf das Gutachten eines Sachverständigen (vgl. Anm. 2 zu § 162) genügt daher nicht.

Die Gründungsbehörde ist nicht befugt, ihren unanfechtbaren Bescheid eigenmächtig abzuändern und nach Ablauf der Beschwerdefrist (§ 168) durch nochmalige Zustellung eine erneute Möglichkeit zur Anfechtung des Bescheides zu eröffnen.

5. Auszug aus der Entscheidung, Zustellung

Der Bescheid ist nach den in den Ländern geltenden Vorschriften über das Zustellungsverfahren zuzustellen (Vorbemerkung c vor § 133). Es genügt die Zustellung derjenigen Teile des Bescheides, die sich auf die Einwendungen des Empfängers beziehen, worunter die Verständlichkeit des Bescheides nicht leiden darf. Auch der Auszug muß daher alle zum Verständnis des Empfängers nötigen Angaben (s. oben Anm. 4) enthalten.

6. Einsichtnahme in die ganze Entscheidung

Wird dem Empfänger nur derjenige Teil der Entscheidung als Auszug zugestellt, der sich auf seine Einwendungen bezieht, so ist mit diesem Auszug die Nachricht zu verbinden und demgemäß gleichzeitig zuzustellen, wo die ganze Entscheidung eingesehen werden kann. Zu dieser Nachricht, soll sie heutigen Rechtsanforderungen entsprechen, gehört auch die Angabe, innerhalb welchen Zeitraumes, an welchen Tagen der Woche und innerhalb welcher Tagesstunden die Einsichtnahme möglich ist. Der Zeitraum darf nicht kürzer als die Beschwerdefrist nach § 168 sein, da einer der Hauptzwecke der Vorschrift ist, daß dem Empfänger eines Auszugs durch Einsichtnahme in die ganze Entscheidung ermöglicht wird, die Entscheidung über seine Einwendung mit der über andere Einwendungen zu vergleichen und sich erst danach schlüssig zu werden, ob er den Weg nach § 168 beschreiten will, und zwar unter Ausschöpfung der bestimmten Frist.

§ 168
Beschwerde

Gegen die Entscheidung[1] der Gründungsbehörde über die Einwendungen[2] steht den Einwendenden[3] in zwei Wochen[4] die Beschwerde[5] an die nach § 112 nächsthöhere Behörde[6] zu. Diese entscheidet über die Beschwerde in entsprechender Anwendung des § 167[7].

1. Entscheidung der Gründungsbehörde

Nur der Bescheid der Gründungsbehörde nach § 167 kann Gegenstand der Beschwerde nach § 168 sein (vgl. Anm. 4 zu § 167).

2. Einwendungen

Vgl. Anm. 2 und 5 zu § 163, Anm. 2 zu § 167.

3. Einwendende

Nur die nach den urkundlichen Grundlagen (§ 156) vorgesehenen Mitglieder können Einwendende im Sinne der Vorschrift sein (vgl. im übrigen Anm. 2 zu § 163, Anm. 3 zu § 167). Beschwerdeberechtigt sind nur diejenigen Einwendenden, die rechtswirksam Einwendungen erhoben und ganz oder teilweise aufrechterhalten haben, und zwar insoweit, als sie durch den Bescheid der Gründungsbehörde nach § 167 beschwert sind. Die Vertrauensmänner sind nur aufgrund besonderer Vollmacht zur Erhebung der Beschwerde legitimiert (vgl. Anm. 4 zu § 162), ebenso Ehefrauen, wenn der Ehemann Einwendungen erhoben hat.

4. Beschwerdefrist

Da die VwGO hier nicht gilt (s. Anm. 2 zu § 167), greifen auch ihre Fristbestimmungen für Rechtsbehelfe nicht ein. Die Frist von zwei Wochen ist daher bestehen geblieben. Sie wird ebenso wie die Beschwerdestelle den Einwendenden in dem Bescheid der Gründungsbehörde nach § 167 angegeben (§ 187; s. Anm. 4 zu § 167; wegen Berechnung der Frist s. Anm. 6 zu § 161).

5. Beschwerde

Der Einwendende kann seine Beschwerde auf die gleichen Gründe stützen wie seine Einwendung (s. Anm. 2 und 5 zu § 163), soweit er diese aufrechterhalten hat und ihr durch den Bescheid der Gründungsbehörde gemäß § 167 nicht abgeholfen ist. Hinzu kommen als mögliche Beschwerdegründe etwaige Mängel des von der Gründungsbehörde nach § 167 erlassenen Bescheides oder des von ihr dabei angewendeten Verfahrens (vgl. Anm. 4 bis 6 zu § 167).

Die Beschwerde ist ebenso wie die Einwendung ein unselbständiger Teil des auf den Erlaß der Satzung gerichteten Rechtsetzungsverfahrens, das von der VwGO nicht berührt wird. Sie ist daher unverändert bestehen geblieben und somit auch der einzige Rechtsbehelf gegen die Entscheidung der Gründungsbehörde nach § 167 (vgl. im übrigen Anm. 2 zu § 167).

6. Zuständige Behörde

Die Beschwerde ist an die nach § 112 nächsthöhere Behörde, die die Beschwerdeentscheidung zu treffen hat, zu richten. Dies ist in der Rechtsbehelfsbelehrung des Bescheides nach § 167 anzugeben, die zuständige nächsthöhere Behörde mit ihrer Anschrift zu bezeichnen. Wer diese Behörden sind, bestimmt sich nach der geltenden Fassung des § 112 (s. Anm. 1 zu § 112). Wenn zur Gründungsbehörde eine oberste Aufsichtsbehörde bestellt ist (vgl. Anm. 1 zu § 152), entscheidet diese auch über die Beschwerde, da es über ihr eine nächsthöhere Behörde nicht gibt.

7. Beschwerdeentscheidung

Die Beschwerdeentscheidung ist endgültig. Sie kann der Beschwerde stattgeben; in diesem Fall muß die Gründungsbehörde den Entwurf entsprechend ändern, wenn das Vorhaben durchgeführt werden soll. Würde durch die Änderung dem Vorhaben die Grundlage entzogen (vgl. Anm. 2 zu § 165), oder ist die Gesetzmäßigkeit des Gründungsverfahrens mit Erfolg angefochten worden, so ist das Gründungsverfahren zu wiederholen (vgl. Anm. 2 zu § 165, Anm. 2 zu § 167).

Wird der Beschwerde der Erfolg versagt, so ist sie als unzulässig (aus formellen Gründen) oder als unbegründet (aus materiellen Gründen) zurückzuweisen; der Bescheid ist zu begründen. Eine Rechtsbehelfsbelehrung entfällt, da die Beschwerdeentscheidung endgültig ist. Die Beschwerdeentscheidung oder ein Auszug aus ihr, der alle zum Verstehen notwendigen Teile enthalten muß, ist in entsprechender Anwendung des § 167 zuzustellen (vgl. Anm. 5 und 6 zu § 167).

§ 169

Erlaß der Satzung

(1) Die Gründungsbehörde[1] gründet den Wasser- und Bodenverband durch den Erlaß der Satzung[2]. Diese tritt mit dem Tage des Erlasses in Kraft[3].

(2) Die Gründungsbehörde gibt die Satzung bekannt. Für die Form der Bekanntmachung ist die in der Satzung für Bekanntmachungen des Wasser- und Bodenverbandes gegebene Vorschrift (§ 9) maßgeblich[4]. Die Behörde kann die Satzung außerdem in ihrem Nachrichtenblatte bekanntgeben[5]. Der Verband trägt die Kosten[6].

1. Gründungsbehörde

Gründungsbehörden s. Anm. 1 und 2 zu § 152.

„Gründungsbehörde" bedeutet nach der WVVO nicht, daß nur der Behördenleiter oder sein allgemeiner Vertreter (z. B. bei den Bezirksregierungen nur der Regierungspräsident oder der Regierungsvizepräsident) unterzeichnen kann. Dies ergibt sich schon aus der Fassung anderer Bestimmungen der WVVO, die nur von der Gründungsbehörde (und nicht wie § 162 auch von deren Beauftragtem) sprechen und Vorgänge regeln, die fast nie vom Behördenleiter oder seinem allgemeinen Vertreter, sondern so gut wie immer von dem zuständigen Beamten der Behörde, der „im Auftrag" zeichnet, zu erledigen sind (insbes. § 158 Abs. 1 u. 3; § 161 Abs. 1 u. 2; § 165; § 167; § 172 Abs. 2; § 173). Wäre davon auszugehen, daß beim Fehlen einer Bestimmung, wie in §§ 162 bis 164 (die Gründungsbehörde „oder ihr Beauftragter") nur der Behördenleiter oder sein allgemeiner Vertreter befugt wäre, würde dies entsprechend zu gelten haben, wenn nur von der Aufsichtsbehörde, der oberen und der obersten Aufsichtsbehörde, der staatlichen Fachbehörde oder dem Fachminister die Rede ist. Daß dies nicht der Fall sein kann, ergibt sich aus dem Sinn und Zweck der in Betracht kommenden Bestimmungen einerseits und dem Aufbau der angesprochenen Behörden andererseits (vgl. hierzu Anm. 1 zu § 162). Bereits der Wortteil „-behörde" weist darauf hin, daß die Befugnisse nicht persönlich vom Behördenleiter wahrgenommen werden müssen. Daran wird auch dadurch nichts geändert, daß zwar in § 169 von „Gründungsbehörde" die Rede, diese aber nach §§ 152, 112 u. a. „Der Regierungspräsident", „Der Landrat", „Der Oberkreisdirektor" ist, denn diese Bezeichnungen sind nicht nur die Bezeichnungen der Behördenleiter, sondern auch die der von ihnen geleiteten Behörden. Ein „Im Auftrag" zeichnender Beamter einer solchen Behörde als Aufsichtsbehörde handelt also, wenn er durch Erlaß der Satzung einen Wasser- und Bodenverband gründet, als Gründungsbehörde. Welche Beamten namens der Gründungsbehörde in diesem Sinne handeln dürfen, bestimmt das jeweilige Organisationsrecht. Zweifel an der Rechtmäßigkeit der Verbandsgründung sind, weil ein solcher Beamter und nicht der Behördenleiter oder sein allgemeiner Vertreter sie vorgenommen hat, nicht gerechtfertigt (vgl. BVerwG, Urteil vom 20. 11. 1964, DÖV 1965, 137; BVerwG, Urteil vom 19. 10. 1966 — IV C 222. 65 —). Was für die Unterzeichnung der Satzung gilt, muß auch für ihre Änderungen Gültigkeit haben (§ 10).

Trotz dieser Rechtslage hat es etwas für sich, daß die Satzungen und ihre Änderungen der Behördenleiter oder sein allgemeiner Vertreter unterzeichnet, da es sich beim Erlaß der Satzung um einen Rechtsetzungsakt handelt, der eine öffentlich-rechtliche Körperschaft ins Leben ruft und nach seiner Bedeutung durchaus diese Unterzeichnung rechtfertigt.

2. Gründung durch den Erlaß der Satzung

Erlaß der Satzung als Akt der Rechtsetzung: Siehe Vorbemerkung vor § 8, Anm. 1 zu § 9, Anm. 4 zu § 152, Anm. 4 zu § 156.

Bevor die Satzung nach § 169 erlassen wird, ist zu prüfen, ob Einwendungen gegen die Gründung des Verbandes erhoben sind, über die eine endgültige Entscheidung noch nicht getroffen wurde (§ 170 Abs. 1). In diesen Fällen darf die Satzung nur unter den Voraussetzungen des § 170 Abs. 2 erlassen werden. Weiter ist besonders darauf zu achten, daß die nach der WVVO etwa notwendigen Zustimmungen der oberen Aufsichtsbehörde, der obersten Aufsichtsbehörde oder bestimmter Minister vorliegen. Eine öffentliche Bekanntmachung einer genehmigungspflichtigen Satzung vor der Erteilung der Genehmigung ist wirkungslos (vgl. Bayer. VGH, Beschluß v. 14. 1. 1959, DÖV 1959, 236; Hess. VGH, Urteil v. 13. 1. 1961, ESVGH 11, 111, KStZ 1961, 243).

Die Erlaßklausel wird zweckmäßig in der folgenden Fassung (vgl. Satzungsbeispiel am Schluß von Teil C) unter den Text der Satzung gesetzt und unterzeichnet (s. oben Anm. 1):

Ich erlasse — nach Zustimmung der oberen Aufsichtsbehörde — die vorstehende Satzung des . . . . .verbandes in . . . . .

aufgrund des § 169 der Ersten Verordnung über Wasser- und Bodenverbände vom 3. September 1937 (RGBl. I S. 933) mit Wirkung vom

. . . .

. . . ., den . . . .

Der Oberkreisdirektor
des Landkreises

(Unterschrift)

3. Inkrafttreten

Gegen den Erlaß der Satzung als einer Rechtsnorm (s. oben Anm. 2) ist ein Rechtsbehelfsverfahren nach der VwGO nicht gegeben (Anm. 1 zu § 19, Anm. 4 zu § 152, Anm. 2 zu § 163). Mit dem Erlaß der Satzung wird daher der Gründungsakt vollzogen, der jedoch noch der Verkündung bedarf (BVerwG, Urteil vom 19. 10. 1966 — IV C 222. 65 —, s. im übrigen unten Anm. 4). Nach diesem Urteil tritt die Satzung jedoch schon mit dem Tage in Kraft, an dem die Gründungsbehörde sie unterzeichnet. Werde sie erst später verkündet, so liege darin zwar eine gewisse Rückwirkung; dies sei aber verfassungsrechtlich unbedenklich, denn es laufe dem Grundsatz des Vertrauensschutzes nicht zuwider (vgl. BVerwGE 7, 89), zumal die Mitglieder des Verbandes sich mindestens seit der Gründungsversammlung auf den Inhalt der Satzung hätten einstellen können.

Diese Auffassung ist nicht unbedenklich. Es ist ein in jedem Rechtsstaat anerkannter allgemeiner Rechtsgrundsatz, daß für die Rechtswirksamkeit jeder geschriebenen Rechtsnorm die Verkündung notwendig ist. Dies hat das BVerwG in seinem Urteil vom 16. 7. 1965 (BVerwGE 21, 352) durch die Feststellung bekräftigt, daß Rechtsetzung Verkündung „voraussetze". Eine solche formgerechte Verkündung der Satzung ist auch für ihr Wirksamwerden im Fall des § 149 Voraussetzung. Ebenso setzt die Auflösung eines Wasser- und Bodenverbandes Verkündung voraus (§ 178). Daher können für das Wirksamwerden der Satzung bei Neugründung eines Verbandes keine geringeren Anforderungen gelten.

Wird das Inkrafttreten der Satzung auf die Unterzeichnung durch die Gründungsbehörde abgestellt, kann hierdurch eine bedenkliche Unsicherheit eintreten, weil nicht festzustellen ist, ob anderen Personen als der Gründungsbehörde die Unterzeichnung und damit das Datum des Inkrafttretens bekannt sind; das kann sich vor allem bei wirtschaftlichen Angelegenheiten des Verbandes ungünstig auswirken.

Um das Inkrafttreten der Satzung auch nicht von dem oft nicht einfach zu ermittelnden Zeitpunkt der Verkündung abhängig zu machen (vgl. BVerfGE 16, 6), empfiehlt es sich, in der Erlaßklausel das Datum des

Wirksamwerdens der Satzung zu bestimmen. Darüber hinaus empfiehlt es sich, in einen besonderen Paragraphen der Satzung selbst das Datum des Inkrafttretens aufzunehmen (wie es in Gesetzen selbstverständlich ist). Dieses Datum muß dasselbe sein wie das Datum, das die Gründungsbehörde als Zeitpunkt des Wirksamwerdens der Satzung in ihrer Erlaßklausel bestimmt (s. im Satzungsbeispiel am Schluß von Teil C § 44 und die Erlaßklausel).

4. Bekanntmachung — Verkündung

Vgl. Anm. 3 zu § 9, Anm. 5 zu § 10.

Satzungen von Wasser- und Bodenverbänden bedürfen, da sie Akte der Rechtsetzung sind, der Verkündung im Amtsblatt der Gründungsbehörde. Jedermann muß sich jederzeit über Inhalt und Wortlaut gesetzten Rechts unterrichten können (BVerwG, Urteil vom 19. 10. 1966 — IV C 222. 65 —). Die Satzung ist nicht nur für die Verbandsmitglieder, sondern insbesondere auch für die Bediensteten des Verbandes und für die Unternehmer wichtig, die Aufträge von ihnen erhalten (s. obiges Urteil). Auch kann der Verband unter den Voraussetzungen des § 95 Nichtmitglieder als Nutznießer zu Beiträgen wie ein Mitglied heranziehen. Schließlich übt der Verband öffentliche Gewalt im Sinne des GG aus. Dieser Verbandsgewalt können auch Nichtmitglieder unterworfen sein, wenn sie z. B. durch Pachtbesitz eines im Verbandsgebiet liegenden Grundstücks mit den Verbandsaufgaben in Berührung stehen, so daß Anordnungen nach den §§ 96ff. gegen sie erlassen werden können (BVerwGE 7, 17).

Die Satzung und ihre Änderungen wie auch sonstige den Verband betreffende Rechtsetzungsakte (z. B. Änderung eines zum Bestandteil der Satzung erklärten Planes, s. Anm. 1 zu § 157) sind im vollen Wortlaut zu verkünden. Die Bekanntmachung eines bloßen Hinweises mit Angabe des Ortes, wo der gesamte Wortlaut eingesehen werden kann, ist nicht ausreichend.

5. Nachrichtenblatt der Gründungsbehörde

Soweit das Nachrichtenblatt der Gründungsbehörde mit deren Amtsblatt identisch ist, ist die Verkündung der Satzung in diesem Blatt unumgänglich (s. oben Anm. 4). Manche Behörden geben aber außer ihrem Amtsblatt, in dem sie ihre Rechtsetzungsakte verkünden, auch ein Mitteilungs- oder Nachrichtenblatt heraus, das nicht die rechtliche Bedeutung des Amtsblattes teilt. In diesem Fall ist nur die Verkündung der Satzung im Amtsblatt unerläßlich, während eine zusätzliche Aufnahme in das Mitteilungs- oder Nachrichtenblatt keine rechtliche Bedeutung hat und in der freien Entscheidung der Behörde liegt.

6. Kosten

Die Kosten werden von der Gründungsbehörde vorgestreckt und können, sobald dies kassentechnisch möglich ist, von dem ins Leben getretenen Verband eingezogen werden.

§ 170

Erlaß der Satzung bei Einwendungen

(1) Wenn gegen die Gründung des Wasser- und Bodenverbandes Einwendungen[1] erhoben sind, darf die Satzung erst nach der endgültigen Entscheidung[2] über die Einwendungen erlassen werden.

(2) Die Satzung darf unter entsprechendem Vorbehalte frühestens mit der ersten Entscheidung[3] über die Einwendungen erlassen werden, wenn die Mehrheit (§ 165 Abs. 2) sich für die Gründung ausgesprochen hat und die Einwendungen nach der Gründung berücksichtigt werden können[4].

(3) Im Falle des Absatzes 2 sorgt die Aufsichtsbehörde für die nötigen einstweiligen und demnächst für die durch die endgültige Entscheidung nötig gewordenen endgültigen Änderungen[5].

1. Einwendungen

Siehe Anm. 2 zu § 163.

2. Endgültige Entscheidung

Siehe Anm. 7 zu § 168.

3. Erste Entscheidung

Siehe Anm. 3 bis 6 zu § 167.

4. Vorzeitige Gründung

Um zu verhindern, daß wenige Beteiligte durch ihre Einwendungen die Durchführung des Unternehmens aufhalten, und um den Baubeginn vor der endgültigen Entscheidung über die Einwendungen zu ermöglichen, soll der Erlaß der Satzung schon nach der Entscheidung in der ersten Instanz zulässig sein, wenn nach der Überzeugung der Gründungsbehörde die Gründung überhaupt nicht mehr in Frage gestellt ist, sondern die von der Minderheit erhobenen Einwendungen sich nur auf unbedeutende Teile des Entwurfs erstrecken. In diesem Fall kann der Verband unter dem Vorbehalt der endgültigen Entscheidung über die Einwendungen und der Änderung der Gründungsurkunden gegründet und mit der Bauausführung schon vor Unanfechtbarkeit der Entscheidung begonnen werden (vgl. § 69). Doch wird sich das Unternehmen auf die Grundstücke der Zustimmenden zweckmäßig zu beschränken haben, um Änderungen nach Abs. 3 zu vermeiden, wenn die Einwendungen in der Beschwerdeinstanz (§ 168) Erfolg haben. Diese vorzeitige Gründung ist nur zulässig, wenn die Mehrheit nach § 165 Abs. 2 festgestellt wurde, was voraussetzt, daß ein Mitgliederverzeichnis mit Wertzahlen (§ 159) aufgestellt wurde.

Für den Vorbehalt des Absatzes 2 genügt eine formelmäßige Bezugnahme auf die diesbezüglichen Vorschriften der WVVO. Er kann nicht als aufschiebende oder auflösende Bedingung für die im Erlaß der Satzung liegende Rechtsetzung angesehen werden, sondern ist nur ein bloßer Hinweis darauf, daß derjenige, der vorher Einwendungen erhoben hatte, diese auch nach der Gründung weiterverfolgen kann. Ob ein derartiger Vorbehalt in die Satzung aufgenommen ist oder nicht, ist belanglos (BVerwG, Urteil vom 19. 10. 1966 — IV C 222. 65 —). Aus dem Sinn dieses Vorbehalts ergibt sich, daß vom gegründeten Verband zu vermeiden und notfalls von der Aufsichtsbehörde zu verhüten ist, daß der eventuelle spätere Erfolg der Einwendungen durch vorzeitige Maßnahmen des Verbandes vereitelt wird (Tönnesmann, Anm. 4 zu § 170).

Der Verband wird erst mit der Bestellung der erforderlichen Organe geschäftsfähig (§ 171).

5. Endgültige Anpassung

Zu diesem Zweck kann die Gründungsbehörde Änderungen der urkundlichen Grundlagen (§ 156) vornehmen und diese Änderungen bekanntmachen. Da es sich hierbei um restliche Teile des Gründungsverfahrens handelt, sind die Bestimmungen für dieses Verfahren maßgebend. Die für Änderungen bei bestehenden Verbänden gegebenen Bestimmungen (z. B. §§ 10, 13, 14, 18, 21) sind nicht anwendbar (Tönnesmann, Anm. 4 zu § 170).

§ 171

Berufung der Organe

(1) Nach der Gründung sorgt die Aufsichtsbehörde für die erste Berufung der Organe des Wasser- und Bodenverbandes[1]. Sie versieht die dazu nötigen Geschäfte des Vorstandes und des Vorstehers des Verbandes an deren Stelle[2].

(2) Sie kann in freier Entschließung den ersten Vorstand bestellen[3]. Dieser sorgt für die Berufung der Organe nach Gesetz[4] und Satzung[5].

1. Erste Berufung der Organe

Die Organe des Wasser- und Bodenverbandes ergeben sich aus den §§ 46ff. WVVO in Verbindung mit der Satzung. Sieht diese als eines der Verbandsorgane die Verbandsversammlung (§ 62) vor, so wird die Aufsichtsbehörde von der Möglichkeit geringsten aufsichtsbehördlichen Eingreifens Gebrauch machen und die nach den Gründungsunterlagen bereits festliegende Versammlung der Mitglieder des Verbandes einberufen, wodurch sie sich eigene Ermessensentscheidungen, wie sie bei einer Bestellung des Ausschusses (§§ 53ff.) oder des Vorstandes (§ 47ff.) notwendig wären, erspart. Von der Verbandsversammlung, deren Leitung die Aufsichtsbehörde an einen aus der Mitte der Mitglieder gewählten oder notfalls von der Aufsichtsbehörde bestellten Vorsitzenden abgibt, werden dann die übrigen bestimmungsmäßigen Organe des Verbandes gewählt.

2. Nötige Geschäfte

Die Aufsichtsbehörde hat nur die zur Berufung der Organe nötigen Geschäfte des Vorstandes und des Vorstehers an deren Stelle vorzunehmen. Sie kann keine anderen Geschäfte tätigen, z. B. Verträge im Namen des Verbandes schließen, es sei denn, daß dies im Einzelfall zur Erfüllung ihrer Pflichten aus § 170 notwendig ist (z. B. Mieten eines Saales für die erste Verbandsversammlung). Die Geschäftsfähigkeit des Verbandes tritt erst nach der Bildung der Organe ein, die zur Vertretung des Verbandes legitimiert sind.

3. Bestellung des ersten Vorstandes

Von dieser Kannvorschrift wird die Aufsichtsbehörde zweckmäßigerweise keinen Gebrauch machen, wenn der Verband als Organ die Verbandsversammlung hat (s. oben Anm. 1). Ist aber in der Satzung statt der Verbandsversammlung der von den Mitgliedern zu wählende Ausschuß als Organ vorgesehen, kann es vor allem bei einer komplizierten Verteilung der Ausschuß-Sitze auf verschiedene im Verband vertretene Gruppen insbesondere bei größeren Verbänden angebracht sein, daß die Aufsichtsbehörde den Vorstand bestellt, der sodann alles weitere veranlaßt, wie dies in Abs. 2 Satz 2 vorgesehen ist. Es bestehen keine Bedenken, daß dieser erste Vorstand anschließend zurücktritt und so den Weg für eine satzungsgemäße Wahl und Berufung von Vorstand und Vorsteher freimacht.

4. Nach Gesetz

D. h. nach der WVVO.

5. Berufung der Organe nach der Satzung

Die Bestellung des ersten Vorstandes gemäß Abs. 2 ist abweichend von § 48 geregelt. Sie empfiehlt sich nur, wenn eine andere Regelung (s. oben Anm. 1) auf zu große praktische Schwierigkeiten stößt (s. im übrigen oben Anm. 3), die dem Interesse des Verbandes und der Inangriffnahme seiner Aufgaben schaden.

§ 172
Freiheit von Gebühren

(1) Für die in dem Verfahren zur Gründung des Wasser- und Bodenverbandes vorkommenden Verhandlungen und Geschäfte werden Gebühren der Gerichte und der Verwaltungsbehörden nicht erhoben; insbesondere Grundbuch- und Katasterauszüge und ähnliche Urkunden werden gebührenfrei erteilt[1].

(2) Die Befreiung ist ohne Nachprüfung zuzugestehen, wenn die Gründungsbehörde bescheinigt, daß die Verhandlung oder das Geschäft für die Gründung des Verbandes erforderlich ist[2].

1. Gebührenfreiheit im Gründungsverfahren

Siehe 3. AV, abgedruckt in Teil C.

Die Gebührenbefreiung nach § 172 gilt nur für an sich gebührenpflichtige Verhandlungen und Geschäfte, die im Rahmen des Gründungsverfahrens vorkommen. Die Befreiung gilt dagegen nicht für den Ersatz barer Auslagen (vgl. §§ 69, 173). Für die Befreiung von öffentlichen Abgaben nach der Gründung s. §§ 39, 40.

Die Vorschrift hat vor allem die Befreiung von Gebühren für Grundbuchauszüge und katasteramtliche Arbeiten im Auge, die für die Aufstellung der urkundlichen Grundlagen (§ 156 Abs. 1) erforderlich werden. Wenn die Beglaubigung von Vollmachten nötig ist, ergeht auch diese gebührenfrei. Etwa schon vor der Gründung des Verbandes getätigte Grundstücksgeschäfte für den künftigen Verband gehören nicht zum Gründungsverfahren, so daß die im Zusammenhang mit diesen Geschäften anfallenden Gebühren und Kosten für die Erteilung von Grundbuchauszügen und Katasterabzeichnungen sowie Tätigkeiten insbesondere nach §§ 313, 925, 873 BGB, die für den noch nicht existenten Verband von einem Dritten zu erbringen sind, nach § 69 behandelt werden. Es liegt in solchen Fällen, die gelegentlich vorkommen und in denen derartige Geschäfte im allgemeinen von einem als Aufsichtsbehörde oder als künftiges Mitglied beteiligten Landkreis (oder einer kreisfreien Stadt) getätigt werden, eine Art Geschäftsführung ohne Auftrag vor (vgl. BVerfGE 10, 117). Die nach der Gründung vorgenommenen Verhandlungen und Geschäfte des Verbandes sind — außer in den Fällen des § 39 — nicht gebührenfrei, es sei denn, daß sie eine Befreiung nach den in den Gebührenordnungen enthaltenen Befreiungsvorschriften, z. B. wegen Gemeinnützigkeit, genießen.

2. Befreiung ohne Nachprüfung

Die zur Erhebung der Gebühren berechtigten Behörden verlangen, daß die Bescheinigung die Verhandlung oder das Geschäft eindeutig bezeichnet und ihre Notwendigkeit für die Gründung des Verbandes bescheinigt, auf § 172 Bezug nimmt und handschriftlich vollzogen ist. Häufig wird auch verlangt, daß das Dienstsiegel beigedrückt ist.

§ 173

Kosten der Gründung

(1) Die Gründungsbehörde kann die baren Auslagen, die im Gründungsverfahren durch zurückgewiesene und zurückgenommene Einwendungen entstehen, dem Einwendenden auferlegen[1].

(2) Sie kann dem Wasser- und Bodenverbande die für die zweckdienlichen Arbeiten an Plan, Mitgliederverzeichnis und Satzung bewirkten baren Auslagen[2] auferlegen[3], wenn sie dies vor dem Abschlusse der Verhandlungen (§ 162) ankündigt[4, 5].

1. Kostenpflicht des Einwendenden

Nur die Gründungsbehörde kann die Auslagen nach Abs. 1 dem Einwendenden auferlegen. Sie kann diese Auslagen nicht auch dem Verband auferlegen, wenn sie den Einwendenden schonen will oder dieser nicht zahlungsfähig ist. In diesen Fällen trägt die Gründungsbehörde, soweit es sich nicht um Auslagen nach Abs. 2 handelt, ihre baren Auslagen selbst, da es sich bei Abs. 1 um eine Kannvorschrift handelt.

Abs. 1 bezieht sich nur auf die der Gründungsbehörde erwachsenen Auslagen, nicht auf die der Verfahrensbeteiligten; sie sind von diesen selbst zu tragen. Der Staat, der für das Gründungsverfahren keine Gebühren erhebt (§ 172), wird im allgemeinen auch keinen Auslagenersatz für seine im Interesse der Wasserwirtschaft und der Bodenverbesserung liegenden Maßnahmen zur Gründung von Wasser- und Bodenverbänden fordern, vor allem dann nicht, wenn sie mit den üblichen Hilfsmitteln und im Rahmen des normalen Dienstbetriebs zu treffen sind. Bare Auslagen im Sinne des Abs. 1 entstehen, wenn dem Staat weitere Kosten erwachsen, etwa durch zusätzliche Dienstreisen, Miete von Verhandlungsräumen und Aufwendungen für einen Sachverständigen, die erforderlich werden, um über eine Einwendung zu entscheiden. Derartige Barauslagen können dem Einwendenden aber nur in den Fällen des Abs. 1 auferlegt werden. Selbst bei Zurücknahme oder Zurückweisung der Einwendung wird die Gründungsbehörde meist darauf verzichten, die Kosten dem Einwendenden aufzuerlegen, da sie durch ihr Vorhaben zu der Einwendung Anlaß gegeben hat und es das gute Recht jedes Betroffenen ist, sich zu wehren, wenn er von dem Vorhaben Nachteile befürchtet oder die Voraussetzungen seiner Zuziehung aus anderen Gründen für nicht gegeben hält. Dem steht nicht entgegen, wenn die behördlichen Untersuchungen ergeben, daß die Bedenken unbegründet und alle Voraussetzungen für eine Zuziehung zum Verband gegeben sind. Das zu ermitteln, ist Aufgabe der Gründungsbehörde. Sie wird daher von ihrer Möglichkeit nach Abs. 1 nur Gebrauch machen, wenn bei der Lage der Sache und der gebotenen Rücksicht auf die Bedürfnisse der Beteiligten von dem Einwendenden hätte erwartet werden müssen, daß er von seinen Anträgen oder Einwendungen absah, insbesondere also, wenn diese mutwillig oder in Verschleppungsabsicht erhoben wurden (1. AV, s. Teil C).

2. Nicht staatliche Kosten der Gründung

Abs. 2 behandelt im Gegensatz zu Abs. 1 nicht staatliche Verfahrenskosten, sondern Aufwendungen für die Erstellung der bezeichneten Gründungsunterlagen, die jedem erwachsen, der entsprechende Arbeiten leistet. Allerdings entstehen diese Kosten dem Staat insoweit, wie er die Arbeiten selbst durchführt oder Finanzierungshilfen dazu gibt, sogenannte Vorarbeitskosten (Tönnesmann, Anm. 2 zu § 173). Sowohl das eine wie das andere ist häufig der Fall, so daß unbeschadet der Vorschriften des Abs. 2 auch die jeweiligen Beihilferichtlinien des Landes zu beachten sind (3. AV, s. Teil C).

3. Auferlegung der Kosten

Die Gründungsbehörde kann diese baren Auslagen, die einem Dritten oder dem Staat für Arbeiten an Plan, Mitgliederverzeichnis und Satzung entstanden sind, nur dem Verband auferlegen, was somit voraussetzt, daß die Gründung durchgeführt ist (s. aber unten Anm. 4). Die Anwendung dieser Bestimmung ist nach wie vor unbedenklich (Dornheim, S. 35). Die Erstattung staatlicher Unkosten durch den Verband, die zur Vorbereitung und Durchführung der dem Verband gestellten Aufgabe gemacht sind und unaufschiebbar waren, ist verfassungsrechtlich vertretbar. Der Staat hat diese Ausgaben dem Verband in einer Art öffentlich-rechtlicher Geschäftsführung ohne Auftrag abgenommen (BVerfGE 10, 117).

Über die Berechnung, Festsetzung, Einziehung und Verrechnung der Kosten (baren Auslagen) s. 3. AV sowie die jeweiligen Vorschriften der Länder, die auch für eine zwangsweise Einziehung im Verwaltungsvollstreckungsverfahren (Verwaltungszwangsverfahren) anzuwenden sind.

4. Ankündigung

Die Auferlegung der Barauslagen nach Abs. 2 ist nur zulässig, wenn die Gründungsbehörde dies vor dem Abschluß der Gründungsverhandlungen (§ 162) ankündigt. Zum Verhandlungsabschluß s. Anm. 7 zu § 162, Anm. 5

zu § 163. Auch im Fall des Abs. 2 handelt es sich um eine Kannvorschrift, von der die Behörde Gebrauch machen wird, wenn die Auslagen demjenigen, der sie geleistet hat, nicht zugemutet werden können und, falls sie vom Staat oder einer Gebietskörperschaft geleistet wurden, wenn die hierzu bestehenden besonderen Vorschriften eine Rückerstattung vorsehen. Die WVVO enthält keine Vorschriften darüber, wie die Ankündigung zu erfolgen hat. Es ist daher anzunehmen, daß die Ankündigung im Verhandlungstermin (§ 162 Abs. 1) vorzunehmen ist, was in der Verhandlungsschrift (§ 163 Abs. 1) festgehalten wird. Die Ankündigung kann auch in die urkundlichen Grundlagen aufgenommen und mit diesen gemäß § 161 offengelegt werden. Der Klarheit und der Unterrichtung aller vorgesehenen Verbandsmitglieder dient es, wenn der zuletzt genannte Weg beschritten und vom Beauftragten der Gründungsbehörde im Rahmen seiner Unterrichtung der vorgesehenen Mitglieder nach § 162 darauf hingewiesen wird.

5. Rechtsbehelfe

Sowohl bei der Auferlegung der Kosten nach Abs. 1 als auch derjenigen nach Abs. 2 handelt es sich um belastende Verwaltungsakte, die mit den Rechtsbehelfen nach der VwGO angefochten werden können.

XV. Abschnitt

Die Umgestaltung der Wasser- und Bodenverbände

Vorbemerkung

Unter den Begriff Umgestaltung fallen die Ausdehnung des Verbandes durch Zuweisung neuer Mitglieder (§ 174) und die organisatorische Umgestaltung von Verbänden durch Neuverteilung ihrer Aufgaben, Verschmelzung, Auflösung und Neugründung von Verbänden (§ 175) sowie durch Neuverteilung oder Vereinigung der Aufgaben alter Verbände (§ 176). Wenn die Neugestaltung der alten Wasser- und Bodenverbände auch im allgemeinen abgeschlossen ist, so bleiben doch immer noch Fälle zu regeln (vgl. Vorbemerkung vor § 143). Wie die Neugründung, so ist auch die Umgestaltung bestehender Wasser- und Bodenverbände vom Willen der Beteiligten weitgehend unabhängig gemacht und den Staatsbehörden übertragen. Diese werden jedoch wie bei der Neugründung (vgl. Anm. 3 zu § 152) den Willen der Mehrheit möglichst berücksichtigen. Die Ausdehnung von Verbänden wie auch weitere Maßnahmen der Aufsichtsbehörde oder der oberen Aufsichtsbehörde nach den §§ 174 bis 176 haben weitgehende Ähnlichkeit mit den Maßnahmen der Gründungsbehörde im Verfahren zur Neugründung von Verbänden. Vor allem sind die Maßnahmen teils als Rechtsetzungsakte oder unselbständige Teile eines Rechtsetzungsverfahrens zu würdigen. Man wird somit den Beteiligten in den Verfahren oder bei den Maßnahmen nach §§ 174 bis 176 nicht Rechte und Möglichkeiten vorenthalten können, die sie als Beteiligte bei den gleichen Maßnahmen im Verfahren zur Neugründung hätten. Dabei ist allerdings der Unterschied beachtlich, daß in dem einen Fall ordnungsgemäß bestellte Verbandsorgane vorhanden und im Rahmen ihrer Zuständigkeit und Aufgaben handlungsfähig sind, während das bei der Neugründung noch nicht der Fall ist.

Maßnahmen der Umgestaltung sind gelegentlich am Platze, um Verbände der technischen und wirtschaftlichen Entwicklung der Wasser- und Bodenverhältnisse anzupassen. Gelegentlich können auch Gründe der Verwaltungsvereinfachung und der Kostenersparnis maßgebend sein, da im allgemeinen der Verwaltungskostenanteil an den gesamten Verbandsausgaben prozentual je größer ist, desto kleiner der Verband ist. Zudem stellen die Vielfalt der zu beachtenden Vorschriften und die Kompliziertheit des Verwaltungsgeschehens immer höhere Anforderungen an das für den Verband tätige Personal. Diesen Anforderungen sind leistungsfähigere Verbände, die zudem wirtschaftlicher arbeiten, wesentlich besser gewachsen als Kleinstverbände, die es noch in großer Zahl gibt. Sie haben allerdings in manchen Fällen wegen der örtlichen Gegebenheiten ihre Berechtigung und sind nach Art und gebietlicher Begrenzung ihrer Aufgaben kaum zu vergrößern. Hier kann u. U. der Zusammenschluß mehrerer kleiner Verbände zu einem leistungsfähigen Oberverband (§§ 113, 116, 119), der dann bestimmte Kräfte und Einrichtungen für alle Unterverbände vorzuhalten und zu betreiben hat, eine wirksame und wirtschaftliche Hilfe sein.

§ 174
Ausdehnung des Verbandes

(1) Außer den einfachen Fällen der Zuweisung neuer Mitglieder nach § 13[1] kann die Aufsichtsbehörde[2] dem Wasser- und Bodenverbande zu seiner Ausdehnung[3] neue Mitglieder zuweisen, für die die Voraussetzungen der Mitgliedschaft nach den §§ 153, 154 und 155 zutreffen[4]. Der Zuweisung steht die Erweiterung der Teilnahme[5] eines Mitgliedes gleich.

(2) Für das Verfahren[6] gelten die für die Gründung eines Wasser- und Bodenverbandes gegebenen Vorschriften (§§ 156 bis 173) entsprechend. An die Stelle der schon zum Verbande gehörenden Mitglieder tritt aber der Vorstand[7]. Die Mehrheit (§§ 159, 165) ist nur für die zuzuweisenden Personen zu berechnen[8]. Die Aufsichtsbehörde braucht die Organe nicht zu berufen (§ 171)[9].

1. Einfache Fälle der Zuweisung

Siehe Anm. 6 zu § 13. Im Gegensatz zu dem in § 13 für die einfache Zuweisung einer geringen Anzahl neuer Mitglieder mit kleineren Flächen vorgesehenen Verfahren sieht § 174 für die schwierigeren Fälle der Ausdehnung des Verbandes ein dem Gründungsverfahren entsprechendes Verfahren vor. Dieses ist angebracht, wenn die Zuweisung neuer Mitglieder von so verhältnismäßig großer Zahl oder mit so verhältnismäßig großen Flächen vorgesehen ist, daß sie den Charakter einer sog. „Anschlußgründung" annimmt. Dies gilt vor allem, wenn der Verband dadurch auch eine nicht nur unerhebliche räumliche Ausdehnung erfährt. In solchen Fällen erscheint es notwendig, durch die Anwendung des Verfahrens nach § 174 den Kreis der Beteiligten so weit zu fassen und diese so eingehend zu unterrichten, anzuhören und mitwirken zu lassen, wie es das Gründungsverfahren (s. unten Anm. 6) vorsieht. Umgekehrt kann die Aufsichtsbehörde im Fall des Zweifels, ob nach § 13 oder nach § 174 zu verfahren ist, bei ihrem Entschluß die Überlegung berücksichtigen, ob Art, Umfang, Schwierigkeit, Bedeutung und mögliche Auswirkung der Zuweisung es geboten erscheinen lassen, nach §§ 174, 156 bis 173 zu verfahren, oder ob das einfache Verfahren nach § 13 dem Fall gerecht wird. Bleibt der Zweifel bestehen, entscheidet die obere Aufsichtsbehörde, ob der Fall einfach und damit nach § 13 und nicht nach § 174 zu behandeln ist (§ 13 Abs. 5 Satz 2).

Entsprechende Überlegungen gelten für die Erweiterung der Teilnahme von Mitgliedern. Eine Erweiterung des Verbandes durch die Erweiterung seiner Aufgabe fällt nicht unter § 174 (s. Anm. 4 zu § 18). Für Einschränkungen eines Wasser- und Bodenverbandes gibt es außer den Möglichkeiten nach §§ 175, 176 nur die Entlassung von Mitgliedern nach § 14.

2. Aufsichtsbehörde

Für das Verfahren nach §§ 156 bis 173 ist im Fall des § 174 die aus der Verbandssatzung ersichtliche Aufsichtsbehörde zuständig, die diese Bezeichnung auch während des Verfahrens beibehält, also nicht etwa zur „Gründungsbehörde" wird, weil nicht ein Verband erst gegründet sondern ein vorhandener Verband lediglich ausgedehnt wird. Ihre Stellung im Verfahren entspricht aber derjenigen der Gründungsbehörde, und sie hat die gleichen Möglichkeiten, etwa zur Bestellung von Beauftragten (Anm. 1 zu § 162), Einschaltung von Vertrauensmännern (Anm. 4 zu § 162), Ordnung in den Versammlungen (§ 164) usw.

Zur Zuständigkeit anderer als der in § 112 Abs. 3 bestimmten Aufsichtsbehörden vgl. Anm. 3 zu § 114, Anm. 2 c zu § 152.

3. Ausdehnung

Mit Ausdehnung ist nicht nur die räumliche Erweiterung des Verbandes gemeint, vielmehr kann auch seine Vergrößerung durch die Zuweisung neuer Mitglieder innerhalb seiner bisherigen Grenzen oder durch die Erweiterung der Teilnahme von Mitgliedern (vgl. unten Anm. 5) darunter fallen. Voraussetzung ist jedoch, daß es sich nicht nur um einen einfachen Fall der Zuweisung, der nach § 13 zu regeln wäre, handelt (s. oben Anm. 1).

4. Voraussetzungen der §§ 153 bis 155

Bei den zuzuweisenden Personen müssen für ihre Eingliederung in den Verband nach § 174 die Voraussetzungen vorliegen, die ihre Zuziehung als Mitglied zu einem neu zu gründenden Verband rechtfertigen würden. Die bloße Duldung von Anlagen reicht daher nach heutiger Rechtsauffassung nicht mehr ohne weiteres aus (s. Anm. 1 u. 2 zu § 155).

5. Erweiterung der Teilnahme

Diese Voraussetzung für eine Anwendung des § 174 ist nicht gegeben, wenn die „Erweiterung der Teilnahme" bereits ein durch Satzung, Plan und Veranlagungsregeln des Verbandes erfaßter Vorgang ist, der sich lediglich in erhöhter Beitragszahlung und einer Erhöhung des Stimmrechts niederschlägt. Dies ist bei Abwasserverbänden häufig der Fall, wenn die Veränderung von Umfang oder Art der Abwässer des Mitglieds eine Vergrößerung der Leistungen des Verbandes verlangt. Schwankungen in dieser wie in umgekehrter Richtung sind üblich und halten sich im allgemeinen im Rahmen der bereits bestehenden Mitgliedschaft. Werden sie dadurch nicht gedeckt, etwa weil bisher nicht erfaßte Grundstücke oder Anlagen hinzukommen, sind auch hier die einfachen Fälle im Sinne des § 13 auszusondern (s. oben Anm. 1 u. 3). Die unter § 174 fallenden Erweiterungen der Teilnahme sind den neuen Zuweisungen gleichgesetzt. Für sie tritt im Verfahren nach Abs. 2 der Vorstand an die Stelle des Mitglieds nur insoweit, wie es schon Mitglied ist, nicht hinsichtlich der Erweiterung seiner Mitgliedschaft. Entsprechend sind bei der Berechnung der Mehrheit (§ 165 Abs. 2) die Erweiterungen der Mitgliedschaft zu berücksichtigen (Tönnesmann, Anm. 3 zu § 174).

6. Verfahren

Für das Verfahren gelten die Vorschriften der §§ 156 bis 173 entsprechend mit den in Abs. 2 Sätze 2 bis 4 (s. unten Anm. 7 bis 9) enthaltenen Einschränkungen. Soweit nicht die Voraussetzungen für die in § 156 Abs. 2 (s. Anm. 5, 6 zu § 156) und in § 159 Abs. 5 (s. Anm. 6 zu § 159) vorgesehenen Vereinfachungen vorliegen, sind insbesondere über Planänderungen im Sinne des § 21 gemäß § 157 ein Plannachtrag aufzustellen, das Mitgliederverzeichnis nach § 159 durch Aufnahme der zuzuweisenden Personen und der auf sie entfallenden Wertzahlen zu ergänzen, die Satzung zu ändern und der Entwurf der geänderten Satzung zur Prüfung gemäß § 160 vorzulegen, wenn nicht die nach § 112 zur oberen Aufsicht berufene Behörde zugleich Aufsichtsbehörde ist. Diese urkundlichen Grundlagen der Ausdehnung sind mit den Personen, die zugewiesen werden sollen oder deren Teilnahme erweitert werden soll, sowie dem Vorstand des auszudehnenden Verbandes nach Bekanntmachung des Ausdehnungsvorhabens und Ladung nach § 161 gemäß § 162 zu erörtern.

Die Aufsichtsbehörde stellt die in § 165 Abs. 1 vorgesehene Prüfung an und trifft notwendigenfalls die in dieser Vorschrift vorgesehenen Maßnahmen (Anm. 2 zu § 165). Sie stellt gemäß § 165 Abs. 2 fest, ob sich die Mehrheit der Personen, die zuzuweisen sind oder deren Teilnahme erweitert werden soll, für oder gegen das Ausdehnungsvorhaben ausgesprochen hat (Anm. 3 zu § 165). Sie entscheidet über etwaige Einwendungen, die jede Person, die neu zugewiesen oder deren Teilnahme erweitert werden soll, im Rahmen ihrer Zuweisung oder Teilnahmeerweiterung erheben kann. Dagegen können Einwendungen eines alten Verbandsmitgliedes, die nicht auf einer Teilnahmeerweiterung beruhen, nicht zugelassen werden, weil an seine Stelle der Vorstand tritt (s. unten Anm. 7). Über seine Einwendungen ist von der Aufsichtsbehörde in gleicher Weise zu entscheiden (§ 167). Gegen ablehnende Entscheidungen ist die Beschwerde nach § 168 gegeben, über die die nächsthöhere Behörde endgültig entscheidet.

An den Vorschriften über Einwendung und Beschwerde hat sich nichts geändert, denn hier handelt es sich nicht um Rechtsbehelfe nach der VwGO, sondern um die Mitwirkung an einem Rechtsetzungsverfahren (vgl. Anm. 2 zu § 167, Anm. 2 zu § 163). Die Entscheidungen der Verwaltungsbehörden im Ausdehnungsverfahren nach § 174 sind keine Verwaltungsakte, sondern unselbständige Bestandteile eines Rechtsetzungsverfahrens, das auf die Ausdehnung des Verbandes gerichtet ist (OVG Lüneburg, Urteil vom 4. 5. 1957, WuB 1958, 332). Das OVG Lüneburg trifft in derselben Entscheidung die Feststellung, daß das Ausdehnungsverfahren dem Gründungsverfahren gleich sei und fast so verlaufe, wie wenn aus einem bestehenden Verbande als Person und den zuzuweisenden Personen ein neuer Verband zu gründen sei. Die Aufsichtsbehörde bewirke die Ausdehnung des Verbandes durch den Erlaß der Satzungsänderung nach §§ 169, 170 mit rechtlicher Kraft. Der Rechtsetzungsakt, den das Ausdehnungsverfahren zum Gegenstand habe, sei der vorzunehmende Erlaß der Satzungsänderung.

Ein solcher Rechtsetzungsakt kann auch lediglich darin bestehen, daß zwar nicht die eigentliche Satzung (§ 9), wohl aber der zu ihrem Bestandteil erklärte Plan (§§ 156 Abs. 1, 157, 17 Abs. 2) geändert wird, da der zum Bestandteil der Satzung erklärte Plan eine Rechtsnorm darstellt (Anm. 3 zu § 17, Anm. 1 zu § 157). Diese Möglichkeit liegt nahe, wenn die Mitglieder in einem besonderen Mitgliederverzeichnis und nicht in der Satzung aufgeführt sind (§ 11 Abs. 1), die in der Satzung normierten Aufgaben des Verbandes nicht geändert werden (§ 17 Abs. 1), ein Verbandsgebiet nicht bestimmt ist (§ 36 Satz 1) oder aber die in der Satzung vorzunehmende Umgrenzung des Verbandsgebietes (BVerwGE 18, 318) nicht geändert wird. Entfällt jeglicher Rechtsetzungsakt, weil auch der Plan nicht geändert zu werden braucht oder die Planänderung einen Verwaltungsakt darstellt, weil sie einen nicht zum Bestandteil der Satzung erklärten Plan betrifft, so fehlt es an einer Grundlage für das Verfahren nach § 174, und Zuweisung sowie Teilnahmeerweiterung sind nach § 13 durchzuführen.

Gegen die Zuweisung oder Anordnung der Teilnahmeerweiterung durch Rechtsetzungsakt gemäß § 174 gibt es ebensowenig einen Rechtsbehelf wie gegen die durch Erlaß der Satzung (§§ 169, 170) bewirkte Begründung der Mitgliedschaft zu einem neu gegründeten Verband (vgl. BVerfGE 10, 89).

7. Vorstand an Stelle der alten Verbandsmitglieder

Der Vorstand handelt an Stelle der schon zum Verband gehörenden Mitglieder nur insoweit, wie es sich nicht um ihre etwaige Teilnahmeerweiterung gemäß Abs. 1 Satz 2 handelt (s. oben Anm. 5, 6). Daher sind bei der Feststellung des Mehrheitswillens (§ 165 Abs. 2; oben Anm. 6) nur die Stimmen der Personen zu berücksichtigen, die zuzuweisen sind oder deren Teilnahme zu erweitern ist, nicht die Erklärungen des Vorstandes (Tönnesmann, Anm. 4 zu § 174). Unbeschadet dessen wird aber die Aufsichtsbehörde den Erklärungen des Vorstandes als Repräsentant einer bereits bestehenden öffentlich-rechtlichen Körperschaft das ihnen zukommende Gewicht beimessen und alles tun, um bestehende Meinungsverschiedenheiten, die dem Abschluß des Verfahrens im Wege stehen, durch Verhandlungen zu bereinigen.

8. Berechnung der Mehrheit

Siehe Anm. 6, 7; Anm. 3 zu § 165. Bei der Berechnung der Mehrheit ist, da gemäß Abs. 1 einer Zuweisung die Erweiterung der Teilnahme eines schon zum Verband gehörenden Mitgliedes gleichsteht, die Teilnahme entsprechend zu berücksichtigen (s. oben Anm. 5).

9. Keine Berufung der Organe

Hier liegt einer der Unterschiede zum Gründungsverfahren, der sich trotz der grundsätzlichen Übereinstimmung daraus ergibt, daß im Gegensatz zur Gründung eines neuen Verbandes, dessen Organe erst noch berufen werden müssen (Anm. 1 bis 5 zu § 171), das Verfahren nach § 174 auf die Änderung einer bestehenden Verbandspersönlichkeit gerichtet ist. Diese besitzt schon die satzungsmäßigen Organe und hat die Möglichkeit, etwaige Änderungen gemäß den Bestimmungen ihrer Satzung i. V. m. den allgemeinen Vorschriften der WVVO über die Verfassung der Verbände zu bewirken. Hierbei wird die Aufsichtsbehörde nötigenfalls mit Rat und Tat im Sinne des § 111 Abs. 2 den Verband unterstützen, ohne sich der Maßnahmen nach § 171, die hier ausgeschlossen sind, zu bedienen.

§ 175

Neuverteilung, Vereinigung der Aufgaben

(1) Die obere Aufsichtsbehörde (bei zweistufiger Aufsicht die Aufsichtsbehörde, § 114)[1] kann Aufgaben von Wasser- und Bodenverbänden auf die bestehenden und auf neue Verbände anders verteilen oder in einem Verbande vereinigen[2]. Sie kann dabei Mitglieder zuweisen (§ 13 Abs. 1, § 174 Abs. 1) und entlassen (§ 14 Abs. 1)[3] und Verbände auflösen und gründen[4]. Wenn für die Änderung der Satzung die Zustimmung des Fachministers erforderlich ist (§ 10 Abs. 1), ist sie auch hier notwendig[5].

(2) Die Behörde verfügt die Auseinandersetzung und kann insbesondere Verpflichtungen der Verbände und der zu entlassenden Mitglieder festsetzen (§ 14 Abs. 2)[6].

(3) Für das Verfahren gelten die für die Gründung eines Wasser- und Bodenverbandes gegebenen Vorschriften (§ 152 Abs. 2, §§ 156 bis 173) entsprechend[7]. An die Stelle der schon zu einem Verbande gehörenden und in einem Verbande bleibenden Mitglieder tritt aber der Vorstand[8]. Die Mehrheit (§§ 159, 165) ist nur für die zuzuweisenden Personen zu berechnen, die zu keinem der Verbände gehören; in einfachen Fällen kann die Berechnung unterbleiben[9]. Die Aufsichtsbehörde braucht die Organe nicht zu berufen (§ 171)[10].

(4) Die Behörde (Abs. 1) kann die Anwendung von Vorschriften über die Auflösung (§§ 177 bis 183) ausschließen[11].

(5) Die Behörde macht ihre Verfügung nach den Absätzen 1 und 2 oder einen Auszug aus ihr in ihrem Nachrichtenblatte bekannt. Mit einem Auszug ist bekanntzugeben, wo die Verfügung eingesehen werden kann[12].

(6) Die Verfügung begründet und ändert und hebt Wasser- und Bodenverbände und Rechte und Pflichten der Beteiligten auf. Die Rechtsänderungen treten zu dem Zeitpunkte ein, den die Behörde festsetzt. Dieser Zeitpunkt soll nach der Bekanntmachung der Satzungen und der Satzungsänderungen liegen[13].

(7) Nach dem Abschlusse des Verfahrens sind das Grundbuch, das Wasserbuch und die anderen öffentlichen Bücher auf Ersuchen der Behörde (Abs. 1) zu berichtigen[14].

1. Zuständige Behörde

Zum Unterschied gegenüber dem Gründungsverfahren, das auch von den zur Aufsicht berufenen Behörden (§ 152 Abs. 1, § 112 Abs. 3) durchgeführt werden kann und tatsächlich in den weitaus meisten Fällen durchgeführt wird, ist für das kompliziertere und umfassendere Verfahren nach § 175 mit seiner Bündelung von Maßnahmen die zur oberen Aufsicht gemäß § 112 Abs. 2 oder § 114 Abs. 1 berufene Behörde zuständig. Ist die oberste Aufsichtsbehörde zugleich die obere Aufsichtsbehörde (zweistufige Aufsicht, § 114 Abs. 2), so liegt das Verfahren nach § 175 in Händen der Aufsichtsbehörde, also auch in diesem Fall nach dem Willen des Verordnungsgebers in der Regel bei der Mittelbehörde (§ 112 Abs. 2). Sind danach mehrere Behörden zuständig, ist die handelnde Behörde von der nach § 112 gemeinsamen nächsthöheren Behörde zu bestimmen (Abs. 3 Satz 1; § 152 Abs. 2, § 112 Abs. 1).

Für die Verfahrensabschnitte und Maßnahmen, bei denen im Gründungsverfahren ein Beauftragter zugelassen ist (§§ 162 bis 164), kann auch die Verfahrensbehörde nach § 175 (Abs. 3 Satz 1) sich eines Beauftragten bedienen (s. Anm. 1 zu § 162, Anm. 1 zu § 169).

2. Neuverteilung oder Vereinigung von Aufgaben

Aufgaben bestehender Verbände anders zu verteilen oder zu vereinigen, ist der Kern der Vorschrift. Die Aufgaben (§ 2) ergeben sich aus der Satzung (§ 17 Abs. 1). Ihre Neuverteilung oder Vereinigung im Sinne von § 175 umfaßt auch die konkreten Maßnahmen der Verbände zur Erfüllung dieser Aufgaben, also das Unternehmen (§ 17 Abs. 2; Tönnesmann, Anm. 2 a zu § 175), dessen Träger somit ganz oder teilweise gewechselt wird. Soweit ein Verband ein Unternehmen nach § 17 Abs. 2 durchzuführen hat (was nicht immer der Fall zu sein braucht, z. B. nicht bei Verbänden, die nur Aufgaben nach § 2 Nr. 10 und 11 haben), ergibt sich das Unternehmen aus dem Plan (§§ 17 Abs. 2, 148, 156 Abs. 1, 157), der somit von dem Verfahren zur Neuverteilung oder Vereinigung von Aufgaben in gleicher Weise erfaßt wird. Durch diese Maßnahmen ändern sich die Mitgliedschaftsverhältnisse (Art und Zahl der Mitglieder, Änderung der Beteiligung, Erlöschen der Mitgliedschaft, ganzer oder teilweiser Übergang bestehender Mitgliedschaften auf die Mitgliedschaft zu einem anderen Verband, Zuziehung neuer Mitglieder) und damit auch deren Angabe in Satzung oder Mitgliederverzeichnis (§§ 11, 156 Abs. 1, 159). Daher können bei der Neuverteilung oder Vereinigung von Aufgaben auch Mitglieder zugewiesen und entlassen sowie Verbände aufgelöst und gegründet werden (§ 175 Abs. 1 Satz 2).

Alle diese Maßnahmen dürfen nur unter Rücksichtnahme auf die Belange der wasserverbandlichen Selbstverwaltung (§§ 4 Abs. 1 Satz 2, 111 Abs. 2) durchgeführt werden, da hier in das Verbandsleben schon bestehender öffentlich-rechtlicher Körperschaften eingegriffen wird. Dabei sind für die einzelnen Maßnahmen die jeweiligen für sie geltenden Vorschriften der WVVO zu beachten, soweit § 175 keine Abweichungen vorschreibt.

§ 175 bietet danach die Möglichkeit, bestehende Unternehmen (§ 17 Abs. 2 Satz 1) neu aufzubauen und zufällig neben- und nacheinander entstandene Einrichtungen in zweckmäßige Beziehungen zueinander zu bringen, Aufgaben von Verbänden auf die bestehenden und auf neue Verbände anders zu verteilen oder in einem Verband zu vereinigen. Nach § 175 ist es z. B. möglich, eine umfangreiche Aufgabe an Gewässern (z. B. Unterhaltung, Hochwasserschutz, Reinhaltung), die einem von mehreren interessierten Verbänden obliegt, so daß nur dieser eine Verband belastet ist, auf alle diese Verbände zu verteilen, oder umgekehrt, die allen diesen Verbänden obliegende Aufgabe in der Hand eines bestehenden Verbandes zu konzentrieren. Stattdessen könnte die Aufgabe auch einem neu zu bildenden gemeinsamen Oberverband übertragen werden, dem als Unterverbände mit kleineren Aufgaben die bisherigen Verbände zugewiesen werden. Desgleichen kann ein zu großer oder räumlich unzweckmäßiger Verband in mehrere Verbände oder in Oberverband und Unterverbände geteilt werden. Schließlich kann ein Verband neu gegründet werden, dem neben eigenen neuen Aufgaben — oder auch ohne diese — die Aufgaben bestehender Verbände ganz oder teilweise übertragen werden.

Im allgemeinen wird zur Zusammenfassung der Aufgaben mehrerer kleiner und wenig leistungsfähiger Verbände deren Verschmelzung zu einem Verband in Betracht kommen, was den Vorteil bietet, daß die bisherigen Aufgaben nie ohne handlungsfähigen Träger sind (Tönnesmann, Anm. 2 a zu § 175). Demgegenüber würde bei Zusammenfassung der Aufgaben in der Weise, daß sie bei vorheriger Auflösung von Verbänden einem Verband übertragen werden, durch Übertragung der Rechte und Pflichten der wegfallenden Verbände für die Rechtsnachfolge gesorgt werden müssen, was zu erheblichen Schwierigkeiten führen kann.

Die Veränderung der Verbandsgebiete, die Verschmelzung von Verbänden und die Vereinigung von Aufgaben in der Hand eines Verbandes unter Auflösung eines oder mehrerer bestehender Verbände können insbesondere dann in Frage kommen, wenn bisher nicht wasserverbandlich betreute Gebiete durch Gründung eines neuen oder Ausdehnung eines bestehenden Verbandes erfaßt werden sollen, um Überschneidungen mit Nachbarverbänden oder ungünstige Abgrenzungen zu verhüten. Hier liegt es nahe, aus organisatorischen, wirtschaftlichen oder verwaltungsökonomischen Gründen von den Möglichkeiten nach § 175 Gebrauch zu machen. Dabei wird zunächst zu prüfen sein, ob die wasserwirtschaftlichen Ziele durch die Ausdehnung (§ 174) eines bestehenden Verbandes zu erreichen sind, danach, ob unter Vermeidung der Auflösung von Verbänden die Verschmelzung in Betracht kommt. Auch hier steht der Gedanke im Vordergrund, bestehende öffentlich-rechtliche Selbstverwaltungseinrichtungen nicht ohne zwingenden Grund zu beseitigen und die Regelung von Rechtsnachfolge und Auseinandersetzung (Abs. 3 und 4; §§ 177ff.) möglichst zu ersparen, wenn auch eine genaue Verteilung der Verbandslasten unter Berücksichtigung der Vorleistungen der bisherigen Verbandsmitglieder unumgänglich ist.

3. Zuweisung und Entlassung von Mitgliedern

Die Zuweisung von Mitgliedern oder die Erweiterung ihrer Teilnahme richtet sich nach § 13 Abs. 1 oder § 174 Abs. 1; in beiden Fällen müssen die Voraussetzungen für die Mitgliedschaft nach §§ 153ff. gegeben sein. Für das Verfahren gelten, auch wenn es sich lediglich um einfache Fälle der Zuweisung im Sinne von § 13 (s. Anm. 1 zu § 174) handelt, wie bei der Zuweisung von neuen Mitgliedern zur Ausdehnung eines Verbandes im Sinne von § 174 die Vorschriften der §§ 156 bis 173 entsprechend, wie sich aus Abs. 3 Satz 1 ergibt (s. unten Anm. 7).

Für die Entlassung ist in Abs. 1 nur § 14 Abs. 1 bezogen, der keine Vorschriften über das Verfahren und über die Anhörung der zu entlassenden Mitglieder enthält. Die Notwendigkeit der Anhörung ergibt sich daher aus § 175 Abs. 3 (s. unten Anm. 7), denn die vorgeschriebene entsprechende Anwendung der für die Gründung von Wasser- und Bodenverbänden geltenden Verfahrensvorschriften umfaßt auch eine solche Anhörung (§ 162) und gilt für alle nach § 175 Abs. 1 vorgesehenen behördlichen Maßnahmen zur Neuverteilung und Vereinigung der Aufgaben. Wegen der Verpflichtungen der zu entlassenden Mitglieder s. unten Anm. 6.

4. Auflösung und Gründung

Die Auflösung von Verbänden wird im Rahmen der Maßnahmen nach Abs. 1 nicht immer zu umgehen sein, auch wenn die zuständige

Behörde die empfehlenswertere Verschmelzung mehrerer Verbände zu einem Verband (s. oben Anm. 2) vorziehen würde. Wird eine solche Auflösung durchgeführt, sind für das Verfahren die §§ 152 Abs. 2, 156 bis 173 entsprechend anzuwenden (Abs. 3 Satz 1; unten Anm. 7), soweit sich aus § 175 nichts anderes ergibt. So folgt aus Abs. 4, daß die Vorschriften über die Auflösung (§§ 177 bis 183) zu beachten sind, wenn ihre Anwendung nicht ausgeschlossen wird (s. unten Anm. 11).

Soll ein Wasser- und Bodenverband gemäß § 175 gegründet werden, müssen die in §§ 152ff. für die Gründung von Verbänden verlangten Voraussetzungen — z. B. hinsichtlich der Mitgliedschaft — erfüllt sein und die gegebenen Verfahrensvorschriften beachtet werden (Abs. 3 Satz 1). Soweit sich aus § 175 Abweichungen ergeben, sind diese ebenfalls zu beachten. So gilt z. B. § 152 Abs. 1 nicht, weil § 175 Abs. 1 die Zuständigkeit abweichend regelt (s. oben Anm. 1).

Zum Verfahren s. unten Anm. 7. Es ist davon auszugehen, daß § 175 die Gründung von Wasser- und Bodenverbänden weder erleichtert noch erschwert, wenn auch die Verbindung mehrerer Maßnahmen gemäß Abs. 1 die Behörde u. U. vor eine umfassendere und kompliziertere Aufgabe stellt.

5. Zustimmung des Fachministers

Die übrigen Vorschriften des § 10 gelten hier nicht, da auch Satzungsänderungen im Rahmen der behördlichen Maßnahmen gemäß § 175 Gegenstand des nach Abs. 3 Satz 1 durchzuführenden Verfahrens sind. Soweit die WVVO an anderer Stelle eine ministerielle Zustimmung vorschreibt, gilt dies bei Vorliegen der entsprechenden Voraussetzungen auch im Verfahren nach § 175 (vgl. z. B. § 154 Buchst. b). In allen derartigen Fällen ist es zur Vermeidung unnötigen Verwaltungsaufwandes angebracht, schon vor Durchführung des Verfahrens mit dem zuständigen Minister Fühlung zu nehmen. Diese ministeriellen Zuständigkeiten sind in den Ländern hier und da verschieden geregelt und teils delegiert, was sich aus den entsprechenden Vorschriften der Länder ergibt (vgl. Anm. 5 zu § 1).

6. Auseinandersetzung

Die Auseinandersetzung hat alle vermögenswerten Rechte und Pflichten derjenigen Wasser- und Bodenverbände und ihrer Mitglieder zu erfassen, deren Status durch Maßnahmen gemäß Abs. 1 eine Änderung erfährt. Bei der Entlassung von Mitgliedern gilt auch § 14 Abs. 2, bei der Auflösung von Verbänden sind die §§ 177 bis 183, soweit ihre Anwendung nicht nach Abs. 4 ausgeschlossen wird, zu beachten. Liegt dieser Ausschluß vor, werden die Geschäfte eines aufgelösten Wasser- und Bodenverbandes im Rahmen der Auseinandersetzung nach Abs. 2

abgewickelt. Die Behörde muß die ihr dabei gegebene weitgehende Gestaltungsfreiheit benutzen, um alle im Wege der Auseinandersetzung zu lösenden Fragen lückenlos zu regeln. Hauptgegenstände sind insbesondere die Anlagen und die Schulden der Verbände. Die Anlagen werden bereits bei Neuaufstellung oder Änderung der urkundlichen Grundlagen im Rahmen der Verbandspläne sowie der Bestimmungen über die Verbandsaufgaben und das Unternehmen erfaßt. Für die Verteilung der Schuldenlast ist dagegen die Auseinandersetzungsverfügung maßgebend. Dabei ist darauf zu achten, daß die Gläubiger keinen Rechtsverlust erleiden und ihre Position nicht verschlechtert wird. Auch ist den berechtigten Belangen etwa nicht mehr benötigter Dienstkräfte der Verbände Rechnung zu tragen.

Schwierig wird die Auseinandersetzung vor allem dann, wenn sie sich auf die Neuverteilung einer größeren Schuldenlast zu erstrecken hat, die ein aufzulösender Verband hinterläßt. Stößt eine solche Regelung auf zu große Schwierigkeiten, besteht die Möglichkeit, den Verband mit dem alleinigen Zweck, die Schulden zu begleichen, noch aufrechtzuerhalten, um ihn dann nach §§ 177ff. aufzulösen. Die Lösung ist wenig erfreulich, so daß möglichst andere Wege, z. B. die Verschmelzung (s. oben Anm. 2) oder die Übertragung der Verpflichtungen auf einen anderen Verband vorzuziehen sind.

Noch schwieriger kann es sein, Verbände zu vereinigen, die in ihrer Aufgabenerfüllung, bisherigen Investition für Verbandsanlagen und Beitragsbelastung der Mitglieder stark voneinander abweichen, so z. B., wenn ein Verband mit den ihm obliegenden Maßnahmen zur Abwasserreinigung und -beseitigung am Anfang steht, während der andere Verband ein nach dem Stand der Technik vollwertiges System fertiger Kläranlagen mitbringt. Die bisherigen Mitglieder des letzteren Verbandes dürfen durch den Nachholbedarf des zuerst genannten Verbandes insoweit nicht belastet werden, wie dessen bisherige Mitglieder nicht an den Investitionskosten des anderen Verbandes beteiligt werden, was nicht möglich ist, wenn die Anlagen bezahlt und die Darlehen getilgt sind. Selbst unter Wahrung des genossenschaftlichen Veranlagungsprinzips sind solche Schwierigkeiten durch die satzungsmäßige Bildung verschiedener Beitragsabteilungen jedoch zu meistern (vgl. Anm. 5 zu §§ 81, 82).

Auch die Auseinandersetzung mit der diesbezüglichen Verfügung der Behörde nimmt an dem Verfahren nach Abs. 3 teil (s. folgende Anm. 7).

7. Verfahren

Alle Maßnahmen, die von der oberen Aufsichtsbehörde aufgrund des § 175 Abs. 1 und 2 getroffen werden, sind nach § 175 Abs. 3 Satz 1 in einem einzigen, dem Gründungsverfahren entsprechenden Verfahren durchzuführen (vgl. LwRMBl. 1940 S. 545; DLZ 1940, 110; Tönnesmann, Anm. 3 a zu § 175). Die Behörde wird also alle Unterlagen, die für die Maßnahmen nach Abs. 1 und 2 erforderlich sind, in einem Umgestaltungsplan (RdErl. d. RMfEuL v. 2. 6. 1940, LwRMBl. 1940 S. 545) zusammenfassen und durch das in den §§ 156 bis 173 vorgeschriebene Verfahren laufen lassen. In Betracht kommen insbesondere die Unterlagen für die Auflösung, die Verschmelzung und die Gründung von Verbänden, die neuen Satzungen, die Satzungsänderungen, die neuen Pläne und die Planänderungen, die neuen Mitgliederverzeichnisse und Änderungen von Mitgliederverzeichnissen, die Zuweisungs- und Entlassungsverfügungen und die Auseinandersetzungsverfügung. In Abs. 3 des RdErl. v. 2. 6. 1940 (LwRMBl. 1940 S. 545) ist angeordnet, daß vor Beginn dieses Verfahrens alle Umgestaltungspläne der obersten Aufsichtsbehörde zur Prüfung vorzulegen sind. Diese Anordnung ist von den Ländern teils aufgehoben worden, in NW durch den RdErl. v. 15. 8. 1962 (MBl. NW. S. 1450). Soweit die Anordnung noch gilt, sind in dem Begleitbericht die Vermögensverhältnisse der beteiligten Verbände eingehend darzulegen. Insbesondere sind die Entwürfe der neuen und die bisherigen Satzungen beizufügen. In den bereits bestehenden, von der Umgestaltung betroffenen Verbänden tritt an die Stelle der Mitglieder der Vorstand (s. unten Anm. 8). Außer ihm sind die zuzuweisenden und die zu entlassenden Personen am Verfahren beteiligt und daher zu laden, nachdem der Umgestaltungsplan offengelegen hat. Im Falle der Zuweisung von Personen, die zu keinem der bestehenden Verbände gehören, ist die Mehrheit nach § 165 Abs. 2 festzustellen; in einfachen Fällen kann dies unterbleiben, ohne daß die oberste Aufsichtsbehörde gemäß § 159 Abs. 5 befragt zu werden braucht.

Nach der Vorschrift des Abs. 3 Satz 1 gelten die Verfahrensvorschriften für die Gründung nicht schlechthin, sondern nur entsprechend. Demgemäß kann und muß gewissen Abweichungen Rechnung getragen werden, die die Umgestaltung nach § 175 gegenüber der reinen Verbandsgründung aufweist. Diese Abweichungen bestehen u. a. darin, daß im Umgestaltungsverfahren auch Aufgaben, Pläne und Satzungen geändert, Mitglieder zugewiesen und entlassen, Verbände aufgelöst und Auseinandersetzungen durchgeführt werden können. Für diese Maßnahmen ist die Anwendung der Vorschriften über das Gründungsverfahren zwangsläufig eine lediglich entsprechende. Hinzukommt, daß diese Vorschriften u. U. eine Ergänzung durch die Anwendung der §§ 177 bis 183 erfahren (s. unten Anm. 11).

Die lediglich entsprechende Anwendung bedeutet aber nicht, daß die Behörde das Verfahren gegenüber dem Gründungsverfahren vereinfachen könnte. Dies gilt umso mehr, als regelmäßig im Rahmen der Umgestaltung auch Akte der Rechtsetzung ergehen, wenn Satzungen oder zum Bestandteil von Satzungen erklärte Pläne erlassen bzw. in Kraft gesetzt, geändert oder aufgehoben werden. Es ist daher wichtig, vor allem die Formvorschriften zu befolgen und dabei den geltenden Erfordernissen Rechnung zu tragen. Das gilt z. B. für den Inhalt der urkundlichen Grundlagen (hier des Umgestaltungsplanes), die öffentliche Bekanntmachung, die Beteiligung und Ladung aller am Verfahren Beteiligten und ihre Anhörung, das besondere Einwendungs- und Beschwerdeverfahren und das Verfahren bei der Einlegung von Rechtsbehelfen gegen Verwaltungsakte; weiter für Erlaß und Bekanntmachung von Satzungen, Satzungsänderungen und weiterer bekanntzumachender Rechtsetzungs- und Verwaltungsakte (vgl. unten Anm. 8, 11, 12, 13, 14).

Das einheitliche Verfahren umfaßt also alle im Umgestaltungsplan enthaltenen Maßnahmen, auch wenn Vorgänge dazugehören, die außerhalb der Umgestaltung nach gesonderten Vorschriften durchzuführen sind, wie z. B. Satzungsänderungen (§ 10), Zuweisung einzelner Mitglieder (§ 13), Entlassung von Mitgliedern (§ 14), Änderungen der Aufgabe (§ 18) und Änderungen des Unternehmens und des Planes (§ 21). Alle einzelnen Teile des Umgestaltungsplanes wie Satzungen, Satzungsänderungen, Pläne und Mitgliederverzeichnisse sowie Änderungen solcher Grundlagen, Gründung und Auflösung von Verbänden, ihre Ausdehnung sowie die Zuweisung und Entlassung einzelner Mitglieder müssen den materiellen Voraussetzungen genügen, die die WVVO allgemein wie auch in den jeweiligen Einzelvorschriften verlangt.

8. Vorstand an Stelle der alten Verbandsmitglieder

Vgl. Anm. 7 zu § 174. Für den Verband als Ganzes handelt der Vorstand, nicht das einzelne Mitglied. Dies kann aber nicht bedeuten, wird in der Vorschrift auch nicht gesagt, daß bei Erweiterung der Teilnahme eines Mitgliedes oder z. B. Neubegründung seiner Mitgliedschaft in einem zweiten Verband nicht das betroffene Mitglied, sondern an seiner Stelle nur der Vorstand — der u. U. zugleich in eigener Sache tätig wird — am Verfahren beteiligt sei. Eine derartige Auffassung ist zwar früher vertreten worden, „weil die darin liegende Strenge ihren Grund in der Notwendigkeit habe, das Verfahren weitgehend zu vereinfachen" (Tönnesmann, Anm. 3 c zu § 175). Darum sollten möglichst viele Beteiligte durch die Vorstände vertreten werden.

Eine solche Handhabung der Vorschrift würde heutiger Rechtsauffassung widersprechen und bereits hinsichtlich der Beteiligung am Verfahren einschließlich der Einwendungs- und Beschwerdemöglichkeiten in gleicher Weise betroffene und zu belastende Personen ungleich behandeln. Es ist also ein Unterschied zu machen, ob der Verband als solcher durch eine Maßnahme im Rahmen der Umgestaltung angesprochen ist (z. B. seine Verschmelzung mit einem anderen Verband; Unterstellung unter einen Oberverband; Mitgliedschaft des Verbandes in einem anderen Verband; Übernahme einer weiteren Aufgabe), oder ob das einzelne Mitglied unmittelbar betroffen ist (z. B. Erweiterung seiner Teilnahme als Mitglied in dem bestehenden Verband; Begründung einer weiteren Mitgliedschaft in einem anderen Verband — etwa einem Abwasserverband — unter Beibehaltung seiner Mitgliedschaft in dem bisherigen Verband, etwa einem Unterhaltungsverband). Im ersten Fall tritt an die Stelle der Mitglieder der Vorstand, während im zweiten Falle das betroffene Mitglied selbst am Verfahren zu beteiligen ist.

9. Berechnung der Mehrheit

Die Berechnung der Mehrheit ist nicht von entscheidender rechtlicher Bedeutung und wirkt sich letztlich nur in der Unterschiedlichkeit des weiteren Vorgehens der Verfahrensbehörde gemäß § 170 aus. Auch ohne Berechnung der Mehrheit oder bei einer Mehrheitsberechnung ohne Berücksichtigung der zu einem Verband gehörenden Personen ist die Behörde schon durch das Anhörungs- und Einwendungsverfahren (§§ 162, 163ff.) über Zustimmung und Ablehnung im Bilde und demgemäß in der Lage, ihr weiteres Vorgehen entsprechend einzurichten.

10. Berufung der Organe nicht erforderlich

Die Vorschrift besagt nicht, daß die Behörde die Organe nicht alle oder teilweise berufen könnte. Wenn im Rahmen der Umgestaltung ein neuer Verband entsteht, wird sie aus praktischen Erwägungen im Sinne von § 171 verfahren, soweit sie dies für erforderlich hält, um das Verbandsleben in Gang zu bringen (vgl. Anm. 1 zu § 171).

11. Verfahren bei Auflösung eines Verbandes

In der Regel fallen bei der Auflösung eines Verbandes im Rahmen der Umgestaltung seine Aufgaben nicht weg, sondern werden anders verteilt. Hier liegt kein typischer Fall der §§ 177ff. vor, denn die Rechte und Pflichten des Verbandes gehen ohne Unterbrechung ihres Bestandes auf einen anderen Verband oder auf mehrere Verbände über. Es entfällt damit eine Abwicklung im Sinne der §§ 179ff. ebenso wie die Notwendigkeit, für diesen Zweck den Verband fortbestehen zu lassen. Die Verfahrensbehörde tut in diesen Fällen gut, von der Möglichkeit des Absatzes 4 Gebrauch zu machen. Die Übertragung der Rechte und Pflichten, die Auseinandersetzung und die Auflösung vollziehen sich sodann nach dem für die Maßnahmen gemäß Abs. 1 allgemein maßgebenden Verfahren (s. oben Anm. 7).

Auch wenn ausnahmsweise der Fall eintreten sollte, daß infolge der wasserwirtschaftlichen und verbandsorganisatorischen Neuregelung in einem Gebiet einer der beteiligten Verbände schlechthin wegfallen kann und ohne Übertragung seiner bisherigen Rechte und Pflichten aufgelöst wird, kann die Behörde in gleicher Weise verfahren und alle erforderlichen Liquidationsmaßnahmen gemäß Abs. 2 treffen. Sie hat dann den Vorteil der Einheitlichkeit des Verfahrens auch mit Bezug auf die Regelung nach Abs. 6 und 7. Sind schwierige Liquidationsaufgaben zu lösen und insbesondere noch erhebliche rechtsgeschäftliche Verpflichtungen zu erfüllen, ist die Anwendung der §§ 177 bis 183 angebracht. Es ist, soweit es um die Auflösung des Verbandes und die Abwicklung seiner Geschäfte geht, in das allgemein anzuwendende Verfahren nach den §§ 156 bis 173, das dadurch nicht überflüssig wird, mit einzubauen.

Im Falle der Auflösung bestehender Verbände und Übertragung ihrer Rechte und Pflichten auf einen anderen Verband wird dieser mit dem in der Verfügung der Behörde bestimmten Zeitpunkt (Abs. 6) Rechtsnachfolger der aufgelösten Verbände. Deren Grundstücke gehen ohne Auflassung und Eintragung in das Grundbuch in das Eigentum des neuen Verbandes über (Abs. 6 Satz 2; Abs. 7).

12. Bekanntmachung

Die Bedeutung des hier gebrauchten Begriffs „Verfügung“ ergibt sich aus den Absätzen 1 und 2 i. V. m. Abs. 6. Danach umfaßt diese Verfügung die gesamten Maßnahmen der Behörde gemäß dem Umgestaltungsplan (Abs. 1 und 2), die sie nach Durchführung des Verfahrens gemäß Abs. 3 (und gegebenenfalls Abs. 4) in Kraft setzen will, also die in Anm. 2 bis 4, 6 und 7 angegebenen Gegenstände des Verfahrens. Die Regelung tritt insoweit an die Stelle derjenigen nach § 169.

Die Bekanntmachung bloß eines Auszuges mit der gleichzeitigen Bekanntgabe, wo die ganze Verfügung eingesehen werden kann, gilt nach heutiger Rechtsauffassung nicht mehr als ausreichend (vgl. Anm. 1 zu § 161). Es ist also die gesamte Verfügung in ihrem vollen Wortlaut bekanntzumachen (s. im übrigen folgende Anm. 13).

13. Eintritt der Rechtsänderungen

Auch die in Abs. 6 getroffene Regelung tritt an die Stelle derjenigen in § 169. Aus Satz 1 ergibt sich, daß die Verfügung nach Inhalt und Form den Forderungen entsprechen muß, die zu erfüllen sind, damit alle beabsichtigten Rechtsänderungen wirksam werden. Sie hat daher u. a. die Satzungsänderungen und neuen Satzungen ebenso zu enthalten wie die Verfügungen über die Zuweisung und die Entlassung von Mitgliedern, die Auflösung von Verbänden und die Auseinandersetzung, enthält folglich sowohl Rechtsetzungsakte (z. B. Satzungen) wie Verwaltungsakte (z. B. Einzelzuweisung nach § 13 ohne Satzungsänderung). Der Zeitpunkt des Inkrafttretens aller Rechtsänderungen ist von der Behörde festzusetzen und mit bekanntzumachen. Wenn die Bestimmung, daß dieser Zeitpunkt nach der Bekanntmachung liegen soll, auch nur eine Sollvorschrift ist, so muß sie nach der Rechtsprechung doch als zwingend angesehen werden, so daß als frühester Zeitpunkt der Tag nach der Bekanntmachung im Nachrichtenblatt festgesetzt werden kann. Zur formgerechten Bekanntmachung (Verkündung) von Rechtsetzungsakten s. Anm. 3 zu § 9.

14. Berichtigung der öffentlichen Bücher

Siehe oben Anm. 11 am Schluß. Der Berichtigung der öffentlichen Bücher bedarf es insoweit, wie ihr Inhalt durch die Begründung, Änderung oder Aufhebung von Rechten aufgrund der Verfügung gemäß Abs. 6 unrichtig geworden ist. Die Berichtigung ist von der Verfahrensbehörde von Amts wegen zu bewirken und ist gebührenfrei (Abs. 3 Satz 1 i. V. m. § 172).

§ 176

Neuverteilung, Vereinigung der Aufgaben alter Verbände

(1) Die obere Aufsichtsbehörde (bei zweistufiger Aufsicht die Aufsichtsbehörde, § 114)[1] kann in einem Verfahren zur Neuverteilung oder Vereinigung der Aufgaben von Wasser- und Bodenverbänden[2] zugleich die neue Satzung nach § 146 für einen alten Verband[3] (§ 1 Nr. 1) erlassen. Die Vorstände sind nur, soweit sie bestehen, zu hören[4]. Die Beschwerde (§ 168) ist ausgeschlossen[5].

(2) Die oberste Aufsichtsbehörde kann zulassen, daß die Neuverteilung und die Vereinigung der Aufgaben alter Verbände im Verfahren nach den §§ 145 bis 149 vorgenommen wird. Die Vorschriften der Absätze 4 bis 7 des § 175 sind anzuwenden[6].

1. Zuständige Behörde

Siehe Anm. 1 zu § 175.

2. Verfahren

Siehe Anm. 7 zu § 175.

3. Alte Verbände

Verbände dieser Art, d. h. solche, deren Satzung noch nicht auf die WVVO umgestellt ist, gibt es immer noch. Für sie muß die Aufsichtsbehörde die neue Satzung noch erlassen (§ 145). Vielfach ist die Aufgabenstellung dieser Verbände jedoch teilweise überholt oder hat sich geändert, und neue Verbände mit anderen und teils auch ähnlichen Aufgaben sind entstanden und berühren den Wirkungskreis des alten Verbandes. Hier bietet sich die Verbindung der Maßnahmen nach § 176 als zweckmäßige Regelung an.

4. Anhörung des Vorstandes

Siehe Anm. 8 zu § 175. Soweit ein Vorstand nicht besteht, sind die Mitglieder selbst zu hören, auch wenn es sich um Fragen handelt, die den alten Verband als Ganzes betreffen und bei Bestehen eines Vorstandes dessen Sache wären.

5. Ausschluß der Beschwerde

Es hat nach dieser Vorschrift des § 176 mit der Entscheidung über die nicht ausgeschlossene Einwendung gemäß § 167 sein Bewenden. Da es sich bei Einwendung und Beschwerde (§§ 167, 168) um die besondere Art der Mitwirkung Beteiligter an einem Rechtsetzungsverfahren und damit um dessen unselbständige Teile handelt (Anm. 2 zu § 163, Anm. 2 zu § 167), bestehen gegen die einschränkende Vorschrift des § 176 keine rechtlichen Bedenken. Es liegt auch keine Verletzung des grundgesetzlich garantierten Gleichheitsgrundsatzes vor, die voraussetzt, daß Gleiches ungleich behandelt wird. Das ist jedoch, da es sich im Gegensatz zu dem Verfahren nach §§ 152ff. hier um die Neugestaltung schon bestehender alter Verbände handelt, nicht der Fall.

Mit dieser in § 176 Abs. 1 Satz 3 normierten Ausnahme ist im übrigen das Verfahren gemäß § 175 durchzuführen, wie sich aus Satz 1 („in einem Verfahren zur Neuverteilung oder Vereinigung von Aufgaben", vgl. dazu die zum Text der WVVO gehörende Überschrift des § 175) ergibt.

6. Verfahren nach den §§ 145 bis 149

§ 176 Abs. 2 stellt eine Umkehrung des Absatzes 1 dar (Tönnesmann, Anm. 2 zu § 176). Voraussetzung dieses häufig angewandten Verfahrens ist, daß die Anpassung der Satzung an die WVVO (Neugestaltung nach §§ 145ff.) noch bei allen beteiligten Verbänden durchzuführen ist. Das Verfahren vereinfacht gegenüber dem Verfahren nach § 175 den Behörden die Arbeit erheblich. Insbesondere ist eine Aufstellung des Mitgliederverzeichnisses nicht vorgeschrieben (§ 147 Abs. 1), entfällt die Angabe von Wertzahlen (§ 159) und gibt es nicht die Mitwirkung im Rechtsetzungsverfahren durch Einwendung (§ 167) und Beschwerde (§ 168). Um so größeres Gewicht ist auf eine sorgfältige Anhörung der Vorstände gemäß § 145 zu legen. Soweit ein Vorstand nicht besteht, sind die Mitglieder zu hören.

Zur Vorlage des Umgestaltungsplanes nach § 176 Abs. 1 bei der obersten Aufsichtsbehörde zwecks Prüfung vor dem Beginn des Verfahrens (RdErl. v. 2. 6. 1940, LwRMBl. 1940 S. 545) s. Anm. 7 zu § 175.

Zuständig ist gemäß § 145 die Aufsichtsbehörde (so auch Tönnesmann, Anm. 2 zu § 176), da § 176 Abs. 2 nur die Anwendbarkeit der Absätze 4 bis 7 des § 175 vorschreibt und nicht auch die des Absatzes 1, der die Vorschrift über die Zuständigkeit der oberen Aufsichtsbehörde enthält. Die in der vorigen Auflage vertretene Ansicht wird aufgegeben.

XVI. Abschnitt

Die Auflösung des Wasser- und Bodenverbandes

Vorbemerkung

Nach früherem Rechte war die Auflösung von Wassergenossenschaften und Deichverbänden nur in ganz bestimmten Fällen ausnahmsweise zugelassen. Eine Auflösung aus anderen Rechtsgründen war nicht vorgesehen. Die WVVO beschränkt demgegenüber die Zulässigkeit der Auflösung von Wasser- und Bodenverbänden nicht auf bestimmte normierte Fälle, sondern läßt sie allgemein zu, wenn das Fortbestehen des Wasser- und Bodenverbandes nicht erforderlich ist. Die Auflösung des Verbandes ist nach dem Text der WVVO nicht vom Willen der Verbandsmitglieder abhängig, sondern unterliegt dem pflichtmäßigen Ermessen der Aufsichtsbehörde. Die Aufsichtsbehörde muß sich jedoch über den Mehrheitswillen der Verbandsmitglieder vergewissern und das nach der jeweiligen Satzung des Verbandes oberste Organ (Verbandsversammlung oder Ausschuß) anhören und es veranlassen, je nach den Bestimmungen der Satzung einen Beschluß zu fassen oder eine Abstimmung vorzunehmen und deren Ergebnis in der Sitzungsniederschrift festzuhalten. Ist in der Satzung auch die Anhörung oder die Beschlußfassung des Vorstandes vorgesehen, ist auch diese durchzuführen. Das Herabsinken der Mitgliederzahl selbst auf lediglich zwei bildet an sich keinen Auflösungsgrund, da sogar der Einmannverband zugelassen ist (§ 15). Grundsätzlich ist bei Auflösungswünschen wegen des öffentlichen Interesses an der Durchführung der Verbandsaufgabe Zurückhaltung geboten und an die Voraussetzung, daß das Fortbestehen des Verbandes nicht mehr erforderlich sein darf, ein strenger Maßstab anzulegen.

Über den Konkurs des Verbandes enthält die WVVO keine besonderen Vorschriften. Die Voraussetzung des Konkurses, Zahlungsunfähigkeit des Verbandes, kann mit Rücksicht auf die unbeschränkte Haftung der Verbandsmitglieder für die Verbandsschulden kaum eintreten. Der

Verbandsvorsteher hat für die Deckung der Schulden durch die Vornahme entsprechender Umlagen (§§ 78ff.) und notfalls durch Beitreibung im Verwaltungsvollstreckungsverfahren gegen die Verbandsmitglieder (§ 93) zu sorgen. Er kann dazu von der Aufsichtsbehörde angehalten werden (vgl. Niermann in ZAgr. 14, 206). Die Gläubiger des Verbandes können bei der Aufsichtsbehörde die Zwangsfestsetzung des Haushaltsplanes zur Befriedigung ihrer Forderungen erwirken (§ 75). In den Gebieten des früheren Landes Preußen findet ein Konkursverfahren über das Vermögen der juristischen Personen des öffentlichen Rechts nicht statt (Gesetz v. 11. 12. 1934, GS. S. 457, § 4), soweit die Vorschrift in den heutigen Ländern aufrechterhalten worden ist.

§ 177

Voraussetzung

Die Aufsichtsbehörde kann nach Anhörung des Ausschusses[1] mit Genehmigung der obersten Aufsichtsbehörde[2] den Wasser- und Bodenverband auflösen[3], wenn sein Fortbestehen nicht erforderlich ist[4].

1. Auflösung nach Anhörung des Ausschusses

Vgl. Vorbemerkung vor diesem Paragraphen.

Die vorherige Anhörung des Ausschusses als oberstes Verbandsorgan (§§ 46 Abs. 1, 53ff.) ist zwingend vorgeschrieben. Wenn der Verband statt des Ausschusses die Verbandsversammlung (§ 46 Abs. 1 Satz 2, § 62) als oberstes Organ besitzt, ist diese von der Aufsichtsbehörde vorher anzuhören. Die vorherige Anhörung von Ausschuß oder Verbandsversammlung ist ohne Rücksicht darauf durchzuführen, ob die Verbandssatzung hierzu etwas Gleichlautendes, Abweichendes oder nichts bestimmt. Enthält die Satzung darüber hinausgehende Anforderungen — z. B. Beschließen im Vorstand vor der Erörterung in Ausschuß oder Verbandsversammlung; Äußerung von Ausschuß oder Verbandsversammlung durch Beschluß oder Abstimmung —, so ist diesen Erfordernissen vom Verband wie von der Aufsichtsbehörde Rechnung zu tragen. Die Aufsichtsbehörde kann sich nicht mit dem Hinweis auf § 177 über derartige Bestimmungen der Satzung hinwegsetzen, ohne gegen Grundsätze der Selbstverwaltung (§§ 4 Abs. 1 Satz 2, 111 Abs. 2) zu verstoßen. Sie braucht allerdings dem Ergebnis solcher Beschlüsse und Abstimmungen ebensowenig zu folgen wie dem Resultat der Anhörung, da sie nach ihrem pflichtmäßigen Ermessen zu entscheiden hat. Dabei wird sie allerdings auf den Willen der Mehrheit der Verbandsmitglieder Rücksicht nehmen, soweit dies möglich ist. Entscheidend müssen letztlich die Umstände sein, die für oder gegen die Auflösung des Verbandes sprechen (s. unten Anm. 4).

Bei aufzulösenden Verbänden kommt es vor, daß der Ausschuß als satzungsmäßiges Organ personell nicht mehr besetzt ist und die Mitglieder des Verbandes auch nicht zu bewegen sind, den Ausschuß neu zu bilden (§ 55). In diesen Fällen muß es zur Erfüllung der Anhörungspflicht nach § 177 als ausreichend angesehen werden, daß statt des nicht mehr existenten Ausschusses die Mitglieder des Verbandes zusammengerufen, unterrichtet und angehört werden (vgl. § 63 Satz 1). Hiergegen bestehen um so weniger Bedenken, als die Verbandsmitglieder den Verbandswillen am vollständigsten repräsentieren und durch ihr Wahlrecht gemäß § 55 Abs. 1 die Zusammensetzung des Ausschusses bestimmen, der im Vergleich zur Gesamtheit der Verbandsmitglieder nur einen verkleinerten Querschnitt darstellt (vgl. Tönnesmann, Anm. 1 zu § 62).

Sollte nicht zu erreichen sein, daß der Vorsteher die Verbandsmitglieder zusammenruft, kann die Aufsichtsbehörde von den Möglichkeiten nach §§ 125ff. Gebrauch machen und u. a. die Einberufung des Verbandsorgans oder der Gesamtheit der Verbandsmitglieder selbst vornehmen. Dies gilt auch, wenn es einen Vorsteher oder dessen Vertreter nicht mehr gibt und deswegen die satzungsmäßige Einberufung von Verbandsorgan oder Gesamtheit der Mitglieder scheitert.

2. Genehmigung der obersten Aufsichtsbehörde

Siehe Anm. 1 zu § 112. Die Genehmigung muß vor der Auflösung beantragt werden und vorliegen. Die WVVO sieht nicht vor, daß die oberste Aufsichtsbehörde ihre Zuständigkeit übertragen kann. Sie muß diese in jedem Fall selbst wahrnehmen.

3. Auflösung des Wasser- und Bodenverbandes

Früher ist der Standpunkt eingenommen worden, daß die Auflösung durch bloße behördliche Entscheidung bzw. Verwaltungsverfügung (Tönnesmann, Anm. 4 zu § 177) bewirkt werde. Neuerdings wird die behördliche Maßnahme vielfach als Verwaltungsakt angesehen (vgl. Dornheim, S. 77). Nach heutiger Rechtsauffassung dürfte die Auflösung eines Wasser- und Bodenverbandes als Akt der Rechtsetzung zu werten sein. Anders als bei der Errichtung und Aufhebung von Behörden, die als Organisationsakte zu den Regierungsakten rechnen und damit weder Verwaltungs- noch Rechtsetzungsakte sind (Eyermann-Fröhler, Anm. 38 zu § 42), wird hier in den Rechtsbestand einer Selbstverwaltungskörperschaft eingegriffen. Diese ist durch einen Rechtsetzungsakt in Gestalt des Erlasses einer Rechtsnorm, nämlich der Satzung, gegründet worden. Die Auflösung der öffentlich-rechtlichen Selbstverwaltungskörperschaft wird zwar nicht dadurch vorgenommen, daß diese Rechtsnorm aufgehoben wird, was nur durch einen ihrem Erlaß gleichwertigen Akt, nämlich durch Rechtsetzung erfolgen könnte. Aber der vom Verordnungsgeber gewählte Weg der direkten Auflösung der Rechtspersönlichkeit selbst bewirkt, daß die Satzung ihre Geltung verliert, eine Rechtsnorm also nicht etwa nur geändert wird, was unbestritten eines Rechtsetzungsaktes bedarf, sondern insgesamt beseitigt wird. Ein solcher Eingriff, dessen Wirkungen nicht nur den Verband und seine Mitglieder allein angehen, sondern darüber hinaus wegen der Änderung des selbstverwaltungskörperschaftlichen Gefüges eines Gebietes auch nicht vorher bestimmbare Rechtspersonen betreffen, ist nur durch Rechtsetzung möglich, die der Verkündung bedarf, wie es § 178 bereits vorsieht. Diese Einordnung des behördlichen Aktes der Auflösung einer durch Rechtsnorm gegründeten öffentlich-rechtlichen Körperschaft entspricht dem Rechtscharakter entsprechender Vorgänge bei den Gebietskörperschaften, deren Auflösung stets eines Gesetzes bedarf und damit nur im Wege der Rechtsetzung möglich ist.

Somit ist ebenso wie gegen die Gründung des Wasser- und Bodenverbandes durch Erlaß der Satzung auch gegen seine Auflösung als solche ein Rechtsbehelf nicht gegeben. Unabhängig davon stehen jedoch jedem im Rahmen der Abwicklung Beteiligten (einschl. der Verbandsmitglieder) insbesondere gegen belastende Verwaltungsakte der Aufsichtsbehörde wie des als fortbestehend geltenden Verbandes die Rechtsbehelfe nach der VwGO, jedem Gläubiger zur Durchsetzung seiner Ansprüche die zivilrechtlichen Möglichkeiten zur Seite.

4. Wegfall des Erfordernisses des Fortbestehens als Voraussetzung

Entscheidend ist die Beurteilung der Frage, ob die satzungsmäßige Aufgabe des Verbandes von diesem noch ganz oder auch nur teilweise zu erfüllen ist (OVG Münster, Urteil vom 9. 12. 1965, Eildienst Landkreistag NW 1966, 178). Solange dies der Fall ist, der Verband etwa die öffentlich-rechtliche Unterhaltungspflicht an einem Gewässer zu erfüllen hat, kommt eine Auflösung solange nicht in Betracht, wie der Übergang der Pflicht auf einen anderen Träger spätestens zum Zeitpunkt der Auflösung nicht gesichert ist. Häufig wird hier der Weg des § 175 vorzuziehen sein. In der Praxis kommt daher die Auflösung nach § 177 im allgemeinen nur dann vor, wenn die Aufgaben eines Verbandes durch die Entwicklung vor allem auf dem Gebiet der Besiedlung und der Industrialisierung weggefallen sind, so z. B. bei alten Wasserbeschaffungsverbänden und Wasserleitungsgenossenschaften, deren Aufgabe durch Einbeziehung des gesamten Verbandsgebietes in die öffentliche Wasserversorgung einer Gebietskörperschaft hinfällig geworden ist. Auch die Einbeziehung des Verbandsgebietes meist kleinerer Drainageverbände oder Meliorationsgenossenschaften in den Raum städtischer Besiedlung kann die Auflösung erfordern. Bei Erfassung des Gebietes eines solchen Verbandes durch ein Flurbereinigungsverfahren ist sorgfältig zu prüfen, ob statt der Auflösung des Verbandes und Gründung eines neuen Verbandes im Flurbereinigungsverfahren (Anm. 2 zu § 152) nicht der Fortbestand des Verbandes unter seiner gleichzeitigen Erweiterung und etwaigen Anpassung seiner Aufgaben und seines Unternehmens an die neue Situation vorzuziehen ist. In diesem Fall werden die Schwierigkeiten der Abwicklung der Geschäfte des aufgelösten Verbandes wie auch die der Gründung eines neuen Verbandes vermieden.

§ 178

Verkündung. Inkrafttreten

Die Aufsichtsbehörde verkündet[1] die Auflösung des Wasser- und Bodenverbandes und fordert die Gläubiger öffentlich zur Anmeldung ihrer Ansprüche auf[2]. Die Regeln des § 149 gelten entsprechend.

1. Verkündung

Die Verkündung ist wie bei jeder Rechtsetzung (BVerwG, Urteil v. 16. 7. 1965, BVerwGE 21, 352) Voraussetzung auch für das Inkrafttreten der Auflösung des Wasser- und Bodenverbandes. Für die Form gelten die Regeln des § 149 (s. Anm. 1 zu § 149; vgl. Anm. 3 und 4 zu § 169).

Sofern nichts anderes bestimmt ist, wird die Auflösung des Verbandes mit dem Beginn des Tages nach der Verkündung rechtswirksam. Der Verband gilt aber bis zum Ende der Abwicklung als fortbestehend (§ 179 Abs. 1).

2. Aufforderung der Gläubiger

Die Aufforderung der Gläubiger des Verbandes, ihre Ansprüche anzumelden, geschieht öffentlich und gleichzeitig mit der Verkündung der Auflösung ebenfalls nach den Regeln des § 149. Sie muß die Aufgeforderten durch entsprechende, möglichst reichlich bemessene Fristsetzung darüber unterrichten, bis zu welchem Zeitpunkt (vgl. § 182) ihre Anmeldung noch die Möglichkeit einer Anspruchsbefriedigung bietet und so abgefaßt sein, daß jeder Gläubiger ohne besondere Schwierigkeit die Notwendigkeit seiner Anmeldung sowie die Stelle erkennen kann, wo sie vorzunehmen ist. Soweit die Gläubiger unbekannt sind, brauchen sie nicht ermittelt zu werden. Sie müssen sich melden, wenn sie die Erfüllung ihrer Forderungen erwarten. Für die bekannten Gläubiger besteht dieses Risiko nicht (§§ 180, 183).

§ 179
Abwicklung

(1) Der Wasser- und Bodenverband wickelt nach der Auflösung seine Geschäfte ab. Er gilt bis zum Ende der Abwicklung als fortbestehend, soweit der Zweck der Abwicklung es erfordert[1].

(2) Die Aufsichtsbehörde kann unter Abrufung des Vorstandes einen oder mehrere Liquidatoren mit der rechtlichen Stellung des Vorstandes bestellen[2].

1. Abwicklung durch den als fortbestehend geltenden Verband

Der maßgebende Zeitpunkt, von dem ab der Verband seine Geschäfte abzuwickeln hat und nicht mehr fortbesteht, also seine satzungsmäßige Aufgabe nicht mehr erfüllt, sondern nur noch als fortbestehend gilt, soweit die Abwicklung es erfordert, ergibt sich aus §§ 178, 149 (s. Anm. 2 zu § 178). Dieser Abwicklungsverband hat u. a. gegenüber seinen Mitgliedern, soweit der Zweck der Abwicklung es verlangt, noch die ihm nach der WVVO und der Satzung gegebenen Möglichkeiten, z. B. zur Einziehung von Geldbeträgen von den Mitgliedern wie Mitgliedsbeiträge, um die durch das Verbandsvermögen nicht gedeckten Verbindlichkeiten zu erfüllen (vgl. Anm. 2 zu § 78). Die betroffenen Mitglieder haben hiergegen die gleichen Rechtsbehelfe, wie sie ihnen gegen die Beitragsveranlagung zur Verfügung standen.

2. Liquidatoren

Die Abwicklung der Geschäfte (Liquidation) erfolgt durch den Vorstand, Vorsteher oder besondere Liquidatoren. Das Verfahren entspricht den Vorschriften des BGB über die Liquidation eines Vereins (§§ 49ff. BGB). Die Befugnisse der Liquidatoren beschränken sich auf die aus der Auflösung des Verbandes sich ergebenden Abwicklungsgeschäfte (§ 181). Es bleiben alle Satzungsbestimmungen gültig, die mit der Abwicklung und ihrem Zweck nicht in Widerspruch stehen.

§ 180
Aufforderung der Gläubiger

Der Vorsteher des Wasser- und Bodenverbandes (Liquidator) teilt die Auflösung den bekannten Gläubigern besonders mit und fordert sie zur Anmeldung ihrer Ansprüche auf[1].

1. Besondere Aufforderung der bekannten Gläubiger

Wegen der Aufforderung der unbekannten Gläubiger s. Anm. 2 zu § 178. Die bekannten Gläubiger werden zweckmäßigerweise durch eingeschriebenen Brief zur Anmeldung ihrer Ansprüche aufgefordert. Auch wenn ein Aufgeforderter sich nicht meldet, ist der Verband zur Erfüllung der ihm bekannten Ansprüche verpflichtet (§ 183).

§ 181

Geschäfte der Abwicklung

(1) Der Vorstand (Liquidator) beendigt die laufenden Geschäfte, zieht die Forderungen ein, setzt das übrige Vermögen in Geld um, befriedigt die Gläubiger und verteilt den Überschuß unter die Anfallberechtigten. Zur Beendigung schwebender Geschäfte kann der Vorstand auch neue Geschäfte eingehen[1].

(2) Die Aufsichtsbehörde bestimmt die Anfallberechtigten, wenn nichts anderes vorgeschrieben ist[2].

(3) Die Forderungen brauchen nicht eingezogen, das Vermögen nicht in Geld umgesetzt zu werden, soweit es zur Befriedigung der Gläubiger oder zur Verteilung des Überschusses nicht erforderlich ist[3].

1. Geschäftsabwicklung durch den Vorstand (Liquidator)

Der Verband gilt bis zur Beendigung der Liquidation nur insoweit als fortbestehend, wie der Zweck der Liquidation es erfordert (§ 179 Abs. 1 Satz 2). Die Befugnisse der Liquidatoren beschränken sich daher auf die in Abs. 1 angegebenen Abwicklungsgeschäfte. Ihre Geschäftsführung untersteht der staatlichen Aufsicht, und die Genehmigungspflicht der Geschäfte richtet sich nach § 122. Vermögensgegenstände, die unmittelbar der Durchführung der Aufgaben des Verbandes dienten, wie Kläranlagen, Gewässer und die zu ihrer Unterhaltung nötigen Grundstücke (z. B. Schutz- und Begleitstreifen) sind nicht ohne weiteres in Geld umzusetzen. Diese Vermögensgegenstände werden im allgemeinen auf die nachfolgenden Verpflichteten zu übertragen sein (Tönnesmann, Anm. 1 zu § 181).

2. Bestimmung der Anfallberechtigten

Es könnte in der Satzung eine Vorschrift über die Anfallberechtigten enthalten sein. Sie könnte auch noch kurz vor der Auflösung des Verbandes in seine Satzung durch deren Änderung (§ 10) aufgenommen werden, um etwaige Rechtsstreitigkeiten als Folge der aufsichtsbehördlichen Bestimmung nach § 181 Abs. 2 von vornherein auszuschließen.

3. Forderungen

Bei den Forderungen kommen u. a. solche in Betracht, die wegen bereits erfolgter Abdeckung aller Schulden des Verbandes zur Befriedigung der Gläubiger nicht mehr verwendet werden können und die wegen ihrer Geringfügigkeit für die Verteilung als Überschuß nicht von Interesse sind, oder aber solche, die auf Naturalleistungen gerichtet, für den Abwicklungsverband ohne Bedeutung und nicht in Geld umzusetzen sind. Für das Vermögen, auf dessen Umsetzung in Geld verzichtet werden kann, gilt Entsprechendes. Hier sind u. a. Gegenstände gemeint, die keinen oder nur einen unbeachtlichen Geldertrag erbringen würden, aber einen Abnehmer unter den Anfallberechtigten bzw. nachfolgenden Verpflichteten finden. Es kann sich auch um nennenswerte und sogar große Objekte wie Kläranlagen handeln, die in Geld nicht umzusetzen sind, aber vom nachfolgenden Verpflichteten mit allen übrigen Rechten und Pflichten des Betriebs, der Unterhaltung und der Erneuerung sowie gegebenenfalls notwendigen Beseitigung übernommen werden.

Nach Beendigung der Liquidation hat die Aufsichtsbehörde die Bücher, Schriften und Pläne des Verbandes in Verwahrung zu nehmen, soweit sie nicht nachfolgenden Verpflichteten als notwendige Unterlagen für die Fortführung von Aufgaben zu dienen haben und ausgehändigt werden müssen.

§ 182

Übergabe an die Anfallberechtigten

(1) Das Vermögen darf den Anfallberechtigten nicht vor dem Ablaufe eines Jahres nach der Auflösung (§ 178) übergeben werden.

(2) Solange eine Verbindlichkeit streitig ist oder nicht berichtigt werden kann, darf das Vermögen ihnen nur, wenn dem Gläubiger Sicherheit geleistet ist, übergeben werden[1].

1. Sicherheitsleistung

Über die Sicherheitsleistung s. §§ 232ff. BGB.

§ 183

Hinterlegung

Meldet sich ein bekannter Gläubiger nicht[1], so ist das Geschuldete, wenn die Berechtigung zur Hinterlegung besteht, für den Gläubiger zu hinterlegen[2].

1. Fehlende Anspruchsanmeldung

Die Vorschrift gilt nur für die bekannten Gläubiger (s. auch Anm. 1 zu § 180). Wegen der unbekannten Gläubiger s. Anm. 2 zu § 178.

2. Hinterlegung

Für die Hinterlegung gelten die §§ 372ff. BGB und die Hinterlegungsordnung vom 10. 3. 1937 (RGBl. I S. 285) nebst DurchführungsVO und AV in geltender Fassung (vgl. Palandt, Einführung vor § 372).

Dritter Teil

Allgemeines

XVII. Abschnitt

Vorbemerkung

Der dritte Teil, Allgemeines — §§ 184 bis 192 — enthält nur wenige Vorschriften; sie betreffen Erbbaurecht, Erbpacht, Polizeirecht, gemeinderechtliche Abgaben, Rechtsbehelfsbelehrung, Verfahren in der Übergangszeit, Ausführung der WVVO, Verhältnis des früheren Rechts zum Rechtszustand nach der WVVO, Inkrafttreten. Manche Vorschriften haben so gut wie keine praktische Bedeutung mehr, so die über den Übergang der Verfahren, die beim Inkrafttreten der WVVO (1. Januar 1938, s. § 192 Abs. 1) bei Organen der Wasser- und Bodenverbände oder bei anderen zu ihnen gehörenden Stellen anhängig waren. Derartige Verfahren sind, soweit bekannt, inzwischen alle abgeschlossen.

Andere Vorschriften sind durch die verfassungsrechtliche Neugestaltung sowie durch die Entwicklung von Gesetzgebung und Rechtsprechung nach dem zweiten Weltkrieg teils überholt, teils hinsichtlich ihres Inhaltes wie nach ihren Auswirkungen anders auszulegen und anzuwenden, so die Paragraphen über das Polizeirecht, die Rechtsbehelfe, die Fachminister und die Ausführung der WVVO.

§ 184

Erbbaurecht. Erbpacht

Die den Grundeigentümer treffenden Vorschriften dieser Verordnung treffen auch den Erbbauberechtigten und den Erbpächter[1].

1. Erbbaurecht und Erbpacht

Das Erbbaurecht, das veräußerliche und vererbliche Recht, auf oder unter der Oberfläche des Grundstücks ein Bauwerk zu haben, ist unter Aufhebung der §§ 1012 bis 1017 BGB in der ErbbRVO geregelt. Sie gilt für alle seit dem 22. Januar 1919 begründeten Erbbaurechte (§ 35 ErbbRVO). Für die vor diesem Tag begründeten Erbbaurechte gelten noch die §§ 1012 bis 1017 BGB (§ 38 ErbbRVO). Das Erbbaurecht stellt sich zwar nur als ein dingliches Nutzungsrecht an einem fremden Grundstück dar, wird aber rechtlich wie ein Grundstück behandelt.

Die Erbpächter (Büdner, Häusler, s. Art. 63 EGBGB) sind von der WVVO wie die Erbbauberechtigten den Grundeigentümern gleichgestellt.

Der Erbbauberechtigte und der Erbpächter können wie der Grundeigentümer Mitglieder des Verbandes sein (s. Anm. 2 zu § 3). Sind sie es nicht, so haften sie als Nutzberechtigte nach §§ 28, 94 WVVO für die Verbandslasten des von ihnen genutzten, zum Verbande gehörenden Grundstücks. Gehört das Grundstück nicht zum Verband, kommt ihre Heranziehung zu Geldbeiträgen für den Verband nach § 95 ebenso wie für den Eigentümer eines Grundstücks in Betracht. Erbbauberechtigte und Erbpächter können wie Grundstückseigentümer als Mitglieder zum Verband gezogen werden und haben im Verfahren (§§ 13, 153ff., 174, 175) wie auch als Verbandsmitglieder die gleichen Rechte und Pflichten wie die mit ihren Grundstücken zum Verband gezogenen Mitglieder.

§ 185
Polizeirecht

Für den Erlaß von Polizeiverordnungen auf Grund dieser Verordnung[1] gelten *bis zum Inkrafttreten eines Reichspolizeirechtes*[2] **die landesrechtlichen Vorschriften.**

1. Fälle von Polizeiverordnungen

Die WVVO sieht z. B. in §§ 23 und 41 den Erlaß von Polizeiverordnungen vor. Auch in anderen Fällen, in denen dies nicht ausdrücklich erwähnt ist, kommt der Erlaß von Polizeiverordnungen (ordnungsbehördlichen Verordnungen) in Betracht, so z. B. bei § 102 (s. Anm. 1 zu § 102).

Vgl. im übrigen Anm. 2 zu § 41 und Anm. 1 zu § 104.

2. Reichspolizeirecht

Da es kein früheres Reichs- oder neues Bundespolizeirecht gibt, sind die Polizeiverordnungen in jedem Fall nach Landesrecht zu erlassen. Entsprechendes gilt für den Erlaß von ordnungsbehördlichen Verordnungen.

Vgl. im einzelnen die oben in Anm. 1 zitierten Anmerkungen.

§ 186
Gemeinderechtliche Abgaben

(1) *Bis zum Inkrafttreten eines Reichskommunalabgabengesetzes*[1] **gelten für die Befugnis der Gemeinden und Gemeindeverbände[2], ihre Beiträge zu einem Wasser- und Bodenverbande durch Erhebung von gemeind-**

lichen Abgaben abzubürden, die landesrechtlichen Vorschriften. Die Gemeinden und Gemeindeverbände dürfen jedoch für die Benutzung von Anlagen eines Wasser- und Bodenverbandes oder von gemeindlichen Anlagen, die im Zusammenhang mit Anlagen des Verbandes stehen, gemeindliche Abgaben von den Verbandmitgliedern insoweit nicht erheben, als diese selbst hierfür an den Verband Beiträge zu leisten haben[3].

(2) *Die Fachminister können die nötigen Ergänzungen der Landesgesetze anordnen, um den Gemeinden und Gemeindeverbänden die Abbürdung der Beitraglast zu ermöglichen*[4].

1. Landesrechtliche Vorschriften

Ein Reichskommunalabgabengesetz ist nicht erlassen worden. Es gelten daher die entsprechenden landesrechtlichen Vorschriften. Durch die Bezugnahme auf die landesrechtlichen Vorschriften in dieser Bestimmung werden diese für den Bereich des Wasserverbandsrechts nicht zu Bundesrecht. Sie bleiben vielmehr Landesrecht. Die aufgrund der landesrechtlichen Vorschriften erlassenen Ortssatzungen bleiben Ortsrecht (BVerwGE 3, 1), sind also nicht revisibel.

2. Gemeindeverbände

Dazu gehören die kommunalen Selbstverwaltungskörperschaften, nämlich die Ämter, die besonders im rheinisch-westfälischen Raum vorkommen, die Landkreise und die Landschaftsverbände in Nordrhein-Westfalen. Außerdem die Bezirksverbände; auch der Siedlungsverband Ruhrkohlenbezirk (Gesetz vom 5. Mai 1920, PrGS. NW. S. 29). Die öffentlich-rechtlichen Körperschaften können nach § 3 Nr. 3 WVVO Verbandsmitglieder sein, ohne daß sie mit Grundstücken am Unternehmen beteiligt sind.

3. Lastenverteilung, Verbot der Doppelveranlagung, Zweiveranstaltertheorie

Wenn Selbstverwaltungskörperschaften nicht als Eigentümer von Grundstücken oder Anlagen Mitglieder eines Verbandes sind, sondern als Körperschaften schlechthin (vgl. oben Anm. 2), so sind sie bestrebt, ihre Beitragslast auf ihre Bürger durch Erhebung gemeindlicher Abgaben abzubürden.

Die Bestimmung ist besonders von Bedeutung für Abwasserverbände (§ 2 Nr. 4). In ihnen sind oft die Gemeinden neben den größeren Industriewerken Mitglieder. Die Abbürdung der Beitragslast der Gemeinden würde in diesen Fällen keine Schwierigkeit bereiten, wenn eine klare Trennung zwischen dem Abwasser der Gemeinden und dem der Industrie bestünde. Das ist jedoch meist nicht der Fall. Nur dann, wenn die Industriemitglieder unmittelbar an den Verband ihr gesamtes Abwasser zur Reinigung abgäben, und die Gemeinden das in ihren Abwasseranlagen gesammelte Abwasser getrennt vom Industrieabwasser an den Verband leiteten, wäre eine solche Trennung möglich. Dann könnte die Gemeinde nur die Bürger zu Abgaben heranziehen, die nicht bereits selbst als Verbandsmitglieder zu Verbandsbeiträgen herangezogen werden.

Meist sind jedoch die gemeindlichen Abwässer (häusliche Abwässer, Abwässer von Straßen und Plätzen und aus den vom Verband nicht erfaßten kleinen gewerblichen Betrieben) mit den Abwässern der Industriewerke, die selbst Verbandsmitglieder sind, infolge gemeinsamer Benutzung der Ortskanalisation vermischt. Diese Industriewerke werden dann für die Reinigung ihrer Betriebsabwässer in der Kläranlage des Verbandes von diesem zu Beiträgen herangezogen. Diese Beiträge an den Verband decken jedoch nicht den Aufwand für die Reinigung der aus den Werkswohnungen anfallenden häuslichen Abwässer, für die die Gemeinde ebenso wie für die anderen gemeindlichen Abwässer ihren Reinhaltebeitrag an den Verband zu entrichten hat. Sie decken ferner nicht den Aufwand der Gemeinde für die Inanspruchnahme der Ortskanalisation zur Fortleitung der Betriebsabwässer vom Werk bis zu der Stelle, an der der Verband die Abwässer in seine Anlagen übernimmt.

Es verstößt daher nicht gegen das Verbot der Doppelveranlagung, wenn neben dem Verband auch die Gemeinde das Industriewerk zu öffentlichen Abgaben für die Fortleitung und Reinigung von Abwasser insoweit heranzieht, wie sie Leistungen erbringt, die durch den unmittelbaren Verbandsbeitrag des Werkes nicht abgegolten sind:

a) Für die Benutzung der Ortskanalisation zur Fortleitung der Betriebsabwässer,
b) für den kommunalen Beitragsaufwand an den Verband wegen Reinigung der häuslichen Abwässer, die aus den dem Werk gehörenden Werkswohnungen anfallen.

Die Gemeinde muß also in ihrer Satzung und ihrer Gebührenordnung berücksichtigen, daß ein solches Industriewerk darüber hinaus nicht auch noch für die Reinigung der Betriebsabwässer zu gemeindlichen Abgaben herangezogen werden darf, für die es Verbandsbeiträge leistet.

Darüber hinaus darf nach der sogenannten Zweiveranstaltertheorie die Gesamtbelastung eines Industrieunternehmens für die von Verband und Gemeinde betriebenen gemeinsamen Abwasseranlagen durch die Beiträge, die es als Mitglied an den Verband zu leisten hat, und die Abgaben, die die Gemeinde von ihm erhebt, nicht höher sein, als wenn nur der Verband oder nur die Gemeinde die Abwasseranlagen allein betriebe. Der Benutzer darf also nicht dadurch schlechter gestellt werden, daß die eine untrennbare Einheit bildenden Anlagen von zwei

Veranstaltern statt von nur einem Veranstalter betrieben werden (OVGE 18, 52).

Die Ortssatzungen und Gebührenordnungen der Gemeinden lassen oft klare Maßstäbe vermissen, durch die diesen Erfordernissen Rechnung getragen wird. Die Ortssatzung muß daher stets eine Vorschrift enthalten, durch die eine Doppelveranlagung ausgeschlossen wird. Andererseits muß darin festgelegt sein, wie die Berücksichtigung der unmittelbar an den Verband zu leistenden Beiträge vorzunehmen ist. Der Umfang der Ermäßigung der kommunalen Abgaben zwecks Berücksichtigung der Verbandsbeiträge des Abgabeschuldners darf unter keinen Umständen dem bloßen Ermessen des Abgabegläubigers überlassen bleiben (VG Düsseldorf, Urteil vom 24. 9. 1954 — 11 K 1/54 —).

Es müssen also drei Gruppen unterschieden werden:

a) Nichtmitglieder des Verbandes:
Die Gemeinde kann sie sowohl für ihre gesamten Kosten ihrer eigenen Abwasseranlagen, als auch für die ihr durch ihre Beiträge zum Verband entstehenden Belastungen zu gemeindlichen Abgaben heranziehen;

b) Mitglieder des Verbandes, deren Abwässer die Anlagen der Gemeinde nicht berühren:
Sie werden zu Verbandsbeiträgen herangezogen. Von der Gemeinde können sie zu kommunalen Abgaben nur insoweit veranlagt werden, wie sie nicht schon an den Verband zahlen, und wie die Gemeinde für sie Verbandsbeiträge entrichtet (z. B. direkter Anschluß eines Wohnviertels an den Hauptsammler des Verbandes, der aber für alle häuslichen Abwässer nur die Gemeinde veranlagt);

c) Mitglieder des Verbandes, deren Abwässer Anlagen der Gemeinde in Anspruch nehmen:
Die Gemeinde kann sie zu Abgaben veranlagen für die Beiträge, die sie an den Verband zahlen muß, soweit der Verband diese Mitglieder nicht selbst veranlagt. Außerdem kann sie diese Abwassererzeuger für die Benutzung der gemeindlichen Abwasseranlagen (Ortskanalisation) zu kommunalen Abgaben heranziehen, und zwar für den Abwasserteil, für den sie die Gemeindeanlagen in Anspruch nehmen (Tönnesmann, Anm. 2 zu § 186; PrOVG in RVBl. 1940, 528). Hierbei sind die Gesichtspunkte der Zweiveranstaltertheorie (s. oben) zu beachten.

4. Nichtfortgelten der Vorschrift

Soweit Landesgesetze den Gemeinden nicht die Möglichkeit geben, ihre Verbandsbeiträge abzubürden, schafft § 186 Abs. 2 dazu die Ermächtigung. Da die Gesetze selbst ergänzt werden müssen, kann das nicht durch eine Verordnung des Fachministers geschehen. Selbst wenn man davon ausgeht, daß diese Ermächtigung im Rahmen des Art. 80 GG liegt, ist sie doch im Ergebnis nicht durch Art. 80 GG gedeckt. Art. 80 GG kann nur solche Fälle decken, die im Rahmen des Gesetzes selbst liegen, nicht dagegen Ermächtigungen umfassen, die zu Änderungen der Gesetze führen (Art. 129 Abs. 3 GG). Das wäre aber hier der Fall. Die Änderungen können daher nur von den zuständigen Gesetzgebungskörperschaften der Länder vorgenommen werden.

§ 187

Rechtsbehelfe

(1) In allen schriftlich oder durch Bekanntmachung mitgeteilten Entscheidungen, gegen die diese Verordnung einen Rechtsbehelf gibt (*Einspruch in den §§ 87, 88, 89, 90, 91, 94, 95,* Beschwerde in den §§ *12,* 13, 14, 19, 27, 33, *75, 87, 88, 89, 90, 91, 94, 95, 98, 100, 131, 137,* 168, 174, 175, Klage im § 33)[1, 2] sind die Frist und die über den Rechtsbehelf entscheidende Stelle anzugeben[3]. Die Angabe kann nachgeholt werden[4]. Wenn diese Vorschrift nicht befolgt wird, ist der Rechtsbehelf an eine Frist nicht gebunden[5].

(2) Die Frist wird auch durch Anbringen bei der Stelle gewahrt, die entschieden hat.

1. Nicht fortgeltende Teile der Vorschrift

Soweit Vorschriften der WVVO über Rechtsbehelfe der VwGO widersprechen oder den gleichen Gegenstand wie diese regeln, gelten sie nicht fort (§§ 77, 195 Abs. 2 VwGO).

Soweit Vorschriften der WVVO den Rechtsweg ausschließen, gelten sie nach Art. 19 Abs. 4 GG nicht fort. Dasselbe gilt, soweit der Rechtsweg vor den ordentlichen Gerichten in Entschädigungssachen ausgeschlossen ist (Art. 14 Abs. 3 Satz 4 GG).

Demgemäß gilt § 187 nicht mehr in den Fällen der §§ 12, 75, 87, 88, 89, 90, 91, 94, 95, 98, 100, 131 und 137.

2. „Rechtsbehelfe"

Für die fortgeltenden Teile des § 187 ist von folgenden Unterscheidungen auszugehen:

a) Beschwerde als unselbständiger Teil im Rechtsetzungsverfahren (§§ 13 Abs. 3, 14 Abs. 3, 19 Abs. 1, 168, 174 Abs. 2 und 175 Abs. 3);
b) Beschwerde als unverbindliches, dem nach Art. 14 Abs. 3 Satz 4 GG vorgeschriebenen ordentlichen Rechtsweg vorgeschaltetes Verwaltungsverfahren (§§ 27 Abs. 2 und 33 Abs. 2);

c) Klage vor dem ordentlichen Gericht in Entschädigungssachen (§ 33 Abs. 3).

3. „Rechtsbehelfs"belehrung

In den in Anm. 2 aufgeführten Fällen muß eine „Rechtsbehelfs"-belehrung nach § 187 erteilt werden. Diese „Rechtsbehelfs"belehrung muß erschöpfend und klar sein. Sie muß die Frist, innerhalb derer der „Rechtsbehelf" einzulegen ist, und die Stelle, bei der er einzulegen ist (genaue Anschrift), enthalten.

4. Nachholung der Belehrung

Wird die Belehrung nicht mit dem Bescheid verbunden, sondern nachgeholt, so beginnt die Frist erst mit der Zustellung der Belehrung zu laufen.

5. Fehlende „Rechtsbehelfs"belehrung

Wenn in den Entscheidungen der Aufsichtsbehörde über die in den Fällen der §§ 168, 174 und 175 erhobenen Einwendungen die Beschwerde oder die Frist von 2 Wochen oder die entscheidende Stelle nicht angegeben worden ist, kann die Beschwerde grundsätzlich unbegrenzt erhoben werden, solange die Belehrung nicht nachgeholt worden ist (abweichend von der hierfür nicht geltenden Vorschrift des § 58 VwGO, wonach bei Unterlassung der Belehrung oder bei unrichtiger Belehrung der Rechtsbehelf nur innerhalb eines Jahres nach Bekanntgabe des Verwaltungsaktes erhoben werden kann). Allerdings wird nach Ablauf eines längeren Zeitraumes auch im Fall des § 187 die Befugnis zur Erhebung der Beschwerde verwirkt werden können (vgl. zur Verwirkung Anm. 3 zu § 80).

Für Wiedereinsetzung in den vorigen Stand in Fällen, in denen jemand ohne Verschulden verhindert war, die Frist einzuhalten, wird § 60 VwGO entsprechend anwendbar sein. Die Beschwerde kann sowohl bei der Aufsichtsbehörde, die entschieden hat (in der Regel der unteren Aufsichtsbehörde), wie bei der Behörde, die über die Beschwerde zu entscheiden hat, eingelegt werden; in beiden Fällen wird die Frist gewahrt. Die Einlegung bei der Behörde, die entschieden hat, ist jedoch zwecks Ersparung von Zeit und zur Verminderung des Schreibwerkes sowie deshalb zu empfehlen, um ihr Gelegenheit zu geben, der Beschwerde selbst abzuhelfen.

§ 188

Übergang für Verfahren

(1) Verfahren[1], die zur Zeit des Inkrafttretens dieser Verordnung bei Organen des Wasser- und Bodenverbandes oder bei anderen zu ihm

gehörenden Stellen (Berufungsausschuß) anhängig sind, werden nach dieser Verordnung fortgeführt.

(2) Die bei anderen Stellen anhängigen Verfahren werden nach dem früheren Verfahrenrechte[2] fortgeführt, soweit die obere oder die oberste Aufsichtsbehörde nicht den Übergang auf die nach dieser Verordnung zuständige Stelle anordnet.

(3) Die obere und die oberste Aufsichtsbehörde können die Verfahren regeln.

1. Übergangsregelung für Verfahren

Die Übergangsregelung bezieht sich lediglich auf das Verfahren, nicht dagegen auf Rechte und Rechtsverhältnisse, die bei den Verbänden bereits bestanden. Daraus ergibt sich, daß diese Rechte und Rechtsverhältnisse entweder den Inhalt nach der WVVO bekommen haben oder aber erloschen sind, soweit die WVVO sie nicht mehr vorsieht.

2. Bei anderen Stellen anhängige Verfahren

Sind Verfahren bei anderen Stellen als den in Abs. 1 genannten anhängig, so werden sie grundsätzlich nach altem Recht weitergeführt. Aber auch in diesen Fällen ist das materielle Recht der WVVO anzuwenden (Tönnesmann, Anm. 3 zu § 188).

§ 189
Fachminister

Fachminister im Sinne dieser Verordnung sind die in der Angelegenheit zuständigen *Reichsminister*[1]. Sie können ihre Aufgaben auf andere Behörden übertragen[2].

1. Zuständiger Fachminister

Fachminister im Sinne der WVVO (s. z. B. §§ 1 Abs. 2, 37 und 112 Abs. 1) sind heute die in der Angelegenheit zuständigen Landesminister in den acht Bundesländern und Senatoren in den drei Stadtstaaten Berlin, Bremen und Hamburg.

2. Übertragung der Aufgaben

Soweit die Fachminister (Senatoren) ihre Aufsichtsbefugnisse übertragen wollen, wird das aus den unter Anm. 1 zu § 117 angeführten Gründen nicht mehr als zulässig angesehen werden können. Das gleiche muß auch dann gelten, wenn dem jeweiligen Minister eine erstinstanzliche Zuständigkeit zugewiesen ist. Nur soweit es generell um die Wahrnehmung von Aufgaben geht, werden die Fachminister anderen Behörden bestimmte Tätigkeiten übertragen können (vgl. Anm. 2 und 3 zu § 114).

§ 190
Ausführung der Verordnung

Der *Reichsminister für Ernährung und Landwirtschaft* erläßt unter Mitwirkung der anderen Fachminister die zur Ausführung dieser Verordnung nötigen Vorschriften[1].

1. Ausführungsvorschriften

Es handelt sich hier nicht um eine Ermächtigungsvorschrift im Sinne des Art. 80 GG. Die Vorschrift stellt nur klar, was auch ohne sie der zuständige Minister von sich aus tun könnte.

Die Vorschriften, die § 190 meint, sind Verwaltungsvorschriften, also keine Rechtsnormen. Sie haben daher auch nicht die verbindliche Wirkung von Rechtsnormen für die Verbände selbst oder außenstehende Dritte.

Es sind bisher vier Ausführungsvorschriften (Wasserverbandvorschriften) erlassen worden. Sie sind in Teil C abgedruckt.

Reichsminister für Ernährung und Landwirtschaft: s. Anm. 5 zu § 1.

§ 191
Früheres Recht

(1) Mit dem Inkrafttreten dieser Verordnung treten die entgegenstehenden Vorschriften des Reiches[1], die Vorschriften der Länder[2], das Gewohnheitrecht und das Herkommen außer Kraft. Wo in Vorschriften auf das außer Kraft gesetzte Recht verwiesen ist, tritt das neue Recht an seine Stelle.

(2) Folgende preußischen Gesetze bleiben unberührt[3]:

1. Das Gesetz, betreffend Bildung einer Genossenschaft zur Regelung der Vorflut und zur Abwasserreinigung im Emschergebiete, vom 14. Juli 1904 (Preuß. Gesetzsamml. S. 175)[4],

2. das Ruhrtalsperrengesetz vom 5. Juni 1913 (Preuß. Gesetzsamml. S. 317),

3. das Ruhrreinhaltungsgesetz vom 5. Juni 1913 (Preuß. Gesetzsamml. S. 305)[5],

4. das Lippegesetz vom 19. Januar 1926 (Preuß. Gesetzsamml. S. 13),

5. das Entwässerungsgesetz für das linksniederrheinische Industriegebiet vom 29. April 1913 (Preuß. Gesetzsamml. S. 251).

1. Entgegenstehende Vorschriften des Reiches

Es sind nur entgegenstehende Vorschriften des Reiches außer Kraft getreten, nicht dagegen reichsrechtliche Vorschriften, soweit sie den gleichen Gegenstand regeln, den Vorschriften der WVVO aber nicht widersprechen.

2. Die Vorschriften der Länder

Im Gegensatz zu den reichsrechtlichen Vorschriften treten alle landesrechtlichen Bestimmungen, die den gleichen Gegenstand regeln, außer Kraft. Das gilt auch für Staatsverträge zwischen den einzelnen Ländern, die sich auf Wasser- und Bodenverbände beziehen. Außer Kraft getreten ist aber nur das Landesrecht über die öffentlich-rechtlichen Wasser- und Bodenverbände. Das materielle allgemeine Landeswasserrecht ist durch § 191 dagegen nicht aufgehoben worden. Nicht berührt durch diese Regelung sind auch alle Rechtsnormen, die das Außenverhältnis der Wasser- und Bodenverbände, insbesondere das Verhältnis mehrerer Verbände zueinander, betreffen.

Durch § 191 Abs. 1 sind auch die alten deich- und sielrechtlichen Bestimmungen, die in den Ebbe- und Flutgebieten der Länder Niedersachsen und Schleswig-Holstein galten und auch nach Inkrafttreten des BGB weiter bestehen blieben (Art. 66 EGBGB), außer Kraft gesetzt worden.

3. Sondergesetze

Die unter Nr. 1 bis 5 aufgeführten Sondergesetze gelten weiter. Streitig ist, ob die WVVO subsidiär anzuwenden ist, d. h. also insoweit, wie die Sondergesetze keine Regelung enthalten. Das ist bislang oft verneint worden, obschon Einmütigkeit darüber bestand, daß die §§ 39 und 40 WVVO auch für die sondergesetzlichen Verbände gelten. Dies wurde damit begründet, daß die §§ 39 und 40 keine verbandsrechtlichen, sondern abgaberechtliche Bestimmungen seien. Diese Auffassung ist nicht überzeugend.

Hätte die WVVO die subsidiäre Geltung ihrer Vorschriften für die sondergesetzlichen Verbände ausschließen wollen, so hätte sie bestimmen können, daß ihre Vorschriften für diese Verbände nicht gelten. Die WVVO läßt aber lediglich die Vorschriften der sondergesetzlichen Verbände unberührt. Wie in der Vorauflage (Anm. 5 zu § 191) bereits dargelegt, ist daher davon auszugehen, daß die WVVO subsidiär Anwendung findet (vgl. PrOVG 73, 378ff.; Wolff Bd. II, 250; Bochalli, Besonderes Verwaltungsrecht, 1. Teil, 148). Ein anderes Ergebnis ist auch nicht dem Urteil des BVerwG vom 25. 8. 1955 (BVerwGE 3, 1) zu entnehmen. In diesem Urteil ist lediglich festgestellt, daß diese Sonderverbände weiter der landesrechtlichen Gesetzgebung überlassen sind. Das Land Nordrhein-Westfalen könnte also Bestimmungen der preußischen Sondergesetze ändern. Eine solche landesrechtliche Bestimmung enthält § 133 Abs. 1 und 2 NWWG über das förmliche Planfeststellungsverfahren. Die Länder können auch durch besondere Landesgesetze Verbände neu gründen (BVerfGE 10, 89), wie das z. B. in NW mit dem Gesetz über die Gründung des Großen Erftverbandes vom 3. Juni 1958

(GV. NW. S. 253) geschehen ist. Auch für diesen sondergesetzlichen Verband gilt demnach die WVVO subsidiär. Das Land Niedersachsen hat durch sein Wassergesetz vom 7. Juli 1960 (GVBl. S. 105) 115 Unterhaltungsverbände neu gegründet (§ 83 Abs. 2 Satz 1 NWG in Verbindung mit Abschnitt I der Anlage dieses Gesetzes). Auf diese Verbände finden nach § 84 Abs. 3 Satz 1 NWG die Vorschriften der WVVO Anwendung, soweit sich nicht aus dem NWG etwas anderes ergibt.

Die sondergesetzlichen Verbände, die in Abs. 2 nicht aufgeführt sind, wie z. B. der Niersverband nach dem Niersgesetz vom 22. Juli 1927 (GS. S. 139) und der Wupperverband nach dem Wuppergesetz vom 8. Januar 1930 (GS. S. 5), fallen unter die WVVO. Diese Gesetze sind also ohne Rücksicht darauf, ob sie in einzelnen Bestimmungen der WVVO entsprechen oder nicht, mit ihrem wasserverbandsrechtlichen Inhalt außer Kraft getreten. Die nicht dem Wasserverbandsrecht angehörenden Vorschriften des Niersgesetzes und des Wuppergesetzes — beide sind preußische Gesetze — sind z. T. der Ausschlußwirkung des Gesetzes zur Bereinigung des in Nordrhein-Westfalen geltenden preußischen Rechts vom 7. November 1961 (GV. NW. S. 325) zum Opfer gefallen. Von dieser Ausschlußwirkung ausgenommen blieben jedoch die §§ 29—31 des Niersgesetzes und die §§ 29—31 des Wuppergesetzes (§ 5 des genannten Gesetzes); § 133 Abs. 3 NWWG hat auch diese letzten Reste der beiden Gesetze außer Kraft gesetzt.

4. Emschergenossenschaft

Die Rechtsprechung über die Gemeindeabgabepflicht v. Mitgliedern der Genossenschaft wird durch die WVVO nicht berührt (PrOVG 94,39; RVBl. 61, 528; ZAgr. 27, 62). Zur Zweiveranstaltertheorie s. Anm. 3 zu § 186.

5. Aufsicht über den Ruhrtalsperrenverein und den Ruhrverband

Vgl. dazu Dritte WVVO vom 20. April 1943 (RGBl. I S. 268), abgedruckt in Teil A. Heute ist der MfELuF NW Aufsichtsbehörde.

§ 192

Inkrafttreten der Verordnung

(1) Diese Verordnung tritt am 1. Januar 1938 in Kraft[1]. *Der Reichsminister für Ernährung und Landwirtschaft kann sie für bestimmte Gebiete früher in Kraft setzen.*

(2) Für neuzugründende Wasser- und Bodenverbände tritt sie einen Monat nach ihrer Verkündung in Kraft.

1. Anwendung der Verordnung

Die Verordnung wurde schon seit dem 9. 10. 1937 auf Verbandsgründungen angewendet.

TEIL C

— Ausführungsvorschriften und Satzungsmuster —

Erste Ausführungsvorschriften

Zweite Ausführungsvorschriften

Dritte Ausführungsvorschriften

Vierte Ausführungsvorschriften

Beispiel einer neuen Satzung

Erste Ausführungsvorschriften[1] zur Ersten Verordnung über Wasser- und Bodenverbände vom 3. September 1937.

(Erste Wasserverbandvorschriften.)

Vom 19. Januar 1938.

(LwRMBl. S. 25)

Satzungsmuster.

1. Auf Grund des § 190 der Ersten Verordnung über Wasser- und Bodenverbände vom 3. September 1937 (RGBl. Teil I S. 933) gebe ich das anliegende Satzungsmuster für landwirtschaftliche Wasser- und Bodenverbände bekannt. Es ist sowohl bei der Gründung neuer Verbände als auch bei der Neugestaltung der am 1. Januar 1938 bestehenden Verbände (§ 145 der Verordnung) anzuwenden. Das Muster kann die besonderen Verhältnisse der einzelnen Verbände nicht berücksichtigen; dies muß vielmehr der einzelnen Satzung vorbehalten bleiben. Es berücksichtigt aber die häufig wiederkehrenden Verhältnisse der gewöhnlichen landwirtschaftlichen Verbände und soll insoweit maßgeblich sein. Für die Satzung der besonders gearteten landwirtschaftlichen Wasser- und Bodenverbände, z. B. für die großen Deichverbände und die Oberverbände (§ 113 Wasserverbandverordnung), ist es wenigstens so weit als Richtlinie zu verwenden, als sein Inhalt für den einzelnen Verband zutrifft.

2. Ich beabsichtige, Ergänzungen zum Satzungsmuster für Wasserbeschaffungsverbände (§ 2 Nr. 5 Wa.Vb.Vo.) folgen zu lassen. Anregungen für weitere häufig vorkommende Arten von Verbänden stelle ich anheim. Wenn besondere Muster für einen bestimmten Bezirk aufgestellt werden sollen, ist meine Genehmigung einzuholen. Dabei ist zu berücksichtigen, daß die mit der Ersten Wasserverbandverordnung erzielte Einheitlichkeit im Reiche nicht durch besondere Vorschriften durchbrochen werden darf, die nicht in besonderen wirtschaftlichen, rechtlichen oder anderen Lebensverhältnissen ihren Grund haben. Der Wunsch, für einzelne Bezirke ein kürzeres Muster zuzulassen, muß dem Streben nach der Einheit untergeordnet werden.

3. So lange die an der Aufsicht über die Wasser- und Bodenverbände mitwirkenden Behörden nicht einheitlich im Reich aufgebaut und bezeichnet

[1] Zur Geltung und Anwendung der 1. AV s. Vorbemerkung in Teil B. (insbesondere Nr. 1, letzter Absatz). Die Ausführungsvorschriften sind — ebenso wie die ihnen zugrundeliegende WVVO — nur mit den Änderungen anzuwenden, die die Berücksichtigung der geänderten Rechtslage erfordert, und die sich aus der Kommentierung der WVVO (s. Teil B) im einzelnen ergeben. Ein allgemein gehaltenes Satzungsmuster, das diesen Voraussetzungen Rechnung trägt, ist im Anschluß an die 4. AV (S. 524) abgedruckt.

sind, müssen die Satzungen in einigen Bezirken von dem Muster abweichen. Die nötigen Änderungen sind im einzelnen Falle vorzunehmen. Dies gilt besonders von den Bezeichnungen „Kulturbauamt" und „Kreisbaumeister". Nicht erforderlich ist, die Bezeichnung „Kulturbauamt" in Preußen durch die Bezeichnung „der Kulturbaubeamte" zu ersetzen.

4. Das Satzungsmuster geht von einer Ordnung aus, die in der Wasser- und Bodenverbandverordnung als eine Regel verzeichnet ist, von der aber in manchen Dingen abgewichen werden darf. Zum Beispiel ist im § 55 Wa.Vb.Vo. die Wahl des Ausschusses als Regel angenommen, an deren Stelle aber eine andere Art der Berufung des Ausschusses gesetzt werden kann. Wenn von der Regel im einzelnen Falle aus besonderen Gründen abgewichen werden muß, sind die nicht passenden Teile des Musters zu streichen und durch die notwendige Regelung zu ersetzen. Nicht angängig ist es, die Mustervorschrift ungeändert zu lassen und nur hinzuzufügen, daß von der Vorschrift nach der Verordnung abgewichen werden kann, und die tatsächliche Abweichung dem Verbande oder der Aufsichtsbehörde außerhalb der Satzung zu überlassen.

5. An mehreren Stellen des Satzungsmusters wird zugelassen, daß an Stelle des Kulturbauamtes der Kreisbaumeister in der staatlichen Aufsicht tätig wird. Diese Zulassung beruht auf der Vorschrift des § 118 Wa.Vb.Vo., daß als technischer Berater der Aufsichtsbehörde auf Anordnung der für die oberste Aufsicht in dieser Frage zuständigen Reichsminister eine andere Stelle als die staatliche Fachbehörde auftreten kann. Die Ausführungsvorschriften und das Satzungsmuster sind einstweilen als eine solche Anordnung nicht anzusehen. Die Anordnung ist abzuwarten. Bis dahin darf nur die staatliche Fachbehörde in der einzelnen Satzung angeführt werden. Satzungen, in denen der Kreisbaumeister angeführt werden soll, sind vorzubereiten, aber noch nicht zu erlassen. Die folgenden Vorschriften über die Einschaltung und die Tätigkeit des Kreisbaumeisters werden also erst mit der Anordnung der obersten Aufsichtsbehörde in Kraft treten.

6. Die Stellung der staatlichen technischen Fachbehörde bei der Gründung und der Ausdehnung der Verbände und bei der Neuverteilung und Vereinigung ihrer Aufgaben nach den §§ 157, 174, 175, 176 Wa.Vb.Vo. wird durch das Satzungsmuster nicht berührt. Denn diese Tätigkeit fällt nicht unter die Aufsicht nach § 118, die allein im Muster zu erwähnen ist. Unberührt bleibt ferner die Stellung der technischen Staatsbehörde bei der Gewährung und der Auszahlung der Beihilfen und der Darlehen aus öffentlicher Hand. Die in den entsprechenden Vorschriften den Kulturbauämtern aufgegebene Verantwortung für die Vergebung dieser Mittel, mithin ihre Pflicht, die Voraussetzungen der Vergebung zu prüfen, besteht immer, auch wenn nach dem Satzungsmuster die Mitwirkung bei der Aufsicht auf den Kreisbaumeister übertragen wird.

Zu einzelnen Vorschriften des Satzungsmusters ist folgendes zu bemerken.

Zu § 1.

7. Für den Namen der Wasser- und Bodenverbände gibt die Wasserverbandverordnung (§ 5) keine Vorschrift. Die Auswahl ist also rechtlich frei. Die Beibehaltung der bisherigen Bezeichnung „Genossenschaft" soll aber vermieden werden, damit das Ziel der Verordnung erreicht wird, die Wasser- und Boden-

verbände als öffentlichrechtliche, meistens an das Grundeigentum gebundene Körperschaften von den privatrechtlichen, nur die Personen zusammenschließenden Erwerb- und Wirtschaftgenossenschaften zu unterscheiden. Die meisten Verbände werden am besten als „Wasserverband" unter Hinzufügung des Namens der Ortschaft oder des Baches oder einer herkömmlichen Angabe bezeichnet. Diese Bezeichnung deutet im allgemeinen mindestens einen wesentlichen Teil der Verbandaufgaben an. Wenn die Aufgaben am Wasser weniger wichtig sind als die der Bodenbearbeitung nach § 2 Nr. 6 Wa.Vb.Vo., ist die Bezeichnung „Bodenverband" vorzuziehen. Stets ist das Wort „Wasser- und Bodenverband" zulässig. Auf Kürze des Namens ist Wert zu legen.

Zu § 2.

8. Als Mitgliederverzeichnis ist im allgemeinen das bei der Gründung des Verbandes benutzte Verzeichnis zu verwerten (§§ 156 und 11 Wa.Vb.Vo.). Es beweist für sich allein noch nicht die Mitgliedschaft einer Person. Diese ist vielmehr, wenn sie fraglich ist, aus allen Umständen zu ermitteln, also auch aus dem Plane und aus den Gründungsakten. Nur wenn das Verzeichnis nach § 147 Wa.Vb.Vo. bei der Neugestaltung der alten Verbände festgesetzt wird, hat es unmittelbare Rechtswirkung. Von diesem Mittel der Klärung einer zweifelhaften Mitgliedschaft ist aber nur in besonderen Fällen Gebrauch zu machen, z. B. für einen sehr alten Verband, für den kein Mitgliederverzeichnis besteht. Abgesehen von diesem Falle wäre auch die Änderung des Mitgliederverzeichnisses kein Mittel, Personen aus einem Verbande zu entlassen oder in ihn aufzunehmen. Entlassung und Aufnahme richten sich vielmehr nach den §§ 13, 14, 174, 175 und 176 der Verordnung, sind also durch staatliche Verfügung zu bewirken. Auch ist es nicht möglich, in der Satzung allgemeine Voraussetzungen festzusetzen, bei deren Erfüllung die Mitgliedschaft von selbst eintritt, z. B. das Vertiefen der Bodenoberfläche unter eine bestimmte Höhe.

9. Die dingliche Mitgliedschaft (§ 3 Nr. 1 Wa.Vb.Vo.) ändert sich von selbst mit dem Eigentum am Grundstücke. Der Erbe des Grundeigentümers und der Erwerber kraft Kaufes wird ohne weiteres, auch ohne staatliche Verfügung, Mitglied. Wenn der Verbandvorsteher es versäumt, das Mitgliederverzeichnis, wie es im Satzungsmuster vorgeschrieben ist, auf dem laufenden zu halten, so ist dies ohne rechtliche Bedeutung. Die Aufsichtsbehörde, die die Urschrift des Verzeichnisses aufbewahrt, braucht daher diese von selbst eintretenden Änderungen nicht sofort einzutragen, sondern kann sich auf eine Fortführung in längeren Zeitabständen beschränken. Änderungen aber, die sie nach den §§ 13 und 14 verfügt, hat sie sofort einzutragen (§ 13 Abs. 3).

10. Zur Aufbewahrung des Mitgliederverzeichnisses s. die Ausführungen zu § 4.

Zu § 3.

11. In den §§ 2 und 17 Wa.Vb.Vo. sind die Aufgabe und das Unternehmen des Verbandes unterschieden. Aufgaben sind eine oder mehrere der im § 2 aufgeführten Tätigkeiten ohne Rücksicht auf einen bestimmten Gegenstand der Tätigkeit und ein bestimmtes Mittel zur Durchführung; Unternehmen ist eine bestimmte Art des Bauens und Arbeitens an örtlich bestimmten Grundstücken, Gewässern und Anlagen, insbesondere das Errichten, Erhalten und Betreiben

bestimmter Anlagen, das Ausbauen und Unterhalten bestimmter Gewässer. Im § 3 der Satzung ist nur die Aufgabe anzugeben, im § 4 dagegen das Unternehmen. Die Unterscheidung hat ihren Sinn in den Vorschriften der §§ 18 und 21 der Verordnung, nach denen die Änderung der Aufgabe mehr in die Verfügungsgewalt der Staatsbehörde gelegt ist und alle Verbandorgane zu hören sind, die Änderung des Unternehmens aber mehr als Selbstverwaltungsmaßnahme behandelt wird und Ausschuß und Verbandversammlung nicht gehört zu werden brauchen. Änderung der Aufgabe eines Entwässerungsverbandes ist z. B. die Hinzufügung der Bewässerung. Dagegen ist nur Änderung des Unternehmens eines Entwässerungsverbandes die Verbesserung der bisher mit Gräben bewirkten Entwässerung durch Hinzufügen eines Drännetzes. Nicht Änderung der Aufgabe eines Entwässerungsverbandes ist ferner die Erweiterung des Entwässerungsgebietes; diese ist Änderung der (dinglichen) Mitgliedschaft und Änderung des Unternehmens und dementsprechend vorzunehmen (§§ 13 und 21 Wa.Vb.Vo.).

12. Es empfiehlt sich, von der Unterhaltung eines Gewässers als einer Verbandaufgabe nur dann zu sprechen, wenn dem Verbande nicht nur im Verhältnisse zu den Mitgliedern, sondern unbedingt nach allgemeinem Wasserrechte die Unterhaltungspflicht obliegt. Bei preußischen Wasserläufen wird die Pflicht in der Regel beide Inhalte haben.

13. Die Aufforstung der Verbandgrundstücke gehört nicht zu den nach den Nrn. 1 bis 11 des § 2 Wa.Vb.Vo. ohne weiteres möglichen Aufgaben, kann aber nach Nr. 12 von den zuständigen Reichsministern zugelassen werden.

Zu § 4.

14. Zu dem Begriffe „Unternehmen“ s. die Ausführungen zu § 3.

15. Da von dem Plane des Verbandunternehmens bei seiner Ausführung vielfach abgewichen werden muß, erübrigt sich oft die Herstellung von Planabzeichnungen zur Aufbewahrung beim Verbandvorsteher. Der Absatz 3 des § 4 ist dann entsprechend zu ändern. In diesem Falle werden meistens Zeichnungen nach der tatsächlichen Ausführung angefertigt und dem Vorsteher überlassen. Solche Ausführungszeichnungen entsprechen dem „Verzeichnis der Anlagen und Gewässer“, das nach § 17 Abs. 3 Wa.Vb.Vo. vorgeschrieben werden kann. Über sie ist im § 4 Abs. 4 der Satzung das Nötige zu sagen.

16. Wenn weder ein Plan noch Ausführungszeichnungen bestehen (z. B. bei sehr alten Verbänden), und wenn sie auch nicht erforderlich sind, sind die Vorschriften über die Aufbewahrung zu streichen.

17. Die Aufbewahrung der Urkunden wird im § 4 Abs. 3 und im § 2 Abs. 2 verschieden geregelt. Das ergibt sich aus der mehr technischen Bedeutung des Planes und der mehr rechtlichen Bedeutung des Mitgliederverzeichnisses. Wenn der Kreisbaumeister bei der Aufsicht mitwirkt, wird das Kulturbauamt des Mitgliederverzeichnisses, des Planes und der Ausführungszeichnungen in vielen Fällen entraten können.

Zu § 5.

18. Die Vorschrift des Abs. 1 (§ 20 Satz 1 Wa.Vb.Vo.) ist erfüllt, wenn der Plan von der Gründungsbehörde (§ 152) dem Gründungsverfahren zu Grunde gelegt worden ist.

19. An Stelle des Kulturbauamtes (§ 5 Abs. 2) ist in den Ländern, die keine Kulturbauämter haben, die geeignete kulturbautechnische Staatsbehörde zu setzen. Wenn die Aufsichtsbehörde selbst eine höhere kulturbautechnische Dienstkraft hat (z. B. ein Regierungspräsident in Preußen, dem die Aufsicht an Stelle des Landrates übertragen ist), können die im Absatz 2 des § 5 des Musters vorgeschriebenen Meldungen ihr selbst erstattet, die Worte „Kulturbauamt" und „Kreisbaumeister" mithin geändert werden.

20. Als Kreisbaumeister wird in dem Satzungsmuster vornehmlich der in der Kulturbautechnik vorgebildete, in vielen preußischen Landkreisen angestellte kreiskommunale Beamte bezeichnet. Er ist nicht Staatsbeamter, wird aber nach § 118 Wa.Vb.Vo. als technischer Berater des Landrates in dessen staatlicher Aufsichtstätigkeit zugelassen. Soweit anderen Aufsichtsbehörden als den preußischen Landräten entsprechende Dienstkräfte zur Verfügung stehen, gilt für sie dasselbe. Die in dem Muster gebrauchte Bezeichnung „Kreisbaumeister" ist gegebenen Falles zu ändern.

21. Wenn der Kreisbaumeister zugelassen wird, brauchen die im § 5 Abs. 2 dem Verbandvorsteher vorgeschriebenen Meldungen nicht an das Kulturbauamt gerichtet zu werden, das auf diese Weise entlastet wird. Das Wort „Kulturbauamt" ist dann im ersten Satze des Abs. 2 zu streichen. Die Verdingung der Arbeiten an einen Unternehmer aber ist in allen Fällen, auch wenn der Kreisbaumeister zur Aufsichtstätigkeit zugelassen ist, dem staatlichen Kulturbauamte zu melden; nötigen Falles hat der Kreisbaumeister hierfür zu sorgen. Umgekehrt soll das Kulturbauamt in den Fällen, in denen der Kreisbaumeister zugelassen ist, bei der Prüfung der Bedingungen der Verdingung den Kreisbaumeister zuziehen. Die Aufsichtsbehörde hat zu entscheiden, ob die beabsichtigte Verdingung von Aufsicht wegen zu verhindern ist (§§ 111, 125, 126 Wa.Vb.Vo.), und der staatliche Kulturbaubeamte allein ist in allen Fällen zu ihrer Beratung in dieser Hinsicht befugt. Ebenso ist das Kulturbauamt allein nach Beendigung der Arbeiten des Verbandes zur technischen Abschlußprüfung befugt. Der Kreisbaumeister hat ihm rechtzeitig die Beendigung der Arbeiten mitzuteilen. Diese beiden technischen Aufsichtsgeschäfte sollen der staatlichen Fachbehörde allein vorbehalten bleiben. Das ist schon zur Gewährleistung einer zweckmäßigen Verwendung der staatlichen und der anderen öffentlichen Beihilfen und Darlehen für das Verbandunternehmen erforderlich.

22. Wenn der Kreisbaumeister zum Verbandstechniker berufen ist (§ 45 des Musters), ist seine Bestellung zur Aufsichtstätigkeit ausgeschlossen. Die Aufsichtstätigkeit des Kulturbauamtes kann dann aber entsprechend eingeschränkt werden.

23. Die im § 5 vorgeschriebenen Meldungen an den Kreisbauernführer oder die Landbauaußenstelle beruhen gleichfalls auf dem § 118 Wa.Vb.Vo. Wenn mehrere Kreisbauernführer oder Landbauaußenstellen für ein Verbandgebiet zuständig sind, ist der Landesbauernführer um die nötige Bestimmung zu bitten.

24. Wenn der Plan des Unternehmens sich bei der Herstellung der Anlagen als verbesserungsbedürftig herausstellt, müßte er geändert werden. Hierzu die schriftliche Genehmigung der Aufsichtsbehörde nach § 5 Abs. 3 des Musters einzuholen und die Verbandorgane oder -mitglieder zu hören, würde bei der gebotenen Eile schädlich sein. In solchen Fällen läßt sich ein Eingreifen von Aufsicht

wegen nicht vermeiden. Zur Befugnis der technischen Behörde hierzu s. § 48 Abs. 3 des Musters. Wenn das tatsächlich ausgeführte Unternehmen später in Ausführungszeichnungen dargestellt wird (§ 4 Abs. 4 des Musters), kann die Änderung des Planes unterbleiben.

Zu § 6.

25. Die Vorschrift des Absatzes 2, daß öffentlichen Zwecken gewidmete Grundstücke nur mit Zustimmung der zuständigen Verwaltungsbehörde vom Verbande benutzt werden dürfen, ist erfüllt, wenn diese Verwaltungsbehörde im Gründungsverfahren zugestimmt hat. Solche Grundstücke sind insbesondere öffentliche Wege, Eisenbahnen, Wasserstraßen und Grundstücke mit Fernmeldeleitungen der Reichspost. Wenn deren Verwaltungsbehörde nicht zustimmt, hat die Aufsichtsbehörde des Verbandes das Nötige zu veranlassen, gegebenen Falles durch Bericht an die höheren Aufsichtsbehörden.

Zu § 7.

26. Diese Vorschrift beruht auf § 22 Abs. 3 Wa.Vb.Vo. Sie schützt die Wasserläufe und Gräben des Verbandes vor Schaden. Weitere Beschränkungen des Grundeigentumes können erforderlich sein. Ein Verbot des Abtorfens der Flächen ist zulässig, wenn das Abtorfen mit der Aufgabe des Verbandes, den Boden in einem bestimmten landwirtschaftlichen Kulturzustande zu erhalten (§ 2 Nr. 6 Wa.Vb.Vo.), nicht zu vereinen ist.

Zu § 8.

27. Wenn die Verbandmitglieder Gräben des Verbandes zu räumen haben, kann mit der Bekanntmachung der Schau die Aufforderung verbunden werden, zur Vermeidung einer Ordnungsstrafe ordnungsmäßig zu räumen. § 41 des Musters.

28. Das Kulturbauamt ist immer einzuladen, auch wenn der Kreisbaumeister an seiner Stelle in der Aufsicht mitwirkt (§ 118 Wa.Vb.Vo.). Im letzteren Falle erhält der Kreisbaumeister, ohne daß es in der Satzung ausgesprochen zu werden braucht, die Nachricht durch die Aufsichtsbehörde, die ihn mit der Teilnahme an der Schau beauftragen kann.

Zu § 9.

29. Es bleibt in dem Muster freigestellt, ob die Nachricht von der Abstellung der Mängel nur einmal durch das Kulturbauamt an die Aufsichtsbehörde oder ob sie an jede der beiden Behörden gegeben werden soll. Jedenfalls ist das Kulturbauamt zu unterrichten; das zu Nr. 28 Gesagte gilt hier entsprechend.

Zu §§ 8 und 9.

30. Der Vorsteher kann auf Grund des § 96 Wa.Vb.Vo. allgemeine Anordnungen für die Schau, d. i. eine Schauordnung, zum Schutze des Verbandunternehmens erlassen. Er ist dabei an die zwingenden Vorschriften der §§ 42 bis 45 Wa.Vb.Vo. gebunden, kann sie also nur durch ausführlichere Regeln ergänzen.

Zu der zweiten Fassung des § 8.

31. Auch die Aufsichtsbehörde kann für die Schau als Selbstverwaltungsaufgabe eine Schauordnung nach § 41 Wa.Vb.Vo., nämlich als Polizeiverordnung zum Schutze des Verbandunternehmens erlassen. Auch sie ist dabei an die Vorschriften der §§ 42 bis 45 Wa.Vb.Vo. gebunden, soweit sie zwingend sind; sie kann also an dem Selbstverwaltungscharakter dieser Schau (Verbandschau) nichts ändern. Wenn die Aufsichtsbehörde glaubt, daß diese Vorschriften über die Verbandschau für den Verband nicht zweckmäßig sind, kann sie mit Zustimmung der oberen Aufsichtsbehörde in der Satzung bestimmen, daß die Verbandschau ganz oder zum Teil unterbleibt, und — gleichfalls durch Polizeiverordnung (§ 121 Wa.Vb.Vo.) — eine Schauordnung für ein vom Verband unabhängiges, also für ein behördliches Schauen (Aufsichtschau) erlassen. Bei dieser Schau hat die Aufsichtsbehörde oder die sie beratende Stelle (§ 118) die Schau zu führen. Die Mitwirkung der Verbandorgane ist meistens notwendig. Wo nach allgemeinem Wasserrecht Schauämter bestehen (§§ 356ff. des preuß. Wassergesetzes vom 7. April 1913, Gesetzsamml. S. 53), können sich die Verbandschau und die Aufsichtschau erübrigen. Die §§ 8 und 9 des Satzungsmusters sind dann wegzulassen.

Zu § 10.

32. Ausschuß und Verbandversammlung schließen einander aus (§ 46 Wa.Vb.Vo.). Da sie im Satzungsmuster nebeneinander genannt werden, ist eins der beiden Worte an allen Stellen zu streichen.

33. In Verbänden mit mehr als fünfzig Mitgliedbesitzständen ist die Verbandversammlung nur mit Zustimmung der oberen Aufsichtsbehörde zuzulassen. Auch in kleineren Verbänden kann vielfach die Versammlung vermieden werden; in den ganz kleinen ist das nicht möglich.

Zu § 11.

34. Ob der Vorstand aus einem oder aus mehreren Mitgliedern bestehen soll, hängt von den Umständen des einzelnen Falles ab. Wenn die Interessen der Verbandmitglieder an der Verbandaufgabe einheitlich und Männer vorhanden sind, die das Vertrauen aller genießen, ist vornehmlich den kleinen Verbänden der Einmannvorstand zu empfehlen.

Zu § 12.

35. Die Aufsichtsbehörde ist sowohl bei der Berufung des Vorstehers als auch bei der Bestätigung der Beisitzer in ihrer Entschließung frei. Richtlinien sind das Wohl des Verbandes und die Ziele der Staatsführung. Durch die Unterscheidung zwischen Berufung und Bestätigung spricht der Gesetzgeber in der Verordnung den Willen aus, daß hinsichtlich der Beisitzer in Zweifelfällen dem Wunsche des Ausschusses eher nachgegeben werden kann als hinsichtlich des Vorstehers.

36. Im allgemeinen ist darauf hinzuwirken, daß Ausschußmitglieder nicht zugleich im Vorstande sind. Das ergibt sich schon aus der Vorschrift, daß der Ausschuß über die Entlastung des Vorstandes zu beschließen hat (§ 21 des Musters). Manchmal sind aber wegen der besonderen Umstände des Falles Aus-

nahmen am Platze, wenn die Ausschußmitglieder, die nicht zum Vorstande gehören, zahlreich genug sind. Zu wünschen ist ferner, daß der Vorstand aus Verbandmitgliedern besteht. Auch dies kann aber nicht immer gefordert werden; es kann sogar unzweckmäßig sein, wenn ein besonders geeigneter außenstehender Mann vorgeschlagen wird.

37. Wenn die Verpflichtung des Vorstehers allein durch Handschlag genügt, und wenn die Verpflichtung der anderen Vorstandmitglieder zu umständlich wäre, kann die einzelne Satzung vom Muster abweichen.

Zu § 13.

38. Die Festsetzung des Datums für das Ende der Amtszeit des Vorstandes hat den Zweck, klare Verhältnisse zu schaffen. Die Auswahl des Datums ist frei. Richtlinien für sie sind die Anpassung an das Rechnungsjahr, das Bedürfnis, die Wahl des Vorstandes zu einer Zeit stattfinden zu lassen, zu der die Wähler von ihren beruflichen Arbeiten am ehesten abkömmlich sind, und der berechtigte Wunsch mancher Beteiligten, die jährlichen Geschäfte des Ausschusses (der Verbandversammlung) in möglichst wenigen Sitzungen zu erledigen.

Zu § 14.

39. Wenn der Vorstand nur aus dem Vorsteher besteht, kann durch die Satzung an der gesetzlichen Verteilung der Geschäfte auf Vorstand und Ausschuß (Versammlung) nichts geändert werden, da die nach § 53 Wa.Vb.Vo. dem Ausschusse obliegenden Geschäfte nicht gemindert und nicht vermehrt werden können und nach § 49 alle übrigen Geschäfte dem Vorstande und dem Vorsteher obliegen.

40. Von der in § 50 Wa.Vb.Vo. vorgesehenen Möglichkeit, die Vertretungsmacht des Vorstehers zu beschränken, darf nicht zu oft Gebrauch gemacht werden, sondern nur, wenn besondere Umstände es erfordern. Die Verstärkung der staatlichen Aufsicht durch die Wasserverbandverordnung gestattet die Freistellung eines verantwortungsbewußten Vorstehers von der Rücksicht auf andere mitwirkende Personen.

41. Wie oft die Verbandmitglieder über die Angelegenheiten des Verbandes gehört werden sollen, ist nach den Umständen des Einzelfalles zu entscheiden; die einzelne Satzung kann dementsprechend vom Muster abweichen. Die Anhörung ist keine Verbandversammlung im rechtlichen Sinne eines Verbandorgans (vgl. den Unterschied in den Überschriften der §§ 62 und 63 Wa.Vb.Vo.). Es ist daher möglich, die Anhörung in Gruppen (dorfweise) vorzunehmen. In kleinen und mittleren Verbänden soll die Anhörung der Verbandmitglieder im allgemeinen nicht ausgeschlossen werden (Wa.Vb.Vo. § 63 Satz 2).

Zu §§ 15, 16, 17.

42. Die §§ 15, 16, 17 sind zu streichen, wenn der Verbandvorstand nur aus dem Vorsteher besteht. Siehe oben Nr. 39.

Zu § 17.

43. Die in den Absätzen 2 und 3 gestellte Bedingung, daß die Vorstandmitglieder rechtzeitig geladen sein müssen (Frist der Ladung), ist erfüllt,

wenn zwischen der Zustellung der Ladung und der Sitzung mindestens eine Woche liegt oder wenn in der Ladung darauf hingewiesen ist, daß ohne Einhaltung der Frist geladen wird (§ 16). Letzteres darf nur in dringlichen Fällen geschehen.

Zu § 18.

44. Zur Wahl von Vorstandsmitgliedern und von außerhalb des Verbandes stehenden Personen in den Ausschuß siehe oben Nr. 36.

45. Wenn der Ausschuß aus nur wenigen Mitgliedern besteht (nicht mehr als etwa fünf), kann es zweckmäßig sein, einen oder mehrere Stellvertreter zuzulassen (Wa.Vb.Vo. § 54). Dasselbe gilt, wenn für verschiedene bestimmte Interessen der Mitglieder bestimmte Ausschußmitglieder vorgesehen sind und die Anzahl dieser Interessenvertreter sehr klein ist (nicht mehr als etwa drei).

46. Die Anzahl der von einer Person bei der Ausschußwahl vertretenen Verbandmitglieder (Absatz 3) kann in der Satzung beschränkt werden, z. B. wenn die Gefahr besteht, daß sich eine größere Anzahl von Mitgliedern zur wirksameren Verfolgung eines nicht zu billigenden Zieles auf diese Weise zusammenschließen (§ 56 Absatz 1 Satz 3 Wa.Vb.Vo.).

47. Im Beitragbuche werden jedem Mitgliede Wertzahlen beigelegt, die nur Verhältniswerte darstellen. Jedes Mitglied hat so viele Stimmen, wie seine Wertzahl groß ist. Eine Abrundung ist zulässig, da nach § 56 Abs. 1 Wa.Vb.Vo. das Stimmverhältnis dem Beitragverhältnis nur zu entsprechen braucht, nicht ihm gleich sein muß, und nach § 86 eine annähernde Ermittelung des Beitragverhältnisses genügt. Für die einzelne Satzung muß dann das Muster (Absatz 4) geändert werden. Solange das Beitragbuch nicht aufgestellt ist, kann, wenn das Flächeninhaltverhältnis gelten soll (Abs. 4), das bei der Gründung nach § 159 Wa.Vb.Vo. aufgestellte Mitgliederverzeichnis benutzt werden. Das ist nur dann möglich, wenn die Mitgliedschaft nur auf dem Grundeigentum beruht (dingliche Mitgliedschaft).

48. Die Ausschußwahl geht nicht in einer Verbandversammlung im Rechtsinne eines Verbandorgans vor sich (siehe oben Nr. 41). Die Versammlung der Verbandmitglieder zur Wahl ist daher nicht erforderlich, sondern meistens nur zweckmäßig. In großen Verbänden mit zahlreichen Mitgliedern ist aber die Ausschußwahl in **einer** Versammlung auch nicht zweckmäßig, sie kann sogar unmöglich sein. Dann können Wahlbezirke gebildet werden; es kann z. B. dorfweise gewählt werden. Ein derartiges Wahlverfahren muß in der Satzung genau vorgeschrieben werden. Jede Art von Wahlverfahren ist zulässig, wenn es nur gewährleistet, daß sich aus der Wahl eine angemessene Vertretung aller Verbandmitglieder, also aller verschiedenen Interessen im Verbande, entsprechend dem Beitragverhältnis ergibt (§ 53 Abs. 1, § 56 Satz 2 Wa.Vb.Vo.). Nötigen Falles ist zu einer anderen Regelung nach § 56 Abs. 6 die Genehmigung der oberen Aufsichtsbehörde einzuholen.

Zu § 19.

49. Während die Aufsichtsbehörde in der Bestätigung der Vorstandmitglieder frei ist, ist sie bei der Bestätigung der Ausschußmitglieder an die Wahl gebunden, wenn das Wahlverfahren den Vorschriften der Verordnung und der Satzung entsprochen hat. Siehe oben Nr. 35.

Zu § 20.

50. Siehe oben Nr. 38. Das Amt des Ausschusses endet zweckmäßig im selben Monat und am selben Tage wie das Amt des Vorstandes nach § 13 des Musters. Aber der Ausschuß wird ein Jahr früher zu wählen sein als der Vorstand, damit der neue Ausschuß den neuen Vorstand wählen kann. Maßgeblich sind jedoch die Umstände des einzelnen Falles.

Zu § 21.

51. Die in der Verordnung vorgesehenen Aufgaben des Ausschusses (der Verbandversammlung) können nicht erweitert und nicht eingeengt werden. Siehe oben Nr. 39.

Zu § 22.

52. Wenn der Vorsteher zum Mitgliede des Ausschusses gewählt ist, was ausnahmeweise vorkommen kann (siehe oben Nr. 36, § 18 Abs. 1 Satz 5 des Musters), hat er Stimmrecht. Der Vorsteher hat ferner in der Verbandversammlung Stimmrecht (§ 62 Abs. 2 Satz 2 Wa.Vb.Vo.); der gegenteilige Satz im Abs. 3 des Musters ist im Falle der Verbandversammlung zu streichen.

Zu § 23.

53. Wegen der Rechtzeitigkeit der Ladung siehe oben Nr. 43.

54. Die Vertretung der Verbandmitglieder in der Verbandversammlung kann in der einzelnen Satzung beschränkt werden. (Siehe oben Nr. 46; § 62 Abs. 2 Satz 2, § 56 Abs. 1 Satz 3 Wa.Vb.Vo.).

55. Zum Stimmverhältnis der Mitglieder in der Verbandversammlung siehe oben Nr. 47.

Zu § 24.

56. Nach § 65 Abs. 3 Wa.Vb.Vo. können Abweichungen von den Haushaltsvorschriften durch die Satzung zugelassen werden. Wenn sie nötig sind, ist die einzelne Satzung abweichend vom Muster aufzustellen. Immer aber müssen die Geldeinnahmen und -ausgaben des Verbandes so gebucht werden, daß eine Prüfung möglich ist. Von einer Prüfung durch eine besondere Prüfstelle kann nach § 76 Wa.Vb.Vo. zwar abgesehen werden, niemals aber darf die Aufsichtsbehörde auf eine Haushaltsprüfung überhaupt verzichten.

57. Das Satzungsmuster enthält keine Vorschrift über die Bildung von Rücklagen zur Erneuerung der Verbandanlagen. Die Vorschriften sind abzuwarten.

58. Das Rechnungsjahr am 1. Januar beginnen zu lassen, bringt den Vorzug, daß der Ausschuß (die Verbandversammlung) sowohl zur Festsetzung des Haushaltsplanes als auch zur Entlastung des Vorstandes im Winter zusammentreten kann, einmal vor, einmal nach dem 1. Januar, also zu einer Zeit geringerer Arbeitsbelastung der Bauern und Landwirte. Jeder andere Termin kann aber an Stelle des 1. Januars bestimmt werden, wenn er zweckmäßiger ist.

Zu § 26.

59. Diese Vorschrift besagt, daß die Einnahmen aus öffentlichen Beihilfen und aus der Aufnahme von Darlehen den Verbandmitgliedern im Verhält-

nis ihrer Beitraglast zugute kommen müssen. Sie ist aber in ihrer Kürze nur für gewöhnliche landwirtschaftliche Wasser- und Bodenverbände geeignet. Denn diese Verbände haben keine anderen nennenswerten Einnahmen, weil sie kein nennenswertes Vermögen, insbesondere kein Grundeigentum und kein Kapitalvermögen, sondern höchstens einige bewegliche Sachen haben. Einnahmen hieraus können unbedenklich wie die Einnahmen aus den Beiträgen der Mitglieder verwendet werden, den letzteren also im Verhältnis ihrer Beiträge zugute kommen, z. B. wenn von den beweglichen Sachen ein unnötig gewordener Gegenstand verkauft wird. Wenn aber erhebliches Vermögen vorhanden ist, z. B. Deich- oder Wasserlaufgrundstücke, die Erträge abwerfen, müssen unter Umständen Vorschriften über die Erhaltung des Vermögens in die einzelne Satzung aufgenommen werden (§ 66 Wa.Vb.Vo.); auch kommt eine Rücklage aus Pacht und Kauferlösen zur Erneuerung der Verbandanlagen in Frage. Siehe oben Nr. 57. Besondere Beachtung in der Satzung gebührt den Einnahmen auch, wenn für verschiedene sachliche oder örtliche Abteilungen des Verbandes verschiedene Mitglieder beitragpflichtig sind.

Zu § 28.

60. Zur Freistellung des Verbandes von der Haushaltsprüfung siehe oben Nr. 56.

Zu § 29.

61. Es ist nichts dagegen einzuwenden, daß der Vorsteher den Ausschuß (die Verbandversammlung) schon vor der Erstattung des Prüfberichts zur Jahresrechnung hört. Hierzu kann eine Abteilung des Ausschusses (der Versammlung) gebildet werden, was in der Satzung zuzulassen wäre (§ 53 Abs. 3 Wa.Vb.Vo.).

Zu § 31.

62. Die Länge der Saugerstrecken ist für die Verteilung der Beitraglast nicht immer ein zweckmäßiger Maßstab. Sie kann in Frage kommen, wenn die Kosten der Hauptvorflut des Dränverbandes gering sind. Dieser Beitragmaßstab, ferner das Flächeninhaltverhältnis und das vorläufige Beitragverhältnis nach Abs. 2 stimmen häufig nicht mit den allgemeinen und den besonderen Maßstäben der §§ 81, 82 und 89 Abs. 3 Wa.Vb.Vo. überein. Daher ist ihre Einführung nach § 82 Nr. 4 Wa.Vb.Vo. häufig von der Genehmigung der oberen Aufsichtsbehörde abhängig. Ihr Fortbestehen nach dem 1. Januar 1938 ist durch § 82 Abs. 1 Wa.Vb.Vo. gewährleistet. Für das vorläufige Beitragverhältnis nach Abs. 2 im Muster gilt das oben unter Nr. 47 Gesagte entsprechend. Der nach § 171 Wa.Vb.Vo. bei der Gründung von der Gründungsbehörde bestellte Vorstand kann sofort Beiträge nach dem Flächeninhalt erheben.

63. Es ist nicht ausgeschlossen, für sachlich oder örtlich bestimmte Abteilungen des Verbandes die Beiträge nur bei den an der Abteilung beteiligten Verbandmitgliedern zu erheben. Eine solche Lastenverteilung ist eine Durchbrechung des in den §§ 81 und 82 aufgestellten Grundsatzes der einheitlichen Verteilung. Ihre Neueinführung ist nur mit Genehmigung der oberen Aufsichtsbehörde zulässig.

Zu § 32.

64. Unter Umständen sind mehr als zwei Sachverständige für die Ermittelung des Vorteilsverhältnisses erforderlich. Dann ist das Muster zu ändern. Z. B. kann bei wasserbautechnisch schwierigen Verbandunternehmen außer zwei landwirtschaftlichen ein kulturbautechnischer Sachverständiger erforderlich sein.

Zu § 33.

65. Das Beitragbuch ist ein Verzeichnis, in dem zum Namen eines jeden Verbandmitgliedes

a) die Bezeichnung und der Flächeninhalt seiner zum Verbande gehörenden Grundstücke, der Flächeninhalt seiner zu den einzelnen Klassen gehörenden Grundflächen und der aus Flächeninhalt und Klasse sich ergebende Vorteilsverhältniswert, oder
b) die Bezeichnung und der Flächeninhalt seiner zum Verbande gehörenden Grundstücke, oder
c) die Länge der auf diese Grundstücke fallenden Saugerstrecken, oder
d) die Kosten des Verbesserns und Erhaltens des Bodens dieser Grundstücke

angegeben sind. (Vgl. § 31 des Musters). Bei anderen Beitragmaßstäben sind entsprechende Angaben zu machen. Die für jedes Mitglied sich ergebenden Schlußzahlen sind die Wertzahlen, in deren Verhältnis die Mitglieder zu den Beiträgen herangezogen werden. Das Beitragbuch bildet die dauernde Grundlage für alle späteren Hebungen. Die zu hebende Geldsumme wird jedesmal in einer besonderen Hebeliste im Verhältnis der Wertzahlen des Beitragbuches auf die Mitglieder verteilt.

66. Die Dauer der Auslegung des Beitragbuches ist nicht vorgeschrieben. Der Vorsteher wird diese wichtige Urkunde dauernd zum Einblick der Mitglieder bereit halten. Die Mindestzeit der Auslegung ergibt sich aus § 34; es ist die zweiwöchige Einspruchfrist.

Zu § 34.

67. Da im Beitragbuch nur das Verhältnis angegeben ist, in dem die Mitglieder Beiträge zu leisten haben, bedeutet jede Ermäßigung der Wertzahl (siehe oben Nr. 65) eines Mitgliedes im Beitragbuch eine Mehrbelastung aller anderen Mitglieder. Von dem Einspruchbescheid, der eine Ermäßigung anordnet, werden daher alle anderen Mitglieder „betroffen" (§ 87 Abs. 4 Wa.Vb.Vo.), und sie können sich dagegen beschweren. Ein solcher Einspruchbescheid muß daher durch öffentliche Bekanntmachung allen Mitgliedern mitgeteilt werden.

68. Wenn der Vorstand nur aus dem Vorsteher besteht, richtet sich der Einspruch gegen das Beitragbuch an diesen. Der Vorsteher hat also in diesem Falle durch den Einspruchbescheid noch einmal zu entscheiden.

Zu § 35.

69. Wenn das Verfahren zur Festsetzung des Beitragbuches nach den §§ 33 und 34 des Musters abgeschlossen ist, muß das Buch einstweilen maßgeblich sein, auch wenn es sich als tatsächlich unrichtig erweist. Insbesondere

können Einwendungen, die in der vorgeschriebenen Frist versäumt worden sind, nicht mehr angebracht werden. Das soll aber nicht für immer gelten: nach zwei Jahren kann das Mitglied die Änderung verlangen (§ 88 Wa.Vb.Vo.).

Zu § 36.

70. Siehe oben Nr. 65 am Schluß. Der Bescheid des Vorstandes auf den Einspruch eines Verbandmitgliedes gegen die Hebeliste braucht darum nicht öffentlich bekanntgegeben zu werden (§ 36 Abs. 3 Satz 2 im Gegensatz zu § 34 Abs. 2 Satz 3), weil die anderen Mitglieder von der Entscheidung nicht getroffen werden, auch wenn die Entscheidung eine Ermäßigung des Beitrages des Einsprechenden gewährt; denn die in der Hebeliste ausgeschriebenen Beiträge der anderen Mitglieder bleiben bestehen. Siehe oben Nr. 67.

71. Über den Einspruchbescheid des Vorstehers gilt das oben unter Nr. 68 Gesagte entsprechend.

72. Die besonderen Mitteilungen an die einzelnen Mitglieder (Hebelistenauszüge) können unterbleiben. Der entgegenstehende Satzteil im Abs. 2 ist dann wegzulassen. Wenn die besonderen Mitteilungen vorgeschrieben sind, bedarf es der Bekanntmachung der Hebeliste nicht, und können die ersten Worte des Abs. 3 weggelassen werden.

73. Das Beitragbuch und die Hebeliste können zugleich mitgeteilt und bekanntgegeben werden. Die Verfahren, insbesondere die Einsprüche und Beschwerden, sind aber getrennt nach den Vorschriften der §§ 33, 34 und 36 zu behandeln.

Zu § 37.

74. Ob die eine oder die andere Fassung des § 38 vorzuziehen ist, richtet sich nach der Eignung des Vorstehers zum Vollstrecken.

Zu § 39.

75. Die Verbandmitglieder können unabhängig von Verordnung und Satzung Arbeitleistungen für den Verband auf sich nehmen und sich das Entgelt auf ihre Beiträge anrechnen lassen. Derartige Leistungen sind nicht Sachbeiträge und unterliegen daher nicht den Beitragvorschriften, insbesondere können sie nicht auf die Mitglieder zwangsweise verteilt werden, und sie brauchen auch dem Beitragverhältnis nicht zu entsprechen. Nur die freie Vereinbarung ist maßgeblich.

76. Das Aufbringen des Aushubs aus den Gräben und Bächen auf die zum Verbande gehörenden Grundstücke ist nach § 6 des Musters ohne weiteres zulässig. Das Wegräumen obliegt in den meisten Fällen den Anliegern schon nach den allgemeinen Unterhaltungsvorschriften des Wasserrechtes. Wenn solche Vorschriften nicht zutreffen, ist die Verpflichtung zum Wegräumen eine Sachbeitraglast. Vor der Neueinführung dieser Verpflichtung müßte geprüft werden, ob sie eine ungerechte Belastung bedeuten würde.

77. Es ist im allgemeinen nicht ratsam, das Räumen der Bäche und Gräben des Verbandes den anliegenden Mitgliedern aufzugeben. Dies ist auch meistens keine gerechte Verteilung der Beitraglast. Nach den Erfahrungen wird die Räumung durch den Verband selbst besser ausgeführt. Das Räumen durch die

Anlieger ist daher nur, wenn besondere Gründe dafür sprechen, neu einzuführen. Die Vorschrift des Musters ist vornehmlich für diejenigen Verbände gedacht, in denen diese Art der Räumung bereits Rechtens ist.

Zu §§ 40, 41.

78. Auch die Pächter der zum Verbande gehörenden Grundstücke haben die rechtmäßigen Anordnungen des Vorstehers zu befolgen, obwohl sie nicht Mitglieder sind (§§ 96, 97 Wa.Vb.Vo.).

Zu § 41.

79. Entsprechend der Bedeutung des Verbandes, der Zuverlässigkeit des Vorstehers und der Begüterung der Verbandmitglieder kann die Grenze für das Strafgeld höher festgesetzt werden (bis auf 300 RM).

80. Ein wiederholter Verstoß liegt auch dann vor, wenn der erste Verstoß ein oder mehrere Jahre zurückliegt. Dieser Zeitraum ist entsprechend den im Verbande bestehenden Verhältnissen größer oder kleiner. Jedenfalls wird von der Vorschrift getroffen, wer sich in jedem Jahre einmal an die versäumte Räumung der Gräben erinnern läßt.

Zu § 42.

81. Für die Begrenzung des Zwangsgeldes gilt das oben unter Nr. 79 Gesagte entsprechend.

Zu § 45.

82. Für kleine Verbände, die keinen Kassenverwalter einstellen können, ist in der Satzung zu regeln, wer die Geldgeschäfte des Verbandes führt. In der Regel wird dem Vorsteher die Aufgabe zufallen. Wenn kein Techniker eingestellt werden kann, hat dies die in der Aufsicht mitwirkende technische Stelle (§ 48) bei der Betreuung des Verbandes zu berücksichtigen. Als Techniker und Kassenverwalter können auch staatliche, kommunale und kreiskommunale Beamte und Angestellte eingestellt werden, wobei die Beamten- und Angestelltenvorschriften zu beachten sind. Siehe oben Nr. 22.

83. Die Anhörung des Kulturbaubeamten bei der Genehmigung darf nicht durch die Anhörung des Kreisbaumeisters ersetzt werden, auch wenn dieser an Stelle des staatlichen Beamten in der Aufsicht mitwirkt (siehe oben Nr. 20).

Zu § 47.

84. Die obere Aufsichtsbehörde kann im Einzelfalle oder allgemein durch Verfügung an die Aufsichtsbehörden anordnen, daß vor der Änderung der Satzung ihre Zustimmung einzuholen ist.

Zu § 48.

85. Der Abs. 3 beruht auf der Vorschrift des § 118 Wa.Vb.Vo., daß die Aufsichtsbehörde von der technischen Fachbehörde und von dem Reichsnährstande beraten wird. Siehe hierzu die Ausführungen oben unter Nrn. 5 u. 19 bis 23. Da die Aufgaben der landwirtschaftlichen Wasser- und Bodenverbände hauptsächlich durch wasserbautechnische und landwirtschaftliche Maßnah-

men zu verwirklichen sind, ergibt es sich von selbst, daß neben den als Aufsichtsbehörden berufenen allgemeinen Verwaltungsbehörden (§ 112 Wa.Vb.Vo.) die sie beratenden technischen und landwirtschaftlichen Stellen unmittelbare Verbindung mit den Organen und den Dienstkräften (Technikern) der Verbände halten müssen und daß die von den technischen und den landwirtschaftlichen Stellen den Verbänden gegebenen Erklärungen als Erklärungen der Aufsichtsbehörde gelten können. Wenn für eine technische oder landwirtschaftliche Maßnahme im Verbandunternehmen Eile geboten ist, müssen die Erklärungen dieser Stellen vorläufig als Anordnungen der Aufsichtsbehörde angesehen und befolgt werden. Die Aufsichtsbehörde bleibt aber frei in ihrer Entschließung. Wenn sie sich nicht äußert, sind die technischen und landwirtschaftlichen einstweiligen Anordnungen endgültig als Aufsichtsverfügungen der Aufsichtsbehörde anzusehen.

Zur Schlußverfügung.

86. Im Satzungsmuster ist durch Anmerkungen auf die Vorschriften hingewiesen, die nur mit Zustimmung der oberen Aufsichtsbehörde gegeben werden können. In den einzelnen Satzungen, die solche Vorschriften nicht enthalten, ist der Satzteil „mit Zustimmung der oberen Aufsichtsbehörde" wegzulassen. Nach den §§ 145, 151 und 160 bedarf aber jede einzelne Satzung der Prüfung der oberen Aufsichtsbehörde; nur die zur Aufsicht bestellten höheren Behörden (Regierungspräsident, Landesregierung usw.) sind davon ausgenommen.

Anlage zu den Ersten Wasserverbandvorschriften
vom 19. Januar 1938 (LwRMBl. S. 25).

Satzungsmuster für landwirtschaftliche Wasser- und Bodenverbände.

Das Muster berücksichtigt an vielen Stellen mehrere Möglichkeiten. Hierauf wird durch Gedankenstriche oder durch Antiqua-Druck oder durch beides aufmerksam gemacht. Die nicht passenden Teile sind zu streichen.

Satzung

des Wasserverbandes — Bodenverbandes, Wasser- u. Bodenverbandes — ....

....

in.................. im Kreise..................

§ 1.

Name, Sitz.

Der Verband führt den Namen „Wasserverband — Bodenverband, Wasser- und Bodenverband — ....". Er hat seinen Sitz in........... im Kreise .... Er ist ein Wasser- und Bodenverband im Sinne der Ersten Verordnung über Wasser- und Bodenverbände vom 3. September 1937 (Wasserverbandverordnung, RGBl. I S. 933).

(Wasserverbandverordnung §§ 5, 6.)

1. AV

I. Abschnitt. Mitglieder; Aufgabe; Unternehmen.

§ 2.

Mitglieder.

Abs. 1. Mitglieder des Verbandes sind die jeweiligen Eigentümer der im Mitgliederverzeichnisse aufgeführten Grundstücke, Bergwerke und Anlagen (dingliche Mitglieder), die Unterhalter der dort aufgeführten Gewässer und Ufer, denen der Verband die Unterhaltungspflicht abnimmt oder erleichtert oder deren Vorgängern er sie abgenommen hat, und die dort aufgeführten öffentlichrechtlichen Körperschaften.

Abs. 2. Das Verzeichnis der Mitglieder ist vom Kulturbauamte — Kreisbaumeister — ....

.... in.................. aufgestellt. Es wird von der Aufsichtsbehörde, je eine Abschrift vom Kulturbauamte und vom Verbandvorsteher aufbewahrt.

Abs. 3. Der Verbandvorsteher hält die Verzeichnisabschrift auf dem laufenden. (Wasserverbandverordnung §§ 3, 11).

§ 3.*

Aufgabe.

Der Verband hat zur Aufgabe,

1. Gewässer und ihre Ufer auszubauen und in ordnungsmäßigem Zustande zu halten (zu unterhalten),
2. Grundstücke zu entwässern, zu bewässern, vor Hochwasser zu schützen, durch Bodenbearbeitung zu verbessern und im verbesserten Zustande zu erhalten,
3. Abwasser zu verwerten,
4. die zur Erfüllung der vorstehenden Aufgaben nötigen Wege herzustellen und zu erhalten.

(Wasserverbandverordnung §§ 2, 17.)

§ 4.

Unternehmen, Plan.

Abs. 1. Zur Durchführung seiner Aufgaben hat der Verband die nötigen Arbeiten an dem

— Fluß, — Fließ — Kanal — Bach — Graben — seinen Gewässern — vorzunehmen, Gräben — Dräne — Pumpwerke — Stauanlagen — Beregnungsanlagen — herzustellen, zu erhalten und zu betreiben, Deiche — Wege — Brücken zu bauen und zu erhalten — den Boden der zu seinem Gebiete gehörenden Grundstücke zu bearbeiten — (Verbandunternehmen).

Abs. 2. Das Unternehmen ergibt sich aus dem Plane des Kulturbauamtes — Kreisbaumeisters —

in......................... vom.......................

---

* Nicht Zutreffendes weglassen.

1. AV

Abs. 3. Der Plan besteht aus einem Erläuterungsbericht, ... Karten — Zeichnungen — und einem Kostenanschlage.

Er wird bei dem Kulturbauamte — der Aufsichtsbehörde — des Verbandes aufbewahrt; eine Abschrift und eine Abzeichnung der für den Verbandvorsteher nötigen Stücke werden von diesem aufbewahrt.

Abs. 4. Das durchgeführte Unternehmen ergibt sich aus dem Verzeichnis der Anlagen und Gewässer nebst Ausführungskarten vom........................, die wie der Plan aufbewahrt werden.

(Wasserverbandverordnung § 17.)

§ 5.

Ausführung des Unternehmens.

Abs. 1. Der Verband darf den Plan (§ 4) und die ergänzenden Pläne nicht ohne die Zustimmung der Aufsichtsbehörde ausführen.

Abs. 2. Der Vorsteher unterrichtet das Kulturbauamt — den Kreisbaumeister — in........................... und in landwirtschaftlichen Angelegenheiten den Kreisbauernführer — die Landbauaußenstelle — in...................... rechtzeitig vorher von den Arbeiten und zeigt ihnen ihre Beendigung an. Dem Kulturbauamte ist vor dem Vertragschlusse (Zuschlage) Gelegenheit zur Äußerung über die Verdingung der Arbeiten an einen Unternehmer zu geben, damit nötigen Falles von Aufsicht wegen eingegriffen werden kann. Nach Beendigung der Arbeiten prüft das Kulturbauamt, in landwirtschaftlichen Angelegenheiten der Kreisbauernführer — die Landbauaußenstelle —, ob sie sachgemäß ausgeführt sind.

Abs. 3. Der Vorstand darf den Plan, das Unternehmen und die Verbandanlagen nur nach Anhörung des Ausschusses — der Verbandversammlung — oder der beteiligten Verbandmitglieder und nur mit schriftlicher Genehmigung der Aufsichtsbehörde ergänzen und ändern. Der Vorsteher macht die Ergänzung und die Änderung in den beteiligten Gemeinden nach § 46 bekannt oder teilt sie den beteiligten Mitgliedern mit.

(Wasserverbandverordnung §§ 20, 21.)

§ 6.

Benutzung der Grundstücke für das Unternehmen.

Abs. 1. Der Vorsteher ist befugt, das Verbandunternehmen auf den nach dem Plan und dem Mitgliederverzeichnisse zum Verbande gehörenden Grundstücken der dinglichen Mitglieder (§ 2) und auf dem Deichvorlande durchzuführen. Er darf die für das Unternehmen nötigen Stoffe (Steine, Erde, Rasen usw.) von diesen Grundstücken nehmen, soweit sie land- oder forstwirtschaftlich genutzt werden oder Unland oder Gewässer sind, wenn nicht polizeiliche Vorschriften entgegenstehen.

Abs. 2. Der Verband darf Grundstücke, die öffentlichen Zwecken gewidmet sind, nur mit Zustimmung der zuständigen Verwaltungsbehörde benutzen. Wenn diese nicht zustimmt, teilt der Vorsteher es der Aufsichtsbehörde mit.

(Wasserverbandverordnung §§ 22 bis 40.)

§ 7.

Zäune, Viehtränken.

Die Besitzer der zum Verbande gehörenden und an einem Wasserlauf des Verbandes liegenden, zur Weide genutzten Grundstücke sind verpflichtet, diese einzuzäunen. Der Zaun muß wenigstens 80 cm Abstand von der oberen Böschungskante haben. Die Viehtränken, Übergänge und ähnlichen Anlagen sind nach Angabe des Vorstehers so anzulegen und zu erhalten, daß sie das Verbandunternehmen nicht hemmen.

(Wasserverbandverordnung § 22.)

§ 8.

Verbandschau.

Abs. 1. Die Anlagen des Verbandes, seine Gewässer und die von ihm zu bearbeitenden Grundstücke sind mindestens einmal im Jahre zu prüfen. Der Vorsteher beruft.............. Schaubeauftragte und ruft sie ab. Schauführer ist er selbst oder der von ihm bestimmte Schaubeauftragte.

Abs. 2. Der Vorsteher macht Zeit und Ort der Schau rechtzeitig nach § 46 bekannt und lädt die Aufsichtsbehörde, das Kulturbauamt, die Wasserpolizeibehörde und den Kreisbauernführer — die Landbauaußenstelle — vier Wochen vorher zur Teilnahme ein. Die Mitglieder des Verbandes sind berechtigt, an der Schau teilzunehmen.

(Wasserverbandverordnung §§ 42, 43, 44.)

§ 9.

Aufzeichnung. Abstellung der Mängel.

Der Schauführer zeichnet den Verlauf und das Ergebnis der Prüfung schriftlich auf und gibt den Schaubeauftragten Gelegenheit zur Äußerung. Der Vorsteher läßt die Mängel abstellen und unterrichtet die Aufsichtsbehörde durch das Kulturbauamt — und das Kulturbauamt —. Er sammelt die Aufzeichnungen im Schaubuche und vermerkt in ihm die Abstellung der Mängel.

(Wasserverbandverordnung § 45.)

Oder an Stelle von §§ 8 und 9:

§ 8. Verbandschau.

Die Anlagen des Verbandes, seine Gewässer und die von ihm zu bearbeitenden Grundstücke sind nach der Schauordnung (Polizeiverordnung nach § 41 der Wasserverbandverordnung) regelmäßig zu prüfen.

(Wasserverbandverordnung §§ 41—45.)

§ 9 fällt aus.

II. Abschnitt. Verfassung.

§ 10.

Vorstand. Ausschuß — Verbandversammlung —.

Der Verband hat einen Vorstand und einen Ausschuß — eine Verbandversammlung —.

(Wasserverbandverordnung §§ 46, 62.)

§ 11.

Zusammensetzung des Vorstandes. Entschädigung.

Abs. 1. Der Vorstand hat einen Vorsteher und weitere........ ordentliche und .... stellvertretende Mitglieder (Beisitzer). Die Reihenfolge, in der die Stellvertreter eintreten (erster, zweiter usw. Stellvertreter) ist zu bestimmen. Ein — zwei — ordentlicher Beisitzer wird — werden — zum — ersten und zum zweiten — Stellvertreter des Vorstehers berufen.

Oder: Abs. 1. Der Vorstand besteht nur aus dem Vorsteher. Er hat einen Stellvertreter.

Abs. 2. Die Vorstandmitglieder sind ehrenhalber tätig. Der Vorsteher erhält Ersatz seiner baren Auslagen — eine jährliche Entschädigung —. Diese Bezüge sind von der Genehmigung der Aufsichtsbehörde abhängig.

(Wasserverbandverordnung §§ 47, 109.)

§ 12.

Bildung des Vorstandes.

Abs. 1. Der Verbandausschuß — Verbandversammlung — schlägt den Vorsteher und seinen Stellvertreter vor; die Aufsichtsbehörde beruft sie für die sich aus § 13 ergebende Zeit. Die obere Aufsichtsbehörde kann den Vorschlag ganz oder zum Teil zurückweisen. Der Ausschuß — die Verbandversammlung — ist zu einem neuen Vorschlage befugt.

Abs. 2. Die übrigen Mitglieder des Vorstandes und ihre Stellvertreter beruft der Ausschuß — die Verbandversammlung —. Sie bedürfen der Bestätigung der Aufsichtsbehörde.

Abs. 3. Die Aufsichtsbehörde oder ihr Beauftragter verpflichtet die Mitglieder des Vorstandes — den Vorsteher — durch Handschlag an Eides statt.

(Wasserverbandverordnung § 48.)

§ 13.

Amtszeit.

Abs. 1. Das Amt des Vorstandes endet am 31. Dezember — 31. März —, zum ersten Male im Jahre........... und später alle fünf Jahre.

Abs. 2. Wenn ein Vorstandmitglied oder ein stellvertretendes Mitglied — der Vorsteher oder sein Stellvertreter — vor dem Ablaufe der Amtszeit ausscheidet, kann für den Rest der Amtszeit nach § 12 Ersatz berufen werden.

Abs. 3. Die ausscheidenden Mitglieder bleiben bis zum Eintritt der neuen Mitglieder im Amt.

(Wasserverbandverordnung § 48.)

§ 14.

Geschäfte des Vorstehers.

Abs. 1. Der Vorsteher führt den Vorsitz im Vorstande. Ihm obliegen alle Geschäfte des Verbandes, zu denen nicht der Vorstand oder der Ausschuß — Verbandversammlung — durch die Wasserverbandverordnung oder die Satzung berufen ist.

Abs. 2. Er vertritt den Verband in allen Geschäften, auch in denjenigen, über die der Vorstand oder der Ausschuß — die Verbandversammlung — zu beschließen hat. Als Ausweis dient ihm eine Bescheinigung der Aufsichtsbehörde.

Abs. 3. Er unterrichtet die anderen Vorstandmitglieder von seinen Geschäften und hört ihren Rat zu wichtigen Geschäften.

Abs. 4. Er unterrichtet ferner wenigstens einmal im Jahre — wenigstens alle drei Jahre — die Verbandmitglieder über die Angelegenheiten des Verbandes und hört sie an.

(Wasserverbandverordnung §§ 47, 49, 50, 63.)

§ 15.

Aufgaben des Vorstandes.

Der Vorstand hat die in der Wasserverbandverordnung und in der Satzung ihm zugewiesenen Aufgaben, insbesondere über

1. die Aufstellung des Haushaltsplanes und seiner Nachträge (§ 24),
2. die Aufnahme von Darlehen,
3. Verträge mit einem Werte des Gegenstandes von mehr als............ RM,
4. die Änderung und Ergänzung der Satzung, der Verbandaufgabe, des Unternehmens und des Planes (§§ 47, 5)

zu beschließen.

(Wasserverbandverordnung §§ 49, 72, 10, 18, 21.)

§ 16.

Sitzungen des Vorstandes.

Abs. 1. Der Vorsteher lädt die Vorstandmitglieder mit mindestens einwöchiger Frist zu den Sitzungen und teilt die Tagesordnung mit. In dringlichen Fällen bedarf es keiner Frist; in der Ladung ist darauf hinzuweisen. Wer am Erscheinen verhindert ist, teilt dies unverzüglich dem Vorsteher und dem Stellvertreter mit. Der Vorsteher lädt den Stellvertreter. Ferner sind zu wichtigen Sitzungen die Aufsichtsbehörde, das Kulturbauamt und der Kreisbauernführer — die Landbauaußenstelle — (§ 48) einzuladen.

Abs. 2. Im Jahre ist mindestens eine Sitzung zu halten.

(Wasserverbandverordnung §§ 51, 120.)

§ 17.

Beschließen im Vorstande.

Abs. 1. Der Vorstand bildet seinen Willen mit der Mehrheit der Stimmen seiner anwesenden Mitglieder. Jedes Mitglied hat eine Stimme. Bei Stimmgleichheit gibt der Vorsitzer den Ausschlag.

Abs. 2. Der Vorstand ist beschlußfähig, wenn mindestens zwei Drittel seiner Mitglieder anwesend und alle rechtzeitig geladen sind.

Abs. 3. Ohne Rücksicht auf die Anzahl der Erschienenen ist er beschlußfähig, wenn er zum zweiten Male wegen desselben Gegenstandes rechtzeitig geladen und hierbei mitgeteilt worden ist, daß ohne Rücksicht auf die Anzahl der Erschienenen beschlossen werden wird. Ohne Rücksicht auf Form und Frist der Ladung ist er beschlußfähig, wenn alle Vorstandmitglieder zustimmen.

Abs. 4. Auf schriftlichem Wege erzielte Beschlüsse sind gültig, wenn sie einstimmig von allen Vorstandmitgliedern gefaßt sind.

Abs. 5. Die Beschlüsse sind in das Beschlußbuch einzutragen. Jede Eintragung ist vom Vorsitzer und einem weiteren Mitgliede zu unterschreiben.

(Wasserverbandverordnung § 52.)

§ 18*.

Zusammensetzung und Wahl des Ausschusses.

Abs. 1. Der Ausschuß hat......... Mitglieder, die ehrenhalber tätig sind. Eine Stellvertretung findet nicht statt. Er wird von den Verbandmitgliedern gewählt. Wählbar ist jeder geschäftsfähige Deutsche.

Vorstandmitglieder können nicht gewählt werden.

Abs. 2. Der Vorsteher lädt die wahlberechtigten Verbandmitglieder durch Bekanntmachung nach § 46 mit mindestens einwöchiger Frist zur Ausschußwahl. Ferner sind die Aufsichtsbehörde, das Kulturbauamt und der Kreisbauernführer — die Landbauaußenstelle — einzuladen (§ 48).

Abs. 3. Jedes Verbandmitglied, das Beiträge an den Verband zu leisten hat, hat das Recht, selbst oder durch einen Vertreter mitzustimmen. Der Vorsteher kann vom Vertreter eine schriftliche Vollmacht fordern.

Abs. 4. Das Stimmverhältnis ergibt sich aus dem Beitragbuche (§ 33); es ist dem Beitragverhältnisse gleich. Solange das Beitragbuch nicht aufgestellt ist, ist das Stimmverhältnis dem Verhältnisse der Flächeninhalte der zum Verbande gehörenden Grundstücke gleich. Niemand hat mehr als zwei Fünftel aller Stimmen.

Abs. 5. Um das Grundeigentum streitende Personen sind stimmberechtigt. Sie und die gemeinschaftlichen Grundeigentümer können nur einheitlich stimmen; die an der Wahl teilnehmenden haben die Stimmen aller.

Abs. 6. Der Vorsteher leitet die Wahl.

Abs. 7. Jedes Ausschußmitglied ist in besonderer Wahlhandlung dadurch zu wählen, daß die Verbandmitglieder dem Vorsteher zur schriftlichen Aufzeichnung erklären, wem sie ihre Stimme geben. Die Wahl durch Zuruf ist zulässig, wenn nicht widersprochen wird und wenn das sofort verkündete Wahlergebnis von niemand sofort in Zweifel gezogen wird.

Abs. 8. Gewählt ist, wer die Mehrheit aller abgegebenen Stimmen erhält. Wenn im ersten Wahlgange niemand so viele Stimmen erhält, wird zwischen den beiden oder, bei Stimmgleichheit, mehr Personen, die die meisten Stimmen erhalten haben, erneut gewählt. Im zweiten Wahlgange ist gewählt, wer die meisten Stimmen erhält; bei Stimmgleichheit entscheidet das vom Vorsteher zu ziehende Los.

Abs. 9. Über die Wahl ist eine schriftliche Aufzeichnung anzufertigen, die vom Vorsteher und einem Teilnehmer zu unterschreiben ist.

(Wasserverbandverordnung §§ 54, 55, 56.)

---

* Anmerkung: § 18 Abs. 4 Satz 2 darf nur mit Genehmigung der oberen Aufsichtsbehörde neu eingeführt werden; § 56 Abs. 6 der Wasserverbandverordnung. Die §§ 18, 19, 20 sind wegzulassen, wenn der Verband die Verbandversammlung hat.

§ 19.

Bestätigung des Ausschusses.

Abs. 1. Der Vorsteher legt die schriftliche Aufzeichnung über die Ausschußwahl mit allen Schriftstücken des Verfahrens der Aufsichtsbehörde vor.

Abs. 2. Diese bestätigt die Ausschußmitglieder für die im § 20 vorgeschriebene Zeit, wenn das Wahlverfahren den Vorschriften der Wasserverbandverordnung und der Satzung entsprochen hat.

(Wasserverbandverordnung § 58.)

§ 20.

Amtszeit.

Abs. 1. Das Amt des Ausschusses endet am 31. Dezember — 31. März — zum ersten Male im Jahre .... und später alle fünf Jahre.

Abs. 2. Wenn ein Ausschußmitglied vor dem Ablaufe der Amtszeit ausscheidet, kann für den Rest der Amtszeit nach § 18 und § 19 Ersatz berufen werden.

Abs. 3. Die ausscheidenden Mitglieder bleiben bis zum Eintritt der neuen Mitglieder im Amt.

(Wasserverbandverordnung § 58.)

§ 21.

Aufgaben des Ausschusses — der Verbandversammlung —.

Der Ausschuß — die Verbandversammlung — hat die ihm — ihr — in der Wasserverbandverordnung zugewiesenen Aufgaben. Insbesondere hat er — sie —

1. über die Bildung und die Entlastung des Vorstandes zu beschließen,
2. den Haushaltsplan festzusetzen,
3. den Vorstand in allen wichtigen Geschäften zu beraten.

(Wasserverbandverordnung §§ 53, 48, 62, 77, 73.)

§ 22.

Sitzungen des Ausschusses — der Verbandversammlung —.

Abs. 1. Der Vorsteher lädt die Ausschußmitglieder — Verbandmitglieder — mit mindestens einwöchiger Frist zu den Sitzungen und teilt die Tagesordnung mit. In dringlichen Fällen bedarf es keiner Frist; in der Ladung ist darauf hinzuweisen. Der Vorsteher unterrichtet ferner die Vorstandmitglieder und lädt die Aufsichtsbehörde, das Kulturbauamt und den Kreisbauernführer — die Landbauaußenstelle — ein (§ 48).

Abs. 2. Im Jahre ist mindestens eine Sitzung zu halten.

Abs. 3. Der Vorsteher leitet die Sitzungen des Ausschusses — der Verbandversammlung —. Er hat kein Stimmrecht. Die Mitglieder des Vorstandes sind befugt, das Wort zu nehmen.

(Wasserverbandverordnung §§ 59, 60, 62, 120.)

§ 23.

Beschließen im Ausschusse.

Abs. 1. Der Ausschuß bildet seinen Willen mit der Mehrheit der Stimmen seiner anwesenden Mitglieder. Jedes Mitglied hat eine Stimme. Stimmgleichheit bedeutet Ablehnung.

Abs. 2. Der Ausschuß ist beschlußfähig, wenn mindestens zwei Drittel der Mitglieder anwesend und alle rechtzeitig geladen sind. Ohne Rücksicht auf die Anzahl der Erschienenen ist er beschlußfähig, wenn bei der Ladung mitgeteilt worden ist, daß ohne Rücksicht auf die Anzahl der Erschienenen beschlossen werden wird. Ohne Rücksicht auf Form und Frist der Ladung ist er beschlußfähig, wenn alle Ausschußmitglieder zustimmen.

Abs. 3. Die Beschlüsse sind in das Beschlußbuch einzutragen. Jede Eintragung ist vom Vorsitzer und einem Ausschußmitgliede zu unterschreiben.

(Wasserverbandverordnung § 61.)

Oder § 23*.

Beschließen in der Verbandversammlung.

Abs. 1. Die Verbandversammlung bildet ihren Willen mit der Mehrheit der Stimmen der anwesenden Verbandmitglieder. Stimmgleichheit bedeutet Ablehnung.

Abs. 2. Jedes Verbandmitglied, das Beiträge an den Verband zu leisten hat, hat das Recht, selbst oder durch einen Vertreter mitzustimmen. Der Vorsteher kann vom Vertreter eine schriftliche Vollmacht fordern.

Abs. 3. Das Stimmverhältnis ergibt sich aus dem Beitragbuche (§ 33); es ist dem Beitragverhältnisse gleich. Solange das Beitragbuch nicht aufgestellt ist, ist das Stimmverhältnis dem Verhältnis der Flächeninhalte der zum Verbande gehörenden Grundstücke gleich. Niemand hat mehr als zwei Fünftel aller Stimmen.

Abs. 4. Um das Grundeigentum streitende Personen sind stimmberechtigt. Sie und die gemeinschaftlichen Grundeigentümer können nur einheitlich stimmen; die an der Wahl teilnehmenden haben die Stimmen aller.

Abs. 5. Die Verbandversammlung ist beschlußfähig, wenn mindestens die Hälfte aller Stimmen vertreten ist. Ohne Rücksicht auf die Anzahl der Erschienenen ist sie beschlußfähig, wenn bei der Ladung mitgeteilt worden ist, daß ohne Rücksicht auf die Anzahl der Erschienenen beschlossen werden wird. Ohne Rücksicht auf Form und Frist der Ladung ist sie beschlußfähig, wenn die Mitglieder mit zwei Dritteln aller Stimmen zustimmen.

Abs. 6. Die Beschlüsse sind in das Beschlußbuch einzutragen. Jede Eintragung ist vom Vorsitzer und einem Verbandmitgliede zu unterschreiben.

(Wasserverbandverordnung §§ 62, 61, 56.)

III. Abschnitt. Haushalt, Beiträge.

§ 24.

Haushaltsplan.

Abs. 1. Der Ausschuß — die Verbandversammlung — setzt alljährlich den Haushaltsplan des Verbandes und nach Bedarf Nachträge dazu fest. Der Vorstand stellt sie auf, den Haushaltsplan so rechtzeitig, daß der Ausschuß — die Verband-

* § 23 Abs. 3 Satz 2 darf nur mit Genehmigung der oberen Aufsichtsbehörde neu eingeführt werden.

versammlung — vor dem Beginn des Rechnungsjahres über ihn beschließen kann. Der Vorsteher teilt den Haushaltsplan und die Nachträge der Aufsichtsbehörde mit.

Abs. 2. Der Haushaltsplan enthält alle Einnahmen und Ausgaben des Verbandes im kommenden Rechnungsjahre. Er ist die Grundlage für die Verwaltung aller Einnahmen und Ausgaben.

Abs. 3. Das Rechnungsjahr beginnt am 1. Januar — 1. April —.

(Wasserverbandverordnung §§ 65, 72, 73.)

§ 25.

Überschreiten des Haushaltsplanes.

Abs. 1. Der Vorsteher bewirkt Ausgaben, die im Haushaltsplane nicht oder noch nicht festgesetzt sind, wenn der Verband dazu verpflichtet ist und ein Aufschub erhebliche Nachteile bringen würde. Er darf Anordnungen, durch die Verbindlichkeiten des Verbandes entstehen können, für die ausreichende Mittel im Haushaltsplan nicht vorgesehen sind, bei unabweisbarem Bedürfnisse treffen. Der Vorsteher kann die erforderlichen Beiträge von den Mitgliedern einziehen.

Abs. 2. Wenn der Ausschuß mit der Sache noch nicht befaßt ist, beruft ihn der Vorsteher unverzüglich zur nachträglichen Festsetzung im Haushaltsplane.

(Wasserverbandverordnung §§ 73, 74.)

§ 26.

Verwendung der Einnahmen.

Einnahmen des Verbandes, die nicht Beiträge der Mitglieder sind, sind wie diese zur Bestreitung der Ausgaben zu verwenden.

(Wasserverbandverordnung § 70.)

§ 27.

Tilgung der Schulden.

Abs. 1. Der Verband tilgt seine für wiederkehrende Bedürfnisse aufgenommenen Schulden vor der Wiederkehr des Bedürfnisses.

Abs. 2. Für langfristige Darlehen, die nicht regelmäßig zu tilgen sind, sammelt er die Mittel zur Tilgung planmäßig an.

Abs. 3. Der Vorsteher stellt für jedes langfristige Darlehen einen Tilgungsplan auf, in den mindestens die nach dem Schuldverhältnis erforderlichen Beträge einzusetzen sind.

(Wasserverbandverordnung § 67.)

§ 28.

Prüfen des Haushalts.

Abs. 1. Der Vorstand stellt die Rechnung über alle Einnahmen und Ausgaben des vergangenen Rechnungsjahres gemäß dem Haushaltsplane auf und gibt sie im ersten Viertel des folgenden Rechnungsjahres mit allen Unterlagen zum Prüfen an die Prüfstelle.

Abs. 2. Der Vorsteher gibt der Prüfstelle den Auftrag,

1. zu prüfen
   a) ob nach der Rechnung der Haushaltsplan befolgt ist,
   b) ob die einzelnen Einnahme- und Ausgabebeträge der Rechnung ordnungsmäßig, insbesondere durch Belege, nachgewiesen sind,
   c) ob diese Rechenbeträge mit der Wasserverbandverordnung, der Satzung und den anderen Vorschriften im Einklange stehen,
2. das Ergebnis der Prüfung (den Prüfbericht) an den Vorsteher und die Aufsichtsbehörde zu geben.

(Wasserverbandverordnung § 76.)

§ 29.

Entlastung.

Der Vorsteher legt die Haushaltsrechnung und den Prüfbericht dem Ausschusse — der Verbandversammlung — vor. Dieser — diese — beschließt über die Entlastung des Vorstandes.

(Wasserverbandverordnung § 77.)

§ 30.

Beiträge.

Abs. 1. Die Mitglieder haben dem Verbande die Beiträge zu leisten, die zur Erfüllung seiner Aufgaben und seiner Verbindlichkeiten und zu einer ordentlichen Haushaltsführung erforderlich sind.

Abs. 2. Die Beiträge bestehen in Geldleistungen (Geldbeiträge) und in Diensten (Sachbeiträge). Für Geldbeiträge gelten die Vorschriften der §§ 31 bis 37.

(Wasserverbandverordnung §§ 78, 79.)

§ 31.

Beitragverhältnis.

Abs. 1. Die Beitraglast verteilt sich auf die Mitglieder im Verhältnisse der Vorteile, die sie von den Aufgaben des Verbandes haben. Vorteile sind auch die Erleichterung einer Pflicht des Mitgliedes und die Möglichkeit, Maßnahmen des Verbandes zweckmäßig und wirtschaftlich auszunutzen.

Die Beitraglast verteilt sich auf die Mitglieder im Verhältnisse der Flächeninhalte der zum Verbande gehörenden Grundstücke*.

Die Beitraglast verteilt sich auf die Mitglieder im Verhältnisse der Länge der auf die einzelnen Grundstücke fallenden Saugerstrecken*.

Die Beitraglast aus der Bodenbearbeitung zur Verbesserung der Grundstücke und zur Unterhaltung im verbesserten Zustande verteilt sich auf die Mitglieder entsprechend den für die einzelnen Grundstücke tatsächlich entstehenden Kosten — im Verhältnisse der Flächeninhalte der zu verbessernden Grundstücke.

* Abs. 2. Solange das Beitragbuch nicht aufgestellt ist, verteilt sich die Beitraglast auf die Mitglieder im Verhältnisse der Flächeninhalte der zum Verbande

---

* Anmerkung: Diese Vorschrift darf nur mit Genehmigung der oberen Aufsichtsbehörde neu eingeführt werden.

gehörenden Grundstücke. Diese vorläufigen Beiträge sind sobald wie möglich auszugleichen.

(Wasserverbandverordnung §§ 81, 82, 89.)

§ 32.

Ermittlung des Vorteilsverhältnisses.

Abs. 1. Zur Feststellung des Vorteilsverhältnisses nach § 31 Abs. 1 werden die Grundflächen der Mitglieder in Vorteilsklassen eingeteilt und für jedes Mitglied sein Vorteilsverhältniswert aus Flächeninhalt und Vorteilsklasse errechnet.

Abs. 2. Zwei vom Vorstande nach Befragung der Aufsichtsbehörde zu bestimmende, dem Verbande nicht angehörende Sachverständige setzen unter der Leitung des Vorstehers und im Beisein des Technikers (§ 45) die Anzahl der Klassen, ihr Vorteilswertverhältnis und die Zugehörigkeit der Grundflächen zu den Klassen fest. Bei Meinungsverschiedenheiten der Sachverständigen entscheidet der Vorsteher; wenn es sich um Grundstücke des Vorstehers handelt, entscheidet sein Stellvertreter.

(Wasserverbandverordnung § 86.)

§ 33.

Beitragbuch.

Abs. 1. Der Vorsteher sorgt für die Eintragung des Beitragverhältnisses der Mitglieder (§§ 31, 32) in das Beitragbuch. Dieses enthält auch eine Beschreibung der Vorteilklassen und Angaben über ihre Anzahl und ihr Wertverhältnis.

Abs. 2. Das Beitragbuch wird zum Einblick der Mitglieder in der Wohnung (Amtszimmer) des Verbandvorstehers — an einer vom Vorsteher zu bestimmenden Stelle — ausgelegt. Die Auslegung ist nach § 46 vorher bekannt zu geben. Den an dem Verbande beteiligten Behörden und öffentlichrechtlichen Körperschaften und den beteiligten Eigentümern von Bergwerken und gewerblichen Anlagen ist die Auslegung besonders mitzuteilen. Bei der Bekanntgabe und der Mitteilung sind die Frist für den Einspruch und die darüber entscheidende Stelle anzugeben (§ 34 Abs. 1).

(Wasserverbandverordnung §§ 87, 187.)

§ 34.

Einspruch. Beschwerde.

Abs. 1. Gegen das Beitragbuch können die Mitglieder in zwei Wochen nach der letzten Bekanntgabe oder, soweit eine besondere Mitteilung vorgeschrieben ist, nach dieser bei dem Vorstande Einspruch erheben.

Abs. 2. Der Vorstand kann das Beitragbuch ändern oder den Einspruch zurückweisen (Einspruchbescheid). Der Vorsteher teilt den Mitgliedern, deren Einspruch zurückgewiesen wird, die Zurückweisung besonders mit und zeichnet Art und Tag der Mitteilung schriftlich auf. Er gibt die Änderung des Beitragbuches nach den Vorschriften des § 33 bekannt. Bei der Mitteilung und der Bekanntgabe sind die Frist für die Beschwerde und die darüber entscheidende Stelle (Abs. 3) anzugeben.

Abs. 3. Gegen den Einspruchbescheid können sich die betroffenen Mitglieder in zwei Wochen nach der letzten Bekanntgabe oder, soweit eine besondere Mitteilung vorgeschrieben ist, nach dieser bei der Spruchstelle für Wasser- und Bodenverbände beschweren.

(Wasserverbandverordnung §§ 87, 187.)

§ 35.

Änderung des Beitragbuches.

Abs. 1. Der Vorsteher hält das Beitragbuch auf dem laufenden.

Abs. 2. Er ändert es, wenn sich die ihm zugrunde liegenden tatsächlichen oder rechtlichen Umstände erheblich ändern.

Abs. 3. Die Vorschriften der §§ 33 Abs. 2 und 34 gelten entsprechend für die Änderung des Beitragbuches und für die Ablehnung des Änderungsantrages eines Mitgliedes.

(Wasserverbandverordnung § 88.)

§ 36.

Hebeliste. Hebung.

Abs. 1. Der Vorsteher verteilt die Geldsumme, die die Mitglieder nach dem Haushaltsplane oder nach den Verpflichtungen des Verbandes aufzubringen haben, auf die Mitglieder in dem im Beitragbuche angegebenen Beitragverhältnisse.

Abs. 2. Er setzt die Beiträge der einzelnen Mitglieder in der Hebeliste fest, bestimmt darin die Zahlstelle und die Zahlfrist — teilt jedem Mitglied seinen Beitrag, die Zahlstelle und die Zahlfrist (Hebelistenauszug) mit — und zieht die Beiträge ein.

Abs. 3. Für die Bekanntgabe der Hebeliste, für den Einspruch gegen sie und für die Beschwerde gegen den Einspruchbescheid gelten die Vorschriften der §§ 33 Abs. 2 und 34 entsprechend. Der Einspruchbescheid braucht aber nicht öffentlich bekanntgegeben zu werden, sondern kann den Betroffenen besonders mitgeteilt werden.

Abs. 4. Einspruch und Beschwerde halten die Hebung nicht auf. Wenn sie Erfolg haben, sorgt der Vorsteher für nachträglichen Ausgleich.

(Wasserverbandverordnung § 89.)

§ 37.

Folgen des Rückstandes.

Abs. 1. Wer seinen Beitrag nicht rechtzeitig leistet, hat einen Säumniszuschlag zu zahlen, dessen Höhe vom Vorstande festzusetzen ist.

Abs. 2. Die Aufsichtsbehörde kann Mitgliedern des Vorstandes, die mit der Leistung eines Beitrages im Rückstande sind und eine Erinnerung der Aufsichtsbehörde nicht befolgen, die Vorstandgeschäfte für die Zeit bis zur Leistung untersagen.

(Wasserverbandverordnung §§ 92, 129.)

§ 38.

Zwangsvollstreckung.

Die auf der Wasserverbandverordnung oder der Satzung beruhenden Forderungen des Verbandes können — vom Vorsteher als Vollstreckungsbehörde — im Verwaltungswege vollstreckt werden. Das Verfahren richtet sich nach den allgemeinen Vorschriften über die Vollstreckung im Verwaltungswege. — Der Vorsteher beantragt die Vollstreckung bei der Aufsichtsbehörde —.

(Wasserverbandverordnung §§ 93, 101.)

§ 39.

Sachbeiträge.

Abs. 1. Der Vorsteher kann auf Beschluß des Vorstandes die Verbandmitglieder zu Hand- und Spanndiensten für das Verbandunternehmen heranziehen. Die Verteilung dieser Sachbeiträge richtet sich nach dem Beitragverhältnis (§ 31).

Abs. 2. Jedes Mitglied ist dem Verbande zum Wegräumen des bei den Unterhaltungsarbeiten auf sein Grundstück gebrachten Aushubes aus den Gräben und Bächen verpflichtet. — Oder: Jedes Mitglied ist dem Verbande zur Räumung der Graben- und Bachstrecken verpflichtet, deren Instandhaltung Aufgabe des Verbandes ist und die die zum Verbande gehörenden Grundstücke des Mitgliedes berühren. Strecken, die zwischen zwei Verbandgrundstücken verschiedener Mitglieder liegen, sind in der oberen Hälfte von dem auf der rechten Seite, in der unteren Hälfte von dem auf der linken Seite liegenden Grundstückeigentümer zu räumen. — Das Wegräumen muß am..............., — das Räumen am .... — eines jeden Jahres beendet sein.

Abs. 3. Der Vorstand kann Abweichungen von dieser Regelung und Ergänzungen anordnen und zulassen.

Abs. 4. Wenn über den Inhalt der Sachbeitraglast Streit entsteht, setzt der Vorsteher den Inhalt fest. Für die Bekanntgabe der Festsetzung, für den Einspruch gegen sie und für die Beschwerde gegen den Einspruchbescheid gelten die Vorschriften der § 33 Abs. 2 und § 34 entsprechend. Die Entscheidungen brauchen aber nicht öffentlich bekanntgegeben zu werden, sondern können den Betroffenen besonders mitgeteilt werden.

(Wasserverbandverordnung §§ 79, 91, 187.)

IV. Abschnitt. Ordnungsgewalt, Zwang.

§ 40.

Ordnungsgewalt.

Die Mitglieder des Verbandes, die Besitzer der nach dem Plane und dem Mitgliederverzeichnisse zu ihm gehörenden Grundstücke, Bergwerke und Anlagen der dinglichen Mitglieder (§ 2) und die Besitzer des Vorlandes der Deiche haben die auf der Wasserverbandverordnung oder der Satzung beruhenden Anordnungen des Vorstehers, insbesondere die Anordnungen zum Schutze des Verbandunternehmens (§ 4) zu befolgen.

(Wasserverbandverordnung § 96.)

§ 41.

Ordnungstrafen.

Abs. 1. Der Verbandvorsteher kann gegen die Mitglieder und gegen die Besitzer der nach dem Plane und dem Mitgliederverzeichnisse zum Verbande gehörenden Grundstücke, Bergwerke und Anlagen der dinglichen Mitglieder (§ 2) Ordnungstrafen von höchstens 10 RM verhängen für einen wiederholten Verstoß gegen die auf der Wasserverbandverordnung oder der Satzung beruhenden Anordnungen des Vorstehers zum Schutze des Verbandunternehmens (§ 4) und gegen die Sachbeitragpflicht (§ 39).

Abs. 2. Das Strafgeld fällt an den Verband.

(Wasserverbandverordnung § 97.)

§ 42.

Zwang.

Abs. 1. Der Verbandvorsteher kann die Anordnung nach dem § 40 durch einen Dritten auf Kosten des Pflichtigen oder durch Verhängung von Zwangsgeld oder durch unmittelbaren Zwang durchsetzen.

Abs. 2. Er droht das Zwangsmittel vorher schriftlich an, und zwar die Kosten in vorläufig geschätzter, das Zwangsgeld in bestimmter, höchstens 30 RM betragender Höhe, und setzt für die Befolgung der Anordnung eine angemessene Frist. Bei Gefahr im Verzuge sind die Schriftform und die Frist nicht nötig.

Abs. 3. Das Zwangsgeld fällt an den Verband.

(Wasserverbandverordnung § 99.)

§ 43.

Rechtsmittelbelehrung.

In der Anordnung nach § 40, der Ordnungstrafverfügung nach § 41 und der Zwangsandrohung nach § 42 sind die Frist für die Beschwerde und die über sie entscheidende Stelle (§ 44) anzugeben.

(Wasserverbandverordnung § 187.)

§ 44.

Beschwerde.

Abs. 1. In zwei Wochen nach der Mitteilung ist gegen die Anordnung nach § 40, die Ordnungstrafverfügung nach § 41 und die Zwangsandrohung nach § 42 die Beschwerde an die Aufsichtsbehörde des Verbandes zulässig.

Abs. 2. Die Beschwerde hat aufschiebende Wirkung. In den Fällen der §§ 40 und 42 kann aber der Vorsteher die sofortige Ausführung anordnen, wenn er dies für das öffentliche Wohl oder die gemeinwirtschaftliche Ordnung für erforderlich hält. Die Ordnungstrafe (§ 41) und das Zwangsgeld (§ 42) dürfen erst beigetrieben werden (§ 38), wenn die Strafverfügung oder die Androhung des Zwangsgeldes nicht mehr anfechtbar sind.

Abs. 3. Weitere Vorschriften über die Rechtsmittel ergeben sich aus den §§ 98 und 100 der Wasserverbandverordnung.

V. Abschnitt. Dienstkräfte. Bekanntmachungen. Änderung der Satzung.

§ 45.

Techniker. Kassenverwalter.

Der Vorsteher des Verbandes hat einen Techniker für die Durchführung des Verbandunternehmens (§ 4) und einen Kassenverwalter für die Haushaltsführung einzustellen. Ihre Einstellung bedarf der Bestätigung, ihre Besoldung der Genehmigung der Aufsichtsbehörde; das Kulturbauamt ist zu hören.

(Wasserverbandverordnung §§ 107, 108, 109.)

§ 46.

Bekanntmachungen.

Abs. 1. Die im Verbande vorkommenden Bekanntmachungen sind unter der Angabe der Bezeichnung des Verbandes (§ 1) vom Vorsteher zu unterschreiben. Bekannt gemacht wird durch Abdruck im Nachrichtenblatte des Kreises........ .... — der Aufsichtsbehörde (§ 48) — und in ortsüblicher Weise in den Gemeinden, in deren Bezirk zum Verbande gehörende Grundstücke (§ 2) liegen.

Oder: Bekannt gemacht wird in ortsüblicher Weise in den Gemeinden, in deren Bezirk zum Verbande gehörende Grundstücke (§ 2) liegen. Der Vorsteher kann außerdem durch das Nachrichtenblatt des Kreises...................... — der Aufsichtsbehörde — bekannt geben.

Abs. 2. Für die Bekanntmachung längerer Urkunden genügt die Bekanntmachung des Ortes, an dem Einblick in die Urkunde getan werden kann.

(Wasserverbandverordnung §§ 9, 10, 149, 169.)

§ 47.

Änderung der Satzung.

Abs. 1. Die Aufsichtsbehörde kann die Satzung auf Antrag des Vorstandes oder nach dessen Anhörung ergänzen und ändern. Die Ergänzung und die Änderung werden am Ende des Tages wirksam, an dem die Mitteilung der Behörde dem Verbande zugeht.

Abs. 2. Die Aufsichtsbehörde macht die Ergänzung und die Änderung bekannt.

(Wasserverbandverordnung § 10.)

VI. Abschnitt. Aufsicht.

§ 48.

Staatliche Aufsicht.

Abs. 1. Der Verband steht unter der Aufsicht des Landrates in..............

Abs. 2. Die Aufsichtsbehörde hat sicherzustellen, daß der Verband im Einklang mit den Gesetzen, der Satzung und den Zielen der Staatsführung verwaltet wird.

Abs. 3. Neben der Aufsichtsbehörde steht in technischen Angelegenheiten das Kulturbauamt — der Kreisbaumeister — in.................., in landwirtschaftlichen Angelegenheiten der Kreisbauernführer — die Landbauaußenstelle —

in........................ Diese sind befugt, mit dem Verbandvorsteher von Aufsicht wegen unmittelbar Verbindung zu halten, die technischen bzw. landwirtschaftlichen Angelegenheiten des Verbandes zu prüfen und den Vorsteher zu beraten. Sie können, wenn Eile geboten ist, insbesondere bei der ersten Ausführung des Unternehmens (§ 4), einstweilige Anordnungen geben.

(Wasserverbandverordnung §§ 111, 112, 118, 121.)

§ 49.

Von staatlicher Genehmigung abhängige Geschäfte.

Abs. 1. Der Verband bedarf der Genehmigung der Aufsichtsbehörde

1. zur unentgeltlichen Veräußerung von Vermögensgegenständen,
2. zur Veräußerung von Grundstücken und grundstückgleichen Rechten,
3. zur Veräußerung und zur wesentlichen Änderung von Sachen, die einen besonderen wissenschaftlichen, geschichtlichen oder Kunstwert haben,
4. zur Aufnahme von Darlehen (Anleihen, Schuldscheindarlehen, anderem Kredit),
5. zum Eintreten in Gesellschaften und andere Vereinigungen bürgerlichen Rechtes,
6. zu Verträgen mit einem Mitgliede des Vorstandes,
7. zur Gewährung von Darlehen und anderem Kredit an Mitglieder des Vorstandes und des Ausschusses und an Dienstkräfte des Verbandes,
8. zur Bestellung von Sicherheiten,
9. zur Übernahme von Bürgschaften und Verpflichtungen aus Gewährverträgen.

Abs. 2. Die Genehmigung ist auch zu Rechtsgeschäften erforderlich, die einem der im Abs. 1 angegebenen Geschäfte wirtschaftlich gleichkommen.

(Wasserverbandverordnung § 122.)

Ich erlasse — mit Zustimmung der oberen Aufsichtsbehörde — die vorstehende Satzung des Wasserverbandes — Bodenverbandes, Wasser- u. Bodenverbandes — .... in..................... auf Grund des § 145, — § 169 — der Ersten Verordnung über Wasser- und Bodenverbände vom 3. September 1937 (RGBl. I S. 933).

................, den.............. 19....

Der Landrat

des Kreises.............................

Zweite Ausführungsvorschriften* zur Ersten Verordnung über Wasser- und Bodenverbände. (Zweite Wasserverbandvorschriften.)

Vom 18. August 1939. (LwRMBl. S. 877)

Satzungsmuster B für Wasserbeschaffungsverbände.

Auf Grund des § 190 der Ersten Verordnung über Wasser- und Bodenverbände vom 3. 9. 1937 (RGBl. Teil I S. 933) gebe ich das anliegende Satzungsmuster für Wasserbeschaffungsverbände bekannt.

Das Muster ist vorläufig unter Berücksichtigung von Vorschlägen der bayerischen und der badischen Landesregierung aufgestellt. Änderungsvorschläge stelle ich den nachgeordneten Behörden anheim.

Die Ersten Wasserverbandvorschriften sind entsprechend anzuwenden.

Anlage zu den Zweiten Wasserverbandvorschriften vom 18. August 1939 (LwRMBl. S. 877).

Satzungsmuster B für Wasserbeschaffungsverbände[1].

Satzung

des Wasserbeschaffungsverbandes ....

.... in.................. im Kreise....................

§ 1

Name, Sitz

Der Verband führt den Namen „Wasserbeschaffungsverband................

......................“. Er ist die ehemalige Wassergenossenschaft..........

.... in.................... und hat seinen Sitz in

.... im Kreise.................... Er ist ein Wasser- und Bodenverband im Sinne der Ersten Verordnung über Wasser- und Bodenverbände vom 3. September 1937 (Wasserverbandverordnung, RGBl. I S. 933).

(Wasserverbandverordnung §§ 5, 6.)

---

* Zur Geltung und Anwendbarkeit der 2. AV vgl. Anm. 1 zu den Ersten Ausführungsvorschriften.

[1] Das Muster berücksichtigt an vielen Stellen mehrere Möglichkeiten. Hierauf wird durch Gedankenstriche oder durch Antiquadruck oder durch beides aufmerksam gemacht. Die nicht passenden Teile sind zu streichen.

2. AV

I. Abschnitt. Mitglieder; Aufgabe; Unternehmen

§ 2

Mitglieder

Abs. 1. Mitglieder des Verbandes sind die jeweiligen Eigentümer der im Mitgliederverzeichnisse aufgeführten Grundstücke und Anlagen (dingliche Mitglieder), die dort aufgeführten öffentlichrechtlichen Körperschaften — folgende öffentlichrechtlichen Körperschaften:

Abs. 2. Das Verzeichnis der Mitglieder ist vom Wasserwirtschaftamte.........

.... in.............................

aufgestellt. Es wird von der Aufsichtsbehörde, je eine Abschrift vom Wasserwirtschaftamte und vom Verbandvorsteher aufbewahrt.

Abs. 3. Der Verbandvorsteher hält die Verzeichnisabschrift auf dem laufenden.

(Wasserverbandverordnung §§ 3, 11.)

§ 3

Aufgabe

Der Verband hat zur Aufgabe, Trink- und Brauchwasser zu beschaffen.

(Wasserverbandverordnung §§ 2, 17.)

§ 4

Unternehmen, Plan

Abs. 1. Zur Durchführung seiner Aufgabe hat der Verband die im Mitgliederverzeichnis aufgeführten Grundstücke und Anlagen — Gemeinden — seine in § 2 genannten Mitgliedgemeinden — mit Trink- und Brauchwasser zu versorgen und für einen geordneten Betrieb und eine gleichmäßige Benutzung der Verbandanlage zu sorgen. Er hat die nötigen Quellen, Grundstücke oder Rechte an Grundstücken zu erwerben, die erforderlichen gemeinsamen Anlagen herzustellen, zu unterhalten und zu betreiben (Verbandunternehmen).

Abs. 2. Das Unternehmen ergibt sich aus dem Plane des Wasserwirtschaftamtes

.... in.....................

vom.....................

Abs. 3. Der Plan besteht aus einem Erläuterungsbericht, einer Darstellung der gemeinsamen Anlagen, ...Karten — Zeichnungen — und einem Kostenanschlage.

Er wird bei dem Wasserwirtschaftamte — der Aufsichtsbehörde — des Verbandes aufbewahrt; eine Abschrift und eine Abzeichnung der für den Verbandvorsteher nötigen Stücke werden von diesem aufbewahrt.

Abs. 4. Das durchgeführte Unternehmen ergibt sich aus dem Verzeichnis der Anlagen nebst Ausführungskarten vom........................., die wie der Plan aufbewahrt werden.

(Wasserverbandverordnung § 17.)

§ 5

Ausführung des Unternehmens

Abs. 1. Der Verband darf den Plan (§ 4) und die ergänzenden Pläne nicht ohne die Zustimmung der Aufsichtsbehörde ausführen.

Abs. 2. Der Vorsteher unterrichtet das Wasserwirtschaftamt rechtzeitig vorher von den Arbeiten und zeigt ihm ihre Beendigung an. Dem Wasserwirtschaftamte ist vor dem Vertragschlusse (Zuschlage) Gelegenheit zur Äußerung über die Verdingung der Arbeiten an einen Unternehmer zu geben, damit nötigen Falles von Aufsicht wegen eingegriffen werden kann. Das Wasserwirtschaftamt prüft, ob die Arbeiten sachgemäß ausgeführt sind.

Abs. 3. Der Vorstand darf den Plan, das Unternehmen und die Verbandanlagen nur nach Anhörung des Ausschusses — der Verbandversammlung — oder der beteiligten Verbandmitglieder und nur mit schriftlicher Genehmigung der Aufsichtsbehörde ergänzen und ändern. Der Vorsteher macht die Ergänzung und die Änderung in den beteiligten Gemeinden nach § 46 bekannt oder teilt sie den beteiligten Mitgliedern mit.

(Wasserverbandverordnung §§ 20, 21.)

§ 6

Benutzung der Grundstücke für das Unternehmen

Abs. 1. Der Vorsteher ist befugt, das Verbandunternehmen auf den nach dem Plan und dem Mitgliederverzeichnisse zum Verbande gehörenden Grundstücken der dinglichen Mitglieder (§ 2) durchzuführen.

Abs. 2. Der Verband darf Grundstücke, die öffentlichen Zwecken gewidmet sind, nur mit Zustimmung der zuständigen Verwaltungsbehörde benutzen. Wenn diese nicht zustimmt, teilt der Vorsteher es der Aufsichtsbehörde mit.

(Wasserverbandverordnung §§ 22 bis 40.)

§ 7

Benutzung der Anlagen durch die Mitglieder

Die Besitzer der zum Verbande gehörenden Grundstücke und Anlagen sind verpflichtet, eigene Einrichtungen entsprechend der vom Verbandvorsteher erlassenen „Wasserbezugordnung" auszuführen, zu gebrauchen und instandzuhalten.

(Wasserverbandverordnung § 96.)

§ 8

Verbandschau

Abs. 1. Die Anlagen des Verbandes sind mindestens einmal im Jahre zu prüfen. Der Vorsteher beruft ....Schaubeauftragte und ruft sie ab. Schauführer ist er selbst oder der von ihm bestimmte Schaubeauftragte.

Abs. 2. Der Vorsteher macht Zeit und Ort der Schau rechtzeitig nach § 46 bekannt und lädt die Aufsichtsbehörde und das Wasserwirtschaftamt vier Wochen vorher zur Teilnahme ein. Die Mitglieder des Verbandes sind berechtigt, an der Schau teilzunehmen.

(Wasserverbandverordnung §§ 42, 43, 44.)

§ 9

Aufzeichnung. Abstellung der Mängel

Der Schauführer zeichnet den Verlauf und das Ergebnis der Prüfung schriftlich auf und gibt den Schaubeauftragten Gelegenheit zur Äußerung. Der Vorsteher läßt die Mängel abstellen und unterrichtet die Aufsichtsbehörde durch das Wasserwirtschaftamt. Er sammelt die Aufzeichnungen im Schaubuche und vermerkt in ihm die Abstellung der Mängel.

(Wasserverbandverordnung § 45.)

II. Abschnitt. Verfassung

§ 10

Vorstand. Ausschuß — Verbandversammlung —

Der Verband hat einen Vorstand und einen Ausschuß — eine Verbandversammlung —.

(Wasserverbandverordnung §§ 46, 62.)

§ 11

Zusammensetzung des Vorstandes. Entschädigung

Abs. 1. Der Vorstand hat einen Vorsteher und weitere ....ordentliche und ....stellvertretende Mitglieder (Beisitzer). Die Reihenfolge, in der die Stellvertreter eintreten (erster, zweiter usw. Stellvertreter) ist zu bestimmen. Ein — zwei — ordentlicher Beisitzer wird — werden — zum — ersten und zum zweiten — Stellvertreter des Vorstehers berufen.

Oder: Abs. 1. Der Vorstand besteht nur aus dem Vorsteher. Er hat einen Stellvertreter.

Abs. 2. Die Vorstandmitglieder sind ehrenhalber tätig. Der Vorsteher erhält Ersatz seiner baren Auslagen — eine jährliche Entschädigung —. Diese Bezüge sind von der Genehmigung der Aufsichtsbehörde abhängig.

(Wasserverbandverordnung §§ 47, 109.)

§ 12

Bildung des Vorstandes

Abs. 1. Der Verbandausschuß — die Verbandversammlung — schlägt den Vorsteher und seinen Stellvertreter vor; die Aufsichtsbehörde beruft sie für die sich aus § 13 ergebende Zeit. Die obere Aufsichtsbehörde kann den Vorschlag ganz oder zum Teil zurückweisen. Der Ausschuß — die Verbandversammlung — ist zu einem neuen Vorschlage befugt.

Abs. 2. Die übrigen Mitglieder des Vorstandes und ihre Stellvertreter beruft der Ausschuß — die Verbandversammlung —. Sie bedürfen der Bestätigung der Aufsichtsbehörde.

Abs. 3. Die Aufsichtsbehörde oder ihr Beauftragter verpflichtet die Mitglieder des Vorstandes — den Vorsteher — durch Handschlag an Eides statt.

(Wasserverbandverordnung § 48.)

2. AV

§ 13

Amtszeit

Abs. 1. Das Amt des Vorstandes endet am 31. Dezember — 31. März —, zum ersten Male im Jahre .... und später alle fünf Jahre.

Abs. 2. Wenn ein Vorstandmitglied oder ein stellvertretendes Mitglied — der Vorsteher oder sein Stellvertreter — vor dem Ablaufe der Amtszeit ausscheidet, kann für den Rest der Amtszeit nach § 12 Ersatz berufen werden.

Abs. 3. Die ausscheidenden Mitglieder bleiben bis zum Eintritt der neuen Mitglieder im Amt.

(Wasserverbandverordnung § 48.)

§ 14

Geschäfte des Vorstehers

Abs. 1. Der Vorsteher führt den Vorsitz im Vorstande. Ihm obliegen alle Geschäfte des Verbandes, zu denen nicht der Vorstand oder der Ausschuß — die Verbandversammlung — durch die Wasserverbandverordnung oder die Satzung berufen ist.

Abs. 2. Er vertritt den Verband in allen Geschäften, auch in denjenigen, über die der Vorstand oder der Ausschuß — die Verbandversammlung — zu beschließen hat. Als Ausweis dient ihm eine Bescheinigung der Aufsichtsbehörde.

Abs. 3. Er unterrichtet die anderen Vorstandmitglieder von seinen Geschäften und hört ihren Rat zu wichtigen Geschäften.

Abs. 4. Er unterrichtet ferner wenigstens einmal im Jahre — wenigstens alle drei Jahre — die Verbandmitglieder über die Angelegenheiten des Verbandes und hört sie an.

(Wasserverbandverordnung §§ 47, 49, 50, 63.)

§ 15

Aufgaben des Vorstandes

Der Vorstand hat die in der Wasserverbandverordnung und in der Satzung ihm zugewiesenen Aufgaben, insbesondere über

1. die Aufstellung des Haushaltsplanes und seiner Nachträge (§ 24),
2. die Aufnahme von Darlehen,
3. Verträge mit einem Werte des Gegenstandes von mehr als .... RM,
4. die Änderung und Ergänzung der Satzung, der Verbandaufgabe, des Unternehmens und des Planes (§§ 47, 5)

zu beschließen.

(Wasserverbandverordnung §§ 49, 72, 10, 18, 21.)

§ 16

Sitzungen des Vorstandes

Abs. 1. Der Vorsteher lädt die Vorstandmitglieder mit mindestens einwöchiger Frist zu den Sitzungen und teilt die Tagesordnung mit. In dringlichen Fällen bedarf es keiner Frist; in der Ladung ist darauf hinzuweisen. Wer am Erscheinen verhindert ist, teilt dies unverzüglich dem Vorsteher und dem Stellvertreter mit.

Der Vorsteher lädt den Stellvertreter. Ferner sind zu wichtigen Sitzungen die Aufsichtsbehörde und das Wasserwirtschaftamt (§ 48) einzuladen.

Abs. 2. Im Jahre ist mindestens eine Sitzung zu halten.

(Wasserverbandverordnung §§ 51, 120.)

§ 17

Beschließen im Vorstande

Abs. 1. Der Vorstand bildet seinen Willen mit der Mehrheit der Stimmen seiner anwesenden Mitglieder. Jedes Mitglied hat eine Stimme. Bei Stimmgleichheit gibt der Vorsitzer den Ausschlag.

Abs. 2. Der Vorstand ist beschlußfähig, wenn mindestens zwei Drittel seiner Mitglieder anwesend und alle rechtzeitig geladen sind.

Abs. 3. Ohne Rücksicht auf die Anzahl der Erschienenen ist er beschlußfähig, wenn er zum zweiten Male wegen desselben Gegenstandes rechtzeitig geladen und hierbei mitgeteilt worden ist, daß ohne Rücksicht auf die Anzahl der Erschienenen beschlossen werden wird. Ohne Rücksicht auf Form und Frist der Ladung ist er beschlußfähig, wenn alle Vorstandmitglieder zustimmen.

Abs. 4. Auf schriftlichem Wege erzielte Beschlüsse sind gültig, wenn sie einstimmig von allen Vorstandmitgliedern gefaßt sind.

Abs. 5. Die Beschlüsse sind in das Beschlußbuch einzutragen. Jede Eintragung ist vom Vorsitzer und einem weiteren Mitgliede zu unterschreiben.

(Wasserverbandverordnung § 52.)

§ 18[2]

Zusammensetzung und Wahl des Ausschusses

Abs. 1. Der Ausschuß hat .... Mitglieder, die ehrenhalber tätig sind. Eine Stellvertretung findet nicht statt.

Er wird von den Verbandmitgliedern gewählt. Wählbar ist jeder geschäftsfähige Deutsche.

Vorstandmitglieder können nicht gewählt werden.

Abs. 2. Der Vorsteher lädt die wahlberechtigten Verbandmitglieder durch Bekanntmachung nach § 46 mit mindestens einwöchiger Frist zur Ausschußwahl. Ferner sind die Aufsichtsbehörde und das Wasserwirtschaftamt einzuladen (§ 48).

Abs. 3. Jedes Verbandmitglied, das Beiträge an den Verband zu leisten hat, hat das Recht, selbst oder durch einen Vertreter mitzustimmen. Der Vorsteher kann vom Vertreter eine schriftliche Vollmacht fordern.

Abs. 4. Das Stimmverhältnis ergibt sich aus dem Beitragbuche (§ 33); es ist dem Beitragverhältnisse gleich. Solange das Beitragbuch nicht aufgestellt ist, ist das Stimmverhältnis dem vorläufigen Beitragverhältnisse (§ 31 Absatz 2) gleich. Niemand hat mehr als zwei Fünftel aller Stimmen.

---

[2] § 18 Abs. 4 Satz 2 darf nur mit Genehmigung der oberen Aufsichtsbehörde neu eingeführt werden; § 56 Abs. 6 der Wasserverbandverordnung. Die §§ 18, 19, 20 sind wegzulassen, wenn der Verband die Verbandversammlung hat.

Abs. 5. Um das Grundeigentum streitende Personen sind stimmberechtigt. Sie und die gemeinschaftlichen Grundeigentümer können nur einheitlich stimmen; die an der Wahl teilnehmenden haben die Stimmen aller.

Abs. 6. Der Vorsteher leitet die Wahl.

Abs. 7. Jedes Ausschußmitglied ist in besonderer Wahlordnung dadurch zu wählen, daß die Verbandmitglieder dem Vorsteher zur schriftlichen Aufzeichnung erklären, wem sie ihre Stimme geben. Die Wahl durch Zuruf ist zulässig, wenn nicht widersprochen wird und wenn das sofort verkündete Wahlergebnis von niemand sofort in Zweifel gezogen wird.

Abs. 8. Gewählt ist, wer die Mehrheit aller abgegebenen Stimmen erhält. Wenn im ersten Wahlgange niemand so viele Stimmen erhält, wird zwischen den beiden oder, bei Stimmgleichheit, mehr Personen, die die meisten Stimmen erhalten haben, erneut gewählt. Im zweiten Wahlgange ist gewählt, wer die meisten Stimmen erhält; bei Stimmgleichheit entscheidet das vom Vorsteher zu ziehende Los.

Abs. 9. Über die Wahl ist eine schriftliche Aufzeichnung anzufertigen, die vom Vorsteher und einem Teilnehmer zu unterschreiben ist.

(Wasserverbandverordnung §§ 54, 55, 56.)

§ 19

Bestätigung des Ausschusses

Abs. 1. Der Vorsteher legt die schriftliche Aufzeichnung über die Ausschußwahl mit allen Schriftstücken des Verfahrens der Aufsichtsbehörde vor.

Abs. 2. Diese bestätigt die Ausschußmitglieder für die im § 20 vorgeschriebene Zeit, wenn das Wahlverfahren den Vorschriften der Wasserverbandverordnung und der Satzung entsprochen hat.

(Wasserverbandverordnung § 58.)

§ 20

Amtszeit

Abs. 1. Das Amt des Ausschusses endet am 31. Dezember — 31. März — zum ersten Male im Jahre .... und später alle fünf Jahre.

Abs. 2. Wenn ein Ausschußmitglied vor dem Ablaufe der Amtszeit ausscheidet, kann für den Rest der Amtszeit nach § 18 und § 19 Ersatz berufen werden.

Abs. 3. Die ausscheidenden Mitglieder bleiben bis zum Eintritt der neuen Mitglieder im Amt.

(Wasserverbandverordnung § 58.)

§ 21

Aufgaben des Ausschusses — der Verbandversammlung —

Der Ausschuß — die Verbandversammlung — hat die ihm — ihr — in der Wasserverbandverordnung zugewiesenen Aufgaben. Insbesondere hat er — sie —

1. über die Bildung und die Entlastung des Vorstandes zu beschließen,
2. den Haushaltsplan festzusetzen,
3. den Vorstand in allen wichtigen Geschäften zu beraten.

(Wasserverbandverordnung §§ 53, 48, 62, 77, 73.)

2. AV

§ 22

Sitzungen des Ausschusses — der Verbandversammlung —

Abs. 1. Der Vorsteher lädt die Ausschußmitglieder — Verbandmitglieder — mit mindestens einwöchiger Frist zu den Sitzungen und teilt die Tagesordnung mit. In dringlichen Fällen bedarf es keiner Frist; in der Ladung ist darauf hinzuweisen. Der Vorsteher unterrichtet ferner die Vorstandmitglieder und lädt die Aufsichtsbehörde und das Wasserwirtschaftamt ein (§ 48).

Abs. 2. Im Jahre ist mindestens eine Sitzung zu halten.

Abs. 3. Der Vorsteher leitet die Sitzungen des Ausschusses — der Verbandversammlung —. Er hat kein Stimmrecht. Die Mitglieder des Vorstandes sind befugt, das Wort zu nehmen.

(Wasserverbandverordnung §§ 59, 60, 62, 120.)

§ 23

Beschließen im Ausschusse

Abs. 1. Der Ausschuß bildet seinen Willen mit der Mehrheit der Stimmen seiner anwesenden Mitglieder. Jedes Mitglied hat eine Stimme. Stimmgleichheit bedeutet Ablehnung.

Abs. 2. Der Ausschuß ist beschlußfähig, wenn mindestens zwei Drittel der Mitglieder anwesend und alle rechtzeitig geladen sind. Ohne Rücksicht auf die Anzahl der Erschienenen ist er beschlußfähig, wenn bei der Ladung mitgeteilt worden ist, daß ohne Rücksicht auf die Anzahl der Erschienenen beschlossen werden wird. Ohne Rücksicht auf Form und Frist der Ladung ist er beschlußfähig, wenn alle Ausschußmitglieder zustimmen.

Abs. 3. Die Beschlüsse sind in das Beschlußbuch einzutragen. Jede Eintragung ist vom Vorsitzer und einem Ausschußmitgliede zu unterschreiben.

(Wasserverbandverordnung § 61.)

Oder § 23[3]

Beschließen in der Verbandversammlung

Abs. 1. Die Verbandversammlung bildet ihren Willen mit der Mehrheit der Stimmen der anwesenden Verbandmitglieder. Stimmgleichheit bedeutet Ablehnung.

Abs. 2. Jedes Verbandmitglied, das Beiträge an den Verband zu leisten hat, hat das Recht, selbst oder durch einen Vertreter mitzustimmen. Der Vorsteher kann vom Vertreter eine schriftliche Vollmacht fordern.

Abs. 3. Das Stimmverhältnis ergibt sich aus dem Beitragbuche (§ 33); es ist dem Beitragverhältnisse gleich. Solange das Beitragbuch nicht aufgestellt ist, ist das Stimmverhältnis dem vorläufigen Beitragverhältnisse (§ 31 Absatz 2) gleich. Niemand hat mehr als zwei Fünftel aller Stimmen.

Abs. 4. Um das Grundeigentum streitende Personen sind stimmberechtigt. Sie und die gemeinschaftlichen Grundeigentümer können nur einheitlich stimmen; die an der Wahl teilnehmenden haben die Stimmen aller.

---

[3] § 23 Abs. 3 Satz 2 darf nur mit Genehmigung der oberen Aufsichtsbehörde neu eingeführt werden.

Abs. 5. Die Verbandversammlung ist beschlußfähig, wenn mindestens die Hälfte aller Stimmen vertreten ist. Ohne Rücksicht auf die Anzahl der Erschienenen ist sie beschlußfähig, wenn bei der Ladung mitgeteilt worden ist, daß ohne Rücksicht auf die Anzahl der Erschienenen beschlossen werden wird. Ohne Rücksicht auf Form und Frist der Ladung ist sie beschlußfähig, wenn die Mitglieder mit zwei Dritteln aller Stimmen zustimmen.

Abs. 6. Die Beschlüsse sind in das Beschlußbuch einzutragen. Jede Eintragung ist vom Vorsitzer und einem Verbandmitgliede zu unterschreiben.

(Wasserverbandverordnung §§ 62, 61, 56.)

III. Abschnitt. Haushalt, Beiträge

§ 24

Haushaltsplan

Abs. 1. Der Ausschuß — die Verbandversammlung — setzt alljährlich den Haushaltsplan des Verbandes und nach Bedarf Nachträge dazu fest. Der Vorstand stellt sie auf, den Haushaltsplan so rechtzeitig, daß der Ausschuß — die Verbandversammlung — vor dem Beginn des Rechnungsjahres über ihn beschließen kann. Der Vorsteher teilt den Haushaltsplan und die Nachträge der Aufsichtsbehörde mit.

Abs. 2. Der Haushaltsplan enthält alle Einnahmen und Ausgaben des Verbandes im kommenden Rechnungsjahre. Er ist die Grundlage für die Verwaltung aller Einnahmen und Ausgaben.

Abs. 3. Das Rechnungsjahr beginnt am 1. Januar — 1. April —.

(Wasserverbandverordnung §§ 65, 72, 73.)

§ 25

Überschreiten des Haushaltsplanes

Abs. 1. Der Vorsteher bewirkt Ausgaben, die im Haushaltsplane nicht oder noch nicht festgesetzt sind. wenn der Verband dazu verpflichtet ist und ein Aufschub erhebliche Nachteile bringen würde. Er darf Anordnungen, durch die Verbindlichkeiten des Verbandes entstehen können, für die ausreichende Mittel im Haushaltsplan nicht vorgesehen sind, bei unabweisbarem Bedürfnisse treffen. Der Vorsteher kann die erforderlichen Beiträge von den Mitgliedern einziehen.

Abs. 2. Wenn der Ausschuß mit der Sache noch nicht befaßt ist, beruft ihn der Vorsteher unverzüglich zur nachträglichen Festsetzung im Haushaltsplane.

(Wasserverbandverordnung §§ 73, 74.)

§ 26

Verwendung der Einnahmen

Einnahmen des Verbandes, die nicht Beiträge der Mitglieder sind, sind wie diese zur Bestreitung der Ausgaben zu verwenden.

(Wasserverbandverordnung § 70.)

§ 27

Tilgung der Schulden

Abs. 1. Der Verband tilgt seine für voraussichtlich später wiederkehrende Bedürfnisse aufgenommenen Schulden vor der Wiederkehr des Bedürfnisses.

Abs. 2. Für langfristige Darlehen, die nicht regelmäßig zu tilgen sind, sammelt er die Mittel zur Tilgung planmäßig an.

Abs. 3. Der Vorsteher stellt für jedes langfristige Darlehen einen Tilgungsplan auf, in den mindestens die nach dem Schuldverhältnis erforderlichen Beträge einzusetzen sind.

(Wasserverbandverordnung § 67.)

§ 28

Prüfen des Haushalts

Abs. 1. Der Vorstand stellt die Rechnung über alle Einnahmen und Ausgaben des vergangenen Rechnungsjahres gemäß dem Haushaltsplane auf und gibt sie im ersten Viertel des folgenden Rechnungsjahres mit allen Unterlagen zum Prüfen an die Prüfstelle.

Abs. 2. Der Vorsteher gibt der Prüfstelle den Auftrag,

1. zu prüfen
   a) ob nach der Rechnung der Haushaltsplan befolgt ist,
   b) ob die einzelnen Einnahme- und Ausgabebeträge der Rechnung ordnungsmäßig, insbesondere durch Belege, nachgewiesen sind,
   c) ob diese Rechenbeträge mit der Wasserverbandverordnung, der Satzung und den anderen Vorschriften im Einklange stehen,
2. das Ergebnis der Prüfung (den Prüfbericht) an den Vorsteher und die Aufsichtsbehörde zu geben.

Abs. 3. Prüfstelle ist ....

(Wasserverbandverordnung § 76.)

§ 29

Entlastung

Der Vorsteher legt die Haushaltsrechnung und den Prüfbericht dem Ausschusse — der Verbandversammlung — vor. Dieser — diese — beschließt über die Entlastung des Vorstandes.

(Wasserverbandverordnung § 77.)

§ 30

Beiträge

Abs. 1. Die Mitglieder haben dem Verbande die Beiträge zu leisten, die zur Erfüllung seiner Aufgaben und seiner Verbindlichkeiten und zu einer ordentlichen Haushaltsführung erforderlich sind.

Abs. 2. Die Beiträge bestehen in Geldleistungen (Geldbeiträge) und in Diensten (Sachbeiträge). Für Geldbeiträge gelten die Vorschriften der §§ 31 bis 37.

(Wasserverbandverordnung §§ 78, 79.)

2. AV

§ 31[4]

Beitragmaßstab

Abs. 1. Die Beitraglast verteilt sich auf die Mitglieder im Verhältnisse der Menge des jährlich abgenommenen Wassers, —
der Anzahl der Personen, die auf den zum Verbande gehörenden Grundstücken wohnen, wobei ein Kind unter 12 Jahren halb gerechnet wird,
und — oder — der Anzahl des Viehes auf den zum Verbande gehörenden Grundstücken, wobei ein gleicher Anteil auf eine Person, ein Stück Großvieh und drei Stück Kleinvieh entfällt, —
des Flächeninhaltes ihrer Hofstellen (Gebäude, Hof, Garten). Als Menge und Anzahl wird der Durchschnitt der drei ersten Jahre nach dem Beginn des Betriebes und später der folgenden dreijährigen Zeiträume genommen.

Abs. 2. Solange das Beitragbuch nicht aufgestellt ist, verteilt sich die Beitraglast auf die Mitglieder in einem vorläufigen Verhältnisse, das, soweit wie möglich, dem Maßstabe des Absatzes 1, im übrigen der Billigkeit entspricht. Diese vorläufigen Beiträge sind sobald wie möglich auszugleichen.

(Wasserverbandverordnung §§ 82, 89.)

§ 32

Ermittlung des Beitragverhältnisses

Der Vorstand ermittelt das Beitragverhältnis der Mitglieder nach § 31 Abs. 1 und 2.

(Wasserverbandverordnung § 86.)

§ 33

Beitragbuch

Abs. 1. Der Vorsteher sorgt für die Eintragung des Beitragverhältnisses der Mitglieder (§§ 31, 32) in das Beitragbuch.

Abs. 2. Das Beitragbuch wird zum Einblick der Mitglieder in der Wohnung (Amtszimmer) des Verbandvorstehers — an einer vom Vorsteher zu bestimmenden Stelle — ausgelegt. Die Auslegung ist nach § 46 vorher bekanntzugeben. Den an dem Verbande beteiligten Behörden und öffentlichrechtlichen Körperschaften ist die Auslegung besonders mitzuteilen. Bei der Bekanntgabe und der Mitteilung sind die Frist für den Einspruch und die darüber entscheidende Stelle anzugeben (§ 34 Abs. 1).

(Wasserverbandverordnung §§ 87, 187.)

§ 34

Einspruch. Beschwerde

Abs. 1. Gegen das Beitragbuch können die Mitglieder innerhalb von zwei Wochen nach der letzten Bekanntgabe oder, soweit eine besondere Mitteilung vorgeschrieben ist, nach dieser bei dem Vorstande Einspruch erheben.

---

[4] Diese Vorschrift darf nur mit Genehmigung der oberen Aufsichtsbehörde neu eingeführt werden (WaVbVo. § 82 Nr. 4).

Abs. 2. Der Vorstand kann das Beitragbuch ändern oder den Einspruch zurückweisen (Einspruchbescheid). Der Vorsteher teilt den Mitgliedern, deren Einspruch zurückgewiesen wird, die Zurückweisung besonders mit und zeichnet Art und Tag der Mitteilung schriftlich auf. Er gibt die Änderung des Beitragbuches nach den Vorschriften des § 33 bekannt. Bei der Mitteilung und der Bekanntgabe sind die Frist für die Beschwerde und die darüber entscheidende Stelle (Abs. 3) anzugeben.

Abs. 3. Gegen den Einspruchbescheid können sich die betroffenen Mitglieder innerhalb von zwei Wochen nach der letzten Bekanntgabe oder, soweit eine besondere Mitteilung vorgeschrieben ist, nach dieser bei der Spruchstelle für Wasser- und Bodenverbände beschweren.

(Wasserverbandverordnung §§ 87, 187.)

§ 35

Änderung des Beitragbuches

Abs. 1. Der Vorsteher hält das Beitragbuch auf dem laufenden.

Abs. 2. Er ändert es, wenn sich die ihm zugrunde liegenden tatsächlichen oder rechtlichen Umstände erheblich ändern.

Abs. 3. Die Vorschriften der §§ 33 Abs. 2 und 34 gelten entsprechend für die Änderung des Beitragbuches und für die Ablehnung des Änderungsantrages eines Mitgliedes.

(Wasserverbandverordnung § 88.)

§ 36

Hebeliste. Hebung

Abs. 1. Der Vorsteher verteilt die Geldsumme, die die Mitglieder nach dem Haushaltsplane oder nach den Verpflichtungen des Verbandes aufzubringen haben, auf die Mitglieder in dem im Beitragbuche angegebenen Beitragverhältnisse.

Abs. 2. Er setzt die Beiträge der einzelnen Mitglieder in der Hebeliste fest, bestimmt darin die Zahlstelle und die Zahlfrist — teilt jedem Mitglied seinen Beitrag, die Zahlstelle und die Zahlfrist (Hebelistenauszug) mit — und zieht die Beiträge ein.

Abs. 3. Für die Bekanntgabe der Hebeliste, für den Einspruch gegen sie und für die Beschwerde gegen den Einspruchbescheid gelten die Vorschriften der §§ 33 Abs. 2 und 34 entsprechend. Der Einspruchbescheid braucht aber nicht öffentlich bekanntgegeben zu werden, sondern kann den Betroffenen besonders mitgeteilt werden.

Abs. 4. Einspruch und Beschwerde halten die Hebung nicht auf. Wenn sie Erfolg haben, sorgt der Vorsteher für nachträglichen Ausgleich.

(Wasserverbandverordnung § 89.)

§ 37

Folgen des Rückstandes

Abs. 1. Wer seinen Beitrag nicht rechtzeitig leistet, hat einen Säumniszuschlag zu zahlen, dessen Höhe vom Vorstande festzusetzen ist.

Abs. 2. Die Aufsichtsbehörde kann Mitgliedern des Vorstandes, die mit der Leistung eines Beitrages im Rückstande sind und eine Erinnerung der Aufsichtsbehörde nicht befolgen, die Vorstandgeschäfte für die Zeit bis zur Leistung untersagen.

(Wasserverbandverordnung §§ 92, 129.)

§ 38

Zwangsvollstreckung

Die auf der Wasserverbandverordnung oder der Satzung beruhenden Forderungen des Verbandes können — vom Vorsteher als Vollstreckungsbehörde — im Verwaltungswege vollstreckt werden. Das Verfahren richtet sich nach den allgemeinen Vorschriften über die Vollstreckung im Verwaltungswege. — Der Vorsteher beantragt die Vollstreckung bei der Aufsichtsbehörde —.

(Wasserverbandverordnung §§ 93, 101.)

§ 39

Sachbeiträge

Abs. 1. Der Vorsteher kann — auf Beschluß des Vorstandes — die Verbandmitglieder zu Hand- und Spanndiensten für das Verbandunternehmen heranziehen. Die Verteilung dieser Sachbeiträge richtet sich nach dem Beitragverhältnis (§ 31).

Abs. 2. Wenn über den Inhalt der Sachbeitraglast Streit entsteht, setzt der Vorsteher den Inhalt fest. Für die Bekanntgabe der Festsetzung, für den Einspruch gegen sie und für die Beschwerde gegen den Einspruchbescheid gelten die Vorschriften des § 33 Abs. 2 und § 34 entsprechend. Die Entscheidungen brauchen aber nicht öffentlich bekanntgegeben zu werden, sondern können den Betroffenen besonders mitgeteilt werden.

(Wasserverbandverordnung §§ 79, 91, 187.)

IV. Abschnitt. Ordnungsgewalt, Zwang

§ 40

Ordnungsgewalt

Abs. 1. Die Mitglieder des Verbandes und die Besitzer der nach dem Plane und dem Mitgliederverzeichnisse zu ihm gehörenden Grundstücke und Anlagen der dinglichen Mitglieder (§ 2) haben die auf der Wasserverbandverordnung oder der Satzung beruhenden Anordnungen des Vorstehers, insbesondere die Anordnungen zum Schutze des Verbandunternehmens (§ 4), zu befolgen.

Abs. 2. Der Vorsteher erläßt insbesondere die Wasserbezugordnung gemäß einem Beschlusse des Vorstandes nach Anhörung des Ausschusses — der Verbandversammlung.

(Wasserverbandverordnung § 96.)

§ 41

Ordnungstrafen

Abs. 1. Der Verbandvorsteher kann gegen die Mitglieder und gegen die Besitzer der nach dem Plane und dem Mitgliederverzeichnisse zum Verbande gehörenden Grundstücke und Anlagen der dinglichen Mitglieder (§ 2) Ordnungstrafen von höchstens 10 RM verhängen für einen wiederholten Verstoß gegen die auf der Wasserverbandverordnung oder der Satzung beruhenden Anordnungen des Vorstehers zum Schutze des Verbandunternehmens (§ 4) und gegen die Sachbeitragpflicht (§ 39).

Abs. 2. Das Strafgeld fällt an den Verband.

(Wasserverbandverordnung § 97.)

§ 42

Zwang

Abs. 1. Der Verbandvorsteher kann die Anordnung nach dem § 40 durch einen Dritten auf Kosten des Pflichtigen oder durch Verhängung von Zwangsgeld oder durch unmittelbaren Zwang durchsetzen.

Abs. 2. Er droht das Zwangsmittel vorher schriftlich an, und zwar die Kosten in vorläufig geschätzter, das Zwangsgeld in bestimmter, höchstens 30 RM betragender Höhe, und setzt für die Befolgung der Anordnung eine angemessene Frist. Bei Gefahr im Verzuge sind die Schriftform und die Frist nicht nötig.

Abs. 3. Das Zwangsgeld fällt an den Verband.

(Wasserverbandverordnung § 99.)

§ 43

Rechtsmittelbelehrung

In der Anordnung nach § 40, der Ordnungstrafverfügung nach § 41 und der Zwangsandrohung nach § 42 sind die Frist für die Beschwerde und die über sie entscheidende Stelle (§ 44) anzugeben.

(Wasserverbandverordnung § 187.)

§ 44

Beschwerde

Abs. 1. Innerhalb von zwei Wochen nach der Mitteilung ist gegen die Anordnung nach § 40, die Ordnungstrafverfügung nach § 41 und die Zwangsandrohung nach § 42 die Beschwerde an die Aufsichtsbehörde des Verbandes zulässig.

Abs. 2. Die Beschwerde hat aufschiebende Wirkung. In den Fällen der §§ 40 und 42 kann aber der Vorsteher die sofortige Ausführung anordnen, wenn er dies für das öffentliche Wohl oder die gemeinwirtschaftliche Ordnung für erforderlich hält. Die Ordnungstrafe (§ 41) und das Zwangsgeld (§ 42) dürfen erst beigetrieben werden (§ 38), wenn die Strafverfügung oder die Androhung des Zwangsgeldes nicht mehr anfechtbar sind.

Abs. 3. Weitere Vorschriften über die Rechtsmittel ergeben sich aus den §§ 98 und 100 der Wasserverbandverordnung.

V. Abschnitt. Dienstkräfte. Bekanntmachungen. Änderung der Satzung

§ 45

Techniker. Kassenverwalter

Der Vorsteher des Verbandes hat einen Techniker für die Durchführung des Verbandunternehmens (§ 4) und einen Kassenverwalter für die Haushaltsführung einzustellen. Ihre Einstellung bedarf der Bestätigung, ihre Besoldung der Genehmigung der Aufsichtsbehörde; das Wasserwirtschaftamt ist zu hören.

(Wasserverbandverordnung §§ 107, 108, 109.)

§ 46

Bekanntmachungen

Abs. 1. Die im Verbande vorkommenden Bekanntmachungen sind unter der Angabe der Bezeichnung des Verbandes (§ 1) vom Vorsteher zu unterschreiben. Bekanntgemacht wird durch Abdruck im Nachrichtenblatte des Kreises......... .... — der Aufsichtsbehörde (§ 48) — und in ortüblicher Weise in den Gemeinden, in deren Bezirk zum Verbande gehörende Grundstücke (§ 2) liegen.

Oder: Bekanntgemacht wird in ortüblicher Weise in den Gemeinden, in deren Bezirk zum Verbande gehörende Grundstücke (§ 2) liegen. Der Vorsteher kann außerdem durch das Nachrichtenblatt des Kreises...................... — der Aufsichtsbehörde — bekanntgeben.

Abs. 2. Für die Bekanntmachung längerer Urkunden genügt die Bekanntmachung des Ortes, an dem Einblick in die Urkunde getan werden kann.

(Wasserverbandverordnung §§ 9, 10, 149, 169.)

§ 47

Änderung der Satzung

Abs. 1. Die Aufsichtsbehörde kann die Satzung auf Antrag des Vorstandes oder nach dessen Anhörung ergänzen und ändern. Die Ergänzung und die Änderung werden am Ende des Tages wirksam, an dem die Mitteilung der Behörde dem Verbande zugeht.

Abs. 2. Die Aufsichtsbehörde macht die Ergänzung und die Änderung bekannt.

(Wasserverbandverordnung § 10.)

VI. Abschnitt. Aufsicht

§ 48

Staatliche Aufsicht

Abs. 1. Der Verband steht unter der Aufsicht des Landrates in.............. ....

Abs. 2. Die Aufsichtsbehörde hat sicherzustellen, daß der Verband im Einklang mit den Gesetzen, der Satzung und den Zielen der Staatsführung verwaltet wird.

Abs. 3. Neben der Aufsichtsbehörde steht zur Beratung in technischen Angelegenheiten das Wasserwirtschaftamt und in gesundheitlichen Angelegenheiten das Gesundheitsamt. Diese sind befugt, mit dem Verbandvorsteher von Aufsicht wegen unmittelbar Verbindung zu halten, die technischen und die gesundheitlichen Angelegenheiten des Verbandes zu prüfen und den Vorsteher zu beraten. Sie können, wenn Eile geboten ist, insbesondere bei der ersten Ausführung des Unternehmens (§ 4), einstweilige Anordnungen geben.

(Wasserverbandverordnung §§ 111, 112, 118, 121.)

2. AV

§ 49

Von staatlicher Genehmigung abhängige Geschäfte

Abs. 1. Der Verband bedarf der Genehmigung der Aufsichtsbehörde

1. zur unentgeltlichen Veräußerung von Vermögensgegenständen,
2. zur Veräußerung von Grundstücken und grundstückgleichen Rechten,
3. zur Veräußerung und zur wesentlichen Änderung von Sachen, die einen besonderen wissenschaftlichen, geschichtlichen oder Kunstwert haben,
4. zur Aufnahme von Darlehen (Anleihen, Schuldscheindarlehen, anderem Kredit),
5. zum Eintreten in Gesellschaften und andere Vereinigungen bürgerlichen Rechtes,
6. zu Verträgen mit einem Mitgliede des Vorstandes,
7. zur Gewährung von Darlehen und anderem Kredit an Mitglieder des Vorstandes und des Ausschusses und an Dienstkräfte des Verbandes,
8. zur Bestellung von Sicherheiten,
9. zur Übernahme von Bürgschaften und Verpflichtungen aus Gewährverträgen.

Abs. 2. Die Genehmigung ist auch zu Rechtsgeschäften erforderlich, die einem der im Abs. 1 angegebenen Geschäfte wirtschaftlich gleichkommen.

(Wasserverbandverordnung § 122.)

Ich erlasse mit Zustimmung der oberen Aufsichtsbehörde die vorstehende Satzung des Wasserbeschaffungsverbandes................ in................ auf Grund des § 145 — § 169 — der Ersten Verordnung über Wasser- und Bodenverbände vom 3. September 1937 (Reichsgesetzbl. I S. 933).

...................., den.................. 19....

Der Landrat

des Kreises....................................

Dritte Ausführungsvorschriften* zur Ersten Verordnung über Wasser- und Bodenverbände vom 3. September 1937 (Dritte Wasserverbandvorschriften).

Vom 15. Oktober 1941.

(LwRMBl. S. 802)

Kosten im Gründungsverfahren.

Auf Grund des § 190 der Ersten Verordnung über Wasser- und Bodenverbände (WaVbVo.) vom 3. September 1937 (Reichsgesetzblatt Teil I Seite 933) und des Erlasses des Führers und Reichskanzlers über den Generalinspektor für Wasser und Energie vom 29. Juli 1941 (Reichsgesetzblatt Teil I Seite 467) bestimme ich im Einvernehmen mit dem Reichsminister der Finanzen für die Festsetzung, Einziehung und Verrechnung der Kosten (baren Auslagen) im Gründungsverfahren (§§ 152 bis 173 WaVbVo.) das Folgende:

I. Kostenschuld.

1. Nach § 172 der Ersten Wasserverbandverordnung werden für die in dem Verfahren zur Gründung des Wasser- und Bodenverbandes vorkommenden Verhandlungen und Geschäfte Gebühren der Gerichte und der Verwaltungsbehörden nicht erhoben; insbesondere Grundbuch- und Katasterauszüge und ähnliche Urkunden werden gebührenfrei erteilt.

2. Die Kosten der Gründungsverhandlung einschließlich der von der Gründungsbehörde nach § 161 WaVbVo. zu erlassenden Bekanntmachung des Gründungsvorhabens trägt daher die Gründungsbehörde. Die baren Auslagen für die von der Gründungsbehörde zu veranlassende Bekanntmachung der Satzung fallen jedoch dem Verbande zur Last (§ 169 Absatz 2 WaVbVo.).

3. Die Gründungsbehörde — auch die nach § 46 der Reichsumlegungsordnung tätig werdende Umlegungsbehörde — kann dem Wasser- und Bodenverband die für die zweckdienlichen Arbeiten an Plan, Mitgliederverzeichnis und Satzung entstandenen baren Auslagen auferlegen, wenn sie dies vor dem Abschlusse der Verhandlungen (§ 162 WaVbVo.) ankündigt (§ 173 Absatz 2 WaVbVo.). Von dieser Möglichkeit ist Gebrauch zu machen, wenn die Bedürfnisse des einzelnen Falles es erheischen, z. B. wenn die Auslagen demjenigen, der sie geleistet hat, nicht zugemutet werden können. Wenn ein Land oder das Reich die Auslagen geleistet hat (Vorarbeitkosten), ist nach den hierzu gegebenen besonderen Vorschriften des Reiches oder Landes vorzugehen**.

---

* Zur Geltung und Anwendbarkeit der 3. AV vgl. Anmerkung 1 zu den Ersten Ausführungsvorschriften.

** S. den Erl. des Reichsministers für Ernährung und Landwirtschaft vom 3. 9. 1938 — VI 1-1560 — (LwRMBl. S. 911).

4. Die Gründungsbehörde kann ferner die baren Auslagen, die im Gründungsverfahren durch Einwendungen entstehen, ganz oder zum Teil dem Einwendenden auferlegen, wenn die Einwendungen zurückgewiesen oder zurückgenommen werden (§ 173 Absatz 1 WaVbVo.). Einem Einwendenden sind diese Auslagen dann aufzuerlegen, wenn bei der Lage der Sache und der gebotenen Rücksicht auf die Bedürfnisse der Beteiligten von ihm hätte erwartet werden müssen, daß er von seinen Anträgen oder Einwendungen absah, insbesondere also, wenn diese mutwillig oder in Verschleppungsabsicht erhoben oder von vornherein aussichtslos waren.

5. Die Erstattung der baren Auslagen nach den Vorschriften der Nr. 4 bezieht sich nur auf die der Gründungsbehörde erwachsenen Auslagen, nicht auf die Auslagen der Verfahrenbeteiligten. Jeder Beteiligte hat seine eigenen Auslagen (z. B. für die Teilnahme an Terminen und für seinen Bevollmächtigten und seinen Beistand) selbst zu tragen. Ansprüche des Bevollmächtigten und des Beistandes gegen den Auftraggeber können nur im ordentlichen Rechtswege geltend gemacht werden, wenn sich Streitigkeiten hierüber ergeben.

II. Ermittlung der Kosten.

6. Was zu den dem Einwendenden aufzuerlegenden baren Auslagen im Sinne des § 173 Absatzes 1 WaVbVo. (oben Nr. 4) gehört, ist in Anlehnung an die §§ 71 bis 73 des Gerichtskostengesetzes (Bekanntmachung vom 5. Juli 1927, Reichsgesetzblatt Teil I Seite 152, nebst Änderungen: Verordnung vom 17. Juni 1933 Artikel III, Reichsgesetzblatt Teil I Seite 394; Gesetz vom 29. März 1935, Reichsgesetzblatt Teil I Seite 456; Verordnung vom 27. März 1936, Reichsgesetzblatt Teil I Seite 319; Justizbeitreibungsordnung vom 11. März 1937, § 19 Abs. 2, Reichsgesetzblatt Teil I Seite 298) zu ermitteln und zu berechnen. Diese Vorschriften lauten:

„Auslagen

§ 71

Schreibgebühren werden für solche Ausfertigungen und Abschriften erhoben, die nur auf Antrag erteilt werden, oder die angefertigt werden, weil die Partei es unterläßt, einem von Amts wegen zuzustellenden Schriftsatz die erforderliche Zahl von Abschriften beizufügen, sowie für Ausfertigungen und Abschriften aller Art in den Fällen der persönlichen oder sachlichen Gebührenfreiheit.

Die Schreibgebühren bleiben jedoch außer Ansatz bei Erteilung von

1. Ausfertigungen von Urteilen, die unter Weglassung des Tatbestandes und der Entscheidungsgründe erfolgen, sowie solchen, die gemäß § 317 Abs. 4 der Zivilprozeßordnung unter Benutzung einer dem Gerichte vorgelegten beglaubigten Abschrift der Klage oder des Zahlungsbefehls gefertigt werden;
2. Ausfertigungen vor Gericht abgeschlossener Vergleiche.

Der Abs. 2 kommt bei Erteilung einer zweiten oder weiteren von derselben Partei beantragten Ausfertigung oder Abschrift nicht zur Anwendung.

Die Schreibgebühr beträgt für die Seite, die 28 Zeilen von durchschnittlich 15 Silben enthält, 25 Reichspfennig, auch wenn die Herstellung auf mechanischem Wege stattgefunden hat. Jede angefangene Seite wird als voll gerechnet.

Für Schriftstücke, die in fremder Sprache abgefaßt sind, für Schriftstücke in tabellarischer Form sowie für Verzeichnisse, Listen, Rechnungen, Zeichnungen und dergleichen kann die Schreibgebühr im Verwaltungsweg anderweit bestimmt werden.

§ 72

An baren Auslagen werden ferner erhoben:

1. Postgebühren:
   a) für die Übersendung der auf Antrag erteilten Ausfertigungen und Abschriften,
   b) für Ladungen von Zeugen und Sachverständigen,
   c) für die Übersendung der Kostenrechnung;
2. Telegraphengebühren und die im Fernverkehre zu entrichtenden Fernsprechgebühren;
3. die durch Einrückung einer Bekanntmachung in öffentliche Blätter entstehenden Kosten;
4. die an Zeugen und Sachverständige zu zahlenden Gebühren;
5. die bei Geschäften außerhalb der Gerichtsstelle den Gerichtsbeamten und den nicht beamteten Beisitzern zustehenden Tagegelder und Reisekosten sowie die Kosten für die Bereitstellung von Geschäftsräumen;
6. die an andere Behörden oder Beamte oder an Rechtsanwälte für deren Tätigkeit zu zahlenden Beträge;
7. die Kosten einer Beförderung von Personen sowie die Beträge, die mittellosen Parteien, deren Vernehmung oder deren persönliches Erscheinen angeordnet ist, sowie mittellosen Beschuldigten für die Reise zum Terminort und die Rückreise gewährt werden;
8. die Kosten einer Beförderung von Tieren und Sachen sowie der Verwahrung von Sachen und der Verwahrung und Fütterung von Tieren;
9. die Haftkosten nach Maßgabe der für die Strafhaft geltenden Vorschriften.

§ 72a

Sind die im § 72 Abs. 1 Nr. 5 bezeichneten Aufwendungen durch mehrere Geschäfte veranlaßt, die sich auf verschiedene Rechtssachen beziehen, so werden die Aufwendungen auf die mehreren Geschäfte unter Berücksichtigung der Entfernungen und der auf die einzelnen Geschäfte verwendeten Zeit angemessen verteilt. Jeder Zahlungspflichtige haftet jedoch gegenüber der Staatskasse ohne Rücksicht auf diese Verteilung für die Auslagen, die bei gesonderter Erledigung des Geschäfts entstanden wären.

§ 73

Für die von Amts wegen bewirkten Zustellungen werden unbeschadet der Vorschrift im § 72 Nr. 1b nur diejenigen baren Auslagen erhoben, welche durch die Zustellung im Ausland oder bei der öffentlichen Zustellung durch Bekanntmachung in öffentlichen Blättern entstehen.

Wird ein Zeuge oder Sachverständiger ohne Inanspruchnahme der Post geladen, so wird als Auslage der Betrag der Postgebühren erhoben, die entstanden sein würden, wenn die Ladung unter Inanspruchnahme der Post erfolgt wäre."

Außer den hier aufgeführten Kosten für Schreiben, Postbeförderung, Ferngespräche, Telegramme, Bekanntmachungen, Sachverständige gehören also zu den baren Auslagen auch die Kosten der Reisen und örtlichen Verhandlungen (Zimmermiete) der Gründungsbehörde und der sie beratenden Behörden.

7. Die Gründungsbehörde hat die Höhe der zu erstattenden baren Auslagen festzusetzen und dabei den Kostenschuldner zu bestimmen. Die Beschwerdebehörde (§ 168 WaVbVo.) kann an ihrer Stelle dies selbst übernehmen.

III. Einziehung und Beitreibung der Kosten.

8. Die festgesetzten Kostenzahlungen sind erst dann anzufordern, wenn die Entscheidung Rechtskraft erlangt hat.

Die Einziehung kleiner Kostenbeträge, die zu den Kosten der durch sie veranlaßten Verwaltungstätigkeit in einem Mißverhältnis stehen — im allgemeinen bis zu 1,— RM —, unterbleibt.

9. Die im Gründungsverfahren von der Gründungsbehörde festgesetzten baren Auslagen stehen dem Reich zu, wenn die Gründungsbehörde ihren Sitz in einem Reichsgau hat, sonst dem Lande, in dem die Gründungsbehörde ihren Sitz hat. Auslagen, die einem anderen nach § 173 Absatz 2 WaVbVo. zu erstatten sind, werden von der Gründungsbehörde mit eingezogen und dem anderen zugeleitet.

Die Gründungsbehörde hat den Zahlungspflichtigen aufzufordern, innerhalb von zwei Wochen an die (genau zu bezeichnende) Kasse (Landeshauptkasse, Regierungshauptkasse, Regierungsoberkasse, Kreiskasse) entweder in bar (unmittelbar oder durch portofreie Postanweisung) oder durch Gutschrift auf ihr Reichsbankgirokonto oder Postscheckkonto Zahlung zu leisten, widrigenfalls der Betrag beigetrieben werden müsse. Der Zahlungspflichtige ist zu ersuchen, bei der Einsendung des Betrages die Veranlassung der Zahlung, z. B. „Kosten im Gründungsverfahren des Wasserverbandes Moordorf“ anzugeben. Eine Abschrift der Zahlungsaufforderung, auf welcher zu vermerken ist, an welchem Tage die Aufforderung dem Zahlungspflichtigen zugesandt ist, ist von der Gründungsbehörde der Kasse mit Annahmeanordnung zuzusenden. Für die Beträge, die nach § 173 Absatz 2 WaVbVo. einer anderen Person zu ersetzen sind, ist der Kasse die entsprechende Auszahlungsanordnung zu erteilen.

10. Die Zwangbeitreibung der Kosten bei dem Kostenschuldner obliegt der Kasse. Es gelten die allgemein für sie gegebenen Vorschriften. Insbesondere sind die durch die Zwangbeitreibung verursachten Kosten bei dem Kostenschuldner mit beizutreiben.

11. Die Niederschlagung eines Kostenbetrages regelt sich nach den allgemeinen Haushaltvorschriften des Reiches oder des Landes, dem der Kostenbetrag zusteht.

Vierte Ausführungsvorschriften* zur Ersten Verordnung über Wasser- und Bodenverbände vom 3. September 1937. (Vierte Wasserverbandvorschriften.) Vom 20. April 1942.

(LwRMBl. S. 429)

Verfahrenkosten

Auf Grund des § 190 der Ersten Verordnung über Wasser- und Bodenverbände (WaVbVo.) vom 3. September 1937 (Reichsgesetzblatt Teil I S. 933) und des Erlasses des Führers und Reichskanzlers über den Generalinspektor für Wasser- und Energie vom 29. Juli 1941 (Reichsgesetzblatt Teil I S. 467) bestimme ich im Einvernehmen mit dem Reichsminister für Ernährung und Landwirtschaft, dem Reichsminister der Finanzen und dem Reichsminister des Innern für die Festsetzung, Einziehung und Verrechnung der Kosten (Gebühren und Auslagen) im Verfahren der Spruchstellen für Wasser- und Bodenverbände und des Reichsverwaltungsgerichts als der obersten Spruchstelle für Wasser- und Bodenverbände (§§ 133 bis 142 WaVbVo.) das Folgende:

I. Kostenschuld

1. Die Kosten des Spruchverfahrens hat grundsätzlich, also nicht nur bei abweisender Entscheidung, der Wasser- und Bodenverband zu tragen (§ 140 WaVbVo.). Die Kosten können statt dessen ganz oder zum Teil einem Beteiligten auferlegt werden, soweit sie von diesem durch unbegründete oder zurückgezogene Anträge und Einwendungen veranlaßt sind. Sie sind einem Beteiligten dann aufzuerlegen, wenn man von ihm bei der Lage der Sache und der gebotenen Rücksicht auf die Bedürfnisse der anderen Beteiligten hätte erwarten müssen, daß er von seinem Antrag oder seiner Einwendung absah, insbesondere, wenn diese mutwillig oder in Verschleppungsabsicht erhoben oder von vornherein aussichtslos war. Die Entscheidung über die Kosten ist in der Entscheidung über die Hauptsache auszusprechen.

2. Die nach der Nummer 1 zu ersetzenden Kosten des Spruchverfahrens sind nach § 141 WaVbVo. und § 138 Absatz 1 RUO. in der Form eines Pauschsatzes zu erheben, der unter Berücksichtigung der im Spruchverfahren entstandenen baren Auslagen zu berechnen ist. Außerdem kann eine Gebühr festgesetzt werden. Eine solche ist grundsätzlich nur dann zu erheben, wenn nach § 140 Satz 2 WaVbVo. ein Beteiligter wegen eines zurückgezogenen oder unbegründeten Antrages oder Einwandes kostenpflichtig gemacht wird (vgl. Nummer 1 zweiten Satz). Der Wasser- und Bodenverband (§ 140 Satz 1) ist nur dann mit einer Gebühr

* Zur Geltung und Anwendbarkeit der 4. AV vgl. Anm. 1 zu den Ersten Ausführungsvorschriften.

zu belasten, wenn sein Verhalten in der Sache als besonders unzweckmäßig angesehen werden muß. Die Höhe der Gebühr ist in der Entscheidung zur Hauptsache festzusetzen.

3. Die Erstattung der baren Auslagen nach den Vorschriften der Nummer 2 bezieht sich nur auf die der Spruchstelle oder dem Reichsverwaltungsgericht erwachsenen Auslagen, nicht auf die Auslagen der Verfahrenbeteiligten (§§ 140, 141 WaVbVo. und § 138 Abs. 5 RUO.). Jeder Beteiligte hat seine eigenen Auslagen (z. B. für die Teilnahme an Terminen und für seinen Bevollmächtigten und seinen Beistand) selbst zu tragen. Auch können die Ansprüche des Bevollmächtigten und des Beistandes gegen den Auftraggeber nicht vor der Spruchstelle oder dem Reichsverwaltungsgericht, sondern nur im ordentlichen Rechtswege geltend gemacht werden, falls sich Streitigkeiten hierüber ergeben.

4. Wenn für einen Wasser- und Bodenverband durch Anordnung der Fachminister eine besondere Spruchstelle eingesetzt wird, hat der Verband den gesamten, für die besondere Spruchstelle entstehenden Sach- und Geldaufwand zu tragen (§ 142 Absatz 2 WaVbVo.). Die Belastung anderer Personen mit den Verfahrenkosten nach den §§ 140 und 141 WaVbVo. (Nummern 1 und 5) ist auch in diesen Fällen zulässig. Im übrigen bleiben besondere Vorschriften für die besonderen Spruchstellen vorbehalten.

5. Im Spruchverfahren kann von dem, der die Beschwerde erhebt, den Antrag stellt oder die Einwendung geltend macht, ein Vorschuß erhoben werden, der nach der Höhe der voraussichtlich entstehenden Kosten zu bemessen ist (§ 141 WaVbVo., § 138 Abs. 4 RUO.). Einem Wasser- und Bodenverband gegenüber ist dies stets zulässig, einem anderen Beteiligten gegenüber jedoch nur dann, wenn er nach der Nummer 1 voraussichtlich zur Tragung der Kosten verpflichtet ist. Ein Vorschuß ist zu fordern, wenn besondere Gründe dazu Anlaß geben.

II. Ermittlung der Kosten

6. Was zu den im Spruchverfahren nach den §§ 140, 141 WaVbVo. und dem § 138 RUO. (oben Nummern 1 und 2) aufzuerlegenden baren Auslagen gehört, ist in Anlehnung an die §§ 71 bis 73 des Gerichtskostengesetzes (Bekanntmachung vom 5. Juli 1927, Reichsgesetzblatt Teil I S. 152, nebst Änderungen; Verordnung vom 17. Juni 1933 Art. III, Reichsgesetzblatt Teil I S. 394; Gesetz vom 29. März 1935, Reichsgesetzblatt Teil I S. 456; Verordnung vom 27. März 1936, Reichsgesetzblatt Teil I S. 319; Justiz-Beitreibungs-Ordnung vom 11. März 1937, § 19 Absatz 2, Reichsgesetzblatt Teil I S. 298) zu ermitteln und zu berechnen. Diese Vorschriften lauten:

„Auslagen

§ 71

Schreibgebühren werden für solche Ausfertigungen und Abschriften erhoben, die nur auf Antrag erteilt werden, oder die angefertigt werden, weil die Partei es unterläßt, einem von Amts wegen zuzustellenden Schriftsatz die erforderliche Zahl von Abschriften beizufügen, sowie für Ausfertigungen und Abschriften aller Art in den Fällen der persönlichen oder sachlichen Gebührenfreiheit.

Die Schreibgebühren bleiben jedoch außer Ansatz bei Erteilung von

1. Ausfertigungen von Urteilen, die unter Weglassung des Tatbestandes und der Entscheidungsgründe erfolgen, sowie solchen, die gemäß § 317 Abs. 4 der Zivilprozeßordnung unter Benutzung einer dem Gerichte vorgelegten beglaubigten Abschrift der Klage oder des Zahlungsbefehls gefertigt werden;
2. Ausfertigungen vor Gericht abgeschlossener Vergleiche.

Der Abs. 2 kommt bei Erteilung einer zweiten oder weiteren von derselben Partei beantragten Ausfertigung oder Abschrift nicht zur Anwendung.

Die Schreibgebühr beträgt für die Seite, die 28 Zeilen von durchschnittlich 15 Silben enthält, 25 Reichspfennig, auch wenn die Herstellung auf mechanischem Wege stattgefunden hat. Jede angefangene Seite wird als voll gerechnet. Für Schriftstücke, die in fremder Sprache abgefaßt sind, für Schriftstücke in tabellarischer Form sowie für Verzeichnisse, Listen, Rechnungen, Zeichnungen u. dgl. kann die Schreibgebühr im Verwaltungsweg anderweit bestimmt werden.

§ 72

An baren Auslagen werden ferner erhoben:

1. Postgebühren:
   a) für die Übersendung der auf Antrag erteilten Ausfertigungen und Abschriften,
   b) für Ladungen von Zeugen und Sachverständigen,
   c) für die Übersendung der Kostenrechnung;
2. Telegraphengebühren und die im Fernverkehre zu entrichtenden Fernsprechgebühren;
3. die durch Einrückung einer Bekanntmachung in öffentliche Blätter entstehenden Kosten;
4. die an Zeugen und Sachverständige zu zahlenden Gebühren;
5. die bei Geschäften außerhalb der Gerichtsstelle den Gerichtsbeamten und den nicht beamteten Beisitzern zustehenden Tagegelder und Reisekosten sowie die Kosten für die Bereitstellung von Geschäftsräumen;
6. die an andere Behörden oder Beamte oder an Rechtsanwälte für deren Tätigkeit zu zahlenden Beträge;
7. die Kosten einer Beförderung von Personen sowie die Beträge, die mittellosen Parteien, deren Vernehmung oder deren persönliches Erscheinen angeordnet ist, sowie mittellosen Beschuldigten für die Reise zum Terminort und die Rückreise gewährt werden;
8. die Kosten einer Beförderung von Tieren und Sachen sowie der Verwahrung von Sachen und der Verwahrung und Fütterung von Tieren;
9. die Haftkosten nach Maßgabe der für die Strafhaft geltenden Vorschriften.

§ 72a

Sind die im § 72 Abs. 1 Nr. 5 bezeichneten Aufwendungen durch mehrere Geschäfte veranlaßt, die sich auf verschiedene Rechtssachen beziehen, so werden die Aufwendungen auf die mehreren Geschäfte unter Berücksichtigung der Entfernungen und der auf die einzelnen Geschäfte verwendeten Zeit angemessen verteilt. Jeder Zahlungspflichtige haftet jedoch gegenüber der Staatskasse ohne Rücksicht auf diese Verteilung für die Auslagen, die bei gesonderter Erledigung des Geschäfts entstanden wären.

§ 73

Für die von Amts wegen bewirkten Zustellungen werden unbeschadet der Vorschrift im § 72 Nr. 1b nur diejenigen baren Auslagen erhoben, welche durch die Zustellung im Ausland oder bei der öffentlichen Zustellung durch Bekanntmachung in öffentlichen Blättern entstehen.

Wird ein Zeuge oder Sachverständiger ohne Inanspruchnahme der Post geladen, so wird als Auslage der Betrag der Postgebühren erhoben, die entstanden sein würden, wenn die Ladung unter Inanspruchnahme der Post erfolgt wäre."

Außer den hier aufgeführten Kosten für Schreiben, Postbeförderung, Ferngespräche, Telegramme, Bekanntmachungen, Sachverständige gehören also zu den baren Auslagen auch die Kosten der Reisen und örtlichen Verhandlungen (Zimmermiete) der Spruchstellen, des Reichsverwaltungsgerichts und der Gerichte, Behörden des Reiches, der Länder, der Gemeinden und Gemeindeverbände sowie anderer Körperschaften des öffentlichen Rechts, die Rechts- und Verwaltungshilfe gewähren. Die Kosten der Rechts- und Verwaltungshilfe haben sich die Spruchstellen (Reichsverwaltungsgericht), auch soweit sie gemäß den §§ 140 WaVbVo. und 131 RUO. den Gerichten usw. nicht zu erstatten sind, mitteilen zu lassen, um sie bei der Berechnung des Kostenpauschsatzes mit zu berücksichtigen.

Einer bis ins einzelne gehenden Berechnung der baren Auslagen bedarf es nicht, da der Kostenpauschsatz nur unter Berücksichtigung der baren Auslagen (§ 138 RUO.) zu berechnen ist.

7. Wenn bei Dienstreisen im Spruchverfahren ein staatseigener Dienstkraftwagen benutzt wird, so sind als bare Fahrauslagen ¾ des Betrages zu rechnen, der bei Benutzung eines gleichartigen Privatkraftwagens zu zahlen sein würde.

8. Wenn eine bare Auslage durch mehrere Spruchsachen veranlaßt ist, wird sie auf die einzelnen Spruchsachen nach dem Verhältnis derjenigen Auslagen verteilt, die bei getrennter Erledigung der Dienstgeschäfte entstanden sein würden.

9. Der Pauschsatz der baren Auslagen ist für eine jede Rechtstufe von der Spruchstelle für Wasser- und Bodenverbände festzusetzen, die in der Sache entschieden hat. Das Reichsverwaltungsgericht teilt der Spruchstelle zu diesem Zwecke die bei ihm entstandenen baren Auslagen mit. Es kann die Festsetzung des Pauschsatzes an Stelle der Spruchstelle selbst übernehmen und teilt dann dieser den Pauschsatz mit.

Die Festsetzung des Pauschsatzes nimmt an der Rechtskraft der Entscheidung zur Hauptsache nicht teil und kann daher von der festsetzenden Stelle bei fehlerhafter Berechnung geändert werden. Dies gilt nicht, wenn der Pauschsatz ausnahmsweise in der Entscheidung selbst festgesetzt ist.

10. Die Gebühr nach § 138 Abs. 1 RUO. und § 140 WaVbVo. ist in der Entscheidung zur Hauptsache nach freiem Ermessen unter Berücksichtigung des Umfanges und der Bedeutung der Anträge und Einwendungen und des Verhaltens der Beteiligten festzusetzen. Sie soll nicht weniger als 5,— RM und nicht mehr als 100,— RM betragen. Das Reichsverwaltungsgericht kann eine höhere Gebühr festsetzen.

11. Die von der Spruchbehörde erhobenen Vorschüsse (oben Nummer 5) sind bei der Kostenfestsetzung anzurechnen.

III. Einziehung, Beitreibung und Verrechnung der Kosten

12. Die festgesetzten Kostenzahlungen sind erst dann anzufordern, wenn die Entscheidung Rechtskraft erlangt hat.

Die Einziehung kleiner Kostenbeträge, die zu den Kosten der durch sie veranlaßten Verwaltungstätigkeit in einem Mißverhältnis stehen — im allgemeinen bis zu einer Reichsmark —, unterbleibt.

13. Die im Spruchverfahren bei einer Spruchstelle entstehenden Kosten stehen dem Lande zu, in dem die Spruchstelle ihren Sitz hat. Hat die Spruchstelle ihren Sitz in einem Reichsgau, so stehen die bei ihr entstehenden Kosten ebenso wie die Kosten des Verfahrens vor dem Reichsverwaltungsgericht dem Reiche zu.

14. Die festgesetzten Kostenbeträge sind sogleich von dem Rechnungsbeamten in ein „Verzeichnis der Kostenzahlungen im Spruchverfahren für Wasser- und Bodenverbände" einzutragen, das folgende Spalten hat:

1. Lfd. Nr., 2. Bezeichnung des Spruchverfahrens, 3. Anschrift des Zahlungspflichtigen, 4. Höhe der Kosten: a) des Auslagenpauschsatzes, b) der Gebühren, 5. Tag der Festsetzung, 6. Tag der Zahlung.

Die Eintragungen sind in folgende Unterabschnitte zu gliedern:

I. Kosten der Spruchstelle,
II. Kosten des Reichsverwaltungsgerichts.

15. Die Einziehung der festgesetzten Kosten beider Rechtstufen obliegt der Spruchstelle für Wasser- und Bodenverbände. Für die Annahme und haushaltplanmäßige Verrechnung des Geldes ist die Landeshauptkasse, in Preußen die Regierungshauptkasse und in den Reichsgauen die Regierungsoberkasse am Sitze der Spruchstelle zuständig.

Die Spruchstelle hat den Zahlungspflichtigen aufzufordern, innerhalb von zwei Wochen an die (genau zu bezeichnende) Kasse (Landeshauptkasse, Regierungshauptkasse, Regierungsoberkasse) entweder in bar (unmittelbar oder durch portofreie Postanweisung) oder durch Gutschrift auf ihr Reichsbankgirokonto oder Postscheckkonto Zahlung zu leisten, widrigenfalles der Betrag beigetrieben werden müsse. Die Bezeichnung des Spruchverfahrens und die laufende Nummer des Kostenverzeichnisses sind dem Zahlungspflichtigen mitzuteilen. Der Zahlungspflichtige ist zu ersuchen, bei der Einsendung des Betrages das Spruchverfahren und die laufende Nummer des Kostenverzeichnisses anzugeben.

Eine Abschrift der Zahlungsaufforderung, auf welcher zu vermerken ist, an welchem Tage die Aufforderung dem Zahlungspflichtigen zugesandt ist, ist von der Spruchstelle der Kasse mit Annahmeanordnung zuzusenden. Die Seite und die Nummer, unter der der Sollbetrag in das Kostenverzeichnis eingetragen ist, ist auf der Annahmeanordnung oben links zu vermerken. Die Kasse hat hierauf zu achten und unvollständige Kassenanweisungen zur Vervollständigung zurückzugeben. Soweit von den einzuziehenden Kosten ein Teil an die Reichshauptkasse abzuführen ist, ist der Kasse gleichzeitig die entsprechende Auszahlungsanordnung zu erteilen.

Die bei dem Reichsverwaltungsgericht entstandenen Gebühren und baren Auslagen sind nach der Einziehung durch die unter Nr. 15 Abs. 1 bezeichnete Kasse, bei der auch die Rechnungslegung im ganzen zu erfolgen hat (§ 4 Reichskassenordnung), monatlich an die Reichshauptkasse in Berlin im Abrechnungswege abzuführen mit dem Vermerk:

„Kosten des Reichsverwaltungsgerichts in der Beschwerdesache.............. (Akten-Z.:...............). zur Vereinnahmung bei Einzelplan XXVI Kap. Wa. Wi. Tit. „Vermischte Einnahmen" des ordentlichen Haushalts des Generalinspektors für Wasser und Energie."

Eine Änderung in der Bezeichnung der Buchungsstelle wird von dem Generalinspektor für Wasser und Energie jeweilig bekanntgegeben werden.

16. Alle Vierteljahre ist das Kostenverzeichnis von dem Rechnungsbeamten der Spruchstelle mit den Büchern der Kasse (Landeshauptkasse, Regierungshauptkasse, Regierungsoberkasse) zu vergleichen. Unstimmigkeiten sind aufzuklären und zu beseitigen.

17. Beim Jahresschluß ist das Kostenverzeichnis abzuschließen. Die am Ende des Rechnungsjahres noch offenstehenden Einnahmereste sind in das Kostenverzeichnis des neuen Rechnungsjahres vorzutragen. Gleichzeitig ist an Hand der Bücher der Kasse (Landeshauptkasse, Regierungshauptkasse, Regierungsoberkasse) zu prüfen, ob alle Einnahmereste in das Handbuch des neuen Rechnungsjahres richtig übernommen sind.

18. Die Kassenanweisungen sind von dem Vorsitzenden des Reichsverwaltungsgerichts oder der Spruchstelle oder ihren Stellvertretern zu unterzeichnen.

19. Die Zwangbeitreibung der Kosten bei dem Kostenschuldner obliegt der Kasse. Es gelten die allgemein für sie gegebenen Vorschriften. Insbesondere sind die durch die Zwangbeitreibung verursachten Kosten bei dem Kostenschuldner mit beizutreiben.

20. Die Niederschlagung eines Kostenbetrages regelt sich nach den allgemeinen Haushaltsvorschriften des Reiches oder des Landes, dem der Kostenbetrag zusteht.

IV.

Andere Vorschriften der Reichsumlegungsordnung vom 16. Juni 1937 (Reichsgesetzblatt Teil I S. 629) als die in den vorstehenden Bestimmungen aufgeführten sind nicht anzuwenden.

Beispiel einer Satzung eines Wasser- und Bodenverbandes

SATZUNG[1]

des Wasser- und Bodenverbandes Großbach[2]

§ 1

Name, Rechtsgestalt, Sitz

(1) Der Verband führt den Namen „Wasser- und Bodenverband Großbach". Er ist eine öffentlich-rechtliche Körperschaft nach der Ersten Wasserverbandverordnung (WVVO) vom 3. September 1937 (RGBl. I S. 933)[3].

(2) Der Verband hat seinen Sitz in Bedorf im Landkreis X.

§ 2

Verbandsgebiet[4]

Das Verbandsgebiet umfaßt die Gemeindegebiete von Adorf, Bedorf, Cedorf, den Teil des Gemeindegebietes von Dedorf, der westlich der unteren Böschungskante des Bahndammes der Eisenbahnstrecke von K nach S liegt, und den Teil des Gebietes der Stadt Q ostwärts der Bundesautobahn von M nach O und nördlich der Mittellinie der Bundesstraße 999.

§ 3

Mitglieder, Mitgliederverzeichnis

(1) Mitglieder des Verbandes sind

a) die Eigentümer von Grundstücken,
b) die Eigentümer von Anlagen,
c) die Gemeinden,
d) der Landkreis,

soweit sie im Mitgliederverzeichnis aufgeführt sind[5].

---

[1] Die Satzung ist nicht als Muster (vgl. dazu Anhang), sondern als Beispiel für den angenommenen Fall eines mittelgroßen Verbandes aufgestellt. Die in den Fußnoten genannten Paragraphen sind die der WVVO in Teil B. Das Satzungsbeispiel enthält nur die Vorschriften, deren Aufnahme zwingend vorgeschrieben oder besonders zweckmäßig ist (vgl. Anm. 2 zu § 9 in Teil B), gibt also nicht sämtliche zu beachtenden Paragraphen der WVVO wieder. Bei einer Vervielfältigung der Satzung für den täglichen Gebrauch kann es zweckmäßig sein, ein nach Paragraphen geordnetes Inhaltsverzeichnis und ein alphabetisch geordnetes Stichwortverzeichnis voranzustellen.

[2] Es handelt sich um einen angenommenen Namen.

[3] Vgl. Anm. 2 zu § 5.

[4] Vgl. Anm. 3 zu § 36.

[5] Vgl. Anm. 1 u. 2 zu § 11; wegen der Mitgliedschaft bei Unterhaltungsverbänden s. Fußnote 7.

(2) Die Aufsichtsbehörde bewahrt das Mitgliederverzeichnis auf. Das Wasserwirtschaftsamt und der Verband bewahren je eine Abschrift des Mitgliederverzeichnisses auf.

(3) Der Verband hält seine Verzeichnisabschrift auf dem laufenden.

§ 4

Aufgabe

Der Verband hat zur Aufgabe[6],

1. den Großbach und seine Nebenläufe auszubauen und zu unterhalten[7],
2. die im Verbandsgebiet liegenden Grundstücke vor Hochwasser zu schützen,
3. zur Reinhaltung des Großbaches und seiner Nebenläufe Abwasser abzuführen, zu reinigen, zu verwerten und unschädlich zu machen.

§ 5

Unternehmen, Plan

(1) Der Verband hat die zur Durchführung seiner Aufgabe notwendigen Ausbaumaßnahmen und Unterhaltungsarbeiten durchzuführen sowie Deiche, Dämme und sonstige Hochwasserschutzanlagen, Kläranlagen, Leitungen, Pumpwerke und sonstige der Reinhaltung der Gewässer dienende Anlagen sowie Meßanlagen und alle weiteren zur Durchführung seiner Ausbau-, Unterhaltungs-, Hochwasserschutz- und Reinhaltungsmaßnahmen erforderlichen Anlagen herzustellen, zu erwerben, zu unterhalten, zu betreiben, zu ändern und zu beseitigen (Unternehmen).

(2) Das Unternehmen ergibt sich aus dem Plan, bestehend aus den Plänen des Wasserwirtschaftsamtes Y vom 1. Februar 1967 und des Landkreises X — Kreiskulturbauamt — vom 14. März 1967[8].

(3) Der Plan wird vom Verband, je eine Ausfertigung von der Aufsichtsbehörde und vom Wasserwirtschaftsamt aufbewahrt.

(4) Änderungen des Unternehmens, des Planes und der Einzelpläne (§ 6) bedürfen der Genehmigung der Aufsichtsbehörde[9].

---

[6] Die Aufgabe kann von der Aufsichtsbehörde geändert werden; soll dies nur mit Zustimmung des Fachministers möglich sein, ist eine entsprechende Satzungsvorschrift erforderlich (vgl. Anmerkungen zu § 18).

[7] Vgl. Anm. 3f zu § 2; für die Gestaltung der Satzung von Verbänden mit der Aufgabe, Gewässer zu unterhalten, sind die etwaigen besonderen Vorschriften des jeweiligen Landeswassergesetzes (z. B. §§ 83ff. NWG, §§ 49ff. NWWG) zu berücksichtigen. Sie wirken sich besonders auf den Kreis der Mitglieder und das Beitragswesen aus.

[8] Hinweis auf den Plan nur im Fall des § 17 Abs. 2 Satz 2, erster Halbsatz; wegen seiner Erklärung zum Bestandteil der Satzung vgl. Anm. 3 zu § 17.

[9] Beachte jedoch besonders § 21 Abs. 2 u. vgl. wegen des Rechtscharakters eines zum Bestandteil der Satzung erklärten Planes und seiner Änderungen Anm. 3 zu § 17.

§ 6

Durchführung des Unternehmens

(1) Der Verband darf den Plan nur mit Zustimmung der Aufsichtsbehörde ausführen. Dasselbe gilt für die zur Ausführung des Planes aufgestellten Einzelpläne.

(2) Die durchgeführten Teile des Unternehmens ergeben sich aus dem Lagerbuch des Verbandes (§ 17 Abs. 3 WVVO)[10].

§ 7

Anlagen im Auftrag Dritter

Der Verband kann mit Zustimmung der Aufsichtsbehörde im Auftrag Dritter auf deren Kosten Anlagen herstellen, betreiben, unterhalten und beseitigen, soweit dies für die Erfüllung seiner Aufgaben zwar nicht erforderlich, aber dienlich ist.

§ 8

Besondere Pflichten der Mitglieder

(1) Die Besitzer der zum Verband gehörenden, als Weide benutzten Grundstücke sind verpflichtet, diese einzuzäunen und die Zäune ordnungsgemäß zu unterhalten, soweit die Grundstücke an ein vom Verband zu unterhaltendes Gewässer oder seine Schutz- oder Begleitstreifen grenzen. Der Mindestabstand der Zäune von den Schutz- oder Begleitstreifen oder, soweit solche nicht vorhanden sind, von der Böschungsoberkante des Gewässerufers beträgt 80 cm.

(2) Für den Schutz der Hochwasserschutzanlagen des Verbandes gilt die ordnungsbehördliche Verordnung zum Schutz der Deichanlagen im Landkreis X vom 5. Dezember 1965 (Amtsblatt für den Regierungsbezirk Z 1965, S. 680).

(3) Mitglieder, deren Abwässer die Anlagen des Verbandes berühren, haben diesen rechtzeitig vorher zu unterrichten, wenn sie ihre Abwässer nach Art oder Menge so verändern, daß die Verbandsanlagen in ihrer Wirksamkeit geschädigt oder sonstwie beeinträchtigt werden können.

§ 9

Verbandsschau

Eine Verbandsschau gemäß §§ 42ff. WVVO findet nicht statt[11].

§ 10

Organe

Der Verband hat einen Ausschuß und einen Vorstand[12].

---

[10] Vgl. Anm. 4 zu § 17.

[11] In Ländern, nach deren LWG sich die behördliche Wasserschau nicht auf Hochwasserschutzanlagen erstreckt, wäre in dem hier angenommenen Fall auf die Verbandsschau nicht zu verzichten.

[12] Vgl. Vorbemerkung vor § 46.

§ 11

Zusammensetzung des Ausschusses

Der Ausschuß besteht aus den Mitgliedern, die mindestens eine Stimme führen, sowie den Vertretern von Mitgliedsgruppen, die mindestens eine Stimme führen (§ 12 Abs. 2)[13].

§ 12

Stimmverhältnis im Ausschuß

(1) Stimmberechtigt sind die beitragspflichtigen Mitglieder, deren Jahresbeitrag ein Zweitausendstel der letzten Jahresumlage (Stimmeinheit) erreicht. Jede Stimmeinheit gewährt eine Stimme. Die weiteren Stimmberechtigungen ergeben sich aus den Absätzen 2 bis 4. Soweit die Beiträge noch nicht endgültig feststehen, ist der vom Vorsteher festgesetzte Beitrag maßgebend.

(2) Mit den Jahresbeiträgen oder Teilen von Jahresbeiträgen, die für eine Stimmeinheit nicht ausreichen, können sich Mitglieder zu Mitgliedsgruppen zusammenschließen, die so viele Stimmen führen, wie in den zusammengelegten Beitragsteilen Stimmeinheiten enthalten sind. Jedes Mitglied kann sich nur an einer Gruppe beteiligen. Jede Gruppe bevollmächtigt einen Vertreter zur Wahrnehmung dieser Stimmberechtigung im Ausschuß. Der Verband hat das für die Bildung der Gruppenstimmen Erforderliche zu veranlassen.

(3) Der Landkreis X hat einhundert von der Zahlung eines Beitrages unabhängige Stimmen.

(4) Die am Großbach unterhalb der Stadt Q gelegenen Gemeinden führen je fünfzig von der Zahlung eines Beitrages unabhängige Stimmen.

(5) Kein Stimmberechtigter führt mehr als zwei Zehntel aller Stimmen; die überschießenden Stimmen fallen ersatzlos fort.

(6) Der Vorsteher führt alle Stimmen in einer Stimmliste und hält diese auf dem laufenden. Er übersendet die Stimmliste allen Beitragspflichtigen sowie allen im Ausschuß Stimmberechtigten und teilt ihnen die Änderungen mit.

(7) Um das Eigentum streitende Personen sind stimmberechtigt. Sie können nur einheitlich stimmen; die an der Abstimmung teilnehmenden haben die Stimmen aller. Die Stimmen gemeinschaftlicher Eigentümer verteilen sich unter ihnen im Verhältnis ihrer Anteile.

§ 13

Aufgaben des Ausschusses

Der Ausschuß hat die ihm in der WVVO und in der Satzung zugewiesenen Aufgaben. Insbesondere beschließt er über

1. Grundsätze und Richtlinien für die Durchführung der Aufgaben des Verbandes,
2. Änderungen der Satzung (§ 10 WVVO) und der Verbandsaufgabe (§ 18 WVVO)[14],

---

[13] Vgl. § 55 Abs. 2 und Anm. 3 zu § 55.

[14] Wegen der erforderlichen Rechtsetzungsakte s. Anm. 1 zu § 10 sowie Anm. 1 u. 3 zu § 18.

3. die Bildung des Vorstandes,
4. die Festsetzung des Haushaltsplanes einschließlich Stellenplan und der Nachträge,
5. die Frage, ob gegen die Zwangsfestsetzung des Haushaltsplanes Rechtsbehelfe einzulegen sind,
6. die Bestellung der Prüfstelle[15],
7. die Entlastung des Vorstandes,
8. die Grundsätze für die Einstellung und Entlassung der Dienstkräfte des Verbandes durch den Vorsteher,
9. das Beitragsbuch und seine Änderungen[16],
10. die Entschädigung der Vorstandsmitglieder,
11. Angelegenheiten mit einem Wert des Gegenstandes von mehr als 30000 DM,
12. Übernahme von Aufträgen Dritter (§ 7),
13. die Auflösung des Verbandes[17].

§ 14

Sitzung des Ausschusses

(1) Der Vorsteher beruft den Ausschuß nach Bedarf, mindestens jedoch einmal im Jahr zur Sitzung ein. Er hat ihn einzuberufen, wenn der Vorstand dies beschließt oder Mitglieder des Ausschusses, die mindestens ein Fünftel aller Stimmen führen, dies schriftlich unter Angabe des Beratungsgegenstandes verlangen.

(2) Die Einladungen zur Sitzung sind allen im Ausschuß Stimmberechtigten (§ 11) mit der Tagesordnung schriftlich so zu übermitteln, daß sie ihnen mindestens zwei Wochen vor der Sitzung zugehen. In dringenden Fällen kann diese Frist auf eine Woche verkürzt werden; dies ist in der Einladung auszusprechen und zu begründen.

(3) Die Vorstandsmitglieder, die Aufsichtsbehörde und die beratenden Stellen (§ 118 WVVO)[18] sind in gleicher Weise einzuladen.

(4) Vorsitzender des Ausschusses ist der Vorsteher, bei seiner Verhinderung der stellvertretende Vorsteher, bei dessen Verhinderung das an Jahren älteste anwesende Vorstandsmitglied.

(5) Die Mitglieder des Vorstandes haben im Ausschuß kein Stimmrecht, soweit sie nicht nach § 12 stimmberechtigt sind. Sie sind befugt, das Wort zu ergreifen.

§ 15

Beschließen im Ausschuß

(1) Der Ausschuß beschließt mit einfacher Mehrheit der abgegebenen Stimmen. Stimmengleichheit bedeutet Ablehnung.

(2) Der Ausschuß ist beschlußfähig, wenn mindestens die Hälfte aller Stimmen vertreten ist. Ohne Rücksicht auf die Zahl der vertretenen Stimmen ist er be-

---

[15] Nach § 76 kann die oberste Aufsichtsbehörde die Prüfstelle bestimmen (vgl. Anm. 2 zu § 76).

[16] Vgl. Fußnote 24.

[17] Siehe hierzu Anm. 1 zu § 177.

[18] Vgl. Anmerkungen zu § 118.

schlußfähig, wenn bei der Einladung mitgeteilt worden ist, daß ohne Rücksicht auf die Zahl der vertretenen Stimmen beschlossen werden wird.

(3) Über Gegenstände, die nicht auf der mit der Einladung versandten Tagesordnung stehen, kann nur bei einstimmiger Zustimmung aller anwesenden Stimmberechtigten, die mindestens zwei Drittel aller Stimmen führen müssen, Beschluß gefaßt werden.

(4) Ein stimmberechtigtes Mitglied kann im Ausschuß durch eine Person vertreten sein, die auf Verlangen des Vorsitzenden ihre Vertretungsvollmacht nachweist. Sie kann in gleicher Weise mehrere stimmberechtigte Mitglieder vertreten. Der Vertreter darf die von ihm vertretenen Stimmen nur einheitlich abgeben. Das gleiche gilt für die Vertreter von Gruppen (§ 12 Abs. 2).

(5) Die Beschlüsse sind aufzuzeichnen und vom Vorsitzenden und einem Mitglied des Ausschusses, das von diesem auf Vorschlag des Vorsitzenden bestimmt wird, zu unterzeichnen.

(6) Der Ausschuß kann sich eine Geschäftsordnung geben.

§ 16
Zusammensetzung des Vorstandes

(1) Der Vorstand besteht aus neun Mitgliedern, nämlich dem Vorsteher, dem stellvertretenden Vorsteher und sieben weiteren Mitgliedern. Die neun Mitglieder verteilen sich auf die in § 3 genannten Mitgliedsgruppen wie folgt:

a) drei Vertreter der Eigentümer von Grundstücken,
b) drei Vertreter der Eigentümer von Anlagen,
c) zwei Vertreter der Gemeinden,
d) ein Vertreter des Landkreises X.

(2) Die Mitglieder des Vorstandes sind ehrenhalber tätig. Ihre Mitgliedschaft im Vorstand ist eine persönliche, so daß sie ihre Aufgaben und Befugnisse als Angehörige des Vorstandes nicht übertragen können[19].

§ 17
Bildung des Vorstandes

(1) Jede der in § 3 Abs. 1 Buchst. a bis c genannten Gruppen wählt die auf sie nach § 16 Abs. 1 entfallenden Vorstandsmitglieder selbst, und zwar aufgrund der Vorschläge aus der Mitte der jeweiligen Gruppe im Ausschuß unter der Leitung des Vorstehers. Der Landkreis X bestellt das auf ihn entfallende Vorstandsmitglied (§ 16 Abs. 1 Buchst. d).

(2) Der Ausschuß wählt aus der Mitte der Vorstandsmitglieder den Vorsteher und den stellvertretenden Vorsteher.

(3) Vorstandsmitglieder, die zur Zeit ihrer Wahl oder Bestellung Dienstkräfte oder Vertreter eines Mitglieds sind, scheiden aus, sobald ihre Tätigkeit in dieser Eigenschaft bei dem Mitglied endet.

(4) Scheidet ein Vorstandsmitglied vorzeitig aus, ist für den Rest der Amtszeit ein Nachfolger gemäß den vorstehenden Vorschriften zu wählen oder zu bestellen.

---

[19] Eine Stellvertretung der Vorstandsmitglieder ist nur zulässig, wenn dies in der Satzung ausdrücklich bestimmt ist, s. § 47.

(5) Die Bildung des Vorstandes sowie seine Änderungen sind der Aufsichtsbehörde unverzüglich anzuzeigen[20].

§ 18

Amtszeit des Vorstandes

Die Amtszeit des Vorstandes beträgt fünf Jahre. Die Vorstandsmitglieder führen nach Beendigung ihrer Amtszeit ihr Amt weiter, bis der neue Vorstand gewählt ist.

§ 19

Aufgaben des Vorstandes

(1) Der Vorstand hat die in der WVVO und in der Satzung ihm zugewiesenen Aufgaben. Er beschließt insbesondere über

1. den Entwurf des Beitragsbuches und seiner Änderungen,
2. die Aufstellung des Haushaltsplans einschließlich Stellenplan und der Nachträge,
3. die Aufnahme von Darlehen und Kassenkrediten,
4. Angelegenheiten mit einem Wert des Gegenstandes von mehr als 10000 bis 30000 DM,
5. die Aufstellung der Jahresrechnung,
6. die Einzelpläne für die Durchführung des Unternehmens,
7. Änderungen von Unternehmen, Plan und Einzelplänen,
8. Änderungen der Satzung (§ 10 WVVO) und der Verbandsaufgabe (§ 18 WVVO),
9. die Wahl des Geschäftsführers,
10. Weisungen an den Vorsteher über Einstellung und Entlassung von Dienstkräften einschließlich Besoldung, sonstiger Vergütungen und Entschädigungen,
11. eine eigene Geschäftsordnung sowie eine Geschäftsordnung für die Geschäftsführung, in der insbesondere die Geschäfte der laufenden Verwaltung, die dem Geschäftsführer obliegen, bestimmt werden,
12. die Festsetzung der Entschädigung für die Benutzung von Grundstücken.

(2) Der Vorstand ist berechtigt, zur Vorbereitung seiner Tätigkeit Beratungsausschüsse zu bilden; sie haben kein Stimmrecht im Vorstand.

§ 20

Sitzung des Vorstandes

(1) Der Vorsteher lädt die Vorstandsmitglieder zur Sitzung ein. Der Vorstand muß einberufen werden, wenn drei Vorstandsmitglieder es unter Angabe des Beratungsgegenstandes schriftlich beantragen.

(2) Die Einladungen zur Vorstandssitzung ergehen mindestens zehn Tage vorher schriftlich unter Mitteilung der Tagesordnung. In dringenden Fällen kann unter entsprechendem Hinweis in der Einladung diese Frist auf drei Tage verkürzt werden. Wer am Erscheinen verhindert ist, teilt dies unverzüglich dem Vorsteher mit.

---

[20] Wegen der Bestätigung durch die Aufsichtsbehörde vgl. Anm. 4 zu § 48.

(3) Der Geschäftsführer, bei seiner Verhinderung sein Vertreter, nimmt an den Vorstandssitzungen teil. Ferner ist zu den Sitzungen die Aufsichtsbehörde einzuladen.

(4) Im Jahre sind mindestens zwei Sitzungen zu halten.

§ 21

Beschließen im Vorstand

(1) Der Vorstand bildet seinen Willen mit der Mehrheit der Stimmen seiner anwesenden Mitglieder. Jedes Mitglied hat eine Stimme. Stimmengleichheit bedeutet Ablehnung.

(2) Der Vorstand ist beschlußfähig, wenn mindestens fünf Mitglieder anwesend sind.

(3) Ohne Rücksicht auf die Anzahl der Erschienenen ist er beschlußfähig, wenn er zum zweiten Mal wegen desselben Gegenstandes rechtzeitig einberufen und in der Einladung darauf hingewiesen worden ist, daß ohne Rücksicht auf die Anzahl der Erschienenen beschlossen werden wird. Ohne Rücksicht auf Form und Frist der Einladung ist er beschlußfähig, wenn alle Vorstandsmitglieder zustimmen.

(4) Auf schriftlichem Wege erzielte Beschlüsse sind gültig, wenn sie einstimmig von allen Vorstandsmitgliedern gefaßt sind.

(5) Die Beschlüsse sind in das Beschlußbuch einzutragen. Jede Eintragung ist vom Vorsteher und einem weiteren Vorstandsmitglied zu unterschreiben.

§ 22

Geschäfte des Vorstehers

(1) Der Vorsteher führt den Vorsitz im Ausschuß und im Vorstand. Ihm obliegen mit Ausnahme der dem Geschäftsführer nach der Geschäftsordnung obliegenden Geschäfte (§§ 19 Abs. 1 Nr. 11, 24 Abs. 2) alle Geschäfte des Verbandes, zu denen nicht der Ausschuß oder der Vorstand durch die WVVO oder die Satzung berufen ist.

(2) Er vertritt den Verband in allen Geschäften, auch in denjenigen, über die der Ausschuß oder der Vorstand zu beschließen hat[21]. Als Ausweis dient ihm eine Bescheinigung der Aufsichtsbehörde.

(3) Er unterrichtet den Vorstand über seine Geschäfte und hört seinen Rat zu wichtigen Geschäften.

(4) Der Vorsteher ist Dienstvorgesetzter aller Dienstkräfte des Verbandes. Er ist bei der Einstellung, Entlassung, Beförderung und Festsetzung der Vergütung sowie von Nebenleistungen an die Beschlüsse des Ausschusses (§ 13 Nr. 8) und an die Weisungen des Vorstandes (§ 19 Nr. 10) gebunden[22].

(5) Bei Verhinderung des Vorstehers tritt der stellvertretende Vorsteher an seine Stelle.

---

[21] Zur Schriftform von Geschäften, Einschränkung der Vertretungsbefugnis und dergl. s. Anm. 1 u. 3 zu § 50.

[22] Vgl. Anm. 1, 6 u. 7 zu § 107.

§ 23

Entschädigung der Vorstandsmitglieder

(1) Als Entschädigung erhalten der Vorsteher eine jährliche pauschale Aufwandsentschädigung und die übrigen Vorstandsmitglieder für jede Sitzung ein Sitzungsgeld sowie die Erstattung ihrer Fahrkosten.

(2) Über die Höhe der Aufwandsentschädigung und der Sitzungsgelder beschließt der Ausschuß.

§ 24

Geschäftsführer, sonstige Dienstkräfte

(1) Der Verband kann für die Durchführung des Verbandsunternehmens hauptberufliche Dienstkräfte einstellen. Er muß einen Geschäftsführer und, diesem nachgeordnet, einen technischen Leiter (Verbandstechniker) sowie einen Verwaltungsleiter (Kassenverwalter) beschäftigen.

(2) Die Rechte und Pflichten des Geschäftsführers ergeben sich aus der vom Vorstand zu beschließenden Geschäftsordnung.

§ 25

Rechnungsjahr

Rechnungsjahr ist das Kalenderjahr.

§ 26

Haushaltsplan

(1) Für alle Einnahmen und Ausgaben des Verbandes stellt der Vorstand für jedes Rechnungsjahr rechtzeitig vorher einen Haushaltsplan auf. Ihm sind ein Nachweis der Rücklagen, die Vermögensübersicht und der Stellenplan beizufügen. Nach Bedarf stellt der Vorstand Nachträge auf.

(2) Die Ausgaben, die nicht aus den ordentlichen Einnahmen, insbesondere den Beiträgen der Mitglieder, sondern aus dem Vermögen, aus Darlehen oder aus nicht regelmäßig wiederkehrenden Mitteln bestritten werden sollen, sind in den außerordentlichen Haushaltsplan zu nehmen.

(3) Der Ausschuß setzt den Haushaltsplan vor Beginn des Rechnungsjahres und die Nachträge fest. Der festgesetzte Haushaltsplan ist die Grundlage für die Verwaltung aller Einnahmen und Ausgaben.

(4) Der Vorsteher teilt den festgesetzten Haushaltsplan und die Nachträge der Aufsichtsbehörde mit.

§ 27

Außerplanmäßige Ausgaben

(1) Der Vorsteher bewirkt Ausgaben, die im Haushaltsplan nicht oder noch nicht festgesetzt sind, wenn der Verband dazu verpflichtet ist und ein Aufschub erheblichen Nachteil bringen würde. Entsprechendes gilt für Anordnungen, durch die Verbindlichkeiten des Verbandes entstehen können, ohne daß ausreichende Mittel im Haushaltsplan vorgesehen sind.

(2) Wenn der Ausschuß mit der Sache noch nicht befaßt ist, beruft ihn der Vorsteher unverzüglich zur nachträglichen Festsetzung im Haushaltsplan.

§ 28

Prüfung der Jahresrechnung

(1) Der Vorstand stellt die Rechnung über alle Einnahmen und Ausgaben des Rechnungsjahres gemäß dem Haushaltsplan auf und gibt sie im ersten Viertel des folgenden Rechnungsjahres mit allen Unterlagen zum Prüfen an die Prüfstelle.

(2) Die Prüfung erstreckt sich darauf, ob

a) nach der Rechnung der Haushaltsplan befolgt ist,
b) die einzelnen Einnahme- und Ausgabebeträge der Rechnung ordnungsgemäß, insbesondere durch Belege, nachgewiesen sind,
c) diese Rechnungsbeträge mit der Satzung und den anderen Vorschriften im Einklang stehen.

(3) Die Prüfstelle gibt ihren Prüfbericht an den Vorstand, der eine Ausfertigung der Aufsichtsbehörde vorlegt.

§ 29

Entlastung des Vorstandes

Der Vorstand legt dem Ausschuß die Jahresrechnung und die Bemerkungen der Prüfstelle vor. Der Ausschuß beschließt über die Entlastung des Vorstandes.

§ 30

Beiträge

(1) Die Mitglieder haben dem Verband die Beiträge zu leisten, die zur Erfüllung seiner Aufgaben und seiner Verbindlichkeiten und zu einer ordentlichen Haushaltsführung erforderlich sind. Die Mitglieder sind nur dann beitragspflichtig, wenn ihr Jahresbeitrag mindestens fünfzig Deutsche Mark beträgt.

(2) Ein ausgeschiedenes Mitglied bleibt zu den bis zu seinem Ausscheiden festgesetzten Beiträgen verpflichtet. Es kann auch zu späteren Beiträgen wie ein Mitglied wegen der Aufwendungen herangezogen werden, die durch sein Ausscheiden vergeblich geworden sind und die nicht vermieden werden können. Dem Ausscheiden entsprechend ist die Einschränkung der Teilnahme eines Mitgliedes zu behandeln.

(3) Der Verband fordert die Beiträge in Geld (Geldbeiträge) oder in Sachen, Werken, Diensten oder in anderen Leistungen (Sachbeiträge).

§ 31

Beitragsverhältnis

(1) Die Beitragslast verteilt sich auf die beitragspflichtigen Mitglieder im Verhältnis der Vorteile, die sie von der Durchführung der Aufgaben des Verbandes haben und der Lasten, die der Verband auf sich nimmt, um ihren schädigenden Einwirkungen zu begegnen oder um ihnen Leistungen abzunehmen, und zwar nach näherer Bestimmung der Absätze 2 bis 4. Vorteile sind auch die Erleichterung einer Pflicht des Mitgliedes und die Möglichkeit, die Maßnahmen des Verbandes zweckmäßig und wirtschaftlich auszunutzen.

(2) Die Beiträge sind zu erheben getrennt nach den Aufwendungen des Verbandes für

a) den Ausbau und die Unterhaltung des Großbaches und seiner Nebenläufe (§ 4 Nr. 1),
b) den Hochwasserschutz (§ 4 Nr. 2),
c) die Reinhaltung des Großbaches und seiner Nebenläufe (§ 4 Nr. 3).

(3) Für die Verteilung der Beitragslast im einzelnen ist auszugehen für die Beitragpflichtigen nach
a) Abs. 2 Buchst. a: vom Verhältnis der Flächeninhalte[23] der beteiligten Grundstücke,
b) Abs. 2 Buchst. b: vom Verhältnis der Einheitswerte der beteiligten Grundstücke,
c) Abs. 2 Buchst. c: vom Verschmutzungsgrad und von der Menge der Abwässer.

(4) Die näheren Einzelheiten des Beitragsverhältnisses werden im Beitragsbuch geregelt, über das der Ausschuß nach Vorschlag des Vorstandes beschließt (§§ 13 Nr. 9, 19 Nr. 1)[24].

§ 32
Ermittlung des Beitragsverhältnisses

(1) Zur Ermittlung des Beitragsverhältnisses nach § 31 Abs. 3 Buchst. a und b stellen zwei vom Vorstand zu bestimmende, dem Verband nicht angehörende Sachverständige unter der Leitung des Vorstehers und im Beisein des Verbandstechnikers die Zugehörigkeit der Grundflächen zu den Klassen und die Flächeninhalte fest. Die Ermittlung der Einheitswerte und die Feststellungen zu § 31 Abs. 3 Buchst. c werden unter der Leitung des Vorstehers von der Geschäftsführung vorgenommen[25]. Bei Meinungsverschiedenheiten entscheidet der Vorsteher.

(2) Wenn es sich um Grundstücke oder Anlagen des Vorstehers handelt, tritt an seine Stelle der stellvertretende Vorsteher.

§ 33
Beitragsbuch

(1) Der Vorsteher sorgt für die Eintragung des Beitragsverhältnisses einschließlich der näheren Einzelheiten (§ 31 Abs. 4) und der Ermittlungsergebnisse nach § 32 in das Beitragsbuch, in welchem die Mitglieder wie im Mitgliederverzeichnis aufgeführt sind, und veranlaßt die Änderungen des Beitragsbuches nach Bedarf (§ 19 Abs. 1 Nr. 1, § 13 Nr. 9). Er hält das Beitragsbuch auf dem laufenden.

(2) Der Vorsteher gibt das Beitragsbuch und seine Änderungen allen beitragspflichtigen Mitgliedern mit Rechtsbehelfsbelehrung (§ 39) bekannt.

---

[23] Sind die Unterschiede des Vorteils, den die Grundeigentümer von der Unterhaltung haben, erheblich, kann der bloße Flächenmaßstab unangemessen sein, vgl. Anm. 3 zu §§ 81, 82; hier kann u. a. eine gleichzeitige Berücksichtigung von Flächeninhalten und Einheitswerten in einem festzusetzenden Verhältnis helfen.

[24] Vgl. Anm. 1 zu § 86. Soweit Landeswassergesetze besondere Vorschriften über das Beitragsverhältnis bei Unterhaltungsverbänden getroffen haben, sind diese bei der Gestaltung von Satzung und Beitragsbuch zu berücksichtigen, vgl. Fußnote 7.

[25] Vgl. Anm. 1 und 2 zu § 86.

§ 34

Hebeliste, Hebung

(1) Aufgrund des unanfechtbar gewordenen Beitragsbuches setzt der Vorsteher die Beiträge der beitragspflichtigen Mitglieder in der Hebeliste fest und gibt sie ihnen mit Rechtsbehelfsbelehrung (§ 39) bekannt.

(2) Aufgrund der unanfechtbar gewordenen Hebeliste zieht der Vorsteher von jedem beitragspflichtigen Mitglied durch Heranziehungsbescheid (Hebelistenauszug) den Beitrag ein (Hebung). Der Heranziehungsbescheid ist mit einer Rechtsbehelfsbelehrung (§ 39) zu versehen; Rechtsbehelfe halten die Hebung nicht auf[26].

(3) Die Beiträge sind solange nach der letzten Hebeliste weiterzuzahlen, bis die Beiträge nach der neuen Hebeliste feststehen. Abweichungen, die sich nach der neuen Hebeliste ergeben, sind bei der nächsten Zahlung auszugleichen.

§ 35

Nachtragshebeliste

(1) Fallen Beiträge bei der Einziehung aus oder verändern sich sonstige Umstände wesentlich, die der Hebeliste zugrunde liegen, so kann den Veränderungen durch eine Nachtragshebeliste oder beim nächsten Jahresbeitrag Rechnung getragen werden.

(2) Für die Nachtragshebeliste sowie die auf ihr beruhende Hebung gilt § 34 entsprechend.

§ 36

Säumnis

Wer seinen Beitrag nicht rechtzeitig leistet, kann vom Vorsteher zur Zahlung von Säumniszuschlägen herangezogen werden. Diese werden wie Beiträge behandelt und sind mit dem nächsten Beitrag zu entrichten. Ihre Höhe wird vom Vorstand allgemein festgesetzt.

§ 37

Ordnungsstrafen[27]

(1) Der Vorsteher kann gegen die Mitglieder und gegen die Besitzer der zum Verband gehörenden Grundstücke und Anlagen Ordnungsstrafen bis zu dreihundert Deutsche Mark verhängen für Verstöße gegen die auf der WVVO oder der Satzung beruhenden Vorschriften zum Schutz des Verbandsunternehmens und gegen die Sachbeitragspflicht.

(2) Das Ordnungsstrafgeld fällt an den Verband.

---

[26] Siehe Anm. 2 zu § 89.

[27] Auf eine Wiedergabe der §§ 96 und 99 in der Satzung kann verzichtet werden; sollen jedoch außer dem Vorsteher auch andere Personen die Befugnisse nach § 96 (§ 99 Abs. 2 Satz 2) erhalten, muß dies in der Satzung bestimmt sein, s. Anm. 2 zu § 96.

§ 38

Zwangsvollstreckung[28]

(1) Die auf Gesetz oder Satzung beruhenden Forderungen des Verbandes können im Verwaltungswege vollstreckt werden.

(2) Vollstreckungsbehörde ist der Vorsteher.

(3) Das Vollstreckungsverfahren kann sich auch gegen Nutzberechtigte richten (§ 94 WVVO).

§ 39

Rechtsbehelfe

Die Rechtsbehelfe gegen das Beitragsbuch, die Festsetzung der Hebeliste, den Heranziehungsbescheid, Ordnungsmaßnahmen, Ordnungsstrafen, Zwang und andere Verwaltungsakte des Verbandes und seiner Organe richten sich nach der Verwaltungsgerichtsordnung (VwGO) vom 21. Januar 1960 (BGBl. I S. 17). Die Verwaltungsakte sind mit einer Rechtsbehelfsbelehrung zu versehen (§ 58 VwGO).

§ 40

Aufsicht[29]

(1) Aufsichtsbehörde des Verbandes ist der Oberkreisdirektor des Landkreises X in Adorf.

(2) Die Aufsichtsbehörde erhält alle Sitzungsunterlagen sowie Abschriften der Niederschriften über Sitzungen und Beschlüsse.

§ 41

Genehmigung von Geschäften

(1) Der Verband bedarf zu folgenden Geschäften der Genehmigung der Aufsichtsbehörde:

a) zur unentgeltlichen Veräußerung von Vermögensgegenständen;
b) zur Veräußerung von Grundstücken und grundstücksgleichen Rechten, wenn sie den Wert von 20000 DM übersteigen;
c) zur Veräußerung und zur wesentlichen Änderung von Sachen, die einen besonderen wissenschaftlichen, geschichtlichen oder Kunstwert haben;
d) zur Aufnahme von Darlehen (Anleihen, Schuldscheindarlehen, anderem Kredit);
e) zum Eintreten in Gesellschaften und andere Vereinigungen bürgerlichen Rechts;
f) zu Verträgen mit einem Mitglied des Vorstandes und den Dienstkräften des Verbandes;
g) zur Gewährung von Darlehen und anderem Kredit an Mitglieder;
h) zur Bestellung von Sicherheiten, wenn sie den Wert von 20000 DM übersteigen;
i) zur Übernahme von Bürgschaften und Verpflichtungen aus Gewährsverträgen, wenn sie den Wert von 20000 DM übersteigen.

---

[28] Wegen Amtshilfe s. Anm. 4, wegen Bestimmung einer anderen Vollstreckungsbehörde Anm. 3, wegen Beachtung von Landesgesetzen über das Verwaltungsvollstreckungsverfahren Anm. 2 zu § 93. Wegen Zwang nach § 99 s. Fußnote 27.

[29] Zur Möglichkeit nach § 105 Abs. 1 s. Anm. 2 zu § 105.

(2) Die Genehmigung ist auch zu Rechtsgeschäften erforderlich, die einem der in Abs. 1 angegebenen Geschäfte wirtschaftlich gleichkommen.

(3) Zur Aufnahme von Kassenkredit genügt eine mit einem Höchstbetrag zu gebende Ermächtigung der Aufsichtsbehörde. Die Ermächtigung erlischt mit dem Ablauf des Rechnungsjahres.

§ 42

Änderung der Satzung

Die Aufsichtsbehörde kann die Satzung auf Antrag des Vorstandes oder nach dessen Anhörung ergänzen und ändern, nachdem sie den Ausschuß angehört hat[30].

§ 43

Bekanntmachungen

(1) Die Bekanntmachungen des Verbandes sind unter der Angabe der Bezeichnung des Verbandes (§ 1) vom Vorsteher zu unterschreiben. Bekanntmachungen des Verbandes an seine Mitglieder werden schriftlich gegen Empfangsbescheinigung oder durch eingeschriebenen Brief mitgeteilt.

(2) Für die Öffentlichkeit bestimmte Bekanntmachungen sind außerdem im Amtsblatt des Landkreises X vorzunehmen.

(3) Satzungsänderungen und andere Rechtsetzungsakte werden im Amtsblatt des Landkreises X verkündet[31].

§ 44

Inkrafttreten

Die Satzung tritt am 1. August 1967 in Kraft[32].

Ich erlasse — nach Zustimmung der oberen Aufsichtsbehörde und der obersten Aufsichtsbehörde[33] — die vorstehende Satzung des Wasser- und Bodenverbandes Großbach in Bedorf aufgrund des § 169 der Ersten Verordnung über Wasser- und Bodenverbände vom 3. September 1937 (RGBl. I S. 933) mit Wirkung vom 1. August 1967.

Adorf, den 3. Juli 1967
Der Oberkreisdirektor des Landkreises X

....

(Unterschrift)

---

[30] Vgl. Anm. 1, 2 und 4 zu § 10.

[31] Vgl. zur Regelung der Bekanntmachungen durch die Satzung im einzelnen Anm. 3 zu § 9.

[32] Zur Frage des Inkrafttretens s. Anm. 3 zu § 169.

[33] Diese Zustimmungen sind nur erforderlich, wenn die Satzung Regelungen trifft, für die die WVVO solche Zustimmungen vorschreibt (z. B. §§ 42, 48 Abs. 5, 55 Abs. 2, 56 Abs. 6, 82 Abs. 2 Nr. 4; 122 Abs. 4).

TEIL D

—Gesetze und Satzungen der sondergesetzlichen Verbände—

Emschergenossenschaft
Großer Erftverband
Linksniederrheinische Entwässerungs-Genossenschaft
Lippeverband
Ruhrtalsperrenverein
Ruhrverband

Gesetz betreffend Bildung einer Genossenschaft zur Regelung der Vorflut und zur Abwässerreinigung im Emschergebiet

Vom 14. Juli 1904 (GS. S. 175, Neufassung: PrGS. NW. S. 205)

§ 1

(1) Zum Zwecke der Regelung der Vorflut nach Maßgabe eines einheitlichen Projekts und der Abwässerreinigung im Emschergebiete sowie der Unterhaltung und des Betriebes der ausgeführten Anlagen wird auf Grund dieses Gesetzes eine Genossenschaft begründet. Mitglieder der Genossenschaft (Genossen) sind alle Landkreise und kreisfreien Städte, die ganz oder teilweise nach der Emscher und ihren Nebenläufen entwässern.

(2) Das Projekt sowie später erforderlich oder zweckmäßig erscheinende Änderungen und Ergänzungen unterliegen der Genehmigung des zuständigen Ministers, der zu diesen Entscheidungen die Aufsichtsbehörde der Genossenschaft ermächtigen kann.

§ 2

Die Genossenschaft kann unter ihrem Namen Rechte erwerben und Verbindlichkeiten eingehen, Eigentum und andere dingliche Rechte an Grundstücken erwerben, vor Gericht klagen und verklagt werden. Ihr ordentlicher Gerichtsstand ist bei dem Gericht, in dessen Bezirk sie ihren Sitz hat.

§ 3

(1) Die näheren Rechtsverhältnisse der Genossenschaft werden durch ein Statut geregelt.

(2) Das Statut muß enthalten:

1. den Namen und Sitz der Genossenschaft,
2. die Bezeichnung der der Genossenschaft als Mitglieder angehörenden Landkreise und kreisfreien Städte,
3. die Bezeichnung des für die Ausführung des Unternehmens maßgeblichen Projekts,
4. Vorschriften über die Benutzung und Unterhaltung der genossenschaftlichen Anlagen,
5. Vorschriften über die Wahl, die Zusammensetzung, die Amtsdauer des Vorstandes, seine Befugnisse und die Formen für die Legitimation seiner Mitglieder und ihrer Stellvertreter; jeder der in § 6 Abs. 1 genannten drei Gruppen und der Landwirtschaft muß mindestens je ein Mitglied angehören,
6. die näheren Bestimmungen über die Zusammensetzung der Genossenschaftsversammlung (§ 4) und über die Art ihrer Abstimmung, über die Amtsdauer der Abgeordneten, über die Voraussetzungen und die Form der Zusammenberufung der Genossenschaftsversammlung,

7. die Bezeichnung der Gegenstände, welche der Beschlußfassung durch die Genossenschaftsversammlung unterliegen,
8. die Bestimmungen über die Veranlagung gemäß § 6 Abs. 3 und 4,
9. die näheren Bestimmungen über die Zusammenberufung, die Beschlußfähigkeit und die Tätigkeit der Berufungskommission sowie über die Berufung der Stellvertreter,
10. die Angabe der Form für die von der Genossenschaft ausgehenden Bekanntmachungen sowie der öffentlichen Blätter, in welche die für die Öffentlichkeit bestimmten Bekanntmachungen aufzunehmen sind,
11. Vorschriften über die Ernennung der Mitglieder und stellvertretenden Mitglieder des Vorstandes sowie der Berufungskommission durch die Aufsichtsbehörde der Genossenschaft für den Fall, daß gültige Wahlen durch die Genossenschaftsversammlung nicht zustande kommen,
12. Bestimmungen über die an die Mitglieder der Berufungskommission für ihre Mühewaltung zu zahlende Entschädigung.

§ 4

(1) Die Genossenschaftsversammlung besteht aus Abgeordneten, welche von den Kreistagen, in den kreisfreien Städten von dem Rat der Gemeinde zu wählen sind. Jeder Genosse entsendet mindestens einen Abgeordneten und für eine durch das Statut festzusetzende Einheit des auf den Landkreis oder die kreisfreie Stadt entfallenden Jahresbeitrags (§ 10) je einen weiteren Abgeordneten.

(2) Entsendet ein Genosse zwei Abgeordnete, so muß der eine beruflich dem Bergbau angehören, der andere aus den sonstigen Kreis- oder Gemeindeangehörigen gewählt werden. Bei einer größeren Abgeordnetenzahl sind die im § 6 genannten Gruppen ihrem Beitragsverhältnis entsprechend sowie die Landwirtschaft tunlichst zu berücksichtigen.

(3) Jeder Abgeordnete hat in der Genossenschaftsversammlung eine Stimme. Das Statut kann Vorschriften einführen, welche die Vertretung abwesender Abgeordneter durch Anwesende bei der Stimmenabgabe regeln.

(4) Nimmt ein Genosse die Wahl der Abgeordneten nicht vor, oder kommt die Wahl innerhalb einer auf Antrag des Genossenschaftsvorstandes von der Aufsichtsbehörde zu bestimmenden Frist nicht zustande, so hat die Kommunalaufsichtsbehörde des Genossen die Abgeordneten zu ernennen. Diese Ernennung bleibt so lange in Kraft, bis eine gültige Wahl zustande gekommen ist.

(5) Desgleichen entscheidet die Kommunalaufsichtsbehörde über alle Beschwerdefälle, welche sich auf das Verhalten der Genossen bei Erfüllung der ihnen nach diesem Gesetz auferlegten Pflichten beziehen.

§ 5

Die durch Einnahmen nicht gedeckten Ausgaben bilden eine Genossenschaftslast, die durch Beiträge zu decken ist.

§ 6

(1) Der Genossenschaftsvorstand hat ein Kataster aufzustellen. In diesem sind die Beteiligten zu Beiträgen zu den Genossenschaftslasten zu veranlagen. Als Beteiligte im Sinne dieses Gesetzes kommen in Betracht:

1. Bergwerke,
2. andere gewerbliche Unternehmen, Eisenbahnen und sonstige Anlagen,
3. Gemeinden.

(2) Die Veranlagung erfolgt durch den Genossenschaftsvorstand getrennt für den Hauptvorfluter und die Nebenläufe. Bei der Veranlagung sind einerseits die durch den Veranlagten in dem Emschergebiete herbeigeführten Schädigungen, andererseits die durch die Ausführung, die Unterhaltung und den Betrieb der genossenschaftlichen Anlagen zu erwartenden mittelbaren und unmittelbaren Vorteile zu berücksichtigen. Dem Statute bleibt es überlassen, nähere Grundsätze hierfür festzustellen.

(3) Die zu 2 genannten Beteiligten sind nur dann in das Kataster aufzunehmen, wenn sie zu einem durch das Statut für die Aufnahme in das Kataster vorzuschreibenden Mindestbeitragssatze veranlagt werden können. Ist dies nicht der Fall, so sind die von ihnen verursachten Schädigungen und die ihnen entstehenden Vorteile bei der Veranlagung derjenigen Gemeinden mit zu berücksichtigen, in deren Bezirke sie belegen sind.

(4) Das Kataster ist in regelmäßigen Zwischenräumen, die durch das Statut bestimmt werden, durch den Genossenschaftsvorstand neu aufzustellen.

§ 7

(1) Das Kataster ist nebst den erforderlichen Erläuterungen offenzulegen.

(2) Der Genossenschaftsvorstand hat unter der Angabe, wo und während welcher Zeit das Kataster zur Einsicht offen liegt, bekanntzumachen, daß Einwendungen gegen das Kataster binnen einer bestimmt zu bezeichnenden Frist von mindestens vier Wochen bei dem Genossenschaftsvorstande schriftlich anzubringen sind.

(3) Außerdem soll ein Abdruck des Katasters den Genossen und sämtlichen in dem Kataster Veranlagten mitgeteilt werden.

§ 8

(1) Die Einwendungen werden von dem Vorstand nach Ablauf der Einwendungsfrist geprüft. Er ist befugt, über die Einwendungen mündlich oder schriftlich zu verhandeln. Die Beitragsliste ist, soweit erforderlich, zu berichtigen.

(2) Für den Fall einer Berichtigung des Katasters ist das letztere nochmals während einer mindestens vierzehntägigen Frist offenzulegen.

§ 9

(1) Nach Erledigung der Einwendungen und nach Ablauf der im § 8 Abs. 2 bezeichneten Frist ist das Kataster der Aufsichtsbehörde der Genossenschaft zur Festsetzung vorzulegen.

(2) Die Aufsichtsbehörde hat sich bei Festsetzung des Katasters auf die Prüfung zu beschränken, ob bei seiner Aufstellung die in diesem Gesetz und dem Statute gegebenen Formvorschriften erfüllt sind.

§ 10

Von dem Genossenschaftsvorstande sind die festgestellten Beiträge nach Landkreisen und kreisfreien Städten zusammenzustellen und den Genossen mitzuteilen.

§ 11

(1) Die von dem Genossenschaftsvorstande festgestellten Jahresbeiträge der Genossen sind von ihnen in vierteljährlichen Beträgen in der ersten Hälfte des zweiten Monats eines jeden Vierteljahres an die Kasse der Genossenschaft abzuführen. Durch Beschluß des Vorstandes können andere Zahlungstermine festgesetzt werden.

(2) Wird der Beitrag eines Genossen infolge eines Ausfalls bei der Einziehung oder infolge von Rechtsmitteln ermäßigt, so ist ihm der betreffende Betrag auf den nächsten Jahresbeitrag anzurechnen.

§ 12

(1) Die Genossen haben die von dem Genossenschaftsvorstande veranlagten Beiträge den Veranlagten schriftlich mitzuteilen und von ihnen einzuziehen.

(2) Die von den im § 6 Abs. 1 unter Ziffer 1 und 2 genannten Veranlagten einzuziehenden Beiträge gelten als eine gemeine öffentliche Last und sind, soweit nicht vom Vorstand andere Zahlungstermine festgesetzt sind (§ 11 Abs. 1 Satz 2) in vierteljährlichen Raten in der ersten Hälfte des zweiten Monats eines jeden Vierteljahres zu bezahlen. Sie unterliegen der Beitreibung im Verwaltungszwangsverfahren. Die Beitreibung kann auch gegen die Pächter und sonstigen Nutzungsberechtigten, vorbehaltlich ihres Regresses gegen die eigentlich Verpflichteten, gerichtet werden.

§ 13

(1) Die auf die Gemeinden veranlagten Beiträge sind ebenfalls in der im § 11 genannten Frist zu bezahlen. Auf sie finden die Bestimmungen der §§ 9 und 20 des Kommunalabgabengesetzes vom 14. Juli 1893 mit der Maßgabe Anwendung, daß die im § 6 Abs. 1 unter Ziffer 1 und 2 gegenwärtigen Gesetzes genannten Veranlagten wegen des ihnen aus den Genossenschaftslasten erwachsenden mittelbaren und unmittelbaren Vorteils nicht mehr mit kommunalen Beiträgen oder Vorausleistungen belegt werden dürfen.

(2) Den von den Gemeinden Herangezogenen stehen die Rechtsmittel zu, die gegen die Heranziehung zu kommunalen Lasten gegeben sind.

§ 14

Den gemäß § 6 Veranlagten steht innerhalb eines Monats nach Bekanntgabe der Veranlagung bei Streitigkeiten darüber, wer zu den Beteiligten im Sinne dieses Gesetzes gehört, die Klage im Verwaltungsrechtsweg zu. Im übrigen entscheidet über den Widerspruch gegen Veranlagungsbescheide die Berufungskommission.

§ 15

(1) Die Berufungskommission besteht:

1. aus einem von der Aufsichtsbehörde der Genossenschaft zu ernennenden Landesbeamten, der den Vorsitz führt und keinem der beteiligten Kreise durch Wohnsitz, Grundbesitz oder Gewerbebetrieb angehören darf,
2. aus einem von dem Oberbergamte zu Dortmund zu bezeichnenden Mitgliede des Oberbergamtes,

3. aus einem von der Aufsichtsbehörde zu bestimmenden höheren technischen Beamten der Wasserwirtschaftsverwaltung,
4. aus sechs von der Genossenschaftsversammlung zu wählenden Mitgliedern, welche nicht Mitglieder des Genossenschaftsvorstandes sein dürfen, und von denen mindestens zwei den Kreis- oder Gemeindevertretungen und zwei beruflich dem Bergbau und eins beruflich der Landwirtschaft angehören müssen.

(2) Für die unter 1 und 3 genannten Mitglieder hat die Aufsichtsbehörde, für das Mitglied zu 2 das Oberbergamt einen oder mehrere Stellvertreter zu ernennen. Für jeden der unter 4 genannten Mitglieder ist von der Genossenschaftsversammlung ein Stellvertreter zu erwählen.

§ 16

(1) Die Sitzungen der Berufungskommission finden am Sitze der Genossenschaft oder an einem anderen in dem Statute festzusetzenden Orte statt.

(2) Die Sitzungen sind öffentlich.

(3) Das Verfahren vor der Berufungskommission hat der zuständige Minister nach Maßgabe der Vorschriften dieses Gesetzes und des Statuts durch ein von ihm zu erlassendes Reglement zu regeln.

§ 17

Die Berufungskommission ist befugt, den Genossenschaftsvorstand zu hören und über den Widerspruch mündlich oder schriftlich zu verhandeln.

§ 18*

§ 19

(1) Die Kosten der Veranlagung sind von der Genossenschaft zu tragen.

(2) Soweit die Kosten des Widerspruchsverfahrens den Veranlagten auferlegt werden, unterliegen sie der Beitreibung im Verwaltungszwangsverfahren. Die Beitreibung liegt den Genossen ob.

§ 20

(1) Die Genossenschaft ist der Aufsicht des Staates unterworfen. Die Aufsicht wird von einem durch den zuständigen Minister zu bestimmenden *Oberpräsidenten***, in der Beschwerdeinstanz von dem zuständigen Minister ausgeübt.

(2) Die Aufsicht ist darauf beschränkt, daß die Angelegenheiten der Genossenschaft in Übereinstimmung mit dem Statut und den Gesetzen verwaltet werden.

§ 21

Wenn die Genossenschaft es unterläßt oder verweigert, die ihr gesetz- oder statutenmäßig obliegenden Leistungen und Ausgaben in den Haushaltsplan aufzunehmen oder außerordentlich zu genehmigen, so kann die Aufsichtsbehörde unter Anführung der Gründe die Aufnahme in den Haushaltsplan verfügen oder die außerordentliche Ausgabe feststellen.

---

* Gegenstandslos

** Heute der MfELuF NW (VO v. 20. 10. 1946 — GS. NW. S. 147 —).

§ 22

(1) Zur Aufnahme von Anleihen, durch welche der Schuldenbestand vermehrt wird, bedarf die Genossenschaft vorgängiger Genehmigung der Aufsichtsbehörde.

(2) Durch das Statut kann die vorgängige Genehmigung auch für andere Fälle vorbehalten werden.

§ 23

(1) Über das Statut und jede Abänderung desselben beschließt die Genossenschaftsversammlung. Kommt innerhalb einer von der Aufsichtsbehörde auf mindestens sechs Monate zu bemessenden Frist das Statut nicht zustande, so erläßt es die Aufsichtsbehörde.

(2) Das Statut und solche Abänderungen, welche den Sitz und die äußere Vertretung der Genossenschaft betreffen, unterliegen der Genehmigung der Landesregierung.

(3) Andere Abänderungen sind von der Zustimmung des zuständigen Ministers abhängig.

(4) Das Statut und jede Abänderung ist nach erfolgter Genehmigung nach Vorschrift und mit den Wirkungen des Gesetzes betreffend die Bekanntmachung landesherrlicher Erlasse durch die Amtsblätter vom 10. April 1872 zu verkünden. Eine Anzeige im Gesetz- und Verordnungsblatt kann unterbleiben.

§ 24

(1) Die Genossenschaft kann die Auflösung beschließen.

(2) Der Auflösungsbeschluß erfordert zu seiner Gültigkeit eine Mehrheit von zwei Dritteln der Stimmen und die Genehmigung der Landesregierung.

(3) Die Auflösung tritt in Kraft, sobald die Genehmigungsurkunde dem Vorstande der Genossenschaft zugestellt ist.

(4) Im übrigen finden auf die Auflösung und Liquidation der Genossenschaft die Vorschriften des XVI. Abschnitts der Ersten Wasserverbandverordnung vom 3. September 1937 (RGBl. I S. 933) entsprechende Anwendung.

Statut für die Emschergenossenschaft

§ 1

Name, Sitz, Mitglieder und Zweck der Genossenschaft

I. Durch das Emschergenossenschaftsgesetz vom 14. Juli 1904 (PrGS. NW. S. 205) ist eine Genossenschaft begründet. Die Genossenschaft ist nach Maßgabe dieses Gesetzes verpflichtet zur Regelung der Vorflut nach einem einheitlichen Projekte und zur Abwässerreinigung im Emschergebiete sowie zur Unterhaltung und zum Betriebe der ausgeführten Anlagen.

II. Diese Genossenschaft führt den Namen „Emschergenossenschaft“ und hat ihren Sitz in Essen. Ihre Mitglieder sind folgende Gemeinden und Gemeindeverbände:

kreisfreie Stadt Bochum,
„ „ Bottrop,
„ „ Castrop-Rauxel,
Landkreis Dinslaken,
kreisfreie Stadt Dortmund,
„ „ Duisburg,
„ „ Essen,
„ „ Gelsenkirchen,
„ „ Gladbeck,
„ „ Herne,
Landkreis Iserlohn,
kreisfreie Stadt Lünen,
„ „ Mülheim (Ruhr),
„ „ Oberhausen,
„ „ Recklinghausen,
Landkreis Recklinghausen,
Landkreis Unna,
kreisfreie Stadt Wanne-Eickel,
„ „ Wattenscheid,
„ „ Witten.

III. Entsteht innerhalb des Gebietes dieser Mitglieder eine neue kreisfreie Stadt oder ein neuer Landkreis, so wird diese Gebietskörperschaft ohne weiteres Mitglied der Genossenschaft, sofern sie ganz oder teilweise nach der Emscher oder ihren Nebenläufen entwässert. Das gleiche gilt in dem Falle, wenn ein Teil des Gebietes einer anderen kreisfreien Stadt oder einem anderen Landkreis einverleibt wird.

IV. Der am 27. November 1903 landespolizeilich genehmigte generelle Entwurf des Wasserbauinspektors Middeldorf bildet die Grundlage des einheitlichen Bauplans. Dieser Bauplan muß geändert und ergänzt werden, wenn sich dies zur Erreichung des Genossenschaftszweckes als erforderlich herausstellt. Die Änderungen und Ergänzungen bedürfen ebenso wie die speziellen Baupläne der Genehmigung des zuständigen Ministers.

V. Der Genossenschaftsversammlung bleibt vorbehalten, das Unternehmen über den Rahmen des generellen Bauplans hinaus zu erweitern.

VI. Für die Benutzung und Unterhaltung der genossenschaftlichen Anlagen ist das von der Genossenschaft zu erlassende Reglement maßgeblich, welches der Genehmigung der Aufsichtsbehörde unterliegt.

§ 2

Rechtsfähigkeit der Genossenschaft

Die Genossenschaft kann unter ihrem Namen Rechte erwerben und Verbindlichkeiten eingehen, Eigentum und andere dingliche Rechte an Grundstücken erwerben, vor Gericht klagen und verklagt werden.

§ 3

Organisation der Genossenschaft

Organe der Genossenschaft sind:

1. die Genossenschaftsversammlung,
2. der Vorstand.

§ 4
Vertretung der Genossen,
Zusammensetzung der Genossenschaftsversammlung

I. Die Genossenschaftsversammlung besteht aus Abgeordneten, welche von den Kreistagen, in den kreisfreien Städten von dem Rat der Gemeinde auf sechs Jahre zu wählen sind. Jeder Genosse entsendet wenigstens einen Abgeordneten. Sobald der Jahresbeitrag (§ 10) eines Genossen ein Hundertstel der Jahresumlage übersteigt, entsendet der Genosse einen zweiten und für jedes weitere oder angefangene Hundertstel der Jahresumlage einen weiteren Abgeordneten.

II. Die Anzahl der hiernach zu entsendenden Abgeordneten wird auf Grund des Katasters bestimmt, welches in dem der Wahlperiode vorangehenden Beitragsjahre von der Aufsichtsbehörde festgestellt ist.

III. Entsendet ein Genosse zwei Abgeordnete, so muß der eine beruflich dem Bergbau angehören, der andere aus den sonstigen Kreis- oder Gemeindeangehörigen gewählt werden. Bei einer größeren Abgeordnetenzahl sind die im § 9 Abs. I genannten Gruppen ihrem Beitragsverhältnis entsprechend sowie die Landwirtschaft tunlichst zu berücksichtigen.

IV. Für Genossenschaftsabgeordnete, welche im Laufe der Wahlperiode ausscheiden, sind Ersatzwahlen vorzunehmen, welche bis zum Ablaufe der Wahlperiode des Ausgeschiedenen Gültigkeit haben.

V. Abwesende Abgeordnete können sich auf Grund schriftlicher Vollmacht durch anwesende vertreten lassen. Die Vollmacht ist spätestens 24 Stunden vor Beginn der Versammlung dem Genossenschaftsvorstande zu überreichen. Der Vertreter kann sein Stimmrecht nur einheitlich für sich und die von ihm vertretenen Abgeordneten ausüben.

VI. Abgeordnete, welche zur Zeit der Wahl ihren Wohnsitz im Emschergebiete haben oder Kommunalbeamte oder Angestellte einer der im § 9 Abs. I Ziffer 1 und 2 aufgeführten Unternehmungen sind, verlieren ihr Mandat, wenn sie aus dem Emschergebiete verziehen oder das Amt oder die Anstellung aufgeben, wofern nicht ausdrücklich seitens der wählenden Vertretung ein anderes bestimmt wurde.

VII. Das Mandat erlischt ferner, wenn Umstände eintreten, welche den Abgeordneten gemäß § 32 des Gerichtsverfassungsgesetzes zum Amte eines Schöffen unfähig machen.

VIII. Das Erlöschen des Mandats ist seitens des Genossen sowohl dem Genossenschaftsvorstande wie dem ausscheidenden Abgeordneten mitzuteilen.

IX. Über Beschwerden gegen die Anwendung dieser Bestimmungen entscheidet die Aufsichtsbehörde der Genossenschaft.

X. Nimmt ein Genosse die Wahl der Abgeordneten nicht vor, oder kommt die Wahl innerhalb einer auf Antrag des Genossenschaftsvorstandes von der Aufsichtsbehörde zu bestimmenden Frist nicht zustande, so hat die Kommunalaufsichtsbehörde des Genossen die Abgeordneten zu ernennen. Die Ernennung bleibt so lange in Kraft, bis eine gültige Wahl zustande gekommen ist.

§ 5

Berufung, Zuständigkeit und Abstimmung der Genossenschaftsversammlung

I. Der Vorsitzende des Vorstandes ist zugleich Vorsitzender der Genossenschaftsversammlung.

II. Die Genossenschaftsversammlung kann den Zeitpunkt ihres ordentlichen Zusammentretens im voraus festsetzen.

III. Innerhalb des Zeitraumes, für welchen das Beitragskataster (§ 9) aufgestellt wird, soll wenigstens eine ordentliche Genossenschaftsversammlung stattfinden.

IV. Außerordentliche Genossenschaftsversammlungen sind einzuberufen:

a) auf Anordnung der Aufsichtsbehörde (§ 13 Abs. III),

b) auf Beschluß des Vorstandes,

c) auf den Antrag von einem Viertel der Abgeordneten oder von der gemäß § 4 Abs. I wahlberechtigten Vertretung eines Genossen.

V. Die Einladungen zu Genossenschaftsversammlungen erläßt der Vorsitzende des Vorstandes durch Aushändigung des Einladungsschreibens gegen Empfangsbescheinigung oder mittels eingeschriebenen Briefes an die Genossenschaftsabgeordneten unter der ihm bekannten Adresse. Die Einladungen sollen mindestens eine Woche vor der Sitzung unter Mitteilung der Tagesordnung abgesandt werden.

VI. Der Genossenschaftsversammlung bleibt vorbehalten:

1. die Festsetzung der Geschäftsordnung für die Genossenschaftsversammlung,
2. die Entscheidung über die Gültigkeit der Wahlen der Abgeordneten und die Legitimation der Vertreter,
3. die Wahl des Vorsitzenden, des stellvertretenden Vorsitzenden und der anderen Mitglieder des Vorstandes und deren Stellvertreter sowie die Wahl der zu wählenden Mitglieder der Berufungskommission und deren Stellvertreter,
4. die Genehmigung der Grundsätze für die Dienst- und Anstellungsverhältnisse von Beamten,
5. die Aufnahme von Anleihen,
6. die Festsetzung des Reglements über die Benutzung und Unterhaltung der genossenschaftlichen Anlagen,
7. die Festsetzung der Veranlagungsgrundsätze gemäß § 9 Abs. VI dieses Statuts,
8. die Bestimmung des Zeitraumes für die Neuaufstellung des Katasters (§ 9), für die Aufstellung des Haushaltsplanes (§ 8) sowie für die Anberaumung der ordentlichen Genossenschaftsversammlungen,
9. die Genehmigung des Haushaltsplanes,
10. die Entgegennahme des Rechenschaftsberichtes des Vorstandes, Wahl der Rechnungsrevisoren und deren Vertreter sowie Prüfung der Rechnungen und Entlastung des Vorstandes,
11. die Festsetzung der Entschädigung, welche den Mitgliedern des Vorstandes als Ersatz für ihre Aufwendungen bei der Teilnahme an den Sitzungen oder für sonstige Mühewaltungen und Arbeiten zu gewähren ist,
12. die Beschlußfassung über die Erweiterung des generellen Bauplanes (§ 1 Abs. V).

VII. Über Gegenstände, welche nicht auf der Tagesordnung gestanden haben, darf nur Beschluß gefaßt werden, wenn keiner der Versammlungsteilnehmer widerspricht.

VIII. Die Beschlußfassungen der Genossenschaftsversammlung erfolgen nach Stimmenmehrheit ohne Rücksicht auf die Anzahl der Erschienenen; bei Stimmengleichheit gibt der Vorsitzende den Ausschlag.

IX. Wahlen erfolgen durch Stimmzettel; bei allseitiger Zustimmung ist die Vornahme einer Wahl durch Zuruf zulässig. Ergibt der erste Wahlgang keine absolute Mehrheit der abgegebenen Stimmen, so erfolgt eine Stichwahl unter denjenigen zwei Personen, welche die meisten Stimmen auf sich vereinigen. Erforderlichenfalls entscheidet das Los, wer von mehreren Anwärtern mit gleicher Stimmenzahl zur Stichwahl zugelassen werden soll. Ebenso entscheidet das Los, wenn die Stichwahl Stimmengleichheit ergibt. Über die Beschlüsse der Genossenschaftsversammlung ist ein Protokoll aufzunehmen und von dem Vorsitzenden sowie zwei von der Versammlung zu bestimmenden Abgeordneten zu unterzeichnen.

X. Die Beratungen der Genossenschaftsversammlung sind öffentlich; für Gegenstände, welche sich zur öffentlichen Beratung nicht eignen, kann die Öffentlichkeit ausgeschlossen werden.

§ 6

Vorstand der Genossenschaft, Wahl der Vorstandsmitglieder, Berufung von Vorstandssitzungen

I. Der Vorstand besteht aus zwölf Personen.

II. Elf Vorstandsmitglieder — darunter der Vorsitzende und sein Stellvertreter — sind von der Genossenschaftsversammlung für eine sechsjährige Amtsdauer zu wählen.

III. Außerdem ist der erste Baubeamte der Genossenschaft Mitglied des Vorstandes.

IV. Zu den Verhandlungen soll ein hygienischer Beirat mit beratender Stimme zugezogen werden, dessen Mitwirkung der Vorstand vertraglich sicherstellen wird.

V. Von den elf gewählten Vorstandsmitgliedern sollen vier der ehemaligen Rheinprovinz und fünf der ehemaligen Provinz Westfalen durch Wohnsitz angehören.

VI. Jeder der im § 9 Abs. I aufgeführten drei Gruppen sowie der Landwirtschaft muß ein Vorstandsmitglied angehören. Außerdem müssen zwei Vorstandsmitglieder Arbeitnehmer eines Beteiligten sein, es sei denn, daß einstimmig andere Personen gewählt werden.

VII. Für jedes gewählte Vorstandsmitglied ist ein Stellvertreter zu wählen, welcher tunlichst gleichen Voraussetzungen hinsichtlich des Berufes und der Gebietszugehörigkeit entspricht.

VIII. Auf die Beschwerde eines Genossen oder eines Genossenschaftsabgeordneten oder eines Beteiligten (§ 9 Abs. I Ziffer 1—3) kann die Aufsichtsbehörde wegen Verletzung der Vorschriften des Gesetzes oder dieses Statutes die Wahl von Vorstandsmitgliedern für ungültig erklären.

IX.

X. Seitens der Aufsichtsbehörde für ungültig erklärte Wahlen gelten als nicht geschehen. Die Bestimmungen des § 4 über das Erlöschen des Mandats zur Genossenschaftsversammlung finden auf Vorstandsmitglieder mit der Maßgabe Anwendung, daß die Mitteilung hierüber seitens des Vorstandes an den Ausscheidenden zu erlassen ist.

XI. Alle zwei Jahre scheiden das erste Mal drei und das zweite und dritte Mal je vier der gewählten Vorstandsmitglieder aus und werden durch die Genossenschaftsversammlung neu gewählt. Wiederwahl ist zulässig. Ausscheidende bleiben in allen Fällen in Tätigkeit, bis gültige Ersatzwahlen erfolgt sind.

XII. Für Vorstandsmitglieder, welche im Laufe der Wahlperiode ausscheiden, haben Ersatzwahlen durch die nächste ordentliche Genossenschaftsversammlung stattzufinden. Ersatzwahlen haben nur bis zum Ablaufe der Wahlperiode des Ausgeschiedenen Gültigkeit.

XIII. Über jede Vorstandssitzung ist ein Protokoll aufzunehmen und durch den Vorsitzenden und ein Vorstandsmitglied zu unterzeichnen.

XIV. Der Vorstand tritt zusammen, wenn es der Vorsitzende für erforderlich hält oder drei Vorstandsmitglieder schriftlich beantragen.

XV. Die Einladungen zu den Vorstandssitzungen werden von dem Vorsitzenden schriftlich und tunlichst unter Mitteilung der Tagesordnung erlassen. Der Vorstand ist bei Anwesenheit von mindestens sieben Personen beschlußfähig. Ohne Rücksicht auf die Anzahl der Erschienenen ist der Vorstand beschlußfähig, wenn er zum zweiten Male wegen desselben Gegenstandes zusammenberufen ist. Bei der wiederholten Einladung muß hervorgehoben sein, daß die Beschlußfassung ohne Rücksicht auf die Anzahl der Erscheinenden verbindlich sei.

XVI. Der Vorstand beschließt nach Stimmenmehrheit der Erschienenen; bei Stimmengleichheit gibt der Vorsitzende den Ausschlag.

§ 7

Obliegenheiten des Vorstandes, Geschäftsordnung, Kommissionen

I. Der Vorstand vertritt die Genossenschaft gerichtlich und außergerichtlich; seine Legitimation wird durch eine Bescheinigung der Aufsichtsbehörde geführt. Er erledigt sämtliche Geschäfte der Genossenschaft, welche nicht ausdrücklich der Genossenschaftsversammlung vorbehalten sind, hat die Vorlagen an die Genossenschaftsversammlung vorzubereiten und deren Beschlüsse auszuführen, insbesondere den Haushaltsplan zu entwerfen sowie Rechenschaftsbericht zu erstatten.

II. Die Anstellung der Genossenschaftsbeamten einschließlich des ersten Baubeamten liegt dem Vorstande ob.

III. Schriftliche Erklärungen des Vorstandes, welche die Genossenschaft verpflichten sollen, sind von dem Vorsitzenden und einem anderen Mitgliede zu unterzeichnen. Im übrigen vertritt der Vorsitzende die Genossenschaft nach außen und leitet die Geschäfte; er ist der Dienstvorgesetzte aller Genossenschaftsbeamten einschließlich des dem Vorstande angehörigen ersten Baubeamten.

IV. Der Vorstand erläßt eine Geschäftsordnung, ferner ein Reglement für die Anstellungs- und Dienstverhältnisse der Genossenschaftsbeamten und Bestimmungen über das Kassen- und Rechnungswesen.

V. Durch die Geschäftsordnung ist die Ersatzstellvertretung für den Fall gleichzeitiger Behinderung des Vorsitzenden und seines Stellvertreters zu regeln.

VI. Der Vorstand kann für die Ausführung und Bearbeitung einzelner Angelegenheiten Kommissionen ernennen und deren Befugnisse durch die Geschäftsordnung regeln.

VII. Die Kommissionen unterstehen der Aufsicht des Vorstandes und sind an dessen Anweisungen gebunden.

§ 8

Haushaltsplan, Bauerneuerungsfonds

I. Über die Einnahmen und Ausgaben der Genossenschaft hat der Vorstand für die seitens der Genossenschaftsversammlung festgesetzten Zeitabschnitte (§ 5 Abs. VI Ziffer 8) einen Haushaltsplan aufzustellen.

II. Die durch Einnahme nicht gedeckten Ausgaben bilden eine Genossenschaftslast, die durch Beiträge zu decken ist. Zu den im Haushaltsplane vorzusehenden ordentlichen Ausgaben gehören neben den Aufwendungen für laufende Unterhaltung und den Betrieb der genossenschaftlichen Anlagen sowie der Verzinsung und angemessenen Tilgung von Anleihen regelmäßige Beiträge zum Bauerneuerungs- und Hilfsfonds.

III. Der Bauerneuerungs- und Hilfsfonds ist zur Deckung unvorhergesehener Ausgaben, namentlich zur Ausbesserung elementarer Schäden bestimmt. Bei jeder Inanspruchnahme dieses Fonds hat der Vorstand der nächsten Genossenschaftsversammlung über die Gründe und die Art der Verwendung Rechenschaft zu geben. Der Fonds soll allmählich mindestens auf die Höhe einer Jahresumlage — nach dem Durchschnitt der drei letzten Jahre berechnet — gebracht und in jederzeit realisierbaren Werten angelegt werden.

§ 9

Aufstellung des Katasters, Veranlagung der Beteiligten

I. Der Genossenschaftsvorstand hat ein Kataster aufzustellen. In diesem sind die Beteiligten mit Beiträgen zu den Genossenschaftslasten zu veranlagen. Als Beteiligte in diesem Sinne kommen in Betracht:

1. Bergwerke,
2. andere gewerbliche Unternehmen, Eisenbahnen und sonstige Anlagen,
3. Gemeinden.

II. Die Veranlagung erfolgt durch den Genossenschaftsvorstand getrennt für den Hauptvorfluter und die Nebenläufe. Der Oberlauf der Emscher von der Quelle bis zum früheren Hörder Mühlenstau, die Alte Emscher von Oberhausen bis zur Mündung und die Kleine Emscher von Oberhausen bis zur Mündung gelten als Nebenläufe. Bei der Veranlagung sind einerseits die durch den Veranlagten in dem Emschergebiete herbeigeführten Schädigungen, andererseits die durch die Ausführung, die Unterhaltung und den Betrieb der genossenschaftlichen Anlagen zu erwartenden mittelbaren und unmittelbaren Vorteile zu berücksichtigen.

III. Die in Abs. I zu 2 genannten Beteiligten sind nur dann in das Kataster aufzunehmen, wenn sie zu einem Beitrag von mindestens einem Zehntausendstel der Jahresumlage veranlagt werden können. Ist dies nicht der Fall, so sind die von ihnen verursachten Schädigungen und die ihnen entstehenden Vorteile bei der Veranlagung derjenigen Gemeinden zu berücksichtigen, in deren Bezirke sie belegen sind.

IV. Das Kataster ist in regelmäßigen Zwischenräumen, welche von der Genossenschaftsversammlung festzusetzen sind und nicht über sechs Jahre betragen dürfen, neu aufzustellen.

V. Neue Anlagen der in Abs. I zu 1 und 2 erwähnten Art sowie wesentliche Umänderungen, welche eine Erhöhung der Genossenschaftsbeiträge um mehr als ein Viertel rechtfertigen, werden durch Katasternachträge besonders veranlagt und von dem der Betriebseröffnung folgenden Quartalsersten herangezogen.

VI. Die von der Genossenschaftsversammlung beschlossenen näheren Grundsätze der Veranlagung bedürfen der Genehmigung der Aufsichtsbehörde. Sie sind Bestandteil des Statuts und ihm als Anlage zu § 9 beizufügen.

§ 10

Offenlegung des Katasters, Erledigung von Einwendungen, Festsetzung und Einziehung der Beiträge der Genossen und Mitteilung an die Veranlagten

I. Das Kataster ist nebst den erforderlichen Erläuterungen offenzulegen. Der Genossenschaftsvorstand hat unter der Angabe, wo und während welcher Zeit das Kataster zur Einsicht offenliegt, bekanntzumachen, daß Einwendungen gegen das Kataster binnen einer bestimmt zu bezeichnenden Frist von mindestens vier Wochen bei dem Genossenschaftsvorstande schriftlich anzubringen sind.

II. Außerdem soll ein Abdruck des Katasters den Genossen und sämtlichen in dem Kataster Veranlagten mitgeteilt werden.

III. Die Einwendungen werden von dem Vorstand nach Ablauf der Einwendungsfrist geprüft.

IV. Der Vorstand berichtigt erforderlichenfalls das Kataster.

V. Der Vorstand ist befugt, über die erhobenen Einwendungen mündlich oder schriftlich zu verhandeln.

VI. Für den Fall einer Berichtigung des Katasters ist das letztere nochmals während einer mindestens vierzehntägigen Frist offenzulegen.

VII. Nach Erledigung der Einwendungen und nach Ablauf der in Abs. VI bezeichneten Frist ist das Kataster der Aufsichtsbehörde der Genossenschaft zur Festsetzung vorzulegen. Die Aufsichtsbehörde hat sich bei Festsetzung des Katasters auf die Prüfung zu beschränken, ob bei seiner Aufstellung die in dem Gesetze und diesem Statute gegebenen Formvorschriften erfüllt sind.

VIII. Von dem Vorstande sind die festgestellten Beiträge nach Landkreisen und kreisfreien Städten zusammenzustellen und den Genossen mitzuteilen (Jahresbeitrag des Genossen).

IX. Die von dem Vorstande festgestellten Jahresbeiträge der Genossen sind von ihnen in vierteljährlichen Beträgen in der ersten Hälfte des zweiten Monats eines jeden Vierteljahres an die Kasse der Genossenschaft abzuführen. Durch Beschluß des Vorstandes können andere Zahlungstermine festgesetzt werden.

X. Wird der Beitrag eines Genossen infolge eines Ausfalls bei der Einziehung oder infolge von Rechtsmitteln ermäßigt, so ist ihm der betreffende Betrag ohne Zinsen auf den nächsten Jahresbeitrag anzurechnen.

XI. Die Genossen haben die von dem Genossenschaftsvorstande veranlagten Beiträge den Veranlagten schriftlich mitzuteilen und von ihnen einzuziehen.

XII. Die von dem im § 9 Abs. I unter Ziffer 1 und 2 genannten Veranlagten einzuziehenden Beiträge gelten als eine gemeine öffentliche Last und sind, soweit nicht vom Vorstand andere Zahlungstermine festgesetzt sind, in vierteljährlichen Raten in der ersten Hälfte des zweiten Monats eines jeden Vierteljahres zu bezahlen. Sie unterliegen der Beitreibung im Verwaltungszwangsverfahren. Die Beitreibung kann auch gegen die Pächter und sonstigen Nutzungsberechtigten, vorbehaltlich ihres Regresses gegen die eigentlich Verpflichteten, gerichtet werden.

XIII. Die auf die Gemeinden veranlagten Beiträge sind ebenfalls innerhalb der vorbenannten Frist zu bezahlen. Auf sie finden die Bestimmungen der §§ 9 und 20 des Kommunalabgabengesetzes vom 14. Juli 1893 (PrGS. NW. S. 7) mit der Maßgabe Anwendung, daß die im § 9 Abs. I unter Ziffer 1 und 2 genannten Veranlagten wegen des ihnen aus den Genossenschaftslasten erwachsenden mittelbaren und unmittelbaren Vorteils nicht mehr mit kommunalen Beiträgen oder Vorausleistungen belegt werden dürfen.

§ 11

Widerspruch gegen die Veranlagung, Zusammensetzung der Berufungskommission

I. Dem gemäß § 9 Veranlagten steht innerhalb eines Monats nach Bekanntgabe der Veranlagung (§ 10 Abs. XI) der Widerspruch an die Berufungskommission zu, die als Schiedsgericht endgültig entscheidet.

II. Die Verpflichtung zur Zahlung der Beiträge wird durch den Widerspruch nicht aufgehalten.

III. Die Berufungskommission besteht:

1. aus einem von der Aufsichtsbehörde der Genossenschaft zu ernennenden Landesbeamten, der den Vorsitz führt und keinem der beteiligten Gemeinden und Gemeindeverbände durch Wohnsitz, Grundbesitz oder Gewerbebetrieb angehören darf,
2. aus einem von dem Oberbergamt zu Dortmund zu bezeichnenden Mitglied des Oberbergamtes,
3. aus einem von der Aufsichtsbehörde zu bestimmenden höheren technischen Beamten der Wasserwirtschaftsverwaltung,
4. aus sechs von der Genossenschaftsversammlung für eine sechsjährige Amtsdauer zu wählenden Mitgliedern, welche nicht Mitglieder des Genossenschaftsvorstandes sein dürfen, und von denen zwei den Kreis- oder Gemeindevertretungen, zwei beruflich dem Bergbau und eines beruflich der Landwirtschaft angehören müssen. Zugleich sollen von ihnen je zwei der ehemaligen Rheinprovinz und der ehemaligen Provinz Westfalen angehören. Ein Mitglied muß Arbeitnehmer eines Beteiligten sein, es sei denn, daß einstimmig eine andere Person gewählt wird.

IV. Für die unter 1 und 3 genannten Mitglieder hat die Aufsichtsbehörde, für das Mitglied zu 2 das Oberbergamt einen oder mehrere Stellvertreter zu ernennen. Für jedes der unter 4 genannten Mitglieder ist für die gleiche Amtsdauer von der Genossenschaftsversammlung ein Stellvertreter zu erwählen.

Das unter 1 genannte Mitglied und sein Stellvertreter sollen entweder die Befähigung zum Richteramt nach den Vorschriften des Gerichtsverfassungsgesetzes besitzen oder nach mindestens dreijährigem Studium der Rechtswissenschaft an einer Universität und dreijähriger Ausbildung im öffentlichen Dienst durch Ablegen der gesetzlich vorgeschriebenen Prüfungen die Befähigung zum höheren Verwaltungsdienst erlangt haben.

V. Alle zwei Jahre scheidet je ein Drittel der gewählten Mitglieder der Berufungskommission aus und wird durch die Genossenschaftsversammlung neu gewählt. Wiederwahl ist zulässig. Ausscheidende bleiben in Tätigkeit, bis gültige Ersatzwahlen erfolgt sind. Im übrigen finden die Vorschriften im § 6 dieses Statuts über die Anfechtung der Wahl sowie über den Verlust des Mandats von Vorstandsmitgliedern und die Dauer der Ersatzwahlen auch auf die gewählten Mitglieder der Berufungskommission Anwendung. Sie können wegen gröblicher Verletzung der ihnen als Mitglieder der Berufungskommission obliegenden Pflichten auf Antrag des Vorstandes durch Beschluß der Aufsichtsbehörde ihres Amtes enthoben werden. Gegen den Beschluß ist die Beschwerde zulässig.

VI. Für den Fall gleichzeitiger Behinderung eines Mitgliedes und seines Stellvertreters hat die Berufungskommission durch Beschluß die Ersatzstellvertretung aus der Zahl der übrigen gewählten Stellvertreter im voraus unter Berücksichtigung der Berufsstellungen festzustellen.

§ 12

Verfahren in der Berufungskommission

I. Die gewählten Mitglieder der Berufungskommission und deren Stellvertreter werden durch den Vorsitzenden der Berufungskommission verpflichtet.

II. Die Vorschriften über Ausschließung und Ablehnung von Gerichtspersonen (§§ 41—48 der Zivilprozeßordnung) finden mit der Maßgabe entsprechende Anwendung, daß an Stelle des im Instanzenzuge höheren Gerichts die Aufsichtsbehörde der Genossenschaft tritt.

III. Die Berufungskommission ist beschlußfähig, wenn mit Einschluß des Vorsitzenden sieben Mitglieder anwesend sind. Die Beschlüsse werden nach Stimmenmehrheit gefaßt; bei Stimmengleichheit gibt die Stimme des Vorsitzenden den Ausschlag.

IV. Die Sitzungen der Berufungskommission finden am Sitze der Genossenschaft statt. Die Berufungskommission kann beschließen, Sitzungen an einem anderen Orte abzuhalten. Auf Verlangen des Vorsitzenden der Berufungskommission ist jeder Genosse verpflichtet, am Sitze seiner Verwaltung unentgeltlich ein Sitzungslokal bereitzustellen. Die Verhandlungen sind öffentlich.

V. Das Verfahren vor der Berufungskommission hat der zuständige Minister durch ein Reglement zu regeln.

VI. Die Berufungskommission ist befugt, den Genossenschaftsvorstand zu hören und über den Widerspruch mündlich oder schriftlich zu verhandeln. Sie kann die Akten der Genossenschaft einsehen, von den Genossenschaftsbeamten Aufklärung fordern und sie zur Unterstützung bei ihren Arbeiten heranziehen. Die ergehenden Entscheidungen der Berufungskommission sind mit Gründen zu versehen und denjenigen mitzuteilen, die Widerspruch eingelegt haben. Die Entscheidungen sind gemäß § 11 Abs. I endgültig.

VII. Die Kosten der Veranlagung sind von der Genossenschaft zu tragen.

VIII. Soweit die Kosten des Widerspruchsverfahrens den Veranlagten auferlegt werden, unterliegen sie der Beitreibung im Verwaltungszwangsverfahren. Die Beitreibung liegt den Genossen ob.

IX. Den Mitgliedern der Berufungskommission stehen Reisekosten und Tagegelder nach Stufe Ib der Vorschriften über Reisekostenvergütungen der Beamten zu. Die den Mitgliedern der Berufungskommission außerdem zu gewährende Entschädigung wird durch den Vorstand im voraus festgesetzt und ist so zu bemessen, daß sie eine angemessene Vergütung für die besondere Arbeitsleistung gewährt.

§ 13

Verhältnis zu den Staatsbehörden

I. Die für das Genossenschaftsgebiet zuständigen Regierungspräsidenten sind befugt, an den Genossenschaftsversammlungen und Vorstandssitzungen in Begleitung der ihnen beigegebenen Beamten mit beratender Stimme teilzunehmen oder sich vertreten zu lassen. Die gleiche Befugnis steht dem Oberbergamte zu. Diese Behörden sind daher seitens des Vorsitzenden zu allen Sitzungen einzuladen und erhalten tunlichst Abschrift der Tagesordnungen nebst sonstigen Vorlagen sowie der Protokolle, Haushaltspläne und Rechenschaftsberichte.

II. Die Genossenschaft ist der Aufsicht des Staates unterworfen. Die Aufsicht wird von einem durch den zuständigen Minister zu bestimmenden *Oberpräsidenten**, in der Beschwerdeinstanz von dem zuständigen Minister ausgeübt.

III. Die Aufsicht ist darauf beschränkt, daß die Angelegenheiten der Genossenschaft in Übereinstimmung mit dem Statut und den Gesetzen verwaltet werden. Auf Anordnung der Aufsichtsbehörde hat der Vorsitzende die Genossenschaftsversammlung einzuberufen (§ 5 Abs. IV zu a dieses Statuts). Kommt der Vorsitzende der Anordnung innerhalb der gestellten Frist nicht nach, so kann die Aufsichtsbehörde einen Kommissar mit der Einberufung und Leitung der Genossenschaftsversammlung beauftragen.

IV. Zur Aufnahme von Anleihen, durch welche der Schuldbestand dauernd vermehrt wird, bedarf die Genossenschaft vorgängiger Genehmigung der Aufsichtsbehörde.

V. Gleicher Genehmigung unterliegen:

1. ein gemäß § 9 zu erlassendes Katasterreglement,
2. das Reglement für die Benutzung und Unterhaltung der genossenschaftlichen Anlagen. Wird innerhalb zehn Jahren ein solches nicht erlassen, oder findet das von der Genossenschaftsversammlung beschlossene Reglement nicht die Genehmigung der Aufsichtsbehörde, so ist die letztere nach Ablauf der zehn Jahre befugt, das Reglement selbst zu erlassen. Dem Erlaß hat eine schriftliche Aufforderung an den Vorstand voranzugehen, über das Reglement binnen einer in der Aufforderung auf mindestens sechs Monate zu bemessenden Frist Beschluß zu fassen, widrigenfalls das Reglement durch die Aufsichtsbehörde

---

* s. Fußnote zu § 20 des Gesetzes.

erlassen werden würde. Das von der Aufsichtsbehörde erlassene Reglement bleibt nur so lange in Kraft, bis ein von der Genossenschaftsversammlung beschlossenes die Genehmigung der Aufsichtsbehörde gefunden hat.

VI. Kommen gültige Wahlen der Mitglieder des Vorstandes und der Berufungskommission sowie deren Stellvertreter durch die Genossenschaftsversammlung nicht zustande, so erfolgt deren Ernennung durch die Aufsichtsbehörde. Der Ernennung hat eine schriftliche Aufforderung der Aufsichtsbehörde an den Vorstand voranzugehen, die Wahl binnen einer in der Aufforderung auf mindestens sechs Monate zu bestimmenden Frist herbeizuführen, widrigenfalls die Ernennung durch die Aufsichtsbehörde erfolge. Diese Ernennung bleibt so lange in Kraft, bis eine gültige Wahl zustande gekommen ist.

VII. Wenn die Genossenschaft es unterläßt oder verweigert, die ihr gesetz- oder statutenmäßig obliegenden Leistungen und Ausgaben in den Haushaltsplan aufzunehmen oder außerordentlich zu genehmigen, so kann die Aufsichtsbehörde unter Aufführung der Gründe die Aufnahme in den Haushaltsplan verfügen oder die außerordentliche Ausgabe feststellen.

§ 14

Bekanntmachungen

I. Die von der Genossenschaft ausgehenden Bekanntmachungen sind unter ihrem Namen zu erlassen und von dem Vorsitzenden zu unterzeichnen.

II. Die für die Öffentlichkeit bestimmten Bekanntmachungen werden in dem Bundesanzeiger und in mehreren Tagesblättern, welche von dem Genossenschaftsvorstande zu bestimmen und bekanntzugeben sind, veröffentlicht. Wird das Erscheinen eines der für öffentliche Bekanntmachungen bestimmten Blätter eingestellt, so hat der Vorsitzende bis zur Beschlußfassung durch den Genossenschaftsvorstand ein anderes Blatt zu bestimmen.

§ 15

Statutänderungen

I. Über Änderungen des Statuts beschließt die Genossenschaftsversammlung. Abänderungen, welche den Sitz und die äußere Vertretung der Genossenschaft betreffen, unterliegen der Genehmigung der Landesregierung.

II. Andere Abänderungen sind von der Zustimmung des zuständigen Ministers abhängig.

III. Jede Abänderung ist nach erfolgter Genehmigung nach Vorschrift und mit den Wirkungen des Gesetzes betreffend die Bekanntmachung landesherrlicher Erlasse durch die Amtsblätter vom 10. April 1872 (PrGS. NW. S. 2) zu verkünden. Eine Anzeige im Gesetz- und Verordnungsblatt kann unterbleiben.

§ 16

Auflösung der Genossenschaft

I. Die Genossenschaft kann die Auflösung beschließen.

II. Der Auflösungsbeschluß erfordert zu seiner Gültigkeit eine Mehrheit von zwei Dritteln der Stimmen und die Genehmigung der Landesregierung.

III. Die Auflösung tritt in Kraft, sobald die Genehmigungsurkunde dem Vorstande der Genossenschaft zugestellt ist.

IV. Im übrigen finden auf die Auflösung und Liquidation der Genossenschaft die Vorschriften des XVI. Abschnitts der Ersten Wasserverbandverordnung vom 3. 9. 1937 (RGBl. I S. 933) entsprechende Anwendung.

Anmerkung:

Der Genossenschaft ist durch Erlaß vom 19. 3. 1906 auf Grund des Gesetzes vom 11. Juni 1874 (GS. S. 221) das Recht verliehen worden, das zur Ausführung ihrer Anlagen erforderliche Grundeigentum im Wege der Enteignung zu erwerben oder dauernd zu beschränken.

Ferner ist am 9. 10. 1956 angeordnet worden, daß die Vorschriften des Gesetzes über ein vereinfachtes Enteignungsverfahren vom 26. Juli 1922 (GS. S. 211) in allen Enteignungsverfahren anzuwenden sind, die für ein Unternehmen der Genossenschaft durchgeführt werden, das die Klärung oder Fortleitung von Abwasser oder Maßnahmen der Vorflutregelung zum Gegenstand hat, die einer Versumpfung oder Überschwemmung des Geländes entgegenwirken sollen.

Gesetz über die Gründung des Großen Erftverbandes

Vom 3. Juni 1958 (GV. NW. S. 253)

§ 1

Rechtsform und Sitz

(1) Für das Niederschlagsgebiet der Erft und angrenzende Gebietsteile (Verbandsgebiet, § 5) wird hiermit eine Körperschaft des öffentlichen Rechts mit dem Namen „Großer Erftverband" gegründet.

(2) Der Sitz des Verbandes wird durch die Satzung bestimmt.

§ 2

Aufgabe des Verbandes

(1) Aufgabe des Verbandes ist die Regelung der Wasserwirtschaft im Verbandsgebiet. Der Verband hat zur Erfüllung dieser Aufgabe insbesondere:

a) die wasserwirtschaftlichen Verhältnisse zu erforschen und zu beobachten;
b) einem Mangel an Wasser zu begegnen und Maßnahmen zur Sicherung der gegenwärtigen und künftigen Versorgung der Bevölkerung, der Wirtschaft und des Bodens mit Wasser zu planen und durchzuführen;
c) Abwasser unschädlich zu machen;
d) die Vorflut zu erhalten und zu verbessern;
e) sonstige Maßnahmen zu treffen, um die vorstehenden Aufgaben zu fördern.

(2) Soweit die Erfüllung seiner Aufgabe es erfordert, kann der Verband seine Arbeiten nach Maßgabe der allgemeinen gesetzlichen Bestimmungen auch außerhalb des Verbandsgebietes durchführen.

(3) Soweit sich das Verbandsgebiet mit den Gebieten des Niersverbandes und des Rurwasserverbandes überschneidet, entfällt die Aufgabe gemäß Absatz 1 zu c) und d).

§ 3

Unternehmen und Pläne des Verbandes

(1) Als Mittel zur Durchführung der Verbandsaufgaben kommen vor allem folgende Unternehmen in Betracht:

a) zur Erforschung und Beobachtung der wasserwirtschaftlichen Verhältnisse:
   1. Feststellung des Grundwassers nach Stand, Bewegung, Menge und Güte;
   2. Ermittlung der Niederschläge und des oberirdischen Abflusses;
   3. Feststellung des Wasserbedarfs, seiner Entwicklung und der Möglichkeiten für seine Deckung;
   4. Feststellung der Folgen von Grundwasserveränderungen;

b) zur Verhütung oder Beseitigung eines Wassermangels:
   1. Planung und Vorbereitung von Maßnahmen zur Sicherung der Wasserversorgung;
   2. Wasserbeschaffung durch Bau und Betrieb von Wassergewinnungsanlagen, Aufbereitungsanlagen und Speicherräumen, auch außerhalb des Verbandsgebietes;
   3. Bau und Betrieb von Zuleitungen und Verteilungsnetzen für die Wasserversorgung einschließlich der Versorgung der landwirtschaftlichen Betriebe und Böden;
   4. Förderung von Maßnahmen zur Minderung des Wasserverbrauchs;

c) zur Reinhaltung der ober- und unterirdischen Gewässer:
   1. Feststellung der Belastung der Wasserläufe und des Grundwassers durch die Einleitung von Abwässern;
   2. Überwachung und notfalls Übernahme der Wartung bestehender Kläranlagen;
   3. Bau und Betrieb neuer Kläranlagen einschließlich der erforderlichen Versuchsanlagen;
   4. Bereitstellung von Abwasser zur landwirtschaftlichen Verwertung;

d) zur Erhaltung und Verbesserung der Vorflut:
   1. Unterhaltung der Wasserläufe zweiter Ordnung zur Erhaltung der Vorflut und zur Sicherung der Landeskultur;
   2. Unterhaltung der Wasserläufe dritter Ordnung, soweit dies zur Beseitigung grober Mißstände geboten oder zur Erleichterung der Unterhaltung der Wasserläufe zweiter Ordnung zweckmäßig ist;
   3. Ausbau von Wasserläufen zweiter Ordnung, soweit eine Verbesserung ihrer Vorflut erforderlich wird;
   4. Ausbau von Wasserläufen dritter Ordnung, wenn die bisherige Vorflut infolge vermehrter Einleitung durch industrielle oder bergbauliche Betriebe nicht mehr ausreicht.

(2) Unternehmen, die der Verband zur Wahrung des öffentlichen Wohles gegenüber eingetretenen oder möglichen Auswirkungen des Braunkohlenbergbaues durchführen will, hat er vorher mit den Mitgliedern der Gruppe § 6 Abs. 1 Nr. 1 (Braunkohlenbergbau), denen die Kosten der Durchführung nach § 41 zur Last fallen würden, zu erörtern. Der Verband kann die Durchführung diesen Mitgliedern auf deren Kosten überlassen; er muß dabei die Bedingungen für die Durchführung festlegen. Er setzt den betreffenden Mitgliedern eine Frist, innerhalb deren sie erklären müssen, ob sie bereit sind, die Durchführung unter den festgelegten Bedingungen zu übernehmen. Die Erklärung des Verbandes verliert ihre Wirkung, wenn die Mitglieder der Übernahme nicht innerhalb der gesetzten Frist zugestimmt haben oder die festgelegten Bedingungen bei der Durchführung nicht einhalten.

(3) Die Pläne für die Unternehmen des Verbandes, ihre Änderungen und Ergänzungen sowie die zur Ausführung erforderlichen Sonderentwürfe bedürfen der Genehmigung der Aufsichtsbehörde.

§ 4
Übernahme von Aufgaben und Anlagen

(1) Aufgaben, die durch dieses Gesetz dem Verband übertragen sind, haben die bisher dazu Verpflichteten weiter zu erfüllen, bis der Verband sie übernimmt.

(2) Der Verband kann Aufgaben im Sinne des § 2, die einem Wasser- und Bodenverband oder öffentlich-rechtlichen Zweckverband im Verbandsgebiet satzungsgemäß obliegen, nach Anhörung des betroffenen Verbandes ganz oder teilweise durch Beschluß des Verbandsausschusses übernehmen. Der Beschluß bedarf der Genehmigung der Aufsichtsbehörde. Die Genehmigung ist mit einer entsprechenden Anordnung an den Wasser- und Bodenverband oder Zweckverband zu verbinden; die Anordnung bindet diesen Verband.

(3) Der Verband darf Anlagen, die der Erfüllung der in § 2 bezeichneten Aufgaben dienlich sind, übernehmen und als Verbandsanlagen betreiben. Wenn die hierfür zu gewährende Gegenleistung oder Entschädigung die Kosten überschreitet, die dem Verband durch Herstellung und Betrieb eigener Anlagen mit gleicher Wirkung entstehen würden, soll er Anlagen nur übernehmen, wenn das öffentliche Interesse es erfordert.

(4) Der Verband soll öffentliche Wasserversorgungsbetriebe mit ihren Zuleitungs- und Versorgungsnetzen nicht ohne zwingenden Grund übernehmen.

§ 5
Verbandsgebiet

(1) Das Verbandsgebiet umfaßt das im Lande Nordrhein-Westfalen gelegene Niederschlagsgebiet der Erft und ihrer Zuflüsse, darüber hinaus ferner:

a) die östlich des Niederschlagsgebietes der Erft anschließenden Teile des Landkreises Bergheim,
b) den Landkreis Köln mit Ausnahme der Gemeinde Wesseling,
c) den linksrheinischen Teil der Stadt Köln,
d) die außerhalb des Niederschlagsgebietes der Erft liegenden Teile des Landkreises Grevenbroich mit Ausnahme der Gemeinden nördlich des Nordkanals,

der Gemeinde Zons, der Teile der Amtsbezirke Norf und Nievenheim, die ostwärts der Linie Bahnhof Dormagen—Bahnhof Norf—Erftmündung liegen, sowie desjenigen Teils der Gemeinde Wickrath, der links der Niers und westlich der Eisenbahnstrecke Rheydt—Erkelenz liegt,

e) die Stadt Neuß mit Ausnahme der Teile, die östlich der Linie Bahnhof Norf—Erftmündung und nördlich des Nordkanals liegen,

f) von der Stadt Rheydt die rechts der Niers gelegenen Teile,

g) vom Landkreis Erkelenz den Amtsbezirk Holzweiler und die Gemeinde Venrath,

h) vom Landkreis Jülich den Amtsbezirk Titz und die südlich anschließenden Gebiete ostwärts der Eisenbahnlinie von Erkelenz nach Jülich und des Ellebaches,

i) vom Landkreis Bonn die Gemeinden Sechtem, Bornheim und Alfter.

(2) Die Grenzen des Verbandsgebietes stellt erstmalig der Minister für Ernährung, Landwirtschaft und Forsten im einzelnen im Rahmen der vorstehenden Bestimmungen im Einvernehmen mit dem Minister für Wirtschaft und Verkehr durch eine Rechtsverordnung nach Anhörung des zuständigen Landtagsausschusses fest. Er soll hierbei möglichst Grenzen von Verwaltungsbezirken berücksichtigen.

(3) Das Verbandsgebiet kann nur durch Gesetz geändert werden.

§ 6

Mitglieder des Verbandes

(1) Mitglieder des Verbandes sind:

1. die jeweiligen Eigentümer der im Verbandsgebiet gelegenen Braunkohlenbergwerke, und zwar der
   a) unverritzten Felder,
   b) betriebenen Bergwerke einschließlich ihrer Brikettfabriken, Elektrizitätswerke, Wasserförderanlagen sowie sonstigen Aufbereitungsanstalten und Nebenanlagen im Sinne von § 58 und § 196 Abs. 3 des Allgemeinen Berggesetzes (ABG) vom 24. Juni 1865 (Gesetzsamml. S. 705),
   c) stillgelegten Bergwerke mit ihren Nebenbetrieben wie zu b),
2. die jeweiligen Eigentümer der im Verbandsgebiet gelegenen, nicht unter 1) und 5) fallenden Anlagen zur Erzeugung von Elektrizität mit wenigstens 50000 installierten kW,
3. a) die jeweiligen Eigentümer der Anlagen, durch die sie im Verbandsgebiet Wasser für ihre öffentlichen Wasserversorgungsbetriebe gewinnen; die Eigentümer der Verteilungsnetze sind Mitglieder, wenn sie nicht zugleich Eigentümer der Gewinnungsanlagen sind,
   b) die jeweiligen Eigentümer der Anlagen zur öffentlichen Abwasserbeseitigung, durch die Abwasser im Verbandsgebiet eingeleitet wird,
4. die jeweiligen Eigentümer aller übrigen im Verbandsgebiet gelegenen industriellen, gewerblichen und sonstigen Anlagen und Betriebe, die
   a) Wasser ableiten oder fördern oder
   b) Abwasser oder Kühlwasser einleiten,

   vorausgesetzt, daß ihre Einwirkungen auf den Wasserhaushalt des Verbandsgebietes eine verhältnismäßig erhebliche Bedeutung haben und daß sie nicht bereits nach Nr. 1 oder 2 Mitglieder sind,

5. die jeweiligen Eigentümer von im Verbandsgebiet gelegenen Wassertriebwerken (Wasserkraftanlagen) mit wenigstens 25 installierten PS,
6. die Landkreise Euskirchen, Bonn, Köln, Bergheim, Schleiden, Düren, Jülich, Erkelenz, Grevenbroich sowie die kreisfreien Städte Köln, Rheydt und Neuß,
7. die Kreisstellen der Landwirtschaftskammer Rheinland für die in Ziffer 6 genannten Landkreise und kreisfreien Städte als Vertreter der Land- und Forstwirtschaft des Verbandsgebietes,
8. die Erftfischereigenossenschaft Bergheim.

(2) Für die in Absatz 1 Nr. 4 bezeichneten Eigentümer bestimmt der Minister für Ernährung, Landwirtschaft und Forsten durch Rechtsverordnung die Voraussetzungen, unter denen ihre Einwirkungen auf den Wasserhaushalt des Verbandsgebietes eine verhältnismäßig erhebliche Bedeutung haben. Hierzu setzt er Mindestmaße der Einwirkungen fest, die bezogen werden

a) auf die Menge des abgeleiteten oder des geförderten Wassers,
b) auf die Menge des eingeleiteten Abwassers und dessen Schädlichkeitsgrad.

(3) Die Interessen derjenigen Eigentümer nach Absatz 1 Nr. 2, 4 und 5, die auf Grund der Mindestgrenzen nicht Mitglieder werden, nimmt die Mitgliedergruppe Landkreise und kreisfreie Städte (Absatz 1 Nr. 6) wahr.

(4) Mitglied nach Absatz 1 Nr. 1 bis 5 ist auch ein Eigentümer, der infolge von Veränderungen des Wasserstandes das vorher selbstgewonnene Wasser ganz oder teilweise vom Verband oder von anderer Seite erhält.

(5) Die Aufstellung und Führung des Verzeichnisses der Mitglieder wird durch die Satzung geregelt.

(6) Streitigkeiten über Bestehen und Umfang der Mitgliedschaft entscheidet der Vorstand. Gegen dessen Entscheidung kann binnen einer Frist von einem Monat seit Zustellung Einspruch beim Spruchausschuß eingelegt werden.

§ 7
Wasserrechtliche Befugnisse des Verbandes

(1) Der Verband ist berechtigt, die im Verbandsgebiet fließenden Wasserläufe auszubauen, zu benutzen und zu beseitigen sowie über das unterirdische Wasser im Verbandsgebiet zu verfügen, soweit es zur Durchführung der ihm gestellten Aufgabe erforderlich ist. Die Befugnisse der Wasseraufsichtsbehörde bleiben unberührt.

(2) Der Verband ist ferner berechtigt, zur Erfüllung seiner Aufgabe über das von den Bergwerksunternehmen des Verbandsgebietes zu Tage geförderte Wasser zu verfügen. Dies gilt nicht für dasjenige Wasser, das für die betrieblichen Zwecke des Bergwerksbetriebes, der in § 58 ABG bezeichneten Aufbereitungsanstalten sowie der Nebenanlagen im Sinne von § 196 Abs. 3 ABG unter Beachtung einer zumutbaren Wassereinsparung benötigt wird. Im Zweifelsfalle trifft das Oberbergamt im Benehmen mit dem zuständigen Regierungspräsidenten nach Anhörung des Verbandes und des Bergwerksunternehmens die Feststellung, in welchem Umfange dies der Fall ist.

§ 8
Durchführung von Unternehmen des Verbandes

Zur Sicherung und Ausübung seiner Rechte am Wasser (§ 7) bedarf der Verband keiner wasserrechtlichen Verleihung.

§ 9

Benutzung von Grundstücken und Anlagen der Verbandsmitglieder für Unternehmen des Verbandes

(1) Der Verband ist berechtigt, auf den zu ihm gehörigen Grundstücken seiner in § 6 Abs. 1 Nr. 1 bis 5 bezeichneten Mitglieder seine Unternehmen durchzuführen. Er kann zu diesem Zweck verlangen, daß ihm diese Mitglieder Anlagen, die zur Erfüllung seiner Aufgabe dienlich sind, zur Benutzung überlassen.

(2) Der Verband darf die für das Unternehmen nötigen Bodenbestandteile von den im Absatz 1 bezeichneten Grundstücken nehmen, wenn nicht Vorschriften zum Schutze der öffentlichen Sicherheit und Ordnung entgegenstehen.

(3) Der Verband hat dafür zu sorgen, daß der Ertragszustand der Grundstücke möglichst wenig beeinträchtigt und nach der Benutzung möglichst wiederhergestellt wird.

(4) Das Mitglied hat im Falle der Inanspruchnahme durch den Verband nach Absatz 1 und 2 Anspruch auf Entschädigung in Geld. Im Falle des Absatzes 1 bemißt sich diese Entschädigung nach dem vollen Wert der Nutzungen, die ihm durch die Inanspruchnahme entgehen. Im Falle des Absatzes 2 ist der volle Schaden zu ersetzen, der dem Mitglied durch die Wegnahme der Bodenbestandteile erwächst. Auf Verlangen des Mitglieds ist die Entschädigung in jährlich wiederkehrenden Leistungen nachträglich zu zahlen. Der dem Mitglied aus dem Unternehmen erwachsene Vorteil ist anzurechnen.

(5) Der Vorstand ordnet durch schriftlichen Bescheid die Inanspruchnahme an und setzt, wenn keine Einigung mit den Beteiligten zustande kommt, die Entschädigung fest. Gegen den Bescheid steht den Beteiligten der Widerspruch an den Vorstand des Verbandes zu. Will der Vorstand dem Widerspruch nicht abhelfen, so legt er ihn dem Spruchausschuß zur Entscheidung vor.

§ 10

Benutzung von Grundstücken zu Beobachtungen und Vorbereitungen

(1) Für Handlungen, die zur Durchführung von Beobachtungen und Ermittlungen sowie zur Vorbereitung von Maßnahmen erforderlich sind, darf der Verband mit Erlaubnis der Aufsichtsbehörde fremde Grundstücke benutzen. Eigentümer und Besitzer der Grundstücke sind verpflichtet, diese Benutzung zu dulden.

(2) Der Grundbesitzer ist mindestens drei Tage vorher zu verständigen. Zum Betreten von Gebäuden und eingefriedigten Hof- und Gartenräumen bedarf es, soweit der Besitzer seine Einwilligung nicht ausdrücklich erteilt, der Anzeige an die Gemeindeverwaltung, die den Besitzer mindestens drei Tage vorher zu verständigen und zur Offenhaltung der Räume zu veranlassen hat.

(3) Die Verpflichtung, Wohnungen zugänglich zu machen, besteht nur, soweit dies zur Verhütung dringender Gefahren für die öffentliche Sicherheit und Ordnung erforderlich ist. Insoweit wird das Grundrecht des Art. 13 Abs. 1 des Grundgesetzes eingeschränkt.

(4) Zugunsten der Grundeigentümer und der Nutzungsberechtigten gilt § 9 Abs. 3 bis 5 entsprechend.

(5) Bei Grundstücken, die öffentlichen Zwecken gewidmet sind, ist vor der Benutzung die Genehmigung der zuständigen Verwaltungsbehörde einzuholen.

§ 11

Enteignung

Der Verband kann Grundeigentum, dingliche Rechte an Grundstücken und andere Rechte, die zum Besitz oder zur Nutzung von Grundstücken berechtigen, entziehen oder beschränken, soweit dies zur Erfüllung seiner Aufgaben erforderlich ist (Enteignung). Er bedarf dazu der Genehmigung der Aufsichtsbehörde. Die Enteignung richtet sich nach den Vorschriften des Gesetzes über die Enteignung von Grundeigentum vom 11. Juni 1874 (Gesetzsamml. S. 221) mit der Maßgabe, daß das in dem Gesetz über ein vereinfachtes Enteignungsverfahren vom 26. Juli 1922 (Gesetzsamml. S. 211) vorgesehene vereinfachte Verfahren anzuwenden ist. Sollen landwirtschaftlich, forstwirtschaftlich oder gärtnerisch genutzte Grundstücke enteignet werden, so hat sich die Enteignungsbehörde mit der zuständigen Landwirtschaftsbehörde oder Forstbehörde ins Benehmen zu setzen.

§ 12

Bergbauliche Eingriffe in das Grundwasser

(1) Unterirdisches Wasser ist innerhalb des Bergwerksbetriebes (einschließlich der in § 58 und § 196 Abs. 3 ABG bezeichneten Aufbereitungsanstalten und Nebenanlagen) derart zu fördern, zu gewinnen, zu nutzen, zu behandeln und abzuleiten, daß dem Verband die Erfüllung seiner Aufgabe und die Ausübung der ihm zustehenden Befugnisse in zweckmäßiger Weise ermöglicht wird. Dies ist in Betriebsplänen nach den Vorschriften des Allgemeinen Berggesetzes zu regeln und von den Bergbehörden zu überwachen. Abschriften dieser Betriebspläne oder Betriebsplanteile sind dem Regierungspräsidenten und, soweit das Aufgabengebiet des Verbandes berührt wird, dem Verband vorzulegen. Die Entscheidung über diese Betriebspläne einschließlich der Festsetzung von Änderungen, Bedingungen und Auflagen ergeht im Einvernehmen mit dem zuständigen Regierungspräsidenten, der den Verband zu hören hat. Die Zulassung von Betriebsplänen dieser Art sowie dazu festgesetzte Bedingungen und Auflagen hat die Bergbehörde im Einvernehmen mit dem Regierungspräsidenten zu widerrufen, wenn die Interessen einer geordneten Wasserwirtschaft und Wasserversorgung es erfordern; der Verband kann dies beantragen. Auf die neuen Betriebspläne finden die Sätze 1 bis 4 Anwendung.

(2) Entstehen infolge wasserwirtschaftlicher Maßnahmen eines Bergwerksunternehmens Nachteile, so kann der Betroffene einen solchen Nachteil dem Verband und dem Bergwerksunternehmen schriftlich anzeigen. Mit dem Eingang der Anzeige bei dem Bergwerksunternehmen wird die Verjährung von Schadensersatzansprüchen, die auf Landesrecht beruhen, gegenüber diesem Unternehmen gehemmt, bis der Verband dem Betroffenen mitteilt, daß der Nachteil durch Maßnahmen oder Anlagen des Verbandes nicht ausgeglichen werde. Soweit ein solcher Ausgleich durch den Verband stattfindet, kann der Betroffene von dem Bergwerksunternehmen weder Unterlassung noch Herstellung besonderer Einrichtungen noch Schadensersatz verlangen.

(3) Auflagen und Bedingungen, die einem Bergwerksunternehmen von den Bergbehörden gemacht worden sind, gelten insoweit als erfüllt, als der mit ihnen bezweckte Erfolg durch Maßnahmen des Verbandes erreicht worden ist.

§ 13

Zusammenarbeit mit dem Braunkohlenausschuß

(1) Bevor der Braunkohlenausschuß dem Ministerpräsidenten auf Grund von § 3 des Gesetzes über die Gesamtplanung im Rheinischen Braunkohlengebiet vom 25. April 1950 (GS. NW. S. 450) einen Plan zur Verbindlichkeitserklärung vorlegt, hat er das Einvernehmen mit dem Verband herzustellen, soweit dessen Aufgabengebiet berührt wird.

(2) Der Vorsitzende des Braunkohlenausschusses hat den Verband über die ihm bekannten Planungen der Braunkohlenindustrie, soweit sie das Aufgabengebiet des Verbandes berühren, unverzüglich zu unterrichten.

(3) Der Geschäftsführer des Verbandes ist Mitglied des Braunkohlenausschusses. Er kann sich durch seinen Stellvertreter oder einen Beauftragten vertreten lassen.

§ 14

Selbstverwaltung, Verbandsorgane

(1) Der Verband verwaltet sich selbst. Er gibt sich eine Satzung.

(2) Verbandsorgane sind die Delegiertenversammlung, der Verbandsausschuß und der Vorstand.

(3) Der Verband unterliegt der Staatsaufsicht.

§ 15

Satzung

(1) Die Satzung regelt die inneren Verhältnisse des Verbandes.

(2) Über die Satzung und ihre Änderungen beschließt die Delegiertenversammlung; sie bedürfen der Genehmigung der Aufsichtsbehörde.

(3) Die Satzung bestimmt:

a) den Sitz des Verbandes (§ 1),
b) die Aufstellung und Führung des Verzeichnisses der Mitglieder (§ 6 Abs. 5),
c) die Festlegung von Stimmeinheiten in den Mitgliedergruppen (§ 19 Abs. 3),
d) die Entschädigung der Mitglieder des Verbandsausschusses, des Vorstandes, des Spruchausschusses und des Sachverständigenbeirats (§ 49),
e) die Art und Weise der Rechnungsprüfung (§ 36 Abs. 1),
f) die Orte, in welchen Bekanntmachungen des Verbandes auszulegen sind (§ 55 Abs. 1).

(4) Die Satzung kann ferner Bestimmungen nach § 27 Abs. 5, § 31 Abs. 2d, § 32 Abs. 4, § 39 Abs. 2 sowie nach § 50 Abs. 1 enthalten.

(5) Die Satzung und jede Änderung ist im Gesetz- und Verordnungsblatt für das Land Nordrhein-Westfalen bekanntzumachen.

Großer Erftverband

§ 16

Delegiertenversammlung

(1) Die Delegiertenversammlung besteht aus 100 Mitgliedern (Delegierten). 96 Mitglieder werden nach näherer Bestimmung der §§ 18 bis 21 durch die Mitgliedergruppen gewählt.

(2) Von den zu wählenden Delegierten entfallen auf die

Mitgliedergruppe gemäß § 6 Abs. 1 Nr. 1 (Braunkohlenbergbau)	24 Delegierte
Mitgliedergruppe gemäß § 6 Abs. 1 Nr. 2 (Elektrizitätswirtschaft)	6 Delegierte
Mitgliedergruppe gemäß § 6 Abs. 1 Nr. 3 (öffentliche Wasserversorgung und Abwasserbeseitigung)	12 Delegierte
Mitgliedergruppen gemäß § 6 Abs. 1 Nr. 4 und 5 (Industrie usw., Triebwerke)	18 Delegierte
Mitgliedergruppe gemäß § 6 Abs. 1 Nr. 6 (Landkreise und kreisfreie Städte)	21 Delegierte
Mitgliedergruppe gemäß § 6 Abs. 1 Nr. 7 (Landwirtschaft)	9 Delegierte
ferner auf den Kreis unterhaltungspflichtiger Gemeinden, Gemeindeverbände, Wasser- und Bodenverbände und Anlieger sowie die Erftfischereigenossenschaft	6 Delegierte

(3) Der Delegiertenversammlung gehören ferner vier sachverständige Mitglieder an, die von der Landesregierung für die Dauer von vier Jahren berufen werden. Für diese Mitglieder werden vier Stellvertreter berufen. Diese Mitglieder und ihre Stellvertreter dürfen, mit Ausnahme von Hochschullehrern, nicht als Beamte oder Angestellte im Dienste des Landes stehen.

§ 17

Zusammensetzung des Verbandsausschusses

(1) Der Verbandsausschuß hat 36 Mitglieder; 32 Mitglieder werden durch die Mitgliedergruppen nach näherer Bestimmung des § 19 Abs. 2 aus den Delegierten gewählt.

(2) Von den zu wählenden Ausschußmitgliedern entfallen auf die

Mitgliedergruppe gemäß § 6 Abs. 1 Nr. 1 (Braunkohlenbergbau)	8 Mitglieder
Mitgliedergruppe gemäß § 6 Abs. 1 Nr. 2 (Elektrizitätswirtschaft)	2 Mitglieder
Mitgliedergruppe gemäß § 6 Abs. 1 Nr. 3 (öffentliche Wasserversorgung und Abwasserbeseitigung)	4 Mitglieder
Mitgliedergruppen gemäß § 6 Abs. 1 Nr. 4 und 5 (Industrie usw., Triebwerke)	6 Mitglieder
Mitgliedergruppe gemäß § 6 Abs. 1 Nr. 6 (Landkreise und kreisfreie Städte)	7 Mitglieder
Mitgliedergruppe gemäß § 6 Abs. 1 Nr. 7 (Landwirtschaft)	3 Mitglieder

ferner auf den Kreis unterhaltungspflichtiger Gemeinden, Gemeindeverbände, Wasser- und Bodenverbände und Anlieger sowie die Erftfischereigenossenschaft 2 Mitglieder

(3) Dem Verbandsausschuß gehören ferner die vier Mitglieder an, die von der Landesregierung als Mitglieder der Delegiertenversammlung berufen sind (§ 16 Abs. 3).

(4) Für jedes Ausschußmitglied wird in gleicher Weise ein Stellvertreter gewählt oder berufen.

§ 18

Wählbarkeit

(1) Als Delegierter kann gewählt werden, wer Mitglied des Verbandes oder, bei juristischen Personen, vertretungsberechtigt ist oder den vertretungsberechtigten Organen des Mitgliedes angehört; wer Beamter oder Angestellter eines Mitgliedes ist, kann gewählt werden, wenn der Dienstherr sein Einverständnis erklärt. Wird das Dienst- oder Beamtenverhältnis aufgelöst, so scheidet der Gewählte aus; das gleiche gilt sinngemäß für Vertretungsberechtigte juristischer Personen.

(2) Als Delegierter der Landwirtschaft kann gewählt werden, wer Eigentümer oder Besitzer eines im Verbandsgebiet gelegenen landwirtschaftlichen Betriebes ist, wer zu den Organen einer im Verbandsgebiet bestehenden Organisation der landwirtschaftlichen Selbstverwaltung gehört oder wer Beamter oder Angestellter einer solchen Organisation ist. Ein Delegierter der Landwirtschaft soll Waldbesitzer sein. Die Delegierten unterhaltungspflichtiger Gemeinden, Gemeindeverbände, Wasser- und Bodenverbände und Anlieger sowie der Erftfischereigenossenschaft und der Landwirtschaft brauchen nicht selbst Mitglieder des Verbandes zu sein.

(3) Eine Mitgliedergruppe darf nicht durch solche Delegierte vertreten sein, die in einem Dienst- oder Arbeitsverhältnis zu einem Unternehmen oder einer Körperschaft einer anderen Mitgliedergruppe stehen.

§ 19

Wahl der Delegierten und der Ausschußmitglieder, Stimmrecht, Stimmlisten

(1) Jede Mitgliedergruppe wählt zunächst die auf sie entfallenden Delegierten für die Delegiertenversammlung. Die Delegierten aus dem Kreise der unterhaltungspflichtigen Gemeinden, Gemeindeverbände, Wasser- und Bodenverbände und Anlieger sowie der Erftfischereigenossenschaft werden von der Mitgliedergruppe gemäß § 6 Abs. 1 Nr. 6 (Landkreise und kreisfreie Städte) unter Zuziehung der Erftfischereigenossenschaft (§ 6 Abs. 1 Nr. 8) gewählt. Dabei hat die Erftfischereigenossenschaft eine Stimme.

(2) In einem weiteren Wahlgang wählt jede Mitgliedergruppe aus den von ihr zunächst gewählten Delegierten die auf sie entfallenden Mitglieder des Verbandsausschusses und deren Stellvertreter. Absatz 1 Satz 2 und 3 gilt entsprechend.

(3) Stimmberechtigt sind alle Mitglieder einer Gruppe, deren Jahresbeitrag einen in der Satzung festzulegenden Anteil an der auf diese Gruppe entfallenden Jahresumlage des Verbandes an Beiträgen erreicht (Stimmeinheit). Diese Stimmeinheiten

können für die verschiedenen Mitgliedergruppen verschieden festgelegt werden. Innerhalb der Mitgliedergruppe Landwirtschaft richtet sich das Stimmrecht der einzelnen Kreisstellen der Landwirtschaftskammer ohne Rücksicht auf Beitragszahlung nach dem Flächenanteil ihres Kreises am Verbandsgebiet. Jede Stimmeinheit gewährt eine Stimme. Kein Mitglied hat mehr als 40% aller Stimmen.

(4) Mitglieder, die nach dieser Stimmenberechnung keine Stimme oder die nächsthöhere Stimmenzahl nur zu einem Bruchteil erreichen, können sich mit den Bruchteilen ihrer Stimmen zu gemeinsamer Stimmabgabe zusammenschließen. Kommt dabei eine Einigung nicht zustande, so bleiben die Bruchteile der Stimmen unberücksichtigt.

(5) Solange Jahresbeiträge noch nicht feststehen, ist der vom Vorstand veranlagte erste Beitrag der einzelnen Mitglieder für die Berechnung der Stimmen maßgebend. Wenn fünf Jahre lang die Beiträge festgestellt gewesen sind, ist weiterhin der durchschnittliche Jahresbeitrag der letzten fünf Jahre für die Stimmberechtigung maßgebend.

(6) Der Geschäftsführer hat Stimmlisten der einzelnen Mitgliedergruppen aufzustellen und deren Mitgliedern mit der Aufforderung bekanntzugeben, innerhalb einer bestimmten Frist von dem Recht der Stimmgruppenbildung (Absatz 4) Gebrauch zu machen, widrigenfalls die Bruchteile der Stimmen nicht berücksichtigt werden.

§ 20

Einberufung, Leitung der Versammlungen der Mitgliedergruppen

(1) Die Mitgliedergruppen werden einzeln, die Mitgliedergruppen des § 6 Abs. 1 Nr. 4 und 5 zusammen vom Vorsitzenden des Vorstandes zur Wahl der auf sie entfallenden Delegierten und Ausschußmitglieder einberufen. Die Einladung erfolgt schriftlich unter Angabe der Tagesordnung gegen Postzustellungsurkunde oder gegen Empfangsbescheinigung und muß den Mitgliedern mindestens zwei Wochen vor dem Tage der Versammlung zugegangen sein.

(2) Jedes stimmberechtigte Mitglied kann sich in der Versammlung vertreten lassen, doch darf es höchstens so viele Vertreter entsenden, wie es Stimmen hat. Die Kreisstellen der Landwirtschaftskammer können durch zwei Beauftragte vertreten werden. Die mehreren Stimmen eines Mitglieds können nur einheitlich abgegeben werden.

(3) Die Versammlung wird von dem Vorsitzenden des Vorstandes geleitet. Sie ist beschlußfähig ohne Rücksicht auf die Zahl der Erschienenen, wenn alle Stimmberechtigten ordnungsgemäß geladen sind.

(4) Die Feststellungen über die Beschlußfähigkeit der Versammlung und die Wahlergebnisse sind aufzuzeichnen. Die Niederschrift ist von dem Vorsitzenden des Vorstandes und von zwei Mitgliedern, welche die Versammlung durch Zuruf bestimmt, zu unterzeichnen.

§ 21

Wahlergebnis

(1) Die stimmberechtigten Mitglieder einer Mitgliedergruppe sind berechtigt, Vorschläge für die Wahl der von ihrer Gruppe zu wählenden Delegierten und

Ausschußmitglieder zu machen. Wird aus einer Mitgliedergruppe nur ein Wahlvorschlag für alle auf sie entfallenden Delegierten und Ausschußmitglieder gemacht und stimmen alle Mitglieder dieser Gruppe dem Vorschlag schriftlich zu, so bedarf es einer Einberufung der Versammlung dieser Mitgliedergruppe nicht.

(2) Gewählt ist, wer die Mehrheit der abgegebenen Stimmen auf sich vereinigt. Kommt beim ersten Wahlgang eine solche Mehrheit nicht zustande, so ist eine Stichwahl durchzuführen. Bei Stimmengleichheit entscheidet das Los.

§ 22

Erste Wahl der Delegierten und der Mitglieder des Verbandsausschusses

(1) Zur ersten Wahl der Delegierten und der Ausschußmitglieder lädt ein von der Aufsichtsbehörde beauftragter Staatsbeamter die Mitgliedergruppen. Innerhalb der einzelnen Mitgliedergruppen des § 6 Abs. 1 sind die dort bezeichneten Mitglieder nach Maßgabe folgender Bestimmungen stimmberechtigt:

Je eine Stimme gewähren:

1. in Gruppe 1
   eine Kohlenförderung von 10000 to im Jahre 1956,
2. in Gruppe 2
   50000 installierte kW am 1. Januar 1957,
3. in Gruppe 3
   a) die Gewinnung oder Verteilung von 125000 cbm Wasser im Jahre 1956; jedoch hat insoweit kein Stimmberechtigter mehr als 15% der Stimmen,
   b) die Einleitung des Abwassers von 2500 Personen nach dem Stande vom 1. Januar 1957; jedoch hat insoweit kein Stimmberechtigter mehr als 15% der Stimmen,
4. in Gruppe 4
   die Beschäftigung von 50 Arbeitnehmern — in den Städten Köln und Neuß sowie in den Gemeinden Berzdorf, Rondorf und Dormagen die Beschäftigung von 200 Arbeitnehmern — am 1. Januar 1957,
5. in Gruppe 5
   25 installierte PS am 1. Januar 1957.
6. In Gruppe 6 haben von insgesamt hundert Stimmen

im Regierungsbezirk Köln	
der Landkreis Köln	16 Stimmen
die Stadt Köln	15 Stimmen
der Landkreis Bergheim	23 Stimmen
der Landkreis Euskirchen	14 Stimmen
der Landkreis Bonn	3 Stimmen
im Regierungsbezirk Düsseldorf	
der Landkreis Grevenbroich	19 Stimmen
die Stadt Neuß	1 Stimme
die Stadt Rheydt	2 Stimmen
im Regierungsbezirk Aachen	
der Landkreis Erkelenz	1 Stimme
der Landkreis Jülich	2 Stimmen

der Landkreis Düren 3 Stimmen
der Landkreis Schleiden 1 Stimme

7. Innerhalb der Gruppe 7 (Landwirtschaft) richtet sich das Stimmrecht der einzelnen Kreisstellen der Landwirtschaftskammer nach dem Flächenanteil ihres Kreises am Verbandsgebiet.

(2) Für die Wahl finden die Bestimmungen des § 18, des § 19 Abs. 1, Abs. 2 und 3 letzter Satz sowie der §§ 20 und 21 entsprechende Anwendung. Bruchteile von Stimmen bleiben unberücksichtigt. Der Beauftragte der Aufsichtsbehörde leitet die Versammlungen und nimmt die Befugnisse des Vorsitzenden des Vorstandes wahr, bis der erste Vorstand gewählt ist. Für die Wahrnehmung seiner Befugnisse kann er einen Vertreter bestellen.

§ 23
Amtszeit der Delegierten und der Mitglieder des Verbandsausschusses

(1) Die nach § 22 gewählten ersten Delegierten und Ausschußmitglieder bleiben nur so lange im Amt, bis eine neue Wahl nach §§ 19 bis 21 durchgeführt ist. Dies hat spätestens sechs Monate nach Rechtskraft der ersten Beitragsliste zu geschehen.

(2) Die Delegierten werden in der Folge für sechs Jahre gewählt. Von den danach erstmalig gewählten Delegierten scheidet je ein Drittel nach zwei und vier Jahren aus. Wer als Delegierter ausscheidet, verliert auch sein Amt als Mitglied des Verbandsausschusses. Für die Ausscheidenden finden Neuwahlen statt; Wiederwahl ist zulässig. Die Reihenfolge des Ausscheidens bestimmt das Los. Die Ausscheidenden führen nach Beendigung ihrer Amtszeit ihr Amt weiter, bis die Neuwahl stattgefunden hat.

(3) Das Amt als Delegierter und — soweit der Delegierte zugleich Ausschußmitglied ist — auch das Amt als Mitglied des Verbandsausschusses erlischt vorzeitig durch den Tod, durch Niederlegung des Amtes, durch Auflösung des Dienstverhältnisses oder Vertretungsverhältnisses (§ 18 Abs. 1 und 2), durch Verlust der Fähigkeit zur Bekleidung öffentlicher Ämter und durch Eintritt der Geschäftsunfähigkeit oder beschränkten Geschäftsfähigkeit. Scheidet ein Delegierter vorzeitig aus, so ist für ihn eine Ersatzwahl für den Rest der Amtszeit vorzunehmen. War der Delegierte zugleich Mitglied des Verbandsausschusses, so tritt dort sein Stellvertreter an seine Stelle. Für diesen ist zugleich mit der Neuwahl des Delegierten eine Ersatzwahl vorzunehmen.

§ 24
Sitzungen der Delegiertenversammlung, Beschlußfassung

(1) Der Vorsitzende des Vorstandes lädt die Delegierten unter Angabe der Tagesordnung mit mindestens einwöchiger Frist zu den Sitzungen. Er unterrichtet ferner die Vorstandsmitglieder.

(2) Der Vorsitzende des Vorstandes leitet die Sitzungen der Delegiertenversammlung; er ist nicht stimmberechtigt. Die übrigen Vorstandsmitglieder und der Geschäftsführer dürfen an den Sitzungen teilnehmen; sie sind nicht stimmberechtigt.

(3) Die Delegiertenversammlung bildet ihren Willen mit der Mehrheit der Stimmen ihrer anwesenden Mitglieder. Jedes Mitglied hat eine Stimme. Stimmengleichheit bedeutet Ablehnung.

(4) Die Delegiertenversammlung ist beschlußfähig, wenn mindestens 48 Delegierte anwesend und alle Delegierten sowie die von der Landesregierung berufenen Mitglieder rechtzeitig geladen sind. Bei Beschlußunfähigkeit kann der Vorsitzende eine neue Sitzung anberaumen, in der die Delegiertenversammlung bei gleicher Tagesordnung ohne Rücksicht auf die Zahl der Anwesenden beschlußfähig ist. Hierauf muß in der Ladung aufmerksam gemacht werden.

(5) Der Beschlußfähigkeit steht nicht entgegen, daß der Delegiertenversammlung weniger Delegierte als die für ihre Zusammensetzung in § 16 festgesetzte Zahl angehören.

(6) Die Beschlüsse sind in das Beschlußbuch einzutragen. Jede Eintragung ist vom Vorsitzenden und von einem Mitglied der Delegiertenversammlung zu unterschreiben.

(7) Das Oberbergamt und die im Verbandsgebiet zuständigen Regierungspräsidenten können an den Sitzungen der Delegiertenversammlung teilnehmen. Sie sind zu den Sitzungen einzuladen.

(8) Die Mitglieder des Verbandes, die nicht selbst Delegierte sind, können an den Sitzungen der Delegiertenversammlung teilnehmen. Ort, Zeitpunkt und Tagesordnung der Sitzungen sind mindestens eine Woche vorher so bekanntzugeben, wie es für die Bekanntmachung der Landkreise und kreisfreien Städte im Verbandsgebiet vorgeschrieben ist.

§ 25

Sitzungen des Verbandsausschusses, Beschlußfassung

(1) Für die Durchführung der Sitzungen und für die Beschlußfassung im Verbandsausschuß gelten die Bestimmungen des § 24 Abs. 1 bis 7 entsprechend. Soweit sich der Verbandsausschuß mit einer Angelegenheit im Sinne des § 27 Abs. 5 befaßt, können die anwesenden Mitglieder die Leitung der Sitzung einem Mitglied des Ausschusses übertragen. Der Verbandsausschuß ist beschlußfähig, wenn mindestens 24 Mitglieder anwesend sind.

(2) Der Vorsitzende des Vorstandes muß eine Sitzung anberaumen, wenn mindestens 17 Ausschußmitglieder dies wünschen.

§ 26

Aufgaben der Delegiertenversammlung

(1) Die Delegiertenversammlung beschließt über

a) die Satzung und ihre Änderungen,

b) die Feststellung des Haushaltsplanes und seiner Nachträge,

c) die Bestimmung von Rechnungsprüfern,

d) die Entlastung des Vorstandes.

(2) Die Delegiertenversammlung ist außerdem in angemessenen Zeiträumen einzuberufen, über die Angelegenheiten des Verbandes zu unterrichten und anzuhören. Zu dem gleichen Zweck können die Delegierten einzelner Mitgliedergruppen

zusammengerufen werden. Auf Antrag der Vertreter von mindestens zwei Mitgliedergruppen im Verbandsausschuß muß eine Delegiertenversammlung einberufen werden.

§ 27

Aufgaben des Verbandsausschusses

(1) Der Verbandsausschuß wählt die Vorstandsmitglieder sowie unter diesen den Vorsitzenden und dessen ersten und zweiten Stellvertreter.

(2) Im übrigen beschließt der Ausschuß über:

a) seine Geschäftsordnung,
b) die Übernahme von Aufgaben bestehender Wasser- und Bodenverbände oder Zweckverbände (§ 4 Abs. 2),
c) die Freistellung von der Beitragsleistung (§ 38 Abs. 4),
d) Stundung und Erlaß der zusätzlichen Beiträge nach § 42 Abs. 4,
e) die Richtlinien für die Anstellungs- und Beschäftigungsverhältnisse,
f) die Grundsätze für die Benutzung und die Unterhaltung der Verbandsanlagen,
g) die Wahl des Geschäftsführers und seines Stellvertreters und die Höhe ihrer Bezüge,
h) die Einlegung von Rechtsmitteln gegen Verfügungen und Anordnungen der Aufsichtsbehörde.

(3) Der Vorstand soll darüber hinaus in bedeutsamen und wichtigen Angelegenheiten die Beschlußfassung des Ausschusses herbeiführen.

(4) Der Ausschuß kann jederzeit von dem Vorstand Berichte verlangen. Er kann Bücher, Rechnungen und Schriften des Verbandes einsehen und prüfen, Anlagen besichtigen und Vorgänge untersuchen. Er kann hiermit auch einzelne seiner Mitglieder beauftragen.

(5) Der Ausschuß vertritt den Verband gegenüber dem Vorstand oder Mitgliedern des Vorstandes insbesondere in Rechtsgeschäften und Rechtsstreitigkeiten nach näherer Bestimmung der Satzung.

§ 28

Zusammensetzung, Wahl und Amtszeit des Vorstandes

(1) Der Vorstand besteht aus sieben Mitgliedern. Der Verbandsausschuß wählt sechs Mitglieder des Vorstandes, und zwar für die

Mitgliedergruppe gemäß § 6 Abs. 1 Nr. 1 (Braunkohlenbergbau)	1 Mitglied
Mitgliedergruppe gemäß § 6 Abs. 1 Nr. 2 (Elektrizitätswirtschaft)	1 Mitglied
Mitgliedergruppe gemäß § 6 Abs. 1 Nr. 3 (öffentliche Wasserversorgung und Abwasserbeseitigung)	1 Mitglied
Mitgliedergruppen gemäß § 6 Abs. 1 Nr. 4 und 5 (Industrie usw., Triebwerke)	1 Mitglied
Mitgliedergruppe gemäß § 6 Abs. 1 Nr. 6 (Landkreise und kreisfreie Städte)	1 Mitglied
Mitgliedergruppe gemäß § 6 Abs. 1 Nr. 7 (Landwirtschaft)	1 Mitglied

Die Landesregierung bestellt einen Sachverständigen als siebentes Mitglied; § 16 Abs. 3 Satz 3 gilt entsprechend.

(2) Vorstandsmitglied kann nicht sein, wer Delegierter ist. Im übrigen gilt § 18 entsprechend.

(3) Die Ausschußmitglieder jeder Mitgliedergruppe, die ein Vorstandsmitglied zu stellen hat, machen dem Ausschuß einen Vorschlag für die Wahl dieses Vorstandsmitgliedes. Der Ausschuß kann einen weiteren Vorschlag fordern. Von den Vorgeschlagenen ist gewählt, wer mindestens 19 Stimmen auf sich vereinigt. Kommt eine Wahl hiernach nicht zustande, so ist gewählt, wer in einem zweiten Wahlgang die meisten Stimmen erhält. Sind in einer Sitzung nach § 25 Abs. 1 in Verbindung mit § 24 Abs. 4 Satz 2 weniger als 19 Mitglieder anwesend, so ist gewählt, wer mehr als die Hälfte der abgegebenen Stimmen erhält. Bei Stimmengleichheit entscheidet in allen Fällen das Los.

(4) Die Amtszeit des Vorstandes beträgt vier Jahre. Die Amtszeit des ersten Vorstandes endet mit der Amtszeit der gewählten Mitglieder des ersten Verbandsausschusses. Die Vorstandsmitglieder führen nach Beendigung ihrer Amtszeit ihr Amt weiter, bis der neue Vorstand gewählt ist. Im übrigen gilt § 23 Abs. 3 Satz 1 entsprechend. Für ein vorzeitig ausscheidendes Vorstandsmitglied ist eine Ersatzwahl für den Rest der Amtszeit vorzunehmen.

§ 29

Aufgaben des Vorstandes

(1) Der Vorstand hat die Aufgaben, die nicht durch dieses Gesetz oder die Satzung der Delegiertenversammlung oder dem Verbandsausschuß zugewiesen oder vorbehalten worden sind.

(2) Der Vorstand beschließt insbesondere über:

a) die Aufstellung und Führung des Verzeichnisses der Mitglieder nach Maßgabe der Satzung und über Streitigkeiten über Bestehen und Umfang der Mitgliedschaft,
b) die Aufstellung von Veranlagungsrichtlinien,
c) die Pläne und Sonderentwürfe für die Unternehmen des Verbandes zur Vorlage bei der Aufsichtsbehörde,
d) die Mitwirkung bei der Planung des Braunkohlenausschusses (§ 13 Abs. 1),
e) den Bau von Versuchsanlagen,
f) die Übernahme der Unterhaltung von Wasserläufen dritter Ordnung und den Ausbau von Wasserläufen,
g) die Übernahme von Anlagen (§ 4 Abs. 3),
h) die Überlassung der Durchführung von Unternehmen (§ 3 Abs. 2),
i) die Durchführung von Enteignungsverfahren und Festsetzung von Entschädigungen,
k) den Entwurf des Haushaltsvoranschlages und der Nachträge zum Haushaltsplan,
l) den Abschluß von Verträgen, die den Verband mit einer Verpflichtung in Höhe von mehr als 10000 DM belasten,
m) den Erwerb und die Veräußerung von Grundstücken und grundstücksgleichen Rechten,

n) die Übernahme einer fremden Verbindlichkeit, insbesondere über die Eingehung von Bürgschaften und über Gewährverträge, ohne Rücksicht auf die Höhe der Verpflichtung,
o) den Abschluß eines Dienstvertrages mit dem Geschäftsführer,
p) die Ernennung von Beamten.

§ 30

Sitzungen und Beschlußfassung des Vorstandes

(1) Der Vorsitzende lädt die Vorstandsmitglieder unter Angabe der Tagesordnung mit mindestens einwöchiger Frist zu den Sitzungen. § 24 Abs. 7 gilt entsprechend.

(2) Im Jahre sind mindestens zwei Sitzungen des Vorstandes abzuhalten. Der Vorsitzende muß eine Sitzung anberaumen, wenn mindestens drei Vorstandsmitglieder dies wünschen.

(3) Der Vorstand bildet seinen Willen mit der Mehrheit der Stimmen seiner anwesenden Mitglieder. Jedes Mitglied hat eine Stimme. Bei Stimmengleichheit gilt der Antrag als abgelehnt.

(4) Der Vorstand ist beschlußfähig, wenn mindestens vier Mitglieder anwesend und alle Mitglieder rechtzeitig geladen sind.

(5) Ohne Rücksicht auf die Zahl der Erschienenen ist der Vorstand beschlußfähig, wenn er zum zweiten Male wegen desselben Gegenstandes rechtzeitig geladen und wenn dabei mitgeteilt worden ist, daß ohne Rücksicht auf die Zahl der Erschienenen beschlossen werden wird.

(6) Der Beschlußfähigkeit steht nicht entgegen, daß dem Vorstand weniger Mitglieder als die für seine Zusammensetzung in § 28 festgesetzte Zahl angehören.

(7) Auf schriftlichem Wege erzielte Beschlüsse sind gültig, wenn sie einstimmig von allen Mitgliedern des Vorstandes gefaßt sind.

(8) Die Beschlüsse sind in das Beschlußbuch einzutragen. Jede Eintragung ist vom Vorsitzenden und von einem weiteren Mitglied des Vorstandes zu unterzeichnen.

§ 31

Der Geschäftsführer

(1) Der Geschäftsführer soll die für den höheren Dienst in der Landesverwaltung erforderliche zweite Staatsprüfung abgelegt haben. Seine Wahl bedarf der Bestätigung durch die Aufsichtsbehörde.

(2) Dem Geschäftsführer obliegen die laufenden Geschäfte des Verbandes. Hierzu gehören:
a) die Einziehung der Beiträge,
b) die Entscheidung über Angelegenheiten, die den Verband mit einer Verpflichtung von nicht mehr als 10000 DM belasten,
c) die Dienstaufsicht über die Dienstkräfte des Verbandes,
d) der Abschluß von Anstellungsverträgen nach den vom Verbandsausschuß aufgestellten Richtlinien. Durch die Satzung kann bestimmt werden, daß Anstellungsverträge bei bestimmten Gruppen von Angestellten der Zustimmung des Vorstandes bedürfen. Der Geschäftsführer soll in wichtigen Angelegenheiten die Beschlußfassung des Vorstandes herbeiführen.

(3) In Fällen, die keinen Aufschub bis zur nächstmöglichen Vorstandssitzung dulden, entscheidet der Geschäftsführer auch über Angelegenheiten, die den Verband mit einer Verpflichtung von mehr als 10000 DM belasten. Diese Entscheidungen sind dem Vorsitzenden des Vorstandes sofort mitzuteilen und dem Vorstand in der nächsten Sitzung vorzulegen. Der Vorstand kann die Dringlichkeitsentscheidung aufheben, soweit nicht schon Rechte Dritter entstanden sind.

§ 32

Vertretung des Verbandes

(1) Die Ausführung der Beschlüsse der Organe des Verbandes obliegt dem Vorsitzenden des Vorstandes, soweit der Vorstand sie nicht allgemein oder im Einzelfalle dem Geschäftsführer überträgt.

(2) Der Vorsitzende des Vorstandes vertritt den Verband gerichtlich und außergerichtlich. Im Behinderungsfalle hat sein Stellvertreter gleiche Befugnisse.

(3) Bei den laufenden Geschäften ist auch der Geschäftsführer zur außergerichtlichen Vertretung des Verbandes befugt.

(4) Schriftliche Erklärungen verpflichten jedoch den Verband nur, wenn sie neben der Unterschrift des Vorsitzenden des Vorstandes oder seines Stellvertreters die Unterschrift des Geschäftsführers oder seines Stellvertreters tragen. In der Satzung kann bestimmt werden, daß der Geschäftsführer oder sein Stellvertreter zusammen mit anderen Bediensteten des Verbandes zur rechtsverbindlichen Zeichnung befugt ist.

§ 33

Dienstkräfte

Der Verband hat das Recht, mit Ermächtigung der Aufsichtsbehörde Beamte zu ernennen. Der Geschäftsführer des Verbandes kann als Beamter auf Zeit berufen werden. Die Amtszeit muß mindestens sechs Jahre betragen.

§ 34

Gutachtliche Beratung des Verbandes, Sachverständigenbeirat

(1) Der Verband soll zu seiner gutachtlichen Beratung bei der Planung und Durchführung seiner Maßnahmen einen Sachverständigenbeirat zu Rate ziehen, wenn dies wegen deren Bedeutung oder Schwierigkeit notwendig erscheint. Der Sachverständigenbeirat soll vor allem auch die in § 43 angeführten Gesichtspunkte für die Sicherung und Deckung des Wasserbedarfs, insbesondere des Mehr- und Neubedarfs, prüfen und beurteilen. Der Sachverständigenbeirat ist zu Rate zu ziehen, wenn zwei Mitglieder des Vorstandes, neun Mitglieder des Verbandsausschusses oder die Vertreter zweier Mitgliedergruppen im Verbandsausschuß dies verlangen.

(2) Der Beirat besteht aus drei wasserwirtschaftlichen Sachverständigen, die durch den Minister für Ernährung, Landwirtschaft und Forsten, davon einer auf Vorschlag des Ministers für Wirtschaft und Verkehr, auf Widerruf bestellt werden. Der Minister für Ernährung, Landwirtschaft und Forsten ergänzt im Einvernehmen mit dem jeweils zuständigen Fachminister den Beirat von Fall zu Fall durch Berufung weiterer Sachverständiger, insbesondere zur Beurteilung von Fragen

nicht wasserwirtschaftlicher Art. Für die Sachverständigen gilt § 16 Abs. 3 Satz 3 entsprechend.

§ 35
Haushaltsplan

(1) Der Vorstand hat jährlich einen Haushaltsvoranschlag zu entwerfen, der von der Delegiertenversammlung als Haushaltsplan festgestellt und von der Aufsichtsbehörde genehmigt wird. Der Haushaltsplan enthält alle Einnahmen und Ausgaben des Verbandes im kommenden Rechnungsjahr. Er muß in Einnahmen und Ausgaben ausgeglichen sein.

(2) Das Haushaltsjahr läuft vom 1. Januar bis 31. Dezember.

(3) Ausgaben, die im Haushaltsplan nicht oder noch nicht festgesetzt sind, können mit Ermächtigung der Aufsichtsbehörde bewirkt werden, wenn der Verband dazu verpflichtet ist, oder wenn ein Aufschub erhebliche Nachteile bringen würde. Die Feststellung eines Nachtragshaushalts ist unverzüglich herbeizuführen.

(4) Ist der Haushaltsplan bis zum Beginn des Rechnungsjahres nicht verabschiedet, so bleibt der Haushaltsplan des Vorjahres vorläufig weiter in Kraft. Die Beiträge sind nach der Beitragsliste des Vorjahres vorbehaltlich einer späteren Verrechnung zu zahlen.

(5) Für das Haushalts-, Kassen- und Rechnungswesen sind im übrigen die für das Land Nordrhein-Westfalen jeweils geltenden Bestimmungen maßgebend.

§ 36
Rechnungsprüfung und Jahresabschluß

(1) Zum Schluß des Rechnungsjahres hat der Vorstand die Jahresrechnung, eine Vermögensübersicht und einen Geschäftsbericht anzufertigen, die dem Ausschuß im ersten Viertel des neuen Rechnungsjahres mit allen Unterlagen vorzulegen sind. Die Satzung trifft Bestimmungen über die Prüfstelle und die Durchführung der Rechnungsprüfung.

(2) Die Aufsichtsbehörde kann laufende und außerordentliche Prüfungen durch einen von ihr bestimmten Beamten oder Wirtschaftsprüfer auf Kosten des Verbandes vornehmen lassen. Sie kann anordnen, daß die Prüfung auf Fragen der Zweckmäßigkeit und Wirtschaftlichkeit der Haushaltsführung erstreckt wird.

§ 37
Beiträge

(1) Die Mitglieder haben dem Verband die Beiträge zu leisten, die zur Erfüllung seiner Aufgaben und seiner Verbindlichkeiten und zu einer ordentlichen Haushaltsführung erforderlich sind.

(2) Die Beiträge bestehen in Geldleistungen, die in der Regel vierteljährlich im voraus erhoben werden.

(3) Der Geschäftsführer kann bei der Räumung und Unterhaltung von Wasserläufen die Abgeltung von Beiträgen durch Dienst-, Werk- oder Sachleistungen zulassen.

(4) Der Vorstand stellt die Veranlagungsrichtlinien für die Mitglieder auf Grund der Vorschriften über die Beitragspflicht und den Beitragsmaßstab auf.

§ 38

Beitragspflicht und Beitragsmaßstab

(1) Die Beitragslast verteilt sich auf die Mitglieder im Verhältnis der Vorteile, die sie von den Aufgaben des Verbandes haben, und der Lasten, die der Verband auf sich nimmt, um ihren schädigenden Einwirkungen zu begegnen oder um ihnen Leistungen abzunehmen. Vorteile sind auch die Erleichterung einer Pflicht eines Mitgliedes und die Möglichkeit, die Maßnahmen des Verbandes zweckmäßig und wirtschaftlich auszunutzen. Maßnahmen, die der Verband zur Verhütung oder zum Ausgleich von schädigenden Einwirkungen von Mitgliedern durchführt, können den Begünstigten nur insoweit als Vorteile angerechnet werden, als sie hierdurch eigene Aufwendungen ersparen.

(2) Soweit Eigentümer und Unternehmungen im Sinne des § 6 Abs. 1 Nr. 2, 4 und 5 nach § 6 Abs. 1 und 2 nicht Mitglieder sind, werden an ihrer Stelle die Landkreise und kreisfreien Städte nach Maßgabe des Absatzes 1 zu Beiträgen herangezogen. Wenn der Verband Wasserläufe ausbaut oder unterhält, so tragen die Landkreise und kreisfreien Städte anteilig die Beiträge für die dadurch entstehenden Kosten. Dies gilt nicht, soweit besondere Kosten dadurch erwachsen, daß andere den Ausbau notwendig machen oder die Unterhaltung erschweren. Die Verbandsbeiträge der Landkreise und kreisfreien Städte können nach den §§ 5 und 10 des Kreis- und Provinzialabgabengesetzes vom 23. April 1906 (Gesetzsamml. S. 159) aufgebracht werden. Dabei gelten die Maßnahmen und Anlagen des Verbandes als Veranstaltungen im Sinne dieser Vorschriften. Die Landkreise und kreisfreien Städte dürfen von den Verbandsmitgliedern für die Vorteile aus Anlagen oder Maßnahmen des Verbandes Abgaben insoweit nicht erheben, als die Verbandsmitglieder selbst hierfür an den Verband Beiträge zu leisten haben.

(3) Die in § 6 Abs. 1 unter Nr. 7 genannten Mitglieder (Kreisstellen der Landwirtschaftskammer) haben Beiträge nicht zu leisten.

(4) Der Verbandsausschuß kann beschließen, ob und unter welchen allgemeinen Voraussetzungen Mitglieder, deren Jahresbeitrag den durch die Ermittlung und Hebung verursachten Aufwand an Verwaltungskosten nicht rechtfertigt, beitragsfrei bleiben.

§ 39

Veranlagung

(1) Der Geschäftsführer verteilt die Geldsumme, die die Mitglieder nach dem Haushaltsplan aufzubringen haben, nach den Veranlagungsrichtlinien auf die Mitglieder. Er führt die Beiträge in einer Beitragsliste auf und macht den Mitgliedern einen Abdruck der Liste mit den dazu nötigen Erläuterungen bekannt (§ 55).

Die Mitglieder können gegen die bekanntgemachte Beitragsliste schriftlich beim Vorstand binnen einem Monat Einwendungen vorbringen. Die Frist beginnt mit dem Tage der Mitteilung der Liste oder, soweit statt der unmittelbaren Mitteilung eine Auslegung der Liste erfolgt, mit dem Tage nach Ablauf der Auslegungsfrist.

Der Vorstand prüft die Einwendungen. Er ist befugt, über sie mündlich oder schriftlich zu verhandeln. Nach abgeschlossener Prüfung berichtigt er die Beitragsliste, soweit dies erforderlich ist.

(2) Der Vorstand setzt hiernach die Beiträge der einzelnen Mitglieder fest und teilt jedem Mitglied seinen Beitrag, die Zahlstelle und die Zahlungsfrist mit (Beitragsbescheid). Der Beitragsbescheid enthält zugleich eine begründete Bescheidung derjenigen Mitglieder, die Einwendungen erhoben haben oder deren Beitrag sich gegenüber der ursprünglichen Beitragsliste infolge der von anderen Mitgliedern vorgebrachten Einwendungen geändert hat.

Der Beitragsbescheid ist zuzustellen. Die Satzung kann eine andere Form der Bekanntgabe bestimmen. Der Geschäftsführer zieht die Beiträge ein.

(3) Gegen den Beitragsbescheid kann der Veranlagte schriftlich Widerspruch einlegen. Gibt der Vorstand dem Widerspruch nicht statt, so legt er ihn dem Spruchausschuß vor. Der Spruchausschuß hört vor seiner Entscheidung den Widersprechenden an.

(4) Soweit es für die Verwaltung und die Arbeiten des Verbandes erforderlich ist, kann der Vorsitzende des Vorstandes vor der Ermittlung und Bestimmung des Beitragsverhältnisses vorläufige Beiträge nach dem voraussichtlichen Beitragsverhältnis festsetzen.

(5) Die nicht endgültigen — Absatz 3 — und die vorläufigen — Absatz 4 — Beiträge sind so bald wie möglich auszugleichen.

(6) Werden im Laufe eines Veranlagungszeitraumes Anlagen oder Unternehmen des Verbandes neu hergestellt oder wesentlich geändert, so können die Kosten in einer Nachtragshebung veranlagt werden. Für die Aufstellung und Festsetzung der Nachtragsliste sowie ihre Anfechtung gelten dieselben Bestimmungen wie für die Beitragsliste.

(7) Wer seinen Beitrag nicht rechtzeitig leistet, hat einen Säumniszuschlag zu zahlen, dessen Höhe der Geschäftsführer in entsprechender Anwendung des Steuersäumnisgesetzes vom 24. Dezember 1934 (RGBl. I S. 1271) im Einzelfalle festsetzt.

§ 40

Beiträge der Nutznießer

(1) Der Verband ist berechtigt, Eigentümer von Grundstücken, Bergwerken oder Anlagen, die nicht zu dem Verband gehören, wenn sie von einem Verbandsunternehmen Vorteil haben, mit Genehmigung der Aufsichtsbehörde wie ein Mitglied nach Maßgabe ihres Vorteils zu Geldbeiträgen heranzuziehen. Vorteil ist auch die Erleichterung einer Pflicht.

(2) Die Vorschriften des § 38 Abs. 1 Satz 1 und Abs. 4, des § 39 Abs. 2 bis 7 sowie des § 44 finden entsprechende Anwendung.

§ 41

Beitragslast des Braunkohlenbergbaues

(1) Die Beitragslast für Aufwendungen des Verbandes, die der Wahrung des öffentlichen Wohles gegenüber eingetretenen und möglichen wasserwirtschaftlichen Auswirkungen des Braunkohlenbergbaues dienen, haben die Eigentümer der Braunkohlenbergwerke (§ 6 Abs. 1 Nr. 1a bis c) zu tragen. Dies gilt insbesondere für die Aufwendungen, die der Verband nach sachkundigem Ermessen für not-

wendig oder zweckmäßig erachtet, um die Wasserversorgung in gleicher Menge und Güte so zu sichern, wie sie vor der Einwirkung des Braunkohlenbergbaues möglich war. Diese Beitragslast ist in einer besonderen Beitragsabteilung in der Beitragsliste auszuweisen. Für den Ausfall an Beiträgen dieser Beitragsabteilung können andere, nicht zu dieser Abteilung gehörige Beitragspflichtige nicht herangezogen werden.

(2) Auf die Eigentümer derjenigen Braunkohlenbergwerke, die innerhalb des Verbandsgebietes Grundwasser absenken, verteilt sich diese Beitragslast im Verhältnis der Gesamtmenge des Wassers, die diese Bergwerksunternehmen seit dem 1. März 1955 bis jeweils zum 31. Dezember des Jahres gefördert haben, das der Beitragsberechnung vorausgeht. Das Beitragsverhältnis ist nach diesem Maßstab jährlich zu ermitteln; eine annähernde, auf Schätzungen gegründete Ermittlung genügt, wenn ausreichende Unterlagen nicht beigebracht werden.

Entspricht das Beitragsverhältnis, das sich hiernach ergibt, nicht dem Beitragsmaßstab des § 38 Abs. 1, so können die dadurch benachteiligten Beitragspflichtigen von den anderen im Wege des Rückgriffs eine Ausgleichung nach dem Maßstab des § 38 Abs. 1 verlangen.

(3) Für die Verteilung der Beitragslast unter die übrigen Beitragspflichtigen im Sinne des Absatzes 1 hat es bei der Regelung des § 38 Abs. 1 sein Bewenden.

(4) Soweit die Eigentümer der Braunkohlenbergwerke untereinander die Verteilung vereinbaren und sich gegenüber dem Verband verpflichten, die Beiträge nach dem vereinbarten Verhältnis zu tragen, soll der Verband bei der Erhebung der Beiträge nach dieser Vereinbarung verfahren.

(5) Wenn der Verband gemäß Absatz 1 Ersatzwasser liefert, haben die bisherigen Wasserentnehmer, auch wenn sie nicht Mitglieder sind, hierfür nur insoweit Beiträge zu leisten, als sie eigene Aufwendungen ersparen. Dabei bleiben besondere Aufwendungen, die vor dem Eingreifen des Verbandes aus Anlaß von Grundwasserentziehungen gemacht worden sind, außer Ansatz. Wird die Wasserversorgung eines bisherigen Wasserentnehmers dadurch sichergestellt, daß er an eine zentrale Wasserversorgungsanlage angeschlossen wird, dann ist das zentrale Versorgungsunternehmen zur Zahlung des Beitrages (Satz 1) verpflichtet; es kann die Erstattung von dem bisherigen Wasserentnehmer verlangen.

§ 42

Rücklage des Verbandes aus Beiträgen des Braunkohlenbergbaues

(1) Zur Deckung von Aufwendungen, die der Verband künftig zur Verhütung und zum Ausgleich solcher schädigenden Auswirkungen des Braunkohlenbergbaues im Sinne von § 41 Abs. 1 machen muß, welche durch dessen Maßnahmen verursacht sind, jedoch erst später eintreten, haben die Braunkohlenunternehmen, die innerhalb des Verbandsgebietes Grundwasser absenken, an den Verband nach Maßgabe der folgenden Vorschriften zusätzliche Beiträge zu leisten. Diese sind von dem Verband zunächst als Rücklage zu führen und zu verwalten.

(2) Der Verband erhebt die zusätzlichen Beiträge in Höhe von jährlich insgesamt 10 Millionen DM, beginnend mit dem 1. April 1959, und zwar so lange, bis die Rücklage unter Hinzurechnung der daraus gezogenen Erträge den Betrag von 200 Millionen DM erreicht hat.

Für die Verteilung dieser Beiträge auf die betreffenden Bergwerksunternehmen gilt § 41 Abs. 2 und 4. Im übrigen finden die Vorschriften des § 39 Abs. 1 bis 5 und 7 und des § 44 entsprechende Anwendung.

(3) Sobald die Rücklage den Betrag von 200 Millionen DM erreicht hat, sind aus ihren weiteren Erträgen die laufenden Beitragsverpflichtungen derselben Bergwerksunternehmen aus §§ 41 und 43 zu bestreiten.

Die Rücklage selbst kann zur Deckung dieser laufenden Beitragsverpflichtungen mit Genehmigung der Aufsichtsbehörde herangezogen werden.

(4) Die Beiträge gemäß Absatz 1 und 2 können Beitragspflichtigen vom Verband mit Genehmigung der Landesregierung ganz oder teilweise gestundet werden, wenn und solange in angemessener Weise anderweitig Sicherung geleistet wird. Gestundete Beiträge können mit Genehmigung der Landesregierung ganz oder teilweise erlassen werden.

(5) Die Rücklage ist wirtschaftlich, vorzugsweise im Bereich der auf Braunkohlengrundlage arbeitenden Energiewirtschaft, anzulegen.

(6) Erledigt sich der Zweck der Rücklage, so trifft die Landesregierung über ihre Rückgabe nähere Bestimmung.

§ 43

Beitragslast des Braunkohlenbergbaues für die Sicherung der Wasserversorgung

Die Beitragslast des Braunkohlenbergbaues nach § 41, soweit sie aus Maßnahmen zur Sicherung der Wasserversorgung erwächst, bemißt sich nach folgenden Grundsätzen:

1. Der Braunkohlenbergbau hat die Beiträge zu leisten, die erforderlich sind,
   a) um die gegenwärtige Versorgung der Entnehmer und Bezieher von Wasser sowie den steigenden Bedarf sicherzustellen, der durch die Zunahme der Bevölkerung und durch die Entwicklung des durchschnittlichen Lebensstandards voraussichtlich entstehen wird,
   b) um den Bedarf für den Fall zu decken, daß die vor der Einwirkung des Bergbaues vorhandenen Möglichkeiten zur Wasserentnahme für einen mit dem derzeitigen Betrieb verfolgten Zweck künftig ausgenutzt werden sollen (Mehrbedarf),
   c) um einen neu auftretenden Wasserbedarf zu befriedigen, sofern er einer wirtschaftlich und volkswirtschaftlich gerechtfertigten Verwendung dient (Neubedarf).

2. Die Beitragsleistung des Bergbaues entfällt,
   a) wenn und soweit ein Bedarf nach Nr. 1 mit wirtschaftlich vertretbaren Mitteln auch dann nicht hätte befriedigt werden können, wenn eine Einwirkung des Braunkohlenbergbaues und der Braunkohle verwertenden Elektrizitätswirtschaft unterblieben wäre,
   b) soweit der Befriedigung eines Mehr- oder Neubedarfs ohnehin überwiegende Rücksichten des öffentlichen Wohles entgegenstehen würden.

§ 44

Rechtliche Eigenschaften der Beiträge, Zwangsvollstreckung

(1) Die Beitragspflichten auf Grund dieses Gesetzes sind öffentliche Lasten (Abgaben). Sie lasten auf den Grundstücken, Bergwerken und Anlagen, mit denen der jeweilige Eigentümer als Mitglied an dem Verband teilnimmt.

(2) Für die Beitreibung der Beitragsforderungen des Verbandes sowie seiner Forderungen nach § 8 Abs. 2 Nr. 2 ist Vollstreckungsbehörde der Geschäftsführer des Verbandes, der sich zur Durchführung der Vollstreckung der Gemeinden oder Gemeindeverbände bedienen kann.

(3) Die Beitreibung kann auch gegen den Pächter und denjenigen anderen Nutzungsberechtigten der zum Verbande gehörenden Grundstücke, Bergwerke und Anlagen gerichtet werden, der sein Recht vom Eigentümer herleitet, bei Nutzung eines Teiles nur wegen des hierauf entfallenden Beitragsteiles; zu den Nutzungsberechtigten gehört auch der Mieter einer Anlage oder einer gesonderten Arbeitsstelle in einer Anlage. Dies gilt nicht, wenn die von dem Nutzungsberechtigten rechtmäßig ausgeübte Nutzungsart wesentlich von der Nutzungsart abweicht, aus der die Beitragspflicht des Eigentümers entstanden ist. Die Rechtsmittelfrist beginnt für ihn mit der Zustellung der Aufforderung, den Beitrag zu leisten.

§ 45

Spruchausschuß

(1) Der Spruchausschuß besteht aus einem Vorsitzenden, der im Hauptamt Richter ist, sowie aus drei im höheren Dienst des Landes stehenden Beamten und aus einem Sachverständigen.

(2) Der Vorsitzende wird durch den Ministerpräsidenten im Einvernehmen mit dem Minister für Ernährung, Landwirtschaft und Forsten, je einer der drei beamteten Beisitzer wird von dem Minister für Ernährung, Landwirtschaft und Forsten, dem Innenminister und dem Minister für Wirtschaft und Verkehr und der Sachverständige durch den Minister für Ernährung, Landwirtschaft und Forsten bestellt.

(3) Für jedes Mitglied wird in gleicher Weise ein Stellvertreter bestellt.

(4) Die Mitglieder und ihre Stellvertreter werden für die Dauer von fünf Jahren bestellt. Scheidet ein Mitglied aus seinem Hauptamte aus, so ist seine Abberufung zulässig. Fällt ein Mitglied oder ein Stellvertreter vorzeitig aus, so ist eine Ersatzbestellung für den Rest der Amtszeit vorzunehmen.

(5) Die Mitglieder des Spruchausschusses sind an Weisungen nicht gebunden.

(6) Die allgemeinen, persönlichen und sächlichen Kosten des Spruchausschusses trägt der Verband.

§ 46

Zuständigkeiten des Spruchausschusses

Der Spruchausschuß entscheidet,

a) über Widersprüche gegen Entscheidungen des Vorstandes über Bestehen und Umfang der Mitgliedschaft,

b) über Widersprüche von Veranlagten gegen Beitragsbescheide des Vorstandes (§ 39 Abs. 3, § 40 Abs. 2, § 41, § 42 Abs. 2, § 44 Abs. 3),
c) über Widersprüche gemäß § 53 Abs. 1,
d) über Widersprüche nach § 9 Abs. 5,
sofern der Vorstand dem Widerspruch nicht stattgibt.

§ 47

Verfahrensordnung

Der Spruchausschuß regelt sein Verfahren selbst in einer Verfahrensordnung in Anlehnung an Abschnitt II Teil B des Ersten Vereinfachungsgesetzes vom 23. Juli 1957 (GV. NW. S. 189). § 23 Abs. 1 des genannten Gesetzes findet Anwendung.

§ 48

Kosten des Verfahrens

(1) Die Kosten der Veranlagung und des Widerspruchsverfahrens trägt der Verband.

(2) Soweit jedoch ein Widerspruch vom Spruchausschuß abgewiesen wird, hat dieser die Kosten des Verfahrens demjenigen aufzuerlegen, der den Widerspruch eingelegt hat. Er kann hiervon absehen, wenn dies der Billigkeit entspricht.

(3) Für die Einziehung der Kosten sind die für die Einziehung der Beiträge geltenden Vorschriften anzuwenden.

§ 49

Entschädigung für die Mitglieder des Verbandsausschusses, des Vorstandes, des Spruchausschusses und des Sachverständigenbeirats

Durch die Satzung wird geregelt, welche Entschädigung die Mitglieder des Verbandsausschusses, des Vorstandes, des Spruchausschusses und des Sachverständigenbeirats für die Ausübung ihrer Tätigkeit erhalten.

§ 50

Pflichten der Verbandsmitglieder

(1) Die auf Gesetz oder Satzung beruhenden Anordnungen des Geschäftsführers sind für die Mitglieder des Verbandes verbindlich. Dies gilt insbesondere für Anordnungen, die zum Schutze des Verbandsunternehmens getroffen werden.

(2) Die Mitglieder des Verbandes sind verpflichtet, den Beauftragten des Verbandes freien Zutritt zur Durchführung wasserwirtschaftlicher Erhebungen zu gewähren und ihnen Auskunft zu erteilen, soweit die Angaben zur Erfüllung der Aufgabe des Verbandes, insbesondere auch für die Beitragsliste benötigt werden. Wird der Zutritt oder die Auskunft verweigert oder die Auskunft unvollständig oder offenbar unrichtig erteilt, so kann der Geschäftsführer die erforderlichen Feststellungen auch im Wege der Schätzung treffen. § 10 Abs. 3 findet Anwendung.

(3) Der Geschäftsführer kann den Mitgliedern eine Anmeldepflicht für Änderungen auferlegen, die gegenüber früheren Erhebungen eingetreten sind oder eintreten werden. Im Falle der Nichterfüllung der Anmeldepflicht gilt die Vorschrift des Absatzes 2 Satz 2 entsprechend.

§ 51
Ordnungsstrafen

(1) Verletzt ein Mitglied des Verbandes vorsätzlich oder fahrlässig die in § 50 bezeichneten Pflichten, so kann ihm der Vorsitzende des Vorstandes für jeden Fall der Zuwiderhandlung durch schriftlichen Strafbescheid die Zahlung eines Geldbetrages bis zur Höhe von 300 DM auferlegen. Der Bescheid über die Ordnungsstrafe ist zuzustellen.

(2) Gegen juristische Personen des privaten oder öffentlichen Rechts und Personengesellschaften des Handelsrechts kann eine Ordnungsstrafe nur verhängt werden, wenn das zuständige Organ oder der gesetzliche Vertreter die Erfüllung der Verpflichtung ausdrücklich abgelehnt hat oder wenn der Inhaber, Leiter oder Vorsteher oder der zur gesetzlichen Vertretung Berechtigte vorsätzlich oder fahrlässig seine Aufsichtspflicht verletzt hat und der Verstoß hierauf beruht.

(3) Das Strafgeld fällt an den Verband.

§ 52
Zwangsmittel

(1) Anordnungen nach § 50 können nach den Vorschriften der §§ 55 bis 67 des Verwaltungsvollstreckungsgesetzes für das Land Nordrhein-Westfalen vom 23. Juli 1957 (GV. NW. S. 216) durchgesetzt werden mit der Maßgabe, daß ein Zwangsgeld bis zur Höhe von 50000,— DM festgesetzt werden kann. Dies gilt auch, wenn ein Mitglied einer Aufforderung zur Erfüllung einer gesetzlichen Verpflichtung nach § 50 Abs. 2 nicht nachkommt.

(2) Vollzugsbehörde ist der Vorsitzende des Vorstandes. Er kann sich bei Anwendung unmittelbaren Zwanges der Amtshilfe der Ordnungsbehörden und der Polizei bedienen.

(3) Das Zwangsgeld fällt an den Verband.

§ 53
Rechtsbehelfe

(1) Der Widerspruch gegen Anordnungen, Bescheide und Maßnahmen nach den §§ 50 bis 52 ist innerhalb eines Monats nach Bekanntgabe schriftlich oder zur Niederschrift beim Vorstand einzulegen. Will der Vorstand dem Widerspruch nicht stattgeben, so legt er ihn dem Spruchausschuß zur Entscheidung vor.

(2) Ordnungsstrafen dürfen erst beigetrieben werden, wenn der Strafbescheid nicht mehr anfechtbar ist.

§ 54
Vollstreckungsbehörde

Für die Beitreibung der Ordnungsstrafen (§ 51), des Zwangsgeldes sowie der vorläufig geschätzten und tatsächlich entstandenen Kosten (§ 52 Abs. 1) gilt § 44 Abs. 2.

§ 55
Bekanntmachungen

(1) Bekanntmachungen für die Verbandsmitglieder erfolgen durch unmittelbare schriftliche Unterrichtung der Betroffenen.

Für die Bekanntmachung längerer Mitteilungen genügt ein Hinweis auf den Ort, an dem die Mitteilung eingesehen werden kann. Gleichzeitig ist die Auslegungsfrist, die mindestens zwei Wochen betragen muß, anzugeben. Die Satzung bestimmt, in welchen Orten auszulegen ist.

(2) Die für die Öffentlichkeit bestimmten Bekanntmachungen des Verbandes sind so vorzunehmen, wie es für die Bekanntmachungen der Landkreise und kreisfreien Städte im Verbandsgebiet vorgeschrieben ist. § 15 Abs. 5 bleibt unberührt.

§ 56

Verordnungen zum Schutze des Unternehmens

Der Minister für Ernährung, Landwirtschaft und Forsten und die Ordnungsbehörden können durch Verordnungen zum Schutz von Unternehmen des Verbandes die Benutzung seiner Anlagen und seiner Gewässer regeln und ganz oder teilweise untersagen.

§ 57

Auskunft, Amtshilfe

(1) Die Inhaber und Leiter von Betrieben und Anlagen im Sinne von § 6 Abs. 1 Nr. 1 bis 5 und von landwirtschaftlichen Betrieben sowie die öffentlich-rechtlichen Körperschaften und Anstalten im Verbandsgebiet sind verpflichtet, ihre Anlagen, Einrichtungen und Grundstücke den Beauftragten des Verbandes zugänglich zu machen, ihnen Auskünfte zu erteilen, Unterlagen zur Verfügung zu stellen sowie die Ermittlungen und Prüfungen durch die Beauftragten zu dulden, soweit dies zur Erfüllung der Verbandsaufgaben erforderlich ist. § 10 Abs. 3 findet Anwendung.

(2) Die Verpflichtungen gemäß Absatz 1 bestehen auch gegenüber dem von der Aufsichtsbehörde beauftragten Staatsbeamten (§ 22). Dieser kann die zur Erfüllung seiner Aufgabe erforderlichen Feststellungen im Wege der Schätzung treffen, wenn ihm der Zutritt, die Auskunft, die Vornahme von Ermittlungen oder die Vorlage von Unterlagen verweigert wird oder wenn die ihm mitgeteilten Auskünfte und Unterlagen unvollständig oder offenbar unrichtig sind.

(3) Der Verband hat seinen Mitgliedern auf deren Verlangen Auskunft über seine Feststellungen hinsichtlich der wasserwirtschaftlichen Verhältnisse (§ 3 Abs. 1a) zu geben, soweit sie ein berechtigtes Interesse glaubhaft machen. Der Verband kann die Auskunft in der Weise erteilen, daß er den Mitgliedern Einsicht in seine Unterlagen gewährt.

(4) Die Landesbehörden, Gemeinden und Gemeindeverbände sowie die sonstigen Körperschaften und Anstalten des öffentlichen Rechts im Lande Nordrhein-Westfalen sind verpflichtet, dem Verband Amtshilfe zu leisten.

§ 58

Staatliche Zwangsbefugnisse

(1) Im Falle des § 57 Abs. 1 ist der zuständige Regierungspräsident berechtigt, gegen die verantwortlichen Inhaber und Leiter von Betrieben und Anlagen sowie die Vorsteher oder gesetzlichen Vertreter öffentlich-rechtlicher Körperschaften und Anstalten zur Erzwingung der erforderten Handlung oder Duldung ein Zwangsgeld bis zum Betrage von 50 000,— DM festzusetzen.

(2) Unter entsprechender Anwendung des § 51 Abs. 2 ist die Festsetzung auch gegen eine juristische Person des privaten Rechts oder eine Personengesellschaft des Handelsrechts möglich.

§ 59

Aufsicht

(1) Der Verband steht unter der Aufsicht des Ministers für Ernährung, Landwirtschaft und Forsten.

(2) Die Aufsicht erstreckt sich auf die Rechtmäßigkeit der Betätigung des Verbandes. Sie stellt ferner sicher, daß die Aufgaben des Verbandes erfüllt werden.

(3) Der Minister für Ernährung, Landwirtschaft und Forsten kann die Aufsichtsbefugnisse ganz oder teilweise einem Regierungspräsidenten übertragen.

§ 60

Teilnahme an Sitzungen, Unterrichtung der Aufsichtsbehörde

(1) Die Aufsichtsbehörde kann an den Sitzungen der Verbandsorgane teilnehmen oder Beauftragte teilnehmen lassen. Sie ist zu den Sitzungen einzuladen.

(2) Die Aufsichtsbehörde kann sich jederzeit, auch durch Beauftragte, über alle Angelegenheiten des Verbandes unterrichten. Sie kann mündliche und schriftliche Berichte fordern, Akten und andere Unterlagen einfordern sowie an Ort und Stelle prüfen und besichtigen.

§ 61

Anordnungen und Aufhebung von Maßnahmen

(1) Wenn die Verbandsorgane Entschließungen, Erklärungen, Anordnungen oder Verfügungen unterlassen, die zur Erfüllung der Aufgabe des Verbandes erforderlich sind, kann die Aufsichtsbehörde anordnen, daß sie in einer bestimmten Frist das Erforderliche tun. Die Aufsichtsbehörde hat die geforderte Handlung im einzelnen zu bezeichnen. Sie kann ihre Anordnung, wenn sie nicht befolgt worden ist, anstelle und auf Kosten des Verbandes selbst durchführen oder von einem anderen durchführen lassen.

(2) Die Aufsichtsbehörde ist berechtigt, Entschließungen und Anordnungen der Verbandsorgane, die das Gesetz oder die Satzung verletzen oder den Aufgaben des Verbandes zuwiderlaufen, aufzuheben und zu verlangen, daß Maßnahmen, die auf Grund solcher Entschließungen oder Anordnungen getroffen sind, rückgängig gemacht werden.

(3) Der Vorstand hat Beschlüsse der Delegiertenversammlung und des Verbandsausschusses, die gegen Gesetz oder Satzung verstoßen, zu beanstanden. Über die Beanstandung entscheidet die Aufsichtsbehörde.

§ 62

Beauftragter der Aufsichtsbehörde

(1) Wenn die Befugnisse der Aufsichtsbehörde nach § 61 nicht ausreichen, um eine ordnungsmäßige Führung der Geschäfte des Verbandes zu sichern, kann die Aufsichtsbehörde einen Beauftragten bestellen, der anstelle aller oder einzelner Verbandsorgane alle oder einzelne Geschäfte des Verbandes auf dessen Kosten führt.

(2) Die Aufsichtsbehörde kann bestimmen, welche Entschädigung der Verband dem Beauftragten zu leisten hat.

(3) Die Aufsichtsbehörde hat die ordentliche Verwaltung des Verbandes möglichst bald wiederherzustellen.

§ 63

Von staatlicher Genehmigung abhängige Geschäfte

(1) Der Verband bedarf der Genehmigung der Aufsichtsbehörde:

1. zur unentgeltlichen Verfügung über Vermögensgegenstände, wenn sie einen Wert von mehr als 1000,— DM haben,
2. zur Veräußerung von Grundstücken und grundstücksgleichen Rechten, wenn der Wert des Gegenstandes 20000,— DM übersteigt,
3. zur Veräußerung und zur wesentlichen Änderung von Sachen, die einen besonderen wissenschaftlichen, geschichtlichen oder künstlerischen Wert haben, wenn der Wert des Gegenstandes 1000,— DM übersteigt,
4. zur Aufnahme von Darlehen,
5. zum Eintritt in Handelsgesellschaften und in Vereinigungen bürgerlichen Rechts,
6. zur Gewährung von Darlehen an Dienstkräfte des Verbandes, wenn der Wert des Gegenstandes 5000,— DM übersteigt,
7. zu Verträgen mit einem Mitgliede des Ausschusses oder des Vorstandes, mit dem Geschäftsführer oder dessen Stellvertreter,
8. zur Bestellung von Sicherheiten, wenn der Wert des Gegenstandes 1000,— DM übersteigt,
9. zur Übernahme einer fremden Verbindlichkeit, insbesondere zu Bürgschaften und Verpflichtungen aus Gewährverträgen.

(2) Die Genehmigung kann in den Fällen des Absatzes 1 Nr. 4 und 8 allgemein erteilt werden.

§ 64

Freiheit von Gebühren und Steuern

(1) Für den Grunderwerb sowie für Rechtsgeschäfte und Maßnahmen des Verbandes zur Durchführung seiner Aufgaben werden Gebühren der Gerichte und der Verwaltungsbehörden nicht erhoben; insbesondere werden Grundbuch- und Katasterauszüge und ähnliche Urkunden gebührenfrei erteilt.

(2) Die Befreiung ist ohne Nachprüfung zuzugestehen, wenn die Aufsichtsbehörde dem Verband bescheinigt, daß der Grunderwerb, das Rechtsgeschäft oder die Maßnahme der Durchführung seiner Aufgaben dient.

(3) Der Erwerb von Grundstücken durch den Verband zur Durchführung seiner Aufgaben ist von der Grunderwerbsteuer befreit. Die Befreiung ist von der Steuerbehörde ohne Nachprüfung zuzugestehen, wenn die Aufsichtsbehörde dem Verband bescheinigt, daß der Erwerb der Durchführung seiner Aufgabe dient.

§ 65

Voraufwendungen

Aufwendungen für Beobachtungen und Untersuchungen, die seit dem 1. Januar 1953 bis zu dem Zeitpunkt, in dem der Verband seine Arbeiten aufnimmt, auf

Veranlassung oder mit Zustimmung der Aufsichtsbehörde zur Vorbereitung und Durchführung der dem Verband gestellten Aufgabe gemacht worden sind und die nicht bis zur Bildung des Verbandes aufgeschoben werden konnten, werden als Kosten des Verbandes angesehen und sind von diesem zu erstatten.

§ 66

Das Gesetz tritt am 1. Juli 1958 in Kraft.

Verordnung über die Feststellung der Gebietsgrenzen des Großen Erftverbandes

Vom 1. Juli 1958 (GV. NW. S. 299)

Auf Grund des § 5 Abs. 2 des Gesetzes über die Gründung des Großen Erftverbandes vom 3. Juni 1958 (GV. NW. S. 253) werden die Grenzen des Verbandsgebietes im einzelnen im Einvernehmen mit dem Minister für Wirtschaft und Verkehr nach Anhörung des Wasserwirtschaftsausschusses des Landtags folgendermaßen festgestellt:

§ 1

Die Grenzen des Verbandsgebietes werden durch die äußeren Grenzen der nachstehend aufgeführten Verwaltungsbezirke und die im folgenden genannten topographischen Merkmale gebildet:

Gemeindegrenze von Rondorf vom Schnittpunkt mit der linken Uferlinie des Rheins (bei Strom-km 671,19) ab bis zur Gemeindegrenze Berzdorf;
Gemeindegrenze Berzdorf bis zur Gemeindegrenze Sechtem;
Gemeindegrenze Sechtem bis zur Gemeindegrenze Bornheim;
Gemeindegrenze Bornheim bis zur Gemeindegrenze Alfter;
Gemeindegrenze Alfter bis zur Gemeindegrenze Heimerzheim;
Gemeindegrenze Heimerzheim bis zur Gemeindegrenze Buschhoven;
Gemeindegrenze Buschhoven bis zur Gemeindegrenze Flerzheim;
Gemeindegrenze Flerzheim bis zur Gemeindegrenze Lüftelberg;
Gemeindegrenze Lüftelberg bis zur Gemeindegrenze Meckenheim;
Gemeindegrenze Meckenheim bis zur Gemeindegrenze Merl;
Gemeindegrenze Merl bis zur Gemeindegrenze Adendorf;
Gemeindegrenze Adendorf bis zur Gemeindegrenze Arzdorf;
Gemeindegrenze Arzdorf bis zur Gemeindegrenze Fritzdorf;
Gemeindegrenze Fritzdorf bis zur Gemeindegrenze Adendorf;
Gemeindegrenze Adendorf bis zur Gemeindegrenze Altendorf;
Gemeindegrenze Altendorf bis zur Gemeindegrenze Hilberath;
Gemeindegrenze Hilberath bis zur Gemeindegrenze Flamersheim;

Gemeindegrenze Flamersheim bis zur Gemeindegrenze Kirchheim;
Gemeindegrenze Kirchheim bis zur Gemeindegrenze Münstereifel;
Gemeindegrenze Münstereifel bis zur Gemeindegrenze Mahlberg;
Gemeindegrenze Mahlberg bis zur Gemeindegrenze Schönau-Langscheid;
Gemeindegrenze Schönau-Langscheid bis zur Gemeindegrenze Tondorf;
Gemeindegrenze Tondorf bis zur Gemeindegrenze Frohngau;
Gemeindegrenze Frohngau bis zur Gemeindegrenze Engelgau;
Gemeindegrenze Engelgau bis zur Gemeindegrenze Zingsheim;
Gemeindegrenze Zingsheim bis zur Gemeindegrenze Weyer;
Gemeindegrenze Weyer bis zur Gemeindegrenze Kallmuth;
Gemeindegrenze Kallmuth bis zur Gemeindegrenze Wallenthal;
Gemeindegrenze Wallentahl bis zur Gemeindegrenze Bleibuir;
Gemeindegrenze Bleibuir bis zur Gemeindegrenze Hergarten;
Gemeindegrenze Hergarten bis zur Gemeindegrenze Vlatten;
Straße Gemünd-Heimbach (Punkt 509,8);
Mittellinie der Straße Gemünd-Heimbach in nordwestlicher Richtung bis zum Schnittpunkt mit der Gemeindegrenze Vlatten (Punkt 493,0);
Gemeindegrenze Vlatten (Punkt 493,0) bis zur Gemeindegrenze Wollersheim;
Gemeindegrenze Wollersheim bis zur Gemeindegrenze Berg-Thuir;
Gemeindegrenze Berg-Thuir bis zur Gemeindegrenze Thum;
Gemeindegrenze Thum bis zur Gemeindegrenze Froitzheim;
Gemeindegrenze Froitzheim bis zur Gemeindegrenze Soller;
Gemeindegrenze Soller bis zur Gemeindegrenze Jakobwüllesheim;
Gemeindegrenze Jakobwüllesheim bis zur Gemeindegrenze Binsfeld;
Gemeindegrenze Binsfeld bis zur Gemeindegrenze Girbelsrath;
Gemeindegrenze Girbelsrath bis zur Gemeindegrenze Merzenich;
Gemeindegrenze Merzenich bis zur Gemeindegrenze Ellen;
Gemeindegrenze Ellen bis zur Gemeindegrenze Oberzier;
Gemeindegrenze Oberzier bis zur Gemeindegrenze Niederzier;
Gemeindegrenze Niederzier bis zur Gemeindegrenze Hambach;
Gemeindegrenze Hambach bis an das linke Ufer des Ellebaches (Planquadrat 2529/5641);
linke Uferlinie des Ellebaches bis zur Kreuzung des Ellebaches mit dem Bahnkörper der Eisenbahn rd. 500 m nördlich des Bahnhofs Jülich;
von dieser Kreuzung ab entlang der Eisenbahnlinie von Jülich nach Erkelenz (unter Ausschluß von Bahnkörper und Bahnanlagen) bis zum Schnittpunkt mit der Gemeindegrenze Broich (rd. 870 m nordwestlich des Bahnhofs Broich);
Gemeindegrenze Broich bis zur Gemeindegrenze Mersch;
Gemeindegrenze Mersch bis zur Gemeindegrenze Müntz;
Gemeindegrenze Müntz bis zur Gemeindegrenze Gevelsdorf;
Gemeindegrenze Gevelsdorf bis zur Gemeindegrenze Holzweiler;
Gemeindegrenze Holzweiler bis zur Gemeindegrenze Keyenberg;
Gemeindegrenze Keyenberg bis zur Gemeindegrenze Venrath;
Gemeindegrenze Venrath bis zur Gemeindegrenze Wickrath;
Gemeindegrenze Wickrath bis zum Schnittpunkt mit der Bahnlinie Erkelenz—Rheydt (Planquadrat 2525/5662);

von diesem Schnittpunkt ab entlang der Eisenbahnlinie Erkelenz—Rheydt (unter Ausschluß von Bahnkörper und Bahnanlagen) bis zum Schnittpunkt mit der Gemeindegrenze Wickrath (Planquadrat 2529/5667);
Gemeindegrenze Wickrath bis zum Schnittpunkt mit der rechten Uferlinie der Niers (Planquadrat 2529/5666);
rechte Uferlinie der Niers bei Zoppenbroich;
von Zoppenbroich rechte Uferlinie der neuen Niers bis zum Schnittpunkt mit der Gemeindegrenze Korschenbroich (Planquadrat 2533/5671);
Gemeindegrenze Korschenbroich in nördlicher Richtung bis zur Gemeindegrenze Kleinenbroich;
Gemeindegrenze Kleinenbroich bis zur Gemeindegrenze Büttgen;
Gemeindegrenze Büttgen bis zur Grenze der Stadt Neuß;
Grenze der Stadt Neuß bis zum Schnittpunkt mit der rechten Uferlinie des Nordkanals;
rechte Uferlinie des Nordkanals bis zum Ebertplatz (Stadt Neuß);
vom Ebertplatz entlang der nördlichen Begrenzung der Nordkanal-Allee bis zum Alexianerplatz;
vom Alexianerplatz über die Mittellinie des Scheibendamms bis zur Uferlinie des Sporthafens;
südliche Uferlinie des Sporthafens bis zur Uferlinie des Rheins;
Uferlinie des Rheins bis zur Erftmündung;
rechte Uferlinie der Erft bis zur Einmündung des Norfbaches;
rechte Uferlinie des Norfbaches bis zum Schnittpunkt mit der Eisenbahnlinie Neuß—Köln (Planquadrat 2551/5670);
von diesem Schnittpunkt ab entlang der Eisenbahnlinie Neuß—Köln (unter Ausschluß von Bahnkörper und Bahnanlagen) bis zum Schnittpunkt mit der Gemeindegrenze Dormagen (Bahnwärterhaus Planquadrat 2556/5664);
Gemeindegrenze Dormagen bis zur linken Uferlinie des Rheins (bei Strom-km 715,72);
linke Uferlinie des Rheins bis zum Schnittpunkt mit der Gemeindegrenze Rondorf (bei Strom-km 671,19).

§ 2

Diese Verordnung tritt am Tage nach ihrer Verkündung in Kraft.

Verordnung über die Mitgliedschaft im Großen Erftverband

Vom 13. Mai 1959 (GV. NW. S. 105)

in der Fassung der Verordnung vom 18. 12. 1962 (GV. NW. 1963 S. 3)

Auf Grund des § 6 Abs. (2) des Gesetzes über die Gründung des Großen Erftverbandes vom 3. Juni 1958 (GV. NW. S. 253) wird folgendes verordnet:

Großer Erftverband

§ 1

Als Mitglieder im Sinne des § 6 Abs. (1) Nr. 4 des Gesetzes über die Gründung des Großen Erftverbandes sind die Eigentümer solcher im Verbandsgebiet gelegenen, industriellen, gewerblichen und sonstigen Anlagen und Betriebe anzusehen, die

a) entweder eine Wassermenge von mindestens 4000 cbm in zwölf Monaten ableiten oder fördern
oder

b) eine Abwassermenge von mindestens 8000 Abwassereinheiten in zwölf Monaten einleiten.

Die Zahl der Abwassereinheiten ergibt sich durch Vervielfältigung der Menge des eingeleiteten Abwassers in Kubikmetern mit einem Abwasserbeiwert, der sich nach der Art der Anlage oder des Betriebes richtet und wie folgt festgelegt wird:

Klasse	Art der Anlage bzw. des Betriebes:	Abwasserbeiwert:
I	Betriebe zur Gewinnung und Verarbeitung von Steinen und Erden; feinkeramische Betriebe; Betriebe zur Holzbearbeitung; Holz, Papier, Kunststoff, Leder verarbeitende Betriebe; Betriebe zur Herstellung von Bekleidung; Dampfkraftwerke; ferner: Beherbergungsbetriebe, Strafanstalten und ähnliches; Betriebe und Anlagen, auch soweit sie nachstehend unter II bis IV genannt werden, bei denen ausschließlich häusliches Abwasser oder Kühlwasser anfällt;	1
II	Eisen und NE-Metall erzeugende und verarbeitende Betriebe; Glas erzeugende und verarbeitende Betriebe; Nahrungs- und Genußmittelbetriebe; Heil- und Krankenanstalten;	2
III	Molkereien; Schlachthöfe; Abdeckereien; Seifenfabriken; Wäschereien; Rüben verarbeitende Betriebe; Brikettfabriken;	3
IV	Holzschliff, Zellstoff, Papier und Pappe erzeugende Betriebe; Leder erzeugende Betriebe (Gerbereien); Textil-Betriebe, Färbereien, Bleichereien, Flachsröstereien; Chemie-Betriebe; Mineralöl-, Kohlenwertstoff-, Kautschuk- und Asbest-Betriebe.	4

§ 2

Bei der Feststellung der in § 1 genannten Wassermengen und Abwassermengen ist der dem Rechnungsjahr jeweils vorausgehende Zeitraum vom 1. Juli bis 30. Juni maßgebend.

§ 3

Diese Verordnung tritt am 1. Juni 1959 in Kraft.

Satzung des Großen Erftverbandes

§ 1

Sitz

(§ 1 Abs. (2) ErftVG)

Der Große Erftverband hat seinen Sitz in Bergheim/Erft.

§ 2

Mitgliederverzeichnis

(§ 6 Abs. (5), § 29 Abs. (2)a ErftVG)

(1) Die Mitgliedschaft im Großen Erftverband ergibt sich aus dem Gesetz, den zu seiner Durchführung erlassenen Verordnungen und aus dieser Satzung.

(2) Für die Mitgliedschaft im Einzelfall sind die Verhältnisse des dem neuen Rechnungsjahr vorhergehenden Zeitraumes vom 1. 7. bis 30. 6. maßgebend.

(3) Die hiernach jeweils in Betracht kommenden Mitglieder werden durch den Geschäftsführer ermittelt und — nach Mitgliedergruppen und in diesen nach den Belegenheitskreisen getrennt — in ein Mitgliederverzeichnis eingetragen, das der Vorstand jährlich durch Beschluß verbindlich für das folgende Rechnungsjahr feststellt.

(4) Neu hinzutretenden Mitgliedern hat der Vorstand einen begründeten und mit Rechtsbehelfsbelehrung versehenen Bescheid über die Mitgliedschaft gegen Empfangsbestätigung zu übersenden. Bei Aufführung in dem erstmalig aufgestellten Mitgliederverzeichnis bedarf es der Begründung nicht.

(5) Ausscheidenden Mitgliedern hat der Vorstand den Zeitpunkt der Beendigung ihrer Mitgliedschaft mitzuteilen.

(6) Änderungen des Mitgliederverzeichnisses werden, wenn der Vorstand im Einzelfall zur Vermeidung eines unbilligen Ergebnisses keine andere Regelung trifft, nur zum Beginn eines Rechnungsjahres wirksam.

(7) Das jeweils gültige Mitgliederverzeichnis steht jedem, der ein berechtigtes Interesse darlegt, zur Einsicht bei der Verbandsgeschäftsstelle offen.

Großer Erftverband

§ 3

Stimmberechtigung, Stimmeinheit und Stimmenzahl für die Wahl der Delegierten und Verbandsausschußmitglieder

(§ 19 ErftVG)

(1) Die Anzahl der Stimmen eines Mitgliedes bei der Wahl der Delegierten und der Verbandsausschußmitglieder bemißt sich nach der Zahl der Stimmeinheiten, die ihm sein festgestellter Jahresbeitrag vermittelt.

(2) Der gemäß § 19 Abs. (3) ErftVG für die Gewährung einer Stimme (Stimmeinheit) maßgebende Anteil an der auf die einzelne Mitgliedergruppe entfallenden Gesamtbeitragslast wird wie folgt festgelegt:

In der Mitgliedergruppe

1:	Braunkohlenbergbau	1/200
2:	Elektrizitätswirtschaft	1/200
3:	Öffentliche Wasserversorgung und Abwasserbeseitigung	1/100
4/5:	Industrie und Triebwerke	1/200
6:	Landkreise und kreisfreie Städte	1/100

(3) Soweit sich aus dem ErftVG nichts anderes ergibt, haben Mitglieder, die nicht zu Beiträgen veranlagt worden sind, keine Stimme.

§ 4

Entschädigung für die Mitglieder des Verbandsausschusses, des Vorstandes, des Spruchausschusses und des Sachverständigenbeirates

(§ 49 ErftVG)

(1) Die Mitglieder des Verbandsausschusses und des Vorstandes erhalten Sitzungstagegelder, deren Höhe für die Ausschußmitglieder die Delegiertenversammlung und für die Vorstandsmitglieder der Ausschuß festsetzt. Auf Antrag sind den Ausschuß- und Vorstandsmitgliedern die Fahrkosten in angemessener Höhe zu erstatten.

(2) Der Vorsitzende des Vorstandes kann für seine Tätigkeit, seine Dienstreisen und zur Abgeltung des ihm entstehenden Aufwandes eine Entschädigung erhalten, deren Höhe vom Ausschuß festgesetzt wird.

(3) Das von der Landesregierung bestellte sachverständige Mitglied des Vorstandes erhält eine angemessene Entschädigung für seine sachlichen Auslagen, für den ihm entstehenden Aufwand und für die erforderlichen Reisen. Der Vorstand setzt die Höhe der Entschädigung fest.

(4) Die Mitglieder des Spruchausschusses und des Sachverständigenbeirates erhalten vom Vorstand festzusetzende Sitzungstagegelder und Ersatz der Reisekosten. Außerdem kann eine angemessene Entschädigung vom Vorstand festgesetzt werden.

§ 5

Rechnungsprüfung

(§ 36 Abs. (1) ErftVG)

(1) Die Delegiertenversammlung wählt aus ihrem Kreis jährlich anläßlich der Beschlußfassung über den Haushaltsplan drei Rechnungsprüfer.

(2) Die Jahresrechnung wird durch einen unabhängigen Wirtschaftsprüfer, der mit Zustimmung des Verbandsausschusses beauftragt wird, geprüft und das Ergebnis dieser Prüfung dem Vorstand vorgelegt.

(3) Der Prüfungsbericht ist vom Vorstand den von der Delegiertenversammlung gewählten drei Rechnungsprüfern vorzulegen. Diese sind berechtigt, von dem Vorstand und der Geschäftsführung erläuternde Angaben zu dem vom Wirtschaftsprüfer erstatteten Bericht zu verlangen und sich über alle die Rechnung betreffenden Angelegenheiten zu unterrichten. Die Rechnungsprüfer erstatten den Delegierten in der für die Entlastung des Vorstandes vorgesehenen Delegiertenversammlung Bericht über das Ergebnis der Prüfung.

§ 6

Bekanntmachungen für die Verbandsmitglieder

(§ 55 ErftVG)

Bekanntmachungen im Sinne des § 55 Abs. (1) Satz 2 ErftVG für die Verbandsmitglieder werden in der Verbandsgeschäftsstelle und den Kreisverwaltungen Grevenbroich, Köln-Land und Euskirchen ausgelegt. Bei Bekanntmachungen, die nur für einen Teil des Verbandsgebietes gelten, kann die Auslegung auf die für diesen Gebietsteil zuständigen Kreisverwaltungen beschränkt werden.

§ 7

Vertretung des Verbandes

(§ 32 Abs. (4) ErftVG)

Der Geschäftsführer oder sein Stellvertreter ist zusammen mit anderen vom Vorstand zu bestimmenden Bediensteten des Verbandes zur rechtsverbindlichen Zeichnung befugt.

§ 8

Ermächtigung zur Beschlußfassung über den Abschluß von Verträgen

(§ 15 Abs. (1) in Verbindung mit § 29 Abs. (2) 1 ErftVG)

Der Vorstand kann einen aus seinen Reihen gebildeten Ausschuß oder den Vorsitzenden des Vorstandes ermächtigen, im Rahmen der vom Vorstand beschlossenen Maßnahmen über den Abschluß von Verträgen zu beschließen, die den Verband mit einer Verpflichtung bis zu einer vom Vorstand festzulegenden Höhe belasten. Der Vorstand ist über den Inhalt und Abschluß solcher Verträge jeweils nachträglich in der nächstfolgenden Vorstandssitzung zu unterrichten.

§ 9

Beitragsbescheid

(§ 39 Abs. (2) ErftVG)

Der Beitragsbescheid ist den Mitgliedern schriftlich bekanntzugeben. Die Mitglieder haben den Empfang unverzüglich zu bestätigen.

§ 10
Pflichten der Verbandsmitglieder
(§ 50 Abs. (1) ErftVG)

Die Mitglieder müssen rechtzeitig vor der Durchführung von Maßnahmen, die Auswirkungen auf die Wasserwirtschaft im Verbandsgebiet haben können, diese dem Verband anzeigen und mit ihm beraten. Ist zu erwarten, daß durch die Maßnahmen eines Mitgliedes unmittelbar oder in ihren Auswirkungen Verbandsanlagen oder deren Wirksamkeit beeinflußt werden, so kann der Verband von dem Mitglied Maßnahmen zum Schutze der Verbandsanlagen fordern, die wirtschaftlich gerechtfertigt und für das Mitglied zumutbar sind.

§ 11
Verschwiegenheitspflicht

Die Mitglieder der Verbandsorgane und der Ausschüsse sind Dritten gegenüber hinsichtlich der ihnen bei Ausübung ihrer Verbandstätigkeit bekannt gewordenen Unterlagen und Tatbestände zur Verschwiegenheit verpflichtet. Dies gilt insbesondere auch hinsichtlich der betrieblichen Angelegenheiten eines Mitgliedes, wie zum Beispiel der Planungen, Produktionsabläufe, Betriebs- und Geschäftsgeheimnisse. Eine Verschwiegenheitspflicht besteht nicht für Mitteilungen im dienstlichen Verkehr, für interne Vorbesprechungen von Verbandsangelegenheiten innerhalb der Mitgliedergruppen und ihrer Vertretungen oder für Tatsachen, die offenkundig sind oder ihrer Bedeutung nach keiner Geheimhaltung bedürfen.

§ 12
Vertretung des Verbandes gegenüber dem Vorstand oder Mitgliedern des Vorstandes
(§ 27 Abs. (5) ErftVG)

Bei der Wahrnehmung der ihm nach § 27 Abs. (5) ErftVG obliegenden Aufgaben werden die Sitzungen des Verbandsausschusses von einem aus dessen Mitte zu wählenden Obmann geleitet; bei der Wahl des Obmannes führt das älteste anwesende Mitglied des Verbandsausschusses den Vorsitz.

§ 13
Zustimmung des Vorstandes zu Anstellungsverträgen
(§ 31 Abs. (2) d ErftVG)

Der Verbandsausschuß kann in den im § 27 Abs. (2) e ErftVG genannten Richtlinien Bestimmung darüber treffen, welche Anstellungsverträge der Zustimmung des Vorstandes bedürfen.

§ 14
Dienstvorgesetzte

(1) Der Geschäftsführer ist Dienstvorgesetzter aller Beamten, Angestellten und Arbeiter des Verbandes.

(2) Dienstvorgesetzter des Geschäftsführers ist der Vorstand.

Entwässerungsgesetz für das linksniederrheinische Industriegebiet

Vom 29. April 1913 (GS. S. 251, Neufassung: PrGS. NW. S. 207)

I. Zweck, Umfang und Rechtsstellung der Genossenschaft

§ 1

(1) Zum Zwecke
der Regelung der Vorflut nach Maßgabe eines einheitlichen Bauplans und der Abwässerreinigung in einem aus Teilen der Landkreise Moers, Geldern, Kleve und Kempen-Krefeld sowie der kreisfreien Stadt Krefeld gebildeten Gebiete
und der Unterhaltung und des Betriebs der ausgeführten Anlagen
wird eine Genossenschaft gebildet. Sie ist berechtigt, die das Genossenschaftsgebiet durchfließenden Wasserläufe auszubauen und zu benutzen, soweit es im Bauplane vorgesehen ist.

(2) Der Bauplan muß geändert und ergänzt werden, wenn es zur Erreichung des Genossenschaftszwecks erforderlich wird. Er wird in Teilstrecken je nach Bedürfnis ausgeführt.

(3) Der zuständige Minister stellt das Genossenschaftsgebiet fest. Er genehmigt auch den Bauplan, seine Änderungen und Ergänzungen sowie die zur Ausführung erforderlichen Sonderentwürfe. Er kann zu diesen Entscheidungen die Aufsichtsbehörde ermächtigen.

§ 2

Genossen sind:

1. die Eigentümer der im Genossenschaftsgebiete liegenden Bergwerke;
2. die Eigentümer der in diesem Gebiete liegenden anderen gewerblichen Unternehmungen, Eisenbahnen, Schiffahrtkanäle und sonstigen Anlagen, sofern sie zu einem in der Satzung für die Aufnahme in die Beitragsliste vorzuschreibenden Mindestbeitragssatze zu den Genossenschaftslasten veranlagt werden können;
3. die im Genossenschaftsgebiete liegenden Gemeinden.

§ 3

Die Genossenschaft ist eine Körperschaft des öffentlichen Rechts.

II. Vertretung und Verwaltung der Genossenschaft

§ 4

(1) Die Rechtsverhältnisse der Genossenschaft und der Genossen richten sich, soweit sie nicht in diesem Gesetze geregelt sind, nach der Satzung.

(2) Diese muß Bestimmungen enthalten über:

1. Namen und Sitz der Genossenschaft;
2. die Aufstellung und Führung des Verzeichnisses der Genossen, die Veröffentlichungen aus diesem sowie die Festsetzung des Mindestbeitragssatzes für die Eigentümer der im § 2 Nr. 2 bezeichneten Anlagen;

3. den Bauplan, nach dem das Unternehmen auszuführen ist;
4. a) die Aufstellung eines Landeskulturkatasters,
   b) die Errichtung von Grundwassermessern.
   Beides erfolgt an den hierzu geeigneten Stellen, an denen es nach den örtlichen Verhältnissen angebracht erscheint, namentlich da, wo die bisherige Kulturart oder die Waldbestände durch Einrichtungen der Genossenschaft gefährdet werden. Hierüber entscheidet in Zweifelsfällen der zuständige Minister;
5. die Benutzung und Unterhaltung der genossenschaftlichen Anlagen;
6. die Festsetzung einer Einheit an Jahresbeitrag für die Entsendung von Abgeordneten zur Genossenschaftsversammlung sowie die Entsendung von Ersatzmännern beim Ausscheiden von Abgeordneten;
7. die Gegenstände, über welche die Genossenschaftsversammlung zu beschließen hat, sowie die Voraussetzungen und die Form der Einberufung der Genossenschaftsversammlung, ihre Abstimmung und die Vertretung abwesender Abgeordneten;
8. die Wahl, die Amtsdauer und die Befugnisse des Vorstandes, seine Einberufung und Beschlußfassung, die Vertretung nach außen, die Form für den Ausweis der Vorstandsmitglieder und die Beurkundung ihrer Beschlüsse;
9. den Haushaltsplan und die genaueren Grundsätze für die Veranlagung;
10. die Amtsdauer der zu wählenden Mitglieder des Berufungsausschusses, seine Einberufung und Beschlußfähigkeit sowie die Entschädigung, die den Mitgliedern zu gewähren ist;
11. die Form für die Bekanntmachungen der Genossenschaft.

§ 5

(1) Über die Satzung und ihre Änderung beschließt die Genossenschaftsversammlung. Kommt innerhalb einer von dem Regierungspräsidenten zu bestimmenden Frist von mindestens sechs Monaten die Satzung nicht zustande, so erläßt sie der Regierungspräsident.

(2) Die Satzung und solche Änderungen, die den Sitz oder die Vertretung der Genossenschaft betreffen, bedürfen der Genehmigung der Landesregierung, andere Änderungen der Genehmigung des zuständigen Ministers.

(3) Die Satzung und jede Änderung ist auf Kosten der Genossenschaft in dem Amtsblatte des Regierungsbezirkes Düsseldorf zu veröffentlichen. Die Vorschriften des Gesetzes, betreffend die Bekanntmachung landesherrlicher Erlasse durch die Amtsblätter vom 10. April 1872 finden sinngemäß Anwendung.

§ 6

Organe der Genossenschaft sind:
1. die Genossenschaftsversammlung;
2. der Vorstand.

§ 7

(1) Die Genossenschaftsversammlung besteht aus Abgeordneten der Genossen, den Oberkreisdirektoren der Landkreise Moers, Geldern und Kleve und dem geschäftsführenden Beamten der Genossenschaft.

(2) Jedes Mitglied der Genossenschaftsversammlung hat eine Stimme.

§ 8

(1) Jeder Genosse entsendet für jede Einheit seines Jahresbeitrags einen Abgeordneten.

(2) Die Genossen können sich mit ihren Jahresbeiträgen zu Gruppen zusammenschließen. Für jede dadurch entstehende Einheit entsendet die Gruppe einen Abgeordneten. Den einzelnen Gruppen ist es gestattet, von ihren Jahresbeiträgen soviel zusammenzulegen, daß eine Einheit oder ein Vielfaches davon erreicht wird.

(3) Mindestens drei Achtel der Genossenschaftsversammlung müssen aus den Oberkreisdirektoren der Landkreise Moers, Geldern und Kleve (§ 7 Abs. 1) und den Abgeordneten der Gemeinden (§ 2 Nr. 3) bestehen. Soweit diese Mindestzahl nicht auf Grund des Jahresbeitrags der Gemeinden nach den Vorschriften der Abs. 1, 2 erreicht wird, sind die an der Mindestzahl fehlenden Abgeordneten durch die Kreistage der Kreise Moers, Geldern und Kleve derart zu wählen, daß auf Moers mindestens die Hälfte, auf Geldern mindestens ein Drittel und auf Kleve der Rest der Fehlzahl entfällt.

(4) Die Abgeordneten der Gemeinden dürfen nicht in einer der im § 2 Nr. 1, 2 bezeichneten Unternehmungen beruflich tätig sein. Darüber, ob das der Fall ist, entscheidet der Regierungspräsident.

§ 9

Die Amtsdauer der Abgeordneten beträgt drei Jahre. Am Ende jedes dritten Jahres wird die auf die einzelnen Genossen entfallende Zahl von Abgeordneten nach den Vorschriften des § 8 dem für dieses Jahr rechtskräftig festgesetzten Jahresbeitrag entsprechend neu bestimmt und den Genossen bekanntgegeben. Soweit bis zum Ende des dritten Jahres die Veranlagung noch nicht rechtskräftig feststeht, ist der vom Vorstande festgesetzte Satz für die Zahl der neu zu entsendenden Abgeordneten so lange maßgebend, bis über die Veranlagung rechtskräftig entschieden ist. Die Genossen haben die von ihnen für die nächsten drei Jahre zu entsendenden Abgeordneten dem Vorstande mitzuteilen.

§ 10

(1) Der Vorstand besteht aus einem Vorsitzenden, einem Stellvertreter und sieben weiteren Mitgliedern, die von der Genossenschaftsversammlung aus ihrer Mitte gewählt werden. Drei Mitglieder müssen Abgeordnete der Gemeinden sein, darunter mindestens zwei im Genossenschaftsgebiet ansässige Landwirte; diese drei Mitglieder dürfen nicht Pächter von Genossen sein. Außerdem muß einer der Oberkreisdirektoren der Landkreise Moers, Geldern oder Kleve dem Vorstand angehören.

(2) Der Vorstand vertritt die Genossenschaft gerichtlich und außergerichtlich. Er hat die Stellung eines gesetzlichen Vertreters.

III. Aufbringung der Mittel und Aufstellung der Beitragsliste

§ 11

(1) Die durch die Ausführung, die Unterhaltung und den Betrieb der genossenschaftlichen Anlagen entstehenden Kosten sind durch Beiträge der Genossen zu decken.

(2) Der Vorstand veranlagt die einzelnen Genossen zu den Beiträgen. Er stellt darüber eine Beitragsliste auf. Bei der Veranlagung ist zu berücksichtigen, welche Schädigungen der Genosse im Entwässerungsgebiete herbeiführt und welche unmittelbaren oder mittelbaren Vorteile er von den Genossenschaftsanlagen zu erwarten hat.

(3) Die Gemeinden sind, abgesehen von dem Falle des Abs. 4 Satz 2, erst zu veranlagen, nachdem ihnen aus der Benutzung der Genossenschaftsanlagen wirtschaftliche Vorteile erwachsen sind, und nur diese Vorteile sind dann bei ihrer Veranlagung zu berücksichtigen.

(4) Die im § 2 Nr. 2 bezeichneten Unternehmungen werden nur dann in die Beitragsliste aufgenommen, wenn ihre Veranlagung den in der Satzung festgesetzten Mindestbeitrag erreicht. Können sie danach nicht in die Beitragsliste aufgenommen werden, so sind die Schädigungen, die sie verursachen, und die Vorteile, die ihnen erwachsen, bei der Veranlagung der Gemeinden zu berücksichtigen, in denen sie liegen.

§ 12

(1) Der Vorstand legt die Beitragsliste mit Erläuterungen aus und macht Ort und Zeit der Auslegung öffentlich bekannt. Außerdem stellt er eine Abschrift der Beitragsliste den Genossen zu und weist sie darauf hin, daß sie Einwendungen erheben können.

(2) Gegen die Beitragsliste können die Genossen Einwendungen erheben, die schriftlich beim Vorstand anzubringen sind. Die Frist für die Erhebung der Einwendungen beträgt 4 Wochen; sie beginnt mit dem Tage nach Ablauf der Auslegungsfrist.

§ 13

Die Einwendungen werden von dem Vorstand nach Ablauf der Einwendungsfrist geprüft. Er ist befugt, über die Einwendungen mündlich oder schriftlich zu verhandeln. Die Beitragsliste ist, soweit erforderlich, zu berichtigen.

§ 14

(1) Sind die Einwendungen erledigt, so wird die Beitragsliste dem Regierungspräsidenten zur Festsetzung vorgelegt.

(2) Seine Prüfung beschränkt sich darauf, ob bei Aufstellung der Beitragsliste die Formvorschriften nach Gesetz und Satzung erfüllt sind.

§ 15

Die festgesetzten Jahresbeiträge (Veranlagungsbescheide) sind den Genossen mitzuteilen und von ihnen für jedes Vierteljahr in der ersten Hälfte des zweiten Monats an die Genossenschaftskasse abzuführen. Durch Beschluß des Vorstandes können andere Zahlungstermine festgesetzt werden.

§ 16

Die Beiträge der im § 2 Nr. 1, 2 bezeichneten Genossen sind öffentliche Lasten. Sie können im Verwaltungszwangsverfahren beigetrieben werden. Das Beitreibungsverfahren kann sich auch gegen die Pächter und sonstigen Nutzungsberechtigten richten.

§ 17

(1) Fallen Beiträge bei der Einziehung aus, so sind sie in einer Nachtragsbeitragsliste auf die Genossen zu verteilen, sofern nicht der ausgefallene Betrag dem nächsten Jahresbeitrage zugerechnet wird. Werden schon gezahlte Beiträge infolge von Widersprüchen abgesetzt, so sind sie zu erstatten und gleichfalls in einer Nachtragsbeitragsliste auf die Genossen zu verteilen oder von dem nächsten Jahresbeitrag abzurechnen.

(2) Werden im Laufe eines Veranlagungszeitraums Anlagen der im § 2 Nr. 1, 2 bezeichneten Art neu hergestellt oder wesentlich geändert, so können die Eigentümer in einer Nachtragsbeitragsliste veranlagt werden.

(3) Für die Aufstellung und Festsetzung einer Nachtragsbeitragsliste gelten die gleichen Bestimmungen wie für die Beitragsliste.

§ 18

(1) Die Genossenschaftsbeiträge der Gemeinden sind nach Maßgabe des Kommunalabgabengesetzes vom 14. Juli 1893 aufzubringen; dabei gelten die Genossenschaftsanlagen als Veranstaltungen im Sinne der §§ 4, 9, 20 des genannten Gesetzes. Nur soweit die Genossenschaftsbeiträge auf diesem Wege nicht aufgebracht werden können, dürfen sie durch Heranziehung zur Gemeindeeinkommensteuer gedeckt werden.

(2) Die bereits in der Beitragsliste zu Beiträgen veranlagten Unternehmungen der im § 2 Nr. 1, 2 bezeichneten Art dürfen wegen der Vorteile, die sie von den Verbandsanlagen zu erwarten haben, nicht mit Gebühren, Beiträgen und Mehrbelastungen belegt werden.

§ 19

Die Beitragsliste ist in den ersten fünf Jahren jährlich aufzustellen, später in regelmäßigen Zwischenräumen, welche die Genossenschaftsversammlung bestimmt. Diese kann dabei Grundsätze für die künftigen Veranlagungen aufstellen. Die Beschlüsse bedürfen der Genehmigung des Regierungspräsidenten.

IV. Berufung

§ 20

(1) Über einen Widerspruch der Genossen gegen die Veranlagung entscheidet der Berufungsausschuß.

(2)

(3) Der Berufungsausschuß entscheidet auch über den Widerspruch bei Streitigkeiten über die Zugehörigkeit zur Genossenschaft.

§ 21

(1) Der Berufungsausschuß besteht aus:

1. einem vom Regierungspräsidenten zu ernennenden Staats- oder Kommunalbeamten als Vorsitzendem, der keinem der beteiligten Landkreise oder keiner

der beteiligten kreisfreien Städte durch Wohnsitz, Grundbesitz oder Gewerbebetrieb angehören darf;
2. einem Mitgliede des Oberbergamtes, das dieses ernennt;
3. einem höheren technischen Beamten der Wasserwirtschaftsverwaltung, den der Regierungspräsident ernennt;
4. sechs Mitgliedern, die der Landschaftsausschuß wählt; sie dürfen nicht Mitglieder des Vorstandes sein. Je zwei müssen nach ihrem Hauptberufe dem Bergbau und der Landwirtschaft, die übrigen beiden den Landkreis- oder Gemeindevertretungen des Genossenschaftsgebietes angehören; die letztgenannten beiden Mitglieder dürfen nicht in einer der im § 2 Nr. 1, 2 bezeichneten Unternehmungen tätig sein; darüber, ob das der Fall ist, entscheidet der *Oberpräsident**.

(2) Für jedes Mitglied ist in gleicher Weise ein Stellvertreter zu bestellen.

§ 22

Der Berufungsausschuß ist befugt, den Genossenschaftsvorstand zu hören und über den Widerspruch mündlich oder schriftlich zu verhandeln.

§ 23

(1) Die Sitzungen des Berufungsausschusses finden am Sitze der Genossenschaft statt, wenn nicht der Berufungsausschuß einen anderen Ort bestimmt. Sie sind öffentlich.

(2) Den Geschäftsgang und das Verfahren des Berufungsausschusses regelt der zuständige Minister.

§ 24

(1) Die Kosten der Veranlagung trägt die Genossenschaft.

(2) Für die Einziehung der Kosten gelten die über die Einziehung der Beiträge gegebenen Vorschriften.

V. Inanspruchnahme fremder Grundstücke. Verpflichtung der Genossenschaft zur Verhütung und zum Ersatze von Schäden

§ 25

(1) Die Genossenschaft ist berechtigt, auf den den Genossen gehörenden Grundstücken die nach dem Plane auszuführenden Anlagen herzustellen und zu erhalten.

(2) Im Streitfalle beschließt die Aufsichtsbehörde, ob eine Anlage zu den im Abs. 1 bezeichneten gehört.

(3) Die Genossen können von der Genossenschaft Ersatz verlangen für den Nachteil, der für ihre Grundstücke entsteht. Auf den Nachteil ist der ihnen aus den Anlagen erwachsende Vorteil anzurechnen. Die Vorschriften des Artikels 52 und des Artikels 53 Abs. 1 des Einführungsgesetzes zum Bürgerlichen Gesetzbuche sowie der § 47 des Enteignungsgesetzes vom 11. Juni 1874 sind anzuwenden.

---

* Heute der MfELuF NW (VO v. 20. 10. 1946 — GS. NW. S. 147 —).

§ 26

Soweit zur Ausführung der planmäßigen Anlagen das Eigentum an nicht den Genossen gehörenden Grundstücken entzogen oder beschränkt werden muß, gelten die Vorschriften des Enteignungsgesetzes vom 11. Juni 1874.

§§ 27—29*

VI. Staatsaufsicht

§ 30

Die Genossenschaft untersteht der Aufsicht des Staates, die vom Regierungspräsidenten, in zweiter Instanz von dem zuständigen Minister geführt wird. Sie beschränkt sich darauf, daß die Genossenschaft ihre Angelegenheiten nach Gesetz und Satzung verwaltet.

§ 31

Unterläßt oder verweigert es die Genossenschaft, Leistungen oder Ausgaben, die Gesetz oder Satzung fordern, in den Haushaltsplan aufzunehmen oder außerordentlich zu genehmigen, so kann die Aufsichtsbehörde unter Anführung der Gründe die Aufnahme in den Haushaltsplan oder die Feststellung der außerordentlichen Ausgabe und die Einziehung der erforderlichen Beträge verfügen.

§ 32

Anleihen kann die Genossenschaft nur mit Genehmigung der Aufsichtsbehörde aufnehmen.

VII. Auflösung der Genossenschaft

§ 33

(1) Die Genossenschaftsversammlung kann die Auflösung der Genossenschaft mit einer Mehrheit von zwei Dritteln aller Stimmberechtigten beschließen. Sind in der Genossenschaftsversammlung nicht zwei Drittel aller Stimmberechtigten vertreten, so ist mit einem Zwischenraume von mindestens vier Wochen eine zweite Versammlung einzuberufen. Diese kann die Auflösung mit einer Mehrheit von zwei Dritteln der erschienenen Abgeordneten beschließen.

(2) Der Auflösungsbeschluß bedarf der Genehmigung der Landesregierung.

(3) Die Auflösung tritt in Kraft, sobald die Genehmigungsurkunde dem Vorstande zugestellt ist.

(4) Im übrigen finden auf die Auflösung die Vorschriften des XVI. Abschnitts der Ersten Wasserverbandverordnung vom 3. September 1937 (RGBl. I S. 933) entsprechende Anwendung.

---

* Aufgehoben durch § 133 NWWG.

Satzung für die Linksniederrheinische Entwässerungs-Genossenschaft

§ 1
Name, Sitz

Die Genossenschaft, die durch das Entwässerungsgesetz für das linksniederrheinische Industriegebiet vom 29. April 1913, Gesetzsammlung S. 251, PrGS. NW. S. 207, errichtet worden ist, erhält den Namen „Linksniederrheinische Entwässerungs-Genossenschaft" und hat ihren Sitz in Moers.

§ 2
Verzeichnis der Genossen

Der Vorstand hat ein Verzeichnis der Genossen aufzustellen und laufend zu führen. Das Verzeichnis und jede Neueintragung sind in den im § 25 Abs. 2 und 3 bestimmten Blättern zu veröffentlichen.

§ 3
Mindestbeitrag

Der Mindestbeitragssatz, mit dem die Eigentümer der im § 2 Nr. 2 des Entwässerungsgesetzes bezeichneten Anlagen zu den Genossenschaftslasten veranlagt sein müssen, um als Genossen zu gelten, wird auf 2500 Deutsche Mark festgesetzt.

§ 4
Plan

(1) Die vorläufige Grundlage des einheitlichen Bauplanes bildet der „Entwässerungsplan für das Gebiet des linken Niederrheins", aufgestellt vom Verein zur Aufstellung eines Entwässerungsplanes für das linksniederrheinische Industriegebiet zu Homberg (Niederrhein) im Juni 1910, mit seinen Nachträgen. Die endgültige Bestimmung des Bauplanes, insbesondere der Lage des Hauptvorfluters in diesem Entwässerungsplane bleibt der Genossenschaftsversammlung vorbehalten, deren Entscheidung der Genehmigung des zuständigen Ministers bedarf.

(2) Soweit das Genossenschaftsgebiet der Linksniederrheinischen Entwässerungs-Genossenschaft in Moers und das Verbandsgebiet des Niersverbandes in Viersen sich überschneiden, kann der Vorstand der Linksniederrheinischen Entwässerungs-Genossenschaft mit dem Niersverband eine Vereinbarung zur Abgrenzung der beiderseitigen Tätigkeit treffen. Bei Meinungsverschiedenheiten ist die gemeinsame Aufsichtsbehörde anzurufen. Falls dieser die Beilegung nicht gelingt, entscheidet der zuständige Minister.

§ 5
Landkulturkataster, Grundwassermesser

Die Bestimmungen über das Landkulturkataster und die Errichtung von Grundwassermessern werden ebenso wie die Vorschriften über die Benutzung und Unterhaltung der genossenschaftlichen Anlagen durch von der Genossenschaft zu erlassende Ordnungen getroffen.

§ 6

Abgeordnete

(1) Ein Jahresbeitrag von einem Fünfzigstel der Jahresumlage berechtigt den zahlungspflichtigen Genossen zur Entsendung eines Abgeordneten. Im übrigen findet § 8 des Entwässerungsgesetzes Anwendung.

(2) Der Vorstand macht vor Aufstellung der Stimmliste (§ 8) die Genossen auf die Vorschrift des § 8 Abs. 2 des Entwässerungsgesetzes mit der Aufforderung aufmerksam, bis zu einem bestimmten Termin von dem Recht des Zusammenschlusses Gebrauch zu machen. Ist der Zusammenschluß bis zu diesem Termin nicht erfolgt, so macht der Vorstand den Genossen für die Gruppenbildung geeignete Vorschläge.

(3) Scheidet während der dreijährigen Amtsdauer ein Abgeordneter aus, so ist der Genosse zur Entsendung eines Ersatzmannes mit der Amtsdauer des Ausgeschiedenen berechtigt.

§ 7

Aufgaben der Genossenschaftsversammlung

Der Beschlußfassung der Genossenschaftsversammlung bleiben vorbehalten:

a) die Festsetzung ihrer Geschäftsordnung;

b) die Wahl des Vorsitzenden, des stellvertretenden Vorsitzenden und der sieben anderen Mitglieder des Vorstandes sowie die Wahl eines Stellvertreters für jedes der neun Vorstandsmitglieder;

c) die Genehmigung der Grundsätze für die Dienst- und Anstellungsverhältnisse von Beamten;

d) die Festsetzung des Haushaltsplanes und die Bestimmung des Zeitabschnittes, für den er gelten soll;

e) die Aufnahme von Anleihen;

f) die Festsetzung des Zeitabschnittes, für den die Beitragsliste gilt;

g) der Erlaß der Ordnung für die Benutzung und Unterhaltung der genossenschaftlichen Anlagen;

h) die Entgegennahme des Rechenschaftsberichtes des Vorstandes, die Wahl der Rechnungsprüfer und deren Stellvertreter, die Prüfung der Rechnungen und die Entlastung des Vorstandes;

i) Änderungen und Ergänzungen des Bauplanes (§ 1 Abs. 3 des Entwässerungsgesetzes).

§ 8

Stimmliste

Auf Grund der Beitragsliste und unter Berücksichtigung der durch die Gruppenbildungen und Zusammenlegungen nach § 8 Abs. 2 des Entwässerungsgesetzes gewonnenen Vertretungen hat der Vorstand eine Stimmliste zu entwerfen und während einer Dauer von vier Wochen zur Einsicht der Genossen und zur Stellung von Berichtigungsanträgen im Geschäftsgebäude der Genossenschaft auszulegen.

Die Auslegung ist vorher in den für die öffentlichen Bekanntmachungen der Genossenschaft gemäß § 25 Abs. 2 bestimmten Blättern bekanntzumachen.

§ 9

Genossenschaftsversammlung

(1) Der Vorsitzende des Vorstandes ist zugleich Vorsitzender der Genossenschaftsversammlung.

(2) Der Vorsitzende beruft innerhalb des Zeitabschnittes, für den die Beitragsliste gilt, wenigstens eine Genossenschaftsversammlung ein. Er hat ferner die Genossenschaftsversammlung einzuberufen, wenn der Vorstand dies beschließt, wenn ein Viertel der Abgeordneten die Einberufung beantragt oder die Aufsichtsbehörde die Einberufung verlangt.

(3) Die Einladungen zur Genossenschaftsversammlung erläßt der Vorsitzende durch eingeschriebenen Brief. Die Einladung soll mindestens eine Woche vor der Sitzung unter Mitteilung der Tagesordnung abgesandt werden.

(4) Über Gegenstände, die nicht auf der Tagesordnung stehen, kann nur Beschluß gefaßt werden, wenn mehr als die Hälfte der Mitglieder anwesend oder vertreten sind und kein Abgeordneter widerspricht. Satzungsänderungen dürfen ohne vorherige Ankündigung auf der Tagesordnung nicht beschlossen werden.

(5) Die Genossenschaftsversammlung ist öffentlich; für Gegenstände, die sich zur öffentlichen Behandlung nicht eignen, kann die Öffentlichkeit durch Beschluß der Genossenschaftsversammlung ausgeschlossen werden.

(6) Die Genossenschaftsversammlung faßt ihre Beschlüsse mit Stimmenmehrheit ohne Rücksicht auf die Zahl der erschienenen Abgeordneten. Bei Stimmengleichheit gilt der Antrag als abgelehnt. Der Beschlußfassung der Genossenschaftsversammlung bleibt es vorbehalten, in welcher Weise Wahlen erfolgen sollen.

(7) Abwesende Abgeordnete können sich auf Grund schriftlicher Vollmacht durch anwesende vertreten lassen. Die Vollmacht ist vom Vorsitzenden zu prüfen. Der Vertreter kann sein Stimmrecht nur einheitlich für sich und die von ihm vertretenen Abgeordneten ausüben.

(8) Über die Beschlüsse der Genossenschaftsversammlung ist eine Niederschrift aufzunehmen und von dem Vorsitzenden und zwei von der Genossenschaftsversammlung zu bestimmenden Abgeordneten zu vollziehen. Ein Abdruck der Niederschrift ist jedem Abgeordneten zu übersenden.

§ 10

Wahl des Vorstandes

(1) Die Wahl der Vorstandsmitglieder und ihrer Stellvertreter erfolgt für eine sechsjährige Amtsdauer. Alle zwei Jahre, zunächst am 1. April 1916, scheidet je ein Drittel der gewählten Vorstandsmitglieder aus und wird durch die Genossenschaftsversammlung neu gewählt. Wiederwahl ist zulässig. In dem zuerst gewählten Vorstand bestimmt das Los die Reihenfolge des Ausscheidens. Ausscheidende bleiben in allen Fällen in Tätigkeit, bis gültige Neuwahlen erfolgt sind. Für Vorstandsmitglieder, die im Laufe der Wahlperiode ausscheiden, haben Ersatzwahlen durch die nächste Genossenschaftsversammlung stattzufinden; die Ersatzwahlen haben bis zum Ablauf der Amtsdauer des Ausgeschiedenen Gültigkeit.

(2) Auf die Beschwerde eines Genossen kann die Aufsichtsbehörde wegen Verletzung des Entwässerungsgesetzes oder der Satzung die Wahl eines Vorstandsmitgliedes für ungültig erklären und eine in der nächsten Genossenschaftsversammlung vorzunehmende Neuwahl anordnen.

(3) Vorstandsmitglieder können wegen gröblicher Verletzung der ihnen obliegenden Pflichten durch Beschluß der Genossenschaftsversammlung ihres Amtes enthoben werden. Für die des Amtes enthobenen Vorstandsmitglieder hat eine Neuwahl spätestens in der nächsten Genossenschaftsversammlung stattzufinden. Abs. 1 Satz 5 findet keine Anwendung.

§ 11

Aufgaben des Vorstandes

(1) Der Vorstand hat sämtliche Geschäfte zu erledigen, die nicht der Genossenschaftsversammlung vorbehalten oder Geschäfte der laufenden Verwaltung sind. Er hat die Vorlagen an die Genossenschaftsversammlung vorzubereiten und deren Beschlüsse auszuführen.

(2) Der Vorstand beschließt insbesondere über

a) den Entwurf des Haushaltsplanes und seiner Nachträge,
b) den Stellenplan,
c) die Einstellung der Dienstkräfte, ihre Vergütungen und Entschädigungen von der Gruppe BAT III an aufwärts sowie die Entlassung,
d) Ordnungen für das Haushalts-, Kassen- und Rechnungswesen,
e) die Sonderentwürfe zur Ausführung des Bauplanes einschließlich Kostenüberschlag,
f) seine Geschäftsordnung und die Ersatzstellvertretung für den Fall gleichzeitiger Behinderung des Vorsitzenden und des stellvertretenden Vorsitzenden,
g) die Einsetzung von Ausschüssen und ihre Befugnisse,
h) die Geschäfte, die als Geschäfte der laufenden Verwaltung dem Geschäftsführer (§ 7 Abs. 1 des Entwässerungsgesetzes) übertragen werden,
i) die Höhe der Vergütung für den Vorsitzenden und seinen Stellvertreter,
k) die Erstattung des Rechenschaftsberichts,
l) Veranlagungsrichtlinien (§ 19),
m) sonstige Angelegenheiten, die einen Wert von mehr als 200000,— DM haben, soweit der Vorstand dies zur gemeinsamen Erledigung nicht auf den Vorsitzenden und ein weiteres Vorstandsmitglied überträgt.

§ 12

Sitzungen des Vorstandes

(1) Der Vorstand tritt zusammen, wenn der Vorsitzende es für erforderlich hält oder drei Vorstandsmitglieder dieses schriftlich beantragen.

(2) Der Vorsitzende lädt die Vorstandsmitglieder schriftlich unter Mitteilung der Tagesordnung ein. Zwischen der Einladung und der Sitzung soll ein Zwischenraum von wenigstens einer Woche liegen.

(3) Der Vorstand ist bei Anwesenheit von fünf Mitgliedern beschlußfähig. Ohne Rücksicht auf die Anzahl der Erschienenen ist der Vorstand beschlußfähig, wenn er zum zweiten Male wegen des gleichen Gegenstandes zusammenberufen und in

der wiederholten Einladung hervorgehoben ist, daß die Beschlußfassung ohne Rücksicht auf die Anzahl der Erschienenen ergehen werde.

(4) Der Vorstand beschließt mit Stimmenmehrheit; bei Stimmengleichheit gilt ein Antrag als abgelehnt.

(5) Auf schriftlichem Wege erzielte Beschlüsse sind gültig, wenn sie von allen Mitgliedern des Vorstandes einstimmig gefaßt sind.

(6) Den Mitgliedern des Vorstandes stehen Fahrtkosten und volle Tagegelder nach Stufe Ib der Vorschriften über Reisekostenvergütungen der Beamten des Landes Nordrhein-Westfalen zu. Dem Vorsitzenden und seinem Stellvertreter steht außerdem eine jährliche Vergütung zu.

§ 13

Vorsitzender

(1) Der Vorsitzende vertritt die Genossenschaft nach außen, leitet die Geschäfte und ist Dienstvorgesetzter aller Dienstkräfte der Genossenschaft.

(2) Dem Vorsitzenden und einem weiteren Mitglied des Vorstandes obliegen zur gemeinsamen Erledigung sonstige Angelegenheiten der Genossenschaft (§ 11 Absatz 2 Buchstabe m), die einen Wert von über 50000,— DM bis 200000,— DM haben.

(3) Schriftliche Erklärungen, die die Genossenschaft verpflichten sollen, sind von dem Vorsitzenden und einem weiteren Mitglied des Vorstandes zu unterzeichnen.

§ 14

Legitimation des Vorstandes

Der Vorstand weist im Bedarfsfalle seine Legitimation durch eine Bescheinigung der Aufsichtsbehörde nach.

§ 15

Niederschrift

Über die Beschlüsse des Vorstandes ist eine Niederschrift aufzunehmen und von dem Vorsitzenden und einem weiteren Vorstandsmitgliede zu unterzeichnen.

§ 16

Geschäftsführer

(1) Dem Geschäftsführer obliegt die Erledigung der Geschäfte der laufenden Verwaltung. Hierzu gehören auch sonstige Angelegenheiten (§ 11 Abs. 2 Buchstabe m), die einen Wert bis zu 50000,— DM haben.

(2) Soweit nicht der Vorstand dafür zuständig ist, stellt der Geschäftsführer die Dienstkräfte ein und entläßt sie und setzt ihre Vergütungen und Entschädigungen fest.

§ 17

Haushaltsplan

(1) Für alle Einnahmen und Ausgaben der Genossenschaft ist für jedes Rechnungsjahr rechtzeitig vorher ein Haushaltsplan aufzustellen. Ihm sind ein Nachweis der Rücklagen, die Finanzübersicht und der Stellenplan beizufügen.

(2) Die Ausgaben, die nicht aus den ordentlichen Einnahmen, insbesondere den Beiträgen der Genossen, sondern aus dem Vermögen, aus Anleihen und sonstigen Darlehen oder aus nicht regelmäßig wiederkehrenden öffentlichen Beihilfen bestritten werden sollen, sind in den außerordentlichen Haushaltsplan zu nehmen.

(3) Der Haushaltsplan ist den Abgeordneten mindestens eine Woche vor der Genossenschaftsversammlung zu übersenden.

§ 18

Rücklagen

(1) Zur Deckung unvorhergesehener Ausgaben, namentlich zur Beseitigung elementarer Schäden, hat die Genossenschaft einen Bauerneuerungs- und Hilfsfonds anzusammeln. Sie kann auf Beschluß des Vorstandes zur Finanzierung von nicht vorhergesehenen und nicht von vornherein im Haushalt berücksichtigten Ausgaben weitere Rücklagen ansammeln.

(2) Die Rücklagen werden durch jährlich im Haushaltsplan festzusetzende Beträge angesammelt. Sind Rücklagen voll angesammelt, sind lediglich die Beträge wieder zuzuführen, die im Vorjahr entnommen wurden.

(3) Bei jeder Inanspruchnahme von Rücklagen hat der Vorstand der Genossenschaftsversammlung bei ihrem nächsten Zusammentreten zu berichten.

§ 19

Veranlagung

(1) Unter Zugrundelegung der Bestimmungen des § 11 des Entwässerungsgesetzes werden die Genossen nach den folgenden Grundsätzen sowie den vom Vorstand zu erlassenden Veranlagungsrichtlinien (§ 11 Abs. 2 Buchstabe 1) zu Beiträgen veranlagt.

(2) Der einzelne Genosse wird zu Beiträgen für die Aufwendungen veranlagt, die durch die von ihm im Genossenschaftsgebiet herbeigeführten Schädigungen veranlaßt werden bzw. von denen er einen unmittelbaren oder mittelbaren Vorteil zu erwarten hat.

(3) Allgemeine Verwaltungskosten, die nur im Interesse eines oder mehrerer Genossen aufgewendet werden, sind diesen Genossen nach besonderen, in den Veranlagungsrichtlinien festzusetzenden Merkmalen anzulasten.

(4) Alle Genossen werden im Verhältnis ihrer Beiträge nach Abs. 2 zu Beiträgen für die übrigen allgemeinen Verwaltungskosten veranlagt. Hierbei ist den Beiträgen nach Abs. 2 der Schuldendienst zuzurechnen, der auf zur Verfügung gestellte Finanzierungshilfen und Eigenmittel der Genossen entfiele, wenn an ihrer Stelle Mittel angeliehen worden wären.

(5) Wird eine Anlage für mehrere Genossen errichtet, so werden die Aufwendungen für den Kapitaldienst nach dem in dem Entwurf für jeden einzelnen ermittelten Interesse verteilt. Die Unterhaltungs- und Betriebskosten werden der tatsächlichen Nutzung der Anlage durch die Genossen entsprechend verteilt (Betriebswerte). Diese Betriebswerte werden mindestens alle 3 Jahre überprüft. Diese Vorschriften gelten insoweit, als in den folgenden Absätzen nichts weiteres bestimmt ist.

(6) Erhöht sich das Interesse eines Genossen über das im Entwurf festgelegte Maß hinaus oder tritt später ein weiterer Genosse als Benutzer der genossenschaftlichen Anlage hinzu, so wird ihr Anteil an dem Zeitwert der Anlage im Zeitpunkt der Mehr- oder Erstbenutzung nach ihrem Interesse ermittelt und von ihnen entsprechende Beiträge in auf die restliche Lebensdauer der Anlage verteilten Jahresbeträgen einschl. Zinsen des Zeitwertes erhoben. Die auf diese Weise erhobenen Beiträge werden zur Deckung des Schuldendienstes verwendet oder, falls die Erstellungskosten getilgt sind, den übrigen Beteiligten anteilig erstattet.

(7) Als Grundlage für die Verteilung der Kosten für einen genossenschaftlichen Vorfluter auf mehrere Genossen dienen ihre Interessenanteile an
dem Vorfluterquerschnitt,
den verursachten oder beim Entwurf berücksichtigten künftigen Bergsenkungen,
den Abflußmengen,
den Einleitungswerten.

Die Einleitungswerte werden nach dem Gehalt an absetzbaren Stoffen und nach dem BSB_5 berechnet. Bis zur Einrichtung der erforderlichen Meßstellen werden die Einleitungswerte in Anlehnung an Wagner (s. Anlage 1)* berechnet.

(8) Entstehen bei Druckleitungen und Gefälleleitungen neben den normalen Unterhaltungskosten besondere Unterhaltungskosten infolge eines mechanischen oder chemischen Angriffs oder infolge bergbaulicher Einwirkungen, so werden sie auf die sie verursachenden Genossen verteilt.

(9) Bei der Verteilung der Kosten für eine Gemeinschaftskläranlage auf mehrere Genossen wird das Abwasser nach seiner Menge (m^3/Tag) und seiner Beschaffenheit (kg BSB_5/Tag) zugrunde gelegt. Da sich Menge und Beschaffenheit des Abwassers in den einzelnen Anlagetypen betriebskostenmäßig unterschiedlich auswirken, sind auf Grund der Betriebserfahrung für die Verteilung der Unterhaltungs- und Betriebskosten die Faktoren nach Anlage 2** anzuwenden.

§ 20

Beitragsvorauszahlungen, Säumnis

(1) Verzögert sich die Festsetzung der Beitragsliste (§ 14 des Entwässerungsgesetzes), so sind die nach § 15 des Entwässerungsgesetzes vierteljährlich zu entrichtenden Beiträge nach der Höhe der Beiträge des Vorjahres zu bemessen. Die vierteljährlich fälligen Raten können auch dem Beitrag angepaßt werden, der sich für den laufenden Veranlagungszeitraum voraussichtlich ergeben wird.

(2) Die Genossen haben ihre fälligen Zahlungen im Falle der Säumnis mit 2% über den Lombardsatz der Deutschen Bundesbank, mindestens aber mit 6,5%, zu verzinsen. Auf die Verzinsung kann verzichtet werden, wenn wesentliche Gründe für das Versäumnis vorliegen.

§ 21

Berufungsausschuß

(1) Die Wahl der zu wählenden Mitglieder des Berufungsausschusses erfolgt für eine sechsjährige Amtsdauer.

* Tabelle mit Einleitungswerten, nicht abgedruckt.
** Tabelle für Kostenverteilung, nicht abgedruckt.

(2) Die bezüglich des Vorstandes erlassenen Vorschriften über das Ausscheiden der Mitglieder, Ersatz- und Neuwahlen und über Amtsenthebung der Mitglieder (§ 10) finden auch auf die gewählten Mitglieder des Berufungsausschusses Anwendung.

(3) Für den Fall gleichzeitiger Behinderung eines Mitgliedes und seines Stellvertreters hat der Berufungsausschuß die Ersatzstellvertretung aus der Zahl der übrigen gewählten Stellvertreter zu regeln.

(4) Die zu ernennenden Mitglieder werden für die Dauer ihres Hauptamtes bestellt. Das in § 21 Abs. 1 Nr. 1 des Entwässerungsgesetzes bezeichnete Mitglied als Vorsitzender des Berufungsausschusses und sein Stellvertreter müssen entweder die Befähigung zum Richteramt nach den Vorschriften des Gerichtsverfassungsgesetzes besitzen oder nach mindestens dreijährigem Studium der Rechtswissenschaft an einer Universität und dreijähriger Ausbildung im öffentlichen Dienst durch Ablegen der gesetzlich vorgeschriebenen Prüfungen die Befähigung zum höheren Verwaltungsdienst erlangt haben.

(5) Die nach § 21 Abs. 1 Nr. 4 des Entwässerungsgesetzes zu wählenden sechs Mitglieder des Berufungsausschusses und ihre Stellvertreter werden von der Genossenschaftsversammlung vorgeschlagen.

§ 22

Sitzungen des Berufungsausschusses

(1) Der Berufungsausschuß wird von seinem Vorsitzenden zur Sitzung einberufen. Zwischen der Einberufung und der Sitzung soll ein Zwischenraum von wenigstens einer Woche liegen.

(2) Der Berufungsausschuß ist beschlußfähig, wenn mit Einschluß des Vorsitzenden sieben Mitglieder anwesend sind. Die Beschlüsse werden mit Stimmenmehrheit gefaßt; bei Stimmengleichheit gibt die Stimme des Vorsitzenden den Ausschlag.

(3) Die Vorschriften der Zivilprozeßordnung über Ausschließung und Ablehnung von Gerichtspersonen finden mit der Maßgabe entsprechende Anwendung, daß an die Stelle des im Instanzenwege höheren Gerichts die Aufsichtsbehörde tritt.

(4) Den Mitgliedern des Berufungsausschusses stehen Fahrtkosten und volle Tagegelder nach Stufe Ib der Vorschriften über Reisekostenvergütungen der Beamten des Landes Nordrhein-Westfalen zu. Außerdem kann eine angemessene Entschädigung vom Vorstand festgesetzt werden.

§ 23

Aufsicht

Der die Staatsaufsicht führende Regierungspräsident und die von ihm beauftragten Beamten sind befugt, an den Genossenschaftsversammlungen und Vorstandssitzungen teilzunehmen. Das gleiche Recht haben die zuständigen Obergämter. Diese Behörden sind unter Mitteilung der Tagesordnung zu den Sitzungen einzuladen. Zwischen der Einladung und der Sitzung soll ein Zwischenraum von wenigstens einer Woche liegen. Die Behörden erhalten Abschrift der Vorlagen, der Sitzungsniederschriften, des Haushaltsplanes und des Rechenschaftsberichts.

§ 24

Satzungsänderungen

Änderungen der Satzung bedürfen der Zustimmung von drei Vierteln der erschienenen Abgeordneten der Genossenschaftsversammlung.

§ 25

Bekanntmachungen

(1) Die von der Genossenschaft ausgehenden Bekanntmachungen sind von dem Vorsitzenden zu unterzeichnen.

(2) Die für die Öffentlichkeit bestimmten Bekanntmachungen werden in den amtlichen Mitteilungsblättern der im Genossenschaftsgebiet liegenden Landkreise und kreisfreien Städte veröffentlicht.

(3) Satzungsänderungen sind außerdem im Amtsblatt der Bezirksregierung Düsseldorf bekanntzumachen.

Anmerkung:

Der Genossenschaft ist durch Erlaß vom 23. 2. 1914 auf Grund des Gesetzes vom 11. Juni 1874 (GS. S. 221) das Recht verliehen worden, das zur Ausführung ihrer Anlagen erforderliche Grundeigentum an nicht den Genossen gehörenden Grundstücken im Wege der Enteignung zu erwerben oder, soweit es zur Ausführung der Anlagen erforderlich ist, dauernd zu beschränken.

Ferner ist am 7. 8. 1958 angeordnet worden, daß die Vorschriften des Gesetzes über ein vereinfachtes Enteignungsverfahren vom 26. Juli 1922 (GS. S. 211) in allen Enteignungsverfahren anzuwenden sind, die für ein Unternehmen der Genossenschaft durchgeführt werden, das die Klärung oder Fortleitung von Abwasser oder Maßnahmen der Vorflutregelung zum Gegenstande hat, die einer Versumpfung oder Überschwemmung des Geländes entgegenwirken sollen.

Lippegesetz

Vom 19. Januar 1926 (GS. S. 13, Neufassung: PrGS. NW. S. 218)

I. Zweck, Umfang und Rechtsstellung

§ 1

(1) Für das Niederschlagsgebiet der Lippe unterhalb Lippborg bis zur Mündung wird eine Genossenschaft gebildet mit dem Namen „Lippeverband".

(2) Die Grenzen des Gebiets bestimmt der zuständige Minister.

§ 2

(1) Die Genossenschaft hat zur Aufgabe:

1. die Verwaltung des Wasserschatzes im Genossenschaftsgebiete sowie die Herstellung, die Unterhaltung und den Betrieb von Anlagen für die Erhaltung und Ausnutzung des Wasserschatzes;
2. die Unterhaltung des Wasserlaufs und der Ufer der Lippe, unbeschadet der §§ 119 bis 121, 124 des preußischen Wassergesetzes, sowie die Erhaltung der Schiffbarkeit der unteren Lippe nach den Vorschriften des Wassergesetzes;
3. den Schutz und die Förderung der Landeskultur und der Wasserversorgung;
4. die Regelung der Vorflut in der Lippe und ihren Nebenläufen und den Hochwasserschutz;
5. die Reinhaltung der Lippe für landwirtschaftliche und industrielle Zwecke, soweit sie durch bestmögliche Reinigung oder besondere Ableitung der in die Lippe und ihre Nebenläufe fließenden Abwässer geleistet werden kann.

(2) Der zuständige Minister genehmigt die Baupläne, ihre Änderungen und Ergänzungen sowie die zur Ausführung erforderlichen Sonderentwürfe. Er kann zu diesen Entscheidungen die Aufsichtsbehörde des Verbandes ermächtigen.

§ 3*

§ 4

In das Genossenschaftsgebiet können durch Beschluß der Genossenschaftsversammlung angrenzende Gebiete von geringem Umfang einbezogen werden, soweit es zur Durchführung der Genossenschaftsaufgaben erforderlich ist. Der Beschluß bedarf der Genehmigung des zuständigen Ministers. Eine Ausdehnung des Genossenschaftsgebietes flußaufwärts über Lippborg ist nur durch Gesetz möglich.

§ 5

Die Genossenschaft ist eine Körperschaft des öffentlichen Rechts.

§ 6

Genossen sind:

1. der Bund für die künstlichen Bundeswasserstraßen, soweit sie aus der Lippe gespeist werden, und den Altrhein unterhalb der Lippemündung;
2. das Land Nordrhein-Westfalen als Unterhaltungspflichtiger der Lippe und ihrer Ufer;
3. die im Genossenschaftsgebiete liegenden Stadtgemeinden;
4. die im Genossenschaftsgebiete liegenden Landgemeinden;
5. die Eigentümer der im Genossenschaftsgebiete liegenden Bergwerke;
6. die Wasser- und Bodenverbände und Deichverbände;
7. die Eigentümer der im Genossenschaftsgebiete liegenden gewerblichen Unternehmungen, Eisenbahnen, Wasserwerke, Elektrizitätswerke und sonstigen Anlagen,

zu 6 und 7 soweit sie mit einem Mindestbeitrage (§ 12 Abs. 2) zu den Genossenschaftslasten veranlagt oder beitragsfreie Genossen im Sinne des § 10 Abs. 6 und 7 sind.

---

* Gegenstandslos.

§ 7

Die Satzung muß Bestimmungen enthalten über:

1. den Sitz der Genossenschaft;
2. die Festsetzung einer Einheit an Jahresbeitrag, die zur Teilnahme an der Genossenschaftsversammlung und zur Abgabe einer Stimme berechtigt (§ 10 Abs. 2);
3. die Bildung von Gruppen und die Wahl von Gruppenvertretern (§ 10 Abs. 3);
4. die Festsetzung des Mindestbeitrags nach § 12 Abs. 2;
5. die Gegenstände, über welche die Genossenschaftsversammlung zu beschließen hat, sowie die Voraussetzungen und die Form der Einberufung der Genossenschaftsversammlung, ihre Abstimmung und die Vertretung abwesender Genossen;
6. den Haushaltsplan und die genaueren Grundsätze der Veranlagung;
7. die Wahl, Zusammensetzung, Amtsdauer und Befugnisse des Vorstandes, seine Einberufung und Beschlußfassung, die Vertretung nach außen, die Form für den Ausweis der Vorstandsmitglieder und die Beurkundung der Vorstandsbeschlüsse;
8. die Amtsdauer der zu wählenden Mitglieder des Berufungsausschusses (§ 23), seine Einberufung und Beschlußfassung sowie die Entschädigung, die den Mitgliedern zu gewähren ist;
9. die Form für die Bekanntmachungen der Genossenschaft.

§ 8

(1) Über die Satzung und ihre Änderungen beschließt die Genossenschaftsversammlung.

(2) Die Satzung und ihre Änderungen bedürfen der Genehmigung des zuständigen Ministers.

(3) Die Satzung und jede Änderung ist auf Kosten der Genossenschaft in den Amtsblättern der Regierungsbezirke Arnsberg, Münster und Düsseldorf zu veröffentlichen.

§ 9

Organe der Genossenschaft sind:

1. die Genossenschaftsversammlung;
2. der Vorstand.

§ 10

(1) Die Genossenschaftsversammlung besteht aus den stimmberechtigten Genossen.

(2) Stimmberechtigt sind die Genossen oder die Gruppenvertreter (Abs. 3), deren Jahresbeitrag eine in der Satzung festgesetzte Höhe erreicht (Stimmeinheit). Jede Stimmeinheit gewährt eine Stimme. Soweit die Beiträge noch nicht endgültig feststehen, ist der vom Vorstande festgesetzte Beitrag für die Zahl der auf die Genossen oder Gruppenvertreter entfallenden Stimmen maßgebend.

(3) Mit den Jahresbeiträgen oder Teilen von Jahresbeiträgen, die zu einer Stimmeinheit nicht ausreichen, können sich die Genossen zu Gruppen zusammenschließen, die soviel Stimmen führen, als in den zusammengelegten Beiträgen volle Stimmeinheiten enthalten sind.

(4) Der Bund (§ 6 Ziffer 1) hat, *ohne für seine Wasserentnahme aus der Lippe auf Grund des Staatsvertrags, betreffend den Übergang der Wasserstraßen von den Ländern auf das Reich, vom 31. März/26. September 1921 (Gesetzsamml. S. 519) beitragspflichtig zu sein*, 5 vom Hundert aller Stimmeinheiten.

(5) Das Land Nordrhein-Westfalen hat, unbeschadet eines Stimmrechts nach Abs. 2, wegen seiner Beteiligung für die Lippe gemäß § 6 Ziffer 2 eine seinem Beitrage nach § 6 Ziffer 2 entsprechende Stimmenzahl, mindestens aber eine solche in Höhe von 10 vom Hundert aller Stimmeinheiten.

(6) Je eine von der Zahlung eines Beitrags unabhängige Stimme haben die Vertreter der Landkreise Dinslaken, Rees, Recklinghausen, Coesfeld und der kreisfreien Stadt Wesel, soweit diese nicht auf Grund ihrer Beiträge stimmberechtigt ist.

(7) Hinzu treten noch drei Stimmen, von denen zwei auf diejenigen Gemeinden und eine auf die Wasser- und Bodenverbände entfallen, die sonst in der Genossenschaftsversammlung nicht vertreten sind.

(8) Die Genossen § 6 Ziffer 5 dürfen zusammen nicht mehr als 40 vom Hundert sämtlicher Stimmen führen.

(9) Die Stimmen eines Genossen können nur einheitlich abgegeben werden.

§ 11

(1) Der Vorstand besteht aus 13 Mitgliedern, von denen drei dem Landesteil Nordrhein angehören müssen. Zehn Mitglieder, darunter der Vorsitzende und sein Stellvertreter, werden von der Genossenschaftsversammlung gewählt; Bund und Land Nordrhein-Westfalen bestellen je ein Mitglied. Hierzu tritt der geschäftsführende Beamte der Genossenschaft. Die im § 6 genannten Gruppen sollen angemessen vertreten sein. Je ein Mitglied der aus Rheinland und Westfalen zu bestellenden Vertreter muß Vertreter der Landwirtschaft oder eines Wasser- und Bodenverbandes sein. Für jedes gewählte Vorstandsmitglied ist ein Stellvertreter zu wählen.

(2) Der Vorstand ist der gesetzliche Vertreter der Genossenschaft; *§ 218 des Wassergesetzes vom 7. April 1913 (Gesetzsamml. S. 53)* ist anzuwenden.

II. Aufbringung der Mittel und Aufstellung der Beitragsliste

§ 12

(1) Die Genossenschaftslasten sind durch Beiträge der Genossen aufzubringen.

(2) Als Genossen sind nicht anzusehen die im § 6 Ziffer 6 und 7 bezeichneten Unternehmungen, die den in der Satzung festgesetzten Mindestbeitrag nicht erreichen; die Schädigungen, die sie verursachen, und die Vorteile, die ihnen erwachsen, sind bei der Veranlagung der Gemeinden zu berücksichtigen, in denen sie liegen.

(3) Der Vorstand veranlagt die einzelnen Genossen zu den Beiträgen. Er stellt darüber eine Beitragsliste auf. Die Veranlagung hat zu erfolgen auf Grund der Schädigungen, die der Genosse im Verbandsgebiete herbeiführt, und der unmittelbaren und mittelbaren Vorteile, die er von der Durchführung der genossenschaftlichen Aufgaben zu erwarten hat.

(4) Liegen im Bezirke der Gemeinden Unternehmungen der im § 6 Ziffer 6 und 7 bezeichneten Art und erreichen diese Unternehmungen den in der Satzung festgesetzten Mindestbeitrag nicht, so werden an ihrer Stelle die Gemeinden hierfür herangezogen. Den Gemeinden bleibt es überlassen, diese Beiträge auf die genannten Unternehmungen zu verteilen.

§ 13

Der Vorstand stellt einen Abdruck der Beitragsliste und der dazu nötigen Erläuterungen den Genossen zu und weist sie dabei darauf hin, daß sie Einwendungen erheben können. Die Zustellung kann dadurch ersetzt werden, daß der Vorstand die Beitragsliste mit Erläuterungen auslegt und Ort und Zeit der Auslegung sowie die Möglichkeit, Einwendungen zu erheben, öffentlich bekanntmacht. Gegen die Beitragsliste können die Genossen Einwendungen erheben, die schriftlich bei dem Vorstand anzubringen sind. Die Frist für die Erhebung der Einwendungen beträgt 4 Wochen; sie beginnt mit dem Tage der Zustellung der Beitragsliste oder, soweit eine öffentliche Bekanntmachung stattgefunden hat, mit dem Tage nach Ablauf der Auslegungsfrist.

§ 14

Die Einwendungen werden von dem Vorstand nach Ablauf der Einwendungsfrist geprüft. Er ist befugt, über die Einwendungen mündlich oder schriftlich zu verhandeln. Die Beitragsliste ist, soweit erforderlich, zu berichtigen.

§ 15

Sind die Einwendungen erledigt, so setzt die Aufsichtsbehörde die Beitragsliste fest. Ihre Prüfung beschränkt sich darauf, ob bei Aufstellung der Beitragsliste die Formvorschriften nach Gesetz und Satzung erfüllt worden sind.

§ 16

(1) Die festgesetzten Jahresbeiträge (Veranlagungsbescheid) sind den Genossen mitzuteilen und von ihnen für jedes Vierteljahr in der ersten Hälfte des zweiten Monats an die Genossenschaftskasse abzuführen.

(2) Durch Beschluß des Vorstandes können andere Zahlungstermine festgesetzt werden.

§ 17

Die Beiträge sind öffentliche Lasten. Sie können im Verwaltungszwangsverfahren beigetrieben werden. Das Beitreibungsverfahren kann sich auch gegen Pächter und andere Nutzungsberechtigte richten.

§ 18

Entstehen im Laufe eines Veranlagungszeitraums Anlagen der im § 6 Ziffer 5, 6 und 7 bezeichneten Art, werden bestehende Anlagen wesentlich geändert oder fallen Beiträge bei der Einziehung aus, so können diese Umstände in einer Nachtragsliste berücksichtigt werden. Für die Aufstellung und Festsetzung einer Nachtragsliste gelten die Bestimmungen für die Beitragsliste.

§ 19

(1) Die Beiträge der Gemeinden sind nach Maßgabe des Kommunalabgabengesetzes vom 14. Juli 1893 in der Fassung des Gesetzes vom 26. August 1921 aufzubringen. Dabei gelten die Genossenschaftsanlagen als Veranstaltungen der Gemeinden im Sinne des Kommunalabgabengesetzes.

(2) Die in der Beitragsliste oder in der Nachtragsliste mit Beiträgen Veranlagten dürfen wegen des bei ihrer Veranlagung bereits berücksichtigten unmittelbaren und mittelbaren Vorteils nicht mit kommunalen Gebühren, Beiträgen oder Vorausleistungen belegt werden.

§ 20

(1) Die Beitragsliste ist in regelmäßigen, von der Genossenschaftsversammlung zu bestimmenden Zeiträumen aufzustellen.

(2) Die Genossenschaftsversammlung kann Grundsätze für die künftige Veranlagung aufstellen. Die Beschlüsse bedürfen der Genehmigung der Aufsichtsbehörde.

§ 21

(1) Haben Eigentümer nicht im Genossenschaftsgebiete liegender Unternehmungen oder nicht im Genossenschaftsgebiete liegende Stadt- oder Landgemeinden (Gutsbezirke) oder Wasser- und Bodenverbände und Deichverbände von den ausgeführten Genossenschaftsanlagen Vorteile oder führen sie Schädigungen im Genossenschaftsgebiete herbei (§ 12), so können sie nach ihrer Anhörung vom Genossenschaftsvorstande zu Beiträgen gemäß den Bestimmungen herangezogen werden, die gelten würden, wenn sie im Genossenschaftsgebiete lägen. Die Beiträge dürfen, soweit sie wegen des dem Herangezogenen aus den Genossenschaftsanlagen erwachsenden Vorteils erhoben werden, diesen Vorteil nicht übersteigen.

(2) Die Genossenschaft ist in diesem Falle verpflichtet, die Herangezogenen auf ihr Verlangen in die Genossenschaft aufzunehmen, Unternehmungen der im § 6 Ziffer 6 sowie die Eigentümer der in Ziffer 7 daselbst bezeichneten Art jedoch nur, sofern sie zu einem in der Satzung für die Aufnahme in die Beitragsliste vorzuschreibenden Mindestbeitragssatze (§ 12 Abs. 2) zu den Genossenschaftslasten veranlagt werden.

III. Berufung

§ 22

(1) Über den Widerspruch gegen die Veranlagung entscheidet der Berufungsausschuß.

(2)

(3) Über den Widerspruch bei Streitigkeiten darüber, ob die im § 6 Ziffer 6 bezeichneten Wasser- und Bodenverbände und Deichverbände oder die im § 6 Ziffer 7 bezeichneten Anlagen zu dem in der Satzung vorgeschriebenen Mindestbeitragssatze zu den Genossenschaftslasten veranlagt werden können, entscheidet der Berufungsausschuß.

§ 23

(1) Der Berufungsausschuß besteht aus:

1. zwei von der Aufsichtsbehörde zum Vorsitzenden und stellvertretenden Vorsitzenden zu ernennenden Landesbeamten;
2. einem Mitgliede des Oberbergamts, das dieses ernennt;
3. einem von der Aufsichtsbehörde zu bestimmenden höheren technischen Beamten der Wasserwirtschaftsverwaltung;
4. acht von der Genossenschaftsversammlung zu wählenden Mitgliedern, von denen vier Vertreter der Genossen aus Bergbau und Industrie, zwei Vertreter der Gemeinden, zwei Vertreter der im Genossenschaftsgebiet ansässigen Landwirte oder von Wasser- und Bodenverbänden sein müssen. Einer der vier Vertreter der Genossen aus dem Bergbau und der Industrie ist der Arbeitnehmerschaft zu entnehmen.

(2) Für den Vorsitzenden und jedes Mitglied ist in gleicher Weise ein Stellvertreter zu bestellen.

§ 24

(1) Die Sitzungen des Berufungsausschusses sind öffentlich.

(2) Den Geschäftsgang und das Verfahren des Berufungsausschusses regelt der zuständige Minister.

§ 25

Der Berufungsausschuß ist befugt, den Genossenschaftsvorstand zu hören und über den Widerspruch mündlich oder schriftlich zu verhandeln.

§ 26

(1) Die Kosten der Veranlagung trägt die Genossenschaft.

(2) Für die Einziehung der Kosten gelten die für die Einziehung der Beiträge gegebenen Vorschriften.

IV. Inanspruchnahme von Grundstücken zu Anlagen der Genossenschaft. Verhütung und Ersatz von Schäden

§ 27

Die Genossenschaft ist berechtigt, nach den Vorschriften des Gesetzes über die Enteignung von Grundeigentum vom 11. Juni 1874 das zur Ausführung ihrer Anlagen erforderliche Grundeigentum nach den von den zuständigen Ministern genehmigten Bauplänen im Wege der Enteignung zu erwerben oder dauernd zu beschränken.

§§ 28—30*

V. Staatsaufsicht

§ 31

Die Genossenschaft untersteht der Aufsicht des Staates. Die Aufsicht wird von einem von dem zuständigen Minister zu bestimmenden *Oberpräsidenten*** in der

* Aufgehoben durch § 133 NWWG.

** Heute der MfELuF NW (VO v. 20. 10. 1946 — GS. NW. S. 147 —)

Beschwerdeinstanz von dem zuständigen Minister ausgeübt. Sie beschränkt sich darauf, daß die Genossenschaft ihre Angelegenheiten nach Gesetz und Satzung verwaltet.

§ 32

Unterläßt oder verweigert es die Genossenschaft, Leistungen oder Ausgaben, die Gesetz oder Satzung erfordern, in den Haushaltsplan aufzunehmen oder außerordentlich zu genehmigen, so kann die Aufsichtsbehörde unter Anführung der Gründe die Aufnahme in den Haushaltsplan oder die Feststellung der außerordentlichen Ausgaben und die Einziehung der erforderlichen Beiträge verfügen.

§ 33

Anleihen, die den Schuldenbestand vermehren, kann die Genossenschaft nur mit Genehmigung der Aufsichtsbehörde aufnehmen.

VI. Auflösung des Verbandes

§ 34

(1) Die Genossenschaftsversammlung kann die Auflösung der Genossenschaft mit einer Mehrheit von zwei Dritteln aller Stimmberechtigten beschließen. Sind in der Genossenschaftsversammlung nicht zwei Drittel aller Stimmberechtigten vertreten, so ist mit einem Zwischenraume von mindestens vier Wochen eine zweite Versammlung einzuberufen. Diese kann die Auflösung mit einer Mehrheit von zwei Dritteln der vertretenen Stimmen beschließen.

(2) Der Auflösungsbeschluß bedarf der Genehmigung des zuständigen Ministers.

(3) Die Auflösung tritt in Kraft, sobald die Genehmigungsurkunde dem Vorstande zugestellt ist.

(4) Im übrigen finden auf die Auflösung die Vorschriften des XVI. Abschnittes der Ersten Wasserverbandverordnung vom 3. September 1937 (RGBl. I S. 933) entsprechende Anwendung.

VII. Übergangsbestimmungen

§§ 35—42*

§ 43

Die Ausführung dieses Gesetzes liegt dem zuständigen Minister ob.

---

* Gegenstandslos.

Satzung des Lippeverbandes

A. Die Genossen, die Organe der Genossenschaft

Genossenverzeichnis

§ 1

(1) Der Vorstand führt ein Verzeichnis der Genossen.

(2) Das Verzeichnis und jede Änderung werden in den Amtsblättern der Regierungsbezirke Münster, Arnsberg und Düsseldorf veröffentlicht.

§ 2

Der Mindestbeitrag (§ 12 Abs. 2 des Gesetzes), mit dem die Wasser- und Bodenverbände und Deichverbände und die Eigentümer der im Genossenschaftsgebiet liegenden gewerblichen Unternehmungen, Eisenbahnen, Wasserwerke, Elektrizitätswerke und sonstigen Anlagen veranlagt sein müssen, wenn sie als Genossen gelten sollen, beträgt 1/5000 der Jahresumlage.

Sitz

§ 3

Der Lippeverband hat seinen Sitz in Dortmund.

Die Stimmen der Genossenschaftsversammlung

§ 4

Die Stimmeinheit (§ 10 Abs. 2 des Gesetzes) beträgt ein Hundertstel der Jahresumlage der Genossenschaft.

§ 5

Ergibt sich bei der Stimmeinheit gemäß dem § 4 und nach der Höhe der Jahresbeiträge für die Bergwerke und ihren Anteil an Gruppen gemäß dem § 10 Abs. 3 des Gesetzes ein 40 v. H. der Gesamtstimmenzahl übersteigender Anteil, so werden die über 40 v. H. der Gesamtzahl hinausgehenden Stimmen den übrigen beitragspflichtigen Genossen gleichmäßig zugeteilt. Hiernach errechnet sich, welche Bruchteile der Jahresumlage zur Abgabe einer Stimme bei den Bergwerken einerseits und bei den übrigen beitragspflichtigen Genossen andererseits berechtigen.

§ 6

Bei der Bildung einer Gruppe auf Grund des § 10 Abs. 3 des Gesetzes haben sämtliche der Gruppe angehörenden Genossen dem Vorstand die die Gruppe vertretende Person namhaft zu machen.

§ 7

Die sonst in der Genossenschaftsversammlung nicht vertretenen Gemeinden machen dem Vorstand diejenige Person namhaft, die die auf sie nach dem § 10 Abs. 7 des Gesetzes entfallenden 2 Stimmen führt; entsprechendes gilt für die a. a. O. genannten Wasser- und Bodenverbände.

§ 8

Die Genossen haben dem Vorsitzenden des Vorstandes die Vertretungsmacht der von ihnen zur Genossenschaftsversammlung entsandten Vertreter nachzuweisen.

§ 9

Vertreter in der Genossenschaftsversammlung kann nur sein, wer zum Amte eines Schöffen fähig ist.

Einberufung der Genossenschaftsversammlung

§ 10

Innerhalb des Zeitraumes, für den die Beitragsliste aufgestellt wird, findet mindestens eine ordentliche Genossenschaftsversammlung statt.

§ 11

Außerordentliche Genossenschaftsversammlungen finden statt:

a) auf Beschluß des Vorstandes,
b) auf den Antrag von Genossen, die mindestens ein Viertel der in der Genossenschaftsversammlung vorhandenen Stimmen haben,
c) auf Anordnung der Aufsichtsbehörde.

Die Anträge zu b müssen schriftlich dem Vorstand eingereicht werden und den Beratungsgegenstand angeben.

§ 12

Die Genossenschaftsversammlung wird von dem Vorsitzenden des Vorstandes einberufen.

§ 13

Die Einladungen mit der Tagesordnung sind den Genossen durch eingeschriebenen Brief oder durch Postzustellung so zu übermitteln, daß sie ihnen mindestens eine Woche vor der Versammlung zugehen.

In dringenden Fällen kann diese Einladungsfrist auf drei Tage verkürzt werden.

Zuständigkeit der Genossenschaftsversammlung

§ 14

Der Beschlußfassung durch die Genossenschaftsversammlung bleiben vorbehalten:

1. die Festsetzung ihrer Geschäftsordnung,
2. die Entscheidung über die Rechtmäßigkeit der Vertretung der Genossen,
3. die Wahl der Mitglieder des Vorstandes, seines Vorsitzenden und dessen Stellvertreters, eines Stellvertreters für jedes gewählte Vorstandsmitglied und der Mitglieder des Berufungsausschusses und ihrer Stellvertreter,
4. die Festsetzung der Satzung und ihre Änderung,
5. die Ausdehnung des Genossenschaftsgebietes (§ 4 des Gesetzes),
6. der Haushaltsplan,
7. die Wahl von Rechnungsprüfern und die Entlastung des Vorstandes,

8. die Regeln für die Benutzung und die Unterhaltung der genossenschaftlichen Anlagen,
9. die Regeln für die Dienst- und Anstellungsverhältnisse von Beamten,
10. die Entschädigung der Vorstandsmitglieder,
11. die Auflösung der Genossenschaft.

Leitung und Beschlußfassung der Genossenschaftsversammlung

§ 15

Der Vorsitzende des Vorstandes leitet die Genossenschaftsversammlung.

§ 16

Über Gegenstände, die nicht auf der mit der Einladung versandten Tagesordnung stehen, kann nur bei einstimmiger Zustimmung der anwesenden Genossen, die mindestens zwei Drittel aller Stimmen führen müssen, Beschluß gefaßt werden.

§ 17

Die Genossenschaftsversammlung ist, abgesehen vom § 34 Abs. 1 des Gesetzes. ohne Rücksicht auf die Zahl der vertretenen Stimmen beschlußfähig.

§ 18

Die Genossenschaftsversammlung beschließt mit einfacher Stimmenmehrheit der Erschienenen. Die Stimme des Vorsitzenden gibt bei unentschiedener Abstimmung den Ausschlag.

§ 19

(1) Gewählt wird mit Stimmzettel oder, wenn niemand widerspricht, durch Zuruf.

(2) Ergibt der erste Wahlgang keine Mehrheit sämtlicher stimmberechtigten Genossen, so erfolgt Stichwahl unter den beiden Anwärtern mit den meisten Stimmen, erforderlichenfalls entscheidet das Los, wer zur Stichwahl zugelassen werden soll. Auch in der Stichwahl entscheidet bei Stimmengleichheit das Los.

§ 20

Über die Beschlüsse der Genossenschaftsversammlung ist eine Niederschrift aufzunehmen, die von dem Vorsitzenden und zwei von der Versammlung zu bestimmenden Vertretern zu unterzeichnen ist.

Vorstand, Amtsdauer, Wahl

§ 21

Mitglied des Vorstandes kann nur sein, wer zum Amte eines Schöffen fähig ist.

§ 22

(1) Die Dauer des Amtes der von der Genossenschaftsversammlung gewählten Vorstandsmitglieder beträgt 6 Jahre.

(2) Von dem von der ersten ordentlichen Genossenschaftsversammlung zuerst gewählten Vorstande scheidet nach drei Jahren die Hälfte aus. Die Reihenfolge des Ausscheidens bestimmt das Los.

§ 23

Gewählte Vorstandsmitglieder, die ihren Wohnsitz im Genossenschaftsgebiet haben, oder Beamte und Angestellte eines Genossen sind, scheiden aus, wenn sie ihren Wohnsitz aus dem Genossenschaftsgebiet verlegen bzw. ihr Amt oder ihre Anstellung aufgeben.

§ 24

Für Vorstandsmitglieder, die vor dem Ablaufe der Zeit, für die sie gewählt sind, ausscheiden, wählt die Genossenschaftsversammlung für den Rest dieser Zeit Ersatz in ihrer nächsten Versammlung.

§ 25

Ausscheidende Vorstandsmitglieder bleiben bis zur gültigen Ersatzwahl im Amt.

§ 26

Die gewählten Mitglieder und ihre Stellvertreter können wegen gröblicher Pflichtverletzung von der Aufsichtsbehörde ihres Amtes enthoben werden.

§ 27

Der durch die vorläufige Genossenschaftsversammlung gewählte Vorstand bleibt bis zur Neuwahl durch die erste ordentliche Genossenschaftsversammlung (§ 38 des Gesetzes) im Amt. Die §§ 21—26 finden entsprechende Anwendung.

Einberufung des Vorstandes

§ 28

(1) Der Vorstand wird zusammengerufen, wenn es der Vorsitzende für erforderlich hält oder drei seiner Mitglieder es schriftlich beantragen.

(2) Die Einladung erläßt der Vorsitzende schriftlich unter Mitteilung der Tagesordnung.

(3) Ist ein Vorstandsmitglied an der Teilnahme verhindert, so hat er dies seinem Stellvertreter und dem Vorsitzenden mitzuteilen, der Vorsitzende lädt dann den Stellvertreter ein.

Beschlußfassung im Vorstand

§ 29

(1) Der Vorstand ist beschlußfähig, wenn mindestens sieben Mitglieder anwesend sind.

(2) Ohne Rücksicht auf die Anzahl der Erschienenen ist der Vorstand beschlußfähig, wenn er zum zweiten Male wegen desselben Gegenstandes berufen ist. Bei der wiederholten Einladung muß hervorgehoben sein, daß ohne Rücksicht auf die Anzahl der Erschienenen werde beschlossen werden.

§ 30

Der Vorstand beschließt mit Stimmenmehrheit der Erschienenen. Bei Stimmengleichheit entscheidet die Stimme des Vorsitzenden.

§ 31

Über die Beschlüsse des Vorstandes ist eine Niederschrift aufzunehmen, diese ist von dem Vorsitzenden und einem Vorstandsmitglied zu unterzeichnen.

Befugnisse, Aufgaben des Vorstandes

§ 32

Der Vorstand verwaltet die Genossenschaftsangelegenheiten, soweit sie nicht der Genossenschaftsversammlung vorbehalten sind. Er hat die Vorlagen für die Genossenschaftsversammlung vorzubereiten und ihre Beschlüsse auszuführen.

§ 33

Der Vorsitzende des Vorstandes leitet die Geschäfte. Er ist Dienstvorgesetzter aller Beamten, Angestellten und Arbeiter der Genossenschaft einschl. des Geschäftsführers.

§ 34

Schriftliche Erklärungen des Vorstandes verpflichten die Genossenschaft, wenn sie von dem Vorsitzenden oder seinem Stellvertreter und einem anderen Mitgliede unterzeichnet sind. Im übrigen vertritt der Vorsitzende die Genossenschaft nach außen.

§ 35

Die Vorstandsmitglieder weisen sich durch eine Bescheinigung der Aufsichtsbehörde aus.

§ 36

Der Vorstand setzt seine Geschäftsordnung fest, durch die insbesondere die Stellvertretung für den Fall gleichzeitiger Behinderung des Vorsitzenden und seines Stellvertreters zu regeln ist.

§ 37

(1) Der Vorstand kann zur Vorbereitung der Vorlagen für die Vorstandssitzungen und die Genossenschaftsversammlungen Ausschüsse einsetzen, deren Mitglieder aus den Genossen von ihm zu wählen sind.

(2) Jedem Ausschusse gehören der Vorsitzende des Vorstandes als Vorsitzender und der Geschäftsführer der Genossenschaft an.

(3) Die Ausschüsse werden vom Vorsitzenden nach seinem Ermessen einberufen. Auf Antrag der Hälfte der Ausschußmitglieder muß eine Ausschußsitzung einberufen werden.

§ 38

(1) Der Vorstand stellt den Geschäftsführer und die übrigen Beamten der Genossenschaft an.

(2) Die Einstellung von Angestellten geschieht durch den Vorsitzenden des Vorstandes.

§ 39

Der Vorstand stellt die Baupläne für die vom Lippeverband zu errichtenden Anlagen auf.

B. Haushaltsplan, Aufbringung der Mittel und Aufstellung der Beitragsliste

Haushaltsplan

§ 40

Das Rechnungsjahr der Genossenschaft läuft vom 1. Januar bis zum 31. Dezember.

§ 41

In den Haushaltsplan sind als ordentliche Ausgaben die Aufwendungen für die Verzinsung und Tilgung der Anleihen, die Kosten für die Unterhaltung und den Betrieb der genossenschaftlichen Anlagen und die Verwaltungskosten einzustellen.

§ 42

(1) In den Haushaltsplan sind ferner als ordentliche Ausgaben regelmäßige Beiträge zu einem Bauerneuerungs- und Hilfsfonds einzustellen, der zur Deckung unvorhergesehener Ausgaben benutzt werden kann.

(2) Der Hilfsfonds soll allmählich mindestens auf die Höhe des Durchschnitts der Jahresumlagen der drei letzten Jahre gebracht und muß in jederzeit einlösbaren Werten angelegt werden.

Beiträge der Genossen

§ 43

Die durch den Haushaltsplan festgestellten ordentlichen Genossenschaftsausgaben sind auf die Genossen umzulegen.

§ 44

Der Vorstand hat zu diesem Zweck eine Beitragsliste aufzustellen, in der die Genossen zu Beiträgen veranlagt werden.

Die Jahresbeiträge werden auf volle Mark nach unten abgerundet.

§ 45

Die Beitragsliste wird zunächst jährlich aufgestellt. Die Genossenschaftsversammlung kann beschließen, daß die Beitragsliste ganz oder teilweise in Abständen von mehreren Rechnungsjahren aufzustellen ist.

§ 46

Wird die Beitragsliste bis zum Ende des ersten Monats des ersten Vierteljahres nicht festgesetzt (§ 15 des Gesetzes), so sind die Beiträge solange nach der Beitragsliste des Vorjahres zu zahlen, bis die neue Beitragsliste festgestellt ist. Abweichungen von den nach der festgesetzten Beitragsliste zu leistenden Zahlungen müssen bei der nächsten Zahlung berichtigt werden.

§ 47

Der Vorstand ist berechtigt, bei nicht rechtzeitiger Ablieferung der Beiträge den säumigen Genossen Verzugszinsen in Rechnung zu stellen, die mit dem nächsten Beitrage zu entrichten sind.

§ 48

Die Genossenschaftsversammlung kann beschließen, daß von Genossen, für deren Werke eine Stillegung droht, zur Sicherstellung der Verzinsungs-, Tilgungs-, Unterhaltungs- und Betriebskosten der für sie errichteten Anlagen eine besondere Rücklage eingezogen wird.

Veranlagung

§ 49

Die Veranlagung erfolgt auf Grund der Schädigungen, die der Genosse im Verbandsgebiet herbeiführt, und der unmittelbaren und mittelbaren Vorteile, die er von der Durchführung der genossenschaftlichen Aufgaben zu erwarten hat.

Die von der Genossenschaftsversammlung festgestellten genaueren Grundsätze der Veranlagung sind als Anlage der Satzung beizufügen und deren Bestandteil.

§ 50

Als Schäden und Vorteile gelten bei den Gemeinden, die Genossen sind, auch diejenigen Schäden, die in ihrem Bezirke von Nichtgenossen verursacht werden, und diejenigen Vorteile, die Nichtgenossen in ihrem Bezirke erwachsen.

§ 51

Die Zustellung der Beitragsliste gemäß dem § 13 des Gesetzes und die Mitteilung der festgesetzten Jahresbeiträge gemäß dem § 16 Abs. 1 des Gesetzes erfolgt gegen Empfangsbescheinigung oder durch eingeschriebenen Brief.

Berufungsausschuß, Mitglieder, Wahl und Amtsdauer

§ 52

Der Berufungsausschuß (§§ 22—25 des Gesetzes) entscheidet als Schiedsgericht endgültig.

Mitglied des Berufungsausschusses kann nur sein, wer zum Amte eines Schöffen fähig ist.

Die von der Aufsichtsbehörde zum Vorsitzenden und stellvertretenden Vorsitzenden zu ernennenden Beamten sollen entweder die Befähigung zum Richteramt nach den Vorschriften des Gerichtsverfassungsgesetzes besitzen oder nach mindestens dreijährigem Studium der Rechtswissenschaft an einer Universität und dreijähriger Ausbildung im öffentlichen Dienst durch Ablegen der gesetzlich vorgeschriebenen Prüfungen die Befähigung zum höheren Verwaltungsdienst erlangt haben.

§ 53

Die acht zu wählenden Mitglieder des Berufungsausschusses und ihre Stellvertreter bleiben 8 Jahre im Amt.

§ 54

Alle zwei Jahre nach der ersten Wahl scheiden zwei gewählte Mitglieder des erstgewählten Berufungsausschusses aus, die Reihenfolge des Ausscheidens wird vom Vorstand durch das Los bestimmt.

§ 55

Ausscheidende Mitglieder des Berufungsausschusses bleiben bis zur gültigen Ersatzwahl im Amt.

§ 56

Die Vorschriften der §§ 23 und 24 der Satzung gelten sinngemäß für das Ausscheiden der Gewählten.

Einberufung, Beschlußfassung des Berufungsausschusses

§ 57

Der Berufungsausschuß wird von seinem Vorsitzenden einberufen.

§ 58

Der Berufungsausschuß ist beschlußfähig, wenn mit dem Vorsitzenden sieben seiner Mitglieder zugegen sind.

§ 59

Der Berufungsausschuß ist befugt, die Genossenschaftsbeamten zu seinen Arbeiten heranzuziehen.

Entschädigung der Mitglieder des Berufungsausschusses

§ 60

(1) Die Mitglieder des Berufungsausschusses erhalten von der Genossenschaft Ersatz der Reisekosten (Tagegelder und Fahrkosten) wie Staatsbeamte der Besoldungsgruppe 13, wenn sie jedoch selbst unmittelbare Staatsbeamte sind, die ihnen als solche zustehende höhere Entschädigung.

(2) Außerdem kann eine angemessene Vergütung für ihre Mühewaltung vom Vorstand festgesetzt werden.

C. Staatsaufsicht

§ 61

Die Aufsichtsbehörde, die Regierungspräsidenten von Münster, Arnsberg und Düsseldorf und das Oberbergamt, haben das Recht, an den Genossenschaftsversammlungen und Vorstandssitzungen beratend teilzunehmen oder ihre Vertreter teilnehmen zu lassen.

§ 62

Diese Behörden sind zu den Sitzungen einzuladen und erhalten eine Abschrift der Tagesordnungen, der Sitzungsniederschriften, des Haushaltsplanes, der Beitragsliste und des Rechenschaftsberichtes.

D. Bekanntmachungen

§ 63

Die für die Öffentlichkeit bestimmten Bekanntmachungen werden im Bundesanzeiger und in einem oder in mehreren Tagesblättern veröffentlicht, die von dem Vorstand zu bestimmen sind.

Anmerkung:

Am 9. 10. 1956 ist angeordnet worden, daß die Vorschriften des Gesetzes über ein vereinfachtes Enteignungsverfahren vom 26. Juli 1922 (GS. S. 211) in allen Enteignungsverfahren anzuwenden sind, die auf Grund des dem Lippeverband durch § 27 des Lippegesetzes verliehenen Enteignungsrechts für ein Unternehmen durchgeführt werden, das die Klärung oder Fortleitung von Abwasser oder Maßnahmen der Vorflutregelung zum Gegenstand hat, die einer Versumpfung oder Überschwemmung des Geländes entgegenwirken sollen.

Ruhrtalsperrengesetz

Vom 5. Juni 1913 (GS. S. 317, Neufassung: PrGS. NW. S. 214)

I. Zweck, Umfang und Rechtsstellung der Genossenschaft

§ 1

(1) Die Eigentümer der Wasserwerke und anderen Anlagen, die:
1. jährlich mittelbar oder unmittelbar mehr als 30000 Kubikmeter Wasser aus der Ruhr oder ihren Nebenflüssen entnehmen (Wasserentnehmer) oder
2. die Wasserkraft dieser Wasserläufe benutzen (Triebwerksbesitzer) und nach § 17 zu den Genossenschaftslasten herangezogen werden können,

werden zu einer Genossenschaft vereinigt.

(2) Ausgenommen sind:
1. Anlagen zur Wiesenbewässerung;
2. Triebwerke, die nur den Zwecken der eigenen Haushaltung und Wirtschaft dienen; als Wirtschaft gelten der landwirtschaftliche Haus- und Hofbetrieb, mit Ausschluß der landwirtschaftlichen Nebenbetriebe;
3. Triebwerke zu anderen als den in Nr. 2 bezeichneten Zwecken mit einer Leistungsfähigkeit von weniger als zehn Pferdekräften, gemessen an der Wassermotorwelle.

§ 2

(1) Die Genossenschaft hat den Zweck, das der Ruhr schädlich entzogene Wasser zu ersetzen und eine bessere Ausnutzung der Triebkraft der Ruhr und ihrer Nebenflüsse herbeizuführen. Dies geschieht:

1. durch Errichtung und Betrieb eigener Talsperren;
2. durch Förderung der Errichtung und des Betriebs fremder Talsperren;
3. durch Herstellung und Betrieb von Anlagen zur Wasserbeschaffung aus dem Rhein;
4. durch Herstellung und Betrieb anderer Anlagen.

(2) Als schädlich entzogen gilt diejenige Wassermenge, die in Zeiten, in denen die Wasserführung der Ruhr weniger als 4,5 Liter in der Sekunde für 1 Quadratkilometer Niederschlagsgebiet beträgt, der Ruhr entnommen und nicht wieder zugeleitet wird.

(3) Die Genossenschaft kann auch Anlagen zur Verbesserung der Beschaffenheit des Wassers und der Wasserstände in der Ruhr und ihren Nebenflüssen herstellen oder sich an solchen beteiligen.

(4) Soweit die Nachteile, die infolge der Wasserentnahme durch Genossen entstehen, durch Anlagen der Genossenschaft ausgeglichen werden, können Triebwerksbesitzer weder Unterlassung der Wasserentnahme noch Entschädigung verlangen.

§ 3

Die Genossenschaft führt den Namen „Ruhrtalsperrenverein". Sie ist eine Körperschaft des öffentlichen Rechtes.

II. Vertretung und Verwaltung der Genossenschaft

§ 4

Die Rechtsverhältnisse der Genossenschaft und ihrer Mitglieder richten sich, soweit sie nicht in diesem Gesetze geregelt sind, nach der Satzung. Diese muß Bestimmungen enthalten über:

1. den Sitz der Genossenschaft;
2. die Aufstellung und Führung des Verzeichnisses der Genossen;
3. die Festsetzung eines Einheitssatzes für den Jahresbeitrag, der die Voraussetzung für die Teilnahme an der Genossenschaftsversammlung und für die Abgabe einer Stimme in dieser Versammlung bildet;
4. die Gegenstände, über die die Genossenschaftsversammlung zu beschließen hat, sowie die Voraussetzungen und die Form für die Zusammenberufung der Genossenschaftsversammlung und die Vertretung abwesender Mitglieder;
5. die Zusammensetzung, die Wahl und die Amtsdauer des Vorstandes, seine Befugnisse, seine Einberufung und Beschlußfassung, die Vertretung nach außen, die Form für den Ausweis der Vorstandsmitglieder und die Beurkundung ihrer Beschlüsse;
6. die Ermittlung der entnommenen Wassermenge und des erzielten Kraftgewinnes der Triebwerksbesitzer;
7. den Haushaltsplan und die genaueren Grundsätze für die Höhe und Verteilung der Beiträge sowie ihre Ermäßigung oder Erhöhung aus besonderen Rücksichten (§§ 14, 14a, 16);
8. die Unterverteilung der Beiträge zum Ruhrverband;
9. die Amtsdauer der zu wählenden Mitglieder des Berufungsausschusses und ihrer Stellvertreter (§ 29), die Einberufung und Beschlußfähigkeit des Beru-

fungsausschusses sowie die Entschädigung, die den Mitgliedern zu gewähren ist;

10. die Anlegung des Genossenschaftsvermögens;
11. die Form für die Bekanntmachungen der Genossenschaft;
12. die öffentlichen Blätter, in welche die Bekanntmachungen aufzunehmen sind, die nach dem Gesetze, der Satzung oder den Beschlüssen der Genossenschaftsorgane zu veröffentlichen sind;
13. die Form der im § 20 Abs. 1 Satz 1 und im § 23 Satz 1 vorgeschriebenen Zustellung.

§ 5

(1) Über die Satzung und ihre Änderung beschließt die Genossenschaftsversammlung. Die Satzung und ihre Änderung bedürfen der Genehmigung des zuständigen Ministers.

(2) Die Satzung und jede Änderung ist auf Kosten der Genossenschaft in den Amtsblättern der Regierungsbezirke Arnsberg und Düsseldorf zu veröffentlichen.

(3) Die Vorschriften des Gesetzes, betreffend die Bekanntmachung landesherrlicher Erlasse durch die Amtsblätter, vom 10. April 1872 finden sinngemäße Anwendung.

§ 6

Organe der Genossenschaft sind:

1. die Genossenschaftsversammlung;
2. der Vorstand.

§ 7

(1) Die Genossenschaftsversammlung besteht aus den Genossen, deren Jahresbeitrag eine bestimmte, in der Satzung festzusetzende Höhe erreicht (Stimmeinheit).

(2) Für jede volle Stimmeinheit führt der Genosse oder der Gruppenvertreter (§ 8) eine Stimme. Soweit die Beiträge noch nicht endgültig feststehen, ist der vom Vorstande festgesetzte Beitrag für die Zahl der auf die Genossen oder Gruppenvertreter entfallenden Stimmen maßgebend.

(3) Die Satzung kann für diejenigen Genossen, deren Jahresbeitrag die nach Abs. 1 festzusetzende Stimmeinheit übersteigt, die Berechtigung zur Abgabe von mehr als einer Stimme nach abgestuften Sätzen des Jahresbeitrags bemessen.

§ 8

Die Genossen können sich mit den Teilen ihrer Jahresbeiträge, die zu einer vollen Stimmeinheit nicht ausreichen, zu Gruppen zusammenschließen. Für jede dadurch entstehende Einheit kann die Gruppe einen Vertreter zur Genossenschaftsversammlung entsenden.

§ 9

Jeder stimmberechtigte Genosse kann sich in der Genossenschaftsversammlung vertreten lassen, doch darf er höchstens so viele Vertreter entsenden, als er Stimmen führt.

§ 10

(1) Der Vorstand wird von der Genossenschaftsversammlung aus ihrer Mitte gewählt. Er besteht aus einem Vorsitzenden, einem Stellvertreter und 7 weiteren Mitgliedern. In ihm müssen die Gemeinden, die privaten Wasserwerke und die Triebwerksbesitzer vertreten sein.

(2) *§ 218 des Wassergesetzes vom 7. April 1913 (GS. S. 53) ist anzuwenden.*

§ 11

Der Vorstand vertritt die Genossenschaft gerichtlich und außergerichtlich; er hat die Stellung eines gesetzlichen Vertreters.

III. Aufbringung der Mittel und Aufstellung der Beitragsliste

§ 12

(1) Soweit die zur Erreichung des im § 2 bezeichneten Zweckes erforderlichen Ausgaben nicht durch andere Einnahmen gedeckt werden, sind sie durch Beiträge der Genossen aufzubringen. Der § 104 des Wassergesetzes vom 7. April 1913 findet keine Anwendung.

(2) Zur Erfüllung der Aufgaben der Genossenschaft können auch über das im Abs. 1 bezeichnete Bedürfnis hinaus Beiträge angesammelt werden.

§ 13

Die Beiträge werden auf die Wasserentnehmer und die Triebwerksbesitzer verteilt.

§ 14

(1) Die Wasserentnehmer haben unbeschadet der Vorschrift der §§ 14a und 15 nach der Menge des von ihnen entnommenen Wassers Beiträge zu entrichten.

(2)

(3) Die Beiträge werden verschieden berechnet, je nachdem das entnommene Wasser der Ruhr oder ihren Nebenflüssen dauernd entzogen oder zum Teil wieder zugeführt wird und je nach dem Interesse an der regelmäßigen Zuführung reinen Wassers.

§ 14a

(1) Ist ein Recht zur Wasserentnahme auf Grund des Wassergesetzes vom 7. April 1913 verliehen oder sichergestellt, so ist für einen durch die Satzung zu bestimmenden Teil der verliehenen oder sichergestellten Wassermenge der Beitrag auch dann zu zahlen, wenn die Entnahme unter diesem Teile bleibt oder eingestellt wird. Die Satzung bestimmt den Zeitpunkt, von dem ab dieser Beitrag zu zahlen ist.

(2) Ergibt sich bei Feststellung der entnommenen Wassermenge, daß ein Genosse mehr als die verliehene oder sichergestellte Wassermenge entnommen hat, so hat er einen durch die Satzung zu bestimmenden Aufschlag auf den Beitrag für die Mehrentnahme zu zahlen.

(3) *Genossen, deren Wasserentnahme eine durch die Satzung zu bestimmende Menge überschreitet, sollen sich das Recht zur Entnahme nach den Bestimmungen des Wassergesetzes verleihen oder sicherstellen lassen.*

(4) *Diese Genossen haben für ihre Wasserentnahme nach dem 1. Januar 1924 einen durch die Satzung zu bestimmenden Aufschlag auf ihren Beitrag zu zahlen, wenn das Recht der Wasserentnahme nicht verliehen oder sichergestellt wird, es sei denn, daß die Entnahme von Wasser aus der Ruhr auf der Strecke zwischen der Steinbrücke bei Mülheim (Ruhr) und dem Rhein auf Grund eines gemäß § 49 Abs. 4 des Wassergesetzes vom 7. April 1913 erhobenen Widerspruchs versagt wird.*

§ 15

(1) Wenn ein Wasserentnehmer aus einem anderen Flußgebiet als dem der Ruhr Wasser entnimmt und infolgedessen seine Wasserentnahme aus dem Flußgebiet der Ruhr verringert oder einstellt, so hat er als Beitrag denjenigen Betrag, der vor der Verringerung oder Einstellung gezahlt werden mußte, weiter zu entrichten; über den Betrag hinaus, der von ihm vor der Verringerung oder Einstellung zu zahlen war, darf er nicht belastet werden. Diese Verpflichtung fällt fort, sobald und insoweit die Beiträge der verbleibenden und der neu hinzukommenden Wasserentnehmer zusammen mit den übrigen Einnahmen ohne Veränderung des Beitragssatzes zur Deckung der Lasten ausreichen, die die Genossenschaft zur Zeit der höchsten Wasserentnahme jenes Wasserentnehmers übernommen hatte.

(2) Solange ein Wasserentnehmer nach Abs. 1 Beiträge an die Genossenschaft zu entrichten hat, bleibt er Genosse.

§ 16

Die Beiträge einzelner Wasserentnehmer können ermäßigt werden, wenn besondere Verhältnisse oder Billigkeitsgründe vorliegen. Der Beschluß unterliegt der Genehmigung der Aufsichtsbehörde.

§ 17

Die Triebwerksbesitzer haben vom 1. Januar 1920 ab nach dem Kraftgewinne, den sie durch die Vermehrung der Wassermenge aus den Talsperren erzielen, Beiträge zu entrichten.

§ 18

(1) Den Wasserentnehmern und Triebwerksbesitzern, die beim Inkrafttreten dieses Gesetzes durch Mitgliedschaft oder Vertrag verpflichtet sind, Beiträge an Talsperrengenossenschaften im Flußgebiete der Ruhr oder ihrer Nebenflüsse zu leisten, werden die satzungsmäßigen Beiträge und die beim Inkrafttreten dieses Gesetzes vertragsmäßig festgesetzten Beiträge auf die nach den §§ 12 bis 17 zu zahlenden Beiträge angerechnet. Werden nach dem Inkrafttreten dieses Gesetzes Beiträge zu solchen Genossenschaften vertragsmäßig übernommen, so erfolgt die Anrechnung nur in der Höhe, in welcher der Ruhrtalsperrenverein der Übernahme zugestimmt hat.

(2) Werden nach erfolgter Tilgung des für die Errichtung einer Talsperre aufgewendeten Baukapitals die Beiträge zur Genossenschaft ermäßigt, so erfolgt die Anrechnung weiter in Höhe der im Laufe der gesamten Tilgungszeit durchschnittlich gezahlten Beiträge zur Genossenschaft.

(3) Eine Anrechnung findet nicht statt auf Beiträge, die an den Ruhrtalsperrenverein für andere Talsperren zu zahlen sind.

Ruhrtalsperrenverein

§ 19

Die Jahresbeiträge der Genossenschaft an den Ruhrverband werden auf die Wasserentnehmer verteilt nach dem Vorteile, der ihnen aus der Reinhaltung erwächst, und dem Schaden, den sie verursachen. Die Triebwerksbesitzer bleiben von diesem Beitrag befreit.

§ 20

(1) Der Vorstand führt die Beiträge (§§ 13 bis 19) in einer Beitragsliste auf, stellt einen Abdruck davon mit den dazu nötigen Erläuterungen den Genossen zu und weist sie dabei darauf hin, daß sie Einwendungen erheben können. Die Zustellung kann dadurch ersetzt werden, daß der Vorstand die Beitragsliste nebst Erläuterungen auslegt und Ort und Zeit der Auslegung sowie die Möglichkeit, Einwendungen zu erheben, öffentlich bekanntmacht.

(2) Gegen die Beitragsliste können die Genossen Einwendungen erheben, die schriftlich bei dem Vorstand anzubringen sind. Die Frist für die Erhebung der Einwendungen beträgt 4 Wochen; sie beginnt mit dem Tage der Zustellung der Beitragsliste oder, soweit eine öffentliche Bekanntmachung stattgefunden hat, mit dem Tage nach Ablauf der Auslegungsfrist.

§ 21

Die Einwendungen werden von dem Vorstand nach Ablauf der Einwendungsfrist geprüft. Er ist befugt, über die Einwendungen mündlich oder schriftlich zu verhandeln. Die Beitragsliste ist, soweit erforderlich, zu berichtigen.

§ 22

Sind die Einwendungen erledigt, so wird die Beitragsliste der Aufsichtsbehörde zur Festsetzung vorgelegt. Ihre Prüfung beschränkt sich darauf, ob bei Aufstellung der Beitragsliste die Formvorschriften nach Gesetz und Satzung erfüllt sind.

§ 23

Den Genossen ist eine Mitteilung über die festgesetzten Jahresbeiträge (Veranlagungsbescheid) zuzustellen. Diese sind für jedes Vierteljahr in der ersten Hälfte des zweiten Monats an die Genossenschaftskasse abzuführen.

§ 24

Die Beiträge der Genossen sind öffentliche Lasten. Sie können im Verwaltungszwangsverfahren beigetrieben werden. Das Beitreibungsverfahren kann sich auch gegen die Pächter und sonstigen Nutzungsberechtigten richten.

§ 25

(1) Die Genossenschaftsbeiträge der Gemeinden sind nach Maßgabe des Kommunalabgabengesetzes vom 14. Juli 1893 aufzubringen; dabei gelten die Genossenschaftsanlagen als Veranstaltungen im Sinne der §§ 4, 9, *20* des genannten Gesetzes.

(2) Die in der Beitragsliste oder der Nachtragsliste (§ 26) bereits veranlagten Genossen dürfen wegen der Vorteile, die sie von den Genossenschaftsunterneh-

mungen zu erwarten haben, nicht mit Gebühren, Beiträgen und Mehrbelastungen belegt werden.

§ 26

(1) Fallen Beiträge bei der Einziehung aus, so können sie in einer Nachtragsliste auf die Genossen verteilt werden, sofern nicht der ausgefallene Betrag dem nächsten Jahresbeitrage zugerechnet wird. Werden schon gezahlte Beiträge infolge eines Widerspruchs abgesetzt, so sind sie zu erstatten und gleichfalls in einer Nachtragsliste auf die Genossen zu verteilen oder von dem nächsten Jahresbeitrag abzurechnen.

(2) Werden im Laufe eines Veranlagungszeitraumes Anlagen oder Unternehmungen der im § 1 bezeichneten Art neu hergestellt oder wesentlich geändert, so können sie in einer Nachtragsliste veranlagt werden. Für die Aufstellung und Festsetzung einer Nachtragsliste gelten die gleichen Bestimmungen wie für die Beitragsliste.

§ 27

Die Beitragsliste ist in regelmäßigen, durch die Genossenschaftsversammlung zu bestimmenden Zwischenräumen aufzustellen.

IV. Berufungsausschuß

§ 28

Über den Widerspruch gegen Veranlagungsbescheide und gegen Entscheidungen über Streitigkeiten, ob Triebwerksbesitzer nach § 17 zu den Genossenschaftslasten herangezogen werden können, entscheidet der Berufungsausschuß.

§ 29

(1) Der Berufungsausschuß besteht aus:

1. einem von der Aufsichtsbehörde zu ernennenden Landesbeamten als Vorsitzendem;
2. einem von der Aufsichtsbehörde zu ernennenden bautechnischen Landesbeamten;
3. drei von der Genossenschaftsversammlung zu wählenden Sachverständigen, von denen mindestens einer Sachverständiger für Triebwerksangelegenheiten sein muß; sie dürfen nicht Mitglieder des Vorstandes und auch nicht in einem der Genossenschaft angehörigen Unternehmen tätig sein; darüber, ob das der Fall ist, entscheidet der Regierungspräsident.

(2) Für jedes Mitglied ist in gleicher Weise ein Stellvertreter zu bestellen.

§ 30

Der Berufungsausschuß ist befugt, den Genossenschaftsvorstand zu hören und über den Antrag mündlich oder schriftlich zu verhandeln.

§ 31

(1) Die Sitzungen des Berufungsausschusses finden am Sitze der Genossenschaft statt, wenn nicht der Berufungsausschuß einen anderen Ort bestimmt. Sie sind öffentlich.

(2) Den Geschäftsgang und das Verfahren des Berufungsausschusses regelt der zuständige Minister.

§ 32

(1) Die Kosten der Veranlagung trägt die Genossenschaft.

(2) Für die Einziehung der Kosten gelten die für die Einziehung der Beiträge gegebenen Vorschriften.

V. Staatsaufsicht

§ 33

Die Genossenschaft untersteht der Aufsicht des Staates; sie wird in erster Instanz von dem *Oberpräsidenten* der Provinz Westfalen, in zweiter Instanz von dem zuständigen Minister* ausgeübt. Sie beschränkt sich darauf, daß die Genossenschaft ihre Angelegenheiten nach Gesetz und Satzung verwaltet.

§ 34

Unterläßt oder verweigert es die Genossenschaft, Leistungen oder Ausgaben, die Gesetz oder Satzung fordern, in den Haushaltsplan aufzunehmen oder außerordentlich zu genehmigen, so kann die Aufsichtsbehörde unter Anführung der Gründe die Aufnahme in den Haushaltsplan oder die Feststellung der außerordentlichen Ausgabe und die Einziehung der erforderlichen Beiträge verfügen.

§ 35

Anleihen, die den Schuldenbestand vermehren, kann die Genossenschaft nur mit Genehmigung der Aufsichtsbehörde aufnehmen.

VI. Auflösung der Genossenschaft

§ 36

(1) Die Genossenschaft kann ihre Auflösung mit einer Mehrheit von zwei Dritteln aller Stimmen beschließen. Sind in der Genossenschaftsversammlung nicht zwei Drittel aller Stimmen vertreten, so ist mit einem Zwischenraume von mindestens vier Wochen eine zweite Versammlung einzuberufen. Diese kann die Auflösung mit einer Mehrheit von zwei Dritteln der darin vertretenen Stimmen beschließen.

(2) Der Auflösungsbeschluß bedarf der Genehmigung des zuständigen Ministers.

(3) Die Auflösung tritt in Kraft, sobald die Genehmigungsurkunde dem Vorstande zugestellt ist.

(4) Im übrigen gelten für die Auflösung sinngemäß die Vorschriften des XVI. Abschnittes der Ersten Wasserverbandverordnung vom 3. September 1937 (RGBl. I S. 933).

---

* Heute der MfFLuF NW (VO v. 20. 10. 1946 — GS. NW. S. 147 —).

Satzung für den Ruhrtalsperrenverein

§ 1

Die auf Grund des Ruhrtalsperrengesetzes vom 5. Juni 1913 aus den Wasserentnehmern und Triebwerksbesitzern an der Ruhr und ihren Nebenflüssen gebildete Genossenschaft mit dem Namen „Ruhrtalsperrenverein" hat ihren Sitz in Essen (§§ 1 und 3 des Gesetzes).

§ 2

Das Verzeichnis der Genossen (§ 1 des Gesetzes) wird vom Vorstand aufgestellt und geführt.

§ 3

Ein Jahresbeitrag von 100 DM berechtigt zur Teilnahme an der Genossenschaftsversammlung und der Abstimmung (§ 7 des Gesetzes).

Es führen (§ 7 Abs. 3 des Gesetzes)

Genossen mit einem Jahresbeitrag von	100—1000 DM	1 Stimme,
Genossen mit einem Jahresbeitrag von mehr als	1000—2000 DM	2 Stimmen,
Genossen mit einem Jahresbeitrag von mehr als	2000—3000 DM	3 Stimmen

usw. Genossen mit höheren Jahresbeiträgen für jede folgenden 1000 DM eine weitere Stimme. Kein Genosse darf mehr als ein Drittel aller Stimmen führen.

Genossen, die einzeln weniger als 100 DM Beitrag bezahlen, können sich mit ihren Beiträgen zu Gruppen zusammenschließen; eine solche Gruppe erlangt eine Stimme, wenn die zusammengelegten Beitragsteile 100 DM erreichen. Ebenso können Genossen mit einem Jahresbeitrag von 100 bis 1000 DM sich mit den 100 DM übersteigenden Teilen ihres Beitrages zu Gruppen zusammenschließen; eine solche Gruppe erlangt eine Stimme, wenn die zusammengelegten Beitragsteile 1000 DM übersteigen. Endlich können sich Genossen, die mehr als 1000 DM Beitrag bezahlen, mit demjenigen Teil ihres Beitrages, der 1000, 2000, 3000 DM usw. überschreitet, zu Gruppen zusammenschließen; eine solche Gruppe erlangt eine Stimme, wenn die zusammengelegten Beitragsteile 1000 DM übersteigen.

Hat eine Gruppenbildung stattgefunden, so muß diese drei Tage vor der Genossenschaftsversammlung dem Vorsitzenden zur Prüfung der Ordnungsmäßigkeit des Zusammenschlusses angezeigt werden.

Bei Berechnung der Stimmen bleiben die Beträge, die gemäß § 16 oder § 18 des Ruhrtalsperrengesetzes nicht an den Ruhrtalsperrenverein gezahlt werden, unberücksichtigt.

§ 4

Die Genossenschaftsversammlung (§ 6 des Gesetzes) hat über folgende Gegenstände zu beschließen:

a) die Wahl der Mitglieder des Vorstandes und deren Stellvertreter (§ 10 des Gesetzes und § 6 Abs. 1 und 2 der Satzung);
b) den für 2 Jahre festzustellenden Haushaltsplan (§ 8 der Satzung);
c) die Aufnahme von Anleihen;
d) den Zeitraum, für den die Beitragsliste gilt (§ 27 des Gesetzes);

e) den Rechenschaftsbericht des Vorstandes, die Wahl der Rechnungsprüfer und deren Stellvertreter sowie die Prüfung der Rechnungen und Entlastung des Vorstandes;
f) die Entschädigung der Mitglieder des Vorstandes für ihre Aufwendungen;
g) die Wahl der Sachverständigen und deren Stellvertreter in den Berufungsausschuß (§ 29 des Gesetzes) und die an die Mitglieder des Berufungsausschusses für ihre Arbeitsleistung zu zahlende Vergütung;
h) Änderungen der Satzung (§ 5 des Gesetzes und § 5 Abs. 5 und 6 der Satzung).

§ 5

Der Vorsitzende des Vorstandes ist zugleich Vorsitzender der Genossenschaftsversammlung.

Die Genossenschaftsversammlung wird in jedem Veranlagungszeitraum einberufen, wenigstens jedoch alle zwei Jahre.

Außerordentliche Genossenschaftsversammlungen sind einzuberufen
a) auf Beschluß des Vorstandes,
b) auf Antrag von einem Viertel der vorhandenen Stimmen,
c) auf Anordnung der Aufsichtsbehörde.

Die Einladungen zur Genossenschaftsversammlung erläßt der Vorsitzende schriftlich mindestens eine Woche vor der Sitzung. Hierbei ist die Tagesordnung mitzuteilen. Die Einladung ist öffentlich bekanntzumachen.

Über Gegenstände, die nicht auf der Tagesordnung gestanden haben, darf nur dann beschlossen werden, wenn mehr als die Hälfte der Stimmen vertreten ist und kein Widerspruch in der Versammlung erhoben wird. Satzungsänderungen dürfen nur nach vorheriger Ankündigung auf der Tagesordnung beschlossen werden.

Die Versammlung faßt ihre Beschlüsse mit absoluter Mehrheit der erschienenen Stimmen. Bei Stimmengleichheit gibt der Vorsitzende den Ausschlag. Satzungsänderungen bedürfen der Zustimmung von $^3/_4$ der erschienenen Stimmen.

Wahlen erfolgen durch Zuruf, wenn kein Widerspruch erfolgt, andernfalls durch Abgabe der Stimmen zu Protokoll. Ergibt der erste Wahlgang keine absolute Mehrheit, so erfolgt eine Stichwahl unter den beiden Personen, die die meisten Stimmen auf sich vereinigen. Erforderlichenfalls entscheidet das Los, wer zur Stichwahl zugelassen werden soll. Ebenso entscheidet das Los, wenn bei der Stichwahl Stimmengleichheit eintritt.

Die Vertretung von Genossen (§ 9 des Gesetzes) erfolgt auf Grund einer schriftlichen Vollmacht.

Die Genossenschaftsversammlung ist öffentlich. Für Gegenstände, die sich zur öffentlichen Beratung nicht eignen, kann die Öffentlichkeit ausgeschlossen werden. Die Niederschrift über die Genossenschaftsversammlung ist vom Vorsitzenden und zwei Mitgliedern zu unterzeichnen.

§ 6

Die Mitglieder des Vorstandes (§§ 10, 11 des Gesetzes) und ihre Stellvertreter werden von der Genossenschaftsversammlung aus ihrer Mitte gewählt.

Drei Vorstandsmitglieder und ihre Stellvertreter müssen Vertreter der dem Verein als Genossen angehörigen Kommunalverbände, drei und ihre Stellvertreter

Vertreter der privaten Wasserentnehmer sein, und ein Mitglied und sein Stellvertreter muß ein Triebwerk vertreten.

Der Vorsitzende des Vorstandes und sein Stellvertreter (§ 10 des Gesetzes) werden vom Vorstand aus seiner Mitte gewählt.

Die Wahl der Vorstandsmitglieder und ihrer Stellvertreter erfolgt für eine sechsjährige Amtsdauer. Alle zwei Jahre scheidet je ein Drittel der Vorstandsmitglieder aus und wird durch die Genossenschaftsversammlung neu gewählt. Wiederwahl ist zulässig. In dem zuerst gewählten Vorstand bestimmt das Los die Reihenfolge des Ausscheidens. Ausscheidende bleiben in Tätigkeit, bis gültige Neuwahlen erfolgt sind. Für die Vorstandsmitglieder, die im Laufe der Wahlperiode ausscheiden, haben Ersatzwahlen durch die nächste Genossenschaftsversammlung stattzufinden. Die Ersatzwahlen haben bis zum Ablauf der Amtsdauer der Ausgeschiedenen Gültigkeit.

Auf Beschwerde eines Genossen kann die Aufsichtsbehörde wegen Verletzung der Vorschriften des Gesetzes oder der Satzung die Wahl von Vorstandsmitgliedern für ungültig erklären und eine in der nächsten Genossenschaftsversammlung vorzunehmende Neuwahl anordnen.

Der Vorstand erledigt alle Geschäfte, die nicht der Genossenschaftsversammlung vorbehalten sind. Er hat die Beitragsliste aufzustellen und über die gegen sie erhobenen Einsprüche zu entscheiden (§ 20ff. des Gesetzes), die Vorlagen an die Genossenschaftsversammlung vorzubereiten und deren Beschlüsse auszuführen, den Haushaltsplan zu entwerfen und den Rechenschaftsbericht zu erstatten. Der Vorstand stellt die Genossenschaftsbeamten an. Die Einladungen zu den Vorstandssitzungen erläßt der Vorsitzende schriftlich unter Mitteilung der Tagesordnung.

Der Vorstand muß zusammenberufen werden, wenn drei Vorstandsmitglieder es schriftlich beantragen.

Der Vorstand ist beschlußfähig, wenn mindestens fünf Mitglieder anwesend sind. Ohne Rücksicht auf die Anzahl der Erschienenen ist der Vorstand beschlußfähig, wenn er zum zweiten Male wegen des gleichen Gegenstandes einberufen und hierbei mitgeteilt worden ist, daß ohne Rücksicht auf die Anzahl der Erscheinenden beschlossen wird.

Der Vorstand beschließt nach Stimmenmehrheit. Bei Stimmengleichheit gibt der Vorsitzende den Ausschlag.

Der Vorsitzende vertritt die Genossenschaft nach außen und leitet die Geschäfte. Er ist der Dienstvorgesetzte der Genossenschaftsbeamten.

Schriftliche Erklärungen des Vorstandes, die die Genossenschaft verpflichten, sind von dem Vorsitzenden und einem Mitgliede zu unterzeichnen.

Der Ausweis der Angehörigkeit zum Vorstand wird durch eine Bescheinigung der Aufsichtsbehörde geführt.

Die Niederschrift der Vorstandssitzungen wird vom Vorsitzenden und einem weiteren Vorstandsmitgliede unterzeichnet.

§ 7

Die Wasserentnehmer haben in jedem Jahre nach näherer Bestimmung des Vorstandes eine Aufstellung über die von ihnen in dem abgelaufenen Jahr entnommene Wassermenge einzureichen (§§ 13 und 14 des Gesetzes). Der Verein ist berechtigt, sich durch seine Beamten davon zu überzeugen, ob die Mitteilungen über die Wasserentnahme zutreffen. Die Wasserentnehmer haben dem Verein Auskunft zu erteilen und auf Erfordern Einrichtungen zu treffen, die eine richtige Feststellung der entnommenen Menge ermöglichen.

Die Feststellung des Kraftgewinns der Triebwerksbesitzer (§§ 13 und 17 des Gesetzes) erfolgt alljährlich durch den Vorstand.

§ 8

Über die Einnahmen und Ausgaben der Genossenschaft hat der Vorstand für jeden Veranlagungszeitraum einen Haushaltsplan aufzustellen und der Genossenschaftsversammlung zur Genehmigung vorzulegen.

§ 9

Die Beiträge der Wasserentnehmer werden nach der Menge des entnommenen Wassers berechnet.

Wasserentnehmer, die

a) das nicht verbrauchte Wasser nicht wieder in das Ruhrgebiet zurückliefern, müssen von 110% des entnommenen Wassers Beiträge bezahlen;
b) das nicht verbrauchte Wasser in das Ruhrgebiet zurückliefern, müssen von 40% des entnommenen Wassers Beiträge bezahlen;
c) das entnommene Wasser im eigenen Betriebe verwenden, eine verhältnismäßig geringe Menge verbrauchen und den größten Teil in die Ruhr zurückführen, müssen, wenn die Verwendung zu industriellen Zwecken geschieht, von 15%, wenn sie zu Kühlzwecken geschieht, von 6%, wenn sie zu Pumpspeicherzwecken geschieht, von 2% des entnommenen Wassers Beiträge bezahlen.

§ 9a

Die Genossen haben auf Anfordern des Vorstands eine Erklärung über ihre für die Veranlagung zu berücksichtigenden tatsächlichen Verhältnisse abzugeben. Für die Abgabe der Erklärung legt der Vorstand eine Frist fest. Versäumen Genossen die Frist zur Abgabe der Erklärung, so kann der Vorstand ihren Beitrag durch Schätzung festsetzen. Entstehen der Genossenschaft durch die Säumnis besondere Aufwendungen, so können diese auf die säumigen Genossen durch Veranlagungsbescheid umgelegt werden. Gegen diesen Veranlagungsbescheid sind die im Gesetz vorgesehenen Rechtsmittel zulässig.

§ 10

Im Falle der Verleihung oder Sicherstellung des Rechts zur Wasserentnahme (§ 14a Abs. 1 des Gesetzes) ist für 75 v. H. der verliehenen oder sichergestellten Wassermenge der Beitrag auch dann zu zahlen, wenn die Entnahme unter 75 v. H. der verliehenen oder sichergestellten Menge bleibt, oder eingestellt wird. Dieser Beitrag ist erstmalig für das sechste Jahr nach Ablauf des Jahres zu zahlen, in dem die Verleihungsurkunde ausgefertigt worden ist.

Für die über die verliehene oder sichergestellte Wassermenge hinaus entnommene Menge (§ 14a Abs. 2 des Gesetzes) ist ein Aufschlag von 10 v. H. auf den Beitrag für die Mehrentnahme zu zahlen.

Die Verleihung oder Sicherstellung soll nachgesucht werden, falls die Jahresentnahme 1 Mill. cbm übersteigt (§ 14a Abs. 3 des Gesetzes).

Der Aufschlag auf den Beitrag nach § 14a Abs. 4 des Gesetzes beträgt 25 v. H.

§ 11

Der Jahresbeitrag des Ruhrtalsperrenvereins an den Ruhrverband (§ 19 des Ruhrtalsperrengesetzes) wird nach folgenden Grundsätzen auf die Wasserentnehmer unterverteilt:

Die Abgabe wird nach der Menge des entnommenen Wassers berechnet.

Wasserwerke, deren Förderung ganz oder teilweise der Trinkwasserversorgung dient, haben, soweit das entnommene Wasser in fremde Flußgebiete übergeleitet wird, von der ganzen Menge des entnommenen Wassers, soweit es nicht in fremde Flußgebiete übergeleitet wird, von 65% des entnommenen Wassers den Beitrag zu bezahlen.

Entnimmt ein Werk das Wasser ausschließlich zu industriellem Gebrauch im eigenen Betrieb, so ist der Beitrag von 20% des entnommenen Wassers zu entrichten.

Insoweit ein Werk Wasser zu Kühlzwecken im eigenen Betriebe entnimmt, ist ein Beitrag von 6% dieses Wassers zu entrichten. Das gleiche gilt von dem Kühlwasser für den Betrieb der Pumpwerke der in den Absätzen 3 und 4 genannten Wasserentnehmer.

Pumpspeicherwerke zahlen keinen Beitrag.

§ 12

Über eine Ermäßigung der Beiträge von Wasserentnehmern aus den im § 16 des Gesetzes vorgesehenen Gründen hat der Vorstand zu beschließen. Der Beschluß bedarf der Genehmigung der Aufsichtsbehörde.

§ 13

Die Triebwerksbesitzer zahlen vom 1. April 1926 ab 10 DM jährlich für jedes bei Sommer-Niedrigwasser ausgenutzte Meter Gefälle.

§ 14

Durch Beschluß der Genossenschaftsversammlung können zu den Beiträgen vorübergehend Zuschläge zur Deckung von Ausfällen infolge Rückgangs der Einnahmen erhoben werden. Durch die Zuschläge darf nur der Einnahmeausfall ausgeglichen werden. Dieser Beschluß bedarf der Zustimmung von drei Viertel der erschienenen Stimmen.

§ 14a

Die Genossen haben auf die Genossenschaftsbeiträge Vorauszahlungen zu entrichten. Die Vorauszahlungen bemessen sich grundsätzlich nach dem Beitrag, der sich bei der letzten Veranlagung ergeben hat. Der Vorstand kann die Vorauszahlungen dem Beitrag anpassen, der sich für den laufenden Veranlagungszeitraum voraussichtlich ergeben wird. Auf die Vorauszahlungen findet § 23 Satz 2 RTG entsprechend Anwendung.

Die Genossen haben die fälligen Vorauszahlungen und Genossenschaftsbeiträge im Falle der Säumnis mit 2% über Lombardsatz der Deutschen Bundesbank, mindestens aber mit 6½%, zu verzinsen. Auf die Verzinsung kann verzichtet werden, wenn wesentliche Gründe für die Säumnis vorliegen.

§ 15

Die Wahl der zu wählenden Mitglieder des Berufungsausschusses und ihrer Stellvertreter (§§ 28—32 des Gesetzes) erfolgt für eine sechsjährige Amtsdauer. Die für den Vorstand erlassenen Vorschriften über das Ausscheiden der Mitglieder, Neu- und Ersatzwahlen (§ 6 Abs. 4 der Satzung) finden auf die gewählten Mitglieder des Berufungsausschusses und ihre Stellvertreter Anwendung.

Für den Fall gleichzeitiger Verhinderung eines Mitgliedes und seines Stellvertreters hat der Berufungsausschuß die Ersatzstellvertretung aus der Zahl der übrigen gewählten Stellvertreter zu regeln.

Der Berufungsausschuß wird von seinem Vorsitzenden einberufen. Er ist nur in voller Besetzung beschlußfähig; die Beschlüsse werden mit Stimmenmehrheit gefaßt.

Die Vorschriften der Zivilprozeßordnung über die Ausschließung und Ablehnung von Gerichtspersonen finden auf die Mitglieder des Berufungsausschusses mit der Maßgabe Anwendung, daß an die Stelle des im Instanzenwege höheren Gerichts die Aufsichtsbehörde tritt.

Den Mitgliedern des Berufungsausschusses stehen die Reisekosten und Tagegelder der Staatsbeamten der vierten Rangklasse zu. Außerdem ist ihnen für ihre Arbeitsleistung von der Genossenschaftsversammlung eine angemessene Vergütung festzusetzen.

§ 16

Soweit das Vermögen der Genossenschaft nicht zur Erfüllung ihres Zweckes verausgabt wird, sind die verfügbaren Bestände mündelsicher anzulegen. Über vorübergehende Unterbringung von verfügbaren Geldern beschließt der Vorstand.

§ 17

Die Bekanntmachungen der Genossenschaft werden vom Vorsitzenden unterzeichnet.

Die nach den Gesetzen, der Satzung oder den Beschlüssen der Genossenschaft zu veröffentlichenden Bekanntmachungen werden im Reichsanzeiger und mehreren Tagesblättern veröffentlicht, die vom Vorstand zu bestimmen sind.

§ 18

Die Beitragsliste (§ 20 des Gesetzes) und die Mitteilung über die festgesetzten Jahresbeiträge (§ 23 des Gesetzes) werden den Genossen gegen Empfangsbestätigung oder durch eingeschriebenen Brief zugestellt.

§ 19

Die Regierungspräsidenten zu Düsseldorf und Arnsberg und die von ihnen beauftragten Beamten sind berechtigt, an den Vorstandssitzungen und Genossenschaftsversammlungen teilzunehmen. Die Regierungspräsidenten erhalten die Tagesordnungen, die Vorlagen, den Haushaltsplan, den Rechenschaftsbericht und die Niederschriften über die Sitzungen des Vorstandes und der Genossenschaftsversammlung.

Ruhrreinhaltungsgesetz

Vom 5. Juni 1913 (GS. S. 305, Neufassung: PrGS. NW. S. 210)

I. Zweck, Umfang und Rechtsstellung der Genossenschaft

§ 1

(1) Zur Reinhaltung der Ruhr und ihrer Nebenflüsse wird eine Genossenschaft gebildet.

(2) Das Genossenschaftsgebiet umfaßt die Gebiete, die nach der Ruhr oder ihren Nebenflüssen entwässern; seine Grenzen stellt der zuständige Minister fest.

§ 2

(1) Die Genossenschaft hat die Anlagen herzustellen, zu unterhalten und zu betreiben, die erforderlich sind, um eine nach den Vorschriften des Wassergesetzes vom 7. April 1913 nicht erlaubte Verunreinigung der Ruhr und ihrer Nebenflüsse durch die einzelnen Genossen zu verhindern. Zu einer weitergehenden Reinhaltung ist die Genossenschaft nur dann verpflichtet, wenn schwerwiegenden Mißständen auf andere Weise nicht abgeholfen werden kann.

(2) Die Genossenschaft ist berechtigt, die das Genossenschaftsgebiet durchfließenden Wasserläufe auszubauen und zu benutzen, soweit es zur Erreichung des Genossenschaftszwecks erforderlich ist.

(3) Art und Umfang der erforderlichen Anlagen sowie deren Änderungen und Ergänzungen unterliegen der Genehmigung der zuständigen Minister. Diese können zu diesen Entscheidungen die Aufsichtsbehörde der Genossenschaft ermächtigen.

§ 3

Die Genossenschaft ist berechtigt, im Auftrage von Beteiligten Anlagen herzustellen, zu unterhalten und zu betreiben, die zur Erreichung des Genossenschaftszwecks zwar nicht erforderlich sind, aber damit im Zusammenhange stehen. Hierzu gehören namentlich Reinigungsanlagen, die den besonderen Zwecken einzelner Beteiligter dienen sollen, sofern sie über den Zweck der Genossenschaft hinausgehen. Die Kosten solcher Anlagen trägt der Auftraggeber.

§ 4

Genossen sind:

1. die Eigentümer der im Genossenschaftsgebiete liegenden Bergwerke und anderen gewerblichen Unternehmungen, Eisenbahnen und sonstigen Anlagen, die zur Verunreinigung der Ruhr oder ihrer Nebenläufe beitragen oder denen aus den Anlagen der Genossenschaft Vorteile erwachsen, sofern sie zu einem in der Satzung für die Aufnahme in die Beitragsliste vorzuschreibenden Mindestbeitragssatze zu den Genossenschaftslasten veranlagt werden können;
2. die ganz oder teilweise im Genossenschaftsgebiete liegenden Gemeinden (Gutsbezirke);
3. der Ruhrtalsperrenverein für die Wasserwerke und anderen Anlagen, die mittelbar oder unmittelbar Wasser aus der Ruhr oder ihren Nebenflüssen zu anderen als Triebzwecken entnehmen.

§ 5

Die Genossenschaft führt den Namen „Ruhrverband". Sie ist eine Körperschaft des öffentlichen Rechts.

II. Vertretung und Verwaltung der Genossenschaft

§ 6

(1) Die Rechtsverhältnisse der Genossenschaft und der Genossen richten sich, soweit sie nicht in diesem Gesetze geregelt sind, nach der Satzung.

(2) Diese muß Bestimmungen enthalten über:

1. den Sitz der Genossenschaft;
2. die Aufstellung und Führung des Verzeichnisses der Genossen sowie die Festsetzung des Mindestbeitrags für die Eigentümer der im § 4 Nr. 1 bezeichneten Anlagen;
3. Art und Umfang, Benutzung und Unterhaltung der genossenschaftlichen Anlagen im allgemeinen;
4. a) die Aufstellung eines Landeskulturkatasters,
   b) die Errichtung von Grundwasserstandsmessern.
   Beides erfolgt, wo es nach den örtlichen Verhältnissen angebracht erscheint, namentlich da, wo die bisherige Kulturart oder die Waldbestände durch Einrichtungen der Genossenschaft gefährdet werden; hierüber entscheidet in Zweifelsfällen der zuständige Minister;
5. die Festsetzung eines Einheitssatzes für den Jahresbeitrag, der die Voraussetzung für die Teilnahme an der Genossenschaftsversammlung und für die Abgabe einer Stimme in dieser Versammlung bildet, die Bildung von Gruppen (§ 9 Abs. 4) und die Wahl der Gruppenvertreter;
6. die Gegenstände, über welche die Genossenschaftsversammlung zu beschließen hat, sowie die Voraussetzungen und die Form der Einberufung der Genossenschaftsversammlung, ihre Abstimmung und die Vertretung abwesender Mitglieder;
7. die Zusammensetzung und die Wahl des Vorstandes, seine Befugnisse, seine Einberufung und Beschlußfassung, die Vertretung nach außen, die Form für den Ausweis der Vorstandsmitglieder und die Beurkundung ihrer Beschlüsse;
8. den Haushaltsplan und die Grundsätze für die Veranlagung;
9. die Amtsdauer der zu wählenden Mitglieder des Berufungsausschusses, seine Einberufung und Beschlußfähigkeit sowie die Entschädigung, die den Mitgliedern zu gewähren ist;
10. die Form für die Bekanntmachungen der Genossenschaft;
11. die öffentlichen Blätter, in welche die Bekanntmachungen aufzunehmen sind, die nach dem Gesetze, der Satzung oder den Beschlüssen der Genossenschaftsorgane zu veröffentlichen sind;
12. die Form der im § 13 Abs. 1 Satz 1 und im § 16 Satz 1 vorgeschriebenen Zustellung.

§ 7

(1) Über die Satzung und ihre Änderungen beschließt die Genossenschaftsversammlung.

(2) Die Satzung und ihre Änderung bedürfen der Genehmigung des zuständigen Ministers.

(3) Die Satzung und jede Änderung ist auf Kosten der Genossenschaft in den Amtsblättern der Regierungsbezirke Düsseldorf und Arnsberg zu veröffentlichen.

(4) Die Vorschriften des Gesetzes, betreffend die Bekanntmachung landesherrlicher Erlasse durch die Amtsblätter, vom 10. April 1872 finden sinngemäß Anwendung.

§ 8

Organe der Genossenschaft sind:

1. die Genossenschaftsversammlung;
2. der Vorstand.

§ 9

(1) Die Genossenschaftsversammlung besteht aus den Genossen, deren Jahresbeitrag eine bestimmte, in der Satzung festzusetzende Höhe erreicht (Stimmeinheit), und dem geschäftsführenden Beamten der Genossenschaft.

(2) Für jede volle Stimmeinheit führt der Genosse eine Stimme; dem geschäftsführenden Beamten der Genossenschaft steht eine Stimme zu.

(3) Soweit die Veranlagung noch nicht rechtskräftig feststeht, ist der vom Vorstande festgesetzte Satz für die Zahl der auf die Genossen entfallenden Stimmen maßgebend.

(4) Die Genossen können sich mit den Teilen ihrer Jahresbeiträge, die zu einer vollen Stimmeinheit nicht ausreichen, zu Gruppen zusammenschließen, die soviel Stimmen führen, als in den zusammengelegten Jahresbeiträgen volle Stimmeinheiten enthalten sind. Die Gruppenbildung der Gemeinden kann in den Landkreisen nur innerhalb des Kreises erfolgen; der Oberkreisdirektor als untere staatliche Verwaltungsbehörde hat in diesem Falle die Gruppenbildung und die Wahl der Vertreter herbeizuführen. Reichen die sämtlichen Jahresbeiträge der Gemeinden eines Landkreises zu einer vollen Stimmeinheit nicht aus, so können die Gemeinden dennoch eine Gruppe mit einer Stimme bilden. Das Nähere über die Gruppenbildung und die Wahl der Vertreter bestimmt die Satzung.

(5) Mindestens ein Viertel aller Stimmen, die in der Genossenschaftsversammlung abgegeben werden können, muß auf den Ruhrtalsperrenverein (§ 4 Nr. 3) entfallen.

(6) Die Vertreter der Gemeinden (Gutsbezirke), die zur Genossenschaftsversammlung entsendet werden, dürfen nicht in einer der im § 4 Nr. 1 und 3 bezeichneten Unternehmungen beruflich tätig sein. Darüber, ob das der Fall ist, entscheidet die Aufsichtsbehörde.

§ 10

Jeder stimmberechtigte Genosse kann sich in der Genossenschaftsversammlung vertreten lassen, doch darf er höchstens so viele Vertreter entsenden, als er Stimmen führt.

§ 11

(1) Der Vorstand wird von der Genossenschaftsversammlung aus ihrer Mitte gewählt. Er besteht aus einem Vorsitzenden, einem Stellvertreter und sieben wei-

teren Mitgliedern. Mindestens je zwei Mitglieder müssen den im § 4 unter 1 bis 3 bezeichneten Gruppen angehören.

(2) Der Vorstand vertritt die Genossenschaft gerichtlich und außergerichtlich. Er hat die Stellung eines gesetzlichen Vertreters.

(3) *§ 218 des Wassergesetzes vom 7. April 1913 (Gesetzsamml. S. 53) ist anzuwenden.*

III. Aufbringung der Mittel und Aufstellung der Beitragsliste

§ 12

(1) Die durch die Herstellung, die Unterhaltung und den Betrieb der genossenschaftlichen Anlagen entstehenden Kosten sind durch Beiträge der Genossen zu decken. Der Ruhrtalsperrenverein hat jedoch nur zu den Kosten für die Herstellung, die Unterhaltung und den Betrieb der Reinigungsanlagen beizutragen, und zwar entfallen auf ihn 45 vom Hundert dieser Kosten; hierzu gehören auch die Aufwendungen für Anlagen oder Arbeiten, die Reinigungsanlagen ersetzen oder ergänzen.

(2) Der Vorstand veranlagt die einzelnen Genossen zu den Beiträgen; er stellt darüber eine Liste auf. Bei der Veranlagung der im § 4 Nr. 1, 2 bezeichneten Genossen sind die durch die Menge und Beschaffenheit des Abwassers hervorgerufene Verunreinigung und die zur Beseitigung dieser Verunreinigung dienenden Aufwendungen der Genossenschaft und, sofern ihnen aus der Reinhaltung Vorteile erwachsen, diese Vorteile vornehmlich zu berücksichtigen.

(3) Die Menge und Beschaffenheit des Abwassers der im § 4 Nr. 1 bezeichneten Unternehmungen, die den in der Satzung festgesetzten Mindestbeitrag nicht erreichen, sowie der ihnen aus der Reinhaltung erwachsende Vorteil sind bei der Veranlagung der Gemeinden zu berücksichtigen, in denen sie liegen.

§ 13

(1) Der Vorstand stellt einen Abdruck der Beitragsliste und der dazu nötigen Erläuterungen den Genossen zu und weist sie dabei darauf hin, daß sie Einwendungen erheben können. Die Zustellung kann dadurch ersetzt werden, daß der Vorstand die Beitragsliste nebst Erläuterungen auslegt und Ort und Zeit der Auslegung sowie die Möglichkeit, Einwendungen zu erheben, öffentlich bekanntmacht.

(2) Gegen die Beitragsliste können die Genossen Einwendungen erheben, die schriftlich bei dem Vorstand anzubringen sind. Die Frist für die Erhebung der Einwendungen beträgt 4 Wochen; sie beginnt mit dem Tage der Zustellung der Beitragsliste oder, soweit eine öffentliche Bekanntmachung stattgefunden hat, mit dem Tage nach Ablauf der Auslegungsfrist.

§ 14

Die Einwendungen werden von dem Vorstand nach Ablauf der Einwendungsfrist geprüft. Er ist befugt, über die Einwendungen mündlich oder schriftlich zu verhandeln. Die Beitragsliste ist, soweit erforderlich, zu berichtigen.

§ 15

Sind die Einwendungen erledigt, so wird die Beitragsliste der Aufsichtsbehörde zur Festsetzung vorgelegt. Ihre Prüfung beschränkt sich darauf, ob bei Aufstellung der Beitragsliste die Formvorschriften nach Gesetz und Satzung erfüllt sind.

§ 16

Den Genossen ist eine Mitteilung über die festgesetzten Jahresbeiträge (Veranlagungsbescheid) zuzustellen. Diese sind für jedes Vierteljahr in der ersten Hälfte des zweiten Monats an die Genossenschaftskasse abzuführen. Durch Beschluß des Vorstandes können auch andere Zahlungstermine festgesetzt werden.

§ 17

Die Beiträge der Genossen sind öffentliche Lasten. Sie können im Verwaltungszwangsverfahren beigetrieben werden. Das Beitreibungsverfahren kann sich auch gegen die Pächter und sonstigen Nutzungsberechtigten richten.

§ 18

(1) Fallen Beiträge bei der Einziehung aus, so können sie in einer Nachtragsliste auf die Genossen verteilt werden, sofern nicht der ausgefallene Betrag dem nächsten Jahresbeitrage zugerechnet wird. Werden schon gezahlte Beiträge infolge von Widersprüchen abgesetzt, so sind sie zu erstatten und gleichfalls in einer Nachtragsliste auf die Genossen zu verteilen oder von dem nächsten Jahresbeitrag abzurechnen.

(2) Werden im Laufe eines Veranlagungszeitraumes Anlagen oder Unternehmungen der im § 4 Nr. 1 bezeichneten Art neu hergestellt oder wesentlich geändert, so können die Eigentümer in einer Nachtragsliste veranlagt werden.

(3) Für die Aufstellung und Festsetzung einer Nachtragsliste gelten die gleichen Bestimmungen wie für die Beitragsliste.

§ 19

(1) Die Genossenschaftsbeiträge der Gemeinden sind nach Maßgabe des Kommunalabgabengesetzes vom 14. Juli 1893 aufzubringen; dabei gelten die Genossenschaftsanlagen als Veranstaltungen im Sinne der §§ 4, 9, *20* des genannten Gesetzes.

(2) Die in der Beitragsliste oder der Nachtragsliste bereits veranlagten Unternehmungen der im § 4 Nr. 1 und 3 bezeichneten Art dürfen wegen der Vorteile, die sie von den Genossenschaftsanlagen zu erwarten haben, nicht mit Gebühren, Beiträgen und Mehrbelastungen belegt werden.

§ 20

Die Beitragsliste ist in den ersten fünf Jahren jährlich aufzustellen, später in regelmäßigen Zwischenräumen, welche die Genossenschaftsversammlung bestimmt. Diese kann dabei Grundsätze für die künftigen Veranlagungen aufstellen. Die Beschlüsse bedürfen der Genehmigung der Aufsichtsbehörde.

§ 21

(1) Haben Eigentümer der nicht im Genossenschaftsgebiete liegenden Bergwerke oder anderen gewerblichen Unternehmungen oder nicht im Genossenschaftsgebiete liegende Gemeinden (Gutsbezirke) von den ausgeführten Genossenschaftsanlagen Vorteil oder tragen sie zur Verunreinigung der Ruhr oder ihrer Nebenflüsse bei, so können sie vom Genossenschaftsvorstande nach Anhörung zu Beiträgen gemäß den Bestimmungen herangezogen werden, die gelten würden, wenn sie im Genossenschaftsgebiete lägen. Die Beiträge dürfen, soweit sie wegen des den Herangezogenen aus den Genossenschaftsanlagen erwachsenden Vorteils erhoben werden, diesen Vorteil nicht übersteigen.

(2) Die Genossenschaft ist in diesem Falle verpflichtet, die Herangezogenen auf ihr Verlangen in die Genossenschaft aufzunehmen, Eigentümer von Unternehmungen der im § 4 Nr. 1 bezeichneten Art jedoch nur, sofern sie zu einem in der Satzung für die Aufnahme in die Beitragsliste vorzuschreibenden Mindestbeitragssatze zu den Genossenschaftslasten veranlagt werden können.

IV. Berufung

§ 22

(1) Über den Widerspruch gegen Veranlagungsbescheide entscheidet der Berufungsausschuß.

(2)

(3) Über den Widerspruch bei Streitigkeiten darüber, ob Eigentümer der im § 4 Nr. 1 bezeichneten Anlagen zu dem in der Satzung vorgeschriebenen Mindestbeitragssatze zu den Genossenschaftslasten veranlagt werden können, entscheidet der Berufungsausschuß.

§ 23

Der Berufungsausschuß besteht aus:

1. einem von der Aufsichtsbehörde zu ernennenden Landes- oder Kommunalbeamten als Vorsitzendem, der keinem der beteiligten Kreise durch Wohnsitz, Grundbesitz oder Gewerbebetrieb angehören darf;
2. einem Mitgliede des Oberbergamts Dortmund, das dieses ernennt;
3. einem von der Aufsichtsbehörde zu ernennenden technischen Landesbeamten;
4. sechs Mitgliedern, von denen vier der Landschaftsausschuß des Landschaftsverbandes Westfalen, zwei der Landschaftsausschuß des Landschaftsverbandes Rheinland wählt; sie dürfen nicht Mitglieder des Vorstandes sein; zwei von ihnen müssen nach ihrem Berufe den im § 4 Nr. 1 bezeichneten, zwei den den Ruhrtalsperrenverein bildenden Unternehmungen und zwei den Kreis- oder Gemeinde-(Guts-)Vertretungen des Genossenschaftsgebiets angehören; die letztgenannten beiden Mitglieder dürfen nicht in einer der im § 4 Nr. 1 und 3 bezeichneten Unternehmungen beruflich tätig sein; darüber, ob das der Fall ist, entscheidet die Aufsichtsbehörde.

Für jedes Mitglied ist in gleicher Weise ein Stellvertreter zu bestellen. Der Landschaftsausschuß des Landschaftsverbandes Rheinland wählt zuerst.

§ 24

Der Berufungsausschuß ist befugt, den Genossenschaftsvorstand zu hören und über den Widerspruch mündlich oder schriftlich zu verhandeln.

§ 25

(1) Die Sitzungen des Berufungsausschusses finden am Sitze der Genossenschaft statt, wenn nicht der Berufungsausschuß einen anderen Ort bestimmt.

(2) Den Geschäftsgang und das Verfahren des Berufungsausschusses regelt der zuständige Minister.

§ 26

Die Kosten der Veranlagung trägt die Genossenschaft. Für die Einziehung der Kosten gelten die für die Einziehung der Beiträge gegebenen Vorschriften.

V. Inanspruchnahme von Grundstücken zu Anlagen der Genossenschaft. Verhütung und Ersatz von Schäden

§ 27

(1) Die Genossenschaft ist berechtigt, auf den den Genossen gehörigen Grundstücken die nach dem Plane auszuführenden Anlagen herzustellen und zu erhalten.

(2) Im Streitfall entscheidet die Aufsichtsbehörde, ob eine Anlage zu den im Abs. 1 bezeichneten gehört.

(3) Die Genossen können von der Genossenschaft Ersatz verlangen für den Nachteil, der für ihre Grundstücke entsteht. Auf den Nachteil ist der ihnen aus den Anlagen erwachsende Vorteil anzurechnen. Beträgt die Ersatzsumme mehr als einhundert Deutsche Mark, so sind die Vorschriften des Artikels 52 und des Artikels 53 Abs. 1 des Einführungsgesetzes zum Bürgerlichen Gesetzbuche sowie der § 47 des Enteignungsgesetzes vom 11. Juni 1874 anzuwenden.

§ 28

Soweit zur Ausführung der planmäßigen Anlagen das Eigentum an nicht den Genossen gehörenden Grundstücken entzogen oder beschränkt werden muß, gelten die Vorschriften des Enteignungsgesetzes vom 11. Juni 1874.

§§ 29—31*

VI. Staatsaufsicht

§ 32

Die Genossenschaft untersteht der Aufsicht des Staates; sie wird von dem *Oberpräsidenten*** *der Provinz Westfalen, in zweiter Instanz von dem zuständigen Minister*, ausgeübt. Sie beschränkt sich darauf, daß die Genossenschaft ihre Angelegenheiten nach Gesetz und Satzung verwaltet.

---

* Aufgehoben durch § 133 NWWG.

** Heute der MfELuF NW (VO v. 20. 10. 1946 — GS. NW. S. 147 —).

§ 33

Unterläßt oder verweigert es die Genossenschaft, Leistungen oder Ausgaben, die Gesetz oder Satzung fordern, in den Haushaltsplan aufzunehmen oder außerordentlich zu genehmigen, so kann die Aufsichtsbehörde unter Anführung der Gründe die Aufnahme in den Haushaltsplan oder die Feststellung der außerordentlichen Ausgabe und die Einziehung der erforderlichen Beiträge verfügen.

§ 34

Anleihen, die den Schuldenbestand vermehren, kann die Genossenschaft nur mit Genehmigung der Aufsichtsbehörde aufnehmen.

VII. Auflösung

§ 35

(1) Die Genossenschaft kann ihre Auflösung mit einer Mehrheit von zwei Dritteln aller Stimmen beschließen. Sind in der Genossenschaftsversammlung nicht zwei Drittel aller Stimmen vertreten, so ist mit einem Zwischenraume von mindestens vier Wochen eine zweite Versammlung einzuberufen. Diese kann die Auflösung mit einer Mehrheit von zwei Dritteln der darin vertretenen Stimmen beschließen.

(2) Der Auflösungsbeschluß bedarf der Genehmigung des zuständigen Ministers.

(3) Die Auflösung tritt in Kraft, sobald die Genehmigungsurkunde dem Vorstande zugestellt ist.

(4) Im übrigen gelten für die Auflösung sinngemäß die Vorschriften des XVI. Abschnittes der Ersten Wasserverbandverordnung vom 3. September 1937 (RGBl. I S. 933).

Satzung für den Ruhrverband

§ 1

Der Sitz des Ruhrverbandes ist Essen.

§ 2

(1) Das Verzeichnis der Genossen wird vom Vorstand aufgestellt und auf dem laufenden gehalten.

(2) Der Mindestbeitrag, mit dem die Eigentümer der im § 4 Nr. 1 des Gesetzes bezeichneten Anlagen zu den Genossenschaftslasten veranlagt sein müssen, um als Genossen zu gelten, wird auf ein Hunderttausendstel der Jahresumlage, auf volle 10 DM abgerundet, festgesetzt.

§ 3

(1) Art und Umfang der Anlagen der Genossenschaft werden durch die von den zuständigen Ministern genehmigten Baupläne bestimmt.

(2) Die Unterhaltung der genossenschaftlichen Anlagen sowie die Aufstellung eines Landeskulturkatasters und die Errichtung von Grundwasserstandsmessern wird durch besondere Grundsätze geregelt, die der Genehmigung der Aufsichtsbehörde bedürfen.

(3) Abwässer, von denen zu besorgen ist, daß sie sich der zumutbaren Abwasserreinigung entziehen, Betrieb oder Wirkung der Abwasserreinigung stören oder Abwasserbehandlungsanlagen beschädigen, dürfen genossenschaftlichen Anlagen nicht zugeführt werden.

(4) Werden derartige Abwässer wiederholt oder ständig einer genossenschaftlichen Anlage zugeführt, so wird der Ruhrverband denjenigen Genossen unterrichten, der die Abwässer dieser Anlage zugeführt hat. Wird die Zuführung solcher Abwässer fortgesetzt, so ist der Ruhrverband — nach vorheriger Unterrichtung der Ordnungsbehörde und Ablauf einer dem Genossen schriftlich gesetzten Frist — berechtigt, diese Abwässer nicht zu übernehmen, es sei denn, daß die Ordnungsbehörde den Ruhrverband zur weiteren Übernahme anhält.

§ 4

(1) Die Höhe des Jahresbeitrags (Stimmeinheit), die zur Teilnahme an der Genossenschaftsversammlung und zur Abgabe einer Stimme in dieser Versammlung berechtigt, beträgt ein Fünfhundertstel der Jahresumlage, auf volle 10 DM abgerundet (§ 9 des Gesetzes).

(2) Der Vorstand bestimmt vor Beginn jedes Veranlagungszeitraums eine Frist von wenigstens zwei Monaten, innerhalb deren die nach § 9 Abs. 4 des Gesetzes zu bildenden Gruppen ihre für den Veranlagungszeitraum gewählten Vertreter benennen müssen.

(3) Die Gemeinden bilden innerhalb eines Kreises eine Gruppe, in welcher nach Maßgabe der noch nicht vertretenen Beiträge abzustimmen ist.

(4) Der Vorsitzende kann die Genossen, die an keine Gruppe Anschluß finden, zu besonderen Gruppen zusammenschließen, er hat dann die Wahl der Vertreter unter sinngemäßer Anwendung der für die Gemeinden geltenden Bestimmungen herbeizuführen.

§ 5

(1) Die Genossenschaftsversammlung wählt den Vorstand, dessen Vorsitzenden und seinen Stellvertreter (§ 11 des Gesetzes).

(2) Sie beschließt ferner über

a) den Haushaltsplan,
b) die Aufnahme von Anleihen,
c) die Gültigkeitsdauer der Beitragsliste und die Veranlagungsgrundsätze (§ 20 des Gesetzes),
d) den Rechenschaftsbericht des Vorstandes, die Wahl der Rechnungsprüfer und deren Vertreter sowie die Prüfung der Rechnungen und die Entlastung des Vorstandes,
e) die Entschädigung der Mitglieder des Vorstandes,

f) die Grundsätze für die Unterhaltung der genossenschaftlichen Anlagen sowie für die Aufstellung eines Landeskulturkatasters und für die Errichtung von Grundwasserstandsmessern,
g) die Gültigkeit von Wahlen.

§ 6

(1) Der Vorsitzende des Vorstandes ist zugleich Vorsitzender der Genossenschaftsversammlung.

(2) Die Genossenschaftsversammlung wird in jedem Veranlagungszeitraum einmal einberufen, wenigstens jedoch alle zwei Jahre.

(3) Außerordentliche Genossenschaftsversammlungen sind einzuberufen:
a) auf Beschluß des Vorstandes,
b) auf den Antrag von Genossen, die wenigstens ein Viertel der Jahresbeiträge vertreten; der Antrag muß schriftlich sein und den Beratungsgegenstand angeben,
c) auf Anordnung der Aufsichtsbehörde.

(4) Die Einladungen zur Genossenschaftsversammlung erläßt der Vorsitzende schriftlich unter Mitteilung der Tagesordnung mindestens eine Woche vorher; in dringenden Fällen darf die Frist bis auf drei Tage gekürzt werden. Die Einladung ist öffentlich bekanntzumachen.

(5) Über Gegenstände, die nicht auf der Tagesordnung stehen, darf nur dann beschlossen werden, wenn mehr als die Hälfte der Mitglieder anwesend oder vertreten ist und kein Versammlungsteilnehmer widerspricht. Satzungsänderungen dürfen ohne Ankündigung auf der Tagesordnung nicht beschlossen werden.

(6) Die Versammlung faßt ihre Beschlüsse mit Stimmenmehrheit ohne Rücksicht auf die Zahl der Erschienenen, bei Stimmengleichheit gibt der Vorsitzende den Ausschlag.

(7) Es wird durch Stimmzettel gewählt; bei allseitiger Zustimmung ist die Wahl durch Zuruf zulässig. Ergibt der erste Wahlgang keine einfache Mehrheit, so findet eine Stichwahl unter den beiden Personen statt, welche die meisten Stimmen auf sich vereinigen. Erforderlichenfalls entscheidet das Los, wer zur Stichwahl zugelassen werden soll; dasselbe gilt bei Stimmengleichheit.

(8) Abwesende Abgeordnete können durch anwesende auf Grund einer schriftlichen Vollmacht vertreten werden. Der Vertreter kann sein Stimmrecht nur einheitlich für sich und die von ihm vertretenen Abgeordneten ausüben.

(9) Die Genossenschaftsversammlung ist öffentlich. Für Gegenstände, die sich zur öffentlichen Beratung nicht eignen, kann die Öffentlichkeit durch Beschluß der Genossenschaftsversammlung ausgeschlossen werden. Die Niederschrift ist vom Vorsitzenden und zwei Mitgliedern zu unterzeichnen.

§ 7

(1) Die Vorstandsmitglieder werden auf sechs Jahre gewählt. Alle zwei Jahre, erstmals am 1. April 1917, scheidet je ein Drittel der gewählten Vorstandsmitglieder aus und wird durch die Genossenschaftsversammlung neu gewählt. Wiederwahl ist zulässig. In dem zuerst gewählten Vorstande bestimmt das Los die Reihenfolge des Ausscheidens. Ausscheidende bleiben in Tätigkeit, bis gültig neu gewählt ist. Für Vorstandsmitglieder, die im Laufe der Wahlperiode ausscheiden, hat die

nächste Genossenschaftsversammlung Ersatz zu wählen. Die Ersatzwahlen haben bis zum Ablauf der Amtsdauer der Ausgeschiedenen Gültigkeit.

(2) Vorstandsmitglieder, die zur Zeit der Wahl Kommunalbeamte oder Angestellte einer der im § 4 Nr. 1 und 3 des Gesetzes genannten Unternehmungen sind, scheiden dadurch aus, daß sie das Amt oder die Anstellung aufgeben. In diesem Falle ist alsbald eine Ersatzwahl vorzunehmen.

(3) Auf Beschwerde eines Genossen kann die Aufsichtsbehörde wegen Verletzung der Vorschriften des Gesetzes oder der Satzung die Wahl von Vorstandsmitgliedern für ungültig erklären und eine in der nächsten Genossenschaftsversammlung vorzunehmende Neuwahl anordnen.

(4) Der Vorstand erledigt alle Geschäfte der Genossenschaft, die nicht der Genossenschaftsversammlung vorbehalten sind. Er hat die Vorlagen an die Genossenschaftsversammlung vorzubereiten und deren Beschlüsse auszuführen, den Haushaltsplan zu entwerfen und Rechenschaftsbericht zu erstatten; er stellt die Genossenschaftsbeamten an.

(5) Schriftliche Erklärungen des Vorstandes, die die Genossenschaft verpflichten sollen, sind von dem Vorsitzenden und einem Mitgliede zu unterzeichnen. Im übrigen vertritt der Vorsitzende die Genossenschaft nach außen und leitet die Geschäfte. Er ist der Dienstvorgesetzte der Genossenschaftsbeamten.

Für den Fall, daß der Vorsitzende und sein Stellvertreter (§ 5 der Satzung) gleichzeitig verhindert sind, kann der Vorstand beschließen, in welcher Reihenfolge die übrigen Vorstandsmitglieder als Stellvertreter des Vorsitzenden eintreten.

(6) Der Ausweis der Angehörigkeit zum Vorstande wird durch eine Bescheinigung der Aufsichtsbehörde geführt.

(7) Der Vorstand muß berufen werden, wenn drei Vorstandsmitglieder es schriftlich beantragen.

(8) Die Einladungen zu den Vorstandssitzungen erläßt der Vorsitzende schriftlich unter Mitteilung der Tagesordnung mindestens drei Tage vorher.

(9) Der Vorstand ist beschlußfähig, wenn mindestens vier Mitglieder anwesend sind. Ohne Rücksicht auf die Zahl der Erschienenen ist der Vorstand beschlußfähig, wenn er zum zweiten Male wegen des gleichen Gegenstandes einberufen ist und wenn hierbei mitgeteilt worden ist, daß ohne Rücksicht auf die Anzahl der Erscheinenden beschlossen werden wird.

(10) Der Vorstand beschließt nach Stimmenmehrheit. Bei Stimmengleichheit gibt der Vorsitzende den Ausschlag.

(11) Die Niederschrift der Vorstandssitzung wird vom Vorsitzenden unterzeichnet.

§ 8

(1) Der Haushaltsplan wird für jeden Veranlagungszeitraum aufgestellt.

(2) Für die Veranlagung zu den Genossenschaftsbeiträgen ist zu unterscheiden zwischen A-, B- und C-Anlagen bzw. -Maßnahmen.

a) A-Anlagen (-Maßnahmen) sind solche, die unmittelbar oder mittelbar der Reinhaltung dienen (§ 2 Abs. 1 RRG), soweit sie nicht dem besonderen Vorteil eines oder mehrerer einzelner Genossen dienen oder in den besonderen örtlichen Verhältnissen eines oder mehrerer einzelner Genossen ihren Grund finden.

Die Aufwendungen für A-Anlagen (Maßnahmen) werden auf die Gesamtheit der Genossen umgelegt (allgemeine Reinhaltungsbeiträge, A-Beiträge).

b) B-Anlagen (-Maßnahmen) sind solche, die ebenfalls unmittelbar oder mittelbar der Reinhaltung dienen (§ 2 Abs. 1 RRG), die jedoch im Unterschied zu den A-Anlagen (-Maßnahmen) dem besonderen Vorteil eines oder mehrerer einzelner Genossen dienen oder in den besonderen örtlichen Verhältnissen eines oder mehrerer einzelner Genossen ihren Grund finden.
Die Aufwendungen für B-Anlagen (Maßnahmen) werden auf den Genossen oder die Genossen, denen die Anlage (Maßnahme) zugute kommt bzw. den oder die örtlich beteiligten Genossen nach dem Vorteilsmaßstab umgelegt (besondere Reinhaltungsbeiträge, B-Beiträge).

c) C-Anlagen (-Maßnahmen) sind solche, die zur Erreichung des Genossenschaftszweckes zwar nicht erforderlich sind, aber damit im Zusammenhang stehen (Auftragsmaßnahmen gem. § 3 RRG).
Die Aufwendungen für C-Anlagen (-Maßnahmen) werden nicht im Wege der Veranlagung eingezogen, sondern von den Auftraggebern auf Grund des mit ihnen abzuschließenden privatrechtlichen Vertrages ersetzt (§ 3 Satz 3 RRG).

d) Kommt eine Anlage (Maßnahme) sowohl der Gesamtheit der Genossen als auch dem Sondervorteil eines oder mehrerer einzelner Genossen zugute (A-Anlage mit B-Anteil oder B-Anlage mit A-Anteil), so wird der B-Anteil nach dem Grundsatz zu b) gesondert umgelegt.
Das gleiche gilt für den Fall, daß eine A-Anlage wegen der besonderen örtlichen Verhältnisse eines oder mehrerer einzelner Genossen einen zusätzlichen Kostenaufwand erfordert.
Entstehen dem Ruhrverband infolge Verstoßes gegen § 3 Abs. 3 der Satzung Aufwendungen bzw. Kosten durch die Beseitigung von Schäden an den genossenschaftlichen Anlagen, durch Gewässerschäden oder durch besondere Maßnahmen zur Abwendung derartiger Schäden oder Betriebsstörungen, so sind diese Aufwendungen und Kosten durch besondere Beiträge derjenigen Genossen zu decken, die diese Abwässer den genossenschaftlichen Anlagen zugeführt haben.

(3) Bei der Ermittlung des Genossenschaftsbeitrages des Ruhrtalsperrenvereins ist der von der Gesamtheit der Genossen zu zahlende allgemeine Reinhaltungsbeitrag zugrunde zu legen. Dies ist derjenige Beitragsanteil, der nach Abzug der Sonderbeiträge (B-Beiträge, Biggebeitrag) verbleibt.

(4) Der nach Abzug des Genossenschaftsbeitrages des Ruhrtalsperrenvereins verbleibende Beitragsanteil ist von den Abwasserableitern aufzubringen, und zwar je zur Hälfte von den Genossen nach § 4 Ziff. 1 RRG und von den Genossen nach § 4 Ziff. 2 RRG.

Der Veranlagung sind grundsätzlich die Abwasserverhältnisse des vorausgegangenen Kalenderjahres zugrunde zu legen (Erhebungszeitraum).

Der allgemeine Reinhaltungsbeitrag der Genossen ergibt sich als Produkt aus der nach den folgenden Bestimmungen zu ermittelnden Gesamtbewertung und den für das laufende Jahr geltenden Meßzahlen. Die Meßzahlen sind für jedes Jahr auf der Grundlage des Haushaltsplanes vom Vorstand festzusetzen.

a) Die Gesamtbewertung der Genossen nach § 4 Ziff. 1 RRG besteht in der Regel aus einem Grundwert und Zuschlägen.
Maßstab für die Bemessung des Grundwertes ist die Beschäftigtenzahl.
Bei der Bemessung der Zuschläge sind die Genossen entsprechend der von ihnen ausgehenden Verunreinigung in solche Gruppen zusammenzufassen, für die sich gleichartige Berechnungsmaßstäbe anwenden lassen. Der Berechnung sind Merkmale zugrunde zu legen, die für Menge und Beschaffenheit des Abwassers kennzeichnend sind. Solche Veranlagungsmerkmale können z. B. der Produktionsumfang, die Wassermenge, die Bezugsmenge bestimmter das Abwasser in besonderer Weise beeinflussender Chemikalien oder auch die Belegschaftszahl sein.
Stellen Genossen Anlagen bzw. Einrichtungen her oder treten sonstige Ereignisse ein, die mit Sicherheit eine ständige ausnahmslose Einschränkung der Verunreinigung bewirken, so ist auf schriftlichen Antrag des Genossen der Beitrag entsprechend zu ermäßigen. Der Beitrag des Genossen wird jedoch mindestens in dem Maße weiter erhoben, als dem Verband Aufwendungen daraus entstehen, daß er Anlagen für die Beseitigung der von diesen Genossen herrührenden Verunreinigung erstellt hat. Werden diese Anlagen durch das Abwasser der verbleibenden oder neu hinzutretender Genossen mindestens im gleichen Maße genutzt, kann von dieser Heranziehung ganz oder teilweise abgesehen werden. Der Vorstand regelt die näheren Einzelheiten und entscheidet über den Antrag auf Beitragsermäßigung.

b) Der Ruhrverband übernimmt die Abwässer des Genossen nach § 4 Ziff. 2 RRG (Gemeinden) an der Stelle, an der eine Kläranlage für diesen Genossen nach den anerkannten Regeln der Bau- und Abwassertechnik auf hierfür geeignetem Gelände zweckmäßigerweise errichtet würde (Übergabepunkt). Es ist Aufgabe des Genossen, die Abwässer bis zu diesem Punkt zu leiten und dort dem Verband mit ausreichender Vorflut zu übergeben.
Müssen diese Voraussetzungen für den Übergabepunkt mit besonderen Maßnahmen geschaffen werden, sind die daraus entstehenden Kosten durch B-Beiträge des betreffenden gemeindlichen Genossen zu decken (§ 8 Ziff. 2b der Satzung).
Maßstab für die nach Abwassermenge und Verschmutzung zu bemessenden allgemeinen Reinhaltungsbeiträge der Genossen nach § 4 Ziff. 2 RRG (Gemeinden) ist in erster Linie die Einwohnerzahl. Die Gesamteinwohnerzahl einer Gemeinde ist nach dem amtlichen Einwohnerverzeichnis des Statistischen Landesamtes Nordrhein-Westfalen zu ermitteln. Bei der Veranlagung sind nur diejenigen Einwohner zu berücksichtigen, die unmittelbar oder mittelbar nach der Ruhr oder ihren Nebenflüssen entwässern.
Außerdem sind Veranlagungsmaßstab die genossenschaftlichen Aufwendungen und die Vorteile, die den Gemeinden aus den genossenschaftlichen Maßnahmen erwachsen. Hierbei ist der Umfang der Verbandstätigkeit für die betreffenden Gemeinden zu berücksichtigen.

(5) Auf der Grundlage des § 8 Ziff. 2 bis 4 der Satzung bemißt der Vorstand die Beiträge der Genossen. Zu diesem Zweck haben die Genossen auf Anforderung des Vorstandes eine Erklärung über ihre für die Veranlagung zu berücksichtigen-

den tatsächlichen Verhältnisse abzugeben. Für die Abgabe der Erklärung legt der Vorstand eine Frist fest. Versäumen die Genossen diese Frist, so kann der Vorstand ihren Beitrag durch Schätzung festsetzen.

Der Vorstand veranlagt die Genossen durch Veranlagungsbescheid. Entstehen der Genossenschaft durch Säumnis von Genossen bei Abgabe der Veranlagungserklärung besondere Aufwendungen, so können auch diese auf die säumigen Genossen durch Veranlagungsbescheid umgelegt werden.

Eine nachträgliche Änderung des Veranlagungsbescheides zuungunsten des Genossen erfolgt durch den Vorstand nach Maßgabe der vom Vorstand zu erlassenden Richtlinien.

Gegen den Veranlagungsbescheid oder einen Bescheid, durch den ein Veranlagungsbescheid geändert wird, stehen dem Genossen die gesetzlich vorgesehenen Rechtsbehelfe zu.

§ 9

(1) Die zu wählenden Mitglieder des Berufungsausschusses werden auf sechs Jahre gewählt.

(2) Die Vorschriften über Ausscheiden, Neu- und Ersatzwahlen der Vorstandsmitglieder (§ 7 Nr. 1 und 2 der Satzung) finden auch auf die gewählten Mitglieder des Berufungsausschusses Anwendung.

(3) Für den Fall gleichzeitiger Behinderung eines Mitgliedes und seines Stellvertreters hat der Berufungsausschuß die Ersatzstellvertretung aus der Zahl der übrigen gewählten Stellvertreter zu regeln.

(4) Die zu ernennenden Mitglieder werden für die Dauer ihres Hauptamtes bestellt.

(5) Der Berufungsausschuß wird von seinem Vorsitzenden zur Sitzung einberufen.

(6) Er ist beschlußfähig, wenn mit Einschluß des Vorsitzenden fünf Mitglieder anwesend sind. Die Beschlüsse werden mit Stimmenmehrheit gefaßt; bei Stimmengleichheit gibt der Vorsitzende den Ausschlag.

(7) Die Vorschriften der Zivilprozeßordnung über die Ausschließung und Ablehnung von Gerichtspersonen finden mit der Maßgabe Anwendung, daß an die Stelle des im Instanzenzuge höheren Gerichts die Aufsichtsbehörde tritt.

(8) Den Mitgliedern des Berufungsausschusses stehen die Reisekosten (Tagegelder und Fahrtkosten) der Staatsbeamten der vierten Rangklasse zu, wenn sie nicht nach ihrer Staatsstellung Anspruch auf höhere Entschädigung haben. Außerdem ist den Mitgliedern des Berufungsausschusses für ihre Mühewaltung vom Vorstand eine angemessene Vergütung festzusetzen.

§ 10

Die Regierungspräsidenten von Arnsberg und Düsseldorf und die von ihnen beauftragten Beamten sind befugt, an den Genossenschaftsversammlungen und Vorstandssitzungen beratend teilzunehmen. Das gleiche Recht haben die Oberbergämter von Dortmund und Bonn. Diese Behörden sind zu den Sitzungen einzuladen und erhalten Abschrift der Tagesordnung, der Vorlagen, der Sitzungsniederschriften, des Haushaltsplanes und des Rechenschaftsberichtes.

§ 11

(1) Die Bekanntmachungen der Genossenschaft werden vom Vorsitzenden unterzeichnet.

(2) Die für die Öffentlichkeit bestimmten Bekanntmachungen werden im Bundesanzeiger und in mehreren von dem Vorstand zu bestimmenden Tagesblättern veröffentlicht.

§ 12

Die Beitragsliste (§ 13 des Gesetzes) und die Mitteilung über die festgesetzten Jahresbeiträge (§ 16 des Gesetzes) werden den Genossen gegen Empfangsbestätigung oder durch eingeschriebenen Brief mitgeteilt.

§ 13

(1) Die Genossen haben auf die Genossenschaftsbeiträge Vorauszahlungen zu entrichten. Die Vorauszahlungen bemessen sich grundsätzlich nach dem Beitrag, der sich bei der letzten Veranlagung ergeben hat. Der Vorstand kann die Vorauszahlungen dem Beitrag anpassen, der sich für den laufenden Veranlagungszeitraum voraussichtlich ergeben wird. Auf die Vorauszahlungen findet § 16 Satz 2 und 3 RRG entsprechend Anwendung.

(2) Die Genossen haben die fälligen Vorauszahlungen und Genossenschaftsbeiträge im Falle der Säumnis mit 2% über Lombardsatz der Deutschen Bundesbank, mindestens aber mit 6½%, zu verzinsen. Auf die Verzinsung kann verzichtet werden, wenn wesentliche Gründe für die Säumnis vorliegen.

Anmerkung:

Dem Ruhrverband ist durch Erlaß vom 19. 3. 1914 das Enteignungsrecht für die zur Reinhaltung der Ruhr und ihrer Nebenflüsse herzustellenden Anlagen verliehen worden.

Ferner ist am 3. 10. 1950 angeordnet worden, daß die Vorschriften des Gesetzes über ein vereinfachtes Enteignungsverfahren vom 26. Juli 1922 (GS. S. 211) in allen Enteignungsverfahren anzuwenden sind, die auf Grund des dem Ruhrverband verliehenen Enteignungsrechtes zur Durchführung kommen.

ANHANG

Übersicht über Formulare für das Wasserverbandswesen

Vordrucke für Wasser- und Bodenverbände

Die bei den Wasser- und Bodenverbänden anfallende Verwaltungsarbeit kann vielseitig, umfangreich und teils recht schwierig sein. Bewährte Vordrucke vermögen diese Arbeiten zu erleichtern und können helfen, Fehler zu vermeiden. Das beginnt bereits bei der Fassung der Satzung, wofür schon die 1. AV und die 2. AV Muster eingeführt hatten, die aber der heutigen Rechtslage nicht mehr entsprechen (s. Anm. 1 zur 1. AV in Teil C).

Vordrucke für das gesamte Wasser- und Bodenverbandswesen hält der **W. Bertelsmann Verlag KG, Bielefeld,** vor; sein Verzeichnis* führt folgende Vordrucke auf:

a) Gründung des Verbandes

Satzung für landwirtschaftliche Wasser- und Bodenverbände
Satzung für den Unterhaltungsverband (Nds.)
Verhandlung über die Verbandsgründung
Übersichtsbogen für Meliorationen — Teil A: Techn. u. finanzieller Teil —
Übersichtsbogen für Meliorationen — Teil B: Landw. Teil —
Übersichtsbogen zu Entwürfen der Wasserversorgung
Übersichtsbogen zu Entwürfen der Abwasserbeseitigung
Verzeichnis der an dem Wasser- und Bodenverband beteiligten Grundstücke, Bergwerke und gewerblichen Anlagen mit Angabe der Eigentümer sowie der beteiligten Verbände[1]
Mitgliederverzeichnis[2]
Mitgliederverzeichnis des Wasser- und Bodenverbandes[3]
Lagerbuch der bestehenden öffentlichen Meliorationsverbände, Verzeichnis A, enthaltend die öffentlichen Meliorationsverbände
Lagerbuch der bestehenden öffentlichen Meliorationsverbände, Verzeichnis B, enthaltend die kommunalen Flußregulierungen und die sonstigen der Landeskultur dienenden Anlagen

b) Mitgliederversammlung

Bekanntmachung über Einladung der Mitgliederversammlung[4] mit Ersuchen an Zeitung um Aufnahme

---

* Abdruck aus „Bertelsmann Vordrucke" mit freundlicher Genehmigung des Verlages.

1 Verzeichnis nach § 159 für Gründungsverfahren, zugleich als Verz. nach § 11 geeignet.

2 Gemäß § 11 für Entwässerungsverbände.

3 Wie Anm. 1, jedoch zusätzlich mit Unterhaltern und nicht dinglichen Mitgliedern.

4 Geeignet für Einladung zu Mitglieder- oder Verbandsversammlung sowie Ausschußsitzung.

Vordruckverzeichnis

Auszug aus dem Niederschriftenbuch des Verbandes
Verhandlungsniederschrift über die Mitgliederversammlung[5] (Auszug aus dem Niederschriftenbuch)
Verhandlung über Abnahme der Jahresrechnung (Abschrift für den Regierungspräsidenten)
Bekanntmachung über Einladung zur Verbandsversammlung[6] mit Ersuchen an Gemeindeverwaltung um ortsübliche Bekanntgabe
Verhandlung über Abnahme der Jahresrechnung

c) Haushaltspläne

Haushaltsplan
Haushaltsplan (Rechnung)[7]

d) Beitragslisten

Beitragsbuch
Beitragshebeliste des Wasser- und Bodenverbandes (für 5 Jahre)
Beitragsbuch des Wasser- und Bodenverbandes (mit Zahlungsvermerken für 4 Jahre)
Bekanntmachung über Auslegung der Verbands-Beitragsliste mit Ersuchen um ortsübliche Bekanntgabe
Veranlagungsbescheid
Aufforderung zur Zahlung der Verbandsbeiträge mit Quittung

e) Kassenverwaltung

Einnahmebuch, Muster c
Ausgabebuch, Muster d
Einnahmebuch für die Verwaltungskasse, Muster e
Einnahmebuch für die Baukasse, Muster g
Ausgabebuch für die Baukasse, Muster h
Ausgabebuch für die Verwaltungskasse, Muster f
Verhandlung über die Prüfung der Kasse des Wasser- und Bodenverbandes

f) Vermögen

Bestands- und Vermögensnachweis

g) Massenberechnung, Kostenanschläge

Erdmassenberechnung nach Längenprofilen
Erdmassenberechnung nach Querprofilen
Nivellementsbuch 12,5 × 20,6 cm
Nivellementsliste
Nivellementsvordruck 12,5 × 20,6 cm
Spezielle Berechnung für den Erdbau

---

[5] Auch für Verbandsversammlung und Ausschußsitzung.
[6] Oder zur Ausschußsitzung.
[7] Jahresrechnung nach § 76 WVVO.

Vordruckverzeichnis

Massenberechnung
Massenberechnung der Sauger
Massenberechnung der Sammler
Massen- und Leistungsberechnung der Dräne, Länge der Sauger und entwässerte Fläche (DIN 1185 Tabelle 19)
Berechnung der Sammler (DIN 1185 Tabelle 20)
Berechnung des Querschnitts der Vorfluter (Berechnung der Wassermenge)
Berechnung des Querschnittes der Vorfluter (für Bodenaushub)
Stückzahl und Gewichte der Röhren
Kostengegenüberstellung
Bauwerksverzeichnis
Kostenanschlag (Schreibpapier)
Kostenanschlag ohne Querlinien (Schreibmaschinenpapier)
Kostenanschlag ohne Querlinien (Durchschlagpapier) (Titelblatt mit 6 cm breitem freiem Raum für Adressen usw. am Kopf der Vorderseite)
Dasselbe (Schreibmaschinenpapier)
Abrechnung

h) Prüfung

Schaubuch des Wasser- und Bodenverbandes

STICHWORTVERZEICHNIS

Stichwortverzeichnis

Fette Zahlen = §§ der WVVO im Teil B
Magere Zahlen = Anmerkungen dazu
S. = Seiten

Fette Zahlen = §§ der WVVO in Teil B, magere Zahlen = Anm. dazu, S. = Seiten

Zivilprozeßordnung und Gerichtsverfassungsgesetz. Handausgabe auf Grund der Rechtsprechung erläutert von Dr. jur. BERNHARD WIECZOREK. 2., erweiterte und verbesserte Auflage. Oktav. XVI, 2319 Seiten. Dünndruckausgabe. 1966. Ganzleinen DM 160,— (*Sammlung Guttentag Band 252*)

Die Vermögensrechnung des Bundes. Kommentar zur Buchführungs- und Rechnungslegungsordnung für das Vermögen des Bundes (VBRO) mit einer Einführung in die Entwicklung und Probleme der Vermögensrechnung und den Vermögensrechnungsbestimmungen für den Ausgleichsfonds. Von OTTO HELMERT, Oberregierungsrat am Bundesrechnungshof. 2. Auflage, neu bearbeitet und ergänzt von HERBERT KÖNIG, Oberregierungsrat im Bundesministerium für Wirtschaft. Oktav. XVI, 433 Seiten. 1963. Ganzleinen DM 48,— (*Sammlung Guttentag Band 241*)

Neuere Haushaltsrechtliche Bestimmungen. Ergänzungsband zu Schulze-Wagner, Reichshaushaltsordnung. Textsammlung mit Erläuterungen und Sachregister von Dr. HANS GREUNER, Ministerialrat beim Bundesrechnungshof. Oktav. VII, 236 Seiten. 1954. Ganzleinen DM 18,— (*Sammlung Guttentag Band 240*)

Pachtkreditgesetz mit Durchführungs- und Nebenbestimmungen. Kommentar von Syndikus Dr. S. SICHTERMANN. Oktav. VIII, 103 Seiten. 1954. Ganzleinen DM 10,— (*Sammlung Guttentag Band 243*)

Lehrbuch des Verwaltungsrechts. Von Bundesrichter, Privatdozent Dr. KURT EGON VON TUREGG. 4., neubearbeitete Auflage von Oberverwaltungsgerichtsrat Dr. ERWIN KRAUS. Oktav. XXXI, 703 Seiten. 1962. Ganzleinen DM 42,— (*Lehrbücher und Grundrisse der Rechtswissenschaft Band 20*)

Grundbuchrecht. (MEIKEL-IMHOF-RIEDEL) Kommentar zur Grundbuchordnung. 6., neubearbeitete Auflage von Staatsbankdirektor Dr. WILHELM IMHOF und Landgerichtsrat Dr. HERMANN RIEDEL. Lexikon-Oktav. 3 Bände (Abnahmeverpflichtung für das Gesamtwerk). Band I: Gesetzestexte, Einleitung, Kommentierung §§ 1—12 GBO. XXIV, 1018 Seiten. 1965. DM 208,—. Band II, Lieferung 1: §§ 13—17 GBO. Seiten 1019—1252. 1966. DM 45,—. Band II, Lieferung 2: §§ 18—20 GBO. 1967. 280 Seiten. DM 54,—. Das Erscheinen weiterer Lieferungen für 1967/68 ist vorgesehen. (*J. Schweitzer Verlag*)

Walter de Gruyter & Co · Berlin 30

FSC
www.fsc.org
MIX
Papier | Fördert
gute Waldnutzung
FSC® C083411

Kolibri 360 GmbH
Ferdinand-Jühlke-Straße 7
99095 Erfurt, Deutschland
produktsicherheit@kolibri360.de